동영상 & 전화중국어 할인 이.벤.트

맛있는인강 패키지 할인 쿠폰

할인 코드

jrchina09aw

패키지 할인 쿠폰
20% 할인

할인 쿠폰 사용 안내
1. 맛있는인강(http://www.cyberjrc.com)에 접속하여 [회원가입] 후 로그인을 합니다.
2. 메뉴中[쿠폰]→하단[쿠폰 등록하기]에 쿠폰번호 입력→[등록]을 클릭하면 쿠폰이 등록됩니다.
3. [패키지] 수강신청 후, [온라인 쿠폰 적용하기]를 클릭하여 등록된 쿠폰을 사용하세요.
4. 결제 후, 일반패키지는 [나의강의실], 전강좌 수강 패키지는 [맛있는중국어클래스]에서 수강합니다.

쿠폰 사용 시 유의 사항
1. 본 쿠폰은 맛있는인강 패키지 강좌 결제 시 사용 가능합니다.
2. 본 쿠폰은 타 쿠폰 및 J포인트와 중복 할인이 되지 않습니다.
3. 교재 환불 시 쿠폰 사용이 불가합니다.
*본 쿠폰과 관련된 사항은 맛있는인강 고객센터(02-567-3327)로 문의해 주십시오.

맛있는 전화중국어 할인 쿠폰

할인 코드

jrcphone2qsj

전화/화상중국어 할인 쿠폰
10,000원

할인 쿠폰 사용 안내
1. 맛있는 전화중국어(www.phonejrc.com)에 접속하여 [회원가입] 후 로그인을 합니다.
2. 메뉴中[쿠폰]→하단[쿠폰 등록하기]에 쿠폰번호 입력→[등록]을 클릭하면 쿠폰이 등록됩니다.
3. 전화&화상중국어 수강 신청 후, [온라인 쿠폰 적용하기]를 클릭하여 등록된 쿠폰을 사용하세요.

쿠폰 사용 시 유의 사항
1. 본 쿠폰은 맛있는 전화&화상중국어 결제 시에만 사용이 가능합니다.
2. 본 쿠폰은 타 쿠폰 및 J포인트와 중복 할인이 되지 않습니다.
3. 교재 환불 시 쿠폰 사용이 불가합니다.
*본 쿠폰과 관련된 사항은 맛있는 전화중국어 고객센터(02-567-3327)로 문의해 주십시오.

『전공략 新HSK 원패스 합격모의고사 6급』은 최신 출제 경향과 난이도를 철저히 분석한 모의고사 5세트로 구성되어 있습니다.
또한 최강 저자의 합격 전략 노하우, 저절로 외워지는 합격 보카, 문제별·속도별 MP3 파일, 트레이닝 북 등 다양한 콘텐츠를 함께 수록해 합격의 가장 빠른 길을 제시합니다.

全功略
全力以赴掌握新HSK成功的策略

고득점 합격을 향한 가장 빠르고 정확한 길!

맛있는 books 新HSK 시리즈

시작에서 합격까지 4주 완성

맛있는 중국어
新HSK 시리즈

| 맛있는 중국어 | 맛있는 중국어 | 맛있는 중국어 | 맛있는 중국어 | 맛있는 중국어 |
| 新HSK 1·2급 | 新HSK 3급 | 新HSK 4급 | 新HSK 5급 | 新HSK 6급 |

新HSK 종합서의 결정판!
고득점을 위한 공략 비법서!

전공략 新HSK
두달에 급수 따기 시리즈

전공략 新HSK | 두달에 3급 따기 | 전공략 新HSK | 두달에 4급 따기 | 전공략 新HSK | 두달에 5급 따기 | 전공략 新HSK | 두달에 6급 따기 |

최신 출제 경향 반영
합격 전략 D-5, 합격 보카 수록

전공략 新HSK
원패스 합격모의고사

전공략 新HSK | 원패스 합격모의고사 4급 | 전공략 新HSK | 원패스 합격모의고사 5급 | 전공략 新HSK | 원패스 합격모의고사 6급 |

新HSK 단어 40일 완성 프로젝트

전공략 新HSK
VOCA 시리즈

전공략 新HSK | VOCA 5급 | 전공략 新HSK | VOCA 6급 |

전공략 新HSK 6급
원패스 합격모의고사

초 판 1쇄 발행	2015년 2월 15일
초 판 3쇄 발행	2018년 5월 1일

저자	차오진옌 ǀ 권연은
감수	倪明亮(北京语言大学 교수)
기획	JRC 중국어연구소
발행인	김효정
발행처	맛있는books
등록번호	제2006-000273호
편집	이소연 ǀ 김소연 ǀ 조해천
디자인	신은지 ǀ 최여랑
제작	박선희
영업	김영한 ǀ 강민호
홍보	이지연
웹마케팅	오준석 ǀ 김희영

주소	서울 강남구 테헤란로 109, 8층
전화	구입문의 02·567·3861 ǀ 02·567·3837
	내용문의 02·567·3860
팩스	02·567·2471
홈페이지	www.booksJRC.com

ISBN	978-89-98444-52-5 14720
	978-89-98444-48-8 (세트)
가격	22,000원

Copyright © 2015 맛있는books

저자와 출판사의 허락 없이 이 책의 일부 또는 전부를 무단 복사·전재·발췌할 수 없습니다.
잘못된 책은 구입처에서 바꿔 드립니다.

이 도서의 국립중앙도서관 출판시도서목록(CIP)은 서지정보유통지원시스템 홈페이지(http://seoji.nl.go.kr)와
국가자료공동목록시스템(http://www.nl.go.kr/kolisnet)에서 이용하실 수 있습니다.(CIP제어번호: CIP2015000727)

머리말

시험 전 효과적인 마무리가 필요하다

어떤 종류의 어학 시험이든, 그 기본적인 준비 단계는 '어휘 암기 ➡ 문제 유형 파악 ➡ 문제 유형에 따른 전략 익히기 ➡ 전략을 활용한 다양한 실전 문제 풀이'라고 잘 알고 계실 것입니다. 『전공략 新HSK 원패스 합격모의고사 6급』은 최신 경향에 맞춘 문제들로 구성했으며, 출제 빈도가 비교적 높은 핵심 포인트 제시와 강의식 해설 방식으로 보다 더 효과적으로 학습할 수 있습니다.

꾸준히 쌓은 실력이 관건이다

新HSK 6급 시험의 난이도는 시행될 때마다 늘 일정하지 않고, 고사장 환경이나 시험 당일 수험자의 컨디션 등에 따라서도 예상 점수에 차이가 생길 수 있습니다. 이러한 몇몇 외부적 요인들이 시험 점수에 영향을 덜 끼치게 하기 위해서는 '기본기'를 튼튼히 해야 합니다. 『전공략 新HSK 원패스 합격모의고사 6급』에 담긴 「합격 전략」, 「합격 보카」 등을 바탕으로 기본을 잘 갖추면, 그 다음에 쌓이는 실력은 더욱 튼튼해져 결국 목표하는 결과에 빠르게 도달할 수 있습니다.

6급 시험에서 '성공한 사람'이 될 수 있다

중국 속담에 '成功者找方法, 失败者找借口.'라는 말이 있습니다. 新HSK 6급 시험에 도전하는 것이 분명 쉬운 일은 아니기에, 시험을 준비하는 과정에서 여러 가지 핑계를 찾아 시험을 미루거나 포기하려는 분들도 있을 것입니다. 또, 여러 종류의 교재들을 접하며 한 권도 제대로 끝내지 못한 분들도 있을 것입니다. 혹시 그런 분이 있다면, 이 속담을 되새기며 '6급 합격'이라는 목표를 이루기 위한 자신만의 시험 전략을 찾아 꼭 시험에서 '성공한 사람'이 되기를 바랍니다. 합격으로 가는 길에 『전공략 新HSK 원패스 합격모의고사 6급』이 도움이 되리라 믿습니다.

차오진옌·권연은

차례

- 머리말 ·················· 3
- 이 책의 특징 ·················· 5
- 이 책의 구성 & 활용법 ·················· 6
- 新HSK란? ·················· 8
- 新HSK 6급 소개 ·················· 9

- 합격모의고사 **1회** 해설 ·················· 10

- 합격모의고사 **2회** 해설 ·················· 82

- 합격모의고사 **3회** 해설 ·················· 156

- 합격모의고사 **4회** 해설 ·················· 228

- 합격모의고사 **5회** 해설 ·················· 300

이 책의 특징

『전공략 新HSK 원패스 합격모의고사 6급』은 최신 출제 경향과 난이도를 철저히 분석한 모의고사 5세트로 구성되어 있습니다. 또한 최강 저자의 합격 전략 노하우, 저절로 외워지는 합격 보카, 속도 훈련용 MP3 파일, 받아쓰기 트레이닝 북 등 다양한 콘텐츠를 함께 수록해 합격의 가장 빠른 길을 제시합니다.

특징 1 최신 출제 경향과 난이도를 최대 반영한 모의고사 5세트
적중률 높은 기출 문제로 구성된 모의고사가 총 5세트 수록되어 있습니다. 최근에 높아진 시험의 난이도를 최대한 반영하여 최신 출제 경향에 가장 적합합니다.

특징 2 新HSK 전문 강사의 합격 전략 무료 동영상 강의
新HSK 시험을 준비하는 학습자들이 꼭 알아야 하는 핵심 공략을 명쾌하게 설명합니다. 실전에서 비법을 어떻게 활용하는지 新HSK 전문가의 강의를 무료로 들을 수 있습니다.

특징 3 영역별 맞춤 해설로 학습 시간 down! 학습 효과 up!
듣기·독해·쓰기 영역의 특성을 살린 해설 방식을 제시하여, 각 영역별 키포인트를 확인할 수 있어 학습 효과가 두 배로 늘어납니다.

특징 4 명쾌한 비법 합격 전략 D-5
新HSK의 최신 출제 경향을 분석하여 시험에 필요한 핵심 비법을 정리했습니다. 또한 실제 시험에 출제된 단어, 문장, 어법 등 핵심 표현이 수록되어 있습니다. 언제 어디서든 들고 다니면서 공부해 보세요.

특징 5 2013 한반(汉办) 개정 단어를 수록한 합격 보카
6급 개정 단어 2500개와 실력 점검을 위한 확인 학습 문제가 제시되어 있습니다. 모든 단어가 '중국어-한국어-중국어'로 녹음되어 있어, 녹음만 들어도 저절로 단어가 외워집니다.

특징 6 문제별&속도별 다양한 MP3 파일 제공
문제별&속도별 듣기 MP3 파일을 제공하여 취약한 문제만 골라서 반복적으로 학습할 수 있습니다.

특징 7 듣기 트레이닝 북 무료 다운로드
듣기 영역을 완벽하게 대비할 수 있는 받아쓰기 트레이닝 북을 무료로 제공합니다. 속도별 MP3 파일을 들으며 실제 듣기 영역의 속도에 적응해 보세요.

이 책의 구성&활용법

『전공략 新HSK 원패스 합격모의고사 6급』은
「문제집」, 「해설집」, 「합격 전략집」, 「합격 보카」로 구성되어 있습니다.

문제집

 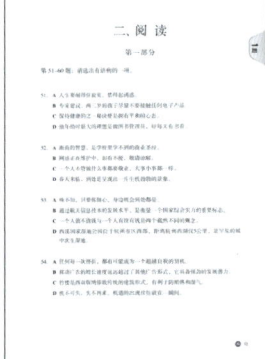 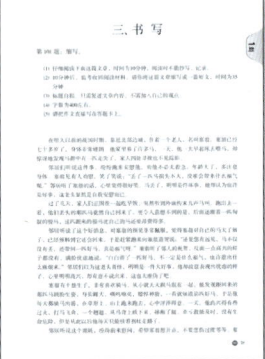

- 실제 시험의 문제 형식과 동일하게 구성된 모의고사가 총 5세트 수록되어 있습니다.

해설집

- 모든 문제에 HSK POINT, 난이도가 제시되어 있습니다.
- 문제의 핵심이 되는 부분은 밑줄로 표시해 두었습니다.
- 듣기 영역은 각 문제별로 학습할 수 있도록 트랙을 나누어 놓았습니다.
- 어휘를 자세하게 정리해 놓아, 별도로 사전을 찾을 필요가 없습니다.
- 영역별로 꼭 알아야 하는 어법, 표현 등은 〈합격필수 TIP〉으로 정리했습니다.
- 주요 단어와 표현 등을 알기 쉽게 해당 부분에 설명을 달아 놓았습니다.

📱 MP3 파일 활용법

실제 시험과 똑같이 녹음된 실전용 파일로 문제를 풀면서 실전 감각을 익히고,
문제별로 트랙이 나누어진 훈련용 파일로 여러 번 반복하며 학습해 보세요.

전공략 新HSK 합격모의고사(원패스)의 다양한 콘텐츠

1. 최강 저자의 합격 전략 노하우

- **마지막 합격 전략 D-5**
  핵심만 콕콕 짚어주는 합격 전략! 新HSK를 준비하는 학습자들이 꼭 알아야 할 핵심 공략이 깔끔하게 정리되어 있습니다. 시험 전, 막판 뒤집기 정보도 수록되어 있으니, 시험장에 반드시 들고 가세요.

- **무료 동영상 강의 제공**
  맛있는북스 홈페이지(www.booksJRC.com)에서 저자의 강의를 무료로 들을 수 있습니다. 친절하고 핵심을 꿰뚫는 강의를 들으며, 新HSK 합격 비법을 마스터해 보세요.

2. 저절로 외워지는 합격 보카

- **한반(汉办) 개정 단어 수록**
  2013년 한반(汉办)에서 발표한 개정 단어를 수록했습니다. 총 40DAY로 구성되어 있으며, 단어를 암기한 후 확인 학습 문제를 풀며 다시 한번 복습할 수 있습니다.

- **중국어와 한국어 뜻이 제공되는 MP3 파일**
  모든 단어에 '중국어-한국어-중국어' 순서로 반복 훈련이 가능한 MP3 파일이 제공됩니다. 듣고 따라 읽다 보면 저절로 단어를 마스터할 수 있습니다.

3. 속도 훈련용 MP3 파일

- **문제별 MP3 파일**
  자신에게 취약한 문제만 골라서 반복 학습이 가능하도록 모든 문제의 개별 MP3 파일을 제공합니다.

- **속도별 MP3 파일**
  실제 시험에 적응 훈련이 가능하도록 속도 훈련용 MP3 파일을 제공합니다.

4. 듣기 트레이닝 북

- **듣기 영역 완벽 대비**
  취약 부분을 보완할 수 있는 받아쓰기 트레이닝 북을 무료로 제공합니다. 속도별 MP3 파일을 들으며 듣기 영역의 속도에 적응해 보세요. 빠른 속도에 익숙해지면, 실전에서는 편안한 마음으로 문제를 들을 수 있습니다.

  * 받아쓰기 트레이닝 북과 MP3 파일은 맛있는북스 홈페이지(www.booksJRC.com)에서 다운로드할 수 있습니다.

新HSK란?

新HSK는 제1언어가 중국어가 아닌 사람의 중국어 능력을 평가하기 위해 만들어진 중국 정부 유일의 국제 중국어 능력 표준화 고시로, 생활, 학습, 업무 등 실생활에서의 중국어 운용 능력을 중점적으로 평가합니다.

1. 용도
- 중국 대학(원) 입학·졸업식 평가 기준
- 한국 대학(원) 입학·졸업식 평가 기준
- 중국 정부 장학생 선발 기준
- 한국 특목고 입학식 평가 기준
- 교양 중국어 학력 평가 기준
- 각급 업체 및 기관의 채용·승진을 위한 기준

2. 구성
新HSK는 국제 중국어 능력 표준화 시험으로, 필기 시험과 회화 시험 두 가지 부분으로 나뉘며, 회화 시험은 녹음 형식으로 이루어집니다.

필기 시험	新HSK 6급	新HSK 5급	新HSK 4급	新HSK 3급	新HSK 2급	新HSK 1급
회화 시험	HSKK 고급		HSKK 중급		HSKK 초급	

3. 원서 접수
❶ 인터넷 접수 | 한국HSK사무국 홈페이지(www.hsk.or.kr)에서 접수
❷ 우편 접수 | 구비 서류를 동봉하여 한국HSK사무국으로 등기 발송
- 구비 서류 | 응시원서(최근 6개월 이내에 촬영한 반명함판 사진 1장 부착) 및 별도 사진 1장, 응시비 입금 영수증

❸ 방문 접수 | 서울공자아카데미로 방문하여 접수
- 접수 시간 | 평일 오전 9시 30분~12시, 오후 1시~5시 30분 / 토요일 오전 9시 30분~12시
- 구비 서류 | 응시원서, 최근 6개월 이내에 촬영한 반명함판 사진 3장

4. 시험 당일 준비물
❶ 유효한 신분증 | 주민등록증, 운전면허증, 기간 만료 전의 여권, 군장교 신분증, 현역 사병 휴가증
- 18세 미만(주민등록증 미발급자) : 기간 만료 전의 여권, 청소년증, HSK신분확인서(한국 내 소재 초·중·고등학생만 가능)
- 주민등록증 분실 시, 재발급 확인서는 인정하나, 학생증, 사원증, 의료보험증, 주민등록등본, 공무원증 등은 인정되지 않음

❷ 수험표
❸ 2B 연필, 지우개

新HSK 6급 소개

1. 대상

新HSK 6급은 5,000개 또는 5,000개 이상의 상용 어휘와 관련 어법 지식에 숙달한 학습자를 대상으로 합니다.

2. 구성

新HSK 6급은 총 101문제로, 듣기·독해·쓰기 세 영역으로 구성되어 있습니다.

영역		문제 유형	문항 수		시험 시간
듣기 (听力)	제1부분	단문 듣고 일치하는 내용 고르기	15	50	약 35분
	제2부분	인터뷰 듣고 질문에 답하기	15		
	제3부분	단문 듣고 3~4개 질문에 답하기	20		
듣기 영역 답안지 작성					5분
독해 (阅读)	제1부분	제시된 4개의 보기 중 틀린 문장 고르기	10	50	50분
	제2부분	빈칸에 들어갈 알맞은 어휘 고르기	10		
	제3부분	빈칸에 들어갈 알맞은 문장 고르기	10		
	제4부분	장문 읽고 4~5개 질문에 답하기	20		
쓰기 (书写)	작문	한 편의 글 읽고 요약하기	1		45분
합계			101		약 135분

3. 영역별 점수 및 성적 결과

- 新HSK 6급 성적표는 듣기·독해·쓰기 세 영역의 점수와 총점이 기재됩니다.

- 각 영역별 만점은 100점이며, 영역별 점수에 상관없이 총점 180점 이상이면 합격입니다.

- 시험일로부터 1개월 후에 중국 고시 센터 홈페이지 (www.chinesetest.cn)에서 응시자 개별 성적을 조회할 수 있습니다.

- 新HSK 성적은 시험일로부터 2년간 유효합니다.

1회 해설

합격모의고사 1회 정답

一、听力

第一部分
1. D 2. C 3. A 4. C 5. B
6. A 7. D 8. D 9. B 10. C
11. B 12. A 13. B 14. A 15. C

第二部分
16. B 17. D 18. B 19. D 20. B
21. B 22. C 23. D 24. A 25. C
26. B 27. D 28. C 29. A 30. C

第三部分
31. C 32. B 33. B 34. D 35. B
36. A 37. D 38. B 39. C 40. B
41. C 42. D 43. C 44. B 45. A
46. C 47. D 48. D 49. C 50. B

二、阅读

第一部分
51. C 52. D 53. B 54. A 55. B
56. C 57. D 58. C 59. A 60. D

第二部分
61. A 62. C 63. B 64. D 65. A
66. D 67. A 68. C 69. C 70. C

第三部分
71. B 72. A 73. C 74. E 75. D
76. D 77. B 78. E 79. A 80. C

第四部分
81. D 82. A 83. A 84. D 85. B
86. C 87. A 88. C 89. C 90. A
91. C 92. D 93. D 94. C 95. D
96. A 97. B 98. C 99. D 100. B

三、书写

101. 모범 답안 ⋯ 80쪽 참고

新 HSK 6급 합격모의고사 听力

第一部分

1. HSK POINT 이야기의 내용 이해 | 난이도 上 | track 01-1

一天深夜，刚出生几个月的孩子大声哭了起来，妻子身体不舒服不想起床。丈夫起来抱着孩子准备给他唱一段催眠曲，刚唱了几句，妻子求饶道："你还是让孩子哭吧，别管他了！"

어느 날 깊은 밤 갓 태어난 지 몇 개월 된 아이가 큰 소리로 울기 시작했다. 아내는 몸이 아파 일어나고 싶지 않았다. 그래서 남편이 일어나 아이를 안고 아기에게 자장가를 불러 주었는데, 막 몇 마디를 부르자, 아내가 "그냥 아이가 울게 놔둬요. 상관하지 말아요!"라고 애원하며 말했다.

A 孩子身体不舒服
B 妻子最后很感动
C 这对夫妻吵架了
D **丈夫唱歌很难听**

A 아이는 몸이 아프다
B 아내는 결국 감동했다
C 이 부부는 말다툼을 했다
D **남편의 노래가 듣기 거북했다**

공략 마지막 문장 '刚唱了几句，妻子求饶道："你还是让孩子哭吧，别管他了！"'에서 아내는 남편의 노래가 듣기 거북했다는 것을 유추할 수 있으므로 D가 정답이다.

어휘 ★深夜 shēnyè 명 심야, 깊은 밤 | 刚出生 gāng chūshēng 갓 태어나다 | ★大声哭了起来 dàshēng kū le qǐlai 큰 소리로 울기 시작하다 | 抱着 bàozhe ~을 안고 | 催眠曲 cuīmiánqǔ 명 자장가 | 求饶 qiúráo 동 애원하다, 용서를 빌다 | ★别管他了 bié guǎn tā le 그를 상관하지 말아라, 그를 내버려둬라

2. HSK POINT 동일한 의미의 문장 파악 | 난이도 中 | track 01-2

中国象棋有着悠久的历史，是二人对抗性游戏的一种，以先"吃掉"对方将帅为胜。它不仅用具简单，趣味性强，而且有助于开发智力，启迪思维，锻炼辩证分析能力和培养顽强的意志，因此成为深受喜爱的棋艺活动。

중국 장기는 유구한 역사를 지니고 있으며, 일종의 2인 대항 게임으로 상대방의 장수를 먼저 '해치워야' 승리하게 된다. 장기는 도구가 간단하고 흥미성도 강할 뿐만 아니라, 지능을 개발하고 사고를 깨우치며 논리적 분석 능력의 단련과 강한 의지를 기르는 데에 도움이 되기에, 매우 인기 있는 기예 활동이 되었다.

A 象棋规则比较复杂
B 现在象棋不太流行
C **象棋能磨练人的意志**
D 象棋是最古老的游戏之一

A 장기는 규칙이 비교적 복잡하다
B 현재 장기는 그다지 유행하지 않는다
C **장기는 사람의 의지를 단련시킬 수 있다**
D 장기는 가장 오래된 게임 중 하나이다

공략 주제는 '중국 장기'로, 뒷부분에서 언급된 '培养顽强的意志'를 통해 정답이 C임을 알 수 있다.

어휘 ★象棋 xiàngqí 명 바둑, 장기 | ★悠久的历史 yōujiǔ de lìshǐ 유구한 역사 | 对抗性 duìkàngxìng 명 대항성 | 吃掉 chīdiào 동 먹어치우다, 해치우다 | 将帅 jiàngshuài 명 장수 | ★以……为胜 yǐ……wéi shèng ~을 승리로 하다 | 用具 yòngjù 명 도구 | ★趣味性 qùwèixìng 명 흥미성 | ★有助于 yǒuzhùyú ~에 도움이 되다 | 开发智力 kāifā zhìlì 지능을 개발하다 | ★启迪思维 qǐdí sīwéi 사고를 깨우치다 | 锻炼 duànliàn 동 단련하다 | 辩证分析能力 biànzhèng fēnxī nénglì 논리적 분석 능력 | ★培养 péiyǎng 동 기르다 | ★顽强 wánqiáng 형 완강하다 | ★意志 yìzhì 명 의지 | 棋艺活动 qíyì huódòng 명 (바둑이나 장기 등의) 기예 활동 | 磨练 móliàn 동 연마하다, 단련하다

합격필수 TIP

▶ 자주 출제되는 '중국 문화' 관련 정보

 ★旗袍 qípáo 치파오	청나라 때 유행하던 원피스 형태의 여성 전통의상으로, 청나라를 세운 만주족의 旗人들이 입었던 옷에서 유래하여 旗袍라고 부르게 되었다.	 太极拳 tàijíquán 태극권	만물을 생성하는 근원을 의미하는 '태극'의 철학이 담겨 있는 중국 무술이다.
 ★熊猫 xióngmāo 판다	중국 국보로 매우 진귀한 세계 보호 야생 동물이며 중국 외교의 아이콘이기도 하다.	 ★京剧 jīngjù 경극	베이징에서 발전한 중국의 대표적인 전통 연극으로 노래, 대사, 동작, 무술 동작의 4가지가 종합되었다.
 ★书法 shūfǎ 서예의 필법	한자를 사용해 글씨를 예술적 양식으로 승화한 것으로 한자의 기원만큼 오랜 역사를 지니고 있다.	 皮影戏 píyǐngxì 그림자극	중국 민간에서 유행하던 인형극의 하나로 그림자극인데, 동물의 가죽 혹은 두꺼운 종이를 사람의 형상으로 오려 제작한 인형을 조명이 비추는 반투명한 천 뒤에 두고 인형의 그림자를 움직여 이야기를 풀어나간다.
 唐三彩 Tángsāncǎi 당삼채	황·녹·남색 등의 유약을 발라서 제작한 당나라 때의 도자기이다.	 剪纸 jiǎnzhǐ 종이 공예	중국에서 가장 많이 보급되고 있는 민간 전통예술의 하나로, 종이를 가위나 칼로 잘라서 사람이나 사물 등 다양한 형태를 표현한다.

3. **HSK POINT** 동일한 의미의 문장 파악 난이도 下 track 01-3

　　向日葵喜欢温暖、日照充足的生长环境，它生长相当迅速，通常种植约两个月即可开花，花期约达两周。花朵外形酷似太阳。<u>它的种子具有很高的经济价值</u>，不但可做成人们爱吃的葵花子，还可制成低胆固醇的高级食用葵花油。

A <u>向日葵的经济价值很高</u>
B 向日葵的种子不可食用
C 向日葵的生长周期为两个月
D 葵花油含有较高的胆固醇

　　<u>해바라기</u>는 온난하고 일조량이 충분한 생장 환경을 좋아하고 생장이 상당히 빨라서, 일반적으로 심은 지 대략 2달 만에 꽃을 피우며, 개화기는 약 2주에 이른다. 꽃의 외형은 흡사 태양과 같다. 해바라기의 <u>씨앗은 높은 경제적 가치를 지니고 있는데</u>, 이는 사람들이 즐겨 먹는 해바라기씨로 만들 수 있을 뿐만 아니라, 저콜레스테롤인 고급의 식용 해바라기유로도 만들 수 있다.

A 해바라기는 높은 경제적 가치를 지니고 있다
B 해바라기의 씨앗은 먹을 수 없다
C 해바라기의 생장 주기는 2달이다
D 해바라기유는 비교적 높은 콜레스테롤을 함유하고 있다

공략 주제는 '해바라기'로 '它的种子具有很高的经济价值'라는 내용을 통해 정답이 A임을 알 수 있다.

어휘 ★向日葵 xiàngrìkuí 명 해바라기 | 迅速 xùnsù 형 신속하다 | 通常 tōngcháng 부 통상적으로, 일반적으로 | ★种植 zhòngzhí 동 심다, 재배하다 | 约 yuē 부 대략, 약 | 开花 kāi huā 동 꽃이 피다 | 花朵 huāduǒ 명 꽃, 꽃잎 | ★酷似 kùsì 동 몹시 닮다, 흡사하다 | ★经济价值 jīngjì jiàzhí 명 경제적 가치 | 葵花子 kuíhuāzǐ 명 해바라기씨 | 胆固醇 dǎngùchún 명 콜레스테롤 | 食用 shíyòng 형 식용의 | 葵花油 kuíhuāyóu 명 해바라기유

4. HSK POINT 힌트가 되는 其实 난이도 中 track 01-4

时常听到这样一句话："读万卷书不如行万里路，行万里路不如阅人无数，阅人无数不如名师指路，名师指路不如自己去悟。"这就让人进入一个误区，似乎读书没什么用了！其实，"书是人类进步的阶梯。"一个人要想取得成就，必须多读书，读好书。

종종 '만 권의 책을 읽는 것보다 만리의 길을 걷는 것이 낫고, 만리의 길을 걷는 것보다 많은 사람들을 경험하는 것이 낫고, 많은 사람들을 경험하는 것보다 유명한 스승이 길을 인도해주는 것이 낫고, 유명한 스승이 길을 인도해주는 것보다 스스로 깨닫는 편이 낫다.'라는 이러한 말을 듣곤 한다. 이는 그저 잘못된 곳으로 나아가게 놔두고, 마치 독서를 하는 것은 아무런 쓸모가 없는 듯 보이지만, 사실 '책은 인류 발전의 계단이다.'는 말처럼 성과를 거두려면 반드시 책을 많이 읽어야 하고, 좋은 책을 읽어야만 한다.

A 对读书的看法因人而异
B 遇上一个名师很重要
C 要想取得成就要多读书
D 要积累丰富的实践经验

A 독서에 대한 견해는 사람마다 다 다르다
B 유명한 스승을 만나는 것은 매우 중요하다
C 성과를 거두려면 책을 많이 읽어야 한다
D 풍부한 실천 경험을 쌓아야 한다

공략 마지막 문장 '其实，"书是人类进步的阶梯。"一个人要想取得成就，必须多读书，读好书。'에서 힌트가 되는 其实를 듣고 그 뒤에 이어질 문장이 핵심 내용이 될 것이라는 것을 유추할 수 있다. 따라서 정답은 이 내용과 같은 의미의 C이다.

어휘 ★时常 shícháng 부 종종, 자주 | ★读万卷书 dú wàn juàn shū 만 권의 책을 읽다 | 行万里路 xíng wàn lǐ lù 만리의 길을 걷다, 먼 길을 가다 | ★阅人无数 yuè rén wúshù 많은 사람들을 경험하다 | 名师指路 míngshī zhǐlù 유명한 스승이 길을 인도하다 | 悟 wù 동 깨닫다 | 进入一个误区 jìnrù yí ge wùqū 잘못된 곳으로 들어서다 | ★似乎 sìhū 부 마치 ~인 것 같다 | 其实 qíshí 부 사실 | ★取得成就 qǔdé chéngjiù 성과를 거두다 | 因人而异 yīn rén ér yì 성어 사람에 따라 다르다

합격필수 TIP

▶ 자주 출제되는 속담

① 一个篱笆(líba)三个桩(zhuāng)，一个好汉三个帮
   독불장군

② 一山不容二虎
   하나의 산에는 두 마리의 호랑이가 존재할 수 없다 → 하나의 조직이나 집단에 두 강자는 존재할 수 없다

③ ★车到山前必有路，船到桥头自然直
   수레가 산 앞에 이르면 길이 보이고 배가 다리에 닿으면 뱃머리가 자연히 바로 돌려진다 → 일정한 단계까지 노력하면 결국은 해결책이 있게 마련이다

④ ★一分耕耘(gēngyún)，一分收获
   노력한 만큼 수확을 얻다

⑤ ★种瓜得瓜，种豆得豆
   콩 심은 데 콩 나고 팥 심은 데 팥 난다 → 뿌린대로 거둔다

⑥ ★百闻不如一见
   백문이 불여일견이다 → 백 번 듣는 것이 한 번 보는 것만 못하다

⑦ ★费了九牛二虎之力
   소 아홉 마리와 호랑이 두 마리의 힘을 쓰다 → 있는 힘을 다 쓰다, 엄청난 노력을 들이다
⑧ 有眼不识泰山
   눈이 있어도 태산을 알아보지 못하다 → 견식이 부족해 뛰어난 사람을 알아보지 못하다
⑨ 知其一不知其二
   하나만 알고 둘은 모르다 → 사물에 대한 이해가 단편적이다, 부분적으로만 알다
⑩ 八九不离十
   거의 틀림없다 → 실제 상황에 매우 근접하다

---

5. **HSK POINT** 동일한 의미의 문장 파악　난이도 中　　　　　　　　　　　　track 01-5

　　爱听表扬的话是人类的天性。赞美他人会使别人愉快，而被赞美者的回报也会使自己感到愉快，这样就形成了人际关系的良性循环。<u>养成乐于夸奖他人的习惯，将会使你的人际交往变得更加和谐愉快。</u>

　　칭찬하는 말을 듣기 좋아하는 것은 인간의 천성이라고 할 수 있다. 타인을 칭찬하는 것은 다른 이를 즐겁게 할 수 있으며, 칭찬을 받은 이의 보답은 또한 자신을 즐겁게 할 수 있어, 인간관계에서의 양성 순환을 형성하게 된다. <u>타인을 칭찬하는 것을 즐기는 습관을 기르면, 당신의 대인관계는 더욱 조화롭고 유쾌해질 것이다.</u>

A 赞美他人是人的天性
B 赞美有助于人际交往
C 赞美要讲究技巧
D 赞美别人要真诚

A 타인을 칭찬하는 것은 인간의 천성이다
B 칭찬은 대인관계에 도움이 된다
C 칭찬은 테크닉에 주의해야 한다
D 다른 사람을 칭찬하는 것은 진실해야 한다

공략 마지막 부분의 '养成乐于赞美他人的习惯, 将会使你的人际交往变得更加愉快.'라는 문장에서 타인을 칭찬하는 것이 대인관계를 더 좋게 할 수 있다고 했으므로 정답은 B가 된다.

어휘 ★表扬 biǎoyáng 통 칭찬하다 | ★天性 tiānxìng 명 천성 | 赞美 zànměi 통 칭찬하다, 찬미하다 | 愉快 yúkuài 형 유쾌하다, 즐겁다 | 被赞美者 bèi zànměizhě 칭찬을 받은 자 | 回报 huíbào 통 보답하다 | 人际关系 rénjì guānxi 대인관계, 인간관계 | 良性循环 liángxìng xúnhuán 명 선순환, 양성 순환 | 养成……的习惯 yǎngchéng……de xíguàn ~한 습관을 기르다 | 将 jiāng 부 ~일 것이다 | ★人际交往 rénjì jiāowǎng 명 대인관계, 인간 교제

---

6. **HSK POINT** 동의어 没保住와 去世　난이도 中　　　　　　　　　　　　track 01-6

　　一位妇产科医生自己开了一家医院，第一天下班回到家后，妻子问他："今天工作怎么样？"医生回答："不算太坏，<u>虽然产妇和婴儿都没保住</u>，但总算把婴儿的父亲救活了。"

　　한 산부인과 의사가 병원을 개업했다. 개업 첫 날 퇴근 후 집에 오니, 아내가 "오늘 일은 어땠어요?"라며 그에게 물었다. 그는 "그리 나쁜 편은 아니었소. <u>비록 산모와 아기는</u> 지키지 못했지만, 간신히 아기의 아빠는 살려냈으니까."라고 대답했다.

A 孕妇和孩子都去世了
B 医生的医术很高明
C 婴儿父亲病得很重
D 医生帮助了婴儿父亲

A 산모와 아기가 모두 세상을 떠났다
B 의사의 의술이 뛰어나다
C 아기의 아빠는 심한 병을 앓고 있다
D 의사가 아기의 아빠를 도와주었다

공략 '虽然产妇和婴儿都没保住'라는 문장에서 没保住는 '죽다, 세상을 떠나다'라는 去世와 의미가 같으므로 A가 정답이다.

어휘 ★妇产科 fùchǎnkē 명 산부인과 | 开医院 kāi yīyuàn 병원을 개업하다 | ★不算太坏 búsuàn tài huài 그리 나쁜 편은 아니다 | 产妇 chǎnfù 명 임산부 | 婴儿 yīng'ér 명 영아, 아기 | 保住 bǎozhù 통 지켜내다, 지키다 | ★总算 zǒngsuàn

부 간신히, 마침내, 겨우 | ★把……救活了 bǎ……jiùhuó le ~을 살리다, ~(의) 목숨을 구하다

7. HSK POINT 긴 문장에서 핵심 내용 파악 　난이도 中　　　track 01-7

倾听别人的建议，固然可以汲取经验和教训，也可以让自己少走弯路，但是如果一味地征求别人的意见，而没有任何主见，就可能在纷繁复杂的环境中不知所措，丧失了自己的价值观，从而迷失自己的方向。

A 要明确自己的方向
B 要善于接受别人的意见
C 倾听是一种美德
D 要做一个有主见的人

다른 사람의 의견을 경청하는 것이 물론 경험과 교훈을 얻을 수 있고, 또한 자신이 시행착오를 덜 겪게 할 수 있기는 하지만, 만약 무턱대고 다른 이의 의견만을 구하며 아무런 주견 없이 군다면, 복잡한 환경 속에서 어찌해야 할 바를 몰라 갈팡질팡하며 자신의 가치관을 잃게 되어, 자신이 나아가야 할 길을 잃게 될 수 있다.

A 자신의 방향을 명확하게 해야 한다
B 다른 사람의 의견을 잘 받아들여야 한다
C 경청하는 것은 일종의 미덕이다
D 주견이 있는 사람이 되어야 한다

공략 화자가 강조하는 내용이 전환의 의미를 나타내는 접속사 但是 뒤에 제시될 것임을 알 수 있다. 비교적 긴 문장인 '但是如果一味地征求别人的意见，而没有任何主见，……丧失了自己的价值观，从而迷失自己的方向'에서 핵심이 되는 내용은 '如果没有主见，就会迷失自己的方向'이므로 정답은 D가 된다.

어휘 ★倾听 qīngtīng 통 경청하다 | 建议 jiànyì 명 건의 | ★固然……但是 gùrán……dànshì 물론 ~이기는 하지만 | ★少走弯路 shǎo zǒu wānlù 시행착오를 덜 겪다 | ★一味 yíwèi 부 무턱대고 | ★征求 zhēngqiú 통 널리 구하다 | 主见 zhǔjiàn 명 주견 | 纷繁复杂 fēnfán fùzá 복잡하다, 번잡하다 | ★不知所措 bù zhī suǒ cuò 성 어찌할 바를 모르다, 갈팡질팡하다 | ★迷失自己 míshī zìjǐ 자신의 길을 잃다

8. HSK POINT 긴 문장에서 핵심 내용 파악 　난이도 上　　　track 01-8

许多人都有从众心理，而且物以稀为贵，越是供不应求的东西，人们就越喜欢抢购。排队购买的人多，这自然说明该商品的人气旺。限量供应就是抓住这一特点，商家刻意把购买规模变小，制造出供不应求的局面，以保持旺盛的人气。

A 很多商家都以薄利多销为经营原则
B 供不应求不利于经济发展
C 物美价廉的产品大受消费者的青睐
D 限量供应能刺激消费

많은 사람들은 군중 심리를 지니고 있을 뿐만 아니라, 물건은 적을수록 귀하다고 여겨, 공급이 부족한 물건일수록 사람들은 앞다투어 구매하려고 한다. 줄을 서서 구매하는 사람이 많다는 것은 당연히 그 상품의 뜨거운 인기몰이를 입증하는 것이라고 할 수 있다. 제한적으로 상품을 공급하는 것은 바로 이러한 점을 노린 것으로, 판매상은 상품에 대한 왕성한 인기를 유지시키기 위해 고의적으로 구매 규모를 줄여 공급이 부족한 상황을 조장해내는 것이다.

A 많은 판매상들은 모두 박리다매를 경영 원칙으로 삼는다
B 공급이 수요를 따르지 못하는 공급 부족은 경제 발전에 이롭지 않다
C 질이 좋고 가격이 저렴한 제품은 소비자들에게 큰 인기가 있다
D 제한적으로 상품을 공급하는 것은 소비를 자극시킬 수 있다

공략 마지막 문장 '限量供应就是抓住这一特点，商家刻意把购买规模变小，制造出供不应求的局面，以保持旺盛的人气.'에서 제한적으로 공급하는 것은 상품에 대한 왕성한 인기를 유지할 수 있다고 했는데, 이는 바로 사람들을 자극시켜 소비하게 한다는 의미로 해석되므로 정답은 D가 된다.

어휘 ★从众心理 cóngzhòng xīnlǐ 군중 심리 | ★物以稀为贵 wù yǐ xī wéi guì 형 물건은 적을수록 귀하다 | ★供不应求 gōng bù yìng qiú 형 공급이 수요를 따르지 못하다 | ★抢购 qiǎnggòu 동 앞다투어 구매하다 | ★排队 páiduì 동 줄을 서다 | 购买 gòumǎi 동 사다, 구매하다 | 该 gāi 데 (앞에서 언급한) 이, 그, 저 | ★人气旺 rénqìwàng 뜨거운 인기몰이 | ★限量供应 xiànliàng gōngyìng 제한적으로 공급하다 | 抓住 zhuāzhù 잡다, 붙잡다 | 商家 shāngjiā 명 판매상 | 刻意 kèyì 부 일부러, 고의로 | 购买规模 gòumǎi guīmó 구매 규모 | ★制造出……的局面 zhìzàochū……de júmiàn ~한 국면(상황)을 조장해내다 | ★旺盛的人气 wàngshèng de rénqì 뜨거운 인기, 왕성한 인기 | 薄利多销 báolì duōxiāo 박리다매 | 物美价廉 wù měi jià lián 형 물건도 좋고 값도 싸다 | 青睐 qīnglài 명 호감, 총애, 인기

9. HSK POINT 동일한 의미의 문장 파악 | 난이도 下 | track 01-9

寓言一般短小精悍，其主人公可以是人，也可以是拟人化的动植物或其他事物。无论是哪个国家或哪个时代的寓言故事，都总结了人们的生活经验和为人处事的道理，<u>具有鲜明的哲理性</u>，也对提高自身修养有很大帮助。

우화는 일반적으로 짧지만 힘이 있는 이야기로, 그 주인공은 사람일 수도 있고 의인화된 동물이나 식물 혹은 기타 사물일 수도 있다. 어느 국가 혹은 어느 시대의 우화 이야기든지 사람들의 생활 경험과 처세의 이치를 총결하고 있어, <u>뚜렷한 철학적 이치를 지니고 있으며</u> 교양을 쌓는 데에도 큰 도움이 된다.

A 寓言有着极强的现实性
B **寓言蕴含着深刻的哲理**
C 寓言故事情节较长
D 寓言的主人公只是一些事物

A 우화는 매우 강한 현실성을 지니고 있다
B **우화는 깊은 철학적 이치를 담고 있다**
C 우화는 이야기 줄거리가 비교적 길다
D 우화의 주인공은 단지 일부 사물이다

공략 주제는 '우화'로 마지막 부분에서 언급된 '具有鲜明的哲理性'이라는 내용을 통해 정답이 B임을 알 수 있다.

어휘 ★寓言 yùyán 명 우화 | 短小精悍 duǎn xiǎo jīng hàn 형 (글이나 연극 등이) 짧지만 힘이 있다 | ★主人公 zhǔréngōng 명 주인공 | 拟人化 nǐrénhuà 명 의인화 | ★总结 zǒngjié 동 총괄하다, 총결하다 | ★生活经验 shēnghuó jīngyàn 생활 경험 | ★为人处事 wéirén chǔshì 처신하고 일을 처리하다, 처세하다 | 道理 dàolǐ 명 이치, 도리 | ★鲜明 xiānmíng 형 분명하다, 뚜렷하다 | 哲理性 zhélǐxìng 명 철학적 이치성 | ★提高……修养 tígāo……xiūyǎng 교양을 쌓다, 수양을 쌓다

10. HSK POINT 동일한 의미의 문장 파악 | 난이도 中 | track 01-10

有一天，<u>一家失火了</u>，爸爸妈妈都逃出来了，<u>只剩下儿子还在房间里</u>。妈妈大声喊："儿子啊，你在干什么呢? 快出来，失火了!" 儿子回答："我在穿袜子啊。" 妈妈生气地说："失火了还穿什么袜子!" 过了一会儿儿子还没出来，妈妈又喊道："儿子你在干什么呢?" 儿子回答："我在脱袜子啊。"

어느 날, <u>한 집에 불이 났다.</u> 아빠와 엄마는 모두 도망쳐 나왔고, <u>아들만 방에 남게 되었다.</u> 엄마는 큰 소리로 "아들아, 너 뭐 하는 거니? 빨리 나와, 불이 났어!"라고 외쳤다. 아들은 "저 양말을 신고 있어요."라고 대답했고, 그러자 엄마는 "불이 났는데 무슨 양말을 신는 거니!"라며 화를 내며 말했다. 얼마 지난 후에도 아들이 나오지 않자 엄마는 "얘야 너 뭐 하는 거야?"라며 또 소리쳤고, 아들은 "저 양말을 벗고 있는 중이에요."라고 대답했다.

A 爸爸妈妈不管儿子了
B 妈妈进去救了儿子
C **失火时儿子在房间里**
D 袜子对儿子很重要

A 아빠와 엄마는 아이를 내버려두고 상관하지 않았다
B 엄마는 들어가서 아들을 구했다
C **불이 났을 때 아들은 방에 있었다**
D 양말은 아들에게 매우 중요했다

공략 앞부분에서 언급된 '一家失火了……只剩下儿子还在房间里'라는 내용을 통해 불이 났을 때 아들만 방에 있었음을 알 수 있으므로 정답은 C이다.

어휘 ★失火 shīhuǒ 동 불이 나다 | 逃出来 táo chūlai 도망쳐 나오다 | ★剩下 shèngxià 동 남다 | 大声喊 dàshēng hǎn 큰 소리로 외치다 | 脱袜子 tuō wàzi 양말을 벗다

11. HSK POINT 동일한 의미의 문장 파악 난이도 中   track 01-11

宋代的文明水平达到了前所未有的高度。中国古代的"四大发明"中，除了造纸术，其余三项——指南针、火药、活字印刷术均出自宋代，可见当时科技水平达到了空前的繁盛。另外，宋代的数学、天文学、冶炼和造船技术等也都在世界上处于领先地位。

송나라 시기의 문명 수준은 유례가 없을 만큼 높은 정도에 달했다. 중국 고대의 '4대 발명' 중 제지술을 제외하고, 그 나머지 세 항목인 나침반, 화약, 활자 인쇄술은 모두 송나라 때 발명되었다. 이로써 당시 과학 기술 수준이 전례 없는 번영을 이루었음을 알 수 있다. 이 밖에 송나라 시기의 수학, 천문학, 제련 및 조선 기술 등도 모두 세계적으로 선두 지위에 있었다.

A 造纸术在宋代传到海外
B 指南针是由宋朝人所发明的
C "四大发明"都出现于宋朝
D 宋代天文学成就最高

A 제지술은 송나라 때 해외로 전해졌다
B 나침반은 송나라 사람이 발명한 것이다
C '4대 발명'은 모두 송나라 때 생겨났다
D 송나라 시기 천문학의 성과가 가장 높았다

공략 앞부분에서 '指南针、火药、活字印刷术均出自宋代'라는 문장을 통해 나침반이 송나라 시기에 생겨났음을 알 수 있으므로 동일한 의미의 B가 정답이다.

어휘 宋代 Sòngdài 명 송대 | 文明水平 wénmíng shuǐpíng 명 문명 수준 | ★达到……高度 dádào……gāodù 〜(정도·수준)에 이르다 | ★前所未有 qián suǒ wèi yǒu 성 역사상 유례가 없다 | ★四大发明 sìdà fāmíng 명 4대 발명(품) | 造纸术 zàozhǐshù 명 제지술 | 其余 qíyú 명 나머지 | 指南针 zhǐnánzhēn 명 나침반 | 火药 huǒyào 명 화약 | 活字印刷术 huózì yìnshuāshù 활자 인쇄술 | 均 jūn 부 모두, 다 | 天文学 tiānwénxué 명 천문학 | 冶炼 yěliàn 동 제련하다 | 造船技术 zàochuán jìshù 명 조선 기술 | ★处于领先地位 chǔyú lǐngxiān dìwèi 선두 지위에 놓이다

합격필수 TIP

▶ 자주 출제되는 '역사' 관련 정보 1. 중국 4대 기서(명대 4권의 명작 소설)

① 《西游记》 Xīyóujì 『서유기』
오승은(吴承恩)의 장편 신화 소설로 삼장법사와 그의 세 제자 손오공, 저팔계, 사오정이 불경을 얻기 위해 서역국으로 향하며 겪는 이야기이다.

② 《三国演义》 Sānguó Yǎnyì 『삼국연의』
위, 촉, 오 삼국의 역사를 바탕으로 전승되어 온 이야기를 나관중(罗贯中)이 재구성한 장편소설이다. 조조, 유비, 손권, 제갈량, 장비, 조운 등과 같은 인물을 생생하게 그려냈다.

③ 《水浒传》 Shuǐhǔzhuàn 『수호전』
북송 시대 양산박에서 봉기한 호걸들의 실화를 배경으로 각색한 장편 소설이다.

④ 《红楼梦》 Hónglóumèng 『홍루몽』
조설근(曹雪芹)이 지은 장편 소설로, 중국 고전 소설의 최고봉으로 손꼽힌다.

12. HSK POINT 동일한 어휘 파악 〔난이도 下〕　track 01-12

汉语中常用人体的各个器官来比喻不同身份的人，这显得生动有趣，比如用"手足"比喻兄弟，用"骨肉"比喻亲生儿女，用"首脑"比喻国家的领导人，用"心腹"比喻亲近而信任的人。还可以用器官来比喻抽象的事物，例如用"手腕"比喻办事的本领和手段。

중국어에서는 종종 인체의 각 기관으로 다른 신분의 사람을 비유하곤 하는데, 이는 생동적이고 재미있어 보인다. 예를 들어 '수족'은 형제를 비유하고, '골육'은 친자녀를 비유하며, '수뇌'는 국가의 지도자를 비유하고, '심복'은 가깝고 신뢰하는 사람을 비유한다. 또한 신체 기관으로 추상적인 사물을 비유하기도 하는데, 그 예로 '수완'은 일을 처리하는 능력이나 수단을 나타낸다.

A **"手足"被用来比喻兄弟**
B "手腕"说明一个人很有信心
C "心腹"形容人潇洒大方
D "骨肉"指最心爱的人

A **'수족'은 형제를 비유하는 데 쓰인다**
B '수완'은 사람이 자신감이 있음을 의미한다
C '심복'은 사람이 멋스럽고 대범함을 묘사한다
D '골육'은 가장 사랑하는 사람을 가리킨다

공략 앞부분에서 언급된 '比如"手足"比喻兄弟'를 통해 수족이 형제를 비유하는 것을 알 수 있으므로 정답은 A이다.

어휘 ★器官 qìguān 명 기관 | 比喻 bǐyù 동 비유하다 | 身份 shēnfen 명 신분 | ★显得 xiǎnde 동 ~인 것처럼 보이다 | 生动有趣 shēngdòng yǒuqù 생동적이고 재미있다 | ★手足 shǒuzú 명 손과 발, 형제 | ★骨肉 gǔròu 명 뼈와 살, 혈육 | ★亲生儿女 qīnshēng érnǚ 명 친자녀 | ★首脑 shǒunǎo 명 수뇌, 지도자 | 领导人 lǐngdǎorén 명 지도자 | 心腹 xīnfù 명 심장과 배, (믿고 맡길 수 있는) 심복 | ★亲近 qīnjìn 형 친근하다, 가깝다 | 信任 xìnrèn 동 신뢰하다 | ★抽象 chōuxiàng 형 추상적인 | ★手腕 shǒuwàn 명 손목, 수완, 능력 | ★本领 běnlǐng 명 기량, 능력 | 手段 shǒuduàn 명 수단 | 潇洒 xiāosǎ 형 자연스럽고 대범하다

13. HSK POINT 동일한 의미의 문장 파악 〔난이도 中〕　track 01-13

心理学家认为，色彩对人的思维、情绪、感觉、行为等有强烈的控制与调节作用。人们如果长期生活在色彩不和谐的环境中，就会变得焦躁不安，容易疲乏，注意力不集中，自控力差，从而导致健康水平下降。这就是视觉污染给人带来的损失。

심리학자들은 색채가 사람의 사고, 정서, 감각, 행위 등에 있어 강렬한 통제와 조절 작용을 지닌다고 여긴다. 만약 색상이 조화롭지 않은 환경에서 오랜 기간 생활한다면, 초조하고 불안하게 되거나, 쉽게 피로해지거나, 주의력이 분산되거나, 자기 통제력이 떨어지게 되어, 건강 수준을 떨어뜨리는 결과를 초래하게 된다고 한다. 이는 시각 오염이 가져오는 손실이라고 할 수 있다.

A 任何颜色都有负面影响
B **色彩会影响人们的健康**
C 暗色会使人的思维缓慢
D 色彩与人的心理状态无关

A 어떠한 색이든 모두 부정적 영향을 지니고 있다
B **색채는 사람의 건강에 영향을 끼친다**
C 어두운 색은 사람들의 사고를 느리게 한다
D 색채와 사람의 심리 상태는 관계가 없다

공략 주제는 '색채'로 글의 마지막 부분 중 '导致健康水平下降'을 통해 색채가 사람의 건강에 영향을 끼친다는 것을 알 수 있으므로 정답은 B가 된다.

어휘 心理学家 xīnlǐ xuéjiā 명 심리학자 | 色彩 sècǎi 명 색채, 색깔 | ★思维 sīwéi 명동 사고(하다), 사유(하다) | ★情绪 qíngxù 명 정서, 감정 | ★感觉 gǎnjué 명 감각, 느낌 | ★强烈 qiángliè 형 강렬한 | ★控制 kòngzhì 동 통제하다, 제어하다 | ★调节 tiáojié 동 조절하다 | ★和谐 héxié 형 조화롭다 | ★焦躁不安 jiāozào bù'ān 초조하고 불안하다 | 疲乏 pífá 형 피로하다, 피곤하다 | 注意力 zhùyìlì 명 주의력 | ★集中 jízhōng 동 집중하다, 모으다 | ★自控力 zìkònglì 명 자기 통제력 | ★导致 dǎozhì 동 야기하다, 초래하다 | 健康水平 jiànkāng shuǐpíng 명 건강 수준 | 下降 xiàjiàng 동 떨어지다 | 视觉污染 shìjué wūrǎn 시각 오염 | ★损失 sǔnshī 명 손실, 손해

14. HSK POINT 동일한 의미의 문장 파악 │ 난이도 上 │ track 01-14

一项研究表明，零到六岁是儿童的行为习惯、情感态度、性格等形成的重要时期，也是儿童养成良好的人格品质的关键时期。这一时期儿童的发展状况具有持续性，会影响儿童日后人格的发展方向。

A 健康的人格要从小培养
B 不应该溺爱孩子
C 儿童教育要追求因材施教
D 父母要培养孩子的社交能力

한 연구가 밝힌 바에 따르면, 0~6세는 아이의 행위 습관, 감정 태도, 성격 등이 형성되는 중요한 시기이며, 또한 훌륭한 인품을 기르는 데 있어 관건이 되는 시기이기도 하다. 이 시기 아이들의 발달 상황에는 지속성이 있어서, 이는 아이의 장래 인격 발달 방향에 영향을 끼칠 수 있다.

A 건강한 인격은 어려서부터 길러야 한다
B 아이를 애지중지해서는 안 된다
C 아동 교육은 아이의 소질에 맞춘 교육을 추구해야 한다
D 부모는 아이의 사교 능력을 길러줘야 한다

공략 앞부분의 '零到六岁……也是儿童养成良好的人格品质的关键时期'라는 내용을 통해 아이의 인격 양성은 어려서부터 시작된다는 것을 알 수 있으므로 정답은 A가 된다.

어휘 ★研究表明 yánjiū biǎomíng 연구가 ~라고 밝히다 │ 行为习惯 xíngwéi xíguàn 몡 행위 습관 │ 情感态度 qínggǎn tàidu 몡 감정 태도 │ ★性格 xìnggé 몡 성격 │ 重要时期 zhòngyào shíqī 중요한 시기 │ ★养成 yǎngchéng 동 기르다 │ 良好 liánghǎo 형 좋다, 훌륭하다 │ 人格品质 réngé pǐnzhì 인품, 품성 │ 关键时期 guānjiàn shíqī 관건이 되는 시기, 결정적 시기 │ ★发展状况 fāzhǎn zhuàngkuàng 발달 상황, 발전 상황 │ 持续性 chíxùxìng 몡 지속성 │ 日后 rìhòu 몡 장래, 뒷날 │ 因材施教 yīn cái shī jiào 성 그 인물에 맞게 교육하다

15. HSK POINT 동일한 의미의 문장 파악 │ 난이도 下 │ track 01-15

射箭是用弓把箭射出并射中预定目标，打在靶上的技艺。一名优秀的射箭运动员不仅需要有过人的心理素质，而且还需要有超人的力量。据统计，一次世锦赛中，运动员需要搭弓射箭三百一十二次，男选手用力累计将近八吨，女选手用力累计超过五吨。

A 男选手的心理素质更好
B 射箭对速度要求较高
C 力量在射箭运动中起着关键作用
D 一次世锦赛中，射箭选手用力累计八吨以上

양궁은 활로 화살을 쏘아 예정된 목표인 과녁에 명중시키는 기예이다. 우수한 양궁 선수는 남들을 능가할 만한 심리적인 자질을 필요로 할 뿐만 아니라, 남보다 뛰어난 힘도 지녀야 한다고 한다. 통계에 따르면, 한 회의 세계 선수권 대회에서 양궁 선수는 312번 활을 쏴야 하는데, 남자 선수는 누적된 힘이 거의 8톤에 달하고, 여자 선수는 누적된 힘이 5톤을 넘는다고 한다.

A 남자 선수의 심리적 자질이 더 뛰어나다
B 양궁은 속도에 대한 요구가 비교적 높다
C 힘은 양궁 운동에서 결정적인 작용을 한다
D 한 회의 세계 선수권 대회에서 양궁 선수의 누적된 힘은 8톤 이상이다

공략 주제는 '양궁'으로 앞부분에서 언급된 '还要有超人的力量'을 통해 양궁에서 남들보다 뛰어난 힘을 지니는 것이 중요하다는 것을 알 수 있으므로 정답은 C이다.

어휘 射箭 shèjiàn 몡 양궁 │ 弓 gōng 몡 활 │ 箭 jiàn 몡 화살 │ 射出 shèchū 동 쏘아내다, 내쏘다 │ 射中 shèzhòng 동 명중하다 │ ★预定目标 yùdìng mùbiāo 예정 목표 │ 靶 bǎ 몡 과녁, 표적 │ 技艺 jìyì 몡 기예 │ 优秀 yōuxiù 형 우수하다 │ ★过人 guòrén 동 남을 능가하다, 뛰어나다 │ ★心理素质 xīnlǐ sùzhì 심리적 자질 │ ★超人 chāorén 형 (능력 등이) 일반인을 능가하다 │ 据统计 jù tǒngjì 통계에 따르면 │ 世锦赛 shìjǐnsài '世界锦标赛(세계 선수권 대회)'의 약칭 │ 搭弓 dāgōng 동 활을 쏘다 │ 选手 xuǎnshǒu 몡 선수 │ ★累计 lěijì 동 누적하다 │ 将近 jiāngjìn 동 거의 ~에 근접하다, 거의 ~에 이르다 │ 吨 dūn 양 톤 │ ★超过 chāoguò 동 초과하다

第二部分

[16-20]

第16到20题是根据下面一段采访：

女：这个展厅的布置显得很有特色，非常独特，请您给我们简单介绍一下。

男：这个展厅主要被用来展示雕刻工艺产品的。16这些都是纯手工做的，是我们重点推荐的产品，也是我们今年的一个新的概念，来这里做一个尝试，想看看市场的接受度怎么样。要是市场反响比较好的话，明年我们会在这个系列上做出更大胆的尝试，可能会不止一个系列，会有两三个系列的。

女：你们品牌最大的特色是什么呢？

男：17最大的特色无疑是设计，我们一直致力于很突出的设计，将世界上领先的设计灵感，引入到我们的产品上，引入到我们的设计中，推荐给国内的用户。

女：现在国外也有很多家具品牌进入中国市场，您怎么面对这种激烈的竞争呢？

男：首先我们是非常欢迎他们来到中国市场的，这就证明我们的市场是有活力的、有吸引力的。当然我们作为民族的品牌，18作为本地的企业，首先我们更了解客户的需求，我们更了解中国人的审美，更了解中国人的消费习惯。可能国外的产品，工艺上做得很精致，但中国人更需要的就是温馨感，一种家的感觉，在这方面，我们的设计和东方人更贴近，所以我觉得我们的产品在这个氛围的营造上，更能为国人所接受。

女：那我们这个品牌的消费者定位在什么层面上？

男：现在我们做的都是中高端产品，主要是针对别墅和高端公寓的市场，19消费者几乎都属于中高收入群，他们来消费，我们产品的接受度会好一些。

女：今年原材料等都在上涨，这对于产品的销售有什么影响吗？

男：我觉得这是整个行业面临的问题，我们之所以一开始致力于高端，就是希望能够从价格和成本的竞争中跳出来，更多地以设计来吸引客户。20原材料价格的增长总是会

16~20번 문제는 다음 인터뷰에 근거한다.

여: 이 전시홀은 배치가 매우 특색 있고 독특한 것 같은데, 저희에게 간단히 소개를 좀 해 주세요.

남: 이 전시홀은 주로 조각 공예 제품을 전시하는 곳으로 씁니다. 16이것들은 모두 순 수공으로 제작한 것들로, 저희가 중점적으로 추천하는 제품들이며, 또한 저희들의 올해 새로운 컨셉트라고 할 수 있습니다. 이곳에서 한번 시도해 봄으로써, 시장의 수용성이 어떠한가를 살펴보려고 합니다. 만약 시장 반응이 비교적 괜찮다면, 내년 저희들은 이 계열에서 더 대담한 시도를 해 보려고 하는데, 아마 하나의 시리즈에 그치는 것이 아닌 두세 가지의 시리즈로 만들어 보려고 합니다.

여: 귀사 브랜드의 가장 큰 특색은 무엇인가요?

남: 17가장 큰 특색이라면 두말할 필요 없이 디자인이라고 할 수 있습니다. 저희들은 줄곧 뛰어난 디자인과 세계적으로 선두적인 디자인 영감을 저희들의 제품과 저희들만의 디자인에 도입시켜 국내 사용자들에게 추천하고 있습니다.

여: 현재 해외의 많은 가구 브랜드들이 중국 시장에 진출하고 있는데, 이러한 치열한 경쟁에 어떻게 임하고 계신지요?

남: 우선 저희는 그들의 중국 시장 진출을 매우 환영하는 바입니다. 이는 우리 시장이 활기차고 매력이 있음을 증명하는 것이니까요. 물론 저희가 민족 브랜드로서 또한 18이곳 현지 기업으로서 우선적으로 고객의 수요를 더 잘 알고, 중국인들의 심미에 대해서도 더 이해하며, 나아가 중국인들의 소비 습관에 대해서도 더 잘 파악하고 있습니다. 아마도 외국 제품들이 더 정교하고 섬세할 수는 있겠지만, 중국인들이 더욱 추구하고 있는 부분은 아늑함으로 이는 일종의 가정이 주는 느낌이라고 할 수 있습니다. 이 방면에 있어 저희의 디자인이 동양인들과 더 가깝다고 할 수 있습니다. 저희들 제품이 이러한 분위기를 만들어 내는 데 있어 국내 소비자들에게 더 사랑을 받을 것이라고 생각합니다.

여: 그러면 이 브랜드의 소비자는 어느 계층에 속해 있다고 보십니까?

남: 현재 저희가 만드는 것들은 모두 중고급 제품으로, 주로 별장과 고급 아파트 시장을 겨냥하고 있기에, 19소비자들은 거의 다 중고소득 계층에 속하는데, 그들이 저희 제품을 구매하는 수용도가 좀 더 낫다고 할 수 있습니다.

여: 올해 원재료 등 가격이 상승했는데, 이것이 제품 매출에 어떤 영향을 끼쳤는지요?

有一些影响，但是对我们来讲，影响会比其他的品牌小一些。而且我们已在这方面做好充分的准备，来应对一切变化。

남: 이 부분은 모든 업계가 직면한 문제라고 생각합니다. 저희가 처음부터 고급화 전략을 펼쳤던 이유는 가격과 원가 경쟁에서 벗어나 디자인으로 더 많은 고객을 끌어들이려고 했기 때문이었습니다. **20**원재료 가격의 상승은 늘 어느 정도의 영향을 가져다주기는 하지만, 저희에게 있어서 그 영향은 다른 브랜드들보다는 적다고 할 수 있습니다. 뿐만 아니라, 저희는 이 방면에 있어 이미 충분한 준비를 하여 모든 변화에 대처할 수 있습니다.

어휘 展厅 zhǎntīng 명 전시홀 | ★布置 bùzhì 동 진열하다, 배치하다 | ★很有特色 hěn yǒu tèsè 매우 특색이 있다 | 独特 dútè 형 독특하다 | ★展示 zhǎnshì 동 전시하다, 나타내다 | ★雕刻 diāokè 명동 조각(하다) | ★纯手工 chún shǒugōng 순 수공 | ★重点推荐 zhòngdiǎn tuījiàn 중점적으로 추천하다 | 概念 gàiniàn 명 개념 | ★尝试 chángshì 동 시도해 보다 | 接受度 jiēshòudù 명 수용성, 받아들이는 정도 | ★市场反响 shìchǎng fǎnxiǎng 시장 반향 | 系列 xìliè 명 계열, 시리즈 | ★大胆 dàdǎn 형 대담하다 | ★不止一个 bùzhǐ yí ge 하나에 그치지 않다 | ★品牌 pǐnpái 명 상표, 브랜드 | ★无疑是 wúyí shì 틀림없이 ~이다 | 设计 shèjì 명동 디자인(하다), 설계(하다) | ★致力于 zhìlì yú ~에 힘쓰다, ~에 애쓰다 | ★将……引入到……上 jiāng……yǐnrùdào……shang ~을 ~에 도입하다 | 用户 yònghù 명 사용자 | 家具品牌 jiājù pǐnpái 가구 브랜드 | ★进入中国市场 jìnrù Zhōngguó shìchǎng 중국 시장에 진출하다 | 证明 zhèngmíng 동 증명하다 | ★有活力 yǒu huólì 활기차다, 활력이 있다 | 有吸引力 yǒu xīyǐnlì 매력이 있다 | ★作为 zuòwéi 동 ~로, ~의 신분(자격)으로 | ★民族品牌 mínzú pǐnpái 민족 브랜드 | 本地 běndì 명 본고장, 그 지방 | ★客户的需求 kèhù de xūqiú 고객의 수요 | 审美 shěnměi 명 심미 | ★消费习惯 xiāofèi xíguàn 소비 습관 | 精致 jīngzhì 형 정교하다, 섬세하다 | ★温馨感 wēnxīngǎn 명 따스함, 푸근함, 아늑함 | 贴近 tiējìn 형 친밀하다, 가깝다 | 氛围 fēnwéi 명 분위기 | 营造 yíngzào 동 조성하다, 만들다 | 为……所接受 wéi……suǒjiēshòu ~에게 받아들여지다 | 消费者 xiāofèizhě 명 소비자 | 定位 dìngwèi 명 정해진 자리, 확정된 위치 | 层面 céngmiàn 명 영역, 범위, 방면 | ★中高端产品 zhōnggāoduān chǎnpǐn 중고급 제품 | ★别墅 biéshù 명 별장 | ★高端公寓 gāoduān gōngyù 고급 아파트 | ★中高收入群 zhōnggāo shōurùqún 중고소득군 | ★原材料 yuáncáiliào 명 원재료 | ★上涨 shàngzhǎng 동 오르다 | ★销售 xiāoshòu 명동 매출(하다), 판매(하다) | ★整个行业 zhěnggè hángyè 모든 업종, 전체 업계 | ★面临 miànlín 동 직면하다 | ★竞争 jìngzhēng 명 경쟁 | ★吸引客户 xīyǐn kèhù 고객을 끌어들이다 | ★对我们来讲 duì wǒmen lái jiǎng 우리에게 있어서 | 充分的准备 chōngfèn de zhǔnbèi 충분한 준비 | 应对 yìngduì 동 대처하다, 대응하다

16. HSK POINT 동일한 어휘 파악 난이도 下 track 01-16

关于这次展览的产品，可以知道什么？

A 市场的接受度较高
B 是纯手工制作的
C 是关于饮食文化的
D 具有地方特色

이번 전시회의 제품에 관해 알 수 있는 것은?

A 시장의 수용도가 비교적 높다
B 순 수공으로 제작한 것이다
C 음식 문화에 관한 것이다
D 지방 특색을 지니고 있다

공략 여자의 첫 번째 질문에 대한 남자의 대답 중 앞부분에서 언급하고 있는 '这些都是纯手工做的'라는 내용을 통해 정답은 B임을 알 수 있다.

17. HSK POINT 힌트가 되는 最 난이도 下 track 01-17

男的认为他们品牌最大的特色是什么？

남자는 그들 브랜드의 가장 큰 특색이 무엇이라고 생각하는가?

A 产品的原材料　　　　　　　　　A 제품의 원재료
B 新产品开发　　　　　　　　　　B 신제품 개발
C 低廉的价格　　　　　　　　　　C 저렴한 가격
D 优秀的设计　　　　　　　　　**D 우수한 디자인**

> **공략** 여자의 두 번째 질문에 대한 남자의 대답에서 '最大的特色无疑是设计'의 最가 바로 정답을 찾는 힌트가 된다. 最 뒤에 이어지는 문장의 내용을 들으면 정답이 D임을 쉽게 알 수 있다.

---

18. HSK POINT 힌트가 되는 首先　난이도 中　　　　　　　　　track 01-18

面对国外产品，男的认为他们的优势是什么？　　　외국 제품에 맞서 남자는 자신들의 강점이 무엇이라고 생각하는가？

A 服务更优质　　　　　　　　　　A 서비스의 질이 더 우수하다
B 更了解本土客户的需求　　　　**B 현지 고객의 수요를 더 잘 안다**
C 技术更先进　　　　　　　　　　C 기술이 더 선진적이다
D 产品的功能更丰富　　　　　　　D 제품의 기능이 더 풍부하다

> **공략** 여자의 세 번째 질문에 대한 남자의 대답 중 '作为本地的企业，首先我们更了解客户的需求'에서 首先이 정답을 찾는 힌트가 된다. 따라서 首先 뒤에 이어지는 내용을 들으면 정답이 B임을 알 수 있다.

---

19. HSK POINT 동일한 의미의 문장 파악　난이도 下　　　　　　　track 01-19

该品牌主要针对哪些人？　　　　　　이 브랜드는 주로 어느 사람들을 겨냥하고 있는가？

A 国内女性消费者　　　　　　　　A 국내 여성 소비자
B 青少年　　　　　　　　　　　　B 청소년
C 高收入的年轻群体　　　　　　　C 고수입의 젊은 소비자층
D 中高端消费者　　　　　　　　**D 중고급 수준 소비자**

> **공략** 여자의 네 번째 질문에 대한 남자의 대답 중 '消费者几乎都属于中高收入群'이라는 내용에서 이 브랜드 제품이 겨냥하고 있는 소비자는 중고소득 계층에 속한 사람들임을 알 수 있으므로 정답은 D이다.

---

20. HSK POINT 동일한 의미의 문장 파악　난이도 中　　　　　　　track 01-20

男的怎么看原材料价格上涨的问题？　　남자는 원재료 가격의 상승 문제를 어떻게 보고 있는가？

A 不受任何影响　　　　　　　　　A 어떠한 영향도 받지 않는다
B 影响相对较小　　　　　　　　**B 영향이 상대적으로 적다**
C 从中受益匪浅　　　　　　　　　C 그로 인해 얻는 수익이 많다
D 造成巨大的损失　　　　　　　　D 거대한 손실이 야기된다

> **공략** 여자의 마지막 질문에 대한 남자의 대답 중 '原材料价格的增长总是会有一些影响，但是对我们来讲，影响会比其他的品牌小一些。'라는 내용에서 원재료 가격 상승의 영향이 다른 브랜드보다 적다고 했으므로 정답은 B가 된다.

합격필수 TIP

▶ **인터뷰 형식에서 정답을 찾는 힌트가 되는 어휘**

인터뷰에서 다음 단어나 문장을 들으면 뒤에 이어지는 내용이 답이 되는 경우가 많다.

- ★最 zuì 가장 | ★第一 dì-yī 첫 번째 | ★首先 shǒuxiān 우선 | ★主要 zhǔyào 주로 | ★重要 zhòngyào 중요한 | 根本 gēnběn 근본적으로 | 基本 jīběn 기본적으로
- ★因为 yīnwèi ~때문에 | ★由于 yóuyú ~때문에 | ★原因 yuányīn 원인 | 目的 mùdì 목적 | ★为了 wèile ~을 위하여 | 目标 mùbiāo 목표 | 关键 guānjiàn 관건
- 可见 kějiàn ~임을 알 수 있다 | ★其实 qíshí 사실 | 事实上 shìshíshang 사실상 | ★实际上 shíjìshang 실제로는 | ★总之 zǒngzhī 요컨대 | 总而言之 zǒng ér yán zhī 요컨대, 총괄적으로 말하면 | 简单来说 jiǎndān lái shuō 간단히 말하면
- ★但是 dànshì 그러나 | ★可是 kěshì 하지만 | 不过 búguò 그렇지만 | 然而 rán'ér 그러나

[21-25]

第21到25题是根据下面一段采访：

男：我们知道你出演了传记电影《萧红》中萧红这一人物，25你平时就喜欢看人物传记类电影吗？

女：对，像《铁娘子》、《时时刻刻》，这一类电影我都很喜欢。

男：萧红这个角色吸引你的地方在哪里？

女：看完剧本，我觉得我就是另一个萧红。我觉得这个角色让我来演，对我来说就像一种使命似的。她的很多作品，比如像《呼兰河传》，我小时候就读过。接演这个角色后，我当然又做了大量的功课，买了一堆书在家看，想看她的文字，21想接触她的内心。

男：看她文字的时候，你有什么样的感觉呢？跟你后面拍戏的感觉契合吗？

女：我觉得她的文字有一些笔触，那就像一个孩子，22特别干净，特别纯粹。她的文字不是很华丽，也不是很漂亮，但就是特别地干净，特别地朴素，特别地打动人心。

男：你对她这种干净朴实的印象会不会带到电影《萧红》的表演里面？

女：我去感受她的一些文字，看她的作品，其实不一定对我的表演有多么明确的帮助。我觉得这就是一种潜移默化的感受和影响，通过她的一些文字我能对萧红生活的方方面面有一个模糊的判断。但就这部电影来说，依靠更多的还是剧本，剧本本身呈现的就是什么样的东西，什么样的故事。23我们这部电影，表现更多的还是萧红的情感。

21~25번 문제는 다음 인터뷰에 근거한다.

남: 저희가 알기로는 전기 영화인 「샤오훙」에서 샤오훙이라는 인물로 출연하셨는데, 25평소 인물의 전기 영화를 즐겨 보시나요?

여: 네, 그렇습니다. 「철의 여인」, 「시시각각」과 같은 영화를 매우 좋아합니다.

남: 샤오훙이라는 배역의 어떠한 점에 끌리신 건가요?

여: 대본을 다 읽어보고, 저는 제가 바로 또 다른 샤오훙이라는 생각이 들었고, 이 배역을 제가 맡아 연기하는 것이 저에게 있어 일종의 사명처럼 여겨졌어요. 저는 그녀의 많은 작품들 중, 예를 들어 「후란강 이야기」 같은 작품은 어렸을 때 읽었답니다. 이 배역을 맡기로 한 후, 저는 물론 공부도 많이 하면서 많은 책을 사서 읽고 그녀의 글을 통해 21그녀의 속마음을 알아보려고 했답니다.

남: 그녀의 글을 읽고 어떤 느낌이 드셨나요? 그게 후반에 촬영을 하실 때의 느낌과 일치하는 부분이 있었나요?

여: 제가 생각하기에 그녀의 글에는 약간의 필법이 있는데, 그게 마치 아이와 같이 22아주 깨끗하면서 순수한 느낌이 들었답니다. 그녀의 글은 화려하지도 빼어나지도 않지만 특별하다고 할 만큼 깨끗하고 소박하여 사람들을 감동시키는 것 같습니다.

남: 당신의 그녀에 대한 이러한 깨끗하고 소박한 인상이 영화 「샤오훙」의 연기 속에도 담겨 있나요?

여: 제가 그녀의 글을 접하고 그녀의 작품을 읽는 것이 사실 제 연기에 어느 정도의 뚜렷한 도움을 주었다고 할 수는 없습니다. 제 생각에 이는 일종의 은연 중에 받아들여지게 되는 느낌과 영향인 것 같고, 그녀의 글을 통해서 저는 그저 샤오훙 그녀의 생활 속 각 방면들에 있어 어렴풋한 판단을 하게 된 정도라고 생각합니다. 하지만 영화로 말하자면, 더 많은 부분을 대본에 의존하고 있고, 대본은

男：在演绎萧红的时候，有什么样的情节，或者片段，或者心态，跟你自己是相通的？
女：我不会太刻意地去寻找我跟她相似的地方。因为我是一个专业的演员，我从学习表演那一刻开始，相信的就是"塑造"。就是让我自己努力地去变成她，而不是说我一定去找到某个地方跟她相似，再去表演。
男：人物传记和现代戏有什么表演上的不同吗？
女：完全不同。拍现代戏可能更随意、轻松，因为可以创造角色，自由发挥的空间比较大。但是出演人物传记，我有自己的一个尺度，24希望这个戏更准确一点儿。这种自我要求会让我更加小心翼翼，如履薄冰。

그 자체가 영화 속에서 어떠한 사물인지, 어떠한 이야기인지를 그대로 드러내고 있답니다. 23저희의 이번 영화는 샤오훙의 감정을 더 많이 표현해내고 있다고 볼 수 있습니다.

남: 샤오훙이라는 역할을 연기하실 때 어떠한 줄거리나 부분 혹은 심리 상태에서 본인과 서로 통하는 점이 있다고 보시나요?

여: 저는 굳이 애써 그녀와 비슷한 부분을 찾으려고 하지 않습니다. 왜냐하면 저는 전문 배우이고, 연기를 배우기 시작한 그 순간부터 제가 믿는 것은 바로 '묘사'입니다. 다시 말해 제 자신을 그녀로 변하게 하려고 노력하는 것이지, 반드시 그녀와 닮은 어떤 부분을 찾아내서 연기하려고 하지는 않습니다.

남: 인물 전기와 현대극이 연기하는 데 있어서는 어떤 다른 점이 있습니까?

여: 완전히 다르다고 할 수 있습니다. 현대극을 촬영하는 것이 더 편하고 수월하다고 할 수 있죠. 왜냐하면 역할을 만들어낼 수 있어서 자유롭게 표현할 수 있는 공간이 비교적 크기 때문입니다. 하지만 인물의 전기 작품에 출연하게 되면 저는 제 자신만의 기준을 가지고 임하며 24이 작품이 보다 더 정확하기를 바란답니다. 이러한 스스로에 대한 요구가 저를 더욱 조심하고 신중하게 만든다고 생각합니다.

어휘 出演 chūyǎn 통 출연하다 | ★传记 zhuànjì 몡 전기 | ★角色 juésè 몡 배역, 역할 | 剧本 jùběn 몡 극본, 대본 | ★使命 shǐmìng 몡 사명, 중대한 책임 | 接演 jiēyǎn 통 출연하게 되다, 연기를 하게 되다 | ★大量 dàliàng 혱 대량의 | ★一堆书 yīduī shū 책 한 더미 | ★接触 jiēchù 통 접촉하다, 닿다 | ★内心 nèixīn 몡 마음, 내심 | 拍戏 pāi xì 통 영화나 드라마를 촬영하다 | 契合 qìhé 통 부합하다, 의기가 투합하다 | 笔触 bǐchù 몡 (글씨·그림·작품 등의) 필치, 필법 | ★纯粹 chúncuì 혱 순수하다, 깨끗하다 | ★华丽 huálì 혱 화려하다 | ★朴素 pǔsù 혱 소박하다 | ★打动人心 dǎdòng rénxīn 사람의 마음을 감동시키다 | ★朴实 pǔshí 혱 소박하다, 꾸밈이 없다 | 感受 gǎnshòu 몡 느낌 통 느끼다 | ★明确 míngquè 혱 명확하다, 확실하다 | ★潜移默化 qián yí mò huà 솅 은연 중에 감화되다. 무의식 중에 감화되다 | ★方方面面 fāngfāng miànmiàn 각 방면 | ★模糊 móhu 혱 모호하다, 어렴풋하다 | ★依靠 yīkào 통 의지하다, 기대다 | 本身 běnshēn 몡 그 자체, 그 자신 | 呈现 chéngxiàn 통 드러나다, 나타나다 | 演绎 yǎnyì 통 설명하다, 나타내다 | ★情节 qíngjié 몡 줄거리, 경과 | 片段 piànduàn 몡 단편, 부분 | ★心态 xīntài 몡 심리 상태 | 相通 xiāngtōng 통 서로 통하다 | 刻意 kèyì 閉 애써, 힘껏 | 寻找 xúnzhǎo 통 찾다 | ★相似 xiāngsì 혱 비슷하다, 닮다 | 专业演员 zhuānyè yǎnyuán 몡 전문 배우 | ★从……那一刻开始 cóng……nà yīkè kāishǐ ~한 그 순간부터 시작하여 | ★塑造 sùzào 통 만들다, 묘사하다, 인물을 형상화하나 | ★随意 suíyì 閉 마음대로 | ★创造 chuàngzào 통 창조하다 | 自由发挥 zìyóu fāhuī 자유롭게 발휘하다, 자유로이 표현하다 | 尺度 chǐdù 몡 척도, 표준, 제한 | 准确 zhǔnquè 혱 정확하다 | ★小心翼翼 xiǎo xīn yì yì 솅 소심하고 신중하여 소홀함이 없다, 매우 조심스럽다 | ★如履薄冰 rú lǚ bó bīng 솅 살얼음을 걷는 것 같다

21. HSK POINT 동일한 의미의 문장 파악 난이도 下

track 01-21

女的为什么要读萧红的作品?

A 从未读过
B 想接触萧红的内心
C 闲来无事读读而已
D 想理解作品的时代特征

여자는 왜 샤오훙의 작품을 읽게 되었는가?

A 읽어본 적 없어서
B 샤오훙의 속마음을 알아보려고
C 한가로이 할 일이 없어서 읽었을 뿐이다
D 작품의 시대적 특징을 이해하려고

| 공략 | 남자의 두 번째 질문에 대한 여자의 대답 중 '想接触她的内心'이라는 내용을 통해 여자가 샤오훙의 속마음을 알아보기 위해 작품을 읽었다는 것을 알 수 있으므로 정답은 B가 된다. |

22. HSK POINT 동일한 어휘 干净 및 동의어 纯粹와 朴实 · 난이도 中 · track 01-22

女的觉得萧红的文字怎么样? | 여자는 샤오훙의 글이 어떻다고 생각하는가?

A 形式自由 | A 형식이 자유롭다
B 富有表现力 | B 표현력이 풍부하다
C 干净朴实 | **C 깨끗하고 소박하다**
D 简明扼要 | D 간단명료하고 핵심을 찌른다

| 공략 | 남자의 세 번째 질문에 대한 여자의 대답 중 '特别干净，特别纯粹'라는 내용을 통해 여자가 샤오훙의 글에 대해 깨끗하고 소박하다고 여기고 있음을 알 수 있으므로 정답은 C이다. |

23. HSK POINT 힌트가 되는 '更多' · 난이도 下 · track 01-23

《萧红》这部戏主要表现主人公的哪个方面? | 「샤오훙」이라는 영화는 주인공의 어떤 면을 주로 표현하고 있는가?

A 性格 | A 성격
B 思想 | B 사상
C 生活背景 | C 생활 배경
D 感情 | **D 감정**

| 공략 | 남자의 네 번째 질문에 대한 여자의 대답 중 '我们这部电影，表现更多的还是萧红的情感。'이라는 문장에서 更多가 바로 정답을 찾는 힌트라고 할 수 있다. 핵심어 '更多' 뒤에 이어지는 내용을 들으면 정답이 D가 됨을 알 수 있다. |

24. HSK POINT 동일한 어휘 파악 · 난이도 中 · track 01-24

与现代戏相比，女的认为演人物传记有什么不同? | 현대극과 비교했을 때, 여자는 인물의 전기를 연기하는 것이 어떤 다른 점이 있다고 여기는가?

A 更注重准确性 | **A 정확성을 더 중시한다**
B 表演体系更复杂 | B 연기 체계가 더 복잡하다
C 更随意 | C 훨씬 자유롭다
D 有更多大的发挥空间 | D 더 큰 표현 공간을 지니고 있다

| 공략 | 남자의 마지막 질문에 대한 여자의 대답 중 '希望这个戏更准确一点儿'이라는 내용을 통해, 여자는 인물의 전기를 다룬 작품이 더 정확성이 있어야 한다고 했으므로 정답은 A가 된다. |

25. HSK POINT 앞부분에서 언급되는 인터뷰이에 대한 정보 파악　난이도 上　track 01-25

关于女的, 下列哪项正确?

A 长得像萧红
B 还未拍过现代戏
C 爱看人物传记类电影
D 小时候读过很多小说

여자에 관해 다음 중 옳은 것은?

A 생김새가 샤오훙을 닮았다
B 현대극을 촬영해 본 적이 아직 없다
C 인물의 전기 영화를 즐겨 본다
D 어렸을 때 많은 소설을 읽었다

공략　평소 전기 영화를 즐겨 보느냐는 남자의 첫 번째 질문에 여자는 '对, 像《铁娘子》、《时时刻刻》, 这一类电影我都很喜欢.'이라고 대답했으므로 정답은 C가 된다.

[26-30]

第26到30题是根据下面一段采访:

女: 观众朋友们, ³⁰今天我们有幸请到了当代画坛泰斗吴冠中先生。吴老, 您好! 我们知道, 您刚上大学的时候并不是学艺术的, 而是学工科的, 后来为什么走上艺术的道路了呢?

男: 我刚上大学时, 有一次去参观杭州艺术专科学校, 第一次看到了那么多油画, 那么美, 我一辈子也没有见过那么美的艺术品。正因为过去没有见过, 这就像是初恋, 当时就坚定了信念: 我要放弃工科的学习, 我一定要学艺术。

女: 从当时的情况来看, 学工科是很有前途的, 您不觉得可惜吗?

男: 是, 学了工科将来的生活就有保障了。可是我当时深深地爱上了艺术, ²⁶我可以为了学艺术放弃一切, 我一定要学艺术, 选定了就要一条道走到黑。

女: 在创作的过程中, 是一种怎样的心理状态?

男: ²⁷创作任何一部作品, 都是忘我的, 尽可能做到心无旁骛, 眼里只有作品。这就像猎人打猎, 你想去追猎物, 在追的过程中你什么都忘了, 哪怕地上有个坑都管不了, 只要把猎物打到。创作作品的时候也是一样, 一定要把心中的灵感表现出来以后, 才能够放下心来, 这时候胃才开始工作, 才能够吃东西喝水。在这之前, 什么都停不下来。

26~30번 문제는 다음 인터뷰에 근거한다.

여: 시청자 여러분, ³⁰오늘 저희는 영광스럽게도 당대 미술계의 권위자이신 우관중 선생님을 모시게 되었습니다. 우 선생님, 안녕하십니까! 저희들이 알기로 선생님께서는 대학을 다니실 때 예술은 전혀 배우지 않으시고 공학을 배우셨다고 하던데, 후에 어째서 예술의 길로 접어드신 건가요?

남: 제가 막 대학에 들어갔을 때, 항저우 예술 전문학교에 참관하러 간 적이 한 번 있었는데, 거기서 처음으로 그토록 많은 유화 작품을 보게 되었답니다. 그게 그렇게 아름답더군요. 그건 제가 여태껏 본 적 없었던 아름다운 예술품들이었습니다. 그것이 과거에는 본 적이 없었던 것이었기 때문에 마치 첫사랑과도 같았고, 그래서 당시 저는 공학 공부를 포기하고 반드시 예술을 배워야겠다는 신념을 굳히게 된 것이죠.

여: 당시 상황으로 봤을 때, 공학을 배우는 것이 전망이 있었을 텐데, 아깝다고 느껴지지 않으셨는지요?

남: 그랬었죠. 공학을 배워두면 미래의 삶에 보장이 있었으니까요. 그렇지만 저는 그때 예술에 깊이 빠지게 되었고, ²⁶예술을 배우기 위해서라면 모든 것을 포기할 수 있다고 생각했기에, 예술을 배우기로 마음먹고 그 길을 파고들어야겠다는 선택을 하게 된 것입니다.

여: 창작 과정 중에는 어떠한 심리 상태이신 건가요?

남: ²⁷어떠한 작품을 창작하든지 저 자신을 희생하며 전심을 다해 몰두하고, 오로지 작품만을 생각한다고 할 수 있죠. 이는 바로 사냥꾼이 사냥을 하는 것과도 같다고 할 수 있습니다. 사냥감을 쫓으려면 그것을 쫓는 동안에는 그 어떤 것도 다 잊어야 합니다. 설령 땅에 웅덩이가 있다 하더라도 아랑곳하지 않고 오직 사냥감을 잡을 생각만 해야 합니다. 작품을 창작할 때에도 이와 같이 가슴 속의 영감을 끌어낸 후여야만 마음을 내려놓을 수 있게

女: 到了今天, 您身边的学生也好, 或者是业界的人也好, 当然对您的赞誉多, 您觉得自己今天还能够听到真正的批评吗?

男: 我很想听, 但是说实话不容易听到。我现在活动也不大多, 学生都是讲好话的多, 我说你一定要把真正的声音告诉我。

女: 如果一个人站在您的画面前, 说我一点儿也看不懂您这画, 我一点儿也不喜欢, 您能接受吗?

男: 当然可以接受, 我完全愿意听到这样的声音。因为欣赏者是我的对象, 我就是来为他们服务的, 和他们沟通交流的。他们这样的反感能使我反思。我往往听别人讲, 你的画很好, 可惜我不懂。28我心里挺不是滋味的, 你不懂不是你的问题, 是我的问题。29一件优秀的作品, 应该抓住读者。所以他一看说我不懂, 我觉得这是骂我了。

되고, 그제야 위가 비로소 운동하게 되어 무엇을 먹거나 물을 마실 수 있게 된다고 할 수 있죠. 그렇게 되기 전까지는 아무것도 멈출 수 없답니다.

여: 지금까지 선생님 주변 학생들이든 업계에 계신 분들이든 물론 선생님에 대한 찬사가 많다고 보이는데요. 오늘 선생님에 대한 진정한 비평을 들어보실 의향이 있으신가요?

남: 들어보고 싶습니다만 실은 쉽게 듣지는 못할 것 같은데요. 왜냐하면 제가 요즘 하는 활동이 그리 많지 않은데도 학생들은 전부 좋은 이야기만 해 주거든요. 그러니까 진정한 평가를 저에게 말씀해 주셨으면 합니다.

여: 만약 어떤 사람이 선생님의 그림 앞에서, 자신은 이 그림이 조금도 이해되지 않으며 전혀 마음에 들지 않는다고 말한다면, 선생님께서는 받아들이실 수 있으신가요?

남: 받아들일 수 있습니다. 저는 참으로 이러한 평가를 듣기를 원했답니다. 왜냐하면 감상자는 저의 대상이 되고, 저는 바로 그들을 위해 창작하고 그들과 소통하고 교류하는 것이기 때문이죠. 그러한 반감이 저에게 돌이켜 생각해 보게 만들거든요. 저는 종종 다른 사람들이 선생님의 그림은 훌륭한데 안타깝게도 자신은 이해가 되지 않는다고 말하는 것을 듣곤 합니다. 28저는 씁쓸한 마음이 들게 되는데, 이해가 되지 않는 것은 당신의 문제가 아니라 저의 문제니까요. 29좋은 작품이란 독자를 쉽게 사로잡을 수 있어야 하는 것이기 때문에, 그가 제 그림을 보고 이해가 되지 않는다고 한다면, 저는 그것이 저를 욕하는 것과 같다고 여기게 될 것입니다.

어휘

★观众 guānzhòng 명 시청자, 관중 | ★画坛 huàtán 명 화단, 미술계 | ★泰斗 tàidǒu 명 권위자 | ★并不是 bìng búshì 전혀 ~이 아니다, 결코 ~이 아니다 | 工科 gōngkē 명 공학 | 走上艺术的道路 zǒushàng yìshù de dàolù 예술의 길로 나아가다 | 参观 cānguān 동 참관하다, 견학하다 | 专科 zhuānkē 명 전문 과목 | 油画 yóuhuà 명 유화 | ★一辈子 yíbèizi 명 평생 부 지금껏 | 艺术品 yìshùpǐn 명 예술품 | ★坚定信念 jiāndìng xìnniàn 신념을 굳히다 | ★放弃 fàngqì 동 포기하다 | ★有前途 yǒu qiántú 전망이 있다, 비전이 있다 | 保障 bǎozhàng 동 보장하다, 확보하다 | 深深地爱上了 shēnshēn de àishàng le 깊이 빠지다, 깊이 좋아하게 되다 | ★一条道走到黑 yì tiáo dào zǒudào hēi 어두워질 때까지 한 길만을 가다, 끝까지 하다 | 创作 chuàngzuò 명 창작, 문예 작품 동 (문예 작품을) 창작하다 | 心理状态 xīnlǐ zhuàngtài 명 심리 상태 | ★忘我 wàngwǒ 동 자신을 돌보지 않다, 희생하다 | 心无旁骛 xīn wú páng wù 전심전력하다, 집중하다 | ★眼里只有 yǎnli zhǐyǒu 마음속에 오로지 ~뿐이다 | 猎人 lièrén 명 사냥꾼 | 打猎 dǎ liè 동 사냥하다 | 猎物 lièwù 명 사냥감 | ★哪怕 nǎpà 접 설령 ~라 하더라도 | 坑 kēng 명 구멍, 웅덩이 | ★管不了 guǎnbuliǎo 관여할 수 없다, 참견할 수 없다 | ★灵感 línggǎn 명 영감 | 放下心来 fàngxià xīn lái 마음을 내려놓다 | 胃 wèi 명 위 | 停不下来 tíng bu xiàlai 멈출 수 없다 | 业界 yèjiè 명 업계 | 赞誉 zànyù 동 칭찬하다 | 把……告诉 bǎ……gàosu ~을 알리다 | 站在……面前 zhànzài……miànqián ~앞에 서다 | 接受 jiēshòu 동 받아들이다 | 欣赏者 xīnshǎngzhě 명 감상자 | ★反感 fǎngǎn 명 반감(을 가지다) | ★反思 fǎnsī 동 돌이켜 생각하다, 반성하다 | ★心里挺不是滋味的 xīnli tǐng bú shì zīwèi de 마음이 매우 서글프다, 마음이 꽤 언짢다 | ★抓住读者 zhuāzhù dúzhě 독자를 사로잡다 | 骂 mà 동 욕하다

26. HSK POINT 속담의 의미 이해　난이도 上　　track 01-26

男的说"要一条道走到黑"是什么意思?

A 要获得成功
B 坚持学艺术
C 要敢于尝试
D 成就事业需要坚强的意志

남자가 말한 '要一条道走到黑'의 의미는?

A 성공을 거두어야 한다
B 꾸준히 예술을 배우다
C 용감히 시도해야 한다
D 사업을 성취하는 것은 강인한 의지를 필요로 한다

공략　'一条道走到黑'라는 속담은 '어두워질 때까지 한 길만을 가다, 어떤 일을 하기 시작하면 포기하지 않고 끊임없이 하다'는 뜻이다. 만약 이 속담의 의미를 모른다면 문장의 앞뒤 내용을 듣고 판단해야 하는데, '一条道走到黑' 앞의 문장 '我可以为了学艺术放弃一切, 我一定要学艺术'를 통해 꾸준히 예술을 배우겠다는 의미임을 알 수 있으므로 정답은 B가 된다.

27. HSK POINT 성어 心无旁骛의 의미 이해　난이도 上　　track 01-27

男的举打猎的例子想说明什么?

A 要学会独立自主
B 要注意自己的心态变化
C 要采取漫不经心的态度
D 要专心致志

남자가 사냥하는 예를 든 것은 무엇을 설명하기 위해서인가?

A 독립적이고 자주적으로 행하는 법을 배워야 한다
B 자신의 심리 상태 변화에 주의해야 한다
C 전혀 신경쓰지 않는 태도를 취해야 한다
D 전심전력으로 몰두해야 한다

공략　여자의 세 번째 질문에 대한 남자의 대답 중 '创作任何一部作品, 都是忘我的, 尽可能做到心无旁骛, 眼里只有作品'이라는 내용에서 忘我와 心无旁骛는 모두 '어떤 것에 매우 집중하며 다른 일은 생각하지 않는다'는 의미이다. 이 문장 바로 뒤에 이어지는 내용에서 샤냥꾼이 사냥하는 예를 들고 있으므로, 남자가 사냥하는 예를 든 이유는 정신을 집중하여 몰두하는 것을 강조하기 위한 것이며 정답은 D가 된다.

어휘　漫不经心 màn bù jīngxīn 조금도 마음에 두지 않다 | 专心致志 zhuān xīn zhì zhì 성 전심전력으로 몰두하다

28. HSK POINT 동일한 의미의 문장 파악　난이도 中　　track 01-28

男的怎样看待别人说"你的画很好, 可惜我不懂"?

A 感到很无奈
B 很有反感
C 心里不舒服
D 感到惭愧

남자는 다른 사람이 '선생님의 그림은 훌륭한데, 안타깝게도 저는 이해가 되지 않습니다'라고 말하는 것에 대해 어떻게 보고 있는가?

A 어찌할 방법이 없다고 여긴다
B 반감을 느낀다
C 마음이 편하지 않다
D 부끄럽다고 느낀다

공략　남자의 마지막 대답 중 '我心里挺不是滋味的'라는 내용에서 '心里不是滋味'는 '마음이 불편하다, 기분이 언짢다'는 뜻이므로 정답은 C이다.

29. HSK POINT 동일한 의미의 문장 파악　난이도 下　track 01-29

男的认为优秀的作品是什么样的?

A 容易抓住读者的
B 引起争议的
C 得到专家们的肯定的
D 获得众多媒体的好评的

남자는 어떠한 작품이 우수한 작품이라고 여기는가?

A 독자를 쉽게 사로잡는 것
B 논란을 야기하는 것
C 전문가들의 인정을 받은 것
D 많은 대중매체의 호평을 얻는 것

공략　남자의 마지막 대답 중 '一件好的作品，应该抓住读者。'라는 내용을 통해 남자는 독자를 쉽게 사로잡는 것이 좋은 작품이라고 생각한다는 것을 알 수 있으므로 정답은 A가 된다.

30. HSK POINT 앞부분에서 언급되는 인터뷰이에 대한 정보 파악　난이도 上　track 01-30

关于男的，下列哪项正确?

A 在艺术方面有天赋
B 觉得学工科没有前途
C 是画坛泰斗
D 喜欢打猎

남자에 관해 다음 중 옳은 것은?

A 예술 방면에 천부적 자질을 가지고 있다
B 공학을 배우는 것이 비전이 없다고 생각한다
C 미술계의 권위자이다
D 사냥을 좋아한다

공략　인터뷰 앞부분에서 여자가 남자를 소개하며 '今天我们有幸请到了当代画坛泰斗吴冠中先生'이라고 말하는 내용에서 '画坛泰斗'는 '미술계의 대가, 권위자'를 의미하는 것이므로 정답은 C가 된다.

第三部分

[31-33]

第31到33题是根据下面一段话:

　　北宋画家文同，字与可，31他画的竹子远近闻名，每天总有不少人登门求画。文同画竹的秘诀在哪里呢? 原来，他在自己家的房前屋后种上各种各样的竹子，无论春夏秋冬，阴晴风雨，32他都会去竹林观察竹子的生长变化情况，琢磨竹枝的长短粗细，叶子的形态、颜色，每当有新的感受就回到书房，铺纸研墨，把心中的印象画在纸上。日积月累，竹子在不同季节、不同天气、不同时辰的形象都深深地印在他的心中，只要凝神提笔，在画纸前一站，平日观察到的各种形态的竹子立刻浮现在眼前。所以每次画竹，他都显得非常从容自信，画出的竹子，无不逼真传神。

31~33번 문제는 다음 내용에 근거한다.

　　북송 화가인 문동은 자가 여가인데, 31그가 그린 대나무는 널리 소문이 자자해서, 매일같이 많은 사람들이 그를 찾아와 가르침을 청했다. 문동이 대나무를 그리는 비결은 어디에 있었을까? 알고 보니, 그는 자신의 집 앞뒤 편에 각양각종의 대나무를 심고 봄, 여름, 가을, 겨울, 날이 흐리든 맑든 바람이 불든 비가 오든 관계없이 32대나무숲으로 가서 대나무의 생장 변화 상황을 관찰하고, 대나무 가지의 길이와 두께, 잎의 형태와 색깔을 음미하며, 새로운 느낌을 받을 때마다 바로 서재로 가서 종이를 깔고 먹을 갈아 마음속에 담긴 인상을 종이에 그려냈다. 그렇게 날이 갈수록 다른 계절, 다른 날씨, 다른 시간 속의 대나무의 형상이 그의 마음속에 깊이 새겨지게 되었고, 정신을 집중하고 붓을 들고서 종이 앞에 서기만 하면 평소 관찰했던 다양한 형태의 대나무가

当人们夸奖他的画时，他总是谦虚地说："我只是把心中熟悉的竹子画下来罢了。"后来有人写了一首诗形容他，其中有两句是："与可画竹时，胸中有成竹。" ³³于是人们便用"胸有成竹"，比喻做事之前已做好充分准备，对事情的成功已有了十分的把握，信心十足。

바로 눈앞에 떠오르게 된 것이다. 그래서 매번 대나무를 그릴 때 그는 매우 침착하고 자신감 있게 보였던 것이고, 그가 그려낸 대나무는 전부 진짜와 같이 생동감이 넘쳤던 것이다.

사람들이 그의 그림을 칭찬할 때면, 그는 늘 겸손하게 "저는 단지 마음속에 익숙한 대나무를 그리는 뿐이오."라고 말했다. 후에 어떤 이는 한 수의 시를 써서 그를 형용하였는데, 그 중 두 마디 문장이 바로 '여가는 대나무를 그릴 때 마음속에 이미 완성된 대나무가 있다.'는 것이다. ³³그리하여 사람들은 '胸有成竹'로 일을 하기 전 이미 충분한 준비가 되어 있고 일의 성공에 있어 자신감으로 넘친다는 의미를 비유하게 된 것이다.

어휘 北宋 Běi Sòng 명 북송 (시대) | 竹子 zhúzi 명 대나무 | ★远近闻名 yuǎnjìn wénmíng 널리 이름이 나다. 먼곳이든 가까운 곳이든 소문이 자자하다 | 登门求画 dēngmén qiú huà 방문하여 그림 지도를 청하다 | ★秘诀 mìjué 명 비결 | 房前屋后 fángqián wūhòu 집 앞과 집 뒤 | ★各种各样 gèzhǒng gèyàng 여러 종류, 각양각색 | 无论春夏秋冬 wúlùn chūnxiàqiūdōng 봄, 여름, 가을, 겨울을 막론하고 | 阴晴风雨 yīnqíng fēngyǔ 흐리든 맑든 바람이 불든 비가 내리든 | 竹林 zhúlín 명 대나무숲 | ★观察 guānchá 동 관찰하다 | 琢磨 zuómo 동 깊이 생각하다, 궁리하다 | 竹枝 zhúzhī 명 대나무 가지 | 长短粗细 chángduǎn cūxì 길이와 두께 | 叶子 yèzi 명 잎 | 铺纸研墨 pūzhǐ yánmò 종이를 깔고 먹을 갈다 | ★印象 yìnxiàng 명 인상 | ★日积月累 rì jī yuè lěi 성 날마다 조금씩 쌓이다, 갈수록 더해 가다 | 时辰 shíchen 명 시각, 때 | 凝神 níngshén 동 정신을 집중하다 | ★浮现在眼前 fúxiàn zài yǎnqián 눈앞에 나타나다, 눈앞에 보이다 | ★从容自信 cóngróng zìxìn 침착하고 자신감 있다 | ★无不 wúbù 부 ~하지 않는 것이 없다, 모두 ~이다 | 逼真传神 bīzhēn chuánshén 생생하다, 생동감 있다 | ★夸奖 kuājiǎng 동 칭찬하다 | ★谦虚 qiānxū 형 겸손하다 | ★只是……罢了 zhǐshì……bà le 단지 ~일 뿐이다 | ★熟悉 shúxī 형 익숙하다 | ★一首诗 yì shǒu shī 시 한 수 | 形容 xíngróng 동 형용하다, 묘사하다 | ★与可画竹时，胸中有成竹 Yǔkě huà zhú shí, xiōngzhōng yǒu chéng zhú 여가는 대나무를 그릴 때 마음속에 이미 완성된 대나무가 있다 | 做好充分准备 zuòhǎo chōngfèn zhǔnbèi 충분한 준비를 하다 | ★有十分的把握 yǒu shífēn de bǎwò 큰 확신을 가지고 있다, 매우 자신이 있다 | ★信心十足 xìnxīn shízú 자신감이 넘쳐흐르다

31. HSK POINT 문장의 의미 이해 [난이도 下]   track 01-31

文同画什么最拿手?

A 庭院
B 书房
C 竹子
D 人物

문동은 무엇을 가장 자신 있게 잘 그리는가?

A 정원
B 서재
C 대나무
D 인물

공략 앞부분에서 언급한 '他画的竹子远近闻名'이라는 문장에서 '远近闻名'은 '널리 이름이 니다'는 뜻이므로 문동은 대나무를 잘 그린다는 것을 알 수 있다. 정답은 C이다.

32. HSK POINT 동일한 어휘 파악 [난이도 中]   track 01-32

关于文同，下列哪项正确?

A 不想卖出自己的画
B 对竹子观察细致
C 很少有人知道他
D 为人骄傲自满

문동에 관해 옳은 것은?

A 자신의 그림을 팔 생각이 없다
B 대나무에 대해 꼼꼼히 관찰한다
C 그를 아는 사람이 적다
D 인품이 거만하고 자만하다

공략 '他都会去竹林观察竹子的生长变化情况, 琢磨竹枝的长短粗细, 叶子的形态、颜色'라는 내용을 통해 그가 대나무를 세밀하고 꼼꼼하게 관찰한다는 것을 알 수 있으므로 정답은 B가 된다.

33. HSK POINT 信心十足의 의미 이해 난이도 上   track 01-33

"胸有成竹"是什么意思? | '胸有成竹'의 의미는?

A 坚持很重要
B 做事很有自信
C 要有乐观的心态
D 要善于观察

A 끈기가 중요하다
B 일을 하는 데 있어 자신감이 넘친다
C 낙관적인 심리 상태를 지녀야 한다
D 관찰에 능해야 한다

공략 '于是人们便用"胸有成竹", 比喻做事之前已做好充分准备, 对事情的成功已有了十分的把握, 信心十足。'에서 '信心十足'가 '자신감이 넘치다'는 의미이므로 보기 중 같은 의미인 B가 정답이 된다.

합격필수 TIP

▶ 자주 출제되는 고사성어

① ★守(shǒu)株待兔
나무 그루터기를 지키며 토끼를 기다리다 → 요행만을 바라다, 융통성이 없다

② ★愚(yú)公移山
어려움을 무릅쓰고 꾸준히 노력하면 큰 산을 옮길 수 있다 → 일을 함에 있어 위험과 곤란을 두려워하지 않고 강인한 끈기로 밀고 나아가다

③ ★掩(yǎn)耳盗(dào)铃
귀를 막고 방울을 도둑질하다 → 남을 속이지는 못하고 자신만을 속이다

④ ★三顾茅庐(máo lú)
삼고초려, 누추한 집을 세 차례 방문하다 → 성심성의를 다해 간절히 요청하다

⑤ 望梅止渴(kě)
매실을 생각하며 갈증을 풀다 → 실현할 수 없는 소망을 환상이나 공상에 의지하여 잠시 자기 마음을 스스로 위로하다

⑥ ★拔苗(bá miáo)助长
빨리 자라라고 모를 뽑다 → 일을 급하게 이루려고 하다가 도리어 일을 그르치다

⑦ ★画蛇(shé)添(tiān)足
뱀을 그리는데 다리를 그려 넣다 → 쓸데없는 짓을 하여 도리어 일을 잘못되게 하다

⑧ 狐(hú)假虎(hǔ)威(wēi)
여우가 호랑이의 위세를 빌리다 → 남의 권세를 빌려 위세를 부리다

⑨ 朝三暮(mù)四
원숭이들이 먹이를 아침에 세 개, 저녁에 네 개씩 주겠다는 말에 먹이가 적다고 화를 내더니, 아침에 네 개, 저녁에 세 개씩 주겠다는 말에는 좋아했다는 고사에서 유래했다 → 간사한 꾀로 남을 속여 희롱하다

⑩ ★刻(kè)舟(zhōu)求剑(jiàn)
초나라 사람이 배를 몰고 강을 건너다 칼을 물속에 빠뜨리자 그 위치를 기억하려고 배에 표시했다가 배가 정박한 뒤 표시한 곳에서 물에 뛰어내려 칼을 찾으려 했다는 고사에서 유래했다 → 융통성이 없어 사태의 변화를 모르다

⑪ 亡羊补牢(láo)
양을 잃어버린 후에라도 서둘러 울타리를 수리한다면 늦은 편은 아니다 → 어떠한 문제가 발생한 후에 서둘러 보완하여 유사한 상황이 다시 발생하지 않도록 하다

⑫ 滥(làn)竽(yú)充数
많은 사람들이 모여 피리를 부는데 머릿수만 채우다 → 재능도 없으면서 끼어들어 머릿수만 채우다, 능력 없는 사람이 능력 있는 척하다

⑬ 东施(shī)效颦(pín)
월나라 미녀 서시가 속병이 있어 눈썹을 찡그리며 아픔을 참자 같은 마을의 추녀가 보고 아름답다고 여겨 따라 했다 → 남의 결점을 장점인 줄 알고 덩달아 흉내내서 더욱 나빠지다

⑭ ★南辕(yuán)北辙(zhé)
속으로는 남쪽으로 가려고 하면서 수레는 도리어 북쪽으로 몰다 → 하는 행동과 목적이 상반되다
⑮ ★毛遂(suì)自荐(jiàn)
진나라가 조나라의 수도를 포위하자 조나라에서 초나라로 평원군을 보내 도움을 요청하려 했는데, 이때 평원군의 식객 모수(毛遂)가 스스로 같이 가기를 청했다. 평원군과 초왕의 담판이 결렬되자 모수가 나서서 이해 관계를 피력하며 설득했다 → 스스로 자기를 추천하다, 자진하여 중임을 맡다

[34-37]

第34到37题是根据下面一段话：

一位知名作家去报社办报，结果没过几天自己就主动辞职了。这并不是说他没有能力写稿子，34而是他的确不懂怎样把报纸办得令读者叫好，他自己也感觉比写小说还累。

老板在用人上同样会遇上像作家这样的人才，他们的确是很优秀很出众的人才，36只是由于他们对某些事务或某类工作不擅长，做起来不仅显得吃力，也显得被动。有的人适合搞科研，有的人适合做管理，有的人喜欢习文，有的人酷爱练武。一个优秀的领导，应该清楚地了解其下属的所长，让他们各就各位，各司其能。在这种情况下，老板最理智的办法：就是让这个人回到他该去的地方，做他做得好的事情。即使把这个得意之才留下来，35也只能是赔了夫人又折兵，不值得。

37作为一个管理者，必须明白全体的目标，了解团体的需要，而且一定要把每个人才放在合适的位置上，最大限度地激发出他们身上的潜力。

34~37번 문제는 다음 내용에 근거한다.

한 유명 작가가 신문사에서 신문을 발행하는 일을 하게 되었는데, 그 결과 며칠도 채 안 되어 자발적으로 사직하였다. 이는 결코 그가 원고를 쓸 능력이 없다는 것이 아니라, 34그가 어떻게 해야 독자들의 찬사를 받을 만한 신문을 발행해 내는지를 실로 알지 못했다는 것이다. 그는 스스로도 그 일이 소설을 쓰는 것보다 더 힘들다고 느꼈다.

경영자가 직원을 고용할 때 이 작가와 같은 그러한 인재를 만나게 된다면, 그들은 분명 우수하고 출중한 인재들임에도, 36그들이 어떠한 방면의 업무나 어떤 유형의 일에는 재주가 없어 그 분야에서 일하는 것은 그들에게 힘겨울 뿐만 아니라 수동적인 것처럼 보이기도 한다. 어떤 사람은 과학 연구 방면의 일을 하는데 적합하고, 어떤 사람은 관리 업무에 적합하고, 어떤 사람은 글을 쓰는 것을 좋아하고, 어떤 사람은 무술을 연마하는 것을 매우 좋아한다. 우수한 지도자라면 반드시 부하 직원들의 장점을 분명하게 파악하고 있어야 하며, 그들을 각자 자신의 위치에 서게 하여 각자가 가진 능력을 발휘하게 해야 한다. 이러한 상황에서 경영자가 취할 수 있는 가장 냉정하고도 침착한 방법은, 바로 그 사람을 그가 가야만 하는 곳으로 보내 그가 잘 해낼 수 있는 일을 하게 하는 것이다. 설령 마음에 드는 인재를 남겨둔다 하더라도 35이는 그저 이중으로 손해를 보게 되는 가치 없는 일이라고 할 수 있다.

37경영자로서 반드시 전체의 목표를 분명히 알고, 단체의 요구를 잘 이해해야 할 뿐만 아니라, 모든 사람을 반드시 적절한 위치에 배치시켜, 그들이 최대한도로 자신의 잠재력을 발휘하게 해야 한다.

어휘 知名 zhīmíng 형 저명한, 유명한 | 作家 zuòjiā 명 작가 | ★报社 bàoshè 명 신문사 | 办报 bànbào 동 신문을 발행하다 | ★主动辞职 zhǔdòng cízhí 자발적으로 사직하다 | 稿子 gǎozi 명 원고 | ★的确 díquè 부 확실히 | ★令……叫好 lìng……jiàohǎo ~로 하여금 갈채를 보내게 하다, 칭찬하게 하다 | 用人 yòngrén 동 사람을 고용하다, 사람을 채용하다 | 遇上 yùshàng 동 만나다 | 某些事务 mǒuxiē shìwù 일부 업무 | ★擅长 shàncháng 동 (어떤 방면에) 뛰어나다, 재주가 있다 | ★吃力 chīlì 형 힘들다, 고달프다 | 被动 bèidòng 형 수동적이다, 소극적이다 | ★适合 shìhé 동 적합하다 | ★搞科研 gǎo kēyán 과학 연구에 종사하다 | 做管理 zuò guǎnlǐ 관리 업무를 하다 | 习文 xíwén 글쓰기에 능하다, 글을 잘 쓴다 | ★酷爱 kù'ài 동 몹시 좋아하다 | 练武 liànwǔ 동 무술을 연마하다 | 清楚地了解 qīngchu de liǎojiě 분명히 알다 | ★下属 xiàshǔ 명 부하 직원 | 所长 suǒcháng 명 장점, 뛰어난 점 | ★各就各位 gè jiù gè wèi 정 각자가 자기의 위치를 차지하다 | ★各司其能 gè sī qí néng 각자 자기 능력을 해내다 | ★理智 lǐzhì 형 냉정한, 침착한 | 得意之才 déyì zhī cái 마음에

드는 인재 | ★把……留下来 bǎ……liúxiàlai ~을 남겨두다 | ★赔了夫人又折兵 péi le fūren yòu zhé bīng 부인을 잃고 병사마저 잃다, 이득을 보려다가 오히려 손해를 보다 | 不值得 bùzhíde ~할 만한 가치가 없다 | 作为 zuòwéi 통 ~의 신분(자격)으로서 | 管理者 guǎnlǐzhě 명 관리자, 경영자 | ★把……放在合适的位置上 bǎ……fàngzài héshì de wèizhi shang ~을 알맞은 위치(자리)에 두다 | ★最大限度 zuìdà xiàndù 명 최대한도 | ★激发 jīfā 통 불러일으키다 | ★潜力 qiánlì 명 잠재 능력

34.

HSK POINT 힌트가 되는 而是 및 강조 어기의 的确 난이도 中   track 01-34

作家为什么辞职?

작가는 왜 사직하였는가?

A 小说写得不太满意
B 写不出像样的稿子
C 工作量太大, 经常熬夜
D 不擅长办报纸

A 소설이 만족스럽지 못해서
B 그럴듯한 원고를 써내지 못해서
C 업무량이 너무 많아 자주 밤새워 일을 해서
D 신문 발행 업무에 능하지 못해서

공략 앞부분의 '而是他的确不懂怎样把报纸办得令读者叫好'라는 내용에서 '的确不懂'이라는 부분을 듣고 그가 신문 발행 업무 능력이 없음을 알 수 있으므로 의미가 같은 D가 정답이 된다.

35.

HSK POINT 속담의 의미 이해 난이도 上   track 01-35

这段话中"赔了夫人又折兵"是什么意思?

이 글에서 '赔了夫人又折兵'의 의미는?

A 与人家产生矛盾
B 在两方面都受到损失
C 被对手打败
D 公司面临破产

A 다른 사람과 갈등이 생겼다
B 두 방면에서 다 손실을 입다
C 라이벌에게 패했다
D 회사가 파산에 직면했다

공략 속담 '赔了夫人又折兵'의 의미를 묻는 문제이다. 赔와 折가 손실이나 손해를 뜻한다는 것을 알고 있다면, 이 속담에 담긴 의미가 '두 방면에서 동시에 손해를 본다'는 것임을 유추할 수 있으므로 정답은 B가 된다.

36.

HSK POINT 긴 문장에서 핵심 내용 파악 난이도 中   track 01-36

根据这段话, 可以知道什么?

이 글에 근거하여 알 수 있는 것은?

A 做不擅长的工作可能更吃力
B 人贵有自知之明
C 报社老板要给作家更大的鼓励
D 全才更适合社会的需求

A 잘하지 못하는 일을 하면 더 힘들다
B 사람은 자신을 정확히 아는 것이 중요하다
C 신문사 사장은 작가에게 더 큰 격려를 주어야 한다
D 팔방미인이 사회의 요구에 더 부합된다

공략 앞부분의 '只是由于他们对某些事务或某类工作不擅长, 做起来不仅显得吃力, 也显得被动'이라는 내용이 '어떤 일에 대해 재주가 없기 때문에 일이 힘든 것이다'는 의미이므로 정답은 A가 된다.

어휘 自知之明 zì zhī zhī míng 성 자기의 능력을 정확히 알다 | 全才 quáncái 명 만능인, 팔방미인

37. HSK POINT 성어 知人善任의 의미 이해 난이도 上 track 01-37

这段话主要谈什么?

A 领导要善于赏识下属
B 怎样和同事沟通
C 怎样提升企业经营能力
D 管理者要知人善任

이 글이 주로 이야기하는 것은?

A 지도자는 부하 직원을 귀히 여길 줄 알아야 한다
B 동료와 어떻게 소통해야 하는가
C 기업 경영 능력을 어떻게 키울 것인가
D 경영자는 사람의 능력을 잘 파악하여 적재적소에 잘 임용해야 한다

> 공략 마지막 문장 '作为一个管理者, ……, 而且一定要把每个人才放在合适的位置上, 最大限度地激发出他们身上的潜力。'는 '경영자는 반드시 사람에 따라 각기 다른 업무를 배정해야 한다'는 의미로, 보기 D의 성어 知人善任과 같은 뜻이므로 정답은 D가 된다.

[38-40]

第38到40题是根据下面一段话:

　　田径是世界上最为普及的体育运动之一, 也是历史最为悠久的运动项目。田径和游泳、射击被视为奥运金牌三大项目, **38**51枚金牌也是奥运金牌最多的项目, "得田径者得天下"这句话也由此而来。
　　田径赛, 顾名思义是田赛和径赛的合称。为什么叫田赛和径赛呢? 原来, **39**它们都是根据场地而定名的。最早并没有像现在这样的标准田径场, 那时的一些跳跃和投掷项目的比赛, 都在一块空地上举行, 而一些赛跑的项目, 都在一段平坦的道路上举行, "田"和"径"的命名就由此而来。"田"指广阔的空地或原野, **40**田赛是在一定的区域内进行的各种跳跃和投掷项目比赛的统称。"径"指跑道或道路, 径赛是在田径场的跑道上, 或场外规定的道路上进行的不同距离的竞走和各种形式的赛跑的统称。

38~40번 문제는 다음 내용에 근거한다.

　　육상은 세계적으로 가장 보편화된 운동 중 하나이며, 또한 그 역사가 유구한 운동 종목이라고 할 수 있다. 육상은 수영, 사격과 더불어 올림픽에서 금메달 수가 가장 많은 3대 종목으로, **38**이는 또한 올림픽에서 가장 많은 51개 금메달 수가 걸려 있는 종목이기도 하여, '육상에서 승리를 거둔 자는 천하를 얻은 것과 같다'는 말도 이로써 유래되었다고 한다.
　　육상 경기는 이름에서도 알 수 있듯이 필드 경기와 트랙 경기의 명칭을 합쳐 부른 것이다. 왜 필드 경기와 트랙 경기라고 부르게 되었을까? 알고 보니, **39**이들은 모두 장소에 근거해 이름을 지은 것이라고 할 수 있다. 애초에는 현재와 같은 이러한 표준 육상 경기장이 전혀 없었기에, 당시 일부 높이뛰기와 던지기 종목의 경기는 모두 공터에서 열렸고, 달리기 시합 같은 종목은 전부 평평한 도로에서 진행되었기 때문에 '田'과 '径'이라는 이름이 유래된 것이다. '田'은 드넓은 공터나 들판을 가리키므로 **40**필드 경기는 일정한 구역 내에서 진행되는 각종 높이뛰기나 던지는 형식의 종목 경기의 총칭이 된 것이다. '径'은 달리기 트랙이나 도로를 가리키므로, 트랙 경기는 육상 경기장 내의 트랙 혹은 경기장 밖의 정해진 도로에서 진행되는 거리가 다른 경보나 각종 형식의 달리기 시합의 총칭이라고 할 수 있다.

> 어휘 ★田径 tiánjìng 명 육상 경기 | ★最为普及 zuìwéi pǔjí 가장 보편적이다 | 体育运动 tǐyù yùndòng 명 스포츠, 체육 운동 | ★历史悠久 lìshǐ yōujiǔ 역사가 유구하다 | ★运动项目 yùndòng xiàngmù 명 운동 종목 | 游泳 yóuyǒng 수영 | 射击 shèjī 명 사격 | ★奥运 Àoyùn 명 올림픽 | ★金牌 jīnpái 명 금메달 | ★枚 méi 양 매, 장, 개(비교적 작은 조각으로 된 사물을 세는 단위) | ★由此而来 yóucǐ ér lái 이로써 전해지다, 이로 유래되다 | ★顾名思义 gù míng sī yì 성 이름을 보고 그 뜻을 생각하다, 명칭을 보고 그 뜻을 짐작할 수 있다 | 田赛 tiánsài 명 필드 경기 | 径赛 jìngsài 명 트랙 경기 | 合称 héchēng 동 병칭하다 | 场地 chǎngdì 명 마당, 공터, 장소 | 标准田径场 biāozhǔn tiánjìngchǎng 표준 육상 경기장 | 跳跃 tiàoyuè 동 도약하다, 뛰어오르다 | 投掷 tóuzhì 동 던지다, 투척하다 | 空地 kòngdì 명 공터, 공지 | ★举行 jǔxíng 동 거행하다

★赛跑 sàipǎo 동 달리기 시합을 하다 | ★平坦 píngtǎn 형 평평하다 | ★命名 mìngmíng 동 이름 짓다, 명명하다 | ★广阔 guǎngkuò 형 넓다, 광활하다 | 原野 yuányě 명 들판, 벌판 | 区域 qūyù 명 구역 | ★跑道 pǎodào 명 트랙 | 道路 dàolù 명 도로 | 场外 chǎngwài 경기장 밖 | 进行 jìnxíng 동 진행하다 | ★距离 jùlí 명 거리 | 竞走 jìngzǒu 명 경보 | ★统称 tǒngchēng 명동 총칭(하다)

38. HSK POINT 힌트가 되는 最 및 由此而来 난이도 上 track 01-38

为什么说"得田径者得天下"?

왜 '육상에서 승리를 거둔 자는 천하를 얻은 것과 같다'고 일컫는가?

A 田径赛普及率最高
B 田径项目最多
C 田径赛最受人们欢迎
D 田径赛赛场最大

A 육상 경기의 보급률이 가장 높아서
B 육상 종목이 가장 많아서
C 육상 경기가 사람들에게 가장 인기가 있어서
D 육상 경기의 경기장이 가장 커서

공략 '51枚金牌也是奥运金牌最多的项目, "得田径者得天下"这句话也由此而来'라는 문장에서 '由此而来'가 '이러한 원인으로 유래되다'는 의미이므로, 이 앞에 제시된 '올림픽에서 가장 많은 51개 금메달 수가 걸려있는 종목이다'라는 내용이 원인임을 알 수 있다. 따라서 정답은 B이다. 정답을 찾을 수 있는 힌트인 最多를 주의 깊게 들었다면 정답이 B라는 것을 쉽게 알 수 있다.

39. HSK POINT 동일한 어휘 파악 난이도 下 track 01-39

田径赛是根据什么来命名的?

육상 경기는 무엇에 근거하여 이름 지어졌는가?

A 使用的器械
B 技术难度
C 场地特点
D 参赛的人数

A 사용하는 기구
B 기술의 난이도
C 장소적 특징
D 경기에 참가하는 인원수

공략 '它们都是根据场地而定名的'라는 내용을 통해 그 이름이 장소에 기인하여 지어졌음을 알 수 있으므로 정답은 C이다.

40. HSK POINT 긴 문장에서 핵심 내용 파악 난이도 中 track 01-40

根据这段话, 下列哪项正确?

이 글에 근거하여 다음 중 옳은 것은?

A 田赛竞争越来越激烈
B 投掷项目属于田赛
C 古代有标准田径场
D 径赛在空地上进行

A 필드 경기는 경쟁이 갈수록 치열하다
B 던지는 종목은 필드 경기에 속한다
C 고대에 표준 육상 경기장이 있었다
D 트랙 경기는 공터에서 진행된다

공략 '田赛是在一定的区域内进行的各种跳跃和投掷项目比赛的统称'이라는 내용에서 핵심어 田赛와 投掷项目를 듣고, 던지는 형식의 종목이 필드 경기에 속한다는 것을 알 수 있으므로 정답은 B가 된다.

합격필수 TIP

▶ 자주 출제되는 '운동·경기' 관련 어휘

- 预赛 yùsài 예선 | ★决赛 juésài 결승전 | 友谊赛 yǒuyìsài 친선 경기 | 公开赛 gōngkāisài 오픈 경기 | 分组赛 fēnzǔsài 조별 예선 | 小组赛 xiǎozǔsài 조별 예선 | 淘汰 táotài 탈락하다 | 晋级 jìnjí 진출하다 | 赢 yíng 이기다 | ★输 shū 지다, 패하다 | ★领先 lǐngxiān 앞서다, 리드하다 | ★落后 luòhòu 떨어지다, 탈락하다 | ★激烈 jīliè 치열하다, 격렬하다
- ★教练 jiàoliàn 감독, 코치 | 裁判 cáipàn 판정하다, 심판을 보다 | 吹黑哨 chuī hēishào 심판이 편을 들다, 심판이 잘못 판정하다 | 替补 tìbǔ 후보 선수 | ★最佳选手 zuìjiā xuǎnshǒu MVP
- 主场 zhǔchǎng 홈그라운드 | ★东道主 dōngdàozhǔ 주최측, 개최국 | 吉祥物 jíxiángwù 마스코트 | ★直播 zhíbō 생중계하다 | ★转播 zhuǎnbō 중계방송하다

[41-44]

第41到44题是根据下面一段话：

与沉闷的环境和聊天相比，<u>41音乐更能缓解驾车时的疲劳</u>，从而让司机达到最佳的反应状态。但并不是所有的音乐都适合在驾驶中收听。噪音太大的音乐，可能让司机情绪烦躁，分散注意力；空灵缥缈的靡靡之音容易把人带入一种冥想状态，产生催眠效果；而劲爆的乐曲和过于情意绵绵的乐曲都会在你的驾驶中"帮倒忙"。一项调查显示，在驾驶中，曲调优美的古典音乐和旋律悠扬的通俗歌曲等<u>42舒缓的音乐是最好的选择</u>，它能让司机心情愉快，集中注意力。

但是，在听音乐的过程中，有几个方面还是值得我们注意的。

<u>44一些车友开车时喜欢随性更换歌碟，操控车内音响，这样是不安全的。</u>车友不妨选择在等红灯时换碟，或让副驾驶座上的人帮忙更换；<u>43开车时喜欢戴耳塞听音乐，这样的后果更严重，不仅耳朵对外界声音不敏感，长此以往还会造成耳部血管弹性失调，甚至引发神经紊乱。</u>

41~44번 문제는 다음 내용에 근거한다.

답답한 환경과 잡담에 비해, 41음악은 운전할 때의 피로를 완화시킬 수 있어 기사가 최적의 반응 상태에 이르게 한다. 하지만 모든 음악이 다 운전하며 듣기에 적합한 것은 아니다. 너무 시끄러운 음악은 기사의 정서를 초조하게 만들고 주의력을 분산시킨다. 변화무쌍하거나 몽롱한 느낌의 퇴폐적인 음악은 사람을 명상 상태에 빠지게 하기 쉬워 졸음이 오는 효과를 낳을 수 있다. 돌발적이고 강렬한 음악과 지나치게 풍부한 감정이 담겨 있는 음악은 운전 중 오히려 '방해가 될 수도' 있다. 한 조사에 의하면, 운전 중 아름다운 멜로디의 클래식 음악과 선율이 조화로운 대중가요 등과 같은 42느릿한 음악이 가장 좋은 선택이라고 하는데, 그것은 기사의 기분을 즐겁게 하고 주의력을 집중할 수 있게 한다.

하지만 음악을 들을 때, 몇 가지 방면에서 주의를 기울여야 한다.

44카풀 친구가 운전할 때 마음대로 노래 CD를 교체해 차내 음향을 조작하는 것은 안전하지 못하다고 할 수 있다. 카풀 친구는 적신호에서 기다릴 때 CD를 교체한다거나 혹은 부좌석에 앉은 사람에게 바꿔 달라고 부탁해야 한다. 43운전할 때 이어폰을 꽂고 음악 듣는 것을 즐기게 되면 이는 더욱 심각한 결과를 조래하게 되는데, 귀가 외부 세계 소리에 대해 둔감해질 뿐만 아니라, 계속 그 상태로 나아가면 귀 부위 혈관의 탄성이 균형을 잃게 되어 신경 쇠약을 야기할 수 있다.

어휘 ★沉闷 chénmèn 형 답답하다, 칙칙하다 | ★达到……状态 dádào……zhuàngtài ~상태에 이르다 | ★最佳 zuìjiā 형 최적의, 가장 좋다 | ★反应 fǎnyìng 명 반응 | ★驾驶 jiàshǐ 동 운전하다 | 收听 shōutīng 동 듣다, 청취하다 | ★噪音 zàoyīn 명 소음 | ★烦躁 fánzào 형 초조하다, 안절부절 못하다 | ★分散 fēnsàn 동 분산시키다 | 注意力 zhùyìlì 명 주의력 | 空灵飘渺 kōnglíng piāomiǎo 변화무쌍하거나 몽롱하다 | 靡靡之音 mǐ mǐ zhī yīn 명 퇴폐적인 음악, 저속한 음악 | 冥想 míngxiǎng 동 명상하다 | 催眠 cuīmián 동 잠들게 하다, 잠에 빠지게 하다 | ★劲爆 jìnbào 형 폭발적인, 돌발적이고 강렬한 | 情意绵绵 qíngyì miánmián 감정이 살뜰하다, 정이 넘치다 | ★帮倒忙 bāng dàománg 도우려다 오히려 방해가 되다 | ★调查显示 diàochá xiǎnshì 조사에 의하면 | 曲调 qǔdiào 명 멜로디, 곡조 | ★优美 yōuměi 형 아름답다 | ★古典音乐

gǔdiǎn yīnyuè 명 고전 음악, 클래식 음악 | 旋律 xuánlǜ 명 선율, 리듬 | 悠扬 yōuyáng 형 (가락 등이) 높아졌다 낮아졌다 하며 조화롭다 | ★通俗歌曲 tōngsú gēqǔ 명 대중가요 | ★舒缓 shūhuǎn 형 느리다, 느릿느릿하다 | 集中注意力 jízhōng zhùyìlì 주의력을 집중하다 | 车友 chēyǒu 명 카풀 친구 | 随性 suíxìng 자유성 | 更换 gēnghuàn 동 바꾸다, 변경하다 | 歌碟 gēdié 명 음악 CD | ★操控 cāokòng 동 조종하다 | 音响 yīnxiǎng 명 음향 | ★不妨 bùfáng 무방하다, 괜찮다 | 红灯 hóngdēng 명 빨간 신호등, 적신호 | ★换碟 huàn dié 음악 CD를 바꾸다 | ★副驾驶 fùjiàshǐ 명 부조종사 | ★戴 dài 동 착용하다 | 耳塞 ěrsāi 명 이어폰 | ★外界声音 wàijiè shēngyīn 외부 소리 | 敏感 mǐngǎn 형 민감하다 | ★长此以往 cháng cǐ yǐ wǎng 성 (주로 좋지 않은 상황에 쓰여) 이런 식으로 나아가다, 계속 이 상태로 나아가다 | ★造成 zàochéng 동 야기하다, 조성하다 | 血管 xuèguǎn 명 혈관 | ★弹性 tánxìng 명 탄력성, 신축성 | 失调 shītiáo 동 균형을 잃다, 조화롭지 못하다 | ★引发 yǐnfā 동 일으키다, 야기하다 | ★神经紊乱 shénjīng wěnluàn 신경 쇠약

41. HSK POINT 동일한 문장 파악 | 난이도 中 | track 01-41

开车时听音乐有什么好处?
운전할 때 음악을 듣는 것은 어떤 장점이 있는가?

A 调节情绪
B 应对突发状况
C 缓解驾车疲劳
D 提高驾驶的安全性

A 기분을 조절한다
B 돌발 상황에 대처할 수 있다
C 운전 중 피로를 완화시킨다
D 운전의 안정성을 높인다

공략 '音乐能缓解驾车时的疲劳'라는 내용을 통해 음악이 운전 중 피로를 줄여줄 수 있다는 것을 알 수 있으므로 정답은 C가 된다.

42. HSK POINT 힌트가 되는 最 | 난이도 中 | track 01-42

下列哪种音乐适合开车时听?
다음 중 어떤 음악이 운전하며 듣기에 적합한가?

A 浪漫的
B 嘈杂的
C 古朴的
D 舒缓的

A 낭만적인 음악
B 떠들썩한 음악
C 고풍스러운 음악
D 느린 음악

공략 '舒缓的音乐是最好的选择'라는 내용에서 最好가 정답을 찾는 힌트가 된다. 느린 음악이 가장 좋은 선택이라고 했으므로 정답은 D이다.

43. HSK POINT 동일한 문장 파악 | 난이도 上 | track 01-43

开车的时候, 为什么不能戴耳机听音乐?
운전할 때 왜 이어폰을 끼고 음악을 들으면 안 되는 것인가?

A 会干扰视线
B 影响方向感
C 对外界声音不敏感
D 会分散注意力

A 시야에 방해가 되므로
B 방향감에 영향을 끼치므로
C 외부 소리에 대해 둔감해지므로
D 주의력을 분산시키므로

공략 '开车时喜欢戴耳塞听音乐, 这样的后果更严重, 不仅耳朵对外界声音不敏感'이라는 내용을 통해, 이어폰을 끼고 음악을 듣는 것이 외부 소리에 대해 둔감하게 할 수 있다는 것을 알 수 있으므로 정답은 동일한 문장의 C가 된다.

44. HSK POINT 동일한 문장 파악 난이도 上 track 01-44

根据这段话，下列哪项正确？

A 等红灯时最好不要听音乐
B 开车时换碟不安全
C 驾车时聊天容易出车祸
D 下雨天开车听音乐很危险

이 글에 근거하여 다음 중 옳은 것은?

A 적신호에서 대기할 때는 음악을 듣지 않는 것이 좋다
B 운전할 때 CD를 교체하는 것은 안전하지 않다
C 운전할 때 잡담하는 것은 쉽게 교통사고를 일으킨다
D 비오는 날 운전하며 음악을 듣는 것은 위험하다

공략 44번 문제와 관련된 내용을 먼저 들은 뒤, 43번 문제와 관련된 내용을 듣게 되므로 이 문제는 순서에 주의해야 한다. 따라서 녹음을 들을 때 해당되는 문제의 보기를 함께 봐야 한다. '一些车友开车时喜欢随性更换歌碟操控车内音响，这样是不安全的。'라는 내용을 통해, 운전할 때 노래 CD를 교체하는 행위가 위험하다는 것을 알 수 있으므로 정답은 B가 된다.

[45-47]

第45到47题是根据下面一段话：

⁴⁵大多数人都在自己不熟悉的领域会感到不自信，容易羡慕别人。当对这个领域相当熟悉了，羡慕的情绪就会消失，取而代之的是一种平静。

举个例子来说，一个人懂得一些基本的电脑维护知识，他并不会觉得自己的电脑水平有多高，但对那些不熟悉电脑操作和维护的人来说，他可能会被认为是电脑牛人。而一个电子城的老板却不会因此就羡慕他，⁴⁶只会觉得那样也只不过是个初学者而已。

所以⁴⁷羡慕他人是一种正常的心理，但是如果只是羡慕别人而丢掉了自信和追求，那肯定是相当愚蠢的。羡慕只是因为我们对涉及的这个领域不熟悉而已，和自己的能力没有直接的关系。所以重要的是去熟悉，去掌握。

45~47번 문제는 다음 내용에 근거한다.

⁴⁵대다수의 사람들은 자신이 익숙하지 않은 분야에서 자신 없어 하며 쉽게 다른 사람을 부러워하곤 한다. 그 분야에 대해 잘 알게 되었을 때는, 부러워하는 감정이 바로 사라지게 되고 일종의 안정감이 그것을 대신하게 된다.

예를 들어 보면, 누군가 몇 가지 기본적인 컴퓨터 보호 지식을 알고 있다면, 그는 자신의 컴퓨터 실력이 결코 그리 높다고 여기지 않겠지만, 컴퓨터 조작이나 보호에 관해 잘 모르는 사람들에게 있어서 그는 아마 컴퓨터 고수로 여겨질 것이다. 그렇지만 전자몰의 사장이라면 그것 때문에 그를 부러워할 리는 없을 것이고, ⁴⁶단지 그 정도도 아마추어에 불과하다고 생각할 것이다.

따라서 ⁴⁷남을 부러워하는 것은 일종의 정상적인 심리이지만, 만약 그저 다른 사람을 부러워하며 자신감과 목표를 잃게 된다면 그건 상당히 어리석은 것이다. 부러움이란 단지 우리가 관련된 그 영역에 대해 잘 알지 못하는 것 때문일 뿐 자신의 능력과는 직접적인 관계가 없다고 할 수 있다. 그렇기에 중요한 것은 알려고 하는 것과 터득하려고 하는 것이다.

어휘 ★熟悉 shúxī 형 익숙하다 동 잘 알다. 숙지하다 | ★领域 lǐngyù 명 영역, 분야 | ★羡慕 xiànmù 동 부러워하다 | 情绪 qíngxù 명 기분, 정서 | ★消失 xiāoshī 동 사라지다 | 取而代之 qǔ ér dài zhī 성 남의 지위를 빼앗아 내신 들어서다, 다른 것으로 대체하다 | ★平静 píngjìng 형 평온하다. 고요하다 | 举个例子来说 jǔ ge lìzi láishuō 예를 들어 말하자면 | ★电脑维护 diànnǎo wéihù 컴퓨터 보호 | 操作 cāozuò 동 조작하다. 다루다 | ★被认为 bèi rènwéi ~로 여겨지다 | 牛人 niúrén 명 고수, 달인 | 电子城 diànzǐchéng 명 전자몰 | 初学者 chūxuézhě 명 초보자 | ★正常的心理 zhèngcháng de xīnlǐ 정상적인 심리 | 丢掉 diūdiào 동 잃어버리다 | 追求 zhuīqiú 동 추구하다 | ★愚蠢 yúchǔn 형 어리석다, 미련하다 | ★涉及 shèjí 동 관련되다, 미치다 | ★直接的关系 zhíjiē de guānxi 직접적인 관계 | ★掌握 zhǎngwò 동 숙달하다, 정통하다

45. HSK POINT 동일한 어휘 파악 난이도 下 track 01-45

在自己不熟悉的领域，大多数人会怎样？ | 자신이 잘 알지 못하는 분야에서 대부분의 사람들은 어떠한가?

Ⓐ 不自信
B 更小心谨慎
C 更谦虚
D 更粗心

Ⓐ 자신감이 없다
B 더욱 조심하고 신중하다
C 더욱 겸손하다
D 더욱 소홀하다

공략 '大多数人都在自己不熟悉的领域会感到不自信'이라는 내용을 통해 자신감 없이 쉽게 다른 사람들을 부러워한다는 것을 알 수 있으므로 동일한 어휘가 제시된 A가 정답이 된다.

46. HSK POINT 동일한 어휘 파악 난이도 下 track 01-46

在电子城老板看来，懂得基本电脑维护知识的人怎么样？ | 전자몰의 사장이 보기에, 기본적인 컴퓨터 보호 지식을 알고 있는 사람은 어떻다고 할 수 있는가?

A 算得上专家
B 知识面很窄
Ⓒ 只是初学者
D 很有本事

A 전문가인 셈이다
B 지식의 폭이 좁다
Ⓒ 단지 아마추어일 뿐이다
D 매우 능력이 있다

공략 '只会觉得那样也只不过是个初学者而已'라는 내용을 통해 아마추어 수준에 지나지 않는다고 여김을 알 수 있으므로 동일한 어휘가 제시된 C가 정답이 된다.

47. HSK POINT 동일한 문장 파악 난이도 中 track 01-47

根据这段话，下列哪项正确？ | 이 글에 근거하여 다음 중 옳은 것은?

A 不要嫉妒别人
B 不要轻易去尝试
C 做事要精益求精
Ⓓ 羡慕别人很正常

A 남을 질투하지 마라
B 쉽게 시도하려 하지 마라
C 일을 하는 데 있어 더욱 완벽함을 추구해야 한다
Ⓓ 남을 부러워하는 것은 정상이다

공략 '羡慕他人是一种正常的心理'라는 문장을 통해 '다른 사람을 부러워하는 것은 정상적인 심리'라고 말하고 있으므로 동일한 어휘가 제시된 D가 정답이 된다.

어휘 精益求精 jīng yì qiú jīng 성 더 잘하려고 애쓰다, 훌륭하지만 더 완벽을 추구하다

[48-50]

第48到50题是根据下面一段话：

天气晴朗时，群体生活的蚂蚁常常要外出寻找可吃的食物，为了找吃的东西，它们有时得走很远的路。从很远的地方再回到自己的"家"，这可不是一件简单的事。但小小的蚂蚁却有一套杰出的认路本领，不会轻易迷路。

科学家在研究蚂蚁时发现，它的视觉非常灵敏，不但陆地上的景致被用来认路，而且连天空中的景致也能被用来认路。太阳的位置和蓝天反射下来的日光，对于蚂蚁来讲，都是可以用来辨认方向的。48除了依靠眼睛外，蚂蚁还能够根据气味来认路。试验证明，有些蚂蚁在它们爬过的地面上留下一种气味，在归途中只要沿着这种气味，49就不会误入歧途。

由于蚂蚁具有认路的本领，即使浓云密布，蓝天被遮挡的时候，或者地面上的气味被大动物踩踏破坏的时候，只要还保留一些可以利用的线索，它们仍然会找到蚁巢，只是多走些弯路而已。

48~50번 문제는 다음 내용에 근거한다.

쾌청한 날씨에는 단체 생활을 하는 개미들이 종종 먹을 수 있는 것들을 찾으러 밖으로 나가곤 한다. 먹을 것을 찾기 위해 개미들은 때로는 먼 길을 가기도 하는데, 먼 곳에서 자신의 '집'으로 다시 돌아가는 것은 간단한 일이 아니다. 그런데 조그마한 개미이지만 그들에게는 길을 인식하는 뛰어난 능력이 있어 쉽게 길을 잃지는 않는다고 한다.

과학자들이 개미를 연구하며 밝혀낸 것은, 개미의 시각은 매우 예민한데 땅 위의 풍경으로 길을 인식할 뿐만 아니라, 하늘의 경치로도 길을 인식한다고 한다. 태양의 위치와 푸른 하늘이 반사해내는 햇빛이 개미에게 있어서는 모두 방향을 식별하는 데 쓰인다고 할 수 있다. 48눈에 의존하는 것 외에도, 개미는 냄새로도 길을 인식할 수 있다. 실험이 증명해낸 바로는, 어떤 개미들은 그들이 기어갔던 지면 위에 냄새를 남겨두어 돌아오는 길에 그 냄새를 따라 가면 49잘못된 길로 들어서지 않게 된다고 한다.

개미에게는 길을 인식하는 재주가 있기 때문에, 설령 짙게 구름이 끼어 푸른 하늘이 가려져 있을 때나 혹은 지면 위에 남겨둔 냄새가 큰 동물들에게 짓밟혀 사라져버릴 때라고 하더라도, 몇몇의 이용 가능한 단서를 남겨두기만 한다면 개미들은 좀 더 길을 돌아갈 뿐 변함없이 개미집을 찾을 수 있다고 한다.

어휘 ★晴朗 qínglǎng 형 쾌청하다 | ★群体生活 qúntǐ shēnghuó 단체 생활 | 蚂蚁 mǎyǐ 명 개미 | ★食物 shíwù 명 먹이, 음식물 | 一套本领 yí tào běnlǐng 기량, 능력, 재주 | 认路 rèn lù 길을 인식하다 | ★轻易 qīngyì 형 쉽다, 수월하다 | 迷路 mílù 동 길을 잃다 | 视觉 shìjué 명 시각 | ★灵敏 língmǐn 형 재빠르다, 예민하다 | 陆地 lùdì 명 땅, 육지 | 景致 jǐngzhì 명 풍경, 경치 | ★被用来 bèi yònglái ~로 쓰이다 | 位置 wèizhi 명 위치 | 蓝天 lántiān 명 푸른 하늘 | 反射 fǎnshè 동 반사하다 | 日光 rìguāng 명 햇빛 | ★辨认方向 biànrèn fāngxiàng 방향을 식별하다 | ★依靠 yīkào 동 의존하다, 기대다 | 气味 qìwèi 명 냄새 | 试验 shìyàn 동 시험하다 | 爬 pá 동 기다 | 留下一种气味 liúxià yìzhǒng qìwèi 한 가지 냄새를 남겨두다 | 归途 guītú 명 돌아오는 길 | ★误入歧途 wù rù qí tú 성 미혹되어 잘못된 길로 들어서다, 옆길로 빠지다 | ★浓云密布 nóngyún mìbù 짙은 구름이 가득하다 | 被遮挡 bèi zhēdǎng 가로막히다 | 踩踏 cǎità 동 짓밟다 | ★破坏 pòhuài 동 파괴하다, 없애다 | ★保留 bǎoliú 동 남겨두다, 보존하다 | 线索 xiànsuǒ 명 실마리, 단서 | ★仍然 réngrán 부 여전히, 변함없이 | 蚁巢 yǐcháo 명 개미집 | ★走弯路 zǒu wānlù (길을) 돌아서 가다, 시행착오가 있다

48. HSK POINT 동일한 어휘 파악 난이도 中 · track 01-48

除了眼睛，蚂蚁还靠什么来辨识方向？

A 声音　　　　B 风向
C 月光　　　　**D 气味**

눈 외에 개미는 무엇으로 방향을 식별하는가?

A 소리　　　　B 바람의 방향
C 달빛　　　　**D 냄새**

공략 '除了依靠眼睛外，蚂蚁还能够根据气味来认路.'라는 내용을 통해 냄새로도 길을 인식한다는 것을 알 수 있으므로 정답은 D이다.

49. HSK POINT 성어 误入歧途의 의미 이해 [난이도 上]   track 01-49

根据这段话，"误入歧途"是什么意思？

A 费很大力气
B 做出不正确的判断
C 迷失方向
D 行动迟缓

이 글에 따르면 '误入歧途'는 무슨 의미인가？

A 많은 힘을 들이다
B 그릇된 판단을 하다
C 방향을 잃다
D 행동이 느리다

 误入歧途는 '미혹되어 잘못된 길로 들어서다'는 의미의 성어로 종종 '사람이 실수로 잘못된 길로 빠져 나쁜 짓을 배우다'는 비유적인 의미로 쓰이며, 여기에서 歧途는 '잘못된 길'이라는 뜻이다. 이 글에서는 개미가 잘못된 길의 방향으로 들어서다는 의미이므로 정답은 C가 된다.

50. HSK POINT 전체적인 글의 내용 이해 [난이도 上]   track 01-50

这段话主要谈蚂蚁的什么？

A 灵敏的嗅觉功能
B 认路本领
C 极强的生命力
D 觅食的方法

이 글은 주로 개미의 무엇에 대해 이야기하고 있는가？

A 예민한 후각 기능
B 길 인식 능력
C 매우 강한 생명력
D 먹이를 찾는 방법

이러한 유형의 문제는 전체적인 내용을 이해해야 하는데, 이 글은 전체적으로 개미가 길을 잃지 않는 것에 관해 설명하고 있으므로 정답은 B이다.

新 HSK 6급 합격모의고사 阅读

第一部分

51. HSK POINT 之一의 용법 파악 / 난이도 下

A 人生要耐得住寂寞，禁得起诱惑。
B 专家建议，两三岁的孩子尽量不要接触任何电子产品。
C 保持健康的之一秘诀便是拥有平和的心态。
D 他年幼时最大的理想是做图书管理员，好每天有书看。

A 인생은 외로움을 견뎌내야 하고, 유혹을 이겨내야 한다.
B 전문가들은 두세 살 아이들은 가능한 한 어떠한 전자제품도 가까이하지 말라고 권고한다.
C 건강을 유지하는 비결 중 하나는 바로 편안한 마음 상태를 지니는 것이다.
D 그의 어린 시절 가장 큰 꿈은 매일 책을 읽기 위해 도서 관리인이 되는 것이었다.

정답
C 保持健康的**之一**秘诀便是拥有平和的心态。(X) [명사+之一]
→ C 保持健康的秘诀**之一**便是拥有平和的心态。(O)

공략 보기 C에서 之一는 '~중 하나'라는 의미로, 명사 뒤에 위치해야 한다. 예를 들면 '四大名著之一(4대 명작 중 하나)', '世界七大奇迹之一(세계 7대 기적 중 하나)' 등이 있다.

어휘 ★耐得住 nàidezhù 견대낼 수 있다 | ★寂寞 jìmò 형 외롭다, 적막하다 | ★禁得起 jìndeqǐ 이겨낼 수 있다 | ★诱惑 yòuhuò 동 유혹하다 | 秘诀 mìjué 명 비결 | ★平和 pínghé 형 편안하다, 안정되다 | 心态 xīntài 명 마음 상태 | ★年幼 niányòu 형 어리다 | 图书管理员 túshū guǎnlǐyuán 명 도서 관리인 | 好 hǎo 부 하기 위해서

52. HSK POINT 다른 동사와 함께 쓰이지 않는 동사 是 / 난이도 中

A 浙商的智慧，是学校里学不到的商业圣经。
B 网站正在维护中，如有不便，敬请谅解。
C 一个人不管做什么事都要敬业，大事小事都一样。
D 春天来临，到处是呈现出一片生机勃勃的景象。

A 저장성 상인들의 지혜는 학교에서는 배울 수 없는 비즈니스 경전이라고 할 수 있다.
B 사이트는 현재 점검중으로, 불편을 끼쳐드렸다면 양해해 주시기 바랍니다.
C 무슨 일을 하든지 자신이 맡은 일에 최선을 다해야 한다. 그것이 큰일이든 작은 일이든 다 마찬가지이다.
D 봄이 오니 곳곳에 생기가 넘치는 광경들이 나타난다.

정답
D 春天来临，到处**是 呈现**出一片生机勃勃的景象。(X) [둘 중 하나만 써야함]
→ D 春天来临，到处**是**一片生机勃勃的景象。(O)
→ D 春天来临，到处**呈现出**一片生机勃勃的景象。(O)

공략 보기 D의 是와 呈现出는 모두 동사이므로 같이 쓰일 수 없어서 둘 중 하나를 삭제해야 한다.

어휘 浙商 Zhèshāng 저장성(浙江) 상인 | ★智慧 zhìhuì 몡 지혜 | 商业圣经 shāngyè shèngjīng 비즈니스 경전, 비즈니스 성서 | ★网站 wǎngzhàn 몡 웹사이트 | 维护 wéihù 동 유지하고 보호하다, 지키다 | 敬请谅解 jìngqǐng liàngjiě 양해를 부탁하다 | ★敬业 jìngyè 동 자기의 일에 최선을 다하다, 맡은 바 업무에 전심전력을 기울이다 | ★来临 láilín 동 오다, 이르다 | ★呈现出 chéngxiàn chū 동 나타나다, 드러나다 | ★生机勃勃 shēngjī bóbó 생기발랄하다, 생기가 넘치다

합격필수 TIP

▶ 독해 제1부분에서 자주 출제되는 호응 구조 '不管······都······'

'不管······都······'는 '~을 막론하고, ~에 관계없이'라는 뜻으로, 不论, 无论과 같은 표현이며 부사 都, 也와 호응을 이룬다.

| 不管/不论/无论 | A+不+A
A+还是+B
多么+형용사
의문사
4자 구조(男女老少, 春夏秋冬······) | , | 주어 + 都/也······ |

无论做什么事，都要保持乐观的心态。 무슨 일을 하든지 긍정적인 심리 상태를 지녀야 한다.
不论夏天还是冬天，他都经常感冒。 여름이든 겨울이든 그는 자주 감기에 걸린다.

---

53. HSK POINT 개사 通过, 经过, 对于, 在 등으로 시작하는 문장에서 주어 성분 부재 난이도 中

A 殊不知，只要你留心，身边机会到处都是。
B 通过航天信息技术的发展水平，是衡量一个国家综合实力的重要标志。
C 一个人值不值钱与一个人有没有钱是两个截然不同的概念。
D 西溪国家湿地公园位于杭州市区西部，距离杭州西湖仅5公里，是罕见的城中次生湿地。

A 주의를 기울이기만 하면 주변 곳곳에 기회가 있다는 것을 전혀 모르고 있다
B 우주 비행 정보 기술의 발전 수준은 국가의 종합적인 힘을 가늠하는 중요한 지표이다.
C 한 사람의 가치 여부와 그 사람이 부유한지 여부는 확연히 다른 두 개념이다.
D 서계 국가 습지 공원은 항저우 시내 서부에 위치해 있고, 서호에서 단지 5킬로미터 떨어져 있으며 보기 드문 도시 속 2차 습지이다.

정답

B 通过航天信息技术的发展水平，是衡量一个国家综合实力的重要标志。(X) ➡ B 航天信息技术的发展水平，是衡量一个国家综合实力的重要标志。(O)

공략 보기 B에서 通过는 개사로 개사구는 문장의 주어 역할을 할 수 없고, 뒤 절에는 술어가 되는 동사 是가 있으므로 이 문장은 주어 성분이 없는 잘못된 문장이다. 따라서 개사 通过를 삭제하여 '航天信息技术的发展水平'이라는 명사구가 문장에서 주어 역할을 할 수 있도록 고쳐야 한다.

어휘 ★殊不知 shūbùzhī 동 전혀 모르다, 뜻밖에 | ★留心 liú xīn 동 주의를 기울이다, 조심하다 | 航天信息技术 hángtiān xìnxī jìshù 우주 비행 정보 기술 | ★衡量 héngliáng 동 평가하다, 가늠하다 | ★综合实力 zōnghé shílì 종합적인 실력, 종합적인 힘 | ★标志 biāozhì 몡 상징, 지표 | ★截然不同 jiérán bùtóng 분명히 다르다, 확연히 다르다 | 概念 gàiniàn 몡 개념 | 湿地 shīdì 몡 습지 | ★罕见 hǎnjiàn 형 보기 드물다

합격필수 TIP

▶ 자주 출제되는 유사한 오류 문장

'经过……', '对……来说', '在……下'는 모두 개사와 개사구로, 이러한 개사구 뒤에는 반드시 주어가 있어야 한다.
① 经过努力，使他得到了高分。(X) → 经过努力，他得到了高分。(O)
   노력을 통해 그는 높은 점수를 받았다.
② 对他来说，很难学汉语。(X) → 对他来说，学汉语很难。(O)
   그에게 있어 중국어 배우는 것은 어렵다.
③ 在妈妈的照顾下，让他恢复了健康。(X) → 在妈妈的照顾下，他恢复了健康。(O)
   엄마의 보살핌하에 그는 건강을 되찾았다.

---

54. HSK POINT 任何와 每의 의미 이해 난이도 下

A 任何每一次挫折，都有可能成为一个超越自我的契机。
B 移动广告的增长速度远远超过了其他广告形式，它具备强劲的发展潜力。
C 竹楼是西双版纳傣族传统的建筑形式，有利于防酷热和湿气。
D 机不可失，失不再来，机遇的出现往往就在一瞬间。

A 어떠한 좌절이든 간에 이는 자신을 초월할 수 있는 계기가 될 수 있다.
B 이동 광고의 증가 속도는 기타 광고 형식을 훨씬 뛰어넘었으며, 이는 강력한 발전 잠재력을 지니고 있다.
C 죽루는 시솽반나 태족의 전통적인 건축 형식으로 무더위와 습기를 막는 데 있어 유리하다.
D 기회는 놓치면 다시 오지 않으며, 기회는 종종 순식간에 나타나게 된다.

정답

A 任何 每 一次挫折，都有可能成为一个超越自我的契机。(X) [의미 중복]
→ A 任何一次挫折，都有可能成为一个超越自我的契机。(O)
A 每一次挫折，都有可能成为一个超越自我的契机。(O)

공략 보기 A는 任何와 每가 중복되었으므로 둘 중 하나를 삭제해야 올바른 문장이 된다. 예를 들어 '任何一个人'과 '每一个人'은 동일한 의미이다.

어휘 ★挫折 cuòzhé 명 좌절, 실패 | ★超越自我 chāoyuè zìwǒ 자신을 초월하다 | ★契机 qìjī 명 계기, 동기 | 移动广告 yídòng guǎnggào 이동 광고 | 强劲 qiángjìng 형 세다, 강력하다 | 发展潜力 fāzhǎn qiánlì 발전 잠재력 | 竹楼 zhúlóu 명 죽루[태족 등이 거주하는 대나무로 지은 집] | 傣族 Dǎizú 명 태족[중국 소수민족의 하나로 윈난성(云南)에 거주] | ★酷热 kùrè 형 매우 덥다 | 湿气 shīqì 명 습기 | 机不可失，失不再来 jī bù kě shī, shī bú zài lái 기회는 놓치면 다시 오지 않는다 | ★机遇 jīyù 명 기회, 찬스 | ★一瞬间 yíshùnjiān 명 순식간

---

55. HSK POINT 수식어와 중심어의 어순 오류 난이도 中

A 他始终有一条经商观念：世界的都是我的，我的都是世界的。
B 青蛙爱吃小昆虫，因经常吃害虫农田里的而被人们称为"庄稼的保护神"。
C "满月酒"，顾名思义，是中国父母为庆祝婴儿出世满一个月而设的宴席。
D 北京是一座奇异的城市，酒吧与茶馆毗邻，现代建筑与四合院衔接。

A 그는 줄곧 '세상 모든 것은 내것이고, 내것 또한 모두 세상 것'이라는 경영 관념을 지니고 있다.
B 청개구리는 작은 곤충을 즐겨 먹는데, 종종 논밭의 해충을 잡아먹기 때문에 '농작물의 수호신'이라고 불린다.
C '만월주'란 이름에서 알 수 있듯, 중국 부모들이 아기가 출생한 지 만 한 달이 된 것을 축하하기 위해 베푸는 술자리이다.
D 베이징은 기이한 도시로, 술집과 찻집이 서로 인접해 있고, 현대 건축물과 사합원도 서로 이어져 있다.

> **정답**
>
> B 青蛙爱吃小昆虫，因经常吃害虫农田里的而被人们称为"庄稼的保护神"。(X) ―어순 오류
>
> ➡ B 青蛙爱吃小昆虫，因经常吃农田里的害虫而被人们称为"庄稼的保护神"。(O)

공략 보기 B는 수식어와 중심어의 어순에 오류가 있다. 중국어에서 수식어는 앞에 위치하고 그 뒤에 중심어가 따라 나오므로 '장소+的+사람/사물 명사' 어순으로 바꿔야 올바른 문장이 된다. 예를 들면 '漂亮的女孩(예쁜 여자아이)'가 올바른 어순이고 '女孩漂亮的'는 잘못된 표현이다.

어휘 ★始终 shǐzhōng 튀 시종일관, 늘 | ★经商观念 jīngshāng guānniàn 경영 관념 | 青蛙 qīngwā 명 청개구리 | 害虫 hàichóng 명 해충 | 被人们称为 bèi rénmen chēngwéi 사람들에게 ~로 불리우다 | 庄稼 zhuāngjia 명 농작물 | 保护神 bǎohùshén 명 수호신 | ★满月酒 mǎnyuèjiǔ 아기가 출생한 지 만 한 달이 된 것을 축하하기 위해 마시는 술 | 顾名思义 gù míng sī yì 성 이름을 보고 그 뜻을 생각하다 | 庆祝 qìngzhù 동 축하하다 | 宴席 yànxí 명 연회석 | 奇异 qíyì 형 기이하다 | ★毗邻 pílín 동 (지역이) 인접하다, 맞닿다 | 衔接 xiánjiē 동 잇다, 연결하다

56. HSK POINT 逃避과 避免의 차이점 파악 | 난이도 上

A 行书是在楷书的基础上发展的，是介于楷书和草书之间的一种字体，工整清晰，实用性高。
B 失败并不意味着你浪费了时间和生命，而是表明你有理由重新开始。
Ⓒ 蔬菜要尽可能做到现炒现吃，逃避长时间保温和多次加热。
D 他一生都迷恋昆虫研究，曾经用自己的积蓄买了一块儿荒地，专门用来放养昆虫。

A 행서는 해서의 기초에서 발전한 것으로, 해서와 초서의 중간 서체이고 글씨체가 반듯하며 실용성이 높다.
B 실패란 결코 당신이 시간과 생명을 낭비했음을 의미하는 것이 아니라, 당신이 새로 시작해야 하는 이유를 갖게 되었음을 나타내는 것이다.
Ⓒ 채소는 가능한 바로 조리해서 바로 먹고, 장시간 보온하거나 여러 번 데우는 것은 피해야 한다.
D 그는 일생을 곤충 연구에 심취했는데, 일찍이 자신이 저축한 것으로 한 뙈기 황무지를 사들여 그곳을 곤충 양식 전용으로 사용했다.

> **정답**
>
> C 蔬菜要尽可能现炒现吃，逃避长时间保温和多次加热。(X)
>
> ➡ C 蔬菜要尽可能现炒现吃，避免长时间保温和多次加热。(O)

공략 보기 C의 逃避는 주로 사람과 동물에 쓰이며 '좋지 않은 일이 발생했을 때 피한다'는 의미로 활용된다. 예를 들면 '逃避战争(전쟁을 피하다)', '逃避灾难(재난을 피하다)', '逃避现实(현실을 피하다)' 등이 있다. 반면 避免은 '어떤 일이 발생하지 않게 하다'는 의미로, 예를 들면 '避免感冒(감기에 걸리는 것을 피하다)', '避免发生事故(사고가 발생하는 것을 피하다)' 등으로 쓰인다. 따라서 이 문장에서는 문맥상 避免을 써야 올바른 문장이 된다.

어휘 行书 xíngshū 명 행서 | 楷书 kǎishū 명 해서 | 草书 cǎoshū 명 초서 | ★工整 gōngzhěng 형 (글씨 등이) 반듯하고 또박또박하다, 깔끔하다 | ★清晰 qīngxī 형 또렷하다, 분명하다 | ★实用性 shíyòngxìng 실용성 | 蔬菜 shūcài 명 채소 | ★现炒现吃 xiàn chǎo xiàn chī 바로 조리해서 바로 먹다 | 逃避 táobì 동 도피하다 | 保温 bǎowēn 동 보온하다 | ★加热 jiā rè 동 가열하다, 데우다 | ★迷恋 míliàn 동 미련을 가지다, 심취하다 | 昆虫 kūnchóng 명 곤충 | ★积蓄 jīxù 동 저축(하다) | ★荒地 huāngdì 명 황무지 | 放养 fàngyǎng 동 (물고기 등을) 양식하다

57. HSK POINT 否则의 의미 이해 〔난이도 中〕

A 在信息爆炸时代，很多人面对海量信息无所适从、不知所措。
B 卧室里浓烈的色彩会刺激人的神经，让人过度兴奋，不利于人进入深度睡眠状态。
C 这种设计，既能减弱流水对桥身的冲击力，又能减轻桥自身的重量，节省材料。
D 一个人要有主见，要具备判断是非的能力，否则不会被别人所左右。

A 정보 폭증 시대에 많은 사람들이 대량의 정보에 맞서 어떻게 해야 할지 모르고 갈팡질팡한다.
B 침실의 강렬한 색채는 사람의 신경을 자극시켜 지나치게 흥분하게 하여 깊은 수면 상태에 빠지는 데에 불리한 영향을 끼친다고 한다.
C 이러한 디자인은 교량에 가해지는 유수의 충격을 덜어줄 뿐만 아니라, 교량 자체의 무게도 줄여 자재를 아낄 수 있다고 한다.
D 사람은 주견을 가지고 시시비비를 가리는 능력을 갖추어야 한다. 그렇지 않으면 다른 사람에 좌우지될 수 있다.

정답
D 一个人要有主见，要具备判断是非的能力，否则不会被别人所左右。(X) → D 一个人要有主见，要具备判断是非的能力，否则会被别人所左右。(O)

공략
否则는 '그렇지 않다면'이라는 의미로 뒤에는 일반적으로 좋지 않은 결과가 이어진다. 따라서 不를 삭제해야 문맥에 맞는 올바른 문장이 된다.

어휘
★信息爆炸时代 xìnxī bàozhà shídài 정보 폭증 시대 | 海量 hǎiliàng 명 아주 대단한 양 | 无所适从 wú suǒ shì cóng 성 무엇을 따라야 할지 모르다, 어떻게 해야 할지 모르다 | 不知所措 bù zhī suǒ cuò 성 어찌할 바를 모르다, 갈팡질팡하다 | ★浓烈 nóngliè 형 (냄새·맛·의식 등이) 농후하다, 강렬하다 | ★刺激 cìjī 동 자극하다, 흥분시키다 | ★过度兴奋 guòdù xīngfèn 과도하게 흥분하다 | ★不利于 búlì yú ~에 이롭지 않다, ~에 해롭다 | 深度睡眠 shēndù shuìmián 깊은 수면 | ★减弱 jiǎnruò 동 (힘·기세 등이) 약해지다, 약화되다 | 冲击力 chōngjīlì 명 충격 | ★有主见 yǒu zhǔjiàn 주견이 있다 | ★具备 jùbèi 동 갖추다, 구비하다 | ★判断是非 pànduàn shìfēi 시시비비를 가리다 | 被……所左右 bèi……suǒ zuǒyòu ~에 좌우지되다

58. HSK POINT '在……过程中' 구조 파악 〔난이도 中〕

A 机遇能让一个一文不名的人获得无穷的财富，也能让一个微不足道者建功立业。
B 很多父母以爱的名义为孩子铺垫好了一切，可谓用心良苦，但结果却往往适得其反。
C 进化论的一个基本观点是：在生物进化过程，适应自然环境的物种得以生存下来，不适应的就被淘汰，这就是所谓的"优胜劣汰，适者生存"。
D 月亮只是反射太阳光，而不是自身发光，月亮反射的太阳光只有7%能到达地球，但已足够照亮地球上的黑夜。

A 기회란 무일푼의 가난한 사람이 많은 부를 얻을 수 있게 하고, 또한 보잘것없는 사람이 공훈을 세우고 업적을 쌓을 수 있게 한다.
B 많은 부모들은 사랑이라는 이름으로 아이에게 모든 것을 마련해주며 매우 애를 쓰지만, 이는 도리어 종종 바라던 바와는 정반대의 결과를 가져오기도 한다.
C 진화론의 기본적인 견해는 생물 진화 과정에서 자연환경에 적응한 생물은 살아남지만 적응하지 못한 생물은 도태된다는 것으로, 바로 소위 말하는 '우승열패, 적자생존'이라고 할 수 있다.
D 달은 단지 태양광을 반사할 뿐, 자신이 빛을 내지는 못한다. 달이 반사하는 태양광 중 7%만이 지구에 도달하지만, 이는 지구상의 어두운 밤을 비추기에는 충분하다고 할 수 있다.

정답
C 进化论的一个基本观点是：在生物进化过程，适应自然环境的物种得以生存下来，不适应的就被淘汰，这就是所谓的"优胜劣汰，适者生存"。(X)

→ C 进化论的一个基本观点是：在生物进化过程中，适应自然环境的物种得以生存下来，不适应的就被淘汰，这就是所谓的"优胜劣汰，适者生存"。(O)

공략 개사 在는 장소나 시간을 제외하고 일반 명사를 목적어로 가질 때 반드시 그 뒤에 방위사 里, 上, 中, 下 등을 동반해야 한다. 예를 들면 '书在桌子上(책은 책상 위에 있다)', '文件存在电脑里(문서는 컴퓨터에 저장되어 있다)'와 같이 쓴다. 따라서 보기 C도 일반 명사 过程 뒤에 방위사 中을 써서 '在……过程中'의 형태로 고쳐야 올바른 개사 구조의 문장이 된다.

어휘 ★机遇 jīyù 명 기회, 찬스 | ★一文不名 yì wén bù míng 성 한 푼도 없다, 몹시 가난하다 | ★获得财富 huòdé cáifù 부를 얻다 | 无穷 wúqióng 형 무궁하다, 끝이 없다 | ★微不足道 wēi bù zú dào 성 하찮아서 말할 가치도 없다 | ★建功立业 jiàn gōng lì yè 공훈을 세우고 업적을 쌓다 | ★以爱的名义 yǐ ài de míngyì 사랑의 이름으로 | 铺垫 pūdiàn 명 배경, 바탕 동 깔다, 펴다 | ★用心良苦 yòngxīn liángkǔ 매우 고심하다, 매우 애쓰다 | ★适得其反 shì dé qí fǎn 성 결과가 바라는 것과 정반대가 되다 | 进化论 jìnhuàlùn 명 진화론, 다원주의 | ★适应环境 shìyìng huánjìng 환경에 적응하다 | 物种 wùzhǒng 명 (생물의) 종 | ★被淘汰 bèi táotài 도태되다, 탈락하다 | 所谓 suǒwèi 소위, ~라는 것은 | ★优胜劣汰，适者生存 yōushèng liètài, shìzhě shēngcún 강한 자는 번성하고 약한 자는 도태되며, 환경에 적응하는 생물은 살아남고 그렇지 못한 것은 멸망하다 | 反射 fǎnshè 동 반사하다 | 太阳光 tàiyángguāng 명 태양광 | 发光 fāguāng 동 빛을 내다 | 足够 zúgòu 동 충분하다 | 照亮 zhàoliàng 동 밝게 비치다, 빛을 내다

합격필수 TIP

▶ 자주 출제되는 개사 구조

① 在……上：~방면에 있어
   어휘 호응 在……经济上 경제 방면에 있어 | 在……政治上 정치 방면에 있어 | 在……教育上 교육 방면에 있어 | 在……生活上 생활 방면에 있어 | 在……学习上 학습 방면에 있어
   예문 中国有些城市在经济上已经相当发达。
   중국에서 일부 도시는 경제 방면에 있어 이미 상당히 발전했다고 할 수 있다.

② 在……下：~하에
   ⓐ 원인
   어휘 호응 在……帮助下 도움하에 | 在……指导下 지도하에 | 在……领导下 지도하에 | 在……照顾下 보살핌하에
   예문 在老师的帮助下，同学们都通过了考试。 선생님의 도움하에 반 학생들은 모두 시험에 통과했다.
   ⓑ 상황
   어휘 호응 在……前提下 전제하에 | 在……条件下 조건하에 | 在……背景下 배경하에
   예문 在房价水涨船高的前提下，我们不得不租房。
   집값이 변한다는 전제하에 우리는 집을 임대할 수밖에 없다.

59. HSK POINT '以……为……' 구조 파악 난이도 上

Ⓐ 鲜花饼是一款以云南特有的食用玫瑰花入料的酥饼，是以凭"花味、云南味"为特色的云南经典点心的代表。

B 传统观念认为动画片的受众只是儿童，但是目前越来越多的公司开始推出适合不同年龄受众的多元化产品，供人们享受。

Ⓐ 시옌화빙은 윈난 고유의 식용 장미가 원료인 페이스트리로, '식용꽃의 맛과 윈난의 풍미'를 특색으로 한 윈난 지역의 전형적인 간식의 대표주자이다.

B 보수적인 관념으로는 만화 영화의 시청자들은 단지 아이들이라고 여기겠지만, 현재 갈수록 많은 기업에서 각기 다른 연령대에 적합한 다원화 제품을 출시하여 즐기게 하고 있다.

C 南锣鼓巷全长786米。以南锣鼓巷为主干，向东西各伸出对称的八条胡同，呈鱼骨状，俗称蜈蚣街。
D 就这样通过不断地失败，不断地准备，不断地完善自己，他成为经济舞台上的风云人物。

C 난뤄구샹은 총 길이가 786미터로, 난뤄구샹을 주축으로 하여 동서쪽으로 각각 대칭된 여덟 개의 골목이 뻗어 있고 생선뼈의 형상을 나타내어 속칭 우궁졔(지네다리)라고 불린다.
D 바로 이러한 끊임없이 실패하고 끊임없이 대비하고 끊임없이 자신을 완성시키는 과정을 통해, 그는 경제 무대에서 풍운아가 되었다.

정답

A 鲜花饼是一款以云南特有的食用玫瑰花入料的酥饼，是<u>以</u>凭"花味、云南味"<u>为</u>特色的云南经典点心的代表。(X)

→ A 鲜花饼是一款以云南特有的食用玫瑰花入料的酥饼，是<u>以</u>"花味、云南味"<u>为</u>特色的云南经典点心的代表。(O)

공략 보기 A에서 개사 以와 凭은 함께 쓸 수 없으며, '以……为……'는 고정 형식으로 '~을 ~으로 하다, ~을 ~으로 삼다'는 의미이다. 개사 凭은 주로 实力, 优势 등과 호응하여 쓰인다.

어휘 ★特有 tèyǒu 형 특유하다, 고유하다 | 玫瑰 méigui 명 장미 | 以……入料 yǐ……rù liào ~을 원료로 하다 | 酥饼 sūbǐng 명 바삭바삭하게 구운 과자, 페이스트리 | ★以……为特色 yǐ……wéi tèsè ~을 특색으로 하다 | 经典点心 jīngdiǎn diǎnxin 전형적인 간식거리 | 代表 dàibiǎo 명동 대표(하다) | ★传统观念 chuántǒng guānniàn 전통 관념, 보수적 관념 | 动画片 dònghuàpiān 명 만화 영화 | ★推出 tuīchū 내놓다, 출시하다 | ★适合不同年龄 shìhé bùtóng niánlíng 각기 다른 연령대에 적합하다 | 受众 shòuzhòng 명 (신문·잡지 등의) 매스컴 독자 및 (TV·라디오의) 시청자·청취자의 총칭 | ★多元化 duōyuánhuà 통 다원화하다 | 享受 xiǎngshòu 통 즐기다, 누리다 | ★以……为主干 yǐ……wéi zhǔgàn ~을 주체로 하다, ~을 주축으로 삼다 | 对称 duìchèn 형 대칭이다 | 胡同 hútong 명 골목 | 呈……状 chéng……zhuàng ~ 상태나 형태를 나타내다, 드러내다 | 鱼骨 yúgǔ 명 생선뼈 | 俗称 súchēng 명동 속칭(하다) | 蜈蚣 wúgōng 명 지네 | ★完善自己 wánshàn zìjǐ 자신을 완벽하게 하다, 자아를 완성하다 | ★经济舞台 jīngjì wǔtái 경제 무대 | ★风云人物 fēng yún rén wù 명 풍운아

60. HSK POINT '是……的' 강조 구문 난이도 上

A 成功往往取决于你敢不敢往人少的地方走，可能会有未知的风险，但因为没人来过，留给你的果实会更加甜美。
B 紫丁香盛开时，硕大而艳丽的花序布满全株，芳香四溢，观赏效果甚佳，现已成为庭园栽种的著名花木。
C 从环保角度看，凡是妨碍到人们正常休息、学习和工作的声音，以及对人们要听的声音产生干扰的声音，都属于噪声。
D 森林是大自然给予人类的宝贵资源，它能有效地保护生物的多样性，目前地球上已知的生物一半儿以上有在森林中栖息繁衍的。

A 성공이란 종종 용감히 사람이 적은 곳으로 갈 수 있는지 여부에 달려있다고 할 수 있다. 어쩌면 그곳은 우리가 알지 못하는 위험이 있을 수도 있지만, 지나쳐 간 사람이 없기 때문에 당신에게 남겨진 열매 또한 더욱 달콤할 것이다.
B 라일락은 만개할 때 크고 아름다운 꽃차례가 한 그루 전체에 가득 펼쳐지며 향기가 사방으로 퍼지는데, 감상 효과가 매우 뛰어나서 현재 이미 유명한 정원 재배 꽃나무가 되었다.
C 환경 보호 관점에서 본다면, 사람들의 정상적인 휴식, 학습과 업무를 방해하는 소리 및 사람들이 듣고자 하는 소리에 지장을 줄 정도의 소리는 모두 소음에 속한다고 할 수 있다.
D 삼림은 대자연이 인류에게 준 소중한 자원으로, 이는 생물의 다양성을 효과적으로 지켜낼 수 있는데, 현재 지구상 이미 알려진 생물 중 절반 이상이 삼림에서 서식하고 번식한다고 한다.

정답

D 森林是大自然给予人类的宝贵资源，它能有效地保护生物的多样性，目前地球上已知的生物一半儿以上<u>有</u>在森林中栖息繁衍<u>的</u>。(X)

→ D 森林是大自然给予人类的宝贵资源，它能有效地保护生物的多样性，目前地球上已知的生物一半儿以上<u>是</u>在森林中栖息繁衍<u>的</u>。(O)

| 공략 | 고정 형식 '是+동사구/형용사구/성어+的'에서 '是……的'는 강조를 나타낸다. 예를 들면 '是他安排的(그가 배정한 것이다)', '是非常重要的(매우 중요한 것이다)', '是必不可少的(반드시 있어야 하는 것이다)' 등과 같이 쓴다. '是……的' 강조 구문에서 是는 다른 동사로 대체될 수 없으므로, 보기 D는 有가 아닌 是로 바꿔야 어법상 올바른 문장이 된다. |

| 어휘 | ★取决于 qǔjué yú ~에 달려있다, ~에 의존하다 | ★未知 wèizhī 圈 미지의 | ★风险 fēngxiǎn 圈 위험 | 甜美 tiánměi 圈 달콤하다, 아름답다 | 紫丁香 zǐdīngxiāng 圈 라일락 | ★盛开 shèngkāi 圈 활짝 피다 | ★硕大而艳丽 shuòdà ér yànlì 크고 아름답다 | ★布满 bùmǎn 圈 가득 널려 있다, 충만하다 | ★芳香四溢 fāngxiāng sìyì 향기가 사방에 넘치다 | ★观赏效果 guānshǎng xiàoguǒ 감상 효과 | 甚佳 shèn jiā 매우 좋다, 매우 뛰어나다 | ★栽种 zāizhòng 圈 심다, 재배하다 | 从……角度 cóng……jiǎodù ~관점으로부터 | 环保 huánbǎo '环境保护(환경 보호)'의 약칭 | ★凡是 fánshì 凰 무릇, 모든, 다 | ★妨碍 fáng'ài 圈 방해하다, 지장을 주다 | ★以及 yǐjí 圈 및, 그리고 | ★干扰 gānrǎo 圈 방해하다 | ★属于 shǔyú 圈 ~에 속하다 | 噪声 zàoshēng 圈 소음, 잡음 | 森林 sēnlín 圈 삼림, 숲 | ★给予 jǐyǔ 圈 주다 | ★宝贵资源 bǎoguì zīyuán 소중한 자원 | ★栖息 qīxī 圈 서식하다 | 繁衍 fányǎn 圈 번식하다 |

합격필수 TIP

▶ 자주 출제되는 '是……的' 강조 구문

① 是 + 동사구 + 的
这件事是由他决定的. 이 일은 그가 결정한 것이다.

② 是 + 형용사구 + 的
语法是非常重要的. 어법은 매우 중요한 것이다.

③ 是 + 성어 + 的
失败是不可避免的. 실패는 피할 수 없는 것이다.

第二部分

61. HSK POINT '方圆……平方公里'의 호응 구조 파악 난이도 中

云南, ①方圆三十九万平方公里, 瑰丽的景观呈现多种不同②风采与情调。二十五个少数民族, 风俗各异且③独具特色。

윈난은 ①사방 39만 제곱킬로미터로, 유달리 아름다운 경관이 여러 가지의 다른 ②기풍과 분위기를 나타내고 있다. 25개 소수민족은 풍습이 제각기 다르며 ③독특한 특색을 지니고 있다.

A	方圆 O	风采 O	独具特色 O
B	跨度 X	风貌 O	独一无二 X
C	南北 X	风味 X	风格迥异 O
D	面积 O	外表 X	独树一帜 X

A	사방	기풍	독특한 특색을 지니다
B	간격	풍모	유일무이하다
C	남북	풍미	풍격이 완전히 다르다
D	면적	겉모습	독자적으로 한 파를 형성하다

| 공략 | ①번 칸 : 빈칸에는 方圆, 面积 둘 다 가능하며, '方圆……平方公里'는 어떤 지역의 면적을 나타낼 때 자주 쓰이는 표현이다. 跨度, 南北는 면적을 나타내는 단어가 아니므로 첫 번째 빈칸을 통해 B, C는 정답이 아님을 알 수 있다.

②번 칸 : 빈칸에는 风采, 风貌가 둘 다 가능하다. 风采는 '풍채, 스타일, 기풍', 风貌는 '풍격과 면모, 풍모'라는 의미로 주로 '呈现风采/风貌(기풍/풍모를 나타내다)', '展现风采/风貌(기풍/풍모를 드러내다)', '各具风采/风貌(각기 기풍/풍모를 지니고 있다)', '民族风采/风貌(민족의 기풍/풍모)', '时代风采/风貌(시대의 기풍/풍모)'의 형태로 호응을 이룬다. 外表는 주로 사람의 모습을 나타낼 때 쓰이므로 빈칸에는 적합하지 않다. |

어휘 平方公里 píngfāng gōnglǐ 양 제곱킬로미터 | 瑰丽 guīlì 형 유달리 아름답다, 비할 데 없이 아름답다 | ★呈现 chéngxiàn 동 나타나다, 드러나다 | ★情调 qíngdiào 명 정서, 분위기 | ★少数民族 shǎoshù mínzú 명 소수민족 | ★风俗各异 fēngsú gèyì 풍속이 제각기 다르다 | ★方圆 fāngyuán 명 사방, 주위 | 风采 fēngcǎi 명 풍채, 기풍 | ★独具特色 dújù tèsè 독특한 특색을 지니다 | 跨度 kuàdù 명 간격, 사이 | 风貌 fēngmào 명 풍모 | ★独一无二 dú yī wú èr 성 유일무이하다 | 风味 fēngwèi 명 풍미, 맛 | ★风格迥异 fēnggé jiǒngyì 풍격·기풍이 완전히 다르다 | 外表 wàibiǎo 명 겉모습, 외모 | ★独树一帜 dú shù yí zhì 성 독자적으로 한 파를 형성하다

합격필수 TIP

▶ '风味/胃口/口味/味道'의 차이 비교

① 风味 명 맛, 특색, 풍미
  - **어휘 호응** 上海风味 상하이 풍미 | 四川风味 쓰촨 풍미 | 风味小吃 풍미 간식
  - **예문** 中国各地都有独特的风味小吃。 중국 각지에는 모두 독특한 풍미의 간식이 있다.

② 胃口 명 식욕, 흥미
  - **어휘 호응** 胃口很好 식욕이 좋다 | 胃口不好 식욕이 좋지 않다 | 很有胃口 입맛이 좋다 | 没有胃口 입맛이 없다
  - **예문** 最近太热了，没什么胃口。 요즘 날씨가 너무 더워서 입맛이 없다.

③ 口味 명 맛, 기호, 식욕
  - **어휘 호응** 口味重 맵거나 짠 음식을 좋아하다 | 口味轻 입맛이 강하지 않다
  - **예문** 我是北方人，口味重。 나는 북방 사람이어서 입맛이 강한 편이다.

④ 味道 명 (음식이나 요리의) 맛, 기분, 느낌
  - **어휘 호응** 味道很好 맛있다 | 味道不错 아주 맛있다 | 味道不怎么样 맛이 시원찮다
  - **예문** 这个菜味道非常好，你尝尝。 이 음식은 매우 맛있어요. 맛 좀 보세요.

62. HSK POINT 陆续의 의미 이해 〔난이도 中〕

有位植物学家有意把不同时间开放的花种在一起，做了一个①独特的花圃，他把花圃修建得像钟面一样，组成花的"时钟"。这些花在24小时内②陆续开放。你只要看看刚刚开放的是什么花，就知道现在③大致是几点钟，这是不是很有趣?

한 식물학자가 다른 시간에 꽃을 피우는 꽃들을 함께 심어보려고 ①독특한 화단을 만들었는데, 그는 화단을 시계판 같은 모양으로 지어 꽃으로 된 '꽤종시계'를 만들어 놓았다. 이 꽃들은 24시간 동안 ②연이어 꽃을 피우는데, 막 꽃을 피운 것이 무슨 꽃인지 안다면 현재 몇 시인지 ③대략 알 수 있었다. 흥미롭지 않은가?

A 特别 O | 一向 X | 大概 O
B 特殊 O | 顿时 X | 大约 O
C 独特 O | 陆续 O | 大致 O
D 特长 X | 一贯 X | 暂且 X

A 특별한 | 줄곧 | 대략
B 특수한 | 갑자기 | 대략
C 독특한 | 연이어 | 대략
D 특기 | 한결같은 | 잠시

공략

①번 칸: 빈칸에는 特别, 特殊, 独特가 모두 가능한데, 特长은 '특기, 장기'라는 뜻의 명사이므로 빈칸에는 적합하지 않다.

②번 칸: 이 문제의 정답을 찾는 핵심 빈칸으로, 빈칸에는 陆续만 가능하다. 陆续는 '연이어'라는 의미로 어떤 동작이나 상황이 동시에 일어나는 것이 아니라 하나씩 하나씩 이어진다는 개념이다. 예를 들면 '学生们陆续进来了。(학생들이 속속 들어왔다)'와 같이 쓰인다. 빈칸에 陆续를 쓰면 '한 종류의 꽃이 꽃을 피우고 나서 다른 꽃이 뒤따라 꽃을 피운다'는 의미가 되므로 정답이 된다. 一向은 '줄곧, 내내'라는 의미로 사람의 성격을 나타낼 때 주로 쓰이며, 예를 들면 '他一向很严格。(그는 늘상 엄격하다)'가 있다. 顿时는 '갑자기, 문득'이라는 뜻으로 '他顿时失去了知觉。(그는 갑자기 감각을 잃어버렸다)'와 같이 쓰이며, 一贯은 주로 '一贯如此(늘 이러하다)'의 형태로 호응하여 쓰인다.

③번 칸: 빈칸에는 '대략, 대강'의 의미로 大概, 大约, 大致가 모두 가능한데, 暂且는 '잠시, 잠깐'의 의미이므로 부적합하다.

어휘 植物学家 zhíwù xuéjiā 명 식물학자 | 有意 yǒu yì 동 ~할 마음이 있다, ~하고 싶다 | ★开放 kāifàng 동 개방하다 | ★花圃 huāpǔ 명 화단 | ★把……修建得 bǎ……xiūjiàn de ~을 ~하게 짓다 | 钟面 zhōngmiàn 명 시계판 | ★时钟 shízhōng 명 괘종시계 | ★有趣 yǒuqù 형 재미있다 | ★一向 yíxiàng 부 줄곧, 내내 | 特殊 tèshū 형 특수하다 | ★顿时 dùnshí 부 갑자기 | 大约 dàyuē 부 대략, 아마 | ★独特 dútè 형 독특하다 | ★陆续 lùxù 부 끊임없이, 연이어 | 大致 dàzhì 부 대략, 대개 | 特长 tècháng 명 특기, 장기 | ★一贯 yíguàn 형 한결같은, 일관된 | ★暂且 zànqiě 부 잠시, 잠깐

합격필수 TIP

▶ '陆续/连续/继续/持续/延续'의 차이 비교

① 陆续 부 끊임없이, 연이어(进来/出去 등과 호응함)
   어휘 호응 陆续到达 연이어 도착하다 | 陆续完成 연이어 완성하다
   예문 学生们陆续进了教室。학생들이 연이어 교실로 들어왔다.

② 连续 동 계속하다(종종 뒤에 수량사를 동반함)
   어휘 호응 连续不断 끊임없이 계속하다 | 连续三次 세 차례 계속하다 | 连续受挫 연속하여 좌절을 입다 | 连续得分 연속해서 점수를 얻다 | 连续动作 연속 동작
   예문 他昨天连续工作了10个小时。그는 어제 연속 10시간을 일했다.

③ 继续 동 계속하다(어떤 일을 하다 잠시 멈춘 뒤 다시 시작함)
   어휘 호응 继续工作 계속 일하다 | 继续说 계속 말하다
   예문 我们继续上课。우리 계속 수업합시다.

④ 持续 동 지속하다(주로 뒤에 변화의 의미를 나타내는 어휘 '上升/下降/上涨/下跌' 등과 결합하여 쓰임)
   어휘 호응 持续几天 며칠간 지속되다 | 持续下跌 계속해서 하락하다 | 持续增长 지속적으로 증가하다 | 持续发展 지속적으로 발전하다
   예문 最近物价持续上涨。최근 물가가 지속적으로 상승했다.

⑤ 延续 동 계속하다(뒤에 긴 시간의 의미를 나타내는 수량사를 수반함)
   어휘 호응 延续不断 계속해서 끊임없이 | 延续数千年 수천 년간 지속되다 | 生命的延续 생명의 연속
   예문 茶文化至今延续了几千年。차문화는 지금까지 몇천 년간 이어져왔다.

---

63. **HSK POINT** '集……于一身' 및 '举足轻重的地位'의 호응 구조 파악 **난이도 中**

重庆大足石刻①集佛教、道教、儒教"三教"造像艺术精华于一身, 具有很高的历史、科学和艺术②价值, 在中国石窟艺术史上占有③举足轻重的地位, 被誉为"神奇的东方艺术明珠"。

충칭 다쭈석각은 불교, 도교, 유교 '3교'의 조각상 예술 정수를 한데 ①모은 것으로 높은 역사, 과학, 예술적 ②가치를 지니고 있다. 이는 중국 석굴 역사상 ③상당한 영향력을 지닌 위치를 차지하고 있으며, '신비롭고 기이한 동방 예술의 보배'라고 칭송된다.

A	聚 O	品味 X	锦绣前程 X	A 모으다 | 음미하다 | 유망한 전도
B	**集 O**	**价值 O**	**举足轻重 O**	**B 모으다 | 가치 | 상당히 영향력이 있다**
C	以 X	代价 X	博大精深 X	C ~로 | 대가 | 사상·학식이 심오하다
D	合 X	意义 X	得天独厚 X	D 합치다 | 의미 | 우월한 자연 조건을 갖고 있다

공략
①번 칸: '聚/集……于一身'은 '하나의 사물이 여러 가지 특징이나 기능을 지니고 있음'을 의미한다. 예를 들면 '这个建筑聚/集影院、餐厅、商店于一身。(이 건축물에는 영화관, 식당, 상점이 한데 모여 있다)'라고 쓸 수 있다.

②번 칸: '예술적 가치'라는 의미가 적합하므로 빈칸에는 价值만 가능하다.

③번 칸: 빈칸에는 举足轻重만 가능한데, '占有举足轻重的地位'는 '어떤 방면에서 중요한 위치를 차지하고 있다'는 의미를 나타낸다. 得天独厚는 '다른 지역보다 처한 환경이 뛰어나 우월한 조건이나 자원을 가지고 있다'는 의미로 주로 '得天独厚的条件/资源(천혜의 조건/자원)'의 형태로 호응하여 쓰인다.

어휘 石刻 shíkè 몡 석각, (비석이나 암벽 등) 석재에 새겨진 문자나 그림 | 佛教 Fójiào 몡 불교 | 道教 Dàojiào 몡 도교 | 儒教 Rújiào 몡 유교 | 造像 zàoxiàng 몡 조각상 | ★精华 jīnghuá 몡 정화, 정수, 핵심 | ★具有 jùyǒu 동 있다, 지니다 | 石窟 shíkū 몡 석굴 | ★占有……地位 zhànyǒu……dìwèi ~지위를 차지하다 | 被誉为 bèi yùwéi ~라고 칭송되다, ~로 불리우다 | ★神奇 shénqí 혱 신기하다, 신비롭고 기이하다 | 明珠 míngzhū 몡 명주, 보배 | ★品味 pǐnwèi 동 맛보다, 음미하다, 이해하다 | ★锦绣前程 jǐn xiù qián chéng 셩 아름답고 빛나는 미래, 유망한 전도 | ★举足轻重 jǔ zú qīng zhòng 셩 일거수일투족이 전체에 중대한 영향을 끼치다, 상당히 영향력이 있다 | ★代价 dàijià 몡 대가 | ★博大精深 bó dà jīng shēn 셩 사상·학식이 넓고 심오하다 | ★得天独厚 dé tiān dú hòu 셩 우월한 자연 조건을 갖고 있다

64. HSK POINT '一幅画'의 호응 구조 파악 | 난이도 中

《城南旧事》是著名作家林海音以其7岁到13岁的生活为①背景写成的一部自传体短篇小说集，也可视作她的代表作。全书用②细腻的笔触，描绘出一③幅上世纪二三十年代老北京的生活画卷，④感染了很多读者。

'성남구사'는 저명한 작가 임해음이 그녀의 7세 때부터 13세 때까지의 삶을 ①배경으로 하여 쓴 한 편의 자전적 단편 소설로 그녀의 대표 작품으로 여겨진다. 전서는 ②섬세한 필치로 한 ③폭의 1920~1930년대 옛 베이징의 웅장하고 아름다운 생활 장면을 묘사해내어 많은 독자들을 ④감동시켰다.

A	前景✕	精心✕	则✕	感慨✕	A	전망	정성을 들이다	토막	감개무량하다
B	情景✕	精致✕	丛✕	勉励✕	B	광경	정교하고 치밀하다	무리	고무시키다
C	情节✕	细致✕	副✕	鼓励✕	C	줄거리	세밀하다	쌍	북돋워주다
D	**背景✓**	**细腻✓**	**幅✓**	**感染✓**	**D**	**배경**	**섬세하다**	**폭**	**감동시키다**

공략 ①번 칸 : '以……为背景'은 어떤 서적이나 영화가 생겨난 사회적 상황을 나타내므로 빈칸에는 背景이 가장 적합하다. 前景은 '전망, 미래, 앞길'이라는 뜻으로 주로 '发展前景(발전 전망)'이라는 형태로 호응하여 쓰이고, 情景은 주로 '看到这一情景(이러한 광경을 보다)'와 같이 쓰인다. 이 밖에 情节는 주로 '电影情节(영화 줄거리)', '电视情节(텔레비전 줄거리)', '故事情节(이야기 줄거리)'의 형태로 호응을 이룬다.

③번 칸 : 빈칸에는 '폭'이라는 뜻의 幅만 가능한데 주로 '웅장하고 아름다운 한 폭의 자연 경관이나 장면'을 나타낼 때 쓰인다. 则는 '토막, 편'이란 뜻으로 주로 '一则新闻(뉴스 한 토막)', '一则故事(이야기 한 토막)' 등과 같이 조목으로 나누어진 것이나 단락을 이루는 문장의 수를 표시할 때 쓰인다. 丛은 사람이나 물건의 무리나 떼를 나타낸다. 副는 짝으로 된 물건이나 사람의 얼굴 표정을 세는 단위로, '一副手套(장갑 한 켤레)', '一副眼镜(안경 한 쌍)', '一副对联(대련 한 쌍)' 등과 같이 호응하여 쓰인다.

어휘 ★著名 zhùmíng 혱 저명하다, 유명하다 | 作家 zuòjiā 몡 작가 | ★其 qí 때 그, 그녀, 그것 | ★以……为背景 yǐ……wéi bèijǐng ~을 배경으로 하다 | ★自传体 zìzhuàntǐ 자서전 | 短篇小说 duǎnpiān xiǎoshuō 몡 단편 소설 | 视作 shìzuò 동 ~로 여기다 | 描绘 miáohuì 동 묘사하다 | 一幅画卷 yì fú huàjuàn 한 폭의 웅장하고 아름다운 자연 경관이나 감동적인 장면 | ★前景 qiánjǐng 몡 전망 | ★精心 jīngxīn 혱 정성을 들이다, 심혈을 기울이다 | 则 zé 얭 편, 토막, 조 | ★感慨 gǎnkǎi 동 감격하다, 감개무량하다 | ★情景 qíngjǐng 몡 광경, 장면 | 精致 jīngzhì 혱 정교하고 치밀하다, 섬세하다 | 丛 cóng 몡 (사람이나 사물의) 무리, 떼 | 勉励 miǎnlì 동 격려하다, 고무하다 | ★情节 qíngjié 몡 줄거리 | 细致 xìzhì 혱 정교하다, 세밀하다 | ★副 fù 얭 켤레, 쌍, 벌(쌍이나 짝으로 된 불건이나 사람의 얼굴 표정을 세는 단위) | ★细腻 xìnì 혱 섬세하다, 세밀하다 | ★幅 fú 얭 폭(옷감·종이·그림 등을 세는 단위) | ★感染 gǎnrǎn 동 감동시키다, 영향을 끼치다, 전염되다

65. HSK POINT '智力开发'와 '研究显示/表明'의 호응 구조 파악 | 난이도 下

多与孩子沟通，不仅能刺激孩子的听觉、视觉和感官的发展，对孩子①智力的开发也大大有益。一项研究②显示，如果家长与孩子谈话③频率高，尤其是在宝宝9个月至3岁时多与孩子交谈，那么这些孩子上学后会有明显的④优势。

아이와 교류를 많이 하는 것은 아이의 청각 및 시각 및 감각 기관의 발달을 자극시킬 수 있을 뿐만 아니라, 아이의 ①지능 개발에도 크게 도움이 된다. 한 연구가 ②밝힌 바로는, 학부모와 아이의 대화 ③빈도가 높다면, 특히 생후 9개월 때부터 3세 때까지 아이와의 교류가 많다면, 이러한 아이는 취학 후 뚜렷한 ④우세를 보일 수 있다고 한다.

A 智力 O	显示 O	频率 O	优势 O		A 지능	나타내 보이다	빈도	우세
B 智能 X	表明 O	周期 X	优点 X		B 지능	분명히 밝히다	주기	장점
C 头脑 O	声明 X	频道 X	气势 X		C 두뇌	성명하다	채널	기세
D 智商 X	表示 X	几率 X	优惠 X		D 아이큐	나타내다	확률	특혜

공략 ①번 칸: '智力开发(지능 개발)'와 '头脑开发(두뇌 개발)'가 알맞은 호응 구조이다. 智能은 '지능'이라는 뜻으로 종종 '智能手机(스마트폰)'라는 형태로 호응하여 쓰이고, 智商은 '아이큐'라는 의미로 '智力商数(지능지수)'의 약칭이므로 빈칸에 적합하지 않다.

②번 칸: '研究显示(연구가 밝힌 바로는)', '研究表明(연구에 따르면)'의 두 가지 형태로 호응하여 쓰일 수 있다. 声明은 '外交部声明(외교부에서 성명을 내다)'와 같이 일반적으로 국가 정부기관에서 무언가를 공개적으로 선언할 때 쓰인다. 表示는 개인·기업·국가가 무언가를 나타내고 표할 때 쓰이며 研究, 调查 등과 호응하여 쓰일 수 없다.

③번 칸: 빈칸에는 '(남들보다 뛰어난) 우세, 강점'이라는 의미의 优势만 가능하다.

어휘 ★沟通 gōutōng 통 소통하다, 교류하다 | ★刺激 cìjī 통 자극하다 | ★有益 yǒuyì 통 유익하다 | ★尤其是 yóuqí shì 특히 ~이다 | 交谈 jiāotán 통 이야기를 나누다 | ★明显 míngxiǎn 형 두드러지다 | ★智力 zhìlì 명 지력, 지능 | 显示 xiǎnshì 통 뚜렷하게 나타내 보이다 | ★频率 pínlǜ 명 빈도, 빈도수 | ★优势 yōushì 명 우세 | 智能 zhìnéng 명 지능 | 表明 biǎomíng 통 표명하다, 분명하게 나타내다 | 周期 zhōuqī 명 주기 | 优点 yōudiǎn 명 장점 | 头脑 tóunǎo 명 두뇌, 사고 능력 | ★声明 shēngmíng 통 성명하다, 공개적으로 선언하다 | 频道 píndào 명 채널 | 气势 qìshì 명 기세 | ★智商 zhìshāng 명 지능지수 | ★表示 biǎoshì 통 의미하다, 나타내다 | 几率 jīlǜ 명 확률 | ★优惠 yōuhuì 형 특혜의, 우대의

66. HSK POINT '左右摇晃'의 호응 구조 파악 | 난이도 中

磁悬浮列车是一种靠磁悬浮力来推动的列车，它主要由悬浮系统、推进系统和导向系统三大部分①组成，尽管可以使用与磁力无关的推进系统，但在绝大部分设计中，这三部分的功能均由磁力来完成。磁悬浮列车启动时像浮在水上的小艇一样左右②摇晃，但当列车加速后，车身却③极其稳定，不会让人有眩晕的④感觉。

자기 부상 열차는 일종의 자기 부상력으로 나아가는 열차로, 주로 부상 시스템, 추진 시스템 및 유도 시스템 이 3대 부분으로 ①구성되어 있다. 비록 자기력과 무관한 추진 시스템을 사용할 수 있기는 하지만, 대부분의 설계에서 이 세 부분의 기능이 모두 자기력으로 완성된다. 자기 부상 열차는 작동을 시작할 때 물 위에 떠 있는 작은 배처럼 좌우로 ②흔들리기는 하지만, 열차가 속도를 내면 차체는 ③지극히 안정되어 현기증이 나는 ④느낌을 들게하지는 않는다.

A 形成 X	摇滚 X	极为 O	知觉 X	A 형성되다	흔들고 구르다	매우	감각
B 合成 X	震动 X	万分 O	感受 X	B 합성하다	진동하다	대단히	느낌
C 构成 O	动荡 X	异常 O	感想 X	C 구성하다	동요하다	몹시	감상
D 组成 O	摇晃 O	极其 O	感觉 O	D 구성하다	흔들리다	지극히	느낌

공략 ①번 칸: '~로 구성되다'라는 의미를 나타내는 '由……构成/组成'의 형태가 가능하다. 形成은 '형성되다, 이루어지다'는 의미로 '形成风格(풍격을 형성하다)', '风气形成(기풍이 형성되다)'와 같이 어떤 사물이나 기풍·국면 등이 형성되는 것을 나타낼 때 쓰인다.

②번 칸: 이 문제의 정답을 찾는 핵심 빈칸으로 摇晃만 가능하다. '左右摇晃'은 '차량이나 선박이 안정되지 않고 흔들린다'는 의미를 나타내고, 술에 취해 길을 걷는 모습을 묘사할 때도 쓰일 수 있다. 摇滚은 '흔들고 구르다'는 뜻이며 주로 '摇滚音乐(록 음악)'의 형태로 호응을 이루고, 震动은 '진동하다'는 의미로 '手机震动'처럼 휴대폰과 같은 사물이 진동하는 것을 표현할 때 쓰인다. 动荡은 '(정세·상황 등이) 불안하다'는 의미로 '社会动荡(사회가 불안하다)'의 형태로 호응한다.

③번 칸: 极为, 万分, 异常, 极其는 모두 동의어로 '매우, 몹시, 대단히'라는 뜻이며 정도가 강함을 나타낸다.

어휘 ★磁悬浮列车 cíxuánfú lièchē 명 자기 부상 열차 | ★靠 kào 동 기대다 | 磁悬浮力 cíxuánfúlì 자기 부상력 | 推动 tuīdòng 동 추진하다, 나아가게 하다 | 与……无关 yǔ……wúguān ~와 무관하다 | 均 jūn 부 모두, 다 | ★启动 qǐdòng 동 시동을 걸다, 작동을 시작하다 | 浮在水上 fúzài shuǐshang 물 위에 뜨다 | 小艇 xiǎotǐng 명 작은 배 | 加速 jiāsù 동 가속하다, 속도를 내다 | ★稳定 wěndìng 형 안정되다 | ★眩晕 xuànyùn 동 현기증이 나다 | 摇滚 yáogǔn 흔들고 구르다 | 知觉 zhījué 명 지각, 감각 | 合成 héchéng 동 합성하다, 합쳐 ~가 되다 | 震动 zhèndòng 동 진동하다, 흔들다 | ★感受 gǎnshòu 명 인상, 느낌 | ★动荡 dòngdàng 동 (정세·상황 등이) 불안하다, 동요하다 | 感想 gǎnxiǎng 명 감상, 느낌 | ★摇晃 yáohuàng 동 흔들다, 흔들리다

67. HSK POINT 挑战의 의미 이해 난이도 上

探险，既是人类对未知的探寻，也是人类对自身的①挑战。从高峻的山峰到深邃的海底，从浩瀚的大洋到茫茫的宇宙，哪里有②奥秘，哪里就有人类的足迹。其间有成功的③喜悦，也有失败的悲壮。探险过程中的任何艰难险阻，都④遏制不住人类探寻未知世界的激情，也阻挡不了人类⑤迈向全新领域的脚步。

탐험은 인류의 미지에 대한 탐구이기도 하고 인류 스스로에 대한 ①도전이기도 하다. 높고 험준한 산봉우리에서 심오한 해저에 이르기까지, 드넓은 바다에서 망망한 우주에 이르기까지, 어디든지 ②신비가 있다면 인류의 발자취를 남길 수 있다. 그 가운데 성공의 ③기쁨도 있을 것이고, 실패의 비장함도 있을 것이다. 탐험 과정 중의 어떠한 어려움이나 위험도 인류가 미지의 세계를 탐구하고자 하는 열정을 ④억제하지 못할 것이고, 인류가 새로운 영역으로 ⑤나아가고자 하는 발걸음을 막지도 못할 것이다.

Ⓐ 挑战 ○	奥秘 ○	喜悦 ○	遏制 ○	迈 ○	Ⓐ 도전 | 신비 | 기쁘다 | 억제하다 | 나아가다
B 较量 ○	机遇 ○	欢乐 ○	阻止 ×	跳 ×	B 대결 | 기회 | 즐겁다 | 저지하다 | 뛰다
C 竞赛 ×	秘密 ×	美妙 ×	克制 ×	蹦 ×	C 시합 | 비밀 | 미묘하다 | 자제하다 | 껑충 뛰다
D 战斗 ×	机会 ○	欣喜 ○	扼杀 ×	奔 ○	D 전투 | 기회 | 기쁘다 | 말살하다 | 달리다

공략
①번 칸: 빈칸에는 '자신에게 있어 비교적 어려운 일에 도전하는 것'을 나타내는 挑战이 가장 적합하다. 挑战은 '挑战探险(탐험에 도전하다)', '挑战创业(창업에 도전하다)', '挑战参加考试(시험에 도전하다)' 등과 같이 쓰인다. '실력이나 기량을 겨루다'는 의미의 较量도 빈칸에 가능하며 '我想跟他较量一下(나는 그와 한번 붙어보고 싶다)'와 같이 쓰인다. 竞赛는 '시합, 경기, 경쟁'의 의미로 주로 '知识竞赛(지식 경쟁)'의 형태로 호응하고, 战斗는 '전쟁에서의 전투'를 뜻하며 주로 '一场战斗'와 같이 수량사를 동반한 형태로 쓰인다.

②번 칸: 빈칸에는 '기회'라는 의미의 机遇, 机会가 가능하다. 또한 '신비, 비밀'이라는 뜻의 奥秘도 가능하다. 하지만 秘密는 '일상적인 범주 안에서의 비밀'을 뜻하므로 어울리지 않는다.

④번 칸: '열정을 억제한다'는 의미가 되어야 하므로 遏制만 가능하다. 阻止는 '저지하다'는 뜻으로 사람의 어떤 행동을 막거나 일의 진행을 막아서 멈추게 하는 상황에서 쓰이며, 예를 들면 '阻止他们打架(그들의 싸움을 막다)', '阻止他们前进(그들의 전진을 막다)'가 있다. 克制는 '사람이 스스로 감정을 억제하고 자제한다'는 의미로, '克制住自己的愤怒(자신의 분노를 억제하다)'와 같이 쓸 수 있다.

⑤번 칸: 迈은 '나아가다, 내딛다'는 의미로 주로 '迈向全新领域(새로운 분야로 나아가다)', '迈向新世界(신세계로 나아가다)', '迈向未来(미래로 나아가다)' 등의 호응 구조를 이룬다. 奔도 '奔向'의 형태로 어느 곳을 향해 달리다는 의미가 되므로 빈칸에 가능하다.

어휘 ★探险 tànxiǎn 동 탐험하다 | 探寻 tànxún 동 탐구하다 | ★高峻的山峰 gāojùn de shānfēng 높고 험준한 산봉우리 | 深邃的海底 shēnsuì de hǎidǐ 심오한 해저 | ★浩瀚的大洋 hàohàn de dàyáng 드넓은 바다 | ★茫茫的宇宙 mángmáng de yǔzhòu 망망한 우주 | 人类的足迹 rénlèi de zújì 인류의 발자취 | 失败的悲壮 shībài de bēizhuàng 실패의 비장함 | ★艰难险阻 jiānnán xiǎnzǔ (인생 역정 중의) 어려움, 위험, 좌절 | ★激情 jīqíng 명 열정적인 감정 | 阻挡 zǔdǎng 동 저지하다, 가로막다 | ★全新领域 quánxīn lǐngyù 새로운 분야 | ★挑战 tiǎozhàn 명 도전 | ★奥秘 àomì 명 신비, 비밀 | ★喜悦 xǐyuè 형 기쁘다, 즐겁다 | 遏制 èzhì 억제하다, 저지하다 | ★迈 mài 나아가다, 내딛다 | 较量 jiàoliàng 겨루다, 대결하다 | ★机遇 jīyù 명 기회, 찬스 | ★阻止 zǔzhǐ 동 저지하다, 가로막다 | 跳 tiào 동 뛰다 | 竞赛 jìngsài 명 시합, 경기 | ★美妙 měimiào 형 미묘하다, 아름답다 | 克制 kèzhì 동 자제하다, 억누르다 | 蹦 bèng 동 뛰어오르다, 껑충 뛰다 | 战斗 zhàndòu 명 전투 | ★欣喜 xīnxǐ 형 기쁘다, 유쾌하다 | 扼杀 èshā 동 목졸라 죽이다, 말살하다 | 奔 bēn 동 내달리다, 질주하다

68. HSK POINT '炎热的夏季' 및 '听力灵敏'의 호응 구조 파악 　난이도 下

兔子长长的耳朵主要有两大作用。首先，长耳朵能够帮助它在①<u>炎热</u>的夏季散热降温。其次，长耳朵使它的听力更加②<u>灵敏</u>，所以微弱的声音它都能听到。人们常常看到兔子竖起耳朵，以为它只是简单地③<u>倾听</u>周围的声音，其实，它还能在听到声音后确定声音的④<u>来源</u>，这样就能在敌人靠近前及时逃跑。

토끼의 길다란 귀는 두 가지 큰 역할을 한다고 한다. 우선, 긴 귀는 토끼가 ①<u>무더운</u> 여름에 열을 발산하여 온도를 낮추게 하는 데에 도움을 줄 수 있다. 그 다음으로는, 긴 귀가 토끼의 청력을 더욱 ②<u>예민하게</u> 하여 약한 소리도 다 들을 수 있다. 사람들은 종종 토끼가 귀를 쫑긋 세우고 있는 모습을 보면서, 토끼가 단지 단순히 주변의 소리를 ③<u>경청하고</u> 있는 것이라고 여기지만, 사실 토끼는 소리를 들은 후 그 소리의 ④<u>출처</u>도 알아낼 수 있어, 적이 접근해 오기 전 신속히 도망갈 수 있다고 한다.

A	明媚 X	机灵 X	打听 X	由来 X
B	闷热 O	敏捷 X	分辨 X	起源 X
C	**炎热 O**	**灵敏 O**	**倾听 O**	**来源 O**
D	干旱 O	敏感 X	窃听 X	源泉 X

A	아름다운	영리한	알아보다	유래
B	후덥지근한	민첩한	분별하다	기원
C	**무더운**	**예민한**	**경청하다**	**출처**
D	메마른	민감한	몰래 엿듣다	원천

공략

①번 칸 : 빈칸에는 炎热가 들어가면 '무더운 여름'이라는 의미이므로 가장 알맞은 호응 구조이다. 闷热는 주로 '闷热的天气(후덥지근한 날씨)'의 형태로, 干旱은 '干旱的土地(메마른 땅)'의 형태로 호응하여 쓰인다. 明媚는 '맑고 아름답다'는 뜻으로, 주로 '明媚的阳光(아름다운 햇빛)'의 형태로 호응하며 빈칸에는 부적합하다.

②번 칸 : 灵敏을 써서 '听力灵敏(청력이 예민하다)'는 의미가 가장 적합하다. 敏捷는 주로 '动作/思维敏捷(동작이나 사고가 민첩하다)'는 형태로 쓰이고, 敏感은 '性格敏感(성격이 예민하다)' 또는 외부 사물에 대한 반응이 빠른 의미의 민감함을 나타내 '他对什么事都很敏感。(그는 어떤 일에든 다 민감하다)'과 같이 쓰인다.

③번 칸 : '귀 기울여 듣다, 경청하다'는 의미의 倾听만 가능하다. 打听은 어떤 소식을 알아볼 때 쓰이고, 分辨은 '분별하다, 구분하다'는 뜻으로 주로 '分辨是非(시비를 가리다)', '分辨真伪(진짜와 가짜를 구별하다)'의 형태로 호응하여 쓰인다. 窃听은 몰래 엿듣는 상황에서 쓸 수 있다.

④번 칸 : '사물의 출처'를 나타내는 来源만 가능하다. 由来는 '처음부터 지금까지의 사물이 전해져 내려온 내력'을 의미하며 주로 '由来已久(유래가 깊다)'의 형태로, 起源은 '사물이 발생한 기원'을 뜻하며 주로 '生命的起源(생명의 기원)'의 형태로 호응하여 쓰인다. 이 밖에 源泉은 '원천'이라는 뜻으로 사물 발생의 근원을 나타내며, 주로 '幸福的源泉(행복의 원천)', '灵感的源泉(영감의 원천)', '力量的源泉(힘의 원천)' 등의 호응 구조를 이룬다.

어휘

兔子 tùzi 명 토끼 | ★两大作用 liǎngdà zuòyòng 2대 작용, 2대 효과 | 散热降温 sànrè jiàngwēn 열을 발산해 온도를 낮추다 | ★竖起耳朵 shùqǐ ěrduo 귀를 쫑긋 세우다 | 敌人 dírén 명 적 | 靠近 kàojìn 동 가까이 가다, 접근하다 | ★及时逃跑 jíshí táopǎo 즉시 도망가다 | ★明媚 míngmèi 형 (경치가) 맑고 아름답다 | 机灵 jīling 형 영리하다, 약삭빠르다 | 打听 dǎting 동 물어보다, 알아보다 | 由来 yóulái 명 유래 | ★闷热 mēnrè 형 후덥지근하다 | ★敏捷 mǐnjié 형 민첩하다 | 分辨 fēnbiàn 동 분별하다, 구분하다 | ★起源 qǐyuán 명 기원 | ★炎热 yánrè 형 무덥다 | ★灵敏 língmǐn 형 예민하다, 민감하다 | ★倾听 qīngtīng 동 경청하다 | ★来源 láiyuán 명 (사물의) 내원, 출처 | 干旱 gānhàn 형 가물다 | ★敏感 mǐngǎn 형 민감하다 | 窃听 qiètīng 동 몰래 엿듣다 | 源泉 yuánquán 명 원천, 사물 발생의 본원

69. HSK POINT '承受压力'의 호응 구조 파악 〔난이도 中〕

当手握一个生鸡蛋的时候，无论你怎样用力也不能把鸡蛋捏碎。薄薄的鸡蛋壳之所以能①<u>承受</u>这么大的压力，是因为它能够把受到的压力均匀地②<u>分散</u>到蛋壳的各个部分。建筑师由此得到③<u>启发</u>，根据这种"薄壳结构"的特点，设计出了许多既④<u>坚固</u>又省料的建筑物。

날달걀 하나를 손에 움켜쥘 때는 당신이 아무리 힘을 쓰더라도 달걀은 깨지지 않는다. 얇디얇은 달걀 껍질이 그만큼의 압력을 ①<u>견딜</u> 수 있다는 것은, 달걀이 받은 압력을 달걀 껍질의 여러 부분으로 고르게 ②<u>분산시킬</u> 수 있기 때문이다. 건축가들은 이로부터 ③<u>영감</u>을 얻어, 이러한 '얇은 막 구조'의 특징에 근거해 ④<u>견고하면서도</u> 재료를 절약할 수 있는 수많은 건축물들을 설계해냈다.

A	承担 ✗	散发 ✗	保证 ✗	牢固 O	A	맡다	발산하다	보증	튼튼하다
B	遭受 ✗	分解 ✗	启蒙 ✗	坚定 ✗	B	당하다	분해하다	계몽하다	굳세다
C	**承受 O**	**分散 O**	**启发 O**	**坚固 O**	**C**	**견디다**	**분산하다**	**계발, 영감**	**견고하다**
D	接受 ✗	扩散 O	启示 O	坚实 O	D	수락하다	확산하다	계시	튼튼하다

공략

①번 칸: '압력을 견디다'는 의미로 '承受压力'의 호응 구조가 가장 적합하다. 承担은 '맡다'는 의미로 주로 '承担责任(책임을 맡다)' 형태로, 遭受는 '당하다'는 의미로 '遭受苦难(고난을 당하다)', '遭受挫折(좌절을 당하다)'의 형태로 호응한다. 接受는 '받아들이다, 수락하다'는 의미로 주로 '接受批评(비평을 받아들이다)', '接受教育(교육을 받다)', '接受建议(건의를 수락하다)', '接受任务(임무를 받아들이다)' 등의 형태로 호응하여 쓰인다.

③번 칸: '得到启发(영감을 얻다)', '得到启示(계시를 얻다)'의 의미로 启发와 启示가 둘 다 가능하며, 문득 좋은 생각이 떠올랐음을 나타낸다. 保证은 '보증, 확보'의 의미로 주로 '质量的保证(품질의 보증)', '成功的保证(성공의 보증)', '胜利的保证(승리의 보증)' 등의 형태로 호응 구조를 이룬다. 启蒙은 '계몽하다'는 뜻으로 주로 '启蒙老师(계몽 스승)', '启蒙教育(계몽 교육)'과 같이 호응하여 쓰인다.

④번 칸: '牢固的建筑物(튼튼한 건축물)', '坚固的建筑物(견고한 건축물)'의 의미로 牢固와 坚固가 둘 다 가능하다. 坚实는 '튼튼하다'는 의미로 빈칸에 가능하나, 주로 '坚实的基础(튼튼한 기초)'와 같이 호응하여 쓰인다. 坚定은 '意志坚定(의지가 굳세다)'와 같이 쓰이고 '사람의 의지·신념·입장·주장 등이 흔들림 없이 확고부동함'을 나타낸다.

어휘

手握 shǒu wò 손에 쥐다, 움켜 쥐다 | 生鸡蛋 shēng jīdàn 날달걀 | ★捏碎 niē suì 손으로 쥐어서 깨지다 | 蛋壳 dàn ké 몡 달걀 껍질 | ★之所以……是因为 zhīsuǒyǐ……shì yīnwèi ~는 ~때문이다 | 均匀 jūnyún 혱 균등하다, 고르다 | 建筑师 jiànzhùshī 몡 건축가 | ★由此得到 yóucǐ dédào 이로부터 얻다, 이에 근거하여 얻다 | 结构 jiégòu 몡 구조, 구성 | 省料 shěngliào 동 재료를 절약하다, 원료를 아끼다 | ★建筑物 jiànzhùwù 몡 건축물 | ★承担 chéngdān 동 맡다, 담당하다 | 散发 sànfā 동 발산하다, 내뿜다 | ★保证 bǎozhèng 몡동 보증(하다) | ★牢固 láogù 혱 튼튼하다, 견고하다 | ★遭受 zāoshòu 동 (불행 또는 손해를) 입다, 당하다 | 分解 fēnjiě 동 분해하다, 분열되다 | 启蒙 qǐméng 동 계몽하다 | ★坚定 jiāndìng 혱 (입장·주장·의지 등이) 굳세다, 꿋꿋하다 | ★承受 chéngshòu 동 견뎌내다, 감당하다 | ★分散 fēnsàn 동 분산하다, 흩어지다 | ★启发 qǐfā 명동 계발(하다), 계몽(하다), 영감(을 주다) | 坚固 jiāngù 혱 견고하다, 튼튼하다 | ★接受 jiēshòu 동 받아들이다, 수락하다 | 扩散 kuòsàn 동 확산하다, 퍼뜨리다 | ★启示 qǐshì 명동 계시(하다) | ★坚实 jiānshí 혱 견실하다, 튼튼하다

합격필수 TIP

▶ '坚定/坚强/坚决/顽强'의 차이 비교

① **坚定** 혱 굳세다, 꿋꿋하다
   - 어휘 호응: 意志<u>坚定</u> 의지가 굳세다 | <u>坚定</u>的信念 확고한 신념 | <u>坚定</u>的决心 굳은 결심
   - 예문: 他是一个意志很<u>坚定</u>的人。 그는 의지가 강한 사람이다.

② **坚强** 혱 굳세다, 강인하다
   - 어휘 호응: 意志<u>坚强</u> 의지가 굳세다 | 性格<u>坚强</u> 성격이 강인하다
   - 예문: 性格<u>坚强</u>的她最终取得了成功。 강인한 성격의 그녀가 결국 성공을 이루어냈다.

③ 坚决 [형] 단호하다, 결연하다
  어휘 호응 坚决反对 단호히 반대하다 | 坚决支持 굳게 지지하다
  예문 爸爸坚决反对他放弃考大学。 아버지는 그가 대학 진학을 포기하는 것을 단호하게 반대하신다.

④ 顽强 [형] 완강하다, 억세다
  어휘 호응 顽强抵抗 완강히 저항하다 | 顽强的生命力 완강한 생명력
  예문 仙人掌有着顽强的生命力。 선인장은 완강한 생명력을 지녔다.

---

70. HSK POINT 强大 및 风度翩翩의 의미 이해 난이도 上

高富帅为网络词汇，对应于矮矬穷，形容男人在身材，相貌，财富上的①完美无缺。他们一般拥有极其②强大的个人能力和财力，很高的学历和社会地位，③风度翩翩，才貌双全。高富帅是现代城市女性择偶的标准，这一观点是被④公认的。

가오푸쉐이(큰 키에 재산이 많은 미남)는 인터넷 용어로, 아이춰충(작은 키에 돈 없는 추남)과 대조되는 표현인데 남자의 몸매, 외모, 재산상의 ①완벽함을 나타낸다. 그들은 일반적으로 매우 ②막강한 능력과 재력 및 높은 학력과 사회적 지위를 지니고 있으며, ③멋스럽고 재능과 용모를 다 갖추고 있다고 할 수 있다. 가오푸쉐이는 현대 도시 여성들이 배우자를 선택하는 기준이 되었는데, 이는 ④공인된 관점이라고 할 수 있다.

A	十全十美 X	巨大 X	彬彬有礼 O	认可 O
B	完好无损 X	优秀 X	亭亭玉立 X	承认 X
C	**完美无缺 O**	**强大 O**	**风度翩翩 O**	**公认 O**
D	完美无瑕 O	富裕 X	端庄大方 X	认同 O

A	완벽하다	거대한	점잖고 예의 바르다	승낙하다
B	완전하다	우수한	늘씬하고 아름답다	인정하다
C	**완벽하다**	**막강한**	**풍채가 멋스럽다**	**공인하다**
D	완벽하다	부유한	단정하고 장중하다	인정하다

공략

②번 칸: '대단한 능력과 재력'이라는 의미가 되어야 하므로 빈칸에는 强大만 가능하다. 巨大는 주로 '巨大的影响(거대한 영향)', '巨大的压力(큰 스트레스)', '巨大的损失(거대한 손실)'의 형태로, 优秀는 '优秀的人才(훌륭한 인재)', '优秀的学生(우수한 학생)'의 형태로, 富裕는 '富裕的家庭(부유한 가정)'의 형태로 호응하여 쓰이므로 빈칸에 적합하지 않다.

③번 칸: 빈칸에 가장 적합한 표현은 '风度翩翩'으로 '풍채가 멋스러움'을 나타낸다. 彬彬有礼도 '점잖고 예의 바르다'는 의미로 빈칸에 가능하며, '面试时要彬彬有礼。(면접을 볼 때는 공손하고 예의 바르게 해야 한다)'와 같이 쓰인다. 亭亭玉立는 '여자의 자태가 늘씬하고 아름답다'는 의미로 주로 '젊은 여성이 몸매가 날씬하고 예쁜 것'을 묘사할 때 쓰이고, 端庄大方은 '단정하고 장중하다'는 뜻으로 주로 '여성의 옷차림에 전통미를 지니고 있음'을 나타내므로 빈칸에는 적합하지 않다.

④번 칸: '사람들에게 인정되거나 공인되었다'는 의미가 되어야 하므로 빈칸에는 公认이 가장 적합하다.

어휘

★高富帅 gāofùshuài 큰 키에 재산이 많은 미남, 엄친아 | ★网络词汇 wǎngluò cíhuì 인터넷 어휘 | 对应于 duìyìng yú ~에 대응하다 | ★矮矬穷 ǎicuóqióng 작은 키에 돈 없는 추남 | ★形容 xíngróng [동] 형용하다, 묘사하다 | 身材 shēncái [명] 몸매 | 相貌 xiàngmào [명] 용모, 생김새 | ★财富 cáifù [명] 부, 재산 | 财力 cáilì [명] 재력 | ★学历 xuélì [명] 학력 | ★才貌双全 cáimào shuāngquán 재능과 용모를 겸비하다 | ★择偶 zé'ǒu [동] 배우자를 고르다 | ★十全十美 shí quán shí měi [성] 모든 방면에 완전무결하여 나무랄 데가 없다 | ★巨大 jùdà [형] (규모·수량 등이) 아주 크다, 많다 | ★彬彬有礼 bīn bīn yǒu lǐ [성] 점잖고 예절이 바르다 | ★认可 rènkě [동] 승인하다, 인가하다 | ★完好无损 wán hǎo wú sǔn [성] 완전하고 손상이 없다 | 优秀 yōuxiù [형] 우수하다, 뛰어나다 | ★亭亭玉立 tíng tíng yù lì [성] 여자의 자태가 늘씬하고 아름답다 | ★承认 chéngrèn [동] 인정하다, 시인하다 | ★完美无缺 wán měi wú quē [성] 완전무결하다, 전혀 흠잡을 데가 없다 | ★强大 qiángdà [형] 강대하다 | ★风度翩翩 fēngdù piānpiān 풍채가 멋스럽다 | ★公认 gōngrèn [동] 공인하다, 모두가 인정하다 | ★完美无瑕 wán měi wú xiá 완벽하여 흠잡을 데가 없다 | ★富裕 fùyù [형] 부유하다 | ★端庄大方 duānzhuāng dàfāng 단정하고 장중하며 대범하다 | ★认同 rèntóng [동] 동의하다, 인정하다

第三部分

[71-75]

　　常年漂浮的海冰，是北冰洋最美丽、最独特的景观。北极海冰不仅是北极熊、海象、海豹等北极动物栖息的乐园，(71)B 更具有气候学上的意义。科学研究表明，北极海冰具有调节北冰洋温度的神奇功能，它便是北冰洋天然的"空调"。

　　那么，海冰是怎样调节北冰洋温度的呢？直观地说，(72)A 北极海冰覆盖在海洋表面，犹如隔热毯一般铺垫在大气与海水之间，阻隔了大气与大洋之间的能量交换。(73)C 海冰的反射率可达55%以上，即使在太阳辐射强烈的夏季极昼时期，热能还是被海冰反射回去，所以盛夏季节的北冰洋依然保持着"凉爽的体温"。

　　冬季极夜来临时，海冰又阻断了热能由海洋向大气的传输，减弱了海水热量的释放，(74)E 有效地保护着北冰洋的热量，使得北冰洋在寒冷的冬季仍然能保持"温暖的体温"。

　　从北极海冰的变化过程来看，其季节性的成冰与消融过程恰恰是热量的释放与储存过程，海冰的这种季节变化特征也有效地调节着海水的温度。夏季，北极海冰，(75)D 特别是其下表面的海冰正处于大规模消融期，融冰过程所吸收的大量热能缓解了海水温度的上升；相反，冬季成冰过程释放的热量又会减缓海洋的降温。

　　北极海冰精心地呵护着北冰洋，维系着北极地区生态系统的平衡，灵敏地反映着全球气候与环境的变化。

A 北极海冰覆盖在海洋表面 B 更具有气候学上的意义 C 海冰的反射率可达55%以上 D 特别是其下表面的海冰正处于大规模消融期 E 有效地保护着北冰洋的热量	A 북극 해빙은 바다 표면에 덮여 있다 B 더 나아가 기후학적 의의를 지니고 있다 C 해빙의 반사율은 55% 이상에 달한다 D 특히 아래 표면의 해빙은 한창 대대적인 해빙(解冰)기를 맞게 된다 E 효과적으로 북극해의 열량을 보존하고 있다

어휘 ★漂浮 piāofú 동 표류하다, 떠다니다 | 北冰洋 Běibīngyáng 고유 북극해 | ★独特的景观 dútè de jǐngguān 독특한 경관 | 北极 běijí 명 북극 | 北极熊 běijíxióng 명 북극곰 | 海象 hǎixiàng 명 바다코끼리 | 海豹 hǎibào 명 바다표범 | ★栖息 qīxī 동 서식하다 | 乐园 lèyuán 명 낙원 | ★研究表明 yánjiū biǎomíng 연구가 밝힌 바로는 | 具有……功能 jùyǒu……gōngnéng ~기능을 지니다 | 调节温度 tiáojié wēndù 온도를 조절하다 | ★天然 tiānrán 형 천연의, 자연의 | ★犹如 yóurú 동 마치 ~와 같다 | 隔热毯 gérètǎn 단열 담요 | 铺垫 pūdiàn 동 깔다, 펴다 | ★阻隔 zǔgé 동 막다, 막혀 통하지 못하다 | 能量 néngliàng 명 에너지 | ★交换 jiāohuàn 동 교환하다 | ★即使 jíshǐ 접 설령 ~라 하더라도 | ★极昼 jízhòu 명 백야 | 反射 fǎnshè 동 반사하다 | ★盛夏季节 shèngxià jìjié 한여름 | ★依然 yīrán 부 여전히 | ★凉爽 liángshuǎng 형 서늘하다, 시원하고 상쾌하다 | 极夜 jíyè 명 극야 | ★来临 láilín 동 이르다 | 阻断 zǔduàn 동 막다, 차단하다 | 传输 chuánshū 동 전송하다 | ★减弱 jiǎnruò 동 약해지다 | ★释放 shìfàng 동 방출하다, 석방하다 | 成冰 chéngbīng 얼음이 되다 | ★消融 xiāoróng 동 녹다, 용해되다 | ★恰恰是 qiàqià shì 바로 ~이다 | ★储存 chǔcún 동 저장하다 | 融冰 róngbīng 얼음이 녹다 | ★缓解 huǎnjiě 동 완화되다, 누그러뜨리다 | 减缓 jiǎnhuǎn (속도를) 늦추다, 느려지다 | ★降温 jiàngwēn 동 온도를 내리다, 온도를 낮추다 | ★精心呵护 jīngxīn hēhù 애지중지하다, 정성껏 보호하다 | ★维系 wéixì 동 유지하다 | ★生态系统 shēngtài xìtǒng 명 생태계 | ★平衡 pínghéng 명 균형이 맞는, 균형 잡힌 | ★灵敏 língmǐn 형 재빠르다, 민감하다 | ★反映 fǎnyìng 동 반영하다 | 覆盖 fùgài 동 가리다, 덮다 | 反射率 fǎnshèlǜ 명 반사율

71. HSK POINT 접속사 호응 구조 파악 난이도 中

B 更具有气候学上的意义 | B 더 나아가 기후학적 의의를 지니고 있다

공략 빈칸 앞 절의 접속사 不仅을 보고 '~일 뿐만 아니라 더 ~하다'는 의미의 호응 구조 '不仅……更……'이라는 것을 알 수 있으므로 정답은 B가 된다.

72. HSK POINT 연관된 의미의 어휘 파악 난이도 上

A 北极海冰覆盖在海洋表面 | A 북극 해빙은 바다 표면에 덮여 있다

공략 비교적 난이도가 있는 문제이므로 다른 문제의 정답을 고른 후 마지막에 정답을 선택하도록 한다.

73. HSK POINT 동일한 어휘 파악 난이도 中

C 海冰的反射率可达55%以上 | C 해빙의 반사율은 55% 이상에 달한다

공략 빈칸 뒤 절의 동사 反射를 보고 동일한 어휘가 제시되어 있는 보기 C를 바로 정답으로 고를 수 있다. 만약 이 문제처럼 글에서 언급된 단어가 보기에 동일하게 제시되었다면 쉽게 정답을 판단하는 데 도움이 된다.

74. HSK POINT 동일한 어휘 파악 〔난이도 中〕

E 有效地保护着北冰洋的热量   E 효과적으로 북극해의 열량을 보존하고 있다

공략 빈칸 앞 절의 热量이 보기 E에 동일하게 제시되어 있으므로 73번과 같은 방식으로 접근한다. 열에 대한 내용이므로 정답이 E라는 것을 쉽게 고를 수 있다.

75. HSK POINT 동의어 파악 〔난이도 上〕

D 特别是其下表面的海冰正处于大规模消融期   D 특히 아래 표면의 해빙은 한창 대대적인 해빙(解冰)기를 맞게 된다

공략 빈칸 뒤 절의 融冰이 '얼음이 녹는다'는 뜻이므로 같은 의미를 나타내는 어휘 消融이 있는 D가 정답임을 알 수 있다.

[76-80]

　　湖北地处华中长江边上，北邻河南，南接湖南，自然条件不错，(76)D 是有名的鱼米之乡。不南不北的地理位置使湖北人的性格有很强的兼容性，(77)B 湖北人既有北方人的率直，又有南方人的精明。

　　"天上九头鸟，地下湖北佬"，这是外省人对湖北人的评价。(78)E "九头鸟"源于神话《山海经》中的"九头凤"，传说此凤有九个脑袋，具有旺盛的生命力，特别聪慧精明。

　　"九头鸟"之于湖北人，实际上褒贬之意兼而有之。现在，精明的湖北人把"九头鸟"变成了自己的一张名片，(79)A 不少湖北商人把它作为自己的品牌标志，"九头鸟"饭店全国各地得到处都是。

　　有人说湖北人太精，作为个人，湖北人是大智若愚，作为整体，太精则不够团结，因小失大，干不成大事，所谓聪明反被聪明误。(80)C 湖北自古出美女，王昭君即是一例。在武汉，漂亮女孩不少，虽然一口武汉话显得有点粗，但说起普通话来，却柔媚多姿，别有风情。

　　후베이는 중국 중부 지역 창장 변에 위치하고, 북으로는 허난에 남으로는 후난에 인접해 있으며, 자연 조건이 뛰어난 (76)D 생선과 쌀이 많이 생산되기로 유명한 지역이다. 남쪽도 북쪽도 아닌 지리적 위치가 후베이 사람들로 하여금 강한 수용적 성격을 지니게 했는데, (77)B 후베이 사람은 북방인의 솔직함을 갖추고 있을 뿐만 아니라, 남방인의 영리함도 지니고 있다.

　　'하늘에 머리가 아홉 개 달린 새가 있으면 땅에는 후베이 사람이 있다'는 말은 타지인들의 후베이 사람에 대한 평가이다. (78)E '머리가 아홉 개 달린 새'는 신화『산해경』중 '머리가 아홉 개 달린 봉황'에서 생겨난 말로, 전설적으로 이 봉황은 아홉 개의 머리가 있고, 왕성한 생명력을 지녔으며 매우 총명하고 지혜가 넘쳤다고 전해진다.

　　'머리가 아홉 개 달린 새'라는 말은 후베이 사람에게 사실 좋은 의미와 나쁜 의미를 다 지니고 있다고 할 수 있다. 현재 재치 있는 후베이 사람들은 '머리가 아홉 개 달린 새'를 자신의 명함으로 바꿔, (79)A 후베이의 많은 상인들은 그것을 자신만의 브랜드 상징으로 간주하기도 한다. '九头鸟' 호텔도 전국 각지 곳곳에서 성업 중이다.

　　어떤 사람은 후베이인이 너무 영리해서, 개인적으로는 지혜가 많고 똑똑한 사람이 겉으로는 바보처럼 보이기도 하고, 전체적으로는 지나치게 영리한 나머지 서로 단결이 잘 되지 않아, 개인의 이익을 탐하다가 큰 것을 잃거나 큰 일을 해내지 못한다고도 말한다. 이것이 이른바 너무 총명을 떨면 스스로 해를 입게 된다고 할 수 있다. (80)C 후베이 지역은

예로부터 미인이 많이 출생하는 지역으로, 일례로 왕자오쥔을 들 수 있다. 우한에는 아름다운 여성들이 많아, 우한의 방언이 다소 거칠게 느껴지더라도, 그녀들이 표준어로 말하면 오히려 그 모습이 부드럽고 매력적이며 특별한 느낌을 주기도 한다.

A 不少湖北商人把它作为自己的品牌标志
B 湖北人既有北方人的率直
C 湖北自古出美女
D 是有名的鱼米之乡
E "九头鸟"源于神话《山海经》中的"九头凤"

A 후베이의 많은 상인들은 그것을 자신만의 브랜드 상징으로 간주하기도 한다
B 후베이 사람은 북방인의 솔직함을 갖추고 있을 뿐만 아니라
C 후베이 지역은 예로부터 미인이 많이 출생한다
D 생선과 쌀이 많이 생산되기로 유명한 지역이다
E '머리가 아홉 개 달린 새'는 신화 『산해경』 중 '머리가 아홉 개 달린 봉황'에서 생겨난 말이다

어휘

★地处 dìchǔ 동 ~에 위치하다 | 长江 Chángjiāng 고유 창강, 양쯔강 | 北邻 běi lín 북으로는 ~에 인접하다 | 南接 nán jiē 남으로는 ~에 가깝다 | 不南不北 bù nán bù běi 남쪽도 북쪽도 아니다 | ★地理位置 dìlǐ wèizhì 명 지리적 위치 | 兼容性 jiānróngxìng 명 수용성, 호환성 | ★精明 jīngmíng 형 영리하다, 총명하다 | ★天上九头鸟，地下湖北佬 tiānshàng jiǔtóuniǎo, dìxià Húběi lǎo 하늘에 머리가 아홉 개 달린 새가 있으면 땅에는 후베이 사람이 있다 | 外省人 wàishěngrén 명 타지인, 다른 성 사람 | ★评价 píngjià 동 평가하다 | 传说 chuánshuō 동 이리저리 말이 전해지다 | ★此 cǐ 명 이, 이것, 이곳 | 凤 fèng 명 봉황 | ★脑袋 nǎodai 명 머리, 두뇌 | ★旺盛 wàngshèng 형 왕성하다, 충만하다 | ★生命力 shēngmìnglì 명 생명력 | ★聪慧精明 cōnghuì jīngmíng 총명하고 슬기롭다 | 实际上 shíjìshang 부 사실상, 실제로 | 褒贬之意 bāobiǎn zhī yì 좋고 나쁜 의미 | 兼而有之 jiān ér yǒu zhī 동 겸하다, 동시에 갖추다 | ★把……变成 bǎ……biànchéng ~을 ~로 되게 하다, ~을 ~로 변하게 하다 | ★全国各地 quánguó gèdì 전국 각지 | 到处都是 dàochù dōushì 온통 ~이다, 곳곳이 ~천지다 | 太精 tài jīng 너무 영리하다 | ★大智若愚 dà zhì ruò yú 성 큰 지혜를 가진 사람이 재능을 드러내지 않아 겉으로는 어리석은 것 같다 | ★不够团结 búgòu tuánjié 단결이 잘 되지 않는다 | ★因小失大 yīn xiǎo shī dà 성 작은 이익을 탐하다가 큰 것을 잃다, 작은 일에 힘을 쓰다 큰 일을 그르치다 | 干不成大事 gàn bùchéng dàshì 큰일을 해낼 수 없다 | ★所谓 suǒwèi 형 소위 ~라는 것은, 이른바 ~은 | ★聪明反被聪明误 cōngming fǎnbèi cōngmíng wù 너무 총명을 떨면 스스로 해를 입게 된다, 술책을 부리다가 제 꾀에 넘어가다 | 王昭君 Wáng Zhāojūn 고유 왕자오쥔(왕소군) | ★即是一例 jíshì yīlì 일례는 이와 같다 | 有点粗 yǒudiǎn cū 다소 거칠다 | 柔媚多姿 róumèi duōzī 부드럽고 아름다우며 자태가 다양하다 | ★别有风情 bié yǒu fēngqíng 특별한 느낌이 있다 | ★品牌标志 pǐnpái biāozhì 브랜드 상징 | ★率直 shuàizhí 형 솔직하다 | 自古出美女 zìgǔ chū měinǚ 예로부터 미인이 출생하다 | ★鱼米之乡 yú mǐ zhī xiāng 성 토지가 비옥하고 자원이 풍성한 지역이다 | ★源于 yuányú 동 ~에 근원하다, ~에서 나오다 | ★神话 shénhuà 명 신화

76. HSK POINT 문맥적인 의미 이해 [난이도 中]

D 是有名的鱼米之乡 | D 생선과 쌀이 많이 생산되기로 유명한 지역이다

공략 글의 내용을 전체적으로 훑어보고 정답을 찾기 쉬운 문제부터 푼 다음 이 문제를 풀면, 더 수월하게 보기 D를 정답으로 고를 수 있다.

77. HSK POINT 접속사 호응 구조 파악 [난이도 下]

B 湖北人既有北方人的率直 | B 후베이 사람은 북방인의 솔직함을 갖추고 있을 뿐만 아니라

공략 빈칸 뒤 절에 제시되어 있는 부사 又가 '~이기도 하고 ~이기도 하다'는 의미를 나타내는 접속사 호응 구조 '既……又……'를 알려주는 힌트가 된다. 따라서 정답은 B이다.

78. HSK POINT 지시대사 此 난이도 中

E "九头鸟"源于神话《山海经》中的"九头凤" | E '머리가 아홉 개 달린 새'는 신화『산해경』 중 '머리가 아홉 개 달린 봉황'에서 생겨난 말이다

공략 빈칸 뒤 절의 '传说此凤'에서 此凤이 지칭하는 봉황이 빈칸에 나와야 하므로, 九头凤이 있는 보기 E가 정답이 된다.

79. HSK POINT 연관된 의미의 어휘 파악 난이도 中

A 不少湖北商人把它作为自己的品牌标志 | A 후베이의 많은 상인들은 그것을 자신만의 브랜드 상징으로 간주하기도 한다

공략 빈칸 뒤 절의 饭店이 보기 A의 商人과 연관된 의미의 어휘라고 볼 수 있으므로 정답은 A가 된다.

80. HSK POINT 연관된 의미의 어휘 파악 난이도 下

C 湖北自古出美女 | C 후베이 지역은 예로부터 미인이 많이 출생한다

공략 빈칸 뒤 절에서 王昭君이라는 중국의 유명한 미인 이름을 통해 정답이 C임을 알 수 있다

第四部分

[81-84]

西施是中国历史上的"四大美女"之一，是春秋时期越国人，她的容貌可谓沉鱼落雁、闭月羞花，一举一动一言一行都十分吸引人，⁸¹只可惜她的身体不好，有心口痛的毛病。

有一次，她在河边洗完衣服准备回家，走在回家的路上，突然胸口疼痛，所以她就用手捂住胸口，皱着眉头。虽然她的样子非常难受不舒服，但是见到的村民们却都在称赞，说她这样比平时更美丽动人。

同村有位名叫东施的女孩，不但长相不好看，而且行为举止也很粗俗。那天她看到村里的人都夸赞西施用手扶住胸口的样子很美丽，

서시는 중국 역사상의 '4대 미인' 중 한 명으로, 춘추 시기 월나라 사람이다. 그녀의 외모는 매우 아름다웠으며, 모든 말과 행동도 아주 매력적이었다. ⁸¹단지 안타까운 점이라 할 수 있는 것은 그녀의 건강이 좋지 않아, 명치가 아픈 병이 있었다.

한번은, 그녀가 강가에서 빨래를 다 하고 집으로 돌아가는 길에 갑자기 명치가 아파, 손으로 명치를 움켜쥐며 양 미간을 찌푸리고 있었다. 그녀의 모습이 매우 괴롭고 아파 보이기는 했지만, 그녀를 본 마을 사람들은 모두 그녀를 칭찬하며 그녀의 이런 모습이 평소보다 더 아름답고 매력적이라고 말했다.

같은 마을에 동시라고 불리는 여자가 살고 있었는데, 그녀

⁸²于是也学着西施的样子扶住胸口，皱着眉头，在人们面前慢慢地走动，以为这样就有人称赞她。她本来就长得丑，再加上刻意地模仿西施的动作，装腔作势的怪样子，让人更加厌恶。有人看到之后，赶紧关上大门；有些人则是急忙忙拉着妻儿躲得远远的，⁸³他们比以前更加瞧不起东施了！

可惜的是，现代社会我们的生活中这样的"东施"并没有绝迹。一些通俗歌曲的歌唱演员，在演出时一味地模仿港台、国外明星大腕的一举一动，自认为那也是一种美，不去关注自身的独特之处并加以发挥，其结果实在无异于"东施效颦"。

는 외모가 못 생겼을 뿐만 아니라, 행동거지 또한 천박스러웠다. 그날 그녀는 마을 사람들이 모두 서시가 손으로 명치를 움켜쥐고 있는 모습이 아름답다며 칭찬하는 것을 보고는, ⁸²이에 서시의 모습을 흉내내어 명치를 붙잡고 미간을 찌푸리며 사람들 앞에서 천천히 걸어가면, 누군가 자신을 칭찬해 줄 것이라 여겼다. 그녀는 본래 외모가 못 생긴데다가, 애써 서시의 동작을 흉내내며 품을 잡는 꼴이 사람들을 더 혐오스럽게 만들었다. 어떤 이는 그 모습을 본 후 얼른 대문을 닫아버리거나, 또 어떤 사람들은 재빨리 아내와 아이들을 데리고 멀리 피하며, ⁸³그들은 예전보다 동시를 더 깔보며 업신여겼다.

안타까운 점은, 현대 사회 우리들의 삶 속에도 이러한 '동시'는 여전히 존재하고 있다는 것이다. 일부 대중가요 가수들은 공연할 때 무턱대고 홍콩, 대만, 외국 유명 스타들의 모습을 그대로 모방하고, 스스로 그것 또한 일종의 미라고 여기면서 자신만의 독특한 점을 끌어내 그것을 잘 살려 표현해내려 하지 않기에, 그 결과는 실로 '무조건 따라 하다 더욱 나쁜 결과를 초래하는' 것과 다름없다고 할 수 있다.

어휘 ★西施 Xīshī [고유] 서시 | 春秋时期 Chūnqiū shíqī 춘추 시기 | ★容貌 róngmào [명] 용모, 생김새 | ★可谓 kěwèi [동] ~라고 말할 수 있다 | 沉鱼落雁 chén yú luò yàn [성] (여자가 너무 아름다워) 물고기가 보고 물 속으로 숨고 기러기가 보고 모래톱에 내려앉는다, 매우 아름다운 여자를 비유함 | ★闭月羞花 bì yuè xiū huā 여자의 자태가 달도 숨고 꽃도 부끄럽게 하다, 여인의 매우 아름다운 모습을 비유함 | ★一举一动 yìjǔ yídòng 일거수일투족, 모든 행동 | ★一言一行 yìyán yìxíng 일언일행, 하나하나의 말과 행동 | ★吸引人 xīyǐn rén 매력적이다 | ★心口痛 xīnkǒu tòng 명치가 아프다 | 毛病 máobìng [명] 병, 결점, 흠 | 胸口 xiōngkǒu [명] 명치 | ★捂住 wǔzhù [동] 가리다 | ★皱着眉头 zhòu zhe méitóu 양 미간을 찌푸리다 | ★难受 nánshòu [형] (몸이) 불편하다, 괴롭다 | ★称赞 chēngzàn [동] 칭찬하다 | ★美丽动人 měilì dòngrén 아름다워 마음을 사로잡는 | ★长相 zhǎngxiàng [명] 생김새 | ★行为举止 xíngwéi jǔzhǐ 행동거지 | 粗俗 cūsú [형] (말투·행동거지가) 거칠고 저속하다, 천박하다 | ★夸赞 kuāzàn [동] 과찬하다, 칭찬하다 | ★扶住 fúzhù [동] 붙잡다, 붙들다 | ★刻意模仿 kèyì mófǎng 애써 모방하다, 지나치게 따라하다 | 装腔作势 zhuāng qiāng zuò shì [성] 거드름을 피우다, 허세를 부리다 | ★厌恶 yànwù [동] 혐오하다, 몹시 싫어하다 | ★赶紧 gǎnjǐn [부] 재빨리, 서둘러 | 躲得远远的 duǒ de yuǎnyuǎn de 멀리 피하다 | ★瞧不起 qiáobuqǐ 깔보다, 업신여기다 | ★并没有 bìng méiyǒu 결코 ~않다 | 绝迹 juéjì [동] 자취를 감추다, 사라지다 | ★通俗歌曲 tōngsú gēqǔ [명] 대중가요 | ★一味 yíwèi [부] 단순히, 무턱대고 | ★明星大腕 míngxīng dàwàn [명] 스타 | ★自认为 zì rènwéi 스스로 ~라 여기다 | ★独特之处 dútè zhī chù 독특한 점 | 加以 jiāyǐ [동] ~을 가하다 | ★无异于 wúyì yú ~와 같은, ~와 다름없다 | ★东施效颦 dōng shī xiào pín [성] 맥락도 모르면서 무조건 따라 하다 더욱 나쁜 결과를 초래하다

81. HSK POINT 인물에 대해 소개하는 첫 단락의 중심 내용 이해 | 난이도 下

关于西施，正确的是?

A 是战国时期的美女
B 生病时不怎么好看
C 性格比较内向
D 身体比较虚弱

서시에 관해 다음 중 옳은 것은?

A 전국 시기의 미인이다
B 병이 났을 때 그리 예뻐보이지 않는다
C 성격이 비교적 내성적이다
D 몸이 비교적 허약하다

공략 첫 번째 단락의 '只可惜她的身体不好，有心口痛的毛病'이라는 내용을 통해서 정답이 D임을 알 수 있다.

어휘 ★内向 nèixiàng [형] 내성적이다 | ★虚弱 xūruò [형] 약하다, 허약하다

82. HSK POINT 이야기의 흐름 파악 [난이도 中]

东施为了得到称赞，用了什么方法？ | 동시는 칭찬을 받기 위해 무슨 방법을 썼는가？

A 模仿西施心痛的样子
B 提高自己的修养
C 通过涂脂抹粉
D 模仿西施的穿着

A 서시가 속이 쓰린 모습을 흉내냈다
B 자신의 교양을 쌓았다
C 화장을 하고 꾸미는 모습으로
D 서시의 옷차림을 따라했다

공략 세 번째 단락의 '于是也学着西施的样子扶住胸口，皱着眉头，……，以为这样就有人称赞她'라는 내용을 통해 정답이 A임을 알 수 있다.

어휘 ★提高修养 tígāo xiūyǎng 교양을 쌓다 | 涂脂抹粉 tú zhī mǒ fěn ⑱ 여자가 화장하고 꾸미다. 본래 모습을 감추고 남을 속이다

83. HSK POINT 이야기의 흐름 파악 [난이도 下]

人们看到那天东施的样子，反应如何？ | 사람들은 그날 동시의 모습을 보고 반응이 어떠했는가？

A 更加看不起她
B 觉得她可爱多了
C 认为她举止得体
D 认为她模仿得很像

A 그녀를 더욱 깔보았다
B 그녀가 더 사랑스러워졌다고 여겼다
C 그녀의 행동거지가 적절하다고 생각했다
D 그녀가 매우 비슷하게 흉내를 낸다고 생각했다

공략 세 번째 단락의 '他们比以前更加瞧不起东施了'라는 내용을 통해 A가 정답임을 알 수 있다.

어휘 ★举止得体 jǔzhǐ détǐ 행동거지가 신분에 알맞다

84. HSK POINT 이야기 전체적인 내용 이해 및 주제 유추 [난이도 中]

上文告诉我们一个什么道理？ | 본문은 우리에게 어떤 이치를 말하고 있는가？

A 美的标准不是唯一的
B 歌唱演员要自重
C 爱美之心，人皆有之
D 不要盲目模仿他人

A 미의 기준은 유일하지 않다
B 가수들은 자중해야 한다
C 사람마다 아름다운 것을 좋아하는 마음이 있다
D 맹목적으로 타인을 따라해서는 안 된다

공략 글 전체가 타인을 그대로 흉내내기만 하는 동시를 비판하는 내용으로 전개되었고, 마지막 단락 또한 일부 무분별하게 다른 사람을 따라하는 스타의 행동을 지적하고 있으므로, 이 글의 주제는 D임을 알 수 있다.

어휘 ★唯一 wéiyī 휑 유일한 | ★自重 zìzhòng 동 자중하다. 위엄 있게 행동하다 | ★爱美之心，人皆有之 ài měi zhī xīn, rén jiē yǒu zhī 사람마다 아름다운 것을 좋아하는 마음이 있다 | ★盲目模仿 mángmù mófǎng 맹목적으로 모방하다

합격필수 TIP

▶자주 출제되는 '역사' 관련 정보 2. 중국 4대 미인

① 貂蝉 Diāochán 초선
『삼국연의』에서 왕윤의 수양딸로 나오는 가상 인물이다. 왕윤의 계책으로 동탁과 여포를 이간질하여 여포가 동탁을 죽이게 만들었다.
② 西施 Xīshī 서시
춘추 시대 월나라의 미녀로 오왕 부차에게 접근하여 오나라가 멸망하도록 했다.
③ 王昭君 Wáng Zhāojūn 왕소군
한나라 때 원제의 후궁으로 흉노족에게 바쳐졌다.
④ 杨贵妃 Yáng Guìfēi 양귀비
당나라 현종의 비로 아름답고 총명하여 황후 이상의 권세를 누렸다.

[85-88]

⁸⁸你是否想过，当你夜间进入梦乡时，你的身体内还有大量的器官在"值夜班"呢?

"心脏在值夜班。"你一定会不假思索地回答。确实如此。即使在睡眠环境下，心脏恐怕一分钟也不能停止跳动。⁸⁵不过心脏并不是一刻不停地在工作，它也会抽空休息。它收缩时是在工作，舒张时是在休息。当每分钟心跳75次时，每一次心跳，心房和心室的收缩时间分别为0.1秒和0.3秒，而舒张时间分别为0.7秒和0.5秒，休息时间比工作时间还长。

肺也在"值夜班"。人们夜晚睡觉时，肺就像一台鼓风机，不停地把富含氧气的空气吸入体内，把含有二氧化碳的废气排出。科学家们认为这台鼓风机停止工作5分钟，人便会"断气"。当然肺也要休息，它的7.5亿个基层单位——⁸⁶肺泡采用轮休制，每次呼吸只有部分肺泡在工作。

说到"值夜班"，也别忘了消化系统。根据实验，玉米在胃内消化要停留3个多小时，在小肠内吸收要停留5个小时，在结肠内要停留16个小时，经过20多个小时的消化吸收后，开始由"环卫部门"——直肠排出。

另外，许多人大概还不太清楚，调节人体功能的内分泌腺体也坚守在"夜班"岗位上。研究证明，有大约1/3到一半的激素在夜间达到最高值。例如，⁸⁷腺垂体分泌的一种生长激素能促进蛋白质合成，加速软骨与骨头生长，使人长高，这种对发育极其重要的激素在人熟睡5小时后达到分泌的最高峰。至于神经系统这个人体活动的"总司令部"，在夜间当然是"灯火通明"。

感谢这些"夜班工人"，是它们使我们的生命得以平稳地延续。

⁸⁸밤에 꿈속에 들 때, 당신의 체내 많은 기관들은 여전히 '야간 근무'를 하고 있다는 것을 생각해 본 적이 있는가?

'심장은 야간 근무를 한다'라고 당신은 깊이 생각하지 않고 곧장 대답할 것이다. 실로 이러하다. 설령 수면의 환경이라 하더라도, 심장은 아마 1분도 쉬지 않고 끊임없이 뛰고 있을 것이다. ⁸⁵그러나 심장이 한순간도 쉬지 않고 일을 하는 것은 아니고, 그 또한 시간을 내서 쉬기도 한다. 심장은 수축할 때는 일을 하는 것이고, 이완될 때는 쉰다고 한다. 심장이 매분 75차례 뛸 때, 매번 뛸 때마다 심방과 심실의 수축 시간은 각각 0.1초와 0.3초이고, 이완 시간은 각각 0.7초와 0.5초이기에, 휴식 시간이 일하는 시간보다 더 길다고 할 수 있다.

폐 또한 '야간 근무'를 한다. 사람들이 밤에 잠을 잘 때, 폐는 마치 송풍기와 같이 끊임없이 산소가 충분한 공기를 체내로 빨아들이고, 이산화탄소를 함유한 폐기 가스는 밖으로 내보낸다. 과학자들은 이러한 송풍기가 5분간 작동을 멈추면, 사람은 '숨이 끊어진다'고 여긴다. 물론 폐 또한 쉬어야 하는데, 폐의 7.5억 개 기본 단위 즉 ⁸⁶폐포가 교대로 휴식함으로써 매번 호흡할 때는 단지 일부의 폐포만이 일을 하는 것이다.

'야간 근무'에 대해 이야기할 때, 소화 계통 또한 잊지 말아야 한다. 실험에 따르면, 옥수수가 위 속에서 소화되려면 3시간 이상을 머물러야 하고, 소장 안에 흡수되려면 5시간을 머물러야 하며, 결장 안에서도 16시간을 머물러, 20여 시간의 소화 흡수를 거쳐야만 '환경 위생부'라고 하는 직장을 통해 배출되기 시작한다고 한다.

이 밖에 많은 사람들이 여전히 잘 알지 못하는 것은, 인체 기능을 조절하는 내분비선 또한 '야간 근무' 자리를 굳게 지키고 있다는 점이다. 연구가 증명해낸 바로는, 대략 1/3에서 절반에 이르는 호르몬이 밤 사이에 최고치에 달하게 된다. 예를 들어, ⁸⁷선뇌하수체에서 분비되는 일종의 생장 호르몬은 단백질 합성을 촉진시키고, 연골과 뼈의 생장을 가속화

하여 사람의 키를 자라게 하는데, 이러한 발육에 있어 중요한 역할을 하는 호르몬은 사람이 깊이 잠들고 5시간이 지나 그 분비가 최고 절정에 이른다고 한다. 신경 계통에서 이러한 인체 활동의 '총사령부'로 말하자면, 야간에도 물론 '불빛을 환히 밝히고 있는 것'이라고 할 수 있다.

이러한 '야간 근무자'에게 감사하자. 이들이 우리의 생명을 안정적으로 지속하게 해준다.

어휘
★进入梦乡 jìnrù mèngxiāng 꿈속에 들다 | 器官 qìguān 몡 기관 | ★值夜班 zhíyèbān 야근 당직을 서다, 숙직하다 | ★心脏 xīnzàng 몡 심장 | ★不假思索 bù jiǎ sī suǒ 솅 생각할 필요 없이 곧장 반응하다, 깊이 고려하지 않다 | ★确实如此 quèshí rúcǐ 확실히 이와 같다 | ★一刻不停 yīkè bùtíng 쉴새없이, 내내 | ★抽空 chōu kòng 시간을 내다 | ★收缩 shōusuō 동 수축하다, 졸아들다 | 舒张 shūzhāng 동 이완되다, 확장되다 | 心跳 xīntiào 심장이 뛰다, 가슴이 두근거리다 | 心房 xīnfáng 몡 심방, 가슴, 마음 | 心室 xīnshì 몡 심실 | ★秒 miǎo 양 초 | 肺 fèi 몡 폐 | 鼓风机 gǔfēngjī 몡 (공기) 송풍기 | ★富含 fùhán 동 다량 함유하다 | ★氧气 yǎngqì 몡 산소 | ★吸入 xīrù 빨아들이다, 흡입하다 | ★二氧化碳 èryǎnghuàtàn 몡 이산화탄소 | 废气 fèiqì 몡 폐기, 배기 | 断气 duànqì 동 호흡을 멈추다 | 基层单位 jīcéng dānwèi 몡 하위 단위 | 肺泡 fèipào 몡 폐포, 허파 꽈리 | ★轮休制 lúnxiūzhì 교대 휴식제 | ★消化系统 xiāohuà xìtǒng 몡 소화 계통 | 实验 shíyàn 몡 실험 | ★停留 tíngliú 동 머물다, 정체하다 | 小肠 xiǎocháng 몡 소장 | 结肠 jiécháng 몡 결장 | 环卫部门 huánwèi bùmén 환경위생부 | 直肠 zhícháng 몡 직장 | ★调节 tiáojié 동 조절하다 | 内分泌腺体 nèifēnmìxiàntǐ 내분비선 | ★坚守 jiānshǒu 동 굳게 지키다 | ★岗位 gǎngwèi 몡 직장, 부서 | 例如 lìrú 동 예를 들다 | 腺垂体 xiàn chuítǐ 선뇌하수체 | ★分泌 fēnmì 동 분비하다 | 生长激素 shēngzhǎng jīsù 생장 호르몬 | ★促进 cùjìn 동 촉진시키다 | 合成 héchéng 동 합성하다 | ★加速 jiāsù 동 가속하다, 속도를 내다 | 软骨 ruǎngǔ 몡 연골 | 骨头 gǔtou 몡 뼈 | ★熟睡 shúshuì 동 깊이 잠들다 | ★高峰 gāofēng 몡 절정, 최고조 | 神经系统 shénjīng xìtǒng 몡 신경계통 | 总司令部 zǒngsīlìngbù 총사령부 | 灯火通明 dēnghuǒ tōngmíng 등불이 환히 비치다, 등불이 매우 밝다 | ★平稳 píngwěn 형 안정되다 | ★延续 yánxù 동 지속하다, 계속하다

---

85. HSK POINT 힌트가 되는 不过 난이도 下

根据第2段，心脏：

A 心跳毫无规律
B **会休息**
C 不停地工作
D 休息时跳动较快

두 번째 단락에 근거하면 심장은?

A 뛰는 것에 규칙이 없다
B **쉬기도 한다**
C 쉬지 않고 일한다
D 쉴 때 속도가 비교적 빠르다

공략 두 번째 단락의 '不过心脏并不是一刻不停地在工作，它也会抽空休息。'라는 내용을 통해 정답이 B임을 알 수 있다.

어휘 ★毫无规律 háowú guīlǜ 규칙이 전혀 없다

---

86. HSK POINT 힌트가 되는 [一(줄표)] 및 동의어 轮体와 轮流 난이도 中

根据第3段，可以知道：

A 肺每5分钟休息一次
B 夜晚睡觉时，肺活量更大
C **肺泡轮流工作**
D 每次呼吸所有肺泡都在工作

세 번째 단락에 근거하면 알 수 있는 것은?

A 폐는 매 5분마다 한 차례씩 쉰다
B 밤에 잠을 잘 때 폐활량이 더 크다
C **폐포는 교대로 일한다**
D 매 호흡 때마다 모든 폐포가 일한다

| 공략 | 세 번째 단락의 '肺泡采用轮休制，每次呼吸只有部分肺泡在工作。'라는 내용에서 轮休가 '교대로 돌아가며 쉬다'는 의미이므로, 같은 의미의 '轮流(번갈아 가며 하다)'가 있는 보기 C가 정답이 된다. |

| 어휘 | 肺活量 fèihuóliàng 명 폐활량 | ★轮流工作 lúnliú gōngzuò 교대로 작업하다, 교대로 근무하다 |

87. HSK POINT 보기 순서대로 관련 내용 찾기 난이도 中

根据上文，下列哪项正确？

A 腺垂体会分泌生长激素
B 神经系统夜间更加活跃
C 肺白天把富含氧气的空气吸入体内
D 食物在结肠内要停留20多个小时

본문에 근거하여 다음 중 옳은 것은?

A 선뇌하수체는 생장 호르몬을 분비한다
B 신경계통은 밤에 더욱 활발하다
C 폐는 낮에 산소가 충분한 공기를 체내로 빨아들인다
D 음식은 결장 내에서 20여 시간을 머무른다

| 공략 | 이러한 유형의 문제는 보기 순서대로 관련 내용을 본문에서 찾도록 한다. 다섯 번째 단락에서 '腺垂体分泌的一种生长激素能促进蛋白质合成'이라는 내용을 통해 정답이 A임을 알 수 있으므로, 나머지 보기의 내용은 확인하지 않아도 된다. |

| 어휘 | ★活跃 huóyuè 형 활발하다, 활동적이다 |

88. HSK POINT 첫 단락에서 언급되는 글의 핵심 주제 파악 난이도 中

上文主要谈的是：

A 人体发育过程
B 人体内分泌的激素
C 夜间工作的人体器官
D 人体生命活动的调节

본문이 주로 이야기 하는 것은?

A 인체 발육 과정
B 인체 내 분비되는 호르몬
C 야간 근무를 하는 인체 기관
D 인체 생명 활동의 조절

| 공략 | 첫 번째 단락의 '你是否想过，当你夜晚进入梦乡时，你的身体内还有大量的器官在"值夜班"呢？'라는 내용에서 이 글은 밤에 일하는 신체 기관에 대해 소개하며 관련 내용을 언급할 것임을 알 수 있다. 따라서 C가 정답이다. |

[89-92]

过去，89A浙江南部的泰顺县是一个鲜为人知的地方，但它在中国桥梁建筑史上却占有重要地位。据说，自宋代就消失于中原的木质廊桥，89C在泰顺诸乡镇却保存良好，再加上浙南山清水秀，现在吸引了大批自助旅行者前往。

泰顺被誉为"廊桥之乡"，不仅是因为这里的廊桥数量多，而且样式也丰富多彩，木拱桥、石拱桥、木平桥、双层桥、单面桥、歪拱桥等应有尽有。它既建构了人们的生活，同时也拓展了人们对桥梁的认识，91给桥梁史留下一份珍贵的文化遗产。

과거에는 89A저장성 남부의 타이순현이 사람들에게 잘 알려지지 않은 곳이었지만, 이는 중국 교량 건축 역사상 중요한 지위를 차지하고 있는 곳이다. 전해지는 바로는, 송대부터 중원 지역의 목재 복도식 교량이 사라지기 시작했다고 하는데, 89C타이순현의 소도시에는 그것들이 잘 보존되어 있고, 게다가 저장 남부 지방은 산수가 아름다워, 현재 수많은 자유 여행객들을 끌어들이고 있다.

타이순현은 '복도식 교량의 마을'이라고 불리는데, 그 이유는 이곳에 복도식 교량의 수가 많을 뿐만 아니라 모양 또한 다채로우며, 아치형 나무다리, 아치형 돌다리, 평평한 나무다리, 2층 다리, 단면 형태 다리, 비스듬한 아치형 나무다리

"廊桥"顾名思义，就是有屋檐的桥。89B历史上的泰顺，村落分散，交通不便，人们出外行走十几里都很难见到人烟。按照泰顺先祖们的"交通规划"，在相隔一定里程的大路边上，90要建上一座供人歇脚的风雨亭。而在桥上建造屋檐，不但可以保护木质的桥梁免受日晒雨淋，而且还能起到风雨亭的作用。有的廊桥甚至还有供人暂居的房间。

有趣的是，在泰顺，"廊桥"这一名称是最近几年才开始采用的。几百年来，泰顺人一直称木拱廊桥为"蜈蚣桥"，但实际上木拱桥并没有"蜈蚣脚"。其实普通百姓对"蜈蚣桥"的称呼只是代代相袭，很少有人去探究木拱桥的力学原理。在地理位置偏僻、交通闭塞的山区，廊桥的价值更是鲜有人知。直到20世纪70年代末，泰顺这个"廊桥王国"才被有识之士所发现。92 1996年11月12日，《中国摄影报》用三分之一的版面刊登了"浙南廊桥有遗篇"的图文报道，首次采用"廊桥"这一名称，从此，"廊桥"开始被广泛使用，引起了国内外的关注。

等 没有 것이 없기 때문이다. 이는 사람들의 삶을 이루어냈을 뿐만 아니라 동시에 교량에 대한 사람들의 인식 또한 넓혔으며 91교량 역사에 진귀한 문화유산을 남겼다.

'복도식 교량'이란 그 이름에서 알 수 있듯이 처마가 있는 다리를 가리킨다. 89B역사상 타이순현은 마을이 분산되어 있고 교통이 불편해서, 사람들은 길을 나서 십몇 리를 걸어가도 인적을 보기 드물었다. 타이순현 선조들의 '교통 발전 계획'에 따르면, 일정한 거리의 간격을 두고 큰 길가에 90사람들이 가던 길을 멈추고 쉴 수 있도록 제공되는 평위정을 짓겠다는 내용이 있었다. 그런데 다리 위에 처마를 세우면, 목재 다리가 햇빛을 받고 빗물에 젖지 않게 보호해 줄 수 있을 뿐 아니라, 평위정의 역할까지 할 수 있는 것이었다. 일부 복도식 교량은 심지어 사람들이 잠시 머무를 수 있는 방이 되기도 하였다.

재미있는 점은 타이순현의 '복도식 교량'이라는 명칭은 최근 몇 년 전에야 비로소 사용되기 시작했다. 몇백여 년 간 타이순현 사람들은 줄곧 아치형 목재 복도식 교량을 '우궁교(지네다리)'라고 불렀지만, 사실 아치형 목재 다리는 '지네의 발'을 가지고 있지 않다. 사실 일반 시민들은 '우궁교(지네다리)'라는 이름에 대해서 그저 대대로 전해 내려온 것일 뿐이라고 여겼고, 매우 적은 수의 사람들만이 아치형 목재 다리의 역학적 원리에 대해 깊이 연구했다. 지리적 위치가 외지고 교통이 불편한 산간 지역에서 복도식 교량의 가치를 아는 사람은 매우 드물었다. 20세기 1970년대 말에 이르러서야 비로소 '복도식 교량의 천국' 타이순현이 지식인들에게 알려지게 되었다. 92 1996년 11월 12일「중국 촬영보」는 지면의 삼분의 일에 해당하는 '저장성 남쪽 복도식 교량은 시문을 남겼다'는 내용의 사진과 글 보도를 게재하며, 처음으로 '복도식 교량'이라는 이 명칭을 사용했는데, 이때부터 '복도식 교량'이라는 이름이 널리 사용되었고 국내외의 주목을 끌었다고 한다.

어휘 浙江 Zhèjiāng 고유 저장성 | 泰顺 Tàishùn 고유 타이순 | ★县 xiàn 명 현[중국 행정 구획 단위의 하나] | ★鲜为人知 xiǎn wéi rén zhī 사람들에게 잘 알려지지 않다 | 桥梁 qiáoliáng 명 교량, 다리 | 占有重要地位 zhànyǒu zhòngyào dìwèi 중요한 지위를 차지하다 | ★消失 xiāoshī 동 사라지다 | 中原 Zhōngyuán 고유 중원 | 木质 mùzhì 명 목질 | 廊桥 lángqiáo 복도식 교량 | 乡镇 xiāngzhèn 명 향(乡)과 진(镇), 소도시 | ★保存良好 bǎocún liánghǎo 보존이 양호하나 | ★山清水秀 shān qīng shuǐ xiù 산 좋고 물 맑다, 산수가 아름답다 | ★吸引 xīyǐn 동 끌어들이다, 매료시키다 | 自助旅行者 zìzhù lǚxíngzhě 자유여행객 | ★前往 qiánwǎng 동 나아가다, 향하여 가다 | ★被誉为 bèi yùwéi ~이라고 불리다 | 样式 yàngshì 명 양식, 모양, 스타일 | 拱桥 gǒngqiáo 명 아치형 다리 | ★应有尽有 yīng yǒu jìn yǒu 성 온갖 것이 다 있다, 없는 것이 없다 | 建构 jiàngòu 동 구성하다, 형성하다 | 拓展 tuòzhǎn 동 개발하다, 넓히다 | ★一份珍贵的文化遗产 yí fèn zhēnguì de wénhuà yíchǎn 진귀한 문화유산 | 屋檐 wūyán 명 처마 | 村落分散 cūnluò fēnsàn 마을이 흩어져 있다 | ★交通不便 jiāotōng búbiàn 교통이 불편하다 | 很难见到人烟 hěn nán jiàndào rényān 인적을 보기 드물다 | ★交通规划 jiāotōng guīhuà 교통 (발전) 계획 | ★相隔 xiānggé 동 서로 떨어져 있다 | 里程 lǐchéng 명 이정, 노정 | 供人歇脚 gōng rén xiējiǎo 사람들이 가던 길을 멈추고 쉴 수 있게 제공되다 | ★亭 tíng 명 정자 | 免受 miǎnshòu 동 받지 않다, 당하지 않다 | 日晒雨淋 rì shài yǔ lín 햇빛에 드러나고 빗물에 젖는다, 환경이 열악하다 | ★起到……作用 qǐdào……zuòyòng ~작용을 일으키다 | ★称……为…… chēng……wéi…… ~을 ~라 부르다 | 蜈蚣 wúgōng 명 지네 | ★普通百姓 pǔtōng bǎixìng 명 일반 시민 | 代代相袭 dàidài xiāng xí 대대로 내려오다, 이어지다 | 探究 tànjiū 동 탐구하다 | 力学原理 lìxué yuánlǐ 역학원리 | 位置偏僻 wèizhi piānpì 위치가 외지다 | ★交通闭塞 jiāotōng bìsè 교통이 불편하다 | ★鲜有人知 xiǎnyǒu rénzhī 아는 사람이 드물다 | ★有识之士 yǒushí zhī shì 식견이 있는 사람, 유식한 사람 | ★摄影

shèyǐng 동 사진을 찍다, 영화를 촬영하다 | 版面 bǎnmiàn 명 (서적·신문 등의) 지면 | ★刊登 kāndēng 동 게재하다 | ★报道 bàodào 동 보도 | 首次 shǒucì 명 최초, 처음 | ★采用 cǎiyòng 동 채택하다, 적합한 것을 골라 쓰다 | ★被广泛使用 bèi guǎngfàn shǐyòng 널리 사용되다 | ★引起……的关注 yǐnqǐ……de guānzhù ~의 주목을 끌다, ~의 관심을 끌다

89. HSK POINT 보기 순서대로 관련 내용 찾기 난이도 下

关于泰顺，可以知道：

A 一直广为人知
B 过去交通很方便
C 木质廊桥保存良好
D 自然资源很丰富

타이순현에 관해 다음 중 알 수 있는 것은?

A 줄곧 사람들에게 널리 알려져 왔다
B 과거 교통이 매우 편리했다
C 나무 복도식 교량은 보존이 잘 되어있다
D 자연 자원이 매우 풍부하다

공략 이러한 유형의 문제는 보기 순서대로 관련 내용을 본문에서 찾도록 한다. 첫 번째 단락의 '浙江南部的泰顺县过去是一个鲜为人知的地方'이라는 내용을 통해 보기 A는 정답이 아님을 알 수 있다. 세 번째 단락의 '历史上的泰顺, 村落分散，交通不便。'이라는 내용에서 보기 B도 정답이 아님을 알 수 있다. 다음으로 첫 번째 단락의 '在泰顺诸乡镇却保存良好'라는 내용을 통해 보기 C가 정답임을 알 수 있으므로, 보기 D의 내용을 살펴보지 않아도 된다.

어휘 ★广为人知 guǎngwéi rénzhī 널리 알려지다

90. HSK POINT 핵심어 风雨亭 및 동일한 의미의 문장 파악 난이도 上

风雨亭有什么作用?

A 供行人休息
B 使桥梁免受日晒雨淋
C 保护桥梁
D 供人暂时居住

펑위정은 어떠한 작용을 지니고 있는가?

A 행인들이 쉴 수 있도록 제공된다
B 교량이 햇빛을 받거나 빗물에 젖지 않게 한다
C 교량을 보호한다
D 사람들이 잠시 거주할 수 있도록 제공된다

공략 风雨亭이 바로 핵심어가 되므로, 본문에서 이 단어를 먼저 찾아 앞뒤 내용을 살펴보면 정답을 고를 수 있다. 세 번째 단락의 '要建上一座供人歇脚的风雨亭'이라는 내용에서 歇脚가 '가던 길을 멈추고 쉬다'는 의미를 나타내므로 A가 정답이다.

91. HSK POINT 핵심어 廊桥 및 동일한 의미의 문장 파악 난이도 中

关于廊桥，下列哪项正确?

A 如今不再发挥作用
B 都是拱形结构
C 是珍贵的文化遗产
D 在中原地区大量存在

복도식 교량에 관해 다음 중 옳은 것은?

A 현재는 더이상 어떤 작용을 하지 않는다
B 모두가 아치형 구조이다
C 진귀한 문화유산이다
D 중원 지역에 많다

공략 핵심어는 廊桥으로 두 번째 단락에서 관련 내용을 찾을 수 있는데, '给桥梁史留下一份珍贵的文化遗产'이라고 언급하고 있으므로 정답은 C가 된다.

92. HSK POINT 핵심어 名称 및 동일한 의미의 문장 파악 　난이도 中

在泰顺，"廊桥"这一名称：

A 被当地人广泛使用
B 很久以前就被采用
C 被"蜈蚣桥"这一名称取代了
D 首次出现于《中国摄影报》

타이순현의 '복도식 교량'이라는 이 명칭은?

A 현지인들에게 널리 사용되었다
B 아주 오래 전 사용되었다
C '우궁교(지네다리)'라는 명칭을 대체한 것이다
D 「중국 촬영보」에 처음 나타난 것이다

> 공략 　이 문제는 핵심어 名称을 힌트로 정답을 찾을 수 있다. 마지막 단락의 '1996年11月12日,《中国摄影报》……首次采用"廊桥"这一名称'이라는 내용을 통해 D가 정답임을 알 수 있다.

[93-96]

谈到移动阅读，不能不提手机报，自从2004年7月中国首份手机报诞生以来，手机作为"装在口袋里的媒体"开始步入人们的日常生活。93它的移动性、便携性、互动性等特点，满足了信息时代受众在"碎片化时间"中阅读的习惯，用手机进行移动阅读得到了大家的认可和追捧。

随着无线互联网时代的来临，96移动阅读已朝着丰富化、个性化的方向发展。人们不再满足于内容单一的手机报，在电子阅读器、平板电脑等具有通信功能的移动终端上阅读成为潮流所向。移动阅读时代已经到来了。

移动阅读与传统阅读方式相比，有许多不同之处。比如，电子阅读器可以阅读大部分格式的电子书，而且有些阅读器的电子墨水技术使得辐射降低，对眼睛伤害小、效果逼真，阅读时像玻璃下压着一本纸质书一样。而阅读客户端则通过阅读应用软件向读者推送电子书，用户可以下载或在线阅读。

过去，人们常用汗牛充栋来形容藏书多，然而在移动阅读时代，书房将不再"汗牛充栋"。94一部普通的电子阅读器就可以存储成十上万本书籍，并可随身携带，这种方式使得阅读"飘"了起来。

95然而，移动阅读好像是把双刃剑，给我们带来丰富选择的同时，也带来了负面影响。它使得人们买的书越来越少，加上在阅读器上从一本书切换到另一本书的功能十分便捷，读者很难从头到尾读完一本书。并且，在公交车、地铁等嘈杂的环境中阅读，对知识的吸收难免会大打折扣。因此有关专家们指出，这种碎片化的"浅阅读"可能会对人的思维方式、分析能力

이동 독서에 대해 말하자면, 휴대폰 신문을 언급하지 않을 수 없는데, 2004년 7월 중국에서 처음으로 휴대폰 신문이 생겨난 이래, 휴대폰은 '주머니 안에 담긴 대중 매체'로서 사람들의 생활 속으로 들어오기 시작했다. 93휴대폰이 지닌 이동성과 휴대 용이성 및 상호 작용성이라는 특징이 정보시대 대중들이 '부스러기 시간'에 독서하는 습관을 만족시켰고, 휴대폰으로 이동 독서를 하는 것은 사람들의 인정과 추종을 받게 되었다.

무선 인터넷 시대가 다가옴에 따라, 96이동 독서는 이미 다양화, 개성화의 방향으로 발전하고 있다. 사람들은 더 이상 내용이 단순한 휴대폰 신문에 만족하지 않으며, 전자 독서기와 태블릿 컴퓨터 등 통신 기능을 지닌 이동 단말기로 독서하는 것이 유행의 흐름이 되었다. 이동 독서 시대가 이미 도래했다고 할 수 있다.

이동 독서는 전통적인 독서 방식과 비교해 보면 다른 점이 많다. 예를 들어, 전자 독서기는 대다수 양식의 전자책을 읽어낼 수 있으며, 게다가 일부 독서기의 전자 지식 기술은 전자파 방사를 낮추고 눈에 끼치는 해가 적으며 효과가 뛰어나서, 독서할 때 마치 유리 밑에 종이로 된 책 한 권을 끼워놓은 것 같다. 또한 클라이언트는 독서 응용 소프트웨어를 통해 독자에게 전자책을 푸시(push) 알림으로 보내, 사용자는 다운로드하거나 온라인으로 독서할 수 있다.

과거 사람들은 흔히 책을 운반할 때 소가 힘들어서 땀이 나고 책을 쌓으면 지붕에 닿을 정도라는 말로 소장서가 많음을 나타냈지만, 이동 독서 시대에 서재는 더이상 '책을 운반할 때 소가 힘들어서 땀이 나고, 책을 쌓으면 지붕에 닿을 정도'인 것이 아니다. 94일반적인 전자 독서기 한 대에는 수많은 책을 저장할 수 있고 또 휴대할 수 있으니, 이러한 방식이 독서를 '휘날리게' 했다고 하겠다.

95그렇지만, 이동 독서는 양날의 칼과 같이, 우리에게 다양한 선택을 가져옴과 동시에 부정적인 영향도 끼쳤다. 이동 독서로 사람들이 구매하는 책이 점점 줄어들었고, 게다가

等有负面影响，并提醒人们不要丢掉传统的深度阅读。

독서기에서 한 권의 책이 또 다른 책으로 바뀌는 교체 기능이 편리하고 빠르기 때문에, 독자들은 처음부터 끝까지 책 한 권을 다 읽는 것이 어렵다고 한다. 뿐만 아니라, 버스나 지하철 등 떠들썩한 환경에서 책을 읽는 것은, 지식을 받아들이는 데 있어 큰 해가 될 수 있다. 따라서 관련 전문가들이 지적하는 바로는, 이러한 부스러기화 된 '얕은 독서'가 어쩌면 사람들의 사고방식이나 분석 능력 등에 부정적 영향을 끼칠 수 있기에, 사람들에게 전통적인 심도 있는 독서를 잃어버리지 말 것을 상기시켜야 한다고 한다.

어휘 移动阅读 yídòng yuèdú 이동 독서 | ★不能不 bùnéng bù ~하지 않을 수 없다 | 手机报 shǒujībào 휴대폰 신문 | 首份 shǒu fèn 첫 부 | ★自从……以来 zìcóng……yǐlái ~이래로 | ★诞生 dànshēng 통 생겨나다, 탄생하다 | ★作为 zuòwéi 통 ~의 신분(자격)으로서 | ★装在口袋里 zhuāngzài kǒudai li 주머니 안에 넣다 | 媒体 méitǐ 명 대중매체, 매스컴 | ★步入人们的生活 bùrù rénmen de shēnghuó 사람들의 생활 속으로 들어오다 | 移动性 yídòngxìng 이동성 | 便携性 biànxiéxìng 휴대 용이성 | ★信息时代 xìnxī shídài 정보 시대 | 受众 shòuzhòng (신문·잡지 등의) 독자 및 (TV·라디오의) 시청자·청취자의 총칭 | 碎片 suìpiàn 명 조각, 부스러기 | ★认可 rènkě 승낙하다, 허락하다 | ★追捧 zhuīpěng 통 열렬히 추종하다, 열광적으로 사랑하다 | ★随着……的来临 suízhe……de láilín ~이 도래함에 따라, ~이 다가옴에 따라 | ★朝着……方向 cháozhe……fāngxiàng ~방향을 향해, ~방향 쪽으로 | ★丰富化 fēngfùhuà 다양화하다 | 个性化 gèxìnghuà 개성화하다 | 内容单一 nèiróng dānyī 내용이 단일하다, 내용이 단순하다 | 电子阅读器 diànzǐ yuèdúqì 전자 독서기 | 平板电脑 píngbǎn diànnǎo 명 태블릿 컴퓨터 | 通信 tōngxìn 통 통신하다 | 移动终端 yídòng zhōngduān 이동 단말 | ★成为潮流所向 chéngwéi cháoliú suǒ xiàng 유행의 흐름이 되다 | ★不同之处 bùtóng zhī chù 다른 점 | 格式 géshì 격식, 양식, 규칙 | 电子墨水技术 diànzǐ mòshuǐ jìshù 컴퓨터 지식 기술 | ★辐射 fúshè 통 복사하다, 방사하다 | ★效果逼真 xiàoguǒ bīzhēn 효과가 뚜렷하다 | 玻璃 bōli 명 유리 | 纸质书 zhǐzhì shū 명 종이책 | 客户端 kèhù duān 명 클라이언트 | ★应用软件 yìngyòng ruǎnjiàn 명 응용 소프트웨어 | 推送 tuīsòng 푸시(push) 알림 | 下载 xiàzǎi 통 다운로드하다 | ★在线阅读 zàixiàn yuèdú 온라인 독서 | ★汗牛充栋 hàn niú chōng dòng 성 책을 운반할 때 소가 힘들어서 땀이 나고 책을 쌓으면 지붕에 닿을 정도이다. 장서가 매우 많음을 비유함 | 藏书 cángshū 명 장서, 소장서 | 书房 shūfáng 명 서재 | 存储 cúnchǔ 통 저장하다 | ★成千上万 chéng qiān shàng wàn 성 수천수만에 달하다, 대단히 많다 | ★书籍 shūjí 명 서적, 책 | ★随身携带 suíshēn xiédài 휴대하다 | 飘 piāo 통 흩날리다, 나부끼다 | ★双刃剑 shuāngrènjiàn 양날 검, 좋은 점과 나쁜 점의 양면성을 가진 것 | ★负面影响 fùmiàn yǐngxiǎng 부정적인 영향 | 切换 qiēhuàn 통 전환되다 | 便捷 biànjié 형 빠르고 편리하다 | ★从头到尾 cóng tóu dào wěi 성 처음부터 끝까지, 자초지종 | ★嘈杂 cáozá 떠들썩하다, 시끌벅적하다 | 大打折扣 dà dǎ zhékòu 엉망이 되다 | 浅阅读 qiǎn yuèdú 얕은 독서, 짧은 독서 | ★思维方式 sīwéi fāngshì 명 사고방식 | ★分析能力 fēnxī nénglì 명 분석 능력 | ★提醒 tíxǐng 일깨우다, 상기시키다 | ★丢掉 diūdiào 통 잃어버리다 | 深度阅读 shēndù yuèdú 깊이 있는 독서, 심도 있는 독서

93. HSK POINT 핵심어 手机报 및 동일한 의미의 문장 파악 난이도 中

关于手机报，可以知道：

A 安装程序很简单
B 现在不再属于移动阅读
C 出现之初没有得到人们的认可
D 可随时随地阅读

휴대폰 신문에 관해 알 수 있는 것은?

A 설치 순서가 간단하다
B 현재 더이상은 이동 독서에 속하지 않는다
C 생겨난 초반에는 사람들의 인정을 받지 못했다
D 언제 어디서든 독서할 수 있다

공략 핵심어는 手机报로 본문 첫 번째 단락에서 관련 내용을 찾을 수 있다. '它的移动性、便携性、互动性等特点'이라고 했는데, 이 중 移动性이 그것을 휴대하고 어디든 갈 수 있다는 의미이므로 정답은 D이다.

94. HSK POINT 문장의 의미 이해 난이도 上

第4段中"阅读'飘'了起来"这句话的意思是:

A 阅读越来越受人们欢迎
B 纸质书更薄了
C 电子阅读器体积小储存量大
D 阅读应用软件更丰富了

네 번째 단락 중 '阅读'飘'了起来'라는 문장의 의미는?

A 독서가 갈수록 사람들에게 인기를 얻다
B 종이책이 더욱 얇아졌다
C 전자 독서기는 부피는 작은데 보존량은 크다
D 독서 응용 프로그램이 더욱 풍부해졌다

공략 이 문제를 풀 때는 우선 飘의 의미를 생각해야 하는데, 飘는 '가벼운 사물이 공중에 떠 있다'는 의미를 나타낸다. 네 번째 단락의 '一部普通的电子阅读器就可以存储成千上万本书籍, 并可随身携带'라는 내용을 보면, 이는 전자 독서기에 대량의 책을 저장할 수 있다는 의미이므로 정답은 C가 된다.

95. HSK POINT 힌트가 되는 然而 및 동일한 의미의 문장 파악 난이도 中

最后一段提醒人们:

A 读书要因时因地因人而异
B 如何进行"深度阅读"
C "浅阅读"带来的坏处
D 移动阅读有弊端

마지막 단락이 우리에게 일깨우는 바는?

A 독서는 시간, 장소, 대상에 따라 달라야 한다
B 어떻게 '심도 있는 독서'를 진행할 것인가
C '얕은 독서'가 가져오는 나쁜 점
D 이동 독서에는 폐해가 있다

공략 마지막 단락의 '然而, 移动阅读好像是把双刃剑, 给我们带来丰富选择的同时, 也带来了负面影响。'이라는 문장에서, '双刃剑'은 '좋은 점과 나쁜 점을 다 지녔다'는 의미이고 '负面影响'은 부정적인 영향을 나타내므로 정답은 D가 된다.

어휘 弊端 bìduān 명 폐해, 폐단

96. HSK POINT 보기 순서대로 관련 내용 찾기 난이도 上

根据上文, 可以知道什么?

A 移动阅读开始注重个性化
B 许多人都对手机报很满意
C 移动阅读使人的分析能力大大提高
D 传统阅读造成眼睛疲劳

본문에 근거하여 알 수 있는 것은?

A 이동 독서는 개성화를 중시하기 시작했다
B 많은 사람들이 휴대폰 신문에 만족한다
C 이동 독서는 사람의 분석 능력을 크게 향상시킨다
D 전통 독서는 눈의 피로를 야기한다

공략 이러한 유형의 문제는 보기 순서대로 관련 내용을 본문에서 찾도록 한다. 두 번째 단락에서 보기 A와 같은 의미의 '移动阅读已朝着丰富化、个性化的方向发展'이라는 내용을 찾을 수 있다. 따라서 나머지 보기의 내용은 확인하지 않아도 정답이 A임을 알 수 있다.

[97-100]

　　世上恐怕没有比"一见钟情"更美的词了。看一眼，就爱上了对方，简直太美、太浪漫了。如果双方都是一见钟情的话，⁹⁷我想这绝不能用"偶然"来形容，用"神奇"才更贴切。

　　实际上，到目前为止，国内外的许多学者还没有完全揭开"一见钟情"的秘密。一见钟情存在较大的个体差异，有人经常一见钟情，而有人从未一见钟情过，还有人一生就只一见钟情过一次，结果就和对方结婚并厮守到老。这样的例子在现实生活中还很常见。

　　那么，人到底为什么会一见钟情呢？关于这个问题，在目前的心理学界还是众说纷纭。

　　⁹⁸从认知心理学的角度来看，如果对方的眼睛、鼻子、嘴巴等器官和自己的相似，我们就会对对方产生亲近感，这种亲近感是发展爱情的基础。还有一种说法认为，有人会对和自己免疫类型完全不同的人产生好感，他们能从对方身上感受到一种"传达物质"，这种物质也能促进爱情的发展。的确，人类想寻找自身所不具备的免疫类型，这从生物学的角度也能解释。非常有趣的是，前一种说法认为，人会对与自己相似的异性一见钟情；而后一种说法认为，人会对与自己不同的异性一见钟情。

　　最近，又出现了一种新的说法，它认为人的大脑具有一种在瞬间找到结论的⁹⁹"适应性无意识"功能。这种能力与直觉不同，它是人类所具有的一种瞬间判断能力。也就是说，任何人都能在一瞬间看清事物的本质或者找出问题的答案。有些人一生只有一次一见钟情的经历，就能和一见钟情的对象厮守终生。这让我们相信，他们就是在一瞬间找到了这辈子最适合自己的人。因此，一见钟情所产生的爱情并不是暂时的感情，也许这才是爱情的本质。

어휘 ★恐怕 kǒngpà 🖳 아마, 대체로 | ★没有比……更……了 méiyǒu bǐ……gèng……le ~보다 더 ~한 것은 없다 | ★一见钟情 yí jiàn zhōng qíng 🖳 첫눈에 반하다 | ★爱上 àishang 🖳 반하다 | ★简直 jiǎnzhí 🖳 그야말로 | ★浪漫 làngmàn 🖳 낭만적이다 | 绝不能 jué bùnéng 절대로 ~할 수 없다 | 形容 xíngróng 🖳 형용하다, 묘사하다 | ★神奇 shénqí 🖳 신기하다, 놀랍다 | ★贴切 tiēqiè 🖳 적절하다, 적합하다 | ★实际上 shíjìshang 🖳 사실상, 실제로는 | ★到目前为止 dào mùqián wéizhǐ 지금까지 | ★揭开 jiēkāi 🖳 드러내다, 폭로하다 | 秘密 mìmì 🖳 비밀 | ★个体差异 gètǐ chāyì 개인 차이 | ★从未……过 cóngwèi……guo ~한 적이 없다 | 厮守到老 sīshǒu dào lǎo 평생 서로 의지하며 지내다 | ★到底 dàodǐ 🖳 도대체 | 心理学界 xīnlǐ xuéjiè 심리학계 | ★众说纷纭 zhòng shuō fēn yún 🖳 여러 사람들의 의견이 분분하다 | 认知心理学 rènzhī xīnlǐxué 인지심리학 | ★相似 xiāngsì 🖳 유사하다, 닮다 | 亲近感 qīnjìngǎn 🖳 친근감 | 免疫类型 miǎnyì lèixíng 면역 타입, 면역 유형 | ★产生好感 chǎnshēng hǎogǎn 호감이 생기다 | ★寻找 xúnzhǎo 🖳 찾다 | 生物学 shēngwùxué 🖳 생물학 | ★异性 yìxìng 🖳 이성 | ★瞬间 shùnjiān 🖳 순간, 순식간 | 看清 kànqīng 🖳 분명히 보다, 똑똑히 보다 | ★厮守终生 sīshǒu zhōngshēng 백년해로하다 | ★这辈子 zhèbèizi 이 한평생, 일생 | ★最适合自己 zuì shìhé zìjǐ 자신에게 가장 알맞다, 적합하다 | ★暂时 zànshí 🖳 잠시, 잠깐 | ★本质 běnzhì 🖳 본질, 본성

97. HSK POINT 동의어 神奇와 奇妙 난이도 中

作者怎样评价"一见钟情"?
작가는 '첫눈에 반하다'는 말을 어떻게 평가하고 있는가?

A 过于夸张
B 非常奇妙
C 是一种偶然现象
D 不够真诚

A 지나치게 과장되었다
B 매우 신기하다
C 일종의 우연한 현상이다
D 진실하지 못하다

공략 첫 번째 단락의 '我想这绝不能用"偶然"来形容，用"神奇"才更贴切'라는 문장에서 神奇가 보기 B의 奇妙와 동의어이므로 정답은 B가 된다.

어휘 ★奇妙 qímiào 🖳 신기하다, 기묘하다 | ★偶然现象 ǒurán xiànxiàng 우연한 현상

98. HSK POINT 핵심어 '认知心理学' 및 동일한 의미의 문장 파악 난이도 下

根据上文，属于认知心理学观点的是:
본문에 근거하면 인지심리학적 관점은?

A 对和自己不同的人产生好感
B 一见钟情与直觉有关
C 对和自己相似的人产生好感
D 一见钟情所产生的爱情才是爱情的本质

A 자신과 다른 사람에게 호감이 생겨난다
B 첫눈에 반하는 것은 직감과 관계가 있다
C 자신과 비슷한 사람에게 호감이 생겨난다
D 첫눈에 반하는 사랑이야말로 사랑의 본질이다

공략 핵심어는 '认知心理学'로, 네 번째 단락의 '从认知心理学的角度来看，如果对方的眼睛、鼻子、嘴巴等器官和自己的相似，我们就会对对方产生亲近感'이라는 내용에서 찾을 수 있다. 따라서 정답은 C가 된다.

99. HSK POINT 핵심어 '适应性无意识' 및 동일한 의미의 문장 파악 난이도 下

关于"适应性无意识"，可以知道什么？

A 有较大的个体差异
B 具有盲目性
C 看不清事物本质
D 是种瞬间判断能力

'적응 무의식'에 관해 알 수 있는 것은?

A 비교적 큰 개인차가 있다
B 맹목성을 지니고 있다
C 사물의 본질을 분명하게 볼 수 없다
D 일종의 순간 판단력이다

공략 핵심어는 '适应性无意识'로, 마지막 단락의 '"适应性无意识"功能。这种能力与直觉不同，它是人类所具有的一种瞬间判断能力。'라는 내용에서 정답은 D임을 알 수 있다.

어휘 ★盲目性 mángmùxìng 명 맹목성, 무비판성

---

100. HSK POINT 각 단락의 중심 내용을 파악한 후 주제 유추 난이도 中

上文主要谈的是：

A 一见钟情的科学根据
B 一见钟情产生的原因
C 一见钟情的感觉
D 心理学界的新发现

본문이 주로 이야기하는 것은?

A 첫눈에 반하게 되는 과학적 근거
B 첫눈에 반하게 되는 감정이 생기는 원인
C 첫눈에 반하게 되는 느낌
D 심리학계의 새로운 발견

공략 각 단락의 첫 문장을 읽어 보면 앞의 두 단락은 첫눈에 반하게 되는 상황을 소개하고, 뒤의 세 단락은 첫눈에 반하게 되는 원인을 설명하고 있다. 따라서 정답은 B가 된다.

新 HSK 6급 합격모의고사 书写

[101] HSK POINT 시간·인물을 나타내는 중요 문장 및 성어 기억하기

1문단:
전국 시대 변방에 새옹이라는 노인이 살고 있었음

2-3문단:
기르던 말 한 마리를 잃어버렸지만, 반드시 나쁜 일은 아니라고 여김

4-5문단:
며칠 뒤 잃어버린 말이 더 좋은 말을 데리고 돌아왔는데, 새옹은 반드시 좋은 일이라고 여기지 않음

在很久以前的战国时期，靠近北部边城，住着一个老人，名叫塞翁。塞翁已经七十多岁了，身体非常硬朗。

他家里养了许多马，一天，他一大早起床去喂马，却惊讶地发现马群中有一匹走失了，家人四处寻找也不见踪影。

邻居们听说这件事，纷纷跑来安慰他，劝他不必太着急，年龄大了，多注意身体。塞翁见有人劝慰，笑了笑说："丢了一匹马损失不大，没准会带来什么福气呢。"邻居听了塞翁的话，心里觉得很好笑。马丢了，明明是件坏事，他却认为也许是好事，这老头显然是自我安慰而已。

过了几天，家人们正围在一起吃早饭，突然听到外面传来几声马叫。跑出去一看，他们丢失的那匹马竟然自己回来了。更令人意想不到的是，后面还跟着一匹匈奴的骏马，这匹跟来的骏马比自己的马还要昂贵得多。

邻居听说了这个好消息，对塞翁的预见非常佩服，觉得塞翁对自己的马太了解了，已经预料到它还会回来。于是赶紧跑来向塞翁道贺说："还是您有远见，马不仅没有丢，还带回一匹好马，真是福气呀。"塞翁听了邻人的祝贺，反而一点高兴的样子都没有，满脸忧虑地说："白白得了一匹好马，不一定是什么福气，也许惹出什么麻烦来。"邻居们以为这老头真怪，明明是一件大好事，他却故意表现出忧虑的样子，心里明明高兴，却有意不说出来，这也太虚伪了吧。

塞翁有个独生子，非常喜欢骑马，从小就天天跟马混在一起。他发现跟回来的那匹马顾盼生姿，身长蹄大，嘶鸣嘹亮，膘悍神骏，一看就知道是匹

오래 전 전국 시대에, 북쪽 변방에 새옹이라 불리는 노인이 살고 있었다. 새옹은 이미 일흔이 넘은 나이였지만 몸은 매우 정정했다.

그의 집에는 여러 말을 길렀는데, 하루는 그가 이른 아침에 일어나 말에게 먹이를 주러 가니, 놀랍게도 말 무리 중 한 마리가 실종되었다. 가족들은 사방으로 찾아 다녔지만 말의 그림자도 찾지 못했다.

이웃 사람들은 이 일을 듣고 너도나도 찾아와 그를 위로하며, 그에게 너무 조급해 하지 말고 나이도 있으니 건강을 잘 챙기라고 말했다. 새옹은 사람들의 위로에 웃으며, "말 한 필을 잃은 것은 그리 큰 손해가 아니오. 이것이 무슨 복을 가져올지도 모르잖소."라고 말했다. 이웃들은 새옹의 말을 듣고 속으로 우습다고 생각했다. 말을 잃어버린 것은 분명 나쁜 일인데, 그는 도리어 이게 좋은 일일지도 모른다고 하니, 이 노인은 분명 자신을 위로하는 게 틀림없다고 여겼다.

며칠이 지나, 가족들이 한데 둘러앉아 식사를 할 때 갑자기 밖에서 말 울음소리가 몇 차례 들려왔다. 뛰쳐나가 보니, 잃어버린 그 말이 뜻밖에도 스스로 돌아왔다. 더 놀랄만한 일은 뒤에 흉노족의 준마 한 마리를 데리고 온 것이었다. 그 따라온 준마는 자신의 말보다 더 값이 나가는 말이었다.

이웃들은 이 좋은 소식을 전해 듣고 새옹의 예견에 매우 감탄하며, 새옹이 자신의 말을 너무 잘 알아서 그가 돌아올 것이라고 예상했다고 생각했다. 그래서 급히 뛰어와 새옹에게 축하하며, "역시 예견이 있으셨군요, 말을 잃어버린 것도 아닌데다가 훌륭한 말까지 데리고 왔으니 정말 복도 많으십니다."라고 말했다. 새옹은 이웃의 축하를 듣고 오히려 조금도 기쁜 모습을 내비치지 않으며, 근심 가득한 얼굴로 "훌륭한 말 한 마리를 거저 얻게 된 것이 꼭 무슨 복이라고만 할 수 없소. 어쩌면 어떤 문제를 일으킬 수도 있으니까 말이오."라고 했다. 이웃들은 이 노인이 정말 이상하다고 여겼다. 분명 좋은 일임

好马。于是他每天都骑马出游，在草原上、山上跑来跑去，心中洋洋得意。一天，他高兴得有些过火，打马飞奔，一个趔趄，从马背上跌下来，摔断了腿。幸亏救助及时，没有生命危险，但是从此以后他每天只能拄着拐杖走路了。

邻居听说这个噩耗，纷纷前来慰问，希望塞翁想开点，不要悲伤过度等等。塞翁听后，似乎一脸平静，不紧不慢地说："没什么，腿摔断了却保住性命，或许是福气呢。"邻居们觉得他又在胡言乱语。他们想不出，摔断腿会带来什么福气。

不久，匈奴兵大举入侵，青年人被征入伍，所有身体健康的年轻男子都到前线当兵去了。而塞翁的儿子却因为摔断了腿，不能去当兵。战争非常残酷，持续了很久也难分胜负。几年以后，入伍的青年大部分都战死了，没死的也伤得非常严重，唯有塞翁的儿子保全了性命，活了下来。

生活中有太多类似的事情，表面上看起来是一件大好事，却暗藏着危机；表面上看起来糟糕透了，也可能蕴藏着转机。我们看待事情时，应该学会用变动的眼光去看，不要只专注于一时的得与失，也不要因为失去了什么，就郁郁寡欢；得到了什么就兴高采烈。

에 틀림없는데, 그는 일부러 근심스러운 모습을 내비치고, 마음속으로는 기쁘면서 일부러 말을 하지 않는다며 아주 위선적이라고 생각했다.

새옹에게는 외아들이 하나 있었는데, 말 타기를 매우 좋아해서 어려서부터 매일 말과 어울렸다. 아들은 따라온 그 말의 체격이 좋고 말굽이 크며, 울음소리가 쟁쟁하고, 민첩하고 용맹스러운 모습을 보고는 딱 보기에도 훌륭한 말이라는 것을 알았다. 그리하여 그는 매일같이 말을 타고 놀러 나가, 초원이나 산에서 이리저리 뛰어 다니며 매우 즐거워했다. 하루는 너무 지나치게 즐거워한 나머지, 말을 타고 질주하다가 휘청거려 말의 등에서 떨어져 다리가 부러졌다. 다행히 제때 구조되어 생명에는 지장이 없었지만, 그때 이후로 그는 매일 지팡이를 짚고 걸어야 했다.

이웃들은 이 부고를 접하고 쉴 새 없이 찾아와 위로하며, 새옹에게 너무 슬퍼하지 말고 좋게 생각하라고 일렀다. 새옹은 듣고는 차분한 표정으로 여유 있게 "별일 아닙니다. 다리가 부러졌어도 목숨은 지켰으니, 이는 어찌 보면 복이지요."라고 말했다. 이웃들은 다리가 부러진 것이 무슨 복을 가져오겠냐며, 그가 또 터무니 없는 소리를 한다고 여겼다.

얼마 지나지 않아, 흉노족 병사가 대거 침입했고 젊은이들은 군대에 징집되었는데, 신체가 건장한 젊은 남자들은 모두 전방으로 가게 되었다. 그러나 새옹의 아들은 다리가 부러져서 입대할 수 없었다. 전쟁은 매우 참혹했고, 승패를 가리지도 못하고 오랜 기간 지속되었다. 몇 년이 지난 후, 입대한 청년들은 대부분 전사했고, 죽지 않은 자들도 심각한 부상을 입었는데, 오직 새옹의 아들만 목숨을 지키고 살아남게 되었다.

살아가다 보면 이와 유사한 일들이 많이 일어난다. 겉으로 보기에는 좋은 일인 것 같지만, 오히려 위기가 잠복해 있을 수 있다. 겉으로 보기에는 정말 형편없더라도 어쩌면 호전의 조짐이 숨어있을 수도 있다. 우리는 어떤 일을 대할 때 반드시 변동적인 시각으로 바라보는 것을 배워야 한다. 일시적인 득과 실에만 전념해서는 안 되며, 또한 무엇을 잃었다고 하여 너무 우울해하거나, 무언가를 얻었다고 해서 너무 기뻐해서도 안 된다.

어휘 战国时期 Zhànguó shíqī 명 전국 시대 | ★靠近 kàojìn 동 가까이 가다, 접근하다 | 边城 biānchéng 명 (중앙으로부터) 멀리 떨어진 도시 | ★身体硬朗 shēntǐ yìnglang 몸이 정정하고 건강하다 | 养马 yǎngmǎ 말을 기르다 | ★一大早 yídàzǎo 이른 아침 | 喂马 wèi mǎ 말에게 먹이를 주다 | ★惊讶 jīngyà 형 의아하다, 놀랍다 | 走失 zǒushī 동 (사람이나 가축이) 행방불명이 되다, 실종되다 | ★四处寻找 sìchù xúnzhǎo 사방을 돌아다니며 찾다 | ★不见踪影 bújiàn zōngyǐng 자취도 보이지 않다, 그림자도 보이지 않다 | ★邻居 línjū 명 이웃 | ★纷纷 fēnfēn 부 잇달아, 쉴 새 없이 | ★安慰 ānwèi 동 위로하다 | ★劝 quàn 동 권하다 | ★不必 búbì 부 ~할 필요가 없다 | 劝慰 quànwèi 동 달래다, 위로하다 | 一匹马 yì pǐ mǎ 말 한 필 | ★损失 sǔnshī 명 손실, 손해 | ★没准 méizhǔn ~일지도 모른다, 아마 ~일 것이다 | ★福气 fúqi 명 복 | ★好笑 hǎoxiào 형 우습다, 가소롭다 | 明明 míngmíng 부 분명히, 명백히 | 老头 lǎotóu 늙은이, 노인 | ★显然 xiǎnrán 형 명백하다, 분명하다 | ★自我安慰 zìwǒ ānwèi 자신을 위안하다 | ★围在一起 wéi zài yìqǐ 한데 둘러싸다, 에워 싸다 | 外面传来 wàimian chuánlái 밖에서 전해오다 | ★马叫 mǎ jiào 말이 울다 | ★令人意想不到 lìng rén yìxiǎng búdào 생각지도 못하다, 짐작하지도 못하다 | 匈奴 Xiōngnú 명 흉노족 | 骏马 jùnmǎ 명 준마, 훌륭한 말 | ★昂贵 ángguì 형 비싸다 | ★预见 yùjiàn 동 예견하다 | ★佩服 pèifú 동 감탄하다, 탄복하다 | ★预料 yùliào 동 예상하다, 예측하다 | ★赶紧 gǎnjǐn 부 서둘러, 재빨리 | ★道贺 dàohè 동 축하하다 | ★有远见 yǒu yuǎnjiàn 선견지명이 있다 | 祝贺 zhùhè 동 축하하다 | ★反而 fǎn'ér 부 오히려, 도리어 | ★一点高兴的样子都没有 yìdiǎn gāoxìng de yàngzi dōu méiyǒu 기뻐하는 모습이 전혀 없다 | ★满脸忧虑 mǎnliǎn yōulǜ 얼굴에 근심이 가득하다 | ★白白 báibái 부 헛되이, 공짜로 | ★惹麻烦 rě máfan 말썽을 일으키다, 문제를 일으키다 | ★故意 gùyì 부 고의로, 일부러 | ★有意不说出来 yǒuyì bù shuōchūlai 고의적으로 말하지 않다 | ★虚伪 xūwěi 형 허위(적이다) | ★独生子 dúshēngzǐ 명 외아들 | ★跟……混在一起 gēn……hùn zài yìqǐ ~와 어울려 다니다 | 顾盼生姿 gùpàn shēngzī 자태나 모습을 바라보다 | 身长蹄大 shēncháng tídà 말의 체격이 좋고 발굽이 크다 | 嘶鸣嘹亮 sīmíng liáoliàng (말이나 당나귀의) 울음소리가 맑고 깨끗하다, 쟁쟁하다 | 膘悍神骏 biāo hàn shén jùn 민첩하고 용맹스러운 훌륭한 말, 준마 | 骑马出游 qímǎ chūyóu 말을 타고 놀러 나가다 | ★跑来跑去 pǎo lái pǎo qù 이리저리 뛰어다니다 | ★洋洋得意 yángyáng dé yì 형 득의양양하다, 기뻐서 날뛰다 | ★高兴得有些过火 gāoxìng de yǒuxiē guòhuǒ 도가 너무 지나치게 기뻐하다 | 打马飞奔 dǎ mǎ fēibēn 말을 타고 질주하다 | 趔趄 lièqie 휘청거림 동 비틀거리다, 휘청거리다 | ★跌下来 diēxiàlai 떨어지다, 넘어지다 | ★摔断 shuāi duàn 넘어져 부러지다 | ★幸亏 xìngkuī 부 다행히, 운좋게도 | 救助及时 jiùzhù jíshí 구조가 시기적절하다 | ★生命危险 shēngmìng wēixiǎn 생명이 위태롭다 | ★拄着拐杖 zhǔ zhe guǎizhàng 지팡이를 짚고 | ★噩耗 èhào 명 부고, 불길한 소식 | 慰问 wèiwèn 동 위문하다 | ★想开 xiǎngkāi 동 생각을 넓게 가지다, 좋게 생각하다 | ★悲伤过度 bēishāng guòdù 지나치게 상심하다 | ★似乎 sìhū 부 마치 | ★一脸平静 yìliǎn píngjìng 차분한 표정, 평온한 모습 | ★不紧不慢 bù jǐn bú màn 성 빠르지도 느리지도 않다, 허둥거리지 않고 여유가 있다 | ★保住性命 bǎozhù xìngmìng 목숨을 지키다 | ★胡言乱语 húyán luàn yǔ 터무니없는 말을 제멋대로 지껄이다 | 大举入侵 dàjǔ rùqīn 대거 침입하다 | 被征入伍 bèi zhēng rùwǔ 군대에 징집되다 | 前线 qiánxiàn 명 전방, 최전선 | ★当兵 dāng bīng 동 군대에 가다, 입대하다 | ★残酷 cánkù 형 잔혹한, 가혹한 | ★持续 chíxù 동 지속하다 | 难分胜负 nánfēn shèngfù 승부를 가리기 어렵다 | 战死 zhànsǐ 동 전사하다 | ★唯有 wéiyǒu 부 다만, 오직 | 保全性命 bǎoquán xìngmìng 생명을 보전하다, 목숨을 지키다 | ★类似 lèisì 동 유사하다, 비슷하다 | 表面 biǎomiàn 명 표면, 겉, 외관 | ★暗藏 àncáng 동 숨기다, 잠복하다 | ★危机 wēijī 명 위기 | ★糟糕透了 zāogāo tòule 정말 엉망이다, 형편없다 | ★蕴藏 yùncáng 동 잠재하다, 묻히다 | ★转机 zhuǎnjī 명 전기, 호전의 조짐 | 看待 kàndài 동 대하다 | ★变动 biàndòng 동 바꾸다, 변동하다 | 眼光 yǎnguāng 명 안목, 선견지명 | ★专注 zhuānzhù 동 집중하다, 전념하다 | ★一时 yìshí 명 일시, 잠시, 한때 | 得与失 dé yǔ shī 득과 실 | ★郁郁寡欢 yù yù guǎ huān 형 기분이 답답하고 즐겁지 않다, 몹시 울적하다 | 兴高采烈 xìng gāo cǎi liè 성 매우 기쁘다, 매우 흥겹다

1단계 중심 내용 전개

도입
[시간·장소·인물 소개]
战国时期 / 边城 / 有一个老人叫塞翁 / 七十多岁 / 身体很硬朗

이야기의 발생
[새옹은 말을 잃어버렸지만 반드시 나쁜 일은 아니라고 여김]
他家里养了马 / 丢了马 / 塞翁觉得这不一定是坏事

이야기의 전개 1
[새옹은 말이 돌아왔지만 반드시 좋은 일이라고는 생각하지 않음]
丢失的马带着好马回来 / 塞翁觉得这不一定是好事

이야기의 전개 2
[아들이 다리가 부러졌지만 새옹은 결코 상심하지 않음]
一天，塞翁的儿子摔断了腿 / 塞翁觉得这也不一定是坏事

[아들은 목숨을 지킴]

이야기의 결말　不久，发生了战争 / 只有塞翁的儿子保住了性命

2단계 모범 답안 작성

塞翁之马

战国时代，在一个偏僻边远的小城里，住着一位老人，人们称他为塞翁。

塞翁已年过古稀，却依然精神矍铄，他养了许多马。一日天刚蒙蒙亮，他起床后发现马群里少了一匹马。邻居们听后纷纷前来安慰他，不料他却不以为然地笑了笑说："丢匹马没什么大不了的，天塌不下来，说不定还会带来福气呢。"邻居听后心里暗暗觉得好笑，心想这个怪老头明明心里很伤心，却还死要面子。

时隔不久，那匹丢失的马竟然自己回来了，而且还带回了一匹匈奴的骏马。听到这样的好消息，邻居们又纷纷前来祝贺。可此时塞翁却眉头紧锁，忧心忡忡地说："白白得了一匹好马，说不定会带来麻烦。"邻居听后都觉得这老头肯定脑子有问题，太虚伪了。

一个炎炎夏日，骄阳似火。塞翁的儿子骑着那匹好马出去游玩，却不小心从马上摔了下

来，一条腿不幸摔断了。邻居们马上又来安慰他，谁知塞翁这次却说："腿摔断了，说不定是好事。"

不久，战争爆发了，成年男子都被拉去当兵，十有八九都战死了。只有塞翁的儿子因为腿断了没去当兵，保住了性命。

大部分의 고급 표현, '대부분'을 의미

새옹지마

전국 시대에 외진 변방 소도시에 한 노인이 살고 있었는데, 사람들은 그를 새옹이라고 불렀다.

새옹은 일흔이 넘었지만 여전히 신체가 강건했다. 그는 여러 말을 길렀는데, 하루는 날이 막 밝아올 때 일어나보니 말 무리 중 한 마리가 줄어든 것을 발견했다. 이것을 전해 듣고 너도나도 찾아와 그를 위로했는데, 뜻밖에도 그는 대수롭지 않다는 듯 "말 한 마리를 잃어버린 것은 별것이 아니며 하늘이 무너질리도 없소. 어쩌면 이것이 복을 가져올지도 모르니 말이오."라고 웃으며 말했다. 이웃은 그의 말을 듣고는 속으로 우습다고 여기며, 이상한 노인네가 분명 슬플텐데 체면 때문에 그런다고 생각했다.

얼마 지나지 않아 그 잃어버렸던 말이 생각지도 못하게 스스로 돌아왔는데, 게다가 흉노족의 훌륭한 말 한 마리까지 데리고 왔다. 이런 좋은 소식을 듣고 이웃들은 또 쉴 새 없이 찾아와 축하했다. 그러나 이때 새옹은 미간을 찌푸리며 근심 가득한 얼굴로 "말 한 마리를 거저 얻게 되었으니, 어쩌면 문제를 가져올지도 모르오."라고 말했다. 이웃들은 듣고 나서 이 노인네는 분명 제정신이 아니고 너무 위선적이라고 여겼다.

찌는 듯 무더운 여름날이었다. 새옹의 아들이 그 훌륭한 말을 타고 놀러 나갔다가, 실수로 말에서 떨어져 불행히도 다리 한 쪽이 부러졌다. 이웃들은 또 찾아와서 그를 위로했는데, 새옹이 "다리가 부러진 것이 좋은 일일 수도 있소."라고 말할 줄 누가 알았겠는가.

머지않아 전쟁이 일어났고 성년 남자들은 모두 군대로 끌려가게 되었는데, 거의 대다수가 전사했다. 오직 새옹의 아들만 다리가 부러져 군대에 가지 않았기에 목숨을 지켰다.

어휘 ★塞翁之马 Sài wēng zhī mǎ 셍 새옹지마, 인생의 길흉화복은 늘 바뀌어 변화가 많다 | ★偏僻边远 piānpì biānyuǎn 외진 변방 | ★年过古稀 niánguò gǔxī 연세가 일흔이 넘었다 | ★依然 yīrán 부 여전히 | ★精神矍铄 jīngshén juéshuò 노년에도 신체가 강건하고 원기가 있음을 이르는 말 | ★天刚蒙蒙亮 tiān gāng méngménglàng 날이 막 밝아오다 | ★不料 búliào 부 뜻밖에 | ★不以为然 bù yǐ wéi rán 셍 그렇게 여기지 않다 | ★没什么大不了的 méi shénme dàbuliǎo de 별것 아니다, 뭐 그리 대단한 것도 아니다 | ★天塌不下来 tiāntā bú xiàlai 하늘이 무너질 리는 없다 | ★心里暗暗觉得好笑 xīnli àn'àn juéde hǎoxiào 마음속으로는 우습다고 여기다 | ★怪老头 guài lǎotóu 이상한 노인네 | ★死要面子 sǐyào miànzi 체면을 위해 | ★时隔不久 shígé bùjiǔ 시간이 채 얼마되지 않다 | ★竟然 jìngrán 부 뜻밖에도 | ★前来 qiánlái 동 이쪽으로 오다 | 此时 cǐshí 명 이때, 지금 | ★眉头紧锁 méitóu jǐnsuǒ 미간을 찌푸리다 | ★忧心忡忡 yōu xīn chōng chōng 셍 근심 걱정에 시달리다, 몹시 침울하다 | ★说不定 shuōbudìng 부 아마, 혹시 | ★带来麻烦 dàilái máfan 번거로움을 가져오다, 문제를 자아내다 | ★脑子有问题 nǎozi yǒu wèntí 뇌에 문제가 있다, 정상이 아니다 | ★一个炎炎夏日 yí ge yányán xiàrì 태양이 이글거리는 여름날 | ★骄阳似火 jiāoyáng sìhuǒ 작열하는 태양이 마치 불같다 | ★游玩 yóuwán 동 놀다, 뛰놀다 | ★不幸 búxìng 부 불행히도 | ★谁知 shéizhī 누가 알았겠는가, 아무도 ~일 줄은 모른다 | ★战争爆发 zhànzhēng bàofā 전쟁이 터지다 | ★被拉去当兵 bèi lā qù dāngbīng 군대에 끌려가다 | ★十有八九 shí yǒu bā jiǔ 십중팔구, 거의 | ★保住性命 bǎozhù xìngmìng 생명을 보전하다, 목숨을 지키다

2회 해설

합격모의고사 2회 정답

一、听力

第一部分
1. C   2. B   3. A   4. D   5. A
6. B   7. B   8. D   9. D   10. D
11. D   12. A   13. C   14. C   15. C

第二部分
16. B   17. C   18. C   19. D   20. A
21. B   22. D   23. C   24. A   25. C
26. C   27. D   28. B   29. D   30. A

第三部分
31. C   32. B   33. D   34. D   35. D
36. C   37. B   38. A   39. A   40. A
41. C   42. D   43. A   44. A   45. D
46. A   47. A   48. A   49. A   50. C

二、阅读

第一部分
51. C   52. B   53. C   54. B   55. D
56. A   57. D   58. A   59. D   60. D

第二部分
61. B   62. D   63. B   64. B   65. D
66. D   67. A   68. B   69. A   70. C

第三部分
71. C   72. A   73. E   74. D   75. B
76. E   77. A   78. C   79. B   80. D

第四部分
81. A   82. C   83. B   84. B   85. C
86. C   87. C   88. A   89. D   90. C
91. A   92. A   93. C   94. B   95. D
96. D   97. D   98. A   99. B   100. A

三、书写

101. 모범 답안 ⋯ 153쪽 참고

新 HSK 6급 합격모의고사 听力

第一部分

1. HSK POINT 연관된 의미를 지닌 어휘 파악 | 난이도 中 | track 02-1

每逢新春佳节，家家户户都要在屋门上、窗上、墙壁上贴上大大小小的"福"字。春节贴"福"字，是中国民间由来已久的风俗。贴"福"字，无论是现在还是过去，<u>都寄托了人们对幸福生活和好运的向往</u>。为了更充分地体现出这种祝愿，许多人干脆将"福"字倒着贴，表示"幸福已到"、"福气已到"。

설날 때가 되면, 집집마다 모두 방문이나 창문 혹은 벽에 각양각색의 '복'자를 붙인다. 설날에 '복'자를 붙이는 것은 중국 민간에서 유래가 깊은 풍습이다. '복'자를 붙이는 것은 고금을 막론하고 사람들의 행복한 삶과 행운에 대한 갈망을 담고 있다. 이러한 바람을 더욱 충분히 표현해내기 위해, 많은 사람들은 아예 '복'자를 거꾸로 붙여 '행복이 이미 이르렀다', '복이 이미 들어섰다'는 의미를 나타낸다.

A "福"字一定要斜着贴
B 贴"福"字是一些地区的习俗
C 贴"福"字是对美好未来的愿望
D "福"字大小都一样

A '복'자는 반드시 비스듬히 붙여야 한다
B '복'자를 붙이는 것은 일부 지역의 풍습이다
C '복'자를 붙이는 것은 아름다운 미래에 대한 소망이다
D '복'자의 크기는 모두 동일하다

공략 '都寄托了人们对幸福生活和好运的向往'이라는 내용을 통해 '행복한 삶과 행운에 대한 갈망'이 바로 보기 C의 아름다운 미래에 대한 소망이라는 의미로 해석되므로 정답은 C이다.

어휘 ★每逢新春佳节 měiféng xīnchūn jiājié 설날 때마다, 설날 때가 되면 | 家家户户 jiājiāhùhù 명 집집마다 | 墙壁 qiángbì 명 벽, 담 | ★贴上 tiēshang 동 붙이다 | 大大小小 dàdà xiǎoxiǎo 형 크고 작은 온갖 종류의, 각양각색의 | ★福字 fúzì '복'이라는 글자 | 由来已久 yóulái yǐ jiǔ 유래가 이미 오래되다, 유래가 깊다 | 风俗 fēngsú 명 풍습 | ★幸福 xìngfú 명 행복 | 好运 hǎoyùn 명 행운 | 向往 xiàngwǎng 동 갈망하다, 동경하다 | 祝愿 zhùyuàn 명동 축복(하다), 축원(하다) | ★充分地体现出 chōngfèn de tǐxiàn chū 충분히 표현해내다, 충분히 구현해내다 | ★干脆 gāncuì 부 아예, 차라리 | ★将……倒着贴 jiāng……dàozhe tiē ~을 거꾸로 붙이다 | 表示 biǎoshì 동 나타내다, 의미하다

합격필수 TIP

▶ 자주 출제되는 '중국의 전통 명절' 관련 어휘

春节 Chūnjié 춘절 (음력 1월 1일)	풍습	拜年 bàinián 세배하다 | 压岁钱 yāsuìqián 세뱃돈 | 一副对联 yí fù duìlián 대련 한 쌍 | 一副春联 yí fù chūnlián 춘련 한 쌍
	음식	年糕 niángāo 설 떡
元宵节 Yuánxiāojié 원소절 (음력 1월 15일)	풍습	看花灯 kàn huādēng 꽃등을 감상하다 | 猜灯谜 cāi dēngmí 등롱 수수께끼 놀이
	음식	元宵 yuánxiāo 위안샤오
清明节 Qīngmíngjié 청명절 (4월 5일 전후)	풍습	扫墓 sǎomù 성묘하다 | 踏青 tàqīng 답청하다[청명절을 전후하여 교외를 거닐며 노는 것] | 放风筝 fàng fēngzheng 연놀이하다

명절	구분	내용
端午节 Duānwǔjié 단오절 (음력 5월 5일)	풍습	赛龙舟 sài lóngzhōu 용선 시합을 하다 | 爱国诗人屈原 àiguó shīrén Qū Yuán 애국 시인 굴원
	음식	粽子 zòngzi 쭝쯔
七夕 Qīxī 칠석 (음력 7월 7일)	풍습	情人节 Qíngrénjié 발렌타인데이 | 牛郎 Niúláng 견우 | 织女 Zhīnǚ 직녀 | 银河 yínhé 은하수 | 鹊桥 quèqiáo 까치다리
中秋节 Zhōngqiūjié 중추절 (음력 8월 15일)	풍습	赏月 shǎng yuè 달구경을 하다 | 合家团圆 héjiā tuányuán 온 가족이 모이다
	음식	月饼 yuèbing 웨빙, 월병
重阳节 Chóngyángjié 중양절 (음력 9월 9일)	풍습	登高 dēnggāo (중양절에) 산에 오르다
	음식	菊花茶 júhuāchá 국화차 | 菊花酒 júhuājiǔ 국화주
腊八节 Làbājié 납팔절 (음력 12월 8일)	음식	腊八粥 làbāzhōu 납팔죽
小年 Xiǎonián 작은 설 (음력 12월 23일)	풍습	祭灶 jì zào 부뚜막 신에게 제사를 지내다

2. HSK POINT 暴跳如雷의 의미 이해 난이도 上   track 02-2

一日，老王在北京的路上堵了长达几小时，终于无法忍受了，他暴跳如雷地打开车门，拉开后备箱，从里面拿出一根长长的木棍。所有堵车的人吃惊地看着他，只见他大骂着把地上一只蜗牛敲得粉碎，一边敲一边骂着："看你还敢超讨我!"

어느 날, 라오왕은 베이징의 길 위에서 몇 시간이나 차가 막히자 끝내 참지 못하고 노발대발하며 차 문을 열고는, 트렁크를 열어 긴 나무 막대기 하나를 꺼냈다. 막힌 차의 사람들이 놀라서 그를 쳐다보았더니, 그가 욕을 퍼부으며 바닥에 있던 달팽이를 산산조각내게 두드리고 있었다. 그는 달팽이를 치며 "네가 감히 나를 앞질러 가다니!"라고 욕했다.

A 路上车很少
B 老王非常气愤
C 老王的车坏了
D 老王跟别人吵架了

A 길에 차가 적다
B 라오왕은 매우 화가 났다
C 라오왕의 차는 고장 났다
D 라오왕은 다른 사람과 말다툼을 했다

공략 '他暴跳如雷地打开车门'이라는 문장에서 '暴跳如雷'는 '우레와 같이 펄쩍 뛰다'는 뜻인데, '매우 화가 나다'는 비유적인 의미가 있다. 이는 보기 B의 气愤과 같은 의미이므로 정답은 B가 된다.

어휘 ★堵 dǔ 동 막다 | 长达 chángdá ~에 달하다 | ★无法忍受 wúfǎ rěnshòu 참을 수 없다 | ★暴跳如雷 bào tiào rú léi 우레와 같이 펄쩍 뛰며 노발대발하다, 격노하다 | 后备箱 hòubèixiāng 명 트렁크 | 木棍 mùgùn 명 나무 막대기 | ★吃惊 chījīng 동 놀라다 | 大骂 dàmà 동 욕을 퍼붓다 | 蜗牛 wōniú 명 달팽이 | 把……敲得粉碎 bǎ……qiāo de fěnsuì ~을 산산조각이 나게 두드리다 | ★超过 chāoguò 동 초과하다, 앞지르다

3. HSK POINT 문장의 의미 이해 난이도 中 track 02-3

　　二十四节气是中国古代气象科学的一项伟大成就。中国人对二十四节气的划分，可以追溯到5000年前，那个时代华夏大地已经进入农业社会。这些季和节是中国古代先人根据气候现象划分的。

A 二十四节气起源于中国
B 二十四节气已有500年历史
C 当时中国社会尚未进入农业社会
D 节气是古人自我感受而创造的

　　24절기는 중국 고대 기상 과학의 위대한 업적이다. 중국인이 24절기에 대해 구분하게 된 것은 오천 년 전으로 거슬러 올라가는데, 그 시대에 중국은 이미 농업 사회에 진입했다. 이러한 계절과 절기는 중국 고대 선조들이 기후 현상에 근거하여 구분한 것이다.

A 24절기는 중국에서 기원했다
B 24절기는 이미 오백 년의 역사를 지니고 있다
C 당시 중국 사회는 아직 농업 사회로 접어들지 않았었다
D 절기는 고대인들이 자신들의 체험에 근거해 만들어낸 것이다

공략 첫 번째 문장 '二十四节气是中国古代气象科学的一项伟大成就.'에서 24절기가 중국 고대의 업적이라고 칭하므로 24절기는 중국에서 시작되었음을 알 수 있다. 정답은 A가 된다.

어휘 ★二十四节气 èrshísì jiéqi 24절기 | 气象科学 qìxiàng kēxué 기상 과학 | ★一项成就 yí xiàng chéngjiù 업적 한 가지, 하나의 성과 | ★伟大 wěidà 형 위대하다 | 划分 huàfēn 동 나누다, 구분하다 | 追溯 zhuīsù 동 거슬러 올라가다 | 华夏大地 Huáxià dàdì 중국 대지 | 农业社会 nóngyè shèhuì 농업 사회 | 先人 xiānrén 명 선조, 조상 | ★根据 gēnjù 개 ~에 근거하여

4. HSK POINT 동일한 어휘 파악 난이도 下 track 02-4

　　五四运动是1919年5月4日发生在北京的一场以青年学生为主的学生运动，是广大群众、市民、工商人士等中下阶层共同参与的一次示威游行、请愿、罢工、暴力对抗政府等多形式的爱国运动。是中国人民彻底地反对帝国主义、封建主义的爱国运动。

A 这是一场暴力运动
B 目的是反对日本侵略
C 参与者主要是青年教师
D 这是一场爱国运动

　　5·4운동은 1919년 5월 4일 베이징에서 발생한 청년 학생들 주도의 학생 운동으로, 대중, 시민, 상공업자 등 중하계층의 사람들이 함께 참여한 시위, 탄원, 파업, 정부에 대한 물리적 대항 등 다양한 형식의 애국 운동이자, 중국 인민의 강력한 반제국주의, 반봉건주의 애국 운동이다.

A 이는 폭력 운동이다
B 목적은 일본 침략을 반대하는 것이다
C 참여자는 주로 청년 교사이다
D 이는 애국 운동이다

공략 마지막 문장 '是中国人民彻底地反对帝国主义、封建主义的爱国运动'에서 보기 D와 동일한 어휘인 '爱国运动'을 통해서 정답이 D임을 알 수 있다.

어휘 ★以……为主 yǐ……wéizhǔ ~을 위주로 하다 | 学生运动 xuéshēng yùndòng 학생 운동 | ★广大 guǎngdà 형 많다 | ★群众 qúnzhòng 명 대중, 민중 | 市民 shìmín 명 시민 | ★工商人士 gōngshāng rénshì 상공업자 | ★中下阶层 zhōngxià jiēcéng 중하계층 | ★参与 cānyù 동 참여하다 | 示威游行 shìwēi yóuxíng 시위, 시위 행진 | ★请愿 qǐngyuàn 동 청원하다, 탄원하다 | ★罢工 bàgōng 동 파업하다 | 暴力 bàolì 명 폭력 | 对抗 duìkàng 동 대항하다 | ★爱国运动 àiguó yùndòng 애국 운동 | ★彻底 chèdǐ 형 철저하다 | ★反对 fǎnduì 동 반대하다 | 帝国主义 dìguó zhǔyì 명 제국주의 | 封建主义 fēngjiàn zhǔyì 명 봉건주의

5. HSK POINT 연관된 의미를 지닌 문장 파악 및 힌트가 되는 首先 난이도 中 track 02-5

噪声给人们带来的危害不可低估。噪声污染主要来自于交通运输、工业生产、工地施工。首先它会损害听力，有检测表明：当人连续听摩托车声8小时，听力就会下降。它还会影响人的神经系统，使人急躁、易怒，影响睡眠，造成疲倦。

A 噪声对人的健康影响巨大
B 噪声的污染来源有限
C 噪声会让人发疯
D 连续听摩托车声听力会丧失

소음이 인간에게 가져다주는 해를 과소평가해서는 안 된다. 소음 공해는 주로 교통 운수, 공업 생산, 공사 시공에서 온다. 우선 소음은 청력에 해를 끼치는데, 검측에 의하면 사람이 연속 8시간 동안 오토바이 소리를 듣게 되면 청력이 떨어진다고 한다. 소음은 인간의 신경 계통에도 영향을 끼쳐, 사람을 조급하게 하거나 쉽게 화를 내게 하고, 수면에 영향을 끼치거나 피로를 야기할 수도 있다.

A 소음이 인간의 건강에 끼치는 영향은 크다
B 소음 공해의 원인은 제한적이다
C 소음은 사람을 미치게 할 수 있다
D 오토바이 소리를 연속해서 들으면 청력을 잃을 수 있다

공략 첫 번째 문장 '噪声给人们带来的危害不可低估.'를 통해 소음이 인간에게 나쁜 영향을 준다는 것을 알 수 있고, 중간 부분의 '首先它会损害听力'라는 내용을 통해서도 소음이 인간의 건강에 해가 된다는 것을 알 수 있으므로 정답은 A이다.

어휘 ★噪声 zàoshēng 명 소음 | ★危害 wēihài 명 손해, 손상 | ★不可低估 bùkě dīgū 과소평가할 수 없다 | ★污染 wūrǎn 동 오염시키다 | 来自于 láizì yú ~에서 오다 | ★交通运输 jiāotōng yùnshū 교통 운수 | 工地施工 gōngdì shīgōng 공사 시공 | ★损害 sǔnhài 동 해치다, 손상시키다 | 检测 jiǎncè 동 검사 측정하다, 검측하다 | 表明 biǎomíng 동 분명하게 밝히다, 표명하다 | 连续 liánxù 동 연속하다, 계속하다 | 摩托车 mótuōchē 명 오토바이 | 下降 xiàjiàng 동 떨어지다, 낮아지다 | 神经系统 shénjīng xìtǒng 명 신경 계통 | 急躁 jízào 형 조급하다, 초조해하다 | 易怒 yì nù 쉽게 화를 내다 | 影响睡眠 yǐngxiǎng shuìmián 수면에 영향을 끼치다 | ★造成 zàochéng 동 초래하다, 야기하다 | ★疲倦 píjuàn 형 피곤하다, 지치다

합격필수 TIP

▶ 자주 출제되는 '인체·건강' 관련 어휘

- ★疲劳 píláo 피로하다 | ★抑郁 yìyù 우울하다 | ★吸烟 xīyān 흡연하다, 담배를 피우다 | 被动吸烟 bèidòng xīyān 간접 흡연 | 酗酒 xùjiǔ 무절제하게 술을 마시다, 주정하다 | ★熬夜 áo yè 밤새다 | 肥胖 féipàng 뚱뚱하다, 비만이다
- ★网瘾 wǎngyǐn 인터넷 중독 | 自闭症 zìbìzhèng 자폐증 | ★失眠 shīmián 불면증에 걸리다 | 洁癖 jiépǐ 결벽 | 手机控 shǒujīkòng 핸드폰에 집착하는 남녀 | ★亚健康 yàjiànkāng 병은 없지만 몸이 좋지 않은 상태, 만성피로 상태
- ★新陈代谢 xīnchén dàixiè 신진대사 | ★血液循环 xuèyè xúnhuán 혈액 순환 | ★免疫力 miǎnyìlì 면역력 | 帮助消化 bāngzhù xiāohuà 소화를 돕다 | 心血管疾病 xīnxuèguǎn jíbìng 심혈관 질병 | ★糖尿病 tángniàobìng 당뇨병 | ★高血压 gāoxuèyā 고혈압

6. HSK POINT 힌트가 되는 最 난이도 中 track 02-6

随着人们生活水平的不断提高，家用电器越来越多地走入了普通百姓家，其中洗衣机进入家庭的速度最快。由权威调查数据显示，目前中国城镇居民家庭平均百户拥有洗衣机90.52台。但一项最新研究称，使用洗衣机是引起肥胖的重要原因之一。

사람들의 생활 수준이 꾸준히 향상되어감에 따라, 가전제품은 일반 가정으로 점점 더 많이 파고들게 되었는데, 그 중 세탁기가 가정으로 들어선 속도가 가장 빠르다. 유력한 조사 데이터에 따르면, 현재 중국 도시 거주민 가정은 평균 100가구당 90.52대의 세탁기를 보유하고 있다고 한다. 하지만 최신 연구에 의하면, 세탁기를 사용하는 것이 비만을 일으키는 중요한 원인 중 하나라고 한다.

A 如今普通百姓家中的电器非常多
B 洗衣机是普及最快的一种家用电器
C 乡镇居民家庭每百户有90台洗衣机
D 多使用洗衣机对减肥有好处

A 현재 일반 가정 내의 전자제품은 매우 많다
B 세탁기는 보급이 가장 빠른 가전제품이다
C 소도시 거주민 가정은 100가구당 90대의 세탁기를 보유하고 있다
D 세탁기를 많이 사용하는 것은 다이어트에 도움이 된다

공략 '最快'가 힌트가 되어 쉽게 정답을 찾을 수 있다. '其中洗衣机进入家庭的速度最快'라는 내용을 듣고 보기 B의 '普及最快'와 의미가 같음을 알 수 있으므로 정답은 B이다.

어휘 ★随着 suízhe 동 ~에 따르다 | 不断提高 búduàn tígāo 꾸준히 향상하다 | 家用电器 jiāyòng diànqì 명 가전제품 | 走入 zǒurù ~로 들어가다 | ★普通百姓家 pǔtōng bǎixìngjiā 일반 가정 | 洗衣机 xǐyījī 명 세탁기 | 速度 sùdù 명 속도 | 权威 quánwēi 형 권위 있는, 유력한 | ★调查 diàochá 명 조사 | 数据 shùjù 명 데이터 | ★显示 xiǎnshì 동 나타내다, 보여주다 | 目前 mùqián 명 현재 | 城镇居民 chéngzhèn jūmín 명 도시 거주민 | ★平均 píngjūn 형 평균의 | ★拥有 yōngyǒu 동 보유하다, 가지다 | ★一项研究 yí xiàng yánjiū 한 연구 | ★引起 yǐnqǐ 동 일으키다, 야기하다 | ★肥胖 féipàng 형 뚱뚱하다, 비만하다

7. HSK POINT 동일한 의미의 문장 파악 [난이도 下] track 02-7

从纽约到北京之间的航线上，我恐怕是飞行公里数最多的乘客之一。1975年以来，我平均每年往返3次，总共已经有75次之多。这75次往返的过程中，我乘过不同航空公司的飞机，<u>对各家公司的服务有很深的感受。</u>

뉴욕과 베이징 간의 항공 노선에서 내가 아마 비행 킬로미터수가 가장 많은 승객 중 하나일 것이다. 1975년 이래, 나는 평균 매년 3회 왕복했는데, 모두 합쳐 이미 75회나 오갔다. 이 75회의 왕복 과정에서 나는 다른 항공사의 비행기를 타 봤는데, <u>각 항공사의 서비스에 대해 깊은 인상을 받았다.</u>

A 我每年都往返三次
B 我比较了解各家公司服务
C 我坐同一公司的飞机
D 我是一名飞行员

A 나는 매년 3회 왕복한다
B 나는 각 항공사의 서비스에 대해 비교적 잘 알고 있다
C 나는 동일한 항공사의 비행기를 탄다
D 나는 비행기 조종사이다

공략 마지막 부분의 '对各家公司的服务有很深的感受'라는 내용은 각 항공사의 서비스에 대해 잘 알고 있다는 의미임을 알 수 있으므로 정답은 B가 된다.

어휘 纽约 Niǔyuē 고유 뉴욕 | 航线 hángxiàn 명 항공 노선 | ★恐怕 kǒngpà 부 아마 | ★飞行 fēixíng 동 비행하다 | 公里数 gōnglǐshù 킬로미터수 | ★乘客 chéngkè 명 승객 | ★往返 wǎngfǎn 동 왕복하다 | ★总共 zǒnggòng 부 모두, 합쳐서 | ★乘 chéng 동 오르다, 타다 | ★航空公司 hángkōng gōngsī 명 항공사 | ★很深的感受 hěn shēn de gǎnshòu 깊은 인상

8. HSK POINT 동일한 의미의 문장 파악 [난이도 中] track 02-8

一个人正在向朋友抱怨，说自己的婚姻和以前大不一样了。刚结婚时，每天下班回到家，妻子和小狗都跑来门口迎接他，妻子给他拖鞋，小狗朝他叫；可现在呢，小狗给他拖鞋，妻子朝他叫。

어떤 사람이 친구에게 불평하며 <u>자신의 결혼 생활이 예전과 크게 다르다고 했다.</u> 막 결혼했을 때는, 매일 퇴근하고 집에 오면 아내와 강아지가 문 입구로 나와 그를 맞으며, 아내는 그에게 슬리퍼를 주고 강아지는 그를 향해 짖어댔다. 그러나 지금은 강아지가 그에게 슬리퍼를 주고 아내가 그에게 소리친다고 했다.

A 他打算跟妻子离婚
B 他家的小狗很乖
C 妻子不让他养狗
D 他的婚姻发生了变化

A 그는 아내와 이혼하려고 한다
B 그의 집 강아지는 얌전하다
C 아내가 그에게 강아지를 키우지 못하게 한다
D 그의 결혼 생활에 변화가 생겼다

공략 '说自己的婚姻和以前大不一样了'라는 내용 중 '大不一样'이 '완전히 다르다'는 의미이므로 그의 결혼 생활에 변화가 있음을 알 수 있다. 따라서 정답은 D이다.

어휘 ★向……抱怨 xiàng……bàoyuàn ~에게 불평하다 | 婚姻 hūnyīn 명 결혼 | ★大不一样 dà bù yíyàng 크게 다르다 | ★结婚 jié hūn 동 결혼하다 | 妻子 qīzi 명 아내 | ★迎接 yíngjiē 동 영접하다, 맞이하다 | ★拖鞋 tuōxié 명 슬리퍼 | ★朝他叫 cháo tā jiào 그를 향해 짖다, 외치다

9. HSK POINT 동일한 의미의 문장 파악 | 난이도 下 | track 02-9

大家好，对不起，我来晚了。其实我来早了也没用，反正我也不懂英语。我好佩服王主任和李秘书，他们从一开始就坐在这里认真地听，好像他们也很懂英语。我虽然也想学习，<u>但已经有这么多人懂英语</u>，那我还学什么，到处都有我的翻译。

여러분, 안녕하십니까? 늦어서 죄송합니다. 사실 제가 일찍 왔더라도 별 볼일은 없었을 겁니다. 어쨌든 제가 영어를 잘 모르기 때문이지요. 저는 왕 주임과 이 비서를 정말 존경합니다. 그들은 처음부터 여기에 앉아 열심히 들은 것을 보니 아마 영어를 잘 하는 것 같습니다. 저도 공부는 하고 싶지만, <u>이미 이렇게나 많은 사람들이 영어를 잘 하는데</u>, 제가 무엇을 더 배우겠습니까? 어디든 다 제 통역사가 있는데 말이죠.

A 王主任英语很好
B "我"后悔自己迟到了
C "我"不喜欢英语
D 懂英语的人非常多

A 왕 주임은 영어를 잘 한다
B '나'는 지각한 것을 후회한다
C '나'는 영어를 싫어한다
D 영어를 잘 하는 사람이 매우 많다

공략 뒷부분의 '但已经有这么多人懂英语'라는 문장을 통해 D가 정답임을 알 수 있다.

어휘 ★反正 fǎnzhèng 부 어쨌든 | ★佩服 pèifú 동 감탄하다, 탄복하다 | ★秘书 mìshū 명 비서 | ★到处 dàochù 명 도처, 곳곳 | ★翻译 fānyì 명 번역자, 통역사

10. HSK POINT 동일한 문장 파악 | 난이도 中 | track 02-10

资料显示，中国人群高血压患病率呈持续增长趋势，对此专家指出，高血压患者一定要坚持每天测量血压，建议测量血压的时间为清晨服药前或入睡前。另外，测量血压前应至少休息15分钟，为确保测量结果的准确，<u>建议在测量一遍后间隔两分钟再测量一次</u>。

자료에 따르면, 중국인들의 고혈압 환병률은 지속적으로 증가하는 추세를 보이고 있다. 이에 대해 전문가들이 지적한 바는, 고혈압 환자는 반드시 꾸준히 매일 혈압을 측정해야 하며, 혈압을 측정하는 시간은 이른 아침 약을 복용하기 전이나 잠들기 전으로 정하도록 권했다. 이 밖에 혈압을 재기 전에는 반드시 최소 15분간 휴식을 취해야 하며, 측정 결과의 정확성을 확보하기 위해, <u>한 번 측정한 후 2분간의 간격을 두고 다시 한 번 측정하도록 제안했다</u>.

A 中国高血压患病率保持稳定	A 중국은 고혈압 환병률은 안정세를 유지하고 있다
B 量血压最好在清晨吃药后	B 혈압을 재는 것은 이른 아침 약을 먹은 후가 가장 좋다
C 量完血压最好休息15分钟	C 혈압을 재고 나서 15분간 쉬는 것이 가장 좋다
D 血压测量最好间隔2分钟	**D 혈압을 측정할 때는 2분간 간격을 두는 것이 가장 좋다**

공략 마지막 부분의 '建议在测量一遍后间隔两分钟再测量一次'를 통해 혈압을 잴 때 2분간 간격을 두는 게 좋다는 것을 알 수 있으므로 정답은 D가 된다.

어휘 ★资料 zīliào 명 자료 | ★显示 xiǎnshì 동 나타내다, 보여주다 | ★高血压 gāoxuèyā 명 고혈압 | 患病率 huànbìnglǜ 명 환병률 | ★呈……趋势 chéng……qūshì ~추세를 보이다 | ★持续增长 chíxù zēngzhǎng 지속적으로 증가하다, 지속적으로 늘어나다 | ★此 cǐ 대 이, 이것 | ★专家指出 zhuānjiā zhǐchū 전문가가 지적하다, 전문가가 밝히다 | ★患者 huànzhě 명 환자 | ★坚持 jiānchí 동 유지하다, 견지하다 | 测量 cèliáng 동 측정하다, 측량하다 | ★血压 xuèyā 명 혈압 | ★为 wéi 동 하다, ~이다, ~로 삼다 | 清晨 qīngchén 명 이른 아침 | ★服药 fúyào 동 약을 복용하다 | ★入睡 rùshuì 동 잠들다 | ★至少 zhìshǎo 부 최소한, 적어도 | ★确保 quèbǎo 동 확보하다 | 准确 zhǔnquè 형 정확하다, 틀림없다 | ★间隔 jiàngé 동 (시간·공간상으로) 간격을 두다, 띄우다

---

11. HSK POINT 이야기의 내용 이해 난이도 上 track 02-11

我和同桌吵架了，上课时，我俩谁也不理谁。突然手机收到一个短信，一看是同桌发的短信，说："对不起，都是我的错。"我看后顿时感动，<u>正要回短信给他，同桌突然举手大喊："老师，他上课玩儿手机！"</u>	나는 짝꿍과 말다툼을 했다. 수업할 때, 우리 둘은 서로 아무도 거들떠보지 않았다. 갑자기 휴대폰에 문자메시지가 와서 보니 짝꿍이 보낸 것이었는데, '미안해, 다 내 잘못이야.'라고 적혀 있었다. 나는 보고 나서 순간 감동을 받아서 <u>마침 그에게 문자메시지를 보내려고 하는데, 짝꿍이 갑자기 손을 들고 큰 소리로 "선생님, 애가 수업하는데 휴대폰을 가지고 놀고 있어요!"라고 외쳤다.</u>
A 吵架后我很内疚	A 말다툼을 한 후 나는 마음이 괴로웠다
B 同桌真心向我道歉	B 짝꿍은 진심으로 나에게 사과했다
C 老师批评了同桌	C 선생님께서 짝꿍을 혼내셨다
D 同桌故意陷害我	**D 짝꿍은 고의로 나를 모함했다**

공략 이야기의 내용을 이해해야 풀 수 있는 문제이다. 앞부분에서 짝꿍과 말다툼을 했고, 짝꿍의 사과 문자메시지를 받고 감동을 받았다고 전하고 있다. 그런데 끝부분의 '正要回短信给他，同桌突然举手大喊："老师，他上课玩手机！"'라는 내용을 통해서 짝꿍이 진심으로 사과한 것이 아니라 고의적으로 그를 모함했음을 알 수 있으므로 정답은 D가 된다.

어휘 ★同桌 tóngzhuō 명 짝꿍 | ★吵架 chǎo jià 동 말다툼하다 | 谁也不理谁 shéi yě bù lǐ shéi 아무도 거들떠보지 않다 | ★收到 shōudào 동 받다 | ★短信 duǎnxìn 명 문자메시지 | ★顿时 dùnshí 부 갑자기 | ★感动 gǎndòng 동 감동하다 | 正要 zhèngyào 바로 ~하려고 하다, 마침 ~하려던 참이다 | 举手大喊 jǔshǒu dàhǎn 손을 들고 큰 소리로 외치다 | 内疚 nèijiù 형 (양심의) 가책을 느끼다 | 陷害 xiànhài 동 모함하다

---

12. HSK POINT 동일한 의미의 문장 파악 난이도 中 track 02-12

<u>《茉莉花》是一首人们喜听爱唱的民间小调</u>，主要流传于江苏、浙江、安徽一带。各地的《茉莉花》歌词基本相同，都以反映青年男女纯真的爱情为其内容。而曲调则有许多不同，而且各具特点。	<u>「모리화」는 사람들이 즐겨 듣고 즐겨 부르는 민요로</u>, 주로 장쑤성, 저장성, 안후이성 일대에 널리 전해졌다. 각 지역의 「모리화」 가사는 거의 동일하며, 모두 청춘 남녀의 순수한 사랑을 그 내용으로 담고 있다. 하지만 멜로디에는 다른 점이 많으며, 각각 특징을 가지고 있다.

A 《茉莉花》颇受欢迎
B 各地的歌词各有不同
C 《茉莉花》曲调大同小异
D 《茉莉花》主要流传于东北

A 「모리화」는 매우 인기있다
B 각 지역의 노래 가사는 각기 다르다
C 「모리화」의 멜로디는 비슷하다
D 「모리화」는 주로 동북 지역에 널리 전해졌다

공략 첫 번째 문장 '《茉莉花》是一首人们喜听爱唱的民间小调'에서 '喜听爱唱'은 '즐겨 듣고 즐겨 부르다'의 뜻인데, 이는 보기 A의 '颇受欢迎'과 같은 의미로 볼 수 있으므로 정답은 A가 된다.

어휘 ★茉莉花 mòlìhuā 몡 모리화[중국 민요 중 하나] | 喜听爱唱 xǐ tīng ài chàng 즐겨 듣고 즐겨 부르다 | 一首民间小调 yì shǒu mínjiān xiǎodiào 민요 한 수 | ★流传于 liúchuán yú ~에 전해지다 | ★一带 yídài 몡 일대 | 歌词 gēcí 몡 가사 | ★基本相同 jīběn xiāngtóng 거의 같다 | 反映 fǎnyìng 동 반영하다 | ★以……为内容 yǐ……wéi nèiróng ~을 내용으로 삼다 | 纯真 chúnzhēn 형 순수하다 | ★其 qí 몡 그 | 曲调 qǔdiào 몡 곡조, 멜로디 | ★各具特点 gè jù tèdiǎn 각각 특징을 지니다 | 颇 pō 부 꽤, 상당히 | 大同小异 dà tóng xiǎo yì 성 대동소이하다, 큰 차이가 없다

13. HSK POINT 긴 문장에서 핵심 내용 파악 난이도 中 · track 02-13

父母们会比孩子有更多的人生经验，但不能说他们一定是对的。他们可能从过去的经验中得出错误的结论。父母们往往忽视孩子们自身的兴趣和能力，以及实际情况，<u>对孩子要求过高，制定出不切实际的计划。这样会使孩子因压力太大而失去生活的乐趣。</u>

부모들이 아이보다 더 많은 인생 경험을 지니고 있기는 하지만, 그들이 꼭 옳다고 할 수만은 없다. 그들은 어쩌면 과거의 경험으로부터 잘못된 결론을 얻은 것일 수도 있다. 부모들은 종종 아이들의 흥미와 능력 그리고 실제 상황을 간과하고, <u>아이에 대한 요구가 지나치게 높아 현실에 맞지 않는 계획을 세우기도 한다. 그렇게 아이가 큰 스트레스로 인해 삶의 즐거움을 잃게 될 수 있다.</u>

A 父母的话都是对的
B 孩子要绝对服从父母
C 父母不能要求过高
D 孩子需要一定的压力

A 부모의 말은 다 옳다
B 아이는 무조건 부모를 따라야 한다
C 부모는 요구가 지나치게 높으면 안 된다
D 아이에게 어느 정도의 스트레스는 필요하다

공략 마지막 부분의 '对孩子要求过高，制定出不切实际的计划。这样会使孩子因压力太大而失去生活的乐趣。'라는 내용을 듣고 핵심 내용이 무엇인지 파악해야 한다. 문장은 길지만 주된 내용은 '부모가 아이에 대해 너무 높은 요구를 가져서는 안 된다'는 것이므로 정답은 C가 된다.

어휘 ★人生经验 rénshēng jīngyàn 인생 경험 | ★得出 déchū 동 얻어내다 | ★错误 cuòwù 몡 잘못, 착오 | ★结论 jiélùn 몡 결론 | ★忽视 hūshì 동 등한시하다, 간과하다 | 自身 zìshēn 몡 자신 | 以及 yǐjí 접 및, 그리고 | ★实际情况 shíjì qíngkuàng 실제 상황 | ★要求过高 yāoqiú guògāo 요구가 지나치게 높다 | 制定 zhìdìng 동 정하다 | ★不切实际 búqiè shíjì 실제에 맞지 않다 | ★失去 shīqù 동 잃다 | ★乐趣 lèqù 몡 즐거움, 재미

합격필수 TIP

▶ 자주 출제되는 '자녀 교육' 관련 어휘

- ★望子成龙，望女成凤 wàng zǐ chéng lóng, wàng nǚ chéng fèng 자식이 우수한 인재가 되기를 바란다 | ★溺爱 nì'ài 지나치게 귀여워하다, 애지중지하다 | 虎妈 hǔ mā 호랑이 엄마, 자녀 교육에 엄격한 엄마 | ★逆反心理 nìfǎn xīnlǐ 반항 심리 | 离家出走 líjiā chūzǒu 가출하다, 집을 떠나다 | 以自我为中心 yǐ zìwǒ wéi zhōngxīn 자기 중심 | 自闭症 zìbìzhèng 자폐증 | 多动症 duōdòngzhèng 주의력 결핍 과잉 행동 장애 | ★小皇帝 xiǎohuángdì 오냐오냐 받기로 자란 아이, 어린 황제
- ★素质教育 sùzhì jiàoyù 전인 교육, 인성 교육 | 应试教育 yìngshì jiàoyù 응시 교육, 시험에 초점을 맞춘 교육 | 私教育热 sījiàoyùrè 사교육 열풍 | ★名牌大学 míngpái dàxué 명문 대학 | ★高考 gāokǎo 대학 입시 | 早期留学 zǎoqī liúxué 조기 유학 | 双语教育 shuāngyǔ jiàoyù 이중언어 교육

14. HSK POINT 동일한 의미의 문장 파악 난이도 中   track 02-14

　　不同的水果营养成分不同，适合不同职业的人。柿子适合疲惫不堪的体力劳动者食用，疲劳在多数情况下，是由于缺血造成的，而柿子里含有多种铁元素；<u>菠萝适合运动员食用</u>，它有消炎和消肿的作用，可以促进血液循环，使外伤康复。

　　각기 다른 과일은 영양 성분이 달라서, 다른 직업의 사람들에게 적합하다. 감은 심한 피로를 느끼는 육체 노동자들이 섭취하기에 적합하다. 피로감은 혈액 공급이 부족하여 나타나게 되는 경우가 많은데, 감에는 다양한 철 원소가 함유되어 있기 때문이다. <u>파인애플은 운동선수가 섭취하기에 알맞은데</u>, 그것에는 염증을 없애고 부기를 가라앉히는 작용이 있어, 혈액 순환을 촉진시키고 외상의 회복을 도울 수 있다.

A 柿子适合脑力劳动者
B 疲劳只是由于缺乏休息
C 运动员应多吃菠萝
D 菠萝可以缓解疲劳

A 감은 정신 노동자에게 적합하다
B 피로감은 단지 휴식 부족으로 생기는 것이다
C 운동선수는 파인애플을 많이 먹어야 한다
D 파인애플은 피로를 완화시킬 수 있다

공략 '菠萝适合运动员食用'이라는 내용을 듣고 정답이 C임을 바로 알 수 있다.

어휘 ★营养成分 yíngyǎng chéngfèn 영양 성분 | ★适合 shìhé 툉 적합하다 | 柿子 shìzi 몡 감 | ★疲惫不堪 píbèi bùkān 견디지 못할 정도로 피곤하다 | 体力劳动者 tǐlì láodòngzhě 육체 노동자 | ★疲劳 píláo 혱 피곤하다, 피로하다 | ★在多数情况下 zài duōshù qíngkuàng xià 대부분의 상황에서 | 缺血 quēxiě 툉 혈액 공급이 부족하다, 피가 모자라다 | ★含有 hányǒu 툉 함유하다 | 铁元素 tiě yuánsù 철 원소 | ★菠萝 bōluó 몡 파인애플 | ★运动员 yùndòngyuán 몡 운동선수 | ★食用 shíyòng 툉 식용하다, 먹다 | 消炎 xiāoyán 툉 소염하다, 염증을 없애다 | 消肿 xiāozhǒng 툉 부기를 가라앉히다 | ★促进 cùjìn 툉 촉진하다 | ★血液循环 xuèyè xúnhuán 혈액 순환 | 外伤 wàishāng 몡 외상 | ★康复 kāngfù 툉 건강을 회복하다

15. HSK POINT 문장의 의미 이해 난이도 中   track 02-15

　　世界杯是球迷的盛宴，同时也是各参赛队赚钱的好机会。为了鼓励俱乐部支持球员参赛的积极性，国际足联对俱乐部的奖励在不断提高，<u>2010年的这笔费用为4000万美元，而巴西世界杯则追加到了7000万美元</u>。

　　월드컵은 축구팬들의 성대한 잔치이자, 각 출전팀이 돈을 벌 수 있는 좋은 기회이기도 하다. 팀에서 선수들의 경기 참가에 대한 열의를 지지할 수 있도록 국제축구연맹은 팀에 대한 상금을 지속적으로 늘려, <u>2010년 이 금액은 4000만 달러였고, 브라질 월드컵에서는 7000만 달러까지 추가되었다</u>.

A 球迷可以赚很多钱
B 国际足联声誉很高
C 巴西世界杯奖励更高
D 球员参赛的目的是赚钱

A 축구팬은 많은 돈을 벌 수 있다
B 국제축구연맹은 명성이 높다
C 브라질 월드컵의 상금이 더 높다
D 선수가 경기에 참가하는 목적은 돈을 벌기 위함이다

공략 마지막 문장 '2010年的这笔费用为4000万美元，而巴西世界杯则追加到了7000万美元'을 통해 브라질 월드컵의 상금이 더 높다는 것을 알 수 있으므로 정답은 C가 된다.

어휘 ★世界杯 shìjièbēi 몡 월드컵 | ★球迷 qiúmí 몡 축구팬 | 盛宴 shèngyàn 몡 성대한 연회 | ★参赛队 cānsài duì 출전팀, 시합 참가팀 | ★赚钱 zhuàn qián 툉 돈을 벌다 | 好机会 hǎo jīhuì 좋은 기회, 찬스 | ★鼓励 gǔlì 툉 격려하다 | 俱乐部 jùlèbù 몡 클럽, 동호회 | ★支持 zhīchí 툉 지지하다 | 球员 qiúyuán 몡 선수 | ★积极性 jījíxìng 몡 열의, 적극성 | ★国际足联 guójì zúlián '国际足球联合会(국제축구연맹)'의 약칭 | ★奖励 jiǎnglì 몡 상, 상금, 상품 | ★不断提高 búduàn tígāo 끊임없이 향상하다 | 则 zé 젭 오히려, 그러나 | 追加 zhuījiā 툉 추가하다

第二部分

[16-20]

第16到20题是根据下面一段采访：

女：我手边有一本您的书，叫《生命在高处》，您觉得有多高呢？在您的记录本上，写着8848这个数字，这也就是珠穆朗玛峰的高度。让我感到惊讶的是，在此之前您从来没有登上过海拔8000米以上的高峰，为什么会在自己52岁的时候去登世界屋脊呢？

男：<u>16开始我认为我有一个最大的障碍，就是年龄问题</u>，登顶成功之后，才发现我的成功主要是因为这个年纪。

女：我觉得过去我们对年龄这事太敏感太在乎了，其实，个体本身是因人而异的。你本身有很多潜力还没有发挥出来，这让我想到有一本书说的：评价一个男人他的后半生要比前半生重要得多。

男：我同意，因为人的经验和经历都是后半生才开始的，实际上男人50岁才刚开始。登顶珠峰有什么意义呢？<u>17我觉得它是对很多年过半百的中国男性的一种刺激</u>。之后我在不同场合遇到50岁左右的人，他们都说："看到你这样，我觉得成功的定义应该重新界定，我要重新安排我的后半生。"

女：对于山，人们一直说要征服，但是真正要登山的时候，我想可能也会有另外一种感觉，<u>18就是你对自然的一种敬畏</u>，实际上你只是和它融合在一起，而并不是在征服它。

男：对登山者来讲，是没有征服这两个字的。山就在那儿，你要选择最合适的时间、最保险的路线，还要考虑上去了之后怎样下来。

女：对，没错，不在乎你曾经到达什么高度，你要很安全地回来，才算走完了这段旅程。您现在起码有三分之一，或者说四分之一到三分之一的时间在登山，对吧？

男：<u>20应该是三分之一的时间，以后可能还会逐步加大，甚至二分之一</u>。

女：所以有人批评你，说你不务正业。你是一个职业经理人，怎么能这么由着性子呢？

男：我觉得他们对我的定位是不对的，<u>19我首先是一个创业家</u>，创业家要解决一个接班人的问题，要解决你离开之后如何来淡化你的影响力的问题。标准在于你是第一把手，你离开两个月，离开三个月，这公司还在正常运转，而且你回来还没有什么事，这说明你是在务正业还是不务正业呢？说明你务正业，而且你的效率还非常高，这对股民和公司来说都是负责任的。

남: 20 1/3의 시간 동안이라고 할 수 있는데, 앞으로 1/2의 시간까지 점차 늘리려고 합니다.
여: 그래서 어떤 사람들은 선생님을 비판하며 말하길 본업을 다하지 않는다고 하더군요. 선생님께서는 전문 경영인이신데, 어떻게 이렇게 내키는 대로 하시는 건지요?
남: 그분들은 제 위치에 대해서 잘못 알고 계신 것 같습니다. 19저는 우선 창업자이고, 창업자는 후계인의 문제를 해결하고, 또 자리를 떠난 뒤 자신의 영향력을 어떻게 줄여야 할지에 대한 문제를 해결해야 합니다. 기준은 당신이 최고 책임자라는 것과, 당신이 두 달을 떠나도 세 달을 떠나도 이 회사가 여전히 정상적으로 운영되고, 당신이 돌아왔을 때에도 아무 문제가 없어야 된다는 것에 있습니다. 이는 본업을 다하고 있다는 것일까요 아니면 본업을 다하고 있지 않다는 것일까요? 이는 당신은 본업을 다하고 있는 것이고, 게다가 능률 또한 매우 높음을 입증하는 것입니다. 이것은 개인 투자자 및 회사에 있어 모두 책임을 지고 있다고 할 수 있습니다.

어휘 手边 shǒubiān 명 수중 | ★记录本 jìlùběn 명 기록문 | 珠穆朗玛峰 Zhūmùlǎngmǎfēng 고유 에베레스트산(줄여서 珠峰이라고 부름) | 高度 gāodù 명 고도, 높이 | ★惊讶 jīngyà 형 놀랍다, 의아스럽다 | ★在此之前 zài cǐ zhīqián 이전에 | ★登上 dēngshàng 동 오르다, 올라서다 | 海拔 hǎibá 명 해발 | 高峰 gāofēng 명 최고봉 | 世界屋脊 shìjiè wūjǐ 세계의 지붕 | ★障碍 zhàng'ài 명 장애, 장애물 | 登顶 dēngdǐng 동 산의 정상에 오르다 | ★敏感 mǐngǎn 형 민감하다, 예민하다 | 在乎 zàihu 동 신경 쓰다, 마음에 두다 | 个体本身 gètǐ běnshēn 개인 그 자신 | 因人而异 yīn rén ér yì 사람에 따라 다르다 | ★潜力 qiánlì 명 잠재력 | ★发挥出来 fāhuī chūlai 발휘해 내다 | 后半生 hòubànshēng 인생의 후반 | ★比……重要得多 bǐ……zhòngyào de duō ~보다 훨씬 중요하다 | ★实际上 shíjìshang 부 사실상, 실제로는 | ★年过半百 nián guò bàn bǎi 나이 오십이 넘다 | 刺激 cìjī 명 자극 | ★之后 zhīhòu ~뒤, ~후 | ★不同场合 bùtóng chǎnghé 다른 자리, 다른 장소 | 定义 dìngyì 명 정의 | 重新界定 chóngxīn jièdìng 다시 정의를 내리다, 새로 범주를 정하다 | 安排 ānpái 동 안배하다, 준비하다 | ★征服 zhēngfú 동 정복하다 | 敬畏 jìngwèi 동 경외하다 | 融合 rónghé 동 융합하다 | ★登山者 dēngshānzhě 명 등반가, 산악인 | ★选择 xuǎnzé 동 선택하다 | ★保险的路线 bǎoxiǎn de lùxiàn 안전한 노선 | 考虑 kǎolǜ 동 고려하다 | ★不在乎 búzàihu 동 개의치 않다, 마음에 두지 않다 | 到达 dàodá 동 도달하다, 이르다 | ★起码 qǐmǎ 부 적어도, 최소한 | 逐步加大 zhúbù jiādà 점차 증가하다 | ★甚至 shènzhì 부 심지어 | ★不务正业 bú wù zhèng yè 본업을 하지 않다, 해야 할 일을 하지 않다 | 职业经理人 zhíyè jīnglǐrén 전문 경영인 | ★由着性子 yóuzhe xìngzi 제멋대로 하다 | 定位 dìngwèi 명 정해진 자리, 확정된 위치 | ★创业家 chuàngyèjiā 명 창업자 | ★接班人 jiēbānrén 명 후계자 | 淡化 dànhuà 동 약화시키다, 가볍게 하다 | ★影响力 yǐngxiǎnglì 명 영향력 | ★标准 biāozhǔn 명 기준, 표준, 잣대 | ★在于 zàiyú 동 ~에 있다, ~에 달려있다 | ★一把手 yībǎshǒu 명 제일인자, 최고 책임자, (어떤 방면에) 재능이 있는 사람 | 运转 yùnzhuǎn 동 운행하다, 운영하다, 돌아가다 | ★效率 xiàolǜ 명 능률, 효율 | ★股民 gǔmín 명 개인 투자자 | ★负责任 fù zérèn 책임을 지다

16. HSK POINT 힌트가 되는 最 난이도 下

track 02-16

开始男的认为他攀登珠峰的最大障碍是什么?

처음에 남자는 자신이 에베레스트산을 등반하는 데 있어 가장 큰 장애가 무엇이라고 여겼는가?

A 经验不太丰富
B 年纪大
C 抽不出时间
D 气候十分恶劣

A 경험이 그다지 풍부하지 않다
B 나이가 많다
C 시간을 낼 수 없다
D 기후가 매우 열악하다

공략 여자의 첫 번째 질문에 대한 남자의 대답 중 '开始我认为我有一个最大的障碍，就是年龄问题'라는 내용에서 힌트가 되는 '最大'를 듣고 그 뒤에 정답과 관련된 핵심 내용이 이어질 것이므로 주의 깊게 들어야 한다. 남자는 자신의 가장 큰 장애가 나이 문제라고 했으므로 정답은 B가 된다.

17. HSK POINT 동일한 의미의 문장 파악 | 난이도 上 | track 02-17

男的认为登顶珠峰有什么意义?

남자는 에베레스트산 정상에 오르는 것이 어떤 의미가 있다고 생각하는가?

A 有征服感
B 为事业发展创造良好环境
C 启发并激励同龄人
D 丰富人生经验和经历

A 정복감을 지니게 한다
B 사업 발전에 좋은 환경을 만들 수 있다
C 동년배 사람들을 일깨우고 격려한다
D 인생 경험과 경력을 풍부하게 한다

공략 여자의 두 번째 질문에 대한 남자의 대답 중 '我觉得它是对很多年过半百的中国男性的一种刺激。'에서 '年过半百'는 '나이가 50세가 넘었다'는 의미인데, 이는 화자의 나이와 비슷함을 나타내고, '일종의 자극이 된다'는 것은 바로 같은 연령의 사람들을 일깨우고 격려한다는 의미이므로 정답은 C가 된다.

어휘 启发 qǐfā 통 일깨우다, 깨우치다 | 激励 jīlì 통 격려하다, 북돋워 주다

18. HSK POINT 동일한 어휘 파악 | 난이도 中 | track 02-18

女的对登山有怎样的感觉?

여자는 등산에 대해 어떠한 느낌을 갖고 있는가?

A 对生活的刺激
B 对自然的正确认识
C 对自然的敬畏
D 对成功的自信心

A 삶에 대한 자극
B 자연에 대한 정확한 인식
C 자연에 대한 경외함
D 성공에 대한 자신감

공략 세 번째 대화에서 여자가 '就是你对自然的一种敬畏'라고 하는 내용을 통해 여자는 등산을 자연에 대한 경외로 여기고 있음을 알 수 있으므로 정답은 C가 된다.

19. HSK POINT 힌트가 되는 首先 및 동일한 어휘 파악 | 난이도 下 | track 02-19

男的是如何定位自己的?

남자는 자신의 위치를 어떻게 정하고 있는가?

A 职业经理人
B 接班人
C 业余登山者
D 创业家

A 전문 경영인
B 후계자
C 아마추어 산악인
D 창업자

공략 여자의 마지막 질문에 대한 남자의 대답 중 '我首先是一个创业家'라는 내용에서 남자가 자신이 창업가임을 밝히고 있으므로 정답은 D가 된다.

20. HSK POINT 문장의 의미 이해 난이도 中   track 02-20

关于男的，下列哪项正确？

A 想花费更多时间去登山
B 认为自己不务正业
C 占用休息时间去登山
D 已经退休了

남자에 관해 다음 중 옳은 것은?

A 더 많은 시간을 들여 등산을 하고 싶어 한다
B 자신이 본업을 다하지 않고 있다고 여긴다
C 휴식 시간을 써서 등산하러 간다
D 이미 은퇴했다

공략 여자의 네 번째 질문에 대한 남자의 대답 중 '应该是三分之一的时间，以后可能还会逐步加大，甚至二分之一。'라는 내용에서 숫자가 들리면 바로 그 숫자가 정답을 찾을 수 있는 힌트가 된다는 것에 주의해야 한다. 앞으로 1/3의 시간보다 차츰 더 늘려서 1/2의 시간만큼 등산을 할 것이라는 의미이므로, 그가 이후에는 더 많은 시간을 들여 등산을 하고 싶어 한다는 것을 알 수 있다. 따라서 정답은 A이다.

합격필수 TIP

▶ 중국의 유명 기업·기업인

사업 분야	기업	경영인
에너지	中国石油 Zhōngguó Shíyóu 중국 석유[페트로차이나]	周吉平 Zhōu Jípíng 저우지핑
전자제품	海尔 Hǎi'ěr 하이얼	张瑞敏 Zhāng Ruìmǐn 장루이민
이동통신	中国移动 Zhōngguó Yídòng 중국 이동[차이나모바일]	奚国华 Xī Guóhuá 시궈화
	小米 Xiǎomǐ 샤오미	雷军 Léi Jūn 레이쥔
	联想 Liánxiǎng 롄샹[레노버]	杨元庆 Yáng Yuánqìng 양위안칭
	中国联通 Zhōngguó Liántōng 롄퉁[차이나 유니콤]	常小兵 Cháng Xiǎobīng 창샤오빙
IT	百度 Bǎidù 바이두	李彦宏 Lǐ Yànhóng 리옌훙
	腾讯 Téngxùn 텅쉰[텐센트]	马化腾 Mǎ Huàténg 마화텅
	阿里巴巴 Ālǐbābā 알리바바	马云 Mǎ Yún 마윈
교육· 종합그룹	新东方 Xīndōngfāng 신둥팡	俞敏洪 Yú Mǐnhóng 위민훙
	万达 Wàndá 완다	王健林 Wáng Jiànlín 왕젠린

[21-25]

第21到25题是根据下面一段采访：

女：您之前有没有想到自己会获得这个奖项？

男：25基本上没想到，因为我觉得可能性太小了。全世界有这么多优秀作家，包括我们中国也有很多优秀的作家，他们都具备着获得诺贝尔文学奖的资格。我想这么一个大奖落到我头上可能性太小了。

女：您觉得获了这个奖对您以后的文学创作有什么影响吗？

男：21这应该是一种巨大的鞭策，我想尽快从热闹和喧嚣中解脱出来，该干什么就干什么。

女：那您觉得这次能够获奖是您作品当中的什么地方打动了评委会？

男：我的作品是中国文学，也是世界文学的一部分。我的文学表现了中国人民的生活，也表现了中国独特的文化和民族的风情，同时我的小说也描写了中国广泛意义上的人。我一直是站在人的角度上，立足于写人，22我想这样的作品就超越了地区和族群的局限。

女：给您的颁奖词说是魔幻现实主义和民间故事还有历史，还有当代社会生活融合在一起。您觉得这个评价是中肯的吗？

男：这种颁奖词都是高度概括了的，高度概括的话往往都是比较对的。

女：很多人往往把诺贝尔文学奖看作是文学创作的一个顶峰，可能是因为诺贝尔文学奖是一个国际最高的奖项。

男：这个看法我不同意，它是一个重要奖项，23但绝对不能说是最高奖项。诺贝尔文学奖也只代表了诺贝尔文学奖的评委的看法和意见，如果换另外一个评委小组或评委群体，可能得奖者就未必是我，因为它只代表了一部分评委的看法。

女：众所周知，您是一位高产作家，作品量很大。在这些作品当中，您自己最满意和喜欢的是哪一部？

男：首先我觉得我不是高产作家，因为很多作家写得比我还多。24这个很难回答，写了这么多的小说，究竟哪一篇最满意？这个问题也是被问了好多遍，但是最狡猾的说法就是：就像一个母亲面对着自己的一群孩子一

21~25번 문제는 다음 인터뷰에 근거한다.

여: 선생님께서는 이전에 본인이 이 상을 받게 될 거라고 생각하셨었나요?

남: 25거의 생각지도 못했었죠. 왜냐하면 저는 가능성이 매우 적다고 여겼거든요. 중국에도 많은 우수한 작가들이 있는 것을 포함하여 전 세계에 이렇게 많은 뛰어난 작가들이 있고, 그들은 모두 노벨문학상을 받을 만한 자격을 갖추었으니까요. 저는 이러한 큰 상이 제게 주어질 가능성은 매우 적다고 생각했지요.

여: 이 상을 받게 되신 것이 선생님의 앞으로의 문학 창작에 어떠한 영향이 있으리라고 보십니까?

남: 21이는 분명 일종의 큰 채찍질과도 같다고 할 수 있습니다. 저는 되도록 빨리 떠들썩하고 시끄러운 것에서 벗어나 제가 해야 할 일을 하려고 합니다.

여: 그러면 선생님께서는 이번 수상에서 작품 속의 어떤 부분이 심사위원들을 감동시켰다고 생각하시는지요?

남: 제 작품은 중국 문학이자 세계 문학의 일부분입니다. 저의 문학은 중국 국민들의 삶을 표현했고, 중국의 독특한 문화와 민족 풍토 또한 표현해 냈으며, 아울러 저의 소설은 넓은 의미에서의 중국 사람들을 묘사했습니다. 저는 줄곧 사람의 관점에서 인물을 묘사하는 데 전념했고, 22이러한 작품이 바로 지역과 민족의 한계를 초월한 것이라고 생각합니다.

여: 선생님께 드리는 시상 멘트로는 신비 현실주의와 민간 이야기 그리고 역사, 뿐만 아니라 당대 사회 생활을 한데 융합시킨 것이라는 말들이 있는데, 이러한 평가들이 적절하다고 생각하시나요?

남: 이러한 시상 멘트들은 전부 다 고도로 요약된 것이고, 고도로 요약된 이런 말들은 흔히 비교적 옳은 말이라고 할 수 있지요.

여: 많은 사람들이 종종 노벨문학상을 문학 창작의 최고봉이라고 간주하는데, 이는 아마도 노벨문학상이 국제적으로 최고 높은 상이기 때문일 것 같은데요

남: 저는 이 견해에 동의하지 않습니다. 노벨문학상이 중요한 상이기는 하지만 23최고의 상이라고는 절대 말할 수 없습니다. 노벨문학상 또한 단지 노벨문학상 심사 위원들의 견해와 의견을 대표할 뿐이고, 만약 그들을 또 다른 심사위원 그룹이나 심사위원 단체로 바꾼다면, 아마 수상자는 제가 아닐 수도 있습니다. 왜냐하면 그것은 단지 일부 평가위원들의 견해를 대표한 것이기 때문입니다.

여: 누구나 다 알듯이, 선생님께서는 다작가이시고 작품량이 매우 많으신데, 작품들 중에 가장 만족스럽거나 마음에 드는 작품으로는 어떤 것이 있나요?

样，你不愿意说最喜欢哪一个? 说喜欢老大，老二不高兴了。说喜欢老小，他们的哥哥姐姐又不高兴了。所以我的主要作品还是都比较满意的，当然也有缺憾。

남: 우선 저는 제가 다작가는 아니라고 생각합니다. 왜냐하면 저보다 더 많은 작품을 쓰는 작가들이 많기 때문이지요. 24이 질문은 대답하기가 어려운데요. 이렇게나 많은 소설을 썼는데, 도대체 어떤 작품이 가장 만족스러운가? 이 질문은 여러 번 받아 보았는데, 가장 간사한 말로 답하자면, 마치 어머니가 자신의 아이들을 대하는 것과 같이 그 중 누구를 가장 마음에 들어 하는지 말하고 싶어 하지 않는 것이겠지요. 맏이가 가장 좋다고 하면 둘째가 기분 나빠할 것이고, 막내가 좋다고 하면 형이나 누나들은 또 언짢아 하겠지요. 그래서 저의 주요 작품들이 비교적 다 마음에 듭니다. 물론 유감스러운 점도 있긴 하지만요.

어휘 ★获得 huòdé 동 획득하다, 얻다 | 奖项 jiǎngxiàng 명 상, 상의 종목 | ★基本上 jīběnshang 부 거의, 대체로 | ★可能性 kěnéngxìng 명 가능성 | ★全世界 quánshìjiè 명 전 세계 | ★优秀 yōuxiù 형 우수하다 | ★包括 bāokuò 동 포함하다 | ★具备 jùbèi 동 갖추다, 구비하다 | 诺贝尔文学奖 Nuòbèi'ěr wénxué jiǎng 노벨 문학상 | ★资格 zīgé 명 자격 | ★大奖 dàjiǎng 대상 | ★落到我头上 luòdào wǒ tóu shang 제 머리에 떨어지다 | ★巨大 jùdà 형 거대하다, 아주 크다 | 鞭策 biāncè 동 채찍질하다, 격려하다 | ★尽快 jǐnkuài 부 되도록 빨리 | ★热闹 rènao 명 떠들썩한 장면, 번화함 형 떠들썩하다 | 喧嚣 xuānxiāo 형 시끄럽다, 소란스럽다 | 解脱出来 jiětuō chūlai 벗어나다 | ★该干什么就干什么 gāi gàn shénme jiù gàn shénme 해야 할 일을 하다 | ★打动 dǎdòng 동 감동시키다 | ★评委会 píngwěihuì 심사위원회 | ★独特的文化 dútè de wénhuà 독특한 문화 | ★民族风情 mínzú fēngqíng 민족 풍토 | ★描写 miáoxiě 동 묘사하다 | ★广泛意义 guǎngfàn yìyì 폭넓은 의미 | ★站在……的角度上 zhànzài……de jiǎodù shang ~의 관점에 서다 | ★立足于 lìzú yú ~에 입각하다 | ★超越 chāoyuè 동 넘다, 초월하다 | 族群 zúqún 명 집단, 부류 | ★局限 júxiàn 명 한계 | 颁奖词 bānjiǎng cí 시상 멘트 | 魔幻现实主义 móhuàn xiànshí zhǔyì 신비 현실주의 | ★民间故事 mínjiān gùshi 명 민간 이야기, 민간 설화 | 融合 rónghé 동 융합하다 | ★中肯 zhòngkěn 형 (말이) 딱 들어맞다, 적절하다 | ★高度概括 gāodù gàikuò 고도로 요약되다, 간주되다 | ★把……看作 bǎ……kànzuò ~을 ~로 간주하다, 여기다 | 文学创作 wénxué chuàngzuò 문학 창작 | 顶峰 dǐngfēng 명 정상, 최고봉 | ★国际 guójì 명 국제 형 국제적인 | 看法 kànfǎ 명 견해 | ★得奖者 déjiǎngzhě 명 수상자 | ★未必 wèibì 부 반드시 ~인 것은 아니다 | ★代表 dàibiǎo 명동 대표(하다) | 众所周知 zhòng suǒ zhōu zhī 성 누구나 다 알다 | 高产作家 gāochǎn zuòjiā 다산 작가, 다작가 | 作品量 zuòpǐnliàng 작품량 | ★究竟 jiūjìng 부 도대체 | ★被问了好多遍 bèi wèn le hǎoduō biàn 여러 차례 질문을 받다 | ★狡猾 jiǎohuá 간사하다, 교활하다 | ★面对 miànduì 동 마주하다 | 一群孩子 yì qún háizi 한 무리 아이들 | ★缺憾 quēhàn 명 불완전한 점, 유감스러운 점

21. HSK POINT 동일한 어휘 파악　난이도 中　track 02-21

这次获奖对男的未来创作有什么影响?

A 开拓思路
B 是一种鞭策
C 转变思想
D 激发创作灵感

이번 수상이 남자의 미래 창작에 어떠한 영향을 끼칠 것인가?

A 사고의 길을 넓힌다
B 일종의 채찍질과 같다
C 사상을 전환한다
D 창작의 영감을 불러일으킨다

공략 여자의 두 번째 질문에 대한 남자의 대답 중 '这应该是一种巨大的鞭策'라는 내용에서 '채찍질'이라는 뜻의 鞭策가 바로 '격려, 독려'의 의미를 나타내므로 정답이 B임을 알 수 있다.

어휘 开拓 kāituò 동 개척하다

22. HSK POINT 긴 문장에서 핵심 내용 파악　난이도 中　track 02-22

男的是如何评价自己的作品的?　　　　　　　　남자는 자신의 작품을 어떻게 평가하고 있는가?

A 内容丰富，文字简练　　　　　　　A 내용이 풍부하고 글이 간결하고 세련되다
B 富有浪漫主义色彩　　　　　　　　B 풍부한 낭만주의 색채를 지녔다
C 以当代中国社会变迁为主题　　　　C 당대 중국 사회 변천을 주제로 한다
D 超越了族群的局限　　　　　　　　**D 민족 집단의 한계를 초월했다**

공략　여자의 세 번째 질문에 대한 남자의 대답 중 '我想这样的作品就超越了地区和族群的局限'이라는 내용에서 '지역과 민족의 한계를 초월한 것'이라는 핵심 내용을 듣고 정답이 D임을 알 수 있다.

어휘　简练 jiǎnliàn 형 간결하고 세련되다

23. HSK POINT 힌트가 되는 但 및 동일한 의미의 문장 파악　난이도 下　track 02-23

关于诺贝尔文学奖，男的有什么看法?　　　　노벨문학상에 관해 남자는 어떠한 견해를 가지고 있는가?

A 代表着整个文学界的普遍观点　　　A 전 문학계의 보편적인 관점을 대표한다
B 文学创作的最高境界　　　　　　　B 문학 창작의 최고 경지이다
C 并非文学最高奖项　　　　　　　　**C 결코 최고의 문학상은 아니다**
D 权威性不怎么大　　　　　　　　　D 권위성이 그리 크지 않다

공략　여자의 다섯 번째 질문에 대한 남자의 대답 중 '但绝对不能说是最高奖项'이라는 내용에서 '绝对不能说是'가 보기 C의 并非가 나타내는 '결코 ~이 아니다'의 뜻과 같으므로 정답은 C가 된다.

어휘　权威 quánwēi 형 권위적인

24. HSK POINT 동일한 의미의 문장 파악　난이도 下　track 02-24

男的觉得哪个问题很难回答?　　　　　　　남자는 어느 질문이 대답하기 어렵다고 생각하는가?

A 最喜欢哪部作品　　　　　　　　　**A 어느 작품이 가장 마음에 드는가**
B 是不是高产作家　　　　　　　　　B 다작가인가 그렇지 않은가
C 受哪位作家的影响最大　　　　　　C 어느 작가에게서 받은 영향이 가장 큰가
D 对自己的作品有哪些缺憾　　　　　D 자신의 작품에 어떠한 유감스러운 점이 있는가

공략　마지막 질문에 대한 남자의 대답 중 '这个很难回答, 写了这么多的小说, 究竟哪一篇最满意?'라는 내용을 통해 남자는 어떤 작품이 가장 마음에 드는지에 대해 대답하기 힘들어한다는 것을 알 수 있으므로 정답은 A가 된다.

25. HSK POINT 앞부분에서 언급되는 인터뷰에 대한 정보 파악 난이도 中 track 02-25

关于男的，下列哪项正确？ 　　　　　　　남자에 관해 다음 중 옳은 것은?

A 发表了一些新作 　　　　　　　　　　A 몇몇 신작을 발표했다
B 将暂时停笔 　　　　　　　　　　　　B 잠시 글쓰기를 중단하려고 한다
Ⓒ 没想到自己会获奖 　　　　　　　　　Ⓒ 자신이 수상하게 될 것이라 생각지도 못했다
D 认为自己的小说现实性不足 　　　　　D 자신의 소설이 현실성이 부족하다고 여긴다

공략 이 문제는 인터뷰 내용 전개 순서에 따른 것이 아니라는 것에 주의해야 한다. 여자의 첫 번째 질문에 대한 남자의 대답에서 '基本上没想到，因为我觉得可能性太小了.'라는 문장을 통해 남자는 자신이 수상하게 될 것을 예상하지 못했음을 알 수 있으므로 정답은 C가 된다.

[26-30]

第26到30题是根据下面一段采访： 　　　　　　26~30번 문제는 다음 인터뷰에 근거한다.

男：对你来说，孔雀有什么特别的意义吗？ 　　남: 선생님께 있어서, 공작은 어떤 특별한 의미가 있습니까?

女：在民间，跳孔雀的都是男的，本来孔雀也是雄性最好看，会开屏。但在舞台上，女的跳才好看。孔雀本来是一种族人的信仰，它开屏是为了示爱、求偶，后来就化成爱的象征。孔雀对我来讲，不但是爱情，更是一种美学。它特别适合用手来表现，26是舞蹈的最佳题材。

여: 민간에서 공작춤을 추는 사람은 모두 남성이었습니다. 본래 공작 또한 수컷이 가장 근사하고 꼬리를 부채 모양처럼 펼 수 있답니다. 그렇지만 무대에서는 여자가 공작춤을 춰야 아름답습니다. 공작은 본래 어느 종족의 신앙으로, 그것이 꼬리를 펼친다는 것은 사랑을 표현하고 짝을 구하기 위함이었는데, 후에 그것이 사랑의 상징이 된 것이랍니다. 공작은 저에게 있어서, 사랑일 뿐만 아니라 더 나아가 일종의 미학이기도 하답니다. 공작은 손 동작으로 표현해내기에 아주 적절하기에 26무용에 있어 최상의 소재라고 할 수 있습니다.

男：您的《云南映象》成长7年了，在这个过程里，作品本身有没有发生什么变化？您在节目里有独舞表演，身体感觉和7年前比有变化吗？

남: 선생님의「원난영상」은 7년간 성장해 왔는데요. 이 과정에서 작품 자체에는 어떤 변화가 있었습니까? 공연에서 선생님께서는 독무 공연을 하시는데, 신체적으로 7년 전과 비교해서 변화를 느끼시는지요?

女：作品的变化一定是有的，而观众看不出来，自己也是看录像才看到一些小的变化，但总的来讲在进步。我的身体状态一直都差不多，都在保持。

여: 작품의 변화는 분명 있습니다. 관중들은 알아차리지 못할 것이고, 저 또한 녹화 영상을 보아야만 일부 작은 변화를 알 수 있지만, 전반적으로 말하자면 발전하고 있다고 할 수 있습니다. 제 신체 상태는 늘 그만그만하게 유지되고 있는 편입니다.

男：30您最喜欢哪一种少数民族舞蹈？ 　　남: 30선생님께서는 어떤 종류의 소수민족 무용을 가장 좋아하십니까?

女：傣族，我大部分的独舞都是傣族的。但是《云南映象》不同，27有很多不同民族的歌舞，演员也来自云南不同的村寨。

여: 태족이요. 제가 추는 대부분의 독무가 모두 태족의 춤입니다. 하지만 「원난영상」은 이와 다르답니다. 27여러 가지 서로 다른 민족의 무용이 있고, 연기자들 또한 원난성의 각기 다른 마을에서 왔습니다.

男：您这么多年来一直在推广和保存少数民族舞蹈，您觉得这件事的价值在哪里？

남: 선생님께서는 이렇게 오래도록 줄곧 소수민족 무용을 널리 알리며 보존하고 계신데, 이러한 일의 가치는 어디에 있다고 보십니까?

女：首先我热爱舞蹈，这些歌舞都是文化、历史，我叫它原生态歌舞集，就是歌舞都来自原本的，来自人对大自然的观察和信仰，28来自对生命的认知，所有舞蹈都跟生命和情感有关，都不是简单的形式。

男：您有没有想过去跳其他国家或文化的舞蹈？

女：完全没有。我搞了40年才九牛一毛，云南东西还是挺多的，没必要再去跳别的，而且我们的根总比其它舞蹈更重要。
男：您觉得能为少数民族歌舞保留多少呢？
女：²⁹其实保留不了多少，因为太多了，也没有办法的。都是多少年代代智慧累积下来的。我只能尽量保护少数民族的文化，在台上 ²⁹保留几个精华、几滴水，但是没有办法保留大海，我的能力只有这样。

여: 우선 저는 춤을 매우 사랑하는데, 이러한 무용은 모두 문화와 역사라고 할 수 있습니다. 저는 그것을 원생태 가무집이라고 부릅니다. 즉 노래와 춤은 모두 근원에서 나온 것이고, 대자연에 대한 인간의 관찰과 신앙에서 온 것이며, ²⁸생명에 대한 인지에서 온 것이기에, 모든 춤은 전부 생명이나 감정과 관계가 있고, 이는 모두 단순한 형식이 아니라고 할 수 있습니다.
남: 다른 국가나 문화의 무용을 해봐야겠다는 생각을 해보신 적이 있으신지요?
여: 전혀 없습니다. 전 40년에 걸쳐 겨우 이만큼 해낸 것인데, 윈난성에는 아직 너무 많은 것들이 있어, 다른 무용을 해볼 필요가 없다는 생각이 듭니다. 게다가 다른 춤보다 저희의 뿌리가 더 중요한 것이지요.
남: 선생님께서는 소수민족 무용을 얼마나 지켜낼 수 있으리라고 생각하십니까?
여: ²⁹사실 얼마 지켜내지 못할 것입니다. 왜냐하면 너무 많기 때문에 방법이 없는 것이지요. 전부 몇 년간 대대로 지혜가 축적되어 내려온 것입니다. 저는 단지 가능한 한 소수민족의 문화를 보호하려는 것이기에, 무대에서 ²⁹몇 가지의 정수와 물 몇 방울은 보존해낼 수 있겠지만, 큰 바다를 지켜낼 방법은 없을 것입니다. 제 능력은 단지 그 정도에 불과합니다.

어휘 孔雀 kǒngquè 명 공작 | ★特别的意义 tèbié de yìyì 특별한 의미 | 民间 mínjiān 명 민간 | 跳 tiào 동 뛰다, 뛰어오르다 | ★本来 běnlái 부 본래 | 雄性 xióngxìng 명 수컷 | 开屏 kāipíng 동 (수컷 공작이 짝을 구할 때) 부채 모양으로 꼬리를 펴다 | 舞台 wǔtái 명 무대 | 示爱 shì'ài 사랑을 표현하다 | ★求偶 qiú'ǒu 배우자를 구하다, 애인을 구하다 | ★化成 huàchéng 동 ~로 바뀌다, ~로 변하다 | ★象征 xiàngzhēng 명 상징 | 美学 měixué 명 미학 | ★适合 shìhé 동 적합하다, 알맞다 | ★表现 biǎoxiàn 동 나타내다, 표현하다 | 舞蹈 wǔdǎo 명 무용, 춤 | ★最佳题材 zuìjiā tícái 최상의 소재 | ★作品本身 zuòpǐn běnshēn 작품 그 자체 | 节目 jiémù 명 프로그램, 공연 | 独舞 dúwǔ 명 독무, 솔로 댄스 | ★表演 biǎoyǎn 명동 공연(하다) | 观众 guānzhòng 명 관중 | 录像 lùxiàng 명 녹화 영상 | ★总的来讲 zǒng de lái jiǎng 전반적으로 말해서, 요컨대 | ★身体状态 shēntǐ zhuàngtài 신체 상태, 건강 상태 | ★保持 bǎochí 동 유지하다 | ★少数民族 shǎoshù mínzú 명 소수민족 | 傣族 Dǎizú 명 태족[중국 소수민족 중 하나] | ★来自 láizì 동 ~로부터 오다, ~에서 나오다 | 村寨 cūnzhài 명 촌락, 마을 | ★推广 tuīguǎng 동 널리 보급하다 | 保存 bǎocún 동 보존하다 | ★价值 jiàzhí 명 가치 | 原生态 yuánshēngtài 명 원생태 | ★观察 guānchá 명동 관찰(하다) | ★信仰 xìnyǎng 명동 숭배하다 | 认知 rènzhī 명동 인지(하다) | 九牛一毛 jiǔ niú yì máo 성 구우일모, 많은 가운데 극히 적은 부분 | ★没必要 méi bìyào ~할 필요 없다 | ★根 gēn 명 뿌리 | 保留 bǎoliú 동 보존하다, 남겨두다 | ★智慧 zhìhuì 명 지혜 | 累积下来 lěijī xiàlai 축적되어 오다, 모아지다 | ★尽量 jǐnliàng 부 가능한 한 | ★精华 jīnghuá 명 정화, 정수 | ★几滴水 jǐ dī shuǐ 물 몇 방울

26. HSK POINT 힌트가 되는 最 난이도 下 · track 02-26

对于孔雀，女的有什么看法？

공작에 대해 여자는 어떠한 견해를 가지고 있는가？

A 雌孔雀更漂亮
B 象征着和平
C 是舞蹈的最好题材
D 更适合男的和女的一起跳

A 암컷 공작이 더 아름답다
B 평화를 상징한다
C 무용에 있어 최상의 소재이다
D 남녀가 같이 추기에 더 적합하다

| 공략 | 첫 번째 대화 속 여자의 대답 중 '是舞蹈的最佳题材'라는 내용에서 정답을 찾을 수 있는 힌트 '最佳'를 통해 정답이 C임을 알 수 있다. |

| 어휘 | 雌 cí 혱 암컷의 |

27. HSK POINT 동일한 의미의 문장 파악 난이도 中   track 02-27

关于《云南映象》，可以知道什么?   「윈난영상」에 관해 알 수 있는 것은?

A 追求完美   A 완벽함을 추구한다
B 变化很大   B 변화가 크다
C 进步不太大   C 발전이 그리 크지 않다
D 融合了许多民族舞蹈   D 많은 민족의 무용을 융합시켰다

| 공략 | 남자의 세 번째 질문에 대한 여자의 대답에서 '有很多不同民族的歌舞'라는 내용을 통해 여러 가지 서로 다른 민족의 무용이 융합되어 있음을 알 수 있으므로 정답은 D가 된다. |

28. HSK POINT 동일한 의미의 문장 파악 난이도 下   track 02-28

女的怎么看待少数民族舞蹈?   여자는 소수민족 무용을 어떻게 보고 있는가?

A 形式很有吸引力   A 형식이 매력적이다
B 体现了对生命的认知   B 생명에 대한 인지를 드러냈다
C 不够充分地表达情感   C 감정을 충분히 표현해내지 못한다
D 推广很有效   D 보급이 효과적이다

| 공략 | 남자의 네 번째 질문에 대한 여자의 대답 중 '来自对生命的认知'라는 내용을 듣고 동일한 어휘가 제시되어 있는 B가 정답임을 쉽게 알 수 있다. |

29. HSK POINT 几滴水 및 大海의 의미 이해 난이도 中   track 02-29

女的说"没有办法保留大海"这句话的意思是什么?   여자가 '큰 바다를 지켜낼 방법은 없다'고 한 문장의 의미는 무엇인가?

A 舞蹈是世世代代积累下来的   A 무용은 대대로 축적되어 내려온 것이다
B 值得保存的相对少   B 보존할 만한 가치가 있는 것이 상대적으로 적다
C 无法坚持到底   C 꾸준히 해낼 방법이 없다
D 无法保存全部少数民族舞蹈   D 모든 소수민족 무용을 다 보존해낼 수 없다

| 공략 | 인터뷰 마지막 부분에서 여자의 '其实保留不了多少，因为太多了，也没有办法的。'라는 대답과 그 뒤에 이어지는 내용 중 '保留几个精华、几滴水，但是没有办法保留大海'는 '너무 많아서 모두 지켜낼 수 없고 일부만을 보존할 수 있다'는 의미이므로 정답은 D가 된다. |

30.

HSK POINT 정답의 힌트가 되는 最 및 힌트 뒤에 제시되는 내용 파악 난이도 中   track 02-30

关于女的，下列哪项正确?   여자에 관해 다음 중 옳은 것은?

A 最喜欢傣族舞
B 善于创作
C 在40年里，致力于公益事业
D 身体状态越来越差

A 태족 무용을 가장 좋아한다
B 창작에 능하다
C 40년간 공익 사업에 힘썼다
D 건강 상태가 점점 나빠진다

공략 남자의 세 번째 질문인 '您最喜欢哪一种少数民族舞蹈?'에서 정답의 힌트가 되는 '最喜欢'을 듣고 이 질문에 이어지는 여자의 대답을 반드시 기억하도록 한다. 이러한 유형의 문제는 종종 인터뷰의 순서와 관계없이 마지막 질문에서 앞부분의 내용을 묻는 경우도 있기 때문이다. 남자의 이 질문에 여자가 '태족'이라고 대답했으므로 A가 정답임을 알 수 있다.

합격필수 TIP

▶ 듣기 제2부분에서 자주 출제되는 '직업' 관련 어휘

예술	★导演 dǎoyǎn 감독 | ★演员 yǎnyuán 배우 | 歌手 gēshǒu 가수 | ★主持人 zhǔchírén 사회자, 진행자 | 网络写手 wǎngluò xiěshǒu 인터넷 작가 | ★作家 zuòjiā 작가 | 画家 huàjiā 화가 | 书法家 shūfǎjiā 서예가 | 设计师 shèjìshī 설계사, 디자이너
경영	★创业家 chuàngyèjiā 창업자 | ★老板 lǎobǎn 사장, 상점 주인 | ★总经理 zǒngjīnglǐ 최고 경영자(CEO) | 投资家 tóuzījiā 투자가
교육·법률·의학	★教授 jiàoshòu 교수 | ★教育家 jiàoyùjiā 교육가 | ★研究人员 yánjiū rényuán 연구원 | ★医生 yīshēng 의사 | ★专家 zhuānjiā 전문가 | 心理咨询师 xīnlǐ zīxúnshī 심리 상담사 | 律师 lǜshī 변호사
운동	★运动员 yùndòngyuán 운동선수 | 球星 qiúxīng 유명 선수, 스타플레이어
서비스·기타	自由职业者 zìyóu zhíyèzhě 프리랜서 | 售票员 shòupiàoyuán 매표원 | 售货员 shòuhuòyuán 판매원, 점원 | 清洁工 qīngjiégōng 환경 미화원, 청소부 | 月嫂 yuèsǎo 산후 도우미 | 飞行员 fēixíngyuán 비행기 조종사 | 空姐 kōngjiě 여자 승무원, 스튜어디스 | 空哥 kōnggē 남자 승무원, 스튜어드 | 家庭主妇 jiātíng zhǔfù 가정주부 | 冒险家 màoxiǎnjiā 모험가, 어드벤처러 | 旅行家 lǚxíngjiā 여행가

第三部分

[31-33]

第31到33题是根据下面一段话：

两个儿子长大了。<u>31父亲想知道他们谁更聪明</u>。一天父亲锁上大门，把两个儿子带到百里之外的一座城市，然后给他们出了个难题。他交给他们每人一串钥匙，一匹快马，看他们谁先回到家，并把大门打开。马儿跑得飞快，兄弟两人几乎同时到家。但是面对紧锁的大门，两个人都犯难了。哥哥左试右试，苦于无法从一大串钥匙中找到需要的那把。弟弟呢，则苦于没有钥匙。因为他刚才光顾着赶路，钥匙不知什么时候丢了。两个人急得满头大汗。突然，<u>32弟弟一拍脑门，有了办法。他找来一块石头，几下子就把锁砸开了，大门打开了</u>。<u>33人生的大门往往是没有钥匙的，在命运的关键时刻，人们最需要的不是墨守成规的钥匙，而是一块砸碎障碍的石头</u>。

31~33번 문제는 다음 내용에 근거한다.

두 아들이 다 자라자, 31아버지는 그들 중 누가 더 똑똑한지 알고 싶었다. 하루는 아버지가 대문을 잠그고 두 아들을 멀리 떨어진 한 도시에 데리고 가서 그들에게 어려운 문제를 하나 냈다. 그는 열쇠 한 꾸러미와 준마 한 필을 그들에게 각각 건네주고, 그들 중 누가 먼저 집에 도착해 대문을 여는지를 지켜보기로 했다. 말이 매우 빨리 달려서 형제 둘은 거의 동시에 집에 도착했다. 하지만 굳게 잠긴 대문을 마주하고 두 사람은 모두 난처했다. 형은 이리저리 시도해봤는데, 큰 열쇠 꾸러미에서 필요한 그 열쇠를 찾을 수 없어 고생만 했다. 동생은 열쇠가 없어 괴로워했는데, 그 이유는 그가 방금 길을 재촉하는 데에만 정신이 팔려 열쇠를 언제인지도 모르게 잃어버렸기 때문이었다. 두 사람은 얼굴이 땀투성이가 될 만큼 조급해졌다. 갑자기 32동생이 방법이 생긴 듯 이마를 치더니 돌 한 덩어리를 가져와서는 몇 번을 내리쳐 자물쇠를 깨버리자 대문이 열렸다. 33인생의 대문에는 종종 열쇠라는 것이 없다. 운명의 결정적인 순간에 사람들에게 가장 필요한 것은 기존의 틀에 매달리는 열쇠가 아니라, 장애물을 깨버릴 수 있는 돌 한 덩어리이다.

어휘 ★聪明 cōngming 형 똑똑하다, 총명하다 | ★锁上 suǒshàng 동 잠그다 | ★把……带到 bǎ……dàidào ~을 ~로 데리고 가다 | 百里之外 bǎilǐ zhīwài 먼거리 밖 | ★一座城市 yí zuò chéngshì 한 도시 | 出难题 chū nántí 어려운 문제를 내다 | ★一串钥匙 yí chuàn yàoshi 열쇠 한 꿰미 | 一匹快马 yì pǐ kuàimǎ 준마 한 필 | ★把……打开 bǎ……dǎkāi ~을 열다 | 飞快 fēikuài 형 매우 빠르다 | 几乎同时 jīhū tóngshí 거의 동시에 | ★面对 miànduì 동 마주 보다, 마주 대하다 | 紧锁 jǐnsuǒ 동 꼭 잠그다 | ★犯难 fànnán 동 곤란하다, 난처하다 | 左试右试 zuǒ shì yòu shì 이리저리 해보다 | 苦于 kǔyú 동 ~에 괴로워하다, ~에 고생하다 | 无法 wúfǎ 동 방법이 없다, 할 수 없다 | ★光顾着 guāngguzhe (다른 것은 생각하지 않고) 단지 ~만 보다, ~만 신경 쓰다 | 赶路 gǎnlù 동 길을 재촉하다 | 不知什么时候 bùzhī shénme shíhou 언제인지 알 수 없다 | 急得满头大汗 jí de mǎn tóu dà hàn 급해서 얼굴이 땀투성이가 되다, 진땀을 흘릴 만큼 서두르다 | 一拍脑门 yì pāi nǎomén 이마를 치다, 두드리다 | 一块石头 yí kuài shítou 돌 한 덩어리 | ★把……砸开了 bǎ……zákāi le ~을 부수다 | 命运 mìngyùn 명 운명 | ★关键时刻 guānjiàn shíkè 결정적인 순간 | ★墨守成规 mò shǒu chéng guī 성 기존의 관례를 고수하다, 낡은 관습을 고수하다 | 砸碎 zásuì 동 때려 부수다, 깨뜨리다 | 障碍 zhàng'ài 명 장애, 장애물

31.

父亲为什么把儿子带到另外一个城市？

아버지는 왜 아들을 데리고 다른 도시로 갔는가?

A 喜欢马
B 想找到钥匙
C 想考验儿子
D 住在别的城市

A 말을 좋아해서
B 열쇠를 찾고 싶어서
C 아들을 시험해보려고
D 다른 도시에서 거주하려고

> **공략** 앞부분에서 '父亲想知道他们谁更聪明。'이라는 문장을 통해 아버지는 아들을 한번 시험해보고 싶었음을 알 수 있으므로 정답은 C가 된다.

32. HSK POINT 긴 문장에서 핵심 내용 파악 | 난이도 中 | track 02-32

最后谁把门打开了? | 결국 누가 문을 열었는가?

A 邻居 | A 이웃
B 弟弟 | B 남동생
C 哥哥 | C 형
D 父亲 | D 아버지

> **공략** 뒷부분의 '弟弟一拍脑门, 有了办法。他找来一块石头, 几下子就把锁砸开了, 大门打开了。'라는 긴 문장에서 핵심은 '弟弟……大门打开了'라는 부분이다. 이 부분을 통해 남동생이 문을 열었음을 알 수 있으므로 정답은 B가 된다.

33. HSK POINT 글의 내용 이해 | 난이도 上 | track 02-33

这个故事告诉我们什么? | 이 이야기가 우리에게 전하는 바는?

A 团结才会成功 | A 단결해야만 비로소 성공할 수 있다
B 人生总会遇到难题 | B 인생에서는 어려운 문제를 맞닥뜨리게 된다
C 钥匙不一定打开门 | C 열쇠로 반드시 문을 열 수 있는 것은 아니다
D 解决问题需要灵活多动头脑 | D 문제를 해결하려면 융통성 있게 머리를 써야 한다

> **공략** 마지막 부분의 '人生的大门往往是没有钥匙的, 在命运的关键时刻, 人们最需要的不是墨守成规的钥匙, 而是一块砸碎障碍的石头。'라는 내용에서 성어 墨守成规는 '융통성 없이 예전부터 전해 내려온 관습과 규칙만을 따른다'는 의미인데, 여기서는 '不是墨守成规的钥匙'라고 했으므로 관습이나 관례를 그대로 따르지 말고 융통성 있게 일을 처리하라는 것이다. 따라서 정답은 D가 된다.

[34-36]

第34到36题是根据下面一段话: | 34~36번 문제는 다음 내용에 근거한다.

一位老太太跟丈夫结婚50年了。 ³⁴在结婚50年纪念日那天, 她向朋友说出了她保持婚姻幸福的秘密。她说: "从我结婚那天起, 我就准备列出我丈夫的10条缺点, 并告诉自己, 每当他犯了这10条错误中的任何一条时, ³⁵我都愿意原谅他。" 有人问她: "10条缺点到底是什么?" 老太太回答说: "老实说, 五十年来, 我始终没把这10条缺点具体列出来。每当我丈夫做错了事, 让我特别生气时, 我马上提醒自己, 算他运气好, 他犯的是我可以原谅的十条错误之一。" ³⁶这位老太太保持婚姻幸福的秘密不是别的, 就是宽容。

한 노부인이 남편과 결혼한 지 50년이 되었다. ³⁴결혼 50주년 기념일이던 그날, 그녀는 친구에게 자신이 결혼 생활을 행복하게 유지할 수 있었던 비밀을 말해주었다. 그녀는 "결혼을 한 그날부터 나는 남편의 10가지 단점을 열거해 놓고 스스로에게 말하길, 남편이 이 10가지의 실수 중 어떤 한 가지를 저지르게 될 때면 ³⁵나는 기꺼이 그를 용서해 주기로 했지."라고 말했다. 어떤 이가 그녀에게 "10가지의 단점이란 게 도대체 무엇이니?"라고 물었다. 노부인은 "사실 50년간 나는 줄곧 이 10가지 단점을 구체적으로 열거하지 않았어. 남편이 잘못을 저질러 나를 화나게 할 때마다, 나는 바로 '저 사람 운 좋은 셈이네. 그가 저지른 잘못이 내가 용서할 수 있는 10가지 잘못 중 하나이니 말이야.'라며 스스로를 상기

시켰어."라고 대답했다. 36이 노부인이 결혼 생활을 행복하게 유지할 수 있었던 비밀은 다른 것이 아니라 바로 너그러움이었다.

어휘 老太太 lǎotàitai 명 노부인, 아내 | 丈夫 zhàngfu 명 남편 | ★纪念日 jìniànrì 명 기념일 | ★向……说出 xiàng……shuōchū ~에게 말하다 | ★保持 bǎochí 동 유지하다 | ★秘密 mìmì 명 비밀 | ★从……那天起 cóng……nàtiān qǐ ~한 그날부터 | ★准备 zhǔnbèi 동 준비하다 | 列出 lièchū 동 열거하다 | ★缺点 quēdiǎn 명 단점 | ★并 bìng 접 그리고, 또, 게다가 | 任何一条 rènhé yì tiáo 어떠한 한 가지 항목 | ★原谅 yuánliàng 동 용서하다, 양해하다 | ★到底 dàodǐ 부 도대체 | ★老实说 lǎoshí shuō 솔직히 말해서 | 始终 shǐzhōng 부 시종일관, 늘, 줄곧 | ★把……具体列出来 bǎ……jùtǐ liè chūlai ~을 구체적으로 열거하다 | 提醒 tíxǐng 동 일깨우다, 깨우치다, 상기시키다 | 算他运气好 suàn tā yùnqi hǎo 그가 운이 좋은 셈이다 | ★宽容 kuānróng 형 너그럽다, 관대하다

34.
HSK POINT 동일한 어휘 파악 **난이도** 下 track 02-34

老太太什么时候说出了保持婚姻的秘密?
노부인은 언제 결혼 생활을 유지할 수 있었던 비밀을 이야기했는가?

A 50岁时
B 生日那天
C 朋友聚会
D 结婚纪念日那天

A 50살 때
B 생일날
C 친구 모임
D 결혼기념일

공략 앞부분의 '在结婚50年纪念日那天'이라는 문장을 통해 정답이 D임을 알 수 있다.

35.
HSK POINT 동일한 어휘 파악 **난이도** 下 track 02-35

丈夫做错事时, 老太太怎么做?
남편이 잘못을 저지를 때 노부인은 어떻게 했는가?

A 生气
B 吵架
C 开玩笑
D 原谅

A 화를 냈다
B 말다툼을 했다
C 농담을 했다
D 용서했다

공략 중간 부분에서 노부인이 '我都愿意原谅他'라고 하는 문장에서 보기 D의 原谅과 동일한 어휘를 들을 수 있으므로 정답은 D가 된다.

36.
HSK POINT 동일한 어휘 파악 **난이도** 中 track 02-36

保持婚姻的秘密是什么?
결혼 생활을 유지할 수 있었던 비밀은 무엇인가?

A 认真
B 乐观
C 宽容
D 谦虚

A 성실함
B 낙관적임
C 너그러움
D 겸손함

공략 마지막 부분의 '这位老太太保持婚姻幸福的秘密不是别的，就是宽容.'이라는 내용에서 보기 C의 宽容과 동일한 어휘를 들을 수 있으므로 정답은 C가 된다.

[37-39]

第37到39题是根据下面一段话：

某市为解决垃圾问题而买了许多垃圾桶，但由于人们不愿意使用垃圾桶，乱扔垃圾现象仍十分严重。这个城市为此提出了许多解决办法：办法一是，把乱扔垃圾的人的罚金从25元提高到50元，37实施后，收效不大。方法二是，增加街道巡逻人员的人数，成效也不显著。后来有人在垃圾桶上出主意，设计了一个电动垃圾桶。桶上装有一个感应器，每当垃圾丢进筒内，感应器就有反应而启动录音机，38播出一则故事或笑话，其内容不到两周就更换一次。39这个设计大受欢迎，结果所有的人不论距离远近都把垃圾丢进垃圾桶里，城市因而变得清洁起来。

37~39번 문제는 다음 내용에 근거한다.

어느 도시에서 쓰레기 문제를 해결하기 위해 많은 쓰레기통을 구입했지만, 사람들이 쓰레기통을 사용하려고 하지 않아 쓰레기를 함부로 버리는 현상은 여전히 심각했다. 이 도시는 이것 때문에 여러 가지 해결 방법을 제시했다. 첫 번째 방법은 쓰레기를 함부로 버리는 사람에 대한 벌금을 25위안에서 50위안으로 높이는 것이었는데, 37실시된 후 효과가 크지 않았다. 두 번째 방법은 거리를 순찰하는 인원의 수를 증가시키는 것이었는데, 이 또한 효과가 뚜렷하지 않았다. 후에 어떤 사람이 쓰레기통에 아이디어를 냈는데, 전동 쓰레기통을 설계하는 것이었다. 쓰레기통에 센서를 달아서 매번 쓰레기가 통 안으로 들어가면, 센서가 반응해 녹음기를 작동시켜 38이야기나 유머 한 토막이 방송되고, 그 내용은 2주가 채 되기 전에 한 차례씩 바꾸는 것이었다. 39이 설계는 큰 인기를 얻었고, 그 결과 모든 사람들은 거리가 멀든 가깝든 쓰레기를 쓰레기통 안에 버려서, 도시는 청결해지기 시작했다.

어휘 ★某市 mǒu shì 어느 도시 | ★垃圾 lājī 쓰레기 | ★解决问题 jiějué wèntí 문제를 해결하다 | ★垃圾桶 lājītǒng 쓰레기통 | ★乱扔垃圾 luàn rēng lājī 쓰레기를 함부로 버리다 | ★严重 yánzhòng 심각하다 | ★为此 wèi cǐ 이 때문에 | ★提出 tíchū 제의하다, 제기하다 | ★解决办法 jiějué bànfǎ 해결 방법 | ★罚金 fájīn 벌금 | ★实施 shíshī 실시하다 | 收效 shōuxiào 효과(를 거두다) | 街道 jiēdào 거리 | 巡逻 xúnluó 순찰하다 | 成效 chéngxiào 효과, 효능 | ★显著 xiǎnzhù 현저하다, 뚜렷하다 | ★出主意 chū zhǔyi 아이디어를 내다 | ★设计 shèjì 설계(하다) | 电动 diàndòng 전동의 | 感应器 gǎnyìngqì 센서 | 丢进 diūjìn 집어넣다 | 反应 fǎnyìng 반응 | ★启动 qǐdòng 작동을 시작하다, 시동을 걸다 | 录音机 lùyīnjī 녹음기 | ★播出 bōchū 방송하다 | 一则故事 yì zé gùshi 이야기 한 토막 | 笑话 xiàohua 우스운 이야기, 우스갯소리 | 更换 gēnghuàn 바꾸다 | ★大受欢迎 dà shòu huānyíng 크게 인기를 얻다 | ★不论距离远近 búlùn jùlí yuǎnjìn 거리가 멀든 가깝든 관계없이 | 清洁 qīngjié 깨끗하다, 청결하다

37. HSK POINT 동의어 收效와 作用 난이도 中 track 02-37

提高罚金后怎么样?

A 大家不喜欢扔垃圾
B 作用不大
C 很多人被罚款
D 扔的比以前更多

벌금을 올린 후 어떠했는가?

A 모두 쓰레기를 버리려고 하지 않았다
B 효과가 크지 않았다
C 많은 사람들이 벌금을 냈다
D 쓰레기를 버리는 사람이 예전보다 더 많아졌다

공략 중간 부분 중 '实施后, 收效不大'에서 收效가 '얻은 효과'라는 의미인데 보기 B의 作用과 같은 의미이므로 정답은 B가 된다.

38. HSK POINT 동일한 어휘 파악 난이도 下   track 02-38

垃圾丢进时，电动垃圾桶会播放什么?

A 一个笑话
B 一句感谢
C 一句名言
D 一首歌

쓰레기를 집어넣을 때 전동 쓰레기통은 무엇을 방송하는가?

A 유머 하나
B 감사의 말 한 마디
C 명언 한 마디
D 노래 한 곡

공략 뒷부분에서 '播出一则故事或笑话'라는 문장을 통해 A가 정답임을 알 수 있다.

39. HSK POINT 동일한 의미의 문장 파악 난이도 中   track 02-39

人们对电动垃圾桶的反应如何?

A 很受青睐
B 设计上很有特色
C 很麻烦
D 纷纷出主意

사람들의 전동 쓰레기통에 대한 반응은 어떠한가?

A 인기가 좋다
B 설계상 매우 특색을 지녔다
C 매우 귀찮다
D 잇달아 아이디어를 냈다

공략 마지막의 '这个设计大受欢迎' 중 '大受欢迎'이 보기 A의 '很受青睐'와 의미가 같으므로 정답은 A가 된다.

어휘 青睐 qīnglài 몡 호감, 인기

[40-42]

第40到42题是根据下面一段话：

⁴⁰人的短期记忆在早晨是最强的，大约比其他时间强15%，因此学生应当记住，早上面临考试的时候，事先浏览一下笔记的确有益处。⁴¹但是短期记忆对几天后才举行的考试帮助不大。

长期记忆则有所不同，对于几天、几周或几个月之后仍想记住的资料，最好是下午研读，利用这个时间来背诵文章最为有效。如果是学生，明智的做法是：较困难的课程安排在下午，同时，⁴²尽量在下午完成大部分的功课，而不要留到深夜。如果您的工作经常需要与词语和数字打交道，则在早上做更佳。

40~42번 문제는 다음 내용에 근거한다.

⁴⁰사람의 단기 기억은 아침에 가장 강하다고 할 수 있는데, 대략 다른 시간대보다 15%가 강하다고 한다. 따라서 학생들이 반드시 명심할 것은 아침에 시험이 있을 때는 사전에 미리 필기를 훑어보면 확실히 도움이 된다는 것이다. ⁴¹하지만 단기 기억은 며칠 후에 진행되는 시험에 있어서는 도움이 크지 않다.

장기 기억은 좀 다르다고 할 수 있는데, 며칠이나 몇 주 혹은 몇 달 뒤에 변함없이 기억하고 싶은 자료에 대해서는, 오후에 학습하는 것이 가장 좋고, 이 시간을 이용하여 글을 외운다면 가장 효과적이다. 만약 학생이라면, 현명한 방법은 비교적 어려운 과목을 오후 시간에 배정하는 동시에 ⁴²가능한 한 오후에 대부분의 공부를 완성하도록 하고 늦은 밤까지 남겨두지 말아야 한다. 만약 당신의 업무가 종종 단어나 숫자와 관련되는 것이라면, 아침에 하는 것이 더 좋다.

어휘 短期记忆 duǎnqī jìyì 단기 기억 | ★大约 dàyuē 튄 대략 | ★比……强 bǐ……qiáng ~보다 강하다 | ★记住 jìzhù 동 기억하다 | ★面临考试 miànlín kǎoshì 시험에 직면하다 | ★事先 shìxiān 뿐 사전, 미리 | ★浏览 liúlǎn 동 대충 훑어보다, 대강 둘러보다 | ★的确 díquè 뿐 확실히, 분명히 | ★有益处 yǒu yìchu 유익한 점이 있다, 이로운 점이 있다 | ★举行 jǔxíng 동 거행하다, 열다 | 帮助不大 bāngzhù bú dà 도움이 크지 않다 | ★有所不同 yǒusuǒ bùtóng 다소 다른 점이 있다 | 仍 réng 뿐 여전히 | 研读 yándú 동 책을 읽으며 깊이 연구하다 | ★利用 lìyòng 동 이용하다 | ★背诵 bèisòng 동 외우다 | ★最为有效 zuìwéi yǒuxiào 가장 효과적이다 | 明智的做法 míngzhì de zuòfǎ 현명한 방법 | 课程 kèchéng 명 과목, 수업 | 安排 ānpái 동 안배하다, 준비하다 | ★尽量 jǐnliàng 뿐 가능한 한 | 功课 gōngkè 명 공부, 숙제, 강의 | 留到深夜 liúdào shēnyè 깊은 밤까지 남겨두다 | ★与……打交道 yǔ……dǎ jiāodao ~와 접촉하다, 왕래하다 | 更佳 gèng jiā 더 좋다

40. HSK POINT 힌트가 되는 最 | 난이도 下 | track 02-40

人的短期记忆什么时候最强? | 사람의 단기 기억은 언제 가장 강한가?

A 早晨
B 上午
C 下午
D 深夜

A 아침
B 오전
C 오후
D 깊은 밤

공략 첫 번째 문장 중 '人的短期记忆在早晨是最强的'라는 내용에서 정답을 찾을 수 있는 힌트 '最强'을 듣고 바로 A가 정답임을 알 수 있다.

41. HSK POINT 힌트가 되는 但是 및 동일한 문장 파악 | 난이도 中 | track 02-41

对几天后的考试，短期记忆怎么样? | 며칠 후의 시험에 대해 단기 기억은 어떠한가?

A 帮助很大
B 没有帮助
C 帮助不大
D 效果明显

A 도움이 크다
B 도움이 안 된다
C 도움이 크지 않다
D 효과가 뚜렷하다

공략 앞부분의 '但是短期记忆对几天后才举行的考试帮助不大.'라는 내용에서 보기 C의 '帮助不大'라는 동일한 내용을 들었으므로 정답은 C가 된다.

42. HSK POINT 동일한 의미의 문장 파악 | 난이도 中 | track 02-42

根据这段话，下列说法正确的是? | 이 글에 근거하여 다음 중 옳은 견해는?

A 早上准备几天后的考试
B 把困难的功课放在上午
C 下午做与数字有关的工作
D 大部分功课放在下午做

A 아침에는 며칠 뒤의 시험을 준비한다
B 어려운 공부는 오전에 배정한다
C 오후에는 숫자와 관련된 일을 한다
D 대부분의 공부는 오후에 배정한다

공략 뒷부분의 '尽量在下午完成大部分的功课'라는 내용이 보기 D와 같은 의미임을 알 수 있으므로 정답은 D가 된다.

[43-46]

第43到46题是根据下面一段话：

传说新疆的吐鲁番有座火焰山，有一、二百里长，山上的石头会喷火。不管是不是真的有这么一座山，吐鲁番是全中国最热的地方，这一点也不假。长江沿岸的南京、武汉、重庆被称为三大火炉，吐鲁番比这三个地方还热。难怪自元代以来那里就⁴³被称作"火洲"呢！⁴⁴吐鲁番一早一晚却特别凉快，哪怕中午是摄氏40度，夜里也会降到25度左右。夜晚凉风一吹，人们睡觉还得盖被子呢！所以"早穿皮袄午穿纱，围着火炉吃西瓜"的说法一点儿也不夸张。

独特的生活环境使这里的人们形成了独特的生活习惯。⁴⁵他们一早一晚下地干活，中午到水渠旁、树荫下或屋子里休息，室内并不太热。温度最高的时候也不过30度左右。从屋外走进去立刻会感到一阵凉爽。因为吐鲁番的房子全都藏在绿树丛中，阳光很少能直射到，⁴⁶墙又特别厚，通常都在一米左右。所以室内是冬暖夏凉，有些房子还有地下室或半地下室，那就更凉快了。

43.

吐鲁番又被称作什么？

- **A 火洲**
- B 火炉
- C 火城
- D 火焰山

공략 앞부분의 '被称作"火洲"呢'라는 내용에서 A가 정답임을 알 수 있다. 이 문제는 앞부분에서 언급된 火炉와 관련된 내용을 주의 깊게 들어야 한다. 난징, 우한, 충칭의 3개 도시가 '3대 화로'라고 불렸다는 것이므로, 투루판과는 관련이 없음을 알 수 있다.

44. HSK POINT 문장의 의미 이해 난이도 上

track 02-44

"早穿皮袄午穿纱"是什么意思?

'아침에는 가죽옷을 입고 낮에는 무명옷을 입는다'는 것은 어떤 의미인가?

A 早午温差很大
B 四季都穿皮袄
C 冬天也产西瓜
D 早上夜里很热

A 아침과 낮의 온도차가 크다
B 사계절 다 가죽옷을 입는다
C 겨울에도 수박이 생산된다
D 아침과 밤에 매우 덥다

공략 중간 부분 중 '吐鲁番一早一晚却特别凉快, 哪怕中午是摄氏40度, 夜里也会降到25度左右。夜晚凉风一吹, 人们睡觉还得盖被子呢!'라는 내용을 통해 투루판 지역은 아침저녁으로는 기온이 낮고 정오에는 기온이 높다는 것을 알 수 있다. 이 내용은 '아침과 낮의 온도차가 크다'는 뜻의 보기 A와 같은 의미이므로 정답은 A가 된다.

45. HSK POINT 동의어 '一早一晚'과 '早晨和傍晚' 난이도 下

track 02-45

在吐鲁番人们什么时候下地干活?

투루판에서 사람들은 언제 밭으로 일을 하러 가는가?

A 上午
B 下午
C 上午和下午
D 早晨和傍晚

A 오전
B 오후
C 오전과 오후
D 아침과 저녁 무렵

공략 중간 부분 중 '他们一早一晚下地干活'라는 내용을 통해 정답이 D임을 알 수 있다.

46. HSK POINT 동일한 문장 파악 난이도 中

track 02-46

为什么吐鲁番室内冬暖夏凉?

왜 투루판 지역은 실내가 겨울에는 따뜻하고 여름에는 시원한가?

A 墙特别厚
B 建在地下
C 高大宽敞
D 阳光充足

A 벽이 매우 두꺼워서
B 지하에 지어서
C 널찍하고 높고 커서
D 햇빛이 충분해서

공략 마지막의 '墙又特别厚, 通常都在一米左右'라는 내용을 통해 정답이 A임을 알 수 있다.

어휘 宽敞 kuānchang 형 넓다, 널찍하다

[47-50]

第47到50题是根据下面一段话：

关于阅读，有过一个形象的说法：渔民在阅读海洋，农民在阅读大地，医生在阅读病人，气象人员在阅读天空。47凡是用眼睛看到的、用心去体会的，都是在阅读，阅读无处不在。然而，在信息社会到来之时，人们才真正感到阅读的必要和压力。信息社会阅读呈现三大趋势：首先，进入信息社会和知识经济时代之后，阅读在生活中越来越重要。各种知识和信息如爆炸般围绕我们，阅读已成为我们生活中不可或缺的一部分，48人们的阅读在增多而不是减少。其次，出现了从读纸到读屏二者并存的时代。读屏也就是看电脑、看手机、看电视等，这些图像和文字信息已经越来越多地进入人们的生活。49甚至有激进的观点认为，文字的报纸将在2043年消失。第三，阅读向离散化、多中心的方向发展。读者集中阅读一本书、一个刊物的情况越来越少，呈现个性化、多中心的现象，尽管会出现超级畅销书销量逾百万册的情况，但这种情况越来越少。50更多的是兴趣分散化、小众化的趋势。这种一本书读的人减少，书的品种增加，阅读呈现多样化、个性化的趋势，其实正是文化发展、文化繁荣的标志。

47~50번 문제는 다음 내용에 근거한다.

독서에 관하여 '어부는 바다를 읽고, 농부는 땅을 읽고, 의사는 환자를 읽고, 기상 요원은 하늘을 읽는다'는 생생한 표현이 있다. 47모든 눈으로 보게 되는 것과 마음으로 깨닫는 것은 다 독서를 하는 것이니, 독서는 어디에든 있다고 할 수 있다. 그런데 정보사회가 도래한 시기에 사람들은 비로소 진정으로 독서의 필요성과 부담을 느끼게 되었다. 정보 사회에서 독서는 3대 추세를 나타내고 있다. 우선, 정보사회와 지식경제 시대에 들어선 후, 독서는 생활 속에서 갈수록 중요해지고 있다. 각종 지식과 정보들이 마치 폭발하는 것처럼 우리 주위를 둘러싸고 있어, 독서는 이미 우리 생활 중 필수적인 일부가 되었으며, 48사람들의 독서는 감소하는 것이 아니라 증가하고 있다. 그 다음으로, 종이를 읽는 것에서부터 모니터를 읽는 것까지, 이 두 가지가 병존하는 시대가 나타났다. 모니터를 읽는다는 것은 컴퓨터를 보거나 휴대폰을 보거나 텔레비전을 보는 것 등을 가리키는데, 이러한 영상과 문자 정보는 이미 사람들의 생활 속으로 점점 더 많이 파고들고 있다. 49심지어 급진적인 관점으로 본다면, 문자로 된 신문이 장차 2043년에는 사라질 것이라고 한다. 세 번째, 독서는 분리화, 다중심의 방향으로 발전하고 있다. 독자가 한 권의 책, 한 권의 간행물을 집중해서 읽는 상황은 갈수록 줄어들고, 개성화, 다중심의 현상이 나타나고 있다. 비록 초대형 베스트셀러의 판매량이 백만 권이 넘는 상황이 나타나고는 있지만, 이러한 상황은 갈수록 적어지고 있다. 50흥미 분산화, 소수화 추세가 더욱 많다. 이러한 한 권의 책을 읽는 사람의 수는 감소하고 책의 종류는 증가하며, 독서는 다양화와 개성화의 추세를 보이는데, 사실 바로 문화 발전과 문화 번영의 상징이다.

어휘 ★形象的说法 xíngxiàng de shuōfa 생생한 표현, 구체적인 표현 | 渔民 yúmín 명 어부, 어민 | ★海洋 hǎiyáng 명 바다 | 气象人员 qìxiàng rényuán 기상 요원 | ★凡是 fánshì 부 무릇, 모든 | ★体会 tǐhuì 동 깨닫다, 체험하여 터득하다 | ★无处不在 wúchù bú zài 어디에나 있다, 다 있다 | 信息社会 xìnxī shèhuì 명 정보사회 | ★必要 bìyào 명 필요 형 필요한 | 呈现……趋势 chéngxiàn……qūshì ~추세를 나타내다 | ★知识经济时代 zhīshí jīngjì shídài 명 지식 경제 시대 | 如爆炸般 rú bàozhà bān 폭발하는 것 같다 | 围绕 wéirào 동 둘러싸다, ~을 중심에 놓다 | ★不可或缺 bù kě huò quē 성 없어서는 안 된다, 필수적이다 | ★增多 zēngduō 동 많아지다, 증가하다 | ★减少 jiǎnshǎo 동 감소하다 | ★其次 qícì 대 그 다음 | 读屏 dú píng 모니터를 읽다, 스크린을 읽다 | ★二者并存 èrzhě bìngcún 양자가 공존하다 | ★图像 túxiàng 명 영상, 이미지, 화면 | 文字信息 wénzì xìnxī 명 문자 정보 | ★进入人们的生活 jìnrù rénmen de shēnghuó 사람들의 생활 속으로 파고들다 | ★激进 jījìn 형 급진적이다 | ★观点 guāndiǎn 명 관점, 견해 | ★消失 xiāoshī 동 사라지다 | 离散化 lísànhuà 분리화 | 多中心 duōzhōngxīn 다중심 | ★向……方向发展 xiàng……fāngxiàng fāzhǎn ~방향으로 발전하다 | 刊物 kānwù 명 간행물 | ★个性化 gèxìnghuà 개성화 | ★尽管 jǐnguǎn 접 비록 ~라 하더라도 | ★超级 chāojí 형 최상급의, 초대형의 | 畅销书 chàngxiāoshū 명 베스트셀러, 인기 도서 | ★销量 xiāoliàng 명 판매량 | ★逾 yú 동 넘다, 초과하다 | 分散化 fēnsànhuà 분산화 | ★小众化 xiǎozhònghuà 소수화 | ★品种 pǐnzhǒng 명 품종, 종류 | ★文化繁荣 wénhuà fánróng 문화가 번영하다 | ★标志 biāozhì 명 상징, 표지

47. HSK POINT 문장의 의미 이해 난이도 上   track 02-47

"阅读无处不在"是什么意思? | '독서는 어디에든 다 있다'란 무슨 의미인가?

A 阅读的普遍性 | A 독서의 보편성
B 阅读的必要性 | B 독서의 필요성
C 阅读的对象 | C 독서의 대상
D 阅读的种类 | D 독서의 종류

공략 앞부분의 '凡是用眼睛看到的，用心去体会的，都是在阅读，阅读无处不在。'라는 내용에서 '无处不在'는 '모든 지역에 다 존재한다'는 뜻이고, 이는 '독서는 매우 보편적이다'는 의미와 같으므로 정답은 A가 된다.

48. HSK POINT 동의어 增多와 增加 난이도 中   track 02-48

人们的阅读有什么变化? | 사람들의 독서에는 무슨 변화가 있나?

A 正在逐步增加 | A 점차 늘어나고 있다
B 正在逐渐减少 | B 점점 감소하고 있다
C 数量变化不大 | C 수량 변화가 크지 않다
D 没有说明 | D 언급되어 있지 않다

공략 중간 부분의 '人们的阅读在增多而不是减少'라는 내용에서 보기 A의 增加가 增多와 동일한 의미임을 알 수 있으므로 정답은 A이다.

49. HSK POINT 동일한 어휘 파악 난이도 中   track 02-49

"文字的报纸会消失"是一种什么样的说法? | '문자로 된 신문이 사라지게 될 것이다'는 말은 어떠한 표현으로 볼 수 있는가?

A 激进的说法 | A 급진적인 표현
B 真实的说法 | B 진실된 표현
C 普遍的说法 | C 보편적인 표현
D 狭隘的说法 | D 편협한 표현

공략 중간 부분의 '甚至有激进的观点认为，文字的报纸将在2043年消失。'라는 내용에서 '급진적인 관점', '매우 극단적인 태도로 나타내는 견해'라는 뜻의 '激进的观点'을 듣고 동일한 어휘의 A가 정답임을 알 수 있다.

어휘 狭隘 xiá'ài 형 편협하다

50. HSK POINT 동일한 의미의 문장 파악 | 난이도 中

track 02-50

下列哪项不是阅读的发展趋势?

A 兴趣分散化的趋向
B 阅读的种类逐渐增加
C 一本书读的人在增加
D 个性化的突出表现

다음 중 독서의 발전 추세가 아닌 것은?

A 흥미가 분산화되는 경향
B 독서의 종류가 점점 증가한다
C 한 권의 책을 읽는 사람이 증가한다
D 개성화가 돋보인다

공략 앞부분에서 이미 독서의 종류가 증가하고 있다고 언급했으므로 B는 정답이 아니다. 마지막 부분에서 '更多的是兴趣分散化、小众化的趋势。这种一本书读的人减少，书的品种增加，阅读呈现多样化、个性化的趋势'라는 내용을 통해 흥미의 분산화와 개성화도 독서의 발전 추세임을 알 수 있으므로 A와 D도 정답이 아니다. 따라서 정답은 C가 된다.

합격필수 TIP

▶ 자주 출제되는 '중국 사회의 새로운 현상' 관련 정보

① 裸婚 luǒhūn 간소한 결혼
신혼집과 결혼식, 신혼여행, 결혼반지 등 없이 두 남녀가 법률상 혼인 신고 절차만을 밟는 경우를 뜻한다.

② 丁克族 dīngkèzú 딩크족
정상적인 부부 생활을 영위하면서 의도적으로 자녀를 두지 않는 맞벌이 부부를 뜻한다.

③ 啃老族 kěnlǎozú 캥거루족
분가할 나이가 되어서도 부모와 떨어지지 않고 생계를 의탁하는 젊은 세대를 뜻한다.

④ 乐活族 lèhuózú 로하스족, 웰빙족
건강과 친환경을 중시하는 사람들을 가리킨다.

⑤ 官二代 guān'èrdài 정부 기관 등의 자녀
정부 및 국가기업 부문 관원들의 자녀를 가리킨다. 고위 관원들의 자녀가 아버지의 권력을 등에 업고 사회적으로 불법 행위를 저지르는 것을 뜻하기도 한다.

⑥ 土豪 tǔháo 벼락부자, 졸부
갑자기 부자가 된 사람을 가리킨다.

⑦ 北漂 běipiāo
베이징에서 생활하지만 베이징 호적이 없는 사람들을 뜻한다.

⑧ 海漂 hǎipiāo
상하이에서 생활하지만 상하이 호적이 없는 사람들을 뜻한다.

⑨ 房奴 fángnú 집의 노예
주택을 구입하고 난 후 평생 대출금을 갚으며 주택의 노예로 사는 사람을 뜻한다.

⑩ 车奴 chēnú 차의 노예
차를 구입하고 난 후 관리와 유지를 힘들어 하며 고통 받는 사람을 뜻한다.

⑪ 城市病 chéngshìbìng 도시병
도시의 인구 팽창으로 인해 유발되는 주택·교통·환경 문제 등을 주요 특징으로 한다.

⑫ 团购 tuángòu 공동구매
여러 명의 소비자가 모여 단체로 물건 따위를 구매하는 일을 말한다.

⑬ 拼车 pīnchē 카풀
가고자 하는 목적지나 방향이 같은 사람들이 자가용이나 택시 한 대를 함께 타고 다니는 일을 말한다.

⑭ 卡奴 kǎnú 카드의 노예
신용카드나 현금카드를 너무 많이 써서 돈을 갚지 못하고 빚더미에 앉은 사람을 뜻한다.

⑮ 装嫩族 zhuāngnènzú 키덜트(Kidult)
20~30대의 어른이 되었음에도 불구하고 여전히 아이와 같은 감성과 취향을 지닌 사람들을 가리킨다.

⑯ 剩女 shèngnǚ 골드미스
30~40대의 미혼 여성 중 고학력, 고소득의 사회적·경제적 여유를 갖춘 여성을 가리킨다.

新 HSK 6급 합격모의고사 阅读

第一部分

51. HSK POINT 동사가 명사성 구조로 쓰일 때의 용법 파악　난이도 中

A 请严格按照使用说明来使用该电器。
B 您放心，我们会尽快给您一个答复的。
C 我的抽屉里堆满了旅游时买了各种纪念品。
D 第17届中国国际园艺博览会将在本周四举办。

A 사용 설명에 철저히 따라 이 전기 기구를 사용하십시오.
B 염려 마세요. 저희가 되도록 빨리 답변을 드리겠습니다.
C 내 서랍에는 여행할 때 산 각종 기념품이 가득 쌓여 있다.
D 제 17회 중국 국제원예박람회가 이번 주 목요일에 개최될 것이다.

정답
C 我的抽屉里堆满了旅游时买了各种纪念品。(X)
　　　동사 술어　　　　　관형어 성분
→ C 我的抽屉里堆满了旅游时买的各种纪念品。(O)

공략 보기 C의 문장에서 堆满은 동사로 술어가 되며, 그 뒤에 명사성 목적어를 동반해야 한다. 따라서 이 문장에서 동사 买는 술어가 아니라 명사성 구조를 이루어 관형어 성분으로 쓰여야 하므로, 买 뒤에 동작의 완료를 나타내는 동태조사 了를 쓸 수 없다.

어휘 ★严格 yángé 형 엄격하다, 엄하다 | ★按照 ànzhào 개 ~에 따라, ~에 의해 | ★使用说明 shǐyòng shuōmíng 사용 설명 | ★该 gāi 대 이, 그, 저 | 电器 diànqì 명 전기 기구 | ★尽快 jǐnkuài 부 되도록 빨리 | 答复 dáfù 명 답변, 대답 | ★抽屉 chōuti 명 서랍 | ★堆满 duīmǎn 동 가득 쌓이다 | ★纪念品 jìniànpǐn 명 기념품 | ★届 jiè 양 회, 기, 차 | ★国际 guójì 명 국제 | 园艺 yuányì 명 원예 | ★博览会 bólǎnhuì 명 박람회 | ★将 jiāng 부 ~일 것이다, 장차, 곧 | ★举办 jǔbàn 동 개최하다, 열다

52. HSK POINT '提高意识'의 호응 구조 파악　난이도 上

A 刘邦出身农家，为人豁达大度，不事生产。
B 这项活动的意义，在于呈现人们的环保意识。
C 地球是迄今为止所发现的唯一适合人类生存的行星。
D 对于武则天，历来有各种不同的评价，角度也各不相同。

A 유방은 농가 출신으로 활달하고 도량이 넓으며 생계를 위해 살 궁리를 하지는 않았다.
B 이번 활동의 의의는 사람들의 환경보호 의식을 높이는 데 있다.
C 지구는 지금까지 발견된 인류가 생존하기에 적합한 유일한 행성이다.
D 무측천에 대해 여태껏 여러 가지 다른 평가가 있었으며, 관점 또한 각기 달랐다.

정답
B 这项活动的意义，在于呈现人们的环保意识。(X)
　　　　　　　　　　호응 구조 오류
→ B 这项活动的意义，在于提高人们的环保意识。(O)

공략 보기 B에서 '呈现……环保意识'는 호응 구조가 잘못된 것이므로 '提高人们的环保意识'로 고쳐야 올바른 문장이 된다. 동사 提高는 '提高水平(수준을 높이다)', '提高质量(질을 높이다)', '提高素质(자질을 높이다)', '提高效率(효율을 높이다)' 등으로 호응하여 쓰인다.

어휘 刘邦 Liú Bāng [고유] 유방 | ★出身农家 chūshēn nóngjiā 농가 출신이다 | ★豁达大度 huòdá dàdù 활달하고 도량이 넓다 | 不事生产 búshì shēngchǎn 생산에 종사하지 않는다, 생계를 위해 살 궁리를 하지 않다 | ★这项活动 zhè xiàng huódòng 이 활동 | ★意义 yìyì 의의, 의미 | ★在于 zàiyú [동] ~에 있다 | ★呈现 chéngxiàn [동] 나타나다, 드러나다 | ★环保意识 huánbǎo yìshí 환경보호 의식 | ★地球 dìqiú [명] 지구 | 迄今为止 qìjīn wéizhǐ 지금에 이르기까지, 지금까지 | ★唯一 wéiyī [형] 유일한 | ★适合 shìhé [동] 적합하다, 부합하다 | ★生存 shēngcún [동] 생존하다 | 行星 xíngxīng [명] 행성 | ★武则天 Wǔ Zétiān [고유] 무측천 | ★历来 lìlái [부] 줄곧, 여태껏 | ★评价 píngjià [명] 평가 | ★角度 jiǎodù [명] 각도, 관점 | ★各不相同 gè bù xiāng tóng [성] 서로 다르다

합격필수 TIP

▶ '변화'를 나타내는 동사 비교

① 提高 향상시키다 | 降低 낮아지다, 내리다 | 增加 증가하다 | 减少 감소하다

동사 앞에 부사 越来越를 동반할 수 없다는 내용이 자주 출제된다. 동사 뒤에는 주로 명사 목적어를 동반한다.

어휘 호응 提高质量 질이 향상되다 | 提高水平 수준이 향상되다 | 离婚率降低 이혼률이 떨어지다 | 增加就业岗位 취업 일자리가 증가하다 | 减少犯罪 범죄를 줄이다

예문 他的汉语水平越来越提高。(X) → 他的汉语水平越来越高。그의 중국어 실력은 갈수록 높아진다. (O)

② 上升 상승하다 | 下降 줄어들다 | 上涨 오르다 | 下跌 떨어지다

동사 앞에 부사 越来越를 동반할 수 없으며, 동사 뒤에 명사 목적어를 취할 수 없다는 내용이 자주 출제된다.

어휘 호응 失业率上升 실업률이 상승하다 | 生活水平上升 생활 수준이 향상하다 | 出生率下降 출생률이 낮아지다 | 死亡率下降 사망률이 떨어지다 | 物价上涨 물가가 오르다 | 房价上涨 집값이 오르다 | 股票下跌 주가가 하락하다 | 金价下跌 금값이 떨어지다

예문 近几年物价越来越下降。(X) → 近几年物价下降了不少。최근 몇 년간 물가가 많이 떨어졌다. (O)

53. HSK POINT '对……进行' 구조 파악 [난이도 中]

A 李煜是南唐最后一位国君，史称李后主。
B 真诚待人是人际关系得以维持和发展的保证。
C 感谢您的来电，请您稍后进行评价对本次服务，谢谢。
D 陕西关中自古土地广袤肥沃，因此这儿的人们一向衣食无忧。

A 이욱은 남당 시기의 마지막 국왕으로 역사적으로는 이후주라고 불렸다.
B 진실하게 사람을 대하는 것은 대인관계가 유지되고 발전될 수 있는 보증이라고 할 수 있다.
C 전화 주셔서 감사합니다. 잠시 후에 이번 서비스에 대한 평가를 진행해 주시기 바랍니다. 감사합니다.
D 산시 관중은 자고로 토지가 광활하고 비옥하여, 이곳 사람들은 줄곧 입고 먹을 것을 걱정하지 않는다고 한다.

정답 C 感谢您的来电，请您稍后进行评价对本次服务，谢谢。(X) ➡ C 感谢您的来电，请您稍后对本次服务进行评价，谢谢。(O)

공략 보기 C는 어순이 잘못된 문장으로, '对……' 개사구는 반드시 동사 앞에 위치해야 하므로 '对本次服务进行评价'로 바꿔야 올바른 표현이 된다. 자주 출제되는 유사한 구조로 '对……进行研究(~에 대해 연구를 진행하다)', '对……进行讨论(~에 대해 토론을 진행하다)', '对……进行调查(~에 대해 조사를 진행하다)' 등이 있다.

어휘 李煜 Lǐ Yù [고유] 이욱 | 南唐 Nántáng [고유] 남당[5대 10국(五代十国) 중의 하나] | 国君 guójūn [명] 국왕 | ★史称 shǐ chēng 역사적으로 ~라고 일컫다 | ★真诚待人 zhēnchéng dàirén 진실하게 사람을 대하다 | ★人际关系 rénjì guānxi [명] 대인관계 | ★维持 wéichí [동] 유지하다 | ★保证 bǎozhèng [명] 보증 | 感谢 gǎnxiè [동] 감사하다 | 来电 láidiàn [명] 보내 온 전보, 걸려온 전화 | ★稍后 shāohòu [명] 잠시 후 | ★评价 píngjià [동] 평가하다 | ★本次服务 běn cì fúwù 이번 서비스 | ★自古 zìgǔ [부] 자고로, 예로부터 | ★广袤肥沃 guǎngmào féiwò 광활하고 비옥하다 | ★一向 yíxiàng [부] 줄곧, 내내 | ★衣食无忧 yīshí wú yōu 입고 먹을 것을 근심하지 않다

54. HSK POINT '被……所' 구조 파악 난이도 上

A 针对这一突发事件，公司及时采取了应对措施。
B 人要学会控制自己的欲望，而不应当把欲望所支配。
C 空气、水、能源和土地，是人类赖以生存的基本要素。
D 他对昆虫进行了长达30年的观察，揭开了昆虫世界的许多奥秘。

A 이번 돌발 사건에 대해, 회사는 즉시 대응 조치를 취했다.
B 사람은 자신의 욕망을 다스리는 법을 배워야지, 욕망에 지배당해서는 안 된다.
C 공기, 물, 에너지 및 토지는 인류가 생존하는 기본 요소이다.
D 그는 곤충에 대해 30년에 걸친 관찰을 진행하여, 곤충 세계의 수많은 신비를 벗겨냈다.

정답

B 人要学会控制自己的欲望，而不应当把欲望所支配。(X)
  호응 구조 오류

→ B 人要学会控制自己的欲望，而不应当被/为欲望所支配。(O)

공략

보기 B에서 '把……所支配'의 호응 구조는 잘못된 표현이므로 '被/为……所支配'로 고쳐야 올바른 문장이 된다. 被자문에서 자주 출제되는 호응 구조로는 '被/为……所控制(제어당하다)', '被/为……所喜爱(사랑을 받다)', '被/为……所关注(주목을 받다)', '被/为……所左右(좌우되다)' 등이 있다.

어휘

★针对 zhēnduì 동 겨누다, 초점을 맞추다 | ★突发事件 tūfā shìjiàn 명 돌발 사건, 비상 사건 | ★及时 jíshí 부 즉시, 제때 | ★采取 cǎiqǔ 동 취하다 | ★应对措施 yìngduì cuòshī 명 대응 조치 | ★控制 kòngzhì 동 통제하다, 제어하다 | ★欲望 yùwàng 명 욕망 | ★应当 yīngdāng 동 반드시 ~해야 한다 | 支配 zhīpèi 동 지배하다, 통제하다 | 能源 néngyuán 명 에너지 | 赖以生存 làiyǐ shēngcún 생존에 기대다 | 基本要素 jīběn yàosù 명 기본 요소 | 昆虫 kūnchóng 명 곤충 | 长达 chángdá ~에 달하다, ~에 걸치다 | ★观察 guānchá 명 관찰 | 揭开 jiēkāi 동 드러내다, 폭로하다, 벗겨내다 | ★奥秘 àomì 명 신비, 비밀, 수수께끼

합격필수 TIP

▶ '被자문'으로 자주 쓰이는 문장

① 被……批评/骂/打了一顿 : ~에게 꾸중을 듣다/욕을 듣다/한 대 맞다
   她被老师批评了一顿。 그녀는 선생님께 한바탕 꾸중을 들었다.

② 被……弄坏/脏/破/碎/断了 : ~에 의해 고장 나다/더럽혀지다/깨지다/부서지다/부러지다
   我的笔记本被弟弟弄坏了。 내 노트북 컴퓨터를 남동생이 고장 냈다.

③ 被……开除了/炒了鱿鱼/解雇了 : ~에게 해고당하다
   他被公司炒了鱿鱼。 그는 회사에서 해고당했다.

④ 被……录取/录用了 : ~에 합격하다/채용되다
   我被首尔大学录取了。 나는 서울대학교에 합격했다.

⑤ 被……拿/带/抢/偷走了 : ~가 가져가버리다/가져가버리다/빼앗아가다/훔쳐가다
   我的包被他拿走了。 내 가방을 그가 가져가버렸다.

55. HSK POINT 접속사 而且와 但是의 의미 이해 　난이도 中

A 广府文化是指以广州为核心、在珠江三角洲通行的粤语文化。	A 광푸 문화는 광저우를 중심으로 하며, 주장 삼각주에서 널리 전해지는 광동어 문화를 가리킨다.
B 随着数码相机的日益普及，传统的胶卷相机正逐渐退出市场。	B 디지털카메라가 날로 보급되어감에 따라, 전통적인 필름 카메라는 점점 시장에서 퇴출되고 있다.
C 接受了4年正规的声乐训练后，他对声音的驾驭更得心应手了。	C 4년간 정규 성악 훈련을 받은 뒤, 그는 더욱 자유자재로 소리를 다스릴 수 있게 되었다.
D 有时我们难免要对生活做出妥协，而且一些基本原则永远不能放弃。	D 때때로 우리는 삶에 대해 타협하게 되기 마련이지만, 일부 기본 원칙들은 절대로 포기해서는 안 된다.

정답

D 有时我们难免要对生活做出妥协，而且一些基本原则永远不能放弃。(X) → D 有时我们难免要对生活做出妥协，但是一些基本原则永远不能放弃。(O)

공략 보기 D는 앞 절에서 '삶에 타협하기 마련이다'라고 했으므로, 뒤 절에서는 전환의 호응 관계를 나타내는 내용이 이어져야 문맥상 올바른 표현이 된다. 따라서 점층을 나타내는 而且가 아닌 但是로 고쳐야 한다.

어휘 ★以……为核心 yǐ……wéi héxīn ~을 핵심으로 하다 | 通行 tōngxíng 통 보편적으로 사용되다, 널리 퍼지다, 유행하다 | 粤语 Yuèyǔ 명 광동어 | ★数码相机 shùmǎ xiàngjī 디지털카메라 | ★日益 rìyì 부 날로, 나날이 | ★普及 pǔjí 통 보급되다, 확산되다 | 胶卷 jiāojuǎn 명 필름 | 退出 tuìchū 퇴출되다 | ★接受 jiēshòu 통 받다, 받아들이다 | ★正规 zhèngguī 형 정규의 | 声乐 shēngyuè 명 성악 | ★训练 xùnliàn 명 훈련 | 驾驭 jiàyù 통 지배하다, 제어하다, 다스리다 | ★得心应手 dé xīn yìng shǒu 성 자유자재로 하다, 마음먹은 대로 되다 | 难免 nánmiǎn 통 면하기 어렵다, ~하게 마련이다 | ★妥协 tuǒxié 통 타협하다 | ★基本原则 jīběn yuánzé 명 기본 원칙 | ★放弃 fàngqì 통 버리다, 포기하다

56. HSK POINT '将……捐献给……' 구조 파악 　난이도 中

A 他将这次演唱会的门票收入全部捐献一家儿童医院。	A 그는 이번 콘서트의 입장권 수입을 전부 한 아동 병원에 기부하려고 한다.
B 对艺术的理解虽因人而异，但真正的艺术品总能得到一致的赞许。	B 예술에 대한 이해는 사람마다 다르긴 하지만, 진정한 예술품은 언제나 일치된 찬사를 받는다.
C 她戴着一顶别致的帽子，穿着一件蓝色的连衣裙，看上去漂亮极了。	C 그녀는 색다른 모자를 쓰고 파란색 원피스를 입고 있었는데, 매우 아름다웠다.
D 由于空气对光的散射作用，日出和日落前后，天边常会出现绚丽的彩霞。	D 공기의 빛에 대한 난반사 작용 때문에 일출과 일몰 전후에 하늘에 종종 화려하고 아름다운 노을이 나타나게 된다.

정답

A 他将这次演唱会的门票收入全部捐献一家儿童医院。(X) → A 他将这次演唱会的门票收入全部捐献给一家儿童医院。(O)

공략 보기 A에서 将은 把와 같은 의미의 개사로, '将……捐献' 뒤에는 바로 대상을 나타내는 명사를 동반할 수 없으므로 잘못된 문장이다. 이 문장은 '~을 ~에 기부하다'는 의미를 나타내는 '将……捐献给……'로 고쳐야 올바른 표현이 된다. 자주 출제되는 유사한 표현으로는 '将/把……送给……(~을 ~에 보내다)', '将/把……寄给……(~을 ~에 보내다)', '将/把……赠送给……(~을 ~에 증정하다)' 등이 있다.

어휘 ★演唱会 yǎnchànghuì 명 콘서트 | ★门票 ménpiào 명 입장권 | ★收入 shōurù 명 수입 | 捐献 juānxiàn 통 기부하다 | ★因人而异 yīn rén ér yì 사람에 따라 다르다 | 艺术品 yìshùpǐn 명 예술품 | ★一致 yízhì 형 일치된 | 赞许 zànxǔ 통 칭찬하고 인정하다, 찬사하다 | ★戴着 dàizhe 착용하고 있다 | ★一顶帽子 yì dǐng màozi 모자 하나 | 别致 biézhì 형 색다르다, 독특하다 | 连衣裙 liányīqún 명 원피스 | ★看上去 kànshàngqu 보아하니 | 散射 sǎnshè 명 난반사 | ★日出 rìchū 명 일출 | 日落 rìluò 명 일몰 | 绚丽 xuànlì 형 화려하고 아름답다 | 彩霞 cǎixiá 명 아름다운 노을

합격필수 TIP

▶ '把자문'으로 자주 쓰이는 문장

① 把……放在……上/中/下：~을 ~위/안/밑에 두다
  爸爸把钱包放在桌子上了。아빠는 지갑을 테이블 위에 두었다.

② 把……交/送/递给……：~을 ~에 건네다/보내다/건네주다
  老板把一份文件交给我。사장님은 문서 한 부를 나에게 건네셨다.

③ 把……做/吃/喝完了：~을 끝내다/먹어버리다/마셔버리다
  他把剩下的蛋糕都吃完了。그는 남은 케이크를 다 먹어버렸다.

④ 把……看成/看作/视为/当成/当作……：~을 ~로 간주하다/간주하다/여기다/삼다/여기다
  我把他视为最好的朋友。나는 그를 가장 친한 친구로 여긴다.

⑤ 把……拿/掏/取出来：~을 꺼내다
  他把手机从包里掏出来。그는 휴대폰을 가방에서 꺼냈다.

---

57. HSK POINT 목적어가 결여된 오류 문장 난이도 中

A 俗话说聚沙成塔，看似不起眼的小工作可能正是大事业的开始。
B 那一刻，观众席上鸦雀无声，所有人都被他的精彩表演吸引住了。
C 工作间隙做些转颈、后仰的简单运动，可以有效缓解颈部肌肉的疲劳。
D 现代医学研究表明，22时到凌晨4时是人体免疫系统、造血系统最旺盛。

A 속담에 '모래가 모여 탑을 이루다'는 말이 있는데, 이는 '보기에는 보잘것없는 작은 일이 어쩌면 큰 사업의 시작이 될 수 있다'는 말을 나타낸다.
B 그 순간, 관중석은 쥐 죽은 듯이 조용해졌고, 모든 사람들이 그의 훌륭한 공연에 매료되었다.
C 일하는 사이에 목을 돌리고 고개를 뒤로 젖히는 간단한 운동을 하면, 목 부위 근육의 피로를 효과적으로 완화시킬 수 있다.
D 현대 의학 연구에 따르면, 22시부터 새벽 4시까지가 인체의 면역 체계와 조혈 체계가 가장 왕성해지는 때라고 한다.

정답
D 现代医学研究表明，22时到凌晨4时_{주어} 是人体免疫系统、造血系统最旺盛_{술어}。(X)
  的时候/时间

→ D 现代医学研究表明，22时到凌晨4时 是人体免疫系统、造血系统最旺盛的时候/时间。(O)

공략 보기 D에서 '22时到凌晨4时'는 주어이고 동사 是는 술어이므로, 是 뒤에 주어와 호응하는 명사 목적어가 동반되어야 한다. 따라서 '……是人体……最旺盛的时候/时间'으로 고쳐야 올바른 표현이 된다.

어휘 ★俗话说 súhuà shuō 속담에, 옛말에 | 聚沙成塔 jù shā chéng tǎ 젱 티끌 모아 태산이다. 아무리 작은 것이라도 쌓이고 쌓이면 큰 덩어리가 된다 | 看似 kànsì 보기에 마치 ~같다 | ★不起眼 bùqǐyǎn 눈에 차지 않다. 눈에 띄지 않다, 보잘것없다 | ★那一刻 nà yí kè 그 순간 | 观众席 guānzhòngxí 명 관중석 | ★鸦雀无声 yā què wú shēng 젱 매우 고요하다. 쥐 죽은 듯이 조용하다 | ★被……吸引住了 bèi……xīyǐn zhù le ~에 매료되다 | ★精彩 jīngcǎi 형 훌륭하다, 뛰어나다 | ★表演 biǎoyǎn 명 공연 | 间隙 jiànxì 명 틈, 사이 | 转颈 zhuǎnjǐng 동 목을 돌리다 | 后仰 hòuyǎng 동 고개를(상반신을) 뒤로 젖히다 | ★有效 yǒuxiào 형 효과가 있다 | ★缓解 huǎnjiě 동 완화시키다, 누그러뜨리다 | 颈部 jǐngbù 명 경부, 목 부위 | ★肌肉 jīròu 명 근육 | ★疲劳 píláo 형 피로하다, 피곤하다 | ★研究表明 yánjiū biǎomíng 연구가 밝히다, 연구에 의하다 | 凌晨 língchén 명 새벽 | ★免疫系统 miǎnyì xìtǒng 명 면역 체계 | 造血系统 zàoxuè xìtǒng 명 조혈 체계 | ★旺盛 wàngshèng 형 왕성하다

58. HSK POINT 每의 의미를 나타내는 명사 중첩　난이도 中

A 新春佳节，每个家家户户都会张贴大红春联，给节日增添了不少欢乐祥和的气氛。
B 依托于电子商务平台，家具行业有了新的营销模式，满足了大批年轻人的购买需求。
C 时间像倒在掌心里的水，无论你摊开还是握紧，它总会从指缝间一点一滴地流淌干净。
D 天然的玛瑙冬暖夏凉，人工合成的则会随外界温度的变化而变化，天热它也热，天凉它也凉。

A 설날이 되면 집집마다 진홍색의 춘련을 붙이는데, 이는 명절에 즐겁고 상서로운 분위기를 더해준다.
B 전자상거래 플랫폼으로 가구업계에는 새로운 마케팅 양식이 나타났으며, 이는 대량의 젊은이들의 구매 수요를 만족시켰다.
C 시간은 손바닥에 부어진 물과 같아, 당신이 펼치든 움켜쥐든 관계없이 그것은 손가락 사이로 조금씩 말끔히 흘러간다.
D 천연의 마노는 겨울에는 따뜻하고 여름에는 차가운데, 인공 합성된 것은 외부 온도 변화에 따라 변하게 되어, 날이 더울 때는 뜨거워지고 날이 시원하면 차가워진다.

정답
A 新春佳节，~~每个~~ 家家户户都会张贴大红春联，给节~~日增添~~了不少欢乐祥和的气氛。(X) 의미 중복 오류
→ A 新春佳节，家家户户都会张贴大红春联，给节日增添了不少欢乐祥和的气氛。(O)

공략 보기 A에서 家家户户는 '모든 가정, 집집마다'라는 의미로 앞에 每个, 所有 등과 같은 단어를 동반할 수 없다. 따라서 每个를 삭제해야 올바른 문장이 된다.

어휘 ★新春佳节 xīnchūn jiājié 명 신춘가절, 설날, 새해 | ★家家户户 jiājiāhùhù 명 가가호호, 집집마다 | 张贴 zhāngtiē 동 붙이다, 게시하다 | 大红 dàhóng 명 진홍색 | 春联 chūnlián 명 춘련[음력 설에 문이나 기둥 등에 붙이는 대련] | ★增添 zēngtiān 동 더하다 | 欢乐祥和 huānlè xiánghé 즐겁고 상서롭다 | ★气氛 qìfēn 명 분위기 | 依托 yītuō 동 기대다, 의지하다 | ★电子商务平台 diànzǐ shāngwù píngtái 명 전자상거래 플랫폼 | 家具行业 jiājù hángyè 가구업계 | ★营销模式 yíngxiāo móshì 마케팅 양식 | ★满足……需求 mǎnzú……xūqiú 수요를 만족시키다 | ★大批 dàpī 명 대량의 | ★购买 gòumǎi 동 사다, 구매하다 | ★倒 dào 동 따르다, 붓다, 쏟다 | ★掌心 zhǎngxīn 명 손바닥(의 한가운데) | ★摊开 tānkāi 동 펼치다, 벌이다, 늘어놓다 | ★握紧 wòjǐn 동 움켜쥐다, 꽉 잡다 | 指缝 zhǐfèng 명 손가락 사이 | ★一点一滴 yì diǎn yì dī 형 조금씩, 약간 | ★流淌 liútǎng 동 흐르다 | 玛瑙 mǎnǎo 명 마노[광물] | ★冬暖夏凉 dōng nuǎn xià liáng 형 겨울에는 따뜻하고 여름에는 시원하다 | 人工合成 réngōng héchéng 인공 합성 | ★则 zé 접 오히려, 그러나 | ★随……的变化而变化 suí……de biànhuà ér biànhuà ~의 변화에 따라 변하다 | 外界温度 wàijiè wēndù 외부 온도

59. HSK POINT '跟……有很大关系' 구조 파악　난이도 下

A 电子书不需要用纸，比较环保，且携带方便，容量大，因此深受人们的喜爱。
B 这部影片生动地展现了帝企鹅这一可爱而又坚强的物种与严酷的自然环境做斗争的过程。
C 幸运之神的降临往往是因为你多坚持了一会儿，多迈出了几步，多找了一条路，多拐了一个弯。
D "口头禅"是一个人的习惯用语。它的形成跟使用者的性格、生活经历有关系很大，可以算是一个人的标志。

A 전자책은 종이를 사용할 필요가 없어 비교적 환경을 보호할 수 있고, 게다가 휴대가 편리하며 용량이 커서 사람들의 큰 사랑을 받고 있다.
B 이 영화는 황제 펭귄이라는 사랑스러우며 강인한 생물이 냉혹한 자연 환경과 투쟁하는 과정을 생동감 있게 나타냈다.
C 행운의 신의 등장은 종종 당신이 조금 더 꾸준히 하고, 몇 걸음 더 내딛고, 길을 더 찾고, 방향을 더 돌아갔기 때문이다.
D '입버릇'이란 한 사람의 습관용어이다. 그것의 형성은 사용자의 성격이나 생활 경험과 큰 관계가 있어서, 한 사람의 상징이라고 할 수 있다.

정답

D "口头禅"是一个人的习惯用语。它的形成跟使用者的性格、生活经历有关系很大，可以算是一个人的标志。(X)

→

D "口头禅"是一个人的习惯用语。它的形成跟使用者的性格、生活经历有很大关系，可以算是一个人的标志。(O)

공략

보기 D에서 '跟……有关系很大'는 잘못된 표현이다. 이 문장에서 有는 동사 술어로 그 뒤에 명사 목적어가 동반되어야 하며, '关系很大'는 '명사+형용사' 구조로 有의 목적어가 될 수 없다. 따라서 '跟……有很大关系'로 고쳐야 올바른 문장이 된다.

어휘

★电子书 diànzǐshū 명 전자책 | ★环保 huánbǎo 명 '环境保护(환경 보호)'의 약칭 | ★携带 xiédài 통 휴대하다 | ★容量 róngliàng 명 용량 | ★深受……的喜爱 shēnshòu……de xǐ'ài ~의 사랑을 크게 받다 | ★这部影片 zhè bù yǐngpiàn 이 영화 | ★生动 shēngdòng 형 생동감 있는 | ★展现 zhǎnxiàn 통 드러내다, 나타내다 | ★帝企鹅 dìqǐ'é 황제 펭귄 | ★坚强 jiānqiáng 형 굳세다, 완강하다 | ★物种 wùzhǒng 명 (생물의) 종 | ★严酷 yánkù 형 잔혹하다, 냉혹하다 | ★斗争 dòuzhēng 통 투쟁하다 | ★幸运之神 xìngyùn zhī shén 행운의 신 | ★降临 jiànglín 통 다가오다, 도래하다 | ★迈出 màichū 내딛다 | ★拐弯 guǎi wān 통 방향을 돌다, 커브를 돌다 | ★口头禅 kǒutóuchán 명 입버릇 | ★习惯用语 xíguàn yòngyǔ 명 습관용어 | ★使用者 shǐyòngzhě 명 사용자 | ★生活经历 shēnghuó jīnglì 생활 경험 | ★标志 biāozhì 명 표지, 상징

60. **HSK POINT** 가능보어를 동반할 수 없는 부사 从来 난이도 中

A 人类从河流、湖泊、含水土层和湿地取来的水，74%用于农业，18%用于工业，8%用于生活。
B 蜘蛛结网可能逮不到昆虫，但蜘蛛不结网就永远逮不到昆虫。努力可能没有回报，但不努力一定没有回报。
C 香菜富含香精油，香气浓郁，但香精油极易挥发，且经不起长时间加热，所以香菜最好在食用前加入，以保留其香气。
D 海参全身的骨头多达2000万块儿，但这些骨头极小，用肉眼从来看不见，要在显微镜下放大几十倍甚至几百倍才能看见。

A 인류가 강, 호수, 수분을 함유한 토양층 및 습지로부터 얻은 물은 74%는 농업, 18%는 공업, 8%는 생활에 쓰인다.
B 거미가 줄을 쳐도 어쩌면 곤충을 잡지 못할 수 있지만, 거미가 줄을 치지 않으면 절대로 곤충을 잡을 수 없다. 노력해도 어쩌면 보답이 없을 수 있기는 하지만, 노력하지 않는다면 보답은 결코 얻지 못한다.
C 고수에는 향료 오일이 풍부하게 함유되어 있어 향기가 진하지만, 향료 오일은 매우 쉽게 날아가는데다가 장시간의 가열을 견디지 못하기 때문에, 고수는 그 향기를 유지시키기 위해 섭취하기 전에 넣는 것이 가장 좋다.
D 해삼은 온몸의 뼈가 2000만 개나 되지만, 이러한 뼈는 매우 작아서 육안으로는 절대 보이지 않는다. 현미경으로 몇십 배 심지어는 몇백 배를 확대해야만 볼 수 있다.

정답

D 海参全身的骨头多达2000万块儿，但这些骨头极小，用肉眼从来看不见，要在显微镜下放人几十倍甚至几百倍才能看见。(X)

→

D 海参全身的骨头多达2000万块儿，但这些骨头极小，用肉眼根本看不见，要在显微镜下放人几十倍甚至几百倍才能看见。(O)

공략

보기 D에서 从来는 '여태껏, 지금까지'라는 뜻으로 그 뒤에 술어는 가능보어를 취할 수 없다. 즉 '从来看不见', '从来听不到', '从来看不懂'은 모두 잘못된 표현이다. 이때는 从来 대신 '전혀, 아예'라는 의미의 根本을 써서 '根本看不见(전혀 볼 수 없다)', '根本听不到(전혀 들을 수 없다)', '根本看不懂(보고 전혀 이해할 수 없다)'이라고 해야 올바른 표현이 된다. 从来는 주로 '从来没……过(과거에 ~을 경험한 적이 없다)'의 형태로 쓰인다.

어휘

★湖泊 húpō 명 호수 | 含水土层 hánshuǐ tǔcéng 명 수분을 함유한 토양층 | ★湿地 shīdì 명 습지 | ★用于 yòngyú 통 ~에 쓰다 | ★蜘蛛 zhīzhū 명 거미 | 结网 jié wǎng 통 (거미가) 줄을 치다 | ★逮不到 dàibudào 잡을 수 없다 | ★回报 huíbào 명 보답 | 香菜 xiāngcài 명 고수, 향채 | ★富含 fùhán 대량으로 함유되어 있다, 풍부히 함유되어 있다 | 香精油 xiāngjīngyóu 명 향료 오일, 에센스 오일 | ★香气 xiāngqì 명 향기 | ★浓郁 nóngyù 형 짙다, 농후하다 | 极易 jí yì 매우 쉽게 | ★挥发 huīfā 통 휘발하다, 날아가다 | ★经不起 jīngbuqǐ 감당할 수 없다, 견딜 수 없다 | 加热 jiā rè 통 가열하다 | ★食用 shíyòng 통 식용하다, 먹다 | 加入 jiārù 통 넣다 | ★保留 bǎoliú 통 보존하다, 남겨 두다 | ★其 qí 대 그 | 海参

hǎishēn 명 해삼 | ★全身 quánshēn 명 전신, 온몸 | 骨头 gǔtou 명 뼈 | ★多达 duō dá ~만큼이나 되다, ~만큼 달하다 | 肉眼 ròuyǎn 명 육안 | ★显微镜 xiǎnwēijìng 명 현미경 | ★放大 fàngdà 동 확대하다 | 倍 bèi 양 배 | ★甚至 shènzhì 부 심지어, ~조차도

第二部分

61. HSK POINT '大幅度提高'의 호응 구조 파악 　난이도 中

高考是一场选拔赛，自然有人①金榜题名，有人落榜。尽管高校扩招使近几年的升学率大②幅度提高，但仍③满足不了所有渴望接受高等教育考生的愿望。

중국의 대학 입학 시험은 한 차례의 선발 대회여서, 당연히 누군가는 ①시험에 합격하고 누군가는 낙방하게 된다. 비록 대학의 확대 모집으로 근 몇 년 간 진학률이 대②폭 상승했지만, 여전히 고등 교육을 받기를 갈망하는 모든 수험생들의 바람을 ③만족시키지 못하고 있다.

A 高中状元 ✕ ｜ 跨度 ✕ ｜ 符合 ✕
B **金榜题名 ○ ｜ 幅度 ○ ｜ 满足 ○**
C 榜上有名 ○ ｜ 飞速 ✕ ｜ 满意 ✕
D 名列前茅 ✕ ｜ 迅猛 ✕ ｜ 适应 ✕

A 장원에 급제하다 ｜ 간격 ｜ 부합하다
B **시험에 합격하다 ｜ 폭 ｜ 만족시키다**
C 합격하다 ｜ 매우 빠르다 ｜ 만족스럽다
D 성적이 선두에 있다 ｜ 맹렬하다 ｜ 적응하다

공략

①번 칸: 金榜题名과 榜上有名은 '자신의 이름이 명단에 있다'는 뜻으로 대학에 합격했음을 나타내므로 빈칸에 모두 가능한데, 활용도가 더 높은 것은 金榜题名이다. '高中状元'은 고대에 장원 급제했을 때 쓰이는 표현이며, '名列前茅'는 평소 시험 성적이 좋아 선두에 있음을 나타낼 때 쓰이는 표현이다.

②번 칸: 빈칸에는 幅度만 가능하다. '大幅度提高'는 크게 향상하거나 크게 올랐음을 나타낼 때 쓰이는 표현이며, 이 밖에도 '大幅度下降(대폭 떨어지다)', '大幅上升(대폭 상승하다)', '大幅上涨(대폭 오르다)', '大幅下跌(대폭 하락하다)' 등으로 호응하여 쓰인다.

③번 칸: 满足는 주로 '满足愿望(바람을 만족시키다)', '满足要求(요구를 만족시키다)', '满足条件(조건을 만족시키다)' 등과 같이 호응을 이루어 쓰이므로 빈칸에 가능하다. 符合는 '符合条件(조건에 부합하다)', '符合要求(요구에 부합하다)', '符合标准(기준에 부합하다)'의 형태로 호응을 이룬다. 满意는 형용사로 주로 '对……满意(~에 대해 만족스럽다)'의 형태로 쓰이며, 适应은 '适应环境(환경에 적응하다)', '适应生活(생활에 적응하다)' 등과 같이 호응을 이룬다.

어휘

高考 gāokǎo 명 '高等学校招生考试(중국의 대학 입학 시험)'의 약칭 | ★一场 yì chǎng 한 차례, 한 번 | ★选拔赛 xuǎnbásài 명 선발 대회, 선발 경기 | 自然 zìrán 부 자연스럽다, 당연하다 | 落榜 luò bǎng 동 낙방하다, 시험에 떨어지다 | ★尽管 jǐnguǎn 접 비록 ~라 하더라도 | 高校 gāoxiào 명 '高等学校(고등교육기관)'의 약칭 | 扩招 kuòzhāo 동 확대 모집하다 | 升学率 shēngxuélǜ 명 진학률 | ★提高 tígāo 동 향상되다, 높이다 | ★渴望 kěwàng 동 갈망하다 | ★接受 jiēshòu 동 받다, 받아들이다 | ★高等教育 gāoděng jiàoyù 고등 교육 | 考生 kǎoshēng 명 수험생 | ★愿望 yuànwàng 명 희망, 바람 | 高中状元 gāozhòng zhuàngyuán 장원 급제하다 | 跨度 kuàdù 명 간격 | ★符合 fúhé 동 부합하다 | ★金榜题名 jīn bǎng tí míng 성 시험에 합격하다 | 幅度 fúdù 명 폭, 너비 | 榜上有名 bǎng shàng yǒumíng 합격하다, 채용되다 | ★飞速 fēisù 형 매우 빠르다 | 满意 mǎnyì 형 만족스럽다 | ★名列前茅 míng liè qián máo 성 성적이 선두에 있다, 석차가 수석이다 | ★迅猛 xùnměng 형 맹렬하다, 급격하다 | 适应 shìyìng 동 적응하다

합격필수 TIP

▶ '适应/适合/合适/适当/符合' 차이 비교

① 适应 통 적응하다
  - 어휘 호응: 适应环境 환경에 적응하다 | 适应生活 생활에 적응하다 | 适应条件 조건에 적응하다
  - 예문: 我还没适应中国的生活。 나는 아직 중국 생활에 적응하지 못했다.

② 适合 통 알맞다, 적합하다
  - 어휘 호응: 适合你 너에게 알맞다 | 适合当老师 선생님이 되기에 알맞다 | 适合做生意 장사를 하기에 적합하다
  - 예문: 她很适合做生意。 그녀는 사업을 하기에 매우 적합하다.

③ 合适 형 알맞다, 적합하다
  - 어휘 호응: 对……合适 ~에 알맞다, ~에 적합하다 | 合适的工作 적합한 직업 | 合适的对象 알맞은 상대
  - 예문: 找到一个合适的对象很不容易。 알맞은 상대를 찾는 것은 매우 쉽지 않다.

④ 适当 형 적당하다
  - 어휘 호응: 适当的+명사(时间/地方/时机/机会) 적당한 ~ | 适当地+동사(运动/饮酒/休息) 적당히 ~
  - 예문: 到目前为止还没有找到适当的人选。 현재까지는 적당한 인재를 찾지 못했다.
    适当饮酒对身体有一定的好处。 적당히 음주하는 것은 건강에 어느 정도의 장점이 있다.

⑤ 符合 통 부합하다
  - 어휘 호응: 符合要求 요구에 부합하다 | 符合标准 기준에 부합하다 | 符合规定 규정에 부합하다 | 符合事实 사실에 부합하다 | 符合水平 수준에 부합하다
  - 예문: 这是否符合你们的要求? 이는 당신들의 요구에 부합합니까?

---

62. HSK POINT '棘手的问题'의 호응 구조 파악 난이도 上

生活中, 很多复杂的事情、①棘手的问题, 也许只要换一个角度思考, 就会②迎刃而解。有时候, 我们③缺少的不是跋涉的努力与坚持, 而是多角度的思考与总结。

삶 속의 많은 복잡한 일들과 ①골치 아픈 문제들은 어쩌면 관점을 바꾸어 생각하기만 하면, ②순조롭게 해결될 수 있다. 때때로, 우리에게 ③부족한 것은 고된 노력과 끈기가 아닌 다각도적인 사고와 총괄이라고 할 수 있다.

A	固有 ✗	一目了然 ✗	遗失 ✗
B	拿手 ✗	苦尽甘来 ✗	丧失 ✗
C	尴尬 ✗	各抒己见 ✗	缺席 ✗
D	棘手 ○	迎刃而解 ○	缺少 ○

A 고유의 | 일목요연하다 | 유실하다
B 뛰어난 | 고생 끝에 낙이 온다 | 상실하다
C 난처한 | 각자 자기의 의견을 발표하다 | 결석하다
D 골치 아픈 | 순조롭게 해결되다 | 부족하다

공략

①번 칸: 빈칸에는 棘手만 가능하며, '棘手的问题'는 '해결하기 힘든 골치 아픈 문제'라는 의미이다. 拿手는 '拿手菜(가장 자신 있는 요리)'의 형태로 호응하여 쓰이고, 尴尬는 '让人尴尬(사람을 난처하게 하다)'의 형태로 호응하여 쓰인다.

②번 칸: 빈칸에는 '문제가 쉽게 해결되다'는 뜻의 迎刃而解만 가능하다. 一目了然은 '한눈에 훤히 알다'는 의미로 주로 앞에 笔记(필기), 板书(판서) 등의 어휘를 동반하여 쓰인다. 苦尽甘来는 '힘들고 고생스러운 일을 겪고 그 후에 낙이 온다'는 뜻이고, 各抒己见은 '각자 자신의 의견을 발표하나'는 의미로 주로 회의하는 상황에 적용되는 성어이다.

어휘

★复杂 fùzá 형 복잡하다 | ★换一个角度 huàn yí ge jiǎodù 각도를 바꾸다, 관점을 바꾸다 | ★思考 sīkǎo 통 사고하다, 생각하다 | ★跋涉 báshè 통 산을 넘고 물을 건너다, 여정이 고되다 | ★多角度 duō jiǎodù 다각도 | ★总结 zǒngjié 명 총결, 총괄, 요약 | ★固有 gùyǒu 형 고유의 | ★一目了然 yí mù liǎo rán 성 일목요연하다, 한눈에 훤히 알다 | ★遗失 yíshī 통 유실하다 | ★拿手 náshǒu 형 뛰어나다, 능하다 | ★苦尽甘来 kǔ jìn gān lái 성 고진감래, 고생 끝에 낙이 온다 | ★丧失 sàngshī 통 상실하다, 잃어버리다 | ★尴尬 gāngà 형 곤란하다, 난처하다 | ★各抒己见 gè shū jǐ jiàn 성 각자 자기의 의견을 발표하다 | ★缺席 quēxí 통 결석하다 | ★棘手 jíshǒu 형 곤란하다, 골치 아프다 | ★迎刃而解 yíng rèn ér jiě 핵심적인 문제만 해결하면 다른 것은 잇따라 풀린다, 순리적으로 문제가 해결되다 | ★缺少 quēshǎo 통 부족하다, 모자라다

63. HSK POINT 糖融化의 호응 구조 파악 난이도 上

传统的冰糖葫芦是在冬天才会在市场上看到的，由于山楂和外面的那层糖被寒冷的气温①冻住，所以咬起来的感觉很硬，像在吃冰一样。夏天，由于天气炎热，外面的糖衣会②融化，味道和冬天的比起来也③相差甚远。

전통적인 빙탕후루는 겨울에만 시장에서 볼 수 있는데, 산사나무 열매와 겉의 그 설탕층이 차가운 기온에 ①얼어버리게 되어, 깨물었을 때의 느낌이 딱딱해서 마치 얼음을 먹는 것과 같다. 여름에는 날씨가 무더워서 겉의 설탕 껍질이 ②녹을 수 있어서, 맛은 겨울과 비교해 보면 ③큰 차이가 난다.

A 冷 ✕ | 消融 ✕ | 相去甚远 ○
B 冻 ○ | 融化 ○ | 相差甚远 ○
C 裹 ✕ | 溶化 ✕ | 不相上下 ✕
D 包 ✕ | 熔化 ✕ | 相差无几 ✕

A 춥다 | 녹다 | 서로 멀리 떨어지다
B 얼다 | 녹다 | 서로 크게 차이가 나다
C 싸다 | 녹다 | 막상막하이다
D 싸다 | 녹다 | 차이가 별로 없다

공략

①번 칸 : 날씨가 너무 추워 '얼어버리게 되다'라는 의미이므로 빈칸에는 冻만 가능하다.

②번 칸 : 融化가 '사탕이나 초콜릿 등이 녹다'는 의미를 나타내므로 빈칸에 가장 적합하다. 消融은 주로 '冰雪消融(얼음이나 눈이 녹다)'로 쓰이고, 溶化는 '어떤 사물이 물속에서 용해되어 녹는다'는 의미를 나타내며, 熔化는 '어떤 사물에 열을 가했을 때 녹는다'는 의미를 나타낸다.

③번 칸 : 빈칸에는 '차이가 크다'는 뜻의 相去甚远, 相差甚远이 모두 가능하다. 不相上下는 능력에 있어 차이가 없이 막상막하인 경우에 쓰이고, 相差无几는 차이가 매우 적음을 나타낸다.

어휘

★传统 chuántǒng 형 전통적인 | ★冰糖葫芦 bīngtánghúlu 명 빙탕후루[산사나무·해당화 열매 등을 꼬치에 꿰어 설탕물·엿 등을 발라 굳힌 것] | 山楂 shānzhā 명 산사나무(열매) | 层 céng 명 층, 겹 | ★寒冷 hánlěng 형 춥고 차다 | 咬起来 yǎoqǐlai 깨물다 | ★硬 yìng 형 단단하다, 딱딱하다 | ★炎热 yánrè 형 무덥다 | 糖衣 tángyī 명 당의[쓴 약의 겉에 씌운 당분이 든 껍질] | ★消融 xiāoróng 동 녹다, 용해되다 | ★相去甚远 xiāngqù shèn yuǎn 서로 아주 멀리 떨어지다 | ★融化 rónghuà 동 녹다 | ★相差甚远 xiāngchà shèn yuǎn 서로 크게 차이가 나다 | 裹 guǒ 동 싸다, 싸매다 | ★溶化 rónghuà 동 녹다 | ★不相上下 bù xiāng shàng xià 성 우열을 가릴 수 없다, 막상막하이다 | 熔化 rónghuà 동 녹이다, 녹다 | ★相差无几 xiāngchà wú jǐ 성 차이가 별로 없다

---

64. HSK POINT '占有……地位'의 호응 구조 파악 난이도 中

脸谱是中国戏剧演员脸部的彩色妆容。它在形式、色彩和类型上有一定的格式。内行观众从脸谱上就可以①分辨出这个角色是英雄还是坏人，聪明还是②愚蠢，受人爱戴还是使人③厌恶。京剧脸谱在中国脸谱化妆中占有特殊的④地位。

롄푸란 중국 전통극 배우들의 여러 가지 색깔의 얼굴 분장을 가리키는데, 형식, 색깔 및 유형에 있어 일정한 격식을 지니고 있다. 노련한 관중들은 롄푸를 통해 이 역할이 영웅인지 악당인지, 똑똑한지 ②어리석은지, 사람들의 사랑을 받을지 사람들이 ③혐오하게 될지를 ①분별해낼 수 있다. 경극에서의 롄푸는 중국 롄푸 분장 중 특수한 ④지위를 차지하고 있다.

A 划分 ✕ | 愚昧 ○ | 鄙视 ○ | 位置 ○
B 分辨 ○ | 愚蠢 ○ | 厌恶 ○ | 地位 ○
C 认定 ✕ | 笨拙 ○ | 反感 ○ | 座位 ✕
D 辨认 ✕ | 无知 ○ | 悔恨 ✕ | 身份 ✕

A 나누다 | 어리석다 | 경멸하다 | 위치
B 분별하다 | 어리석다 | 혐오스러워하다 | 지위
C 인정하다 | 멍청하다 | 반감을 가지다 | 좌석
D 식별해내다 | 무지하다 | 뉘우치다 | 신분

공략

①번 칸 : '不同种类的咖啡(여러 종류의 커피)', '不同种类的花(여러 종류의 꽃)', '好人和坏人(착한 사람과 나쁜 사람)' 등과 같이 두 개 혹은 그 이상의 몇 가지 사물 중에서 구분할 때 分辨이 가장 적합한 표현이다.

④번 칸 : 빈칸에 位置와 地位 둘 다 가능하지만 '占有……的地位' 형태의 호응 구조가 더 적절하다.

어휘

★脸谱 liǎnpǔ 몡 롄푸[중국 전통극에서 일부 배역들의 얼굴 분장] | 戏剧 xìjù 몡 중국 전통극, 희극, 연극 | ★演员 yǎnyuán 몡 배우, 연기자 | 彩色 cǎisè 몡 여러 가지 빛깔, 컬러 | 妆容 zhuāngróng 몡 분장한 얼굴 | ★形式 xíngshì 몡 형식 | ★类型 lèixíng 몡 유형 | ★格式 géshì 몡 격식, 양식 | ★内行 nèiháng 몡 노련하다, 능숙하다 | ★角色 juésè 몡 배역 | ★英雄 yīngxióng 몡 영웅 | ★坏人 huàirén 몡 나쁜 사람, 악당 | ★受人爱戴 shòu rén àidài 추대를 받다, 사랑을 받다 | ★化妆 huàzhuāng 통 화장하다, 분장하다 | ★占有 zhànyǒu 통 점유하다, 차지하다 | ★特殊 tèshū 톙 특수하다, 특별하다 | 划分 huàfēn 통 나누다, 구분하다 | ★愚昧 yúmèi 톙 우매하다, 어리석고 사리에 어둡다 | ★鄙视 bǐshì 통 경멸하다, 무시하다 | ★位置 wèizhi 몡 위치 | ★分辨 fēnbiàn 통 분별하다, 구분하다 | ★愚蠢 yúchǔn 톙 어리석다, 우둔하다 | ★厌恶 yànwù 통 혐오하다, 몹시 싫어하다 | ★地位 dìwèi 몡 지위 | ★认定 rèndìng 통 인정하다 | ★笨拙 bènzhuō 톙 멍청하다 | ★反感 fǎngǎn 통 반감을 가지다 | ★座位 zuòwèi 몡 좌석 | ★辨认 biànrèn 통 식별해내다 | 无知 wúzhī 톙 무지하다, 사리에 어둡다 | ★悔恨 huǐhèn 통 후회하다, 뼈저리게 뉘우치다

65. HSK POINT 성어 称心如意의 의미 이해 〔난이도 中〕

卷柏是一种很有趣的植物。每当气候①干燥时，卷柏就会自己把根从土壤里拔出来，然后将整个身体卷成一个圆球。稍有一点儿风，它就会随风在地面上滚动。②一旦到了水分充足的地方，圆球就会③迅速打开，扎根定居下来。当它再次感到水分不足、住得不④称心如意时，就会再度搬家。

부처손은 일종의 흥미 있는 식물이다. 기후가 ①건조해질 때면, 부처손은 스스로 뿌리를 흙 속에서 빼내어, 온몸을 둥근 공처럼 말아버린다. 바람이 약간 불면, 그것은 바람을 따라 땅 위에서 구른다. ②일단 수분이 충분한 곳에 이르게 되면, 둥근 공은 ③신속하게 풀어져 뿌리를 내리고 정착하게 된다. 부처손은 다시 수분 부족을 느끼거나 생활하는 것이 ④마음에 들지 않을 때 또 다시 이사를 하게 된다.

A 炎热 O 倘若 O 随时 X 津津有味 X
B 枯燥 X 假如 O 立刻 O 一帆风顺 X
C 干旱 O 即便 X 立即 O 无忧无虑 X
D 干燥 O 一旦 O 迅速 O 称心如意 O

A 무덥다 | 만일 | 언제든지 | 흥미진진하다
B 무미건조하다 | 만약 | 즉시 | 일이 순조롭게 진행되다
C 가물다 | 설령 | 즉시 | 아무런 근심이나 걱정이 없다
D 건조하다 | 일단 | 신속하게 | 마음에 꼭 들다

공략

①번 칸 : 枯燥는 '무미건조하다, 지루하다'는 의미로 '这本书很枯燥。(이 책은 지루하다)'와 같이 쓰이므로 빈칸에 적합하지 않다.

④번 칸 : 알맞은 성어를 골라야 하므로 '자신의 마음에 꼭 들다'라는 뜻의 称心如意만 가능하다. 称心如意는 주로 '称心如意的工作(마음에 드는 직업)', '称心如意的对象(마음에 드는 상대)' 등의 형태로 호응하여 쓰인다. 津津有味는 '감칠맛나다, 아주 맛있다, 흥미진진하다'는 뜻으로 주로 '吃得津津有味(감칠맛나게 먹다)', '看得津津有味(흥미진진하게 보다)', '听得津津有味(흥미진진하게 듣다)'와 같이 호응 관계를 이룬다. 一帆风顺은 '모든 것이 다 순조롭다'라는 의미로 '祝你一帆风顺(모든 것이 다 순조롭기를 바랍니다)' 같이 다른 사람에게 축복이나 축원을 할 때 주로 쓰인다. 无忧无虑는 '아무런 근심이나 걱정이 없다'는 뜻으로 주로 '无忧无虑的孩子(아무 근심·걱정 없는 아이)', '无忧无虑的童年(아무 근심·걱정 없는 어린 시절)'과 같이 호응하여 쓰인다.

어휘

卷柏 juǎnbǎi 몡 부처손[식물] | ★有趣 yǒuqù 톙 재미있다, 흥미 있다 | ★根 gēn 몡 뿌리 | 土壤 tǔrǎng 몡 토양, 흙 | ★拔 bá 통 뽑다, 빼다 | 将……卷成 jiāng……juǎnchéng ~을 말아 ~로 되다 | 整个 zhěnggè 몡 전체 | 圆球 yuánqiú 둥근 공 | ★稍有一点儿风 shāo yǒu yìdiǎn fēng 바람이 약간 불다 | 滚动 gǔndòng 통 구르다 | ★水分充足 shuǐfèn chōngzú 수분이 충분하다 | ★扎根 zhāgēn 통 뿌리를 내리다 | ★定居 dìngjū 통 정착하다 | ★再度 zàidù 몡 재차 | ★搬家 bānjiā 통 이사하다 | ★炎热 yánrè 톙 무덥다 | ★倘若 tǎngruò 졉 만일 | ★随时 suíshí 뷔 수시로, 아무 때나 | ★津津有味 jīn jīn yǒu wèi 졍 흥미진진하다, 감칠맛나다 | ★枯燥 kūzào 톙 무미건조하다, 지루하다 | ★假如 jiǎrú 졉 만약 | ★立刻 lìkè 뷔 즉시, 곧 | ★一帆风顺 yì fān fēng shùn 졍 순풍에 돛을 올리다, 일이 순조롭게 진행되다 | ★干旱 gānhàn 톙 가물다 | ★即便 jíbiàn 졉 설령 ~라 하더라도 | ★立即 lìjí 뷔 즉시, 바로 | ★无忧无虑 wú yōu wú lǜ 졍 아무런 근심이나 걱정이 없다 | ★干燥 gānzào 톙 건조하다 | ★一旦 yídàn 뷔 일단 | 迅速 xùnsù 톙 신속하다 | ★称心如意 chèn xīn rú yì 졍 마음에 꼭 들다, 생각대로 되다

합격필수 TIP

▶ 자주 출제되는 주요 접속사 용법

① 如果/要是/倘若/若/假如/假使……那么(就)/便：만일 ~한다면 곧 ~하다(가설·가정의 상황을 나타냄)
倘若你能得第一名，我就给你买新手机。만약 네가 1등을 한다면, 내가 너에게 새 휴대폰을 사주겠다.

② 只要……就/便：단지 ~하기만 하면 곧(충분 조건을 나타냄)
只要你会说汉语，就能进入这家公司。당신이 중국어를 할 수 있다면, 이 회사에 입사할 수 있다.

③ 只有/除非……才：단지 ~해야지만 비로소(필요 조건을 나타냄)
只有他买了房子，我才跟他结婚。오직 그가 집을 사야지만, 나는 그와 결혼할 것이다.

④ 即便/即使/哪怕/就算/就是……也/还：설사 ~하더라도(좋지 않은 조건이더라도 반드시 어떤 일을 하겠음을 나타냄)
即使我生病了，也一定会去上课。설령 내가 병이 난다 해도, 반드시 수업은 하러 갈 것이다.

⑤ 既然……就/便：기왕 ~한 이상(이미 좋지 않은 조건이 있으므로 어떤 일을 하지 말라는 의미를 나타냄)
既然你生病了，就别来上课了。이왕 병이 난 이상, 수업에 오지 마라.

⑥ 与其……不如：~하느니 차라리(두 가지 중 뒤 절의 내용을 선택하는 것이 더 낫다는 것을 나타냄)
与其今天去，不如明天去。오늘 가느니 내일 가는 것이 낫다.

⑦ 宁可/宁愿……也不/也要：~할지언정 ~는 하지 않겠다/~할지언정 ~하겠다(두 가지 중 뒤 절의 내용을 절대 선택하지 않겠다/앞 절의 내용을 하더라도 뒤 절 내용도 하겠다는 것을 나타냄)
我宁可饿死，也不吃这个菜。나는 굶어 죽을지언정, 이 음식은 먹지 않겠다.
我宁可贷款，也要买那辆车。나는 대출을 받을지언정, 그 차를 사고 말겠다.

---

66. HSK POINT '含有……成分'의 호응 구조 파악 난이도 下

啤酒瓶盖为什么要设计成锯齿状呢? 这是因为啤酒里面①含有很多二氧化碳，所以需要密闭性好、不容易跑气的②包装设计。经过③不断改进，人们发现锯齿状的瓶盖最利于啤酒的密封④保存。

맥주 병마개는 왜 톱니 모양으로 설계된 것일까? 이는 맥주 안에는 많은 이산화탄소가 ①함유되어 있기 때문에, 밀폐성이 뛰어나 쉽게 공기가 빠지지 않는 ②포장 디자인이 필요하기 때문이다. ③끊임없는 개선을 거쳐, 사람들은 톱니 모양의 병마개가 맥주의 밀봉과 ④보존에 가장 유리하다는 것을 발견해냈다.

A	存在 O	装扮 X	反复 O	保障 X
B	拥有 X	装修 X	连续 X	保管 O
C	蕴藏 X	装饰 X	逐步 O	保养 X
D	**含有 O**	**包装 O**	**不断 O**	**保存 O**

A	존재하다	꾸미다	반복해서	보장하다
B	보유하다	인테리어하다	연속하여	보관하다
C	매장되다	장식하다	점차	보양하다
D	**함유하다**	**포장하다**	**끊임없이**	**보존하다**

공략 ①번 칸 : 빈칸에 存在, 含有가 모두 가능한데, 含有는 사물에 어떤 성분이 포함되어 있음을 나타내므로 의미상 더 적합하다. 拥有는 '拥有朋友(친구가 있다)', '拥有青春(청춘을 지니다)', '拥有健康(건강을 지니다)', '拥有别墅(별장을 소유하다)' 등 좋은 의미를 나타내는 어휘들과 함께 호응하여 쓰이고, 蕴藏은 '蕴藏着资源(자원이 매장되어 있다)', '蕴藏着石油(석유가 매장되어 있다)', '蕴藏着煤炭(석탄이 매장되어 있다)' 등의 형태로 호응을 이룬다.

④번 칸 : 빈칸에 保管과 保存이 모두 가능한데, 保存이 더욱 적합하다. 保存은 주로 '保存啤酒(맥주를 보존하다)', '保存泡菜(김치를 보존하다)', '保存文件(문서를 보존하다)', '保存照片(사진을 보존하다)' 등의 형태로 호응하여 쓰인다. 保障은 '生活保障(생활 보장)', 保管은 '替……保管一下(~대신 ~을 좀 보관하다)', 保养는 '保养皮肤(피부를 관리하다)'의 형태로 호응을 이룬다.

어휘 ★瓶盖 pínggài 몡 병마개 | ★设计 shèjì 통 설계하다 | 锯齿状 jùchǐzhuàng 톱니 모양 | ★二氧化碳 èryǎnghuàtàn 몡 이산화탄소 | ★密闭性 mìbìxìng 밀폐성 | 跑气 pǎoqì 공기가 빠지다 | ★改进 gǎijìn 통 개선하다, 개량하다 | ★利于

lìyú 동 ~에 이롭다 | ★密封 mìfēng 동 밀봉하다 | 装扮 zhuāngbàn 동 꾸미다, 장식하다 | ★反复 fǎnfù 부 반복해서, 거듭 | ★保障 bǎozhàng 동 보장하다 | ★装修 zhuāngxiū 동 인테리어를 하다 | ★连续 liánxù 동 연속하다, 계속하다 | ★保管 bǎoguǎn 동 보관하다 | 蕴藏 yùncáng 동 매장되다, 잠재하다, 묻히다 | ★装饰 zhuāngshì 동 장식하다 | ★逐步 zhúbù 부 점차 | ★保养 bǎoyǎng 동 보양하다 | ★含有 hányǒu 동 함유하다, 포함하다 | ★包装 bāozhuāng 동 포장하다 | ★保存 bǎocún 동 보존하다

67. HSK POINT '一首诗'의 호응 구조 파악 난이도 下

王维是盛唐诗人的代表，现存诗400余①首。他的诗大多是描写山水田园之作，语言②优美，音节较为舒缓，在描绘自然美景的同时，也③流露出作者闲逸潇洒的情趣。后人④评价他的作品是"诗中有画，画中有诗"。

왕유는 성당 시기 시인의 대표로, 현존하는 시는 400여 ①수이다. 그의 시는 대다수가 산수나 전원을 묘사한 작품으로, 언어가 ②아름답고, 음절이 비교적 느리며, 자연의 아름다운 경치를 묘사해냄과 동시에 작가의 유유자적하고 멋스러운 정취도 ③드러냈다. 후세 사람들은 그의 작품을 '시에 그림이 있고, 그림 속에 시가 있다'고 ④평가한다.

A	首 O	优美 O	流露 O	评价 O
B	幅 X	美观 X	揭露 X	评论 O
C	枚 X	美妙 X	透露 O	评估 X
D	辈 X	优异 X	泄露 X	批评 X

A	수	아름답다	드러내다	평가하다
B	폭	보기좋다	폭로하다	평론하다
C	매	아름답다	드러내다	평가하다
D	세대	특히 우수하다	누설하다	비평하다

공략

①번 칸 : 알맞은 양사를 고르는 것으로 '一首诗(시 한 수)', '一首歌(노래 한 수)' 등과 같이 호응하여 쓰이는 首만 가능하다. 幅는 '一幅画(그림 한 폭)'의 형태로, 枚는 '一枚奖牌(메달 한 개)', '一枚鱼卵(물고기 알 한 개)' 등과 같이 비교적 작은 조각으로 된 사물과 호응하여 쓰인다.

②번 칸 : 빈칸에는 优美만 가능한데, 优美는 주로 '语言优美(언어가 아름답다)', '风景优美(풍경이 아름답다)' 등의 형태로 호응 구조를 이룬다. 이 밖에 美观은 '造型美观(조형이 아름답다)', '设计美观(설계가 아름답다)'와 같이 주로 사물의 외관이 보기 좋거나 아름다울 때 쓰이고, 美妙는 '音乐美妙(음악이 아름답다)', '舞姿美妙(춤추는 모습이 아름답다)', 优异는 '成绩优异(성적이 특히 우수하다)'와 같이 호응하여 쓰인다.

어휘 盛唐 shèng Táng 성당, 전성기의 당 | ★诗人 shīrén 명 시인 | ★代表 dàibiǎo 명 대표 | ★描写 miáoxiě 동 (글로) 묘사하다, 그려내다 | 山水田园 shānshuǐ tiányuán 산수와 전원 | 音节 yīnjié 명 음절 | ★舒缓 shūhuǎn 형 느리다, 완만하다 | 描绘 miáohuì 동 (그림으로) 묘사하다, 베끼다 | 自然美景 zìrán měijǐng 자연의 아름다운 경치 | 闲逸潇洒 xiányì xiāosǎ 유유자적하고 멋스럽다 | 情趣 qíngqù 명 정취 | 诗中有画，画中有诗 shī zhōng yǒu huà, huà zhōng yǒu shī 시에 그림이 있고, 그림 속에 시가 있다 | ★优美 yōuměi 형 아름답다 | ★流露 liúlù 동 (생각·감정을) 무의식 중에 나타내다, 무심코 드러내다 | ★评价 píngjià 동 평가하다 | 美观 měiguān 형 보기 좋다 | ★揭露 jiēlù 동 (비밀·기밀·진상 등을) 폭로하다, 들추어내다 | 枚 méi 양 매, 장, 개 | ★美妙 měimiào 형 아름답다, 더없이 좋다 | 透露 tòulù 동 (정보·상황·의중 등을) 넌지시 드러내다, 암시하다 | 评估 pínggū 동 (질·수준·성적 등을) 평가하다 | 辈 bèi 명 세대, 대 | ★优异 yōuyì 형 특히 우수하다 | ★泄露 xièlòu 동 (비밀·기밀 등을) 누설하다, 폭로하다 | ★批评 pīpíng 동 비판하다, 질책이다

68. HSK POINT '任务艰巨'의 호응 구조 파악 난이도 中

"没有比脚更长的路，没有比人更高的山。"我们总觉得路途①遥远，却忘了脚比路长。在奋斗的过程中，目标高远、任务②艰巨并不可怕，可怕的是缺乏追寻的勇气和③执着的精神。只要愿意努力，就能④实现自己的理想。

'발보다 더 긴 길은 없고, 사람보다 더 높은 산은 없다'는 말이 있다. 우리는 여정이 ①아득히 멀다고 여기지만, 발이 여정보다 길다는 것은 잊고 있다. 분투하는 과정에서 목표가 원대하고 임무가 ②막중한 것은 결코 두려운 것이 아니다. 두려운 것은 추구하려는 용기와 ③끈기 있는 정신이 부족한 것이라고 할 수 있다. 기꺼이 노력하고자 한다면, 자신의 꿈은 ④이룰 수 있다는 것이다.

A	漫长 O	沉重 X	固执 X	落实 X	A	멀다	무겁다	고집스럽다	실현되다
B	遥远 O	艰巨 O	执着 O	实现 O	B	아득히 멀다	막중하다	끈기 있다	이루다
C	平坦 X	艰难 X	坚固 X	实施 X	C	평탄하다	힘겹다	견고하다	실시하다
D	颠簸 X	隆重 X	倔强 X	兑现 X	D	요동치다	성대하다	고집이 세다	이행하다

공략

②번 칸: '임무가 막중하다'는 의미가 적합하므로 빈칸에는 艰巨만 가능하다. 沉重은 '心情沉重(마음이 무겁다)', 艰难은 '生活艰难(삶이 힘겹다)', 隆重은 '隆重的节日(성대한 명절)'와 같이 호응을 이룬다.

③번 칸: 빈칸에는 执着만 가능한데, 执着는 '자신이 하고자 하는 일을 꾸준히 하며 포기하지 않는다'는 좋은 의미를 나타내는 어휘이다. 固执와 倔强은 유사로 '고집스럽다'는 부정의 뜻을 나타내는데, 固执의 정도가 조금 더 강하다. 이 밖에 坚固는 '사물이 튼튼하고 견고하다'는 의미로, 주로 '楼房坚固(건물이 튼튼하다)'와 같이 호응하여 쓰인다.

어휘

★路途 lùtú 명 길, 여정 | ★奋斗 fèndòu 동 분투하다 | ★目标高远 mùbiāo gāoyuǎn 목표가 크다, 원대하다 | ★任务 rènwu 명 임무 | 并不可怕 bìng bù kěpà 결코 무섭지 않다, 결코 끔찍하지 않다 | ★缺乏 quēfá 동 결핍되다 | 追寻 zhuīxún 동 추구하다 | ★漫长 màncháng 형 멀다, 길다 | ★沉重 chénzhòng 형 무겁다, 심각하다 | ★固执 gùzhí 형 고집스럽다 | 落实 luòshí 동 (정책·계획·조치 따위가) 실현되다, 구체화되다 | ★遥远 yáoyuǎn 형 요원하다, 아득히 멀다 | ★艰巨 jiānjù 형 막중하다, 어렵고 힘들다 | ★执着 zhízhuó 형 끈기 있다 | ★平坦 píngtǎn 형 평평하다 | ★艰难 jiānnán 형 어렵다, 힘들다 | ★坚固 jiāngù 형 견고하다, 튼튼하다 | ★实施 shíshī 동 실시하다 | 颠簸 diānbǒ 동 뒤흔들리다, 요동하다 | ★隆重 lóngzhòng 형 성대하다, 성대하고 장중하다 | 倔强 juéjiàng 형 성격이 강하고 고집이 세다 | ★兑现 duìxiàn 동 약속을 실행하다, 이행하다

69. HSK POINT 성어 司空见惯의 의미 이해 난이도 上

在公共场合，一个手机铃声响起，很多人都会条件①<u>反射</u>似的拿出自己的手机来看一下，甚至没有铃声响，大家也会②<u>频繁</u>地从口袋里掏出手机来看。这些现象虽然③<u>司空见惯</u>，但在心理学家看来，这种对手机的过分依赖是强迫症的一种④<u>典型</u>表现。

공공장소에서 휴대폰 벨소리가 울리면 많은 사람들은 조건 ①<u>반사</u>적으로 자신의 휴대폰을 꺼내 보게 되는데, 심지어는 벨소리가 울리지 않았는데도 ②<u>자주</u> 주머니에서 휴대폰을 꺼내 보게 되기도 한다. 이러한 현상은 비록 ③<u>흔히 볼 수 있는</u> 일이긴 하지만, 심리학자들은 이런 휴대폰에 대한 지나친 의존이 강박증의 일종의 ④<u>전형적인</u> 모습이라고 여긴다.

A	反射 O	频繁 O	司空见惯 O	典型 O	A	반사	자주	흔히 볼 수 있다	전형적인
B	发射 X	时常 X	不可思议 X	经典 X	B	발사	항상	불가사의하다	권위적인
C	反馈 X	时而 X	家喻户晓 X	显著 X	C	피드백	때때로	누구나 다 알다	현저한
D	反抗 X	一再 X	喜闻乐见 X	明显 X	D	반항	거듭	즐겨 듣고 즐겨 보다	뚜렷한

공략

①번 칸: 反射만 가능하다. '条件反射(조건 반사)'는 하나의 어휘로, 주로 '条件反射似的+동사'의 형태로 활용되어 '이미 어떤 동작이 습관이 되어 자주 하게 된다'는 것을 나타낸다.

②번 칸: 频繁만 가능한데 '频繁地'는 '자주, 빈번하게'라는 의미를 나타낸다. 时常과 时而은 부사로 뒤에는 조사 地를 동반할 수 없다. 이 밖에 一再는 '거듭, 여러 번'의 의미로 주로 '一再劝告(거듭 권고하다)', '一再嘱咐(거듭 당부하다)', '一再唠叨(되풀이하여 말하다)'의 형태로 호응하여 쓰인다.

③번 칸: 司空见惯만 가능하며 '여러 번 봐서 이미 익숙해졌음'을 나타낼 때 쓰이는 성어이다. 不可思议는 '상상할 수 없을 정도로 정도가 심함'을 나타내는 성어로, 주로 '贵得不可思议(상상할 수 없이 비싸다)', '冷得不可思议(상상할 수 없이 춥다)' 등의 형태로 호응을 이루며, 家喻户晓는 '모든 사람이 다 알 만큼 유명하다'는 의미의 성어이다. 喜闻乐见은 '사람들이 즐겨 듣고 즐겨 본다'는 뜻으로 사람들의 인기를 얻는 사물을 나타낼 때 쓰이는 성어이며, 주로 '喜闻乐见的形式(즐겨 듣고 즐겨 보는 형식)', '喜闻乐见的艺术(즐겨 듣고 즐겨 보는 예술)' 등과 같이 호응하여 쓰인다.

어휘 ★公共场合 gōnggòng chǎnghé 명 공공장소 | ★铃声 língshēng 명 벨소리 | 响起 xiǎngqǐ 동 울리다 | ★口袋 kǒudai 명 주머니 | ★掏出 tāochū 동 꺼내다 | 心理学家 xīnlǐ xuéjiā 명 심리학자 | ★过分依赖 guòfèn yīlài 지나치게 의존하다 | ★强迫症 qiǎngpòzhèng 명 강박증 | ★反射 fǎnshè 동 반사하다 | ★频繁 pínfán 형 빈번하다 | ★司空见惯 sī kōng jiàn guàn 성 늘 보아서 신기하지 않다, 흔히 있는 일이다 | ★典型 diǎnxíng 형 전형적인 | 发射 fāshè 동 발사하다 | ★时常 shícháng 부 자주, 늘 | ★不可思议 bù kě sī yì 성 불가사의하다, 이해할 수 없다 | ★经典 jīngdiǎn 형 권위적인, 영향력을 지닌 | ★反馈 fǎnkuì 동 (정보나 반응이) 되돌아오다, 피드백되다 | 时而 shí'ér 부 때때로, 이따금 | ★家喻户晓 jiā yù hù xiǎo 성 집집마다 알다, 누구나 다 알다 | ★显著 xiǎnzhù 형 현저한 | 反抗 fǎnkàng 동 반항하다 | ★一再 yízài 부 거듭, 반복해서 | ★喜闻乐见 xǐ wén lè jiàn 성 즐겨 듣고 즐겨 보다 | ★明显 míngxiǎn 형 뚜렷한, 분명한

70. HSK POINT '与……建立联系' 및 智力开发의 호응 구조 파악 난이도 中

研究发现，通过运动手指来①刺激大脑，远比死记硬背更能增强大脑的②活力，并可延缓脑细胞的③衰老。手指的动作越复杂、越精妙、越纯熟，就越能与大脑④建立更多的联系，从而使人变得更加聪慧。这对人类智力的⑤开发有十分重要的作用。

연구에 따르면, 손가락 운동을 통해 대뇌를 ①자극하는 것은 무턱대고 외우는 것보다 대뇌의 ②활력을 훨씬 더 증강시키고, 게다가 뇌세포의 ③노쇠를 늦출 수 있다고 한다. 손가락 동작이 복잡할수록, 정교할수록, 숙련될수록 대뇌와 더 많은 연관을 ④맺게 되어, 더 총명하고 지혜롭게 된다고 한다. 이는 인간의 지능 ⑤개발에 대해 매우 중요한 작용을 한다.

A 激发× 实力× 退步× 创立× 发育×
B 激励× 势力× 衰退○ 建设× 启发×
C 刺激○ 活力○ 衰老○ 建立○ 开发○
D 冲击× 潜力× 损坏× 设置× 发掘○

A 불러일으키다 | 실력 | 퇴보하다 | 창립하다 | 발육하다
B 격려하다 | 세력 | 쇠퇴하다 | 건설하다 | 일깨우다
C 자극하다 | 활력 | 노쇠하다 | 맺다 | 개발하다
D 세게 부딪치다 | 잠재력 | 손상시키다 | 설치하다 | 발굴하다

공략
①번 칸 : '대뇌를 자극하다'는 의미가 되어야 하므로 刺激만 가능하다. 激发는 사람의 감정을 불러일으킬 때 쓰이는데, 주로 '激发……的热情(~의 열정을 불러일으키다)'의 형태로 호응을 이룬다. 激励는 '격려하다'는 의미로, 주로 '激励年轻人(젊은이들을 격려하다)'의 형태로 호응하여 쓰인다.

②번 칸 : 보기 중 活力만 大脑와 호응하여 쓸 수 있다.

⑤번 칸 : 开发와 发掘 둘 다 가능하지만 '지능 개발'의 의미로는 开发가 더 적합하다.

어휘 手指 shǒuzhǐ 명 손가락 | ★大脑 dànǎo 명 대뇌 | ★远比 yuǎnbǐ ~보다 훨씬 | ★死记硬背 sǐ jì yìng bèi 성 (이해도 못하면서) 무턱대고 외우고 기계적으로 암송하다 | 增强 zēngqiáng 동 증강하다 | ★延缓 yánhuǎn 동 늦추다, 뒤로 미루다 | ★脑细胞 nǎo xìbāo 명 뇌 세포 | ★复杂 fùzá 형 복잡하다 | 精妙 jīngmiào 형 정교하다 | 纯熟 chúnshú 형 숙련되다, 능숙하다 | ★聪慧 cōnghuì 형 총명하고 슬기롭다 | ★智力 zhìlì 명 지력, 지능 | ★激发 jīfā 동 (감정을) 불러일으키다 | ★实力 shílì 명 실력 | ★退步 tuìbù 동 퇴보하다, 후퇴하다 | ★创立 chuànglì 동 창립하다, 창설하다 | ★发育 fāyù 동 자라다, 성장하다 | ★激励 jīlì 동 격려하다, 북돋워주나 | 势力 shìlì 명 세력, 권력 | ★衰退 shuāituì 동 (신체·정신·의지·능력 등이) 쇠약해지다, (국가의 정치나 경제 상황이) 쇠락하다 | ★建设 jiànshè 동 건설하다 | ★启发 qǐfā 동 일깨우다, 깨우치다 | ★刺激 cìjī 동 자극하다, 흥분시키다 | 活力 huólì 명 활력 | ★衰老 shuāilǎo 형 노쇠하다 | ★建立 jiànlì 동 세우다, 형성하다 | ★开发 kāifā 동 개발하다 | ★冲击 chōngjī 동 세차게 부딪치다 | ★潜力 qiánlì 명 잠재력 | ★损坏 sǔnhuài 동 (원래의 기능·효과 등을) 손상시키다, 훼손시키다 | ★设置 shèzhì 동 설치하다, 세우다 | ★发掘 fājué 동 발굴하다, 캐내다

第三部分

[71-75]

所谓拍板，(71)C 是指就某一问题做出决定。拍板是领导者的重要职责，也是议事和决策的最后环节。

古人云："当断不断，反受其乱。"顾虑重重，怕这怕那，往往会贻误时机，后悔莫及，(72)A 所以决策贵在不失其时。犹豫是时间的窃贼，疑虑是决断的大敌。有些问题来得急，需要当机立断，否则良机稍纵即逝。这就要求领导者要有决断的魄力，果断做出决定，切不可畏首畏尾，议而不决。

领导者的决心，(73)E 对下属的执行起着至关重要的作用。如果领导者遇事怕担风险，没有主见，会使下属难以坚定地执行任务，反之，如果领导者能及时下定决心，则能促成事情的顺利进行，就像欧阳修说的："自古天下事，及时则必成。"

当然，(74)D 敢于拍板并不等于武断决策、刚愎自用，科学的决策应建立在深入细致的调查研究和多方听取意见、冷静分析思考的基础上。作为一名优秀的领导者，就要敢于打破常规，(75)B 突破条条框框的限制，果断决策，切不可人云亦云。要用创新的眼光审视现实、分析问题，要敢想他人所不敢想，敢断他人所不敢断，敢为他人所不敢为。

A 所以决策贵在不失其时
B 突破条条框框的限制
C 是指就某一问题做出决定
D 敢于拍板并不等于武断决策、刚愎自用
E 对下属的执行起着至关重要的作用

A 정책 결정에 있어 중요한 것은 그 때를 놓치지 않는 것이다
B 각종 규정의 한계들을 돌파하다
C 어떤 문제에 대해 결정을 내리는 것을 가리킨다
D 용감히 목판을 두드린다는 것은 결코 독단적으로 정책을 결정하고 남의 의견을 듣지 않고 마음대로 일을 처리한다는 것은 아니다
E 부하 직원에 대한 임무 집행에 있어서 매우 중요한 작용을 일으킨다

어휘

★所谓 suǒwèi 형 소위 ~라는 것은 | 拍板 pāi bǎn 동 목판을 두드리다, (책임자가) 결정을 내리다 | ★领导者 lǐngdǎozhě 명 지도자 | ★职责 zhízé 명 직책 | ★议事 yìshì 명 의사 | ★决策 juécè 명 정책 결정 | 环节 huánjié 명 일환 | ★古人云 gǔrén yún 예로부터 전하는 말에 의하면 | ★当断不断, 反受其乱 dāng duàn bú duàn, fǎn shòu qí luàn 결단해야 할 때에 결단을 내리지 않으면 오히려 난을 당한다 | ★顾虑重重 gù lǜ chóng chóng 형 근심과 걱정이 가득하다 | ★怕这怕那 pà zhè pà nà 이것저것 걱정하다 | 贻误时机 yíwù shíjī 시기를 놓치다 | ★后悔莫及 hòu huǐ mò jí 형 후회막급이다, 후회해도 소용 없다 | ★犹豫 yóuyù 형 주저하다, 망설이다 | ★窃贼 qièzéi 명 좀도둑, 도둑 | ★疑虑 yílǜ 명 의심(하다), 염려(하다) | 决断 juéduàn 명 결단 | 大敌 dàdí 명 강적, 큰 장애물 | ★当机立断 dāng jī lì duàn 형 제때에 즉시 결단을 내리다 | ★良机 liángjī 명 좋은 시기, 좋은 기회 | ★稍纵即逝 shāo zòng jí shì 형 (시간이나 기회는) 조금만 늦어도 사라져 버린다 | ★魄力 pòlì 명 패기, 박력 | ★切不可 qiè bùkě 절대로 ~해서는 안 된다 | ★畏首畏尾 wèi shǒu wèi wěi 형 소심하여 모든 것이 걱정된다, 일을 지나치도록 소심하게 처리하다 | 议而不决 yì ér bù jué 형 의논만 하고 결론을 짓지 않다, 일을 질질 끌다 | ★担风险 dān fēngxiǎn 위험을 감당하다, 위험을 무릅쓰다 | ★主见 zhǔjiàn 명 주견 | ★下属 xiàshǔ 명 부하, 부하 직원 | ★执行任务 zhíxíng rènwu 임무를 수행하다 | ★反之 fǎnzhī 접 이와 반대로, 바꾸어서 말하면 | ★及时 jíshí 부 즉시, 제때 | ★下定决心 xiàdìng juéxīn 결심을 굳히다, 단단히 결심하다 | ★促成 cùchéng 동 재촉하여 이루어지게 하다 | ★顺利 shùnlì 형 순조롭다 | 自古天下事, 及时则必成 zìgǔ tiānxià shì, jíshí zé bì chéng 자고로 천하의 일이란 제때에 완성해야 한다 | ★深入细致 shēnrù xìzhì 깊고도 세밀한 | ★调查研究 diàochá yánjiū 조사하고 연구하다 | 多方 duōfāng 명 다방면 | ★听取意见 tīngqǔ yìjiàn 의견을 듣다 | 冷静 lěngjìng 형 침착하다, 냉정하다 | ★分析思考 fēnxī sīkǎo 분석하고 사고하다 | ★敢于 gǎnyú 용감히 ~하다, ~할 용기가 있다 | ★打破常规 dǎpò chángguī 관례를 깨다, 관습을 타파하다 | ★人云亦云 rén yún yì yún 형 남이 말하는 대로 따라 말하다, 주관이 없다 | ★创新 chuàngxīn 동 옛것을 버리고 새것을 창조하다 | 审视 shěnshì 자세히 살펴보다 | 敢想他人所不敢想 gǎn xiǎng tārén suǒ bùgǎn xiǎng 다른 사람이 감히 생각하지 못하는 것을 대담하게 생각하다 | 敢断他人所不敢断 gǎn duàn tārén suǒ bùgǎn duàn 다른 사람이 감히 결정을 내리지 못하는 것을 대담하게 결정하다 | 敢为他人所不敢为 gǎn wéi tārén suǒ bùgǎn wéi 다른 사람이 감히 하지 못하는 것을 대담하게 행하다 | ★贵在 guì zài 중요한 것은 ~에 있다, ~은 ~에 달려있다 | ★不失其时 bù shī qíshí 그때를 놓치지 않다 | ★突破 tūpò 동 돌파하다, 타파하다 | ★条条框框 tiáotiao kuàngkuàng (사람을 속박하는) 각종 제도, 각종 규정 | ★限制 xiànzhì 동 제한하다 | ★武断 wǔduàn 형 독단적이다 | ★刚愎自用 gāng bì zì yòng 형 고집을 피우고 남의 의견을 듣지 않다, 잘난 체하며 독단적으로 일을 처리하다 | ★起着……的作用 qǐzhe……de zuòyòng ~한 작용을 일으키다 | ★至关重要 zhìguān zhòngyào 지극히 중요하다

71. HSK POINT '所谓……是指……'의 호응 구조 파악 난이도 下

C 是指就某一问题做出决定

C 어떤 문제에 대해 결정을 내리는 것을 가리킨다

공략 '所谓……是指……'는 '소위 ~라는 것은 ~을 가리킨다'는 의미의 고정 형식으로, 어떤 단어의 뜻을 설명하거나 해설할 때 자주 쓰이는 표현이다. 따라서 정답은 C가 된다.

72. HSK POINT 연관된 의미와 어휘 파악 난이도 上

A 所以决策贵在不失其时

A 정책 결정에 있어 중요한 것은 그 때를 놓치지 않는 것이다

> **공략** 빈칸 앞의 '贻误时机'는 '좋은 시간이나 기회를 놓치다'는 의미로, 그 뒤에 이어질 내용으로는 '정책 결정에 있어 중요한 것은 그 때를 놓치지 않는 것이다'는 보기 A가 가장 적합하다. 여기서 '不失其时'는 '좋은 시기를 놓치지 마라'는 의미로 문맥상 앞의 내용과 연관이 있다고 볼 수 있다.

73. HSK POINT 동일한 어휘 파악 | 난이도 中

E 对下属的执行起着至关重要的作用 | E 부하 직원에 대한 임무 집행에 있어서 매우 중요한 작용을 일으킨다

> **공략** 빈칸 앞에 领导者가 언급되고 그 뒤에는 부하 직원과 관련된 내용이 전개되어 있으므로, 이 문장은 지도자와 부하 직원과의 연관성을 이야기할 것임을 짐작할 수 있다. 따라서 下属라는 어휘가 포함된 보기 E가 정답이 된다.

74. HSK POINT 힌트가 되는 当然 | 난이도 中

D 敢于拍板并不等于武断决策、刚愎自用 | D 용감히 목판을 두드린다는 것은 결코 독단적으로 정책을 결정하고 남의 의견을 듣지 않고 마음대로 일을 처리한다는 것은 아니다

> **공략** 빈칸 앞의 当然이 정답을 찾는 힌트로, 문장 맨 앞에 제시된 当然은 내용 전개에 있어 전환의 의미를 나타낸다. 앞부분에서는 지도자로서 반드시 해야 할 일을 언급하고 있으므로 '물론' 뒤에 이어질 내용에서는 지도자가 해서는 안 되는 일을 제시할 것임을 알 수 있다. 따라서 정답은 D가 된다.

75. HSK POINT 연관된 의미의 문장 파악 | 난이도 下

B 突破条条框框的限制 | B 각종 규정의 한계들을 돌파하다

> **공략** 빈칸 앞의 '敢于打破常规'는 '대담하게 관례나 관습을 깨부수다'는 의미인데, 이는 보기 B와 의미가 유사하다고 볼 수 있으므로 정답은 B가 된다.

[76-80]

近些年，农药化肥的大量使用，使得地球上一些专门给植物**传授花粉的昆虫**数量急剧减少，例如蜜蜂。与此同时，(76)<u>E 能传授花粉的其他昆虫</u>，比如蝴蝶，其数量也在减少。而这些都将导致粮食作物、水果和鲜花等产量锐减。爱因斯坦曾经预言："如果蜜蜂从地球上消失，<u>人类最多只能活4年</u>。"(77)<u>A 这并非危言耸听</u>，因为在人类所种植的1330种农作物中，有1000多种是由蜜蜂来传授花粉的。

최근 몇 년, 농약과 화학 비료의 대량 사용이 지구상에 전문으로 식물에게 화분을 옮겨주는 일부 곤충의 수를 급격히 감소시켰는데, 그 예로는 꿀벌이 있다. 이와 동시에, (76)E 화분을 옮길 수 있는 다른 곤충, 예를 들어 나비의 수량 또한 감소했다. 또한 이는 곡류 작물, 과일 및 꽃 등의 생산량이 급락하는 결과를 초래할 것이다. 아인슈타인은 일찍이 '만약 꿀벌이 지구상에서 사라지게 되면, 인류는 최대 4년밖에 생존할 수 없다.'고 예언했다. (77)A 이는 결코 일부러 과장된 말로 사람을 놀라게 하는 것이 아니다. 인류가 재배한 1330종의 농작물 중, 1000여 종은 꿀벌이 꽃가루를 옮겨 오는 것이기 때문이다.

如果没有了授粉的蜂群，(78)C 我们的饮食将变得十分单调，到时候我们只能靠吃风媒授粉的作物维生。换句话说，我们的餐桌上除了小麦、大麦和玉米，基本上就没有别的东西了。如果真是那样，商店里也就看不到苹果、豌豆、西红柿和南瓜等食物了。

(79)B 解决这一问题的办法其实很简单：在农田里种一些野花，保留森林等自然植被，这样就可以大幅度地增加授粉昆虫的种群数量。同时，我们还可以增加农作物害虫天敌的数量，(80)D 这样农田就不需要大量喷洒农药了，只要小小的努力就可以在生产粮食的同时保护环境。

为昆虫们种一丛野花，给它们留下小小的空间，就能给我们人类自己留下广阔的生存空间。

A 这并非危言耸听
B 解决这一问题的办法其实很简单
C 我们的饮食将变得十分单调
D 这样农田就不需要大量喷洒农药了
E 能传授花粉的其他昆虫

만약 수분을 하는 벌떼가 없다면, (78)C 우리의 음식은 장차 매우 단조롭게 변할 것이고, 그때가 되면 우리는 단지 바람에 의해 수분되는 농작물들로 생존을 유지할 것이다. 바꾸어 말하면, 우리의 식탁에는 밀, 보리, 옥수수를 제외하고 다른 것은 거의 없게 될 것이다. 만약 정말 그렇게 된다면, 상점에서도 사과, 완두, 토마토, 호박 등의 음식물을 볼 수 없게 된다.

(79)B 이 문제를 해결할 방법은 사실 매우 간단하다. 밭에 일부 야생화를 심어, 삼림 등의 자연 식생을 보존한다면, 수분을 하는 곤충의 개체군 수를 대폭으로 증가시킬 수 있다. 동시에 우리가 농작물 해충 천적의 수를 증가시킨다면, (80)D 밭에는 농약을 대량으로 분사할 필요가 없게 되어, 작은 노력으로 식량을 생산할 수 있는 동시에 환경도 보호할 수 있다.

곤충들을 위해 한 떨기 야생화를 심어, 그것들에게 작은 공간을 남겨주면, 이는 우리 인류에게 스스로 광활한 생존 공간을 남겨둘 수 있게 하는 것이다.

A 이는 결코 일부러 과장된 말로 사람을 놀라게 하는 것이 아니다
B 이 문제를 해결할 방법은 사실 매우 간단하다
C 우리의 음식은 장차 매우 단조롭게 변할 것이다
D 밭에는 농약을 대량으로 분사할 필요가 없게 된다
E 화분을 옮길 수 있는 다른 곤충

어휘

★近些年 jìn xiē nián 최근 몇 년 | ★农药 nóngyào 명 농약 | 化肥 huàféi 명 화학 비료 | ★大量使用 dàliàng shǐyòng 대량 사용 | 传授 chuánshòu 통 전수하다, 옮기다 | 花粉 huāfěn 명 꽃가루 | ★昆虫 kūnchóng 명 곤충 | ★急剧减少 jíjù jiǎnshǎo 급격히 감소하다 | ★例如 lìrú 통 예를 들다 | ★蜜蜂 mìfēng 명 꿀벌 | ★与此同时 yǔ cǐ tóngshí 이와 동시에, 아울러 | ★蝴蝶 húdié 명 나비 | ★导致 dǎozhì 통 야기하다, 초래하다 | ★粮食作物 liángshi zuòwù 명 곡류 작물 | 产量 chǎnliàng 명 생산량 | 锐减 ruìjiǎn 통 격감하다, 급락하다 | 爱因斯坦 Àiyīnsītǎn 고유 아인슈타인 | ★预言 yùyán 통 예언하다 | ★消失 xiāoshī 통 사라지다, 소실되다 | ★农作物 nóngzuòwù 명 농작물 | 蜂群 fēngqún 명 벌떼 | 风媒授粉 fēngméi shòufěn 바람에 의해 수분하다, 꽃가루를 받다 | 维生 wéishēng 통 생존을 유지하다 | ★换句话说 huàn jù huà shuō 바꾸어 말하면 | 餐桌 cānzhuō 명 식탁 | ★小麦 xiǎomài 명 밀 | ★大麦 dàmài 명 보리 | ★玉米 yùmǐ 명 옥수수 | 豌豆 wāndòu 명 완두 | ★西红柿 xīhóngshì 명 토마토 | ★南瓜 nánguā 명 호박 | 野花 yěhuā 명 야생화 | ★保留 bǎoliú 통 보존하다, 지키다 | 自然植被 zìrán zhíbèi 자연 식생 | ★大幅度 dàfúdù 명 대폭적인 | ★增加 zēngjiā 통 증가하다 | ★天敌 tiāndí 명 천적 | ★保护环境 bǎohù huánjìng 환경을 보호하다 | 一丛野花 yì cóng yěhuā 한 떨기 야생화 | ★广阔 guǎngkuò 형 광활하다, 넓다 | ★生存空间 shēngcún kōngjiān 생존 공간 | ★危言耸听 wēi yán sǒng tīng 성 일부러 과격한 말로 사람을 놀라게 하다 | ★单调 dāndiào 형 단조롭다 | ★农田 nóngtián 명 농지, 밭 | ★喷洒 pēnsǎ 통 뿌리다, 분사하다

76. HSK POINT 동일한 문장 파악 난이도 下

E 能传授花粉的其他昆虫   E 화분을 옮길 수 있는 다른 곤충

공략 | 빈칸 앞에서 '传授花粉的昆虫'에 대해 언급하고 있고 동일한 문장 '传授花粉的其他昆虫'이 있으므로 정답이 E임을 쉽게 알 수 있다.

77. HSK POINT 문맥적 의미 이해 난이도 上

A 这并非危言耸听   A 이는 결코 일부러 과장된 말로 사람을 놀라게 하는 것이 아니다

공략 | 빈칸 앞의 '人类最多只能活4年'이라는 내용을 통해, 이것이 공포스러운 내용을 담고 있음을 알 수 있다. 따라서 이 문장 뒤에 이어질 내용으로는 '일부러 과장된 말로 사람을 놀라게 하는 것이 아니다'는 의미의 성어 危言耸听이 제시되어 있는 보기 A가 문맥상 가장 적합하다.

78. HSK POINT 접속사 호응 구조 파악 난이도 中

C 我们的饮食将变得十分单调   C 우리의 식단은 장차 매우 단조롭게 변할 것이다

공략 | 이 문제는 접속사 호응 구조를 파악하면 쉽게 정답을 고를 수 있다. 여기서 '如果没有了……, ……将……'은 '만약 ~이 없다고 한다면 장차 ~하게 될 것이다'는 의미를 나타낸다. 또한 빈칸 뒤의 '只能靠吃……'의 내용은 보기 C의 '饮食变得十分单调'와 연관된 내용이므로 이를 통해서도 정답이 C임을 알 수 있다.

79. HSK POINT 힌트가 되는 문장부호 [:] 난이도 下

B 解决这一问题的办法其实很简单   B 이 문제를 해결할 방법은 사실 매우 간단하다

공략 | 빈칸 뒤에서 부연 설명을 할 때 쓰이는 문장부호 [:]를 써서 이 문제를 해결할 방법을 구체적으로 제시하고 있음을 알 수 있으므로 정답은 B이다.

80. HSK POINT 연관된 의미의 어휘 파악 난이도 中

D 这样农田就不需要大量喷洒农药了   D 밭에는 농약을 대량으로 분사할 필요가 없게 된다

공략 | 빈칸 앞에 农作物라는 단어가 정답을 찾는 힌트가 된다. 이와 연관성이 있는 어휘 农田이 제시된 D가 정답이 된다.

第四部分

[81-84]

　　一位心理学家曾做过一个实验。他先让一位助手去拜访郊区的一些家庭主妇，让她们将一个宣传安全驾驶的小标语贴在窗户上或在一份关于安全驾驶的请愿书上签名，显然，81这对她们来说只是举手之劳，所以很多人都答应了。两周后，他让第二位助手去那里拜访更多的家庭主妇，并希望她们在今后的两周时间里，在自己家的院子里竖起一块儿宣传安全驾驶的大招牌——81这个招牌特意被做得又大又难看。结果，在答应了第一位助手请求的人中，有55%的人接受了第二位助手的请求，而在那些未被第一位助手拜访过的家庭主妇中，只有17%的人接受了第二位助手的请求。这就是心理学上的"登门槛效应"。

　　"登门槛效应"说明：如果一上来就向他人提出一个较高的要求，往往无法实现；82但如果先设"低门槛"，再逐步"登高"，对方则比较容易接受。因为，被求助者在不断满足求助者请求的过程中，心理上已经逐渐适应了。此外，人们都不希望自己被看成是"反复无常"的，因此会一如既往地表现出热情慷慨的一面。

　　生活中，我们的请求能否被别人接受，并不仅仅取决于我们的意愿是否强烈，而更多地取决于我们所使用的策略是否恰当。俗话说"一步登天为拙招，得寸进尺方有效"，84我们可以根据人们的心理接受习惯，先将门槛降低，然后再慢慢达到自己的目标。

어휘 ★心理学家 xīnlǐ xuéjiā 명 심리학자 | 实验 shíyàn 명 실험 | ★助手 zhùshǒu 명 조수 | ★拜访 bàifǎng 통 방문하다 | ★郊区 jiāoqū 명 교외 | 宣传 xuānchuán 통 선전하다, 홍보하다 | ★驾驶 jiàshǐ 통 운전하다 | ★小标语 xiǎo biāoyǔ 작은 표어 | ★贴 tiē 통 붙이다 | 一份请愿书 yí fèn qǐngyuànshū 청원서 한 통 | ★签名 qiānmíng 통 사인을 하다 | ★显然 xiǎnrán 형 명백하다, 분명하다 | 举手之劳 jǔ shǒu zhī láo 성 손을 드는 것처럼 아주 쉽다, 사소한 일 | ★答应 dāying 통 동의하다, 승낙하다 | 院子 yuànzi 명 뜰, 정원 | ★竖起 shùqǐ 통 세우다 | 一块大招牌 yí kuài dà zhāopai 큰 간판 | ★特意 tèyì 부 특별히, 일부러 | 难看 nánkàn 형 흉하다, 보기 싫다 | ★请求 qǐngqiú 명 요구, 부탁 통 바라다 | ★未 wèi 부 아직 ~하지 않다, ~이 아니다 | 登 dēng 통 밟다, 오르다 | ★门槛 ménkǎn 명 문지방, 문턱 | ★效应 xiàoyìng 명 효과와 반응 | ★一上来就 yí shànglái jiù 오르자마자 바로 | ★逐步 zhúbù 부 점차 | 则 zé 접 오히려, 그러나 | ★被求助者 bèi qiúzhùzhě 부탁을 받은 사람 | ★在……的过程中 zài……de guòchéng zhōng ~과정 중에 | ★适应 shìyìng 통 적응하다 | ★此外 cǐwài 명 이 밖에, 이 외에 | ★被看成 bèi kànchéng ~로 간주되다 | ★反复无常 fǎn fù wú cháng 성 이랬다저랬다 하다, 변덕스럽다, 변화무쌍하다 | ★一如既往 yì rú jì wǎng 성 지난날과 다름없다 | ★热情慷慨 rèqíng kāngkǎi 친절하고 후하다 | 一面 yímiàn 명 한 면, 한 방면 | 能否 néngfǒu 통 ~할 수 있는가, ~해도 되는가 | ★被别人接受 bèi biérén jiēshòu 다른 사람들에게 받아들여지다 | ★取决于 qǔjué yú ~에 달려있다 | 意愿 yìyuàn 명 바람, 소망 | ★强烈 qiángliè 형 강렬하다 | ★策略 cèlüè 명 전략, 전술 | ★恰当 qiàdàng 형 알맞다, 적당하다 | ★俗话 súhuà 명 속담 | 一步登天为拙招, 得寸进尺方有效 yí bù dēng tiān wéi zhuō zhāo, dé cùn jìn chǐ fāng yǒu xiào 한 번에 최고의 정도까지 오르는 것은 어리석은 짓이고, 작은 것을 얻고서 큰 것을 얻는 것이 효과적인 방법이다 | ★心理接受习惯 xīnlǐ jiēshòu xíguàn 심리적으로 받아들이는 습관 | ★将……降低 jiāng……jiàngdī ~을 내리다, ~을 낮추다 | ★达到目标 dádào mùbiāo 목표에 이르다

---

81. HSK POINT 단락별 중심 내용 이해 난이도 上

关于那个实验, 下列哪项正确?　　　　그 실험에 관해 다음 중 옳은 것은?

Ⓐ 第二位助手的要求更难　　　　　　**Ⓐ** 두 번째 조수의 요구가 더 어려웠다
B 两次实验参与人数相同　　　　　　B 두 번의 실험은 참여 인원수가 동일하다
C 主要目的是宣传安全驾驶　　　　　C 주된 목적은 안전 운전을 홍보하는 것이다
D 第二位助手获得的数据有误　　　　D 두 번째 조수가 얻은 데이터에 오류가 있다

공략 이러한 유형의 문제를 풀 때는 첫 번째 단락부터 내용을 확인하는데, 이때 글의 전체 내용을 모두 파악하는 것이 아니라 이야기 전개 과정에서 핵심 내용들만 간단히 읽도록 해야 한다. 첫 번째 단락의 '这对她们来说只是举手之劳'라는 내용에서 举手之劳는 '아주 사소하고 쉬운 일'을 나타내므로 첫 번째 조수의 부탁은 어렵지 않은 것이었음을 알 수 있다. 그 뒷부분의 '这个招牌特意被做得又大又难看。'이라는 내용을 통해 두 번째 조수의 부탁이 더 어려웠음을 알 수 있으므로 정답은 A가 된다.

어휘 ★参与人数 cānyù rénshù 참여 인원수 | ★有误 yǒu wù 오류가 있다

---

82. HSK POINT 핵심어 '低门槛' 및 원인을 제시하는 因为 난이도 中

求助时, 先设"低门槛"可以:　　　　　부탁을 할 때 먼저 '낮은 문턱'을 세운다면?

A 使要求得到重视　　　　　　　　　A 요구를 중시여기도록 한다
B 使双方先熟悉起来　　　　　　　　B 쌍방이 먼저 익숙해지도록 한다
Ⓒ 让被求助者逐渐适应　　　　　　　**Ⓒ** 부탁을 받은 사람이 점점 적응되게 한다
D 保证被求助者的利益　　　　　　　D 부탁을 받은 사람의 이익을 보증할 수 있다

공략 이 문제의 핵심어는 두 번째 단락의 '低门槛'으로, 이 단어를 찾고 나서 그 부분에서 언급하고 있는 내용을 확인한다. '低门槛'이 제시된 문장 뒷부분에 '因为, 被求助者……心理上已经逐渐适应了'라는 내용이 있으므로 정답이 C임을 알 수 있다.

83. HSK POINT 성어 一如既往의 의미 이해 | 난이도 中

第2段中，划线词语"一如既往"最可能是什么意思？

A 变化多端
B 像从前一样
C 做事速度非常快
D 事情没任何进展

두 번째 단락 중 밑줄 친 어휘 '一如既往'은 무슨 의미인가?

A 변화가 다양하다
B 예전과 같다
C 일을 하는 속도가 매우 빠르다
D 일에 아무런 진전이 없다

공략 성어 一如既往의 의미를 분석한다. 如는 好像과 같은 단어로 '마치 ~와 같다'는 뜻이고, 既往은 '이전, 과거'라는 뜻이어서, 一如既往은 '마치 과거와 같다'는 의미임을 알 수 있으므로 정답은 B가 된다.

어휘 ★变化多端 biànhuà duōduān 변화가 다양하다 | ★进展 jìnzhǎn 통 진전하다

84. HSK POINT 글의 중심 내용 파악 | 난이도 上

"登门槛效应"给我们什么启示？

A 要言而有信
B 做事要循序渐进
C 要学会统筹兼顾
D 做事切不可半途而废

'문턱 효과'가 우리에게 시사하는 바는?

A 말에 신용이 있어야 한다
B 일을 할 때 순차적으로 진행해야 한다
C 여러 방면의 일을 통일적으로 계획하고 돌보는 법을 익혀야 한다
D 일을 할 때 절대로 중도에 포기해서는 안 된다

공략 이 글은 다른 사람한테 어떤 일을 부탁할 때, 먼저 작은 요구를 하고 나서 비교적 큰 요구를 하면 다른 사람들이 더 쉽게 자신의 요구를 받아들이게 된다는 내용을 전하고 있다. 마지막 문장에서도 '我们……然后再慢慢达到自己的目标.'라고 언급하고 있으므로 '일을 할 때 순차적으로 진행하다'는 의미의 성어 循序渐进이 제시된 B가 정답이다.

어휘 ★言而有信 yán ér yǒu xìn 성 말에 신용이 있다 | ★循序渐进 xún xù jiàn jìn 성 순차적으로 진행하다, 점차적으로 나아가다 | 统筹兼顾 tǒng chóu jiān gù 성 여러 방면의 일을 통일적으로 계획하고 두루 돌보다 | ★切不可 qiè bùkě 절대로 ~해서는 안 된다 | ★半途而废 bàn tú ér fèi 성 일을 중도에 그만두다, 도중에 포기하다

[85-88]

　　毛泽东在十岁之前，曾先后在几个私塾，还有湘乡私小学和长沙第一高级中学读书。而他觉得虽然学了不少知识，开阔了眼界，85但是，不论私塾也好，学校也好，都有很大的局限性，不能很好地满足他。
　　1912年7月，毛泽东下决心退学自修。他每天都到长沙定王台湖南图书馆去借书自学。
　　这一时期有一件事对毛泽东的影响非常大，就是在这里毛泽东第一次看到一张世界大地图，这张世界大地图叫做《世界坤舆大地图》。
　　毛泽东读过许多书，上过小学，中学，当过兵，但从来没有见过世界地图。他知道世界很大，10岁时离家走3天没走出韶山，但世界到底有多大？他不知道。他在湖南图书馆每天都要经过这张世界大地图，不知看了多少遍，感慨万千。过去认为湘潭很大，湖南很大，中国被称为天下，那就更大，86但是从这张世界大地图上毛泽东看到中国只是世界的一小部分，湖南就更小。湘潭在地图上都看不到，甭说韶山了。
　　世界真的太大了。毛泽东从世界大地图联想到，世界那么大，人也多得很。那么多的人，他们都是在怎样生活呢？从他亲身经历看他周围的人，87很多都生活得很苦，很多普通老百姓都在受着统治，受着压迫剥削。他认为这非常不合理，他认为应该改变。要改变就要消灭人剥削人，人压迫人的现象，而这种变化不会自己发生，就要进行革命。在毛泽东的思想上，从青年的时候就树立了消灭剥削，解放大众，为人民谋幸福的思想。
　　他在那时候就想到，青年的责任重大，要为全中国痛苦的人、全世界痛苦的人奉献自己全部的力量，这是非常不简单的。一幅世界大地图，使18岁的毛泽东胸襟宽阔，立下鸿鹄大志。

어휘　★曾 céng 🅟 일찍이 | ★先后 xiānhòu 🅟 연속하여, 차례로 | 私塾 sīshú 🅝 글방, 서당 | ★开阔眼界 kāikuò yǎnjiè 안목을 넓히다 | 局限性 júxiànxìng 🅝 한계성, 국한성 | ★满足 mǎnzú 🅥 만족시키다 | ★下决心 xià juéxīn 결심하다 | ★退学自修 tuìxué zìxiū 퇴학하고 독학하다 | 世界地图 shìjiè dìtú 세계지도 | ★当兵 dāng bīng 군대에 가다 | ★到底 dàodǐ 🅟 도대체 | ★不知看了多少遍 bùzhī kàn le duōshao biàn 몇 번을 봤는지 알 수 없다 | ★感慨万千 gǎn kǎi wàn qiān 🅢 감개가 무량하다 | ★被称为 bèi chēngwéi ~로 불리다 | ★一小部分 yì xiǎo bùfen 작은 부분 | ★甭说 béng shuō 말할 필요 없다 | 联想 liánxiǎng 🅥 연상하다 | ★亲身经历 qīnshēn jīnglì 직접 자신이 경험하다 | ★普通老百姓 pǔtōng lǎobǎixìng 일반 국민, 평범한 서민 | 统治 tǒngzhì 🅥 통치하다 | ★压迫 yāpò 🅥 억압하다 | ★剥削 bōxuē 🅥 착취하다 | ★不合理 bùhélǐ 불합리적이다 | ★进行革命 jìnxíng gémìng 혁명을 진행하다 | ★树立……思想 shùlì……sīxiǎng ~사상을 수립하다 | ★消灭 xiāomiè 🅥 소멸하다, 없애다 | ★解放大众 jiěfàng dàzhòng 군중을 해방시키다 | 为人民谋幸福 wèi rénmín móu xìngfú 국민을 위해 행복을 도모하다 | ★责任重大 zérèn zhòngdà 책임이 중대하다 | ★痛苦 tòngkǔ 🅗 고통스럽다 | ★奉献 fèngxiàn 🅥 이바지하다, 바치다 | ★一幅 yì fú 한 폭 | 胸襟宽阔 xiōngjīn kuānkuò 마음이 넓다 | ★鸿鹄大志 hónghú dàzhì 포부가 원대하고 큰 뜻을 품은 사람, 큰 인물

85.　HSK POINT 핵심어 '退学自修' 및 동일한 의미의 문장 파악　난이도 下

毛泽东为什么退学自修?　　　　　마오쩌둥은 왜 퇴학하고 독학했는가?

A 家庭过于贫困　　　　　　　　　A 가정이 지나치게 빈곤해서
B 跟不上学校的课程　　　　　　　B 학교 수업을 따라가지 못해서
C 学校局限性太大　　　　　　　**C 학교의 제한이 너무 커서**
D 想在图书馆打工　　　　　　　　D 도서관에서 일을 하고 싶어서

공략　핵심어는 두 번째 단락에 제시된 '退学自修'이고, 퇴학을 하고 독학하기로 결심하게 된 원인은 바로 앞의 '不论私塾也好, 学校也好, 都有很大的局限性, 不能很好地满足他'라는 내용을 통해 알 수 있다. 따라서 정답은 C가 된다.

어휘　家庭贫困 jiātíng pínkùn 가정이 빈곤하다 | ★跟不上 gēnbushàng 따라갈 수 없다. ~만 못하다

86.　HSK POINT 동일한 문장 파악　난이도 下

毛泽东从地图上看到了什么?　　　마오쩌둥은 지도에서 무엇을 보았는가?

A 世界上战争太多了　　　　　　　A 세계적으로 전쟁이 너무 많다
B 这张地图太老旧了　　　　　　　B 이 지도는 너무 낡았다
C 中国只是世界一小部分　　　　**C 중국은 단지 세계의 작은 일부이다**
D 世界跟他想象的一样　　　　　　D 세계는 그가 상상한 것과 같았다

공략　네 번째 단락에서 언급한 내용 중 보기 C의 '中国只是世界的一小部分'과 동일한 문장이 있으므로 정답은 C가 된다.

어휘　老旧 lǎojiù 🅗 낡다, 시대에 뒤떨어지다

87. HSK POINT 핵심어 不合理 및 동일한 의미의 문장 파악 난이도 中

毛泽东认为什么很不合理?

A 有钱人为富不仁
B 中国贫富差距太大
C 很多老百姓生活困苦
D 革命力量太软弱

마오쩌둥은 왜 불합리하다고 생각했는가?

A 돈이 있는 사람은 돈벌이를 위해 온갖 나쁜 짓을 다 하기 때문에
B 중국의 빈부 차이가 너무 크기 때문에
C 많은 서민들의 생활이 어렵고 고통스러워서
D 혁명의 힘이 너무 약해서

공략 핵심어는 다섯 번째 단락의 不合理이고, 불합리한 부분에 대해 '很多都生活得很苦, 很多普通老百姓都在受着统治, 受着压迫剥削'라고 언급하고 있으므로 정답은 C가 된다.

어휘 ★为富不仁 wéi fù bù rén 성 부자가 되려면 어질 수가 없다, 돈벌이를 위해 온갖 나쁜 짓을 다 하다 | ★贫富差距 pínfù chājù 명 빈부 차이 | ★软弱 ruǎnruò 형 연약하다

88. HSK POINT 성어 鸿鹄大志의 의미 이해 난이도 中

最后一段"鸿鹄大志"是什么意思?

A 远大的抱负
B 为人宽容忍让
C 勤奋好学
D 要成为国家领导

마지막 단락에서 '鸿鹄大志'의 의미는?

A 원대한 포부
B 인품이 너그럽고 양보심이 있다
C 근면하고 열성적으로 공부하다
D 국가 지도자가 되려고 하다

공략 이 문제는 성어 鸿鹄大志가 지닌 의미를 분석해 봐야 한다. 우선 鸿鹄는 '백조'라는 뜻으로 '큰 인물, 포부가 큰 사람, 영웅호걸'이라는 비유적인 의미를 지니고, 志는 '꿈이나 포부'를 의미하며, 大志는 '원대한 이상이나 포부'를 나타내므로, 정답은 A임을 알 수 있다.

어휘 ★远大的抱负 yuǎndà de bàofù 원대한 포부 | ★宽容忍让 kuānróng rěnràng 너그럽고 양보심이 있다 | ★勤奋好学 qínfèn hàoxué 근면하고 열성적으로 공부하다

[89-92]

　　游泳是一种非常好的健身方式。
　　首先，游泳可以保护肺部。**89** 水的密度比空气大800倍左右，所以，人站在齐胸的水中呼吸时，就会感到一股外加的压力。研究表明，游泳时胸廓受到的压力为12~15公斤。想要吸进新鲜空气，就得克服这额外的压力，这能很好地锻炼我们的呼吸机能。另外，游泳时呼吸频率要和动作有节奏地配合，这迫使每次呼吸都要吸得更深一些，这样就增强了肺部的弹性和胸廓的活动能力。因此，游泳能使人的肺活量由3500毫升增至4500~5500毫升，甚至更多。
　　其次，游泳可以加快人体的新陈代谢。水的传热性约为同温度空气的28倍，因而在水中热

　　수영은 일종의 매우 훌륭한 헬스 방법이다.
　　우선, 수영은 폐를 보호할 수 있다. **89** 물의 밀도가 공기보다 800배 정도 크기 때문에, 사람이 가슴 높이만큼의 물속에 서서 호흡할 때 더 큰 압력을 느끼게 된다. 연구에 따르면, 수영할 때 흉곽이 받는 압력은 12~15킬로그램이라고 한다. 많은 공기를 들이마시고 싶다면, 이를 초과한 압력을 극복해야만 하는데, 이는 우리의 호흡 기능을 매우 잘 단련시킬 수 있다. 이 밖에, 수영할 때 호흡 빈도수는 동작과 리듬감 있게 조화를 이루는데, 이는 매번 하는 호흡을 더 깊이 들이마시게 하여, 폐의 탄력성과 흉곽의 활동 능력을 강하게 한다. 따라서 수영은 사람의 폐활량을 3500밀리리터에서 4500~5500밀리리터까지, 심지어는 훨씬 더 많이 증가시킨다고 한다.

量的散失比在陆地上快得多。如游100米所消耗的能量是陆地上跑100米所消耗的三倍左右。热量消耗的增大，必然会大大加快体内代谢的过程，促进营养物质的消化与吸收。⁹⁰处在长身体时期的青少年，若能经常游泳，身体会长得更快。

再次，游泳可以使人更健美。游泳时人平卧在水面上，不仅要求四肢肌肉用力活动，推动人体前进，而且也要求腰腹肌肉有很好的力量及紧张度，这样才能保持正确的游泳姿势快速前行。因此，游泳可以全面锻炼身体各部分肌肉，使体型匀称，肌肉结实。

此外，游泳还可以提高人体免疫力。游泳时，由于受到冷水刺激，人体的体温调节能力会相应地增强。⁹¹人体对温度变化的适应性增强了，人就不易伤风感冒。

最后，游泳还可以消耗多余脂肪，并能防止或减少脂类物质在血管壁上沉积，预防动脉硬化和冠心病。

그 다음으로, 수영은 인체의 신진대사를 빠르게 할 수 있다. 물의 전열성은 같은 온도의 공기보다 약 28배나 되기 때문에, 물속에서의 열량 산실은 육지보다 훨씬 더 빠르다고 할 수 있다. 예를 들어, 100미터를 헤엄쳐서 소모하게 되는 열량은 육지에서 100미터 달리기를 해서 소모하게 되는 열량의 3배 정도가 된다. 열량 소모의 증대는 분명 체내 대사 과정을 크게 빨라지게 하여, 영양 물질의 소화와 흡수를 촉진시키게 된다. ⁹⁰신체가 성장하는 시기에 있는 청소년들이 만약 자주 수영을 한다면, 신체는 더 빨리 자라게 될 것이다.

또 다음으로는, 수영이 사람을 더 건강하고 아름답게 해 줄 수 있다. 수영할 때, 사람은 수면 위에 평평하게 눕게 되는데, 이는 사지 근육을 힘껏 움직이게 하여 인체를 앞으로 나아가게 할 뿐만 아니라, 또한 허리와 복부 근육에 힘과 긴장감을 가지게 하는데, 이렇게 해야만 정확한 수영 자세를 유지하며 빠르게 앞으로 나아갈 수 있게 된다. 따라서 수영은 신체 각 부분의 근육들을 전체적으로 단련시켜, 체형을 균형 있게 하고 근육을 튼튼하게 한다.

이 밖에, 수영은 또한 인체 면역력을 높일 수 있다. 수영할 때, 차가운 물의 자극을 받기 때문에, 인체의 체온 조절 능력이 그에 따라 증강된다. ⁹¹인체의 온도 변화에 대한 적응력이 강해지고, 쉽게 감기에 걸리지 않게 된다.

마지막으로, 수영은 쓸데없는 지방을 소모시키며, 게다가 지방질이 혈관벽에 쌓이는 것을 막아주거나 감소시켜, 동맥경화증이나 관상동맥경화증을 예방할 수 있다.

어휘

★健身方式 jiànshēn fāngshì 명 헬스 방법 | ★保护 bǎohù 동 보호하다 | ★肺部 fèibù 명 폐부 | ★密度 mìdù 명 밀도 | 倍 bèi 양 배, 배수 | 齐胸 qí xiōng 가슴 높이가 되다 | ★一股压力 yì gǔ yālì 한 줄기 압력 | 外加 wàijiā 동 그 외에 더하다, 추가하다 | ★研究表明 yánjiū biǎomíng 연구가 밝히다 | 胸廓 xiōngkuò 명 흉곽 | 公斤 gōngjīn 양 킬로그램 | ★吸进 xījìn 들이 마시다 | 新鲜空气 xīnxiān kōngqì 신선한 공기 | ★克服 kèfú 동 극복하다, 이기다 | ★额外 éwài 형 초과한, 그 밖의, 별도의 | ★锻炼 duànliàn 동 단련하다 | 呼吸机能 hūxī jīnéng 호흡 기능 | ★另外 lìngwài 접 이 밖에, 이외에 | ★频率 pínlǜ 명 빈도 | ★有节奏 yǒu jiézòu 리듬이 있다 | ★配合 pèihé 동 호흡을 맞추다, 조화를 이루다 | ★迫使 pòshǐ 동 강제로 ~하게 하다 | ★增强 zēngqiáng 동 증강하다, 강화하다 | ★弹性 tánxìng 명 탄성, 탄력성, 유연성 | 肺活量 fèihuóliàng 명 폐활량 | 毫升 háoshēng 양 밀리리터 | ★增至 zēngzhì 동 ~까지 늘어나다 | ★甚至 shènzhì 부 심지어 | ★加快 jiākuài 동 속도를 올리다 | ★新陈代谢 xīnchén dàixiè 명 신진대사 | 传热性 chuánrèxìng 열전도성 | 约为 yuēwéi 약 ~정도이다 | ★散失 sànshī 동 없어시나, 사라시나 | ★比……快得多 bǐ……kuài de duō ~보다 훨씬 빠르다 | ★消耗 xiāohào 동 소모하다 | ★能量 néngliàng 명 에너지 | ★增大 zēngdà 동 증대하다, 확대하다 | ★必然 bìrán 부 반드시, 꼭 | ★大大加快 dàdà jiākuài 굉장히 빨라지다, 크게 가속화되다 | ★促进 cùjìn 촉진시키다 | ★营养物质 yíngyǎng wùzhì 영양분 | ★消化 xiāohuà 동 소화하다 | ★吸收 xīshōu 동 흡수하다 | ★处在 chǔzài 동 ~에 처하다 | ★长身体 zhǎng shēntǐ 신체가 자라다 | ★若 ruò 접 만약 | ★健美 jiànměi 형 건강하고 아름답다 | ★平卧 píng wò 평평하게 눕다 | ★四肢 sìzhī 명 사지, 팔다리 | ★肌肉 jīròu 명 근육 | 用力活动 yònglì huódòng 힘을 들여 움직이다 | ★推动 tuīdòng 동 나아가게 하다 | 腰腹 yāo fù 허리와 복부 | 紧张度 jǐnzhāngdù 긴장도 | ★保持 bǎochí 동 유지하다 | ★姿势 zīshì 명 자세 | ★快速前行 kuàisù qiánxíng 빠른 속도로 앞을 향해 가다 | ★全面 quánmiàn 형 전면적이다, 전반적이다 | ★体型匀称 tǐxíng yúnchèn 체형이 균형이 잡히다 | ★结实 jiēshi 형 튼튼하다, 건장하다 | ★免疫力 miǎnyìlì 명 면역력 | ★刺激 cìjī 명 자극 | ★调节能力 tiáojié nénglì 명 조절 능력 | ★适应性 shìyìngxìng 명 적응성 | 不易 búyì 쉽지 않다 | 伤风感冒 shāngfēng gǎnmào 감기에 걸려 앓다 | 多余 duōyú 형 불필요한, 여분의 | ★脂肪 zhīfáng 명 지방 | ★防止 fángzhǐ 동 방지하다 | 脂类物质 zhīlèi wùzhì 지방질 | 血管壁 xuèguǎnbì 혈관벽 | 沉积 chénjī 동 침전되다, 쌓이다 | ★预防 yùfáng 동 예방하다 | 动脉硬化 dòngmài yìnghuà 동맥경화증 | 冠心病 guānxīnbìng 관상동맥경화증

89. HSK POINT 단락의 중심 내용 파악 난이도 中

根据第2段，游泳时：

A 呼吸间隔越短越好
B 胸廓的活动能力减弱
C 肺活量保持恒定状态
D 胸廓受到的压力比在陆地上大

두 번째 단락에 따르면 수영은?

A 호흡 간격이 짧을수록 좋다
B 흉곽의 활동 능력이 약해진다
C 폐활량이 일정 상태를 유지한다
D 흉곽이 받는 압력은 육지보다 크다

> 공략: 이 문제는 두 번째 단락의 내용을 간략히 읽도록 한다. 두 번째 단락의 '水的密度……就会感到一股外加的压力。'라는 내용을 통해 D가 정답임을 알 수 있다.

> 어휘: ★间隔 jiàngé 명 간격, 사이 | 恒定状态 héngdìng zhuàngtài 일정 상태, 항구 불변 상태

90. HSK POINT 핵심어 青少年 및 동일한 의미의 문장 파악 난이도 下

青少年经常游泳，可以：

A 锻炼思维能力
B 拓宽交友渠道
C 促进身体发育
D 塑造良好的性格

청소년들이 자주 수영을 한다면?

A 사고 능력을 단련시킬 수 있다
B 친구를 사귀는 경로를 넓힐 수 있다
C 신체 발육을 촉진시킬 수 있다
D 좋은 성격을 만들 수 있다

> 공략: 핵심어는 세 번째 단락 마지막의 青少年이고, 그 다음의 '身体会长得更快'라는 내용을 통해 정답은 동일한 의미의 C임을 알 수 있다.

> 어휘: ★拓宽 tuòkuān 동 확장하다 | ★交友渠道 jiāoyǒu qúdào 친구를 사귀는 경로 | ★发育 fāyù 동 성장하다, 자라다 | ★塑造 sùzào 동 만들다, 빚다

91. HSK POINT 보기 순서대로 관련 내용 찾기 난이도 下

根据上文，下列哪项正确?

A 常游泳能预防感冒
B 高血压患者应多游泳
C 游泳时人体能吸收更多热量
D 游泳时腹部肌肉须完全放松

본문에 따르면 다음 중 옳은 것은?

A 자주 수영하면 감기를 예방할 수 있다
B 고혈압 환자는 반드시 수영을 많이 해야 한다
C 수영할 때 인체는 더 많은 열량을 흡수한다
D 수영할 때 복부 근육은 반드시 완전히 이완시켜야 한다

> 공략: 이러한 문제는 보기의 순서대로 그 내용을 확인하도록 한다. 우선 보기 A의 핵심어는 '预防感冒'로 다섯 번째 단락 마지막 부분에 제시되어 있다. 여기서 '人就不易伤风感冒'라는 내용을 통해 A가 정답임을 알 수 있으므로 나머지 보기의 내용은 확인하지 않아도 된다.

> 어휘: ★高血压 gāoxuèyā 명 고혈압

92. HSK POINT 첫 단락에서 언급되는 글의 핵심 주제 파악 난이도 中

上文主要谈的是：

A 游泳的好处
B 游泳的技巧
C 健身的重要性
D 游泳的注意事项

본문에서 주로 이야기하는 것은?

A 수영의 장점
B 수영의 테크닉
C 헬스의 중요성
D 수영의 주의사항

공략 첫 번째 단락에서 수영은 매우 훌륭한 헬스 방법이라는 내용을 언급하고 그 뒤에서는 '首先……, 其次……, 再次……, 此外……, 最后……'라는 구조로 수영의 장점을 나누어 설명하고 있으므로 정답은 A가 된다.

어휘 ★注意事项 zhùyì shìxiàng 명 주의사항

[93-96]

　　白族主要分布在云南大理。白族民居，是白族建筑艺术的一大景观。⁹³与游牧民族不同，白族自古以来从事的就是以水稻为主的农业生产，因此形成了定居的生活方式，十分注重居住条件。过去，盖一所像样的住房，是白族人需花费毕生精力去做的大事。他们的住宅，以家庭为单位自成院落，宽敞舒适，集住宿、煮饭、祭祀祖先、接待客人、储备粮食、饲养牲畜等多种功能于一身。

　　⁹⁴大理石头多，白族民居大都就地取材，以石头为主要建筑材料。白族人不仅用石头来打地基、砌墙壁，也用它来做门窗上的横梁。民间有"大理有三宝，石头砌墙墙不倒"的俗语，指的就是这种建房取材的特点。

　　从院落布局、建筑结构和内外装修等基本风格来看，⁹⁵ᶜ白族民居大多承袭了中原民居的建筑特点。但由于自然环境、审美情趣上的差异，白族民居又有鲜明的民族风格和地方特色。以白族四合院与北京四合院为例做大致的比较，首先从主房的方位来看，北京四合院的主房以坐北朝南为贵，⁹⁵ᴰ而白族民居的主房一般是坐西向东，这与大理地处由北向南的横断山脉山系形成的山谷坝子有关，依山傍水，必然坐西向东。其次，⁹⁵ᴬ北京四合院大多是一层的平房，而白族民居基本上都是两层。

　　白族的建筑，包括普通民居，都离不开精美的雕刻、绘画装饰。其中，门楼的装饰尤其引人注目。⁹⁵ᴮ门楼就是院落的大门，一般都采用殿阁造型，飞檐串角，再以泥塑、木雕、彩画、石刻等组合成丰富多彩的立体图案，既富丽堂皇，又不失古朴典雅。

　　바이족은 주로 윈난 다리에 분포되어 있다. 바이족의 민가는 바이족 건축 예술의 일대장관이라 할 수 있다. ⁹³유목 민족과는 다르게 바이족은 예로부터 벼를 위주로 한 농업 생산에 종사했기 때문에, 정착하는 생활 방식이 형성되었고, 거주 조건을 매우 중요시 여겼다. 과거, 그럴듯한 집을 한 채 짓는 것은 바이족 사람들이 평생의 정력을 다 쏟아 이루어야 할 큰 일이었다. 그들의 주택은 가정을 단위로 스스로 정원을 이루고 있고, 넓고 쾌적하며 숙박, 요리, 조상에 대한 제사, 손님 접대, 식량 비축, 가축 사육 등 여러 종류의 기능이 한데 모여 있다.

　　⁹⁴다리 지역은 돌이 많아, 바이족 민가는 대부분이 현지에서 재료를 조달하는데, 돌이 주요 건축 재료이다. 바이족 사람들은 돌을 사용해 터를 닦고 층계 벽을 쌓고, 또한 돌로 문과 창문의 대들보도 만든다. 민간에 '다리에는 세 가지 보물이 있는데, 돌로 층계 벽을 쌓으면 벽이 무너지지 않는다'는 속담이 있다. 이는 바로 집을 지을 때 재료를 선택하는 특징을 가리키는 말이다.

　　정원 구도, 건축 구조 및 민기 안팎의 장식 등 기본적인 스타일로 봤을 때, ⁹⁵ᶜ바이족 민가는 대다수가 중원 지역 민가의 건축 특성을 계승했다. 하지만 자연환경, 심미적 정취의 차이로 인해, 바이족 민가는 또한 뚜렷한 민족 풍격과 지방 특색을 지니고 있다. 바이족 사합원과 베이징 사합원을 예로 들어 대략적인 비교를 해보면, 우선 본체의 방향과 위치로 봤을 때, 베이징 사합원의 본체는 북쪽에 자리잡고 남쪽을 향하는 것을 중시하는데, ⁹⁵ᴰ바이족 민가의 본체는 일반적으로 서쪽에 자리잡고 동쪽을 향하게 하는데, 이는 다리가 북쪽에서 남쪽으로 산맥과 산계를 가로질러 형성된 산골짜기 평지에 위치하고 있는 것과 관계가 있고, 산과 물 가까이에 있으므로 반드시 서쪽에 자리하여 동쪽을 향하게 짓는 것이다. 그 다음으로, ⁹⁵ᴬ베이징 사합원은 대부분이 1층의 단층집인데, 바이족 민가는 대체적으로 모두 2층으로 되어 있다.

白族人很讲究住宅环境的整洁和优雅。多数人家的天井里都砌有花坛，种上几株山茶、丹桂、石榴等花果树，花坛边沿或屋檐口也常常放置兰花等盆花。

바이족의 건축에는 일반적인 민가를 포함하여 정교하고 아름다운 조각, 회화 장식이 없어서는 안 되는데, 그 중 문루의 장식은 특히 사람들의 주목을 끈다. <u>95B문루란 바로 정원의 대문으로, 일반적으로 전각 조형, 비첨과 관곽을 사용하고, 더 나아가 점토 인형, 목조, 채색화, 석각 등을 조합하여 풍부하고 다채로운 입체 도안으로 만드는데, 이는 웅장하고 화려할 뿐만 아니라 고풍스러움과 우아함도 잃지 않았다.</u>

　　바이족 사람들은 주택 환경의 단정하고 깨끗함과 우아함을 매우 중시한다. 많은 사람들의 집 안채와 사랑채 사이의 마당에는 층계로 된 화단이 있고, 여러 그루의 동백나무, 붉은 계수나무, 석류나무 등과 같은 꽃과 나무들이 심어져 있으며, 화단 가장자리나 처마 입구에도 종종 난초 등의 화분을 놓아두기도 한다.

어휘 白族 Báizú 고유 바이족[중국 소수 민족의 하나] | ★分布在 fēnbù zài ~에 분포되어 있다 | ★民居 mínjū 명 민가 | ★建筑 jiànzhù 명 건축 | ★一大景观 yí dà jǐngguān 일대 장관 | 游牧民族 yóumù mínzú 유목민족 | ★自古以来 zìgǔ yǐlái 예로부터 | ★从事 cóngshì 동 종사하다 | ★以……为主 yǐ……wéizhǔ ~을 위주로 하다 | ★水稻 shuǐdào 벼 | ★定居 dìngjū 동 정착하다 | ★注重 zhùzhòng 동 중시하다 | ★盖 gài 동 덮다 | ★一所住房 yì suǒ zhùfáng 집 한 채 | ★花费 huāfèi 동 쓰다, 소비하다, 소모하다 | ★毕生精力 bìshēng jīnglì 평생의 정력 | ★住宅 zhùzhái 명 주택 | 自成院落 zìchéng yuànluò 스스로 정원을 이루다 | ★宽敞舒适 kuānchang shūshì 넓고 쾌적하다 | ★集……于一身 jí……yú yìshēn ~을 한데 모으다 | ★住宿 zhùsù 동 숙박하다, 묵다 | ★煮饭 zhǔ fàn 동 밥을 짓다 | ★祭祀 jìsì 동 제사 지내다 | ★祖先 zǔxiān 명 조상 | ★接待客人 jiēdài kèrén 손님을 접대하다 | ★储备粮食 chǔbèi liángshi 식량을 비축하다 | ★饲养牲畜 sìyǎng shēngchù 가축을 기르다 | ★就地取材 jiùdì qǔcái 현지에서 재료를 조달하다 | ★打地基 dǎ dìjī 터를 닦다, 기초를 닦다 | 砌墙壁 qì qiángbì 벽돌·돌 등으로 층계를 쌓다 | ★门窗 ménchuāng 명 문과 창문 | 横梁 héngliáng 명 대들보 | ★民间 mínjiān 명 민간 | 三宝 sānbǎo 명 세 가지 귀중한 보물 | ★俗语 súyǔ 명 속담 | 院落布局 yuànluò bùjú 정원의 구도 | ★装修 zhuāngxiū 동 장식하고 꾸미다 | 风格 fēnggé 명 풍격, 스타일 | 承袭 chéngxí 동 답습하다, 계승하다 | 中原 Zhōngyuán 명 중원[황허의 중류·하류 지역] | 审美情趣 shěnměi qíngqù 심미적 정취 | ★差异 chāyì 명 차이 | ★鲜明 xiānmíng 형 뚜렷하다, 선명하다 | ★民族风格 mínzú fēnggé 민족의 풍격 | ★地方特色 dìfāng tèsè 지방 특색 | ★以……为例 yǐ……wéi lì ~을 예로 삼다 | ★四合院 sìhéyuàn 사합원[중국 전통 주택 양식으로 가운데 마당을 중심으로 사방이 모두 집채로 둘러싸여 있음] | ★大致 dàzhì 형 대략적인, 대체적인 | ★方位 fāngwèi 명 방향과 위치, 방위 | ★主房 zhǔfáng 명 본채 | ★坐北朝南 zuò běi cháo nán 북쪽에 자리 잡고 남쪽을 향하다, (주택이나 건물이) 남향이다 | ★以……为贵 yǐ……wéi guì ~을 중시하다 | 坐西朝东 zuò xī cháo dōng 서쪽에 자리 잡고 동쪽을 향하다, (주택이나 건물이) 동향이다 | ★地处 dìchǔ 동 ~에 위치하다, ~에 자리하다 | ★横断山脉 héngduàn shānmài 산맥을 가로지르다, 횡단하다 | 坝子 bàzi 명 평지, 평원 | ★依山傍水 yī shān bàng shuǐ 산을 의지하고 물 가까이에 있다 | ★其次 qícì 명 그 다음 | ★平房 píngfáng 명 단층집 | ★包括 bāokuò 동 포함하다 | ★离不开 líbukāi 떨어질 수 없다, 벗어날 수 없다, 없어서는 안 된다 | ★精美 jīngměi 형 정교하다, 아름답다 | ★雕刻 diāokè 명 조각, 조각품 | ★绘画 huìhuà 명 그림, 회화 | ★装饰 zhuāngshì 명 장식, 장식품 | 门楼 ménlóu 명 문루[대문 위에 지은 다락집] | ★尤其 yóuqí 부 더욱이, 특히 | ★引人注目 yǐn rén zhù mù 성 사람들의 주목을 끌다 | 院落 yuànluò 명 뜰, 정원 | ★采用 cǎiyòng 동 적합한 것을 골라 쓰다, 채택하다 | 殿阁 diàngé 명 전각 | 飞檐串角 fēiyán chuàn jiǎo 비첨과 관곽[중국 고대 건축 양식의 일종으로 처마 서까래 끝에 부연을 달아 기와집의 네 귀가 높이 들린 처마와 구슬을 꿰놓은 듯한 모서리] | ★泥塑 nísù 명 점토 인형 동 점토로 빚어서 만들다 | 木雕 mùdiāo 명 목조, 목조품 | 彩画 cǎihuà 명 채색화 | 石刻 shíkè 명 석각 | 丰富多彩 fēng fù duō cǎi 형 풍부하고 다채롭다 | 立体 lìtǐ 명 입체, 입체감을 주는 | 图案 tú'àn 명 도안 | ★富丽堂皇 fù lì táng huáng 형 웅장하고 화려하다 | 古朴典雅 gǔpǔ diǎnyǎ 고풍스럽고 우아하다 | 讲究 jiǎngjiu 동 중요시하다, ~에 신경쓰다 | 整洁 zhěngjié 형 단정하고 깨끗하다, 말끔하다 | 优雅 yōuyǎ 형 우아하다 | 天井 tiānjǐng 명 안채와 사랑채 사이의 마당, 뜰 | ★砌 qì 층계 동 벽돌을 쌓다 | 花坛 huātán 명 화단 | 株 zhū 양 그루 | 山茶 shānchá 동백나무 | 丹桂 dānguì 명 붉은 계수나무 | 石榴 shíliu 명 석류나무 | 花果树 huāguǒshù 꽃과 과일나무 | 边沿 biānyán 명 가장자리, 테두리 | 屋檐 wūyán 명 처마 | ★放置 fàngzhì 동 놓다 | 兰花 lánhuā 명 난, 난초 | 盆花 pénhuā 명 화분, 화분에 심은 꽃

93. HSK POINT 핵심어 游牧民族 및 긴 문장에서 핵심 내용 파악 난이도 中

和游牧民族比，白族： | 유목민족과 비교했을 때 바이족은?

A 经常迁徙 | A 자주 옮겨다닌다
B 以渔猎为生 | B 물고기를 잡고 사냥하여 생활한다
C 生活方式更安定 | C 생활 방식이 더 안정적이다
D 将水稻生产作为副业 | D 벼 생산을 부업으로 삼는다

공략: 우선 핵심어인 游牧民族를 본문에서 찾도록 한다. 첫 번째 단락의 '……因此形成了定居的生活方式'라는 내용을 통해 정답이 C임을 알 수 있다.

어휘: ★迁徙 qiānxǐ 동 옮기다, 이전하다 | ★以……为生 yǐ……wéishēng ~을 생업으로 하다 | 渔猎 yúliè 동 물고기를 잡고 사냥을 하다 | 副业 fùyè 명 부업

94. HSK POINT 단락의 중심 내용 파악 난이도 中

第2段主要谈的是白族民居的： | 두 번째 단락에서 주로 이야기하는 것은 바이족 민가의 무엇인가?

A 建筑规模 | A 건축 규모
B 建筑材料 | B 건축 재료
C 艺术价值 | C 예술 가치
D 社会功能 | D 사회 기능

공략: 이 문제는 두 번째 단락을 읽고 그 중심 내용을 파악해야 한다. '大理石头多……以石头为主要建筑材料。白族人不仅用石头来……也用它来……'라는 내용을 통해 주로 바이족 사람들의 건축 재료가 돌이며 돌을 사용해 여러 가지 물건을 만드는 것을 알 수 있으므로 정답은 B가 된다.

95. HSK POINT 보기 순서대로 핵심 내용 파악 난이도 上

关于白族民居，下列哪项正确？ | 바이족 민가에 관해 다음 중 옳은 것은?

A 多为一层的平房 | A 대다수가 1층으로 된 단층집이다
B 门楼的装饰图案单一 | B 문루의 장식은 도안이 단일하다
C 承袭了西方建筑的特点 | C 서양 건축의 특징을 계승했다
D 主房朝向和地理环境有关 | D 본채의 방향은 지리 환경과 관계가 있다

공략: 이러한 유형의 문제는 보기의 순서에 따라 관련 내용을 확인하도록 한다. 보기 A의 핵심어 '一层的平房'은 세 번째 단락 마지막 부분에서 찾을 수 있지만, 이와 연관된 것은 '베이징의 사합원'이므로 정답이 아니다. 보기 B의 핵심어는 门楼로 네 번째 단락에 제시되어 있는데, '丰富多彩的立体图案'이라고 했으므로 정답이 아니다. 보기 C의 핵심어는 承袭로, 세 번째 단락의 '中原民居的建筑特点'이라는 내용에서 정답이 아님을 알 수 있다. 따라서 정답은 D가 된다.

96.

最适合做上文标题的是:

A 白族人的社会习俗
B 热情好客的白族人
C 白族人的生存环境
D 别具特色的白族民居

본문의 제목으로 가장 적합한 것은?

A 바이족 사람들의 사회 풍습
B 친절하고 손님 접대를 좋아하는 바이족 사람들
C 바이족 사람들의 생존 환경
D 남다른 특색을 지닌 바이족 민가

공략 : 각 단락의 첫 문장의 내용을 확인해 보면 모두 '바이족 민가'에 대해 언급하고 있으므로 정답은 D가 된다.

어휘 : ★热情好客 rèqíng hàokè 친절하고 손님 접대를 좋아하다 | ★别具特色 biéjù tèsè 남다른 특색을 지니다

[97-100]

扇子作为一种实用工具，在中国已有几千年的历史了。团扇和折扇是中国扇子的两大主要类别。团扇因其形状团圆如月而得名，但并非绝对的圆。后来它的形状日益增多，不再局限于圆形。⁹⁷团扇因扇面多使用丝织物面料，也被称为"纨扇"，又因丝织品价格昂贵，难入寻常百姓家，于是又有"宫扇"之称。宋朝以前的画扇基本上指的是团扇绘画。折扇出现于宋代，但一直不受重视，直到明代，因为皇帝朱元璋的喜爱，折扇才开始广泛流行起来，并成为主流。折扇以其收放自如、便携、宜书宜画等特点，受到人们的喜爱。

在扇面上写字作画的风气大约是从六朝开始的，古书中留下了不少关于文人画扇的趣闻。晋代书法家王羲之，在路上遇到一位卖扇子的老人。老人一再折价也卖不掉手中存扇，王羲之便在每把扇子上题了5个字。老人埋怨他弄脏了扇面，⁹⁸王羲之宽慰道："你就说这是王羲之所写，扇子便可售百钱。"果然，老人手中的扇子很快就被抢购一空。

两宋时期，扇画艺术迎来了自己的春天。当时画学发展迅速，政府不仅设立了翰林图画院，甚至还将"画学"正式纳入科举考试。¹⁰⁰而宋徽宗本人也每每躬亲画扇，作画题诗。他的扇画《枇杷山鸟图》显示出极高的艺术水平，流传至今。帝王的爱好和官员的推崇，使团扇画艺术在当时大行其道。

明清两代，随着造纸业的兴盛，扇面艺术的发展达到了鼎盛，几乎所有的文人墨客都会在扇面上写诗作画。明代士大夫间相互赠扇，炫耀雅扇成为一种风气。

부채는 일종의 실용적인 도구로, 중국에서는 이미 몇천 년의 역사를 지니고 있다. 단선과 접선은 중국 부채의 주된 두 가지 종류이다. 단선은 그 형상이 둥근 것이 마치 달과 같다 하여 붙여진 이름이지만, 결코 완전하게 둥근 것은 아니다. 후에 그것의 모양이 날로 많아져서, 더는 둥근 형태에 한정되지는 않는다. ⁹⁷단선은 부채 면에 견직물 같은 재료를 많이 사용하여 '환선'이라고도 불렸으며, 또한 견직품은 가격이 비싸 일반 서민 가정에서는 사용하기가 어려웠기에 '궁선'이라는 명칭도 지니고 있다. 송나라 이전의 부채 그림은 대부분 단선에 그림을 그리는 것을 가리켰다. 접선은 송대에 나타났지만 줄곧 중시되지 못하다가, 명대에 이르러 황제 주원장이 좋아하여 접선이 비로소 폭넓게 유행하기 시작하여 주류가 되었다. 접선은 간수하기가 자유롭고 휴대가 편리하고, 글을 쓰고 그림을 그리는 데에 적합하다는 등의 특징으로 사람들의 사랑을 받았다.

부채 면에 글자를 쓰고 그림을 그리는 기풍은 대략 육조 시대에 시작되었다고 한다. 고서에는 문인들이 부채 그림을 그리는 것에 관한 많은 재미있는 이야기가 기록되어 있다. 진대 서예가 왕희지는 길에서 부채를 파는 한 노인을 만났다. 노인이 거듭 값을 깎았는데도 수중에 있는 부채를 팔지 못하자, 왕희지는 모든 부채에 다섯 글자를 써 넣었다. 노인이 그가 부채를 더럽힌 것을 원망하자, ⁹⁸왕희지는 '당신이 이게 왕희지가 쓴 것이라고 말하면 부채가 백 전에도 팔릴 것입니다'라고 그를 안심시키며 말했다. 과연 노인의 수중에 있던 부채는 날개 돋친 듯 빠르게 팔려나갔다.

양송 시기에 부채 그림 예술은 봄을 맞이하게 되었다. 당시 그림에 관한 학문의 발전이 빨라서, 정부는 한림 도화원을 설립했을 뿐만 아니라 심지어 '화학'을 정식으로 과거 시험에 포함시켰다. ¹⁰⁰그리고 송나라 휘종 본인도 늘 직접 부채에 그림을 그리고 시를 썼다. 그의 부채 그림 「비파산조도」는 매우 높은 예술 수준을 보여주고 있으며 오늘날까지

为了更好地保存，许多收藏家将书画扇面直接裱成册页，而不制成成扇。还有人将成扇的扇面揭下，装裱后收藏起来。因此古代扇面书画大多以册页的形式保存至今。

전해지고 있다. 왕의 애호와 관원들의 찬양이 단선화 예술로 하여금 당시 큰 성행을 이루게 하였다.

명청 양대에는 제지업이 흥성함에 따라 부채 예술의 발전이 전성기에 이르렀고, 거의 모든 문인들이 다 부채에 시를 쓰고 그림을 그렸다. 명대 사대부 간에는 서로 부채를 선물했는데, 화려하고 우아한 부채가 일종의 기풍이 되었다.

더욱 잘 보존하기 위해서, 수많은 소장가들은 서화 부채면을 바로 서화첩으로 표구하고 이를 부채로 만들지 않았다. 또 어떤 사람들은 부채로 만든 부채 면을 뜯어 내어 표구한 뒤 소장하기도 했다. 따라서 고대 부채 그림의 대다수는 서화첩의 형식으로 현재까지 보존되어 있다.

어휘

★扇子 shànzi 명 부채 | ★作为 zuòwéi 동 ~의 자격으로서, ~의 신분으로서 | ★实用工具 shíyòng gōngjù 실용적인 도구 | ★历史 lìshǐ 명 역사 | 团扇 tuánshàn (손잡이가 달린) 단선, 둥글부채 | 折扇 zhéshàn 명 접선, 쥘부채 | ★类别 lèibié 명 종류 | 团圆如月 tuányuán rú yuè 둥그란 것이 마치 달과 같다 | ★得名 démíng 동 이름을 얻다 | ★并非 bìngfēi 동 결코 ~이 아니다 | ★绝对 juéduì 절대적인, 완전한 | ★形状 xíngzhuàng 명 형상, 겉모습 | ★日益增多 rìyì zēngduō 날이 갈수록 증가하다 | 局限于 júxiàn yú ~에 국한하다, ~에 한정하다 | 扇面 shànmiàn 명 선면, 부채의 면 | 丝织物 sīzhīwù 명 견직물 | 面料 miànliào 명 옷감, 면직 재료 | 被称为 bèi chēngwéi ~로 불리다 | ★价格昂贵 jiàgé ángguì 가격이 비싸다 | ★寻常百姓家 xúncháng bǎixìngjiā 일반 평민 가정 | ★有……之称 yǒu……zhī chēng ~라는 명칭이 있다 | 宫扇 gōngshàn 명 궁선, 황제가 사용하는 의장용의 자루가 긴 부채 | 宋朝 Sòngcháo 명 송조 시기 | ★基本上 jīběnshang 주로, 대체로 | ★受重视 shòu zhòngshì 중요시되다, 주목을 받다 | 明代 Míngdài 명 명대 | ★皇帝 huángdì 명 황제, 왕 | ★广泛 guǎngfàn 형 폭넓다, 광범위하다 | 流行起来 liúxíng qǐlai 유행하기 시작하다 | ★主流 zhǔliú 명 주류 | 收放自如 shōufàng zìrú 간수하기가 자유롭다, 보관이 자유롭다 | 便携 biànxié 휴대가 편리하다 | 宜书宜画 yí shū yí huà 글을 쓰거나 그림을 그리기에 적합하다 | ★风气 fēngqì 명 풍조, 기풍 | ★大约 dàyuē 부 대략 | 六朝 Liù Cháo 명 육조[오(吳)·동진(東晋)·송(宋)·제(齊)·양(梁)·진(陳)의 합칭] | 古书 gǔshū 명 고서 | ★趣闻 qùwén 명 재미있는 이야기 | 晋代 Jìndài 명 진대 | ★书法家 shūfǎjiā 명 서예가 | 题字 tízì 명 기념으로 몇 자 적다, 글을 쓰다 | ★埋怨 mányuàn 동 탓하다 | 弄脏 nòngzāng 동 더럽히다 | ★宽慰 kuānwèi 동 안심시키다, 위로하다 | 所写 suǒ xiě ~가 쓰다 | ★便 biàn 부 바로, 곧 | ★售 shòu 동 팔다 | ★果然 guǒrán 부 과연 | ★被抢购一空 bèi qiǎnggòu yīkōng 날개 돋친 듯 팔려나가다 | 迎来了春天 yínglái le chūntiān 봄을 맞이했다 | ★迅速 xùnsù 형 신속하다, 재빠르다 | 政府 zhèngfǔ 명 정부 | ★设立 shèlì 동 설립하다, 세우다 | 画院 huàyuàn 명 화원[옛날 궁중의 회화 제작 기관] | ★甚至 shènzhì 부 심지어 | 纳入 nàrù 동 넣다, 포함시키다 | ★科举考试 kējǔ kǎoshì 과거 시험 | ★每每 měiměi 부 늘, 매번 | 躬亲 gōngqīn 동 몸소 하다, 친히 하다 | ★作画题诗 zuòhuà tíshī 그림을 그리고 시를 쓰다 | 枇杷 pípá 비파나무 | ★显示 xiǎnshì 동 나타내다, 보여주다 | 艺术水平 yìshù shuǐpíng 예술 수준 | ★流传至今 liúchuán zhìjīn 오늘까지 전해 내려오다 | 帝王 dìwáng 명 제왕, 군주 | ★推崇 tuīchóng 동 추앙하다, 찬양하다 | ★大行其道 dàxíng qí dào 크게 유행하다, 크게 성행하다 | 造纸业 zàozhǐyè 명 제지업 | ★兴盛 xīngshèng 형 흥성하다, 번창하다 | 达到鼎盛 dádào dǐngshèng 전성기에 이르다 | 文人墨客 wénrén mòkè 명 문인 묵객 | 士大夫 shìdàfū 명 사대부 | 赠扇 zèng shàn 부채를 선물하다 | ★炫耀 xuànyào 형 눈부시게 빛나다, 밝게 비추다 | 雅扇 yǎ shàn 우아한 부채 | ★一种风气 yì zhǒng fēngqì 일종의 풍조 | ★收藏家 shōucángjiā 명 수집가, 수장가 | 将……裱成 jiāng……biǎochéng ~을 ~로 표구하다 | 册页 cèyè 명 서화첩 | 成扇 chéng shàn 부채로 만들다 | 将……揭下 jiāng……jiēxià ~을 벗겨 내다 | 装裱 zhuāngbiǎo 동 표구하다 | ★收藏 shōucáng 동 소장하다, 보존하다 | ★以……的形式 yǐ……de xíngshì ~의 형식으로 | ★保存至今 bǎocún zhìjīn 지금까지 보존하다

97. HSK POINT 핵심어 团扇 및 동일한 의미의 문장 파악 난이도 中

关于团扇, 下列哪项正确？

A 多为纸制品
B 制作工期长
C 是标准的圆形
D 普通百姓一般用不起

단선에 관해 다음 중 옳은 것은?

A 대부분이 종이 제품이다
B 제작 기간이 길다
C 표준적인 둥근 형태이다
D 평범한 서민들은 일반적으로 사용할 수 없다

공략 첫 번째 단락에서 '团扇……价格昂贵, 难入寻常百姓家'라고 언급하고 있으므로 이는 보기 D의 '평범한 서민들은 일반적으로 사용할 수 없다'와 같은 의미임을 알 수 있다. 따라서 정답은 D가 된다.

어휘 工期 gōngqī 명 작업 기일 | ★用不起 yòngbuqǐ 사용할 수 없다

98. HSK POINT 단락의 중심 내용 파악 난이도 中

根据第2段, 可以知道:

A 王羲之名气很大
B 老人很崇拜王羲之
C 老人的扇子被抢了
D 有字的扇子在当时不值钱

두 번째 단락에 근거하여 알 수 있는 것은?

A 왕희지는 매우 유명하다
B 노인은 왕희지를 숭배한다
C 노인의 부채는 빼앗겼다
D 글씨가 있는 부채는 당시에 값어치가 없었다

공략 두 번째 단락을 간략하게 살펴보면, 한 노인이 부채를 팔고 있었는데 왕희지가 부채에 몇 글자를 써넣었다는 내용으로 그 결과는 '老人手中的扇子很快就被抢购一空'이다. 여기서 '抢购一空'은 '물건이 날개 돋친 듯 아주 빠르게 팔려나가다'는 의미이므로 왕희지는 매우 유명한 사람임을 알 수 있기에 정답은 A가 된다.

어휘 ★名气很大 míngqì hěn dà 매우 유명하다 | ★崇拜 chóngbài 동 숭배하다 | ★被抢了 bèi qiǎng le 빼앗기다 | ★不值钱 bù zhíqián 값어치가 나가지 않다, 값지지 않다

99. HSK POINT 앞에 제시된 문장을 통해 '大行其道'의 의미 유추 난이도 上

第3段中, 划线词语"大行其道"最可能是什么意思？

A 道路宽广
B 极为盛行
C 前途光明
D 自成一派

세 번째 단락의 밑줄 친 어휘 '大行其道'는 무슨 의미인가?

A 도로가 넓다
B 매우 성행하다
C 앞길이 밝다
D 독자적으로 한 파를 이루다

공략 大行其道 바로 앞의 '团扇画艺术'가 이 문장의 주어가 되고, 문맥상 왕의 애호와 관원들의 찬양으로 인해 단선화 예술이 매우 유행하게 되었다는 내용으로 전개되어야 하므로, '매우 성행하다'는 뜻의 B가 정답이다.

어휘 ★极为盛行 jíwéi shèngxíng 매우 성행하다 | ★前途光明 qiántú guāngmíng 장래가 희망차다 | 自成一派 zìchéng yípài 독자적으로 한 파를 이루다

100. HSK POINT 보기 순서대로 관련 내용 찾기 난이도 中

根据上文，下列哪项正确?

Ⓐ 宋徽宗爱在扇子上作画
B 官员不将扇子当做礼品
C 成扇的书画扇面更易保存
D 折扇被认为是朱元璋发明的

본문에 따르면 다음 중 옳은 것은?

Ⓐ 송나라 휘종은 부채에 그림을 그리는 것을 좋아했다
B 관원들은 부채를 예품으로 간주하지 않았다
C 부채로 만든 서화 부채는 보존이 더 쉽다
D 접선은 주원장이 발명한 것으로 알려져 있다

공략 이러한 문제는 보기의 순서대로 관련 내용을 확인하도록 한다. 보기 A의 핵심어는 宋徽宗이고, 세 번째 단락의 '而宋徽宗本人也每每躬亲画扇，作画题诗。'라는 내용을 통해 A가 정답임을 알 수 있다. 따라서 다른 보기의 내용은 확인하지 않아도 된다.

新 HSK 6급 합격모의고사 书写

[101] HSK POINT 시간의 흐름에 따른 이야기 전개 내용 파악

1문단:
설이 지난 후 내가 짐을 가지고 타지 학교로 갈 때 여자친구가 배웅함

2문단:
기차역에서 가정 형편이 어려워 자신을 도와줄 사람을 찾는 한 여자아이를 보게 됨

3문단:
나는 여자아이에게 짐을 옮기는 것을 도와주면 돈을 주기로 했고, 여자아이는 돈을 받은 뒤 나중에 반드시 갚겠다고 함

那是好多年前的事了。春节过后没多久，我带着一大包行李去外地上学。我的女朋友到车站去送我。

公交车站离火车站大约还有一百多米的距离。我一下车，就见一个女孩，拿着一个写着"求助"的纸招牌，在向前面一个人诉说着什么。那人不耐烦地挥着手说"去去去"，并不看女孩一眼，只顾走自己的路。看到我和女友，那女孩向我们走过来。女孩大约十四岁的样子，穿着单薄的衣服，小脸冻得红扑扑的。女孩对我说她母亲半年前病故了，靠父亲卖苦力养活全家。可父亲两个月前也病倒了，家里因此欠了一大笔债。开学时间就要到了，她的学费还没有筹够。能借的地方都借遍了，没有办法，她只好求好心人帮帮忙。

我疑心她是骗子，不想给她钱，但我又怕女朋友说我小气，于是我指着自己的行李说："你帮我把这包背到车站，我就给你五块钱。"女孩连忙说道："谢谢！谢谢！"说着，从我手里接过行李包，吃力地背在身上，兴奋地走在前面。女友一拉我的衣服，说："你怎么忍心叫这么个小女孩帮你背包。"我一愣，没想到女友会这么说，生怕她会因此生气，于是灵机一动说："我只是想让她靠自己的劳动挣钱；不想让她小小年纪就当乞丐。"听了我的话，女友笑了。小女孩回过身来深深地鞠了一躬，又说了一声"谢谢"。到了车站，我去排队买票，女孩背着包站在我旁边。我说："你把包放下歇一会儿。"女孩说："不用，你给我那么多钱，我得多背一会儿。"那一刻，我真的有些感动了。买好票，我

그것은 여러 해 전의 일이다. 설이 지나고 얼마 안 되어, 나는 큰 짐 보따리 하나를 가지고 타지 학교로 가는데, 여자친구가 역까지 나를 배웅해 주었다.

버스 정거장은 기차역에서 약 백여 미터 떨어져 있었는데, 나는 차에서 내리자마자 한 여자아이가 '도와주세요'라고 적혀있는 종이 팻말을 들고서 앞에 있는 한 사람에게 무엇인가 간곡히 말하고 있는 것을 보았다. 그 사람은 귀찮다는 듯 손을 저으며 "가, 가, 가!"라고 말하고는 여자아이를 한 번 쳐다보지도 않고 그저 제 갈 길만 재촉했다. 나와 내 여자친구를 보더니, 그 여자아이는 우리를 향해 걸어왔다. 여자아이는 대략 열네 살 정도의 모습으로 얇은 옷을 입고 있었고, 작은 얼굴은 추위에 벌겋게 얼어 있었다. 여자아이는 자신의 어머니는 반년 전 병으로 돌아가셨고 아버지가 막노동을 하시며 가정을 부양하시다가, 아버지도 두 달 전 병으로 쓰러지셔서 큰 빚을 지게 되었다고 했다. 개학이 곧 다가오는데 그녀의 학비는 아직 다 모으지 못했고, 돈을 빌릴 수 있는 곳은 다 돌아다니며 빌려봤지만 방법이 없어, 어쩔 수 없이 마음씨 좋은 사람에게 도와달라는 부탁을 하는 것이라고 했다.

나는 그 아이가 사기꾼일 것이라고 의심했기에 돈을 주고 싶지 않았지만, 여자친구가 또 나를 인색하다고 할까 봐 나는 내 짐을 가리키며, "네가 나를 도와 이 짐을 정거장까지 메고 가면, 너에게 5위안을 줄게."라고 말했다. 여자아이는 얼른 "고맙습니다! 고맙습니다!"라고 말하며, 내 손에서 짐을 받아 들고는 힘겹게 짊어지더니 흥분하며 앞장 서서 걸어갔다. 여자친구는 내 옷을 잡아 끌며 "넌 어떻게 냉정하게 이렇게 어린 여자아이한테 네 가방을 메라고 할 수 있니?"라고 말했다. 나는 여자친구가 이렇게 말할 것이라고는 생각지도 못했기에 놀라서 멍해졌고, 여자친구가 이 때문에 화를 낼까 봐 순간 기지를 발휘해 "난 단지 저 아이가 자신의 노동으로 돈을 벌

给了她十元钱。她不要，说："说好是五块钱的。"我劝她收下，说算是帮她了，女孩想了想说："那你把地址给我，将来我有钱了，一定会还你的。"我说不用还了，女孩坚持要我的地址，我于是写下来给她了。

这件事过后我就没放在心上。多年以后，一天，一个姑娘到办公室找我。她穿得虽然很朴素，但很得体。她问："你还记得我吗？"我想了半天，也没想起来她是谁。她说："你还记得八年前在火车站给你背包的那个小姑娘吗？"我想了想，终于想起了那个瘦小可怜的小女孩，再看看眼前这个亭亭玉立的大姑娘，一脸的真诚，真的和那小女孩很像。我问："你就是那个小女孩？"她点了点头说："是。"原来，她先是找到了我父亲家，我父亲告诉她我在这里上班，所以她就找到我办公室来了。她说："我是来还钱的。"

我突然有一种想流泪的感觉。现在回想起来，当时，如果不是女友在场的话，我也许像前面那个人一样粗暴地对她说"去去去"，我其实没有真心想帮她。我告诉她不用还了，那算不了什么的。她说："不！你错了，那对我非常重要！因为你让我明白了，我可以用自己的劳动挣钱的。你不知道，那时我真的有了做乞丐的想法。是你改变了我的人生道路。"她接着告诉我，从那以后，她靠给人打零工挣够了学费。现在，她已经大学毕业，并且找到一份不错的工作。她是特意来向我表示感谢的。

我没想到，当初我的一次并非出自本心的善举，竟然改变了她的一生。我对她说："你如果真心想感谢我，就去多帮助一些像你当初一样需要帮助的人吧，也许你的帮助会改变他们的一生。"

她愉快地答应了。从那以后，遇到一些需要帮助的人，我也会尽可能地给予帮助。

기를 바랄 뿐이고, 또 어린 나이에 거지가 되는 것을 바라지 않기 때문이야."라고 말했다. 내 말을 듣고서 여자친구는 웃었고, 여자아이는 몸을 돌려 깍듯이 인사하며 또 한 번 "고맙습니다"라고 말했다. 정거장에 도착해 나는 표를 사기 위해 가서 줄을 섰고, 여자아이는 가방을 메고 내 옆에 서 있었다. 내가 "가방을 여기에 내려두고 좀 쉬어."라고 말하자, 여자아이는 "괜찮습니다. 저에게 그런 많은 돈을 주시는데, 제가 좀 더 메고 있을게요."라고 말했다. 그 순간, 나는 정말 감동을 받았다. 표를 다 사고, 나는 그 아이에게 10위안을 주었다. 그녀는 거절하며 "5위안을 주시기로 하셨잖아요."라고 말했다. 나는 그녀에게 받아두라고 권하며 말하길, 이는 도와주는 셈이라고 했다. 여자아이는 좀 생각하더니, "그럼, 주소를 저에게 주세요. 나중에 제가 돈이 생기게 되면 반드시 갚을게요."라고 말했다. 나는 갚을 필요는 없다고 했지만, 그 아이가 끈질기게 내 주소를 달라고 해서 적어주었다.

이 사건 이후, 나는 그 일을 염두에 두지 않았다. 여러 해가 지난 어느 날, 한 아가씨가 사무실로 나를 찾아왔다. 그녀는 옷차림이 소박하긴 했지만 잘 차려 입은 듯했다. 그녀는 "저를 아직 기억하시나요?"라고 물었고, 나는 한참을 생각해 봐도 그녀가 누구인지 생각이 나지 않았다. 그녀는 "8년 전 기차역에서 선생님 가방을 메주었던 그 꼬마 아가씨를 기억하시나요?"라고 말했다. 나는 생각해 본 뒤 마침내 그 왜소하고 가여웠던 여자아이가 떠올랐다. 다시금 눈앞의 이 늘씬한 아가씨를 쳐다 보니, 진실된 얼굴이 정말 그 여자아이와 매우 닮아 있었다. 나는 "네가 바로 그 여자아이란 말이지?"라고 물었다. 그녀는 고개를 끄덕이며 "네."라고 대답했다. 알고 보니, 그녀는 먼저 나의 아버지 댁을 찾았고, 아버지께서 내가 여기에서 근무하는 것을 알려 주셔서 나를 찾으러 사무실로 오게 된 것이다. 그녀는 "저 돈을 갚으러 온 거예요."라고 말했다.

나는 문득 눈물이 흐를 것 같은 느낌이 들었다. 지금 돌이켜 생각해 보니, 당시 만약 여자친구가 그 자리에 없었다면, 나는 아마도 앞의 그 사람과 같이 거칠게 그녀에게 "가, 가, 가!"라고 말했을 것이다. 나는 사실 진심으로 그녀를 도와주려 했던 것은 아니었다. 나는 그녀에게 돈을 갚지 않아도 되고, 그건 별것 아니라고 말했다. 그녀는 "아닙니다! 아니에요. 그건 저에게는 매우 중요한 겁니다. 왜냐하면 선생님께서 저에게 자신의 노동으로 돈을 벌 수 있다는 것을 알려

주셨으니까요. 그때 제가 정말 구걸하려는 생각을 갖고 있었다는 것을 선생님께서는 모르실 겁니다. 바로 선생님께서 제 인생의 길을 바꿔 주셨답니다."라고 말했다. 그녀는 이어서 나에게 그때 이후 자신은 임시직으로 일하며 학비를 벌었다고 말했다. 현재 그녀는 이미 대학을 졸업해 괜찮은 직업도 찾게 되었으며, 특별히 나에게 감사의 뜻을 전하러 온 것이라고 했다.

애초에는 전혀 본심에서 우러난 게 아니었던 한 차례의 선한 일이 뜻밖에도 그녀의 일생을 바꾸었으리라고는 생각도 못했다. 나는 그녀에게 "만약 진심으로 나에게 감사하는 거라면, 그때의 너처럼 도움을 필요로 하는 사람을 도와주렴. 어쩌면 너의 도움이 그들의 일생을 바꿀 수도 있으니."라고 말했다.

그녀는 내 말에 흔쾌히 응했다. 그 이후, 도움을 필요로 하는 사람을 만나게 되면, 나는 또 가능한 한 도움을 줄 것이다.

어휘

★好多年前 hǎoduō nián qián 여러 해 전 | 没多久 méi duōjiǔ 얼마 안 되어, 얼마 지나지 않아 | 一大包行李 yí dàbāo xíngli 큰 짐 보따리 하나 | 外地 wàidì 명 외지 | 公交站 gōngjiāozhàn 명 버스 정거장 | 火车站 huǒchēzhàn 명 기차역 | ★距离 jùlí 명 거리 | ★求助 qiúzhù 동 도움을 청하다 | 纸招牌 zhǐ zhāopai 종이 간판, 종이 팻말 | ★诉说 sùshuō 동 간곡히 말하다, 하소연하다 | ★不耐烦 búnàifán 형 귀찮다, 성가시다 | ★挥着手 huīzhe shǒu 손을 흔들며 | ★看……一眼 kàn……yì yǎn ~을 한 번 쳐다보다 | ★只顾 zhǐgù 동 오직 ~만 생각하다, 그저 ~에 정신이 팔리다 | 走自己的路 zǒu zìjǐ de lù 자신의 길을 가다 | ★向……走过来 xiàng……zǒuguòlái ~을 향해 걸어오다 | 单薄 dānbó 형 (입은 옷이) 얇다 | 冻得红扑扑的 dòng de hóngpūpū de 추워서 벌겋게 얼다 | 病故 bìnggù 동 병으로 죽다 | 卖苦力 mài kǔlì 삯품을 팔다, 힘든 삯일을 하다 | ★养活 yǎnghuó 동 부양하다, 먹여 살리다 | 病倒 bìngdǎo 동 병으로 드러눕다 | ★欠了一大笔债 qiàn le yí dà bǐ zhài 큰 돈의 빚을 지다 | 开学时间 kāixué shíjiān 개학 때 | ★学费 xuéfèi 명 학비 | ★筹够 chóu gòu (돈을) 조달하다 | 借遍了 jièbiàn le 여기저기 다 빌리다 | ★好心人 hǎoxīn rén 명 마음씨 착한 사람 | ★帮帮忙 bāngbang máng 일을 좀 돕다 | ★疑心 yíxīn 의심하다 | 骗子 piànzi 명 사기꾼 | ★小气 xiǎoqi 인색하다 | ★把……背到 bǎ……bèidào ~을 ~로 짊어지고 가다, 메고 가다 | 连忙 liánmáng 부 얼른, 재빨리 | 吃力 chīlì 형 힘들다, 고달프다 | ★兴奋 xīngfèn 형 흥분하다 | 忍心 rěnxīn 모질게 ~하다, 냉정하게 ~하다 | 背包 bēi bāo 동 가방을 메다, 짊어지다 | ★一愣 yíleng 놀라 멍하다, 깜짝 놀라다 | 生怕 shēngpà 동 (~할까 봐) 몹시 두려워하다 | ★灵机一动 língjī yídòng 영감이 탁 떠오르다, 기지를 발휘하다 | ★靠自己的劳动 kào zìjǐ de láodòng 자신의 노동에 기대다 | ★挣钱 zhèng qián 동 돈을 벌다 | 乞丐 qǐgài 명 거지 | 回过身来 huí guò shēn lái 몸을 돌리다 | 深深地鞠了一躬 shēnshēn de jū le yì gōng 허리를 굽혀 한 차례 인사를 하다 | ★排队 pái duì 동 줄을 서다 | ★歇一会儿 xiē yíhuìr 잠깐 쉬다 | ★那一刻 nà yí kè 그 순간 | ★劝 quàn 동 권하다, 타이르다 | ★没放在心上 méi fàngzài xīnshang 마음에 담아두지 않았다, 염두에 두지 않았다 | ★朴素 pǔsù 형 소박하다 | ★得体 détǐ 형 적절하다, 제격이다 | ★想了半天 xiǎng le bàntiān 한참을 생각하다 | 瘦小可怜 shòuxiǎo kělián 왜소하고 가여운 | 亭亭玉立 tíng tíng yù lì 여자의 자태가 늘씬하고 아름답다 | ★一脸的真诚 yì liǎn de zhēnchéng 진정한 얼굴, 진실된 얼굴 | ★点了点头 diǎn le diǎn tóu 고개를 끄덕였다 | 有一种想流泪的感觉 yǒu yì zhǒng xiǎng liúlèi de gǎnjué 일종의 눈물이 흐를 것 같은 느낌이 들다 | ★回想起来 huíxiǎng qǐlai 돌이켜 생각하다 | 在场 zàichǎng 동 그 자리에 있다, 현장에 있다 | 粗暴 cūbào 형 난폭하다, 거칠다 | ★算不了什么 suànbuliǎo shénme 별로 대수롭지 않다 | 人生道路 rénshēng dàolù 명 인생행로, 인생길 | ★接着 jiēzhe 부 이어서, 연이어 | 打零工 dǎ línggōng 임시로 고용되어 일하다, 막일을 하다 | 挣够了 zhèng gòule 충분히 벌었다 | ★向……表示感谢 xiàng……biǎoshì gǎnxiè ~에 감사를 표하다 | ★当初 dāngchū 명 당초, 애초 | ★并非 bìngfēi 동 전혀 ~이 아니다, 결코 ~하지 않다 | 出自本心 chūzì běnxīn 본심에서 나오다 | 善举 shànjǔ 명 착한 일 | ★愉快地答应了 yúkuài de dāying le 흔쾌히 동의하다 | ★尽可能 jǐnkěnéng 부 되도록, 가능한 한 | ★给予帮助 jǐyǔ bāngzhù 도움을 주다

1단계 중심 내용 전개

도입
[시간·장소·인물 소개]
春节过后 / 我带着一行李去外地上学 / 女朋友到车站去送我

이야기의 발생
[나와 여자친구는 한 여자아이를 보게 됨]
我和女朋友见到一个女孩

이야기의 전개 1
[여자아이의 모습과 상황에 대해 설명함]
她大约14岁 / 她母亲病故了，父亲也病倒了 / 她没有筹够学费 / 她求好心人帮帮忙

이야기의 전개 2
[나는 여자아이에게 가방을 짊어지는 것을 도와주면 돈을 주기로 함]
我对那个小女孩说，帮我把包背到车站，我就给她钱

이야기의 결말
[8년이 지난 뒤 여자아이가 나를 찾아와 고마움을 전함]
8年后，有一天，那个女孩来找我，是为了还钱，并向我表示感谢

2단계 모범 답안 작성

　　　　　　火车站的小女孩
　　一个寒冷的冬日，我带着大包行李前往外地求学，女友来火车站送我。车站里人山人海，突然一个举着牌子的小女孩进入了我的视线。她大约十四五岁模样，穿着很单薄，脸被冻得红扑扑的。她快速向我们走来，眼里充满了恳求的目光，她告诉我们自己母亲不久前病逝，父亲也卧病在床，家里欠了一大笔债，她需要一笔钱来交学费，否则只能辍学，希望我们能帮她一下。
　　听了她的诉说，我半信半疑，当今社会骗子实在太多了，我并不打算帮她，但又怕女友

说我吝啬，便指着地上的包对她说："你帮我将这个包背到车站，我就给你五块钱。"小女孩听后兴奋极了，二话没说就背着包往前走。生怕女友误会，我赶紧向她解释道这样做是为了让她懂得这个世界上没有免费的午餐，赚钱也要靠自己的劳动。

到了车站，小女孩累得满头大汗，我拿出10块钱给她。她一定要我的地址，说是以后还给我。

光阴似箭，转眼8年过去了。一个炎炎夏日，她真的找到了我的办公室来还钱，那时我才意识到我的一次并非发自内心的善举却改变了她的一生。

기차역의 여자아이

한 추운 겨울날, 나는 큰 짐 보따리를 가지고 타지에 공부하러 가는데, 여자친구가 기차역으로 와서 나를 배웅해 주었다. 역은 인산인해를 이루었고, 문득 팻말을 든 한 여자아이가 내 시선에 들어왔다.

여자아이는 대략 열네다섯 살의 모습에 얇은 옷을 입고, 얼굴은 추위로 벌겋게 얼어 있었다. 그녀는 재빨리 우리를 향해 걸어왔고, 눈에는 간절한 부탁의 시선으로 가득 차 있었다. 그녀는 우리에게 자신의 어머니는 얼마 전 병으로 돌아가셨고, 아버지도 병상에 계시고, 집은 큰 빚을 져서, 학비로 내야 할 돈이 필요한데, 그렇지 않으면 어쩔 수 없이 학업을 그만두어야 한다면서 우리가 자신을 도와줄 수 있기를 바란다고 했다.

그녀의 말을 듣고 나는 반신반의했다. 요즘 세상에 사기꾼이 정말 너무 많아서 나는 전혀 도와주고 싶지 않았지만, 여자친구가 나를 인색하다고 할까 봐 바닥에 있던 가방을 가리키며 "네가 이 가방을 역까지 메고 가 주면, 너에게 5위안을 줄게."라고 말했다. 여자아이는 이 말을 듣고서 매우 흥분하여 두말하지 않고 가방을 짊어지고는 앞장 서서 걸었다. 여자친구가 오해할까 봐 염려하여 나는 재빨리 그녀에게 내가 이렇게 한 것은 그녀가 이 세상에 공짜는 없고 돈을 버는 것 또한 자신의 노동에 기대어 얻는 것이라는 것을 알게 하기 위함이라고 설명했다.

역에 도착하자 여자아이는 온 얼굴이 땀 투성이가 될 만큼 지쳤고, 나는 10위안을 꺼내 그녀에게 주었다. 그녀는 나중에 나에게 갚겠다며 기어코 내 주소를 달라고 했다.

세월은 눈 깜짝할 사이에 8년이 지나갔다. 어느 무더운 여름날, 그녀가 정말 내 사무실로 돈을 갚으러 찾아왔다. 그때 나는 결코 진심에서 우러나온 게 아니었던 한 차례의 선한 일이었지만, 그것이 그녀의 일생을 바꾸었다는 것을 비로소 깨닫게 되었다.

어휘

★一个寒冷的冬日 yí ge hánlěng de dōngrì 어느 추운 겨울날 | ★前往 qiánwǎng 통 가다 | 求学 qiúxué 통 공부하다 | ★人山人海 rén shān rén hǎi 성 인산인해, 모인 사람이 대단히 많다 | 举着 jǔzhe ~을 들고 | 牌子 páizi 명 팻말 | ★进入……的视线 jìnrù……de shìxiàn ~의 시선에 들어오다 | ★模样 múyàng 명 모양, 모습 | ★穿着 chuānzhuó 명 복장, 옷차림 | ★快速 kuàisù 형 신속하다, 빠르다 | ★向……走来 xiàng……zǒulái ~을 향해 걸어오다 | ★充满 chōngmǎn 통 충만하다, 넘치다 | ★恳求 kěnqiú 통 간청하다, 간절히 부탁하다 | 病逝 bìngshì 통 병으로 죽다 | 卧病在床 wòbìng zàichuáng 병상에 눕다 | ★一笔钱 yì bǐ qián 한 뭉치 돈, 많은 돈 | ★交学费 jiāo xuéfèi 학비를 내다 | ★半信半疑 bàn xìn bàn yí 성 반신반의하다 | ★实在太……了 shízài tài……le 실로 너무 ~하다 | ★并不打算 bìngbù dǎsuan 결코 ~할 생각이 아니다 | ★吝啬 lìnsè 형 인색하다 | ★便 biàn 부 곧, 바로 | ★兴奋极了 xīngfèn jíle 매우 흥분하다 | ★二话没说就 èrhuà méishuō jiù 두말하지 않고 바로 | ★赶紧 gǎnjǐn 부 서둘러, 재빨리 | ★解释 jiěshì 통 설명하다, 해석하다 | ★没有免费的午餐 méiyǒu miǎnfèi de wǔcān 공짜 점심은 없다. 공짜는 없다 | ★靠自己的劳动 kào zìjǐ de láodòng 자신의 노동에 기대다 | ★累得满头大汗 lèi de mǎn tóu dà hàn 온 얼굴이 땀투성이가 될 정도로 지치다 | ★还给 huángěi ~에게 돌려주다 | ★光阴似箭 guāngyīn sìjiàn 세월이 화살처럼 빠르게 지나가다, 세월이 유수와 같다 | ★转眼 zhuǎnyǎn 통 눈 깜짝하다 | ★一个炎炎夏日 yí ge yányán xiàrì 한 무더운 여름날 | ★意识到 yìshídào ~을 의식하다, ~을 깨닫다 | ★并非 bìngfēi 통 전혀 ~이 아니다, 결코 ~하지 않다 | ★发自内心 fā zì nèixīn 진심에서 우러나오다 | ★改变了……的一生 gǎibiàn le……de yìshēng ~의 일생을 바꾸다

3회 해설

합격모의고사 3회 정답

一、听力

第一部分
1. B 2. A 3. C 4. B 5. C
6. A 7. D 8. D 9. B 10. D
11. D 12. B 13. D 14. B 15. C

第二部分
16. C 17. D 18. D 19. B 20. A
21. C 22. B 23. C 24. A 25. C
26. B 27. C 28. D 29. C 30. D

第三部分
31. C 32. D 33. D 34. D 35. C
36. D 37. A 38. A 39. C 40. C
41. B 42. C 43. D 44. B 45. C
46. B 47. D 48. C 49. D 50. C

二、阅读

第一部分
51. B 52. C 53. D 54. C 55. A
56. C 57. D 58. A 59. B 60. D

第二部分
61. B 62. A 63. D 64. D 65. A
66. C 67. C 68. B 69. D 70. C

第三部分
71. A 72. C 73. E 74. D 75. B
76. B 77. E 78. D 79. A 80. C

第四部分
81. C 82. D 83. B 84. C 85. B
86. C 87. A 88. D 89. C 90. C
91. D 92. A 93. C 94. D 95. D
96. C 97. D 98. C 99. B 100. D

三、书写

101. 모범 답안 ⋯ 226쪽 참고

新 HSK 6급 합격모의고사 听力

第一部分

1. HSK POINT 긴 문장에서 동일한 의미의 문장 파악 난이도 上 track 03-1

中医将人的体质分为寒性和热性两种，认为相应的食物也有凉性和热性之分，在日常生活中，人们可以通过合理饮食来获得所需要的各种营养素和能量，并调节人体的阴阳平衡，由此可以达到保健甚至防病和治病的目的。

중의학에서는 사람의 체질을 한성과 열성 두 종류로 나누고, 그에 상응하는 음식 또한 양성과 열성으로 구분한다. 일상생활에서 사람들은 합리적인 음식을 통해 필요로 하는 각종 영양소와 에너지를 얻을 수 있고, 인체의 음양 균형을 조절할 수 있다. 이로부터 건강을 보호하고 심지어 질병을 예방하고 치료하는 목적에 이를 수 있다.

A 中医重视冬季保暖
B 合理饮食可以达到保健目的
C 冷热失衡容易引起各种疾病
D 合理饮食有助于血液循环

A 중의학에서는 겨울철 보온을 중시한다
B 합리적인 음식으로 건강 보호 목적을 이룰 수 있다
C 냉열의 균형이 깨지면 각종 질병을 쉽게 일으킬 수 있다
D 합리적인 음식은 혈액 순환에 도움이 된다

공략 뒷부분에서 '人们可以通过合理饮食来……可以达到保健甚至防病和治病的目的'라는 내용을 통해, 합리적인 식사로 건강을 보호할 수 있음을 알 수 있으므로 정답은 B가 된다.

어휘 ★中医 zhōngyī 명 중의[중국 전통 의학] | ★体质 tǐzhì 명 체질 | 寒性 hánxìng 한성 | 热性 rèxìng 열성 | 相应 xiāngyìng 동 상응하다, 서로 맞다 형 알맞다 | ★有……之分 yǒu……zhī fēn ~구분이 있다 | 凉性 liángxìng 양성, 약재의 서늘한 성질 | ★日常生活 rìcháng shēnghuó 일상생활 | ★通过……来 tōngguò……lái ~을 통해 | ★获得 huòdé 동 얻다, 획득하다 | 营养素 yíngyǎngsù 명 영양소 | ★能量 néngliàng 명 에너지 | ★调节 tiáojié 동 조절하다 | 阴阳 yīnyáng 음양 | ★平衡 pínghéng 동 균형을 맞추다 형 균형이 맞다 | 由此 yóucǐ 부 이로부터 | ★达到……的目的 dádào……de mùdì ~목적에 이르다, ~목적에 도달하다 | ★保健 bǎojiàn 동 건강을 보호하다 | ★甚至 shènzhì 부 심지어, ~까지도 | ★防病 fángbìng 동 질병을 예방하다 | 治病 zhìbìng 동 질병을 치료하다

합격필수 TIP

▶ 자주 출제되는 '의료' 관련 어휘

★保险 bǎoxiǎn 보험 | ★疾病 jíbìng 질병 | 患病 huànbìng 병들다 | 治病 zhìbìng 병을 치료하다 | ★医院 yīyuàn 병원 | 住院 zhù yuàn 입원하다 | 出院 chū yuàn 퇴원하다 | ★手术 shǒushù 수술 | 康复 kāngfù 건강을 회복하다 | ★心脏病 xīnzàngbìng 심장병 | ★癌症 áizhèng 암 | ★安乐死 ānlèsǐ 안락사 | 死亡率 sǐwánglǜ 사망률

2. HSK POINT 장점이 많음을 나타내는 점층 관계 구조 '不仅能' 난이도 中　track 03-2

　　游泳是最受欢迎的健身运动项目之一。适当地进行游泳训练，不仅能给人带来心理上的愉悦，塑造优美的体型，还能增强体质，提高协调性。而且，游泳是损伤率最低的体育活动。此外，还可以预防疾病，它还能促进心理健康和智能发展。

A 游泳是一项好处很多的健身运动
B 游泳不太受老年人的喜爱
C 游泳的损伤率不低
D 游泳能治疗多种疾病

　　수영은 가장 인기 있는 헬스 운동 종목 중 하나이다. 적당히 수영 훈련을 하는 것은 심리적 즐거움을 가져다주고 아름다운 체형을 만들 수 있을 뿐만 아니라, 체질을 강화하고 신체적 조화성을 높일 수 있다. 게다가 수영은 손상률이 가장 낮은 스포츠 활동이다. 이 밖에도 질병을 예방할 수 있고, 심리적 건강과 지능 발달을 촉진시킬 수도 있다.

A 수영은 장점이 많은 헬스 운동이다
B 수영은 노인들에게 별로 인기가 높지 않다
C 수영의 신체 손상률은 낮지 않다
D 수영은 많은 질병을 치료할 수 있다

공략 앞부분에서 '不仅能给人带来心理上的愉悦……而且……'라는 내용에서 '～할 수 있을 뿐만 아니라'라는 의미의 '不仅能'을 듣고, 수영의 여러 가지 장점을 언급하는 내용임을 알 수 있으므로 정답은 A이다.

어휘 ★受欢迎 shòu huānyíng 인기를 얻다 | ★健身运动 jiànshēn yùndòng 헬스 운동 | ★项目 xiàngmù 명 종목, 항목 | ★适当 shìdàng 형 적당하다, 알맞다 | ★进行训练 jìnxíng xùnliàn 훈련을 진행하다 | 心理上的愉悦 xīnlǐ shang de yúyuè 심리적 즐거움 | ★塑造 sùzào 동 만들다, 빚다 | ★优美 yōuměi 형 아름답다 | ★体型 tǐxíng 명 체형 | ★增强 zēngqiáng 동 증강하다, 강화하다 | ★体质 tǐzhì 명 체질 | ★协调性 xiétiáoxìng 조화성 | 损伤率 sǔnshānglǜ 손상률 | ★体育活动 tǐyù huódòng 명 스포츠 활동, 체육 활동 | ★此外 cǐwài 이 밖에, 이 외에 | ★预防 yùfáng 동 예방하다 | ★疾病 jíbìng 명 병, 질병 | ★促进 cùjìn 동 촉진시키다 | ★智能 zhīnéng 명 지능

3. HSK POINT 동일한 의미의 문장 파악 난이도 中　track 03-3

　　小光是一位勤奋好学的学生，他利用寒假兼职赚取学费。白天帮肉贩割肉，晚上则到医院实习。某晚，有位老妇因急诊，要施行手术，由小光推她进手术室。老妇惊慌失色地狂喊："天啊！你是那个杀猪的，你要把我推到哪儿啊？

A 小光是一位医生
B 小光救了老妇人
C 小光在猪肉摊打工
D 老妇人不喜欢小光

　　샤오광은 부지런하고 열심히 공부하는 학생인데, 그는 겨울 방학을 이용해 파트타임으로 일하며 학비를 벌었다. 낮에는 육류 상인을 도와 고기를 자르는 일을 하고, 밤에는 병원에서 실습을 했다. 어느 저녁, 한 노부인이 응급 진료로 수술을 하게 되어, 샤오광이 그녀를 밀고 수술실로 들어갔다. 노부인은 몹시 놀라며 "세상에나! 당신은 돼지를 잡는 사람이잖아요. 나를 어디로 끌고 가려는 거죠?"라고 소리쳤다.

A 샤오광은 의사이다
B 샤오광은 노부인을 구했다
C 샤오광은 돼지고기 가게에서 아르바이트를 한다
D 노부인은 샤오광을 싫어한다

공략 앞부분에서 '他利用寒假兼职赚取学费'라는 문장에서 학생이 파트타임 일을 한다는 것이 바로 아르바이트를 한다는 것임을 알 수 있다. 또한 이어지는 문장 '白天帮肉贩割肉'를 통해 그가 낮에는 정육점에서 고기 자르는 일을 한다는 것을 알 수 있으므로 정답은 C가 된다.

어휘 ★勤奋好学 qínfèn hàoxué 근면하고 열정적으로 공부하다 | ★利用 lìyòng 동 이용하다 | ★寒假 hánjià 명 겨울 방학 | ★兼职 jiānzhí 동 겸직하다, 파트타임으로 일하다 | 赚取学费 zhuànqǔ xuéfèi 학비를 벌다 | ★肉贩 ròufàn 육류 상인 | 割肉 gēròu 동 고기를 자르다 | ★则 zé 접 오히려, 그러나 | ★实习 shíxí 동 실습하다 | ★某晚 mǒu wǎn 어느 저녁 | 老妇 lǎofù 명 노부인 | ★急诊 jízhěn 명동 응급 진료(하다) | 施行 shīxíng 동 행하다, 실행하다 | ★手术 shǒushù 명 수술 | ★推 tuī 동 밀다 | 手术室 shǒushùshì 명 수술실 | 惊慌失色 jīnghuāng shīsè 몹시 놀라 얼굴빛이 크게 변하다 | 狂喊 kuánghǎn 동 미친 듯이 고함치다, 절규하다 | ★杀猪的 shā zhū de 돼지를 도살하는 사람, 돼지를 잡는 사람

4. HSK POINT 동일한 의미의 문장 파악 난이도 下   track 03-4

以前，中国人喜欢看京剧，而现在看京剧的都是老人，年轻人却不喜欢看京剧。最根本的原因是什么呢？这是因为京剧的大部分内容是历史故事，如果不知道历史故事，就很难理解。对年轻人来说，看不懂、听不懂京剧，所以他们喜欢听轻松的音乐。

과거 중국인들은 경극을 즐겨 보았지만, 요즘 경극을 보는 사람들은 다 노인이고, 젊은이는 경극을 즐겨 보지 않는다. 가장 근본적인 원인이 무엇일까? 왜냐하면 경극 중 대부분의 내용이 역사 이야기라서, 만약 역사 이야기를 알지 못하면 이해하기가 어렵다. 젊은이의 입장에서는 경극을 이해할 수 없기 때문에 그들은 편안한 음악을 즐겨 듣는다.

A 京剧无论在何时都受欢迎
Ⓑ 京剧中的历史故事较多
C 年轻人比较了解历史
D 老人也喜欢轻松的音乐

A 경극은 어느 때든지 늘 인기가 있다
Ⓑ 경극에는 역사 이야기가 비교적 많다
C 젊은이는 역사를 비교적 잘 이해한다
D 노인도 부담 없고 편안한 음악을 좋아한다

공략 중간 부분에서 '京剧的大部分内容是历史故事'라는 내용을 듣고 정답이 B임을 알 수 있다.

어휘 ★京剧 jīngjù 몡 경극 | ★根本的原因 gēnběn de yuányīn 근본적인 원인 | ★历史故事 lìshǐ gùshi 역사 이야기 | ★理解 lǐjiě 동 이해하다 | ★对……来说 duì……láishuō ~에게 있어서 | ★轻松 qīngsōng 형 가볍다, 편안하다

5. HSK POINT 숫자에 유의하기 난이도 下   track 03-5

今天去菜市场买鱼，我指着左边活蹦乱跳的鱼问老板："老板这鱼多少钱一斤？"老板说："这个8块。"我又指着右边有点翻肚的鱼问："那这个呢？"老板说："这也是8块。"我说："可是这鱼快死了啊！"老板淡定地说道："没死，天热不想起床而已。"

오늘 시장에 가서 생선을 사는데, 나는 왼편의 팔딱팔딱 뛰고 있는 생선을 가리키며 가게 사장에게 "사장님, 이 생선 한 근에 얼마예요?"라고 물었더니, 사장은 "이것은 8위안입니다."라고 대답했다. 내가 또 오른편의 배가 약간 뒤집힌 생선을 가리키며 "그럼 이것은요?"라고 묻자, 사장은 "이것도 8위안입니다."라고 대답했다. 내가 "그런데 이 생선은 곧 죽을 것 같은데요!"라고 하자, 사장은 침착하게 "죽지 않아요. 날이 더워서 일어나고 싶어하지 않는 것뿐입니다."라고 말했다.

A 第二条鱼太懒了
B 鱼老板很会做生意
Ⓒ 两种鱼价格一样
D 鱼的价格太贵了

A 두 번째 생선은 너무 게으르다
B 생선 가게 사장은 장사를 잘한다
Ⓒ 두 종류의 생선 가격이 같다
D 생선 가격이 너무 비싸다

공략 '这个8块。'를 듣고 첫 번째 생선의 가격이 8위안임을 알 수 있고, 이어지는 '这也是8块。'를 통해 두 번째 생선의 가격도 8위안임을 알 수 있다. 따라서 두 생선이 모두 8위안으로 가격이 같으므로 정답은 C가 된다.

어휘 ★菜市场 càishìchǎng 채소 시장 | 指着 zhǐzhe 가리키다 | ★活蹦乱跳 huó bèng luàn tiào 성 기뻐서 깡충깡충 뛰다 | 翻肚 fān dù 배를 뒤집다 | ★淡定 dàndìng 형 침착하다, 냉정하다 | ★而已 éryǐ 조 ~일 뿐이다

6. HSK POINT 동일한 의미의 문장 파악 [난이도 中]   track 03-6

太阳能离我们越来越近。它作为一种分布广泛，取之不尽的绿色清洁能源，逐渐成为可持续发展的过程中的首选目标。如今越来越多的城市安装太阳能路灯、太阳能交通指示牌，越来越多的家庭安装了太阳能热水器、太阳能发电器。

A 太阳能与我们的生活关系密切
B 太阳能是一种有限的清洁能源
C 不少乡镇也开始安装太阳能路灯
D 太阳能热水器已走进了大部分家庭

태양 에너지는 우리에게 갈수록 가까워지고 있다. 태양 에너지는 분포가 넓고 무한한 녹색 친환경 에너지로서, 점차 지속 가능한 발전 과정 속의 최선의 목표가 되어가고 있다. 현재 갈수록 많은 도시에서 태양 에너지 가로등과 태양 에너지 교통 지시판을 설치하고 있고, 더욱이 많은 가정에서 태양 에너지 온수기와 태양 에너지 발전기를 갖추고 있다.

A 태양 에너지는 우리의 생활과 관계가 밀접하다
B 태양 에너지는 일종의 유한한 친환경 에너지이다
C 많은 소도시에서도 태양 에너지 가로등을 설치하기 시작했다
D 태양 에너지 온수기는 이미 대부분의 가정에 들어왔다

공략 첫 문장 '太阳能离我们越来越近。'을 통해 '태양 에너지'가 우리의 생활과 밀접한 관계라는 것을 알 수 있으므로 정답은 A이다.

어휘 ★太阳能 tàiyángnéng 명 태양 에너지 | ★作为 zuòwéi 동 ~의 신분으로서, ~의 자격으로서 | ★分布广泛 fēnbù guǎngfàn 분포가 폭넓다 | ★取之不尽 qǔ zhī bú jìn 셍 아무리 써도 없어지지 않는다, 끝이 없다 | ★绿色清洁能源 lǜsè qīngjié néngyuán 녹색 친환경 에너지 | ★逐渐 zhújiàn 부 점점 | ★可持续发展 kěchíxù fāzhǎn 지속 가능한 발전 | 首选目标 shǒuxuǎn mùbiāo 최선의 목표 | ★如今 rújīn 명 지금, 현재 | ★安装 ānzhuāng 동 설치하다, 장착하다 | 路灯 lùdēng 명 가로등 | ★交通指示牌 jiāotōng zhǐshìpái 교통 지시판 | 热水器 rèshuǐqì 명 온수기 | 发电器 fādiànqì 명 발전기

7. HSK POINT 성어 愤愤不平의 의미 이해 [난이도 下]   track 03-7

有个懒汉，什么事都不肯干，他求人给他介绍一个最轻松的工作。后来有人请他去看坟地，说没有比这更轻松的工作了。懒汉去了两天就回来了。他愤愤不平地说："这工作一点不轻松！""为什么？""别人都躺着，只我一个站着。"

A 懒汉自己找到了工作
B 懒汉看坟地看了一个月
C 懒汉的同事们更懒
D 懒汉对新工作不满意

한 게으름뱅이는 무슨 일이든지 하려고 하지 않고, 사람들이 자신에게 가장 수월한 일을 소개해 주기를 바랐다. 후에 어떤 사람이 그에게 묘지를 돌보는 일을 청하며 이보다 더 쉬운 일은 없다고 했다. 게으름뱅이는 이틀간 묘지에 가보고는 돌아와서, 매우 화를 내며 "이 일은 조금도 수월하지 않군요!"라고 말했다. "왜죠?"라고 묻자, "다른 사람들은 다 누워있는데, 저 혼자만 서 있어야 하잖아요."라고 했다.

A 게으름뱅이는 스스로 일을 찾았다
B 게으름뱅이는 묘지를 돌보는 일을 한 달간 했다
C 게으름뱅이의 동료들은 더 게으르다
D 게으름뱅이는 새로운 일에 대해 만족하지 않는다

공략 '他愤愤不平地说'라는 문장에서 愤愤不平이 '불만스럽다'는 의미이므로, 그가 새로운 일에 만족하지 않음을 알 수 있기에 정답은 D가 된다.

어휘 ★懒汉 lǎnhàn 명 게으름뱅이 | ★不肯干 bùkěn gàn 하려고 하지 않다 | ★坟地 féndì 명 묘지 | ★没有比……更……的了 méiyǒu bǐ……gèng……de le ~보다 더 ~한 것은 없다 | ★愤愤不平 fèn fèn bù píng 셍 분노하다, 매우 불만스럽다

8. HSK POINT 동일한 의미의 문장 파악 난이도 中   track 03-8

乌鸦正要搬家，鸽子正巧路过，便关心地问：“你要去哪里？”乌鸦愤愤不平地答道：“其实我不想离开，可是这儿的居民都嫌我的叫声不好听。”鸽子说："别费力了，如果你不改变你的声音，飞到哪儿都不会受欢迎。"

까마귀가 이사를 가려고 하는데, 비둘기가 마침 지나가다가 관심을 기울이며 "너 어디로 가려는 거야?"라고 물었다. 까마귀는 매우 불만스러운 듯 "사실 나는 떠나고 싶지 않은데, 여기 주민들이 내 울음소리가 듣기 싫다고 하잖아."라고 대답했다. 비둘기는 "애쓰지 마, 만약 네가 목소리를 바꾸지 않으면 어디로 가든 환영을 받지 못할 테니까."라고 말했다.

A 乌鸦和鸽子大战一场
B 乌鸦和鸽子都各抒己见
C 鸽子杞人忧天
D 鸽子让乌鸦先改变自身

A 까마귀와 비둘기는 한바탕 크게 싸웠다
B 까마귀와 비둘기는 각자의 의견을 내놓았다
C 비둘기는 쓸데없는 걱정을 한다
D 비둘기는 까마귀에게 우선 자신을 바꾸라고 했다

공략 마지막 비둘기의 '别费力了，如果你不改变你的声音，飞到哪儿都不会受欢迎。'이라는 말을 통해 비둘기는 까마귀에게 스스로를 바꿀 것을 충고함을 알 수 있으므로 정답은 D가 된다.

어휘 ★乌鸦 wūyā 명 까마귀 | ★鸽子 gēzi 명 비둘기 | ★正巧 zhèngqiǎo 부 마침 | ★路过 lùguò 동 거치다, 지나가다 | ★愤愤不平 fèn fèn bù píng 성 (분노·번민 때문에) 마음이 평온치 않다, 매우 불만스럽다 | ★嫌 xián 동 싫어하다, 꺼리다 | ★费力 fèi lì 동 힘을 들이다, 애쓰다 | ★各抒己见 gè shū jǐ jiàn 성 제각기 자기 의견을 말하다 | 杞人忧天 Qǐ rén yōu tiān 성 쓸데없는 걱정

9. HSK POINT 동일한 의미의 문장 파악 난이도 中   track 03-9

第一次与人会面的时候，为了给对方一个好的印象，服装要整齐、大方，不要过于追求华丽。整齐大方的服装既能表现自己的素养，也是对对方的尊重。谈话时要彬彬有礼。可以询问一下对方的工作情况、生活情况，不要打断对方的谈话，这样是不礼貌的行为。

어떤 사람과 처음 만날 때, 상대방에게 좋은 인상을 주기 위해서 단정하고 점잖은 복장을 해야 하고 지나치게 화려함을 추구해서는 안 된다. 깔끔하고 세련된 복장은 자신의 교양을 나타낼 뿐만 아니라, 상대방에 대한 존중이기도 하다. 대화할 때는 점잖게 예절을 갖춰야 한다. 상대의 일에 대한 상황이나 생활 형편은 물어봐도 되지만, 상대방의 말을 끊는 예의 없는 행동은 하지 말아야 한다.

A 与别人初次见面时要穿着华丽
B 与他人打交道时，衣着得体很重要
C 与他人交谈时要多介绍自己的情况
D 偶尔可以打断他人谈话

A 다른 사람과 처음 만날 때 옷차림은 화려해야 한다
B 타인과 교제할 때, 옷을 잘 차려입는 것은 매우 중요하다
C 타인과 대화할 때는 자신의 상황을 더 많이 소개해야 한다
D 때때로 타인의 말을 끊어도 된다

공략 '服装要整齐、大方，不要过于追求华丽'라는 내용을 통해 적절한 옷차림을 갖춰야 한다는 것을 알 수 있고, 이는 보기 B의 '옷을 알맞게 잘 차려입다'는 의미의 '衣着得体'와 같은 내용이다. 따라서 정답은 B가 된다.

어휘 ★与人会面 yǔ rén huìmiàn 사람과 만나다 | 给……一个好印象 gěi……yí ge hǎo yìnxiàng ~에게 좋은 인상을 주다 | ★服装 fúzhuāng 명 복장, 의상 | ★整齐 zhěngqí 형 단정하다, 깔끔하다 | ★大方 dàfang 형 세련되다, 점잖다 | ★过于 guòyú 부 지나치게 | ★追求华丽 zhuīqiú huálì 화려함을 추구하다 | 表现素养 biǎoxiàn sùyǎng 교양을 나타내다, 소양을 나타내다 | ★尊重 zūnzhòng 동 존중하다 | ★彬彬有礼 bīn bīn yǒu lǐ 점잖고 예절이 바르다 | ★询问 xúnwèn 동 알아보다, 물어보다 | ★工作情况 gōngzuò qíngkuàng 직업 상황, 근무 상황 | ★生活情况 shēnghuó qíngkuàng 생활 형편 | ★打断 dǎduàn 동 끊다, 막다 | ★礼貌 lǐmào 형 예의가 바르다 | 得体 détǐ 형 적격이다, 적당하다

합격필수 TIP

▶ 자주 출제되는 '사람' 관련 어휘

- 성격
  ★外向 wàixiàng 외향적이다 | ★内向 nèixiàng 내성적이다 | ★活泼 huópo 활발하다 | ★开朗 kāilǎng 활기차다 | ★乐观 lèguān 낙관적이다 | ★悲观 bēiguān 비관적이다 | 宽容 kuānróng 너그럽다, 관용적이다 | 倔强 juéjiàng 고집이 세다 | 善良 shànliáng 선량하다 | 沉默寡言 chén mò guǎ yán 과묵하다 | 活泼好动 huó po hào dòng 활발하고 활동적이다 | 乐于交友 lè yú jiāo yǒu 친구를 잘 사귀다 | ★一丝不苟 yì sī bù gǒu 빈틈없이 일을 처리하다

- 외모
  ★高大 gāodà (몸집이) 크다 | 清秀 qīngxiù 우아하고 아름답다 | ★苗条 miáotiao (여성의 몸매가) 날씬하다 | ★丰满 fēngmǎn (몸매가) 풍만하다 | 健壮 jiànzhuàng 건장하다 | 清瘦 qīngshòu 수척하다 | ★浓眉大眼 nóng méi dà yǎn 눈썹이 짙고 눈이 크다 | 亭亭玉立 tíng tíng yù lì 여자의 몸매가 늘씬하다 | 纤纤玉指 xiān xiān yù zhǐ 손이 예쁘다

---

10. HSK POINT 이야기의 내용 이해 | 난이도 上 | track 03-10

一位老人正在路上散步，忽然看见一个小孩儿想按一个门铃，但门铃太高，怎么也按不到。好心的老人停下来对孩子说："我来帮你按吧。"于是，他帮那个孩子按响了门铃，整个房子里的人都听到了铃声。小孩儿这时却对老人说："<u>现在咱们快逃。</u>"

한 노인이 길에서 산책을 하다가, 문득 한 아이가 초인종을 누르려고 하는데 벨이 너무 높이 있어 어떻게 해도 누르지 못하는 모습을 보게 되었다. 마음씨 착한 노인은 멈춰 서서 아이에게 "내가 눌러줄게."라고 말하고는 그 아이를 도와 초인종을 눌렀고, 집안에 있던 사람들은 모두 벨소리를 듣게 되었다. 아이는 이때 노인에게 "<u>이제 우리 빨리 도망가요.</u>"라고 말했다.

A 这个孩子想回家
B 孩子让老人帮他按门铃
C 老人不想帮这个孩子
D 这个孩子很淘气

A 이 아이는 집으로 가고 싶어 한다
B 아이는 노인에게 초인종을 누르는 것을 도와달라고 했다
C 노인은 이 아이를 도와주고 싶어하지 않는다
D 이 아이는 장난기가 심하다

공략 노인이 아이를 도와 초인종을 눌러주었는데 아이가 노인에게 '现在咱们快逃。'라고 말한 내용을 통해, 벨을 누른 집이 아이의 집이 아니었음을 알 수 있다. 이로써 장난이 심한 아이라는 것을 파악할 수 있으므로 정답은 D가 된다.

어휘 ★散步 sànbù 통 산책하다 | ★按门铃 àn ménlíng 초인종을 누르다 | ★按不到 ànbudào 누르지 못하다 | ★好心 hǎoxīn 명 선의, 호의 | ★停下来 tíngxiàlai 멈춰 서다 | 整个房子 zhěnggè fángzi 온 집 | ★铃声 língshēng 명 벨소리 | ★逃 táo 통 도망치다, 달아나다 | 淘气 táoqì 형 장난이 심하다

---

11. HSK POINT 글의 내용 이해 | 난이도 上 | track 03-11

<u>如果生活是茶水，那么金钱、地位都是杯子。</u>没有杯子我们喝不到茶水，但杯子只不过是一种工具，所以杯子不一定要最好，茶水才是最重要的。<u>有时候我们的烦恼、郁闷、忧愁，这都是因为过分看重手中的杯子，而忘了杯中的茶香。</u>

<u>만약 삶이 찻물이라고 한다면, 돈과 지위는 모두 잔이라고 할 수 있다.</u> 잔이 없다면 우리는 차를 마실 수 없기는 하지만, 잔은 단지 일종의 도구에 불과하기 때문에, 잔이 반드시 최고로 훌륭해야 하는 것은 아니며, 찻물이야말로 가장 중요한 것이라 할 수 있다. <u>때때로 우리의 고민, 우울감, 걱정은 모두 우리가 지나치게 잔을 중요시 하는데 반해, 잔에 담긴 차의 향기는 잊고 있기 때문이다.</u>

A 要珍惜自己所拥有的
B 饮茶有讲究
C 好茶就该配好杯子
D 不要太追逐名利

A 자신이 지니고 있는 것을 소중히 여겨야 한다
B 차를 마시는 데에는 유의해야 할 것이 있다
C 좋은 차는 반드시 좋은 잔을 곁들여야 한다
D 지나치게 명리를 좇아서는 안 된다

공략 앞부분에서 '如果生活是茶水，那么金钱、地位都是杯子.'라는 내용에서 돈과 지위를 찻잔에 비유했다는 것을 알 수 있고, 마지막 문장 '有时候我们的烦恼、郁闷、忧愁，这都是因为过分看重手中的杯子，而忘了杯中的茶香.'을 통해, 지나치게 잔을 중요하게 여기는 것이 고민, 우울감, 걱정을 가져다준다는 내용임을 알 수 있다. 따라서 이 글은 지나치게 돈이나 지위를 중요시하지 말라는 것이며, 이는 보기 D의 '지나치게 명리를 좇지 마라'의 의미와 같으므로 D가 정답이 된다.

어휘 ★茶水 cháshuǐ 명 차, 찻물 | ★金钱 jīnqián 명 금전, 돈 | ★地位 dìwèi 명 지위 | ★喝不到 hēbudào 마실 수 없다 | ★只不过 zhǐbúguò 부 단지 ~에 불과하다 | 工具 gōngjù 명 도구 | ★烦恼 fánnǎo 명 고민 형 걱정스럽다 | ★郁闷 yùmèn 형 우울하다, 답답하고 괴롭다 | ★忧愁 yōuchóu 형 근심스럽다, 걱정스럽다 | ★过分看重 guòfèn kànzhòng 지나치게 중시하다 | ★茶香 chá xiāng 명 차 향기

12. HSK POINT 동일한 의미의 문장 파악 난이도 中 track 03-12

我刚开始学滑雪的时候，看着别人滑雪，觉得很容易。于是我穿上滑雪板，一下就滑下去了。结果，我从山顶滚到山下，摔了很多个跟头，我发现我根本就不知道怎么停止，怎么保持平衡。我反复练习，一个星期后，我终于学会了在坡上停止、滑行、再停止。

나는 처음 스키를 배울 때, 다른 사람들이 스키 타는 모습을 보고 매우 쉽다고 여겼다. 그리하여 나는 스키를 신고 바로 타고 내려갔다. 그 결과 산꼭대기에서 산 아래까지 구르며 여러 번 넘어지게 되었는데, 나는 어떻게 정지하는지 전혀 알지 못했고, 어떻게 균형을 유지해야 하는지도 몰랐다. 일주일 동안 반복해서 연습한 끝에, 나는 마침내 언덕에서 멈추었다가 미끄러져 내려가고, 다시 멈추는 법을 터득하게 되었다.

A 滑雪其实很容易
B 我学滑雪开始不太顺利
C 开始学滑雪，我就会停止
D 一个月后我会滑雪了

A 스키를 타는 것은 사실 매우 쉽다
B 나는 스키를 배울 때 처음에는 순조롭지 않았다
C 처음 스키를 배울 때 나는 정지할 수 있었다
D 한 달 후 나는 스키를 탈 수 있게 되었다

공략 앞부분에서 처음 스키를 배우는 내용을 소개하는 것을 듣고, 그 뒤에 이어지는 문장 '结果，我从山顶滚到山下，摔了很多个跟头'를 통해 스키를 처음 배울 때의 과정이 순조롭지 않았음을 알 수 있으므로 정답은 B가 된다.

어휘 ★刚开始 gāng kāishǐ 막 시작하다 | ★滑雪 huáxuě 명동 스키(를 타다) | ★容易 róngyì 형 쉽다 | ★滑雪板 huáxuěbǎn 명 스키, 스키판 | 滑下去 huá xiàqu 미끄러져 내려가다 | 滚 gǔn 동 구르다, 뒹굴다 | ★摔跟头 shuāi gēntou 쓰러지다, 넘어지다 | ★停止 tíngzhǐ 동 멈추다 | ★保持平衡 bǎochí pínghéng 균형을 유지하다 | ★反复练习 fǎnfù liànxí 반복해서 연습하다 | 坡 pō 명 비탈, 언덕 | 滑行 huáxíng 동 미끄러져 움직이다, 미끄러져 나가다

13. HSK POINT 이야기의 내용 이해 난이도 中

一天，我走在路上，一美女向我问路。我发誓从未见过如此美若天仙的女孩儿，那女孩儿太漂亮了，就是我的理想型……也不知道是紧张还是被兴奋冲昏头脑，我把自己家的地址告诉了她。

A 女孩儿是我前女友
B 女孩儿要去我家附近
C 我打算跟那女孩儿结婚
D 我给女孩儿指错了路

하루는 길을 걷고 있는데, 한 미인이 나에게 길을 물어왔다. 맹세코 나는 지금까지 그토록 선녀같이 아름다운 여자를 본 적이 없었는데, 그녀는 너무나도 아름다워서 바로 내 이상형과 같았다. 긴장해서인지 흥분되어 이성을 잃어서인지 모르겠지만, 나는 우리집의 주소를 그녀에게 알려주었다.

A 여자는 내 전 여자친구이다
B 여자는 우리 집 근처로 가려고 한다
C 나는 그 여자와 결혼할 계획이다
D 나는 여자에게 길을 잘못 알려주었다

공략 앞부분에서 한 미인이 나에게 길을 물었다는 내용과 마지막 부분의 '我把自己家的地址告诉了她'라는 내용을 통해, 여자에게 길을 잘못 알려주었음을 알 수 있으므로 정답은 D가 된다.

어휘 ★走在路上 zǒu zài lùshang 길에서 걷다 | ★向……问路 xiàng……wèn lù ~에게 길을 묻다 | ★发誓 fāshì 동 맹세하다 | ★从未……过 cóngwèi……guò 지금까지 ~한 적이 없다 | 如此 rúcǐ 대 이러하다, 이와 같다 | 美若天仙 měi ruò tiānxiān 선녀와 같이 아름답다 | ★理想型 lǐxiǎngxíng 이상형 | 紧张 jǐnzhāng 형 긴장되다, 불안하다 | 被……冲昏头脑 bèi……chōnghūn tóunǎo ~에 이성을 잃게 되다, ~에 판단력이 흐려지다 | 兴奋 xīngfèn 동 흥분시키다 형 흥분하다 | ★把……告诉…… bǎ……gàosu…… ~을 ~에게 알리다

14. HSK POINT 긴 문장에서 핵심 내용 파악 난이도 上

人们会梦到考试失败受挫，在其中一种特定情况下，你发现你无法准时交卷，甚至有时还会梦到自己找不到考场。这种梦境通常暗示着你在现实生活中正面临着某些方面的考验，你可能感觉到对于某种事物毫无准备或正处于人生中某一错误阶段。

A 人们只会在梦中得零分
B 在梦中的不顺，有时暗示现实生活
C 梦境完全反映现实生活
D 现实生活对人的梦境毫无影响

사람들은 시험에서 실패하여 좌절하는 꿈을 꾸기도 하는데, 그 중 특정한 환경에서 당신이 제시간에 답안지를 제출하지 못하거나, 심지어 때때로 고사장을 찾지 못하는 꿈을 꾸게 되기도 한다. 이러한 꿈속 장면은 일반적으로 당신이 현실 생활에서 어떤 방면의 시련에 직면해 있음을 암시한다. 당신은 어떤 일에 대해 전혀 준비가 되어 있지 않거나 혹은 인생에서 어떤 실수 단계에 처해있다는 느낌을 받을 수 있다.

A 사람들은 단지 꿈속에서만 0점을 받을 수 있다
B 꿈속에서 순탄하지 않다는 것은 때로는 현실 생활을 암시하기도 한다
C 꿈속 장면은 전적으로 현실 생활을 반영한다
D 현실 생활은 꿈속 장면과 아무런 영향이 없다

공략 중간 부분 중 '这种梦境通常暗示着你在现实生活中正面临着某些方面的考验'이라는 내용에서 가장 핵심은 바로 '梦境暗示着生活中……'이다. 따라서 정답은 B임을 알 수 있다.

어휘 ★梦到 mèngdào 꿈을 꾸다 | 失败受挫 shībài shòucuò 실패하여 좌절하다 | ★特定情况 tèdìng qíngkuàng 특정 상황 | ★无法 wúfǎ 동 방법이 없다, ~할 수 없다 | ★准时 zhǔnshí 부 정시에, 제때에 | ★交卷 jiāojuàn 동 시험 답안을 제출하다 | 甚至 shènzhì 부 심지어, ~까지도 | ★找不到 zhǎobudào 찾을 수 없다 | 考场 kǎochǎng 명 고사장 | 梦境 mèngjìng 명 꿈의 세계, 꿈속 광경 | ★通常 tōngcháng 부 일반적으로, 통상적으로 | ★暗示 ànshì 동 암시하다 | ★面临考验 miànlín kǎoyàn 시험에 직면하다 | 毫无准备 háowú zhǔnbèi 준비가 전혀 없다 | ★处于……阶段 chǔyú……jiēduàn ~단계에 놓이다 | ★错误 cuòwù 명 착오, 실수

15. HSK POINT 동일한 의미의 문장 파악 난이도 下   track 03-15

从哥伦布发现新大陆后，16世纪烟草从美洲传入欧洲，从贵族社会传入平民百姓，盛行了几百年。现在，<u>在欧洲，它已经面临厄运</u>，它不再被认为是社交工具，不再是表现绅士淑女风度潇洒的奢侈品，<u>而被认为是一种公害</u>。

콜럼버스가 신대륙을 발견한 후, 16세기에 담배가 미주에서 유럽으로 전해져 들어오게 되었고, 이는 귀족 사회부터 일반 백성들에게까지 전해져 몇백 년간 크게 유행했다고 한다. 현재 <u>유럽에서 담배는 이미 불운에 직면해 있는데</u>, 그것은 더이상 사교 도구로 여겨지지 않으며, 더는 신사숙녀의 멋스럽고 세련된 품위를 나타내는 사치품이 아니라, <u>일종의 공해로 취급되고 있다</u>.

A 哥伦布发明了烟草
B 16世纪烟草普及到世界各地
C <u>如今的烟草在欧洲被认为有害</u>
D 烟草在欧洲一直是一种社交工具

A 콜럼버스가 담배를 발명했다
B 16세기에 담배가 세계 각지로 보급되었다
C <u>현재 담배는 유럽에서 해롭다고 여겨진다</u>
D 담배는 유럽에서 줄곧 일종의 사교 도구였다

공략 중간 부분의 '在欧洲，它已经面临厄运', 마지막 부분의 '而被认为是一种公害'라는 내용을 통해 담배가 유럽에서 해로운 것으로 여겨짐을 알 수 있으므로 정답은 C가 된다.

어휘 哥伦布 Gēlúnbù 고유 콜럼버스 | 新大陆 Xīndàlù 고유 신대륙, 미주의 별칭 | 烟草 yāncǎo 명 담배, 담뱃잎 | ★美洲 Měizhōu 고유 미주, '亚美利加洲(아메리카주)'의 약칭 | ★传入 chuánrù 동 전해져 들어오다 | ★欧洲 Ōuzhōu 고유 유럽, '欧罗巴洲(유럽 대륙)'의 약칭 | ★贵族社会 guìzú shèhuì 귀족 사회 | ★平民百姓 píngmín bǎixìng 명 일반 백성 | ★盛行 shèngxíng 동 성행하다 | ★面临厄运 miànlín èyùn 불운에 직면하다, 불행에 직면하다 | ★不再 búzài 다시 ~하지 않다 | ★被认为 bèi rènwéi ~로 여겨지다 | ★社交工具 shèjiāo gōngjù 명 사교 도구 | 绅士淑女 shēnshì shūnǚ 명 신사 숙녀 | ★风度 fēngdù 명 품격 | ★潇洒 xiāosǎ 형 멋스럽다, 세련되다 | ★奢侈品 shēchǐpǐn 명 사치품 | ★公害 gōnghài 명 공해

第二部分

[16-20]

第16到20题是根据下面一段采访：

女：²⁰新东方学校目前已成为我国最大、最著名的私立教育机构，能给我们说说作为一个创办人，您如何看待创业之初的困难？
男：生活中，¹⁶如果你热爱某件事，又能够一心一意地去做，那么在做这件事的过程中是不会体会到困难和挫折的。只是在外人的眼里，别人会觉得你一定历经了各种磨难，其实你在一个环境中只要有目标，为自己的目标奋斗，是不会觉得辛苦的。
女：¹⁷您觉得新东方学校在中国教育培训领域最难以打败的对手是谁？
男：肯定是自己，没有任何外在的力量能把一个人或一个机构打败，能把一个人打败的是

16~20번 문제는 다음 인터뷰에 근거한다.

여: 20신둥팡 학교는 현재 중국에서 가장 크고 가장 유명한 사립 교육 기관인데요. 창립자로서 선생님께서는 창업 초기의 어려움에 대해 어떻게 생각하시는지, 저희에게 말씀해 주실 수 있으신지요?
남: 살면서 16당신이 어떤 일에 애착을 가지고 또 전심을 다 해 할 수 있다고 한다면, 그 일을 하는 과정에서 어려움이나 좌절은 느끼지 않을 것입니다. 단지 다른 사람들의 눈에 당신이 분명 여러 가지 고난을 겪었을 것이라고 여길 뿐, 사실 어떤 환경 속에서 목표를 가지고 자신의 목표를 위해 분투한다면, 힘들다는 느낌은 받지 않을 것입니다.
여: 17선생님께서는 신둥팡 학교가 중국 교육 양성 분야에서 이기기 어려운 최대 라이벌은 누구라고 생각하시나요?

自己的内心世界，把一个机构打败的是内部的管理。如果新东方被超越，只能是对方手段更灵活，理念更强大，所以新东方应该做的是不断地修炼内功。

女：您在大学时期的学习和经验对以后的事业发展有什么帮助？

男：我在大学读了很多关于文学、哲学和社会学的书，这些书对我未来的事业有很大帮助，让我养成了从不同的角度去对待、思考问题的习惯，18<u>而且书读得多了，这会使你的个人气质和思想境界大大提升。</u>

女：如果作为一名毕业生到新东方去应聘的话，您最看重他哪方面的素质？

男：他的综合素质，比如说他的性格是不是开朗、活泼，是不是对生活比较乐观？读过的书是不是足够多，我认为大学生如果读书不够，即使专业知识再丰富都不太好用，因为他积累的知识和经验不够，未来发展的潜力也不够。他只是一个单向型人才，没法变成一个真正有用的综合型人才。其次我们会根据他所应聘的岗位，去看看与它相关的专业能力是不是强，19<u>至于他从哪所大学毕业，通常不在我们考虑的范围之内。</u>无论什么大学毕业的，我们都要。但在学历上，我们原则上要求本科，高中生即使再聪明，你会发现他的发展潜力容易受到限制。

남: 틀림없이 저희 자신이라고 할 수 있습니다. 개인이나 기관을 무너뜨릴 수 있는 어떠한 외재적인 힘이란 없습니다. 개인을 물리칠 수 있는 것은 자신의 내면 세계이고, 기관을 물리칠 수 있는 것은 내부의 관리라고 할 수 있습니다. 만약 신둥팡이 추월 당한다면, 이는 단지 상대방의 수단이 더욱 재빠르고 이념이 보다 더 강해서일 뿐입니다. 따라서 신둥팡이 해야 할 일은 끊임없이 내공을 닦는 것이라고 할 수 있습니다.

여: 선생님께서는 대학 시절의 공부와 경험이 미래의 사업 발전에 어떤 도움이 되었다고 생각하시는지요?

남: 저는 대학 때 문학, 철학, 사회학에 관한 많은 책들을 읽었습니다. 이러한 책들이 제 미래 사업에 큰 도움이 되었고, 저에게 다른 각도로 문제를 대하고 생각하게 하는 습관을 기르도록 했습니다. 18<u>게다가 책을 많이 읽으면, 개인적 기품과 사상의 경지를 크게 높일 수 있답니다.</u>

여: 졸업생이 신둥팡에 지원하게 되면, 선생님께서는 그의 어떤 방면의 자질을 가장 중요하게 보시나요?

남: 그의 전체적인 소양이요. 예를 들어 그의 성격이 명랑하고 활발한지, 삶에 대해 비교적 긍정적인지를 살펴봅니다. 그가 충분히 많은 책을 읽었는지도 보는데, 저는 대학생들이 책을 많이 읽지 않았다면, 전공 지식이 아무리 풍부하다 해도 별로 쓸모가 없다고 생각합니다. 왜냐하면 그가 쌓은 지식과 경험이 충분하지 않기 때문에, 미래에 발전할 잠재력 또한 충분하지 않다고 여깁니다. 그런 사람은 단지 한 방면의 인재일 뿐, 진정으로 쓸모 있는 종합형 인재가 될 수는 없습니다. 그 다음으로 저희들은 그가 지원한 부서에 따라, 그와 관련된 전문적인 능력이 강한지를 살펴봅니다. 19<u>보통 그가 어떤 대학을 졸업했는지는 저희가 고려하는 범위 안에 없습니다.</u> 어떤 대학을 졸업하든지 간에, 저희는 다 필요로 합니다. 하지만 학력상 원칙적으로 학사 졸업 조건이 요구됩니다. 고등학생은 설령 똑똑하다고 하더라도, 그의 발전적 잠재력은 제약을 받기 쉽다는 것을 발견하게 될 것입니다.

어휘 新东方学校 Xīndōngfāng Xuéxiào 고유 신둥팡 학교[중국 유명한 교육 양성 기구] | ★著名 zhùmíng 형 유명한, 저명한 | ★私立教育机构 sīlì jiàoyù jīgòu 명 사립 교육 기구 | ★创办人 chuàngbànrén 명 창립자 | ★创业之初 chuàngyè zhī chū 창업 초기 | ★困难 kùnnan 명 어려움 | ★热爱 rè'ài 동 열렬히 사랑하다 | ★一心一意 yì xīn yí yì 성 전심전력으로, 한마음 한뜻으로 | ★体会到 tǐhuì dào 동 체득하다, 체험하여 터득하다 | ★挫折 cuòzhé 명 좌절 | ★在外人眼里 zài wàirén yǎnlǐ 남들 눈에, 다른 사람들의 눈에 | ★历经 lìjīng 동 여러 번 경험하다 | ★磨难 mónàn 명 고난, 어려움 | ★目标 mùbiāo 명 목표 | ★奋斗 fèndòu 동 분투하다 | ★辛苦 xīnkǔ 형 고생스럽다, 고되다 | ★教育培训 jiàoyù péixùn 교육 양성 | ★领域 lǐngyù 명 영역, 분야 | ★难以打败 nányǐ dǎbài 물리치기 어렵다 | ★对手 duìshǒu 명 상대, 적수 | ★外在的力量 wàizài de lìliang 외재적인 힘 | ★把……打败 bǎ……dǎbài ~을 물리치다 | ★内心世界 nèixīn shìjiè 내면 세계 | ★机构 jīgòu 명 기구 | ★管理 guǎnlǐ 동 관리하다 | ★被超越 bèi chāoyuè 추월당하다 | ★手段 shǒuduàn 명 수단 | ★灵活 línghuó 형 재빠르다, 민첩하다 | ★理念 lǐniàn 명 이념, 신념 | ★强大 qiángdà 형 강대하다 | ★修炼内功 xiūliàn nèigōng 내공을 수련하다 | ★哲学 zhéxué 명 철학 | ★社会学 shèhuìxué 명 사회학 | ★未来的事业 wèilái de shìyè 미래 사업 | ★养成……的习惯 yǎngchéng……de xíguàn ~습관을 기르다 | ★从不同角度 cóng bùtóng de jiǎodù 다른 각도로, 다각도로 | ★对待 duìdài 동 대하다, 다루다 | ★思考 sīkǎo 동 사고하다 | ★个人气质 gèrén qìzhì 개인적 기품, 개인적 품격 | ★思想境界 sīxiǎng jìngjiè 명 사상의 경지 | ★提升 tíshēng 동 진급시키다 | ★毕业生 bìyèshēng 명 졸업생

★应聘 yìngpìn 동 지원하다 | ★看重 kànzhòng 동 중시하다 | ★素质 sùzhì 명 소양, 자질 | ★综合素质 zōnghé sùzhì 전체적 소양, 전체적 소질 | ★开朗 kāilǎng 형 명랑하다, 활달하다 | ★活泼 huópo 형 활발하다, 활달하다 | ★乐观 lèguān 형 낙관적이다, 희망차다 | ★足够多 zúgòu duō 충분히 많다 | ★专业知识 zhuānyè zhīshi 전문적인 지식 | ★积累 jīlěi 명 축적물 동 축적하다, 쌓다 | ★发展的潜力 fāzhǎn de qiánlì 발전적 잠재력 | 单向型人才 dānxiàngxíng réncái 한 방면의 인재 | ★综合型人才 zōnghéxíng réncái 종합적 인재 | ★其次 qícì 명 다음, 그 다음 | ★岗位 gǎngwèi 명 직장, 부서 | ★专业能力 zhuānyè nénglì 전문적인 능력 | ★至于 zhìyú 개 ~에 관해서는 | 一所大学 yì suǒ dàxué 한 대학 | ★考虑 kǎolǜ 동 고려하다 | ★范围 fànwéi 명 범위 | ★学历 xuélì 명 학력 | ★原则上 yuánzé shang 원칙적으로 | ★本科 běnkē 명 (대학교의) 학부 과정 | ★受到限制 shòudào xiànzhì 제약을 받다

16. HSK POINT 동일한 어휘 및 동의어 파악 〔난이도 中〕　track 03-16

男的为什么觉得创业初期不辛苦?　　남자는 왜 창업 초기에 힘들지 않다고 생각했는가?

A 没有遭受过什么磨难　　　A 어떠한 고난도 겪어 본 적이 없어서
B 得到群众的支持　　　　　B 대중의 지지를 얻어서
C 热爱并专注于这份事业　　C 이 사업에 애착을 가지고 전념해서
D 有雄厚的资本　　　　　　D 충분한 자본이 있어서

공략　첫 번째 질문에 대한 남자의 대답 중 '如果你热爱某件事, 又能够一心一意地去做'라는 내용에서 보기 C의 동일한 어휘 热爱를 들을 수 있고, '전심을 다하다'는 뜻의 성어 一心一意가 专注와 같은 의미이므로 정답은 C가 된다.

17. HSK POINT 힌트가 되는 最 및 동일한 어휘 파악 〔난이도 下〕　track 03-17

男的认为新东方最大的对手是谁?　　남자는 신둥팡의 최대 라이벌이 누구라고 생각하는가?

A 有前途的学生　　　　　A 전도가 유망한 학생
B 教育理念更强的机构　　B 교육 이념이 더욱 강한 기관
C 综合性管理机构　　　　C 종합 관리 기관
D 新东方自己　　　　　　D 신둥팡 자신

공략　여자의 두 번째 질문인 '您觉得新东方学校在中国教育培训领域最难以打败的对手是谁?'에서 最가 정답을 찾을 수 있는 힌트가 된다. 이 질문에 이어지는 대답은 반드시 주의를 기울여 들어야 하는데, 남자가 '肯定是自己'라고 했으므로 정답은 D임을 바로 알 수 있다.

18. HSK POINT 동일한 의미의 문장 파악 〔난이도 中〕　track 03-18

男的认为多读书有什么好处?　　남자는 책을 많이 읽는 것이 어떤 장점이 있다고 생각하는가?

A 开阔思路　　　　A 사고의 길을 넓힌다
B 提高分辨能力　　B 분별력을 높인다
C 开发智力　　　　C 지능을 개발한다
D 提高思想境界　　D 사상의 경지를 높인다

공략　세 번째 질문에 대한 남자의 대답 중 '而且书读得多了, 这会使你的个人气质和思想境界大大提升'이라는 내용에서, '思想境界大大提升'이 보기 D의 '提高思想境界'와 같은 의미를 나타내므로 정답은 D가 된다.

19. HSK POINT 동일한 의미의 문장 파악 난이도 中 track 03-19

招聘员工时男的一般不考虑下列哪个因素？

A 生活态度
B 毕业院校
C 专业能力
D 学历

직원을 채용할 때, 남자는 보통 어떠한 요소는 고려하지 않는가?

A 생활 태도
B 졸업한 대학
C 전문적인 능력
D 학력

공략 마지막 부분 중 '至于他从哪所大学毕业, 通常不在我们考虑的范围之内'라는 문장에서 '从哪所大学毕业'가 바로 보기 B의 '毕业院校'와 같은 의미이므로 정답은 B가 된다.

20. HSK POINT 앞부분에서 언급되는 인터뷰에 대한 정보 파악 난이도 上 track 03-20

根据这段采访，下列哪项正确？

A 新东方是私立教育机构
B 男的大学读文学系
C 新东方招聘要求太高
D 男的追求高学历

이 인터뷰에 근거하여 다음 중 옳은 것은?

A 신동팡은 사립 교육 기관이다
B 남자는 대학 때 문학을 전공했다
C 신동팡은 채용 기준이 너무 높다
D 남자는 고학력을 추구한다

공략 이 문제는 인터뷰 전개 내용의 순서를 따르지 않기에, 정답을 고를 때 다소 어려울 수 있다. 인터뷰 앞부분에서 여자가 신동방 학교를 소개하는 문장 '新东方学校目前已成为我国最大、最著名的私立教育机构' 중 정답을 찾을 수 있는 힌트 最을 듣고, 이어지는 내용을 반드시 기억하도록 한다. 따라서 정답은 A가 된다.

[21-25]

第21到25题是根据下面一段采访：

女：您从开始写诗歌到现在大约有多长时间了？
男：我写诗歌比较早，是86、87年的时候，但那时候作品不算很成熟。
女：那时候您写的作品主要是关于哪些方面的？
男：大部分是跟爱情有关的，生活其他方面也有。
女：当初您怎么想到以爱情为主题写诗？
男：是因为阅历和经历。21和爱情相关的接触多了一些，对这方面的感触认识也深了一些。特别想把这些情感抒发出来，一方面供大家去鉴赏，另一方面我也特别想把爱情当中苦辣酸甜的东西分享给大家，希望大家在爱情生活当中去借鉴，去吸取营养。
女：写爱情诗歌，我们也看过前人的一些作品，

21~25번 문제는 다음 인터뷰에 근거한다.

여: 선생님께서는 지금까지 대략 몇 년 동안 시를 써오신 건가요?
남: 제가 시를 쓴 것은 비교적 이른데, 1986, 1987년 때입니다. 하지만 그때 작품들은 그리 성숙하지는 못했답니다.
여: 그때 선생님께서 쓰신 작품들은 주로 어떤 방면에 관한 것들이었나요?
남: 대부분이 사랑과 관련된 것들이었고, 생활 속 다른 방면의 것들도 있기는 했습니다.
여: 그때 선생님께서는 어떻게 사랑을 주제로 시를 쓰실 생각을 하게 되신 건가요?
남: 경험과 체험 때문이었지요. 21사랑 관련 경험들이 많았고, 그 부분에서 느낀 바 또한 깊은 편이었습니다. 특히 그러한 감정을 나타내보고 싶었기에, 한편으로는 사람들이 감상할 수 있게 하고, 또 한편으로는 저 역시 특별히 사랑에 담긴 여러 느낌을 많은 이들과 나누면서, 모두가

您写的时候会参照谁的风格，或者谁的爱情诗歌给您带来影响？

男：我国是诗歌的国度，有几千年的诗歌文化。²²诗歌是文化的精华，爱情是诗歌永恒的主题。无论是古代、近代还是现代，爱情都是非常关心的话题，当然有很多诗人写得不错。古代我就不说了，近代我比较喜欢汪国真和舒婷的，我看他们的比较多。

女：2012年1月份您出了第一本爱情摄影诗歌集，您当时是怎么想到²³把诗歌配以图片进行展示的？

男：写完作品之后，我把它拿到出版社的时候，非常矛盾。²⁵因为我对诗歌市场比较了解，不少诗歌出版以后，被冷落在书店里面。随着现代社会的发展，人们接触知识文化的视野也越来越开阔了，渠道比以前多了，大家欣赏的角度也放宽了，单纯的铅字有时候不太受欢迎。我想诗歌本身就是很浪漫的东西，它应该和诗情画意的东西结合在一起展示给读者，现在又有这样的条件。所以当时我就想采取诗情画意的方式，出版效果会不一样，所以当时进行了第一次的尝试。

女：这次的尝试得到的反馈是怎样的？

男：²⁴诗集出来以后远远超出我的预想，大家非常喜欢，每首诗都配有图片，对诗进行了图解，模特用肢体语言表达了诗的内容，也通过肢体语言表达了诗的意境，两者互相结合，更提高了阅读欣赏的吸引力。

女：您说的对，我们看这本诗集，觉得非常非常漂亮，而且特别有美感。

여: 애정시를 쓴 것은 저희가 몇몇 선인들의 작품에서도 본 적이 있는데요. 선생님께서는 시를 쓰실 때, 어떤 분의 기풍을 참고하시거나 어떤 분의 애정시가 선생님께 영향을 끼쳤다고 보시나요?

남: 우리 나라는 시의 국가라고 할 만큼, 몇천 년의 시 문화를 지니고 있지요. ²²시는 문화의 정수이며, 사랑은 시의 영원한 주제입니다. 고대, 근대, 현대를 막론하고 사랑은 매우 관심 있는 화제라고 할 수 있고, 물론 많은 시인들이 훌륭하게 잘 썼다고 생각합니다. 고대는 그렇다 치고, 저는 근대의 왕귀전과 수팅을 비교적 좋아해서, 그들의 작품을 비교적 많이 읽었습니다.

여: 선생님께서는 2012년 1월에 첫 번째 애정 사진 시집을 출간하셨는데, 당시 선생님께서는 어떻게 ²³시에 사진을 곁들여 선보일 생각을 하셨던 건가요?

남: 작품을 완성하고 나서 그것을 가지고 출판사를 찾았을 때, 저는 매우 갈등을 했습니다. ²⁵왜냐하면 저는 시 분야에 대해 비교적 잘 이해하고 있었는데, 많은 시들이 출간된 후 서점에서 냉대를 받고 있었기 때문입니다. 현대 사회가 발전함에 따라, 지식과 문화를 접하는 사람들의 시야 또한 확대되었고, 그 경로는 과거보다 더 많아졌으며 사람들이 감상하는 각도도 넓어졌기에, 단순한 활자 형태는 때로는 그리 인기를 얻지 못할 것이라고 생각했습니다. 저는 시 자체가 낭만적인 것이기에, 이는 반드시 시적인 정취와 그림 같은 아름다움을 한데 결합시켜 독자들에게 선보여야 하며, 현재는 또 이러한 조건이 갖추어져 있다고 여겼습니다. 그래서 당시에 시의 정취와 그림의 분위기를 나타내는 방식을 취한다면 출간하는 효과가 다를 것이라 생각되어, 그때 처음으로 시도하게 된 것이지요.

여: 이번 시도가 얻게 된 평가는 어떠한가요?

남: ²⁴시집이 출간되자 저의 예상을 깨고 모두 매우 마음에 들어 했습니다. 모든 시에는 사진을 곁들여 그림 설명을 덧붙였고, 모델이 신체 언어로 시의 내용을 전달했습니다. 또한 신체 언어를 통해 시의 예술적 경지를 나타내어, 이 둘을 서로 결합시켜 독서 감상의 매력을 더욱 높였습니다.

여: 맞는 말씀입니다. 이 시집을 보고 매우 아름답고, 또한 특히 미적 감각을 지니고 있다는 느낌이 들었답니다.

어휘 诗歌 shīgē 명 시 | ★大约 dàyuē 부 대략, 대강 | 作品 zuòpǐn 명 작품 | 不算 búsuàn 통 ~라고 할 수 없다, ~한 편은 아니다 | ★成熟 chéngshú 형 성숙하다, 무르익다 | ★关于 guānyú 개 ~에 관한 | ★爱情 àiqíng 명 사랑 | ★当初 dāngchū 당초, 당시 | 以……为主题 yǐ……wéi zhǔtí ~을 주제로 하다 | ★阅历 yuèlì 명 경험, 체험 | ★接触 jiēchù 통 접촉하다 | 感触 gǎnchù 느낌, 감동 | ★把……抒发出来 bǎ……shūfā chūlai ~을 나타내다, ~을 토로하다 | ★供……鉴赏 gōng……jiànshǎng ~에게 감상하게 하다 | ★把……分享给大家 bǎ……fēnxiǎng gěi dàjiā ~을 모두가 함께 나누다 | ★苦辣酸甜 kǔ là suān tián 여러 가지 맛, 세상 풍파, 세상의 온갖 고초 | ★借鉴 jièjiàn 통 참고로 하다, 본보기로 삼다 | ★吸取营养 xīqǔ yíngyǎng 영양을 흡수하다, 영양을 얻다 | ★前人 qiánrén 명 선인, 옛 사람 | 参照 cānzhào 통 참조하다, 참고하다 | ★风格 fēnggé 명 풍격, 기풍 | ★影响 yǐngxiǎng 명통 영향(을 끼치다) | 国度 guódù 명 국가, 나라 | ★精华 jīnghuá 명 정화, 정수 | ★永恒的主题 yǒnghéng de zhǔtí 영원한 주제 | ★关心的话题 guānxīn de huàtí 관심있는 화제 | ★摄影 shèyǐng 통 사진을 찍다, 촬영하다 | 诗歌集 shīgējí 명 시집 | ★当时 dāngshí 명 당시, 그때 | 把诗歌配以图片 bǎ shīgē pèiyǐ túpiàn 시에 사진을 곁들이다 | ★展示 zhǎnshì 통 전시하다, 드러내다 | ★出版社 chūbǎnshè 명 출판사 | 矛盾 máodùn 명 모순, 갈등 형 모순적이다 | ★了解 liǎojiě 통 자세하게 알다, 이해하다 | ★出版 chūbǎn 통 출판하다, 출간하다 | ★被冷落 bèi lěngluò 냉대를 받다, 푸대접을 받다 | 视野 shìyě 명 시야 | ★越来越 yuèláiyuè 부 더욱더, 갈수록 | ★开阔 kāikuò 통 넓히다 형 넓다, 광활하다 | ★渠道 qúdào 명 경로, 방법 | 欣赏的角度 xīnshǎng de jiǎodù 감상하는 각도 | 放宽 fàngkuān 통 넓히다, 완화하다 | ★单纯 dānchún 형 단순하다 | 铅字 qiānzì 명 (아연·안티몬·주석 등으로 합금한) 활자 | ★本身 běnshēn 명 그 자신, 그 자체 | ★浪漫 làngmàn 낭만적이다, 로맨틱하다 | 诗情画意 shī qíng huà yì 성 시의 정취와 그림의 분위기, 시적인 정취와 그림 같은 아름다움 | ★结合在一起 jiéhé zài yìqǐ 한데 결합하다 | 读者 dúzhě 명 독자 | ★采取……的方式 cǎiqǔ……de fāngshì ~한 방식을 취하다 | 出版效果 chūbǎn xiàoguǒ 출판 효과 | ★尝试 chángshì 통 시도해보다, 테스트해보다 | ★反馈 fǎnkuì 피드백, 평가 | ★远远超出 yuǎnyuǎn chāochū 크게 초과하다, 크게 벗어나다 | ★预想 yùxiǎng 명통 예상(하다) | ★每首诗 měi shǒu shī 모든 시 | 图解 tújiě 통 그림이나 도표로 설명하다 | ★模特 mótè 모델 | ★肢体语言 zhītǐ yǔyán 신체 언어, 보디랭귀지 | ★表达 biǎodá 통 나타내다, 표현하다 | 意境 yìjìng (문학·예술 작품에 표현된) 예술적 경지 | ★吸引力 xīyǐnlì 명 흡인력, 매력 | ★美感 měigǎn 명 미적 감각

21. HSK POINT 동일한 문장 파악 (난이도 中) track 03-21

男的最初为什么以爱情为诗歌主题? | 남자는 처음에 어째서 사랑을 시의 주제로 삼게 되었는가?

A 当时大受欢迎
B 表现手法比较简单
C 感触比较深
D 受前人影响

A 당시 큰 인기를 얻어서
B 표현 기법이 비교적 간단해서
C 느낀 바가 비교적 깊어서
D 선인들의 영향을 받아서

공략 여자의 세 번째 질문에 대한 남자의 대답 중 '和爱情相关的接触多了一些，对这方面的感触认识也深了一些。'라는 내용을 통해 이와 동일한 문장을 제시하는 C가 정답임을 알 수 있다.

22. HSK POINT 동일한 문장 파악 (난이도 下) track 03-22

男的对于中国诗歌是怎么看待的? | 남자는 중국 시에 대해 어떻게 생각하는가?

A 富有节奏感
B 是中国文化的精华
C 属于非主流文化
D 各地差异很大

A 풍부한 리듬감을 지녔다
B 중국 문화의 정수이다
C 비주류 문화에 속한다
D 각 지역의 차이가 크다

공략 여자의 네 번째 질문에 대한 남자의 대답 중 '诗歌是文化的精华'라는 내용을 통해 이와 동일한 문장을 제시하는 B가 정답임을 알 수 있다.

23. HSK POINT 동일한 의미의 문장 파악 난이도 中   track 03-23

关于男的2012年1月出版的那本诗集，可以知道什么？

A 配有文字解析
B 受人冷落
C 配有照片
D 题材丰富多样

2012년 1월에 출간된 남자의 시집에 관해 알 수 있는 것은?

A 글자 해석이 곁들여져 있다
B 사람들의 냉대를 받았다
C 사진이 곁들여져 있다
D 소재가 풍부하고 다양하다

공략 여자의 다섯 번째 질문 중 '把诗歌配以图片'이라는 말에서 정답이 C임을 알 수 있다.

24. HSK POINT 동일한 의미의 문장 파악 난이도 中   track 03-24

那次尝试的反响怎么样？

A 大受欢迎
B 引起国内外作家的关注
C 没有太大的反响
D 引起各界争论

그 시도의 반응은 어떠했는가?

A 큰 인기를 얻었다
B 국내외 작가의 주목을 끌었다
C 그리 큰 반응은 없었다
D 각계의 논쟁을 불러일으켰다

공략 여자의 마지막 질문에 대한 남자의 대답 중 '诗集出来以后远远超出我的预想，大家非常喜欢'이라는 내용을 통해 사람들에게 큰 인기를 얻었음을 알 수 있으므로 정답은 A가 된다.

25. HSK POINT 동일한 문장 파악 및 순서 주의 난이도 中   track 03-25

关于男的，下列哪项正确？

A 早年写过电影剧本
B 第一次尝试以失败而告终
C 比较了解诗歌市场
D 这几年发表了很多诗集

남자에 관해 다음 중 옳은 것은?

A 오래 전 영화 시나리오를 썼던 적이 있다
B 첫 번째 시도는 실패로 끝났다
C 시 분야에 대해 비교적 잘 알고 있다
D 최근 몇 년간 많은 시집을 출간했다

공략 이 문제와 같이 인터뷰 전개 내용의 순서를 따르지 않은 유형의 문제는 다소 어렵게 느껴질 수 있으므로, 평소 인터뷰 내용을 들으며 문제에 제시된 보기를 골고루 살펴보는 훈련을 하도록 한다. 여자의 다섯 번째 질문에 대한 남자의 대답 중 '因为我对诗歌市场比较了解'라는 문장이 보기 C와 같으므로 정답은 C가 된다.

합격필수 TIP

▶ 중국의 '문학·영화' 분야의 유명인

- 작가
  - 萧红 Xiāo Hóng 샤오훙 → 《生死场(삶과 죽음의 자리)》, 《呼兰河传(후란강 이야기)》
  - 张爱玲 Zhāng Àilíng 장아이링 → 《倾城之恋(경성지련)》, 《半生缘(반생연)》, 《色, 戒(색, 계)》
  - 鲁迅 Lǔ Xùn 루쉰 → 《阿Q正传(아큐정전)》, 《狂人日记(광인일기)》
  - 于丹 Yú Dān 위단 → 《论语心得(논어심득)》, 《庄子心得(장자심득)》

郭敬明 Guō Jìngmíng 귀징밍 → 《幻城(환성)》,《1995~2005夏至未至(1995~2005 여름에서)》
余秋雨 Yú Qiūyǔ 위추위 → 《文化苦旅(문화고려)》,《财经时报(재경시보)》
莫言 Mò Yán 모옌 → 《红高粱家族(훙가오량 가족)》,《青春之歌(봄밤에 내리는 소나기)》(2012년 노벨 문학상 수상)

- 영화감독
  张艺谋 Zhāng Yìmóu 장이머우 → 《红高粱(붉은 수수밭)》(1998년 베를린 영화제 황금곰상 수상),《菊豆(국두)》
  陈凯歌 Chén Kǎigē 천카이거 → 《霸王别姬(패왕별희)》(1993년 칸영화제 황금종려상 수상)
  李安 Lǐ Ān 리안 → 《喜宴(결혼 피로연)》(1993년 베를린 영화제 황금곰상 수상),《卧虎藏龙(와호장룡)》
  贾樟柯 Jiǎ Zhāngkē 자장커 → 《小武(소무)》,《世界(세계)》
  田壮壮 Tián Zhuàngzhuang 톈좡좡 → 《蓝风筝(푸른색 연)》(1993년 도쿄영화제 그랑프리 수상)

[26-30]

第26到30题是根据下面一段采访:

女: 马先生，欢迎您来参加我们的访谈节目，²⁷这两年您在百家讲坛讲文物收藏，被大众认可。²⁶这个电视节目已经造就了不少文化名人，您当初是怎么跟它合作的?
男: 是我朋友推荐的。
女: 您觉得上百家讲坛最大的好处是什么?
男: 可以迫使自己加快脚步去做事，很多事情我在心里想了很久，但一直拖着，可是百家讲坛不让你拖，我共讲了50堂课，每次都得备课，这使我把已掌握的知识每次都得重新温习一遍，还要核实很多东西，以前我上其他谈话节目时不需要备课，百家讲坛可不行，有成千上万的人给你挑错呢。
女: 上百家讲坛的很多人都是大学教授，您觉得自己跟他们最大的不同是什么?
男: 我没有像他们受过系统的教育，没有框框，²⁸表述起来没有谁约束我。
女: 您曾说如果于丹算鸡汤的话，您就是方便面，这有什么不一样的?
男: 于丹讲《论语》正好是社会上很多人心灵需要慰藉的时候，就像心灵鸡汤一样，喝一口心里很温暖。我说我是方便面，是说特别实际，对收藏者来说，是一袋干粮，比较实用。我自己认为我说的这些对于每个收藏者来说都是必听的，这些东西都是我摸索出来的，明白人能听出方法来，一般人就听一个故事，听一听就行了，能听多少就听多少，但是不可不听，也不可白听，²⁹听了一定有用。只要你听了之后喜欢，别说喜欢收藏，我觉得只是喜欢文化就够了。

26~30번 문제는 다음 인터뷰에 근거한다.

여: 마 선생님, 저희 토크쇼에 출연하신 것을 환영합니다. ²⁷최근 2년간 선생님께서는 백가강단에서 문화재 수집에 관해 강의하셔서 대중들로부터 인정을 받았는데요. ²⁶이 프로그램은 이미 많은 문화 명인들을 배출했는데, 선생님께서는 처음에 어떻게 이 프로그램과 협력하시게 된 건가요?
남: 제 친구가 추천한 것입니다.
여: 선생님께서는 백가강단의 최대 이점이 무엇이라고 생각하시나요?
남: 발걸음을 재촉하여 어떤 일을 하게 만드는 것이라 할 수 있습니다. 저는 많은 일들을 마음속으로 한참 생각만 하고 계속 미뤄두는 경우가 있는데, 백가강단이라는 프로그램은 어떤 일을 질질 끌게 만들지 않더군요. 저는 총 50회의 강의를 했는데, 매번 강의 준비를 해야 했거든요. 이것이 제가 이미 충분히 알고 있는 지식을 다시 한 번 복습하게 하고, 많은 내용들을 확인해 보도록 했습니다. 과거 제가 다른 토크쇼에 출연했을 때는 강의 준비를 할 필요가 없었는데, 백가강단은 그렇지 않았습니다. 왜냐하면 수많은 사람들이 강의 내용의 오류를 지적하곤 하니까요.
여: 백가강단에 출연하는 많은 분들은 모두 대학 교수님이신데, 선생님께서는 본인이 그분들과 가장 다른 점은 무엇이라고 생각하십니까?
남: 저는 그분들처럼 체계적인 교육을 받지 않았기에 정해진 틀이라는 것이 없어서, ²⁸설명할 때 아무도 저를 규제하지 않았지요.
여: 예전에 선생님께서 위단이 닭고기 수프라면, 선생님은 바로 라면과 같다고 말씀하셨는데, 이는 어떤 다른 점이 있는 것인가요?
남: 위단이 강연하는 「논어」는, 바로 사회에서 많은 사람들이 마음의 위로가 필요할 때, 마음의 닭고기 수프와 같이

女：您觉得有些学术性的东西通过电视大众化是好事吗？

男：从民族文化贯穿的角度来看，我认为它是好事。30知道的人越多，这个东西延续的可能性就越大；知道的人越少就越难延续，最后可能就消亡了。很多文化都消亡了，这就是因为知道的人太少，不知道它也就不能去感受它。

한 모금을 마시면 마음이 따뜻해지는 것 같습니다. 제가 강의하는 것은 라면과 같이 매우 현실적이고, 수집가들에게 있어서는 이것이 한 포대의 건조 식량과도 같이 비교적 실용적이라고 할 수 있답니다. 저는 제가 이야기하는 것들이, 모든 수집가들에게 있어서는 반드시 들어야 할 내용이라고 생각합니다. 그것들은 제가 찾아낸 것이고, 이 분야에 정통한 사람은 방법을 알아들을 수 있을 것이며, 일반인들은 그저 이야기처럼 들으면 되는 것입니다. 들을 수 있는 만큼만 들으면 되는 것이지만, 듣지 않는다거나 헛되이 들어서는 안 되는 것이지요. 29듣고 나서는 반드시 도움이 되어야 합니다. 듣고 난 후 마음에 들어하고, 수집을 좋아하는 것까지는 아니어도 문화에 호감을 가지게 되는 것이면 충분하다고 생각합니다.

여: 선생님께서는 일부 학술성을 지닌 것들이 텔레비전을 통해 대중화되는 일이 좋은 일이라고 여기시나요?

남: 민족의 문화를 관통하는 관점으로 본다면, 이는 좋은 일이라고 생각합니다. 30아는 사람이 많아질수록 그것이 지속될 가능성이 커지는 것이고, 반면 아는 사람이 적을수록 그것을 지속시키기가 어려워져, 결국에는 소멸해 버릴 수도 있으니까요. 많은 문화가 사라지는 것은 바로 아는 사람이 너무 적기 때문입니다. 그것을 알지 못하기에 느낄 수 없게 되는 것이라고 할 수 있지요.

어휘

★访谈节目 fǎngtán jiémù 명 탐방 프로그램, 토크쇼 | ★百家讲坛 Bǎijiā jiǎngtán 백가강단[중국의 인기 교양 프로그램] | ★文物 wénwù 명 문물 | ★收藏 shōucáng 동 소장하다, 수집하여 보관하다 | ★被大众认可 bèi dàzhòng rènkě 대중들에게 인정을 받다 | ★造就 zàojiù 동 육성하다, 양성하다 | ★文化名人 wénhuà míngrén 문화 명인 | ★当初 dāngchū 명 당초, 당시 | ★合作 hézuò 동 협력하다, 합작하다 | ★推荐 tuījiàn 동 추천하다, 소개하다 | ★好处 hǎochu 명 이점, 장점 | 迫使 pòshǐ 동 강제로 ~하게 하다, ~할 수밖에 없게 하다 | ★加快脚步 jiākuài jiǎobù 발걸음을 재촉하다 | ★一直拖着 yìzhí tuōzhe 계속 질질 끌다, 계속 미루다 | ★备课 bèi kè 동 수업을 준비하다 | ★掌握的知识 zhǎngwò de zhīshi 마스터한 지식, 정통한 지식 | ★把……重新温习一遍 bǎ……chóngxīn wēnxí yíbiàn ~을 다시 한 번 복습하다 | 核实 héshí 동 사실을 확인하다, 맞추어 보고 확인하다 | ★谈话节目 tánhuà jiémù 토크쇼, 토크쇼 | ★成千上万 chéng qiān shàng wàn 성 수천수만, 대단히 많다 | ★挑错 tiāo cuò 동 잘못을 들추어 내다, 흠을 잡다 | 大学教授 dàxué jiàoshòu 명 대학 교수 | ★最大的不同 zuìdà de bùtóng 가장 다른 점 | ★受过系统的教育 shòuguo xìtǒng de jiàoyù 체계적인 교육을 받은 적이 있다 | ★没有框框 méiyǒu kuàngkuang 정해진 틀이 없다, 고유한 격식이 없다 | 表述 biǎoshù 동 서술하다, 설명하다 | ★约束 yuēshù 동 규제하다, 속박하다 | 于丹 Yú Dān 고유 위단[문화학자] | ★鸡汤 jītāng 명 닭고기 수프 | 方便面 fāngbiànmiàn 명 라면 | ★论语 Lúnyǔ 명 논어 | ★正好 zhènghǎo 부 마침 | 需要慰藉 xūyào wèijiè 위안을 필요로 하다 | ★心灵鸡汤 xīnlíngjītāng 마음을 치유해 주는 이야기, 온정이나 지혜가 담긴 말이나 문구(미국의 잭 캔필드 등이 엮은 『영혼을 위한 닭고기 수프』에서 유래함) | ★实际 shíjì 형 실제에 부합되다, 현실적이다 | ★收藏者 shōucángzhě 명 수집가 | ★对于……来说 duìyú……láishuō ~에게 있어서 | ★一袋干粮 yídài gānliáng 건조 식량 한 자루 | ★实用 shíyòng 형 실용적이다 | ★摸索 mōsuǒ 동 모색하다 | ★明白人 míngbairén 명 (어떤 분야에) 정통한 사람 | 白听 bái tīng 헛되이 듣다 | ★只要……就够了 zhǐyào……jiù goule ~면 충분하다 | ★学术性 xuéshùxìng 명 학술성 | ★大众化 dàzhònghuà 동 대중화하다 | ★民族文化 mínzú wénhuà 민족 문화 | 贯穿 guànchuān 동 관통하다, 꿰뚫다 | ★从……的角度来看 cóng……de jiǎodù lái kàn ~각도로 보다, ~관점으로 보다 | ★延续 yánxù 동 계속하다, 지속하다 | ★可能性 kěnéngxìng 명 가능성 | ★消亡 xiāowáng 동 소멸하다 | 感受 gǎnshòu 동 느끼다

26.
HSK POINT 동일한 의미의 문장 파악 난이도 下 track 03-26

关于百家讲坛，可以知道什么？ | 백가강단에 관해 알 수 있는 것은?

A 每天都播放
B 已造就了很多名人
C 需要教授推荐
D 是一种娱乐节目

A 매일 방영한다
B 이미 많은 명인들을 배출했다
C 교수의 추천이 필요하다
D 일종의 오락 프로그램이다

공략 앞부분에서 '这个电视节目已经造就了不少文化名人'이라는 문장을 통해 정답은 B임을 알 수 있다.

27.
HSK POINT 앞부분에서 언급되는 인터뷰이에 대한 정보 파악 난이도 中 track 03-27

男的最可能是做什么的？ | 남자는 어떤 일을 하는 사람이라고 할 수 있는가?

A 节目主持人
B 大学教授
C 收藏家
D 作家

A 프로그램 진행자
B 대학 교수
C 수집가
D 작가

공략 인터뷰를 시작하며 여자가 남자를 소개하는 내용 중 '这两年您在百家讲坛讲文物收藏'을 통해 남자는 문화재 수집과 관련된 방면에서 일하는 사람임을 알 수 있으므로 정답은 C가 된다.

28.
HSK POINT 동의어 约束와 限制 난이도 中 track 03-28

男的觉得与大学教授相比，自己有什么优势？ | 남자는 대학 교수들과 비교했을 때, 자신이 어떤 강점이 있다고 생각하는가?

A 实践经验更多
B 更有丰富的知识
C 更有名气
D 限制少

A 실천 경험이 더 많다
B 더 풍부한 지식을 지녔다
C 더 유명하다
D 제약이 적다

공략 여자의 세 번째 질문에 대한 남자의 대답 중 '表述起来没有谁约束我'라는 내용에서 보기 D의 限制와 같은 의미를 나타내는 约束를 듣고 정답이 D임을 알 수 있다.

29.
HSK POINT 동의어 有用와 实用 난이도 下 track 03-29

男的如何评价自己讲述的内容？ | 남자는 자신이 강연하는 내용이 어떻다고 평가하는가?

A 很有深度
B 激发热情
C 实用
D 比较全面

A 매우 깊이가 있다
B 열정을 불러일으킨다
C 실용적이다
D 비교적 전면적이다

| 공략 | 여자의 네 번째 질문에 대한 남자의 대답 중 '听了一定有用'이라는 내용에서 有用의 의미가 보기 C의 实用과 같으므로 정답은 C이다. |

30. HSK POINT 동일한 의미의 문장 파악 난이도 中   track 03-30

对于通过电视将学术性的东西大众化，男的怎么看待?

남자는 텔레비전을 통해 학술성을 지닌 것들을 대중화시키는 것에 대해 어떻게 생각하는가?

A 增强学术权威性
B 加强学术交流
C 阻碍文化发展
D 有利于文化传承

A 학술의 권위성을 높인다
B 학술 교류를 강화한다
C 문화 발전을 방해한다
D 문화 계승에 유리하다

| 공략 | 마지막 질문에 대한 남자의 대답 중 '知道的人越多, 这个东西延续的可能性就越大'라는 내용에서 남자는 텔레비전을 통해 학술성을 지닌 것들을 대중화시키는 것이 문화를 지속하게 하는 데 도움이 된다고 여김을 알 수 있다. 이는 '문화 계승에 유리하다'는 보기 D와 같은 의미이므로 정답은 D이다. |

합격필수 TIP

▶ 중국의 TV 인기 예능·교양 프로그램

프로그램명	진행자	내용
百家讲坛 Bǎijiā jiǎngtán 백가강단	易中天 Yì Zhōngtiān 이중톈 阎崇年 Yán Chóngnián 옌충녠 于丹 Yú Dān 위단	2001년 처음 방영되어 오래도록 높은 시청률을 보이고 있는 교양 프로그램이다. 역사, 문화, 문학, 의학, 과학, 경제 등을 넘나드는 폭넓은 주제와 각 방면 전문가들의 수준 높은 강의로 큰 영향력을 발휘하고 있다.
艺术人生 Yìshù rénshēng 예술 인생	朱军 Zhū Jūn 주쥔	2000년부터 방영되어 줄곧 대중들의 큰 사랑을 받고 있는 토크쇼 형식의 교양 프로그램이다. 예술 분야의 다양한 명인들을 초청해, 사회적으로 이슈가 되는 중국 문화와 예술 방면의 이야기를 나누고, 게스트가 무대 공연도 펼친다.
非常静距离 Fēicháng jìng jùlí 비상정거리	李静 Lǐ Jìng 리징	진행자 리징(李静)만의 특색을 지닌 심야 토크쇼로, 뚜렷한 미국식 토크쇼 분위기이며 오락적인 느낌이 많이 든다. 《非常静距离》라는 프로그램 이름에서 静은 리징(李静)의 이름에서 가져온 것으로, '가깝다'는 뜻의 近과 독음이 비슷하여 '매우 가까운 거리'라는 의미를 나타낸다.

 开讲啦 Kāi jiǎng la 강연하자	撒贝宁 Sā Bèiníng 싸베이닝	사회 다방면의 명사들을 초청하여 청년들을 대상으로 공개 강연을 들려주고, 강연자가 청년들의 질문도 받으며 서로 교류하는 시간을 갖는 교양 프로그램이다.
 爱传万家-说出你的故事 Ài chuán wàn jiā – shuō chū nǐ de gùshì 애전만가 - 당신의 이야기를 들려 주세요	陈鲁豫 Chén Lǔyù 천루위	예전《鲁豫有约》라는 명칭의 프로그램이 2010년《爱传万家-说出你的故事》로 재탄생된 것으로, 진행자 陈鲁豫의 인간미가 돋보이는 토크쇼이다. 유명 인사뿐만 아니라 사회적으로 중대한 사건의 인물을 초청하여, 주로 사회적 이슈가 되는 것들에 대해 이야기를 나눈다.
 超级访问 Chāojí fǎngwèn 슈퍼 인터뷰	李静 Lǐ Jìng 리징 戴军 Dài Jūn 다이쥔	배우, 가수, 운동 선수, 모델 등 각 분야의 유명한 스타를 초청하여 이야기를 나누는 토크쇼이다. 남녀 사회자와 초대 손님간의 대화가 시청자들의 흥미를 유발하며, 오락적 특색을 지니고 있어 재미있다.

第三部分

[31-33]

第31到33题是根据下面一段话：

你是否想过自己可能有两种声音？什么，两种声音？是的，两种声音。再仔细想想一些细节，比如当你在听自己的录音时会发现自己的声音"变"了，当你用话筒说话时，你也会发现有"两种声音"。这到底是怎么回事呢？

事实应该是这样的：我们说话时，别人所听到的你的声音是经过空气振动传播的，31<u>而我们自己所听到的自己的声音有经过空气传播和经过颅骨振动传播两种途径</u>，两者的频率不相同导致了音调的不同。还有一个有趣的实验，32<u>吸入氦气然后会发现音调变高了，因为声音在氦气中传播速度远大于空气，约为3倍，所以会造成你的音调变高。</u>据此我们可以推测，自己的录音中的声音比自己所听到的声音略低沉，因

31~33번 문제는 다음 내용에 근거한다.

당신은 어쩌면 자신이 두 가지 목소리를 가지고 있는 것이 아닌지 생각해 본 적이 있는가? 뭐, 두 가지 목소리라고? 그렇다, 두 가지 목소리이다. 그 상세한 내용을 자세히 살펴 보자. 예를 들어, 당신은 녹음된 자신의 목소리를 들을 때 목소리가 '변했다'고 느끼게 될 것이다. 또한 마이크로 이야기할 때도 자신에게 '두 가지 목소리'가 있다고 느낄 수 있다. 이는 도대체 어찌된 일일까?

사실은 이러하다. 우리가 말할 때, 다른 사람이 듣게 되는 당신의 목소리는 공기의 진동을 거쳐 전해지는 것인데, 31<u>우리가 스스로 자신의 목소리를 듣는 것은 공기를 통한 전파와 두골의 진동을 통한 전파 두 가지 경로가 있다.</u> 이 둘의 주파수가 다른 것이 톤의 차이를 일으키게 된다. 또한 재미있는 실험으로, 32<u>헬륨가스를 마신 뒤에는 목소리 톤이 높아진다는 것을 알 수 있는데, 이는 소리는 헬륨가스 속에서</u>

为声音在固体中传播速度大于气体。	전파 속도가 공기보다 약 3배 가량 빨라서, 목소리 톤을 높이는 결과를 가져오는 것이다. 따라서 우리는 녹음된 목소리가 자신이 듣게 되는 목소리보다 다소 낮고 묵직한 것은, 소리가 고체 중에서 전파되는 속도가 기체보다 빠르기 때문이라는 것을 추측할 수 있다.

어휘 ★是否 shìfǒu 부 ~인지 아닌지 | ★仔细 zǐxì 형 세심하다, 꼼꼼하다 | ★细节 xìjié 명 세부 사항, 상세한 내용 | ★录音 lùyīn 명 녹음 | 话筒 huàtǒng 명 마이크 | ★到底 dàodǐ 부 도대체 | ★空气振动 kōngqì zhèndòng 공기 진동 | ★传播 chuánbō 동 널리 퍼지다, 전파하다 | 颅骨 lúgǔ 명 두골, 머리뼈 | ★途径 tújìng 명 방법, 수단, 경로 | ★频率 pínlǜ 명 주파수 | ★导致 dǎozhì 동 초래하다, 야기하다 | 音调 yīndiào 명 음조, 톤 | ★有趣 yǒuqù 형 재미있다 | ★实验 shíyàn 명 실험 | 氦气 hàiqì 명 헬륨가스 | ★速度 sùdù 명 속도 | ★大于 dàyú ~보다 크다, ~보다 많다 | ★约为 yuē wéi 약 ~이다 | ★倍 bèi 양 배, 배수 | ★造成 zàochéng 동 초래하다, 조성하다 | ★据此 jùcǐ 이에 따르면, 따라서 | ★推测 tuīcè 동 추측하다 | 略 lüè 부 약간, 조금 | ★低沉 dīchén 형 (소리가) 낮고 묵직하다, 나지막하다 | ★固体 gùtǐ 명 고체

31. HSK POINT 동일한 어휘 파악 | 난이도 中 | track 03-31

自己听自己的声音是通过什么传播的? | 스스로 자신의 목소리를 듣는 것은 무엇을 통해 전파되는 것인가?

A 空气振动　　　B 颅骨振动
C 空气和颅骨振动　D 耳骨振动

A 공기의 진동　　B 두골의 진동
C 공기와 두골의 진동　D 귀뼈의 진동

공략 중간 부분 중 '而我们自己所听到的自己的声音有经过空气传播和经过颅骨振动传播两种途径'이라는 내용을 통해 C가 정답임을 알 수 있다.

32. HSK POINT 동일한 의미의 문장 파악 | 난이도 中 | track 03-32

氦气中的声音为什么音调变高了? | 헬륨가스 속의 소리는 왜 톤이 높게 변하는가?

A 氦气会影响我们的听觉
B 氦气不能传播声音
C 氦气浓度更高
D 氦气中声音传播速度更大

A 헬륨가스가 우리의 청각에 영향을 끼치므로
B 헬륨가스는 소리를 전파할 수 없어서
C 헬륨가스의 농도가 더 높아서
D 헬륨가스 속에서 소리의 전파 속도가 더 빨라서

공략 뒷부분 중 '吸入氦气然后会发现音调变高了，因为声音在氦气中传播速度远大于空气，约为3倍'라는 내용에서, '소리가 헬륨가스 속에서 전파 속도가 빠르다'는 보기 D와 같은 의미를 언급하고 있으므로 정답은 D이다.

33. HSK POINT 글의 전체적인 내용 이해하기 | 난이도 上 | track 03-33

这段话的主要内容是什么? | 이 글의 주로 무슨 내용을 이야기하고 있는가?

A 怎样让声音更好听
B 录音时的注意事项
C 空气和氦气的区别
D 声音为什么会"变"

A 어떻게 소리를 더 듣기 좋게 만드는가
B 녹음할 때의 주의사항
C 공기와 헬륨가스의 차이
D 목소리는 왜 변하는가

> **공략** 이러한 유형의 문제는 글의 전체 내용을 이해해야 하는 문제이다. 이 글은 '두 가지 목소리'에 관해 이야기하고 있는데, 우리의 목소리는 스스로 듣는 것과 다른 매개체를 통해 듣는 것이 다르며, 다른 매개체로 들었을 때 목소리에 변화가 있다는 내용을 전개하고 있다. 따라서 정답은 D가 된다.

[34-36]

第34到36题是根据下面一段话：

从前，一个男孩子在一个离森林不太远的地方牧羊。村里的人告诉他，如果有危险，他只要大声喊"救命"，他们就会来帮他。 ³⁴一天，这个男孩子想和村里的人们闹着玩儿，给他们制造一点麻烦，以便找个乐子。于是，他就一边向村里跑，一边拼命地大喊："狼来了，狼来了，救命啊！狼在吃我的羊！"村里的人们听到喊声，便放下手中的农活，拿着棍子和斧头赶过来赶狼，可是他们并没有发现狼。孩子看着他们气喘吁吁的样子哈哈大笑，他觉得这样挺有趣。第二天男孩子又喊："狼来了，狼来了，救命啊！狼在吃我的羊！"人们又来了，不过没有第一次来的人多。他们还是没有看到狼的影子，只得摇了摇头又回去了。 ³⁶第三天，狼真的来了，闯进了羊群，开始吃羊。男孩子惊恐万分，大叫："救命！救命！狼来了！狼来了！" ³⁵村里的人们听到了他的喊声，但他们想男孩子可能又在耍什么花招，没有人理睬他，也没有人来救他。

34~36번 문제는 다음 내용에 근거한다.

예전에 한 남자아이가 숲에서 그리 멀지 않은 곳에서 양을 방목했다. 마을 사람들은 그에게 만약 위험한 일이 생기면, 큰 소리로 '살려주세요'라고 외치기만 하면 와서 그를 도와주겠노라고 말했다. ³⁴어느 날, 이 남자아이는 마을 사람들과 장난을 치고 싶어서, 재미로 그들을 약간 귀찮게 해야겠다고 생각했다. 그래서 그는 마을 쪽으로 달려가며 큰 소리로 "이리가 나타났어요. 이리가 나타났어요. 살려주세요! 이리가 제 양을 잡아먹고 있어요!"라고 외쳤다. 마을 사람들이 그 함성을 듣고는, 하던 농사일을 그만두고 막대기와 도끼를 들고 이리를 쫓으러 왔지만, 그들은 이리를 발견하지 못했다. 아이는 사람들이 헐레벌떡거리는 모습을 보고는 하하거리며 웃었고, 그 모습이 매우 재미있다고 여겼다. 이튿날, 남자아이는 또 "이리가 나타났어요. 이리가 나타났어요. 살려주세요! 이리가 제 양을 잡아먹고 있어요!"라고 외쳤고 사람들이 또 찾아왔지만, 처음처럼 그리 많지는 않았다. 그들은 여전히 이리의 그림자도 보지 못했고, 고개를 저으며 돌아갈 수밖에 없었다. ³⁶셋째 날, 정말로 이리가 나타났고 양떼에게 달려들어 양을 잡아먹기 시작했다. 남자아이는 무서워 벌벌 떨며, 큰 소리로 "살려주세요! 살려주세요! 이리가 나타났어요! 이리가 나타났어요!"라고 외쳤다. ³⁵마을 사람들은 그의 외침을 들었지만, 남자아이가 또 어떤 속임수를 쓴다고 생각해서, 아무도 그를 거들떠보지 않았고 누구도 그를 구하러 오지 않았다.

어휘 ★森林 sēnlín 명 숲, 삼림 | 牧羊 mùyáng 통 양을 치다, 양을 방목하다 | ★危险 wēixiǎn 명 위험 | ★喊 hǎn 통 외치다 | ★救命 jiù mìng 통 목숨을 구하다 | ★闹着玩儿 nàozhe wánr 장난하다, 놀다 | ★制造麻烦 zhìzào máfan 해를 끼치다, 번거롭게 하다 | ★以便 yǐbiàn 접 ~하기에 편리하도록, ~하기 위하여 | ★找个乐子 zhǎo ge lèzi 재미를 찾다, 즐거움을 찾다 | ★拼命 pīnmìng 통 필사적으로 하다, 온 힘을 다하다 | ★喊声 hǎnshēng 명 고함 소리 | ★便 biàn 부 곧, 바로 | 棍子 gùnzi 명 막대기 | 斧头 fǔtou 명 도끼 | ★赶过来 gǎnguòlai 몰아오다 | 赶狼 gǎn láng 이리를 쫓다 | 气喘吁吁 qìchuǎn xū xū 형 숨이 가빠서 식식거리는 모양 | ★哈哈大笑 hāhā dàxiào 하하거리며 크게 웃다 | ★影子 yǐngzi 명 그림자, 모습 | ★摇了摇头 yáo le yáo tóu 고개를 흔들다 | ★闯进 chuǎngjin 통 뛰어들다 | ★羊群 yángqún 명 양떼 | 惊恐万分 jīngkǒng wànfēn 매우 놀라 두려워하다, 두려워 벌벌 떨다 | ★耍什么花招 shuǎ shénme huāzhāo 어떤 속임수를 쓰다, 어떤 꾀를 부리다 | ★理睬 lǐcǎi 통 상대하다, 거들떠보다

34. HSK POINT 동의어 '闹着玩儿'과 '开个玩笑' 난이도 中 track 03-34

第一天男孩子为什么喊狼来了？

A 狼真的来了
B 有点害怕
C 想看看人们是否会救他
D 想开个玩笑

첫째 날 남자아이는 왜 이리가 나타났다고 외쳤는가?

A 이리가 정말로 나타나서
B 약간 무서워서
C 사람들이 자신을 구해줄 것인지 보고 싶어서
D 장난을 치고 싶어서

공략 ▶ 앞부분 중 '一天, 这个男孩子想和村里的人们闹着玩儿'이라는 문장을 듣고, '闹着玩儿'이 바로 보기 D의 '开个玩笑'와 같은 의미이므로 정답은 D임을 알 수 있다.

35. HSK POINT '耍花招'의 의미 이해 난이도 中 track 03-35

第三天为什么没人来？

A 害怕狼
B 不想救那个男孩子
C 人们不相信
D 没有工具

셋째 날 왜 아무도 오지 않았는가?

A 이리를 무서워해서
B 그 남자아이를 구해주고 싶지 않아서
C 사람들이 믿지 않아서
D 도구가 없어서

공략 ▶ 마지막 문장 '村里的人们听到了他的喊声, 但他们想男孩子可能又在耍什么花招, 没有人理睬他, 也没有人来救他。'에서 '耍花招'가 '속임수를 써서 사람을 속이고 놀리다'는 의미이므로, 사람들이 남자아이의 말을 믿지 않았다는 것을 알 수 있다. 따라서 정답은 C가 된다.

36. HSK POINT 동일한 의미의 문장 파악 난이도 中 track 03-36

这个故事结果怎么样？

A 人们每次都相信男孩子的话
B 这个森林没有狼
C 男孩子第三天也在说谎
D 男孩子的羊被狼吃了

이 이야기의 결과는 어떠한가?

A 사람들은 매번 남자아이의 말을 믿었다
B 이 숲에는 이리가 없다
C 남자아이는 세 번째 날에도 거짓말을 했다
D 남자아이의 양은 이리에게 잡아먹혔다

공략 ▶ 이야기 후반부에서 '第三天, 狼真的来了, 闯进了羊群, 开始吃羊。'이라는 내용을 통해, 셋째 날에는 이리가 양을 진짜로 잡아먹었음을 알 수 있으므로 정답은 D가 된다.

[37-39]

第37到39题是根据下面一段话：

10多岁，本该是无忧无虑花一般的年纪，但在印度一些偏远村庄，37女孩到了这个年纪就可能被迫出嫁，由此开始儿童新娘的悲惨命运。许多父母都在为10岁左右的儿女张罗婚礼，有的新娘甚至还在吃奶。

在印度西北部的一个地区，每年4月底都会举行阿卡蒂节，这一天成千上万还在父母怀中的婴儿即与别家娃娃举行婚礼。这种婚礼和正常婚姻一样，经过媒妁与父母之言，39最后举行正式结婚仪式。婚礼也和成年人的婚礼一样，3、4岁的孩童穿戴整齐，戴着项链和手镯，38在大人指点下绕"圣火"三圈。尚不会走路的婴儿便放在金属制的大托盘里，完成各种婚礼仪式。

37~39번 문제는 다음 내용에 근거한다.

10세 정도라면, 본래 아무런 걱정도 없는 꽃과 같은 나이이지만, 인도의 일부 외진 시골에서는 37여자아이들이 이 나이가 되면 강제적으로 시집을 가게 되기도 하는데, 이로써 어린 신부의 비극적 운명이 시작된다. 많은 부모들이 10세 가량의 아들과 딸의 결혼식을 준비하고, 어떤 신부는 심지어 아직 젖을 먹는다.

인도 서북부 지역에서는, 매년 4월 말 아카티(Akha Teej)식을 거행하는데, 이날 아직 부모의 품에 있는 수많은 어린 아기들이 다른 가정의 아기들과 결혼식을 치르게 된다. 이 결혼식은 정상적인 혼인과 같이, 중매인과 부모의 선서를 거치고 39마지막에 정식으로 혼인 의식을 올리게 된다. 결혼식도 성인들의 혼인처럼, 3, 4세 아동은 단정한 차림새에 목걸이와 팔찌를 착용하고, 38어른의 인도 아래 '성화'를 세 바퀴 돈다. 아직 걷지 못하는 어린 아기는 금속 재질의 큰 쟁반 안에 두고 각종 혼인 의식을 완수한다.

어휘 ★本该是 běngāi shì 원래는 마땅히 ~이다 | ★无忧无虑 wú yōu wú lǜ 阁 아무런 근심이 없다 | 花一般的年纪 huā yìbān de niánjì 꽃과도 같은 나이 | 偏远 piānyuǎn 囹 외지다 | 村庄 cūnzhuāng 囵 시골, 마을 | ★被迫出嫁 bèipò chūjià 강제로 시집을 가다, 강요에 못이겨 시집을 가다 | ★由此开始 yóucǐ kāishǐ 이로부터 시작되다, 여기서부터 시작되다 | ★新娘 xīnniáng 囵 신부 | ★悲惨命运 bēicǎn mìngyùn 비참한 운명 | ★张罗婚礼 zhāngluo hūnlǐ 결혼식을 준비하다, 결혼식을 하다 | 吃奶 chī nǎi 젖을 먹다 | ★举行 jǔxíng 屠 거행하다 | ★成千上万 chéng qiān shàng wàn 囹 수천수만 | 在父母怀中 zài fùmǔ huái zhōng 부모 품에서 | ★婴儿 yīng'ér 囵 영아, 갓난아기 | ★即 jí 囝 곧, 바로 | ★与……举行婚礼 yú……jǔxíng hūnlǐ ~와 결혼식을 올리다 | 媒妁 méishuò 중매인 | 之言 zhī yán ~의 말, ~의 선언, ~의 선서 | ★正式 zhèngshì 囹 정식의, 공식의 | ★仪式 yíshì 囵 의식 | 穿戴整齐 chuāndài zhěngqí 옷차림이 단정하다 | ★戴着项链 dàizhe xiàngliàn 목걸이를 착용하다 | 手镯 shǒuzhuó 囵 팔찌 | ★在……指点下 zài……zhǐdiǎn xià ~의 지시 아래 | 绕……三圈 rào……sān quān 세 바퀴를 돌다 | ★尚 shàng 囝 아직 | 金属制 jīnshǔ zhì 금속 재질의 | 托盘 tuōpán 囵 큰 쟁반

37. HSK POINT 동의어 出嫁와 结婚 난이도 下 track 03-37

印度许多10岁左右的女孩儿要面临什么命运？

A 被迫结婚
B 去干农活
C 外出打工
D 自由恋爱

인도의 10세 정도의 많은 여자아이들은 어떤 운명에 놓여있는가?

A 강제로 결혼하게 된다
B 농사일을 한다
C 밖으로 나가서 일한다
D 자유롭게 연애한다

공략 앞부분의 '女孩到了这个年纪就可能被迫出嫁'라는 내용에서 '被迫出嫁'가 보기 A와 동일하므로 정답은 A가 된다.

38. HSK POINT 숫자에 유의하기 난이도 下   track 03-38

举行婚礼时要绕圣火几圈? 결혼식을 치를 때 성화를 몇 바퀴 돌아야 하는가?

A 三圈
B 四圈
C 三圈半
D 四圈半

A 세 바퀴
B 네 바퀴
C 세 바퀴 반
D 네 바퀴 반

공략 마지막 부분에서 '在大人指点下绕"圣火"三圈'이라는 문장에서 '三'을 듣고 정답이 A임을 바로 알 수 있다.

39. HSK POINT 동일한 의미의 문장 파악 난이도 中   track 03-39

关于童婚, 下列说法正确的是? 아동 결혼에 관해 다음 중 옳은 것은?

A 命运都很悲惨
B 年龄最少十岁
C 要举行正式结婚仪式
D 孩子的意见很重要

A 운명이 비참하다
B 연령은 최소 10세이다
C 정식적인 결혼 의식을 치른다
D 아이들의 의견이 중요하다

공략 뒷부분에서 '最后举行正式结婚仪式'라는 문장을 듣고 정답이 C임을 알 수 있다.

[40-42]

第40到42题是根据下面一段话:

⁴²为了环保, 我们应该远离塑料袋。但拒绝塑料袋, 却不是"消费者一个人的舞蹈"——⁴⁰除了消费者之外, 商家也要承担相应的"环保成本"。塑料袋对环境污染的严重性, 大家早已熟知。但塑料袋仍充斥于现实的生活, 主要是因为它方便实用。要想让拒绝塑料袋成为消费者的自觉行为, 仅仅靠"塑料袋收费"是不够的, 指望消费者自备购物袋也不现实。关键在于用方便的环保替代品取代塑料袋, 如纸质包装袋或可重复使用的布袋。这个问题不解决, 长期的习惯便很难真正"改变"。为了方便, 还是会有很多人使用塑料袋。即使收费, 这一点"压力"也几乎可以忽略不计。由此, 就涉及到商家服务责任的问题。就目前的情况来看, ⁴¹塑料袋的环保替代品价格相对较高, 那么, 这个"成本"就不能全部由消费者承担, 商家也要让步, 廉价甚至是免费提供"环保袋"。

40~42번 문제는 다음 내용에 근거한다.

⁴²환경을 보호하기 위해서 우리는 반드시 비닐봉투를 멀리해야 한다. 하지만 비닐봉투 사용을 거부하는 것은 '소비자 혼자만의 춤'이라고는 할 수 없다. ⁴⁰소비자 외에 판매자 또한 그에 상응하는 '환경 보호 비용'을 부담해야 한다. 비닐봉투의 환경 오염에 대한 심각성은 모두 이미 잘 알고 있다. 하지만 비닐봉투는 여전히 현실 생활 속에 넘쳐나고 있는데, 이는 주로 그것이 편리하고 실용적이기 때문이다. 비닐봉투 사용 거부가 소비자들의 자발적 행위가 되려면 단지 '비닐봉투 유료화'만으로는 부족한데, 소비자들이 스스로 쇼핑백을 준비하는 것을 기대하는 것 또한 현실적이지 않기 때문이다. 관건은 비닐봉투를 대체할 편리한 환경 보호 대체품을 사용하는 데 있다. 예로는 종이 재질의 포장백이나 재사용이 가능한 천 주머니 등이 있다. 이 문제는 해결하기가 쉽지 않은데, 오래된 습관으로 인해 진정으로 '바꾸는' 것이 쉽지 않다. 편의성을 위해 아직도 많은 사람들이 비닐봉투를 사용할 것이다. 설령 유료화한다고 하더라도 그 정도의 '부담'은 거의 문제가 되지 않는다. 이에 따라, 이것이 판매자 서비스 책임의 문제로까지 대두되고 있다. 현재 상황으

로 본다면, 41비닐봉투를 대신하는 환경 보호 대체품의 가격이 상대적으로 높은데, 이 '비용'을 모두 소비자가 부담할 수 없으니, 판매자도 양보하여 저렴한 가격에 더 나아가서는 무료로 '환경보호백'을 제공하도록 해야 한다.

> **어휘** ★环保 huánbǎo '环境保护(환경 보호)'의 약칭 | ★远离 yuǎnlí 통 멀리 떨어지다, 멀리하다 | ★塑料袋 sùliàodài 명 비닐봉투 | ★拒绝 jùjué 통 거부하다, 거절하다 | ★消费者 xiāofèizhě 명 소비자 | ★舞蹈 wǔdǎo 명 춤 | ★商家 shāngjiā 명 판매자, 상인, 사업자 | ★承担 chéngdān 통 맡다, 부담하다 | ★相应的 xiāngyīng de 상응하는 | ★成本 chéngběn 명 원가, 비용 | ★环境污染 huánjìng wūrǎn 환경 오염 | ★严重性 yánzhòngxìng 명 심각성 | ★早已熟知 zǎoyǐ shúzhī 이미 잘 알다, 일찍이 숙지하다 | 充斥于 chōngchì yú ~에 가득 채우다, ~에 넘쳐나다 | 现实生活 xiànshí shēnghuó 명 현실 생활 | 方便实用 fāngbiàn shíyòng 편리하고 실용적이다 | ★自觉行为 zìjué xíngwéi 자발적 행위 | ★仅仅靠……是不够的 jǐnjǐn kào……shì búgòu de 단지 ~에 기대는 것은 충분하지 않다 | ★收费 shōufèi 통 비용을 받다 | 指望 zhǐwàng 통 기대하다, 바라다 | ★自备 zìbèi 통 스스로 준비하다 | 购物袋 gòuwùdài 명 쇼핑백 | ★不现实 bú xiànshí 현실적이지 않다 | ★关键在于 guānjiàn zàiyú 관건은 ~에 있다 | ★替代品 tìdàipǐn 명 대체품 | 取代 qǔdài 통 대체하다 | 纸质包装袋 zhǐzhì bāozhuāngdài 종이재질의 포장백 | ★可重复使用 kě chóngfù shǐyòng 재활용이 가능하다 | 布袋 bùdài 천 주머니 | ★习惯 xíguàn 명 습관, 버릇 | ★压力 yālì 명 스트레스 | 几乎可以 jīhū kěyǐ 거의 ~해도 된다 | ★忽略不计 hūlüè bújì 따지지 않아도 된다, 그냥 넘어가도 된다 | ★由此 yóucǐ 부 이로부터, 이에 따라 | ★涉及 shèjí 통 관련되다, 미치다 | ★就目前的情况来看 jiù mùqián de qíngkuàng lái kàn 현재의 상황으로 보다 | ★相对较高 xiāngduì jiào gāo 상대적으로 비교적 높다 | ★由……承担 yóu……chéngdān ~가(이) 맡다 | ★让步 ràngbù 통 양보하다 | ★廉价 liánjià 명 싼 값 | ★免费 miǎnfèi 통 무료로 하다 | ★提供 tígōng 통 제공하다 | 环保袋 huánbǎodài 명 환경보호백, 재활용 봉투

40. HSK POINT 핵심어 '一个人'의 의미 이해 난이도 上   track 03-40

"不是消费者一个人的舞蹈"是什么意思?   '소비자 혼자만의 춤이 아니다'는 어떤 의미인가?

A 消费者自己的责任   A 소비자 자신의 책임이다
B 商家要承担全部责任   B 판매자가 모든 책임을 져야 한다
C 消费者不能独自承担责任   **C 소비자가 혼자서 책임질 수 없다**
D 消费者要拒绝使用塑料袋   D 소비자는 비닐봉투 사용을 거부해야 한다

> **공략** 이 문제는 문장의 의미를 이해해야만 알맞은 정답을 고를 수 있다. 이러한 유형의 문제는 질문을 정확히 듣고 핵심이 되는 단어를 파악해야 하는데, '不是消费者一个人的舞蹈'에서 '一个人'이 가장 중요한 힌트가 된다. '除了消费者之外，商家也要承担相应的"环保成本"'이라고 언급하고 있으므로, 이는 소비자만 책임을 지는 것이 아니라 판매자 또한 책임을 져야 한다는 것임을 알 수 있다. 따라서 정답은 C가 된다.

41. HSK POINT 동일한 문장 파악 난이도 中   track 03-41

说话人认为塑料袋替代品怎么样?   화자는 비닐봉투 대체품이 어떻다고 생각하는가?

A 成本较低   A 원가가 비교적 낮다
B 价格相对较高   **B 가격이 상대적으로 높다**
C 费用全部商家负责   C 비용은 전부 판매자가 부담해야 한다
D 易于携带   D 휴대하기에 편하다

> **공략** 마지막 부분에서 '塑料袋的环保替代品价格相对较高'라고 했으므로, 이 내용을 듣고 정답이 B임을 바로 알 수 있다.

42. HSK POINT 앞부분에서 언급되는 글의 주제 파악　난이도 上　track 03-42

这段话主要告诉我们什么？	이 글은 주로 우리에게 무엇을 이야기하려는 것인가?
A 塑料袋的替代品	A 비닐봉투의 대체품
B 塑料袋造成的环境问题	B 비닐봉투가 가져오는 환경 문제
C 如何拒绝使用塑料袋	**C 어떻게 비닐봉투 사용을 거부하는가**
D 商家的服务态度	D 판매자의 서비스 태도

공략 첫 문장 '为了环保，我们应该远离塑料袋。'를 듣고 비닐봉투를 사용하지 말자는 내용에 관해 전개할 것임을 짐작할 수 있다. 이어지는 내용에서 비닐봉투 사용을 거부하는 것이 소비자 개인만의 책임이 아니라 판매자의 책임도 요구됨을 강조하고 있으므로, 이 글은 '어떻게 비닐봉투 사용을 거부하는가'에 대해 다루고 있다. 따라서 정답은 C가 된다.

합격필수 TIP

▶ 자주 출제되는 '환경' 관련 어휘

- 환경 보호
  ★环保意识 huánbǎo yìshí 환경 보호 의식 ｜ 公益广告 gōngyì guǎnggào 공익 광고 ｜ 植树种林 zhíshù zhònglín 나무 심기 ｜ ★节约能源 jiéyuē néngyuán 에너지 절약 ｜ 保护动物 bǎohù dòngwù 동물 보호

- 환경 오염
  ★空气污染 kōngqì wūrǎn 공기 오염 ｜ 水污染 shuǐ wūrǎn 수질 오염 ｜ 土壤污染 tǔrǎng wūrǎn 토양 오염 ｜ ★噪声污染 zàoshēng wūrǎn 소음 공해 ｜ 动植物灭绝 dòngzhíwù mièjué 동식물 멸종 ｜ ★能源危机 néngyuán wēijī 에너지 위기

[43-46]

第43到46题是根据下面一段话：

打雪仗，堆雪人这是许多成年人的快乐往事。但如今这样的开心事却渐渐与城市的孩子无缘，43—一些家长担心雪天路滑，怕孩子摔伤，也怕弄湿衣服着凉，干脆让孩子呆在家里看书、画画儿。那么该不该让孩子尽情地玩儿雪呢？刘学是一名三年级小学生，下雪让他觉得新奇、好玩儿，可以打雪仗，堆雪人。刘学的父亲对儿子玩儿雪表示明确反对。他说："玩儿雪的话，摔伤了怎么办？衣服弄湿了，感冒了怎么办？"他认为南京下雪不如北方那么多，许多雪都化成了水，容易弄湿衣服，再加上天气寒冷，衣服洗了也不好干；另外，玩儿雪也容易出意外，毕竟孩子年龄小，自我防护能力差。最后刘学只能在家里做寒假作业、看电视、看课外书。记者在南京的一个小区做了一些调查，在八个孩子中，只有两个今年冬天玩儿过雪。南京一位老师表示，如今许多学生写作文缺乏真情实感。雪天让小孩儿真切感受一下，

43~46번 문제는 다음 내용에 근거한다.

눈싸움을 하고 눈사람을 만드는 것은 많은 성인들의 즐거웠던 옛일이라고 할 수 있다. 하지만 오늘날 이러한 재미있는 일이 도시 아이들과는 점점 멀어지고 있다. 43일부 학부모들은 눈 내리는 날, 길이 미끄러워 아이가 넘어져 다치게 될까 걱정되고, 옷이 젖어 감기에 걸리지 않을까 염려되어, 차라리 아이에게 집에서 책을 읽고 그림을 그리며 지내도록 한다. 그렇다면 아이에게 마음껏 눈장난을 치게 해도 될까? 류쉐는 초등학교 3학년인데, 눈이 내리면 눈싸움을 하고 눈사람도 만들 수 있어 그 아이는 신기하고 재미있어 한다. 류쉐 아버지는 아들이 눈장난을 하는 것을 강하게 반대하는데, 그는 "눈장난을 하다가 넘어져 다치면 어떻게 하나요? 옷이 젖어 감기에 걸리면 어떻게 하죠?"라고 말한다. 그는 난징이 북쪽 지방만큼 눈이 많이 내리지 않아, 눈이 녹고 나면 옷이 쉽게 젖게 되고, 게다가 날씨가 추우니 옷을 세탁해도 잘 마르지 않는다고 여긴다. 이 밖에도 어쨌든 아이의 나이가 어리니 자기 방어 능력이 떨어져, 눈장난을 치면 사고가 생기기 쉽다고 여긴다. 결국 류쉐는 어쩔 수 없이 집에서 겨울 방학 숙제를 하고, 텔레비전을 보고 과외책을 읽었다.

这是难得的一次机会，小学生很少看到这么大的雪，强行禁止他们玩儿雪，效果并不理想。⁴⁵与其让孩子自己随便玩儿，家长们提心吊胆，还不如由家长带着玩儿，让孩子将来也有打雪仗的童年回忆。

기자는 난징의 한 지역에서 조사를 진행했는데, 8명의 아이 중 오직 2명의 아이만 올해 겨울 눈장난을 해 본 적이 있다고 한다. 난징의 한 교사는 현재 많은 학생들이 글쓰기에서 진실된 감정 표현이 부족하다고 전하고 있다. 눈이 내리는 날 아이에게 진정으로 느끼고 체험하도록 하는 것은 보기 드문 기회라고 할 수 있다. 초등학생들은 그리 많은 눈을 보기가 쉽지 않고, 아이들이 눈장난을 하는 것을 강제로 금지한다면 그 효과는 만족스럽지 못할 것이다. ⁴⁵아이가 혼자 마음대로 장난치는 것을 학부모들이 걱정하기 보다는, 부모들이 아이를 데리고 함께 놀아주며 아이에게 미래에 눈싸움을 했던 어린 시절의 추억을 지닐 수 있게 하는 편이 낫다.

어휘 ★打雪仗 dǎ xuězhàng 눈싸움을 하다 | ★堆雪人 duī xuěrén 눈사람을 만들다 | ★快乐往事 kuàilè wǎngshì 즐거웠던 옛일 | ★如今 rújīn 명 지금, 현재 | ★开心事 kāixīn shì 즐거운 일 | ★渐渐 jiànjiàn 부 점점 | ★与……无缘 yǔ……wúyuán ~와 인연이 없다 | ★雪天路滑 xuětiān lù huá 눈 내리는 날 길이 미끄럽다 | ★摔伤 shuāishāng 동 넘어져 다치다 | ★弄湿 nòng shī 젖다 | ★着凉 zháoliáng 동 감기에 걸리다 | ★干脆 gāncuì 부 차라리, 아예 | ★呆在家里 dāi zài jiāli 집안에 틀어박히다 | ★尽情地 jìnqíng de 마음껏 | ★新奇 xīnqí 형 신기하다, 새롭다 | ★表示明确反对 biǎoshì míngquè fǎnduì 분명한 반대 태도를 보이다 | ★不如 bùrú 동 ~만 못하다 | ★再加上 zàijiāshàng 접 게다가 | ★天气寒冷 tiānqì hánlěng 날씨가 매우 춥다 | ★不好干 bùhǎo gān 잘 마르지 않다 | ★出意外 chū yìwài 의외의 사고가 생기다 | ★毕竟 bìjìng 부 어쨌든, 결국 | ★自我防护能力 zìwǒ fánghù nénglì 자기 방어 능력 | ★差 chà 형 떨어지다, 형편없다 | ★寒假 hánjià 명 겨울 방학 | ★课外书 kèwài shū 명 과외 서적 | ★记者 jìzhě 명 기자 | ★小区 xiǎoqū 명 주택단지 | ★调查 diàochá 명 조사 | ★缺乏 quēfá 결핍되다 | ★真情实感 zhēnqíng shígǎn 진실한 감정 | ★真切感受 zhēnqiè gǎnshòu 진정으로 느끼다, 생생하게 느끼다 | ★难得的机会 nándé de jīhuì 드문 기회 | ★强行禁止 qiángxíng jìnzhǐ 억지로 금지하다 | ★效果 xiàoguǒ 명 효과 | ★并不理想 bìng bù lǐxiǎng 결코 이상적이지 않다, 결코 만족스럽지 않다 | ★与其……还不如…… yǔqí……hái bùrú…… ~하기 보다는 ~하는 것이 더 낫다 | ★提心吊胆 tí xīn diào dǎn 성 안절부절 못하다, 매우 걱정하다 | 带着玩儿 dàizhe wánr 데리고 놀다 | ★将来 jiānglái 명 장래, 미래 | ★童年回忆 tóngnián huíyì 어린 시절의 추억

43. HSK POINT 문장의 의미 이해 난이도 中 track 03-43

为什么现在的孩子不玩儿雪？ 왜 요즘 아이들은 눈장난을 하지 않는가？

A 对打雪仗不太感兴趣   A 눈싸움에 별로 흥미가 없어서
B 容易着凉   B 감기에 쉽게 걸려서
C 玩儿雪很危险   C 눈장난을 하는 것이 위험해서
D 家长不允许   **D** 학부모가 허락하지 않아서

공략 앞부분 중 '一些家长担心雪天路滑，怕孩子摔伤，也怕弄湿衣服着凉，干脆让孩子呆在家里看书、画画儿。'이라는 내용을 듣고, 학부모들이 아이가 나가서 눈장난을 못하게 하고 집에 있게 만든다는 것을 알 수 있으므로 정답은 D가 된다.

44. HSK POINT 글의 전체 내용 이해 난이도 上 track 03-44

说话人对孩子玩儿雪是什么态度？ 화자는 아이들이 눈장난을 하는 것에 대해 어떤 태도를 가지고 있는가？

A 反对	B 支持	A 반대한다	B 지지한다
C 表扬	D 不关心	C 칭찬한다	D 관심이 없다

> 공략 이 문제는 글의 전체 내용을 이해해야 정답을 고를 수 있다. 이 글은 학부모들이 아이들의 눈장난에 대해 반대하는 내용을 다루고 있는데, 화자는 학부모들이 반대만 할 것이 아니라 아이와 같이 놀아주며 눈장난을 경험했던 추억을 지닐 수 있도록 하라고 전하고 있다. 따라서 정답은 B가 된다.

45. HSK POINT '与其……不如……' 구조 및 동일한 문장 파악 〔난이도 中〕 track 03-45

关于孩子玩儿雪，说话人有什么建议? 아이들이 눈장난을 하는 것에 관해 화자는 어떠한 건의를 했는가?

A 让孩子自己玩儿雪 A 아이 혼자 눈장난을 하도록 한다
B 学校组织玩儿雪 B 학교에서 눈장난 프로그램을 짠다
C 让父母带着玩儿 C 부모가 함께 놀아주도록 한다
D 反对孩子玩儿雪 D 아이가 눈장난을 하는 것에 반대한다

> 공략 마지막에 '与其让孩子自己随便玩儿，家长们提心吊胆，还不如由家长带着玩儿'이라는 내용을 듣고, 화자는 학부모가 아이와 함께 놀아줄 것을 건의하고 있음을 알 수 있으므로 정답은 C가 된다.

46. HSK POINT 글의 전체 내용 이해 〔난이도 上〕 track 03-46

这段话主要讨论了什么话题? 이 글은 주로 어떤 화제에 대해 논하고 있는가?

A 怎样安排业余时间 A 어떻게 여가 시간을 배정할 것인가
B 该不该让孩子玩儿雪 B 아이에게 눈장난을 하게 해도 되는가
C 下雪注意什么 C 눈이 내릴 때 무엇에 주의해야 하는가
D 不要太溺爱孩子 D 아이를 지나치게 애지중지하지 말아라

> 공략 이 문제는 글의 전체 내용을 이해해야 정답을 고를 수 있다. 주로 아이에게 눈장난을 하게 해도 되는지에 관한 내용을 다루고 있으므로 정답은 B가 된다.

합격필수 TIP

▶ 자주 출제되는 '날씨·자연 현상' 관련 어휘

- 날씨
  ★晴天 qíngtiān 맑은 날씨 | 阴天 yīntiān 흐린 날씨 | 阵雨 zhènyǔ 소나기 | ★暴雨 bàoyǔ 폭우 | 雷阵雨 léizhènyǔ 천둥과 번개를 동반한 비 | 阴转晴 yīn zhuǎn qíng 흐렸다 맑아지다 | 打雷 dǎléi 번개가 치다 | 暴风 bàofēng 폭풍 | 暴雪 bàoxuě 폭설 | ★大雾 dàwù 짙은 안개 | 多云 duōyún 짙게 낀 구름 | ★阳光明媚 yángguāng míngmèi 햇빛이 빛나다

- 자연 현상
  ★沙尘暴 shāchénbào 황사 바람 | 海啸 hǎixiào 해일 | 瘟疫 wēnyì 급성 전염병, 역병 | 禽流感 qínliúgǎn 조류 독감 | 暴风雨 bàofēngyǔ 폭풍우 | 洪水 hóngshuǐ 홍수 | 干旱 gānhàn 가뭄 | ★地震 dìzhèn 지진 | 火灾 huǒzāi 화재 | 火山 huǒshān 화산 | ★全球变暖 quánqiú biànnuǎn 지구온난화

[47-50]

第47到50题是根据下面一段话：

女儿过生日时，47为了培养女儿与别人相处的能力，我让女儿请邻居家小孩儿一起吃生日蛋糕。女儿似乎不太高兴，问我："为什么要请她来一起吃我的生日蛋糕呢？"我说："因为她是你的朋友啊！"女儿又说："48可她生日的时候，没请我吃蛋糕。"我说："这次你请她了，下次她生日就会请你了。这样你不是等于过了两次生日吗？"女儿同意了。到了吹蜡烛的时候，女儿对着蜡烛却不知该说什么愿望。大家帮她出主意，女儿说："我都不知道该听谁的了。"她转头问我：49"妈妈，生日愿望是不是我最想什么，就可以说什么？"我说："是啊！""好，那我知道了。"她自信地说。等女儿悄悄地说了生日愿望后，大家都问她，是什么愿望。她竟不好意思了，脸都红了。这更增强了我们的好奇心。在大家一再要求下，她快快地嘟囔了一句，我坐在她旁边也没听清楚。我请她好好儿说，她大声重复道："50我想小丽快点过生日。"

47~50번 문제는 다음 내용에 근거한다.

딸의 생일 때, 47다른 사람과 잘 어울리는 능력을 키워주기 위해, 나는 딸에게 이웃집 아이와 함께 생일 케이크를 먹으라고 했다. 딸은 기분이 별로 좋지 않은 듯, 나에게 "왜 그 아이를 불러 제 생일 케이크를 같이 먹어야 하는 거죠?"라며 물었다. 나는 "그 아이는 네 친구니까!"라고 대답했고, 딸은 "48그런데 그 아이는 생일 때 케이크를 먹자고 저를 초대하지 않았어요."라고 했다. 내가 "이번에 네가 그 아이를 초대하면, 다음 번 생일 때 너를 초대할 거야. 그렇게 되면 넌 생일을 두 번 보내는 것과 같은 게 아니겠어?"라고 말하자, 딸은 동의했다. 초를 불 때가 되었는데, 딸은 초를 마주하고 무슨 소원을 빌어야 하는지 몰랐다. 모두가 딸에게 아이디어를 주자, 딸은 "누구의 말을 들어야 할지 모르겠어요."라고 말하며, 고개를 돌려 나에게 49"엄마, 생일 소원은 제가 가장 바라는 것을 말하면 되는 거죠?"라고 물었다. 나는 "그래, 맞아."라고 대답했고, 딸은 "좋아요. 알겠어요."라며 자신 있게 말했다. 딸이 조용히 생일 소원을 말하고 나서, 모두 딸에게 무슨 소원을 빌었는지를 물었다. 딸은 뜻밖에도 부끄러워하며 얼굴이 붉어졌다. 그것이 우리의 궁금증을 더 자아냈다. 모두가 계속해서 알려주길 바라자, 딸은 재빠르게 한 마디를 중얼거렸고, 옆에 앉아 있던 나조차도 분명하게 듣지 못했다. 내가 딸에게 잘 말해보라고 청하자, 딸은 큰 소리로 반복하며 "50저는 샤오리가 빨리 생일 파티를 했으면 좋겠어요."라고 말했다.

어휘 过生日 guò shēngrì 생일을 보내다, 생일 파티를 하다 | ★培养 péiyǎng 통 기르다, 양성하다 | ★与别人相处 yǔ biérén xiāngchǔ 다른 사람과 함께 지내다 | ★邻居 línjū 명 이웃 | 生日蛋糕 shēngrì dàngāo 명 생일 케이크 | ★似乎 sìhū 부 마치 | ★等于 děngyú 통 ~와 같다, ~이나 다름없다 | ★同意 tóngyì 통 동의하다 | 吹蜡烛 chuī làzhú 초를 불다 | ★愿望 yuànwàng 명 희망, 바람 | ★出主意 chū zhǔyi 방법을 생각해내다, 아이디어를 내다 | 转头 zhuǎn tóu 통 머리를 돌리다 | ★自信 zìxìn 형 자신감 있다, 자신만만하다 | 悄悄 qiāoqiāo 형 은밀하다, 조용하다 부 은밀히, 몰래 | ★脸都红了 liǎn dōu hóng le 얼굴까지 붉어지다 | ★增强 zēngqiáng 통 높이다, 강화하다 | ★好奇心 hàoqíxīn 명 호기심 | ★一再要求 yízài yāoqiú 거듭 요구하다 | ★嘟囔 dūnang 통 중얼거리다, 투덜거리다 | ★重复 chóngfù 명통 중복(하다), 반복(하다)

47. HSK POINT 힌트가 되는 为了 [난이도 下] track 03-47

我为什么请邻居家小孩儿一起吃蛋糕?

A 女儿和小丽的关系不好
B 与邻居搞好关系
C 希望孩子的生日热闹点
D 让孩子学会与人来往

화자는 왜 이웃집 아이를 불러 케이크를 같이 먹게 했는가?

A 딸과 샤오리의 관계가 좋지 않아서
B 이웃과 관계를 잘 맺게 하려고
C 아이의 생일이 시끌벅적하기를 바라서
D 아이가 사람들과 교제하는 법을 터득하게 하려고

| 공략 | 앞부분의 '为了培养女儿与别人相处的能力'라는 내용에서 为了가 정답을 찾을 수 있는 힌트가 된다. 어떤 목적을 끌어내는 개사 为了를 들은 다음에는 이어지는 내용에 주의해야 한다. 여기서 화자는 딸이 다른 사람과 잘 어울릴 수 있는 능력을 키우기를 바라는 마음에 이웃집 아이를 초대하려고 했으므로 정답은 D가 된다.

48. HSK POINT 동일한 의미의 문장 파악 | 난이도 中
track 03-48

女儿为什么不想请小丽来? | 딸은 왜 샤오리를 초대하고 싶어하지 않았는가?

A 小丽不喜欢过生日
B 小丽不爱吃蛋糕
C 小丽以前没有邀请过她
D 女儿不认识小丽

A 샤오리가 생일 파티를 좋아하지 않아서
B 샤오리는 케이크를 좋아하지 않아서
C 샤오리가 예전에 그녀를 초대한 적이 없어서
D 딸은 샤오리를 몰라서

| 공략 | 중간 부분에서 딸이 '可她生日的时候，没请我吃蛋糕。'라고 말한 내용을 듣고 정답이 C임을 바로 알 수 있다.

49. HSK POINT 글의 내용 이해 | 난이도 上
track 03-49

女儿的生日愿望是谁的主意? | 딸의 생일 소원은 누구의 아이디어인가?

A 大家
B 小丽
C 说话人
D 女儿自己

A 사람들
B 샤오리
C 화자
D 딸 본인

| 공략 | 중간 부분의 "妈妈，生日愿望是不是我最想什么，就可以说什么?" 我说："是啊!" "好，那我知道了。"她自信地说.'라는 대화 내용에서, 딸은 결국 자신의 생각대로 생일 소원을 빌었음을 알 수 있으므로 정답은 D가 된다.

50. HSK POINT 동일한 의미의 문장 파악 | 난이도 中
track 03-50

女儿的生日愿望是什么? | 딸의 생일 소원은 무엇이었는가?

A 自己更有自信
B 能有两个生日
C 小丽的生日快点到
D 和小丽成为好朋友

A 자신이 더 자신감을 갖는 것
B 생일을 두 번 보낼 수 있는 것
C 빨리 샤오리의 생일이 되는 것
D 샤오리와 친한 친구가 되는 것

| 공략 | 딸이 말한 마지막 문장 '我想小丽快点过生日。'를 듣고 C가 정답임을 바로 알 수 있다.

新 HSK 6급 합격모의고사 阅读

第一部分

51. HSK POINT 도구나 수단을 끌어낼 때 쓰이는 通过 | 난이도 中

A 这本书是去年年底出版的，现在销量已达500万册。
B 经过那种显微镜，我们便可以清楚地看到肉眼看不见的微生物。
C 一个人的伟大之处就在于他能够接受自己的渺小。
D 所谓亚健康，是指介于健康与疾病之间的一种中间状态。

A 이 책은 작년 연말에 출간되었는데, 현재 판매량이 이미 500만 부에 달한다.
B 그 현미경을 통해, 우리는 육안으로는 볼 수 없는 미생물을 분명하게 볼 수 있다.
C 한 사람의 위대함은 그가 자신의 미미함을 받아들일 수 있는지에 달려 있다.
D 소위 말하는 만성 피로 상태란 건강과 질병 사이의 중간 상태를 가리킨다.

정답 B 经过那种显微镜，我们便可以清楚地看到肉眼看不见的微生物。(X) → B 通过那种显微镜，我们便可以清楚地看到肉眼看不见的微生物。(O)

공략 经过와 通过는 '经过/通过努力(노력을 거쳐)'와 같이 어떤 활동이나 사건의 과정을 나타내는 문장에서는 서로 대체되어 쓰일 수 있다. 하지만 '通过网络, 我们能学到很多东西。(인터넷을 통해, 우리는 많은 것들을 배울 수 있다)'처럼 도구·방식·수단 등을 끌어내는 표현에서는 반드시 通过를 써야 한다.

어휘 ★出版 chūbǎn 동 출판하다, 출간하다 | 销量 xiāoliàng 명 판매량 | ★显微镜 xiǎnwēijìng 명 현미경 | ★清楚 qīngchu 형 분명하다 | ★肉眼 ròuyǎn 명 육안 | ★微生物 wēishēngwù 명 미생물 | ★伟大之处 wěidà zhī chù 위대함 | ★接受 jiēshòu 동 받아들이다 | ★渺小 miǎoxiǎo 형 매우 작다, 보잘것없다 | ★所谓……是指…… suǒwèi……shì zhǐ…… 소위 ~라 하는 것은 ~을 가리킨다 | ★亚健康 yàjiànkāng 명 만성 피로 상태, 건강과 질병의 중간 상태 | ★介于……之间 jièyú……zhījiān ~사이에 있다 | ★疾病 jíbìng 명 질병, 병 | ★状态 zhuàngtài 명 상태

52. HSK POINT 관형어 성분으로 쓰이는 성어 翻天覆地의 용법 파악 | 난이도 中

A 快乐的人不是没有痛苦，而是不会被痛苦所左右。
B 戒指是一种装饰品，它戴在哪根手指上代表着不同的意思。
C 离开家乡许多年了，没想到这里翻天覆地发生了变化。
D 有时候同样一件事我们可以去安慰别人，却说服不了自己。

A 유쾌한 사람은 고통이 없는 것이 아니라, 고통에 지배당하지 않는 것이다.
B 반지는 일종의 장식품으로, 그것을 어느 손가락에 끼는지에 따라 다른 의미를 나타낸다.
C 고향을 떠난 지 여러 해가 지났는데, 생각지도 못하게 그곳이 완전히 변해버렸다.
D 때로는 똑같은 일을 두고 우리는 다른 사람은 위로하면서, 자신은 납득시키지 못하는 경우가 있다.

정답 C 离开家乡许多年了，没想到这里翻天覆地发生了变化。(X) → C 离开家乡许多年了，没想到这里发生了翻天覆地的变化。(O)

공략 보기 C에서 '큰 변화가 일어나다, 완전히 변하다'는 의미의 성어 翻天覆地는 술어 동사 发生을 수식하는 부사어 성분이 아니라, 명사 变化를 수식하는 관형어 성분으로 쓰여야 옳은 문장이 된다.

어휘 ★痛苦 tòngkǔ 명 고통 형 괴롭다 | ★被……所左右 bèi……suǒ zuǒyòu ~에 좌우되다, ~에 지배당하다 | 戒指 jièzhi 명 반지 | 装饰品 zhuāngshìpǐn 명 장식품 | ★戴 dài 동 착용하다 | 手指 shǒuzhǐ 명 손가락 | ★代表着 dàibiǎozhe ~을 나타내다 | 离开家乡 líkāi jiāxiāng 고향을 떠나다 | ★翻天覆地 fān tiān fù dì 성 큰 변화가 일어나다, 완전히 변하다 | ★安慰 ānwèi 동 위로하다 | ★说服 shuōfú 동 설득하다, 납득시키다

53. HSK POINT '把자문' 앞에 위치하는 부정부사 [난이도 下]

A 如果要躲避燃烧的痛苦，火柴一生都将黯淡无光。
B 下面我们有请张校长给获奖选手颁发荣誉证书。
C 他的许多作品都在全国美术家展览会上展出过。
D 他把这份重要的报告没有按时交给总部。

A 만약 타오를 때의 고통을 피하려 한다면, 성냥은 평생 빛이 없이 어두울 것이다.
B 다음은 장 교장 선생님께서 수상 선수들에게 영예 증서를 수여해 주시겠습니다.
C 그의 수많은 작품들은 다 전국 미술가들의 전람회에서 전시되었던 적이 있다.
D 그는 이 중요한 보고서를 제때 본사에 제출하지 않았다.

정답 D 他把这份重要的报告没有按时交给总部。(X) → D 他没有把这份重要的报告按时交给总部。(O)

공략 부정의 의미를 나타내는 '把자문'에서 부정부사 没有, 不는 반드시 개사 把 앞에 위치해야 한다. 이 밖에도 조동사 想, 会, 可以, 能, 要 등도 개사 把 앞에 위치해야 하는데, 예를 들면 '我会把这件事做好的.(나는 이 일을 잘 해낼 것이다)' 가 있다.

어휘 ★躲避 duǒbì 동 피하다, 숨다 | ★燃烧 ránshāo 동 연소하다, 타다 | ★痛苦 tòngkǔ 명 고통 형 괴롭다 | 火柴 huǒchái 명 성냥 | 黯淡无光 àndàn wúguāng 빛을 잃고 어둡다 | 获奖选手 huòjiǎng xuǎnshǒu 수상 선수 | ★颁发 bānfā 동 수여하다, 공포하다 | ★荣誉证书 róngyù zhèngshū 영예 증서 | ★展览会 zhǎnlǎnhuì 명 전람회 | 展出 zhǎnchū 동 전시하다 | ★把……交给 bǎ……jiāogěi ~을 ~에게 건네주다, ~을 ~에게 제출하다 | 这份报告 zhè fèn bàogào 이 보고서 | ★按时 ànshí 부 제때에 | ★总部 zǒngbù 명 본부, 본사

54. HSK POINT '组成……图案'의 호응 구조 파악 [난이도 上]

A 这个世界上，没有比人更高的山，没有比心更宽的海，人就是世界的主宰。
B 梨子味甘性寒，具清热化痰之功效，特别适合秋天食用。
C 五彩缤纷的焰火在夜空中组织了一幅美妙无比的图案。
D 无论竞争还是合作，都要处理好自己与他人的关系，它往往是人们取得成功的关键。

A 이 세상에서 사람보다 더 높은 산은 없고, 마음보다 더 넓은 바다는 없다. 사람이 바로 세계의 지배자이다.
B 배는 맛이 달고 성질이 차가우며, 열을 내리고 가래를 삭이는 효능이 있어, 특히 가을에 섭취하기에 적합하다.
C 오색찬란한 불꽃이 밤하늘에 한 폭의 비할 데 없이 아름다운 무늬를 만들어냈다.
D 경쟁이든 협력이든, 자신과 타인과의 관계를 잘 처리해야 하는데, 그것은 종종 성공을 거두는 관건이 되기도 한다.

정답 C 五彩缤纷的焰火在夜空中组织了一幅美妙无比的图案。 호응 구조 오류 → C 五彩缤纷的焰火在夜空中组成/编织了一幅美妙无比的图案。

| 공략 | 组织는 '짜다, 조직하다, 결성하다'는 의미로, 주로 '组织活动(활동이나 행사를 조직하다)', '组织学生(학생들을 조직하다)'의 형태로 호응하여 쓰인다. 따라서 '组织图案'은 틀린 표현이며, 여기서는 '부분이 전체로 구성되거나 만들어진다'는 의미의 组成이나 '짜다, 엮다'의 의미의 编织를 써서 '组成/编织了一幅……的图案'으로 고쳐야 옳은 문장이 된다. |

| 어휘 | ★没有比……更……的 méiyǒu bǐ……gèng……de…… ~보다 더 ~한 ~은 없다 | 主宰 zhǔzǎi 지배자, 주재자 | 梨子 lízi 명 배 | 味甘性寒 wèi gān xìng hán 맛은 달고 성질은 차갑다 | 具……之功效 jù……zhī gōngxiào ~한 효능이 있다 | 清热化痰 qīngrè huàtán 열을 내리고 가래를 삭이다 | ★适合 shìhé 동 적합하다 | ★食用 shíyòng 동 식용하다, 먹다 | 五彩缤纷 wǔcǎi bīnfēn 울긋불긋하다, 오색찬란하다 | 焰火 yànhuǒ 명 불꽃 | 夜空 yèkōng 명 밤 하늘 | ★一幅图案 yī fú tú'àn 한 폭의 도안, 한 폭의 무늬 | ★美妙无比 měimiào wúbǐ 비할 데 없이 아름답다 | ★竞争 jìngzhēng 동 경쟁하다 | ★合作 hézuò 동 협력하다 | ★处理好……的关系 chǔlǐ hǎo……de guānxi ~관계를 잘 처리하다 | ★取得成功 qǔdé chénggōng 성공을 거두다 | ★关键 guānjiàn 명 관건 |

55. HSK POINT '无一不是+명사' 구조 파악 〔난이도 上〕

A 西藏温暖的阳光、巍峨的雪山、雄伟的冰川，无一不是吸引游客来的。
B 经过20年的发展，他们的分公司已经遍布全球100多个国家和地区。
C 真正的财富不是你的口袋里有多少钱，而是你的脑袋里有多少知识。
D 九寨沟拥有"童话世界、人间仙境"的美称，已被列入世界遗产名录。

A 시짱의 따스한 햇빛, 우뚝 솟은 설산과 웅장한 빙하는 어느 것 하나 관광객들을 매료시키지 않는 경관이 없다.
B 20년의 발전을 거쳐, 그들의 지사는 이미 전 세계 100여 개 국가와 지역에 분포되어 있다.
C 진정한 부는 당신의 주머니 안에 얼마만큼의 돈이 있는지가 아니라, 머릿속에 얼마만큼의 지식이 있느냐에 있다.
D 주자이거우는 '동화 세계, 인간 세상의 선경'이라는 아름다운 명칭을 지니고 있으며, 이미 세계 유산 명부에 등재되었다.

| 정답 | A 西藏温暖的阳光、巍峨的雪山、雄伟的冰川，无一不是吸引游客来的。(X) 〔无一不是+명사〕 〔风景线〕 ➡ A 西藏温暖的阳光、巍峨的雪山、雄伟的冰川，无一不是吸引游客来的风景线。(O) |

| 공략 | '모두 다 ~이다'는 의미의 无一不是 뒤에는 반드시 명사가 동반되어야 하므로, 이 문장은 목적어가 결핍된 오류 문장이다. 따라서 목적어 성분을 첨가시켜 '无一不是吸引游客来的风景线'이라고 고쳐야 옳은 문장이 된다. |

| 어휘 | 西藏 Xīzàng 고유 시짱(티베트) | ★温暖 wēnnuǎn 형 따뜻하다, 온난하다 | ★阳光 yángguāng 명 햇빛 | ★巍峨 wēi'é 형 (산이나 건물이) 높고 크다, 우뚝 솟다 | 雪山 xuěshān 명 설산 | ★雄伟 xióngwěi 형 웅장하다, 웅대하다 | 冰川 bīngchuān 명 빙하 | ★无一不是 wú yī bùshì ~않는 것이 하나도 없다, 다 ~하다 | ★吸引游客 xīyǐn yóukè 관광객을 매료시키다, 여행객을 끌어당기다 | ★经过 jīngguò 동 거치다, 경과하다 | ★发展 fāzhǎn 동 발전하다 | ★遍布 biànbù 동 널리 분포하다, 널리 퍼지다 | ★财富 cáifù 명 부, 재산 | ★口袋 kǒudai 명 주머니 | ★脑袋 nǎodai 명 머리, 두뇌 | ★知识 zhīshi 명 지식 | 九寨沟 Jiǔzhàigōu 고유 주자이거우(구채구) | ★拥有 yōngyǒu 동 보유하다, 지니다 | 童话 tónghuà 명 동화 | 人间仙境 rénjiān xiānjìng 인간 세상의 선경 | ★美称 měichēng 명 아름다운 이름 | ★被列入 bèi lièrù ~에 들어서다 | 世界遗产名录 shìjiè yíchǎn mínglù 세계 유산 명부 |

합격필수 TIP

▶ 无를 사용하여 이중 부정을 나타내는 표현

① 无一不是(= 没有一个不是)+명사: 어느 것 하나 ~이지 않다, 다 ~이다
无一不是专家 모두 다 전문가이다 | 无一不是贪官污吏 모두 다 탐관오리이다

② 无不(= 没有一个不)+형용사/동사: 어느 것도 ~하지 않는 것이 없다, 다 ~하다
无不称赞 다 칭찬하다 | 无不艳羡 다 부러워하다

③ 不无(= 不是没有)+명사: ~이 없지는 않다, 조금은 ~있다
不无道理 일리가 없지는 않다 | 不无裨益 좋은 점이 없는 것은 아니다

56. HSK POINT '对……做了详细报道'의 구조 파악 　난이도 下

A 运气也许能使你抵达顶峰，但它不能使你永远呆在那儿。
B 闻过则喜，能够坦然接受批评，是自信的一个突出标志。
C 第二天，世界各大报纸纷纷做了详细报道对这起震惊国际体坛的事件。
D "小李杜"指唐代著名诗人李商隐和杜牧，他们为晚唐业已没落的诗坛注入了新的生气和活力。

A 운명은 어쩌면 당신을 정상에 도달하게 할 수 있지만, 영원히 그곳에 머무르게 할 수는 없다.
B 자신의 잘못이나 결점에 대한 다른 사람의 비판을 기꺼이 받아들이거나, 그들의 비평을 태연하게 수용할 수 있는 것은 자신감의 뚜렷한 상징이다.
C 이튿날, 세계 각 신문들은 잇달아 국제 스포츠계를 놀라게 한 이 사건에 대해 상세히 보도했다.
D '小李杜(소이두)'는 당대 유명 시인인 이상은과 두목을 가리키며, 그들은 당 말기에 이미 쇠퇴한 시단에 새로운 생기와 활력을 불어넣었다.

정답
C 第二天，世界各大报纸纷纷做了详细报道对这起震惊国际体坛的事件。(X)
→ C 第二天，世界各大报纸纷纷对这起震惊国际体坛的事件做了详细报道。(O)

공략 개사 对가 이끄는 개사 구조는 반드시 동사 술어 앞에 위치해야 하므로, '对……做了详细报道'의 구조로 고쳐야 옳은 문장이 된다.

어휘 ★运气 yùnqi 명 운, 운명 | ★抵达 dǐdá 동 도착하다, 도달하다 | ★顶峰 dǐngfēng 명 정상, 최고봉 | 呆在 dāizài ~에 머무르다, ~에 있다 | 闻过则喜 wén guò zé xǐ 성 자신의 잘못에 대한 남의 비판을 기꺼이 받아들이다 | ★坦然 tǎnrán 형 태연하다, 마음이 편안한 모양 | ★接受批评 jiēshòu pīpíng 비평을 받아들이다 | ★自信 zìxìn 명 자신, 자신감 형 자신 있다 | ★突出标志 tūchū biāozhì 뚜렷한 상징, 두드러지는 상징 | ★第二天 dì'èr tiān 이튿날 | ★各大报纸 gè dà bàozhǐ 각 신문들 | 纷纷 fēnfēn 부 잇달아, 분분히 | ★详细报道 xiángxì bàodào 상세한 보도 | ★这起事件 zhè qǐ shìjiàn 이 사건 | ★震惊 zhènjīng 동 놀라게 하다 형 놀라다 | ★国际体坛 guójì tǐtán 국제 스포츠계 | ★著名诗人 zhùmíng shīrén 저명한 시인, 유명한 시인 | 业已 yèyǐ 부 이미 | 没落 mòluò 동 몰락하다, 쇠퇴하다 | 诗坛 shītán 명 시단, 시인의 활동 무대 | ★注入 zhùrù 동 주입하다 | 生气 shēngqì 명 생기, 생명력 | ★活力 huólì 명 활력, 생명력

57. HSK POINT 주어와 목적어 성분의 호응 관계 오류 　난이도 上

A 人生的最大遗憾，莫过于轻易地放弃了不该放弃的，固执地坚持了不该坚持的。
B 老舍一生创作了许多脍炙人口的文学作品，如《四世同堂》、《骆驼祥子》、《茶馆》、《龙须沟》等。
C 没有朋友，会孤单；没有敌人，会失败。因为朋友是用来依赖的，敌人是用来激发自己潜能的。
D 雨花石产于南京市六合区及仪征市月塘一带，它天然细腻的花纹，玲珑剔透的质感，被誉为"石中皇后"。

A 인생의 최대 유감스러운 것으로, 포기하지 말아야 할 것을 쉽게 포기한 것과 지키지 말아야 할 것을 집요하게 고집한 것보다 더한 것은 없다.
B 라오서는 일생 동안 사람들 사이에서 널리 회자되는 수많은 문학 작품을 창작했는데, 예를 들면 『사세동당』, 『낙타상자』, 『차관』, 『용수구』 등이 있다.
C 친구가 없다면 외로울 것이고, 적수가 없다면 실패하게 될 것이다. 친구에게는 기댈 수 있고, 적수는 자신의 잠재 능력을 불러일으키게 하기 때문이다.
D 우화석은 난징 류허구 및 이정시 웨탕 일대에서 생산되며, 자연적이고 섬세한 무늬와 정교하고 아름다운 질감을 지니고 있어 '돌 중의 황후'로 불린다.

정답
D 雨花石产于南京市六合区及仪征市月塘一带，它天然细腻的花纹，玲珑剔透的质感，被誉为"石中皇后"。(X)
→ D 雨花石产于南京市六合区及仪征市月塘一带，它拥有天然细腻的花纹，玲珑剔透的质感，被誉为"石中皇后"。(O)

| 공략 | 보기 D의 마지막 절에서 술어 被誉为의 주어는 그 앞 절의 花纹과 质感인데, 그렇게 되면 '무늬와 질감이 돌 중의 황후로 불린다'는 의미가 되므로, 이는 문장의 의미 전달에 있어 논리적 오류가 있다. '돌 중의 황후'로 불리는 것은 雨花石이어야 하므로, 花纹과 质感은 被誉为의 주어 성분이 될 수 없다. 따라서 이 문장은 花纹과 质感을 목적어로 갖는 술어가 결핍된 문장이므로, '它拥有……的花纹, ……的质感, 被誉为"石中皇后"'로 고쳐야 옳은 문장이 된다. |

| 어휘 | ★遗憾 yíhàn 명 유감 | ★莫过于 mòguòyú 동 ~보다 더한 것은 없다 | ★轻易 qīngyì 형 쉽다, 수월하다 | ★放弃 fàngqì 동 버리다, 포기하다 | ★固执 gùzhí 형 고집스럽다, 집요하다 | ★坚持 jiānchí 동 견지하다, 고수하다 | ★创作 chuàngzuò 동 창작하다 | ★脍炙人口 kuài zhì rén kǒu 성 좋은 시문이나 사물이 널리 사람의 입에 오르내리다, 사람들 사이에 널리 회자되다 | ★文学作品 wénxué zuòpǐn 문학 작품 | ★孤单 gūdān 형 외롭다, 쓸쓸하다 | ★敌人 dírén 명 적 | ★依赖 yīlài 동 의지하다, 의존하다 | ★激发 jīfā 동 불러일으키다, 끓어오르게 하다 | ★潜能 qiánnéng 명 잠재력, 가능성 | ★产于 chǎnyú ~에서 생산되다, ~에서 나다 | ★一带 yídài 명 일대 | ★天然 tiānrán 형 천연의, 자연적인 | ★细腻 xìnì 형 부드럽고 매끄럽다, 섬세하다 | ★花纹 huāwén 명 각종 무늬와 도안, 문양 | ★玲珑剔透 líng lóng tī tòu 성 (사람이) 영리하고 총명하다, (물건이) 정교하고 아름답다 | ★质感 zhìgǎn 명 질감 | ★被誉为 bèi yùwéi ~로 칭송된다, ~로 불린다 | ★皇后 huánghòu 명 황후 |

58. HSK POINT 原因과 因为의 의미 중복 오류 난이도 中

A 孔子之所以提倡"因材施教"的原因是因为每个人的想法和接受能力都不同，所以，老师应根据学生的特点，有针对性地教学。
B 要了解一个人，不妨看他所读的是什么类型的书，这跟观察与他来往的朋友种类一样有效。
C 研究表明，说话者触摸鼻子，意味着他在掩饰自己的谎话；聆听者做出这个手势则说明他对说话者的话语表示怀疑。
D "书到用时方恨少"指的是，平常若不充实学问，不讲究智慧谋略，临时抱佛脚是来不及的。

A 공자가 '학습자의 수준에 따라 그에 맞는 교육을 행해야 한다'고 제창한 것은, 모든 사람의 생각과 수용 능력이 다르다고 여겼기 때문이었다. 따라서 교사는 반드시 학생들의 특성에 따라 목적성 있게 가르쳐야 한다.
B 한 사람을 이해하려면, 그가 어떠한 책들을 읽었는지 보는 것도 괜찮다. 이는 그가 어울리는 친구들을 살펴보는 것과 같이 효과적이다.
C 연구에 따르면, 말하는 이가 코를 만지는 것은 그가 거짓말을 숨기고 있는 것을 의미한다. 듣는 이가 이 손짓을 하는 것은 그가 말하는 사람의 말에 대해 의심을 품고 있음을 나타낸다.
D '책은 쓸 때가 되어서야 비로소 적은 것을 후회한다'는 말은, 평소 지식을 충분히 쌓지 않고, 지혜와 모략을 중요시하지 않으면, 일이 생겼을 때 급하게 서둘러도 소용이 없음을 나타낸다.

| 정답 | A 孔子之所以提倡"因材施教"的原因是因为每个人的想法和接受能力都不同，所以，老师应根据学生的特点，有针对性地教学。(X) ▶의미 중복 오류 | ➡ | A 孔子之所以提倡"因材施教"是因为每个人的想法和接受能力都不同，所以，老师应根据学生的特点，有针对性地教学。(O) | A 孔子之所以提倡"因材施教"的原因是每个人的想法和接受能力都不同，所以，老师应根据学生的特点，有针对性地教学。(O) |

| 공략 | 보기 A는 원인을 나타내는 原因과 因为의 의미가 중복된 오류 문장으로, '之所以……是因为' 혹은 '之所以……原因是'의 구조로 고쳐야 옳은 문장이 된다. |

| 어휘 | ★提倡 tíchàng 동 제창하다 | ★因材施教 yīn cái shī jiào 성 학습자의 수준에 따라 그에 맞는 교육을 하다 | ★接受能力 jiēshòu nénglì 수용 능력, 받아들이는 능력 | ★根据……的特点 gēnjù……de tèdiǎn ~특징에 근거하여, ~특성에 따라 | ★有针对性地 yǒu zhēnduìxìng de 특성에 맞게, 목적성 있게 | ★教学 jiàoxué 동 가르치다 | ★不妨 bùfáng 부 ~하는 것도 괜찮다, 무방하다 | ★观察 guānchá 동 관찰하다, 살피다 | ★与……来往 yǔ……láiwǎng ~와 왕래하다, ~와 교제하다 | ★有效 yǒuxiào 형 유용하다, 효과가 있다 | ★研究表明 yánjiū biǎomíng 연구가 밝히다 | 说话者 shuōhuàzhě 명 말하는 이, 화자 | 触摸 chùmō 동 만지다, 건드리다 | ★意味着 yìwèizhe ~을 의미하다 | ★掩饰 yǎnshì 동 숨기다 | 谎话 |

huǎnghuà 명 거짓말 | 聆听者 língtīngzhě 명 듣는 이, 청자 | ★手势 shǒushì 명 손동작, 손짓 | ★则 zé 접 오히려, 그러나 (대비·역접을 나타냄) | ★怀疑 huáiyí 동 의심하다 | 书到用时方恨少 shū dào yòng shí fāng hèn shǎo 책은 쓸 때가 되어서야 비로소 적은 것을 후회한다. 사회에 나오기 전에 충분히 학문을 닦아 두어야 한다 | ★平常 píngcháng 명 평소, 평시 | ★若 ruò 접 만약 | ★充实 chōngshí 동 충족시키다, 강화하다 | ★学问 xuéwen 명 학문, 지식 | ★讲究 jiǎngjiu 동 중요시하다, ~에 주의하다 | ★智慧 zhìhuì 명 지혜, 모략 móulüè 명 지략, 모략 | 临时抱佛脚 línshí bào fójiǎo 급하면 부처 다리를 안는다. 평소에 준비하지 않고 있다가 때가 되어 급하게 서두르다 | ★来不及 láibují 제 시간에 댈 수 없다, 손쓸 틈이 없다

59. HSK POINT '变成+명사' 구조 파악 난이도 中

A 人最悲哀的，并不是过去失去得太多，而是还沉浸于过去的痛苦之中；人最愚蠢的，并不是没有发现眼前的陷阱，而是第二次又掉了进去。

B 花样游泳原为游泳比赛间歇时的水中表演项目，后来逐渐融入音乐和舞蹈，变化一项优美的水上竞技运动。

C 京杭大运河，始建于公元486年，全长1794公里，是中国重要的南北水上干线，也是世界上最长的一条人工运河。

D 奋斗令我们的生活充满生机，责任让我们的生命充满意义，常遇困境说明你在进步，常有压力说明你有目标。

A 가장 비극적인 것은 지난날 너무 많은 것을 잃었다는 것이 아니라, 여전히 과거의 고통 속에 잠겨 있다는 것이고, 가장 어리석은 것은 눈앞의 함정을 발견하지 못한 것이 아니라, 그 안에 또 다시 빠지게 되는 것이다.

B 수중 발레는 원래 수영 경기 중간 휴식 때의 수중 공연 종목이었는데, 후에 음악과 무용을 융합시켜 우아하고 아름다운 수상 경기가 된 것이다.

C 경항 대운하는 서기 486년에 세워졌는데, 전체 길이가 1794킬로미터이고 중국의 주요 남북 수상 간선이며 세계에서 가장 긴 인공 운하이다.

D 분투는 우리의 삶을 생기 넘치게 하고, 책임은 우리의 생명에 의미가 넘치게 하는데, 때때로 곤경에 처한다는 것은 당신이 발전하고 있음을 나타내고, 때때로 스트레스를 받는다는 것은 당신에게 목표가 있음을 증명하는 것이다.

정답

B 花样游泳原为游泳比赛间歇时的水中表演项目，后来逐渐融入音乐和舞蹈，变化一项优美的水上竞技运动。(X)

→

B 花样游泳原为游泳比赛间歇时的水中表演项目，后来逐渐融入音乐和舞蹈，变成/变为一项优美的水上竞技运动。(O)

공략 보기 B의 마지막 절에 제시된 变化의 품사는 동사가 아닌 명사이므로 술어 역할을 할 수 없다. 变化는 '有了很大的变化' 혹은 '发生了很大的变化'와 같이 주로 동사 有나 发生의 목적어 성분으로 쓰인다. 따라서 变化 대신 '~이 되다, ~로 변하다'는 의미의 동사 变成을 써서 '变成……竞技运动'으로 고쳐야 옳은 문장이 된다.

어휘 ★悲哀 bēi'āi 형 슬프고 애통하다, 비통해하다 | ★失去 shīqù 동 잃다 | 沉浸于 chénjìn yú ~에 빠져들다, ~에 잠기다 | ★痛苦 tòngkǔ 형 고통, 고통스럽다 | ★愚蠢 yúchǔn 형 어리석다, 우둔하다 | ★发现 fāxiàn 동 발견하다, 알아차리다 | ★陷阱 xiànjǐng 명 함정 | 花样游泳 huāyàng yóuyǒng 명 수중 발레 | ★原为 yuánwéi 동 원래 ~이다 | ★比赛 bǐsài 명 경기, 시합 | 间歇 jiànxiē 명 중간 휴식 | 表演项目 biǎoyǎn xiàngmù 공연 종목 | ★逐渐 zhújiàn 부 점점 | ★融入 róngrù 동 융합되어 들어가다, 스며들다 | ★舞蹈 wǔdǎo 춤, 무용 | ★一项运动 yí xiàng yùndòng 운동 중 하나 | ★优美 yōuměi 형 우아하고 아름답다 | ★竞技 jìngjì 명 경기 | ★始建于 shǐjiàn yú ~에 세워지다, ~에 처음 건설되다 | 干线 gànxiàn 명 간선 | 人工运河 réngōng yùnhé 인공 운하 | ★奋斗 fèndòu 동 분투하다 | ★充满生机 chōngmǎn shēngjī 생기가 넘치다 | ★责任 zérèn 명 책임 | ★充满意义 chōngmǎn yìyì 의미가 넘치다, 뜻이 깊다 | ★困境 kùnjìng 명 곤경 | ★压力 yālì 스트레스, 부담 | ★目标 mùbiāo 명 목표

60. HSK POINT 有可能과 可能性의 의미 중복 오류 [난이도 中]

A 初次见面，能说出对方姓名，并说一两句恭维话，可以给对方留下好印象。不过，恭维不能过头，说多了会令对方觉得你世故、虚伪。
B 张家口历史悠久，生态资源富集，地形地貌独特，是旅游爱好者心目中的旅游胜地。
C 人世中的许多事，只要想做，都能做到，该克服的困难，也都能克服，用不着什么钢铁般的意志，更用不着什么技巧或谋略。
D 由于大量的酒精会杀死脑神经细胞，所以长期饮酒会导致记忆力减退，还有可能引发各种疾病的可能性。

A 처음 만났을 때, 상대방의 이름을 말하며 칭찬의 말 한두 마디를 하는 것은 상대에게 좋은 인상을 남길 수 있다. 하지만 칭찬이 지나쳐서는 안 된다. 지나치게 칭찬하면 상대에게 당신이 속물적이고 거짓된 것처럼 느끼게 할 수 있다.
B 장자커우는 역사가 유구하고 생태 자원이 풍부하며 지형이 독특하여, 여행 애호가들 마음속의 관광 명소라고 할 수 있다.
C 세상 속 많은 일들은, 하고 싶다면 다 할 수 있는 것이고, 극복해야 할 어려움이면 다 극복할 수 있는 것이니, 강철과도 같은 의지는 필요 없고, 기교나 지략 같은 것은 더욱 필요하지 않다.
D 대량의 알코올이 뇌신경 세포를 죽일 수 있기 때문에, 장기적인 음주는 기억력 감퇴를 야기할 수 있고 각종 질병을 일으킬 가능성도 있다.

정답

D 由于大量的酒精会杀死脑神经细胞，所以长期饮酒会导致记忆力减退，还有可能引发各种疾病的可能性。(X) 의미 중복 오류

➡

D 由于大量的酒精会杀死脑神经细胞，所以长期饮酒会导致记忆力减退，还有可能引发各种疾病。(O)

D 由于大量的酒精会杀死脑神经细胞，所以长期饮酒会导致记忆力减退，还引发各种疾病的可能性。(O)

공략
보기 D의 마지막 절에서 有可能과 可能性의 의미가 중복된다. 따라서 '有可能引发各种疾病' 혹은 '有引发各种疾病的可能性'으로 고쳐야 옳은 문장이 된다.

어휘
★对方 duìfāng 몡 상대방 | 恭维话 gōngwéihuà 칭찬의 말, 아첨하는 말 | ★给……留下好印象 gěi……liúxià hǎo yìnxiàng ~에게 좋은 인상을 남기다 | 过头 guòtóu 톙 지나치다, 도가 넘다 | 世故 shìgu 톙 세속적이다, 속물적이다 | ★虚伪 xūwěi 톙 허위의, 거짓의 | ★历史悠久 lìshǐ yōujiǔ 역사가 유구하다 | 生态资源 shēngtài zīyuán 몡 생태 자원 | 富集 fùjí 풍부하다 | 地形地貌 dìxíng dìmào 지형 지모 | ★独特 dútè 톙 독특하다 | 旅游爱好者 lǚyóu àihàozhě 여행 애호가 | 心目中 xīnmù zhōng 마음속 | 旅游胜地 lǚyóu shèngdì 관광 명소 | 人世中 rénshì zhōng 인간 세상 속 | ★克服 kèfú 동 극복하다 | 困难 kùnnan 몡 어려움 톙 어렵다, 곤란하다 | 用不着 yòngbuzháo 필요치 않다, 쓸모가 없다 | 钢铁般 gāngtiě bān 강철과 같은 | 意志 yìzhì 몡 의지 | ★技巧 jìqiǎo 몡 기교, 테크닉 | 谋略 móulüè 몡 지략, 책략 | 大量 dàliàng 톙 대량의, 다량의 | 酒精 jiǔjīng 몡 알코올 | 杀死 shāsǐ 동 죽이다 | 脑神经细胞 nǎoshénjīng xìbāo 뇌신경 세포 | ★长期饮酒 chángqī yǐnjiǔ 장기간 음주하다 | 导致 dǎozhì 동 야기하다, 초래하다 | ★记忆力 jìyìlì 몡 기억력 | 减退 jiǎntuì 동 감퇴하다, 약해지다 | ★引发 yǐnfā 동 일으키다 | 可能性 kěnéngxìng 몡 가능성

합격필수 TIP

▶ 어휘의 의미 중복 오류 문장에서 자주 출제되는 어휘

문장에 有可能, 可能性과 같이 의미가 중복되는 어휘가 함께 있으면, 둘 중 하나를 삭제해야 옳은 문장이 된다.

의미	어휘	의미	어휘
원인	原因 – 因为	~까지 이르다	及 – 到
가능	有可能 – 可能性	자신의 눈으로 직접 (보다)	亲眼 – 目睹
이유	理由 – 为什么	최후의 날, 마지막 날	截止日期 – 最后一天
옛일	往事 – 从前的事	지금껏 ~해 본 적이 없다	从来没有, 从未 – 空前
마음으로부터, 마음에서	由衷 – 从心里	대략, 어느 정도 (어림수)	大约, 大概 – 左右

~하지 마라, ~해서는 안 된다, ~을 삼가다(금지)	切忌 – 不要, 不准, 不许, 禁止	~을 뛰어 넘다, ~이상	超过 – 以上
서로, 상호 간	相互 – 对方	근원, 출처	来源 – 来自
~하지 마라(금지, 명령)	勿 – 不要	맨 처음, 최초	原始, 最初, 当初 – 初衷
최후, 결국	最后, 最终 – 终于	마음(에 담다)	心里 – 怀
~로부터	自 – 于	정상, 최고봉	顶峰, 顶点 – 最高
~을 당하다(피동)	受 – 被	온 몸 전체	浑身 – 遍体
매 사람, 모든 사람	人手 – 每个人	반드시 필요한, 필수적인	不可缺少, 必不可少 – 必需

第二部分

61. HSK POINT '冰融化'의 호응 구조 파악　난이도 下

　　一块冰在沙漠里被阳光①融化，只剩一小块。冰感叹说："沙漠是冰的地狱，北极才是冰的②天堂。"沙对冰说："冰在沙漠才最③珍贵，冰在北极是最不值钱的东西。"

　　한 얼음 덩어리가 사막에서 햇빛에 ①녹아 작은 덩어리만 남게 되었다. 얼음이 탄식하며 "사막은 얼음에게는 지옥이야. 북극이야말로 얼음의 ②천국이지."라고 말하자, 모래는 얼음에게 "얼음은 사막에서야 가장 ③귀한 거지, 북극에서는 가장 값어치 없는 것이야."라고 말했다.

A 融洽 ✗　　终点 ✗　　珍惜 ✗
B 融化 ○　　天堂 ○　　珍贵 ○
C 溶解 ✗　　陆地 ✗　　珍稀 ✗
D 消弱 ✗　　表面 ✗　　宝贵 ○

A 융화하다 | 종착점 | 아끼다
B 녹다 | 천국 | 진귀하다
C 용해하다 | 육지 | 진귀하고 드물다
D 약해지다 | 표면 | 귀하다

공략

①번 칸 : '얼음이나 눈 등이 녹다'는 의미의 融化만 가능하다. 融洽는 사람들 간에 '사이가 좋다, 화목하여 융화가 잘 되다'는 의미를 나타내며, 주로 '相处融洽(사이가 좋다)', '关系融洽(관계가 좋다)' 등의 형태로 호응하여 쓰인다. 溶解는 '어떤 물질이 화학적으로 용해되다'는 의미를 나타내는데, 예를 들면 '糖溶解在水里(설탕이 물속에서 용해되다)'가 있다. 消弱는 '약해지다'는 뜻으로, 주로 '力量消弱(힘이 약해지다)'와 같이 호응 관계를 이룬다.

②번 칸 : 天堂만 가능하다. 빈칸 앞에 제시된 地狱의 반의어가 天堂이라는 것을 안다면 쉽게 정답을 찾을 수 있다.

③번 칸 : '귀하다'는 의미로 珍贵와 宝贵가 둘 다 가능한데, 차이점은 珍贵가 宝贵보다 더 진귀하다는 의미를 나타낸다. 珍惜는 동사로 '소중히 여기다, 아끼다'는 의미이며, 주로 '珍惜友情(우정을 소중히 여기다)', '珍惜生命(생명을 소중히 여기다)' 등과 같이 호응하여 쓰인다. 珍稀는 '진귀하고 드물다, 희귀하다'라는 의미로 '珍稀动物(희귀 동물)'과 같이 귀하면서 희소성을 지닌 것을 나타낼 때 쓰인다.

어휘

★一块冰 yí kuài bīng 얼음 한 덩어리 | 沙漠 shāmò 명 사막 | ★阳光 yángguāng 명 햇빛 | ★剩 shèng 동 남다, 남기다 | 一小块 yì xiǎo kuài 작은 덩어리 | ★感叹 gǎntàn 동 탄식하다, 감탄하다 | 地狱 dìyù 명 지옥 | ★北极 běijí 명 북극 | ★沙 shā 명 모래 | 融洽 róngqià 형 사이가 좋다, 융화하다 | ★终点 zhōngdiǎn 명 종착점, 종점 | ★珍惜 zhēnxī 동 소중히 여기다 | 融化 rónghuà 동 (얼음, 눈 따위가) 녹다, 융해되다 | 天堂 tiāntáng 명 천국 | ★珍贵 zhēnguì 형 진귀하다 | ★溶解 róngjiě 동 용해하다 | 陆地 lùdì 명 땅, 육지 | ★珍稀 zhēnxī 형 진귀하고 드물다 | 消弱 xiāoruò 동 약해지다, 완화되다 | ★表面 biǎomiàn 명 표면, 겉 | ★宝贵 bǎoguì 형 소중하다, 귀중하다

62. HSK POINT '在……的同时，也……'의 호응 구조 파악　난이도 中

刚毕业的大学生在积累职场经验的①同时，也要认识到相对②稳定的从业经历是今后发展所需的重要资历之一，频繁跳槽可能一无所获，它是一种③得不偿失的做法。

갓 졸업한 대학생들은 직장 경험을 쌓는 것과 ①동시에, 또한 비교적 ②안정적인 취업 경험이 앞으로의 발전에 필요한 중요한 이력 중 하나가 된다는 것을 인식해야 한다. 직장을 자주 바꾸게 되면 아무것도 얻는 것이 없을 것이며, 이는 일종의 ③얻는 것보다 잃는 게 더 많은 방법이다.

A 同时 O	稳定 O	得不偿失 O	A 동시 ǀ 안정적인 ǀ 얻는 것보다 잃는 게 더 많다
B 时刻 X	镇定 X	急于求成 X	B 시각 ǀ 침착한 ǀ 서둘러 목적을 달성하려 하다
C 时光 X	坚定 X	无能为力 X	C 세월 ǀ 확고한 ǀ 능력이 미치지 못하다
D 同期 X	鉴定 X	刻不容缓 X	D 동일 시기 ǀ 감정하다 ǀ 잠시도 늦출 수 없다

공략
①번 칸 : 빈칸에는 同时만 가능하다. '在……的同时，也……'는 '~인 동시에 또한 ~'라는 의미를 나타내는 문장 구조이다.

③번 칸 : 성어는 모두 중요하다고 할 수 있다. 여기서는 '얻는 것 보다 잃는 것이 더 많다. 밑지다, 가치 없다'는 의미를 나타내는 得不偿失만 적합하다. 急于求成은 '서둘러 목적을 달성하려고 한다'는 의미로 急功近利와 유사하며, 예로는 '不要太急于求成。(너무 서둘러서 성공하려 하지 마라)'가 있다. 无能为力는 '능력이 미치지 못하다, 어찌할 도리가 없다'는 뜻으로, '我们对此无能为力。(우리는 이에 대해 어찌할 도리가 없다)'와 같이 쓰인다. '刻不容缓'은 '잠시도 늦출 수 없다'는 의미로 한시도 늦출 수 없는 긴박함을 나타낼 때 쓰이며, 예로는 '这是刻不容缓的问题。(이는 잠시도 지체할 수 없는 문제이다)'가 있다.

어휘
★积累 jīlěi 동 쌓다, 축적하다 ǀ 职场经验 zhíchǎng jīngyàn 직장 경험 ǀ ★相对 xiāngduì 부 비교적, 상대적으로 ǀ 从业经历 cóngyè jīnglì 취업 경험 ǀ ★所需的 suǒxū de 필요로하는 ǀ 资历 zīlì 명 자격과 경력, 이력 ǀ ★频繁 pínfán 형 빈번하다 ǀ ★跳槽 tiàocáo 동 직업을 바꾸다, 다른 부서로 옮기다 ǀ 一无所获 yì wú suǒ huò 성 아무런 성과도 없다 ǀ ★同时 tóngshí 명 동시, 같은 때 ǀ ★稳定 wěndìng 형 안정적이다 ǀ ★得不偿失 dé bù cháng shī 성 얻는 것보다 잃는 것이 더 많다 ǀ ★时刻 shíkè 명 시각, 순간 ǀ ★镇定 zhèndìng 형 침착하다, 냉정하다 ǀ ★急于求成 jí yú qiú chéng 성 서둘러 목적을 달성하려 하다 ǀ ★时光 shíguāng 명 세월, 시절 ǀ ★坚定 jiāndìng 형 결연하다, 꿋꿋하다 ǀ ★无能为力 wú néng wéi lì 성 능력이 미치지 못하다, 어찌할 도리가 없다 ǀ ★同期 tóngqī 명 동일한 시기 ǀ ★鉴定 jiàndìng 동 감정하다 ǀ ★刻不容缓 kè bù róng huǎn 성 잠시도 늦출 수 없다

63. HSK POINT '尚在……'의 의미 이해　난이도 中

火山出现的历史很悠久，人们一般把火山分为活火山、死火山和休眠火山三类。现在①尚在活动或②周期性喷发的火山叫活火山；有史以前就喷发过，但现在已③不再活动，这样的火山称之为死火山；人类有史以来曾经喷发过，之后长期处于④静止状态，但仍可能喷发的火山叫休眠火山。

화산이 생겨난 역사는 매우 깊은데, 사람들은 일반적으로 화산을 활화산, 사화산, 휴면화산 세 종류로 나눈다. 현재 ①아직 활동하고 있거나 ②주기적으로 분출되는 화산을 활화산이라 하고, 유사 이전에 분출한 적이 있지만, 현재는 이미 ③더 이상 활동하지 않는 이러한 화산을 사화산이라고 한다. 인류 유사 이래 분출한 적이 있었고 이후에는 장기간 ④정지 상태에 있었지만, 다시 분출할 수도 있는 화산을 휴면화산이라고 부른다.

A 颇 X	年度 X	未必 X	平静 O
B 即 X	周年 X	无比 X	寂静 X
C 皆 X	期限 X	未尝 X	镇静 X
D 尚 O	周期 O	不再 O	静止 O

A 꽤 ǀ 연도 ǀ 반드시 ~은 아니다 ǀ 고요하다
B 즉 ǀ 주년 ǀ 더 비할 바가 없다 ǀ 조용하다
C 모두 ǀ 기한 ǀ ~라고 할 수 없다 ǀ 침착하다
D 아직 ǀ 주기 ǀ 더 이상 ~가 아니다 ǀ 정지하다

| 공략 | ①번 칸 : 尙만 가능하다. 尙은 还와 같은 의미로 '尙在……'는 '아직도 ~하다, 여전히 ~하다'는 의미를 나타낸다. 이 문제에서는 '尙在……'의 의미를 이해한다면 다른 빈칸을 확인하지 않고도 쉽게 정답을 찾을 수 있다.

②번 칸 : 周期만 가능한데, 여기서 '周期性喷发'는 '주기적으로 분출한다'는 의미이다.

③번 칸 : 빈칸 앞의 부사 已가 정답을 찾을 수 있는 힌트가 되는데, '已不再……'는 '이미 더 이상 ~이 아니다'는 의미이다. 未必는 '반드시 ~은 아니다'는 의미로 不一定과 같은 의미이다. 无比는 '더 비할 바가 없다'는 뜻으로 주로 좋은 방면에서 사용되는데, 예를 들면 '无比激动(더 비할 바 없이 감격하다)'이 있다. 未尝은 '~라고 할 수 없다, ~인 것은 아니다'는 의미로, 이중 부정(긍정)의 의미를 나타내는 문장에서 부정사 앞에 쓰이는 부사이며, 예를 들면 '这未尝不是件坏事.(이것이 나쁜 일인 것만은 아니다)'이다.

| 어휘 | ★把……分为 bǎ……fēnwéi ~을 ~로 나누다 | 活火山 huóhuǒshān 명 활화산 | 死火山 sǐhuǒshān 명 사화산 | 休眠火山 xiūmián huǒshān 명 휴면화산 | 喷发 pēnfā 동 분출하다 | ★称之为 chēngzhīwéi 그것을 ~라고 부르다, 그것을 ~라고 칭하다 | ★之后 zhīhòu 명 그 후, 그 다음 | ★处于……状态 chǔyú……zhuàngtài ~상태에 처하다 | 颇 pō 부 꽤, 상당히 | 年度 niándù 명 연도 | 未必 wèibì 부 반드시 ~한 것은 아니다 | ★平静 píngjìng 형 조용하다, 평화롭다 | 即 jí 부 즉, 바로 | ★周年 zhōunián 명 주년 | 无比 wúbǐ 형 더 비할 바가 없다, 아주 뛰어나다 | ★寂静 jìjìng 형 조용하다, 고요하다 | 皆 jiē 부 모두, 전부 | 期限 qīxiàn 명 기한, 시한 | 未尝 wèicháng 부 ~라고 할 수 없다 | 镇静 zhènjìng 형 침착하다, 냉정하다 | 尚 shàng 부 아직, 여전히 | 周期 zhōuqī 명 주기 | 不再 búzài 더는 ~이 아니다, 이미 ~가 아니다 | 静止 jìngzhǐ 동 정지하다

64. HSK POINT 건의나 제안을 나타내는 不妨의 의미 이해 [난이도 中]

好的开始，这等于成功的一半。但如果没有一个好的开始，①不妨试试一个坏的开始吧。因为即使是一个坏的开始也总比没有开始②强。开始有可能让人丢下令人不满的③现实，进入到一个全新的境界。无论你有什么④抱负，都请给自己一个新的开始吧！

시작이 좋으면, 이는 성공의 절반과도 같다. 하지만 만약 좋은 시작이 아니라면, 좋지 않은 시작을 해보①는 것도 괜찮다. 왜냐하면 좋지 않은 시작 또한 어쨌든 시작하지 않는 것보다는 더 ②강하기 때문이다. 시작이라는 것이 어쩌면 사람을 만족스럽지 않은 ③현실에 버려두어 새로운 경지로 들어서게 할 수도 있다. 당신이 어떤 ④꿈을 가졌든, 스스로에게 새로운 시작을 하도록 해보자!

A	不必 X	深 X	现状 O	计算 X	A	~할 필요 없다	깊다	현상	계산
B	不禁 X	亮 X	症状 X	设想 X	B	자기도 모르게	밝다	증상	상상
C	不堪 X	巧 X	状况 O	打算 O	C	~라고 할 수 없다	공교롭다	상황	계획
D	**不妨 O**	**强 O**	**现实 O**	**抱负 O**	**D**	**~해도 무방하다**	**강하다**	**현실**	**포부, 꿈**

| 공략 | ①번 칸 : 이 문제는 첫 번째 빈칸이 가장 중요하다. 不妨은 다른 사람에게 건의나 제안할 때 쓰이는데, 예를 들면 '你想学汉语，不妨去中国留学吧.(네가 중국어를 배우고 싶으니, 중국으로 유학 가는 것도 괜찮겠다)'가 있다. 不必는 '~할 필요 없다'는 의미로 '不必担心(걱정할 필요 없다)'과 같이 쓰인다. 不禁은 '자기도 모르게, 참지 못하고'라는 뜻으로 '不禁哭了(참지 못하고 울었다)'와 같이 쓰이고, 不堪은 '~라고 할 수 없다'는 의미로 '不堪设想(상상할 수 없다)'과 같이 쓰인다.

④번 칸 : 抱负는 '포부, 꿈'을 나타내며 志向과 동의어이다.

| 어휘 | ★等于 děngyú 동 ~와 같다 | 成功 chénggōng 동 성공하다 | 试试 shìshì 동 한번 해보다 | ★即使……也 jíshǐ……yě 설령 ~라 하더라도 | 丢下 diūxià 동 내버려두다, 버리다 | 不满 bùmǎn 형 불만족스럽다 | ★进入 jìnrù 동 들어가다 | ★境界 jìngjiè 명 경지 | ★无论……都 wúlùn……dōu ~을 막론하고 다 ~이다 | ★不必 búbì 부 ~할 필요 없다 | ★深 shēn 형 깊다 | 现状 xiànzhuàng 명 현상, 현황 | ★计算 jìsuàn 명동 계산(하다) | ★不禁 bùjīn 부 자기도 모르게, 참지 못하고 | 亮 liàng 형 밝다, 빛나다 | ★症状 zhèngzhuàng 명 증상, 증후 | ★设想 shèxiǎng 명동 상상(하다) | ★不堪 bùkān 동 ~할 수 없다 | 巧 qiǎo 형 정교하다, 공교롭다, 꼭 맞다 | ★状况 zhuàngkuàng 명 상황, 상태 | ★不妨 bùfáng 부 ~하는 것도 괜찮다, 무방하다 | ★现实 xiànshí 명 현실 | ★抱负 bàofù 명 포부, 큰 뜻

65. HSK POINT '纵横贯通'의 의미 이해 　난이도 上

浙江省富阳市龙镇是古代三国时期东吴皇帝孙权的故里，至今已有上千年的历史。镇里还保留着许多明清时期的古民居，古镇内街道①纵横贯通，房屋庭院相连，②倘若外人贸然进入，便会难以③分辨东南西北，他会感觉④犹如进了迷宫一般。

저장성 푸양시 룽진은 고대 삼국 시기 동오 황제인 손권의 고향으로, 지금까지 수천 년의 역사를 지니고 있다. 마을에는 여전히 수많은 명청 시기의 고대 민가가 남아 있다. 마을 내의 길은 ①종횡으로 연결되어 있으며, 주택과 정원이 서로 이어져 있어, ②만약 외부인이 성급히 들어섰다가는 동서남북을 ③구분하기가 어려워 마치 미궁에 들어간 것 ④과 같이 느낄 수 있다.

A	纵横 ○	倘若 ○	分辨 ○	犹如 ○	A	종횡 | 만약 | 구분하다 | 마치 ~와 같다
B	曲直 ×	既然 ×	分解 ×	似乎 ○	B	곡직 | 이왕 | 분해하다 | 마치 ~와 같다
C	均匀 ×	不论 ×	辩解 ×	如一 ×	C	균등하다 | ~을 막론하고 | 해명하다 | 일치하다
D	平坦 ×	假使 ○	辨别 ○	仿佛 ○	D	평평하다 | 만일 | 구별하다 | 마치 ~인 듯하다

공략

①번 칸: 纵横만 가능하다. 여기서 '纵横贯通'은 고정 구조로 건축에서 가로와 세로가 질서 있게 배열되어 이어져 있는 것을 뜻한다.

②번 칸: '만약, 만일'이라는 의미로 倘若와 假使가 가능하다. 既然은 '既然……就/便'과 같이 호응 구조를 이루어 '이왕 ~한 이상 ~이다'는 의미를 나타내고, 不论은 '不论……, 都/还/总'의 호응 구조를 이루어 '~에 관계없이 다/여전히/늘 ~이다'는 의미로 쓰인다.

④번 칸: 犹如, 似乎, 仿佛는 '마치 ~인 것 같다'는 의미를 나타내는 동의어로 모두 가능하다.

어휘

★三国时期 Sānguó shíqī 명 삼국 시기 | ★皇帝 huángdì 명 황제 | 孙权 Sūn Quán 고유 손권 | 故里 gùlǐ 명 고향 | ★至今 zhìjīn 부 지금까지 | 上千年 shàngqiān nián 수천 년, 오래도록 | ★保留 bǎoliú 동 보존하다, 남겨두다 | ★街道 jiēdào 명 거리 | 贯通 guàntōng 동 연결되다, 통하다 | 庭院 tíngyuàn 명 뜰, 정원 | 相连 xiānglián 동 접하다, 연결되다 | ★外人 wàirén 명 타인, 제삼자 | 贸然进入 màorán jìnrù 성급하게 들어서다, 조심성 없이 들어가다 | ★难以 nányǐ 부 ~하기 어렵다 | 迷宫 mígōng 명 미궁 | 纵横 zònghéng 명 종횡, 가로세로 | 倘若 tǎngruò 접 만일 ~한다면 | ★分辨 fēnbiàn 동 분별하다, 구분하다 | ★犹如……一般 yóurú……yībān 마치 ~와 같다 | 曲直 qūzhí 명 곡직, 굽음과 곧음 | 既然 jìrán 접 기왕 ~된 바에야 | 分解 fēnjiě 동 분해하다 | 似乎 sìhū 부 마치 ~인 듯하다 | 均匀 jūnyún 형 균등하다, 고르다 | 不论 búlùn 접 ~을 막론하고 | ★辩解 biànjiě 동 해명하다 | 如一 rúyī 형 일치하다, 한결같다 | ★平坦 píngtǎn 형 평평하다 | ★假使 jiǎshǐ 접 만일, 가령 | ★辨别 biànbié 동 구별하다, 판별하다 | ★仿佛 fǎngfú 부 마치 ~인 것 같다

66. HSK POINT '吐字清晰'의 호응 구조 파악 　난이도 上

相声大师马三立拥有超强的记忆力，这就①得益于他早年的苦读强记。在他的相声里常有大段的需要一口气说完的台词，他就能背诵如流、朗朗上口。他在表演时不仅能做到②一丝不苟，而且声音悦耳、吐字③清晰，常令观众赞叹不已、④拍手叫绝。

만담의 대가인 마산리는 매우 뛰어난 기억력을 지니고 있는데, 이는 그가 어린 시절 열심히 공부하며 억지로 외운 ①덕이라고 할 수 있다. 그의 만담에는 종종 단숨에 다 말해야 하는 큰 단락으로 된 대사가 나오는데, 그는 이를 또랑또랑한 목소리로 유창하게 암송할 수 있다. 그는 공연할 때 ②조금도 빈틈이 없을 뿐만 아니라, 목소리가 듣기 좋고 발음이 ③또렷하여, 관중들로 하여금 감탄을 금치 못하게 하고 ④박수갈채를 보내도록 만든다.

A	值得 X	一字不差 O	清澈 X	统筹兼顾 X	A ~할 가치가 있다 | 한 글자도 빠짐없다 | 맑다 | 여러 일을 통일적으로 계획하고 돌보다
B	收入 X	实事求是 X	清淡 X	鸦雀无声 X	B 받아들이다 | 실사구시 | 담백하다 | 쥐 죽은 듯이 조용하다
C	**得益 O**	**一丝不苟 O**	**清晰 O**	**拍手叫绝 O**	**C 덕을 입다 | 조금도 빈틈이 없다 | 또렷하다 | 박수갈채를 보내다**
D	受益 O	日新月异 X	清新 X	滔滔不绝 X	D 이익을 얻다 | 나날이 새로워지다 | 신선하다 | 쉴 새 없이 말하다

공략

①번 칸 : 빈칸에는 得益와 受益가 둘 다 가능하다. 得益는 주로 '得益于'의 형태로 '(어떤 일로부터) 덕을 얻는다'는 의미로, 예로는 '他的身体很健康, 得益于他每天坚持运动.(그의 몸이 건강한 것은 그가 매일 꾸준히 운동을 한 덕이다)'이 있다.

②번 칸 : '한 글자도 빠짐없다'는 의미의 一字不差와 '조금도 빈틈이 없다'는 의미의 一丝不苟가 모두 적합하다. 实事求是는 '실사구시, 사실을 토대로 진리를 탐구하다'는 의미를 나타내는데, 예로는 '看问题要实事求是, 切不可理想化.(문제를 볼 때 사실에 근거하고, 절대로 이상화시키지 마라)'가 있다. 日新月异는 '나날이 새로워지다, 급속히 변화하다'는 의미이며, '这座城市的面貌日新月异.(이 도시의 면모는 나날이 새로워지고 있다)'와 같이 쓰인다.

③번 칸 : 吐字는 '중국 전통극에서 연기자가 노래나 대사를 할 때 정확한 음으로 발음하다'는 뜻인데, 이는 清晰와 호응하여 '발음이 또렷하고 정확하다'는 의미를 나타낸다.

④번 칸 : 빈칸에는 拍手叫绝만 가능하다. 拍手叫绝는 '박수갈채를 보내다'는 뜻으로, 빈칸 앞의 赞叹不已와 호응하여 '令观众赞叹不已、拍手叫绝(관중들로 하여금 감탄을 금치 못하게 하고 박수갈채를 보내도록 한다)'와 같이 쓸 수 있다. 统筹兼顾는 '다방면의 일을 통일적으로 계획하고 돌보다'는 의미를 나타내며, 예를 들면 '这次改革一定要做到统筹兼顾.(이번 개혁은 반드시 통일적으로 계획하고 살펴야만 한다)'가 있다. 鸦雀无声는 '까마귀와 참새 소리마저도 없다'는 뜻으로 '매우 고요하다'는 비유적인 의미를 나타낸다. 滔滔不绝는 '쉴 새 없이 말하다'는 뜻으로, 예를 들면 '滔滔不绝地说了半天.(쉴 새 없이 한참을 말했다)'이 있다.

어휘

★相声 xiàngsheng 명 만담, 재담 \| ★大师 dàshī 명 대가, 권위자 \| ★拥有 yōngyǒu 동 보유하다, 지니다 \| ★超强 chāoqiáng 형 매우 강하다, 매우 뛰어나다 \| ★记忆力 jìyìlì 명 기억력 \| 早年 zǎonián 명 이전, 젊은 시절 \| 苦读强记 kǔdú qiángjì 열심히 공부하고 억지로 외우다 \| 大段 dà duàn 큰 단락 \| ★一口气 yì kǒu qì 부 단숨에, 단번에 \| ★台词 táicí 명 대사 \| 背诵如流 bèisòng rúliú 유창하게 암송하다 \| 朗朗上口 lǎnglǎng shàngkǒu (시문 등을 낭독할 때) 목소리가 또랑또랑하고 유창하다 \| 表演 biǎoyǎn 동 공연하다 \| 悦耳 yuè'ěr 형 듣기 좋다 \| ★吐字 tǔzì 동 중국 전통극에서 노래 또는 대사를 할 때 전통적인 정확한 음으로 발음하다 \| ★令观众赞叹不已 lìng guānzhòng zàntàn bùyǐ 관중들로 하여금 감탄을 금치 못하게 하다 \| ★值得 zhídé 동 ~할 만하다, ~할 만한 가치가 있다 \| ★一字不差 yí zì bú chà 성 한 글자의 오차도 없다 \| ★清澈 qīngchè 형 맑다, 투명하다 \| ★统筹兼顾 tǒng chóu jiān gù 성 여러 방면의 일을 통일적으로 계획하고 돌보다 \| ★收入 shōurù 동 받다, 받아들이다 \| ★实事求是 shí shì qiú shì 성 실사구시, 사실을 토대로 하여 진리를 탐구하다 \| ★清淡 qīngdàn 형 담백하다, 산뜻하다 \| ★鸦雀无声 yā què wú shēng 성 매우 고요하다 \| ★得益 déyì 동 덕을 입다, 이익을 얻다 \| ★一丝不苟 yì sī bù gǒu 성 (일을 함에 있어서) 조금도 빈틈이 없다, 철두철미하다 \| ★清晰 qīngxī 형 또렷하다, 분명하다 \| ★拍手叫绝 pāishǒu jiàojué 박수갈채를 보내다 \| ★受益 shòuyì 동 이익을 얻다 \| ★日新月异 rì xīn yuè yì 성 나날이 새로워지다, 변화와 발전이 빠르다 \| ★清新 qīngxīn 형 신선하다, 깨끗하고 새롭다, 참신하다 \| ★滔滔不绝 tāo tāo bù jué 성 쉴 새 없이 말하다

합격필수 TIP

▶ '清澈/清淡/清晰/清新/清洁'의 차이 비교

① 清澈 형 맑다, 투명하다(주로 물이 맑고 투명함을 나타냄)

　어휘 호응 　清澈见底 물이 맑아 바닥까지 보이다 \| 清澈(的)河水 맑고 투명한 강물

　예문 　这条湖泊的水很清澈。 이 호수의 물은 매우 맑다.

② 清淡 형 담백하다, 연하다(주로 맛이 담백하거나 색·냄새가 연하고 은은함을 나타냄)

　어휘 호응 　清淡的菜 담백한 요리 \| 清淡的口味 담백한 맛 \| 花香很清淡 꽃향기가 은은하다

　예문 　这些菜味道很清淡。 이 음식들은 맛이 담백하다.

③ 清晰 [형] 또렷하다, 분명하다, 명석하다(주로 사고의 방향·논리·기억·두뇌·발음·글자·화면 등이 또렷하고 분명함을 나타냄)
  [어휘 호응] 图像清晰 영상이 또렷하다 | 发音清晰 발음이 또렷하다 | 清晰可辨 분명히 알아볼 수 있다
  [예문] 我到现在仍清晰地记得老师的样子。 나는 지금까지 선생님의 모습을 생생히 기억하고 있다.

④ 清新 [형] 신선하다, 깨끗하고 새롭다, 참신하다(주로 공기가 신선함을 나타낼 때와 문학·예술에서의 풍격이 참신함을 나타냄)
  [어휘 호응] 空气很清新 공기가 신선하다 | 风格清新 스타일이 참신하다
  [예문] 秋天空气十分清新。 가을은 공기가 매우 신선하다.

⑤ 清洁 [형] 깨끗하다, 청결하다(환경이 더럽지 않고 깨끗함을 나타냄)
  [어휘 호응] 环境清洁 환경이 깨끗하다 | 道路清洁 도로가 깨끗하다
  [예문] 要保持室内清洁。 실내 청결을 유지해야 한다.

---

67. HSK POINT 성어 一事无成의 의미 이해 난이도 中

人们常说"行动比语言更响亮"。只有心动却没有行动，只能原地不动，这注定会①一事无成。所以，假如你有一个②梦想，或者决定了要做一件事情，就应该③立即行动起来。要知道，一百次心动④不如一次行动，一个实干者胜过一百个空想家。

사람들은 흔히 '행동이 말보다 더 소리가 우렁차다'고 한다. 마음만 동요할 뿐 행동하지 않고 원래 자리에서 움직이지 않고 있다면, 반드시 ①아무 것도 이루지 못할 것이다. 따라서 만약 당신이 ②꿈을 지니고 있거나 어떤 일을 하기로 결정했다면, 반드시 ③즉시 행동을 시작해야 한다. 백 번 마음을 움직이는 것은 한 번 행동하는 ④것만 못하고, 실제로 행하는 사람이 백 명의 공상가들보다 낫다는 것을 알아야 한다.

A 无精打彩 X	空想 X	尽力 X	与其 X
B 一举两得 X	幻想 X	连忙 O	譬如 X
C 一事无成 O	梦想 O	立即 O	不如 O
D 无动于衷 X	妄想 X	立刻 O	宁可 X

A 풀이 죽다 | 공상 | 힘을 다하다 | ~하기 보다는
B 일거양득 | 환상 | 재빨리 | 예를 들다
C 한 가지 일도 이루지 못하다 | 꿈 | 즉시 | ~하는 것만 못하다
D 아무런 느낌이 없다 | 망상 | 바로 | 차라리 ~할 지언정

공략
①번 칸: 빈칸에는 '한 가지 일도 이루지 못하다, 아무런 성과도 없다'는 의미의 一事无成만 가능하다. 无精打采는 '풀이 죽다, 기운이 없다'는 의미이고, '他无精打采地坐着.(그는 기운 없이 앉아 있다)'와 같이 쓰인다. 一举两得는 '일거양득, 일석이조'라는 뜻으로, '这就是件一举两得的好事.(이는 바로 일거양득의 좋은 일이다)'와 같이 쓰인다. 无动于衷은 '전혀 무관심하다'는 의미로 마음속에 아무런 느낌이 없고 마음에 전혀 와닿지 않음을 나타내며, 예를 들면 '我怎么能无动于衷呢?(내가 어찌 전혀 무관심할 수 있겠는가?)'가 있다.

③번 칸: 立即와 立刻는 동의어로 '즉시, 바로'의 뜻을 나타내고, 连忙은 赶紧, 急忙의 동의어로 '재빨리'라는 의미이다. 尽力는 '힘껏, 온 힘을 다해'라는 의미를 나타내므로 빈칸에 적합하지 않다.

④번 칸: 빈칸에는 '~보다 낫다'는 의미의 비교를 나타내는 不如만 가능하다. 与其는 '~하기 보다는'이라는 의미로 '与其……不如……'의 호응 구조를 이룬다. 譬如는 比如의 동의어로 '예를 들다'는 의미이고, 宁可는 '차라리'라는 의미로 주로 '宁可……也不/也要'의 호응 구조를 이루어 쓰인다.

어휘 响亮 xiǎngliàng [형] 우렁차다, (소리가) 크고 맑다 | ★心动 xīndòng [동] 마음을 움직이다, 마음이 흔들리다 | 行动 xíngdòng [동] 행동하다 | ★注定 zhùdìng [부] 필시, 반드시 | ★假如 jiǎrú [접] 만약, 만일 | ★或者 huòzhě [접] ~이던가 아니면 ~이다 | ★实干者 shígànzhě 실제로 행하는 사람 | ★胜过 shèngguò [동] ~보다 낫다 | 空想家 kōngxiǎngjiā [명] 공상가 | 无精打采 wú jīng dǎ cǎi [성] 풀이 죽다, 기운이 없다 | ★空想 kōngxiǎng [명] 공상 | ★尽力 jìnlì [동] 온 힘을 다하다 | ★与其 yǔqí [접] ~하기 보다는 | 一举两得 yì jǔ liǎng dé [성] 일거양득, 일석이조 | 幻想 huànxiǎng [명] 환상, 공상 | ★连忙 liánmáng [부] 얼른, 재빨리 | ★譬如 pìrú [동] 예를 들다 | 一事无成 yí shì wú chéng [성] 한 가지 일도 이루지 못하다, 아무런 성과도 없다 | ★梦想 mèngxiǎng [명] 꿈 | ★立即 lìjí [부] 곧, 즉시 | ★不如 bùrú [동] ~만 못하다, ~하는 편이 더 낫다 | 无动于衷 wú dòng yú zhōng [성] (마음속에) 아무런 느낌이 없다, 마음에 전혀 와닿지 않다 | ★妄想 wàngxiǎng [명] 망상, 공상 | ★立刻 lìkè [부] 곧, 즉시 | ★宁可 nìngkě [부] 차라리 ~할 지언정

68. HSK POINT 规律의 의미 이해 | 난이도 中

众所周知，不正确的①饮食习惯和缺乏体育锻炼会造成肥胖，但很少有人知道，睡眠不足也会导致体重增加。如果没睡好，我们身体的基础代谢率会变得很低，就会容易发胖。此外，睡眠是最②实惠的减肥方法，有③规律的睡眠不仅能有效解决超重问题，还能节省许多不必要的④开支。

모든 사람이 다 알듯, 올바르지 않은 ①식습관과 부족한 운동이 비만을 야기한다고 하지만, 수면 부족 또한 체중 증가를 야기한다는 것을 아는 사람은 적을 것이다. 만약 잠을 잘 자지 못하면, 우리 신체의 기초 대사율이 떨어져 쉽게 살이 찔 수 있다. 이 밖에 수면은 가장 ②실질적인 다이어트 방법이며, ③규칙적인 수면은 체중 증가 문제를 효과적으로 해결할 수 있을 뿐만 아니라 불필요한 수많은 ④지출을 아낄 수 있다.

A 作息 O	实用 O	规范 X	支出 O
B 饮食 O	**实惠 O**	**规律 O**	**开支 O**
C 卫生 X	优越 X	规划 X	经费 X
D 生活 O	通用 O	规则 X	费用 O

A 작업과 휴식	실용적이다	규범	지출
B 음식	**실질적이다**	**규칙**	**지출**
C 위생	우월하다	계획	경비
D 생활	통용되다	규칙	비용

공략

①번 칸 : 빈칸에는 作息, 饮食, 生活가 모두 가능하지만, 卫生은 문맥상 부적합하다.

②번 칸 : 빈칸에는 实用, 实惠, 通用이 모두 가능한데, '다른 것보다 우월하다'는 뜻의 优越는 부적합하다.

③번 칸 : 이 문제의 정답을 찾을 수 있는 핵심 빈칸으로, 规律만 '有规律的睡眠(규칙적인 수면)'의 형태로 호응 구조를 이룬다.

④번 칸 : 빈칸에 支出, 开支, 费用은 모두 가능하지만, 经费는 주로 '研究经费(연구 경비)'와 같이 사업상의 비용이나 경비를 나타낼 때 쓰이므로 적합하지 않다.

어휘

★众所周知 zhòng suǒ zhōu zhī 성 모든 사람이 다 알고 있다 | ★正确 zhèngquè 형 정확하다, 올바르다 | ★习惯 xíguàn 명 습관 | ★缺乏 quēfá 동 결핍되다, 결여되다 | ★体育锻炼 tǐyù duànliàn 명 체육 단련 | ★肥胖 féipàng 형 뚱뚱하다, 비만하다 | ★睡眠不足 shuìmián bùzú 수면 부족 | ★导致 dǎozhì 동 야기하다, 초래하다 | ★体重增加 tǐzhòng zēngjiā 체중이 늘다 | 基础代谢率 jīchǔ dàixièlǜ 기초 대사율 | 发胖 fāpàng 동 살찌다 | ★减肥 jiǎnféi 동 체중을 줄이다, 다이어트하다 | ★有效解决 yǒuxiào jiějué 효과적으로 해결하다 | ★超重 chāozhòng 동 기준 중량을 초과하다 | ★节省 jiéshěng 동 아끼다, 절약하다 | ★不必要 bú bìyào 불필요한 | ★作息 zuòxī 동 일하고 휴식하다 | ★实用 shíyòng 형 실용적이다 | ★规范 guīfàn 명 규범 | ★支出 zhīchū 명 지출 | 实惠 shíhuì 형 실질적이다 | ★规律 guīlǜ 명 규율, 규칙 | ★开支 kāizhī 명 지출, 비용 | ★卫生 wèishēng 명 위생 | ★优越 yōuyuè 형 우월하다 | ★规划 guīhuà 명 계획, 기획 | ★经费 jīngfèi 명 경비, 비용 | ★通用 tōngyòng 동 통용되다, 보편적으로 사용하다 | ★规则 guīzé 명 규칙, 법규 | ★费用 fèiyòng 명 비용, 지출

69. HSK POINT '动画制作'의 호응 구조 파악 | 난이도 上

1960年，世界上第一部水墨动画片《小蝌蚪找妈妈》在中国①诞生。作为世界动画史上的一大创举，它将中国传统的水墨画融入到动画②制作中。在摄制技术上，它完全采用了中国特有的绘画技法。片中虚虚实实的意境和轻灵优美的③镜头，便体现了中国画"似与不似之间"的美学④特征，使动画片的艺术格调有了重大的⑤改善。

1960년, 세계 최초의 수묵 만화 영화인「올챙이가 엄마를 찾아요」가 중국에서 ①탄생했다. 이는 세계 만화 영화 역사상의 큰 시도로서, 중국 전통의 수묵화를 만화 영화 ②제작에 융합시켰다. 촬영 제작 기술면에서, 이는 완전히 중국 고유의 회화 기법을 사용했다. 만화 영화 속 허실의 예술적 경지와 생동감 넘치고 아름다운 ③장면이 중국화의 '닮은 듯 닮지 않은' 미적 ④특징을 구체적으로 드러냈고, 만화 영화의 예술 격조에 큰 ⑤개선을 얻게 하였다.

A 呈现 X	制造 X	画面 O	特长 X	突变 X
B 出示 X	操作 X	情景 X	特意 X	改进 O
C 产生 X	研制 X	屏幕 X	专长 X	冲突 X
D 诞生 O	**制作 O**	**镜头 O**	**特征 O**	**改善 O**

A 드러나다	제조하다	화면	특기	돌변하다
B 제시하다	조작하다	광경	특별히	개선하다
C 생기다	연구 제작하다	스크린	장기	충돌하다
D 탄생하다	**제작하다**	**장면**	**특징**	**개선하다**

공략

①번 칸: 诞生만 가능하므로, 이 빈칸을 통해 정답이 D임을 바로 알 수 있다. 诞生은 최초로 어떤 위대한 인물이나 사물이 생겨났음을 나타낼 때 쓰이는데, 여기서는 세계 최초의 수묵 만화 영화가 중국에서 생겨났음을 의미한다. 呈现은 주로 어떤 현상이나 양상이 드러남을 나타낼 때 쓰이는데, 예를 들면 '呈现变化(변화가 나타나다)'가 있다. 出示는 '제시하다'는 의미로 어떤 물건을 꺼내서 보여줄 때 쓰이며, 예를 들면 '出示身份证(신분증을 제시하다)'이 있다. 产生은 '생기다, 발생하다'는 뜻이며, '产生感情(감정이 생기다)', '产生矛盾(갈등이 발생하다)'과 같이 주로 이미 존재하고 있던 사물로부터 새로운 사물이나 현상이 생겨날 때 쓰인다.

②번 칸: 制作만 '动画制作(만화 영화 제작)'의 형태로 호응하여 쓰인다. 制造는 '비교적 부피와 무게가 있는 사물을 제조한다'는 의미로 쓰이고, 操作는 '조작하다'는 의미로 '操作机器(기계를 조작하다)'와 같이 호응하여 쓰인다. 研制는 '연구 제작하다'는 의미이므로 문맥상 적합하지 않다.

⑤번 칸: 빈칸에는 改进과 改善이 둘 다 가능하다. 突变은 '돌변하다'는 뜻이므로 문맥에 맞지 않고, 冲突는 '충돌하다'는 의미로 주로 '发生冲突(충돌이 발생하다)', '利益冲突(이익 상충)'의 형태로 호응하여 쓰인다.

어휘

水墨 shuǐmò 명 수묵 | ★动画片 dònghuàpiān 명 만화 영화 | 蝌蚪 kēdǒu 명 올챙이 | ★作为 zuòwéi 동 ~의 신분으로서, ~의 자격으로서 | 一大创举 yí dà chuàngjǔ 큰 시도 | 将……融入到……中 jiāng……róngrù dào……zhōng ~을 ~에 융합시키다 | 摄制技术 shèzhì jìshù 촬영 제작 기술 | 采用 cǎiyòng 동 채용하다, 적합한 것을 골라 쓰다 | 特有 tèyǒu 형 특유하다 | 绘画技法 huìhuà jìfǎ 회화 기법 | 虚虚实实 xū xū shí shí 허실, 거짓과 진실 | 意境 yìjìng 명 예술적 경지 | 轻灵优美 qīnglíng yōuměi 유달리 생동감 넘치고 아름답다 | ★体现 tǐxiàn 동 구현하다 | 似与不似之间 sì yǔ bú sì zhī jiān 닮은 듯 닮지 않은 것 같은 | 美学 měixué 명 미학 | 艺术格调 yìshù gédiào 예술의 격조 | ★重大 zhòngdà 형 중대한 | ★呈现 chéngxiàn 동 나타나다, 드러나다 | ★制造 zhìzào 동 제조하다, 만들다 | ★画面 huàmiàn 명 화면 | ★特长 tècháng 명 특기, 장점 | ★突变 tūbiàn 동 돌변하다, 갑자기 변하다 | ★出示 chūshì 동 내보이다, 제시하다 | ★操作 cāozuò 동 조작하다 | 情景 qíngjǐng 명 광경, 정경 | ★特意 tèyì 부 특별히, 일부러 | ★改进 gǎijìn 동 개선하다, 개량하다 | ★产生 chǎnshēng 동 생기다, 발생하다 | 研制 yánzhì 동 연구 제작하다 | ★屏幕 píngmù 명 스크린, 화면 | ★专长 zhuāncháng 명 특기, 장기 | ★冲突 chōngtū 동 충돌하다, 싸우다 | ★诞生 dànshēng 동 생기다, 나오다 | ★制作 zhìzuò 동 제작하다 | ★镜头 jìngtóu 명 장면, 렌즈 | ★特征 tèzhēng 명 특징 | ★改善 gǎishàn 동 개선하다

합격필수 TIP

▶ '改善/改进/改良/改造/改革/改正'의 차이 비교

① 改善 동 개선하다(좋은 방향으로 바꾸는 의미)
　어휘 호응　改善生活 생활을 개선하다 | 改善条件 조건을 개선하다 | 改善关系 관계를 개선하다
　예문　我们要改善工作环境。우리는 업무 환경을 개선해야 한다.

② 改进 동 개선하다, 개량하다(발전적인 방향으로 바꾸는 의미)
　어휘 호응　改进技术 기술을 개선하다 | 改进工作 업무를 개선하다 | 改进方法 방법을 개선하다
　예문　这种生产技术必须加以改进。이러한 생산 기술은 반드시 개선해야 한다.

③ 改良 동 개량하다, 개선하다(사물을 원래보다 좋게 바꾼다는 의미)
　어휘 호응　改良品种 품종을 개량하다 | 改良土壤 토양을 개량하다
　예문　这些都是改良后的品种。이것들은 모두 개량되어 나온 품종이다.

④ 改造 동 개소하다(사물의 일부나 전체를 본질적으로 바꾼다는 의미)
　어휘 호응　改造世界 세계를 개조하다 | 改造社会 사회를 개조하다 | 改造思想 사상을 개조하다
　예문　互联网也是一种改造社会的工具。인터넷도 일종의 사회를 개조하는 도구이다.

⑤ 改革 동 개혁하다(혁신적으로 바꾼다는 의미)
　어휘 호응　经济改革 경제 개혁 | 改革成功 개혁 성공 | 改革开放 개혁 개방 | 全面改革 전면적으로 개혁하다
　예문　改革开放有利于全国人民。개혁 개방은 전 국민에게 이롭다.

⑥ 改正 동 개정하다, 시정하다, 바로잡다(잘못된 것이나 틀린 것을 바꾼다는 의미)
　어휘 호응　改正错误 잘못을 고치다 | 改正缺点 결점을 고치다 | 改正错字 틀린 글자를 고치다 | 改正坏习惯 나쁜 습관을 고치다
　예문　做错了事，及时改正就好了。잘못을 해도, 제때에 고치면 된다.

70. HSK POINT 创新의 의미와 용법 이해 〔난이도 上〕

扭转经营局面不能只靠降低成本，而还要通过①创新摆脱困境。顾客并非要"买便宜"，而是想"占便宜"。真正便宜了，他们②反而不买了，认为廉价商品没好货。如果你能提供绝佳的品质和诱人的③体验，让他们觉得④物超所值，像⑤捞了个大便宜，再贵也会趋之若鹜，争相购买。

경영의 국면을 되돌리는 것은 단지 원가를 낮추는 것만으로는 불가능하고, ①혁신을 통해 곤경에서 벗어나야 한다. 고객은 결코 '싼 물건을 구입하려는 것'이 아니라, '싼 물건을 차지하고 싶어하는 것'이다. 정말 값이 싸지면, 그들은 ②오히려 구매하지 않으며, 저렴한 가격의 상품에는 좋은 물건이 없다고 여긴다. 만약 매우 뛰어난 품질과 매혹적인 ③체험을 제공한다면, 그들은 ④상품의 가격 대 성능비가 높다고 여기며, 큰 이익을 ⑤건진 것 같아, 가격이 더 비싸다고 해도 떼를 지어 몰려들어 앞다투어 구매할 것이다.

A	更新 X	进而 X	考验 X	知足常乐 X	掏 X
B	创立 X	反倒 O	实验 X	称心如意 O	拆 X
C	**创新 O**	**反而 O**	**体验 O**	**物超所值 O**	**捞 O**
D	创办 X	甚而 X	体会 X	物美价廉 O	捡 X

A 갱신하다 | 더 나아가 | 시험하다 | 만족함을 알면 늘 즐겁다 | 꺼내다
B 창립하다 | 오히려 | 실험하다 | 마음에 꼭 들다 | 뜯다
C 혁신 | 오히려 | 체험하다 | 물건의 가격 대 성능비가 높다 | 건지다
D 창간하다, 세우다 | 심지어 | 체득하다 | 상품의 질이 좋고 값도 싸다 | 줍다

공략

①번 칸 : 创新은 '혁신'이라는 뜻의 명사로 문장에서 단독으로 사용될 수 있다. 여기서는 어떤 수단이나 도구를 끌어내는 '~을 통해'라는 의미의 문장 구조이므로, 이 빈칸에는 명사 创新만 가능하다.

④번 칸 : 상품 구입에 있어 소비자가 느끼게 되는 점을 서술하고 있으므로, 빈칸에는 称心如意, 物超所值, 物美价廉이 모두 가능하다. 知足常乐는 '(자신이 가진 것에 대해) 만족스럽게 여기면 늘 즐겁다'는 의미로 빈칸에는 적합하지 않다.

⑤번 칸 : '매우 싼 값에 사다, 거저 먹다'는 의미의 '捡了个大便宜'가 가장 적합하지만 '捞了个大便宜'도 가능하다.

어휘

★扭转 niǔzhuǎn 동 바꾸다, 되돌리다 | 经营局面 jīngyíng júmiàn 경영의 국면 | ★靠 kào 동 기대다, 접근하다 | ★降低 jiàngdī 동 내리다, 낮추다 | ★成本 chéngběn 명 원가, 자본금 | 通过 tōngguò 동 통과하다, 지나가다 | ★困境 kùnjìng 명 곤경 | 顾客 gùkè 명 고객 | ★并非 bìngfēi 동 결코 ~하지 않다, 결코 ~이 아니다 | ★占便宜 zhàn piányi 싼 것을 차지하다 | 廉价商品 liánjià shāngpǐn 저렴한 가격의 상품 | ★好货 hǎohuò 명 좋은 물건, 좋은 것 | ★提供 tígōng 동 제공하다 | ★绝佳 juéjiā 엄청나게 좋은, 대단히 훌륭한 | ★品质 pǐnzhì 명 품질 | ★诱人 yòurén 형 매혹적인, 매력적인 | ★趋之若鹜 qū zhī ruò wù 우르르 몰려가다, 떼를 지어 모여들다 | ★争相购买 zhēngxiāng gòumǎi 앞다투어 구매하다 | ★更新 gēngxīn 동 갱신하다, 혁신하다 | ★进而 jìn'ér 접 더 나아가, 진일보하여 | ★考验 kǎoyàn 동 시험하다, 시련을 주다 | ★知足常乐 zhī zú cháng lè 성 만족함을 알면 항상 즐겁다 | ★掏 tāo 동 꺼내다, 파다 | ★创立 chuànglì 동 창립하다 | ★反倒 fǎndào 부 반대로, 오히려 | ★实验 shíyàn 동 실험하다 | ★称心如意 chèn xīn rú yì 성 마음에 꼭 들다, 자기 마음에 완전히 부합되다 | ★拆 chāi 동 뜯다, 떼어내다 | ★创新 chuàngxīn 동 혁신하다, 옛것을 버리고 새것을 창조하다 | ★反而 fǎn'ér 부 오히려 | ★体验 tǐyàn 동 체험하다 | ★物超所值 wù chāo suǒ zhí 물건이 그 가치를 뛰어넘다, 물건의 가격 대 성능비가 높다 | ★捞 lāo 동 건지다, 얻다, 가지다 | ★创办 chuàngbàn 동 창간하다, 창설하다 | ★甚而 shèn'ér 부 심지어 | ★体会 tǐhuì 동 체득하다, 체험하여 터득하다 | ★物美价廉 wù měi jià lián 성 상품의 질이 좋고 값도 저렴하다 | ★捡 jiǎn 동 줍다

합격필수 TIP

▶ '创立/创新/创办/创造/创作'의 차이 비교

① 创立 동 세우다, 창립하다

어휘 호응 创立公司 회사를 세우다 | 创立学说 학설을 세우다 | 创立品牌 브랜드를 창립하다

예문 这家公司创立没多久。 이 회사는 창립된 지 얼마 되지 않았다.

② 创新 명동 혁신(하다)
- 어휘 호응 创新精神 창조적 정신 | 创新意识 창조적 의식 | 科技创新 과학 기술 혁신 | 勇于创新 용감히 개혁하다
- 예문 科技创新对这种行业来说是很重要的。 과학 기술 혁신은 이 업종에 있어 매우 중요하다.

③ 创办 동 창립하다, 창간하다, 세우다
- 어휘 호응 创办刊物 간행물을 창간하다 | 创办学校 학교를 세우다 | 创办公司 회사를 세우다
- 예문 他们已经创办了体育杂志。 그들은 이미 스포츠 잡지를 창간했다.

④ 创造 동 창조하다
- 어휘 호응 创造奇迹 기적을 창조하다 | 创造未来 미래를 창조하다 | 创造价值 가치를 창조하다
- 예문 那是一个创造价值的过程。 그것은 가치를 창조하는 과정이다.

⑤ 创作 명동 창작(하다)
- 어휘 호응 艺术创作 예술 창작 | 创作经验 창작 경험 | 创作能力 창작 능력
- 예문 他花了两年的时间，创作了这部小说。 그는 2년의 시간을 들여, 이 소설을 창작했다.

第三部分

[71-75]

颐和园，北京市古代皇家园林，前身为清漪园，(71)A 坐落在北京西郊，距城区十五公里，占地约二百九十公顷，与圆明园毗邻。它是保存最完整的一座皇家行宫御苑，被誉为"皇家园林博物馆"，也是国家重点旅游景点。

清朝乾隆皇帝继位以前，在北京西郊一带，建起了四座大型皇家园林。乾隆十五年，乾隆皇帝为孝敬其母孝圣宪皇后动用448万白银在这里改建为清漪园，(72)C 形成了从现清华园到香山长达二十公里的皇家园林区。咸丰十年，清漪园被英法联军焚毁。光绪十四年重建，改称颐和园，作消夏游乐地。光绪二十六年，颐和园又遭"八国联军"的破坏，(73)E 珍宝被劫掠一空。清朝灭亡后，颐和园在军阀混战和国民党统治时期，又遭破坏。

1961年3月4日，(74)D 颐和园被公布为第一批全国重点文物保护单位，与同时公布的承德避暑山庄、拙政园、留园并称为中国四大名园，

이화원은 베이징시의 고대 황실 정원으로, 그 전신은 청이원이며, (71)A 베이징 서쪽 교외에 자리하고 있는데, 시내에서 15킬로미터 떨어져 있고, 면적은 약 290헥타르로 원명원과 인접해 있다. 이화원은 보존이 가장 완전한 황실 행궁 정원이어서 '황실 정원의 박물관'이라고 불리며, 또한 국가의 주요 관광 명소이기도 하다.

청나라 건륭 황제가 왕위를 계승하기 전, 베이징 서쪽 교외 일대에 대형 황실 정원 네 채를 지었다. 건륭 15년, 건륭 황제는 자신의 어머니 효성헌 황후께 효도하기 위해, 448만 냥의 은화를 들여 이곳에 청이원을 재건하였고, (72)C 지금의 청화원에서부터 황산까지 이르는 20킬로미터의 황실 정원 구역을 조성했다. 함풍 10년, 청이원은 영국과 프랑스 연합군에 의해 불에 타버렸고, 광서 14년에 재건하여 명칭을 이화원으로 바꾸어, 이를 피서 유원지로 사용했다. 광서 26년, 이화원은 또 '8개국 연합군'에 의해 훼손되었는데, (73)E 진귀한 보물들을 다 약탈당했다. 청나라 멸망 후, 이화원은 군벌 혼전과 국민당 통치 시기에 또 파손되었다.

1961년 3월 4일, (74)D 이화원은 최초로 전국 주요 문물 보호 단위로 공포되었고, 당시 같이 발표된 청더 피서산장, 졸정원, 유원과 함께 중국 4대 명원으로 불리며, (75)B 1998년 11월에 「세계 유산 명록」에 수록되었다. 2007년 5월 8일,

(75) B 1998年11月被列入《世界遗产名录》。2007年5月8日，颐和园经国家旅游局正式批准为国家5A级旅游景区。

A 坐落在北京西郊
B 1998年11月被列入《世界遗产名录》
C 形成了从现清华园到香山长达二十公里的皇家园林区
D 颐和园被公布为第一批全国重点文物保护单位
E 珍宝被劫掠一空

이화원은 국가 관광국의 정식 비준을 거쳐 국가 5A급 관광지가 되었다.

A 베이징 서쪽 교외에 자리하고 있다
B 1998년 11월에 「세계 유산 명부」에 수록되었다
C 지금의 청화원에서부터 황산까지 이르는 20킬로미터의 황실 정원 구역을 조성했다
D 이화원은 최초로 전국 주요 문물 보호 단위로 공포되었다
E 진귀한 보물들을 다 약탈당했다

어휘 颐和园 Yíhéyuán 고유 이화원 | 皇家园林 huángjiā yuánlín 황실 정원 | ★前身 qiánshēn 명 전신 | 清漪园 Qīngyīyuán 고유 청이원 | 城区 chéngqū 명 시내 지역 | 公里 gōnglǐ 양 킬로미터 | 占地 zhàndì 동 토지를 점용하다 | 公顷 gōngqǐng 양 헥타르 | ★与……毗邻 yú……pílín ~와 인접하다 | 圆明园 Yuánmíngyuán 고유 원명원 | ★保存完整 bǎocún wánzhěng 보존이 완전하다 | 行宫御苑 xínggōng yùyuàn 행궁 정원 | ★被誉为 bèi yùwéi ~로 불리다, ~로 칭송되다 | ★博物馆 bówùguǎn 명 박물관 | ★旅游景点 lǚyóu jǐngdiǎn 관광 명소 | ★清朝 Qīng cháo 명 청대, 청나라 | 乾隆 Qiánlóng 고유 건륭 | ★皇帝 huángdì 명 황제 | 继位 jìwèi 동 왕위를 계승하다 | 西郊 xījiāo 명 서쪽 교외 | 建起 jiànqǐ 동 세우다, 짓다 | 大型 dàxíng 형 대형의 | ★孝敬 xiàojìng 동 효도하다 | ★皇后 huánghòu 명 황후 | ★动用 dòngyòng 동 (함부로 사용하면 안 되는 물건과 사람을) 사용하다 | 白银 báiyín 명 은 | 改建 gǎijiàn 동 재건하다, 개조하다 | 咸丰 Xiánfēng 고유 함풍 | 被……焚毁 bèi……fénhuǐ ~에 불탔다, ~에 타버렸다 | 英法联军 Yīng Fǎ liánjūn 영국과 프랑스 연합군 | ★重建 chóngjiàn 동 재건하다 | ★改称 gǎichēng 명칭을 바꾸다 | 消夏游乐地 xiāoxià yóulèdì 피서 유원지 | ★遭……破坏 zāo……pòhuài 파괴를 입다, 훼손을 당하다 | 八国联军 bā guó liánjūn 8개국 연합군 | ★灭亡 mièwáng 동 멸망하다 | 军阀混战 jūnfá hùnzhàn 군벌 혼전 | ★统治 tǒngzhì 동 통치하다, 지배하다 | 并称为 bìng chēngwéi 함께 ~라고 부르다 | ★国家旅游局 guójiā lǚyóujú 국가 관광국 | ★正式 zhèngshì 형 정식의, 공식의 | ★批准 pīzhǔn 동 승인하다, 허가하다 | ★坐落在 zuòluò zài ~에 위치하다 | ★被列入 bèi lièrù ~에 들어서다, ~에 속하다 | ★形成 xíngchéng 동 형성되다 | 清华园 Qīnghuáyuán 고유 청화원 | 长达 chángdá ~에 달하다, ~만큼이나 되다 | ★被公布为 bèi gōngbù wéi ~로 공포되다 | 文物 wénwù 명 문물, 문화재 | 珍宝 zhēnbǎo 명 진귀한 보물, 보배 | ★被劫掠一空 bèi jiéluè yìkōng 다 약탈당하다

71. HSK POINT 연관된 의미의 어휘 파악 난이도 下

A 坐落在北京西郊　　　A 베이징 서쪽 교외에 자리하고 있다

공략 첫 번째 단락에서는 모두 이화원의 위치에 대해 서술하고 있으므로 정답은 A가 된다.

72. HSK POINT 문맥적 의미 이해 난이도 上

C 形成了从现清华园到香山长达二十公里的皇家园林区　　　C 지금의 청화원에서부터 황산까지 이르는 20킬로미터의 황실 정원 구역을 조성했다

공략 이러한 유형의 문제는 바로 정답을 선택하는 것이 어렵기 때문에, 다른 문제의 정답을 다 고른 후에 마지막에 풀도록 한다.

73. HSK POINT 연관된 의미의 어휘 파악 난이도 中

E 珍宝被劫掠一空　　　　　　　　　　E 진귀한 보물들을 다 약탈당했다

공략　정답을 찾는 힌트는 빈칸 앞에 제시된 '颐和园又遭"八国联军"的破坏'이다. 이화원이 훼손을 입은 것과 관련된 내용이므로 문맥상 이와 관련된 내용의 E가 정답이 된다.

74. HSK POINT 문장 구조 이해 난이도 中

D 颐和园被公布为第一批全国重点文物保护单位　　　D 이화원은 최초로 전국 주요 문물 보호 단위로 공포되었다

공략　정답을 찾는 힌트는 빈칸 앞에 제시된 '1961年3月4日'라는 시간사이다. 빈칸에는 주어와 술어가 다 갖춰진 완전한 문장이 이어져야 하므로 정답은 D임을 알 수 있다.

75. HSK POINT 시간의 흐름 순서 파악 난이도 中

B 1998年11月被列入《世界遗产名录》　　　　B 1998년 11월에 「세계 유산 명부」에 수록되었다

공략　이 문제는 해당 단락에서 시간의 흐름에 따라 살펴보면 쉽게 정답을 고를 수 있다. 빈칸 앞부분의 '1961년'과 빈칸 뒷부분의 '2007년'이라는 시간사를 통해, 빈칸에는 '1998년'이라는 시간사가 이끄는 문장이 제시될 것임을 알 수 있으므로, 정답은 B가 된다. 이에 따라 72번 문제는 이화원이 재건된 후의 규모에 대해 언급하는 C가 정답이 된다.

[76-80]

经常去赏花的人可能都有这样的体验：当气温偏高时，(76)B 随处都可以闻到花香，且香气较浓；当气温偏低时，则只有在花的附近才闻得到花香，且香气较淡。花香的浓淡果然与气温的高低有关吗？

让我们首先来弄清"花香"是怎么回事吧。原来，大多数花卉的花瓣里都有一种油细胞，它能不断分泌出有香味的芳香油。芳香油挥发后扩散到空气中的芳香油分子会刺激人的嗅觉器官，使人产生芳香的感觉，这就是花香。所谓的香气浓淡，(77)E 不过是进入人鼻孔中芳香油分子的多少罢了。实验结果表明，当其他环境因素完全相同时，(78)D 芳香油分子的扩散速度主要受气温影响。气温越高，分子无规则运动的速度越快，扩散也就越快。

자주 꽃구경을 가는 사람들은 아마 이러한 경험이 있을 것이다. 기온이 높은 편일 때는 (76)B 곳곳에서 꽃향기를 잘 맡을 수 있고 또한 향기가 매우 진한데, 기온이 낮은 편일 때는 꽃 가까이에서만 꽃향기를 맡을 수 있고 향기도 비교적 옅다. 꽃향기의 농도가 과연 기온의 높고 낮음과 연관이 있을까?

우선 '꽃 향기'가 어떻게 된 것인지 분명히 밝히도록 하자. 원래 대다수 꽃의 꽃잎에는 유세포가 있으며, 그것은 향기를 지닌 방향유를 끊임없이 분비해낸다. 방향유가 휘발된 후 공기 중으로 확산된 방향유 분자가 사람의 후각 기관을 자극하여 사람들이 향기를 느끼게 하는데, 이것이 바로 꽃향기이다. 소위 말하는 향기의 농도는 (77)E 사람의 콧구멍에 들어가는 방향유 분자의 수에 지나지 않는다. 실험 결과가 밝힌 바로는, 기타 환경 요소가 완전히 동일할 때, (78)D 방향유 분자의 확산 속도는 주로 기온의 영향을 받게 된다고 한다. 기온이 높을수록 분자의 무규칙 운동 속도가 빨라져서, 확산 속도 또한 빨라진다고 한다.

在低温无风的天气里，(79)A 分子无规则运动的速度减慢，由花朵扩散出的芳香油分子大都聚集在花朵的周围。只有靠近花朵，才能闻到花香。而阳光明媚、天气暖和时，一方面，较高的气温加快了芳香油分子的无规则运动，使其扩散加快；另一方面，花卉附近的地面受热辐射后，气流循环加快，(80)C 从而不断将花卉附近的芳香油分子带走，这就进一步加快了花卉对芳香油的分泌和挥发，花的香气更加浓郁，从而让人产生香气袭人的感觉。

A 分子无规则运动的速度减慢
B 随处都可以闻到花香
C 从而不断将花卉附近的芳香油分子带走
D 芳香油分子的扩散速度主要受气温影响
E 不过是进入人鼻孔中芳香油分子的多少罢了

저온의 바람이 불지 않는 날씨에는 (79)A 분자의 무규칙 운동 속도가 느려져서, 꽃송이에서 확산된 방향유 분자는 모두 꽃송이 주변에 모이게 된다. 그래서 꽃송이가 가까이에 가야만 꽃향기를 맡을 수 있다. 그런데 화창하고 날씨가 따뜻하면, 한편으로 비교적 높은 기온이 방향유 분자의 무규칙 운동 속도를 가속화하여 그 확산 속도를 빠르게 하고, 또 한편으로는 꽃과 가까운 지면은 열의 복사를 받아 기류 순환이 빨라져서, (80)C 끊임없이 꽃 근처의 방향유 분자를 가져가게 된다. 이는 꽃의 방향유 분비와 휘발 속도를 높여 꽃의 향기는 더 짙어지게 되므로, 사람들은 꽃향기가 풍기는 느낌을 받게 되는 것이다.

A 분자의 무규칙 운동 속도가 느려진다
B 곳곳에서 꽃향기를 잘 맡을 수 있다
C 끊임없이 꽃 근처의 방향유 분자를 가져가게 된다
D 방향유 분자의 확산 속도는 주로 기온의 영향을 받게 된다
E 사람의 콧구멍에 들어가는 방향유 분자의 수에 지나지 않는다

어휘 赏花 shǎnghuā 통 꽃구경하다, 꽃놀이를 하다 | ★体验 tǐyàn 명 체험, 경험 | ★偏 piān 형 치우치다, 기울다 | 浓淡 nóngdàn 명 농도, 농담 | 弄清 nòngqīng 통 명백하게 하다, 똑똑히 밝히다 | 花卉 huāhuì 명 화초, 화훼 | 花瓣 huābàn 명 꽃잎 | 油细胞 yóuxìbāo 유세포 | ★分泌出 fēnmìchū 분비해내다 | 香味 xiāngwèi 명 향기, 향내 | 芳香油 fāngxiāngyóu 방향유 | 挥发 huīfā 통 휘발하다 | ★扩散 kuòsàn 통 확산하다 | 分子 fēnzǐ 명 분자 | ★刺激 cìjī 통 자극하다 | 嗅觉器官 xiùjué qìguān 후각 기관 | 芳香 fāngxiāng 명 향기 | 花香 huāxiāng 명 꽃향기 | ★环境因素 huánjìng yīnsù 환경 요소 | 无规则运动 wúguīzé yùndòng 무규칙 운동 | 花朵 huāduǒ 명 꽃, 꽃송이 | ★聚集在 jùjí zài ~에 모이다 | ★阳光明媚 yángguāng míngmèi 화창하다, 햇빛이 맑고 아름답다 | 热辐射 rèfúshè 열복사 | 气流循环 qìliú xúnhuán 기류 순환 | ★浓郁 nóngyù 형 짙다, 농후하다 | 香气袭人 xiāngqì xírén 향기가 풍기다 | ★不过是……罢了 búguò shì……bàle ~에 불과하다, ~에 지나지 않을 뿐이다 | 鼻孔 bíkǒng 명 콧구멍

76. HSK POINT 연관된 의미의 어휘 파악 난이도 中

B 随处都可以闻到花香 | B 곳곳에서 꽃향기를 잘 맡을 수 있다

공략 빈칸 뒤 문장 '且香气较浓'에서 보기 B의 花香과 연관된 의미인 香气를 찾을 수 있으므로 정답은 B가 된다.

77. HSK POINT 연관된 의미의 어휘 파악 난이도 中

E 不过是进入人鼻孔中芳香油分子的多少罢了 | E 사람의 콧구멍에 들어가는 방향유 분자의 수에 지나지 않는다

공략 빈칸 앞의 '……的芳香油分子会刺激人的嗅觉器官，使人产生芳香的感觉，这就是花香'이라는 문장 뒤에서 전개될 내용은 후각 기관과 연관된 것임을 유추할 수 있으므로, 鼻孔이 제시된 보기 E가 정답이 된다.

78. HSK POINT 연관된 문장 내용 파악 난이도 下

D 芳香油分子的扩散速度主要受气温影响 | D 방향유 분자의 확산 속도는 주로 기온의 영향을 받게 된다

공략 빈칸 뒤 문장 중 '气温越高'를 보고 이와 연관된 내용인 '气温影响'이 있는 보기 D가 정답임을 알 수 있다.

79. HSK POINT 앞 문장과 대비·대조의 의미를 나타내는 문장 파악 난이도 下

A 分子无规则运动的速度减慢 | A 분자의 무규칙 운동 속도가 느려진다

공략 빈칸 앞 문단 마지막에서 기온이 높을수록 분자의 무규칙 운동 속도가 빨라진다고 했으므로, 저온일 때는 이와 반대로 분자의 무규칙 운동 속도가 느려질 것임을 유추할 수 있다. 따라서 정답은 A가 된다.

80. HSK POINT 동일한 어휘 파악 난이도 上

C 从而不断将花卉附近的芳香油分子带走 | C 끊임없이 꽃 근처의 방향유 분자를 가져가게 된다

공략 문제의 내용상 난이도가 비교적 높지만, 다른 문제의 정답을 비교적 쉽게 찾을 수 있으므로 마지막에 남는 보기 C를 정답으로 찾을 수 있다. 또한 빈칸 앞의 문장에서도 보기 C의 '花卉附近'과 동일한 어휘를 찾을 수 있으므로 정답은 C이다.

第四部分

[81-84]

人生到底有多少天？不同的人有不同的答案，但我看人的一生无一例外地只有三天，昨天、今天、明天，经营好了这三天，就经营好了一生。

昨天的日子很长，说不清有多少天。但不管有多少天也不管是受到挫折，还是取得辉煌，都只能代表过去不能代表将来。比如 81昨天贫困潦倒的人将来可能会变成富翁，昨天锦衣华食的人将来可能沦为乞丐，昨天打工的人将来会变成老板，这就是三十年河东、三十年河西，83世上没有永远的胜利，也没有永远的失败，胜利和失败在合适的条件下是能够转化的，因此，我们不必为昨天的挫折而萎靡不振，也不必为昨天的辉煌而狂妄自大，只有把过去的挫折和辉煌都作为今天的垫脚石，才能攀登美好的明天。

인생은 대체 며칠이나 될까? 사람마다 각기 다른 답을 가지고 있겠지만, 나는 인생이란 예외 없이 어제, 오늘, 내일이라는 3일만 있으며, 이 3일을 잘 운영한다면 일생을 잘 꾸린 것이라고 생각한다.

지난날은 매우 길기에 며칠이나 되는지는 분명히 말할 수 없지만, 며칠이든 관계없이 또한 좌절을 겪었든 빛나는 성과를 이루었든 관계없이, 이는 단지 과거만을 나타낼 뿐 미래를 대표할 수는 없다. 예를 들어, 81지난날 가난하고 초라했던 사람이 장래에 부자가 될 수도 있고, 지난날 호화스러운 삶을 살았던 사람이 미래에 거지로 전락할 수 있으며, 지난날 아르바이트를 하던 사람이 미래에는 사장이 될 수 있으므로, 이는 바로 세상사의 흥망성쇠가 변화무쌍함을 나타낸다. 83세상에는 영원한 승리란 없으며, 영원한 실패 또한 없다. 승리와 실패는 적당한 조건하에 전환될 수 있는 것이다. 따라서 우리는 어제의 좌절 때문에 의기소침해 할 필요가 없고, 어제의 빛나는 성과로 인해 거만하게 굴어서도 안

今天的日子很短，而且正在自己的脚下以秒计算着缩短，今天是昨天的接力处，接力棒交得好，便会走向辉煌的明天。接力出问题，便会前功尽弃，因此面对今天我们不要总是怀念过去，过去的就让它过去了，82只有从零开始，脚踏实地，全心全意地经营好今天才会结出丰硕的果实，今天的事一定要今天完成，决不能推到明天，如果总是今天望明日，明日何其多，明日复明日就是人生的尽头了，结果不但今天没做好，明天也悄悄地溜走了。

明天的日子还会有多长？谁也说不定，明天是辉煌还是落败？谁也道不明，明天向我们显示机遇，或向我们提出挑战，明天的希望是美好的。但是其路途决不是平坦，也许到处都布满荆棘，但不管怎样有一点是可以肯定的，那就是花好月圆的明天，只接纳奋斗不息者。

因此，84我们只有善于汲取昨天的经验和教训，利用今天作为新跨越的准备，斗志昂扬地去挑战明天，才能为人生划上一个圆满的句号。

된다. 오직 과거의 좌절과 성과를 오늘의 디딤돌로 삼아야지만, 아름다운 내일에 오를 수 있게 된다.

오늘이라는 날은 매우 짧은데, 자신의 발 아래에서 초 단위로 단축되고 있다. 오늘은 어제의 이어달리는 지점인데, 바통을 잘 건넨다면 빛나는 내일로 나아갈 수 있다. 이어달리기하는 데 있어 문제가 생기면, 앞서 세운 공든 탑이 무너지게 되므로, 오늘을 마주하고 늘 과거만 회상해서는 안 되며, 과거의 일은 지나가게 두어야 한다. 82오직 처음부터 착실하고 견실하게 전심을 다해 오늘을 잘 운영해야만 풍성한 열매를 맺을 수 있고, 오늘의 일은 반드시 오늘 완성하도록 하며, 이를 절대 내일로 미루지 말아야 한다. 만약 줄곧 오늘이라는 시간에 내일을 바라보며 내일은 얼마나 많을까를 생각한다면, 매일매일이 인생의 끝이 될 것이고, 그 결과 오늘 아무것도 해내지 못하고 내일도 조용히 사라지게 될 것이다.

미래의 날은 또 얼마나 될까? 내일이 빛날 것인지 실패할 것인지는 누구도 단언할 수 없다. 내일이 우리에게 기회를 보여줄 것인지 우리에게 도전을 제기할 것인지는 누구도 확실하게 말할 수 없지만, 내일의 희망이란 아름다운 것이다. 하지만 그 길은 결코 평탄하지 않을 것이고, 어쩌면 곳곳에 가시나무가 널려 있을 수도 있지만, 어떻든지 관계없이 한 가지 분명한 것은 있다. 그것은 바로 행복하고 만족스러운 내일은 단지 끝없이 분투하는 사람을 받아들인다는 것이다.

따라서 84우리는 어제의 경험과 교훈을 잘 받아들이고, 오늘을 새로운 도약의 준비로 삼아 투혼을 불태워 내일에 도전해야만, 비로소 인생에 훌륭한 마침표를 새길 수 있다.

어휘 无一例外 wú yī lì wài 하나도 예외가 없다 | ★经营 jīngyíng 동 경영하다, 운영하다 | ★说不清 shuōbuqīng 분명하게 말할 수 없다 | ★受到挫折 shòudào cuòzhé 좌절을 겪다 | ★取得 qǔdé 동 얻다 | ★辉煌 huīhuáng 형 눈부시다, 뛰어나다 | ★代表 dàibiǎo 동 대표하다, 나타내다 | 贫困潦倒 pínkùn liáodǎo 가난하고 초라하다 | ★富翁 fùwēng 명 부자 | 锦衣华食 jǐnyī huá shí 비단 옷과 호화스러운 식사 | 沦为 lúnwéi 동 ~이 되다 | ★乞丐 qǐgài 명 거지 | ★三十年河东，三十年河西 sānshí nián hé dōng, sānshí nián hé xī 세상사의 흥망성쇠가 변화무쌍하다 | ★胜利 shènglì 명동 승리(하다) | ★失败 shībài 명동 실패(하다) | ★在……的条件下 zài……de tiáojiàn xià ~조건에서 | ★转化 zhuǎnhuà 동 바꾸다, 전환하다 | ★不必 búbì 부 ~할 필요가 없다 | 萎靡不振 wěimǐ búzhèn 활기가 없다, 풀이 죽다 | ★狂妄自大 kuángwàng zì dà 형 아주 거만하여 안하무인격이다 | 垫脚石 diànjiǎoshí 명 디딤돌, 발판 | ★攀登 pāndēng 동 등반하다, 오르다 | 以秒计算 yǐ miǎo jìsuàn 초로 계산하다 | ★缩短 suōduǎn 동 단축하다, 줄이다 | 接力处 jiēlìchù 명 이어달리는 지점 | 接力棒 jiēlìbàng 명 바통 | ★走向 zǒuxiàng 동 ~로 향해 나아가다 | 前功尽弃 qián gōng jìn qì 형 앞의 성취·공로 등이 모두 쓸모없게 되다, 공든 탑이 무너지다 | ★怀念过去 huáiniàn guòqù 과거를 회상하다 | ★从零开始 cóng líng kāishǐ 처음부터 시작하다 | 脚踏实地 jiǎo tà shí dì 형 일하는 것이 착실하고 견실하다 | 全心全意 quán xīn quán yì 형 전심전력, 성심성의 | 结出果实 jiéchū guǒshí 열매를 맺다 | 丰硕 fēngshuò 형 풍성하다, 성과가 크다 | 明日复明日 míngrì fù míngrì 날이면 날마다, 매일매일 | 尽头 jìntóu 명 끝, 막바지 | ★悄悄 qiāoqiāo 부 몰래 | 溜走 liūzǒu 몰래 달아나다, 슬그머니 사라지다 | ★说不定 shuōbudìng 부 단언하기 어렵다, 아마 ~일 것이다 | 落败 luòbài 동 실패하다 | 道不明 dàobumíng 확실하게 말할 수 없다 | 向……显示机遇 xiàng……xiǎnshì jīyù ~에게 기회를 보이다 | 向……提出挑战 xiàng……tíchū tiǎozhàn ~에게 도전을 제기하다 | 路途 lùtú 명 길, 여정 | ★决不是 jué búshì 결코 ~이 아니다 | 平坦 píngtǎn 형 평평하다, 평탄하다 | 到处 dàochù 명 도처, 곳곳 | 布满荆棘 bùmǎn jīngjí 가시나무가 가득 널려 있다 | 花好月圆 huā hǎo yuè yuán 형 행복하고 만족스럽다 | ★接纳 jiēnà 동 받아들이다, 수용하다 | ★奋斗不息者 fèndòu bùxīzhě 끊임없이 분투하는 자 | ★善于 shànyú ~를 잘하다, ~에 능하다 | ★汲取经验和教训 jíqǔ jīngyàn hé jiàoxùn 경험과 교훈을 얻다 | ★跨越 kuàyuè 동 뛰어넘다, 건너뛰다 | 斗志昂扬 dòuzhì ángyáng 투지가 드높다, 투혼을 불태우다 | ★圆满 yuánmǎn 형 훌륭하다, 원만하다 | 句号 jùhào 명 마침표, 종지부

81. HSK POINT 앞 문장을 통해 속담의 의미 유추 〔난이도 中〕

第二段中的"三十年河东，三十年河西"最可能是什么意思？

A 生活有时不会一帆风顺
B 做事要有条不紊、循序渐进
C 人生变化无常
D 要学会坚持到底

두 번째 단락의 '三十年河东, 三十年河西'는 어떤 의미인가?

A 삶은 때로 순조롭지 않을 수도 있다
B 일을 할 때는 조리 있고 질서정연하게 순차적으로 진행해야 한다
C 인생은 변화무쌍하다
D 끝까지 꾸준히 하는 법을 익혀야 한다

공략 밑줄 친 문장이나 단어의 의미를 묻는 유형의 문제는 해당 문장의 앞뒤 내용을 꼼꼼히 살펴보도록 한다. 이 문제는 '这就是三十年河东，三十年河西'라는 문장에서 这가 가리키는 것이 무엇인지 안다면 쉽게 정답을 고를 수 있다. 这는 앞 문장에서 예를 들어 설명하는 '昨天贫困潦倒的人将来可能会变成富翁, 昨天锦衣华食的人将来可能沦为乞丐, 昨天打工的人将来会变成老板'이라는 내용을 가리키므로, '三十年河东, 三十年河西'는 인생에는 변화가 많음을 나타낸다. 따라서 정답은 C이다.

82. HSK POINT '只有……才……' 호응 구조 파악을 통해 단락의 중심 내용 이해 〔난이도 中〕

第三段主要想告诉我们什么？

A 人生应该过得从容不迫
B 切不可急功近利
C 要靠自己的力量办好事情
D 要经营好今天

세 번째 단락은 주로 우리에게 무엇을 이야기하려는 것인가?

A 인생은 반드시 침착하게 보내야 한다
B 절대로 눈앞의 성공과 이익에만 급급해서는 안 된다
C 자신의 힘으로 일을 잘 처리해야 한다
D 오늘을 잘 운영해야 한다

공략 세 번째 단락의 '오직 ~해야만 ~이다'는 의미의 유일한 필요 조건을 끌어내는 문장 '只有从零开始, 脚踏实地, 全心全意地经营好今天才会结出丰硕的果实'가 정답을 찾을 수 있는 힌트가 된다. '只有……才……'의 접속사 구조에서 只有 뒤에 제시되는 필요 조건이 바로 작가가 강조하려는 핵심 내용이므로, '오늘을 잘 운영하라'는 내용의 D가 정답이 된다.

어휘 从容不迫 cóng róng bú pò 〔성〕침착하다, 태연자약하다 | 急功近利 jí gōng jìn lì 〔성〕눈앞의 성공과 이익에만 급급하다

83. HSK POINT 보기 순서대로 관련 내용 찾기 〔난이도 中〕

根据上文，下列哪项正确？

A 向自己的目标迈进是最重要的
B 胜利与失败会相互转化
C 要善于把握每一个机会
D 不能只顾眼前的利益

본문에 따르면 다음 중 옳은 것은?

A 자신의 목표를 향해 매진하는 것이 가장 중요하다
B 승리와 실패는 서로 전환된다
C 모든 기회를 잡는 데 능해야 한다
D 눈앞의 이익만 고려해서는 안 된다

공략 이러한 유형의 문제는 보기의 순서대로 관련 내용을 본문에서 찾아 확인하도록 한다. 보기 A의 핵심어는 목표인데, 자신의 목표를 향해 어떠한 태도를 지녀야 하는지에 대한 내용은 언급하지 않았으므로 정답이 아니다. 보기 B의 핵심어는 胜利와 失败로, 두 번째 단락 중 '世上没有永远的胜利, 也没有永远的失败, 胜利和失败在合适的条件下是能够转化的'에서 일치하는 내용을 찾을 수 있다. 따라서 나머지 보기 C와 D를 확인하지 않아도 정답이 B임을 알 수 있다.

84. HSK POINT 전체적인 글의 내용을 이해한 후 제목 유추 난이도 上

最适合做上文标题的是：

A 如何面对生活中的困难和逆境
B 冰冻三尺，非一日之寒
C 把握现在，经营好人生
D 如何规划自己的人生

이 글의 제목으로 가장 적합한 것은?

A 삶의 어려움과 역경에 어떻게 맞설 것인가
B 오랜 시간 동안 누적된 결과이다
C 현재를 장악하여 인생을 잘 운용하자
D 자신의 인생을 어떻게 계획할 것인가

공략 이 글은 작가가 사람의 인생을 어제, 오늘, 내일의 3일로 구분짓고 그 중 오늘을 잘 운용해야만 아름다운 미래를 꾸려나갈 수 있다는 것을 이야기하고 있다. 또한 글의 마지막 단락의 '我们只有善于汲取昨天的经验和教训，利用今天作为新跨越的准备，斗志昂扬地去挑战明天，才能为人生划上一个圆满的句号'라는 내용에서도, 과거의 경험과 교훈을 받아들이고 현재를 잘 이용하여 인생을 멋지게 꾸려나가야 함을 강조하고 있으므로, 정답은 C가 된다.

어휘 冰冻三尺，非一日之寒 bīng dòng sān chǐ, fēi yī rì zhī hán 하루 이틀 사이에 된 것이 아니다, 오랜 시간 동안 누적된 결과이다

[85-88]

　　对植物稍有研究的人都知道，一般庄稼、树木等植物的根是由主根和须根组成的。这些名词也许太专业了一些，但是，我们都知道，不管是主根还是须根，植物的根都是在土壤里向下生长的，为的是能吸收土壤中的水分、营养和氧气。

　　然而，就是有一种奇怪的植物，它却多出了一种根，而且多出的这种根是钻出地面朝天生长的。这种植物的名字叫海桑。

　　⁸⁶ᶜ海桑生长在广东和福建沿海一带，它们生长茂盛，⁸⁶ᴬ繁殖力极强，高可达5米。它们生长在海边滩涂的淤泥里，经常受到潮汐的侵袭，生存环境极为恶劣。最不能忍受的是，淤泥中缺氧，在没有氧气的环境里，海桑是怎么生存的? 而且生存得那么旺盛、那么繁茂?

　　答案很简单，因为海桑比别的植物多长了一种根——呼吸根。为了吸收到新鲜氧气，⁸⁵呼吸根拼命钻出淤泥朝天长，然后，⁸⁶ᴮ把吸收到的氧气传回到淤泥中的主根和须根。所以可以说，朝天长的呼吸根是海桑赖以生存和生长的源泉，没有朝天长的这种根，就没有海桑的生命。

　　为了生存和生长，不论是植物还是人类，都要不遗余力，⁸⁸即使再恶劣的环境，也能找到生存和生长的办法。找到这种办法，需要像海桑一样，具有让根破土而出朝天长的勇气。

　　식물에 대한 연구를 해본 사람들은 다 알 것이다. 일반적으로 농작물, 나무 등과 같은 식물의 뿌리는 원뿌리와 수염뿌리로 구성되어 있다. 이러한 명사는 아마 너무 전문적이 겠지만, 원뿌리든 수염뿌리든 식물의 뿌리는 모두 토양 속에서 토양의 수분, 영양 및 산소를 흡수하기 위해 아래쪽을 향해 자라난다는 것은 누구나 다 알 것이다.

　　그런데 이상한 식물이 있다. 이 식물은 뿌리가 하나 더 자라나는 데다가, 더 자라나는 이 뿌리는 땅을 뚫고 하늘을 향해 생장한다. 이 식물의 이름이 바로 카세오라리스 소네라티아(Sonneratia Caseolaris)이다.

　　⁸⁶ᶜ카세오라리스 소네라티아는 광둥성과 푸젠 연해 일대에서 생장하는데, 그 생장이 왕성하고 ⁸⁶ᴬ번식력이 강해서, 5미터 높이까지 자라난다. 그들은 해변 간석지의 진흙 속에서 생장하기에, 종종 조수의 침습을 받으며 생존 환경은 매우 열악하다. 가장 견딜 수 없는 것은, 진흙 속에는 산소가 부족한 것인데, 산소가 없는 환경에서 카세오라리스 소네라티아가 어떻게 생존하는 것일까? 게다가 어떻게 그렇게 왕성하고 무성하게 생존하는 것일까?

　　답은 간단하다. 카세오라리스 소네라티아는 다른 식물보다 뿌리가 하나 더 자라나는데, 바로 호흡뿌리이다. 신선한 공기를 흡수하기 위해서 ⁸⁵호흡뿌리는 필사적으로 진흙을 뚫고 하늘을 향해 자라나고, 그런 후에 ⁸⁶ᴮ흡수한 산소를 진흙 속에 있는 원뿌리와 수염뿌리에 전달한다. 따라서 하늘을 향해 자라나는 호흡뿌리는 카세오라리스 소네라티아가 생존하고 생장하는 원천이 되며, 하늘을 향해 뻗어나는 이 뿌리가 없다면, 카세오라리스 소네라티아의 생명도 사라진다고 말할 수 있다.

생존과 생장을 위해, 식물이든 인류든 있는 힘을 다해야 한다. 88설령 더 열악한 환경이라 하더라도 생존하고 생장할 수 있는 방법은 찾을 수 있다. 이러한 방법을 찾으려면, 카세오라리스 소네라티아와 같이 뿌리가 땅을 뚫고 하늘을 향해 자라날 수 있는 용기를 지니도록 해야 한다.

어휘

★植物 zhíwù 명 식물 | ★庄稼 zhuāngjia 명 농작물 | ★树木 shùmù 명 나무, 수목 | ★根 gēn 명 뿌리 | 主根 zhǔgēn 명 주근, 원뿌리 | 由……组成 yóu……zǔchéng ~로 구성되다 | 须根 xūgēn 명 수근, 수염뿌리 | ★专业 zhuānyè 명 전문의 | 土壤 tǔrǎng 명 토양 | ★生长 shēngzhǎng 동 생장하다, 자라다 | ★吸收 xīshōu 동 흡수하다 | 水分 shuǐfèn 명 수분 | ★营养 yíngyǎng 명 영양 | ★氧气 yǎngqì 명 산소 | 奇怪 qíguài 형 이상하다, 기이하다 | 海桑 Hǎisāng 고유 카세오라리스 소네라티아 | ★沿海一带 yánhǎi yídài 연해 일대 | ★茂盛 màoshèng 형 우거지다, 무성하다 | 繁殖力 fánzhílì 명 번식력 | 滩涂 tāntú 명 간석지 | 淤泥 yūní 명 진흙 | ★受到侵袭 shòudào qīnxí 침습을 받다 | 潮汐 cháoxī 명 밀물과 썰물, 조수 | ★生存环境 shēngcún huánjìng 명 생존 환경 | ★极为 jíwéi 부 몹시, 매우 | ★恶劣 èliè 형 열악하다 | ★忍受 rěnshòu 동 이겨내다, 참다 | 缺氧 quēyǎng 산소 부족, 산소 결핍 | ★生存 shēngcún 명동 생존(하다) | ★旺盛 wàngshèng 형 왕성하다, 강하다 | 繁茂 fánmào 형 무성하다, 번성하다 | 呼吸根 hūxīgēn 명 호흡뿌리 | ★新鲜 xīnxiān 형 신선하다, 싱싱하다 | ★拼命 pīnmìng 동 필사적으로 하다, 온 힘을 다하다 | 钻出 zuānchū 뚫고 나오다 | ★赖以生存和生长 làiyǐ shēngcún hé shēngzhǎng 생존과 생장하는 | ★源泉 yuánquán 명 원천 | ★生命 shēngmìng 명 생명 | 不遗余力 bù yí yú lì 성 여력을 남기지 않다, 전력을 다하다 | 破土而出 pò tǔ ér chū 땅 위로 뚫고 나오다 | ★勇气 yǒngqì 명 용기

85. HSK POINT 핵심어 呼吸根 및 동일한 의미의 문장 파악 (난이도 中)

关于海桑的呼吸根, 可以知道什么?

A 长达5米
B 向上生长
C 不需要土壤中的水分
D 生长在淤泥里

카세오라리스 소네라티아의 호흡뿌리에 관해 알 수 있는 것은?

A 길이가 5미터에 이른다
B 위쪽을 향해 생장한다
C 토양 속의 수분을 필요로 하지 않는다
D 진흙 속에서 생장한다

공략 핵심어 '呼吸根'은 네 번째 단락에 제시되어 있다. 呼吸根을 소개한 뒤 이어지는 문장 중 '呼吸根拼命钻出淤泥朝天长'을 통해 정답이 B임을 알 수 있다. 본문에서 핵심어를 찾아 정답을 선택해야 하는 경우에는 [——]와 같은 문장 부호가 그 단어를 찾는 힌트가 될 수 있으므로, 이 점에 유의하여 살펴보면 더 빨리 정답을 찾을 수 있다.

86. HSK POINT 보기 순서대로 관련 내용 찾기 (난이도 下)

关于海桑, 下列哪项正确?

A 繁殖能力较低
B 缺少氧气也能生存
C 生长在海边
D 靠须根吸收营养

카세오라리스 소네라티아에 관해 다음 중 옳은 것은?

A 번식 능력이 비교적 떨어진다
B 산소가 부족해도 생존할 수 있다
C 해변에서 생장한다
D 수염뿌리로 영양을 흡수한다

공략 이러한 유형의 문제는 보기의 순서대로 관련 내용을 본문에서 찾아 확인하도록 한다. 보기 A의 핵심어는 繁殖能力로, 세 번째 단락의 '繁殖力极强'을 통해 정답이 아님을 알 수 있다. 보기 B의 핵심어는 缺少氧气로, 네 번째 단락에서 호흡뿌리가 신선한 산소를 원뿌리와 수염뿌리에 전달한다는 내용을 확인할 수 있으므로 정답이 아니다. 보기 C는 세 번째 단락에서 '海桑生长在广东和福建沿海一带'라고 했으므로 정답이 된다. 따라서 보기 D의 내용은 확인하지 않아도 된다.

87. HSK POINT 성어 不遗余力의 의미 이해 │ 난이도 上

第5段中的"不遗余力"最可能是什么意思?

A 尽一切力量
B 不费力气也有可能实现
C 早已所剩无几
D 有锲而不舍的态度

다섯 번째 단락 중 '不遗余力'의 의미는 무엇이라 할 수 있는가?

A 모든 힘을 다하다
B 힘을 들이지 않아도 이루어 낼 수 있다
C 이미 남은 것이 얼마 없다
D 인내심을 가지고 끝까지 하는 태도를 지니다

공략 성어의 의미를 묻는 문제는 성어의 각 한자가 지닌 뜻을 분석하고, 그 속에 내포된 의미를 추측하도록 한다. 不遗余力에서 '不遗'는 '남기지 않다'는 뜻이고, '余力'는 '여력, 남은 힘'을 의미한다. 따라서 이 성어는 '여력을 남기지 않다'는 뜻이므로 '모든 힘을 다한다'는 의미의 A가 정답이 된다.

어휘 所剩无几 suǒ shèng wú jǐ 셩 남은 것이 별로 없다 │ 锲而不舍 qiè ér bù shě 셩 인내심을 가지고 일을 계속하다

88. HSK POINT 마지막 단락에서 언급되는 핵심 주제 파악 │ 난이도 上

上文主要想告诉我们什么?

A 要提高适应能力
B 要具有见义勇为的精神
C 要精打细算
D 要积极面对困境

본문이 우리에게 전하려고 하는 것은 무엇인가?

A 적응 능력을 키워야 한다
B 정의를 위해 용감히 나서는 정신을 지녀야 한다
C 면밀하게 계획해야 한다
D 적극적으로 곤경에 맞서야 한다

공략 어떤 사물이나 생물 등을 통해 교훈을 전달하는 글의 주제는 보통 마지막 단락에서 제시되는 경우가 많다. 이 글 역시 마지막 단락의 내용 중 '即使再恶劣的环境, 也能找到生存和生长的办法。找到这种办法, 需要像海桑一样, 具有让根破土而出朝天长的勇气。'를 통해, 더 어려운 환경 속에서도 살아날 방법은 있으며 그러한 방법을 찾기 위해서는 강한 용기를 지녀야 함을 강조하고 있다. 따라서 정답은 D가 된다.

어휘 见义勇为 jiàn yì yǒng wéi 셩 정의를 보고 용감하게 뛰어들다 │ 精打细算 jīng dǎ xì suàn 셩 면밀하게 계획하다

[89-92]

"抢救历史意味着什么？只有你的历史不再支离破碎，你的人民才有尊严，你的国家才有体面。"这是著名主持人崔永元口述历史时的最大感受。年过半百的崔永元成立了自己的公益基金，除关注孩子外，他还希望将后半辈子的事业焦点，放在口述历史的公益项目上。

"口述历史"是一种重要的历史收集方法，这种从民间的角度来记录历史的做法，在国外早已取得丰硕的成果，89然而在中国，口述历史却几近空白。2002年，崔永元从采访电影人到采访抗战老兵，90A开启了中国"口述历史"的先河。10年间，崔永元以每天至少采访一个人的工

'역사 구출이란 무엇을 의미하는 것인가? 역사가 더는 산산조각 나지 않아야만, 국민들이 비로소 존엄을 지니게 되고, 국가가 비로소 체면이 서게 된다." 이는 저명한 사회자인 추이용위안이 역사에 대해 이야기할 때 남긴 가장 큰 인상이다. 쉰이 넘은 나이의 추이용위안은 자신의 공익기금을 설립했고, 아이들에게 관심을 가지는 것 외에도, 인생 후반 사업의 초점을 구술 역사라는 공익사업에 두기를 바랐다.

'구술 역사'는 일종의 중요한 역사 수집 방법이다. 이러한 민간의 관점으로부터 역사를 기록하는 방법이 외국에서는 일찍이 큰 성과를 거두었지만, 89중국에서 구술 역사는 거의 공백에 가깝다. 2002년, 추이용위안이 영화인부터 항일 전쟁 참전 용사에 이르기까지 취재를 하면서, 90A중국 '구술

作强度，收集了4000人左右的口述历史影像资料，其内容包括电影、外交、留学、知青、战争、音乐等的口述史。到目前为止，90B崔永元已拥有300万分钟以上的有价值的口述历史资料、500多万张珍贵的图片以及30万件稀有的历史实物材料。

2012年2月27日，中国传媒大学与崔永元合作90D成立了"口述历史"研究中心及"口述历史"博物馆。崔永元打算在博物馆建好后，分两步对公众开放：91第一步，对学者和从业者开放；第二步，对全民开放。"要什么资料，无偿提供。"

在建设博物馆的过程中，最困难的是安装软件，志愿者需要把将近10万个小时的音像资料，重新整理分类、提取关键词以及校对文字。他说，"我们身边的多数人意识不到'口述历史'的重要性，可我每天都会为此焦虑，睡不着觉。历史会随着历史人物的消失一点点变得模糊，我们希望能跟时间赛跑，能采访到更多老人，了解到更多历史事件，让后人研究历史的时候可以尽可能地利用这些资料，接近历史的真实。"

어휘

★抢救 qiǎngjiù 동 구하다, 구출하다 | ★意味着 yìwèizhe ~을 의미하다, ~을 뜻하다 | 不再 búzài 부 더는 ~이 아니다 | 支离破碎 zhī lí pò suì 형 산산조각이 나다 | 尊严 zūnyán 명 존엄 | 体面 tǐmiàn 형 떳떳하다, 체면이 서다 | ★著名 zhùmíng 형 저명하다 | 主持人 zhǔchírén 명 사회자 | 口述历史 kǒushù lìshǐ 역사를 구술하다 | ★感受 gǎnshòu 명 느낌, 감상 | 年过半百 nián guò bàn bǎi 나이 오십이 넘다 | ★成立 chénglì 동 설립하다, 창립하다 | ★公益基金 gōngyì jījīn 공익기금 | ★关注 guānzhù 동 주시하다, 주목하다 | 后半辈子 hòubàn bèizi 후반생, 인생의 후반부 | 事业焦点 shìyè jiāodiǎn 사업의 초점 | 公益项目 gōngyì xiàngmù 공익사업, 공익프로젝트 | ★收集方法 shōují fāngfǎ 수집 방법 | ★收集 shōují 동 수집하다 | 从……的角度 cóng……de jiǎodù ~의 관점으로부터 | 丰硕 fēngshuò 형 성과가 크다, 풍성하다 | 空白 kòngbái 명 공백, 빈 자리 | 采访 cǎifǎng 동 취재하다, 인터뷰하다 | 电影人 diànyǐngrén 명 영화인, 영화계에 종사하는 사람 | 抗战 kàngzhàn '抗日战争(항일 전쟁)'의 준말 | ★开启……的先河 kāiqǐ……de xiānhé ~의 시작을 열다 | ★至少 zhìshǎo 부 적어도, 최소 | 强度 qiángdù 명 강도, 세기 | ★影像资料 yǐngxiàng zīliào 영상 자료 | ★包括 bāokuò 동 포함하다 | 外交 wàijiāo 명 외교 | 战争 zhànzhēng 명 전쟁 | ★到目前为止 dào mùqián wéizhǐ 지금까지 | ★拥有 yōngyǒu 동 보유하다, 지니다 | 珍贵 zhēnguì 형 진귀하다, 귀중하다 | ★以及 yǐjí 접 및, 그리고 | 稀有 xīyǒu 형 희소하다, 드물다 | 历史实物 lìshǐ shíwù 역사 실물 | ★博物馆 bówùguǎn 명 박물관 | ★分两步 fēn liǎngbù 두 스텝, 두 단계 | ★对……开放 duì……kāifàng ~에 개방하다 | ★公众 gōngzhòng 명 대중 | 从业者 cóngyèzhě 명 종사자 | ★无偿提供 wúcháng tígōng 무상으로 제공하다 | 安装软件 ānzhuāng ruǎnjiàn 소프트웨어를 설치하다, 프로그램을 설치하다 | ★志愿者 zhìyuànzhě 명 지원자 | ★将近 jiāngjìn 동 거의 ~에 근접하다, 거의 ~에 이르다 | 音像 yīnxiàng 녹음과 녹화 영상 | ★重新 chóngxīn 부 다시, 새로 | ★整理分类 zhěnglǐ fēnlèi 정리하여 분류하다 | ★提取 tíqǔ 동 찾다, 꺼내다 | 关键词 guānjiàncí 키워드, 핵심 단어 | 校对文字 jiàoduì wénzì 글자를 대조하고 확인하다, 교정하다 | ★多数人 duōshù rén 많은 사람들, 대다수 사람들 | ★意识不到 yìshí búdào 의식하지 못하다, 깨닫지 못하다 | 重要性 zhòngyàoxìng 명 중요성 | ★为此 wèicǐ 이 때문에 | ★焦虑 jiāolǜ 형 초조하다, 걱정스럽다 | ★睡不着觉 shuì bù zháo jiào 잠을 이루지 못하다 | ★随着 suízhe 동 ~따라서, ~에 따라 | ★消失 xiāoshī 동 사라지다, 소실되다 | ★一点点变得模糊 yìdiǎndiǎn biàn de móhú 조금 애매모호해지다, 다소 흐릿해지다 | ★赛跑 sàipǎo 명동 달리기 시합(을 하다) | ★后人 hòurén 명 자손, 후손 | ★尽可能 jǐnkěnéng 부 되도록, 가능한 한 | ★接近 jiējìn 동 접근하다, 가까이 하다 | ★历史的真实 lìshǐ de zhēnshí 역사적 진실

89. HSK POINT 핵심어 '口述历史' 및 힌트가 되는 然而　난이도 下

关于"口述历史"，下列哪项正确?

A 收集有关的史料很难
B 能使历史更完整
C 目前在中国还是空白
D 其内容偏重于政治方面的

'구술 역사'에 관해 다음 중 옳은 것은?

A 관련된 역사 자료를 수집하는 것은 어렵다
B 역사를 더 완전하게 만든다
C 현재 중국에서는 여전히 공백 상태이다
D 그 내용은 정치 방면에 편중되어 있다

공략　핵심어는 '口述历史'로, 두 번째 단락의 '然而在中国，口述历史却几近空白'라는 내용을 통해 구술 역사는 중국에서 현재 공백 상태에 있음을 알 수 있으므로 정답은 C가 된다.

90. HSK POINT 보기 순서대로 관련 내용 찾기　난이도 中

下列哪项不是崔永元在口述历史方面取得的成果?

A 开辟中国口述历史的先河
B 收集了大量的口述历史资料
C 开设了口述历史栏目
D 参与成立"口述历史"研究中心

다음 중 추이용위안이 구술 역사 방면에서 이루어낸 성과가 아닌 것은?

A 중국 구술 역사의 시작을 열었다
B 대량의 구술 역사 자료를 수집했다
C 구술 역사 칼럼을 개설했다
D '구술 역사' 연구센터를 설립에 참여했다

공략　이러한 유형의 문제는 보기의 순서대로 관련 내용을 본문에서 찾아 확인하도록 한다. 보기 A는 두 번째 단락의 '开启了中国"口述历史"的先河'를 통해 정답이 아님을 알 수 있고, 보기 B 역시 두 번째 단락의 '崔永元已拥有300万分钟以上的有价值的口述历史资料'를 통해 정답이 아님을 알 수 있다. 보기 C의 핵심어는 '口述历史栏目'인데, 본문에는 구술 역사 칼럼에 대해 언급한 부분이 없으므로 C가 정답이 된다. 이 밖에 보기 D는 세 번째 단락의 '成立了"口述历史"研究中心及"口述历史"博物馆'을 통해 정답이 아님을 알 수 있다.

어휘　开辟 kāipì 동 (길을) 열다, 개척하다

91. HSK POINT 핵심어 '口述历史博物馆' 및 동일한 의미의 문장 파악　난이도 中

关于口述历史博物馆，下列哪项正确?

A 有些资料有偿提供
B 最困难的就是硬件建设
C 来参观的人越来越少
D 将率先对学者开放

구술 역사 박물관에 관해 다음 중 옳은 것은?

A 일부 자료는 유상으로 제공한다
B 가장 어려웠던 점은 하드웨어 구축이다
C 참관하러 오는 사람들이 갈수록 줄어든다
D 먼저 학자들에게 개방했다

공략　핵심어는 '口述历史博物馆'으로 세 번째 단락에서 찾을 수 있는데, 그 뒷부분의 '第一步，对学者和从业者开放'이라는 내용을 통해 정답이 D임을 알 수 있다. 보기 D의 率先은 '먼저'라는 뜻의 先과 동의어이다.

어휘　★率先 shuàixiān 부 먼저, 앞장서서

92. HSK POINT 전체적인 글의 내용 이해 　난이도　上

上文主要谈的是：	본문이 주로 이야기하는 것은?
A 崔永元为中国的"口述历史"做出的贡献	**A** 추이융위안이 중국의 '구술 역사'에 남긴 공헌
B "口述历史"的客观性与真实性	B '구술 역사'의 객관성과 진실성
C "口述历史"的重要性	C '구술 역사'의 중요성
D 崔永元所提出的关于"口述历史"的疑问	D 추이융위안이 '구술 역사'에 관해 제기한 의문

공략 글의 전반적인 내용을 이해해야 알맞은 정답을 고를 수 있는 문제이다. 이 글은 전체적으로 추이융위안에 관해 이야기하면서, 그가 구술 역사 보존을 위해 하고 있는 일들을 전하고 있으므로 정답은 A가 된다.

[93-96]

药膳是中医学的一个重要组成部分，^{93A}是中华民族历经数千年不断探索、积累而逐渐形成的独具特色的一门临床实用学科，是中华民族祖先遗留下来的宝贵的文化遗产。

几千年来，中国传统医学就十分重视饮食调养与健康长寿的辨证关系，它包括食疗，即用饮食调理达到养生防病治病作用，以及药膳，^{93C}即用食物与药物配伍制成膳食达到养生防治疾病的作用。

现代药膳的发展是在总结古人经验的础基上，得以进一步完善的，其运用更加符合中医理论的发展，并注意吸取现代科学理论的研究和应用，具备理论化、科学化的发展方向。它遵循中药药性的归经理论，强调"酸入肝、苦入心、⁹⁴甘入脾、辛入肺、咸入肾"；提倡辨证用药，因人施膳，因时施膳。

注重中药与饮食相结合，药膳除了具有鲜明的中医特色外，还具有食品的一般特点，强调色、香、味、形，注重营养价值，因此一份好的药膳，^{95B}应是既对人体的养生防病具有积极作用，^{95C}对人体具有良好的营养作用，^{95A}又要激起人们的食欲。

现代药膳的技术操作与特殊应用上，也"八仙过海，各显其能"，由于药膳是一种特殊的食品，故在烹制方法上也有其特点，除了一般的食品烹制方法外，还要根据中药炮制理论来进行原料的处理。如成都同会堂的荷叶凤脯，广春堂的银杏鸡丁，吉林的参茸熊掌等，都各具特色而驰名中外。

약선은 중의학의 중요한 구성 부분으로, ^{93A}중화 민족이 수천 년에 걸쳐 끊임없이 탐구하고 축적하여 점차 이루어낸 독특한 임상실용학과 중 하나이고, 중화 민족 선조들이 남겨준 귀중한 문화유산이라고 할 수 있다.

몇천 년간, 중국 전통 의학은 음식 보양과 무병장수의 변증 관계를 매우 중시했는데, 이는 식사 요법을 포함한 것으로, 즉 음식 관리로 보양과 질병의 예방 및 치료 작용에 이르게 하고, 아울러 약선, ^{93C}즉 음식과 약물을 같이 배합하여 식사하는 것으로 양생 및 질병의 예방 및 치료 효과를 보게 했다.

현대 약선의 발전은 옛 사람들의 경험을 총결한 것을 토대로 한층 더 완벽해졌다. 그 활용은 중의학 이론의 발전에 더욱 부합하여 현대 과학 이론의 연구와 응용을 받아들이고, 이론화와 과학화의 발전 방향을 갖추게 되었다. 그것은 한약 약성의 귀경 이론에 따라, '신것은 간에, 쓴것은 심장에, ⁹⁴단것은 비장에, 매운 것은 폐에, 짠것은 신장에 작용한다'를 강조하면서, 병의 증상을 판별하여 약을 쓰고, 사람에 맞게 음식을 쓰며 때에 맞게 음식을 써야함을 주장했다.

한약과 음식의 결합을 중요시 여기는 데 있어, 약선은 뚜렷한 중의학 특색을 지니고 있는 것 외에도 식품의 일반적인 특징도 깃고 있는데, 이는 색, 향, 맛, 형태를 강조하고 영양 가치를 중시한다. 따라서 좋은 약선이란 ^{95B}반드시 인체에 대한 보양과 질병 예방에 긍정적인 효과를 갖추어야 할 뿐만 아니라, ^{95C}인체에 좋은 영양 작용을 지니고, ^{95A}또한 사람들의 식욕을 불러일으켜야 한다.

현대 약선의 기술 작업과 특수 응용 방면에서는 '제각기 나름대로의 방법을 가지고 있다'고 할 수 있다. 약선이 일종의 특수한 음식이기 때문에 조리 방법에서도 그 특징이 있다. 일반적인 음식 조리 방법 외에도, 한약 포제 이론에 따라 재료를 처리해야 한다. 예를 들어, 청두 동회당의 연잎 봉황 포와 광춘당의 은행 닭고기 볶음, 지린의 인삼녹용웅장 등은 모두 각각의 특색으로 중국과 외국에 이름이 널리 알려졌다.

어휘

★药膳 yàoshàn 명 약선[한방 약재를 섞은 자양 식품] | ★中医学 zhōngyīxué 명 중의학[중국 전통 의학] | ★组成部分 zǔchéng bùfen 명 구성 부분 | ★中华民族 Zhōnghuá Mínzú 명 중화 민족 | ★历经 lìjīng 동 여러 번 경험하다, 여러 번 겪다 | ★数千年 shù qiān nián 수천 년 | ★不断 búduàn 부 끊임없이, 계속해서 | ★探索 tànsuǒ 동 탐구하다, 탐색하다 | ★积累 jīlěi 동 쌓이다, 축적되다 | ★逐渐形成 zhújiàn xíngchéng 점점 형성되다, 점점 이루어지다 | ★独具特色 dújù tèsè 특색을 갖추다, 독특하다 | ★一门学科 yì mén xuékē 한 학과, 한 학문 분야 | ★临床实用 línchuáng shíyòng 임상 실용 | ★祖先 zǔxiān 명 선조, 조상 | ★遗留 yíliú 동 남겨놓다, 남기다 | ★宝贵 bǎoguì 형 소중한, 귀중한 | ★文化遗产 wénhuà yíchǎn 명 문화유산 | ★几千年来 jǐ qiān nián lái 몇천 년간 | ★重视 zhòngshì 동 중시하다 | ★饮食调养 yǐnshí tiáoyǎng 음식 보양 | ★健康长寿 jiànkāng chángshòu 무병장수 | ★辩证关系 biànzhèng guānxi 변증 관계 | ★包括 bāokuò 동 포함하다 | ★食疗 shíliáo 명 식사 요법 | ★饮食调理 yǐnshí tiáolǐ 음식 관리 | ★达到 dádào 동 이르다, 달성하다 | ★养生 yǎngshēng 동 보양하다, 양생하다 | ★防病治病 fángbìng zhìbìng 질병을 예방하고 질병을 치료하다 | ★以及 yǐjí 접 및, 그리고 | ★即 jí 부 바로, 곧 | 配伍 pèiwǔ 동 약을 배합하여 같이 사용하다, 여러 가지 약을 같이 쓰다 | ★膳食 shànshí 명 식사, 음식 | ★在……基础上 zài……jīchǔ shang ~의 기초에서, ~을 바탕으로, ~에 기반한 | ★总结 zǒngjié 동 총괄하다, 총정리하다 | 古人经验 gǔrén jīngyàn 옛 사람들의 경험 | 得以 déyǐ 동 ~할 수 있다, ~하게 되다 | ★进一步 jìn yí bù 부 나아가, 진일보하여 | ★完善 wánshàn 동 완벽하게 하다 형 완벽하다, 완전하다 | ★运用 yùnyòng 동 운용하다, 활용하다 | ★符合 fúhé 동 부합하다 | 并 bìng 접 그리고, 게다가 | ★吸取 xīqǔ 동 받아들이다, 얻다, 흡수하다 | ★具备 jùbèi 동 갖추다 | ★理论化 lǐlùnhuà 이론화 | ★科学化 kēxuéhuà 과학화 | ★遵循 zūnxún 동 따르다 | 药性 yàoxìng 약물의 성질 | 归经理论 guījīng lǐlùn 귀경 이론 | ★强调 qiángdiào 동 강조하다 | ★酸 suān 형 시다, 시큼하다 | ★肝 gān 명 간 | ★苦 kǔ 형 쓰다 | ★甘 gān 형 달다 | ★脾 pí 명 비장 | ★辛 xīn 형 맵다 | ★肺 fèi 명 폐 | ★咸 xián 형 짜다 | ★肾 shèn 명 콩팥 | ★提倡 tíchàng 동 제창하다, 내세우다 | 辨证用药 biànzhèng yòngyào 병의 증후를 판별하고 약을 쓰다 | 因人施膳 yīn rén shī shàn 사람에 맞게 음식을 쓰다 | 因时施膳 yīn shí shī shàn 때에 맞게 음식을 쓰다 | ★注重 zhùzhòng 동 중시하다 | ★结合 jiéhé 동 결합하다 | ★鲜明 xiānmíng 형 뚜렷하다, 분명하다 | ★营养价值 yíngyǎng jiàzhí 명 영양가 | 具有积极作用 jùyǒu jījí zuòyòng 긍정적인 효과를 지니다 | ★营养作用 yíngyǎng zuòyòng 영양 작용 | ★激起食欲 jīqǐ shíyù 식욕을 일으키다 | ★操作 cāozuò 동 조작하다, 다루다 | ★特殊应用 tèshū yìngyòng 특수한 응용 | ★八仙过海，各显其能 bāxiān guò hǎi, gè xiǎn qí néng 사람마다 자기 나름대로의 방법과 수단을 발휘하다 | ★故 gù 접 그러므로, 그래서 | ★烹制方法 pēngzhì fāngfǎ 조리 방법 | 炮制 páozhì 동 포제하다 | ★原料 yuánliào 명 원료 | ★处理 chǔlǐ 동 처리하다 | 荷叶 héyè 연잎 | 凤脯 fèngfǔ 봉황포 | 银杏 yínxìng 명 은행나무 (열매) | 参茸熊掌 shēnróng xióngzhǎng 명 인삼, 녹용 및 곰 발바닥 | ★各具特色 gè jù tèsè 각각 특색을 지니다 | 驰名 chímíng 동 이름이 나다, 명성을 떨치다

---

93. HSK POINT 보기 순서대로 관련 내용 찾기 난이도 中

关于药膳，下列哪项正确？
약선에 관해 다음 중 옳은 것은?

A 是一种新事物 A 일종의 새로운 사물이다
B 主治慢性病 B 주로 만성 질병을 치료한다
C 有防病治病的作用 **C 질병을 예방하고 치료하는 효과를 지닌다**
D 能包治百病 D 만병을 다 치료할 수 있다

공략 이러한 유형의 문제는 보기 순서대로 관련 내용을 본문에서 찾아 확인하도록 한다. 보기 A는 첫 번째 단락의 '是中华民族历经数千年'이라는 내용을 통해 정답이 아님을 알 수 있다. 보기 B의 만성 질병 치료에 관련해서는 언급하지 않았으므로 정답이 아니다. 보기 C는 두 번째 단락 마지막 부분 중 '即用食物与药物配伍制成膳食达到养生防治疾病的作用'이라는 내용을 통해, 약선이 질병을 예방하고 치료하는 효과를 지니고 있음을 알 수 있으므로 정답이 된다. 따라서 보기 D의 내용은 확인해보지 않아도 된다.

---

94. HSK POINT 동의어 甘과 甜 난이도 中

根据中医理论，甜与哪个人体器官有关？
중의학 이론에 따르면, 단것은 어느 신체 기관과 관계가 있는가?

A 肾 B 肺 C 胃 D 脾	A 신장 B 폐 C 위 D 비장

공략 핵심어는 甜으로, 세 번째 단락의 맛과 관련된 내용 중 찾을 수 있다. 甜의 동의어가 甘이므로 '甘入脾'라는 내용을 통해 정답은 D가 된다.

95. HSK POINT 핵심어 '好的药膳' 및 동일한 의미의 문장 파악 난이도 中

一份好的药膳应有什么特点?	좋은 약선은 어떠한 특징을 지녀야 하는가?
A 要激起人们的食欲 B 要有助于养生防病 C 要有很好的营养作用 D 包括以上几项	A 사람들의 식욕을 불러일으켜야 한다 B 보양과 질병 예방에 도움이 되어야 한다 C 좋은 영양 효과를 지녀야 한다 D 이상의 항목을 포함한다

공략 핵심어는 '好的药膳'으로, 네 번째 단락에서 관련 내용을 찾을 수 있다. 좋은 약선의 특징 중 '应是既对人体的养生防病具有积极作用'은 보기 B, '对人体具有良好的营养作用'은 보기 C, '又要激起人们的食欲'는 보기 A의 내용이므로, 이 세 가지 특징을 다 포함하는 D가 정답이 된다.

96. HSK POINT 각 단락의 중심 내용을 파악한 후 주제 유추 난이도 中

上文主要想告诉我们:	본문이 주로 전하고 있는 것은?
A 药膳的由来 B 怎样保持健康 C 美味健康的药膳 D 中医学的发展	A 약선의 유래 B 건강을 어떻게 유지하는가 C 맛있고 건강한 약선 D 중의학의 발전

공략 이 글을 매 단락에서 모두 약선에 관해 이야기하고 있으므로 C가 정답임을 알 수 있다. '약선의 유래'라고 제시한 보기 A는 글의 앞부분에서 언급하고 있는 내용이며 글 전체에서 다루고 있는 주제는 아니므로 정답이 될 수 없다.

[97-100]

我们习惯说杨绛是"钱钟书夫人",很少有人会想到几十年前,人们是以"杨绛的丈夫"来称呼钱钟书的。上世纪40年代在上海,杨绛涉足剧本创作,⁹⁷始因《称心如意》中出的一句话"泪和笑只隔了一张纸"这一题目的话剧一炮走红,继因《弄真成假》、《风絮》而声名四起。直到钱钟书写出《围城》,这一局面才得到根本改观。 1978年,⁹⁸ᴮ杨绛遁入翻译,有了《堂吉诃德》中译本,其累积发行近百万册。1986年10月,	우리는 양장을 '첸중수의 부인'이라고 부르는 것에 익숙하여, 몇십 년 전에는 '양장의 남편'으로 첸중수를 불렀던 것을 떠올리는 사람은 적을 것이다. 1940년대 상하이에서 양장은 극본 창작에 발을 들여놓게 되었는데, ⁹⁷처음에는 『칭심여의』에 나왔던 '눈물과 웃음은 단지 종이 한 장 차이다'라는 문장의 제목을 한 연극이 단번에 인기를 얻게 된 것으로, 이어서는 『농진성가』와 『풍서』라는 작품으로 이름을 떨쳤다. 첸중수가 『포위된 성(위성)』을 써낸 뒤에야 이 양상이 비로소 완전히 바뀌게 되었다.

⁹⁸ᴬ西班牙国王向75岁的杨绛颁授"十字勋章"，表彰她对传播西班牙文化所作的贡献。其后，从《洗澡》，到2003年出版回忆一家三口风雨生活的《我们仨》，⁹⁸ᴰ到96岁成书《走到人生边上》，杨绛的作品一直深受读者的喜爱。

在许多人的眼里，功成名就的杨绛，她却一贯保持着俭朴本色。她的寓所没有任何装修，只有旧式的柜子、桌子。她还将自己的稿费捐给清华大学，那笔奖学金便给考上清华的贫寒子弟。

杨绛和钱钟书的爱情也一直被人们关注。1935年，杨绛与钱钟书结婚。杨绛随之从大小姐过渡到了"老妈子"，她并不感觉委屈，因为她爱丈夫，觉得他胜过自己。她说，"我了解钱钟书的价值，我愿为他充分发挥出他的潜力、创造力而牺牲自己。"钱钟书说要写《围城》，她不仅赞成，还很高兴。她要他减少教课钟点，致力于写作，为节省开支，她辞掉女佣，做起了"灶下婢"。"握笔的手初干粗活免不了伤痕累累。不过吃苦中倒也学会了不少东西，使我很自豪。"¹⁰⁰即使在钱钟书去世后，杨绛仍不改初衷，默默地"继承"他未竟的事业。她以惊人的毅力整理钱钟书的手稿。⁹⁸ᶜ多达7万余页的手稿，涉猎题材之广、数量之大、内容之丰富，令人叹为观止。杨绛耐心细心，一张张轻轻揭下，分类装订，认真编校……2003年，《钱钟书手稿集》终于与读者见面。

有人赞她是著名作家，⁹⁹她说："我没有这份野心。"还有人说她的作品畅销，她说："那只是太阳晒在狗尾巴尖上的短暂间。"

어휘 ★称呼 chēnghu 통 부르다 | ★上世纪 shàng shìjì 지난 세기 | 涉足 shèzú 통 발을 들여놓다, ~에 진출하다 | 泪和笑 lèi hé xiào 눈물과 웃음 | ★隔 gé 통 떨어져 있다, 간격을 두다 | 话剧 huàjù 명 연극 | 一炮走红 yí pào zǒu hóng 단번에 인기를 얻다, 한 방에 유명해지다 | ★继 jì 부 뒤이어, 계속해서 | ★声名四起 shēngmíng sìqǐ 명성을 떨치다 | ★局面 júmiàn 명 국면, 양상 | ★得到根本改观 dédào gēnběn gǎiguān 근본적으로 바뀌다 | 遁入 dùnrù 통 들어서다 | ★翻译 fānyì 통 번역하다, 통역하다 | ★译本 yìběn 명 번역본 | ★累积 lěijī 통 누적하다, 모으다 | ★发行 fāxíng 통 발행하다,

발매하다 | 颁授 bānshòu 통 수여하다 | 十字勋章 shízì xūnzhāng 십자훈장 | ★表彰 biǎozhāng 통 표창하다 | 传播 chuánbō 통 전파하다, 널리 퍼뜨리다 | ★贡献 gòngxiàn 명 공헌, 이바지 | ★其后 qíhòu 명 그후 | ★出版 chūbǎn 통 출판하다 | ★回忆 huíyì 통 회상하다 | 风雨生活 fēngyǔ shēnghuó 고통스러운 삶 | ★成书 chéngshū 책으로 쓰여지다, 출판되다 | ★深受读者的喜爱 shēnshòu dúzhě de xǐ'ài 독자들의 큰 사랑을 받다 | ★在……的眼里 zài……de yǎnlǐ ~의 눈에 | 功成名就 gōng chéng míng jiù 성 공을 세워 이름을 떨치다, 공을 세워 명성을 떨치다 | 一贯保持着 yíguàn bǎochízhe 한결같이 지키다, 변함없이 유지하다 | ★俭朴 jiǎnpǔ 형 검소하고 소박하다 | 本色 běnsè 명 본래의 면모, 본색 | 寓所 yùsuǒ 명 거처, 주소 | 装修 zhuāngxiū 통 인테리어하다, 꾸미다 | 旧式 jiùshì 형 구식의 | ★将……捐献给 jiāng……juānxiàn gěi ~을 ~에게 기부하다 | 稿费 gǎofèi 명 원고료 | ★那笔奖学金 nà bǐ jiǎngxuéjīn 그 장학금 | ★便 biàn 부 바로, 곧, 이내 | 贫寒子弟 pínhán zǐdì 빈곤 자녀 | ★关注 guānzhù 통 주시하다, 중시하다 | ★随之 suízhī 이에 따라서 | ★从……过渡到 cóng……guòdù dào ~에서 ~로 바뀌다 | 大小姐 dàxiǎojiě 명 아씨 | 老妈子 lǎomāzi 명 식모, 부엌데기 | ★并不感觉委屈 bìngbù gǎnjué wěiqu 결코 억울해하지 않다 | ★胜过 shèngguò ~보다 낫다 | ★价值 jiàzhí 명 가치 | ★充分发挥出 chōngfèn fāhuīchū 충분히 발휘해내다 | ★潜力 qiánlì 명 잠재 능력 | 创造力 chuàngzàolì 명 창조력 | ★牺牲 xīshēng 통 희생하다 | ★赞成 zànchéng 통 찬성하다, 동의하다 | ★减少 jiǎnshǎo 통 감소하다 | 教课钟点 jiāokè zhōngdiǎn 강의 시간 | ★致力于 zhìlì yú ~에 힘쓰다, ~에 애쓰다 | ★节省 jiéshěng 통 아끼다, 절약하다 | 开销 kāixiāo 명 지출, 비용 | 辞掉女佣 cídiào nǚyōng 가정부를 해고하다 | 灶下婢 zàoxiàbì 부엌데기 | 握笔 wò bǐ 통 펜을 잡다 | 初干粗活 chū gàn cūhuó 궂은 일을 처음 하다 | ★免不了 miǎnbuliǎo 피할 수 없다, ~하지 않을 수 없다 | ★伤痕 shānghén 명 상처 | ★累累 léiléi 형 아주 많이 쌓인 모양 | 自豪 zìháo 형 스스로 긍지를 느끼다 | ★即使……仍 jíshǐ……réng 설령 ~라 하더라도 | ★去世 qùshì 통 세상을 뜨다, 죽다 | ★初衷 chūzhōng 명 최초의 소망, 최초의 뜻 | ★默默地 mòmò de 묵묵히 | ★继承 jìchéng 통 계승하다, 이어받다 | ★未竟 wèijìng 통 아직 끝내지 못하다, 아직 완성하지 못하다 | ★惊人的毅力 jīngrén de yìlì 놀라운 의지 | ★整理 zhěnglǐ 통 정리하다 | ★手稿 shǒugǎo 명 원고 | ★涉猎 shèliè 통 관련되다, 미치다 | ★题材 tícái 명 소재, 제재 | 数量 shùliàng 명 수량 | ★叹为观止 tàn wéi guān zhǐ 감탄해 마지않다, 더할 나위 없이 좋다 | 耐心细心 nàixīn xìxīn 인내심 있고 세심하다 | ★揭下 jiēxià 벗기다 | 分类装订 fēnlèi zhuāngdìng 분류하여 제본하다 | 编校 biānjiào 통 편집하고 교정하다 | ★终于 zhōngyú 부 마침내 | ★赞 zàn 통 칭송하다, 찬양하다 | ★著名作家 zhùmíng zuòjiā 저명한 작가 | ★野心 yěxīn 명 야심, 야망 | ★畅销 chàngxiāo 통 판로가 넓다, 잘 팔리다 | ★晒在 shài zài ~에 내리쬐다 | 狗尾巴尖 gǒu wěiba jiān 강아지 꼬리 끝 | ★短暂间 duǎnzàn jiān 짧은 시간

97. HSK POINT 앞 문장을 통해 의미 유추 난이도 中

第1段中的"这一局面"指的是：

A《围城》是一本畅销书
B 杨绛的作品遇到了瓶颈
C 杨绛所写的作品为数不少
D 杨绛比钱钟书更有名

첫 번째 단락의 '这一局面'이 가리키는 것은?

A 『포위된 성(위성)』은 베스트셀러이다
B 양장의 작품은 난관에 부딪혔다
C 양장이 쓴 작품은 수가 많다
D 양장은 첸중수보다 더 유명하다

공략 '这一局面'이 가리키는 것은 바로 앞의 문장 '始因《称心如意》中出的一句话"泪和笑只隔了一张纸"这一题目的话剧一炮走红, 继因《弄真成假》,《风絮》而声名四起'이고, 이 내용을 통해 양장이 첸중수보다 먼저 여러 작품들로 유명했음을 알 수 있다. 따라서 정답은 D가 된다.

98. HSK POINT 보기 순서대로 관련 내용 찾기 난이도 中

关于钱钟书，下列哪项正确？

A 获得了十字勋章
B 翻译了《堂吉诃德》
C 留下了7万多页的手稿
D 帮杨绛写《走到人生边上》

첸중수에 관해 다음 중 옳은 것은?

A 십자훈장을 받았다
B 『돈키호테』를 번역했다
C 7만여 쪽의 원고를 남겼다
D 양장을 도와 『인생 끝까지 가다』를 썼다

| 공략 | 보기 A의 핵심어는 '十字勋章'으로, 두 번째 단락의 '西班牙国王向75岁的杨绛颁授"十字勋章"'이라는 내용을 통해 첸중수가 아닌 양장이 십자훈장을 받았음을 알 수 있으므로 정답이 아니다. 보기 B의 핵심어는 '《堂吉诃德》'로, 두 번째 단락의 '杨绛遁入翻译, 有了《堂吉诃德》中译本'이라는 내용을 통해 양장이 번역했음을 알 수 있으므로 정답이 아니다. 보기 C의 핵심어는 '7万多页'로, 네 번째 단락의 '多达7万余页的手稿'라는 내용에서 첸중수가 남긴 원고가 7만여 쪽에 달함을 알 수 있으므로, 정답은 C가 된다. |

99. HSK POINT 보기 순서대로 관련 내용 찾기 난이도 上

关于杨绛，可以知道什么?

A 与钱钟书合著《围城》
B 淡泊名利
C 向来重视天伦之乐
D 《走到人生边上》是她早期的作品

양장에 관해 다음 중 옳은 것은?

A 첸중수와 『포위된 성(위성)』을 공동 집필했다
B 명리를 쫓지 않고 담박하다
C 줄곧 가정의 단란함을 중시했다
D 『인생 끝까지 가다』는 그녀의 초기 작품이다

| 공략 | 보기 A의 핵심어는 《围城》인데, 이는 첫 번째 단락 마지막 부분과 네 번째 단락 중간 부분의 내용에서 첸중수의 작품이라는 것을 알 수 있으므로 정답이 아니다. 보기 B의 '淡泊名利'는 '명예나 이익을 쫓지 않고 담박함'을 의미하는데, 본문에 동일한 단어나 동의어가 제시되어 있지 않지만, 마지막 단락에서 양장이 '我没有这份野心。', '那只是太阳晒在狗尾巴尖上的短暂间。'이라고 말한 내용을 통해 그녀의 성품을 짐작할 수 있다. 따라서 정답은 B가 된다. |

| 어휘 | 天伦之乐 tiān lún zhī lè [성] 가족이 누리는 단란함 |

100. HSK POINT 앞 문장을 통해 의미 유추 난이도 中

第4段中的"未竟的"最可能是什么意思?

A 出人意料的
B 引起许多争议的
C 没有得到认可的
D 没来得及完成的

네 번째 단락의 '未竟的'는 무슨 의미인가?

A 뜻밖이다
B 많은 논쟁을 일으키다
C 인정을 받지 못했다
D 미처 완성해내지 못했다

| 공략 | 未竟이라는 단어의 한자가 지닌 의미를 파악한다면 더 빨리 정답을 찾을 수 있다. 未는 '아직 ~하지 않다', 竟은 '마치다, 끝내다'의 의미여서, 未竟은 '아직 끝내지 않다, 아직 마치지 않다'는 의미이므로 정답은 D가 된다. 만약 단어의 한자가 가진 의미를 파악할 수 없다면, '未竟的' 앞에 제시된 '即使在钱钟书去世后，杨绛仍不改初衷，默默地"继承"'이라는 내용을 통해 D가 정답임을 알 수 있다. |

| 어휘 | 出人意料 chū rén yì liào [성] 뜻밖이다, 예상 밖이다 |

新 HSK 6급 합격모의고사 书写

[101] HSK POINT 시간·인물·사건과 관련된 주요 어휘 및 문장 파악

1~2문단:
춘추 시대에 손양이라는 사람이 말의 우열을 감별하는 데 정통했는데, 사람들은 그를 백락이라 부름

3문단:
백락은 초나라 왕의 부탁으로 천리마를 구해야 했는데, 여러 나라를 돌아다녀봐도 마음에 드는 훌륭한 말을 발견하지 못함

4문단:
어느 여름 날, 백락은 제나라에서 돌아오는 길에 수레를 끌고 있던 한 말을 보고 그 말이 준마라는 것을 알아 차림. 수레 주인에게 말을 사겠다고 하자, 흔쾌히 동의함

5문단:
백락이 산 말을 끌고 초나라 왕을 찾아가자 여윈 말을 보고 불쾌해 했지만, 백락은 잘 보살피기만 하면 분명 천리마가 될 수 있다고 확신함

传说中，天上管理马匹的神仙叫伯乐。在人间，人们把精于鉴别马匹优劣的人，也称之为伯乐。

第一个被称作伯乐的人本名孙阳，他是春秋时代的人。由于他对马的研究非常突出，人们便忘记了他本来的名字，干脆称他为伯乐，延续到现在。

一次，伯乐受楚王的委托，购买能日行千里的骏马。伯乐向楚王说明，千里马数量极少，所以找起来不容易，需要到各地寻访，请楚王不必着急，他尽力将事情办好。伯乐跑了好几个国家，并且仔细寻访了素来盛产名马的燕国和赵国一带，辛苦备至，还是没发现中意的良马。

某个夏日，伯乐从齐国返回，在路上，看到了一匹马正拉着盐车，很吃力地在陡坡上行进。马累得呼呼喘气，每迈一步都十分艰难。伯乐对马向来亲近，不由得走到跟前。马见伯乐向自己走近，突然昂起头来瞪大眼睛，大声嘶鸣，好像要对伯乐倾诉什么。伯乐立即从声音中判断出，这是一匹难得的骏马。伯乐对驾车的人说："这匹马在疆场上驰骋，任何马都比不过它，但用来拉车，它却不如普通的马。你还是把它卖给我吧。"驾车人认为伯乐是个大傻瓜，他觉得这匹马太普通了，拉车没气力，吃得太多，骨瘦如柴，毫不犹豫地同意了。

伯乐牵走千里马，直奔楚国。伯乐牵马来到楚王宫，拍拍马的脖颈说："我给你找到了好主人。"千里马好像明白伯乐的意思，抬起前蹄把地面震得咯咯作响，引颈长嘶，声音洪亮，如大钟石磬，直上云霄。楚王听到马嘶声，走出宫外。伯乐指着马说："大王，我把

전설 속 하늘에서 말을 관리하던 신선을 백락이라고 불렀다고 한다. 그리하여 세상 사람들은 말의 우열을 감별하는 데 정통한 사람을 또한 백락이라고 일컬었다.

처음으로 백락이라고 불리던 사람의 본명은 손양으로 춘추 시대 사람이었다. 그의 말에 대한 연구가 매우 뛰어나서, 사람들은 본래 이름을 잊고 아예 그를 백락이라고 불렀고, 이것이 지금까지 지속되었다.

한번은, 백락이 초나라 왕의 부탁을 받게 되어 하루에 천 리를 달릴 수 있는 준마를 사들여야 했다. 백락은 초나라 왕에게 천리마는 그 수가 매우 적어서 구하기가 쉽지 않아 각지를 찾아 다녀야 하니, 조급해하지 마시라며 자신이 힘을 다해 일을 잘 처리하겠다고 말씀드렸다. 백락은 여러 나라를 돌아다녔고, 본래부터 유명한 말이 많이 나는 연나라와 조나라 일대도 매우 고생스럽게 꼼꼼히 찾아다녔지만, 마음에 드는 훌륭한 말을 발견하지 못했다.

어느 여름날, 백락이 제나라에서 돌아오던 길에, 소금 수레를 끄는 말 한 필이 험한 비탈길에서 힘겹게 걷고 있는 모습을 보게 되었다. 말은 숨을 헐떡거릴 만큼 지쳐 있었고, 내딛는 걸음이 매우 힘들어 보였다. 백락은 본래부터 말에게 친근하게 대했기 때문에, 자신도 모르게 말 곁으로 다가갔다. 말은 백락이 자신에게 다가오는 것을 보고, 갑자기 고개를 들어 눈을 커다랗게 뜨고 큰소리로 울부짖었는데, 마치 백락에게 무언가를 다 털어놓으며 말하려고 하는 것 같았다. 그러자 백락은 그 울음소리에서 이는 보기 드문 준마라는 것을 바로 알아차렸다. 백락은 수레를 끄는 사람에게 "이 말은 전쟁터에서 질주할 수 있는 말이군요. 어떤 말도 이 말을 능가할 수 없을 것이오. 그런데 이 말을 수레를 끄는 데 사용한다면, 이는 평범한 말보다 못한 게 돼 버리지요. 그러니 이 말을 저에게 파는 것이 낫겠소."라고 말했다. 수레를 끄는 사람은 이 말은

千里马给您带来了，请仔细观看。"楚王一见伯乐牵的马瘦得不成样子，认为伯乐愚弄他，有点不高兴，说："我相信你会看马，才让你买马，可你买的是什么马呀，这马连走路都很困难，怎么能上战场呢?"伯乐说："这确实是一匹千里马，不过拉了一段车，又喂养不精心，所以看起来很瘦。只要精心喂养，不到半个月，一定会恢复体力，变得结实。"

楚王一听，有点将信将疑，便命令马夫尽心尽力把马喂好，果然，马变得精壮神骏。楚王跨马扬鞭，便觉得两耳生风，喘息的功夫，已跑出百里之外。后来千里马为楚王驰骋沙场，立下不少功劳。楚王对伯乐更加敬重。

现在，人们常用"伯乐"来比喻那些能够发现人才，并懂得欣赏人才的人。

6문단:
백락의 말대로 그 여윈 말은 힘이 세고 건장한 준마로 변함

7문단:
사람들은 인재를 발견하는 데 능통한 사람을 '백락'이라는 말에 비유함

수레를 끌 힘은 없으면서 너무 많이 먹고, 장작개비같이 바싹 말라 너무나 평범하다고 여겼기 때문에, 백락을 바보로 취급하며 조금도 주저하지 않고 동의했다.

백락은 천리마를 끌고 곧장 초나라로 달려갔다. 백락은 초나라 궁궐로 말을 끌고 가서, 말의 목덜미를 두드리며 "내가 너의 좋은 주인을 찾았단다."라고 말했다. 천리마는 백락의 뜻을 이해한 듯, 앞발굽을 들고는 땅을 드르륵드르륵 울리며 목을 길게 빼고 울부짖었는데, 그 소리가 크고 우렁찬 것이 마치 바위 같은 큰 종이 하늘 높이 솟아오를 것만 같았다. 초나라 왕이 말의 울음소리를 듣고 궁궐 밖으로 나왔다. 백락은 말을 가리키며 "대왕님, 제가 천리마를 가져왔습니다. 자세히 봐주십시오."라고 말했다. 초나라 왕은 백락이 끌고 온 말이 형편없이 여윈 모습을 보고는, 백락이 자신을 농락했다고 여겨 다소 불쾌해하며 "나는 자네가 말을 볼 줄 안다고 믿었기에 말을 사오라고 한 것인데, 자네는 무슨 말을 산 것인가? 이 말은 걷는 것조차 힘들어하는데, 어찌 전쟁터에 나갈 수 있단 말인가?"라고 말했다. 그러자 백락은 "이는 분명 천리마가 맞습니다. 그렇지만 얼마간 수레를 끌었고, 정성을 다해 보살피지 않아 여위어 보이는 것입니다. 공을 들여 사육하면 보름이 되기 전에 반드시 체력을 회복해 튼튼해질 것입니다."라고 말했다.

초나라 왕은 이 말을 듣고는 약간 반신반의했고, 마부에게 최선을 다해 말을 잘 돌보라고 명령을 내렸다. 과연, 말은 힘세고 건장한 준마로 변했다. 초나라 왕이 말을 타고 채찍을 휘두르자, 두 귀에 바람이 이는 듯한 느낌이 들었고, 한숨 돌릴 만큼의 시간에 말은 이미 백 리 밖을 질주했다. 후에 천리마는 초나라 왕이 전쟁터에서 활약하는 데 있어 큰 공로를 세웠고, 초나라 왕은 백락을 더욱 존경했다.

오늘날 사람들은 흔히 '백락'이란 인재를 발견하고 인재를 잘 알아보는 사람을 비유하곤 한다.

어휘

★传说 chuánshuō 명 전설 | ★管理 guǎnlǐ 동 관리하다, 돌보다 | 马匹 mǎpǐ 명 마필[말의 총칭] | ★神仙 shénxiān 명 신선, 선인 | 伯乐 Bólè 고유 백락 | 人间 rénjiān 명 세상 | ★把……称之为 bǎ……chēng zhī wéi ~을 ~로 부르다 | 精于 jīngyú ~에 정통하다 | ★鉴别 jiànbié 동 감별하다, 구별하다 | ★优劣 yōuliè 명 우열 | ★被称作 bèi chēngzuò ~로 불리다 | 本名 běnmíng 명 본명 | ★突出 tūchū 형 뛰어나다, 두드러지다 | 便 biàn 부 곧, 바로 | 忘记 wàngjì 동 잊다 | ★干脆 gāncuì 부 차라리, 아예 | ★称……为 chēng……wéi ~을 ~로 부르다 | ★延续 yánxù 동 계속하다, 지속하다 | ★受……委托 shòu……wěituō ~부탁을 받다, ~위탁을 받다 | ★购买 gòumǎi 동 사다, 구매하다 | ★日行千里 rìxíng qiānlǐ 하루에 천 리를 가다 | 骏马 jùnmǎ 명 준마, 명마 | ★向……说明 xiàng……shuōmíng ~에게 설명하다 | 寻访 xúnfǎng 동 방문하다, 찾다 | ★不必 búbì 부 ~할 필요없다 | ★尽力 jìnlì 동 온 힘을 다하다 | ★将事情办好 jiāng shìqing bànhǎo 일을 잘 처리하다 | 仔细寻访 zǐxì xúnfǎng 꼼꼼히 찾았다, 꼼꼼히 방문하다 | ★素来 sùlái 부 원래, 이전부터 | ★一带 yídài 명 일대 | ★辛苦备至 xīnkǔ bèizhì 무척 고되다, 매우 고생스럽다 | ★中意 zhòngyì 동 만족하다, 마음에 들다 | 良马 liángmǎ 명 훌륭한 말 | ★从……返回 cóng……fǎnhuí ~로부터 돌아오다 | 拉着盐车 lā zhe yán chē 소금 수레를 끌다 | ★吃力 chīlì 형 힘들다, 고달프다 | 陡坡 dǒupō 험한 비탈길, 가파른 고개 | 行进 xíngjìn 앞으로 나아가다, 전진하다 | ★呼呼喘气 hūhū chuǎnqì 숨을 헐떡거리다, 숨을 헉헉거리다 | 迈步 màibù 발걸음을 내디디다 | ★艰难 jiānnán 형 어렵다, 힘들다 | 向来 xiànglái 부 본래부터, 줄곧, 지금까지 | ★亲近 qīnjìn 동 친해지다 친근하다, 가깝다 | ★不由得 bùyóude 부 저절로, 자기도 모르게 | ★走到跟前 zǒudào gēnqián 곁으로 나아가다, 가까이 다가가다 | ★昂起头来 ángqǐ tóu lái 고개를 들다 | ★瞪大眼睛 dèng dà yǎnjing 눈을 커다랗게 뜨다, 눈을 부릅뜨다 | 大声嘶鸣 dàshēng sīmíng 큰소리로 울부짖다 | ★倾诉 qīngsù 이것저것 다 말하다, 다 털어놓다 | ★从……中判断出 cóng……zhōng pànduàn chū ~로부터 판단해내다 | ★难得 nándé 형 드물다, 얻기 어렵다 | 驾车的人 jiàchē de rén 수레를 끄는 사람 | 疆场 jiāngchǎng 명 전쟁터 | 驰骋 chíchěng 동 내달리다, 질주하다 | ★比不过 bǐ bu guò ~에 견줄 수 없다, ~에 비할 수 없다 | ★不如 bùrú 동 ~만 못하다 | ★把……卖给 bǎ……mài gěi ~을 ~에게 팔다 | 大傻瓜 dà shǎguā 바보, 멍청이 | ★普通 pǔtōng 형 보통이다, 평범하다 | ★骨瘦如柴 gǔ shòu rú chái 장작개비같이 바싹 마르다, 뼈가 앙상하다 | ★毫不犹豫 háobù yóuyù 조금도 주저하지 않다, 전혀 망설이지 않다 | ★牵走 qiānzǒu 끌고 가다 | ★直奔 zhíbèn 동 곧장 달려가다 | 王宫 wánggōng 명 왕궁 | 脖颈 bógěng 명 목덜미 | ★抬起 táiqǐ 들어올리다 | 前蹄 qiántí 앞발굽 | 咯咯作响 gēgē zuòxiǎng 드르륵드르륵 울리다 | 引颈长嘶 yǐnjǐng chángsī 목을 길게 빼고 오래 울부짖다 | ★洪亮 hóngliàng 형 (소리가) 크고 낭랑하다, 우렁차다 | 大钟石磐 dàzhōng shípán 바위 같은 큰 종 | 直上云霄 zhíshàng yúnxiāo 하늘 높이 솟아오르다 | 马嘶声 mǎ sīshēng 말의 울음소리 | ★观看 guānkàn 동 보다 | ★瘦得不成样子 shòu de bùchéng yàngzi 비정상적으로 마르다 | 愚弄 yúnòng 동 우롱하다, 바보취급하다 | 战场 zhànchǎng 명 전쟁터 | ★确实 quèshí 부 확실히 | ★喂养 wèiyǎng 동 사육하다, 기르다 | ★精心 jīngxīn 형 정성을 들이다 | ★恢复体力 huīfù tǐlì 체력을 회복하다 | 结实 jiēshi 형 튼튼하다, 건장하다 | ★将信将疑 jiāng xìn jiāng yí 성 반신반의하다 | 马夫 mǎfū 명 마부 | ★尽心尽力 jìn xīn jìn lì 성 몸과 마음을 다하다, 있는 힘과 성의를 다하다 | ★果然 guǒrán 부 과연, 생각한대로 | 精壮神骏 jīngzhuàng shén jùn 힘이 센 천마, 건장한 준마 | 跨马扬鞭 kuà mǎ yáng biān 말을 타고 채찍을 휘두르다 | 两耳生风 liǎng ěr shēng fēng 두 귀에 바람이 일다[속도가 매우 빠름을 나타냄] | 喘息的功夫 chuǎnxī de gōngfu 한숨 돌릴 시간 | ★立下不少功劳 lìxià bùshǎo gōngláo 큰 공로를 세우다 | 敬重 jìngzhòng 동 존경하다, 존대하다 | ★比喻 bǐyù 동 비유하다 | 懂得欣赏人才 dǒngde xīnshǎng réncái 인재를 알아보는 법을 터득하다

1단계 중심 내용 전개

도입
[시간·인물 소개]
春秋时代 / 把精于鉴别马匹优劣的人，也称之为伯乐

이야기의 발생
[초나라 왕이 백락에게 천리마를 구해오라고 청함]
伯乐受楚王的委托，购买一批能日行千里的骏马

이야기의 전개 1
[백락이 한 여윈 말을 보고 준마라고 확신하며 사들임]
某个夏日 / 伯乐看到一匹马 / 伯乐确信那匹马是骏马 / 伯乐把那匹马买下来

이야기의 전개 2
[백락은 산 말을 초나라 왕에게 가져감]
伯乐牵那匹马来到楚王面前 / 楚王一看就不高兴 / 伯乐说那匹马确实是千里马

이야기의 결말
[여윈 말이 천리마로 변함]
果然，那匹马变得精壮神骏

2단계 모범 답안 작성

伯乐相马

一提起伯乐,可谓无人不知,无人不晓,他以高超的相马本领而享誉全中国。

传说春秋时代,伯乐受楚王委托寻找一匹能日行千里的骏马,他为此跑遍了大江南北却连千里马的影子也没找到。

一个炎炎夏日,太阳火辣辣地照耀着大地。伯乐无精打采地走在从齐国返回楚国的路上,突然一匹拉着盐车的马映入了他的眼帘,他顿时眼睛一亮,心中升起了无限的希望。他赶紧走向前去,彬彬有礼地对车主说道:"您能把这匹马卖给我吗?"车主觉得这匹马骨瘦如柴,又没有力气,就毫不犹豫地答应了。

伯乐将马牵到楚王面前,楚王一看马的样子,脸上露出了不悦的神情,怒气冲冲地说:"你给我找的这是什么马?看起来连走路都困难,怎么上战场?"伯乐听后不紧不慢地说:"这的确是匹千里马,因为照顾不精心才变得这样,只要我们无微不至地照顾它,用不了多久,它就能成为一匹难得的骏马。"

时隔不久,这匹马果然变得精壮神骏,为

楚王立下了不少功劳。后来人们便用"伯乐"
比喻善于发现人才的人。

백락상마

　　백락에 대해 말하자면, 모르는 사람이 없을 것이다. 그는 말을 판별하는 뛰어난 재능으로 전 중국에 명성이 자자했다.
　　전설 속 춘추 시대에 백락은 초나라 왕의 부탁으로 하루에 천리를 달릴 수 있는 준마를 구해야 했고, 그는 이로 인해 중국 각지를 두루 돌아다녔지만 천리마의 그림자조차도 찾지 못했다.
　　해가 쨍쨍 내리쬐는 어느 무더운 여름날, 백락은 의기소침하여 제나라에서 초나라로 돌아오는 길이었는데, 문득 소금 수레를 끌고 있는 말이 그의 눈에 띄었고, 그의 눈은 갑자기 반짝이며 마음에는 무한한 희망이 떠올랐다. 그는 재빨리 다가가, 수레 주인에게 점잖고 예의 바르게 "이 말을 저에게 팔 수 있신가요?"라고 물었다. 수레 주인은 이 말이 장작개비같이 여원 모습에 힘도 없다고 여겼기에, 조금도 주저하지 않고 동의했다.
　　백락은 말을 초나라 왕에게 끌고 갔고, 초나라 왕은 말의 모습을 보자마자 얼굴에 불쾌한 표정을 짓고 화를 내며 "자네가 구해 온 이 말은 무슨 말인가? 보아하니 걷는 것조차도 힘들어 보이는데, 어찌 전쟁터에 나갈 수 있단 말인가?"라고 물었다. 백락은 그 말을 듣고 "이는 분명 천리마가 맞습니다. 정성을 다해 보살피지 않아서 이런 모습이 된 것이니, 공을 들여 보살피면 이 말은 얼마 지나지 않아 보기 드문 준마가 될 것입니다."라며 여유작작하게 대답했다.
　　머지 않아, 이 말은 과연 힘이 세고 건장한 준마로 변했고, 초나라 왕과 함께 큰 공로를 세웠다. 그리하여 후세 사람들은 '백락'이라는 말로 인재를 발견하는 데 능통한 사람을 비유하게 되었다.

어휘 ★伯乐相马 bó lè xiàng mǎ 성 한 사람이 인재를 잘 발견하고 추천하고 배양함을 이르는 말 | ★一提起 yì tíqǐ ~을 언급하다 | ★可谓 kěwèi 동 ~라고 말할 수 있다 | ★无人不知，无人不晓 wúrén bù zhī, wúrén bù xiǎo 모르는 사람이 없다. 누구나 다 알다 | ★高超 gāochāo 형 출중하다. 뛰어나다 | ★本领 běnlǐng 명 기량, 재능, 솜씨 | ★享誉全中国 xiǎngyù quán Zhōngguó 전 중국에서 명성을 누리다 | ★寻找 xúnzhǎo 동 찾다 | ★为此 wèicǐ 접 이로 인하여, 그런 까닭에 | ★跑遍了大江南北 pǎobiàn le dàjiāngnánběi 전 중국을 두루 돌아다녔다 | 连……的影子也没找到 lián……de yǐngzi yě méi zhǎodào ~의 그림자조차 찾지 못하다 | ★无精打采 wú jīng dǎ cǎi 성 의기소침하다, 활기가 없다 | ★映入……的眼帘 yìngrù……de yǎnlián ~의 눈에 들어오다, ~의 눈에 띄다 | ★顿时眼睛一亮 dùnshí yǎnjing yí liàng 문득 눈이 반짝이다 | ★心中升起了无限的希望 xīnzhōng shēngqǐ le wúxiàn de xīwàng 마음에 끝없는 희망이 떠올랐다 | ★赶紧 gǎnjǐn 부 서둘러, 재빨리 | ★走向前去 zǒuxiàng qiánqù ~로 나아가다, ~로 가다 | ★彬彬有礼 bīn bīn yǒu lǐ 성 점잖고 예절이 바르다 | 将……牵到 jiāng……qiāndào ~을 ~로 끌고 가다 | ★脸上露出了不悦的神情 liǎnshàng lùchū le búyuè de shénqíng 얼굴에 불쾌한 표정이 드러나다 | ★怒气冲冲 nùqì chōngchōng 노발대발하다 | 上战场 shàng zhànchǎng 전쟁터에 나가다 | ★不紧不慢地说 bù jǐn bú màn de shuō 여유작작하게 말하다 | ★的确 díquè 부 확실히 | ★照顾 zhàogù 동 보살피다, 돌보다 | ★无微不至 wú wēi bú zhì 성 사소한 데까지 신경을 쓰다, 관심이나 보살핌이 세심하고 꼼꼼하다 | ★用不了多久 yòngbuliǎo duōjiǔ 얼마 되지 않다 | ★时隔不久 shígé bùjiǔ 시간이 머지 않다 | 精壮神骏 jīngzhuàng shén jùn 힘이 센 천마, 건장한 준마 | 立下不少功劳 lìxià bùshǎo gōngláo 큰 공로를 세우다 | ★善于发现 shànyú fāxiàn 잘 발견하다, 잘 알아보다

4회 해설

합격모의고사 4회 정답

一、听力

第一部分
1. B   2. D   3. C   4. B   5. D
6. B   7. A   8. D   9. D   10. B
11. D   12. D   13. A   14. B   15. C

第二部分
16. C   17. B   18. D   19. D   20. B
21. D   22. C   23. B   24. B   25. D
26. A   27. C   28. D   29. C   30. A

第三部分
31. C   32. D   33. C   34. B   35. C
36. B   37. C   38. A   39. D   40. D
41. D   42. B   43. C   44. C   45. C
46. D   47. A   48. D   49. D   50. B

二、阅读

第一部分
51. A   52. D   53. C   54. A   55. B
56. C   57. D   58. B   59. A   60. D

第二部分
61. A   62. B   63. D   64. A   65. C
66. A   67. D   68. B   69. C   70. D

第三部分
71. A   72. E   73. D   74. B   75. C
76. C   77. B   78. D   79. A   80. E

第四部分
81. C   82. B   83. C   84. A   85. C
86. B   87. D   88. B   89. C   90. B
91. D   92. B   93. D   94. B   95. A
96. C   97. D   98. B   99. C   100. A

三、书写

101. 모범 답안 ⋯ 298쪽 참고

新 HSK 6급 합격모의고사 听力

第一部分

1. HSK POINT 동일한 의미의 문장 파악 난이도 中   track 04-1

飞机为什么要迎风起落呢? 这是因为这样可以使飞机产生更大的起飞升力和降落阻力, 缩短起落滑行距离, 以保证安全。跑道的方向主要根据当地一年中气象资料统计的主导风向来决定。

비행기는 왜 바람을 타고 이착륙을 해야 할까? 그렇게 하면 비행기에 더 큰 이륙 양력과 착륙 저항력이 생겨, 안전 확보를 위해 이착륙 시 활주 거리를 줄일 수 있기 때문이다. 활주로의 방향은 주로 현지 1년 간의 기상 자료 통계에 의한 주도풍향에 따라 결정된다.

A 飞机迎风降落很危险
B 主导风向决定机场跑道方向
C 飞机滑跑距离越长越安全
D 飞机应逆风起飞

A 비행기가 바람을 타고 이착륙하는 것은 위험하다
B 주도풍향이 비행기의 활주로 방향을 결정짓는다
C 비행기가 활주하는 거리는 길수록 안전하다
D 비행기는 역풍을 타고 이륙해야 한다

공략 마지막 부분에서 '根据……来决定(~에 따라 결정되다)' 구조의 문장 '跑道的方向主要根据当地一年中气象资料统计的主导风向来决定.'을 통해 주도풍향이 비행기 활주로 방향을 결정짓는 것을 알 수 있으므로 정답은 B가 된다.

어휘 ★迎风 yíng fēng 통 바람을 타다, 바람을 맞받다 | ★起落 qǐluò 통 오르내리다, 이착륙하다 | ★起飞 qǐfēi 통 이륙하다 | 升力 shēnglì 명 양력 | ★降落 jiàngluò 통 착륙하다 | 阻力 zǔlì 명 저항력 | ★缩短 suōduǎn 통 단축하다 | 滑行 huáxíng 통 활주하다 | ★距离 jùlí 명 거리, 간격 | ★保证 bǎozhèng 통 보증하다, 확보하다 | 跑道 pǎodào 명 활주로 | 气象资料统计 qìxiàng zīliào tǒngjì 기상 자료 통계 | 主导风向 zhǔdǎo fēngxiàng 주도풍향

2. HSK POINT 글의 앞부분에서 언급되는 핵심 내용 파악 난이도 下   track 04-2

上班族应注意眼保健康。由于长期呆在空调屋内, 眼睛容易干涩。加上长时间盯着电脑屏幕, 眨眼皮率降低, 这些都会减少眼内润滑剂的分泌。因此, 一般用眼一个小时就应该休息一下, 向远方眺望。另外, 不要过度依赖眼药水。

직장인들은 눈 건강에 주의해야 한다. 왜냐하면 장기간 에어컨이 켜있는 실내에 있게 되면 눈이 쉽게 건조해지기 때문이다. 게다가 장시간 동안 컴퓨터 모니터를 쳐다보게 되면 눈꺼풀을 깜박이는 횟수가 적어지게 되는데, 이러한 것들이 눈 속 윤활제의 분비를 줄어들게 할 수 있다. 따라서 일반적으로는 눈을 한 시간 동안 사용했다면 잠시 쉬어야 하며, 먼 곳을 바라봐야 한다. 이 밖에 안약에 너무 의지해서도 안 된다.

A 眼睛干涩时应及时使用眼药水
B 眨眼会抑制眼内润滑剂的分泌
C 眺望远方有害视力
D 上班族应谨防用眼过度

A 눈이 건조할 때는 반드시 즉시 안약을 사용해야 한다
B 눈을 깜박이는 것이 눈 속 윤활제의 분비를 억제할 수 있다
C 먼 곳을 바라보는 것은 시력을 해친다
D 직장인들은 눈을 과도하게 사용하는 것을 주의해야 한다

공략 첫 문장 '上班族应注意眼保健康。'을 듣고 핵심 내용이 직장인들의 눈 건강에 대한 것임을 알 수 있으므로 정답은 D가 된다. 뒷부분에서 결론을 끌어내는 접속사 因此를 듣고 이어지는 내용 '一般用眼一个小时就应该休息一下, 向远方眺望'을 통해서도 정답이 D임을 알 수 있다.

어휘 ★呆在 dāizài ~에 머무르다 | 空调屋内 kōngtiáo wūnèi 에어컨방 | ★干涩 gānsè 휑 메마르다, 뻑뻑하다 | ★盯 dīng 동 주시하다 | 电脑屏幕 diànnǎo píngmù 컴퓨터 모니터 | 眨眼皮 zhǎ yǎnpí 눈꺼풀을 깜박거리다 | 润滑剂 rùnhuájì 명 윤활제 | ★分泌 fēnmì 동 분비하다 | 眺望 tiàowàng 동 멀리 바라보다 | ★依赖 yīlài 동 기대다, 의지하다 | 眼药水 yǎnyàoshuǐ 명 안약

3. HSK POINT 이야기의 내용 파악 난이도 中   track 04-3

一个小男孩儿不慎打碎了一个珍贵的盘子，妈妈看见了碎片，便问是谁打碎的。"是我打碎的。"男孩儿说。妈妈又问："到底怎么打碎的？"男孩儿一时找不到合适的词，情急之下，便把另一个盘子也摔到地上，说："就是这样打碎的。"

한 남자아이가 실수로 귀한 접시 하나를 깨뜨렸다. 엄마가 파편을 보고는 누가 깨뜨린 것인지를 물어보자, 남자아이는 "제가 깨뜨린 거예요."라고 대답했다. 엄마가 다시 "도대체 어떻게 깨뜨린 거니?"라고 묻자, 남자아이는 잠시 적절한 말을 찾지 못해 다급한 마음에 다른 접시 하나를 바닥으로 던지며 "바로 이렇게 깨뜨렸어요."라고 말했다.

A 盘子价格很低廉
B 儿子矢口否认自己打碎盘子
C 儿子打碎了两个盘子
D 儿子将碎片隐藏起来了

A 접시의 가격은 저렴하다
B 아들은 자신이 접시를 깨뜨린 것을 완강히 부인했다
C 아들은 접시를 두 개 깨뜨렸다
D 아들은 파편을 숨겨두었다

공략 아이가 접시를 깨뜨리고 나서 엄마가 어떻게 깨뜨렸는지 묻자 '便把另一个盘子也摔到地上，说："就是这样打碎的。"'라며 접시를 하나 더 깨뜨렸으므로 정답은 C가 된다.

어휘 ★不慎 búshèn 휑 부주의하다, 조심하지 않다 | ★打碎 dǎsuì 동 부수다, 깨다 | ★珍贵 zhēnguì 휑 진귀하다, 귀중하다 | 碎片 suìpiàn 명 파편, 조각 | ★一时 yìshí 명 잠시 | 情急之下 qíngjí zhīxià 후다닥, 다급한 가운데 | ★把……摔到 bǎ……shuāidào ~을 ~에 내던지다, ~을 ~로 떨어뜨리다 | 矢口否认 shǐ kǒu fǒu rèn 성 완강히 부인하다, 절대로 인정하지 않다

4. HSK POINT 동일한 의미의 문장 파악 난이도 中   track 04-4

一个人遇到农夫，便问农夫是否种了麦子，他说："没，我担心不下雨。"那人问："种棉花了吗？"他说："没，我怕长虫子。"那人又问："那你种了什么？"他说："为了确保安全，我什么也没种。"一个不愿冒险和付出的人，必将一事无成。

어떤 사람이 농부를 만나게 되어 농부에게 밀을 파종했는지 물었더니, 농부는 "하지 않았다오. 비가 오지 않게 되면 걱정되잖소."라고 대답했다. 그 사람이 "목화는 심은 거요?"라고 묻자, 농부는 "하지 않았소. 벌레가 생길까 염려되잖소."라고 말했다. 그 사람이 또 "그럼 당신은 무엇을 심은 것이오?"라고 묻자, 농부는 "안전을 지키려고 나는 아무것도 심지 않았다오."라고 대답했다. 위험을 무릅쓰고 대가를 치르려고 하지 않는 사람은 한 가지 일도 이루어내지 못할 것이다.

A 农夫谨慎行事
B 农夫怕承担风险
C 农夫懂得审时度势
D 农夫的庄稼获得大丰收

A 농부는 신중하게 행동한다
B 농부는 위험을 감당하는 것을 두려워한다
C 농부는 상황 파악을 잘한다
D 농부의 농작물은 대풍년이다

공략 농부의 대답 중 '为了确保安全，我什么也没种。'이라는 내용을 통해 농부는 위험 부담을 두려워한다는 것을 알 수 있으므로 정답은 B가 된다.

어휘 ★种 zhòng 통 심다, 재배하다 | ★麦子 màizi 명 밀 | ★棉花 miánhuā 명 목화, 면화 | 虫子 chóngzi 명 벌레 | ★确保安全 quèbǎo ānquán 안전을 확보하다, 안전을 지키다 | ★冒险 màoxiǎn 통 모험하다, 위험을 무릅쓰다 | ★付出 fùchū 통 바치다, 들이다, 지불하다 | ★必将 bìjiāng 부 반드시 ~할 것이다 | ★一事无成 yí shì wú chéng 성 한 가지 일도 이루지 못하다, 아무런 성과가 없다 | 审时度势 shěn shí duó shì 성 시세를 잘 살피다

5. HSK POINT 동일한 의미의 문장 파악 난이도 中 track 04-5

　一种新产品上市之前，首先为它取个好名字是至关重要的。一个好的名字，不仅要反映这种产品的特点和卖点，还应该说起来顺口，容易让人记住。<u>一个好的名字，可以为产品的推广节省大量的广告费用。</u>

　어떤 신제품이 출시되기 전, 우선 그것에 좋은 이름을 짓는 것은 매우 중요하다. 좋은 이름은 제품의 특징과 장점을 잘 반영해야 할 뿐만 아니라, 읽기에도 술술 잘 읽혀 사람들이 쉽게 기억할 수 있게 해야 한다. <u>좋은 이름은 제품의 홍보에 있어 큰 광고 비용을 절약할 수 있다.</u>

A 名字不一定要朗朗上口
B 好名字要简洁易记
C 好名字能代替广告宣传
D 好名字有助于产品推广

A 이름은 반드시 잘 읽혀야 할 필요는 없다
B 좋은 이름은 간결하고 쉽게 기억할 수 있어야 한다
C 좋은 이름이 광고 선전을 대신할 수 있다
D 좋은 이름은 제품 홍보에 도움이 된다

공략　마지막의 '一个好的名字，可以为产品的推广节省大量的广告费用.'이라는 내용을 통해 좋은 이름이 제품 홍보에 있어 도움이 된다는 것을 알 수 있으므로 동일한 의미의 D가 정답이 된다.

어휘　★上市 shàngshì 통 출시되다 | ★取个好名字 qǔ ge hǎo míngzi 좋은 이름을 짓다 | ★至关重要 zhìguān zhòngyào 아주 중요하다 | 反映 fǎnyìng 통 반영하다 | 卖点 màidiǎn 명 구매력, 상품의 매력 | 顺口 shùnkǒu 형 술술 읽히다, 읽기에 좋다 | ★节省 jiéshěng 통 절약하다, 아끼다 | 朗朗上口 lǎng lǎng shàng kǒu 성 목소리가 또랑또랑하고 유창하다

6. HSK POINT 긴 문장에서 핵심 내용 파악 난이도 上 track 04-6

　中国有一句古老的谚语叫"人无远虑，必有近忧"，其意思是人如果没有长远的谋划，忧患就会很快到来。<u>它告诫我们要未雨绸缪，不能只顾眼前、竭泽而渔，而忘却了奋斗的方向和最终目标。</u>

　중국에 '사람이 앞날을 고려하지 않으면 반드시 우환이 나타난다'는 오랜 속담이 있는데, 사람이 장기적인 계획을 세우지 않으면 우려와 환난이 곧 닥치게 될 것이라는 의미이다. <u>이는 우리에게 일을 할 때는 사전에 미리 준비해야 하며, 눈앞의 이익에만 급급해 장래를 생각하지 않고, 노력해야 할 방향과 최종 목표를 잊지 말아야 하는 것을 일러주고 있다.</u>

A 不要好高骛远
B 眼光要长远
C 不要急功近利
D 人的潜力无极限

A 비현실적인 이상을 추구해서는 안 된다
B 장기적인 안목을 지녀야 한다
C 눈앞의 성공과 이익에만 급급해서는 안 된다
D 사람의 잠재력은 한계가 없다

공략　뒷부분의 '它告诫我们要未雨绸缪，不能只顾眼前、竭泽而渔，而忘却了奋斗的方向和最终目标.'에서 앞날을 보고 미리 준비할 것을 강조하고 있으므로 정답은 B가 된다.

어휘　★古老 gǔlǎo 형 오래되다 | ★谚语 yànyǔ 명 속담 | ★人无远虑，必有近忧 rén wú yuǎnlǜ, bì yǒu jìn yōu 사람이 앞날을 고려하지 않으면 반드시 우환이 나타난다 | ★长远的谋划 chángyuǎn de móuhuà 장기 계획 | ★忧患 yōuhuàn 명 우환, 근심과 환난 | ★告诫 gàojiè 통 훈계하다, 타이르다 | ★未雨绸缪 wèi yǔ chóu móu 성 사전에 미리 준비하다 | ★只顾 zhǐgù 통 오직 ~만 생각하다 | ★竭泽而渔 jié zé ér yú 성 눈앞의 이익에만 급급하여 장래를 생각하지 않다 | ★忘却 wàngquè 통 망각하다, 잊어버리다 | ★奋斗 fèndòu 통 분투하다 | 好高骛远 hào gāo wù yuǎn 성 비현실적으로 이상만 높다

합격필수 TIP

▶ 자주 출제되는 '계획·준비' 관련 성어·속담

① ★未雨绸(chóu)缪(móu) 비가 오기 전 미리 창문을 수리하다, 사전에 방비하다
② ★有备无患(huàn) 유비무환, 사전에 준비하면 재난을 피할 수 있다
③ 防患(huàn)未然 사고나 재난을 미연에 방지하다
④ ★百年大计 백년대계, 먼 앞날까지 미리 내다보고 세우는 크고 중요한 계획
⑤ 长久之计 장기적인 계획
⑥ ★精(jīng)打细算 정밀하게 계획하다, 면밀하게 계산하다
⑦ 深谋(móu)远虑(lǜ) 계획이 주도면밀하고 생각이 원대하다
⑧ 深思远虑(lǜ) 앞날을 생각하고 치밀하게 계획하다
⑨ ★心里有鬼(guǐ) 마음속에 속셈이 있다
⑩ 有勇无谋(móu) 용기는 있으나 지혜가 없다
⑪ 远谋(móu)深算 주도면밀하게 계획하고 멀리 생각하다
⑫ ★一年之计在于春，一日之计在于晨(chén) 일 년의 계획은 봄에 있고, 하루의 계획은 아침에 있다
⑬ 终身之计，莫(mò)如树(shù)人 일생의 계획을 세움에 있어서 인재를 양성하는 것보다 더 나은 것이 없다
⑭ 人无远虑(lǜ)，必有近忧(yōu) 사람이 앞날을 고려하지 않으면 반드시 우환이 나타난다
⑮ ★脑有成竹 대나무를 그리기 전에 마음속에는 이미 대나무의 형상이 있다, 일을 하기 전에 이미 전반적인 고려가 되어 있다

---

7. HSK POINT 연관된 의미의 문장 파악 난이도 上 · track 04-7

黑土享有"土中之王"的美誉，主要分布在中国东北地区。那里气候寒冷，草类春生秋亡，年复一年。在土壤中形成了厚厚的腐殖质层，使土壤看起来油黑油黑的。黑土土层深厚，肥力很高，适于农作物生长。

흑토는 '토중지왕'이라는 명성을 누리고 있는데, 이는 주로 중국 동북 지역에 분포되어 있다. 그곳은 기후가 매우 추워서 해마다 풀이 봄에 자라나 가을에 죽는다. 토양에는 두터운 부식질층이 형성되어 있어, 토양을 까맣고 번지르르하게 보이게 만든다. 흑토는 토양층이 두껍고 토양의 비옥도가 높아서, 농작물이 생장하기에 적합하다.

A 黑土富含养料
B 黑土可涵养水分
C 黑土是碱性土壤
D 黑土地不宜种植农作物

A 흑토는 영양분을 풍부하게 함유하고 있다
B 흑토는 수분을 함유하고 있다
C 흑토는 알칼리성 토양이다
D 흑토 지역은 농작물을 재배하기에 적절하지 않다

공략 마지막의 '黑土土层深厚，肥力很高，适于农作物生长。'이라는 내용 중 토양의 비옥도가 높다는 것이 바로 보기 A의 영양분을 풍부하게 함유하고 있다는 의미이므로 정답은 A가 된다.

어휘 ★享有……美誉 xiǎngyǒu……měiyù ~라는 명성을 누리다 | ★分布 fēnbù 동 분포하다 | ★寒冷 hánlěng 형 매우 춥다 | 春生秋亡 chūn shēng qiū wáng 봄에 자라나 가을에 죽는다 | ★年复一年 nián fù yì nián 해마다 | 土壤 tǔrǎng 명 토양 | ★形成 xíngchéng 동 형성되다, 이루어지다 | 腐殖质层 fǔzhízhìcéng 부식질층 | 油黑 yóuhēi 까맣고 번지르르하다, 거머번드르하다 | ★深厚 shēnhòu 형 깊고 두텁다, 단단하다 | 肥力 féilì 명 (토양의) 비옥도 | ★适于 shìyú 동 ~에 알맞다, ~에 적합하다 | ★农作物 nóngzuòwù 명 농작물 | ★生长 shēngzhǎng 동 생장하다, 자라다 | 涵养 hányǎng 동 (수분을) 축적하다 | 碱性 jiǎnxìng 명 알칼리성, 염기성

8. HSK POINT 힌트가 되는 但 및 동일한 의미의 문장 파악　난이도 中　track 04-8

泰山虽不是中国最高的山,<u>但却因浓厚的文化艺术气息</u>,而被称为"天下第一山"。从古至今,历代文人过客惊叹于泰山的雄伟和壮丽,便把自己的感受写成文章或诗句,刻在泰山的石头上,从山脚到山顶,足有上千个石刻。

A 泰山禁止在石头上刻画
B 泰山山势陡峭无比
C 泰山是中国第一高山
D 泰山文化底蕴深厚

타이산(태산)은 비록 중국에서 가장 높은 산은 아니지만, 짙은 문화 예술적 정취로 인해 '천하 제일의 산'이라고 불린다. 예로부터 지금까지 역대 문인 과객들은 타이산(태산)의 웅대하고 장려함에 감탄하여, 자신의 느낌을 글이나 시구로 써서 타이산(태산)의 돌에 새겼는데, 산기슭부터 산꼭대기까지 무려 수천 개의 석각이 있다고 한다.

A 타이산(태산)은 돌에 그림을 새기는 것을 금지한다
B 타이산(태산)의 산세가 매우 험준하다
C 타이산(태산)은 중국에서 가장 높은 산이다
D 타이산(태산)의 문화적 깊이는 매우 두텁다

공략　앞부분에서 전환의 의미를 나타내는 접속사 但을 듣고, 이어지는 문장에서 핵심 내용이 나올 것임을 짐작할 수 있다. '但却因浓厚的文化艺术气息'라는 내용을 통해 보기 D가 정답임을 알 수 있다.

어휘　泰山 Tàishān 고유 타이산(태산) | ★浓厚 nónghòu 형 짙다, 농후하다 | ★气息 qìxī 명 숨결, 정취 | ★从古至今 cónggǔ zhìjīn 옛날부터 지금까지 | 历代 lìdài 명 역대, 대대 | 文人过客 wénrén guòkè 문인 과객 | 惊叹于 jīngtàn yú ~에 놀라며 감탄하다 | ★雄伟和壮丽 xióngwěi hé zhuànglì 웅대과 장려함 | ★刻在……上 kèzài……shang ~에 새겨져 있다 | 山脚 shānjiǎo 명 산기슭 | 山顶 shāndǐng 명 산꼭대기 | ★足有 zú yǒu 무려 ~나 된다 | 石刻 shíkè 명 석각 | 陡峭 dǒuqiào 형 험준하다, 가파르다 | 无比 wúbǐ 형 비할 바 없다, 아주 뛰어나다 | ★底蕴深厚 dǐyùn shēnhòu 잠재된 재지와 식견이 높다

합격필수 TIP

▶ 유네스코 세계유산에 등재된 중국의 명산

① ★庐山 Lúshān 루산 → 장시(江西)성
② 天山 Tiānshān 톈산 → 신장(新疆)
③ 三清山 Sānqīngshān 싼칭산 → 장시(江西)성
④ 峨眉山 Éméishān 어메이산 → 쓰촨(四川)성
⑤ 武夷山 Wǔyíshān 우이산 → 푸젠(福建)성
⑥ ★五台山 Wǔtáishān 우타이산 → 산시(山西)성
⑦ 青城山 Qīngchéngshān 칭청산 → 쓰촨(四川)성
⑧ ★泰山 Tàishān 타이산 → 산둥(山东)성
⑨ ★黄山 Huángshān 황산 → 안후이(安徽)성

---

9. HSK POINT 긴 문장에서 핵심 내용 파악　난이도 中　track 04-9

人的忍耐力是有限的,<u>当事情超出你的能力和控制范围时,你要试着将困扰自己的事情放一放</u>,把注意力转到自己喜欢的事情上。比如,女士可以通过试穿漂亮衣服来改善心情,这样有助于缓解压力,困扰你的事就不会那么可怕了。

A 知足者常乐
B 做事要善始善终
C 做事要专心致志
D 人要学会减压

사람의 인내심에는 한계가 있기 때문에, 어떤 일이 당신의 능력과 통제 범위를 벗어났을 때는 자신을 괴롭히는 일을 잠시 놓아두고, 주의력을 자신이 좋아하는 일로 돌리도록 해야 한다. 예를 들면 여성들은 예쁜 옷을 입어보는 것으로 기분을 좋게 바꿀 수 있는데, 이렇게 하면 스트레스를 줄이는 데 도움이 되고, 자신을 성가시게 하는 일이 그리 두렵지 않게 된다.

A 만족함을 아는 사람은 늘 즐겁다
B 일을 할 때는 처음부터 끝까지 잘해야 한다
C 일을 할 때는 전심전력으로 몰두해야 한다
D 스트레스를 줄이는 법을 익혀야 한다

| 공략 | '当事情超出你的能力和控制范围时，你要试着将困扰自己的事情放一放，把注意力转到自己喜欢的事情上'이 라는 긴 문장에서 핵심 내용은 괴로운 일을 놓아두고 주의력을 좋아하는 일로 돌리라는 것이다. 이것은 바로 스트레스를 줄이는 법이므로 정답은 D가 된다. |

| 어휘 | ★忍耐力 rěnnàilì 몡 인내력 | ★有限 yǒuxiàn 톙 유한하다, 한계가 있다 | ★超出 chāochū 동 초과하다 | ★控制 kòngzhì 동 통제하다, 제어하다 | ★范围 fànwéi 몡 범위 | ★困扰 kùnrǎo 동 괴롭히다, 성가시게 굴다 | ★改善 gǎishàn 동 개선하다 | ★有助于 yǒuzhù yú ~에 도움이 되다 | ★缓解 huǎnjiě 동 완화시키다 | ★可怕 kěpà 톙 두렵다, 끔찍하다 | ★专心致志 zhuān xīn zhì zhì 젱 전심전력으로 몰두하다 |

10. HSK POINT 연관된 의미의 어휘 파악 ┃난이도 上┃ track 04-10

飞鱼真的存在吗? 事实证明飞鱼在海洋中是存在的, 主要生活在热带和亚热带水域。它们在水里游得好好的, 为什么要飞出来? 海洋生物学家认为, 飞鱼的飞翔或是为了躲避金枪鱼、箭鱼等大型鱼类的追逐, 或是因为受到了船只的惊扰。

날치가 정말 존재하는 것일까? 사실이 증명해낸 바로는 날치는 바다에 생존해 있고, 주로 열대와 아열대 수역에서 서식하고 있다고 한다. 날치는 물속에서 헤엄을 잘 치는데, 왜 물 밖으로 날아오르는 것일까? 해양 생물학자들은 날치가 날아오르는 것은 참치와 황새치 등 대형 물고기의 추적을 피하기 위함이거나 선박의 방해를 받게 되었기 때문이라고 여긴다.

A 飞鱼是虚拟的海洋生物
B 飞鱼多生活在温暖水域
C 飞鱼飞翔是为了透气
D 飞鱼攻击大型鱼类

A 날치는 허구의 해양 생물이다
B 날치는 대다수가 온난한 수역에서 생활한다
C 날치가 날아오르는 것은 공기를 마시기 위함이다
D 날치는 대형 어류를 공격한다

| 공략 | 앞부분의 '主要生活在热带和亚热带水域'라는 내용에서 열대와 아열대 수역에서 거주함을 알 수 있는데, 열대와 아열대는 온난한 수역에 해당하므로 정답은 B가 된다. |

| 어휘 | 飞鱼 fēiyú 몡 날치 | ★热带 rèdài 몡 열대 | ★亚热带 yàrèdài 몡 아열대 | 水域 shuǐyù 몡 수역 | 海洋生物学家 hǎiyáng shēngwù xuéjiā 해양 생물학자 | ★飞翔 fēixiáng 동 비상하다, 하늘을 빙빙 돌며 날다 | ★或是……或是…… huòshì……huòshì…… ~이거나 혹은 ~이다 | ★躲避 duǒbì 피하다, 숨다 | 金枪鱼 jīnqiāngyú 몡 참치 | 箭鱼 jiànyú 몡 황새치 | 追逐 zhuīzhú 동 쫓다, 뒤쫓다 | ★受到……惊扰 shòudào……jīngrǎo 소란을 입다, 방해를 받다 |

11. HSK POINT 동일한 의미의 문장 파악 ┃난이도 中┃ track 04-11

有个人为了学习杀龙本领而上山拜师学艺, 他耗费三年时间, 耗尽万贯家产, 终于学成归来。然而他找来找去, 连龙的影子也没见到。他付出了巨大代价学来的本领, 竟然没有丝毫用处。

어떤 사람이 용을 살해하는 재주를 익히기 위해 산에 올라 스승에게서 기예를 배웠는데, 그는 3년의 시간을 들여 거액의 재산을 다 쓰고서야 마침내 학업을 마치고 집으로 돌아오게 되었다. 그러나 그는 아무리 찾아봐도 용의 그림자조차 볼 수 없었다. 그가 큰 대가를 들여 익힌 능력이 뜻밖에도 아무런 쓸모가 없었다.

A 他杀龙无数
B 他学有所用
C 龙行动敏捷
D 他的本领白学了

A 그는 여러 차례 용을 살해했다
B 그가 배운 것은 쓸모가 있었다
C 용은 행동이 민첩하다
D 그의 재주는 헛배운 것이다

| 공략 | 마지막 문장 '他付出了巨大代价学来的本领, 竟然没有丝毫用处.'에서 '没有丝毫用处'가 '아무런 쓸모나 용도가 없다'는 의미로 보기 D의 '白学'와 같은 의미이므로, 정답은 D가 된다. |

어휘 ★杀 shā 图 죽이다, 살해하다 | ★本领 běnlǐng 图 능력, 재주 | ★拜师学艺 bàishī xuéyì 스승으로 모시고 기예를 배우다 | ★耗费 hàofèi 图 들이다, 소비하다 | ★耗尽 hàojìn 图 다 써버리다, 다 소비하다 | 万贯家产 wànguàn jiāchǎn 거액의 재산 | 学成归来 xuéchéng guīlái 학업을 마치고 돌아오다 | ★影子 yǐngzi 图 그림자 | ★付出……代价 fùchū……dàijià ~대가를 치르다 | ★丝毫 sīháo 图 추호, 극히 적은 수량 | 用处 yòngchu 图 용도, 쓸모

12. HSK POINT 글의 앞부분에서 언급되는 핵심 내용 파악 난이도 下 🔊 track 04-12

一项研究结果表明，<u>看一个人的笔迹就可以看出他的性格</u>。习惯写小字的人，通常具有良好的观察力；习惯写大字的人，喜欢引起别人的注意；习惯写圆形字的人则比较随和、善解人意。

한 연구 결과에 따르면, <u>사람의 필적으로 그의 성격을 알 수 있다고 한다</u>. 작은 글씨를 쓰는 것이 습관이 된 사람은 일반적으로 훌륭한 관찰력을 지니고 있으며, 큰 글씨를 쓰는 것이 습관이 된 사람은 타인의 주목을 끄는 것을 즐기고, 동그랗게 글씨를 쓰는 것이 습관이 된 사람은 성격이 비교적 부드럽고 이해심이 많다.

A 写小字的人心胸狭隘
B 练字能陶冶情操
C 写圆形字的人老奸巨猾
D 笔迹能反映人的性格

A 작은 글씨를 쓰는 사람은 속이 좁다
B 글씨 연습을 하면 정서를 도야할 수 있다
C 동그랗게 글씨를 쓰는 사람은 교활하고 간사하다
D 필적은 사람의 성격을 반영할 수 있다

공략 첫 문장 중 '看一个人的笔迹就可以看出他的性格'라고 했으므로 정답은 D가 된다.

어휘 ★笔迹 bǐjì 图 필적 | ★良好 liánghǎo 图 좋다, 훌륭하다 | ★观察力 guānchálì 图 관찰력 | ★引起……注意 yǐnqǐ……zhùyì ~의 주의를 끌다 | ★圆形 yuánxíng 图 원형 | ★随和 suíhé 图 부드럽다, 상냥하다 | ★善解人意 shànjiě rényì 남의 뜻을 잘 헤아리다, 이해심이 많다 | 狭隘 xiá'ài 图 편협하다 | 陶冶 táoyě 图 연마하다 | 情操 qíngcāo 图 정조, 정서 | 老奸巨猾 lǎo jiān jù huá 図 매우 교활하고 간사하다

13. HSK POINT 동일한 의미의 문장 파악 난이도 中 🔊 track 04-13

传统贺卡在一定程度上受到了电子贺卡的冲击，但电子贺卡还无法从根本上取代前者。有些人认为，<u>收到传统贺卡时那种幸福、激动的感觉，是其他方式所不能替代的</u>。传统贺卡依然有着自己独特的魅力。

전통 축하카드는 어느 정도 전자 축하카드의 쇼크를 받기는 했지만, 전자 축하카드가 근본적으로 전통 축하카드를 대신할 수는 없다. 일부 사람들은 <u>전통 축하카드를 받았을 때의 그러한 행복하고 감동적인 느낌은 다른 방식으로는 대체될 수 없다고 여긴다</u>. 전통적인 축하카드는 여전히 그것만의 독특한 매력을 지니고 있다.

A 传统贺卡尚未被取代
B 电子贺卡无法传达真心
C 传统贺卡越来越升值
D 电子贺卡缺乏魅力

A 전통 축하카드는 여전히 대체되지 않았다
B 전자 축하카드는 진심을 전달하지 못한다
C 전통 축하카드는 갈수록 그 가치가 상승하고 있다
D 전자 축하카드는 매력이 부족하다

공략 '收到传统贺卡时那种幸福、激动的感觉，是其他方式所不能替代的'라는 내용에서 전통 축하카드를 받았을 때의 느낌을 다른 방식으로 대체할 수 없다고 했으므로 정답은 A가 된다.

어휘 ★贺卡 hèkǎ 图 축하카드 | ★在一定程度上 zài yídìng chéngdù shang 어느 정도의, 일정한 정도로 | ★受到……冲击 shòudào……chōngjī ~의 충격을 받다 | ★从根本上 cóng gēnběn shang 근본적으로 | ★取代 qǔdài 图 대체하다 | ★激动 jīdòng 图 감격하다, 감동하다 | ★替代 tìdài 图 대신하다, 대체하다 | ★依然 yīrán 图 여전히 | ★独特的魅力 dútè de mèilì 독특한 매력

합격필수 TIP

▶ 자주 출제되는 부정의 의미를 나타내는 부사

① 尚未 shàngwèi 여전히 ~하지 않다, 아직 ~하지 않다
那份合同书尚未到期。그 계약서는 아직 기한이 만료되지 않았다.

② 从未 cóngwèi 지금까지 ~한 적이 없다
我从未见过那样的人。나는 여태껏 그런 사람을 본 적이 없다.

③ 并未 bìngwèi 결코 ~하지 않았다
他并未对此做出判断。그는 결코 이에 대해 판단을 내리지 않았다.

④ 未必 wèibì 반드시 ~한 것은 아니다
这未必是件坏事。이것이 반드시 나쁜 일인 것은 아니다.

⑤ 未免 wèimiǎn 아무래도 ~이다, ~하다고 하지 않을 수 없다
这样做未免太过分了。이렇게 한 것은 아무래도 너무 지나치다.

⑥ 未尝 wèicháng ~라고 말할 수 없다, 결코 ~이지 않다(부정사 앞에 쓰여 이중 부정을 나타냄)
这未尝不是个好办法。이것은 좋은 방법이 아니라고는 할 수 없다.

14. HSK POINT 동일한 문장 파악 난이도 下 track 04-14

元宵节又称"灯节"，是中国传统节日之一。古时候一到过年，家家户户张灯结彩，普天同庆。挂在门上的大红灯笼，除了用于照明外，还可以增添节日气氛。元宵节这天，人们不仅会吃元宵，还要赏花灯、猜灯谜，十分热闹。

원소절은 '등절'이라고도 불리며, 중국 전통 명절 중 하나이다. 고대에는 새해가 되면 집집마다 등롱을 달고 오색의 비단 띠를 매어 경사스러운 날을 모든 사람들이 함께 축하했다고 한다. 대문에 걸어 둔 큰 홍등은 조명으로 쓰이는 것 외에 명절 분위기를 한층 더해준다. 원소절 날에는 사람들이 위안샤오를 먹을 뿐만 아니라, 꽃등을 감상하고 등롱 수수께끼 맞히는 놀이도 하는데, 매우 떠들썩하다.

A 古时候不重视元宵节
B 元宵节有猜灯谜的风俗
C 古代灯笼仅作观赏用
D 古代吃元宵的人不多

A 고대에는 원소절을 중시하지 않았다
B 원소절에 등롱 수수께끼를 맞히는 풍습이 있다
C 고대에 등롱은 감상용으로만 쓰였다
D 고대에는 위안샤오를 먹는 사람이 많지 않았다

공략 마지막의 '元宵节这天，人们不仅会吃元宵，还要赏花灯、猜灯谜，十分热闹。'라는 내용을 통해 정답은 B임을 알 수 있다.

어휘 ★元宵节 Yuánxiāojié 명 원소절 | ★家家户户 jiājiāhùhù 명 가가호호, 집집마다 | 张灯结彩 zhāng dēng jié cǎi 성 등롱을 달고 비단 띠를 매다(경사스러운 날의 정경을 형용함) | ★普天同庆 pǔ tiān tóng qìng 성 천하의 모든 사람이 함께 경축하다 | 大红灯笼 dàhóng dēnglong 큰 홍등 | ★照明 zhàomíng 동 조명하다, 비추다 | ★增添……气氛 zēngtiān……qìfēn ~한 분위기를 더하다 | ★元宵 yuánxiāo 명 위안샤오[원소절에 먹는 떡] | 赏花灯 shǎng huādēng 꽃등을 감상하다 | 猜灯谜 cāi dēngmí 등롱 수수께끼를 맞히다

15. HSK POINT 동일한 의미의 문장 파악 난이도 中   track 04-15

一日买莲花，正在犹豫不决时，花贩告诉我，清晨买莲花要挑那些盛开的，因为早上是莲花开放的最好时间。如果一朵莲花早上不开，那中午和晚上就更不会开了。看人也一样，<u>一个人年轻时若没有志气，中年或晚年就更难有志气了</u>。

A 莲花只是昙花一现
B 遇事一定要当机立断
C 立志要趁早
D 做事要持之以恒

어느 날 내가 연꽃을 사는데, 어떤 것을 골라야 할지 망설이고 있자 꽃장수가 나에게 알려주었다. 이른 아침에 연꽃을 살 때는 활짝 핀 것을 골라야 하는데, 이는 아침이 연꽃이 피는 가장 좋은 시간이기 때문이다. 만약 연꽃이 아침에 피지 않으면 점심과 저녁에는 더욱 피지 않는다고 한다. 사람도 이와 같이, <u>젊을 때 만약 포부를 지니고 있지 않다면, 중년이나 노년에는 포부를 지니기가 더 어려워진다</u>.

A 연꽃은 우담화처럼 잠깐 나타났다가 바로 사라져 버린다
B 일이 생기면 반드시 즉시 결단해야 한다
C 포부를 세우는 것은 일찍 해야 한다
D 일을 할 때는 끈기 있게 꾸준히 해야 한다

공략 마지막의 '一个人年轻时若没有志气，中年或晚年就更难有志气了.'라는 내용에서 일찍이 포부를 지녀야 함을 강조하므로 같은 의미의 보기 C가 정답이 된다.

어휘 ★莲花 liánhuā 명 연꽃 | ★犹豫不决 yóu yù bù jué 성 결단을 내리지 못하고 망설이다. 머뭇거리다 | 花贩 huāfàn 명 꽃장수 | ★清晨 qīngchén 명 이른 아침, 새벽녘 | ★挑 tiāo 동 고르다 | ★盛开 shèngkāi 동 활짝 피다, 만발하다 | ★开放 kāifàng 동 (꽃이) 피다 | ★若 ruò 접 만일, 만약 | ★志气 zhìqi 명 포부, 패기 | 昙花一现 tán huā yí xiàn 성 우담화처럼 잠깐 나타났다 바로 사라져 버리다. 사람이나 사물이 덧없이 사라지다 | ★当机立断 dāng jī lì duàn 성 제때에 즉시 결단하다 | ★持之以恒 chí zhī yǐ héng 성 끈기를 가지고 지속하다

第二部分

[16-20]

第16到20题是根据下面一段采访：

女：各位观众朋友，大家好！今天我们的节目请来了著名心理学家张教授。张教授，您好！
男：您好！各位听众朋友们好！
女：我们今天讨论的话题是如何培养孩子的领袖气质。可能有的家长会说："我没想让孩子成为什么领袖，只要孩子能快快乐乐地做他喜欢的事情就好了。"那么，请张教授给我们说说，这个"领袖气质"和"领袖"可以划等号吗？
男：二者当然不能划等号。<u>16领袖是一种社会角色</u>，不是所有的人都要成为领袖；领袖气质是指一个人在团队里的言行能够被认可，指引着团队的某些决策和行动，对团队

16~20번 문제는 다음 인터뷰에 근거한다.

여: 여러분, 안녕하세요! 오늘 저희 프로그램에서는 유명한 심리학자이신 장 교수님을 모셨습니다. 장 교수님, 안녕하십니까?
남: 안녕하세요. 시청자 여러분, 안녕하십니까!
여: 저희가 오늘 토론할 주제는 아이의 지도자적 기질을 어떻게 길러주는가 하는 문제입니다. 일부 학부모들은 "아이가 지도자가 되는 것은 바라지 않고, 그저 아이가 즐겁게 자신이 좋아하는 일을 할 수만 있으면 됩니다."라고 할 수도 있을 것 같은데요. 그럼 장 교수님께 이 '지도자적 기질'을 '지도자'와 같은 것으로 볼 수 있는지에 대한 말씀을 좀 부탁드려도 될까요?
남: 그 두 가지는 물론 동일한 것은 아닙니다. <u>16지도자는 일종의 사회적 역할로</u>, 모든 사람들이 다 지도자가 되어야 하는 것은 아닙니다. 지도자적 기질은 단체 내 어떤 사람

中的其他成员有着正面的积极影响。家长都希望孩子快乐，而孩子能够被团队所认可，是他最快乐的事情。如果不具备领袖气质，那么孩子成为领袖的概率也就降低了。

女：17您的意思是说在孩子未成年之前，都应该培养他的领袖气质。这样他才能够更好地融入团体，更好地处理人际关系，更能快乐地做事和做成事。

男：是的，你理解得很对。

女：那么领袖气质究竟包括哪些品质呢？

男：18领袖气质的首要因素就是要有良好的沟通技巧，要会很好地与人合作，社会上所有的问题都脱离不了人际关系这个范畴，而且还需要有稳定的情绪、思考和创造性地解决问题的能力、鼓励和倾听别人的能力、积极参与实践的能力等。

女：人们常说父母是孩子的第一任老师，那么父母应该在日常生活中怎样培养孩子的领袖气质呢？

男：若想培养领袖气质，首当其冲的是要培养孩子的责任感。19责任感不是教出来的，父母只能适当引导，让孩子自己去感受，让孩子自己做决定，让孩子自己承担犯错的后果，这样一点一滴养成他负责任的态度。当然，还要给孩子贡献的机会，提供孩子为家庭、为亲人做事的机会，即使做得不尽如人意，父母也要表示欢迎、感谢。同时别忘记在亲人面前称赞他，这样才能给以他信心。

女：有些家长喜欢把"你真棒!"挂在嘴边，但我发现效果并不太好，为什么呢？

男：归根结底在于鼓励方式的错误上。20鼓励不只是说"你真棒!"，应该具体到他做得好的行为上。另外，还要注意，许多家长在真诚的赞美后，习惯再加上一个"但是"，这是非常不可取的。因为孩子容易只听到"但是"，而且可能会怀疑前面赞美的真实。这样有可能会误导孩子。

여: 의 언행이 사람들의 인정을 받을 수 있다는 것을 가리키며, 단체의 어떠한 방침과 행동을 이끌어 단체 내의 다른 구성원들에게 긍정적인 영향을 끼친다는 것을 의미합니다. 학부모들은 모두 아이가 즐겁기를 바라는데, 아이가 팀의 인정을 받는다는 것이 가장 즐거운 일이라고 할 수 있습니다. 만약 지도자적 기질을 갖추지 않았다면, 그 아이는 지도자가 될 수 있는 확률 또한 낮다고 할 수 있습니다.

여: 17아이가 성년이 되기 전에 지도자적 기질을 키워줘야 한다는 말씀이시군요. 그래야 아이가 단체에 더욱 잘 융합될 수 있고, 인간관계도 더 잘 처리할 수 있으며, 더욱 즐겁게 일하고 일을 성공적으로 해낼 수 있다는 것이군요.

남: 네, 맞습니다.

여: 그렇다면 지도자적 기질은 대체 어떠한 품성들을 포함하고 있나요?

남: 18지도자적 기질의 가장 중요한 요소는 바로 훌륭한 의사소통 기술로, 사람들과 잘 협력할 수 있어야 하는데, 사회의 모든 문제들은 인간관계라는 이 범주를 벗어날 수 없기 때문입니다. 뿐만 아니라 또한 안정적인 정서, 사고이고 창조적으로 문제를 해결할 수 있는 능력, 다른 사람을 격려하고 다른 사람의 말에 경청하는 능력, 적극적으로 참여하고 실천하는 능력 등을 지녀야 합니다.

여: 사람들은 흔히 부모가 아이의 첫 번째 스승이라고 말하는데, 그렇다면 부모가 일상생활에서 아이의 지도자적 기질을 어떻게 키워줘야 할까요?

남: 아이의 지도자적 기질을 키워주려면, 가장 중요한 것이 아이의 책임감을 길러주는 것입니다. 19책임감이란 가르침으로 얻어지는 것이 아니기에, 부모는 적절하게 지도하며 아이가 직접 느끼도록 하고, 아이 스스로 결정을 내리게 하며, 아이 스스로 저지른 잘못에 대한 결과를 감당하게 하여, 이렇게 조금씩 조금씩 아이가 책임질 수 있는 태도를 기르도록 해야 합니다. 물론 아이에게 무언가를 기여할 수 있는 기회도 주어야 하는데, 가족이나 친척을 위해 어떤 일을 할 수 있는 기회를 주어서, 설령 아이가 생각만큼 잘 해내지 못했더라도 부모는 기쁨과 고마움을 나타내야 합니다. 더불어 친척들 앞에서 아이를 칭찬해 주는 것도 잊지 말아야 합니다. 이렇게 해야만 아이에게 자신감을 줄 수 있습니다.

여: 어떤 학부모는 "넌 참 대단해!"라는 말을 항상 한다고 하는데, 이 말의 효과가 그리 좋지 않은 건 왜일까요?

남: 결국에는 격려 방식이 틀렸기 때문입니다. 20격려란 말로만 "넌 참 대단해!"라고 하는 것이 아니라 아이가 훌륭하게 한 행위를 구체화시켜야 합니다. 이 밖에도 주의할 점이 있는데, 많은 학부모들이 진심으로 칭찬하고 나서 습관적으로 '그렇지만'을 덧붙인다고 합니다. 이는 바람직한 것이 아닙니다. 왜냐하면 아이는 '그렇지만'만 듣게

되기 쉬우며, 게다가 앞의 칭찬에 대한 진실을 의심할 수 있기 때문이죠. 이렇게 하면 아이를 잘못된 길로 이끌 수도 있습니다.

어휘 ★领袖 lǐngxiù 명 지도자 | ★气质 qìzhì 명 기질, 소질 | 和……划等号 hé……huà děnghào ~와 동등하게 보다, ~와 같게 보다 | ★社会角色 shèhuì juésè 사회적 역할 | ★言行 yánxíng 명 언행 | ★认可 rènkě 동 승낙하다, 허가하다 | 指引 zhǐyǐn 동 지도하다 | 决策 juécè 명 책략, 전략 | ★正面 zhèngmiàn 명 정면, 긍정적인 면 | ★具备 jùbèi 동 갖추다, 구비하다 | 概率 gàilǜ 명 확률 | 降低 jiàngdī 동 내리다, 낮추다 | 未成年 wèichéngnián 명 미성년(자) | ★融入 róngrù 동 융합되어 들어가다, 유입되다 | 处理 chǔlǐ 동 처리하다 | ★人际关系 rénjì guānxi 인간관계 | ★包括 bāokuò 동 포함하다 | ★品质 pǐnzhì 명 품성, 인품 | ★首要因素 shǒuyào yīnsù 가장 중요한 요소 | ★良好 liánghǎo 형 좋다, 양호하다 | ★沟通技巧 gōutōng jìqiǎo 소통의 기술 | ★脱离不了 tuōlí bu liǎo 벗어날 수 없다 | ★范畴 fànchóu 명 범주, 범위 | 创造性 chuàngzàoxìng 명 창조성 형 창조적인 | ★鼓励 gǔlì 동 격려하다 | 倾听 qīngtīng 동 귀를 기울여 듣다, 경청하다 | ★参与 cānyù 동 참여하다, 참가하다 | ★实践 shíjiàn 동 실천하다, 실행하다 | 第一任老师 dì-yīrèn lǎoshī 첫 번째 스승 | 若 ruò 접 만일, 만약 | ★首当其冲 shǒu dāng qí chōng 젱 제일 먼저 공격을 받거나 재난을 당하다 | ★责任感 zérèngǎn 명 책임감 | 引导 yǐndǎo 동 인도하다, 이끌다 | ★承担 chéngdān 동 맡다, 담당하다 | 一点一滴 yì diǎn yì dī 형 약간, 조금 | 养成 yǎngchéng 동 기르다, 습관이 되다 | ★负责任 fù zérèn 책임을 지다 | ★贡献 gòngxiàn 동 기여하다, 바치다 | ★不尽如人意 bújìn rú rényì 모든 것이 뜻대로 되지 않다 | ★称赞 chēngzàn 동 칭찬하다 | ★归根结底 guī gēn jié dǐ 성 결국, 끝내 | ★真诚 zhēnchéng 형 진실하다 | ★赞美 zànměi 동 찬미하다, 칭찬하다 | 可取 kěqǔ 동 취할 만하다, 바람직하다 | ★怀疑 huáiyí 동 의심하다 | 真实 zhēnshí 형 진실하다 | 误导 wùdǎo 잘못 이끌다, 나쁘게 유도하다

16. HSK POINT 동일한 문장 파악 난이도 下 track 04-16

男的对于领袖持怎样的观点?

A 所有人都应该成为领袖
B 是先天具有的气质
C 是一种社会角色
D 成为领袖才能出人头地

남자는 지도자에 대해 어떤 관점을 지니고 있는가?

A 모든 사람들이 다 지도자가 되어야 한다
B 선천적으로 지니게 되는 기질이다
C 일종의 사회적 역할이다
D 지도자가 되어야만 출세할 수 있다

공략 인터뷰 앞부분에서 남자의 대답 중 '领袖是一种社会角色'라는 내용을 통해 남자는 지도자가 사회적 역할의 일종이라고 생각함을 알 수 있으므로 정답은 C가 된다.

어휘 出人头地 chū rén tóu dì 성 남보다 뛰어나다, 두각을 나타내다

17. HSK POINT 인터뷰이의 관점을 한 번 더 강조하여 언급하는 내용에 주의하기 난이도 中 track 04-17

培养孩子的领袖气质有什么作用?

A 能积累生活阅历
B 让孩子更好地融入团体
C 最终成为领袖
D 有助于就业和创业

아이의 지도자적 기질을 길러주는 것은 어떤 작용을 지니는가?

A 생활 경험을 쌓을 수 있다
B 아이가 단체에 더 잘 융합될 수 있게 한다
C 결국에는 지도자가 된다
D 취업과 창업에 도움이 된다

공략 남자 의견의 핵심을 여자가 강조해서 말하는 '您的意思是说在孩子未成年之前, 都应该培养他的领袖气质。这样他才能够更好地融入团体'라는 내용을 통해, 지도자적 기질을 길러주는 것이 아이가 단체에 더 잘 융합되는 데 효과가 있음을 알 수 있으므로 정답은 B가 된다.

18. HSK POINT 힌트가 되는 首要　난이도 中　track 04-18

下列哪项是领袖气质中最重要的品质?　다음 중 어느 항목이 지도자적 기질 중 가장 중요한 품성인가?

A 自我控制能力　　　　　　　　　　A 자아 통제 능력
B 良好的心理素质　　　　　　　　　B 양호한 심리적 자질
C 高度的责任感　　　　　　　　　　C 큰 책임감
D 与他人沟通合作的能力　　　　　　D 타인과 소통하고 협력하는 능력

공략 首要가 정답을 찾을 수 있는 힌트가 된다. 지도자적 기질의 요소를 설명하는 부분 중 '领袖气质的首要因素就是要有良好的沟通技巧, 要会很好地与人合作'라는 내용에서 '首要因素'를 듣고 그 뒤에 이어지는 문장에 주의해야 한다. 가장 중요한 요소로 훌륭한 의사소통 기술을 지녀 다른 사람과 잘 협력해야 한다고 했으므로 정답은 D가 된다.

19. HSK POINT 동일한 의미의 문장 파악　난이도 中　track 04-19

家长该如何培养孩子的责任感?　학부모는 어떻게 아이의 책임감을 길러주어야 하는가?

A 给孩子足够的自由　　　　　　　　A 아이에게 충분한 자유를 주어야 한다
B 手把手地教给孩子　　　　　　　　B 몸소 지도하며 아이에게 가르쳐야 한다
C 培养孩子独立克服困难的能力　　　C 아이가 스스로 어려움을 극복할 수 있는 능력을 길러주어야 한다
D 引导孩子自己感受　　　　　　　　D 아이가 스스로 느끼도록 지도해야 한다

공략 남자는 아이의 지도자적 기질을 키우려면 책임감이 가장 중요하다고 하면서 '责任感不是教出来的, 父母只能适当引导, 让孩子自己去感受'라고 했으므로 동일한 의미의 보기 D가 정답이 된다.

20. HSK POINT 동일한 의미의 문장 파악　난이도 中　track 04-20

男的认为父母应该怎样鼓励孩子?　남자는 부모가 어떻게 아이를 격려해야 한다고 생각하는가?

A 每天说一次"你真棒!"　　　　　　A 매일 한 번씩 "너는 정말 대단해!"라고 말한다
B 具体到实际行为　　　　　　　　　B 실제 행위에 구체화한다
C 无条件地批评　　　　　　　　　　C 무조건적으로 꾸짖는다
D 适当的批评加适当的表扬　　　　　D 적절한 꾸지람에 적절한 칭찬을 덧붙인다

공략 인터뷰 마지막 부분에서 남자가 아이를 격려하는 방식에 대해 '鼓励不只是说"你真棒!", 应该具体到他做得好的行为上。'이라고 했으므로 정답이 B임을 알 수 있다.

[21-25]

第21到25题是根据下面一段采访：

男：据了解您喜欢"例外"和"无用"这样的字眼，为什么？

女：当初创立"例外"工作室的时候，我发现人们的审美观是求同，而不是求异，于是就想有一个与众不同的设计，是反流行的。至于"无用"，所有人都在追求"有用"，是否"有用"，甚至已成为我们做事的前提。但眼前的"有用"和未来的价值往往不同。我想把人们眼中无用的东西变得有用，24B我想把人们以是否有用作为取舍原则的观念打破。

男：听说您最近在做专人设计，那么在给专人做设计的时候，您的出发点是什么？

女：为专人设计，这还是我的第一次尝试。21我对专人设计的理解是在符合设计师个人审美价值观的前提下，为特定对象提供符合其需求的服装服饰。

男：您总是倡导人们回归自然，但据我所知设计师在一定程度上，都是为功能性、实用性服务的，您如何看待这两者之间的悖论？

女：当今社会，消费几乎是一种必需，但消费与自然主义其实并不矛盾，24A关键是人们只购买必需的东西，停止不必要的消费。

男：您最欣赏的设计师是谁？

女：22我最欣赏的设计师是大自然，它设计的七十亿人中，没有两个完全相同。

男：您本人偏爱穿什么风格和牌子的衣服？

女：我一半在国外买自己喜欢的设计师的作品，但不一定要名牌，另一半则自己设计。其实我在穿着上，不是太讲究。这似乎是一个矛盾，我把服装看得很重很重，可以说是我的生命，我的一切，我把自己百分之七八十的精力投入进去。而另一方面，我又不看重服装，24D它只是一种外表，而一个人更重要的是自我充实。23只有在特定场合时，我才会穿得比较正式，而平时注重的是舒适。

男：25听说您很少做专访，甚至不接受媒体拍照，为什么？

女：我经常提醒自己：设计师不是演员，毕竟还是要回归到设计上；24C设计师不是明星，应该踏踏实实，埋头苦干。我所崇拜的一些国外设计师就是这样。他们默默耕耘几十年，保持低调。我觉得这样的方式比较适合自己，我不想把自己搞得疲惫不堪。

또 다른 한편으로, 저는 패션을 중요하게 여기지 않기도 합니다. 24D이는 단지 겉모습일 뿐이며, 사람에게 더 중요한 것은 자아를 충실하게 하는 것이니까요. 23특별한 장소에서만 저는 옷을 갖춰 입고, 평소에는 편안함을 중시한답니다.

남: 25들기로는 선생님께서 인터뷰를 잘 하지 않으시고, 심지어는 언론의 촬영도 거부하신다고 하던데, 무슨 이유 때문이신가요?

여: 저는 늘 스스로를 상기시킵니다. 디자이너는 배우가 아니고, 결국은 디자인으로 되돌아와야 합니다. 24C디자이너는 스타가 아니며, 성실하게 열심히 몰두해서 일해야 하죠. 제가 존경하는 몇몇 외국 디자이너들이 바로 그렇습니다. 그들은 몇십 년 동안 조용하게 묵묵히 열심히 일하고 있습니다. 저는 이러한 작업 방식이 비교적 저에게 잘 맞는다고 생각하기에, 제 자신을 너무 피곤하게 하고 싶지 않답니다.

어휘

★据了解 jù liǎojiě 조사에 따르면, 알기로는 | ★例外 lìwài 명 예외(이다) | ★无用 wúyòng 형 쓸모없다, 쓸데없다 | 字眼 zìyǎn 명 글자 | ★创立 chuànglì 동 창립하다 | ★审美观 shěnměiguān 명 심미관 | 求同 qiú tóng 일치되는 점을 찾다 | ★求异 qiúyì 형 (남들과 다르게) 유별나다, 독창적이다 | ★与众不同 yǔ zhòng bù tóng 성 남다르다, 남보다 뛰어나다 | 反流行 fǎn liúxíng 유행을 역행하다 | ★至于 zhìyú ~로 말하자면, ~에 관해서는 | ★追求 zhuīqiú 동 추구하다 | ★甚至 shènzhì 부 심지어, ~까지도 | ★前提 qiántí 명 전제, 전제 조건 | ★以……作为…… yǐ……zuòwéi…… ~을 ~로 삼다, ~을 ~로 간주하다 | 取舍原则 qǔshě yuánzé 취사 원칙 | ★观念 guānniàn 명 관념 | ★打破 dǎpò 동 타파하다, 깨다 | ★专人 zhuānrén 명 전문인 | ★出发点 chūfādiǎn 명 출발점, 동기 | ★尝试 chángshì 동 시도해보다, 시험해보다 | ★符合 fúhé 동 부합하다 | ★设计师 shèjìshī 명 디자이너, 설계사 | ★审美价值观 shěnměi jiàzhíguān 심미적 가치관 | ★特定对象 tèdìng duìxiàng 특정 대상 | ★需求 xūqiú 명 수요, 필요 | 服装服饰 fúzhuāng fúshì 의상 | ★倡导 chàngdǎo 동 제창하다, 선도하다 | ★回归自然 huíguī zìrán 자연으로 돌아가다 | ★据我所知 jù wǒ suǒzhī 내가 알기로는, 내가 알고 있는 바에 의하면 | ★功能性 gōngnéngxìng 기능성 | ★实用性 shíyòngxìng 실용성 | ★悖论 bèilùn 명 패러독스, 역설 | ★消费 xiāofèi 동 소비하다 | ★必需 bìxū 동 꼭 필요로 하다 | ★矛盾 máodùn 명 모순 형 모순적이다 | ★关键 guānjiàn 명 관건 | ★购买 gòumǎi 동 사다, 구매하다 | ★停止 tíngzhǐ 동 멈추다, 정지하다 | ★不必要 bú bìyào 불필요한 | ★欣赏 xīnshǎng 동 좋아하다, 마음에 들다 | ★偏爱 piān'ài 동 편애하다 | ★风格 fēnggé 명 스타일, 풍격 | ★牌子 páizi 명 상표, 브랜드 | ★名牌 míngpái 명 유명 브랜드 | ★穿着 chuānzhuó 옷차림 | ★讲究 jiǎngjiu 동 중요시하다, ~에 주의하다 | ★似乎 sìhū 부 마치 | 精力 jīnglì 명 정력 | ★投入 tóurù 동 투입하다, 넣다 | ★看重 kànzhòng 동 중시하다 | ★外表 wàibiǎo 명 겉모습 | 自我充实 zìwǒ chōngshí 자아 충실 | 特定场合 tèdìng chǎnghé 특정 장소 | ★注重 zhùzhòng 동 중시하다 | ★舒适 shūshì 형 편안하다, 쾌적하다 | 专访 zhuānfǎng 특집 보도, 특별 취재 동 특별 인터뷰하다 | 媒体 méitǐ 명 대중 매체, 언론 | ★拍照 pāi zhào 동 촬영하다 | ★提醒 tíxǐng 동 상기시키다, 주의를 주다 | ★演员 yǎnyuán 명 배우 | ★毕竟 bìjìng 부 어쨌든 | ★明星 míngxīng 명 스타 | ★踏踏实实 tātāshíshí 형 착실하다, 성실하다 | ★埋头苦干 máitóu kǔgàn 몰두하여 열심히 일하다 | ★崇拜 chóngbài 동 숭배하다 | ★默默 mòmò 부 묵묵히, 말없이 | ★耕耘 gēngyún 동 부지런히 일하다 | ★低调 dīdiào 낮은 톤, 저음 | ★疲惫不堪 píbèi bùkān 견디지 못할 정도로 피곤하다

---

21. HSK POINT 동일한 의미의 문장 파악 난이도 中 🎧 track 04-21

女的对专人设计怎么看?

A 应该符合时代潮流
B 应该反映设计理念
C 应回归传统
D 要符合特定对象的需求

여자는 전문 디자인에 대해 어떻게 보고 있는가?

A 시대적 흐름에 부합해야 한다
B 디자인 이념을 반영해야 한다
C 전통으로 돌아가야 한다
D 특정 대상의 요구에 부합해야 한다

> 공략 | 핵심어는 '专人设计'로, 두 번째 질문에 대한 여자의 대답 중 '我对专人设计的理解是在符合设计师个人审美价值观的前提下，为特定对象提供符合其需求的服装服饰.'라는 내용을 통해 정답이 D임을 알 수 있다.

22. HSK POINT 힌트가 되는 最 　난이도 下 　track 04-22

女的最喜欢的设计师是谁？

A 没有特定的对象
B 一些脚踏实地、埋头苦干的设计师
C 大自然
D 标新立异的人

여자가 가장 좋아하는 디자이너는 누구인가?

A 특정한 대상이 없다
B 착실하고 열심히 하는 디자이너들
C 대자연
D 남달리 특별한 주장을 내세우는 사람

> 공략 | 정답의 힌트는 最로, 인터뷰어가 '最……'로 질문하면 반드시 대답을 주의 깊게 들어야 한다. 가장 좋아하는 디자이너에 관한 질문에 여자는 '我最欣赏的设计师是大自然'이라고 했으므로, 정답이 C임을 알 수 있다.

> 어휘 | ★脚踏实地 jiǎo tà shí dì 〈성〉 일하는 것이 착실하다 | 标新立异 biāo xīn lì yì 〈성〉 (자기를 내세우기 위해) 남달리 특별한 주장을 내세우다

23. HSK POINT 힌트가 되는 而 　난이도 中 　track 04-23

女的对着装有什么讲究？

A 喜欢光鲜亮丽的
B 讲究舒适度
C 重视品牌
D 只穿亲自设计的

여자는 옷차림에 대해 어떠한 점을 중요시 하는가?

A 밝고 아름다운 옷을 좋아한다
B 편안함을 중요시한다
C 브랜드를 중시한다
D 직접 디자인한 옷만 입는다

> 공략 | 인터뷰 뒷부분의 여자가 패션에 대한 자신의 생각을 말하는 부분 중 '只有在特定场合时，我才会穿得比较正式，而平时注重的是舒适.'라는 내용에서 정답은 B임을 알 수 있다. '只有……才……(오직 ~해야만 ~하다)'라는 필요 조건을 제시하는 문장 뒤, 전환의 의미를 나타내는 접속사 而 다음에 여자가 강조하고자 하는 내용이 언급된다.

24. HSK POINT 질문에 대한 인터뷰이의 대답에 주의하기 　난이도 上 　track 04-24

女的对下列哪种观点持反对态度？

A 停止不必要的消费
B 将有用作为取舍的原则
C 设计师应该踏踏实实
D 服装只是一种外表

여자는 다음 중 어떠한 관점에 대해 반대 입장을 취하는가?

A 불필요한 소비를 하지 않는다
B 쓸모 있는 것을 취사의 원칙으로 삼는다
C 디자이너는 성실해야 한다
D 패션은 단지 겉모습일 뿐이다

> 공략 | 인터뷰 앞부분에서 여자가 例外와 无用이라는 글자를 좋아하게 된 이유를 말하는 내용 중 '我想把人们以是否有用作为取舍原则的观念打破'를 통해 정답이 B임을 알 수 있다. 보기 A는 关键이 힌트로 여자의 대답 중 '关键是人们只购买必需的东西，停止不必要的消费'라는 내용을 통해, 여자는 불필요한 소비를 하지 않는 것에 찬성한다는 것을 알 수 있기에 정답이 아니다. 보기 C는 마지막 부분에서 여자가 '设计师不是明星，应该踏踏实实，埋头苦干.'이라고 말한 내용을 통해 여자는 디자이너가 성실해야 한다고 생각하고 있으므로 정답이 아니다. 보기 D는 여자가 패션에 대한 관점을 말하는 내용 중 '它只是一种外表'라고 한 것을 통해 정답이 아님을 확인할 수 있다.

25. HSK POINT 동일한 의미의 문장 파악 난이도 中

关于女的，下列哪项正确？

A 常常以貌取人
B 是女强人
C 经常出演各种节目
D 很少接受采访

여자에 관해 다음 중 옳은 것은?

A 종종 외모로 사람을 평가한다
B 슈퍼우먼이다
C 각종 프로그램에 자주 출연한다
D 인터뷰에 잘 응하지 않는다

> 남자의 마지막 질문 중 '听说您很少做专访'이라는 말을 통해 정답은 D임을 알 수 있다.

[26-30]

第26到30题是根据下面一段采访：

女：此次仁川亚运会，你将以大满贯的身份出战，和2008年、2012年的林丹相比，现在的你有什么不同？

男：²⁶我为自己感到骄傲。我在国家队用了15年证明自己依然是男子单打组中教练首选的运动员之一。³⁰我曾经参加过三次奥运会，这也是我第三次代表中国男单参加的亚运会，我要做的是创造后人难以超越的纪录，这是一个林丹的时代。

女：奥运史上，连续参加三届甚至四届的先例屡见不鲜，但是能够始终保持高水平的几乎没有。

男：对，没错。特别是羽毛球的每一场比赛消耗的体能和精力，和很多项目是完全不一样的，特别是男子单打，非常辛苦。我在过去15年的职业生涯中，已尽可能把我最好的竞技状态都表现了出来。²⁷只要我还打下去，对很多年轻人来说就是一种鼓励。一个运动员一辈子没有几次能代表祖国参加奥运会和亚运会，我格外珍惜。²⁸但我相信这绝不是我人生的终点。

女：你的父母也将前往仁川观看比赛。我们知道，过去你父母很少到现场看比赛，这次有他们到场，是否会觉得更心安？

男：是的，他们都会到场，这样我的压力也会减轻不少。因为我知道，不管结果如何，在赛场某个小小的角落里，会有他们无私的支持。家人的爱是没有一点儿私心的，是最无私的，这让我非常幸福。

女：31岁的你对幸福的理解是什么？

男：我觉得幸福不在于你住多大的房子，或者是

26~30번 문제는 다음 인터뷰에 근거한다.

여: 이번 인천 아시안 게임에서 그랜드 슬램을 달성한 신분으로 출전하게 되었는데, 2008년, 2012년의 린단과 비교하여 현재는 어떤 점이 달라졌나요?

남: ²⁶저는 제 자신에게 자긍심을 느낍니다. 저는 국가대표팀에서 15년간 제가 여전히 남자 단식팀 중 감독님께서 우선으로 선발하는 선수 중의 하나인 것을 증명했습니다. ³⁰저는 일찍이 올림픽에 세 번이나 참가했고, 이번 역시 제가 중국 남자 단식을 대표하여 세 번째 아시안 게임에 참가하는 것인데, 저는 후배들이 뛰어넘기 어려운 기록을 세워 린단의 시대를 만들고자 합니다.

여: 올림픽 역사상 연속 3회 심지어는 4회에 걸쳐 올림픽에 참가한 선례는 흔히 있는 일이지만, 줄곧 최고 수준의 실력을 유지하는 선수는 거의 없는 것 같은데요.

남: 네, 맞습니다. 특히 배드민턴에서 경기마다 소모되는 체력과 에너지는 다른 종목의 경기들과는 완전히 다르다고 할 수 있는데, 특히 남자 단식 경기가 가장 힘듭니다. 저는 지난 15년의 선수 생활에서 가능한 한 최상의 시합 컨디션을 나 보여주었습니다. ²⁷제가 계속해서 배드민턴을 친다면, 많은 젊은이들에게 있어서는 일종의 격려가 된다고 할 수 있겠죠. 어떤 운동선수는 평생토록 나라를 대표하여 올림픽이나 아시안 게임에 참가하는 것이 몇 번도 채 안 되기에, 저는 이를 특별히 소중하게 여기고 있습니다. ²⁸그렇지만 이것이 결코 제 인생의 종착지는 아니라고 믿습니다.

여: 부모님께서도 인천으로 가셔서 경기를 관람하신다고 들었습니다. 저희가 알기로는, 예전에는 부모님께서 현장에 가셔서 경기를 보시는 일이 드물었다고 하던데, 이번에는 부모님께서 경기장으로 가시면 더욱 편안한 마음이 드시겠군요?

남: 네. 부모님께서 경기장으로 가시게 되면 제 부담도 많이 줄어들 것 같은데요. 왜냐하면 결과가 어떠하든, 경기장

拥有了什么。也许通过你的努力拥有了这些之后，会有一种成就感，但那种成就感并不一定就是幸福感。幸福是早上下楼给家人买早点，是一家人一起聊天；幸福也是回家的时候，一抬头就能从窗口看到爸妈在厨房里忙活。²⁹我觉得幸福是家人的爱，比如他们在背后的默默鼓励和支持。

어느 구석에 부모님의 아낌없는 성원이 있을 것이기 때문입니다. 가족들의 사랑은 전혀 이기적이지 않은 가장 사심 없는 것이기에, 그것이 저를 행복하게 해준답니다.

여: 31세의 린단 선수께서는 행복에 대해서 어떤 생각을 갖고 계신가요?

남: 저는 행복은 당신이 얼마나 큰 집에 사는지 혹은 무엇을 가지고 있는지에 있지 않다고 생각합니다. 어쩌면 자신의 노력으로 그러한 것들을 가지게 된 뒤 일종의 성취감이 생길 수는 있겠지만, 그런 성취감이 반드시 행복감이라고는 할 수 없습니다. 행복이란 아침에 나가서 가족들에게 아침밥을 사주고, 한 가족이 함께 이야기를 나누는 것이라든지, 집으로 돌아갔을 때 고개를 들자 창문으로 부모님이 부엌에서 바삐 요리하는 모습을 보는 것이죠. ²⁹저는 행복이란 가족의 사랑이라고 생각하는데, 예를 들면 그들이 뒤에서 묵묵히 격려하고 지지하는 것입니다.

어휘 ★亚运会 Yàyùnhuì [고유] '亚洲运动会(아시안 게임)'의 약칭 | 大满贯 dàmǎnguàn [명] 그랜드 슬램 | 出战 chūzhàn [동] 출전하다 | ★骄傲 jiāo'ào [형] 거만하다, 자랑스럽다 | 国家队 guójiāduì [명] 국가대표팀 | ★依然 yīrán [부] 여전히 | 单打 dāndǎ [명] (탁구·테니스·배드민턴 등의) 단식 | ★教练 jiàoliàn [명] 감독, 코치 | 首选 shǒuxuǎn [동] 가장 먼저 선택하다, 으뜸으로 치다 | 奥运会 Àoyùnhuì [고유] '奥林匹克运动会(올림픽 대회)'의 약칭 | ★创造 chuàngzào [동] 창조하다, 만들다 | ★难以超越 nányǐ chāoyuè 뛰어넘기 어렵다 | ★纪录 jìlù [명] 기록, 최고 성적 | ★连续 liánxù [동] 연속하다, 계속하다 | ★甚至 shènzhì [부] 심지어, ~까지도 | 先例 xiānlì [명] 선례, 전례 | ★屡见不鲜 lǚ jiàn bù xiān [성] 늘 보아서 신기하지 않다, 흔히 있는 일이다 | 始终 shǐzhōng [부] 시종일관, 줄곧 | ★消耗 xiāohào [동] 소모하다 | 体能 tǐnéng [명] 몸의 운동 능력, 에너지 | 项目 xiàngmù [명] 항목, 종목 | 职业生涯 zhíyè shēngyá 직업 경력, 이력 | ★尽可能 jǐnkěnéng [부] 되도록, 가능한 한 | 竞技状态 jìngjì zhuàngtài (운동 선수의) 경기 컨디션 | ★鼓励 gǔlì [동] 격려하다 | 一辈子 yíbèizi [명] 한평생, 일생 | 祖国 zǔguó [명] 조국 | ★格外 géwài [부] 각별히, 유달리 | ★珍惜 zhēnxī [동] 소중히 여기다 | 绝不是 jué búshì 결코 ~이 아니다 | ★终点 zhōngdiǎn [명] 종점, 결승점 | 观看 guānkàn [동] 보다, 관람하다 | 现场 xiànchǎng [명] 현장 | 心安 xīn'ān [형] 근심 없다, 마음이 편안하다 | 角落 jiǎoluò [명] 구석, 모퉁이 | ★无私 wúsī [형] 사심이 없다, 무사하다 | ★支持 zhīchí [동] 지지하다 | 私心 sīxīn [명] 사심, 이기심 | ★不在于 búzàiyú ~에 달려 있지 않다 | ★拥有 yōngyǒu [동] 보유하다, 가지다 | ★成就感 chéngjiùgǎn [명] 성취감 | 抬头 tái tóu [동] 고개를 들다 | 忙活 mánghuo [동] 바쁘게 일하다 | 背后 bèihòu [명] 뒤, 뒤쪽 | ★默默 mòmò [형] 묵묵하다, 아무 말 없이 잠잠하다

26. HSK POINT 동일한 의미의 문장 파악 난이도 中 track 04-26

男的如何评价现在的自己?

남자는 현재의 자신을 어떻게 평가하고 있는가?

A 为自己感到自豪
B 有很大的发展空间
C 淡泊名利
D 自高自大

A 스스로에게 자부심을 느낀다
B 큰 발전 가능성을 지니고 있다
C 명리를 따지지 않는다
D 자만하다

공략 여자의 첫 번째 질문에 대한 남자의 대답 중 '我为自己感到骄傲。'라는 내용에서 骄傲가 바로 보기 A의 自豪와 유사한 의미이므로, 정답은 A가 된다.

어휘 ★淡泊名利 dànbó mínglì 명리를 따지지 않는다 | 自高自大 zì gāo zì dà [성] 스스로 잘난 체하다, 자만하다

27. HSK POINT 동의어 鼓励와 勉励　난이도 上　track 04-27

男的认为自己对年轻人有什么作用？

남자는 자신이 젊은이들에게 어떤 영향을 끼친다고 생각하는가?

A 标榜
B 引以为戒
C 勉励
D 自我安慰

A 표방
B 본보기로 삼다
C 격려
D 위안

공략　인터뷰 중간 부분에서 남자가 '只要我还打下去，对很多年轻人来说就是一种鼓励。'라고 말한 내용을 통해 정답은 C임을 알 수 있다. 이 문제는 鼓励와 동의어 勉励의 의미를 알아야 정답을 고를 수 있으며, 激励도 같은 의미임을 함께 기억하도록 한다.

어휘　标榜 biāobǎng 동 표방하다, 찬양하다 ｜ ★引以为戒 yǐn yǐ wéi jiè 성 본보기로 삼다

28. HSK POINT 힌트가 되는 但　난이도 中　track 04-28

男的对奥运会和亚运会有什么看法？

남자는 올림픽과 아시안 게임에 대해 어떠한 견해를 가지고 있는가？

A 充满善意的竞争
B 大部分选手容易错过的机会
C 一步登天的捷径
D 并非是人生中奋斗的终点

A 선의가 넘치는 경쟁
B 대부분의 선수가 놓치기 쉬운 기회
C 단번에 최고의 경지에 오르는 지름길
D 인생에서 노력을 쏟아야 할 종착점은 결코 아니다

공략　인터뷰 중간 부분 중 '但我相信这绝不是我人生的终点。'이라는 내용을 통해 정답이 D임을 알 수 있다. 이 문제와 같이 인터뷰이가 하는 말 중에 전환의 의미를 나타내는 접속사나 부사 등이 나오면 정답을 찾는 힌트가 되므로, 반드시 집중해서 듣도록 한다.

어휘　一步登天 yí bù dēng tiān 성 단번에 최고의 경지에 이르다, 벼락출세하다 ｜ ★捷径 jiéjìng 명 빠른 길, 지름길 ｜ 奋斗 fèndòu 동 분투하다

29. HSK POINT 통일한 의미의 문장 파악　난이도 下　track 04-29

男的认为幸福是什么？

남자는 행복이 무엇이라고 생각하는가？

A 成功时的喜悦
B 名利双收
C 家人的关爱
D 出人头地

A 성공할 때의 기쁨
B 명성과 부를 함께 얻는 것
C 가족의 관심과 사랑
D 남보다 뛰어난 것

공략　여자의 마지막 질문이 이 문제와 동일한 내용이므로 남자의 대답을 통해 정답을 찾을 수 있다. 남자의 '我觉得幸福是家人的爱'라는 말을 통해 정답은 C임을 알 수 있다.

어휘　名利双收 míng lì shuāng shōu 성 명성과 재물을 함께 얻다 ｜ ★出人头地 chū rén tóu dì 성 남보다 뛰어나다

30.

HSK POINT 앞부분에서 언급되는 인터뷰이에 대한 정보 파악　난이도 上　track 04-30

关于男的，可以知道什么？

Ⓐ 不止一次参加奥运会
B 打算退出体坛
C 阻止父母去现场观看比赛
D 看重成就感

남자에 관해 다음 중 알 수 있는 것은?

Ⓐ 올림픽에 한 번만 참가한 것이 아니다
B 스포츠계를 떠날 생각이다
C 부모님이 현장으로 가서 경기를 관람하는 것을 못하게 한다
D 성취감을 중요시 여긴다

공략 이 문제는 정답과 관련된 내용이 인터뷰 앞부분에 언급되어 있으므로 내용 전개 순서에 유의해야 한다. 남자가 현재 자신을 소개하는 부분 중 '我曾经参加过三次奥运会，这也是我第三次代表中国男单参加的亚运会'라는 내용을 통해 남자는 올림픽에 세 번 출전한 경험이 있음을 알 수 있으므로, 정답은 A가 된다.

합격필수 TIP

▶ 자주 출제되는 '국제 경기 대회' 관련 어휘

① ★奥运会 Àoyùnhuì '奥林匹克运动会(올림픽)'의 약칭
② 冬奥会 Dōng'àohuì '冬季国际奥会(동계 올림픽)'의 약칭
③ ★世界杯 Shìjièbēi '国际足联世界杯(월드컵)'의 약칭
④ 亚运会 Yàyùnhuì '亚洲运动会(아시안 게임)'의 약칭
⑤ 世界大学生运动会 Shìjiè Dàxuéshēng Yùndònghuì 국제 학생 경기 대회, 유니버시아드
⑥ 世界锦标赛 Shìjiè Jǐnbiāosài 세계 선수권 대회

第三部分

[31-33]

第31到33题是根据下面一段话：

众所周知，人类的大脑分为左右两个半球，**31但是两侧半球的功能是不一样的，这就叫大脑的策划**。比如大部分人的语言功能是由左半球来控制的，那么，右半球在语言中是否也起着一定作用呢？

答案是肯定的。但右半球在语言中所起的作用与左半球有所不同。人类用语言交谈时，会伴随着相应的表情、肢体语言、眼神，甚至是音腔音调。**32它们传递着语言交流中暗含的信息**，比如言外之意、字面意思与实际表达的意思不同等。这些语言中暗含的信息，都是由右半球来处理的。如果右半球受损，就无法理解这些没说出来的信息。比如用讽刺的语气来夸奖

31~33번 문제는 다음 내용에 근거한다.

누구나 다 알듯이, 인간의 대뇌는 좌우 두 개의 반구로 나뉘어져 있지만, **31양측 반구의 기능이 다르며, 이것이 바로 대뇌의 계획이라 불린다**. 예를 들어, 대부분 사람들의 언어 기능은 좌반구가 제어하는데, 그렇다면 우반구 또한 언어 방면에서 일정한 작용을 하고 있는 것일까?

정답은 '그렇다'이다. 하지만 우반구가 언어 방면에서 끼치는 작용은 좌반구와는 다소 다르다. 인류가 언어를 사용해 이야기할 때는 적절한 표정, 보디랭귀지, 눈빛 심지어는 억양과 톤 등이 수반된다. **32그것들은 언어 교류에서 의미가 함축된 정보를 전달하고 있는데**, 예를 들면, 말의 숨은 의미나 글자 표면상의 뜻과 실제로 나타내려고 하는 뜻이 다른 것 등이 있다. 이러한 언어 속에 있는 의미가 함축된 정보들은 모두 우반구가 처리한다. 만약 우반구가 손상되면 말로

| 某人打扮得漂亮，右半球受损的人就理解不出其中蕴含的讽刺意味。 | 꺼내지 못한 이러한 정보들을 이해할 수 없게 된다. 예를 들어, 풍자적인 어투로 어떤 사람이 예쁘게 꾸민 것을 칭찬한다면, 우반구가 손상된 사람은 그 속에 내포된 풍자적인 의미를 이해하지 못한다. |

어휘

★众所周知 zhòng suǒ zhōu zhī 솅 모든 사람이 다 알고 있다 | 半球 bànqiú 몡 반구 | ★功能 gōngnéng 몡 기능 | 策划 cèhuà 동 계획하다, 기획하다 | ★控制 kòngzhì 동 통제하다, 억제하다 | 起着……作用 qǐzhe……zuòyòng ~한 작용을 일으키다 | 交谈 jiāotán 동 이야기를 나누다 | ★伴随 bànsuí 동 수반하다, 동행하다 | 肢体语言 zhītǐ yǔyán 신체 언어, 보디랭귀지 | ★眼神 yǎnshén 몡 눈빛, 눈매 | 音腔音调 yīnqiāng yīndiào 억양과 음조 | ★传递 chuándì 동 전달하다, 전하다 | 暗含 ànhán 동 어떤 의미를 함축하다 | 言外之意 yán wài zhī yì 솅 말의 숨은 뜻, 암시하는 말 | 字面意思 zìmiàn yìsi 문자의 표면상의 뜻 | 受损 shòusǔn 동 손실을 입다, 손해를 보다 | 讽刺 fěngcì 명동 풍자(하다) | ★夸奖 kuājiǎng 동 칭찬하다 | ★蕴含 yùnhán 동 포함하다, 내포하다 | ★意味 yìwèi 몡 의미

31. HSK POINT 힌트가 되는 但 난이도 下

track 04-31

下列哪项是大脑的策划?

A 大脑比小脑发达
B 是一种脑部疾病
C 大脑左右半球功能不同
D 大脑分为两部分

다음 중 어떤 것이 대뇌의 계획인가?

A 대뇌가 소뇌보다 발달한 것
B 일종의 뇌 부위의 질병
C 대뇌의 좌우반구가 기능이 다른 것
D 대뇌가 두 부분으로 나뉘어진 것

공략 앞부분 중 전환의 의미를 나타내는 '但是两侧半球的功能是不一样的，这就叫大脑的策划'를 통해 대뇌의 계획은 좌우 반구의 기능이 다른 것임을 알 수 있으므로, 정답은 C가 된다.

32. HSK POINT 성어 言外之意의 의미 이해 난이도 中

track 04-32

这段话中"言外之意"是什么意思?

A 字面意义
B 脱口而出的话
C 无需揣摩的话
D 有讽刺意味的话

이 글 중 '言外之意'는 무슨 의미인가?

A 글자 표면상의 뜻
B 생각하지 않고 나오는 대로 한 말
C 깊이 생각할 필요가 없는 말
D 풍자적 의미를 지니고 있는 말

공략 성어 言外之意는 '언어 외의 뜻, 말 속에 숨은 뜻'이라는 의미인데, 만약 言外之意의 각 한자의 뜻을 이해하고 있다면 그 비유적인 의미를 쉽게 유추할 수 있으므로, 정답은 D라는 것을 찾을 수 있다. 각 한자의 의미를 모른다면 글에서 比如가 정답을 찾는 힌트가 된다. 앞의 내용에 해당하는 구체적인 예를 들 때 比如를 써서 말하므로, 여기서 言外之意는 바로 앞의 '它们传递着语言交流中暗含的信息'라는 내용의 예를 든 것이다. 따라서 정답은 D가 된다.

어휘 ★脱口而出 tuō kǒu ér chū 솅 입에서 나오는 대로 말하다, 생각하지 않고 말하다 | ★揣摩 chuǎimó 동 깊이 헤아리다

33.

HSK POINT 전체적인 글의 내용 이해 | 난이도 上 | track 04-33

这段话主要谈的是什么?

A 大脑如何工作
B 如何训练大脑机能
C 大脑右半球的语言功能
D 大脑的语言机制

이 글은 주로 무엇을 이야기하고 있는가?

A 대뇌는 어떻게 작동하는가
B 대뇌 기능을 어떻게 훈련하는가
C 대뇌 우반구의 언어 기능
D 대뇌의 언어 구조

공략 글의 전체적인 내용은 대뇌 우반구가 언어 방면에 있어 끼치는 영향과 관련된 것임을 알 수 있으므로, 정답은 C가 된다. 대뇌 자체의 언어 구조에 대한 정보글이 아니므로 D는 정답이 될 수 없다.

[34-36]

第34到36题是根据下面一段话:

　　鱼究竟可以活多少年？答案是千差万别的。鲤鱼寿命最长是25年，金鱼可以活到30年。当然，鱼类中也有短命者，例如弹涂鱼，它的寿命就不到一年。
　　那么科学家到底是如何推知鱼的年龄呢？³⁴原来他们是根据鱼的鳞片上的环纹来确定的。大多数鱼在生命的第一年，全身就长满了鳞片，而且鳞片会随年龄的增长而不断长大。
　　鱼增长速度因季节而异，³⁵通常春夏生长快，秋季生长慢，冬季则停止生长。鳞片也是这样，春夏生长的部分较宽阔，结构疏松；秋季生长的部分较狭窄，结构致密。两者之间有明显的界限，这就形成了鱼的年轮。年轮多的鱼年龄大，反之就小。
　　掌握鱼的年龄的好处是可以帮助我们测出鱼群的年龄组成，³⁶做到捕大留小，适时捕捞，以达到保护和恰到好处地利用水产资源的目的。

34~36번 문제는 다음 내용에 근거한다.

　　물고기는 대체 몇 년이나 생존할 수 있는 것일까? 정답은 천차만별이다. 잉어의 수명은 최장 25년이고, 금붕어는 30년까지 생존할 수 있다. 물론 어류 중 단명하는 것도 있는데, 예를 들면, 말뚝망둥이로, 그것의 수명은 1년도 채 되지 않는다.
　　그렇다면 과학자들은 도대체 어떻게 물고기의 나이를 짐작하는 것일까? ³⁴알고 보니 그들은 물고기의 비늘에 있는 고리 무늬로 단정한다고 한다. 대다수의 물고기들은 태어나고 1년 안에 온몸에 비늘이 가득 자라나며, 게다가 비늘은 나이가 들어감에 따라 계속해서 자라게 된다.
　　물고기의 성장 속도는 계절에 따라 다른데, ³⁵일반적으로는 봄과 여름에 성장이 빠르고, 가을에 성장이 느려지며, 겨울에는 성장이 멈추게 된다. 비늘 또한 이와 같이, 봄과 여름에 자라난 부분은 비교적 넓으며 조직이 푸석푸석하고, 가을에 자라난 부분은 상대적으로 좁고 조직이 치밀하다. 이 두 부분 사이에는 뚜렷한 경계가 있어서, 이것이 바로 물고기의 나이테를 형성하게 된다. 나이테가 많은 물고기는 나이가 많고, 그와 반대인 물고기는 나이가 어리다.
　　물고기 나이를 파악하는 것의 장점은 물고기떼의 연령 구성을 추측해내는 데 도움을 주어, ³⁶물고기를 잡을 때 큰 것은 잡고 작은 것은 놓아 주고, 적절한 시기에 물고기를 잡을 수 있게 하여, 수산 자원을 보호하고 알맞게 이용하려는 목적을 이룰 수 있다는 것이다.

어휘 ★千差万别 qiān chā wàn bié 성 천차만별 | 鲤鱼 lǐyú 명 잉어 | ★寿命 shòumìng 명 수명 | 金鱼 jīnyú 명 금붕어 | 弹涂鱼 tántúyú 명 말뚝망둥이 | 推知 tuīzhī 동 미루어 알다, 짐작하여 알다 | 鳞片 línpiàn 명 비늘 조각 | 环纹 huánwén 고리 무늬 | ★宽阔 kuānkuò 형 넓다, 넉넉하다 | 疏松 shūsōng 형 푸석푸석하다 | ★狭窄 xiázhǎi 형 좁다, 협소하다 | 致密 zhìmì 형 치밀하다, 촘촘하다 | ★明显 míngxiǎn 형 뚜렷하다, 분명하다 | ★界限 jièxiàn 명 경계, 한도 | 年轮 niánlún 명 나이테, 연륜 | ★反之 fǎnzhī 접 이와 반대로 | ★掌握 zhǎngwò 동 파악하다, 정통하다 | 测出 cèchū 동 추측하다, 측정하다 | 年龄组成 niánlíng zǔchéng 나이 구성, 연령 구성 | 捕大留小 bǔ dà liú xiǎo 큰 것을 잡고 작은 것을 남겨두다 |

适时 shìshí 형 시기가 적절하다, 제때에 하다 | 捕捞 bǔlāo 동 어획하다, 물고기를 잡다 | ★达到……目的 dádào……mùdì ~한 목적에 도달하다 | ★恰到好处 qià dào hǎo chù 성 아주 적절하다, 매우 적합하다 | 水产资源 shuǐchǎn zīyuán 명 수산 자원

34. HSK POINT 힌트가 되는 原来 난이도 中   track 04-34

科学家根据什么推知鱼的年龄?

과학자는 무엇에 근거하여 물고기의 연령을 짐작하는가?

A 身长
B 鱼鳞
C 鱼鳍
D 鱼尾

A 신장
B 비늘
C 지느러미
D 꼬리

공략 이 문제는 실제 상황이나 진짜 모습을 제시하는 의미의 부사 原来가 정답을 찾는 힌트가 된다. '原来他们是根据鱼的鳞片上的环纹来确定的.'라는 내용을 통해 정답이 B임을 알 수 있다.

35. HSK POINT 동일한 문장 파악 난이도 下   track 04-35

根据这段话, 可以知道什么?

이 글에 근거하여 알 수 있는 것은?

A 鱼的年轮和年龄成反比
B 鲤鱼寿命最长
C 鱼春夏生长较快
D 鱼冬季生长速度较慢

A 물고기의 나이테와 연령은 반비례한다
B 잉어가 수명이 가장 길다
C 물고기는 봄여름에 성장이 비교적 빠르다
D 물고기는 겨울철에 성장 속도가 비교적 느리다

공략 중간 부분에서 물고기의 성장과 관련해 언급한 내용 중 '通常春夏生长快, 秋季生长慢, 冬季则停止生长'을 통해 봄과 여름에 성장 속도가 빠르며 겨울에는 성장을 멈춘다는 것을 알 수 있으므로 정답은 C가 된다.

36. HSK POINT 동일한 의미의 문장 파악 난이도 上   track 04-36

知道鱼的年龄有什么好处?

물고기의 나이를 안다는 것은 어떠한 장점을 지니는가?

A 可改进捕捞方法
B 使捕捞更合理
C 可以避免破坏环境
D 有助于增加捕捞量

A 어획 방법을 개선할 수 있다
B 어획이 더욱 합리적으로 이루어지게 한다
C 환경 훼손을 피할 수 있다
D 어획량을 증가시키는 데 도움이 된다

공략 마지막 부분의 '做到捕大留小, 适时捕捞, 以达到保护和恰到好处地利用水产资源的目的'라는 내용과 동일한 의미의 보기 B가 정답이 된다.

[37-40]

第37到40题是根据下面一段话：

据传，古时候贵州没有驴这种动物。一天，有个人把一头驴运到了贵州。到贵州后，37他却发现驴在当地没什么用处，便把它拴在山下不管了。

38有一只老虎路过山下，见到这头驴，心想这一定是个神奇的东西，于是老虎隐藏在树林中，远远地窥视这头驴。慢慢地，老虎胆子大了，开始一点点向驴靠近。但是因为不了解驴到底有什么本领，老虎还是谨慎行事。

终于有一天，驴突然大叫一声，老虎被吓了一大跳，以为驴要吃了自己，马上跑得远远的。后来，老虎躲在远处反复观察，觉得驴好像也没什么特殊的本领。

这样过了一段时间，老虎渐渐地习惯了驴的叫声，也就不再害怕了。再后来，老虎靠近了驴，在它身边走来走去，有时候也会碰碰它，完全不把驴放在眼里。

39结果驴忍不住怒气，用蹄子踢了老虎一下，老虎一下子高兴起来。它终于明白，驴的本领也不过如此啊！40于是老虎跳起来，猛地朝驴扑过去，用锋利的牙齿一下子咬断了驴的喉咙，美美地饱餐了一顿。

37~40번 문제는 다음 내용에 근거한다.

전하는 바에 의하면, 옛날에 구이저우에는 당나귀라는 동물이 없었다고 한다. 하루는 어떤 사람이 당나귀 한 마리를 데리고 구이저우에 왔는데, 구이저우에 도착한 후 37그는 당나귀가 현지에서 별 쓸모가 없다고 생각해서, 그 당나귀를 산 아래 묶어 두고는 신경 쓰지 않았다.

38호랑이 한 마리가 산 아래를 지나가다가 이 당나귀를 보고는, 마음속으로 이는 분명 신기한 동물일 것이라고 생각했다. 그리하여 호랑이는 숲속에 몰래 숨어, 멀리서 이 당나귀를 엿보았다. 서서히 호랑이는 용기가 생겨 조금씩 조금씩 당나귀에게로 다가갔다. 하지만 호랑이는 당나귀가 도대체 어떤 재주를 가지고 있는지 알 수 없어서, 여전히 무슨 일이든 조심했다.

마침내 어느 날, 당나귀가 갑자기 큰 소리로 울어댔는데, 호랑이는 이 소리에 깜짝 놀라 당나귀가 자신을 잡아먹으려는 줄 알고 얼른 멀리 도망갔다. 후에 호랑이는 먼 곳에 숨어서 반복하여 지켜보다가, 당나귀에게는 특별한 재주가 없는 것 같은 생각이 들었다.

그렇게 얼마의 시간이 지나고, 호랑이는 점점 당나귀의 울음소리에 익숙해져서 그것이 더 이상 두렵게 느껴지지 않았다. 그 후로 호랑이는 당나귀 옆으로 다가가 그 주위에서 이리저리 돌아다니며, 때로는 당나귀를 건드리기도 하면서 당나귀를 전혀 신경 쓰지 않게 되었다.

39결국 당나귀가 화를 참지 못하고 발굽으로 호랑이를 한 번 차버리자, 호랑이는 갑자기 기뻐했다. 호랑이는 드디어 당나귀의 재주가 이 정도에 불과하다는 것을 알게 된 것이다. 40그리하여 호랑이는 뛰어올라 덥썩 당나귀에게 덤벼들어, 날카로운 이빨로 순식간에 당나귀의 목구멍을 물어뜯고는 한 끼를 실컷 배불리 먹었다.

어휘 ★据传 jùchuán 동 전하는 바에 의하면 ~라고 한다 | 贵州 Guìzhōu 고유 구이저우 | 驴 lǘ 명 당나귀 | 拴 shuān 동 묶다, 붙들어 매다 | ★神奇 shénqí 형 신기하다, 기묘하다 | ★隐藏 yǐncáng 숨기다 | 窥视 kuīshì 들여다보다, 엿보다 | ★谨慎行事 jǐnshèn xíngshì 조심하다 | 大叫一声 dà jiào yì shēng 큰 소리로 외치다 | ★吓了一大跳 xià le yí dà tiào 크게 놀라다 | ★躲 duǒ 동 숨다, 피하다 | ★观察 guānchá 관찰하다 | ★本领 běnlǐng 명 기량, 재능 | 碰 pèng 동 부딪치다, 마주치다 | 不把……放在眼里 bù bǎ……fàngzài yǎnli ~을 안중에 두지 않는다, ~을 전혀 신경 쓰지 않는다 | ★忍不住 rěnbuzhù 견딜 수 없다, 참을 수 없다 | 怒气 nùqì 명 화, 노기 | 蹄子 tízi 발굽 | ★踢 tī 차다 | 猛地 měngde 딥썩 | ★扑过去 pū guòqu 덤벼들다, 달려들다 | 锋利 fēnglì 날카롭다, 예리하다 | 咬断 yǎoduàn 물어뜯다 | 喉咙 hóulóng 명 목구멍 | 饱餐了一顿 bǎocān le yí dùn 한 끼 배불리 먹다

37. HSK POINT 전환의 의미를 나타내는 부사 却 　난이도 下　　track 04-37

那个人为什么把驴拴在山下? ／ 그 사람은 왜 당나귀를 산 아래에 묶어 두었는가?

A 想设陷阱引老虎上钩 ／ A 함정을 놓아 호랑이가 걸려들게 하려고
B 担心驴逃跑 ／ B 당나귀가 달아날까 염려되어서
C 认为驴毫无用处 ／ **C 당나귀가 아무런 쓸모가 없다고 여겨서**
D 驴一直大叫一声 ／ D 당나귀가 계속 큰 소리로 울어대서

공략 앞부분에서 전환의 의미를 나타내는 부사 却가 정답을 찾는 힌트가 된다. '他却发现驴在当地没什么用处, 便把它拴在山下不管了'라는 내용을 통해 남자는 당나귀가 아무 쓸모가 없어 산 아래에 묶어 두었음을 알 수 있으므로, 정답은 C 가 된다.

어휘 ★陷阱 xiànjǐng 명 함정 | 上钩 shàng gōu 동 낚시 바늘에 걸리다, 올가미에 걸리다

38. HSK POINT 동의어 神奇와 新奇　난이도 中　　track 04-38

一开始老虎觉得驴怎么样? ／ 처음에 호랑이는 당나귀가 어떻다고 생각했는가?

A 新奇 ／ **A 신기하다**
B 是庞然大物 ／ B 거대하다
C 力大无比 ／ C 힘이 세다
D 凶狠 ／ D 사납다

공략 호랑이가 당나귀를 처음 보게 된 상황에 대한 내용 중 '有一只老虎路过山下, 见到这头驴, 心想这一定是个神奇的东西'를 통해 정답이 A임을 알 수 있다.

어휘 庞然大物 páng rán dà wù 성 대단히 거대한 물건, 겉으로는 거대해 보이지만 내실은 없다 | 凶狠 xiōnghěn 형 흉악하다, 사납고 거칠다

39. HSK POINT 결과를 제시하는 부사 终于　난이도 中　　track 04-39

为什么老虎被驴踢了一下, 反而很高兴? ／ 호랑이는 왜 당나귀에게 한 차례 차이고 오히려 기뻐했는가?

A 想借此威胁驴 ／ A 이 기회를 빌어 당나귀를 협박하고 싶어서
B 想借驴保护自身 ／ B 당나귀를 이용해 자신을 보호하고 싶어서
C 认识到驴脾气暴躁 ／ C 당나귀의 성질이 거칠고 급하다는 것을 알게 되어서
D 发现驴没什么本事 ／ **D 당나귀가 아무런 재주가 없다는 것을 알게 되어서**

공략 뒷부분의 '结果驴忍不住怒气, 用蹄子踢了老虎一下, 老虎一下子高兴起来。它终于明白, 驴的本领也不过如此啊!'라는 내용 중 긴 시간이나 과정을 거친 후 나타나는 결과를 끌어내는 부사 终于가 정답을 찾는 힌트가 된다. 终于 뒤의 내용을 보면 호랑이는 당나귀가 별 재주가 없음을 알게 되어 기뻐했으므로 정답은 D이다.

어휘 威胁 wēixié 동 위협하다, 협박하다 | 暴躁 bàozào 형 (성미가) 거칠고 급하다

40. HSK POINT 동일한 의미의 문장 파악　난이도 中　track 04-40

根据这段话，下列哪项正确?

A 老虎十分愚昧
B 驴艺高胆大
C 老虎深受重创
Ⓓ 驴成为老虎的盘中餐

이 글에 따르면 다음 중 옳은 것은?

A 호랑이는 매우 어리석다
B 당나귀는 기예가 뛰어나고 대담하다
C 호랑이는 심한 중상을 입었다
Ⓓ 당나귀는 호랑이의 먹이가 되었다

공략 글의 마지막 부분에서 '于是老虎跳起来，猛地朝驴扑过去，用锋利的牙齿一下子咬断了驴的喉咙，美美地饱餐了一顿。'이라는 내용을 통해 호랑이가 당나귀를 잡아먹었음을 알 수 있으므로, 정답은 D이다.

어휘 愚昧 yúmèi 형 어리석고 사리에 어둡다 | 重创 zhòngchuàng 명동 중상(을 입히다)

[41-44]

第41到44题是根据下面一段话:

　　有一天，我路过一个果树园，看见一个果农正在给果树施肥，他在离果树两米左右的地方挖了一个坑，然后把肥料埋下去。⁴¹我很好奇，为什么他不把肥料直接堆放到果树的根部，而要隔开一段距离呢?
　　果农似乎看出了我内心的疑惑，便笑着说:"如果把肥料直接堆放到树的根部，它的根就长不大，长不深，果树的生长就会受到影响。""把肥料直接堆放到根部，果树不是能更好地吸收肥料的养分，更有利于成长吗?"我说。果农风趣地说:"对果树来说，⁴³这个'饭来张口，衣来伸手'的生活，只会让它失去追求的动力。"
　　果农见我还是一头雾水，于是继续解释:"⁴²你想，把肥料直接堆放在根部，那些根还用得着伸展到远处、深处去吸收养分吗? 没有了追求，它的根系就会逐渐萎缩，从而影响到整棵果树的生长。"
　　人生又何尝不是如此呢? ⁴⁴正是有了一段追求的距离，一段憧憬的距离，人生之路才能走得更成功，更精彩。

41~44번 문제는 다음 내용에 근거한다.

　　어느 날, 나는 한 과수원을 지나가다가 과수 재배자가 과일나무에 비료를 주는 것을 보게 되었는데, 그는 과일나무에서 2미터쯤 떨어진 곳에 구덩이를 하나 파고는 비료를 묻었다. ⁴¹나는 그가 왜 비료를 직접 과일나무 뿌리 부분에 주지 않고 일정 거리만큼 간격을 두는지 매우 궁금했다.
　　과수 재배자는 나의 궁금증을 알아차렸다는 듯 웃으며, "만약 비료를 직접 나무 뿌리 부분에 쌓아 두게 되면, 그 뿌리가 자라지 않고 깊어지지 않아서 과일나무의 성장에 영향을 주게 됩니다."라고 말했다. 나는 "만약 비료를 직접 과일나무 뿌리 부분에다가 쌓아두면, 과일나무가 비료의 양분을 더 잘 흡수할 수 있어서 성장에 훨씬 유리하지 않나요?"라고 물었다. 과수 재배자는 흥미롭다는 듯 "과일나무에게 있어 ⁴³이러한 '밥이 오면 입을 벌리고, 옷이 오면 손을 내미는' 생활은 단지 그것들이 추구하는 원동력을 잃게 할 뿐이죠."라고 말했다.
　　과수 재배자는 여전히 영문을 모르는 나에게 "⁴²생각해 보세요. 비료를 바로 과일나무 뿌리 부분에 쌓아둔다면, 그 뿌리들이 먼 곳, 깊은 곳으로 뻗어 나가서 양분을 빨아들일 필요가 있겠소? 추구하는 것이 없다면, 그 뿌리는 마르고 시들어 전체 과일나무의 성장에 영향을 끼치게 되죠."라며 계속 설명해 주었다.
　　인생 또한 언제 이러하지 않은 적이 있는가? ⁴⁴추구하는 거리와 동경할 만한 거리가 있기에 인생길이 비로소 더 성공적이고 더 멋진 것이다.

어휘 果树园 guǒshùyuán 몡 과수원 | 施肥 shīféi 동 비료를 주다 | 挖了一个坑 wā le yí ge kēng 구덩이를 하나 파다 | 肥料 féiliào 몡 비료 | 埋 mái 동 묻다, 파묻다 | 堆放 duīfàng 동 쌓아 두다 | 根部 gēnbù 뿌리 부분 | 隔开 gékāi 동 분리시키다, 떼어 놓다 | 似乎 sìhū 閈 마치 ~인 것 같다 | 疑惑 yíhuò 몡 의심, 의혹 | ★吸收 xīshōu 동 흡수하다, 빨아들이다 | 养分 yǎngfèn 몡 양분 | 有利于 yǒulì yú ~에 이롭다 | ★风趣 fēngqù 몡 유머, 재미 | ★饭来张口，衣来伸手 fàn lái zhāng kǒu, yī lái shēn shǒu 밥이 오면 입을 벌리고 옷이 오면 손을 내밀다, 안일하고 나태한 생활 | 动力 dònglì 몡 동력, 원동력 | 一头雾水 yì tóu wù shuǐ 솅 불분명하다, 영문을 모르다 | 用得着 yòngdezháo 동 쓸모 있다, 유용하다 | 伸展 shēnzhǎn 동 뻗다, 늘이다, 펼치다 | ★逐渐 zhújiàn 閈 점점 | ★萎缩 wěisuō 휑 마르다, 시들다, 쇠퇴하다 | ★何尝 hécháng 閈 언제 ~한 적이 있었느냐, 결코 ~가 아니다 | 憧憬 chōngjǐng 동 동경하다

---

41. HSK POINT 심리를 드러내는 부분에 주의하기 | 난이도 中 | track 04-41

说话人对什么感到好奇？

A 施肥步骤
B 浇水技巧
C 挖坑深度
D 施肥方法

화자는 무엇에 대해 궁금증을 느꼈는가?

A 비료를 주는 순서
B 관개 기술
C 구덩이를 파는 깊이
D 비료를 주는 방법

공략 화자의 감정이나 심리를 드러내는 부분의 내용은 꼭 기억해야 한다. 앞부분의 '我很好奇，为什么他不把肥料直接堆放到果树的根部，而要隔开一段距离呢？'라는 내용을 통해 화자는 비료를 주는 방법에 대해 궁금하다는 것을 알 수 있으므로 정답은 D가 된다.

어휘 ★步骤 bùzhòu 몡 순서, 절차 | 浇水 jiāoshuǐ 동 물을 뿌리다, 관개하다 | 技巧 jìqiǎo 몡 기교, 테크닉

---

42. HSK POINT 긴 문장에서 동일한 의미의 문장 파악 | 난이도 中 | track 04-42

把肥料放到树的根部有什么坏处？

A 不利于光合作用
B 使树根萎缩
C 造成土壤流失
D 污染环境

비료를 나무의 뿌리 부분에 주면 어떤 나쁜 점이 있는가?

A 광합 작용에 불리하다
B 나무 뿌리를 마르게 한다
C 토양 유실을 야기한다
D 환경을 오염시킨다

공략 화자의 질문에 대한 과수 재배자의 대답을 주의깊게 들어야 한다. '你想，把肥料直接堆放在根部，那些根还用得着伸展到远处、深处去吸收养分吗？没有了追求，它的根系就会逐渐萎缩，从而影响到整棵果树的生长。'이라고 말한 내용을 통해 뿌리 부분에 비료를 주면 뿌리가 마르고 시들어 버린다는 것을 알 수 있으므로 정답은 B가 된다.

---

43. HSK POINT 속담 '饭来张口, 衣来伸手'의 의미 이해 | 난이도 上 | track 04-43

这段话中"饭来张口，衣来伸手"是什么意思？

A 人不可貌相
B 民以食为天
C 不努力就能得到
D 衣食无忧

이 글에서 '饭来张口，衣来伸手'는 어떤 의미인가？

A 사람을 겉모습만 보고 판단해서는 안 된다
B 식량은 사람에게 가장 중요하다
C 노력하지 않고도 얻을 수 있다
D 입고 먹는 염려가 없다

| 공략 | 속담 '饭来张口, 衣来伸手'를 각 글자의 뜻대로 해석하면 '밥이 오면 입을 벌리고, 옷이 오면 손을 내밀다'는 뜻으로 '아무런 일도 하지 않는 안일하고 나태한 태도'라는 비유적인 의미를 가지므로 C가 정답이 된다. 이 문장을 듣고 비유적인 의미를 바로 유추해내기 어렵다면, 녹음에서 '饭来张口, 衣来伸手' 뒤에 이어지는 문장 '只会让它失去追求的动力'를 통해 추구하는 원동력을 잃게 만든다는 것을 알 수 있다. |

| 어휘 | ★民以食为天 mín yǐ shí wéi tiān 〈성〉 식량은 국민 생활의 근본이다 |

44. HSK POINT 마지막 부분에서 언급되는 주제 관련 문장 파악 난이도 中   track 04-44

这段话主要想告诉我们什么？
이 글은 우리에게 주로 무엇을 이야기하려고 하는가?

A 要有远见卓识
B 要先发制人
C 有追求才有动力
D 不能讳疾忌医

A 선견지명을 지녀야 한다
B 기선을 제압해야 한다
C 추구하는 것이 있어야 원동력이 생긴다
D 결점을 감추고 고치려 하지 않으면 안 된다

| 공략 | 마지막 부분에 주제 관련 문장으로 '正是有了一段追求的距离，一段憧憬的距离，人生之路才能走得更成功，更精彩。'가 제시된다. 따라서 이 글은 목표를 가져야 함을 강조하고 있으므로 정답은 C가 된다. |

| 어휘 | ★远见卓识 yuǎn jiàn zhuó shí 〈성〉 멀리 내다보는 탁월한 식견, 선견지명 | 先发制人 xiān fā zhì rén 〈성〉 기선을 제압하다 | ★讳疾忌医 huì jí jì yī 〈성〉 자기의 결점을 덮어 감추고 고치려고 하지 않다 |

합격필수 TIP

▶ 자주 출제되는 반어적인 어기를 나타내는 어휘

① 何尝 hécháng 〈부〉 결코 ~가 아니다, 언제 ~한 적이 있었느냐?
  我们何尝不想帮助你? 우리가 언제 너를 도와주고 싶지 않았던 적이 있겠느냐?

② 何不 hébù 〈부〉 마땅히 ~해야 한다, 어찌 ~하지 않느냐?
  你何不去找他? 당신은 어찌 그를 찾아가지 않는 건가?

③ 岂不 qǐbù 〈부〉 어찌 ~이 아닌가?
  这样做，岂不更有效? 이렇게 하는 것이 어찌 더 효과가 있지 않겠는가?

④ 难道 nándào 〈부〉 설마 ~란 말인가?
  难道你还不明白吗? 설마 당신은 아직도 이해를 못한단 말인가?

⑤ 何必 hébì 〈부〉 ~할 필요가 없다, 구태여 ~할 필요가 있는가?
  何必为这件事发愁呢? 구태여 이 일때문에 걱정할 필요가 있겠는가?

⑥ 何况 hékuàng 〈접〉 더군다나, 하물며
  我们俩也拿不动，何况那个小姑娘呢? 우리 둘도 들지 못할텐데, 하물며 저 아가씨는 어떻겠는가?

⑦ 何曾 hécéng 〈부〉 언제 ~한 적이 있었느냐?
  你何曾经历过这样尴尬的事情? 당신이 언제 이러한 난처한 일을 겪어 본 적이 있는가?

[45-47]

第45到47题是根据下面一段话：

有人曾提出这样一个疑问：一分钟我们能做多少事？答案自然是能做很多事，比如可以阅读一篇五六百字的文章，跑400米等。鼓励人们在一分钟内做更多的事情，或者节约每一分钟，自然是件好事。⁴⁵但这表面上看似积极的问题和答案，实际上掩盖了一种急功近利的心态，会让大家产生一种急促感，⁴⁶像蚂蚁一样匆忙地跑来跑去。一心想着尽可能多地做一些事情，却不再有从容的心态去做事情，尤其是不再去思考什么是真正重要的事情。

什么才是有意义的人生？⁴⁷我想并不在于争得每一分钟，而在于生命作为一个整体内涵有多丰富。如果因为追求每一分钟的充实，而迷失了一生，实在是得不偿失的事情。既然如此，何不在有生之年活得更精彩一些呢？

45~47번 문제는 다음 내용에 근거한다.

어떤 사람이 이러한 의문을 제기한 적이 있다. 1분 동안 우리가 얼만큼의 일을 할 수 있을까? 정답은 당연히 많은 일을 할 수 있다는 것인데, 예를 들면 500~600자로 된 한 편의 글을 읽을 수 있고, 400미터 달리기를 할 수 있는 것 등이 있다. 사람들에게 1분간 더 많은 일을 하라고 한다거나, 매 1분의 시간을 절약하라고 권장하는 것은 물론 좋은 일이다. ⁴⁵하지만 이런 표면적으로는 적극적인 것처럼 보이는 문제와 답에는 사실 눈앞의 성공과 이익에만 급급한 심리 상태가 숨겨져 있어, 사람들에게 촉박감을 느끼게 하고, ⁴⁶개미처럼 바쁘게 이리저리 뛰어다니게 만들 수 있다. 어떤 일을 가능한 한 많이 해내려는 생각만 하면, 오히려 여유로운 마음 상태를 지니고 일하지 않게 되고, 특히나 어떤 것이 진정으로 중요한 일인지에 대해서도 생각하지 않게 된다.

무엇이야말로 의미 있는 인생일까? ⁴⁷나는 매 1분을 다투는 것이 아닌, 생명이 하나의 전체적인 의미로서 풍부함을 지녀야 한다고 생각한다. 만약 매 1분 동안의 충실함을 추구하는 것 때문에 일생을 잃게 된다면, 이는 실로 얻는 것보다 잃는 것이 더 많은 일이라고 할 수 있다. 기왕이면 세상에 살아 있는 동안 보다 더 멋지게 살아야 하지 않겠는가?

어휘 ★疑问 yíwèn 명 의문 | ★鼓励 gǔlì 동 격려하다 | 节约 jiéyuē 동 절약하다 | ★表面上 biǎomiànshang 겉으로는 | ★实际上 shíjìshang 실제로는 | ★掩盖 yǎngài 동 덮어씌우다, 덮어 감추다 | ★急功近利 jí gōng jìn lì 젱 눈앞의 성공과 이익에만 급급하다 | 急促感 jícùgǎn 촉박감, 급박감 | 蚂蚁 mǎyǐ 명 개미 | ★匆忙 cōngmáng 형 매우 바쁘다 | ★从容 cóngróng 형 침착하다, 여유롭다 | ★尤其 yóuqí 부 더욱이, 특히 | 争得 zhēngdé 동 애써 얻다 | ★内涵 nèihán 명 (언어에 담겨 있는) 내용, 의미 | ★充实 chōngshí 충실하게 하다 형 풍부하다, 넘치다 | ★迷失 míshī 동 잃다 | ★得不偿失 dé bù cháng shī 젱 얻는 것보다 잃는 것이 많다 | ★何不 hébù 부 어찌 ~하지 않는가? | 有生之年 yǒu shēng zhī nián 젱 살아 있는 동안, 여생

45. HSK POINT 힌트가 되는 但 난이도 上 🎧 track 04-45

对于鼓励人们节约每一分钟，说话人持什么态度？

A 保留意见
B 杞人忧天
C 怀疑批判
D 身体力行

사람들에게 매 1분을 절약하도록 권장하는 것에 대해, 화자는 어떠한 태도를 가지고 있는가?

A 의견을 보류하고 있다
B 괜한 걱정을 하고 있다
C 의구심을 가지고 비판하고 있다
D 몸소 실천하고 있다

공략 남자의 관점은 전환의 의미를 담고 있는 접속사 但 뒤에 제시되어 있다. '但这表面上看似积极的问题和答案，实际上掩盖了一种急功近利的心态，会让大家产生一种急促感'이라는 내용을 통해 남자는 비판적인 태도를 취하고 있음을 알 수 있으므로 정답은 C가 된다. 이 문제와 같이 전환의 의미를 나타내는 접속사 및 부사가 정답을 찾는 힌트가 되는 경우가 많으므로 주의하여 듣도록 한다.

어휘 杞人忧天 Qǐ rén yōu tiān 쓸데없는 걱정 | 身体力行 shēn tǐ lì xíng 몸소 체험하고 힘써 실천하다

46. HSK POINT 문장의 의미 이해 난이도 中   track 04-46

"像蚂蚁一样匆忙地跑来跑去", 这句话被用来说明什么?

A 蚂蚁勤劳诚恳
B 蚂蚁喜欢群居生活
C 人们工作效率高
D 人们忙碌的状态

'개미처럼 바쁘게 이리저리 뛰어다니다'는 문장은 무엇을 설명하기 위해서인가?

A 개미는 부지런하고 성실하다
B 개미는 공동생활을 즐긴다
C 사람들의 업무 효율이 높다
D 사람들의 바쁜 상태

공략 '像蚂蚁一样匆忙地跑来跑去'는 '개미처럼 바쁘게 이리저리 뛰어다니다'는 의미로 사람들의 바쁜 모습을 비유한 것이므로 정답은 D가 된다.

47. HSK POINT 동일한 의미의 문장 파악 난이도 中   track 04-47

这段话主要想告诉我们什么?

A 要注重生命的整体意义
B 千里之行, 始于足下
C 做事应该速战速决
D 一寸光阴一寸金

이 글은 우리에게 주로 무엇을 이야기하려고 하는가?

A 생명의 전체적 의미를 중요시해야 한다
B 천리 길도 한 걸음부터 시작된다
C 일을 할 때는 속전속결로 끝내는 것이 좋다
D 시간은 금이다

공략 마지막 부분에서 화자가 자신의 관점을 다시 한 번 강조한 '我想并不在于争得每一分钟, 而在于生命作为一个整体内涵有多丰富。'라는 내용을 통해 정답이 A임을 알 수 있다.

[48-50]

第48到50题是根据下面一段话:

魏国有一个有名的神箭手, 叫更赢。
一天, 更赢随从魏王到郊外去打猎。一只大雁从远方慢慢飞来, 边飞边鸣。50更赢仔细观察后, 指着大雁对魏王说: 48"大王, 我不用箭就能让这只大雁掉下来。" 魏王不信, 更赢说: "请让我试一下!" 只见更赢并没取箭, 他左手拿弓, 右手拉弦, 只听"嘣"的一声响后, 那只大雁就拼命往上飞, 可拍了两下翅膀, 就从空中掉落下来了。
魏王看了, 不禁大吃一惊, 连连称赞更赢本事大。更赢笑笑说: "不是我的本事大, 是因为我知道这是一只受过箭伤的鸟。" 魏王不解地

48~50번 문제는 다음 내용에 근거한다.

위나라에 경리라는 유명한 명궁이 있었다.
하루는, 경리가 위나라 왕을 모시고 교외로 사냥을 하러 갔다. 기러기 한 마리가 멀리서 울며 날아왔고, 50경리는 자세히 살펴보더니, 그 기러기를 가리키며 위나라 왕에게 48"대왕님, 저는 화살 없이도 저 기러기를 떨어뜨릴 수 있습니다."라고 말했다. 왕이 믿지 않자, 경리는 "제가 한번 해보겠습니다!"라고 말하며, 화살은 잡지 않고 왼손으로 활을 들고 오른손으로 활시위를 당겼고, '펑' 하는 소리가 난 뒤, 그 기러기는 필사적으로 날아가려고 했지만 두 날개를 치며 결국 하늘에서 떨어졌다.
위나라 왕이 보고는 놀라움을 금치 못하며 경리의 재능이 훌륭하다고 연신 칭찬했다. 경리는 웃으며 "제 능력이 대단

问: "你是怎么知道的?" 更羸说: "⁴⁹我发现它飞得慢, 叫声很悲惨。飞得慢, 是因为它受过箭伤, 伤口还没有愈合; 叫得悲惨, 是因为它离开同伴, 孤单无助。它一听到弦响, 心里很害怕, 就拼命往高处飞, 它一使劲, 伤口又裂开了, 就从空中掉落下来。"

한 것이 아니라, 제가 그 기러기가 활에 부상을 입었던 것을 알았기 때문입니다."라고 말했다. 왕은 이해가 되지 않아 "자넨 어찌 그것을 알고 있단 말인가?"라고 물었다. 경리는 "⁴⁹저는 그 기러기가 날아가는 속도가 느리고, 울음소리가 매우 슬프다는 것을 알아차렸습니다. 느리게 날았던 것은 그 기러기가 활에 부상을 입고서 상처가 다 아물지 않아서였고, 슬프게 울어댄 것은 그 기러기가 동료를 떠나 외롭고 도움 받을 곳이 없었기 때문입니다. 그 기러기는 활시위를 당기는 소리를 듣자마자, 마음속으로 겁을 먹어 필사적으로 높은 곳으로 날아가려고 했는데, 힘을 주다가 그만 상처가 다시 벌어져서 하늘에서 떨어지게 된 것입니다."라고 말했다.

어휘 魏国 Wèiguó 명 위나라 | 神箭手 shénjiànshǒu 명궁 | 更羸 Gēng Léi 고유 경리 | 随从 suícóng 동 수행하다, 뒤따르다 | 郊外 jiāowài 명 교외 | ★打猎 dǎ liè 동 사냥하다 | 大雁 dàyàn 명 기러기 | 鸣 míng 동 울다 | ★仔细观察 zǐxì guānchá 자세히 관찰하다 | 箭 jiàn 명 화살 | 弓 gōng 명 활 | 弦 xián 명 활시위 | 嘣 bēng 의성 쿵, 펑, 꽝(심하게 뛰거나 터지는 소리) | ★拼命 pīn mìng 동 필사적으로 하다, 온 힘을 다하다 | 翅膀 chìbǎng 명 날개 | ★不禁 bùjīn 부 자기도 모르게, 저절로 | ★大吃一惊 dà chī yì jīng 크게 놀라다 | ★连连称赞 liánlián chēngzàn 계속 칭찬하다 | ★本事 běnshì 명 능력, 재능 | 不解 bùjiě 동 이해하지 못하다 | ★悲惨 bēicǎn 형 비참하다, 슬프다 | 愈合 yùhé 동 (상처가) 아물다 | ★同伴 tóngbàn 명 동료, 벗, 동무 | 孤单无助 gūdān wúzhù 외롭고 도움 받을 곳도 없다 | ★使劲 shǐ jìn 동 힘을 쓰다 | 伤口 shāngkǒu 명 상처 | 裂开 lièkāi 동 벌어지다, 갈라지다

48.

HSK POINT 동일한 의미의 문장 파악 **난이도 下** track 04-48

魏王不相信什么?

A 大雁是雌性
B 大雁受伤了
C 大雁竟然逃之夭夭
D 不用箭就能射下大雁

위나라 왕은 무엇을 믿지 않았는가?

A 기러기가 암컷이라는 것
B 기러기가 부상을 입었다는 것
C 기러기가 뜻밖에도 멀리 달아난 것
D 화살 없이도 기러기를 쏘아 맞힐 수 있다는 것

공략 앞부분에서 "大王, 我不用箭就能让这只大雁掉下来。" 魏王不信'이라는 내용을 통해 왕은 경리가 날아가는 기러기를 화살 없이도 맞힐 수 있다고 한 말을 믿지 않음을 알 수 있으므로 정답은 D가 된다.

어휘 雌性 cíxìng 명 암컷 | 逃之夭夭 táo zhī yāo yāo 생 줄행랑을 치다

49.

HSK POINT 동일한 의미의 표현 **난이도 中** track 04-49

更羸根据什么判断大雁受伤了?

A 大雁的悲鸣声
B 大雁飞行速度慢
C 大雁掉队了
D 大雁的叫声及飞行速度

경리는 무엇에 근거하여 기러기가 부상을 입었다고 판단한 것인가?

A 기러기의 슬픈 울음소리
B 기러기의 비행 속도가 느린 것
C 기러기가 낙오된 것
D 기러기의 울음소리와 비행 속도

공략 뒷부분에서 위나라 왕의 질문에 대한 경리의 대답 중 '我发现它飞得慢，叫声很悲惨。'이라는 내용을 통해 정답은 D임을 알 수 있다.

50. HSK POINT 내용 전개 순서에 유의하기 난이도 上   track 04-50

根据这段话，下列哪项正确? 이 글에 근거하여 다음 중 옳은 것은?

A 大雁逃跑了 A 기러기는 도망갔다
B 更羸观察细致入微 B 경리는 매우 세심하게 관찰했다
C 魏王箭艺高超 C 위나라 왕은 화살 기예 실력이 출중하다
D 弓断了 D 활이 부러졌다

공략 이 문제는 내용의 전개 순서에 주의를 기울여야 한다. 앞부분에서 '更羸仔细观察后，指着大雁对魏王说'라고 했으므로, 경리는 날고 있는 기러기를 자세히 관찰했음을 알 수 있다. 따라서 B가 정답이 된다.

어휘 ★高超 gāochāo 형 출중하다

新 HSK 6급 합격모의고사 阅读

第一部分

51. 주어와 술어 성분의 호응 관계 오류 | 난이도 下

A 这篇文章的作者出自莫言之手。
B 虽说实验最终失败了，但大家都知道他已经竭尽全力了。
C 高原系指海拔在3000米以上的地区，由高原低氧环境引起的人体低氧性疾病，统称为"高原病"。
D 随着经济全球化进程的不断加快，国际人口流动更加频繁。

A 이 글은 모옌의 손에서 나온 것이다.
B 비록 실험은 결국 실패했지만, 모두들 그가 온 힘을 기울였다는 것은 다 알고 있다.
C 고원계는 해발 3000미터 이상의 지역을 가리키는데, 고원의 저산소 환경으로 야기되는 인체 저산소성 질병을 통틀어 '고산병'이라 부른다.
D 경제의 글로벌화 과정이 끊임없이 빨라짐에 따라, 국제 인구 유동은 더욱 빈번해졌다.

정답
A 这篇文章的作者出自莫言之手。(X) → A 这篇文章出自莫言之手。(O)

공략 보기 A의 作者는 '~의 손에서 나오다'는 의미인 '出自……之手'의 주어가 될 수 없으므로, '这篇文章'이 주어가 되도록 고쳐야 옳은 문장이 된다.

어휘 ★出自……之手 chūzì……zhī shǒu ~의 손에서 나오다 | ★虽说 suīshuō 젭 비록 ~하지만 | ★实验 shíyàn 몡 실험 | ★竭尽全力 jié jìn quán lì 솅 모든 힘을 다 기울이다 | 海拔 hǎibá 몡 해발 | 低氧 dīyǎng 몡 저산소의 | 统称为 tǒngchēngwéi ~로 총칭하다, 통틀어 ~라 부르다 | 高原病 gāoyuánbìng 몡 고산병, 고원병 | ★全球化 quánqiúhuà 몡 세계화, 글로벌화 | ★进程 jìnchéng 몡 발전 과정, 경과, 진전 | 人口流动 rénkǒu liúdòng 인구 유동 | ★频繁 pínfán 톙 빈번하다

52. HSK POINT '起到……作用' 구조 파악 | 난이도 中

A 登上山顶后，他的眼前豁然开朗。
B 幸福需要我们一点点去争取，一天天去积累。
C 水母是世界上含水量最高的生物，其含水量大多在95%以上。
D 屏风一般陈设于室内的显著位置，起到分隔空间、挡风及装饰等。

A 산 정상에 오르니, 그의 눈앞이 탁 트였다.
B 행복은 조금씩 쟁취하면서 나날이 쌓아가야 한다.
C 해파리는 세계에서 수분 함유량이 가장 높은 생물이데, 그 수분 함유량은 대다수가 95% 이상이다.
D 병풍은 일반적으로 실내에서 눈에 띄는 위치에 배치하는데, 공간 분리, 바람막이, 장식 등의 역할을 한다.

정답
D 屏风一般陈设于室内的显著位置，起到分隔空间、挡风及装饰等。(X) → D 屏风一般陈设于室内的显著位置，起到分隔空间、挡风及装饰等作用。(O)

공략 보기 D는 술어 起到의 목적어가 결여된 오류 문장이므로, '어떤 역할이나 작용을 하다'는 의미의 호응 구조 '起到……作用'의 형태로 고쳐야 옳은 문장이 된다. 作用은 '有/具有……作用(~작용을 지니다)', '发挥……作用(~작용을 발휘하다)' 등의 형태로도 자주 호응을 이룬다.

어휘 山顶 shāndǐng 명 산꼭대기 | 豁然开朗 huòrán kāilǎng 탁 트이다, 눈앞이 환하게 트이다 | ★争取 zhēngqǔ 동 쟁취하다 | ★积累 jīlěi 동 쌓다, 축적하다 | 水母 shuǐmǔ 명 해파리 | 含水量 hánshuǐliàng 명 수분 함유량 | 屏风 píngfēng 명 병풍 | 陈设于 chénshè yú ~에 배치하다, ~에 배열하다 | ★显著 xiǎnzhù 형 돋보이다, 뚜렷하다, 눈에 띄다 | 分隔 fēngé 동 사이를 두다 | 挡风 dǎngfēng 동 바람을 막다 | ★装饰 zhuāngshì 명동 장식(하다)

53. HSK POINT 서로 모순된 의미의 趋势와 远离   난이도 中

A 秋去冬来之际，银杏树满身金黄，显得极其绚丽。
B 泉州木偶戏历史悠久，它始于汉、兴于唐而盛于宋。
C 低碳环保的生活方式已成为一种趋势，逐渐为大众所远离。
D 对于人才闲置现象，王经理至今仍未拿出一个有效的解决方案。

A 가을이 가고 겨울이 올 때, 은행나무는 전신에 황금빛을 띠어 매우 화려하고 아름다워 보인다.
B 취안저우 인형극은 역사가 유구한데, 한나라 때 생겨나서 당나라 때 유행했으며 송나라 때 흥성하였다.
C 저탄소 환경 보호 생활 방식은 이미 일종의 추세가 되어, 대중들에게 점점 받아들여지고 있다.
D 인재 방치 현상에 대해, 왕 사장은 지금까지도 여전히 효과적인 해결 방안을 내놓지 못하고 있다.

정답
C 低碳环保的生活方式已成为一种趋势，逐渐为大众所远离。(X) 모순된 의미
→ C 低碳环保的生活方式已成为一种趋势，逐渐为大众所接受。(O)

공략 보기 C에서 앞 절의 '……成为一种趋势'는 '~이 일종의 추세가 되다'는 의미로 많은 사람들이 이미 그러한 방식을 취하고 있음을 나타내는데, 뒤 절의 '……为大众所远离'는 '~은 사람들에게서 멀어지다'는 의미이므로, 이 두 문장의 의미는 논리적으로 모순이 된다. 따라서 앞 절의 내용과 의미가 연결되도록 뒤 절의 '为大众所远离'를 '为大众所接受'로 고쳐야 옳은 문장이 된다.

어휘 ★之际 zhījì 명 즈음, 때 | 银杏树 yínxìngshù 명 은행나무 | ★显得 xiǎnde ~인 것처럼 보이다 | 极其 jíqí 부 몹시, 매우 | 绚丽 xuànlì 형 화려하고 아름답다, 눈부시게 아름답다 | 木偶戏 mù'ǒuxì 명 인형극 | ★悠久 yōujiǔ 형 유구하다 | ★始于 shǐyú ~에 시작되다 | 兴于 xīngyú ~에 유행하다, ~에 성행하다 | 盛于 shèngyú ~에 흥성하다 | 低碳环保 dītàn huánbǎo 저탄소 환경 보호 | ★趋势 qūshì 명 추세 | ★逐渐 zhújiàn 부 점점 | 为……所…… wéi……suǒ…… ~에 의해 ~하게 되다 | ★远离 yuǎnlí 동 멀리 떠나다 | 闲置 xiánzhì 동 방치하다, 내버려두다 | ★仍未 réng wèi 여전히 ~하지 않다, 아직 ~하지 않다 | ★有效 yǒuxiào 형 유용하다, 효과가 있다

54. HSK POINT '与……有关'의 호응 구조   난이도 中

A 雪崩的发生归因于冰雪能够承受的压力有关。
B 俗话说"人无完人，金无足赤"，任何人都会有缺点。
C 为了将这些树苗培育好，他每天都坚持去地里观察并做记录。
D 苏州园林中面积最大的非拙政园莫属了，其在江南园林中极具代表性。

A 눈사태의 발생은 얼음과 눈이 받게 되는 압력과 관계가 있다.
B 속담에 '옥에도 티가 있다'는 말이 있듯이, 누구든지 다 단점은 있다.
C 이 묘목을 잘 재배하기 위해, 그는 매일 밭으로 가서 관찰하고 기록한다.
D 쑤저우 원림 중 면적이 가장 큰 것은 졸정원을 꼽는데, 이는 장난 원림 중 가장 대표적이라고 할 수 있다.

정답
A 雪崩的发生归因于冰雪能够承受的压力有关。(X) 호응 구조가 뒤섞임
→ A 雪崩的发生与冰雪能够承受的压力有关。(O)
→ A 雪崩的发生归因于冰雪能够承受的压力。(O)

| 공략 | 보기 A는 문장의 술어 성분이 되는 '归因于……' 구조와 '与……有关' 구조가 뒤섞인 오류 문장이다. 따라서 이 둘 중 하나의 술어만 사용해서 '与冰雪能够承受的压力有关' 혹은 '归因于冰雪能够承受的压力'로 고쳐야 옳은 문장이 된다.

어휘 雪崩 xuěbēng 명 눈사태 | ★归因于 guīyīn yú ~때문이다, ~의 탓이다 | 冰雪 bīngxuě 명 얼음과 눈 | ★承受 chéngshòu 동 받아들이다, 견뎌내다 | 人无完人，金无足赤 rén wú wán rén, jīn wú zú chì 금에 순금이 없듯이 사람도 완벽한 사람이 없다, 옥에도 티가 있다 | ★缺点 quēdiǎn 명 결점, 단점 | 树苗 shùmiáo 명 묘목 | 培育 péiyù 동 기르다, 재배하다 | ★坚持 jiānchí 동 꾸준히 하다, 견지하다 | ★观察 guānchá 동 관찰하다 | ★记录 jìlù 명동 기록(하다) | ★非……莫属 fēi……mò shǔ ~밖에 없다, ~으로 꼽는다, ~임이 틀림없다

55. HSK POINT 마상과 立刻의 의미 중복 오류 난이도 下

A 时间如同一张网，你撒在哪里，收获就在哪里。
B 孩子们正在为马上立刻到来的春节晚会准备节目。
C 景德镇瓷器技艺精湛、造型优美，其中以"骨瓷"最为有名。
D 渤海海峡是渤海海运交通的唯一通道，位于辽东半岛与山东半岛之间。

A 시간은 마치 그물과도 같아서, 그물을 친 곳에 바로 수확이 있다.
B 아이들은 곧 다가올 춘절 파티를 위해 공연 준비를 하고 있는 중이다.
C 징더전은 자기 기예가 뛰어나고 조형이 아름다운데, 그 중 '본차이나(bone china)'가 가장 유명하다.
D 발해 해협은 발해 해운 교통의 유일한 통로로, 랴오둥 반도와 산둥 반도 사이에 위치하고 있다.

정답 B 孩子们正在为马上立刻到来的春节晚会准备节目。(X) 의미 중복 → B 孩子们正在为马上到来的春节晚会准备节目。(O)

공략 보기 B에서 马上과 立刻는 '곧, 바로'라는 의미의 동의어이므로, 이 문장은 의미가 중복된 오류 문장이다. 立刻는 '동작을 즉시 하다'는 의미가 더 강하기 때문에 둘 중 马上을 써야 옳은 문장이 된다.

어휘 ★如同 rútóng 동 마치 ~와 같다 | ★撒 sǎ 동 펼치다, 뿌리다 | 收获 shōuhuò 명동 수확(하다) | 景德镇 Jǐngdézhèn 고유 징더전 | 瓷器 cíqì 명 자기 | 技艺 jìyì 명 기예, 기술 | 精湛 jīngzhàn 형 뛰어나다 | 造型 zàoxíng 명 조형, 형상 | 渤海 Bóhǎi 고유 발해 | 海峡 hǎixiá 명 해협 | 海运交通 hǎiyùn jiāotōng 해운 교통 | 唯一 wéiyī 형 유일한 | 通道 tōngdào 명 통로, 큰길 | ★位于 wèiyú 동 ~에 위치하다 | 辽东半岛 Liáodōng bàndǎo 고유 랴오둥 반도 | 山东半岛 Shāndōng bàndǎo 고유 산둥 반도

56. HSK POINT 문장 어순 오류 난이도 中

A 到昨天为止，此网站的注册用户已超过50万。
B 在人生中，我们并非缺乏机遇，而是不懂得如何把握它。
C 世上没有白吃的苦，每吃一次苦，你就积攒了一些本钱为未来的成功。
D 羽绒的保暖性能要比其他人造材料好很多，它是目前最好的天然保暖材料。

A 어제까지 이 사이트의 가입자는 이미 50만을 넘어섰다.
B 인생에서 우리는 기회가 부족한 것이 아니라 어떻게 기회를 잡는지를 모르는 것이다.
C 세상에 괜한 고생은 없으므로, 고생을 할 때마다 당신은 미래의 성공을 위해 밑천을 모은 것이다.
D 오리털의 보온성은 기타 인공 재료보다 훨씬 좋아서, 이는 현재 가장 뛰어난 천연 보온 재료이다.

정답 C 世上没有白吃的苦，每吃一次苦，你就积攒了一些本钱为未来的成功。(X) → C 世上没有白吃的苦，每吃一次苦，你就为未来的成功积攒了一些本钱。(O)

공략 보기 C는 어순에 오류가 있는 문장이다. 뒤 절의 '为未来的成功'은 개사구로 반드시 술어 积攒 앞에 위치해야 한다. 개사 구조의 어순은 '주어+부사+조동사+개사+동사'이다.

어휘 ★到⋯⋯为止 dào⋯⋯wéizhǐ ~까지 | ★注册 zhùcè 동 등록하다, 가입하다 | 用户 yònghù 명 사용자 | ★超过 chāoguò 동 초과하다 | ★缺乏 quēfá 동 결핍되다, 결여되다 | ★机遇 jīyù 명 기회, 찬스 | ★把握 bǎwò 동 잡다, 붙잡다 | 积攒 jīzǎn 동 조금씩 모으다 | ★本钱 běnqián 명 밑천, 원금, 자본금 | 羽绒 yǔróng 오리털, 거위털 | 保暖性能 bǎonuǎn xìngnéng 보온성 | 人造材料 rénzào cáiliào 인공 재료

57. HSK POINT 원인을 끌어내는 접속사 由于 난이도 中

A 一阵狂风暴雨过后，天空中出现了一道美丽的彩虹。
B 阔别亲人20年后，他终于又回到了魂牵梦萦的故乡。
C 倘若一篇作品的主旨存在问题，那么即便文字再优美，也算不上是好文章。
D 按照方向和速度变化的突然性强，羽毛球运动员要具有较高的身体素质。

A 세찬 비바람이 한차례 지나간 후, 하늘에 한 줄기 아름다운 무지개가 드리웠다.
B 가족과 20년을 떨어져 지낸 후, 그는 마침내 오매불망 그리워하던 고향으로 돌아갔다.
C 만약 한 작품의 중심 사상에 문제가 있다면, 설령 문장이 아무리 아름답다고 한들, 그것은 좋은 글이라고 할 수 없다.
D 방향과 속도 변화의 돌발성이 강하기 때문에, 배드민턴 선수는 비교적 높은 신체적 소질을 가져야만 한다.

정답
D 按照 方向和速度变化的突然性强，羽毛球运动员要具有较高的身体素质。(X)
➡ D 由于 方向和速度变化的突然性强，羽毛球运动员要具有较高的身体素质。(O)

공략 보기 D는 按照의 사용이 적절하지 않은 문장이다. 按照는 어떤 기준이나 표준을 제시할 때 쓰이는 개사로 주로 '按照⋯⋯计划(계획에 따라)', '按照⋯⋯规定(규정에 따라)', '按照⋯⋯要求(요구에 따라)' 등의 형태로 호응 관계를 이룬다. 그런데 보기 D에서 '方向和速度变化的突然性强'은 뒤 절의 '羽毛球运动员要具有较高的身体素质'의 원인이므로, 여기서는 앞 절과 뒤 절이 인과 관계를 이루는 문장 구조가 되어야 한다. 따라서 按照가 아닌 원인을 끌어내는 접속사 由于를 써야 옳은 문장이 된다.

어휘 狂风暴雨 kuáng fēng bào yǔ 명 세찬 비바람, 거센 폭풍우 | ★一道彩虹 yí dào cǎihóng 한 줄기 무지개 | 阔别 kuòbié 동 오래 떨어져 지내다 | 魂牵梦萦 hún qiān mèng yíng 성 오매불망 그리워하다 | ★倘若 tǎngruò 접 만약 ~한다면 | ★主旨 zhǔzhǐ 명 중심 사상, 요지, 주지 | 即便⋯⋯也⋯⋯ jíbiàn⋯⋯yě⋯⋯ 설령 ~라 하더라도 ~이다 | ★按照 ànzhào 개 ~에 따라, ~대로 | 身体素质 shēntǐ sùzhì 신체적 소질

합격필수 TIP

▶ 자주 출제되는 혼동하기 쉬운 개사

① 按照/按/照 : ~에 따라, ~대로(어떤 기준이나 표준을 제시함)
　어휘 호응　按照计划 계획에 따라 | 按照规定 규정에 따라 | 按照要求 요구에 따라 | 按照需要 필요에 따라 | 按照方法 방법에 따라
　예문　一定要按照计划完成任务。반드시 계획대로 임무를 완성해야 한다.

② 根据/据 : ~에 근거하여, ~대로(근거를 제시함)
　어휘 호응　根据法律(规定) 법률(규정)에 근거하여 | 根据报道 보도에 근거하여 | 根据数据统计 데이터 통계에 근거하여 | 根据历史记载 역사 기록에 근거하여 | 根据合同规定 계약 규정에 근거하여 | 根据言行 언행에 근거하여 | 根据事实 사실에 근거하여
　예문　要根据一个人的言行来判断他。언행에 근거하여 그 사람을 판단해야 한다.

③ 凭/凭着 : ~에 의해, ~에 따라(반드시 주체가 소유한 구체적이거나 추상적인 사물을 근거로 제시함)
  어휘 호응 凭经验 경험에 따라 | 凭本事 능력에 따라 | 凭身份 신분에 따라 | 凭兴趣 흥미에 따라
  예문 不能只凭经验办事。단지 경험에만 비추어 일을 처리해서는 안 된다.

④ 趁/趁着 : ~을 틈타, ~을 이용하여(어떤 기회나 시기 등의 조건을 제시함)
  어휘 호응 趁机会 기회를 틈타 | 趁机遇 좋은 기회를 틈타 | 趁时机 시기를 틈타 | 趁早 일찌감치 | 趁热 뜨거울 때를 이용하여 | 趁年轻 젊었을 때를 이용하여
  예문 我想趁这次机会减肥。나는 이번 기회를 빌어 다이어트를 하고 싶다.

58. HSK POINT 주어와 술어 성분의 호응 관계 오류 [난이도 中]

A 成语"绝处逢生"常用来形容在走投无路的情况下，又得到了希望与出路。
B 双面绣《猫》是苏绣的代表作之一，无论从正面看或是从反面看，猫的神态都能看到调皮、活泼。
C 鸟类在迁徙的过程中原本是以星星定向的，但由于城市照明光等人工光源的干扰，它们常常迷失方向。
D 磁悬浮列车是一种靠磁悬浮力来推动的列车。由于其轨道的磁力使之悬浮在空中，行走时不同于其他列车需要接触地面，因此只受空气的阻力。

A '죽을 고비에서 다시 살아나다'는 성어는 막다른 골목에 이른 상황에서 희망과 출로를 찾게 되었다는 의미로 사용된다.
B 양면 자수「고양이」는 쑤저우 자수의 대표 작품 중의 하나로, 정면에서 보든 뒷면에서 보든 관계없이, 고양이의 표정이 장난스럽고 활발해 보인다.
C 조류는 이주 과정에서 본래는 별로 방향을 정하는데, 도시 조명광 등 인공 광원의 방해로 인해, 그들은 종종 방향을 잃게 된다.
D 자기 부상 열차는 일종의 자기 부상력으로 나아가는 열차이다. 궤도의 자력이 그것을 공중에 뜨도록 하여, 움직일 때 지면과의 접촉을 필요로 하는 기타 열차와는 달리 공기의 저항만을 받게 된다.

정답
B 双面绣《猫》是苏绣的代表作之一，无论从正面看或是从反面看，<u>猫的神态</u>都<u>能看到</u>调皮、活泼。(X)
호응 관계 오류

➡ B 双面绣《猫》是苏绣的代表作之一，无论从正面看或是从反面看，<u>猫的神态</u>都<u>显得</u>调皮、活泼。(O)

공략 보기 B의 마지막 절에서 술어는 看到인데, 이는 사람을 주어로 가지는 동사이므로, 이 문장의 주어인 '猫的神态'와 호응을 이루지 않는다. 따라서 여기서는 '~인 것처럼 보이다'는 의미의 显得를 사용하여 '……猫的神态都显得调皮、活泼'로 고쳐야 옳은 문장이 된다.

어휘 ★绝处逢生 jué chù féng shēng 셩 죽을 고비에서 다시 살아나다 | 走投无路 zǒu tóu wú lù 셩 막다른 골목에 이르다, 궁지에 몰리다 | 双面绣 shuāngmiàn xiù 양면 자수 | ★神态 shéntài 명 표정, 기색, 자태 | ★调皮 tiáopí 형 장난스럽다 | ★活泼 huópo 형 활발하다 | 迁徙 qiānxǐ 동 옮겨가다, 이주하다 | ★原本 yuánběn 부 원래, 본래 | 定向 dìngxiàng 동 방향을 정하다 | 照明光 zhàomíngguāng 조명빛 | 人工光源 réngōng guāngyuán 인공 광원 | ★干扰 gānrǎo 동 방해하다 | ★迷失 míshī 동 잃다 | 磁悬浮列车 cíxuánfú lièchē 명 자기 부상 열차 | 磁悬浮力 cíxuán fúlì 자기 부상력 | ★推动 tuīdòng 동 추진하다, 나아가게 하다 | 轨道 guǐdào 명 궤도 | 悬浮 xuánfú 동 뜨다, 떠다니다 | ★接触 jiēchù 동 접촉하다 | 阻力 zǔlì 명 저항

59. HSK POINT 서로 모순된 의미의 防止와 增长 [난이도 中]

A 鲜柠檬维生素含量极高，能防止和增长皮肤色素沉着，是天然的美容佳品。
B 每每回忆起与他朝夕相处的日子，他那和蔼可亲的面容总会浮现在我的眼前。
C 幽默的语言不仅能缓解尴尬的气氛，消除人们的拘谨和不安，还能"大事化小，小事化了"。
D 梅花象征着中华民族不屈不挠、勇往直前的品格，咏梅也因此成为了中国诗歌的传统题材。

A 신선한 레몬은 비타민 함유량이 매우 높아, 피부 색소 침착을 방지해주는 천연의 고급 미용품이라 할 수 있다.
B 그와 늘 함께 지냈던 시절을 회상할 때마다, 그의 그 상냥하고 친절한 모습이 눈앞에 떠오른다.
C 유머러스한 언어는 어색한 분위기를 풀어줘 사람들의 서먹함과 불안감을 해소시킬 수 있을 뿐만 아니라, '큰 문제는 작게, 작은 문제는 없게' 하기도 한다.
D 매화는 중화 민족의 흔들림이나 굽힘이 없고 용감히 앞으로 나아가는 성품을 상징하는데, 매화를 시로 읊는 것 또한 이 때문에 중국 시가의 전통적인 소재가 되었다.

정답
A 鲜柠檬维生素含量极高，能防止和增长皮肤色素沉着，是天然的美容佳品。(X) → A 鲜柠檬维生素含量极高，能防止皮肤色素沉着，是天然的美容佳品。(O)

공략 보기 A는 술어 사용에 오류가 있는 문장이다. 두 번째 절에서 술어가 되는 防止와 增长은 서로 상반된 의미를 지니는 동사이므로, 이 문장은 '……은 피부 색소 침착을 방지할 수 있다'는 의미로 고쳐야 옳은 문장이 된다.

어휘 柠檬 níngméng 몡 레몬 | ★维生素 wéishēngsù 몡 비타민 | 含量 hánliàng 몡 함유량 | ★防止 fángzhǐ 방지하다 | ★增长 zēngzhǎng 동 늘다, 증가하다 | 皮肤色素 pífū sèsù 피부 색소 | 沉着 chénzhuó 동 (칼슘이나 색소 등이) 침착하다 | ★佳品 jiāpǐn 몡 상등품, 고급품 | 回忆起……的日子 huíyì qǐ……de rìzi ~한 시절을 회상하다 | 与……朝夕相处 yǔ……zhāoxī xiāngchǔ ~와 늘 함께 지내다 | 和蔼可亲 hé'ǎi kěqīn 상냥하고 친절하다 | 面容 miànróng 몡 용모, 모습 | ★浮现在……的眼前 fúxiàn zài……de yǎnqián ~의 눈앞에 떠오르다 | ★幽默 yōumò 형 유머러스한 | ★缓解 huǎnjiě 동 완화시키다 | ★尴尬 gāngà 형 부자연스럽다, 어색하다, 난처하다 | ★消除 xiāochú 해소하다, 없애다 | 拘谨 jūjǐn 형 어색하다, 거북하다, 부자연스럽다 | 大事化小，小事化了 dà shì huà xiǎo, xiǎo shì huà liǎo 큰 문제는 작게 만들고, 작은 문제는 없게 만들다 | 梅花 méihuā 몡 매화 | ★象征着 xiàngzhēngzhe 상징하다 | ★不屈不挠 bù qū bù náo 셍 불요불굴하다, 흔들리거나 굽힘이 없다 | 勇往直前 yǒng wǎng zhí qián 셍 용감하게 앞으로 나아가다 | ★品格 pǐngé 몡 품성, 성품 | 咏梅 yǒngméi 동 매화를 시로 읊다 | 诗歌 shīgē 몡 시, 시가

60. HSK POINT 술어 성분 남용 오류 [난이도 中]

A 河流、树木、房屋，全都罩上一层厚厚的雪，万里江山变成了粉妆玉砌的世界。
B 北京天桥集文化娱乐和商业服务为一体，是北京首屈一指的演艺集聚区。它虽历经沧桑，却持久不衰。
C "物竞天择，适者生存"是达尔文进化论的核心观点，指万物在优胜劣汰的竞争中，通过变异、遗传和自然选择的发展过程。
D 青花瓷釉面清爽透亮，纹饰灵动而不失规矩，其表面的青花发色含蓄沉静，历久弥坚，青花瓷款识种类繁多，每个时期的款识都有鲜明的时代特征明显。

A 강, 나무, 주택이 전부 두터운 눈으로 한층 뒤덮여 만리 강산은 옥으로 만든 계단과 같은 세계로 변해버렸다.
B 베이징 톈차오는 문화 오락과 비즈니스 서비스를 한데 모은 베이징의 으뜸가는 공연 집결지다. 그것은 비록 온갖 풍파를 겪었지만, 오래도록 쇠퇴하지 않고 있다.
C '적자생존'은 다윈 진화론의 핵심 관점으로 우승열패의 경쟁 속에서 만물의 변이, 유전 및 자연의 선택을 거치는 발전 과정을 가리킨다.
D 청화자기는 유약을 바른 표면이 깨끗하고 투명이고, 무늬 장식이 날렵하지만 단정함을 잃지는 않았으며, 그 표면의 청화는 발색에서 고요함을 담고 있고 오래도록 견고하다. 청화자기의 낙관은 종류가 매우 많은데, 매 시기의 낙관은 모두 뚜렷한 시대적 특징을 지니고 있다.

정답
D 青花瓷釉面清爽透亮，纹饰灵动而不失规矩，其表面的青花发色含蓄沉静，历久弥坚，青花瓷款识种类繁多，每个时期的款识都有鲜明的时代特征明显。(X)

→

D 青花瓷釉面清爽透亮，纹饰灵动而不失规矩，其表面的青花发色含蓄沉静，历久弥坚，青花瓷款识种类繁多，每个时期的款识都有鲜明的时代特征。(O)

공략
보기 D의 마지막 절에서 주어는 '每个时期的款识'이고 술어는 동사 有이므로 '鲜明的时代特征'이 有의 목적어 성분이 되어야 한다. 따라서 明显을 삭제해야 옳은 문장이 된다.

어휘
★罩上 zhàoshàng 동 씌우다, 덮다 | 万里江山 wànlǐ jiāngshān 만리 강산 | 粉妆玉砌 fěnzhuāng yùqì 옥 계단으로 치장하다 | 天桥 Tiānqiáo 고유 톈차오 | ★集……为一体 jí……wéi yìtǐ ~을 하나로 모으다 | 首屈一指 shǒu qū yì zhǐ 성 엄지손가락을 꼽다, 으뜸가다 | 演艺集聚区 yǎnyì jíjùqū 공연 집결지 | 历经沧桑 lìjīng cāngsāng 세상의 온갖 풍파를 겪다 | ★持久不衰 chíjiǔ bùshuāi 오래도록 쇠퇴하지 않다 | ★物竞天择, 适者生存 wù jìng tiān zé, shì zhě shēng cún 생존 경쟁을 하여 자연에 적응한 것만 선택되어 살아남다, 적자생존 | 达尔文 Dá'ěrwén 고유 다윈 | ★核心 héxīn 명 핵심 | ★优胜劣汰 yōu shèng liè tài 성 우승열패하다, 나은 자는 이기고 못한 자는 패하다 | 变异 biànyì 명 변이 | 遗传 yíchuán 동 유전하다 | 青花瓷 qīnghuācí 명 청화자기 | 釉面 yòumiàn 명 유약을 바른 표면 | ★清爽 qīngshuǎng 형 깨끗하다, 맑고 시원하다 | ★透亮 tòuliàng 형 밝다, 투명하다 | 纹饰 wénshì 명 무늬 장식, 도안 | 灵动 língdòng 형 날렵하다, 민첩하다 | ★规矩 guīju 명 규율, 표준, 법칙 | 含蓄 hánxù 동 함축하다 | ★沉静 chénjìng 형 고요하다, 잠잠하다 | 历久弥坚 lìjiǔ míjiān 오래도록 견고하다, 튼튼하다 | 款识 kuǎnzhī 명 낙관, 관지 | ★繁多 fánduō 형 많다 | ★鲜明 xiānmíng 형 분명하다, 선명하다

第二部分

61. HSK POINT '富有特色'의 호응 구조 파악 난이도 下

蜡染是中国少数民族民间传统纺织印染手工艺，有着悠久的历史。蜡染①<u>繁多</u>，色调素雅，风格独特，用于制作服装服饰和各种生活实用品，显得②<u>朴实</u>大方、清新悦目，还③<u>富有</u>民族特色。

A	繁多 O	朴实 O	富有 O
B	繁杂 X	朴素 O	享有 X
C	丰盛 X	切实 X	赋予 X
D	众多 X	扎实 X	授予 X

납염은 중국 소수민족의 민간 전통 방직 날염 수공예로 유구한 역사를 지니고 있다. 납염은 종류가 ①많고 색이 우아하며 스타일이 독특하여, 의복과 장신구 및 각종 생활용품 제작에 쓰이는데, ②소박하면서도 세련되고 참신하며 아름다울 뿐 아니라 민족의 특색을 ③풍부하게 지니고 있다.

A 많다 | 소박하다 | 풍부하게 지니다
B 번잡하다 | 소박하다 | 향유하다
C 풍성하다 | 실제적이다 | 부여하다
D 아주 많다 | 튼튼하다 | 수여하다

공략

①번 칸 : 납염의 종류가 많음을 의미하므로 빈칸에는 繁多만 가능하다. 繁杂는 '일·업무·내용 등이 번잡하게 많음'을 나타내며 주로 '繁杂的工作(번잡한 일)', '事务繁杂(일이 번잡하다)', '内容繁杂(내용이 번잡하다)' 등의 형태로 호응 관계를 이룬다. 丰盛은 '음식이 풍성하다'는 의미로 주로 '丰盛的晚餐(풍성한 저녁 식사)', '丰盛的菜肴(풍성한 요리)' 등과 같이 호응하여 쓰인다. 众多는 주로 '사람이 많음'을 나타내므로 '众多旅客(수많은 관광객)', '中国民族众多(중국의 민족은 매우 많다)' 등의 형태로 호응을 이룬다.

②번 칸 : 빈칸에는 '소박하다'는 의미의 朴实, 朴素 둘 다 가능하다. 切实는 '실제적이다'는 뜻으로 '这些办法都切实可行。(이러한 방법들은 모두 실제적이어서 실행될 수 있다)'와 같이 쓰이고, 扎实는 '튼튼하다'는 의미로 주로 '基础扎实(기초가 튼튼하다)', '功底扎实(기본기가 튼튼하다)' 등의 형태로 호응하여 쓰인다.

③번 칸 : 정답을 찾을 수 있는 핵심 빈칸으로 '어떤 특색을 풍부하게 지니다'는 의미의 '富有……特色' 호응만 가능하다. 享有는 '향유하다'는 뜻인데 주로 '享有盛誉(영예를 누리다)', '享有权利(권리를 누리다)' 등의 형태로 호응을 이룬다. 赋予는 '(중대한 임무나 사명 등을) 부여하다'는 뜻으로 주로 '赋予重任(중임을 부여하다)', '赋予权利(권리를 부여하다)', '赋予职责(직책을 맡기다)' 등과 같이 호응하여 쓰인다. 授予는 '칭호·명예·학위·상장 등을 수여하다'는 의미이며 주로 '授予称号(칭호를 수여하다)', '授予学位(학위를 수여하다)', '授予诺贝尔奖(노벨상을 수여하다)' 등의 형태로 호응을 이룬다.

어휘 蜡染 làrǎn 통 납염하다[중국 전통 민간 날염 공예] | 纺织 fǎngzhī 통 방직하다 | 印染 yìnrǎn 통 날염과 염색을 하다 | ★手工艺 shǒugōngyì 명 수공예 | ★悠久 yōujiǔ 형 유구하다 | 色调素雅 sèdiào sùyǎ 색조가 소박하고 우아하다 | ★风格独特 fēnggé dútè 스타일이 독특하다 | 制作 zhìzuò 통 제작하다 | 服装服饰 fúzhuāng fúshì 의복과 장신구 | ★大方 dàfang 형 세련되다, 고상하다 | 清新悦目 qīngxīn yuèmù 참신하고 아름답다 | ★繁多 fánduō 형 많다 | 朴实 pǔshí 형 소박하다, 꾸밈이 없다 | ★富有 fùyǒu 통 풍부하다 | ★繁杂 fánzá 형 번잡하다 | 朴素 pǔsù 형 소박하다, 화려하지 않다 | ★享有 xiǎngyǒu 통 향유하다, 누리다 | ★丰盛 fēngshèng 형 풍성하다 | 切实 qièshí 형 실제적이다, 현실적이다 | ★赋予 fùyǔ 통 부여하다, 주다 | ★众多 zhòngduō 형 아주 많다 | ★扎实 zhāshi 형 튼튼하다, 견고하다 | ★授予 shòuyǔ 통 수여하다, 주다

62. HSK POINT '具备条件'의 호응 구조 파악 난이도 中

温泉从严格意义上来说，是从地下自然涌出的泉水，其水温①显著高于当地年平均气温。形成温泉一般要②具备地底有热源、岩层中有让泉水涌出的③裂隙、地层中有储存泉水的空间这三个条件。

온천은 엄격히 말하면, 지하에서 자연적으로 솟아난 샘물이라고 할 수 있는데, 그 수온은 현지의 연평균 기온보다 ①현저히 높다고 한다. 온천이 형성되려면 일반적으로 땅 밑에는 열원이 있고 암층에는 샘물이 솟아나도록 하는 ③틈이 있으며, 지층에는 샘물을 저장하는 공간이 있어야 하는, 이 세 가지 조건을 ②갖추어야 한다.

A 明显 O 具有 X 纹理 X
B 显著 O 具备 O 裂隙 O
C 显眼 X 包含 X 裂缝 O
D 惹眼 X 筹备 X 缝隙 O

A 두드러지다 | 지니다 | 무늬
B 현저하다 | 갖추다 | 틈
C 눈에 띄다 | 포함하다 | 틈
D 시선을 끌다 | 기획하고 준비하다 | 틈

공략 ①번 칸 : 빈칸에는 '현저하다, 두드러지다'의 의미로 明显, 显著가 둘 다 가능하다. 显眼과 惹眼은 '사람의 눈에 띄거나 눈길을 끌다'는 의미이므로 빈칸에는 적합하지 않다.

②번 칸 : 정답을 찾을 수 있는 핵심 빈칸인데, '어떤 조건을 갖추다'의 의미가 되어야 하므로 '具备……条件'만 가능하다. 具有는 '지니다'는 뜻이며 주로 '具有意义(의미를 지니다)', '具有价值(가치를 지니다)', '具有特色(특색을 지니다)', '具有代表性(대표성을 지니다)' 등의 형태로 호응을 이룬다. 包含은 '포함하다'는 의미로 주로 '包含意思(뜻을 담고 있다)', '包含意义(의미를 지니다)', '包含内涵(속뜻을 담고 있다)', '包含心血(심혈을 담고 있다)' 등과 같이 호응하여 쓰인다. 筹备는 '기획하고 준비하다'는 의미로 주로 '筹备工作(작업을 기획하고 준비하다)', '筹备婚礼(결혼식을 준비하다)' 등으로 호응하여 쓰인다.

③번 칸 : 빈칸은 '틈, 틈새'의 의미가 적합하므로 裂隙, 裂缝, 缝隙가 모두 가능하다.

어휘 ★温泉 wēnquán 명 온천 | ★涌出 yǒngchū 통 솟아나다 | 泉水 quánshuǐ 명 샘물 | ★年平均气温 niánpíngjūn qìwēn 연평균 기온 | 热源 rèyuán 명 열원 | 岩层 yáncéng 명 암층 | ★储存 chúcún 통 저장하다 | ★明显 míngxiǎn 형 뚜렷하다, 분명하다 | 纹理 wénlǐ 명 무늬 | ★显著 xiǎnzhù 형 현저하다, 두드러지다 | ★具备 jùbèi 통 갖추다, 구비하다 | ★裂隙 lièxì 명 틈, 갈라진 틈 | ★显眼 xiǎnyǎn 형 눈에 띄다, 눈길을 끌다 | ★包含 bāohán 통 포함하다 | ★裂缝 lièfèng 명 틈 | 惹眼 rěyǎn 형 시선을 끌다, 주목을 끌다 | ★筹备 chóubèi 통 기획하고 준비하다 | ★缝隙 fèngxì 명 틈, 틈새

합격필수 TIP

▶ '具备/具有/拥有/富有/享有'의 차이 비교

① **具备** 동 갖추다, 지니다, 구비하다

　어휘 호응　具备条件 조건을 갖추다 | 具备资格 자격을 갖추다 | 具备设施 시설을 갖추다

　예문　他们都不具备参赛资格。 그들은 모두 시합 참가 자격을 갖추고 있지 않다.

② **具有** 동 지니다, 구비하다

　어휘 호응　具有意义 의미를 지니다 | 具有价值 가치를 지니다 | 具有特色 특색을 지니다 | 具有特点 특징을 지니다 | 具有代表性 대표성을 지니다 | 具有能力 능력을 지니다 | 具有影响力 영향력을 지니다 | 具有力量 힘을 지니다 | 具有作用 작용을 지니다

　예문　它具有很高的艺术价值。 그것은 매우 높은 예술적 가치를 지니고 있다.

③ **拥有** 동 보유하다, 가지다

　어휘 호응　拥有资源 자원을 보유하다 | 拥有土地 토지를 가지다 | 拥有房子 주택을 가지다 | 拥有财富 부를 가지다 | 拥有权利 권리를 가지다

　예문　那个地区拥有丰富的矿产资源。 그 지역은 풍부한 광산 자원을 보유하고 있다.

④ **富有** 동 풍부히 지니다, 다분하다

　어휘 호응　富有特色 특색이 많다 | 富有魅力 매력이 넘치다 | 富有个性 개성이 풍부하다 | 富有感情 감정이 풍부하다 | 富有生命力 생명력이 넘치다 | 富有创造性 창조성이 풍부하다

　예문　她的笑容富有魅力。 그녀의 웃는 얼굴은 매력이 넘친다.

⑤ **享有** 동 향유하다, 누리다, 지니다

　어휘 호응　享有盛誉 영예를 누리다 | 享有美誉 명성을 지니다 | 享有权利 권리를 지니다

　예문　那儿一直享有"童话世界"的美誉。 그곳은 줄곧 '동화 세계'라는 명성을 누리고 있다.

---

63. HSK POINT '清除噪音'의 호응 구조 파악　난이도 中

人耳的听觉有七大效应，其中一种叫"掩蔽"效应。人耳能自动①清除环境中的噪音，而把那些我们感兴趣的声音②凸显出来。因此，即使我们站在人声③嘈杂的人群中，也能听见别人对我们讲的话。

사람 귀의 청각에는 7대 효과가 있는데, 그 중 하나는 '엄폐' 효과라고 한다. 사람의 귀는 자동으로 환경 속의 소음은 ①깨끗이 없애고, 우리가 흥미를 느끼는 소리들은 ②분명하게 드러낼 수 있다. 따라서 설령 우리가 ③시끄러운 사람들 무리에 서 있다 하더라도, 다른 사람이 우리에게 하는 말을 들을 수 있는 것이다.

A 排除 X　　显现 X　　喧闹 O
B 清理 X　　显示 X　　哗然 X
C 废除 X　　展现 X　　喧哗 O
D 清除 O　　凸显 O　　嘈杂 O

A 제거하다 | 나타나다 | 떠들썩하다
B 깨끗이 정리하다 | 보이다 | 시끌벅적하다
C 폐지하다 | (눈앞에) 펼쳐지다 | 떠들썩하다
D 깨끗이 없애다 | 분명하게 드러내다 | 시끄럽다

공략 : ①번 칸 : 정답을 찾을 수 있는 핵심 빈칸으로, '소음을 깨끗이 없애다'는 의미가 되려면 '清除噪音'만 가능하다. 排除는 '제거하다'란 뜻으로 주로 '排除困难(어려움을 없애다)', '排除障碍(장애를 없애다)', '排除可能性(가능성을 배제하다)' 등으로 호응하여 쓰인다. 清理는 '깨끗이 정리하다'는 의미이며 주로 '清理房间(방을 깨끗이 정리하다)', '清理垃圾(쓰레기를 정리하다)', '清理思路(생각을 정리하다)' 등으로 호응하여 쓰인다. 废除는 '폐지하다, 취소하다'는 의미로 주로 '废除制度(제도를 폐지하다)', '废除法律(법을 폐지하다)' 등으로 호응하여 쓰인다.

②번 칸 : '소리를 분명하게 드러내다'는 의미가 되어야 하므로 凸显만 가능하다. 凸显은 '凸显特色(특색을 드러내다)', '凸显问题(문제가 드러나다)' 등의 형태로도 호응하여 쓰인다. 显现은 주로 '显现表情(표정을 드러내다)', '显现力量(힘을 드러내다)', '显现在……的眼前(~의 눈앞에 드러나다)' 등과 같이 호응하고, 显示는 '调查显示(조사가 밝히다)', '显示才能(재능을 보이다)', '显示优势(우세를 보이다)', '显示自己(자신을 과시하다)' 등으로 호응하여 쓰인다. 展现은 '펼쳐 보이다'는 의미로 주로 '展现才华(재능을 보이다)', '展现面貌(면모를 나타내다)', '展现景象(모습을 드러내다)', '展现在……的眼前(~의 눈앞에 펼쳐지다)' 등과 같이 호응하여 쓰인다.

어휘 ★听觉 tīngjué 몡 청각 | ★效应 xiàoyìng 몡 효과와 반응 | 掩蔽 yǎnbì 동 엄폐하다 | ★噪音 zàoyīn 몡 소음 | ★排除 páichú 동 제거하다, 없애다 | ★显现 xiǎnxiàn 동 나타나다, 드러나다 | ★喧闹 xuānnào 동 왁자지껄하다, 떠들썩하다 | ★清理 qīnglǐ 동 깨끗이 정리하다 | ★显示 xiǎnshì 동 나타나다, 보이다 | ★哗然 huárán 형 많은 사람들이 큰 소리로 떠드는 모양, 시끌벅적하다 | ★废除 fèichú 동 폐지하다, 취소하다 | 展现 zhǎnxiàn 동 전개하다 | ★喧哗 xuānhuá 형 떠들썩하다, 시끌시끌하다 | ★清除 qīngchú 동 깨끗이 없애다 | ★凸显 tūxiǎn 동 분명하게 드러내다, 부각되다 | ★嘈杂 cáozá 형 시끄럽다, 떠들썩하다

64. HSK POINT 성어 别具一格의 의미 이해 난이도 中

鲜嫩辣子鸡是川菜的一个代表。它将童子鸡的"鲜"和米椒、杭椒的"辣"融为一体，其风味①别具一格。它采用炖制的方法，尽量②保留鸡肉的鲜嫩，而米椒、杭椒的味道又会③恰到好处地渗入到鸡肉当中。火辣辣的米椒、杭椒，覆盖着白嫩嫩的童子鸡，川菜香辣的④诱惑，在"鲜嫩辣子鸡"上得到了完美体现。

연한 라쯔지는 쓰촨요리의 대표라고 할 수 있다. 영계의 '신선함'과 작은 고추, 항저우 고추의 '얼얼함'이 하나로 어우러진 것으로 그 풍미가 ①남다르다. 라쯔지는 삶아서 만드는 방법으로, 가능한 닭고기의 부드러움을 ②유지하고, 작은 고추와 항저우 고추의 맛은 ③매우 적절하게 닭고기 속에 스며들어 있다. 얼얼하게 매운 작은 고추와 항저우 고추가 희고 부드러운 닭을 덮고 있는데, 맛있게 매운 쓰촨요리의 ④매력이 '연한 라쯔지'에 그대로 드러나 있다.

A 别具一格 O | 保留 O | 恰到好处 O | 诱惑 O
B 津津乐道 X | 保管 X | 易如反掌 X | 迷惑 X
C 别具匠心 X | 保存 X | 彻头彻尾 X | 诱人 X
D 爱不释手 X | 保养 X | 雷厉风行 X | 蛊惑 X

A 남다른 풍격을 지니다 | 유지하다 | 매우 적절하다 | 유혹하다
B 흥미진진하게 이야기하다 | 보관하다 | 일을 처리하기가 매우 쉽다 | 미혹되다
C 독창적인 생각을 가지고 있다 | 보존하다 | 철두철미하다 | 매력적이다
D 너무 좋아하여 손에서 떼어 놓지 못하다 | 보양하다 | 단호하고 신속하다 | 현혹하다

공략 ①번 칸 : '문화나 예술 방면에서 풍격이 독특하고 색다르다'는 의미이므로 别具一格만 가능하다. 津津乐道는 '흥미진진하게 이야기하다'는 의미이고, 别具匠心은 주로 '문예 활동 방면에서 독창적인 생각을 가지고 있다'는 의미이며, 爱不释手는 '너무 좋아해서 잠시도 손에서 놓지 못한다'는 의미이다.

②번 칸 : '부드러움을 유지하다'는 의미가 되어야 하므로 빈칸에는 保留만 가능하다.

③번 칸 : 빈칸에는 '매우 적절하다'는 의미로 恰到好处만 가능하다. 易如反掌은 '손바닥을 뒤집는 것처럼 쉽다'는 뜻으로 어떤 일을 처리하는 것이 매우 쉽다는 것을 나타낸다. 彻头彻尾는 '철두철미하다'는 의미로 완벽함을 나타낼 때 쓰인다. 雷厉风行은 '우레같이 맹렬하고 바람같이 신속하다'는 뜻으로 주로 일처리에 있어 단호하고 신속함을 나타내는 비유적인 표현이다.

어휘 ★鲜嫩 xiānnèn 형 연하다, 부드럽다 | 辣子鸡 làzǐjī 고유 라쯔지(라조기) | 童子鸡 tóngzǐjī 몡 영계 | 米椒 mǐjiāo 몡 작은 고추 | 杭椒 Hángjiāo 몡 항저우 고추 | ★融为一体 róng wéi yìtǐ 일체로 융합되다 | ★风味 fēngwèi 몡 맛 | ★采用 cǎiyòng 동 적합한 것을 골라 쓰다, 채용하다 | 炖制 dùn zhì 삶아서 만들다 | ★渗入到……当中 shènrù dào……dāngzhōng ~로 스며들다 | 火辣辣 huǒlàlà 형 얼얼하다 | ★覆盖 fùgài 동 덮다, 뒤덮다 | 白嫩嫩 báinènnèn 희고 부드럽다, 희고 연하다 | ★体现 tǐxiàn 동 구현하다, 체현하다 | ★别具一格 bié jù yì gé 성 남다른 풍격을 지니다, 남다른 색채를 띠다 | ★保留 bǎoliú 동 유지하다, 남겨두다 | ★恰到好处 qià dào hǎo chù 성 꼭 들어맞다, 아주 적절하다 | ★诱惑

yòuhuò 통 유혹하다, 매혹시키다 | 津津乐道 jīnjīn lèdào 흥미진진하게 이야기하다 | ★易如反掌 yì rú fǎn zhǎng 형 손바닥을 뒤집는 것처럼 쉽다, 일을 처리하기가 매우 쉽다 | ★迷惑 míhuò 통 미혹되다, 현혹되다 | ★别具匠心 bié jù jiàng xīn 형 독창적인 생각을 가지고 있다, 창의성이 있다 | 彻头彻尾 chè tóu chè wěi 형 철두철미하다, 철저하다 | ★诱人 yòurén 형 매력적이다 | ★爱不释手 ài bú shì shǒu 형 너무 좋아하여 차마 손에서 떼어 놓지 못하다 | ★保养 bǎoyǎng 통 보양하다, 양생하다 | ★雷厉风行 léi lì fēng xíng 형 우레같이 맹렬하고 바람같이 신속하다, 단호하고 신속하다 | 蛊惑 gǔhuò 통 고혹하다, 현혹하다

합격필수 TIP

▶ '保留/保管/保存/保持/保养/保护'의 차이 비교

① 保留 통 유지하다, 남겨두다
   어휘 호응 保留习俗 풍습을 유지하다 | 保留原貌 원래 모습을 유지하다 | 保留意见 의견을 남겨두다
   예문 那儿还保留着不少传统习俗。 그곳은 많은 전통 풍습이 여전히 남아 있다.

② 保管 통 (물건 등을) 보관하다
   어휘 호응 保管行李 짐을 보관하다 | 保管物品 물품을 보관하다
   예문 我的行李由你来保管吧。 내 짐은 네가 보관하렴.

③ 保存 통 보존하다
   어휘 호응 保存文物 문화재를 보존하다 | 保存食品 식품을 보존하다 | 保存力量 힘을 보존하다
   예문 这些食品保存起来很方便。 이러한 식품들은 보존하기에 편리하다.

④ 保持 통 유지하다
   어휘 호응 保持传统 전통을 유지하다 | 保持联系 연락을 유지하다 | 保持态度 태도를 유지하다 | 保持状态 상태를 유지하다 | 保持心态 심리 상태를 유지하다 | 保持平衡 균형을 유지하다
   예문 我们要保持乐观的心态。 우리는 긍정적인 심리 상태를 유지해야 한다.

⑤ 保养 통 보양하다, 양생하다
   어휘 호응 保养身体 건강을 보양하다 | 保养皮肤 피부를 보양하다
   예문 皮肤需要保养。 피부는 관리할 필요가 있다.

⑥ 保护 통 보호하다
   어휘 호응 保护自然环境 자연환경을 보호하다 | 保护资源 자원을 보호하다 | 保护视力 시력을 보호하다 | 保护文物 문화재를 보호하다
   예문 我们一定要保护好生活环境。 우리는 반드시 생활 환경을 잘 보호해야 한다.

65. HSK POINT '进入境界'의 호응 구조 파악 난이도 上

滕王阁的第5层是一个回廊四绕的明层，①据说是登临远眺的最佳去处。登上5层的回廊，放眼望去，天光水色，②一碧万顷，心胸豁然开朗。要是赶上③夕阳西下，也许就真要进入"落霞与孤鹜齐飞，秋水共长天一色"的④境界了。

등왕각의 5층은 회랑으로 둘러싸인 유명한 층인데, ①전해지는 말에 의하면 올라가 멀리 바라보기에 최적의 장소라고 한다. 5층의 회랑에 올라 멀리 바라보면, 하늘 빛과 물가의 경치가 ②끝이 보이지 않을 정도로 넓어서 마음이 탁 트인다. 만약 ③석양이 서쪽으로 질 때를 만난다면, 아마 '사라지는 노을은 외로운 따오기와 함께 날고, 가을날 강물은 먼 하늘과 한 빛깔로 잇닿게 되는' ④경지로 들어설지도 모른다.

A 听说 O	一览无余 O	火焰 X	边境 X
B 传说 X	一日千里 X	烛光 X	处境 X
C 据说 O	**一碧万顷 O**	**夕阳 O**	**境界 O**
D 据悉 X	一望无垠 O	落日 O	界限 X

A 듣자 하니 | 시야가 광활하다 | 화염 | 변경
B 전설에 의하면 | 진전 속도가 아주 빠르다 | 촉광 | 처지
C 전해지는 말에 의하면 | 끝이 보이지 않을 정도로 넓다 | 석양 | 경지
D 아는 바에 의하면 | 끝없이 멀고 넓다 | 석양 | 경계

공략

①번 칸: 빈칸에는 听说와 据说 둘 다 가능하지만, '과거부터 전해지는 말에 의하면'이라는 의미로 据说가 더 적합하다.

②번 칸: 빈칸은 '눈앞이 탁 트이고 넓다'는 의미로 一览无余, 一碧万顷, 一望无垠이 모두 가능하다. 하지만 一日千里는 '하루에 천리는 간다'는 뜻으로 주로 어떤 일의 진전 속도가 매우 빠름을 나타내므로 적합하지 않다.

③번 칸: '지는 해, 석양'의 의미로 夕阳, 落日 둘 다 가능하다.

④번 칸: 정답을 찾는 핵심 빈칸이라고 할 수 있는데, '어떤 경지로 들어서다'는 의미이므로 '进入……境界'만 가능하다. 边境은 '국경 지대'를 의미하고 处境은 '처한 환경·상황·처지'를 나타낸다. 界限은 '경계'라는 의미로 주로 '界限分明(경계가 분명하다)', '划分界限(경계를 나누다)' 등의 호응을 이룬다.

어휘

滕王阁 Téngwánggé 고유 등왕각[장시(江西)성 난창(南昌)시에 있는 관광지] | 回廊 huíláng 명 회랑 | 四绕 sìrào 사방으로 둘러싸이다 | ★登临远眺 dēnglín yuǎntiào 높이 올라 멀리 바라보다 | 佳 jiā 형 좋다 | ★放眼望去 fàngyǎn wàng qù 시선을 들어 멀리 바라보다 | 天光水色 tiānguāng shuǐsè 하늘 빛과 물가의 경치 | ★心胸 xīnxiōng 명 마음, 도량 | ★豁然开朗 huòrán kāilǎng 앞이 탁 트이다 | 落霞与孤鹜齐飞，秋水共长天一色 luòxiá yǔ gū wù qí fēi, qiūshuǐ gòng chángtiān yīsè 사라지는 노을은 외로운 따오기와 함께 날고, 가을날 강물은 먼 하늘과 한 빛깔로 잇닿았다 | ★一览无余 yī lǎn wú yú 성 시야가 광활하다, 한눈에 들어오다 | 火焰 huǒyàn 명 화염, 불꽃 | 边境 biānjìng 명 변경, 국경 지대 | ★传说 chuánshuō 명 전설 통 이리저리 말이 전해지다 | 一日千里 yí rì qiān lǐ 성 하루에 천리를 가다, 진전 속도가 아주 빠르다 | 烛光 zhúguāng 명 촛광, 촛불의 빛 | ★处境 chǔjìng 명 처지 | 一碧万顷 yí bì wàn qǐng 성 끝이 보이지 않을 정도로 넓다 | ★夕阳 xīyáng 명 석양, 낙조 | ★境界 jìngjiè 명 경지, 경계 | ★据悉 jùxī 통 아는 바에 의하면 ~라 한다 | 一望无垠 yí wàng wú yín 성 끝없이 멀고 넓다 | 落日 luòrì 명 석양 | ★界限 jièxiàn 명 한도, 경계

66. HSK POINT '成就事业'의 호응 구조 파악 난이도 上

挫折在具有消极意义的同时，也具有积极意义。它可以①磨炼人的意志，使人学会思考，从而以更好的方式去实现自己的②目标、成就辉煌的③事业。正如一位科学家所说："人们最④出色的工作往往是在逆境中做出的。"

좌절은 소극적인 의미를 지님과 동시에 또한 적극적인 의미도 지니고 있다. 그것은 사람의 의지를 ①단련시키고 사고를 익히게 하여, 더 훌륭한 방식으로 자신의 ②목표를 실현시키고 빛나는 ③사업을 이루도록 한다. 바로 한 과학자가 '가장 ④뛰어난 일은 종종 역경 속에서 만들어진다'고 말한 것과 같다.

A	磨炼 O	目标 O	事业 O	出色 O	A	단련하다	목표	사업	뛰어나다
B	锻炼 O	目的 O	工作 X	优越 X	B	단련하다	목적	일	우월하다
C	修炼 X	理想 O	工程 X	卓越 O	C	수련하다	꿈	공정	탁월하다
D	进修 X	夙愿 O	成果 X	杰出 X	D	연수하다	숙원	성과	걸출하다

공략

①번 칸: '의지를 단련하다'는 의미가 되어야 하므로 磨炼과 锻炼이 둘 다 가능하지만, 磨炼은 주로 '힘들고 어려운 환경 속에서 의지를 단련하다'는 의미로 쓰이므로 더 적합하다. 修炼은 주로 '修炼武功(무술 기능을 연마하다)'의 형태로 호응하여 쓰이고, 进修는 '出国进修(해외로 연수 가다)'와 같이 호응하여 쓰인다.

③번 칸: 정답을 찾는 핵심 빈칸이다. 빈칸 앞의 동사 成就는 주로 '어떤 사업을 이루어내다'는 의미로 '成就……事业'로 호응하여 쓰인다.

④번 칸: '뛰어난 일'이라는 의미가 적합하므로 出色, 卓越가 둘 다 가능하다. 优越는 '다른 것보다 우월하다'는 의미이고, 杰出는 '걸출하다, 출중하다'의 의미로 '杰出的人物(걸출한 인물)', '杰出的贡献(뛰어난 공헌)', '杰出的作品(걸출한 작품)' 등의 형태로 호응하여 쓰인다.

어휘

★挫折 cuòzhé 명 좌절 | ★消极 xiāojí 형 소극적이다 | ★积极 jījí 형 적극적이다 | ★成就 chéngjiù 통 이루다, 완성하다 | ★辉煌 huīhuáng 형 눈부시다, 돋보이다 | ★逆境 nìjìng 명 역경 | 磨炼 móliàn 통 단련하다, 연마하다 | ★优越 yōuyuè 형 우월하다, 우수하다 | ★修炼 xiūliàn 통 수련하다, 단련하다 | 工程 gōngchéng 명 프로젝트, 공정, 공사 | ★卓越 zhuóyuè 형 탁월하다 | 进修 jìnxiū 통 연수하다 | 夙愿 sùyuàn 명 숙원, 오래도록 품어 온 소망 | ★杰出 jiéchū 형 걸출하다, 출중하다

67. HSK POINT 碰上의 의미 이해 　난이도 中

程颐是宋代著名的大学者，他门下有一个弟子叫杨时。有一次，杨时去①拜访程颐正巧②碰上程颐在打坐养神，他就恭恭敬敬侍立在门外。③不料天降大雪，等程颐醒来时，雪已下了一④尺多深，而杨时则通身披雪。这就是传颂至今的"程门立雪"的故事。

정이는 송대 저명한 학자로 그의 문하에는 양시라는 제자가 있었다. 한번은 양시가 정이를 ①찾아뵈러 갔는데 마침 ②마주친 정이가 좌선하여 수양을 하고 있어, 그는 공손히 문밖에 서있었다. ③뜻밖에도 큰눈이 내렸고, 정이가 깨어나기를 기다리는 동안 눈은 이미 한 ④자도 넘게 쌓여, 양시는 온몸이 눈으로 덮였다. 이것이 바로 지금까지 전해 내려오는 '정문입설(스승의 가르침을 공손하게 받들다)'의 이야기이다.

A 探望 O	撞 X	突然 O	筐 X
B 拜托 X	盯 X	忽然 O	丈 X
C 访问 O	瞧 X	以致 X	堆 X
D 拜访 O	**碰 O**	**不料 O**	**尺 O**

A 방문하다	부딪치다	갑자기	바구니
B 부탁드리다	주시하다	갑자기	장
C 방문하다	보다	~을 초래하다	더미
D 방문하다	**마주치다**	**뜻밖에**	**자**

공략

①번 칸 : '스승을 방문하다'는 의미가 되어야 하므로 빈칸에는 探望, 访问, 拜访이 모두 가능한데, 존경의 의미가 담겨 있는 拜访이 가장 적합하다.

②번 칸 : 정답을 찾는 핵심 빈칸으로 '어떤 장소에서 우연히 사람을 마주치다'는 의미가 되려면 '碰上'만 가능하다. 撞은 '사람이나 사물과 부딪치다'는 의미이고, 盯은 '무언가를 뚫어져라 쳐다보며 주시하다'는 의미이다. 瞧는 看의 동의어로 '보다'는 뜻이며 주로 문장 맨 앞에 쓰이는 경우가 많다.

③번 칸 : 빈칸에는 '갑자기'라는 뜻의 突然, 忽然과 '뜻밖에'라는 뜻의 不料가 모두 가능하다. 하지만 以致는 주로 '나쁜 결과를 초래하다'는 의미의 접속사로 예를 들면 '他不听取大家的意见，以致落到这个地步了。(그가 사람들의 의견을 귀담아 듣지 않아서 이런 지경에 이르게 된 것이다)'와 같이 쓰이므로 적합하지 않다.

④번 칸 : 알맞은 양사를 찾는 것으로 '한 자(약 33.3센티미터)'라는 의미의 尺가 가장 적합하다. 丈도 길이를 나타내는 양사이지만, 一丈은 약 3.33미터를 의미하므로 문맥상 적합하지 않다.

어휘

程颐 Chéng Yí 고유 정이 | 杨时 Yáng Shí 고유 양시 | ★正巧 zhèngqiǎo 부 마침 | 打坐 dǎzuò 동 좌선하다, 눈을 감고 정신을 집중하여 앉다 | 养神 yǎngshén 동 정신을 편안하게 하다, 수양하다 | ★恭恭敬敬 gōnggongjìngjìng 형 공손하다, 예의가 바르다 | 侍立 shìlì 동 서있다, 곁에서 시중을 들다 | 通身 tōngshēn 명 온몸, 전신 | ★披 pī 동 쓰다, 덮다, 걸치다 | ★传颂 chuánsòng 동 전해 내려오며 칭송되다 | 程门立雪 Chéng mén lì xuě 성 스승의 가르침을 공손하게 받들다 | ★探望 tànwàng 동 방문하다, 문안하다 | 撞 zhuàng 동 부딪치다 | ★筐 kuāng 명 바구니, 광주리 | ★拜托 bàituō 동 부탁드리다 | ★盯 dīng 동 주시하다 | ★丈 zhàng 양 장 | ★瞧 qiáo 동 보다, 구경하다 | ★以致 yǐzhì 접 ~이 되다, ~을 초래하다 | ★堆 duī 양 무더기, 더미 | ★拜访 bàifǎng 동 방문하다, 찾아뵙다 | ★碰 pèng 동 마주치다, 만나다 | ★不料 búliào 부 뜻밖에, 의외로 | ★尺 chǐ 양 자, 척

68. HSK POINT '与其……倒不如'의 호응 구조 파악　난이도 中

长久以来，人们一直认为第二语言是一种干扰，会引起思维①混乱。不过研究人员近来发现，这种干扰②与其说是障碍，倒不如让使用者③"因祸得福"，因为它会迫使大脑去解决内部④冲突，从而提高使用者的认知能力。

오래도록 사람들은 줄곧 제2언어가 일종의 방해가 되어 사고 ①혼란을 야기할 것이라고 여겼다. 그런데 최근 연구원들이 발견한 바로는, 이러한 방해는 장애②라고 하기보다는 사용자들에게 ③'전화위복'이 될 수 있다. 왜냐하면 이는 대뇌가 내부 ④충돌을 해결하도록 하여, 사용자의 인지 능력을 높이기 때문이다.

A	错乱 X	倘若 X	一箭双雕 X	隔阂 X	A 착란 | 만약 | 일석이조 | 간격
B	混乱 O	与其 O	因祸得福 O	冲突 O	B 혼란하다 | ~하기보다는 | 전화위복 | 충돌
C	混淆 X	反之 X	急功近利 X	纠纷 X	C 뒤섞이다 | 이와 반대로 | 눈앞의 성공에만 급급하다 | 분쟁
D	障碍 O	宁愿 X	得寸进尺 X	危害 X	D 장애 | 차라리 | 욕심이 한도 끝도 없다 | 손상

공략

①번 칸: '사고 혼란', '사고 장애'의 의미가 적합하므로 混乱, 障碍가 가능하다.

②번 칸: 정답을 찾는 핵심 빈칸으로 '~하기보다는 ~하는 편이 더 낫다'의 의미의 접속사 호응 구조 '与其……倒不如……'만 가능하다. 倘若는 '만약, 만일'이라는 뜻으로 가설을 나타내며 '倘若……，(那么)……就/便(만약 ~라면 ~하다)'의 형태로 호응 구조를 이룬다. 反之는 '이와 반대로'라는 의미로 전환의 관계를 나타내고, 宁愿은 '宁愿……也不……(차라리 ~할지언정 ~하지 않다)', '宁愿……也要……(차라리 ~하더라도 ~하겠다)'의 형태로 호응 구조를 이룬다.

③번 칸: 앞 절의 障碍와 반대되는 의미로 '전화위복'을 나타내는 因祸得福만 가능하다. 一箭双雕는 '한 개의 화살로 두 마리 독수리를 맞추다'는 뜻으로 '일석이조, 일거양득'을 의미하고, 急功近利는 '눈앞의 성공과 이익에 급급하다'는 의미이다. 得寸进尺는 '한 치 얻고 한 자 나가다'는 뜻으로 만족을 모르고 욕심이 끝도 없음을 의미한다.

④번 칸: '대뇌의 내부 충돌'의 의미가 되는 冲突만 가능하다. 隔阂는 주로 '생각·감정 사이의 틈, 골, 간격'을 의미하고, 纠纷은 '사람·조직 간의 분쟁, 분규, 다툼'을 나타낼 때 쓰이므로 적합하지 않다. 危害는 '해를 끼치다'는 의미로, 주로 사회 현상이나 건강, 자연상의 해를 끼치는 경우에 쓰이므로 적합하지 않다.

어휘

★干扰 gānrǎo 통 방해하다 | ★思维 sīwéi 명 사유, 사고 | ★障碍 zhàng'ài 명 장애 | ★迫使 pòshǐ 통 강제로 ~하게 하다 | ★认知能力 rènzhī nénglì 인지 능력 | 错乱 cuòluàn 형 무질서하다, 어수선하다 | ★倘若 tǎngruò 접 만일 ~한다면 | ★一箭双雕 yí jiàn shuāng diāo 성 일석이조, 일거양득 | ★隔阂 géhé 명 틈, 간격 | ★混乱 hùnluàn 형 혼란하다, 어지럽다 | ★与其……倒不如…… yǔqí……dào bùrú…… ~하기 보다는 ~하는 편이 낫다 | ★因祸得福 yīn huò dé fú 성 전화위복, 화로 인하여 복을 얻다 | ★冲突 chōngtū 명 충돌 | 混淆 hùnxiáo 통 뒤섞이다 | ★反之 fǎnzhī 접 이와 반대로 | ★急功近利 jí gōng jìn lì 성 조급한 성공과 눈앞의 이익에만 급급하다 | 纠纷 jiūfēn 명 갈등, 분쟁 | ★宁愿 nìngyuàn 부 차라리 ~할지언정 | ★得寸进尺 dé cùn jìn chǐ 성 욕심이 한도 끝도 없다 | ★危害 wēihài 명 손상, 해 통 해치다

합격필수 TIP

▶ '隔阂/冲突/纠纷/分歧'의 차이 비교

① 隔阂 명 (사람의 생각이나 감정 사이의) 틈, 골, 간격, 거리
   - **어휘 호응** 出现隔阂 틈이 나타나다 | 消除隔阂 간격을 없애다
   - **예문** 好几年没有联系，我们之间好像有了隔阂。
     여러 해 동안 연락을 못했더니, 우리 사이에 거리가 생긴 듯하다.

② 冲突 명 충돌, 모순, 갈등
   - **어휘 호응** 发生冲突 갈등이 발생하다 | 回避冲突 갈등을 회피하다
   - **예문** 在今天的研讨会上发生了几次小冲突。 오늘 세미나에서 몇 차례 작은 갈등이 생겼다.

③ 纠纷 명 (사람·조직간의) 다툼, 분쟁, 분규
   - **어휘 호응** 家庭纠纷 가정 분쟁 | 财产纠纷 재산 분쟁
   - **예문** 应该怎样处理孩子之间的纠纷？ 아이들 간의 다툼은 어떻게 처리해야 할까?

④ 分歧 명 (사상·의견의) 불일치, 차이
   - **어휘 호응** 意见分歧 의견 차이 | 消除分歧 차이를 해소하다
   - **예문** 世界各国政府在这个问题上有巨大的意见分歧。 세계 각국 정부는 이 문제에서 큰 의견 차이가 있다.

69. HSK POINT '最佳时机' 및 '场面壮观'의 호응 구조 파악   난이도 上

钱塘江大潮是世界三大涌潮之一，是海水通过钱塘江喇叭状的入海口时形成的景观。农历八月十六是观潮的最佳①时机，中秋佳节前后，八方宾客②蜂拥而至，争睹钱江潮的奇观。潮来时，江面波涛③汹涌，场面十分④壮观。

첸탕강 조수는 세계 3대 해일 중 하나로, 바닷물이 첸탕강 나팔 형태의 입해구를 통과할 때 형성된 경관이다. 음력 8월 16일이 조수를 관람하는 최적의 ①시기여서, 추석 전후에 각지의 손님들이 ②벌떼처럼 몰려들어 첸탕강의 기이한 풍경을 다투어 본다. 밀물이 차오를 때 강의 파도는 ③용솟음치는데, 그 장면은 매우 ④장관이다.

A 奇遇 X	人云亦云 X	踊跃 X	壮烈 X
B 时间 O	摩肩接踵 O	涌现 X	茁壮 X
C 时机 O	蜂拥而至 O	汹涌 O	壮观 O
D 瞬间 X	络绎不绝 O	雀跃 X	壮阔 O

A 뜻밖의 만남 | 남이 말하는 대로 따라 말하다 | 펄쩍 뛰어오르다 | 장렬하다
B 시간 | 발 디딜 틈이 없을 정도로 붐비다 | 솟아나다 | 건장하다
C 시기 | 벌떼처럼 몰려들다 | 용솟음치다 | 장관이다
D 순간 | 왕래가 빈번해 끊이지 않다 | 깡충깡충 뛰다 | 웅대하다

공략

①번 칸: '최적의 시간, 시기'라는 의미가 적합하므로 时间, 时机 둘 다 가능하다.

②번 칸: '사람들이 몰려들어 붐빈다'는 의미로 摩肩接踵, 蜂拥而至, 络绎不绝이 모두 가능하다. 하지만 人云亦云은 '남이 말하는 대로 따라 말하다'는 의미로 사람이 주관이 없음을 나타낼 때 쓰이므로 적합하지 않다.

③번 칸: '파도가 세차게 용솟음치다'는 의미로 汹涌만 가능하다.

④번 칸: '장관이다'는 의미의 壮观과 '웅대하다'는 의미의 壮阔가 둘 다 가능하다. 壮烈는 '장렬하다'는 의미로 주로 '壮烈牺牲(장렬하게 희생하다)'과 같이 호응하여 쓰이고, 茁壮은 '(아이들이나 동식물 등이) 건장하다, 튼튼하다'는 의미로 주로 '茁壮成长(건강하게 자라나다)'와 같이 호응하여 쓰이므로 빈칸에 적합하지 않다.

어휘 钱塘江 Qiántángjiāng 고유 첸탕강 | ★涌潮 yǒngcháo 명 해일 | 喇叭状 lǎbazhuàng 나팔 형태 | 入海口 rùhǎikǒu 명 강이나 하천이 바다로 흘러드는 곳 | 佳 jiā 형 좋다 | 八方宾客 bāfāng bīnkè 각지의 손님 | ★争睹 zhēng dǔ 다투어 보다 | ★奇观 qíguān 명 기이한 풍경 | ★波涛 bōtāo 명 파도 | ★奇遇 qíyù 명 뜻밖의 만남, 아슬아슬한 경험 | ★人云亦云 rén yún yì yún 성 남이 말하는 대로 말하다, 부화뇌동하다 | ★踊跃 yǒngyuè 동 펄쩍 뛰어오르다, 깡충깡충 뛰다 | ★壮烈 zhuàngliè 형 장렬하다 | 摩肩接踵 mó jiān jiē zhǒng 성 발 디딜 틈이 없을 정도로 붐비다 | 涌现 yǒngxiàn 동 솟아나다, 한꺼번에 나타나다 | ★茁壮 zhuózhuàng 형 건장하다, 튼튼하다 | 蜂拥而至 fēngyōng ér zhì 벌떼처럼 쇄도하다, 무더기로 몰리다 | 汹涌 xiōngyǒng 형 물이 용솟음치다, 물이 세차게 일어나다 | 壮观 zhuàngguān 형 장관이다 | ★瞬间 shùnjiān 명 순간 | 络绎不绝 luò yì bù jué 성 왕래가 빈번해 끊이지 않다, 그치지 않고 이어지다 | 雀跃 quèyuè 동 깡충깡충 뛰다, 팔짝팔짝 뛰다 | 壮阔 zhuàngkuò 형 웅대하다

70. HSK POINT '创造奇迹'의 호응 구조 파악   난이도 中

光阴犹如一把雕刻刀，在天地之间创造着种种①奇迹。它能把坚冰融化成春水，把幼苗扶持成大树。当然，它也可以把森林变成荒漠，把城市变成②废墟。你珍惜它，它就在你的周围长出绿荫，结出③沉甸甸的果实；你④漠视它，它就化成轻烟，消失得⑤无影无踪。

세월은 마치 한 자루의 조각칼과 같이, 하늘과 땅 사이에 갖가지 ①기적을 창조해내고 있다. 그것은 단단한 얼음을 춘수로 녹이고, 어린 새싹을 큰 나무로 자라도록 도울 수 있다. 물론 세월은 숲을 황무지로 변하게 할 수도 있고, 도시를 ②폐허로 만들 수도 있다. 당신이 세월을 소중히 아낀다면, 그것은 당신 주위에서 녹음을 만들어 ③묵직한 열매를 맺게 할 것이고, 당신이 그것을 ④냉담하게 대한다면, 그것은 옅은 연기가 되어 ⑤그림자나 종적이 전혀 없이 사라질 것이다.

A 古迹✕ 峡谷✕ 绿油油✕ 亏待✕ 无声无息○	A 고적 │ 협곡 │ 짙푸르다 │ 박대하다 │ 소리도 숨결도 없다
B 遗迹✕ 峭壁✕ 金灿灿✕ 歧视✕ 无法无天✕	B 유적 │ 절벽 │ 금빛 찬란하다 │ 경시하다 │ 법도 무시하고 하늘도 꺼리지 않다
C 事迹✕ 荒地○ 明晃晃✕ 敌视✕ 无穷无尽✕	C 사적 │ 황무지 │ 번쩍번쩍하다 │ 적대시하다 │ 무궁무진하다
D 奇迹○ 废墟○ 沉甸甸○ 漠视○ 无影无踪○	**D 기적 │ 폐허 │ 묵직하다 │ 냉담하게 대하다 │ 그림자나 종적이 전혀 없다**

공략

①번 칸 : 정답을 찾는 핵심 빈칸으로 문맥상 '어떤 기적을 창조하다'라는 의미가 되는 '创造……奇迹'의 호응만 가능하다.

②번 칸 : '황무지'라는 뜻의 荒地와 '폐허'라는 뜻의 废墟가 둘 다 가능하다.

③번 칸 : '빛나는 열매를 맺다'라는 의미로 金灿灿과 '묵직한 열매를 맺다'라는 의미로 沉甸甸이 가능하다. 또한 金灿灿은 '金灿灿的阳光(금빛 찬란한 햇살)'과 같이 호응하여 쓰이기도 한다. 绿油油는 '색이 짙푸르고 윤이 나는 모습'을 의미하는데, 주로 '绿油油的树叶(짙푸른 나뭇잎)'와 같이 호응하여 쓰인다. 明晃晃은 '(어떤 사물이) 번쩍번쩍하다'라는 의미를 나타낼 때 쓰인다.

④번 칸 : 문장부호 [;] 앞의 '세월을 소중히 아끼다'라는 내용과 대조적인 내용이 제시되어야 하므로, '세월을 냉담하게 대한다'라는 의미가 되는 漠视만 가능하다.

⑤번 칸 : '아주 조용히 사라진다'라는 의미의 无声无息와 '그림자나 종적 없이 완전히 사라진다'라는 의미의 无影无踪이 둘 다 가능하다. 无法无天은 '법도 무시하고 하늘도 꺼리지 않다'라는 의미로 무법천지를 뜻하며, 无穷无尽은 '무궁무진하다'라는 의미이므로 빈칸에 적합하지 않다.

어휘

★光阴 guāngyīn 명 세월, 시간 │ ★雕刻刀 diāokèdāo 명 조각칼 │ 坚冰 jiānbīng 명 단단하고 두터운 얼음 │ 春水 chūnshuǐ 명 춘수, 봄물 │ 幼苗 yòumiáo 명 어린 모종, 새싹 │ 扶持 fúchí 동 돕다, 부축하다 │ 荒漠 huāngmò 명 황량한 사막, 황무지 │ 长出绿荫 zhǎngchū lǜyīn 녹음이 자라나다 │ ★结出……果实 jiéchū……guǒshí 과실을 맺다 │ 轻烟 qīngyān 명 옅은 연기, 옅은 안개 │ ★消失 xiāoshī 동 사라지다 │ ★古迹 gǔjì 명 고적 │ 峡谷 xiágǔ 명 협곡 │ ★绿油油 lǜyóuyóu 형 짙푸르다 │ ★亏待 kuīdài 동 박대하다, 부당하게 대하다 │ 无声无息 wú shēng wú xī 성 소리도 숨결도 없다, 아주 조용하다 │ ★遗迹 yíjì 명 유적 │ 峭壁 qiàobì 명 가파른 절벽 │ ★金灿灿 jīncàncàn 형 금빛 찬란하다 │ 歧视 qíshì 동 경시하다, 차별대우하다 │ 无法无天 wú fǎ wú tiān 성 법도 무시하고 하늘도 꺼리지 않다, 제멋대로 온갖 악행을 저지르다 │ 事迹 shìjì 명 사적 │ ★荒地 huāngdì 명 황무지 │ 明晃晃 mínghuǎnghuǎng 형 번쩍번쩍하다 │ ★敌视 díshì 동 적대시하다 │ 无穷无尽 wú qióng wú jìn 성 무궁무진하다 │ ★奇迹 qíjì 명 기적 │ ★废墟 fèixū 명 폐허 │ ★沉甸甸 chéndiāndiān 형 묵직하다 │ ★漠视 mòshì 동 냉담하게 대하다, 무시하다 │ ★无影无踪 wú yǐng wú zōng 성 그림자나 종적이 전혀 없다, 완전히 사라지다

합격필수 TIP

▶ '古迹/遗迹/事迹/奇迹/痕迹/踪迹'의 차이 비교

① 古迹 명 고적
   어휘 호응 名胜古迹 명승고적 │ 文化古迹 문화고적
   예문 我们参观了很多名胜古迹。우리는 많은 명승고적을 참관했다.

② 遗迹 명 유적
   어휘 호응 古代遗迹 고대 유적 │ 历史遗迹 역사 유적 │ 文化遗迹 문화 유적
   예문 这里到处是祖先的遗迹。이곳은 곳곳이 조상의 유적이다.

③ 事迹 명 사적
   어휘 호응 生平事迹 생애의 사적 │ 英雄事迹 영웅의 사적
   예문 他的事迹令人佩服。그의 사적은 사람들을 감탄하게 한다.

④ 奇迹 명 기적
어휘 호응 创造奇迹 기적을 창조하다 | 出现奇迹 기적이 생기다 | 奇迹之一 기적 중 하나 | 奇迹般(地) 기적과도 같이
예문 那简直是个奇迹。그것은 그야말로 기적이다.

⑤ 痕迹 명 흔적
어휘 호응 留下痕迹 흔적을 남기다 | 岁月的痕迹 세월의 흔적
예문 目前还看不出一点痕迹。현재로서는 조금의 흔적도 보이지 않는다.

⑥ 踪迹 명 종적, 발자취
어휘 호응 找到踪迹 종적을 찾다 | 发现踪迹 종적을 발견하다 | 留下踪迹 발자취를 남기다
예문 我们已发现了那种野生动物的踪迹。우리는 이미 그 야생 동물의 종적을 발견했다.

第三部分

[71-75]

提起张大千，恐怕无人不知，无人不晓，他绘画、书法、篆刻、诗词无所不通，(71)A 尤其在山水画方面卓有成就。

但有一个事实却鲜为人知，那就是张大千的二哥张善子也是一位画家，而且特别擅长画老虎。早年，兄弟二人曾经合作画画，二哥画虎，(72)E 之后再由张大千加上一些山水景物。其实，张大千也会画虎，但因为二哥以画虎享有盛誉，为了二哥，他一直避讳画虎。

事情是这样的：有一次张大千酒后画了一幅《虎图》，本想自己留着欣赏，却不慎流落到他人手中。以他当时的名气，(73)D 这幅画很快受到了追捧，成了千金难求的佳作。此后，不少富商名流登门拜访张大千，争先恐后出高价请他画虎。张大千后悔不迭，自觉有愧于二哥。然而张善子并未因此而不悦，(74)B 反而对张大千画的那幅《虎图》赞赏有加，甚至还为那幅画题了字。但是，张大千仍无法原谅自己。

经历这场风波之后，原本酷爱饮酒的张大千立誓从此绝不饮酒，也绝不画虎。从此，(75)C 张大千与饮酒和画虎都绝了缘。

장다첸에 대해 이야기한다면 아마 모르는 사람이 없을 것이다. 그는 그림, 서예, 전각, 시사 등 모르는 것이 없었는데, (71)A 특히 산수화 방면에서 탁월한 성과를 지니고 있었다.

그러나 사람들에게 잘 알려지지 않은 사실이 하나 있는데, 그것은 바로 장다첸의 둘째 형 장산쯔 또한 화가였으며, 호랑이를 그리는 것에 매우 뛰어났다는 것이다. 예전에 형제는 협동하여 그림을 그린 적이 있었는데, 둘째 형이 호랑이를 그리고, (72)E 그 다음 장다첸이 다시 산수풍경을 그려 넣었다. 사실, 장다첸도 호랑이를 잘 그렸지만, 둘째 형이 호랑이를 그린 것으로 큰 영예를 누렸기 때문에, 형을 위해 그는 호랑이를 그리는 것을 회피했다.

이런 일이 있었다. 한번은 장다첸이 술을 마신 뒤 자신이 놔두고 감상하려고「호랑이 그림」을 하나 그렸는데, 실수로 이 그림이 다른 사람 손에 들어가게 되었다. 장다첸의 당시 유명세로 (73)D 이 그림은 매우 빨리 큰 사랑을 받게 되어, 많은 돈을 줘도 구하기 어려운 훌륭한 작품이 되었다. 이후에 많은 부자들과 유명 인사들이 장다첸의 집으로 찾아와, 앞다투어 거액을 주며 그에게 호랑이를 그려 달라고 청했다. 장다첸은 크게 후회했고, 둘째 형에게 미안함을 느꼈다. 그러나 장산쯔는 이 때문에 결코 불쾌해하지 않았고, (74)B 오히려 장다첸의 그「호랑이 그림」을 더욱 칭찬했으며, 심지어는 그 그림에 기념 글까지 써 주었다. 그러나 장다첸은 여전히 자신을 용서할 수 없었다.

이런 풍파를 겪고 나서, 원래 술을 매우 좋아했던 장다첸은 지금부터 절대로 술을 마시지 않을 것이며, 또한 절대로

호랑이도 그리지 않겠다고 맹세했다. 그때부터 (75)C 장다첸은 술을 마시고 호랑이를 그리는 것과는 인연을 끊었다.

A 尤其在山水画方面卓有成就
B 反而对张大千画的那幅《虎图》赞赏有加
C 张大千与饮酒和画虎都绝了缘
D 这幅画很快受到了追捧
E 之后再由张大千加上一些山水景物

A 특히 산수화 방면에서 탁월한 성과를 지니고 있다
B 오히려 장다첸의 그「호랑이 그림」을 더욱 칭찬했다
C 장다첸은 술을 마시고 호랑이를 그리는 것과는 인연을 끊었다
D 이 그림은 매우 빨리 큰 사랑을 받게 되었다
E 그 다음 장다첸이 다시 산수풍경을 그려 넣었다

어휘 张大千 Zhāng Dàqiān 고유 장다첸 | ★无人不知, 无人不晓 wúrén bùzhī, wúrén bùxiǎo 모르는 사람이 없다, 누구나 다 알다 | ★书法 shūfǎ 명 서예 | 篆刻 zhuànkè 명동 전각(하다) | 诗词 shīcí 명 시사 | 无所不通 wú suǒ bù tōng 성 아는 것이 아주 많다, 모르는 것이 없다 | ★鲜为人知 xiǎn wéi rén zhī 성 사람들에게 잘 알려지지 않다 | 张善子 Zhāng Shànzǐ 고유 장산쯔 | ★擅长 shàncháng 동 뛰어나다, 재주가 좋다 | ★享有盛誉 xiǎngyǒu shèngyù 큰 영예를 누리다, 평판이 좋다 | 避讳 bìhui 동 회피하다, 삼가다 | ★欣赏 xīnshǎng 동 감상하다 | 不慎 búshèn 형 부주의하다, 조심하지 않다 | 流落 liúluò 동 떠돌다 | 千金难求 qiānjīn nánqiú 많은 돈을 들여도 구하기 어렵다 | 佳作 jiāzuò 명 우수한 작품 | 富商 fùshāng 명 거상, 부유한 상인 | 名流 míngliú 명 유명 인사 | 登门拜访 dēngmén bàifǎng 집으로 방문하다 | ★争先恐后 zhēng xiān kǒng hòu 성 뒤질세라 앞을 다투다 | ★后悔不迭 hòuhuǐ bùdié 후회막급이다 | ★有愧于 yǒukuì yú ~에 거리끼다, ~에 미안하다 | 题字 tí zì 동 기념으로 몇 자 적다 | ★原谅 yuánliàng 동 용서하다, 이해하다 | 经历……风波 jīnglì……fēngbō 시련을 겪다, 풍파를 겪다 | ★原本 yuánběn 부 원래, 본래 | ★酷爱 kù'ài 동 몹시 사랑하다 | 立誓 lì shì 동 맹세하다, 서약하다 | ★尤其 yóuqí 부 더욱이, 특히 | ★卓有成就 zhuóyǒu chéngjiù 탁월한 성과 | 赞赏有加 zànshǎng yǒu jiā 더욱 칭찬하며 높이 평가하다 | ★与……绝缘 yǔ……juéyuán ~와 인연을 끊다, ~와 관계를 끊다 | 受到追捧 shòudào zhuīpěng 추종을 받다, 큰 사랑을 받다

71. HSK POINT 빈출 부사 尤其의 의미 이해 난이도 中

A 尤其在山水画方面卓有成就 | A 특히 산수화 방면에서 탁월한 성과를 지니고 있다

공략 尤其가 정답을 찾는 힌트가 된다. 尤其는 '더욱이, 특히'라는 의미의 정도부사로, 앞에서 어떤 한 방면을 제시하고 그 뒤에는 그 중에서 특별한 무언가를 끄집어내 내용을 전개하는 문장이 이어져야 한다. 빈칸 앞에서 장다첸이 그림, 서예, 전각, 시사 등 모르는 것이 없다고 했으므로, 이어질 내용으로는 한 단계 더 나아가 특히 산수화 방면에서 뛰어나다는 의미의 보기 A가 가장 적합하다.

72. HSK POINT 선후 관계를 나타내는 문장 구조 유의하기 난이도 中

E 之后再由张大千加上一些山水景物 | E 그 다음 장다첸이 다시 산수풍경을 그려 넣었다

공략 이 문제는 문장의 선후 관계를 살펴봐야 한다. 빈칸 앞에서 형제가 협동해서 그림을 그리는데 형이 호랑이를 그렸다고 했으니, 그 뒤에는 반드시 동생(장다첸)이 그림을 그리는 내용이 이어져야 하므로 정답은 E가 된다.

73. HSK POINT 지시대사 这에 유의하기 난이도 下

D 这幅画很快受到了追捧 | D 이 그림은 큰 사랑을 받게 되었다

빈칸 앞에서 장다첸이「호랑이 그림」을 그렸다고 했는데, 보기 D의 '这幅画'가 가리키는 것이 바로 장다첸이 그린「호랑이 그림」임을 알 수 있으므로 정답은 D이다. 이처럼 지시대사 这와 那는 앞 문장의 고유 명사나 특정 명사를 대신하는 역할을 하므로, 보기에 주어지는 지시대사에 유의하면 이와 관련된 문제의 정답은 쉽게 찾을 수 있다.

74. HSK POINT 빈출 부사 反而의 의미 이해 난이도 中

B 反而对张大千画的那幅《虎图》赞赏有加 | B 오히려 장다첸의 그「호랑이 그림」을 더욱 칭찬했다

빈칸 앞의 문장에서 장산쯔가 불쾌해하지 않았다는 내용이 나오므로, 빈칸에는 장산쯔가 언짢아하지 않고 기분 좋게 취한 행동이나 태도에 관한 내용이 전개될 것임을 유추할 수 있다. 따라서 장다첸의 그림에 대해 더욱 칭찬했다는 의미의 보기 B가 정답이 된다. 反而이 정답을 찾을 수 있는 힌트인데, 反而은 '오히려, 도리어'라는 의미로 앞 문장의 내용과 상반되거나 뜻밖의 내용이 전개될 때 쓰이는 부사이다.

75. HSK POINT 동일한 의미의 문장 파악 난이도 下

C 张大千与饮酒和画虎都绝了缘 | C 장다첸은 술을 마시고 호랑이를 그리는 것과는 인연을 끊었다

이야기의 마무리를 나타내는 문장이 정답이 된다. 빈칸 앞의 '绝不饮酒，也绝不画虎'라는 문장이 보기 C의 '与饮酒和画虎都绝了缘'과 동일한 의미이므로 정답은 C이다.

[76-80]

地球上生存着数十亿的人口以及不计其数的动植物，这无疑是宇宙的一个奇迹。而这一奇迹的诞生要归功于地球在太阳系中所处的特殊位置。

事实上，金星、火星与地球几乎是同时期形成的，(76)C 也几乎由同样的物质组成，但为什么只有地球上出现了生命呢? 根本的原因是地球上有液态水，(77)B 其他行星上却没有。而液态水正是产生生命必不可少的条件。

地球还有一个"兄弟"，那就是金星。据科学家们观测所知，它的大小、质量、构成都与地球相似，但它却是个被厚厚大气层笼罩着的、表面温度高达480℃的死星。就气候的平稳性来说，两者好似天堂与地狱。到底是什么原因使得这"两兄弟"的命运如此不同呢? 科学家认

지구 상에는 수십 억의 인구와 셀 수 없을 만큼의 동식물들이 생존하고 있고, 이는 틀림없는 우주의 기적이다. 그런데 이 기적의 탄생은 태양계에서 지구의 특별한 위치 덕분이다.

사실, 금성과 화성은 지구와 거의 비슷한 시기에 형성되었으며, (76)C 또한 거의 같은 물질로 구성되어 있는데, 왜 지구에서만 생명이 나타난 것일까? 근본적인 원인은 지구에는 액체 상태의 물이 있는데, (77)B 기타 행성에는 없다는 데 있다. 그리고 액체 상태의 물은 바로 생명이 탄생하는 데 있어 꼭 필요한 조건이다.

지구는 또 하나의 '형제'가 있는데, 그것은 바로 금성이다. 과학자들의 관측에 의하면, 금성의 크기, 질량, 구성 요소는 모두 지구와 유사하지만, 그것은 두꺼운 대기층으로 덮여 있고 표면 온도가 480도에 달하는 죽은 별이다. 기후의 안정성으로 말하자면, 지구와 금성은 마치 천국과 지옥이다. 도대체 어떠한 원인이 이 '두 형제'의 운명을 이렇게 다르게 만든 걸까? 과학자들은 이는 지구와 금성이 태양으로부터의 거리가 서로 다르기 때문이라고 여긴다. 금성은

为这是两者距离太阳远近不同造成的。金星离太阳更近，它受到的太阳照射比地球强得多，金星大气中的水蒸气，还未来得及冷却成雨降落下来，就被来自太阳的过强的紫外线分解了，(78)D 金星上的水就这样被永久地夺走了。

金星尚且如此，(79)A 比金星还靠近太阳的水星就更不用说了。比地球更远离太阳的行星，由于离太阳太远，收到的太阳辐射不够多，水都以冰的形式存在。因此，出现生命的概率可以说是微乎其微。

由此可见，(80)E 地球所处的位置真是妙不可言。

A 比金星还靠近太阳的水星就更不用说了
B 其他行星上却没有
C 也几乎由同样的物质组成
D 金星上的水就这样被永久地夺走了
E 地球所处的位置真是妙不可言

태양과 더 가까이 있기 때문에, 금성이 받는 태양빛이 지구보다 훨씬 더 강해서, 금성의 대기 중에 있는 수증기는 냉각되지 못하고 바로 비로 떨어지고, 태양에서 나오는 강한 자외선에 의해 분해되어, (78)D 금성의 물은 바로 이렇게 영원히 빼앗기게 되었다.

금성도 이러한데, (79)A 금성보다 태양에 더 가까운 수성은 말할 필요도 없다. 지구보다 태양에서 더 멀리 떨어진 행성은 태양으로부터 너무 멀기 때문에, 태양 복사를 충분히 받지 못해서 물은 모두 얼음의 형태로 존재한다. 따라서 생명이 탄생하는 확률은 매우 적다고 할 수 있다.

이로써 (80)E 지구가 처한 위치는 이루 말할 수 없을 정도로 훌륭하다는 것을 알 수 있다.

A 금성보다 태양에 더 가까운 수성은 말할 필요도 없다
B 기타 행성에는 없다
C 또한 거의 같은 물질로 구성되어 있다
D 금성의 물은 바로 이렇게 영원히 빼앗기게 되었다
E 지구가 처한 위치는 이루 말할 수 없을 정도로 훌륭하다

어휘 ★不计其数 bú jì qí shù 성 수가 대단히 많다, 부지기수이다 | ★无疑 wúyí 형 의심할 바 없다, 틀림없다 | 宇宙 yǔzhòu 명 우주 | ★奇迹 qíjì 명 기적 | ★诞生 dànshēng 동 탄생하다, 생기다, 나오다 | 归功于 guīgōng yú ~의 공이다, 덕분이다 | 液态水 yètài shuǐ 액체 상태의 물 | ★必不可少 bì bù kě shǎo 성 필수적이다, 꼭 필요하다 | ★据……所知 jù……suǒzhī ~가 알기로는, ~인 바에 의하면 | 观测 guāncè 명동 관측(하다) | 大气层 dàqìcéng 명 대기층 | 笼罩 lǒngzhào 동 뒤덮다 | ★就……来说 jiù……láishuō ~으로 말할 것 같으면, ~으로 말하자면 | 平稳性 píngwěnxìng 안정성 | ★好似 hǎosì 동 마치 ~와 같다 | 天堂 tiāntáng 명 천국 | 地狱 dìyù 명 지옥 | 照射 zhàoshè 동 비추다, 비치다 | 水蒸气 shuǐzhēngqì 명 수증기 | 冷却 lěngquè 동 냉각하다, 냉각되다 | 降落 jiàngluò 동 내려오다 | 紫外线 zǐwàixiàn 명 자외선 | 分解 fēnjiě 동 분해하다 | ★尚且 shàngqiě 접 ~조차 ~한데 | 行星 xíngxīng 명 행성 | 辐射 fúshè 동 복사하다, 방사하다 | ★概率 gàilǜ 명 확률 | 微乎其微 wēi hū qí wēi 성 매우 적다, 미미하다 | ★由……组成 yóu……zǔchéng ~로 구성되다 | 被永久地夺走 bèi yǒngjiǔ de duózǒu 영원히 빼앗기다 | ★妙不可言 miào bù kě yán 성 이루 말할 수 없을 정도로 훌륭하다

76. HSK POINT 힌트가 되는 부사 也 [난이도 中]

C 也几乎由同样的物质组成   C 또한 거의 같은 물질로 구성되어 있다

공략 정답을 찾는 힌트는 부사 也인데, 也는 앞 절과 뒤 절에서 서술하는 내용이 유사한 의미를 나타내고 유사한 문장 구조를 지니는 것이 특징이다. 만약 也가 있는 보기가 있다면, 먼저 문장의 내용을 살펴보고 유사한 의미나 문장 구조를 가진 내용 뒤에 넣으면 된다. 따라서 빈칸 앞 절과 유사한 문장 구조인 C가 정답이다.

77. HSK POINT 힌트가 되는 부사 却 난이도 中

B 其他行星上却没有 | B 기타 행성에는 없다

정답을 찾는 힌트는 부사 却이다. 却는 '~지만, 하지만'이라는 전환의 의미를 나타내며 앞 절과 뒤 절의 술어 내용이 서로 상반된 의미를 갖는다. 따라서 보기 B의 앞 절에는 没有와 상반된 의미의 有가 제시된 문장이 언급될 것임을 유추할 수 있다.

78. HSK POINT 문맥적 의미 이해 난이도 上

D 金星上的水就这样被永久地夺走了 | D 금성의 물은 바로 이렇게 영원히 빼앗기게 되었다

이 문제는 빈칸 앞 문장의 의미를 이해해야 정답을 고를 수 있다. 빈칸 앞에서 '금성의 대기 중에 있는 수증기는 냉각되지 못하고 바로 비로 떨어지고, 태양에서 나오는 강한 자외선에 의해 분해되었다'고 했기 때문에, 그 뒤에 이어질 결과는 '금성의 물이 이렇게 빼앗기게 되었다'는 것임을 유추할 수 있으므로 정답은 D가 된다. 이 문제와 같이 빈칸 앞뒤 문장의 의미를 이해하고 정답을 찾아야 하는 유형의 문제는 마지막에 풀도록 한다.

79. HSK POINT '……尚且……更不用说'의 구조 파악 난이도 上

A 比金星还靠近太阳的水星就更不用说了 | A 금성보다 태양에 더 가까운 수성은 말할 필요도 없다

빈칸 앞의 尚且는 '~조차 ~한데'라는 의미로, 뒤 절에 주로 '……更不用说(~은 더 말할 것도 없다)'나 '何况……呢(하물며 ~는 어떻겠는가)'와 같은 문장을 동반한다. 예를 들면 '看来, 开车尚且来不及, 何况步行呢?(보아하니, 운전해도 늦겠는데 하물며 걷는 것은 오죽하랴?)'가 있다. 따라서 尚且를 힌트로 하여 정답은 A임을 알 수 있다.

80. HSK POINT 전체적인 글의 내용 이해 난이도 上

E 地球所处的位置真是妙不可言 | E 지구가 처한 위치는 이루 말할 수 없을 정도로 훌륭하다

이 문제는 전체 글의 결론을 지시하는 문장을 찾아야 하므로 '지구의 위치가 훌륭하다'는 중심 내용을 담고 있는 보기 E가 정답이 된다.

第四部分

[81-84]

　　曾经有人做过这样一个实验：小汽车陷入土坑里，想请人帮忙推出。实验者随即向路过的行人求助，发现半数以上的人都乐于出手相助。第二次，他改变了求助策略，那就是会将10块钱作为报酬给与对方。出乎意料的是这时竟然只有极少数的几个人愿意帮他。第三次，他改变了答谢策略，即在成功将车推出土坑后，81他赠与每个施助者一个小礼物。结果令人大跌眼镜，施助者不但欣然接受了礼物，甚至还反过来对他表示感谢。

　　对于这一奇异现象，经济学家给出了解释：我们同时生活在两个市场里，一个是社会市场，一个是货币市场。市场不同，规则不同，回报不同，人们的关注点也不同。82从道德层面考量某种行为时，人们通常不会考虑其市场价值，即使没有任何报酬，人们也乐于帮忙，因为人们觉得这样的行为有道德和精神意义上的价值。如果某种行为属于社会市场，就不要将其引入货币市场进行"定价"，否则会让人不悦，甚至产生厌恶、抵触情绪。当然，对于帮助过我们的人，我们应该答谢，但不是给钱，83一份小礼物会让施助者更开心，因为礼物的意义是一种精神层面上的感激和褒扬，而不是对他们的善行或者义举进行"定价"。

　　由这个实验，我们可以得到一个启示，那就是在这个世界上，有许多东西是不能也无法"定价"的。虽说"有钱能使鬼推磨"，84但钱并不是能解决一切问题的灵丹妙药。

어휘 ★陷入 xiànrù 통 빠지다 | ★土坑 tǔkēng 명 흙구덩이 | ★推出 tuīchū 통 밖으로 밀어내다 | ★随即 suíjí 부 즉시, 곧 | ★求助 qiúzhù 통 도움을 청하다 | ★乐于 lèyú 통 기꺼이 ~을 하다 | 相助 xiāngzhù 통 서로 돕다, 협조하다 | ★策略 cèlüè 명 책략, 전략 | 报酬 bàochou 명 보수, 대가 | ★出乎意料 chū hū yì liào 성 예상을 벗어나다, 뜻밖이다 | 极少数 jíshǎoshù 극소수 | 答谢 dáxiè 통 사례하다, 감사를 표하다 | 赠与 zèngyǔ 통 증여하다 | ★大跌眼镜 dàdiē yǎnjìng 매우 놀라다 | ★施助 shīzhù 돕다, 도움을 주다 | ★欣然 xīnrán 부 흔쾌히, 기꺼이 | ★奇异现象 qíyì xiànxiàng 기이한 현상, 진기한 현상 | 货币 huòbì 명 화폐 | 规则 guīzé 명 규칙 | 回报 huíbào 통 보답하다 | ★关注点 guānzhùdiǎn 주목할 점 | ★从……层面 cóng……céngmiàn ~차원으로부터 | ★道德 dàodé 명 도덕, 윤리 | 考量 kǎoliàng 통 고려하다,

생각하다 | ★引入 yǐnrù 图 끌어들이다, 도입하다 | ★定价 dìngjià 图 가격을 매기다, 가격을 정하다 | ★不悦 búyuè 불쾌하다 | ★厌恶 yànwù 图 혐오하다, 몹시 싫어하다 | 抵触情绪 dǐchù qíngxù 악감정, 위화감 | ★感激 gǎnjī 图 감격하다 | ★褒扬 bāoyáng 图 칭찬하다, 찬미하다 | ★善行 shànxíng 몡 선행 | 义举 yìjǔ 몡 의거, 의로운 일을 하는 행위 | ★启示 qǐshì 몡 계시, 시사, 깨달음 | ★有钱能使鬼推磨 yǒu qián néng shǐ guǐ tuī mò 돈만 있으면 귀신도 부릴 수 있다 | ★灵丹妙药 líng dān miào yào 솅 모든 문제를 해결할 수 있는 방법

81. HSK POINT 핵심어 第三次 및 동일한 문장 파악 난이도 下

关于第三次试验，可以知道： | 세 번째 실험에 관해 알 수 있는 것은?

A 人们嫌报酬少 | A 사람들은 보수가 적다며 불만스러워했다
B 施助者拒绝接受礼物 | B 도와준 사람은 선물 받기를 거절했다
C 施助者会得到礼物 | C 도와준 사람이 선물을 받았다
D 实验者遭到婉拒 | D 실험자는 완곡하게 거절을 당했다

공략 핵심어는 第三次로 그 뒤에 이어지는 문장 '他赠与每个施助者一个小礼物'를 통해 정답이 C임을 알 수 있다.

82. HSK POINT 긴 문장에서 핵심 내용 파악 난이도 中

当人们从道德层面考量某种行为时： | 사람들이 도덕적 측면에서 어떤 행위를 고려할 때는?

A 会考虑能否得到报酬 | A 보수를 받을 수 있는지의 여부를 생각한다
B 乐于提供无偿帮助 | B 대가 없이 기꺼이 도움을 주려고 한다
C 会对种行为"定价" | C 그 행위에 대해 '값을 정한다'
D 不在意别人的看法 | D 다른 이들의 견해를 신경 쓰지 않는다

공략 두 번째 단락의 '从道德层面考量某种行为时，人们通常不会考虑其市场价值，即使没有任何报酬，人们也乐于帮忙'에서 핵심 내용인 '没有任何报酬'가 보기 B의 '无偿帮助'와 같은 의미이므로 정답은 B가 된다.

83. HSK POINT 유사한 의미의 문장 파악 난이도 中

施助者欣然接受礼物，是因为： | 도움을 준 사람이 흔쾌히 선물을 받은 이유는?

A 受助者十分有诚意 | A 도움을 받은 사람이 매우 성의가 있어서
B 这是对其善行的物质奖励 | B 이것은 그 선행에 대한 물질적인 상금이어서
C 这是对其行为的肯定 | C 이것은 그 행위에 대한 인정이어서
D 受助者的态度很诚恳 | D 도움을 받은 사람의 태도가 매우 진실해서

공략 두 번째 단락의 '一份小礼物会让施助者更开心，因为礼物的意义是一种精神层面上的感激和褒扬'이라는 내용에서 말한 정신적 측면에서의 감사와 칭찬이 바로 보기 C의 그에 대한 인정과 비슷한 의미이므로 정답은 C이다.

84. HSK POINT 힌트가 되는 但 및 동일한 의미의 어휘 파악 난이도 上

上文主要想告诉我们：	본문이 주로 우리에게 알려주는 바는?
Ⓐ 金钱不是万能的	Ⓐ 돈은 만능이 아니다
B 要懂得礼尚往来	B 오는 정이 있으면 가는 정이 있다는 것을 알아야 한다
C 应该用道德来约束人	C 도덕으로 사람을 다스려야 한다
D 要乐于助人	D 다른 사람을 기꺼이 도와야 한다

공략 마지막 단락에서 전환의 의미를 나타내는 접속사 구조 '虽说……但……'을 통해 '但钱并不是能解决一切问题的灵丹妙药'라고 말하고 있다. 여기서 灵丹妙药가 '모든 문제를 해결할 수 있는 방법, 만병통치약'이라는 의미이므로 정답은 A가 된다.

[85-88]

人们在职场中，按照资历深浅，大致会经历三种角色：进入社会不久的新人、中层干部与高层主管。我们可以把在这三个阶段工作的人比拟为三种动物：鸟、骆驼、鲸鱼。

初出茅庐的新人，像是一只鸟——刚刚孵化，开始学习飞翔。85小鸟的优势，就是机会无穷，各种新奇的尝试与可能，都在双翼之下。你可以选择成为家鸟，驻足于别人屋檐下；你也可以选择成为林鸟，生活在茂密的森林里；你还可以选择成为候鸟，随季节的变化而周游各地。但是，你也要小心，太多新奇的选择，会让你眼花缭乱；或者，你选择成为一种你体力无法适应的鸟；或者，你不停地变换自己的生存方式，最后连自己都忘了自己是一只什么样的鸟；或者，你选择方便的离人群很近的觅食方式，结果成为别人弹弓下的猎物。

在职场中摸爬滚打几年后，成为公司或组织里的中坚分子，这时你就成了一头骆驼。86你的公司、你的上司愿意信任你、重用你，一再把沉重的工作交付下来，让你承担。这时候的骆驼，已经不像小鸟那样可以任意飞翔，甚至即使有变动的机会出现，你也已经不敢轻易尝试。骆驼的优势在于平稳，看起来几乎没有任何风险。骆驼的风险也在于平稳，看起来几乎没有任何机会。

如果老天爷眷顾你，你还将会有幸从中间干部更上层楼，成为一个公司或组织的高层决策者、领导者，那就成了一条鲸鱼。就从枯燥无际的沙漠，跃入了广阔自由的大海，长风万里，别人祝贺你；海天无垠，你期许自己。然

사람들은 직장에서 이력의 정도에 따라, 대개 세 가지 역할을 겪을 수 있는데, 사회에 진출한 지 얼마 되지 않은 신입 사원과 중급 간부 및 고위 간부이다. 우리는 이 세 단계에서 업무를 보는 사람들을 새, 낙타, 고래라는 세 가지 동물로 비유할 수 있다.

사회나 직장에 막 발을 디딘 신입 사원은 막 부화된 새와 같이 하늘을 나는 것을 배우기 시작한다. 85새의 강점은 바로 기회가 무궁무진하고, 여러 가지 새로운 시도와 가능성이 두 날개 아래에 있다는 것이다. 당신은 텃새가 되기를 선택하여 다른 사람의 집 처마 밑에서 살 수도 있고, 또는 숲새가 되기를 선택하여 무성한 숲에서 살 수도 있다. 또는 당신은 철새가 되기를 선택하여 계절의 변화에 따라 각지를 돌아다니며 살 수도 있다. 하지만 조심해야 할 점은, 너무 많은 새로운 선택이 당신의 눈을 현혹시킬 수 있고, 혹은 당신이 스스로의 힘으로 적응할 수 없는 새가 되는 것을 선택할 수도 있다는 것이다. 또한 끊임없이 자신의 생존 방식을 바꾸다가, 결국 당신조차 자신이 어떤 새인지 잊어버리게 될 수 있다. 혹은 사람들 무리와 가까이 하여 편리하게 먹이를 구하는 방식을 선택하다 결국 다른 이의 활 아래에 놓인 사냥감이 될 수도 있다.

직장에서 몇 년간 힘들게 일한 뒤에는 회사나 조직 내의 중견 인물이 되는데, 이때 당신은 낙타가 되는 것이다. 86당신의 회사나 상사는 당신을 신임하고 중용하여, 막중한 업무를 거듭 당신에게 맡기게 된다. 이때의 낙타는 새처럼 그렇게 마음대로 날아가지 못하며, 심지어 변동의 기회가 있더라도 감히 쉽게 시도하지 못한다. 낙타의 강점은 안정성에 있으며 어떠한 위험도 거의 없어 보인다. 낙타의 위험 역시 이 안정성에 놓여 있어, 어떠한 기회도 거의 없어 보인다.

만약 하느님이 당신을 보살핀다고 한다면, 당신은 운 좋게도 중급 간부에서 한층 더 올라가 회사나 조직의 고위 정책

而，进入了海洋，你就要接受海洋的一切。87阳光灿烂的日子是你的，狂风暴雨的日子也是你的。最重要的是，你要永远前进，没有停歇。你没有上岸休息的权利——上岸的鲸鱼，就搁浅了，是要死亡的。你不得不硬着头皮做一个乘风破浪的弄潮儿。

결정자나 리더가 될 수 있는데, 이때 당신은 고래가 되는 것이다. 끝없이 메마른 사막에서 광활하고 자유로운 바다로 뛰어 들어가게 되면, 많은 사람들이 당신을 축하해주고, 끝없는 하늘과 바다 속에서 당신은 스스로에게 기대를 품게 된다. 그러나 바다로 들어가고 나면, 당신은 바다의 모든 것들을 받아들여야 한다. 87햇빛이 찬란한 날이 당신의 것이라면, 모진 비바람이 있는 날도 당신의 것이다. 가장 중요한 점은 당신이 멈추지 않고 계속 앞을 향해 전진해야 한다는 것이다. 당신에게는 육지로 나가 쉴 수 있는 권리가 없는데, 이는 고래가 만약 육지로 오르면 좌초되어 사망할 수 있기 때문이다. 당신은 할 수 없이 어려움을 무릅쓰고 용감하게 나아가는 투사가 되어야만 한다.

어휘 资历 zīlì 圀 자격과 경력, 이력 | 深浅 shēnqiǎn 圀 심도, 깊이 | ★大致 dàzhì 凷 대개, 대체로 | ★角色 juésè 圀 역, 역할 | 新人 xīnrén 圀 신입 사원 | 中层干部 zhōngcéng gànbù 중급 간부 | 高层主管 gāocéng zhǔguǎn 고위 담당자, 고위 간부 | 把……比拟为 bǎ……bǐnǐ wéi ~을 ~로 의인화하다, ~을 ~로 비교하다 | 骆驼 luòtuo 圀 낙타 | 鲸鱼 jīngyú 圀 고래 | ★初出茅庐 chū chū máo lú 圀 사회나 직장에 막 발을 디디다 | 孵化 fūhuà 凷 부화하다, 알을 까다 | ★飞翔 fēixiáng 동 비상하다 | ★优势 yōushì 圀 우세, 우위 | 无穷 wúqióng 圀 무궁하다, 끝이 없다 | ★新奇 xīnqí 圀 새롭다, 신기하다 | ★尝试 chángshì 동 시도해보다 | 双翼 shuāngyì 두 날개 | 家鸟 jiāniǎo 圀 텃새 | 驻足 zhùzú 동 걸음을 멈추다 | 屋檐 wūyán 圀 처마 | 林鸟 línniǎo 숲새 | ★茂密 màomì 圀 무성하다 | 森林 sēnlín 圀 삼림, 숲 | 候鸟 hòuniǎo 圀 철새 | 周游 zhōuyóu 동 두루 돌아다니다 | ★眼花缭乱 yǎn huā liáo luàn 圀 눈이 어지럽다, 눈이 부시다 | ★变换 biànhuàn 동 변환하다 | 觅食 mìshí 동 먹이를 찾다 | 弹弓 dàngōng 탄궁, 탄알을 쏘는 활 | 猎物 lièwù 圀 사냥감 | 摸爬滚打 mō pá gǔn dǎ 圀 힘들게 훈련하다, 힘들게 일하다 | ★组织 zǔzhī 圀 조직 | 中坚分子 zhōngjiān fènzǐ 중견 인물 | ★信任 xìnrèn 동 신임하다 | 重用 zhòngyòng 동 중용하다 | 沉重 chénzhòng 圀 몹시 무겁다, 심하다 | ★交付 jiāofù 동 위임하다, 맡기다 | ★承担 chéngdān 동 맡다, 담당하다 | 任意 rènyì 凷 마음대로, 제멋대로 | ★变动 biàndòng 圀 변동, 변화 동 변동하다, 바꾸다 | ★轻易 qīngyì 圀 쉽다, 수월하다 | ★平稳 píngwěn 圀 안정되다, 평온하다 | 老天爷 lǎotiānyé 圀 하느님 | 眷顾 juàngù 동 관심을 갖다, 돌보다 | 高层决策者 gāocéng juécèzhě 고위 정책 결정자 | ★领导者 lǐngdǎozhě 圀 지도자, 리더 | ★枯燥无际 kūzào wújì 끝없이 메마르다, 무미건조하다 | ★沙漠 shāmò 圀 사막 | 跃入 yuèrù 동 뛰어들다 | ★广阔 guǎngkuò 圀 넓다, 광활하다 | 长风万里 chángfēng wànlǐ 먼 곳으로부터 불어오는 센 바람 | 海天无垠 hǎitiān wúyín 끝없는 하늘과 바다 | 期许 qīxǔ 동 기대하다 | ★阳光灿烂 yángguāng cànlàn 햇빛이 찬란하다 | 狂风暴雨 kuáng fēng bào yǔ 圀 세찬 폭풍우, 모진 비바람 | 停歇 tíngxiē 동 멈추다, 쉬다 | ★上岸 shàng àn 동 기슭에 오르다, 육지에 오르다 | 权利 quánlì 圀 권리 | 搁浅 gē qiǎn 동 (배가) 좌초하다 | ★硬着头皮 yìngzhe tóupí 무리하게 일하다, 염치 불고하고 | 乘风破浪 chéng fēng pò làng 圀 어려움이나 위험을 무릅쓰고 용감하게 나아가다 | ★弄潮儿 nòngcháo'ér 圀 위험에 용감히 맞서 싸우는 사람, 투사

85. **HSK POINT** 유사한 의미의 문장 파악 | 난이도 **中**

关于刚进入社会的新人，可以知道什么？

A 没有组织观念
B 缺乏工作热情
C 有很多选择
D 肩负着重大责任

사회에 막 진출한 신입 사원에 관해 알 수 있는 것은?

A 조직 관념이 없다
B 일의 열정이 부족하다
C 많은 선택이 있다
D 중대한 책임을 맡고 있다

공략 두 번째 단락의 '小鸟的优势, 就是机会无穷' 중 '기회가 무궁무진하다'는 의미의 '机会无穷'이 보기 C와 같은 의미이므로 정답은 C가 된다.

86. HSK POINT 동의어 信任과 信赖 난이도 中

中层干部与骆驼的共同点在哪?

A 缺乏冒险精神
B 值得信赖
C 很难得到重用
D 喜欢玩 "心跳"

중급 간부와 낙타의 공통점은 어디에 있는가?

A 모험 정신이 부족하다
B 신뢰할 만하다
C 중용을 받기 어렵다
D '가슴 뛰는 것'을 즐긴다

공략 세 번째 단락의 '你的公司、你的上司愿意信任你、重用你'라는 내용에서 '신임하다'는 의미의 信任이 보기 B의 信赖와 동의어이므로 정답은 B가 된다.

87. HSK POINT 성어 狂风暴雨의 의미 이해 난이도 上

第4段用 "狂风暴雨" 来比喻什么?

A 波澜壮阔的人生
B 千载难逢的良机
C 与别人的争端
D 可能遇到的风险

네 번째 단락 중 '狂风暴雨'는 무엇을 비유하는가?

A 파란만장한 인생
B 절호의 기회
C 다른 이와의 분쟁
D 만나게 될 위험

공략 성어의 의미를 묻는 문제는 각 한자의 뜻을 조합하여 그 비유적인 의미를 유추할 수 있다면, 본문의 내용을 확인하지 않아도 정답을 고를 수 있다. 狂风暴雨는 '세찬 폭풍우', '모진 비바람'이라는 뜻으로, 위험한 처지를 비유적으로 나타내므로 정답은 D이다. 본문에서 관련 내용을 찾아 정답을 고른다면, 마지막 단락의 '阳光灿烂的日子是你的, 狂风暴雨的日子也是你的。'라는 문장 중 앞 절의 '阳光灿烂的日子'가 '밝고 좋은 날'을 의미하므로 뒤 절에는 '어려움이 있는 날'을 의미할 것을 유추할 수 있다.

어휘 波澜壮阔 bō lán zhuàng kuò 셩 기세가 드높고 규모가 크다, 파란만장하다 | 千载难逢 qiān zǎi nán féng 셩 좀처럼 얻기 힘든 좋은 기회 | 争端 zhēngduān 명 쟁단, 분쟁의 실마리

88. HSK POINT 각 단락의 중심 내용을 파악한 후 제목 유추 난이도 上

最适合做上文标题的是:

A 天高任鸟飞
B 鸟、骆驼、鲸鱼
C 顺其自然
D 人走茶凉

이 글의 제목으로 가장 적합한 것은?

A 하늘은 새가 마음껏 날도록 맡긴다
B 새, 낙타, 고래
C 순리를 따르다
D 사람이 떠나면 인정도 사라진다

공략 각 단락에서 직장 내 조직원들을 이력에 따라 새, 낙타, 고래라는 동물에 비유하여 설명하고 있으므로 정답은 B가 된다.

[89-92]

　　⁸⁹动画是一门幻想艺术，集合了绘画、漫画、电影、数字媒体、摄影、音乐等众多艺术门类于一身。它更容易直观表现和抒发人们的感情，可以把现实中不可能看到的呈现于人们眼前，扩展了人类的想象力和创造力。

　　一般人们认为，动画片拍摄的对象是一些凭空创造出来的东西，而不是真实存在的。实际上，⁹⁰ᴬ动画本身与其拍摄对象并无必然联系，真正区别动画和电影电视技术的关键是拍摄方式。在三维动画出现以前，对动画技术比较规范的定义是：采用逐帧拍摄对象并连续播放而形成运动影像的技术。⁹¹不论拍摄对象是什么，只要它的拍摄采用的是逐格方式，连续播放时形成了活动影像，那么它就是动画。

　　动画的基本原理与电影、电视一样，都是视觉原理。人类具有"视觉暂留"的特性，就是说人的眼睛在看到一幅画或一个物体后，形成的画面在0.34秒内不会消失。利用这一原理，在一幅画还没有消失前播放下一幅画，就会产生一种流畅的视觉变化的效果。因此，电影拍摄和播放的速度是每秒24幅画面，电视则是每秒25幅或30幅。如果低于每秒10幅的话，就会出现停顿现象。而动画就是利用此原理把人或物的表情、动作、变化等分段画成许多幅画，再用摄影机连续拍摄成一系列画面，在视觉中形成连续变化的图画的一种技术。

　　因此，我们倘若要判断一个作品是不是动画，要看作品是否符合动画的本质，⁹⁰ᴰ而不在于看其使用的材质或创作的方式。时至今日，动画已经包含了各种形式，但不论何种形式，它们都具有一些共同点：其影像是以电影胶片、录像带或数字信息的方式逐格记录的；另外，⁹⁰ᴮ影像的"动作"是被创造出来的幻觉，而不是原本就存在的。

　　⁸⁹애니메이션은 환상 예술의 하나로 회화, 만화, 영화, 디지털 매체, 촬영, 음악 등 여러 가지 예술을 한데 모은 것이다. 애니메이션은 사람들의 감정을 보다 쉽고 직관적으로 표현하고 나타내며, 현실에서 볼 수 없는 것들을 사람들의 눈앞에 보여줄 수 있어, 사람들의 상상력과 창조력을 넓혔다.

　　일반적으로 사람들은 애니메이션의 촬영 대상은 터무니없이 만들어낸 것이며, 실제로 존재하는 것이 아니라고 생각한다. 사실 ⁹⁰ᴬ애니메이션 자체는 그 촬영 대상과 필연적인 연관이 없는데, 애니메이션과 영화, 드라마의 기술을 확실히 구별하는 관건은 바로 촬영 방식에 있다. 3D 애니메이션이 나오기 이전, 애니메이션 기술에 대한 비교적 규범적인 정의는 대상을 프레임 바이 프레임(Frame By Frame)의 방식으로 촬영하고, 연속적인 방영을 통해 움직임이 있는 영상을 만드는 기술이었다. ⁹¹촬영 대상이 무엇이든 상관없이, 스톱 모션(Stop-motion) 방식을 사용하기만 하면, 연속적으로 방영될 때 활동 영상이 형성되는데, 그럼 그것이 바로 애니메이션이 된다.

　　애니메이션의 기본 원리는 영화, 드라마와 동일한데, 모두 시각 원리이다. 인간은 '시각 잔류'의 특성을 가지고 있는데, 즉 사람의 눈으로 한 폭의 그림이나 하나의 물체를 보고 나서 형성된 화면은 0.34초 이내에 사라지지 않는다. 이 원리를 이용하여, 하나의 화면이 사라지기 전에 다음 화면을 방영하면, 일종의 매끈한 시각 변화의 효과가 생겨난다. 따라서 영화의 촬영과 방영 속도는 초당 24폭의 화면이고, 드라마는 초당 25폭 혹은 30폭의 화면이 된다. 만약 초당 화면이 10폭이 안 되면 멈춤 현상이 나타나게 된다. 그런데 애니메이션은 바로 이 원리를 이용하여 사람이나 사물의 표정, 동작, 변화 등을 단계적으로 나누어 많은 화면을 만들어 내고, 그러고 나서 카메라를 사용해 연속적으로 촬영하여 이어진 화면을 만들어, 시각적으로 연속적인 변화를 지닌 그림 기술이 형성되는 것이다.

　　그러므로 우리가 하나의 작품이 애니메이션인지 아닌지를 판단하는 기준은, 작품이 애니메이션의 본질에 부합하는지를 살펴봐야 하는 것이지, ⁹⁰ᴰ애니메이션이 사용한 소재나 창작 방식에 있는 것이 아니다. 지금까지 애니메이션은 이미 각종의 형식을 포함하고 있지만, 어떤 형식이든 그것들은 모두 약간의 공통점을 가지고 있다. 그 영상은 영화 필름, 녹화 테이프, 디지털 정보 방식에 스톱 모션(Stop-motion)으로 기록한 것이고, 이 밖에 ⁹⁰ᴮ영상의 '동작'은 만들어진 환각이며 원래 존재하는 것은 아니다.

어휘 ★动画 dònghuà 圀 애니메이션, 만화 영화 | ★幻想 huànxiǎng 圀 공상, 환상 | ★集合……于一身 jíhé……yú yìshēn ~을 한데 모으다 | ★绘画 huìhuà 圀동 그림(을 그리다) | ★漫画 mànhuà 圀 만화 | ★数字媒体 shùzì méitǐ 디지털 미디어 | ★摄影 shèyǐng 동 촬영하다 | ★门类 ménlèi 圀 분류, 부류 | ★抒发 shūfā 동 나타내다, 토로하다 | ★呈现 chéngxiàn 동 나타나다, 드러나다 | ★扩展 kuòzhǎn 동 확장하다, 넓게 펼치다 | ★拍摄 pāishè 동 촬영하다, 찍다 | 凭空 píngkōng 부 터무니 없이, 근거 없이 | ★创造 chuàngzào 동 창조하다, 만들다 | ★区别 qūbié 동 구별하다 | ★关键 guānjiàn 圀 관건 | 三维 sānwéi 圀 3D | ★规范 guīfàn 圀 규범, 표준 | ★采用 cǎiyòng 동 사용하다, 적합한 것을 골라 쓰다 | 逐帧 zhú zhēn 프레임 바이 프레임(Frame By Frame) | ★连续 liánxù 동 연속하다 | ★播放 bōfàng 동 방송하다, 방영하다 | ★影像 yǐngxiàng 圀 영상 | 逐格 zhú gé 스톱 모션(Stop-motion) | 视觉原理 shìjué yuánlǐ 시각 원리 | 视觉暂留 shìjué zànliú 시각 잔류 | ★流畅 liúchàng 형 막힘이 없다, 거침없다 | 停顿现象 tíngdùn xiànxiàng 멈춤 현상 | ★摄影机 shèyǐngjī 圀 카메라 | ★一系列 yíxìliè 형 일련의, 연속의 | ★倘若 tǎngruò 접 만일, 만약 | ★判断 pànduàn 동 판단하다 | ★符合 fúhé 동 부합하다 | ★本质 běnzhì 圀 본질 | 材质 cáizhì 圀 재질, 재료 | ★时至今日 shízhì jīnrì 오늘에 이르기까지, 지금에 와서 | ★包含 bāohán 동 포함하다 | 电影胶片 diànyǐng jiāopiàn 영화 필름 | 录像带 lùxiàngdài 圀 녹화 테이프, 비디오 테이프 | ★数字信息 shùzì xìnxī 디지털 정보 | 幻觉 huànjué 圀 환각 | ★原本 yuánběn 부 원래, 본래

89. HSK POINT 단락의 중심 내용 파악 난이도 中

根据第1段, 动画:

A 只源于生活
B 是漫画的一种
C 是综合性艺术
D 不易抒发人们的情怀

첫 번째 단락에 따르면 애니메이션은?

A 단지 삶을 근거로 한다
B 만화의 일종이다
C 종합 예술이다
D 사람의 감정을 나타내기가 쉽지 않다

공략 첫 번째 단락은 애니메이션이 무엇인지를 소개하는 단락으로, 첫 문장 '动画是一门幻想艺术, 集合了绘画、漫画、电影、数字媒体、摄影、音乐等众多艺术门类关于一身。'을 통해 애니메이션이 많은 예술을 한데 모은 종합 예술임을 알 수 있으므로 정답은 C이다.

90. HSK POINT 보기 순서대로 관련 내용 찾기 난이도 上

根据上文, 可以知道:

A 动画与其拍摄对象有密切的关系
B 动画的"动作"是一种幻觉
C "视觉暂留"是一种生理缺陷
D 动画很注重材质和创作的方式

본문에 근거하여 알 수 있는 것은?

A 애니메이션은 그 촬영 대상과 밀접한 관계가 있다
B 애니메이션의 '동작'은 일종의 환각이다
C '시각 잔류'는 일종의 생리적 결함이다
D 애니메이션은 소재와 창작 방식을 매우 중요시한다

공략 이러한 유형의 문제는 보기 순서대로 관련 내용을 본문에서 찾도록 한다. 먼저 두 번째 단락의 '动画本身与其拍摄对象并无必然联系'라는 내용을 통해 A는 정답이 아님을 알 수 있다. 보기 B의 핵심어는 动作로 글의 마지막 부분에서 찾을 수 있는데, '影像的"动作"是被创造出来的幻觉'라는 내용에서 B가 정답임을 알 수 있다. 따라서 나머지 보기의 내용은 확인하지 않아도 된다.

91. HSK POINT 긴 문장에서 핵심 내용 파악 난이도 上

关于动画片的拍摄特点, 可以知道:

A 与电影技术雷同
B 所成影像是三维的
C 以低于每秒10幅的速度拍摄
D 采用逐格方式

애니메이션의 촬영 특징에 관해 알 수 있는 것은?

A 영화 기술과 유사하다
B 만들어진 모든 영상이 3D이다
C 초당 10폭보다 낮은 속도로 촬영한다
D 스톱 모션(Stop-motion) 방식을 사용한다

> 공략 두 번째 단락의 '不论拍摄对象是什么, 只要它的拍摄采用的是逐格方式, 连续播放时形成了活动影像, 那么它就是动画.'라는 내용에서 애니메이션이 스톱 모션(Stop-motion) 방식을 사용하는 특징을 지니고 있음을 알 수 있으므로 정답은 D가 된다.

92. HSK POINT 중심 내용을 파악한 후 주제 유추 난이도 中

上文主要谈的是:

A 动画的发展史
B 动画的特点
C 动画的拍摄技术
D 什么是动画

본문이 주로 이야기하는 것은?

A 애니메이션의 발전 역사
B 애니메이션의 특징
C 애니메이션의 촬영 기술
D 무엇이 애니메이션인가

> 공략 이 글은 애니메이션의 촬영 방식, 원리, 형식 등 다양한 특징을 각 단락으로 나누어 소개하고 있으므로 정답은 B이다.

[93-96]

　　爱美是女人的天性, 即使衣橱里的衣服再多, 也总觉得没什么可穿的。我对衣服虽不痴迷, 但也不能免俗, 免不了花些时间去淘几件喜欢的衣服。⁹³有时候几个小时也挑不到可心的, 很是沮丧; 有些过于年轻可爱, 有些太职业化, 线条很硬, 有些则奢华富丽。⁹⁴我所偏好的朴素雅致、端庄大方的服饰, 越来越少。看似选择很多, 其实无可选择, 一如这个时代之于我。

　　有一天, 闲来无事在家整理旧衣时, 发现不少衣服尚可穿, 有些稍作改动, 比新衣更称心。挑了几件出来, 挂在衣橱里——搜罗旧衣的收获远胜于逛街买新衣。

　　人们在生活中也总试图寻找新的工作领域、新的兴趣、新的朋友, 以为可以给生活带来新的气象, 甚至令沉闷灰色的现实焕然一新, 却往往费力甚多, 所得甚少。其实花些时间、用点儿心思整理经营已有的一切, 就可让日

　　아름다운 것을 사랑하는 것은 여성의 본성이어서, 설령 옷장 안에 옷이 아무리 많더라도, 늘 입을 만한 옷이 없다고 생각한다. 나는 옷에 눈이 먼 것은 아니지만 세속에 얽매이지 않을 수도 없으니, 시간을 들여 마음에 드는 옷 몇 벌을 고른다. ⁹³때때로 몇 시간을 들여도 마음에 드는 옷을 고르지 못할 경우에는 실망하게 된다. 어떤 옷은 지나치게 어리며 깜찍하고, 어떤 옷은 너무 정장 차림 같이 선이 딱딱하고, 또 어떤 옷은 사치스럽고 화려하다. ⁹⁴내가 특히 좋아하는 화려하지 않고 고상하며 단정하고 세련된 옷들은, 갈수록 적어지고 있다. 겉으로 보기에는 선택할 수 있는 것이 많아 보이지만, 사실 선택할 만한 것늘이 없다. 이 시대도 나에게 마치 그러하다.

　　어느 날, 할 일이 없어 집에서 옛날 옷들을 정리하다가 아직 입을 만한 옷들을 발견하여, 그 옷들을 조금 수선하니 새 옷보다 더 마음에 들었다. 몇 벌을 골라 옷장에 걸어 두었는데, 이렇게 옛날 옷들을 찾아서 모으는 것이 쇼핑해서 새 옷을 사는 것보다 훨씬 더 수확이 많기도 하다.

　　사람들은 살면서 늘 새로운 직업 영역, 새로운 취미, 새로

子大有改观。比如住腻了的旧屋子、用厌了的旧家什，确实谈不上有什么美感。许多人将日子的乏味归咎于家居环境的陈旧与死气沉沉，以为一处崭新的豪宅，即可带来新鲜感与幸福，于是他们不惜花巨大的代价去换取一所无生命的房子，这些代价包括时间、精力甚至人格。终于搬进了豪宅，幸福却并不长久。

新鲜感是转瞬即逝的，屋子和家居也染上了主人的色彩而主人较之旧居中的那个人并无进步，于是屋子很快也变得乏味起来——即使富丽堂皇，也掩饰不了平庸和无趣。如果他们愿意花同样的时间和精力去经营旧家，更重要的是经营自我，生活就不会如此令人失望。95旧不一定不如新。何况新也不能凭空而建，总要有旧作基础，否则只能是空中楼阁。96更关键的是，如果新世界里旧根基还在，那新也还是旧，甚至还不如旧。

운 친구를 찾는 것을 시도하며, 이것이 우리 생활에 새로운 활력소를 주거나 심지어는 음울한 현실을 새롭게 바꿀 수 있다고 여기는데, 오히려 종종 많은 힘을 들이는데도 얻는 것은 매우 적을 수 있다. 사실 시간을 좀 들이고 신경을 좀 써서 자신이 이미 가지고 있는 것들을 잘 정리하면, 생활이 크게 개선될 수 있다. 예를 들면, 오래된 집에 사는 것이 싫증나고 오래된 가구에 질려서, 정말 무슨 아름다움이라고 말할 수 없다고 한다. 많은 사람들은 삶의 무미건조함을 거주 환경의 낡음과 침울함 탓으로 돌리며, 호화로운 주택 한 채가 신선함과 행복을 가져다줄 수 있다고 생각한다. 그래서 그들은 큰 대가를 쏟는 것을 아끼지 않고 생명도 없는 집을 얻으려 하는데, 이러한 대가란 시간과 정력, 심지어는 인격까지도 포함된다. 마침내 호화로운 주택에 살게 되면 행복은 오히려 오래 가지 못한다.

신선함이란 눈 깜짝할 사이에 지나가 버리는데, 집과 가구가 주인의 색에 물들게 되면, 주인은 옛집에 살았던 그 사람보다 발전이 없게 되어 그 주택에서의 삶도 빠르게 재미없게 변해간다. 설령 그 집이 웅장하고 화려하다 해도, 평범함과 무료함을 숨길 수는 없다. 만약 그들이 동일한 시간과 정력을 들여 옛날 집을 관리하고, 더 중요한 것은 자신을 다스렸다면, 삶이 이렇게까지 실망스럽지는 않을 것이다. 95낡은 것이 반드시 새로운 것보다 못한 것은 아니다. 하물며 새로운 것 또한 근거 없이 만들어지는 것은 아니며, 항상 낡은 것을 기초로 해야 한다. 그렇지 않으면 그것은 단지 공중누각이 될 뿐이다. 96더욱 중요한 것은 만약 새로운 세계에 낡은 토대가 여전히 존재하면, 새로운 것 또한 낡은 것이며 심지어 낡은 것보다 못할 수도 있다는 것이다.

어휘

★爱美 ài měi 동 아름다운 것을 사랑하다, 멋내기를 좋아하다 | ★天性 tiānxìng 명 천성 | 衣橱 yīchú 명 옷장 | 痴迷 chīmí 동 사로잡히다, 매혹되다 | 免俗 miǎnsú 동 세속에 얽매이지 않다 | ★淘 táo 동 소비하다, 쓰다 | ★挑 tiāo 동 고르다, 선택하다 | ★可心 kě xīn 동 마음에 들다 | ★沮丧 jǔsàng 형 실망하다, 낙담하다 | 职业化 zhíyèhuà 동 직업화하다, 전문화하다 | 线条 xiàntiáo 명 선 | ★奢华富丽 shēhuá fùlì 사치스럽고 화려하다 | 偏好 piānhào 동 특히 좋아하다 | ★朴素雅致 pǔsù yǎzhì 화려하지 않고 고상하다 | ★端庄大方 duānzhuāng dàfang 단정하고 세련되다 | ★一如 yìrú ~와 똑같다 | 闲来无事 xián lái wú shì 할 일이 없이 한가롭다, 한가해서 무료하다 | ★尚 shàng 부 아직, 여전히 | ★称心 chèn xīn 동 마음에 들다, 흡족하다 | 搜罗 sōuluó 동 찾아 모으다, 수집하다 | ★收获 shōuhuò 동 수확, 성과 | ★远胜于 yuǎn shèngyú ~보다 훨씬 낫다 | ★试图 shìtú 동 시도하다 | 寻找 xúnzhǎo 동 찾다 | 气象 qìxiàng 명 기상 | 沉闷灰色 chénmèn huīsè 형 칙칙하다, 음울하다 | ★焕然一新 huàn rán yì xīn 성 면모가 새롭게 달라지다 | 大有改观 dàyǒu gǎiguān 크게 변모하다 | ★腻 nì 형 질리다, 싫증나다 | 家什 jiāshi 명 가구 | ★美感 měigǎn 명 미감 | ★乏味 fáwèi 형 재미없다, 무미건조하다 | 归咎于 guījiù yú 잘못을 ~에 돌리다, ~의 탓으로 돌리다 | ★陈旧 chénjiù 형 낡다 | ★死气沉沉 sǐ qì chén chén 성 분위기가 착 가라앉다, 생기라고는 조금도 없다 | ★崭新 zhǎnxīn 형 참신하다, 새롭다 | 豪宅 háozhái 명 호화주택 | ★新鲜感 xīnxiāngǎn 명 신선함 | ★转瞬即逝 zhuǎnshùn jí shì 눈 깜짝할 사이에 지나가 버리다 | ★染上 rǎnshàng 동 물이 들다 | 富丽堂皇 fùlì tánghuáng 웅장하고 화려하다 | ★掩饰 yǎnshì 동 감추다, 덮어 숨기다 | ★平庸 píngyōng 형 평범하다, 보통이다 | ★何况 hékuàng 부 더군다나, 하물며 | 凭空而建 píngkōng ér jiàn 까닭 없이 짓다 | ★空中楼阁 kōng zhōng lóu gé 성 신기루, 공중에 누각을 지은 것처럼 근거 없는 이론이나 현실과 동떨어진 환상

93. HSK POINT 유사한 의미의 어휘 파악 난이도 中

根据第1段，作者对什么感到沮丧?

A 岁月不饶人
B 工作中缺乏灵感
C 生活质量下降
D 买不到称心如意的衣服

첫 번째 단락에 따르면, 작가는 무엇에 대해 실망했는가?

A 세월은 속일 수 없다
B 일에 있어서 영감이 부족하다
C 삶의 질이 떨어진다
D 마음에 드는 옷을 구입하지 못했다

> 공략: 첫 번째 단락의 '有时候几个小时也挑不到可心的，很是沮丧'이라는 내용에서 可心이 보기 D의 称心如意와 유사한 의미이므로 정답은 D가 된다.

> 어휘: ★称心如意 chèn xīn rú yì 옝 마음에 꼭 들다, 생각대로 되다

94. HSK POINT 보기 순서대로 관련 내용 찾기 난이도 中

关于作者，下列哪项正确?

A 是服装设计师
B 喜欢朴素大方的衣物
C 喜欢崭新的家具
D 住进了豪宅

작가에 관해 다음 중 옳은 것은?

A 의상 디자이너다
B 화려하지 않고 세련된 옷을 좋아한다
C 참신한 가구를 좋아한다
D 호화 주택으로 이사했다

> 공략: 이러한 유형의 문제는 보기의 순서대로 관련 내용을 본문에서 찾도록 한다. 우선 첫 번째 단락에서 작가는 옷을 선택하는 것에 대한 이야기를 하는 것이지 직업에 대해서는 언급하지 않으므로 A는 정답이 아니다. 첫 번째 단락 뒷부분의 '我所偏好的朴素雅致、端庄大方的服饰'라는 문장을 통해 B가 정답임을 알 수 있다. 따라서 나머지 보기의 내용은 확인하지 않아도 된다.

95. HSK POINT 성어 空中楼阁의 의미 이해 난이도 上

第4段中的"空中楼阁"最可能是什么意思?

A 脱离实际的空想
B 大鱼大肉的生活
C 换汤不换药
D 站得高，望得远

네 번째 단락 중 '空中楼阁'의 의미는?

A 현실을 벗어난 공상
B 풍요로운 생활
C 형식만 바꾸고 내용은 바꾸지 않는다
D 높은 곳에 서야 멀리 본다

> 공략: 성어의 의미를 묻는 문제는 성어에 담긴 각 한자의 뜻을 파악하여 비유적인 의미를 유추하도록 한다. 空中楼阁은 '공중에 누각을 짓는다'는 의미로, '근거 없는 이론이나 현실과 동떨어진 공상이나 환상' 등을 가리키므로 정답은 A이다. 본문에 제시된 내용을 확인한 후 정답을 고른다면, 마지막 단락의 '旧不一定不如新。何况新也不能凭空而建，总要有旧作基础，否则只能是空中楼阁。'라는 내용을 통해서도 정답이 A임을 알 수 있다.

96.

HSK POINT 힌트가 되는 关键 및 마지막 단락의 중심 내용을 파악한 후 제목 유추   난이도 中

最适合做上文标题的是：   이 글의 제목으로 가장 적합한 것은?

A 有得必有失   A 얻는 것이 있으면 잃는 것도 있다
B 知足者常乐   B 만족을 아는 사람은 늘 즐겁다
C 旧未必不如新   C 낡은 것이라고 반드시 새것보다 못하지는 않다
D 缺憾也是一种美   D 아쉬움 또한 아름다움의 일종이다

 이와 같이 구체적인 예를 통해 주제를 끌어내는 글은 주로 마지막 단락에 주제가 나타난다. 마지막 단락에서 주제를 찾을 수 있는 핵심어인 '更关键的'를 먼저 확인한 후, 그 뒤에 이어진 문장 '如果新世界里旧根基还在, 那新也还是旧, 甚至还不如旧.'를 통해 정답이 C임을 알 수 있다.

[97-100]

笑是人生中最美的一道风景线，它很简单，是人与生俱来的本领；笑也很复杂，它蕴含着许多人们可能从来没听说过的学问。曾经有心理学家和他的同事对笑研究多年，终于发现了笑具有很多神奇功效。

据研究表明，笑共有19种。每一种笑都会动用不同的面部肌肉组合，有时会调用数十块儿肌肉，有时则只用到四五块儿肌肉。这19种笑可以归为两类：一类是社交类的礼貌性笑容，调动的肌肉较少；另一类是 97发自肺腑的笑，用到的肌肉比较多。相对于皱眉来说，露出笑容所调动的肌肉数量更少，用力也要小一些。既然绽放笑容是如此简单，何不少一些愁眉苦脸，多一些开心笑容呢？

多项研究结果表明，98当人笑时，脑中的快乐激素便会释放出来。快乐激素是最有效的止痛化学物质，能缓解体内各种疼痛。因此，一些罹患风湿、关节炎的人如果经常笑，可以缓解病情。由此可见，笑是天然、无副作用的止痛剂。此外，笑也有助于新陈代谢，加速血液循环，让人更加年轻有活力。

研究人员还发现，大笑是保持身材苗条的最佳方法。大笑10至15分钟可以加快心跳，从而燃烧一定量的卡路里。与此同时，99A大笑还可以驱走负面情绪，释放压力。

俗话说得好，"笑一笑，十年少"，微笑可以使人看上去更年轻，99B因为微笑能调动肌肉群为我们的脸做"美容"。

微笑不仅可以让人看起来更有魅力、更有自信，甚至能帮助人们渡过难关。99D当一个人

웃음은 인생에서 가장 아름다운 진풍경인데, 그것은 매우 간단하며 사람이 타고난 능력이다. 웃음은 또한 복잡하기도 한데, 그것은 많은 사람들이 들어본 적 없는 지식을 내포하고 있다. 예전에 어떤 심리학자가 그의 동료와 함께 웃음에 대해 다년간 연구하여, 마침내 웃음에는 많은 신기한 효과가 있다는 것을 발견했다.

연구가 밝힌 바에 따르면, 웃음에는 모두 19종류가 있다고 한다. 모든 종류의 웃음은 다른 얼굴 근육을 조합하여 사용하는데, 어떤 때는 수십 개의 근육을 사용하고, 어떤 때는 단지 4~5개의 근육만 사용한다. 이 19종류의 웃음은 두 부류로 나눌 수 있다. 첫 번째 부류는 사교에서의 예의적인 웃음으로 동원하는 근육은 비교적 적다. 다른 한 부류는 97마음속에서 우러나오는 웃음으로, 사용하는 근육은 비교적 많다. 눈살을 찌푸리는 것에 비해서는, 미소가 얼굴에 나타날 때 동원하는 근육의 수가 더 적고 힘도 적게 든다. 웃음을 짓는 것이 이렇게 쉬운데, 어찌 우리는 근심 가득한 얼굴을 적게 하고 즐겁게 웃는 얼굴을 더 많이 하지 않는단 말인가?

많은 연구 결과에 따르면, 98사람이 웃을 때는 뇌 속에 있는 쾌락 호르몬이 분비된다고 한다. 쾌락 호르몬은 통증을 멎게 하는 가장 효과적인 화학 물질로, 체내의 각종 통증을 완화시킬 수 있다. 따라서 류머티즘이나 관절염을 앓고 있는 사람들이 자주 웃게 되면 병세가 호전될 수 있다. 이로써 웃음은 천연의 부작용이 없는 진통제라는 것을 알 수 있다. 이 밖에도 웃음은 신진대사에 도움이 되어, 혈액 순환을 빠르게 하고 사람을 더 젊고 활력 있게 해준다.

연구원들은 또한 크게 웃는 것이 날씬한 몸매를 유지하는 최상의 방법이라는 것도 발견했다. 10~15분 동안 크게 웃으면 심장박동을 빠르게 하여 일정량의 칼로리를 소모할 수 있다. 이와 동시에 99A크게 웃는 것은 또한 좋지 않은 기분을 쫓아내 스트레스를 해소할 수도 있다.

在笑时，会使整个房间的气氛变得轻松，从而改变其他人的心情。多笑笑吧，那么更多的人将被你吸引，更多的好运也会在前方等待你。

'웃으면 젊어진다'는 속담이 있다. 웃음은 사람을 더 젊어 보이게 해주는데, 99B왜냐하면 웃음은 많은 근육을 동원할 수 있어 우리의 피부를 '아름답게' 해주기 때문이다.

웃음은 사람을 더 매력 있게 보이게 하고, 더 자신감 있게 보이게 하며, 심지어는 사람들이 어려움을 극복할 수 있도록 도울 수 있다. 99D사람이 웃을 때는 전체 공간의 분위기를 편하게 바꿀 수 있어 다른 사람의 기분까지도 변하게 된다. 많이 웃도록 하자. 그러면 더 많은 사람들이 당신에게 매력을 느낄 것이고, 더 많은 행운이 앞에서 당신을 기다리고 있을 것이다.

어휘 ★风景线 fēngjǐngxiàn 진풍경 | ★与生俱来 yǔ shēng jù lái 형 태어날 때부터 갖고 있는 천성 | ★本领 běnlǐng 명 능력, 수완 | ★蕴含着 yùnhánzhe 내포하고 있다, 담겨 있다 | ★神奇功效 shénqí gōngxiào 신기한 효능, 신기한 효과 | 动用 dòngyòng 동 사용하다, 가져다 쓰다 | 面部肌肉 miànbù jīròu 안면 근육 | ★组合 zǔhé 명 조합(하다) | 调用 diàoyòng 동 이동하여 사용하다, 동원하다 | ★归为 guīwéi 동 ~로 매듭지어지다, ~로 귀납되다 | ★社交 shèjiāo 명 사교 | ★发自 fāzì 동 ~로부터 비롯되다, ~로부터 시작되다 | 肺腑 fèifǔ 명 폐, 진심 | 皱眉 zhòuméi 동 눈살을 찌푸리다, 얼굴을 찡그리다 | 露出笑容 lòuchū xiàoróng 미소가 얼굴에 나타나다 | ★调动 diàodòng 동 동원하다, 이동하다 | 绽放笑容 zhànfàng xiàoróng 웃음을 띠다 | ★何不 hébù 부 어찌 ~하지 않는가 | ★愁眉苦脸 chóu méi kǔ liǎn 근심이 가득 찬 얼굴, 걱정에 쌓인 얼굴 | ★激素 jīsù 명 호르몬 | ★释放 shìfàng 동 방출하다, 석방하다 | 止痛 zhǐ tòng 동 통증을 멈추게 하다 | ★化学物质 huàxué wùzhì 명 화학 물질 | ★缓解 huǎnjiě 동 완화시키다 | ★疼痛 téngtòng 명 통증, 아픔 형 아프다 | ★罹患 líhuàn 동 병이 들다 | 风湿 fēngshī 명 류마티즘 | 关节炎 guānjiéyán 명 관절염 | ★由此可见 yóucǐ kějiàn 이로부터 ~을 알 수 있다 | 副作用 fùzuòyòng 명 부작용 | 止痛剂 zhǐtòngjì 명 진통제 | ★新陈代谢 xīnchén dàixiè 명 신진대사 | ★血液循环 xuèyè xúnhuán 혈액 순환 | ★身材苗条 shēncái miáotiáo 몸매가 날씬하다 | ★佳 jiā 형 좋다, 훌륭하다 | ★加快心跳 jiākuài xīntiào 심장 박동을 빠르게 하다 | ★燃烧 ránshāo 동 연소하다, 타다 | 卡路里 kǎlùlǐ 양 칼로리 | 驱走 qūzǒu 동 쫓다, 몰아내다 | ★负面情绪 fùmiàn qíngxù 부정적인 정서, 좋지 않은 기분 | ★笑一笑, 十年少 xiào yi xiào, shí nián shào 웃으면 젊어진다 | 肌肉群 jīròu qún 근육 조직 | ★魅力 mèilì 명 매력 | ★渡过难关 dùguò nánguān 난관을 극복하다 | ★吸引 xīyǐn 동 끌어당기다, 매료시키다 | ★好运 hǎoyùn 명 행운

97. HSK POINT 동의어 肺腑와 衷心 난이도 中

根据第2段，可以知道：

A 笑调动的肌肉数量不多
B 礼貌性笑容调动的肌肉数量较多
C 生气容易加速人的老化
D 衷心的笑调动的肌肉数量较多

두 번째 단락에 근거하여 알 수 있는 것은?

A 웃을 때 동원하는 근육의 수는 많지 않다
B 예의적인 웃음이 동원하는 근육의 수는 비교적 많다
C 화를 내는 것은 노화를 촉진하기 쉽다
D 마음에서 우러나온 웃음이 동원하는 근육의 수는 비교적 많다

공략 두 번째 단락의 '发自肺腑的笑, 用到的肌肉比较多.'라는 내용을 통해 마음에서 우러나온 미소가 동원하는 근육의 수가 비교적 많음을 알 수 있으므로 정답은 D가 된다. D의 衷心은 '진심'이라는 뜻으로 肺腑와 같은 의미이다.

98. HSK POINT 핵심어 '快乐激素' 및 동일한 의미의 문장 파악　난이도 下

关于快乐激素，下列哪项不正确？

A 人笑时可以分泌
B 风湿病患者体内缺乏
C 缓解体内的疼痛
D 是最有效的止痛剂

쾌락 호르몬에 관해 다음 중 옳지 않은 것은?

A 웃을 때 분비된다
B 류머티즘 환자 체내에는 부족하다
C 체내의 통증을 줄일 수 있다
D 가장 효과적인 진통제이다

공략 정답을 찾는 힌트는 '快乐激素'이다. 세 번째 단락의 '当人笑时，脑中的快乐激素便会释放出来。快乐激素是最有效的止痛化学物质，能缓解体内各种疼痛。'이라는 내용에서 보기 A, C, D는 정답이 아님을 알 수 있으므로, 정답은 B 가 된다.

99. HSK POINT 보기 순서대로 관련 내용 찾기　난이도 中

下列哪项不属于笑的作用？

A 消除压力
B 可以美容
C 促进人体骨骼发育
D 调节气氛

다음 중 웃음의 작용에 속하지 않는 것은?

A 스트레스를 없앤다
B 아름다워진다
C 인체 골격 발육을 촉진시킨다
D 분위기를 조절한다

공략 이러한 유형의 문제는 보기 순서대로 관련 내용을 본문에서 확인하도록 한다. 보기 A는 네 번째 단락의 '大笑还可以驱走负面情绪，释放压力'라는 내용을 통해 확인할 수 있고, 보기 B는 다섯 번째 단락의 '因为微笑能调动肌肉群为我们的脸做"美容"'을 통해 확인할 수 있다. 하지만 보기 C의 인체 골격 발육에 대한 내용은 본문에서 언급하고 있지 않으므로 C가 정답이 된다. 따라서 보기 D는 확인하지 않아도 된다.

100. HSK POINT 각 단락의 중심 내용 파악한 후 주제 유추　난이도 中

最适合做上文标题的是：

A 天然美容佳品——笑
B 快乐激素
C 笑的种类
D 笑中蕴藏的学问

본문의 제목으로 가장 적합한 것은?

A 천연의 훌륭한 미용품인 웃음
B 쾌락 호르몬
C 웃음의 종류
D 웃음에 내포된 지식

공략 이 글은 각 단락에서 웃음이 신체적·정신적으로 가져다주는 긍정적인 효과에 대해 설명하고 있으므로 정답은 A이다. 나머지 보기는 각 단락에서 언급한 일부 내용에 해당되므로 글의 제목으로는 적합하지 않다.

新 HSK 6급 합격모의고사 书写

[101] **HSK POINT** 장소·인물·이야기 중 핵심 사건 관련 내용 기억하기

1문단:
독일의 한 유명 대학에 법률 선택 과목이 있는데, 이 수업을 선택하는 학생들이 많을 수 밖에 없는 비밀이 있음

2문단:
법률 시험지는 매년 동일하여 쉽게 합격할 수 있기 때문에, 이 과목을 선택하는 학생들이 많고, 학생들은 교수가 멍청하다고 생각함

3문단:
나는 한 퇴직 교수를 만났고, 그가 나에게 그 비밀을 알려줌

4문단:
시험지가 동일했던 이유는 학생들에게 법률에 관한 기본 지식을 알게 하기 위함이었음

德国有个很有名的理工大学。这个大学有一门公共选修课——法律。自愿选修法律课的学生多得不可思议。碰到考试的时候，巨大的阶梯教室更是挤得水泄不通，甚至有的学生要坐在地板上答考卷。学生们这样的学习积极性，会让不知内情的人感慨万分。其实，这其中另有奥秘。

原来，这门课的试卷好多年来用的都是同一份。也就是说，每个学生在考试以前，弄份去年的考卷做一下，只要智商不是太低，就能考及格。这已经是大学里公开的秘密：法律课人多，教授傻，及格率百分之百。有一个春日的下午，我遇到这个大学的一个退休了的教授，我就把这个公开的秘密告诉给他。我倒不觉得那教授傻，我觉得他懒得不可救药，连一年出一份考卷这样的事情也不愿意做。

退休教授仔细地听着，然后呵呵笑起来。他说，这教授一不傻二不懒，他这是太聪明了！你想一想，大学为什么要给普通的学生开法律课，那是希望他们对法律有个大致的了解。可是谁都知道法律最枯燥无聊，学理科的学生都鬼精，头脑正常的人都不可能自愿去选这门课。就冲着这一成不变的考卷，他们就选修了法律。选修了，总得去听课。

在考试以前，总得把考卷做一做准备一下。如果这考卷出得内容丰富全面，那在准备考试的过程中，学生就了解了一些法律的基本知识，这不就达到了学习的目的？既然达到了学习目的，当然就可以及格。可以相信，这张考卷，还将不断地使用下去。学生一边考试一边偷着乐，而教

독일에 한 유명한 이공 대학이 있다. 이 대학에는 공통 선택 과목이 하나 있는데, 바로 법률이다. 법률 과목을 자원하여 선택과목으로 이수하는 학생은 헤아릴 수 없을 만큼 많다. 시험 때가 되면, 큰 계단식 강의실은 꽉 찬 사람들로 더욱 붐비는데, 심지어 어떤 학생들은 바닥에 앉아 시험을 보기도 한다. 학생들의 이러한 학습 열의는 사정을 모르는 사람들의 감탄을 자아내기도 하지만, 사실 여기에는 다른 비밀이 있다.

알고 보니, 이 과목의 시험지는 여러 해 동안 동일한 것이었다. 다시 말해, 모든 학생들이 시험을 보기 전에 작년 시험지를 한 번 풀어보면, 아이큐가 지나치게 낮지 않은 이상 합격할 수 있었다. 법률 수업은 사람이 많고, 교수는 멍청하며, 합격률은 100%라는 것은 이미 대학 내에서 공공연한 비밀이었다. 어느 봄날 오후, 나는 이 대학의 한 퇴직 교수를 만나게 되었고, 이 공공연한 비밀을 그에게 알려주었다. 나는 그 교수가 멍청하다고 여기지는 않지만, 1년에 한 번만 시험 문제를 출제하면 되는데, 이러한 일도 하려고 하지 않으니, 게으른 것은 정말 구제불능 수준이라고 생각했다.

퇴직 교수는 자세히 듣더니 하하거리며 웃었나. 그가 말하길, 이 교수는 멍청하지도 게으르지도 않은 매우 똑똑한 사람이라고 했다. 그리고 대학에서 일반 학생들에게 법률 수업을 개설한 이유를 나에게 생각해 보라며, 그것은 학생들이 법률에 대해 대략적인 이해를 갖게 하기 위함이라고 했다. 하지만 법률이라는 것이 가장 지루하고 재미없다는 것은 누구나 다 알고 있고, 이과를 공부하는 학생들은 모두 다 영리하니까, 두뇌가 정상인 사람이라면 법률 수업을 자원하여 선택하지 않을 것이라는 거였다. 바로 이 변함없는 시험지를 보고 학생들은 법률을 선택 과목으로 이수했던 것이고, 선택하여 이수하는 거라면 어쨌든 수업은 들어야만 했다.

시험 전에는, 반드시 시험지를 풀고 준비해야 한다. 만약 이 시험지에서 풍부하고 전반적

授一边看考卷一边也偷着乐。双赢的事情，真是其乐融融。

即使考完试以后不及格，如果分数相差不多，也还存在一线希望。这个大学专门设有一个办公室，让学生去查考卷。查考卷的过程就是，老师和考生齐心协力再努力一把，看看能不能让没有及格的学生找到一个及格的机会。我亲戚的孩子在这个大学读书。去年考试有一门不及格，差了一分半。他起了个大早去查考卷的办公室。办公室那里人头攒动。排在他前面的是一个留着朋克发型的学生，老师看一眼这个学生的分数说，"差5分，太多了。找不回来那么多，你还是下次补考吧。"这个差5分的朋克就给打发走了。轮到一脸忠厚样子的他，老师说："差一分半？你也运气太背了。差半分问题不大，差一分半我就没把握了。我们一起来试试看吧！"结果他们两个在他的考卷上，这里找出一点，那里找出一点，终于凑成了及格，然后开开心心地握手告别。

其实，考试只是鼓励学生的一种手段。如果为了考试，让学生失去了学习的兴趣，那这样的考试也就失去了意义。

5문단:
법률 교수님은 점수가 모자라 불합격한 학생들을 합격할 수 있게 적극적으로 도와줌

6문단:
나는 시험의 참된 의미가 학생들이 공부하도록 격려하는 것임을 깨닫게 됨

인 내용들을 출제하는 거라면, 시험 준비를 하는 과정에서 학생들은 법률에 관한 일부 기본 지식들을 알게 되고, 이는 학습 목표를 달성했다고 할 수 있는 것이 아닌가? 학습 목표에 도달했다면 당연히 합격할 수 있는 것이다. 이 시험지는 앞으로도 계속 사용될 것이고, 학생들은 시험을 보면서 몰래 즐거워하고, 교수는 시험지를 확인하며 역시 몰래 즐거워할 것임을 믿어도 된다고 했다. 쌍방에게 모두 이익이 되는 이러한 일은 정말 기쁜 일이다.

설령 시험을 본 후 불합격하더라도 만약 점수 차가 크지 않다면, 아직 한 가닥의 희망이 있었다. 이 대학은 특별히 한 사무실을 열어 학생들에게 시험지를 검토해 보도록 했다. 시험지를 검토하는 과정은 바로 교사와 학생이 서로 마음을 합쳐 다시 한 번 노력을 기울여, 합격하지 못한 학생들이 합격의 기회를 얻을 수 있는지 살펴보도록 하는 것이었다. 내 친척의 아이는 이 대학에서 공부하는데, 작년 시험에서 한 과목이 1.5점이 부족하여 불합격했었다. 그는 아침에 일찍 일어나 시험지를 검토하러 사무실에 갔다. 사무실 안은 사람들로 북적거렸고, 그의 앞에는 펑크 헤어스타일을 한 학생이 있었다. 선생님께서 그 학생의 점수를 흘끗 보시더니 "5점이 부족한 건 너무 많네. 그렇게 많이는 되찾을 수 없으니, 다음 번에 재시험을 보게."라고 말씀하셨다. 5점 차이가 났던 그 펑크 헤어스타일 학생은 밖으로 쫓겨났다. 착실한 모습을 한 그의 차례가 되자 선생님께서 "1.5점 차이라고? 너도 운이 나쁘구나. 0.5점 차이는 크게 문제가 되지 않지만, 1.5점 차이는 가망이 없을 수 있단다. 같이 한번 살펴보자!"라고 하셨다. 그 결과 두 사람은 그의 시험지 중 여기 저기서 조금씩 찾아내어 마침내 합격선에 맞추어냈고, 즐겁게 악수하며 작별 인사를 나누었다.

사실 시험이란 단지 학생들을 격려하는 일종의 수단일 뿐이다. 만약 시험을 위해 학생들에게 학습의 흥미를 잃게 한다면, 이러한 시험 또한 그 의미를 잃은 것이다.

어휘 理工大学 lǐgōng dàxué 이공 대학 | ★选修课 xuǎnxiūkè 선택 과목 | ★自愿 zìyuàn 통 자원하다 | ★法律 fǎlǜ 명 법률 | ★多得不可思议 duō de bù kě sī yì 헤아릴 수 없을 만큼 많다, 상상할 수 없을 만큼 많다 | ★碰到 pèngdào 통 만나다 | ★巨大 jùdà 형 거대하다, 아주 크다 | ★阶梯教室 jiētī jiàoshì 계단식 교실 | ★挤得水泄不通 jǐ de shuǐ xiè bù tōng 물 샐 틈이 없을 정도로 붐비다, 빽빽이 들어차다 | ★甚至 shènzhì 부 심지어, ~까지도 | ★地板 dìbǎn 명 바닥 | 答考卷 dá kǎojuàn 시험지에 답을 작성하다 | ★积极性 jījíxìng 명 열의, 적극성 | 不知内情 bùzhī nèiqíng 사정을 알지 못하다 | ★感慨万分 gǎnkǎi wànfēn 매우 감격하다, 감탄하다 | 奥秘 àomì 명 비밀, 신비, 매우 깊은 뜻 | ★试卷 shìjuàn 시험지 | 好多年来 hǎoduō nián lái 여러 해 동안 | ★智商 zhìshāng 명 지능지수, 아이큐 | 及格 jígé 통 합격하다 | ★公开的秘密 gōngkāi de mìmì 공공연한 비밀 | 教授 jiàoshòu 명 교수 | 傻 shǎ 형 어리석다, 멍청하다 | ★及格率 jígélǜ 명 합격률 | 百分之百 bǎi fēn zhī bǎi 백퍼센트, 완전히 | 一个春日 yí ge chūnrì 어느 봄날 | ★退休 tuìxiū 통 퇴직하다 | ★把……告诉 bǎ……gàosu ~을 알리다, ~을 말하다 | 倒不觉得 dào bù juéde 도리어 ~라고 여기지 않다 | ★懒得不可救药 lǎn de bù kě jiù yào 게으른 것이 구제불능 수준이다 | ★连……也不愿意做 lián……yě bú yuànyì zuò ~조차도 하고 싶지 않다 | ★仔细 zǐxì 형 자세하다, 꼼꼼하다 | ★呵呵笑起来 hēhē xiào qǐlai 허허거리며 웃다 | 一不傻二不懒 yí bù shǎ èr bù lǎn 어리석지도 게으르지도 않다 | ★大致的了解 dàzhì de liǎojiě 대략적인 이해 | ★枯燥 kūzào 형 지루하다, 무미건조하다 | ★无聊 wúliáo 무료하다 | ★头脑正常 tóunǎo zhèngcháng 뇌가 정상이다, 머리가 정상이다 | ★冲着 chòngzhe ~에 근거하여, ~을 향하여 | ★一成不变 yì chéng bú biàn 성 고정불변하다, 변함이 없다 | ★选修 xuǎnxiū 통 선택과목으로 이수하다 | ★总得 zǒngděi 부 어쨌든 ~해야 한다, 아무튼 ~해야 한다 | ★偷着乐 tōuzhe lè 몰래 기뻐하다, 몰래 즐거워하다 | ★双赢 shuāng yíng 통 양측 모두 이익을 얻다 | ★其乐融融 qí lè róng róng 기쁘기 한이 없다, 화기애애하다 | ★即使……也 jíshǐ……yě 설령 ~라 하더라도 | ★分数 fēnshù 점수 | ★相差不多 xiāngchà bùduō 큰 차이가 없다, 비슷하다 | ★一线希望 yíxiàn xīwàng 한 가닥 희망 | ★专门 zhuānmén 부 특별히, 일부러 | ★查考卷 chá kǎojuàn 시험지를 검사하다 | ★齐心协力 qí xīn xié lì 성 한마음 한뜻으로 함께 노력하다 | ★再努力一把 zài nǔlì yìbǎ 다시 한번 더 노력하다 | ★亲戚 qīnqi 친척 | ★差 chà 형 모자라다, 형편없다 | ★起了个大早 qǐ le ge dàzǎo 이른 아침에 일어나다 | ★人头攒动 réntóu cuándòng 사람들이 떼를 지어 움직이다, 사람들로 북적거렸다 | ★排在……前面 páizài……qiánmian ~앞에 배정되다 | 朋克发型 péngkè fàxíng 펑크 헤어스타일 | ★看一眼 kàn yìyǎn 흘깃 보다 | ★补考 bǔkǎo 통 재시험을 보다 | ★打发走了 dǎfa zǒu le 내쫓기다 | ★轮到 lúndào 통 차례가 되다, 순번이 돌아오다 | ★一脸忠厚样子 yìliǎn zhōnghòu yàngzi 듬직한 표정, 착실한 모습 | ★运气太背了 yùnqi tài bèi le 운이 너무 나쁘다 | ★问题不大 wèntí bú dà 크게 문제되지 않다 | ★没把握 méi bǎwò 가망이 없다, 확신이 없다 | 凑成 còuchéng 통 만들다, 지어내다 | ★开开心心 kāikāixīnxīn 매우 즐겁다 | ★握手告别 wòshǒu gàobié 악수를 하고 작별 인사를 하다 | ★鼓励 gǔlì 통 격려하다 | ★手段 shǒuduàn 명 수단 | ★失去兴趣 shīqù xìngqù 흥미를 잃다 | ★失去意义 shīqù yìyì 의미를 잃다

1단계 중심 내용 전개

| 이야기의 발생 | [독일의 한 대학에 학생들이 많이 선택해서 듣는 법률 선택 과목에는 비밀이 있음]
德国有一所大学 / 有一门选修课——法律 / 有一个奥秘 |

⬇

| 이야기의 전개 1 | [매년 문제가 동일해서 시험에 쉽게 합격하기에 법률 과목을 선택하는 학생들이 많고, 학생들은 교수님이 멍청하다고 생각함]
法律课的试卷每年都一样 / 选法律课的人很多 / 大家都觉得教授很傻 |

⬇

| 이야기의 전개 2 | [나는 한 퇴직 교수를 만났는데, 그가 나에게 그 비밀을 알려줌]
我遇到一个退休教授，他告诉我其中的奥秘，那就是让学生们了解法律的基本知识 |

⬇

| 이야기의 결말 | [나는 시험의 진정한 의미가 학생들에게 공부하도록 격려하는 것임을 깨닫게 됨]
我明白了考试的真正意义——鼓励学生学习 |

2단계 모범 답안 작성

"傻教授"

在德国一所远近闻名的大学里,有一门选修课——法律,考卷每年都一样,从未改变过,只要你考前弄份往年的试卷稍作准备,可以不费吹灰之力地通过。

因此选这门课的学生不计其数,阶梯教室里常常座无虚席,而这位教授也成了学生心目中公认的"傻教授"。

一个春日,阳光明媚地照耀着大地,我在路上偶遇了一位已退休的老教授,无意中跟他说起了那位"傻教授"。老教授听到"傻"字后哈哈大笑起来。他告诉我:"其实这位教授真是聪明绝顶,法律课原本很枯燥,不受学生欢迎。但是这位教授用这样的方法吸引了很多学生选这个课,选了就要上课,就要考试,而考卷每年都一样,因此考试前就要找出以前的试卷来看一下,这本身就是学习的过程,让学生毫无压力地学到了法律知识。"

我恍然大悟,心里很佩服这位"傻教授"的智慧。而且听说这门课考试后如果你差个一两分,这位教授也会帮你找上几分让你及格。

是啊！考试只是鼓励学生学习的一种手段，不是吗？

반어문을 통한 의미 강조

'어리석은 교수'

독일에 한 유명한 대학에는 선택 과목이 하나 있는데, 바로 법률이다. 그런데 시험지는 매년 동일했고 여태까지 바뀐 적이 없어서, 시험 전 예년 시험지를 풀며 좀 준비하면 매우 쉽게 합격할 수 있었다.

이것 때문에 이 수업을 선택하는 학생들이 매우 많아, 계단식의 교실은 종종 빈자리가 없이 꽉 찼고, 이 교수님은 학생들 마음속에 공인된 '멍청한 교수'가 되었다.

햇빛이 눈부시게 비추는 어느 봄날, 나는 길에서 이미 퇴직한 노교수 한 분을 우연히 만나게 되었고, 무심코 그에게 그 '멍청한 교수'에 대한 이야기를 했다. 노교수는 '멍청한'이라는 말을 듣고는 하하거리며 웃었다. 그는 "사실, 이 교수는 정말 똑똑합니다. 법률 수업이라는 것이 원래 지루하고, 학생들에게 인기가 없는 학문이죠. 하지만 이 교수는 이러한 방법으로 많은 학생들이 그 수업을 선택하도록 했습니다. 선택한 이상 학생들은 수업을 듣고 시험을 봐야 하는데, 시험지가 매년 똑같으니 시험 전에 예전의 시험지를 찾아 좀 훑어보면 되는 것이, 그 자체가 바로 공부하는 과정이고, 이것이 학생들에게 전혀 스트레스 없이 법률 지식을 배우도록 했죠."라고 나에게 말했다.

나는 문득 모든 것을 깨닫게 되었고, 마음속으로 그 '멍청한 교수'의 지혜에 매우 감탄했다. 뿐만 아니라, 듣자 하니 이 과목은 시험을 치른 후 만약 1~2점이 부족하다면, 이 교수님은 학생들이 합격할 수 있게 도와준다고 한다. 그렇다! 시험이란 단지 학생들이 공부할 수 있도록 용기를 북돋아 주는 일종의 수단일 뿐이지 않은가?

어휘 ★远近闻名 yuǎnjìn wénmíng 널리 이름이 나다. 소문이 자자하다 | ★从未……过 cóngwèi……guo 여태까지 ~한 적이 없다 | ★弄 nòng 통 하다 | ★往年 wǎngnián 명 왕년, 옛날 | ★稍作准备 shāo zuò zhǔnbèi 준비를 좀 하다 | ★不费吹灰之力 bú fèi chuī huī zhī lì 성 손쉽게 하다, 식은 죽 먹기이다 | ★不计其数 bú jì qí shù 수가 대단히 많다, 부지기수이다 | ★座无虚席 zuò wú xū xí 성 빈자리가 없다, 자리가 꽉 들어차다 | ★心目中 xīnmù zhōng 마음 속 | ★公认 gōngrèn 통 공인하다, 모두가 인정하다 | ★阳光明媚地照耀着大地 yángguāng míngmèi de zhàoyàozhe dàdì 햇빛이 대지를 눈부시게 비추고 있다 | ★偶遇 ǒuyù 우연히 만나다 | ★无意中 wúyìzhōng 무심코, 무의식 중에 | ★哈哈大笑起来 hāhā dàxiào qǐlai 하하거리며 크게 웃다 | ★聪明绝顶 cōngming juédǐng 매우 똑똑하다 | ★受……欢迎 shòu……huānyíng 인기를 얻다 | ★吸引 xīyǐn 통 끌어당기다, 매료시키다 | ★本身 běnshēn 명 그 자신, 그 자체 | ★毫无压力 háowú yālì 스트레스가 조금도 없다 | ★恍然大悟 huǎng rán dà wù 성 문득 모든 것을 깨닫다, 갑자기 모두 알게 되다 | ★佩服 pèifú 통 탄복하다, 감탄하다 | ★智慧 zhìhuì 명 지혜

5회 해설

합격모의고사 5회 정답

一、听力

第一部分
1. C 2. C 3. D 4. D 5. C
6. B 7. A 8. D 9. B 10. D
11. B 12. A 13. D 14. B 15. A

第二部分
16. D 17. D 18. A 19. C 20. B
21. B 22. B 23. D 24. D 25. C
26. B 27. A 28. D 29. D 30. C

第三部分
31. D 32. C 33. B 34. D 35. A
36. C 37. D 38. D 39. C 40. C
41. C 42. D 43. A 44. C 45. B
46. D 47. B 48. A 49. C 50. D

二、阅读

第一部分
51. C 52. B 53. D 54. C 55. A
56. C 57. C 58. C 59. A 60. D

第二部分
61. B 62. C 63. D 64. B 65. A
66. C 67. B 68. D 69. A 70. D

第三部分
71. D 72. E 73. A 74. B 75. C
76. C 77. E 78. A 79. B 80. D

第四部分
81. B 82. C 83. C 84. A 85. C
86. C 87. B 88. C 89. D 90. B
91. D 92. B 93. D 94. C 95. A
96. A 97. C 98. D 99. A 100. D

三、书写

101. 모범 답안 ⋯ 370쪽 참고

新 HSK 6급 합격모의고사 听力

第一部分

1. HSK POINT 성어 各有所长의 의미 이해 [난이도 上] track 05-1

中国魔术历史源远流长，分南北两大流派，南派讲究道具、造型的宏伟，表演优美洒脱，一般不说话。北派除重视手上功夫外，还注重语言艺术，表演十分细腻。后来随着南北两派相互取长补短，它们的区分已不太明显。

A 南派表演注重语言艺术
B 北派表演注重道具
C 两派魔术各有所长
D 魔术应注重手上功夫

중국 마술은 역사가 유구하고 남북 양대 유파로 나뉘는데, 남쪽 유파는 공연 도구 및 조형의 웅장함을 중요시하여, 공연이 아름답고 대범하며 일반적으로 말은 하지 않는다. 북쪽 유파는 손재주를 중시 여기는 것 외에 언어 예술에도 중점을 두어 공연이 매우 섬세하다. 후에는 남북의 두 유파가 서로의 장점을 취하여 단점을 보완해 감에 따라, 그들의 구별이 그리 뚜렷하지 않게 되었다.

A 남쪽 유파의 공연은 언어 예술을 중요시한다
B 북쪽 유파의 공연은 공연 도구를 중요시한다
C 양쪽 유파의 마술은 각기 장점을 지니고 있다
D 마술은 반드시 손재주를 중요시해야 한다

공략 '南派讲究道具、造型的宏伟，表演优美洒脱，一般不说话。北派除重视手上功夫外，还注重语言艺术，表演十分细腻。'라는 내용을 통해 남북 양쪽의 유파가 각기 다른 특징과 장점을 지니고 있음을 알 수 있으므로, 이와 같은 의미를 나타내는 성어 各有所长이 제시된 보기 C가 정답이다.

어휘 ★魔术 móshù 명 마술 | ★源远流长 yuán yuǎn liú cháng 성 아득히 멀고 오래다, 역사가 유구하다 | 流派 liúpài 명 유파, 파별 | ★讲究 jiǎngjiu 동 중요시하다, 신경 쓰다 | ★道具 dàojù 명 공연 도구 | ★造型 zàoxíng 명 형상, 조형 | ★宏伟 hóngwěi 형 웅장하다, 웅대하다 | 优美洒脱 yōuměi sǎtuō 아름답고 대범하다 | ★重视 zhòngshì 동 중시하다 | 手上功夫 shǒushàng gōngfu 손재주 | ★注重 zhùzhòng 동 중시하다, 중점을 두다 | ★细腻 xìnì 형 섬세하다 | ★取长补短 qǔ cháng bǔ duǎn 성 장점을 취하여 단점을 보완하다 | ★区分 qūfēn 동 구분하다, 구별하다 | 各有所长 gè yǒu suǒ cháng 성 제각기 자기의 장점을 가지고 있다

2. HSK POINT 동일한 문장 파악 [난이도 下] track 05-2

在一般人的观念里，理财是为了发财，其实不然。它的目标是保持财务平稳。有个很有名的说法，理财不是为了让你更富有，而是让你永远富有下去。可见，理财是挣钱、存钱、花钱的整体行为，而不单纯就是发财。

A 应该分散投资
B 理财等于发财
C 理财能保持财务平稳
D 花钱不属于理财

일반인의 관념에서는 재테크가 재산을 모으기 위함이라고 하지만, 사실은 그렇지 않다. 그것의 목적은 재정을 안정적으로 유지하는 것이다. 어떤 유명한 말이 있는데, 재테크는 당신을 더욱 부유하게 하기 위한 것이 아니라, 당신을 영원히 부유하도록 하기 위함이라는 것이다. 이로써 재테크란 돈을 벌고 저축하고 소비하는 전체적인 행위이지, 단순히 재산을 모으는 것만은 아니라는 것을 알 수 있다.

A 반드시 분산 투자를 해야 한다
B 재테크란 재산을 모으는 것이다
C 재테크는 재정을 안정적으로 유지시킬 수 있다
D 돈을 소비하는 것은 재테크에 속하지 않는다

공략 앞부분에서 '它的目标是保持财务平稳。'을 듣고 동일한 문장이 있는 보기 C를 바로 정답으로 고를 수 있다.

어휘 ★观念 guānniàn 명 관념, 생각 │ ★理财 lǐ cái 통 재산을 관리하다, 재테크하다 │ ★发财 fā cái 통 돈을 벌다, 재산을 모으다 │ ★财务 cáiwù 명 재무, 재정 │ ★平稳 píngwěn 형 안정되다, 평온하다 │ ★说法 shuōfa 명 표현, 의견, 주장 │ ★富有 fùyǒu 형 부유하다 │ ★挣钱 zhèng qián 통 돈을 벌다 │ ★存钱 cún qián 통 저축하다, 예금하다 │ ★花钱 huā qián 통 돈을 쓰다 │ ★单纯 dānchún 부 단순히, 오로지

합격필수 TIP

▶ 자주 출제되는 '금융·경제' 관련 어휘

★理财 lǐ cái 재테크하다 │ 金融 jīnróng 금융 │ ★股票 gǔpiào 주식, 증권 │ ★股票市场 gǔpiào shìchǎng 주식 시장 │ ★基金 jījīn 펀드, 기금 │ ★咨询 zīxún 컨설턴트, 자문하다 │ 专利 zhuānlì 특허, 특허권 │ ★全球化金融危机 quánqiúhuà jīnróng wēijī 글로벌 금융 위기 │ ★利率 lìlǜ 금리, 이율 │ 成本 chéngběn 원가, 자본금 │ 货款 huòkuǎn 상품 대금, 물건값 │ 原材料 yuáncáiliào 원자재 │ 劳动成本 láodòng chéngběn 노동 비용, 인건비 │ 机会成本 jīhuì chéngběn 기회비용 │ ★生产效率 shēngchǎn xiàolǜ 생산성, 생산 효율 │ ★升值 shēngzhí 평가 절상 │ 贬值 biǎnzhí 평가 절하 │ 通货膨胀 tōnghuò péngzhàng 통화 팽창, 인플레이션 │ 通货紧缩 tōnghuò jǐnsuō 통화 긴축, 디플레이션 │ 跨国公司 kuàguó gōngsī 다국적 기업 │ 风险企业 fēngxiǎn qǐyè 벤처 기업 │ 合并 hébìng 합병하다 │ 供大于求 gōng dà yú qiú 공급 과잉 │ ★供不应求 gōng bù yìng qiú 공급 부족 │ 垄断 lǒngduàn 독점하다 │ 招标 zhāo biāo 입찰 공고를 하다 │ 促销 cùxiāo 판매를 촉진시키다 │ ★上市 shàngshì 상장하다, 출시되다 │ 顺差 shùnchā (무역 수지) 흑자 │ 逆差 nìchā 수입 초과, (무역 수지) 적자 │ 雇佣 gùyōng 고용하다 │ 待业 dàiyè 취직을 기다리다 (미취업) │ ★就业 jiù yè 취업하다 │ ★失业 shī yè 직업을 잃다, 실업하다 │ ★下岗 xiàgǎng 퇴직하다

---

3. **HSK POINT** 글의 앞부분에서 언급되는 핵심 내용 파악 난이도 中 ● track 05-3

一项研究结果表明，从一个女性偏爱的服装颜色，可以看出她的性格。比如：爱穿红色衣服的女性，往往性格外向；爱穿黄色衣服的女性，容易使人产生信任感；常穿黑色衣服的女性，则擅长逻辑推理；偏爱粉色的女性，较富同情心。

A 穿亮色服装可改善心情
B 外向的人更爱穿鲜艳的服装
C 爱穿粉色的女性童心未泯
D 衣服颜色能反映女性性格

한 연구 결과에 따르면, 여성이 특히 좋아하는 의상 색깔을 통해 그녀의 성격을 알 수 있다고 한다. 예를 들면, 빨간색 옷을 즐겨 입는 여성은 종종 성격이 외향적이고, 노란색 옷을 즐겨 입는 여성은 쉽게 사람들에게 신뢰감을 주며, 검은색 옷을 자주 입는 여성은 논리적 추리에 뛰어나고, 분홍색을 특히 좋아하는 여성은 동정심을 많이 지니고 있다고 한다.

A 밝은 색 옷을 입으면 기분을 개선할 수 있다
B 외향적인 사람은 화려한 색상의 옷을 더 즐겨 입는다
C 분홍색 옷을 즐겨 입는 여성은 어린이같이 천진한 마음을 갖고 있다
D 옷 색상이 여성의 성격을 반영할 수 있다

공략 앞부분의 '从一个女性偏爱的服装颜色，可以看出她的性格。'라는 내용을 통해 의상 색깔이 여성의 성격을 반영한다는 것을 알 수 있으므로 정답은 D가 된다.

어휘 偏爱 piān'ài 통 편애하다 │ 擅长 shàncháng 통 뛰어나다, 잘하다 │ 逻辑推理 luójí tuīlǐ 논리적 추리 │ ★同情心 tóngqíngxīn 명 동정심 │ 童心未泯 tóngxīn wèi mǐn 어린이같이 천진한 마음을 갖고 있다

4. HSK POINT 동일한 의미의 문장 파악 난이도 中 track 05-4

齐白石不但在中国绘画史上成就卓著，而且为人也十分谦虚。有一次，他见弟子的一张画画得不错，便借过来临摹，弟子惊讶无比。齐白石说：" 我虽然是你的老师，但你不一定就比我差。" 弟子听后，对老师这种谦虚的态度肃然起敬。

A 齐白石抄袭弟子的作品
B 弟子遭齐白石训斥
C 齐白石饶恕了弟子
D **齐白石谦虚好学**

제백석은 중국 회화 역사상 업적이 뛰어나며, 인품 또한 매우 겸손하다. 한번은 그가 훌륭하게 그린 제자의 그림을 보고는 빌려 와서 모사했는데, 제자는 매우 놀라워했다. 제백석은 "내가 비록 자네의 스승이지만, 자네가 나보다 반드시 부족하다고만은 할 수 없네."라고 말했다. 제자는 이 말을 듣고, 스승의 이러한 겸손한 태도에 숙연히 존경심이 생겼다.

A 제백석은 제자의 작품을 표절했다
B 제자는 제백석에게 꾸중을 들었다
C 제백석은 제자를 용서해주었다
D **제백석은 겸손하고 배우기를 좋아한다**

공략 앞부분의 '而且为人也十分谦虚。有一次，他见弟子的一张画画得不错，便借过来临摹'라는 내용을 통해, 제백석의 인품이 겸손하고 배우기를 즐긴다는 것을 알 수 있으므로 정답은 D가 된다.

어휘 齐白石 Qí Báishí 고유 제백석 | ★绘画 huìhuà 명 회화, 그림 | ★成就 chéngjiù 명 업적, 성과 | ★卓著 zhuózhù 형 탁월하다, 뛰어나다 | ★为人 wéirén 명 인품, 인간성 | ★谦虚 qiānxū 형 겸손하다, 겸허하다 | ★弟子 dìzǐ 명 제자, 문하생 | 临摹 línmó 동 모사하다, 본뜨다 | ★惊讶无比 jīngyà wúbǐ 매우 놀랍다 | ★肃然起敬 sùrán qǐjìng 성 숙연히 존경심이 생기다, 경건한 마음이 생기다 | 抄袭 chāoxí 동 표절하다 | 训斥 xùnchì 동 훈계하다 | ★饶恕 ráoshù 동 용서하다

5. HSK POINT 동일한 의미의 문장 파악 난이도 下 track 05-5

《牡丹亭》出自明代剧作家汤显祖之手，也是中国戏曲史上的浪漫主义杰作。作品描写了杜丽娘和柳梦梅生死离合的爱情故事，感人至深。全剧采用抒情诗的笔法，语言优美，一些唱词直至今日仍然脍炙人口。

A 《牡丹亭》赞颂友谊
B 《牡丹亭》是禁书
C **《牡丹亭》是爱情剧**
D 《牡丹亭》笔法很幽默

『모란정』은 명대 극작가인 탕현조가 쓴 작품으로, 중국 희곡 역사상 낭만주의 걸작이다. 이 작품은 두여랑과 유몽매의 생사이별에 관한 사랑 이야기를 그려내서 사람들을 크게 감동시켰다. 전체 극은 서정시의 필치를 써서 언어가 아름다워, 일부 가사는 지금까지 사람들의 입에 널리 오르내리고 있다.

A 『모란정』은 우정을 찬송한다
B 『모란정』은 금지된 서적이다
C **『모란정』은 애정극이다**
D 『모란정』은 필치가 매우 재미있다

공략 중간 부분 중 '作品描写了杜丽娘和柳梦梅生死离合的爱情故事'라는 내용을 통해 사랑 이야기를 그려낸 애정극임을 알 수 있으므로 정답은 C가 된다.

어휘 ★出自……之手 chūzì……zhī shǒu ~의 손에서 나오다 | ★戏曲 xìqǔ 명 중국 전통극, 희곡 | ★浪漫主义 làngmàn zhǔyì 낭만주의 | ★杰作 jiézuò 명 걸작 | ★描写 miáoxiě 동 묘사하다 | 生死离合 shēngsǐ líhé 생사이별 | ★感人至深 gǎnrén zhì shēn 매우 깊이 감동하게 하다 | 采用 cǎiyòng 동 채용하다, 채택하다 | 抒情诗 shūqíngshī 명 서정시 | 笔法 bǐfǎ 명 필치, 필법 | 唱词 chàngcí 명 (가극 대본의) 가사 | ★直至 zhízhì 동 쭉 ~에 이르다 | ★今日 jīnrì 명 지금, 현재 | ★仍然 réngrán 부 여전히, 변함없이 | 脍炙人口 kuài zhì rén kǒu 성 좋은 시문이나 사물이 널리 사람의 입에 오르내리다 | 赞颂 zànsòng 동 찬양하다, 찬송하다

합격필수 TIP

▶ 중국의 대표 희곡 작품

① ★《牡丹亭》Mǔdāntíng 『모란정』
동양의 셰익스피어라고 불리는 명대 탕현조(汤显祖)가 지은 희곡으로, 삶과 죽음을 오가는 애틋한 사랑 이야기이다.

② 《红楼梦》Hónglóumèng 『홍루몽』
청대 조설근(曹雪芹)이 지은 장편 소설로 중국 4대 기서의 하나이다. 인물간의 애정과 비련, 가문의 영화와 몰락을 잘 묘사했다.

③ 《花木兰》Huāmùlán 『화목란』
작자 미상의 북조 민가로, 월트디즈니의 애니메이션 『뮬란』의 모티브가 된 작품이다. 아버지를 대신해 전쟁터에 나간 화목란의 이야기로 효성과 가족애, 애국심을 보여준다.

④ 《西厢记》Xīxiāngjì 『서상기』
원대 왕실보(王实甫)가 지은 희곡으로, 최앵앵과 장군서 사이의 사랑에 얽힌 우여곡절을 다루었다.

⑤ ★《牛郎织女》Niúláng Zhīnǚ 『우랑직녀』
중국 4대 민간전설의 하나로, 우리나라에서는 견우직녀로 불린다.

⑥ ★《梁山伯与祝英台》Liáng Shānbó yǔ Zhù Yīngtái 『양산백과 축영대』
중국 4대 민간전설의 하나로, 양산백과 축영대의 애틋하고 비극적인 사랑 이야기이다.

6. HSK POINT 성어 居安思危의 의미 이해 [난이도 上] track 05-6

一只狼正在磨牙齿，一只狐狸看见了，便问道："这里又没有猎人，也没有危险，为什么要磨牙？"狼说道："如果有一天我被猎人追逐，那时我想磨牙也来不及了。我平时把牙磨好，到时就可以保护自己了。"

늑대가 이빨을 갈고 있는데 여우가 그것을 보고 "여기는 사냥꾼이 없어서 안전한데 왜 이빨을 가는 거니?"라고 물었다. 늑대는 "만약 어느 날 사냥꾼한테 쫓기게 되면, 그때는 내가 이빨을 갈고 싶어도 늦게 돼. 내가 평소에 이빨을 잘 갈아두면, 그때가 되어 자신을 지킬 수 있거든."이라고 대답했다.

A 狐狸在奉承狼
B 狼懂得居安思危
C 狼害怕被追逐
D 狼身轻如燕

A 여우는 늑대에게 아부를 하고 있다
B 늑대는 편안할 때에도 위험에 대처할 수 있도록 준비한다
C 늑대는 쫓기게 될까 봐 두려워한다
D 늑대는 몸이 제비처럼 날래다

공략 늑대의 '我平时把牙磨好, 到时就可以保护自己了.'라는 말에서 늑대가 평소에도 위험이 닥칠 것을 대비해 준비하고 있음을 알 수 있으므로, 이와 같은 의미를 나타내는 성어 居安思危가 제시된 보기 B가 정답이 된다. 이 외에도 '위험이나 재난에 미리 대비한다'는 의미를 나타내는 성어로는 有备无患, 安不忘危, 常备不懈 등이 있다.

어휘 ★磨 mó 통 갈다, 문지르다 | 牙齿 yáchǐ 명 이, 치아 | 猎人 lièrén 명 사냥꾼 | ★追逐 zhuīzhú 통 쫓다, 뒤쫓다 | ★保护 bǎohù 통 보호하다, 지키다 | 奉承 fèngcheng 통 아첨하다 | ★居安思危 jū ān sī wēi 성 편안한 처지에 있을 때에도 위험할 때의 일을 미리 생각하고 경계하다 | 身轻如燕 shēn qīng rú yàn 몸이 제비처럼 날래다

7. HSK POINT 동일한 의미의 문장 파악 [난이도 中] track 05-7

五指山是中国名山之一，因其主峰状如五指而得名，位于海南省中南部，地处热带，终年高温多雨。这种优越的自然条件，使得五指山森林成片，而且植物生长茂密，种类繁多。因此，五指山有"绿色宝库"的美称。

우즈산은 중국의 명산 중 하나로, 그 최고봉의 형상이 마치 다섯 손가락처럼 생겨서 얻은 이름이다. 우즈산은 하이난성 중남부 열대 지역에 위치하고 있으며, 일년 내내 기온이 높고 많은 비가 내린다. 이러한 우월한 자연 조건으로 인해 우즈산에는 드넓은 숲이 이루어져 있으며, 게다가 식물 생장이 무성하고 종류도 매우 많다. 이로 인해 우즈산은 '녹색 보고'라는 아름다운 명칭을 지니고 있다.

A 五指山植物品种多
B 五指山有五座山峰
C 五指山上有温泉
D 五指山常年被冰雪覆盖

A 우즈산은 식물의 종류가 많다
B 우즈산은 다섯 개의 산봉우리가 있다
C 우즈산에는 온천이 있다
D 우즈산은 일년 내내 빙설로 뒤덮여 있다

공략 뒷부분의 '而且植物生长茂密，种类繁多'라는 내용을 통해 우즈산의 식물 종류가 많다는 것을 알 수 있으므로 정답은 A가 된다.

어휘 五指山 Wǔzhǐshān 고유 우즈산 | 主峰 zhǔfēng 명 주봉, 최고봉 | 五指 wǔzhǐ 명 다섯 손가락 | ★得名 dé míng 동 이름을 얻다, 이름을 떨치다 | 地处热带 dìchǔ rèdài 열대에 위치하다 | ★终年 zhōngnián 명 일년간, 일년 내내 | ★优越 yōuyuè 형 우월하다 | ★使得 shǐde 동 ~로 하여금 ~하게 하다 | 森林成片 sēnlín chéngpiàn 드넓은 숲을 이루다 | ★植物 zhíwù 명 식물 | 茂密 màomì 형 빽빽이 무성하다 | 种类繁多 zhǒnglèi fánduō 종류가 아주 많다 | ★宝库 bǎokù 명 보고 | ★美称 měichēng 명 아름다운 이름, 좋은 평판 | 常年 chángnián 명 일년 내내, 일년 동안 | ★覆盖 fùgài 동 가리다, 덮다

8. HSK POINT 긴 문장에서 핵심 내용 파악 난이도 下   track 05-8

研究结果表明，吃盐过多对身体有百害而无一益。过度摄入盐分，不仅会使血压升高，还会导致面部细胞失水，从而造成皮肤老化。所以，每天盐的摄入量最好不要超过6克，并且还要多喝水，帮助皮肤排毒。

연구 결과에 따르면, 소금을 너무 많이 먹는 것은 건강에 백해무익하다고 한다. 염분을 지나치게 섭취하면, 혈압이 높아질 뿐만 아니라 안면 세포의 수분이 줄어들게 되어, 피부 노화가 일어난다고 한다. 따라서 매일 소금 섭취량이 6그램을 초과하지 않아야 하며, 물도 많이 마셔야 피부의 독소를 배출하는 데 도움이 된다.

A 多吃盐可助皮肤排毒
B 喝盐水有助于降低血压
C 多吃盐可增强免疫力
D 多吃盐可致皮肤老化

A 소금을 많이 먹으면 피부의 독소를 배출하는 데 도움이 된다
B 소금물을 마시면 혈압을 낮추는 데 도움이 된다
C 소금을 많이 먹으면 면역력을 키울 수 있다
D 소금을 많이 먹으면 피부 노화를 일으킬 수 있다

공략 중간 부분의 '过度摄入盐分, ……, 从而造成皮肤老化.'라는 내용에서 핵심 내용은 소금을 많이 섭취하는 것이 피부 노화를 일으킨다는 것이므로 정답은 D가 된다.

어휘 ★有百害而无一益 yǒu bǎi hài ér wú yí yì 백해무익하다 | 摄入 shèrù 동 섭취하다 | 盐分 yánfèn 명 염분 | ★升高 shēnggāo 동 높이 오르다 | ★导致 dǎozhì 동 야기하다 | ★细胞 xìbāo 명 세포 | 失水 shīshuǐ 동 탈수하다, 수분이 빠지다 | 造成 zàochéng 동 초래하다, 야기하다 | ★皮肤老化 pífū lǎohuà 피부 노화 | 摄入量 shèrùliàng 섭취량 | ★排毒 pái dú 동 독소를 배출하다

9. HSK POINT 동일한 의미의 문장 파악 난이도 中   track 05-9

"大人有大量"，"宰相肚里能撑船"，二者都被用来形容一个人很有度量。一个人度量的大小，与他是否志存高远有很大关系。有远大抱负的人，是不会计较眼前得失和个人荣辱的，只有胸怀大志，才能胸襟开阔。

'큰 인물은 도량이 넓다', '재상의 뱃속에서는 배도 저을 수 있다'는 두 말은 사람이 도량을 지니고 있음을 묘사할 때 쓰인다. 한 사람의 도량 크기는 그가 큰 뜻을 품고 있는지의 여부와 큰 관계가 있다. 원대한 포부를 지닌 사람은 눈앞의 득실과 개인의 영예나 치욕을 따지지 않는다. 가슴에 큰 뜻을 품어야만, 탁 트인 마음을 가질 수 있다.

A 度量大的人计较个人荣辱
B 有抱负的人往往有更大的度量
C 年纪与度量成正比
D 度量小的人比较敏感

A 도량이 큰 사람은 개인의 영예나 치욕을 따진다
B 포부를 지닌 사람은 종종 더 큰 도량을 지니고 있다
C 연령과 도량은 정비례한다
D 도량이 작은 사람은 비교적 예민하다

공략 중간 부분의 '一个人度量的大小，与他是否志存高远有很大关系。'라는 내용에서 도량이 큰 사람은 큰 포부를 지니고 있음을 알 수 있으므로 정답은 B가 된다. 마지막 부분에서 유일한 필요 조건을 나타내는 접속사 '只有……才' 구조를 써서 의미를 강조한 '只有胸怀大志, 才能胸襟开阔'라는 문장을 통해서도 정답을 B로 고를 수 있다.

어휘 大人有大量 dàrén yǒu dàliàng 큰 인물은 도량이 넓다 | 宰相肚里能撑船 zǎixiàng dùli néng chēng chuán 재상의 뱃속에서는 배도 저을 수 있다. 큰 인물은 도량이 크다 | ★度量 dùliàng 명 도량 | 志存高远 zhì cún gāoyuǎn 큰 뜻을 지니다 | ★远大抱负 yuǎndà bàofù 원대한 포부 | ★计较 jìjiào 동 따지다 | ★得失 déshī 명 득실 | 荣辱 róngrǔ 명 영예와 치욕 | ★胸怀大志 xiōnghuái dàzhì 가슴에 큰 뜻을 품다 | ★胸襟开阔 xiōngjīn kāikuò 마음이 탁 트이다, 도량이 넓다

10. HSK POINT 글의 앞부분에서 언급되는 핵심 내용 파악 | 난이도 中 | track 05-10

　　企业发展重在管理，管理之道重在用人，人才便是事业的根本。企业管理者必须善于识人、用人，只有做到唯贤是举，唯才是用，企业才能在激烈的社会竞争中立于不败之地。

　　기업 발전은 관리가 중요하며, 관리하는 방법은 인재를 임용하는 것에 중점을 두는 것이므로, 인재가 바로 사업의 근본이라고 할 수 있다. 기업 관리자는 반드시 사람을 알아보고 사람을 임용하는 데 능숙해야 한다. 오직 현명한 인재와 재능 있는 인재를 임용해야만, 기업이 치열한 사회 경쟁 속에서 불패의 자리에 설 수 있게 된다.

A 物竞天择，适者生存
B 管理者应提高员工福利
C 企业应"用人不疑，疑人不用"
D 人才对企业发展至关重要

A 생존 경쟁을 하여 자연에 적응한 것만 살아남는다
B 관리자는 반드시 직원의 복지를 향상시켜야 한다
C 기업은 '임용을 했으면 의심하지 말고, 의심스럽다면 쓰지 말아야' 한다
D 인재는 기업 발전에 있어 매우 중요하다

공략 첫문장 '企业发展重在管理，管理之道重在用人，人才便是事业的根本。'을 통해 기업 발전에 있어 인재가 매우 중요하다는 것을 알 수 있으므로 정답은 D가 된다.

어휘 重在管理 zhòngzài guǎnlǐ 관리에 중점을 두다 | 重在用人 zhòngzài yòngrén 인재를 임용하는 것에 중점을 두다 | ★善于 shànyú 동 ~을 살리나, ~에 능숙하나 | 识人 shírén 동 사람을 알아보다 | ★唯贤是举，唯才是用 wéi xián shì jǔ, wéi cái shì yòng 현명한 인재를 임용하고 재능 있는 인재를 임용하다 | ★激烈 jīliè 형 치열하다, 격렬하다 | ★立于不败之地 lì yú bú bài zhī dì 성 불패의 자리에 서다, 확고한 위치를 차지하다

11. HSK POINT 동일한 의미의 문장 파악 | 난이도 中 | track 05-11

　　动物也有"特异功能"，它们对天气变化的反应很敏感。据观察，全世界有600种动物称得上是"天气预报员"。比如，你在夜间如果听到蟋蟀的唧唧声，则预示明天是个好天气；蜻蜓在空中上下飞窜，则预示一两个小时后将会有雨。

　　동물 또한 '초능력'을 지니고 있는데, 그들은 날씨 변화에 대한 반응이 매우 민감하다. 관찰에 의하면, 전 세계 600종이나 되는 동물들이 '기상 통보원'으로 불린다고 한다. 예를 들면, 밤에 귀뚜라미의 찍찍 소리를 듣게 된다면, 내일은 좋은 날씨라고 예시하는 것이고, 잠자리가 하늘에서 위아래로 마구 날아다니면, 한두 시간 후 비가 올 것임을 예시하는 것이다.

A 动物有第六感	A 동물은 제육감을 지니고 있다
B 有些动物能预报天气	B 일부 동물들은 날씨를 예측할 수 있다
C 动物比人反应敏感	C 동물이 사람보다 반응이 민감하다
D 所有动物都能感知天气变化	D 모든 동물들은 날씨 변화를 감지할 수 있다

공략 중간 부분의 '全世界有600种动物称得上是"天气预报员"'이라는 내용을 통해 같은 의미의 보기 B를 정답으로 고를 수 있다. 날씨 변화에 대해 모든 동물이 민감하게 반응한다고는 하지 않았으므로 D는 정답이 될 수 없다.

어휘 ★特异功能 tèyì gōngnéng 초능력 | ★反应 fǎnyìng 명 반응 | ★敏感 mǐngǎn 형 민감하다 | ★称得上 chēngdeshàng 동 ~라고 할 만하다 | 蟋蟀 xīshuài 명 귀뚜라미 | 唧唧声 jījīshēng 짹짹 소리, 찍찍 소리 | ★预示 yùshì 동 예시하다 | 蜻蜓 qīngtíng 명 잠자리 | 上下飞窜 shàng xià fēi cuàn 위아래로 마구 날아다니다 | 第六感 dì-liùgǎn 명 제육감(직감력)

12. HSK POINT 동일한 의미를 나타내는 문장 파악 난이도 中 track 05-12

老年人由于视力、听力所限，使用一般手机时存在很多不便。为了满足老年人的通信需求，市场上出现了很多专为老年人设计的手机。这些"老人手机"普遍配有超大屏幕、超大按键及超大音量，因而老年人看得更清楚，听得更真切，操作更便捷。

노인들은 시력과 청력에 한계가 있어, 일반적인 휴대폰을 사용할 때는 많은 불편함이 있다. 노인들의 통신 수요를 만족시키기 위해, 시장에는 노인 전용으로 설계된 많은 휴대폰들이 생겨났다. 이러한 '노인 휴대폰'은 보편적으로 큰 화면에 큰 버튼과 큰 음량으로 되어 있으므로, 노인들이 더 분명하게 보고 더 또렷하게 들을 수 있어 조작하기가 훨씬 편리하다.

A 老人手机操作简单	A 노인 휴대폰은 조작이 간단하다
B 老人手机无辐射	B 노인 휴대폰에는 전자파가 없다
C 老人手机不具上网功能	C 노인 휴대폰은 인터넷 기능을 지니고 있지 않다
D 老人手机无触摸屏	D 노인 휴대폰에는 터치스크린이 없다

공략 '这些"老人手机"……操作更便捷.'라는 내용에서 便捷는 '빠르고 편리하다'는 의미이므로 같은 의미를 나타내는 보기 A가 정답이다.

어휘 ★通信 tōngxìn 명동 통신(하다) | ★需求 xūqiú 명 수요, 필요 | ★普遍 pǔbiàn 형 보편적인 | 配有 pèiyǒu 동 곁들여 있다, 배치되어 있다 | 超大 chāodà 형 초대형의 | 屏幕 píngmù 명 스크린, 영사막 | ★按键 ànjiàn 명 키, 버튼 | ★真切 zhēnqiè 형 뚜렷하다, 분명하다 | ★操作 cāozuò 동 조작하다, 다루다 | ★便捷 biànjié 형 빠르고 편리하다, 간편하다 | 辐射 fúshè 명 방사, 복사 | 触摸屏 chùmōpíng 명 터치스크린

합격필수 TIP

▶ 자주 출제되는 '통신·인터넷' 관련 어휘

无线网络 wúxiàn wǎngluò 무선 인터넷 | ★搜索 sōusuǒ 검색하다 | ★博客 bókè 블로그 | 关键词 guānjiàncí 키워드 | ★点击率 diǎnjīlǜ 조회수 | 邮箱 yóuxiāng 우편함, 메일 박스 | ★聊天 liáo tiān 이야기하다, 채팅하다 | ★网游 wǎngyóu 온라인 게임 | 网恋 wǎngliàn 사이버 연애 | ★上瘾 shàngyǐn 중독되다

13. HSK POINT 힌트가 되는 所以 난이도 中   track 05-13

机器无油不能运转，人无体力不能生活。人的身体就像一部机器，有损耗就要加油。所以，放下手边的工作，去做一些让自己充满活力的事情吧。例如：到健身房挥汗如雨，和朋友出去玩儿，抑或和家人去郊区踏青……这些都是给自己加油的好办法。

기계는 기름이 없으면 돌아가지 못하고, 사람은 체력이 없으면 살아가지 못한다. 사람의 신체는 기계와도 같아서, 소모하면 기름을 넣어야 한다. 따라서 손에 있는 일을 놔두고, 자신의 활력을 채울 수 있는 일을 해보도록 하자. 예를 들어 헬스클럽에 가서 땀을 흠뻑 흘린다거나 친구와 놀러 나간다거나, 혹은 가족들과 교외로 나들이를 떠나는 것…… 이러한 일들이 스스로에게 힘을 불어 넣는 좋은 방법이다.

A 机器耗油较多
B 运动可引发过度疲劳
C 工作可给人带来动力
D 要学会放松

A 기계의 기름 소비는 비교적 많다
B 운동이 과도한 피로를 일으킬 수 있다
C 일은 사람에게 힘을 가져다준다
D 긴장을 푸는 법을 익혀야 한다

공략 중간 부분에서 결론을 끌어내는 접속사 所以를 듣고 그 뒤에 핵심 주제가 나올 것을 유추할 수 있다. 所以 다음의 '放下手边的工作，去做一些让自己充满活力的事情吧'라는 내용을 통해 정답이 D임을 알 수 있다.

어휘 ★机器 jīqì 몡 기계 | ★运转 yùnzhuǎn 동 (기계가) 돌아가다, 운행하다 | ★损耗 sǔnhào 동 소모하다, 손실되다 | ★加油 jiā yóu 동 기름을 넣다, 힘을 내다 | ★充满活力 chōngmǎn huólì 활력이 넘치다 | 健身房 jiànshēnfáng 몡 헬스클럽, 체육관 | ★挥汗如雨 huī hàn rú yǔ 솅 땀이 마치 비 오듯 하다, 많은 사람들로 붐비다 | ★抑或 yìhuò 접 혹은, 그렇지 않으면 | ★踏青 tàqīng 동 답청하다[청명절을 전후하여 교외를 거닐며 노는 것]

14. HSK POINT 동일한 문장의 의미 파악 난이도 下   track 05-14

炎热的夏天来了，很多人习惯到海边去游泳。但是去海边游泳有很多注意事项，最为重要的一项就是，一定要选择好时间。一般来讲，傍晚5~7点去游泳比较合适，海水温暖，早晨和夜晚水温太低，中午水温高，但是阳光强烈，容易晒伤皮肤。

무더운 여름이 되면, 많은 사람들은 해변으로 가서 수영을 하곤 한다. 하지만 해변으로 가서 수영하는 데에는 여러 주의 사항이 있는데, 가장 중요한 점은 바로 반드시 시간을 잘 선택해야 한다는 것이다. 일반적으로 저녁 무렵 5~7시 사이는 바닷물이 따뜻해서 수영하러 가기에 비교적 적합하다. 아침과 늦은 밤에는 수온이 너무 낮고, 정오에는 수온이 높기는 하지만 햇빛이 강렬해 피부가 타기 쉽다.

A 天气热的时候最好到海边游泳
B 到海边游泳要注意时间的选择
C 傍晚时的海水不够暖和
D 任何时间都适合到海边游泳

A 날씨가 더울 때 해변으로 수영하러 가기 가장 좋다
B 해변으로 가서 수영하려면 시간 선택에 주의해야 한다
C 저녁 무렵 때의 바닷물은 그리 따뜻하지 않다
D 언제든 해변으로 수영하러 가기에 적합하다

공략 해변으로 수영을 하러 갈 때 가장 주의해야 할 사항으로 제시하고 있는 문장 '一定要选择好时间'을 통해 정답은 B임을 알 수 있다.

어휘 ★炎热的夏天 yánrè de xiàtiān 무더운 여름 | ★习惯 xíguàn 동 습관이 되다, 익숙하다 | 游泳 yóu yǒng 동 수영하다 | ★注意事项 zhùyì shìxiàng 주의사항 | ★最为重要 zuìwéi zhòngyào 가장 중요하다 | 一项 yí xiàng 한 항목, 한 조목 | ★选择好时间 xuǎnzé hǎo shíjiān 시간을 잘 선택하다 | ★一般来讲 yìbān lái jiǎng 일반적으로 말해서 | ★傍晚 bàngwǎn 몡 저녁 무렵 | ★合适 héshì 형 알맞다, 적당하다 | ★温暖 wēnnuǎn 형 따뜻하다 | ★水温 shuǐwēn 몡 수온 | ★阳光强烈 yángguāng qiángliè 햇빛이 강렬하다 | ★晒伤 shàishāng 햇빛에 화상을 입다, 햇빛에 타다 | ★皮肤 pífū 몡 피부

15. HSK POINT 문장의 의미 이해 | 난이도 上 | track 05-15

师傅带弟子们来到一块儿空地，空地上长满了杂草，师傅问弟子们该如何去除杂草。甲说用手拔，乙说用锄头，丙说放火烧，师傅听后，让弟子们去做。<u>一年后，那块儿地依旧长满了杂草</u>。师傅对弟子们说："要想根除杂草，种庄稼是最好的办法。"

한 스승이 제자들을 데리고 공터로 왔는데, 공터에는 잡초가 가득 자라나 있었고, 스승은 제자들에게 어떻게 잡초를 제거해야 하는지 물었다. 갑은 손으로 뽑으면 된다고 했고, 을은 호미를 쓰면 된다고 했으며, 병은 불로 태우면 된다고 대답했다. 이 말을 듣고 스승은 제자들에게 가서 해보라고 했다. <u>1년 후, 그 공터에는 여전히 잡초가 가득 자라나 있었다</u>. 스승은 제자들에게 "잡초를 철저하게 제거하려면, 농작물을 심는 것이 가장 좋은 방법이란다."라고 말했다.

Ⓐ 弟子们的方法都未奏效
B 种庄稼不能根除杂草
C 应该以毒攻毒
D 师傅很自认为是

Ⓐ 제자들의 방법은 모두 효과를 보지 못했다
B 농작물을 심으면 잡초를 완전히 제거할 수 없다
C 반드시 독으로 독을 다스려야 한다
D 스승은 스스로 옳다고 생각했다

공략 중간 부분의 '一年后, 那块儿地依旧长满了杂草。'라는 내용을 통해 제자들이 취한 방법이 모두 효과가 없었음을 알 수 있으므로, 같은 의미를 나타내는 '未奏效'가 제시된 보기 A가 정답이 된다.

어휘 ★师傅 shīfu 명 스승, 사부 | ★弟子 dìzǐ 명 제자, 문하생 | 空地 kòngdì 명 공터, 공지 | ★长满 zhǎngmǎn 동 가득 자라다, 가득 돋아나다 | ★杂草 zácǎo 명 잡초 | ★去除 qùchú 동 제거하다 | ★拔 bá 동 뽑다, 빼다 | 锄头 chútou 명 호미, 괭이 | ★烧 shāo 동 태우다 | ★依旧 yījiù 부 여전히 | 根除 gēnchú 동 뿌리째 뽑다, 철저하게 제거하다 | ★种庄稼 zhòng zhuāngjia 농작물을 심다, 농작물을 재배하다 | ★奏效 zòu xiào 동 효과가 나타나다

第二部分

[16-20]

第16到20题是根据下面一段采访：

女：<u>20B</u>您毕业于北京大学数学系，<u>20A</u>而非文科出身，后来是怎么走上文学翻译之路的？
男：<u>20D</u>在我去外国进修数学期间，有人找我翻译一部作品——《成熟的年龄》。这部作品文字很自然，一点都不做作，感觉像是把自己的一段经历和感受写下来，因此对初学翻译的人比较合适。<u>16</u>尽管是第一次翻译，但我翻译得挺顺利，一遍就译好了。后来翻译家郝运看了我的处女译，给了我充分的鼓励，还对照原文逐字逐句修改，使我受益匪浅，至今我仍对他感激不尽。
女：在学习翻译的过程中，哪些作品对您帮助最大？

16~20번 문제는 다음 인터뷰에 근거한다.

여: <u>20B</u>선생님께서는 베이징 대학교 수학과를 졸업하셔서 <u>20A</u>문과 출신이 아니셨는데, 후에 어떻게 문학 번역의 길을 걷게 되신 건가요?
남: <u>20D</u>제가 외국에 가서 수학 연수를 받는 동안, 어떤 사람이 저를 찾아와 『성숙한 나이』라는 작품을 번역해 달라고 한 적이 있었습니다. 그 작품은 글이 매우 자연스럽고 전혀 꾸미지 않아서, 제 자신의 경험과 느낌을 적은 것 같았는데, 이것 때문에 처음 번역하는 사람에게 비교적 적합했습니다. <u>16</u>비록 첫 번째 번역 작업이기는 했지만 저는 매우 순조롭게 번역했고, 한 번만에 번역을 잘 끝낼 수 있었습니다. 그 후 번역가 하오윈 선생님께서 저의 처녀 번역작을 보시고 저에게 많은 격려를 해주셨고, 또한 원문과 한 글자 한 구씩 대조하며 고쳐주기까지 하셔서,

男：我自幼就爱看书、看电影，至今还珍藏有初版的《傲慢与偏见》。王科一的译本宛如田野上吹过的一阵清新的风，17我觉得译本中俏皮、机智的语言妙不可言。对这位不相识的译者，心向往之。傅雷也是我青年时代崇拜的翻译家，他翻译的作品，让我至今都难以忘怀。

女：忠实于作者思想是翻译时最大的难题，您如何看待译者与作者的不同？

男：在我看来，18作者是创作，是无中生有。译者是再创作，前提是尊重原作文本的"有"，而共同之处是两者都是创作。翻译尽管是二度创作，但译者的才情大有用武之地。他所体验的甘苦，也是一种创作的甘苦。翻译不是外文加中文的物理反应，而是化学反应，要加催化剂。化学反应就是再创作，对于翻译来说，就是要把原作者的文采，透过译者传递给读者。按照这一逻辑，译者最好的状态应该像一块儿玻璃，读者可以透过玻璃看到原作，看到作者，这实际上很难做到，或者说是不可能完全做到的，甚至可以说是天方夜谭。

女：我们知道每个作家都有自己独特的作品风格，那么译者的性格对翻译作品是否会有影响？

男：性格对翻译有影响是不可避免的，19好的译者多多少少会是一个性格演员，而不一定是本色出演。

女：如果要给自己定一个翻译标准，您希望是什么呢？

男：20C我希望给自己定的翻译标准，一是让正襟危坐的读者能顺利地读下去；二是让有文学趣味的读者能从中读出它的好，从中有所收获。

어휘 ★出身 chūshēn 몡 신분, 출신 | ★翻译 fānyì 통 번역하다, 통역하다 | 进修 jìnxiū 통 연수하다 | 做作 zuòzuo 혱 가식적이다, 부자연스럽다 | ★感受 gǎnshòu 몡 느낌, 감상 | ★顺利 shùnlì 혱 순조롭다 | 处女译 chǔnǚyì 처녀 번역작 | ★充分 chōngfèn 혱 충분하다 | ★鼓励 gǔlì 통 격려하다 | 对照 duìzhào 통 대조하다 | 原文 yuánwén 몡 원문 | 逐字逐句 zhú zì zhú jù 졩 한 글자 한 구씩 차례대로 | ★修改 xiūgǎi 통 수정하다 | ★受益匪浅 shòu yì fěi qiǎn 꽤 많은 이득을 얻다 | ★感激不尽 gǎnjī bùjìn 감격스럽기 그지없다 | 自幼 zìyòu 튄 어려서부터 | 至今 zhìjīn 튄 지금까지 | 珍藏 zhēncáng 통 진귀하게 여겨 잘 간직하다, 소중히 간직하다 | 初版 chūbǎn 몡 초판을 발행하다 | 译本 yìběn 몡 번역본 | ★宛如 wǎnrú 통 마치 ~와 같다 | 田野 tiányě 몡 논밭과 들판, 들 | ★清新 qīngxīn 혱 신선하다, 참신하다 | 俏皮 qiàopi 혱 유머러스하다, 세련되고 매력 있다 | 机智 jīzhì 혱 기지가 넘치다 | ★妙不可言 miào bù kě yán 졩 이루 말할 수 없을 정도로 훌륭하다, 말로 형용할 수 없을 정도로 훌륭하다 | 相识 xiāngshí 통 서로 알다, 안면이 있다 | ★心向往之 xīn xiàng wǎng zhī 졩 그리워하다, 동경하다 | ★青年时代 qīngnián shídài 몡 청년 시절 | ★崇拜 chóngbài 통 숭배하다 | ★难以忘怀 nányǐ wànghuái 잊을 수 없다 | ★忠实于 zhōngshí yú ~에 충실하다 | 二度创作 èrdù chuàngzuò 2차원 창작, 원작의 창작 | ★无中生有 wú zhōng shēng yǒu 졩 무에서 유가 되다, 없는 사실을 꾸며내다 | 才情 cáiqíng 몡 재능, 재주 | 用武之地 yòng wǔ zhī dì 자신의 재능을 보여줄 곳 | ★体验 tǐyàn 통 체험하다 | ★甘苦 gānkǔ 몡 단맛과 쓴맛, 기쁨과 슬픔 | 物理反应 wùlǐ fǎnyìng 물리적 반응 | 化学反应 huàxué fǎnyìng 화학 반응 | 加催化剂 jiā cuīhuàjì 촉매제를 첨가하다 | 文采 wéncǎi 몡 문학적 재능, 문예 작품의 예술적 매력 | ★透过 tòuguo 통 통과하다, 투과하다, 스며들다 | 逻辑 luójí 몡 논리 | 天方夜谭 tiānfāng yètán 몡 천일야화, 허황되고 터무니없는 이야기 | ★独特 dútè 혱 독특하다 | ★作品风格 zuòpǐn fēnggé 작품 스타일 | ★不可避免 bùkě bìmiǎn 피할 수 없다 | 性格演员 xìnggé yǎnyuán 연기파 배우 | 本色出演 běnsè chūyǎn 본래 모습으로 연기하다 | ★标准 biāozhǔn 몡 표준, 기준 | 正襟危坐 zhèng jīn wēi zuò 졩 옷깃을 여미고 단정하게 앉다, 엄숙하고 경건한 태도를 취하다 | ★从中 cóngzhōng 튄 그 중에서, 그 가운데에서 | ★收获 shōuhuò 통 수확하다, 거두다

---

16. HSK POINT 힌트가 되는 但 및 성어 得心应手의 의미 이해 난이도 上 track 05-16

男的第一次翻译时感觉如何?

A 较为棘手
B 时间绰绰有余
C 无从下手
D 得心应手

남자는 처음으로 번역할 때 느낌이 어땠는가?

A 비교적 힘들었다
B 시간이 여유로웠다
C 손 쓸 방법이 없었다
D 순조롭게 진행되었다

공략 남자의 대답 중 전환의 의미를 나타내는 접속사 구조 '尽管……但……'이 정답을 찾는 힌트가 된다. '尽管是第一次翻译，但我翻译得挺顺利，一遍就译好了。'라는 내용을 통해, 남자의 첫 번째 번역 작업은 순조로웠음을 알 수 있으므로 같은 의미를 나타내는 성어 得心应手가 있는 보기 D가 정답이 된다.

어휘 较为 jiàowéi 튄 비교적 | ★棘手 jíshǒu 혱 곤란하다, 난처하다 | ★绰绰有余 chuò chuò yǒu yú 졩 여유가 많다 | ★得心应手 dé xīn yìng shǒu 졩 마음먹은 대로 되다, 순조롭게 진행되다

---

17. HSK POINT 동일한 의미의 문장 파악 난이도 中 track 05-17

男的觉得王科一翻译的《傲慢与偏见》好在哪里?

A 深入浅出
B 用词精准
C 文字浅显易懂
D 语言俏皮机智

남자는 왕커이가 번역한 『오만과 편견』의 장점은 어디에 있다고 생각하는가?

A 심오한 내용을 알기 쉽게 표현했다
B 어휘 사용이 정확하다
C 글이 간단명료하여 이해하기 쉽다
D 언어가 재치 있고 기지가 넘친다

공략 남자의 대답 중 '我觉得译本中俏皮、机智的语言妙不可言'이라는 내용을 통해 정답은 D임을 알 수 있다.

| 어휘 | 深入浅出 shēn rù qiǎn chū 솅 심오한 내용을 알기 쉽게 표현하다 | 浅显 qiǎnxiǎn 휑 간단명료하여 알기 쉽다

18. HSK POINT 동일한 문장 파악 난이도 下   track 05-18

男的如何看待翻译和创作的关系? | 남자는 번역과 창작의 관계를 어떻게 보고 있는가?

A 翻译是一种再创作
B 译者的才情无用武之地
C 译者不能随心所欲
D 翻译是无中生有

A 번역은 일종의 재창작이다
B 번역가의 재능이 발휘될 기회를 얻지 못한다
C 번역가는 자기가 하고 싶은 대로 해서는 안 된다
D 번역이란 무에서 유를 만드는 것이다

공략 ▶ 중간 부분에서 여자가 번역가와 작가의 차이점을 묻는 질문에 대한 남자의 대답 중 '作者是创作，是无中生有。译者是再创作'에서 번역이 재창작이라고 했으므로 정답은 A가 된다.

19. HSK POINT 동일한 어휘 파악 난이도 下   track 05-19

男的把好的译者比喻成什么? | 남자는 훌륭한 번역가를 무엇에 비유했는가?

A 化学家
B 科学家
C 性格演员
D 魔术师

A 화학자
B 과학자
C 성격파 배우
D 마술사

공략 ▶ 남자는 뒷부분에서 번역가와 성격과의 관계를 말하며 '好的译者多多少少会是一个性格演员'이라고 했으므로 정답은 C가 된다.

20. HSK POINT 앞부분에서 언급되는 인터뷰이에 대한 정보 파악 난이도 中   track 05-20

关于男的，下列哪项正确? | 남자에 관해 다음 중 옳은 것은?

A 文科出身
B 之前学过数学
C 总是正襟危坐
D 从未去过外国

A 문과 출신이다
B 예전에 수학을 배운 적이 있다
C 늘 엄숙하고 경건한 태도를 지닌다
D 여태껏 외국에 가 본 적이 없다

공략 ▶ 주로 인터뷰 앞부분에서 언급되는 인터뷰이와 관련된 내용은 반드시 기억하도록 한다. 인터뷰 첫 번째 질문 중 '您毕业于北京大学数学系'라는 내용을 통해 정답은 B라는 것을 알 수 있다.

[21-25]

第21到25题是根据下面一段采访：

女：听说您自幼学习音乐，是出身音乐世家吗？

男：虽然我自幼学习音乐，接触音乐，21C但我并不是出生于音乐世家。21D我父亲是搞体育的，21B但是他酷爱音乐，他喜欢拉手风琴、弹钢琴，包括现在，他每天还保持六个小时的练习。21A因为他退休在家里，闲来无事，便每天在家练琴。

女：作为一位指挥家，您在指挥前会做哪些准备呢？

男：首当其冲的自然是选定曲子，包括这个作品的快慢搭配，情绪上、人员分配上也要合理。22第一环节结束以后，要了解你选定作品的作曲家背景，以及他在什么阶段写的作品，同期的还有哪些。这样你会更了解这个作曲家的真正用意，然后才能对他的音乐有所理解。

女：通常一个作品加上彩排，排练最少有多少次？

男：因作品而异。一个作品，有的时候我们上下午都进行排练，可能需要两周，有的可能需要一周。大家比较熟的，23常年演出的作品大概是三天。

女：许多音乐爱好者都对指挥棒很感兴趣，您能简单说说吗？

男：24A有指挥棒的时间很短，指挥才只有一百年。24B指挥棒实际上是延伸手臂的长度，并不是代表某一种什么东西。因为一般的乐团都是七八十人，拿指挥棒，是为了让大家更集中，24C所以有的指挥家也可以不用指挥棒，因为指挥棒有时并不是必须的。

女：大部分对指挥感兴趣的人可能都有这样一个疑问，做指挥家到底难不难？有没有什么捷径或者秘诀？

男：其实做指挥没有想象的那么难，但也远没有想象的那么简单，主要是你要对音乐有一个正确的理解。它不像拉小提琴那样，对技巧要求很高。指挥技巧不需要学很多年，我想大概三四年就足矣。有很多指挥家不一定在学院里面学过，但他们有很多的经验和阅历，这是他们最大的财富。

21~25번 문제는 다음 인터뷰에 근거한다.

여: 듣기로는 선생님께서는 어렸을 때부터 음악을 배우셨다고 하던데, 음악 명문 집안에서 자라신 건가요?

남: 비록 제가 어렸을 때부터 음악을 배우고 접하기는 했지만, 21C음악가 집안에서 태어난 것은 아닙니다. 21D저희 아버지께서는 스포츠 관련 일을 하셨지만, 21B음악을 매우 좋아하셔서 손풍금이나 피아노 치는 것을 즐기셨는데, 지금까지도 매일 6시간씩 연습하고 계십니다. 21A아버지께서는 퇴직하시고 집에 계셔서 할 일이 없어 한가로우시니까, 매일 집에서 악기 연습을 하십니다.

여: 지휘자로서, 선생님께서는 지휘하시기 전에 어떠한 준비를 하시나요?

남: 가장 중요한 것은 당연히 곡을 선정하는 것인데, 작품의 속도 조절 및 정서적인 면과 인원 분배에 있어서도 알맞게 배치하는 것을 포함합니다. 22첫 번째 과정을 마친 후, 선정된 작품의 작곡가에 대한 배경 및 그가 어느 단계에서 쓴 작품인지, 동일한 시기에 어떤 곡들이 더 있는지도 살펴봐야 합니다. 이렇게 하면 그 작곡가의 진정한 의도를 더 잘 알 수 있고, 비로소 그의 음악에 대해 어느 정도 이해할 수 있게 됩니다.

여: 일반적으로 작품을 할 때는 리허설을 하는데, 리허설은 최소 몇 번이나 하십니까?

남: 작품에 따라 다릅니다. 한 작품을 할 때, 때로는 저희가 오전과 오후에 다 리허설을 해야 하는 경우가 있는데, 그럴 때는 2주 정도 걸리지만, 어떤 작품은 1주 정도 걸리기도 합니다. 여러분들께서 비교적 잘 아는 것이고, 23장기간 공연하는 작품이면 대략 3일 정도 합니다.

여: 수많은 음악 애호가들이 지휘봉에 대해 관심을 갖고 있는데, 선생님께서 간단히 설명해주실 수 있으신지요?

남: 24A지휘봉이 존재한 시간은 짧은데, 지휘가 불과 100년 밖에 되지 않았기 때문입니다. 24B지휘봉은 사실상 팔의 길이를 연장한 것으로, 어떤 것을 대표하는 것은 아닙니다. 일반적인 오케스트라가 70~80명의 사람으로 구성되어 있기 때문에, 지휘봉을 사용하는 것은 사람들을 더 집중하게 하기 위함입니다. 24C그래서 일부 지휘자는 지휘봉을 사용하지 않기도 하는데, 지휘봉이 어떤 때는 꼭 필요한 것은 아니기 때문입니다.

여: 대부분 지휘에 관심이 많은 사람들은 아마 이러한 궁금증을 가지고 있을 것 같은데요, 지휘자가 되는 것은 어려운가요 어렵지 않은가요? 어떤 지름길이나 비결이 있는 건가요?

남: 사실 지휘하는 것은 생각처럼 그렇게 어렵지는 않지만,

女 : 您的意思是说不像学乐器那样要求技巧很高，而是需要有一个音乐的悟性，但是这个音乐悟性不是一两天就可以有的吧？
男 : 25学指挥其实并不需要耗费很多时间，但至少要对一到两件乐器非常熟悉，而且是一个专业的水准，比如说钢琴、小提琴等等。也就是说你要在这个指挥的基础之上再增加一个专业，只学习指挥就够了的想法是十分片面的。

생각만큼 그렇게 간단한 일도 아닙니다. 중요한 점은 음악에 대해 정확히 이해하고 있어야 한다는 것이죠. 그것은 바이올린을 연주하는 것처럼, 기술에 대한 요구가 높은 것은 아닙니다. 지휘하는 기술은 오랫동안 배울 필요는 없고, 대략 3~4년 정도면 충분하다고 생각합니다. 많은 지휘자들이 대학에서 배운 것만은 아니지만, 그들은 많은 경험을 가지고 있고, 이것이 그들의 최대 재산입니다.

여 : 악기를 배우는 것처럼 그렇게 기술에 대한 요구가 높지 않지만, 음악에 대한 이해력을 지녀야 한다는 말씀이시죠? 그런데 음악에 대한 이해력이 하루이틀에 생길 수 있는 것은 아니지 않나요?

남 : 25지휘를 배우는 데 사실 많은 시간을 들일 필요는 없지만, 최소한 한두 가지의 악기는 잘 다룰 수 있어야 하고, 게다가 전문가 수준이어야 하는데, 예를 들면 피아노, 바이올린 등이 있습니다. 다시 말하자면 이런 지휘를 바탕으로 하며 전문적인 것을 하나 더 추가해야 하는데, 단지 지휘만 배우면 충분하다는 생각은 매우 편협한 것입니다.

어휘

自幼 zìyòu 图 어려서부터 | 世家 shìjiā 圆 세가, 명문 | ★接触 jiēchù 图 접촉하다 | ★酷爱 kù'ài 图 몹시 좋아하다 | 拉手风琴 lā shǒufēngqín 손풍금을 치다 | 闲来无事 xián lái wú shì 한가로이 할 일이 없다 | 练琴 liàn qín 악기 연습을 하다 | 指挥家 zhǐhuījiā 圆 지휘자 | ★首当其冲 shǒu dāng qí chōng 圈 제일 먼저 공격을 받거나 그 대상이 되다 | 选定 xuǎndìng 图 선정하다 | 曲子 qǔzi 圆 노래, 곡 | ★搭配 dāpèi 图 배합하다, 조합하다 | 人员分配 rényuán fēnpèi 인원 분배 | ★合理 hélǐ 圈 합리적이다, 적절하다 | 第一环节 dì-yī huánjié 첫 번째 일환, 첫 번째 부분 | 作曲家 zuòqǔjiā 圆 작곡가 | 背景 bèijǐng 圆 배경, 배후 | 用意 yòngyì 圆 의도, 의향 | 彩排 cǎipái 圆 리허설, 예행연습을 하다 | 排练 páiliàn 图 무대 연습을 하다, 리허설하다 | ★因作品而异 yīn zuòpǐn ér yì 작품에 따라 다르다 | 常年 chángnián 圆 장기간, 일년 내내 | ★演出 yǎnchū 图 공연하다, 상연하다 | 指挥棒 zhǐhuībàng 圆 지휘봉 | ★延伸 yánshēn 图 늘이다, 뻗다 | 手臂 shǒubì 圆 팔뚝, 팔 | ★代表 dàibiǎo 图 대표하다 | 乐团 yuètuán 圆 악단, 오케스트라 | ★集中 jízhōng 图 집중하다, 모으다 | 疑问 yíwèn 圆 의문 | 捷径 jiéjìng 圆 빠른 길, 지름길 | 秘诀 mìjué 圆 비결 | 拉小提琴 lā xiǎotíqín 바이올린을 켜다 | ★技巧 jìqiǎo 圆 기교, 테크닉 | 矣 yǐ 图 진술이나 감탄의 어기를 나타냄 | ★阅历 yuèlì 圆 경험, 체험 | ★财富 cáifù 圆 부, 재산, 자원 | 乐器 yuèqì 圆 악기 | 悟性 wùxìng 圆 깨달음, 이해력 | ★耗费 hàofèi 图 소비하다, 들이다 | ★至少 zhìshǎo 图 최소한, 적어도 | ★熟悉 shúxī 圈 잘 알다, 익숙하다 | ★专业 zhuānyè 圆 전문, 전공 | 水准 shuǐzhǔn 圆 수준 | ★片面 piànmiàn 圈 단편적이다, 일방적이다

21.

HSK POINT 동의어 酷爱와 热爱 난이도 中 track 05-21

关于男的的父亲，下列哪项正确？

A 尚未退役
B 热爱音乐
C 出身于音乐世家
D 从事乐器教学工作

남자의 아버지에 관해 다음 중 옳은 것은?

A 아직 퇴직하지 않았다
B 음악을 매우 좋아한다
C 음악 명가 출신이다
D 악기 교육에 관한 일에 종사한다

공략 남자의 대답 중 '但是他酷爱音乐'라는 내용의 酷爱와 동일한 의미를 나타내는 热爱가 있는 보기 B가 정답이다.

22. HSK POINT 긴 문장에서 핵심 내용 파악 난이도 上   track 05-22

为什么要熟悉作曲家的背景?

A 有助于选定曲子
B **更好地理解作品**
C 情绪上得到满足
D 推动艺术的发展

왜 작곡가의 배경에 대해 잘 알아야 하는가?

A 곡 선정에 도움이 되므로
B **작품을 더 잘 이해하게 되므로**
C 정서상 만족감을 얻게 되므로
D 예술의 발전을 촉진시키므로

공략 남자의 대답 중 '第一环节结束以后，要了解你选定作品的作曲家背景，以及他在什么阶段写的作品，同期的还有哪些。这样你会更了解这个作曲家的真正用意，然后才能对他的音乐有所理解。'라는 긴 문장의 핵심 내용은 작곡가의 의도를 파악하고 음악을 더 잘 이해할 수 있다는 것이므로 정답은 B가 된다.

23. HSK POINT 숫자에 유의하기 난이도 下   track 05-23

常年演出的作品一般要排练多久?

A 三四个月
B 一个星期
C 两周
D **三天**

장기간 공연하는 작품은 일반적으로 얼마간 리허설을 하는가?

A 3~4달
B 1주
C 2주
D **3일**

공략 숫자 관련 내용은 반드시 기억하도록 한다. 인터뷰 중간 부분에서 남자가 '一个作品，有的时候我们上下午都进行排练，可能需要两周，有的可能需要一周。'라고 했으므로 보기 B와 C는 정답이 아님을 알 수 있다. 그 뒤의 '常年演出的作品大概是三天'이라는 내용을 통해, 장기간 공연하는 작품의 리허설 기간은 3일임을 알 수 있으므로 정답은 D이다.

24. HSK POINT 인터뷰의 대답에 주의하기 난이도 中   track 05-24

关于指挥棒，下列哪项不正确?

A 历史不长
B 可延伸手臂长度
C 指挥时可有可无
D **多是特制的**

지휘봉에 관해 다음 중 옳지 않은 것은?

A 역사가 길지 않다
B 팔 길이만큼 뻗을 수 있다
C 지휘할 때 있어도 되고 없어도 된다
D **대다수가 특별히 제작된 것이다**

공략 남자의 대답 중 '有指挥棒的时间很短，指挥才只有一百年。'이라는 내용을 통해 보기 A, 이어지는 '指挥棒实际上是延伸手臂的长度'라는 내용을 통해 보기 B, 다음의 '所以有的指挥家也可以不用指挥棒，因为指挥棒有时并不是必须的'라는 내용을 통해 보기 C가 정답이 아님을 알 수 있다. 따라서 정답은 D이다.

어휘 可有可无 kě yǒu kě wú 형 있어도 되고 없어도 된다

25. HSK POINT 힌트가 되는 但 난이도 中   track 05-25

男的怎么看待指挥这个职业?

남자는 지휘라는 직업에 대해 어떻게 보는가?

A 无需任何技巧	A 어떠한 기술도 필요하지 않다
B 须经专业培训	B 전문적인 훈련을 거쳐야만 한다
C 要精通一两门乐器	**C 한두 가지의 악기에 능통해야 한다**
D 比想象的容易	D 생각한 것보다 쉽다

공략 마지막 부분의 '学指挥其实并不需要耗费很多时间, 但至少要对一到两件乐器非常熟悉, 而且是一个专业的水准'이라는 내용을 통해 정답이 C임을 알 수 있다. 이 문제와 같이 특히 인터뷰이의 대답 중, 전환의 의미를 나타내는 접속사나 부사 등이 있다면 정답의 힌트가 되므로, 그 부분에서 반드시 주의를 기울여 들어야 한다.

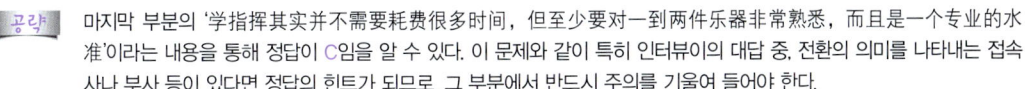

▶ 다양한 악기의 명칭

★钢琴 gāngqín 피아노 | 风琴 fēngqín 풍금 | 手风琴 shǒufēngqín 손풍금 | 小号 xiǎohào 트럼펫 | 长号 chánghào 트롬본 | 长笛 chángdí 플루트 | 萨克斯 sàkèsī 색소폰 | 小提琴 xiǎotíqín 바이올린 | 大提琴 dàtíqín 첼로 | 竖琴 shùqín 하프 | 吉他 jítā 기타 | 琵琶 pípá 비파 | ★古琴 gǔqín 칠현금 | 胡琴 húqin 호금 | 古筝 gǔzhēng 쟁 | ★二胡 èrhú 이호[호금의 일종으로 현이 두 줄이고 음이 낮음] | ★笛子 dízi 피리 | ★鼓 gǔ 북 | 锣 luó 징

[26-30]

第26到30题是根据下面一段采访:

女: ³⁰ᶜ您最近发布的时装秀令在座观众屏息凝视, 受到莫大的震撼, 它们着重表现什么呢?

男: ²⁶此次时装秀是中华民族服装魅力的展现, 纷繁的设计及材质均表达了一个主题——神奇东方古国兼容并蓄、海纳百川的博大胸怀, 色彩及外形诉说着细腻的东方情怀。

女: 此次时装秀, 您通过中国文化表现中国时装, 这已是设计界的共识。那您对此如何看待?

男: 我们不能把民族性理解为外表式样的问题, 它毕竟不是天津小褂儿, 或是绣花长衫和蜡染布。²⁷我们要表现出深藏其中的民族精神。

女: 创意与市场是互动的, 就此您说要找到一个点生存, 这个点是什么?

男: 要找到这个点其实并非易事。在创意与市场之间, 我努力保持对生活最真实的感应, 同时也培养灵敏的市场嗅觉。我不会向市场妥协, 但会努力令市场需求与自我风格有机结合。²⁸我们的每一个完整的设计方案, 都是通过先市场收集、整理、归类, 再提出创意提案, 最后满足需求, 适应市场这样三步来完成。

26~30번 문제는 다음 인터뷰에 근거한다.

여: ³⁰ᶜ선생님께서 최근 선보이신 패션쇼에 참석한 관중들은 숨죽이고 관람하며 큰 감동을 받았다고 하던데, 무엇을 표현하는 데 중점을 두신 건가요?

남: ²⁶이번 패션쇼는 중화 민족 의상의 매력을 드러낸 것인데요, 복잡한 디자인과 재료는 모두 '기묘한 동방 고국의 드넓은 가슴 및 색채와 모양이 드러내는 섬세한 동방의 마음'이라는 주제를 나타낸 것입니다.

여: 이번 패션쇼에서 선생님께서 중국 문화를 통해 중국 패션을 표현한 것이, 이미 디자인계의 공통된 인식이 되었다고 합니다. 그렇다면 선생님께서는 이에 대해 어떻게 보고 계시나요?

남: 우리는 민족성을 겉모양의 문제로 이해해서는 안 되는데, 그것이 어쨌든 톈진의 적삼이나 수를 놓은 적삼, 납염천을 말하는 것은 아니기 때문입니다. ²⁷우리는 그 안에 깊이 담겨 있는 민족 정신을 표현해내야 합니다.

여: 창의성과 시장은 상호 작용을 하는데, 이에 대해 선생님께서 한 가지 점을 찾아 생존해야 한다면, 그 점은 무엇인가요?

남: 그 점을 찾는다는 것은 사실 결코 쉬운 일은 아닙니다. 창의성과 시장 사이에서, 저는 생활에 대한 가장 진실된 감응을 유지하는 노력을 다하는 동시에, 시장에 대한 예민한 후각도 기르고 있습니다. 저는 시장에 타협하지는 않지만, 시장 수요와 자아 풍격이 유기적으로 결합되도록 힘쓸 것입니다. ²⁸저희의 완벽한 디자인 방안들은 모두

女：30D在筹备这场时装秀期间，您在西双版纳呆了近一个月，体验那里的生活。29请您给大家谈谈，设计师该如何从生活中找到创作灵感？

男：当在西双版纳的密林中写生时，我就邂逅了不可思议的光景。苍翠的树木为心灵注入源源不断的盎然绿意，孔雀、竹楼、月光下的凤尾竹、茂密的热带雨林，显得那么浪漫。我只能用整个心灵，用每根细微的神经去感受，体味光影与色彩所形成的幻想。29作为设计师，应该把创作当作对人生的一种态度，生活不是缺少美，仅仅是少了点发现，重要的是有一双善于发现和有品位的眼睛。

女：近些年来时装界刮起自主创新，创国际名牌热风，您认为什么是时装的自主创新？表现在哪些方面？

男：时装真的很神奇，它拥有神奇，它会自我复制，自我创造。如今社会对时装的要求日益更新，与日俱增，人们越来越注重个性的表现，各种各样的表现形式也促进着服装本身的改变。作为时装设计师，就是要创造属于民族的、属于世界的艺术作品。

여: 우선적으로 시장 수집, 정리, 분류 등의 과정을 거치고 나서, 다시 창의적인 제안을 제기하고, 마지막으로 수요를 만족시키고 시장에 적응하는 이러한 3단계로 완성된 것입니다.

여: 30D이번 패션쇼를 기획하고 준비하시는 기간에, 선생님께서는 시솽반나에서 근 1달간 머무르시며 그곳 생활을 체험하셨다고 하던데요. 29디자이너가 어떻게 생활 속에서 창작의 영감을 찾을 수 있는지, 저희들에게 말씀해주실 수 있으신지요?

남: 시솽반나의 밀림에서 사생할 때, 저는 불가사의한 풍경을 보게 되었습니다. 짙푸른 나무들이 마음에 끝없이 넘쳐나는 푸른빛을 부어 넣고, 공작새, 죽루, 달빛 아래의 관음죽, 무성한 열대 우림 등이 그토록 낭만적으로 보였답니다. 저는 그저 온 마음과 미세한 신경으로 느끼고, 빛과 그림자, 색채가 만들어내는 환상을 몸소 느꼈습니다. 29디자이너로서 창작을 인생에 대한 일종의 태도로 여겨야 하는데, 생활에 아름다움이 부족한 것이 아니라 그저 아름다움을 적게 발견하게 되는 것이니, 중요한 점은 발견을 잘하고 안목이 있는 눈을 지니는 것입니다.

여: 최근 몇 년간 패션계에는 자주적인 창의 바람이 불기 시작했고, 국제적인 명품 열풍이 일어나고 있는데, 선생님께서는 어떤 것이 패션에 있어 자주적인 창의라고 생각하시나요? 어떤 방면에서 드러난다고 보시는지요?

남: 패션은 정말이지 매우 신기해서 그것은 신비로움도 지니고 있고, 자아 복제나 자아 창조도 가능합니다. 현재 사회의 패션에 대한 요구는 날로 새롭게 바뀌며 날로 늘어나고 있습니다. 사람들은 갈수록 개성의 표현을 중시하고, 가지각색의 표현 방식도 패션 그 자체의 변화를 촉진시키고 있습니다. 따라서 패션 디자이너로서 민족 속의, 세계 속의 예술 작품을 창조해내야 합니다.

어휘 ★发布 fābù 동 선포하다, 발포하다 | 时装秀 shízhuāngxiù 명 패션쇼 | 在座观众 zàizuò guānzhòng 참석한 관중 | 屏息 bǐngxī 동 숨을 죽이다 | ★凝视 níngshì 동 응시하다, 주목하다 | ★受到……震撼 shòudào……zhènhàn 감동을 받다 | 莫大 mòdà 형 막대하다, 더없이 크다 | ★着重 zhuózhòng 동 강조하다, 중시하다 | ★魅力 mèilì 명 매력 | ★展现 zhǎnxiàn 동 드러내다, 나타나다 | 纷繁 fēnfán 형 많고 복잡하다, 번잡하다 | ★设计 shèjì 동명 디자인(하다), 설계(하다) | 材质 cáizhí 명 재질, 재료 | ★均 jūn 부 모두, 다 | ★主题 zhǔtí 명 주제 | 神奇 shénqí 형 기묘하다, 신기하다 | 东方 Dōngfāng 고유 동방, 아시아 | 古国 gǔguó 명 고대의 국가, 역사가 오래된 나라 | 兼容并蓄 jiānróng bìngxù 함께 받아들이고 수용하다 | 海纳百川 hǎi nà bǎi chuān 마음이 넓음을 이르는 말 | ★博大胸怀 bódà xiōnghuái 넓은 가슴 | ★色彩 sècǎi 명 색채 | 诉说 sùshuō 동 간곡히 말하다, 하소연하다 | ★细腻 xìnì 형 섬세하다, 세밀하다 | 情怀 qínghuái 명 심경, 심정 | 设计界 shèjìjiè 디자인계 | ★共识 gòngshí 명 공통된 인식, 공감대 | 外表式样 wàibiǎo shìyàng 겉모습 | ★毕竟 bìjìng 부 어쨌든, 끝내 | 小褂儿 xiǎoguàr 명 중국식 적삼 | 绣花 xiù huā 그림이나 도안을 수놓다 | 长衫 chángshān 명 중국 남자들이 입는 긴 적삼 형태의 옷 | 蜡染 làrǎn 명 납염법[중국 전통 민간 날염 공예] | 深藏 shēncáng 동 깊이 감추다, 깊이 숨기다 | ★创意 chuàngyì 명 창의적인 구상, 창의성 | ★互动 hùdòng 동 상호작용을 하다 | 并非易事 bìngfēi yìshì 결코 쉬운 일이 아니다 | ★真实 zhēnshí 형 진실하다 | 感应 gǎnyìng 동 감응하다, 반응하다 | ★培养 péiyǎng 동 기르다 | ★灵敏 língmǐn 형 예민하다, 민감하다 | 嗅觉 xiùjué 명 후각 | ★妥协 tuǒxié 동 타협하다 | ★市场需求 shìchǎng xūqiú 명 시장 수요 | 自我风格 zìwǒ fēnggé 자아 풍격 | ★有机结合 yǒujī jiéhé 유기적 결합 | ★完整 wánzhěng 형 완전하다, 완벽하다 | ★设计方案 shèjì fāng'àn 명 설계 방안 | 市场收集 shìchǎng shōují 시장 수집 | 归类 guīlèi 동 분류하다 | 提案 tí'àn 명 제안 | ★满足需求 mǎnzú xūqiú 수요를 만족시키다 | ★适应市场 shìyìng shìchǎng 시장에 적응하다 | ★筹备 chóubèi 동 기획하고 준비하다 | 西双版纳 Xīshuāngbǎnnà 고유 시솽반나[윈난(云南)]

성에 있는 유명한 관광지] | 密林 mìlín 명 밀림 | 写生 xiěshēng 동 사생하다 | 邂逅 xièhòu 동 우연히 만나다, 뜻하지 않게 만나다 | ★不可思议 bù kě sī yì 불가사의하다, 이해할 수 없다 | 苍翠 cāngcuì 형 짙푸르다, 푸르고 싱싱하다 | ★心灵 xīnlíng 명 마음, 영혼, 정신 | ★注入 zhùrù 동 주입하다, 부어 넣다 | ★源源不断 yuán yuán bú duàn 연이어 끊어지지 않다, 연속 이어지다 | 盎然绿意 àngrán lǜyì 푸른빛이 넘치다 | 孔雀 kǒngquè 명 공작, 공작새 | 竹楼 zhúlóu 명 죽루[윈난(云南)성 태족(傣族) 등이 거주하는 대나무로 지은 집] | 月光 yuèguāng 명 달빛 | 凤尾竹 fèngwěizhú 명 봉황죽, 관음죽 | 茂密 màomì 형 빽빽이 무성하다, 우거지다 | 热带雨林 rèdài yǔlín 열대 우림 | ★显得 xiǎnde 동 ~인 것 같다, ~하게 보이다 | ★浪漫 làngmàn 형 낭만적이다 | 细微 xìwēi 형 미세하다, 자잘하다 | 神经 shénjīng 명 생리 신경 | 体味 tǐwèi 직접 느끼다, 체득하다 | 光影 guāngyǐng 빛과 그림자 | 幻想 huànxiǎng 명 환상 | ★把……当作 bǎ……dàngzuò ~을 ~로 여기다 | 品位 pǐnwèi 명 품위 | 时装界 shízhuāngjiè 패션계 | 刮起 guāqǐ 불기 시작하다 | 自主创新 zìzhǔ chuàngxīn 자주적인 창의 | 国际名牌 guójì míngpái 국제적인 명품 | 热风 rèfēng 명 열풍 | 自我复制 zìwǒ fùzhì 자아 복제 | 自我创造 zìwǒ chuàngzào 자아 창조 | ★日益 rìyì 부 날로 | ★与日俱增 yǔ rì jù zēng 성 날이 갈수록 번창하다, 날로 많아지다 | ★注重 zhùzhòng 동 중시하다 | ★促进 cùjìn 동 촉진시키다 | ★属于 shǔyú 동 ~에 속하다

26. HSK POINT 동일한 문장 파악 | 난이도 下 | track 05-26

这场时装秀着重展现什么?

A 引领时尚潮流
B 中华民族的服装魅力
C 中西文化的碰撞
D 鲜明的个性

이번 패션쇼는 무엇을 보여주는 데 중점을 두었는가?

A 패션의 흐름을 인도하는 것
B 중화 민족 의상의 매력
C 중국과 서양 문화의 충돌
D 뚜렷한 개성

공략 남자의 대답 중 '此次时装秀是中华民族服装魅力的展现'이라는 내용을 통해 정답은 B임을 알 수 있다.

27. HSK POINT 동일한 어휘 파악 | 난이도 下 | track 05-27

为展现民族文化，服装中应主要表现什么?

A 民族精神
B 传统艺术
C 文化内涵
D 经典服装样式

민족 문화를 드러내기 위해 의상에 주로 무엇을 표현해야 하는가?

A 민족 정신
B 전통 예술
C 문화적인 내용
D 고전적인 의상 형식

공략 남자의 대답 중 '我们要表现出深藏其中的民族精神。'이라는 내용을 통해 정답이 A임을 알 수 있다.

28. HSK POINT '先……, 再……, 最后……' 구조 파악 | 난이도 中 | track 05-28

男的设计服装时最后一步是什么?

A 收集市场信息
B 确定主题
C 提出创意提案
D 满足需求

남자가 의상 디자인을 할 때 마지막 단계는 무엇인가?

A 시장 정보를 수집하는 것
B 주제를 확정하는 것
C 창의적 제안을 제기하는 것
D 수요를 만족시키는 것

> 공략 남자의 대답 중 '先……, 再……, 最后……'의 구조를 사용한 '我们的每一个完整的设计方案，都是通过先市场收集、整理、归类，再提出创意提案，最后满足需求，适应市场这样三步来完成。'이라는 내용에서, 마지막 단계에서 진행하는 일이 바로 수요를 만족시키고 시장에 적응하는 것임을 알 수 있다. 따라서 정답은 D가 된다.

29. HSK POINT 인터뷰어의 질문 속에서 정답 유추하기 난이도 中   track 05-29

男的认为创作的灵感来源于哪儿? | 남자는 창작의 영감이 어디에서 나온다고 생각하는가?

A 艺术交流
B 创新精神
C 想象力
D 生活

A 예술 교류
B 창조적인 정신
C 상상력
D 생활

> 공략 여자의 질문 중 '请您给大家谈谈，设计师该如何从生活中找到创作灵感？'이라는 내용과 남자의 대답 중 '作为设计师，应该把创作当作对人生的一种态度，生活不是缺少美，仅仅是少了点发现，重要的是有一双善于发现和有品位的眼睛。'이라는 내용에서 정답이 D임을 알 수 있다. 이 문제와 같이 대답을 듣지 않더라도 질문만으로도 정답을 유추할 수 있는 경우도 있으므로, 인터뷰어가 어떤 부분에 대해 확실한 어투로 단정적으로 질문을 하는지 주의 깊게 듣도록 한다.

30. HSK POINT 앞부분에서 언급되는 인터뷰에 대한 정보 파악 난이도 上   track 05-30

关于男的，可以知道什么? | 남자에 관해 다음 중 알 수 있는 것은?

A 致力于传统服装的设计
B 最看重创意
C 是服装设计师
D 长期定居西双版纳

A 전통 의상 디자인에 주력한다
B 창의성을 가장 중요시한다
C 의상 디자이너이다
D 장기간 시쌍반나에서 거주했다

> 공략 여자가 첫 질문 중 '您最近发布的时装秀……'라고 말한 것을 통해 남자는 의상 디자이너임을 알 수 있고, 인터뷰 중간중간에 남자의 패션쇼에 대한 내용이 계속해서 언급되므로 정답은 C가 된다. 인터뷰의 내용에 관계없이 인터뷰 앞부분에서 언급되는 인터뷰이에 대한 정보와 관련된 문제들은 종종 가장 마지막에 제시되므로, 반드시 그 내용을 주의 깊게 듣고 기억하도록 한다.

第三部分

[31-33]

第31到33题是根据下面一段话：

³¹很多人认为，向合适的顾客推出合适的产品，这简直就是小儿科，实则不然。

一般公司也觉得只要把广告做得足够出色，就足以把产品卖给任何顾客，这种看法其实是错误的。广告本身不会令受众对产品产生消费欲望，它只能将受众已有的消费欲望聚焦到某一特定产品上。³²广告文案的任务是启发、引导欲望，而非制造欲望。例如，不管你的广告多么吸引眼球，素食主义者是绝对不会到你新开的饭馆吃牛排的。但是你可以在广告中循循善诱，吸引他来尝试你的沙拉自助餐。

一个成功的广告，其秘诀是这样的：³³首先，选好主题，然后找一个合适的地方打出你的广告，比如瞄准一家读者定位与你的顾客定位一致的杂志，这一点很重要。换句话说，就是向合适的受众推出合适的产品。

31~33번 문제는 다음 내용에 근거한다.

³¹많은 사람들은 알맞은 고객에게 적당한 제품을 추천해 주는 것은 그야말로 쉬운 일이라고 생각하지만, 사실은 그렇지 않다.

일반적으로는 기업 또한 광고를 훌륭하게 하기만 하면, 제품을 충분히 어떤 고객에게든 판매할 수 있을 것이라고 여기지만, 이런 생각은 사실 틀린 것이다. 광고 그 자체가 소비자들에게 제품에 대한 소비 욕구를 생기게 하지는 않으며, 그것은 단지 소비자들이 이미 지니고 있던 소비 욕구를 어떤 특정한 제품에 초점을 맞추게 할 뿐이다. ³²광고 문안의 임무는 소비 욕구를 깨우고 이끌어내는 것이지 욕구를 조성하는 것은 아니다. 예를 들면, 당신의 광고가 아무리 눈길을 끈다고 하더라도, 채식주의자는 결코 당신이 새로 개업한 식당에 가서 스테이크를 먹지는 않을 것이다. 하지만 광고에서 차근차근 설명을 잘 해준다면, 그가 당신의 샐러드 뷔페를 맛보러 오도록 유인할 수 있을 것이다.

한 편의 성공적인 광고는 그 비결이 이와 같다. ³³우선, 주제를 잘 선택한 다음, 적당한 곳을 찾아 광고를 하는 것인데, 예를 들면, 독자의 위치와 당신 고객의 위치가 일치하는 잡지를 겨냥하는 것으로, 이 점이 매우 중요하다. 다시 말해, 알맞은 고객에게 적당한 제품을 추천해주는 것이다.

어휘 ★推出 tuīchū 통 내놓다, 출시하다, 추천하다 | ★小儿科 xiǎo'érkē 명 소아과, 쉬운 일, 보잘것없는 것 | 实则不然 shízé bùrán 실은 그렇지 않다 | ★出色 chūsè 형 뛰어나다 | 足以 zúyǐ 분 충분히 ~할 수 있다, ~하기에 족하다 | ★本身 běnshēn 명 그 자신, 그 자체 | 受众 shòuzhòng 명 독자, 청중, 시청자 | ★消费欲望 xiāofèi yùwàng 소비 욕구 | 聚焦 jùjiāo 통 초점을 모으다 | 广告文案 guǎnggào wén'àn 광고 문안 | ★启发 qǐfā 통 일깨우다, 계몽하다 | ★引导 yǐndǎo 통 이끌다, 인도하다 | ★制造 zhìzào 통 조성하다, 만들다 | 吸引眼球 xīyǐn yǎnqiú 주의를 끌다 | 素食主义者 sùshí zhǔyìzhě 채식주의자 | 循循善诱 xún xún shàn yòu 성 차근차근 잘 타일러 가르치다 | ★尝试 chángshì 통 시도해보다, 경험해보다 | 沙拉自助餐 shālā zìzhùcān 샐러드 뷔페 | ★秘诀 mìjué 명 비결 | 瞄准 miáozhǔn 통 겨누다, 맞추다 | ★定位 dìngwèi 명 확정된 위치, 정해진 자리 | ★一致 yízhì 형 일치하다

31. HSK POINT 앞 문장의 의미 이해 난이도 上 track 05-31

这段话中的"小儿科"最可能是什么意思？

A 烫手山芋   B 儿童门诊
C 非常棘手的问题 **D 简单易做的事**

이 글에서 '小儿科'는 어떤 의미인가?

A 힘든 일   B 아동 진료
C 매우 까다로운 문제 **D 쉽게 처리할 수 있는 일**

공략 많은 사람들이 '向合适的顾客推出合适的产品'을 小儿科로 여긴다고 했는데, 小儿科는 '소아과'라는 뜻 외에도 '쉬운 일, 보잘것없는 것'을 나타내므로 정답은 D가 된다.

어휘 ★烫手山芋 tàngshǒu shānyù 뜨거운 고구마, 난제, 힘든 일 | 门诊 ménzhěn 명 진료, 진찰 | ★棘手 jíshǒu 형 곤란하다, 까다롭다

32. HSK POINT 동일한 의미의 문장 파악 난이도 中   track 05-32

根据这段话，广告文案的任务是什么？

A 彰显产品卖点
B 满足消费者好奇心
C 引发消费欲望
D 使消费者产生欲望

이 글에 따르면 광고 문안의 임무는 무엇인가？

A 제품의 장점을 충분히 드러내는 것
B 소비자의 궁금증을 만족시키는 것
C 소비 욕구를 일으키는 것
D 소비자가 욕구가 생기도록 하는 것

공략 중간 부분의 '广告文案的任务是启发、引导欲望，而非制造欲望。'이라는 내용을 통해 광고 문안의 임무가 욕구를 만들어내는 것이 아니라 끌어내는 것임을 알 수 있으므로 정답은 C가 된다.

어휘 彰显 zhāngxiǎn 동 충분히 드러내다

33. HSK POINT '首先……, 然后……' 구조 파악 난이도 中   track 05-33

根据这段话，成功的广告具有什么特点？

A 吸引眼球
B 定位准确
C 富有寓意
D 构思巧妙

이 글에 근거하면 성공적인 광고는 어떤 특징을 지니고 있는가？

A 눈길을 끈다
B 설정 위치가 정확하다
C 함축된 의미를 풍부하게 지니고 있다
D 구상이 교묘하다

공략 마지막 부분에서 성공적인 광고의 비결에 대해 소개하는 '首先，选好主题，然后找一个合适的地方打出你的广告，比如瞄准一家读者定位与你的顾客定位一致的杂志，这一点很重要。'라는 긴 문장에서, 핵심 주제는 소비자의 위치와 기업이 정한 고객의 위치가 일치하는 곳에 광고를 해야 한다는 것이므로 정답은 B가 된다.

합격필수 TIP

▶ 선후 관계를 나타내는 주요 문장 구조

① 先/首先+A, 再+B 우선 A하고 그 다음에 B하다
每天起床以后，我先散步，再吃早饭。 매일 일어난 뒤, 나는 먼저 산책을 하고 그 다음에 아침밥을 먹는다.

② 先/首先+A, 然后+B 먼저 A하고 그러고 나서 B하다
这次我先去北京见朋友，然后去上海办事。
이번에 나는 먼저 베이징에 가서 친구를 만나고 그러고 나서 상하이로 가서 일을 본다.

③ 先/首先+A, 接着+B 먼저 A하고 이어서 B하다
今天我们先完成了一半，剩下的明天接着做吧。 오늘 우리는 우선 절반을 끝냈으니, 남은 것은 내일 이어서 합시다.

④ 先/首先+A, 随后+B 먼저 A하고 뒤이어 B하다
你们先走吧，我随后就去。 너희들 먼저 가. 내가 뒤따라갈게.

⑤ A, 于是+B A하고 그리하여 B하다
我吃完饭，时间还来得及，于是就到商店逛了逛。 나는 밥을 다 먹고도 시간이 아직 여유로워서, 상점을 둘러보았다.

[34-36]

第34到36题是根据下面一段话：

据儿童心理专家研究表明，在家教严明的家庭里，孩子会更茁壮地成长，**34因为良好的规矩会使孩子更有安全感，并且还可以教会他们自控和自信**。作为成年人，我们不太喜欢别人告诉我们应该做什么，不该做什么。于是我们认为孩子们也会对规矩做出负面反应，其实不然。**36孩子们更需要指令明确，同时不会随时改变主意的父母**。其实，每个家庭都有自己的小规矩，但是很多父母忽略的是他们往往按照自己一时的感觉来随意修改规矩，这样做会使孩子们不知所措，进而对规矩不屑一顾。

那么，如何在家里颁布这些规矩呢？最有效的做法是：**35第一，定下的规矩应该是合情合理的**；第二，告诉孩子规矩时要温和，不要太严厉。

34~36번 문제는 다음 내용에 근거한다.

아동 심리 전문가들의 연구에 따르면, 가정 교육이 엄격한 가정에서 아이가 더 건강하게 성장할 수 있는데, **34왜냐하면 훌륭한 규율은 아이가 더욱 안정감을 느끼게 해주는 데다가, 아이에게 스스로 통제하고 자신감을 갖도록 가르쳐 줄 수 있기 때문이라고 한다.** 성인으로서 우리는 다른 사람이 우리에게 무엇을 해야 한다거나 무엇을 해서는 안 된다는 것을 알려주는 것을 좋아하지 않는다. 그렇기에 우리는 아이들도 규율에 대해 부정적인 반응을 취할 것이라고 생각하지만, 사실은 그렇지 않다. **36아이들은 명령이 확실하면서 아무 때나 생각을 바꾸지 않는 부모를 더 필요로 한다.** 사실, 가정마다 작은 규율이 있기는 하지만, 많은 부모들이 등한시하고 있는 점은, 그들이 종종 자신의 일시적인 생각대로 규율을 바꾼다는 것이다. 이렇게 하면 아이들이 어찌할 바를 모르게 할 뿐만 아니라, 더 나아가 아이들이 이 규율에 대해 거들떠보지도 않게 된다.

그렇다면 가정에서 이러한 규율을 어떻게 알려야 할까? 가장 효과적인 방법은 **35첫째, 정한 규율은 반드시 이치에 맞게 합당해야 하고,** 둘째, 아이에게 규정을 알려줄 때 온화하고 부드러운 태도를 지니며 너무 엄하게 해서는 안 된다.

어휘 儿童心理专家 értóng xīnlǐ zhuānjiā 아동 심리 전문가 | 家教 jiājiào 명 가정 교육 | 严明 yánmíng 형 엄격하고 명확하다 | ★茁壮 zhuózhuàng 형 건장하다, 건강하다 | ★规矩 guīju 명 규율, 규정 | 教会 jiāohuì 동 가르쳐서 알도록 하다 | ★自控 zìkòng 스스로 통제하다 | ★负面反应 fùmiàn fǎnyìng 부정적인 반응 | 指令 zhǐlìng 명동 지시(하다), 명령(하다) | ★明确 míngquè 형 명확하다, 확실하다 | ★随时 suíshí 부 수시로, 아무 때나 | ★改变主意 gǎibiàn zhǔyi 생각을 바꾸다, 마음을 바꾸다 | ★忽略 hūlüè 동 소홀히 하다, 등한시하다 | 修改 xiūgǎi 동 수정하다, 고치다 | ★不知所措 bù zhī suǒ cuò 성 어찌할 바를 모르다 | ★不屑一顾 bú xiè yí gù 성 거들떠볼 가치도 없다 | 颁布 bānbù 동 공포하다, 반포하다 | ★合情合理 hé qíng hé lǐ 성 정리와 사리에 맞다, 합당하다 | 温和 wēnhé 형 온화하다, 부드럽다 | ★严厉 yánlì 형 호되다, 엄하다

34. 115K POINT 원인을 제시하는 因为 및 동일한 의미의 문장 파악　난이도 中　track 05-34

良好的规矩对孩子有什么作用?

A 让孩子消除恐惧感
B 防止孩子犯错
C 使孩子知错能改
D 让孩子学会自我控制

좋은 규율은 아이에게 어떠한 영향을 끼치는가?

A 아이가 공포감을 없애도록 한다
B 아이가 잘못을 저지르는 것을 막아준다
C 아이가 잘못을 알고 고칠 수 있도록 한다
D 아이가 스스로 통제하는 것을 익히도록 해준다

공략 앞부분에서 가정 교육이 엄격한 가정에서 아이가 더 건강하게 자랄 수 있는 원인을 제시하는 '因为良好的规矩会使孩子更有安全感，并且还可以教会他们自控和自信。'이라는 내용을 통해 정답이 D임을 알 수 있다.

35.

HSK POINT 힌트가 되는 第一 및 동의어 '合情合理'와 '符合情理' 난이도 上 track 05-35

根据这段话，父母在制定规矩时应注意什么?
이 글에 근거하면 부모는 규율을 정할 때 무엇에 주의해야 하는가?

A 要符合情理
B 要模棱两可
C 要细致缜密
D 要墨守成规

A 이치에 맞아야 한다
B 애매모호해야 한다
C 매우 치밀해야 한다
D 기존의 관례를 고수해야 한다

공략 뒷부분에서 부모가 규율을 정할 때 취해야 할 방법을 제시하는데, 第一가 바로 정답을 찾는 힌트가 된다. '第一，定下的规矩应该是合情合理的'라고 했으므로, 동일한 의미의 '符合情理'가 있는 A가 정답이 된다. 내용 중 第一, 首先, 最 등의 어휘가 나오면 반드시 유의해서 들어야 한다.

어휘 模棱两可 mó léng liǎng kě 성 애매모호하다, 불확실하다 | ★墨守成规 mò shǒu chéng guī 성 기존의 규칙·관계를 고수하다, 낡은 틀에 매달리다

36.

HSK POINT 내용의 순서에 주의하며 동일한 의미의 문장 파악 난이도 中 track 05-36

根据这段话，可以知道什么?
이 글에 근거하여 알 수 있는 것은?

A 规矩会阻碍孩子的茁壮成长
B 教育应因材施教
C 父母不应随意修改规矩
D 父母应尊重孩子的私生活

A 규율은 아이의 건강한 성장을 가로막는다
B 교육은 상대에 맞게 해야 한다
C 부모가 마음대로 규율을 고쳐서는 안 된다
D 부모는 반드시 아이의 사생활을 존중해야 한다

공략 이 문제는 글의 내용 전개 순서에 유의해야 한다. 중간 부분의 '其实不然'이 정답을 찾는 힌트이므로, 그 뒤의 내용에 주의해야 한다. '孩子们更需要指令明确，同时不会随时改变主意的父母。'라는 내용을 통해 정답은 C임을 알 수 있다.

어휘 ★因材施教 yīn cái shī jiào 성 그 인물에 맞게 교육하다

[37-40]

第37到40题是根据下面一段话:

在雪地里长时间行走，往往看不见路线以致迷失方向，有甚者会患上雪盲症。人们一直以为雪盲症是由大面积积雪反射强光后，眼睛受到紫外线辐射灼伤所致。因此，雪地行军时，士兵会戴上墨镜。然而，即使是这样，还是会有人得雪盲症。原来，强烈的光线只是会对眼睛造成伤害，37而引发雪盲症的主要因素是雪地里空无一物，人的眼睛总是在不知疲倦地探索周围的世界，从一个落点到另一个落点。38若长时间搜索而找不到一个落点，就会因为紧张而视线模糊，甚至失明。

37~40번 문제는 다음 내용에 근거한다.

눈밭에서 장시간을 걷게 되면, 종종 코스가 보이지 않아 방향을 잃게 되는데, 심지어는 설맹증에 걸리기도 한다. 사람들은 줄곧 설맹증이 큰 면적으로 쌓인 눈이 강한 빛을 반사한 후, 눈이 자외선 복사로 인한 화상을 입어 초래된 것이라고 생각했다. 그리하여 눈밭에서 행군할 때, 사병들은 선글라스를 착용한다. 하지만 설령 그렇다 하더라도, 일부 사람들은 설맹증에 걸릴 수 있다고 한다. 알고 보니, 강렬한 빛이라는 것은 단지 눈에만 손상을 주는 것이지만, 37설맹증을 유발하는 주된 요인은, 눈밭에는 아무것도 없어 사람의 눈이 피곤한 줄도 모르고 한 낙하점에서 또 다른 낙하점으로 주변 세계를 탐색하는 것이라고 한다. 38만약 장시간 동

人们依此"对症下药"找出了对付雪盲症的办法：39在雪地里插上颜色较深的旗帜，这样在一望无垠的白雪中便有了一个个醒目的标志，人的目光就有了落点，也就不会因为长时间的空白而引起视神经紧张。

人生旅途亦是如此，我们一生中要越过无数的雪地，当我们在这些雪地里行走时，只有找到落点才不会慌乱，才会铆足了劲大踏步地往前走。否则，就会像患了雪盲症一样，迷失在人生的旅途中。40因此，我们的眼睛一定要努力搜寻目标，然后向着目标前进。

안 탐색하여 어떤 낙하점을 찾지 못하면, 긴장하게 되어 시선이 모호해지고 심지어는 실명하게 되기도 한다.

사람들은 이에 따라 '상황에 맞추어 해결책을 내놓아' 설맹증에 대처할 방법을 찾아냈다. 39눈밭에 비교적 짙은 색의 깃발을 꽂아두는 것인데, 이렇게 하면 끝도 없이 넓은 하얀 눈 위에 눈에 띄는 표지가 생겨, 사람의 시선에 낙하점이 생기게 되고, 또한 장시간의 공백으로 인한 시신경의 긴장을 일으키지 않을 수 있게 된다.

인생길 또한 이러하다. 우리는 평생 수많은 눈밭을 지나가야 하는데, 우리가 그러한 눈밭에서 걸을 때, 낙하점을 찾을 수 있어야만 당황하거나 허둥대지 않을 것이고, 젖 먹던 힘까지 다해 큰 걸음으로 나아갈 수 있을 것이다. 그렇지 않으면 설맹증에 걸린 것처럼, 인생길에서 방향을 잃게 될 것이다. 40그러므로 우리의 눈은 반드시 열심히 목표를 찾아야만 하고, 그러고 나서 목표를 향해 전진해야 한다.

어휘 ★路线 lùxiàn 명 노선, 코스 | ★以致 yǐzhì 접 ~을 가져오다, ~을 초래하다 | ★迷失 míshī 동 잃다, 분실하다 | 甚者 shènzhě 명 더욱 심한 경우 접 심지어 | ★患上 huànshàng 동 걸리다, 앓다 | 雪盲症 xuěmángzhèng 설맹증 | ★由……所致 yóu……suǒ zhì ~로 야기되다 | 积雪 jīxuě 명 쌓인 눈, 적설 | 反射 fǎnshè 동 반사하다 | 强光 qiángguāng 강한 빛 | 紫外线辐射 zǐwàixiàn fúshè 자외선 복사 | 灼伤 zhuóshāng 동 화상을 입다 | 行军 xíngjūn 동 행군하다 | 士兵 shìbīng 명 병사, 사병 | 墨镜 mòjìng 명 선글라스, 색안경 | ★强烈 qiángliè 형 강렬한 | 光线 guāngxiàn 명 광선, 빛 | ★伤害 shānghài 동 해치다, 손상시키다 | 引发 yǐnfā 동 일으키다, 야기하다 | ★主要因素 zhǔyào yīnsù 주된 요인 | ★空无一物 kōng wú yí wù 성 텅 비어 아무것도 없다 | ★疲倦 píjuàn 형 피곤하다, 지치다 | ★探索 tànsuǒ 동 탐색하다, 찾다 | 落点 luòdiǎn 명 낙하 지점, 낙하점 | ★若 ruò 접 만일, 만약 | ★视线模糊 shìxiàn móhu 시선이 모호하다 | 失明 shī míng 동 실명하다, 눈이 멀다 | 依此 yīcǐ 이에 따라, 이에 의해 | 对症下药 duì zhèng xià yào 성 병의 증상에 따라 약을 처방하다, 사정에 따라 문제를 해결하다 | 对付 duìfu 동 대처하다, 다루다 | 插上 chāshàng 동 끼우다 | 旗帜 qízhì 명 깃발, 모범 | ★一望无垠 yí wàng wú yín 성 끝없이 멀고 넓다 | 醒目 xǐngmù 형 눈에 띄다, 남의 주의를 끌다 | ★标志 biāozhì 명 상징, 표지 | ★目光 mùguāng 명 시선, 눈빛 | 视神经 shìshénjīng 명 시신경 | 人生旅途 rénshēng lǚtú 인생길 | ★亦 yì 부 ~도, 역시, 또한 | ★越过 yuèguò 동 넘다 | ★慌乱 huāngluàn 형 당황하고 혼란하다, 허둥대다 | 铆足了劲 mǎozú le jìn 젖 먹던 힘까지 다하다 | 大踏步 dàtàbù 명 큰 걸음, 활보 | ★搜寻 sōuxún 동 여기저기 찾다, 도처에 찾아다니다

37. HSK POINT 힌트가 되는 而 및 '主要因素' 난이도 中 track 05-37

引发雪盲症的主要因素是什么? 설맹증을 유발하는 주된 요인은 무엇인가?

A 眼睛只找到了一个落点 A 눈이 단지 하나의 낙하점만 찾은 것
B 积雪对光线的反射 B 적설의 빛 반사
C 眼睛感觉不到疲劳 C 눈이 피로를 느끼지 못하는 것
D 雪地里空无一物 **D 눈밭에 아무것도 없는 것**

공략 전환의 의미를 나타내는 접속사 而과 '主要因素'가 정답을 찾는 힌트가 된다. 핵심어 '主要因素' 뒤에 이어지는 내용은 반드시 주의 깊게 들어야 한다. 중간 부분에서 강렬한 빛은 단지 눈에만 손상을 준다고 했고, 이어서 접속사 而을 써서 앞 문장과 상반된 의미를 나타낸다. '而引发雪盲症的主要因素是雪地里空无一物, 人的眼睛总是在不知疲倦地探索周围的世界, 从一个落点到另一个落点.'이라는 내용을 통해 정답이 D임을 알 수 있다.

38. HSK POINT 강조의 의미를 나타내는 甚至 | 난이도 中 | track 05-38

如果眼睛长时间搜索而找不到落点，会怎么样？

A 使人眼花缭乱
B 引起视神经萎缩
C 引发恐慌症
D 引起失明

만약 눈이 장시간 탐색하다가 낙하점을 찾지 못하면 어떻게 되는가?

A 사람의 눈을 현혹시킨다
B 시신경 감퇴를 일으킨다
C 공황 장애를 유발한다
D 실명을 일으킨다

공략 중간 부분 중 '若长时间搜索而找不到一个落点，就会因为紧张而视线模糊，甚至失明。'이라는 내용을 통해, 장기간 낙하점을 찾지 못하게 되면 실명에까지 이를 수 있음을 알 수 있으므로 정답은 D가 된다. 이 문제는 '若……就……' 구조를 써서 어떤 상황을 가정하고 결과를 끌어내는 형태이며, 정도의 심화를 나타내는 甚至가 정답을 찾는 힌트가 된다. 결과를 제시하거나 결론을 도출하는 문장에서 강조의 의미를 나타내는 어휘가 종종 정답의 힌트가 되므로 반드시 유의해야 한다.

39. HSK POINT 긴 문장에서 핵심 내용 파악 | 난이도 中 | track 05-39

下列哪种办法能真正对付雪盲症?

A 加速前行
B 佩戴墨镜
C 在雪地里设标志物
D 拿着旗帜前行

다음 중 어느 것이 진정으로 설맹증을 대처할 수 있게 하는가?

A 속도를 높여 걷는 것
B 선글라스를 쓰는 것
C 눈밭에 목표물을 세워두는 것
D 깃발을 들고 걷는 것

공략 '在雪地里插上颜色较深的旗帜，这样在一望无垠的白雪中便有了一个个醒目的标志，人的目光就有了落点，也就不会因为长时间的空白而引起视神经紧张。'이라는 내용을 통해 설맹증에 대처할 수 있는 방법을 제시하고 있다. 눈밭에 깃발을 꽂아두면 시선에 낙하점이 생겨 설맹증이 야기되지 않는다고 했으므로 정답은 C가 된다.

어휘 佩戴 pèidài 통 (장식품·명찰 등을) 몸에 달다, 차다

40. HSK POINT 결론을 끌어내는 因此 | 난이도 中 | track 05-40

这段话主要想告诉我们什么？

A 眼睛是心灵的窗户
B 要勇于挑战
C 人要有目标
D 要有愚公移山精神

이 글은 주로 우리에게 무엇을 이야기하려고 하는가?

A 눈은 마음의 창이다
B 용감히 도전해야 한다
C 사람은 목표를 지녀야 한다
D 어려움을 무릅쓰고 꾸준히 노력하는 정신을 지녀야 한다

공략 앞부분에서 설맹증과 관련해 소개하는 내용을 듣고, 목표를 정하는 것을 주제로 유추할 수 있다. 마지막 부분에 결론을 끌어내는 문장 '因此，我们的眼睛一定要努力搜寻目标，然后向着目标前进。'을 통해서도 정답이 C임을 알 수 있다.

[41-43]

第41到43题是根据下面一段话：

　　体育课上，老师讲解跳高要领后，点名让一个学生示范跳高。由于当时正在走神，这个学生匆忙中奔向横杆，情急之下，忘了老师刚刚讲过的跳高要领。⁴¹结果他背对着横杆跃了过去，当他落在沙坑里的时候，同学们都哄然大笑。只有体育老师没有笑，他不仅没有责怪这个同学跳法错误，相反却鼓励他去练习这种独特的跳高方法。

　　经过坚持不懈的训练，⁴²他终于越过了2.24米的高度，打破了当年的奥运会纪录。背越式跳高技术从此一鸣惊人，天下皆知。

　　⁴³生活中难免会出现错误，而难能可贵的是从错误中发现成功的契机。换一种思维，从错误中看到成功，那么错误也就成了我们的老师。

41~43번 문제는 다음 내용에 근거한다.

　　체육 수업 때, 선생님께서 높이뛰기 요령을 설명하신 후, 한 학생을 호명해 높이뛰기 시범을 보이라고 하셨다. 그때 정신을 딴 데 팔고 있었기 때문에, 이 학생은 재빨리 크로스바를 향해 달려갔는데, 다급해져 선생님께서 막 설명한 높이뛰기 요령을 잊어버렸다. ⁴¹결국 그는 크로스바를 등지고 뛰어넘었고, 그가 모래판에 떨어졌을 때 학생들은 모두 큰 소리로 웃어댔다. 단지 체육 선생님만 웃지 않았는데, 선생님께서는 이 학생의 높이뛰기 방법이 틀린 것을 꾸짖지 않으셨을 뿐 아니라, 도리어 그에게 이런 독특한 높이뛰기 방법을 연습하라며 격려해 주셨다.

　　꾸준한 훈련을 거쳐 ⁴²그는 마침내 2.24미터 높이를 뛰어넘게 되었고, 그해 올림픽 기록을 깨버렸다. 배면뛰기 기술은 이때부터 사람들을 놀라게 했고, 세상 사람들이 다 아는 것이 되었다.

　　⁴³삶에는 실수가 불가피하게 생겨나지만, 훌륭한 점은 실수로부터 성공의 동기를 찾아내는 것이다. 생각을 바꾸고 실수로부터 성공을 보게 된다면, 실수 또한 우리의 스승이 된다.

어휘 ★讲解 jiǎngjiě 동 설명하다 | 跳高 tiàogāo 명 높이뛰기 | ★要领 yàolǐng 명 요령, 요점 | 点名 diǎn míng 동 호명하다, 출석을 부르다 | 示范 shìfàn 동 시범하다 | ★走神 zǒushén 동 정신을 딴 데 팔다, 주의력이 분산되다 | ★匆忙 cōngmáng 형 매우 바쁘다 | ★奔向 bēnxiàng 동 ~을 향해 달려가다 | 横杆 hénggān 명 크로스바, (높이뛰기에서의) 바 | 情急之下 qíngjí zhīxià 다급해져 | ★跃 yuè 동 뛰어오르다, 도약하다 | 沙坑 shākēng 명 모래판, 벙커 | ★哄然大笑 hōngrán dàxiào 큰 소리로 웃다 | ★责怪 zéguài 동 탓하다, 원망하다 | ★鼓励 gǔlì 동 격려하다 | ★坚持不懈 jiānchí búxiè 꾸준하게 하다 | ★打破 dǎpò 동 깨다, 타파하다 | 奥运会纪录 Àoyùnhuì jìlù 올림픽 기록 | 背越式跳高 bèiyuèshì tiàogāo 배면뛰기 | ★一鸣惊人 yī míng jīng rén 성 뜻밖에 사람을 놀라게 하다 | 天下皆知 tiānxià jiēzhī 모든 사람이 다 알다 | ★难免 nánmiǎn 형 면하기 어렵다, ~하게 마련이다 | ★难能可贵 nán néng kě guì 성 쉽지 않은 일을 해내어 대견스럽다, 매우 장하다 | ★契机 qìjī 명 계기, 동기 | ★思维 sīwéi 명 사고, 사유

---

41. HSK POINT 결과를 제시하는 结果 및 문장의 의미 이해 난이도 中   track 05-41

那个同学为什么会被大家嘲笑?

A 上课溜号了
B 表情滑稽
C 跳法怪异
D 没越过横杆

그 학생은 왜 모두의 놀림을 받게 되었는가?

A 수업 때 슬그머니 빠져나가서
B 표정이 코믹해서
C 높이뛰기 방법이 우스꽝스러워서
D 크로스바를 뛰어넘지 못해서

공략 앞부분 중 선생님이 학생에게 높이뛰기 시범을 보이라고 한 상황에 대한 결과를 끌어낸 문장 '结果他背对着横杆跃了过去，当他落在沙坑里的时候，同学们都哄然大笑.'를 통해, 높이뛰기를 한 방법이 틀린데다가 우스워서 모두 비웃었음을 알 수 있으므로 정답은 C가 된다.

어휘 溜号 liū hào 동 탈주하다, 도망치다 | 滑稽 huájī 형 익살맞다 | 怪异 guàiyì 형 괴이하다, 우스꽝스럽다

42. HSK POINT 어렵게 얻은 결과를 제시하는 终于　난이도 中　track 05-42

关于那个同学，下列哪项正确？

A 为现役跳高运动员
B 被老师训斥一顿
C 勤能补拙
D 打破了奥运会纪录

그 학생에 관해 다음 중 옳은 것은?

A 현역 높이뛰기 선수이다
B 선생님께 한바탕 야단 맞았다
C 근면함으로 부족한 재능을 보완할 수 있다
D 올림픽 기록을 깼다

> 공략　부사 终于가 정답을 찾는 힌트로, 终于는 이야기의 내용 중 다소 힘들고 어려운 과정을 거친 후에 나타나는 결과를 끌어낸다. '他终于越过了2.24米的高度, 打破了当年的奥运会纪录.'라는 내용을 통해 그가 올림픽 기록을 깼음을 알 수 있으므로 정답은 D가 된다.

> 어휘　训斥 xùnchì 동 훈계하다 | 勤能补拙 qín néng bǔ zhuō 성 부지런함으로 재능이 부족함을 보완할 수 있다

43. HSK POINT 마지막 부분에서 언급되는 글의 핵심 주제 파악　난이도 中　track 05-43

这段话主要想告诉我们什么？

A 要善于从错误中寻找契机
B 要勇于纠正错误
C 避免"一刀切"的做法
D 要具有创新精神

이 글은 주로 우리에게 무엇을 이야기하려고 하는가?

A 실수로부터 동기를 찾는 데 능해야 한다
B 용감히 잘못을 바로잡을 수 있어야 한다
C '획일적으로 하는' 방법을 피해야 한다
D 창조적 정신을 지녀야 한다

> 공략　어떤 이야기를 통해 주제를 끌어내는 내용은 마지막 부분에 주제가 언급되는 경우가 많으므로 내용을 끝까지 집중해서 듣도록 한다. 마지막의 '生活中难免会出现错误, 而难能可贵的是从错误中发现成功的契机.'라는 내용을 통해 실수로부터 동기를 찾아냄을 강조하고 있음을 알 수 있다. 따라서 정답은 A가 된다.

> 어휘　★纠正 jiūzhèng 동 교정하다, 바로잡다 | 一刀切 yìdāoqiē 일률적으로 하다

[44-47]

第44到47题是根据下面一段话：

　　随着寒假接近尾声，**44**近日白云机场乘坐飞机的学生人数倍增，其中不少是单独乘机的儿童。白云机场特别提醒旅客，**47D**航空公司对接收无人陪伴儿童乘机数量有限制，**47B**家长需在购票时申请无人陪伴儿童服务。**47A**没有预先申请的，在办理登机手续时，一般是不被受理的。**45**一般国内航空公司规定每个航班的无人陪伴儿童的年龄限制为5~12周岁，年满12周岁但未满18周岁，也可自愿申请无人陪伴儿童服务，但需由航空公司同意。**47C**各航空公司对无人陪伴儿童服务的规定存在差异，监护人需购票

44~47번 문제는 다음 내용에 근거한다.

　　겨울 방학이 끝날 무렵이 되자, **44**최근 바이윈 공항은 비행기를 타는 학생수가 배로 증가하고 있는데, 그 중에는 혼자 비행기를 타는 아이들도 적지 않다. 바이윈 공항은 특별히 승객들에게 **47D**항공사에서는 보호자 미동반 아동의 탑승 수량을 제한하고 있으니, **47B**학부모들은 티켓을 구매할 때 보호자 미동반 아동 서비스를 신청해야 한다고 주의를 당부했다. **47A**미리 신청하지 않으면, 탑승 수속할 때는 일반적으로 접수 처리가 되지 않는다.
　　45일반적인 국내 항공사들은 모든 항공편의 보호자 미동반 아동의 연령을 만 5~12세로 제한하는 것을 규정으로 하며, 만 12세부터 만 18세 미만도 보호자 미동반 아동 서비스를 자원하여 신청할 수 있지만, 항공사의 동의가 있어야 한다.

前仔细了解，根据自身需求选择合适的航班。

⁴⁶在接送无人陪伴儿童时，务必要晚走早到。送机的家长要在孩子乘坐的航班起飞后再离开机场，接机的家长则要在飞机抵达前半小时到机场。接机的人需携带身份证明文件，核对好接机地点。机场工作人员在核对接机人身份信息无误后，方可将无人陪伴儿童交给家长，以确保无人陪伴儿童的人身安全。

^{47C}각 항공사의 보호자 미동반 아동 서비스 규정에는 차이가 있기에, 보호자가 티켓을 구매하기 전에 자세히 알아봐야 하며, 자신의 필요에 따라 알맞은 항공편을 선택해야 한다.

⁴⁶보호자 미동반 아동을 마중하거나 배웅할 때는, 반드시 늦게 자리를 떠나고 일찍 도착해야 한다. 배웅하는 학부모는 아이가 탑승한 항공편이 이륙하고 난 뒤 공항을 떠나야 하고, 공항으로 마중을 오는 학부모는 비행기가 도착하기 30분 전에 공항에 도착해야 한다. 마중하러 오는 사람은 신분 증명 서류를 지참해야 하고, 마중할 장소도 잘 확인해야 한다. 공항 직원은 보호자 미동반 아동의 신변 안전을 확보하기 위해, 마중 온 사람의 신분 정보가 확실하다는 것을 확인한 후에야 보호자 미동반 아동을 학부모에게 인계할 수 있다.

어휘 接近尾声 jiējìn wěishēng 막 끝날 무렵이다 | 近日 jìnrì 명 최근, 근래 | 倍增 bèizēng 동 배로 증가하다 | ★单独 dāndú 부 단독으로, 혼자서 | ★乘机 chéngjī 동 비행기를 타다 | ★提醒 tíxǐng 동 일깨우다, 상기시키다 | ★陪伴 péibàn 동 동반하다, 동행하다 | ★限制 xiànzhì 동 제한하다, 한정하다 | 申请 shēnqǐng 동 신청하다 | 预先 yùxiān 부 사전에, 미리 | 登机手续 dēngjī shǒuxù 탑승 수속 | 受理 shòulǐ 동 받아서 처리하다, 수리하다 | ★规定 guīdìng 명 규정(하다) | ★差异 chāyì 명 차이 | 监护人 jiānhùrén 명 후견인, 보호자 | ★需求 xūqiú 명 필요, 수요 | ★务必 wùbì 부 반드시, 기필코 | ★送机 sòngjī 동 비행기 타는 사람을 배웅하다 | ★接机 jiējī 동 공항에 가서 마중하다 | 抵达 dǐdá 동 도착하다 | 携带 xiédài 동 휴대하다, 지니다 | 身份证明 shēnfèn zhèngmíng 신분 증명 서류 | ★核对 héduì 동 대조 확인하다 | 无误 wúwù 동 착오가 없다, 틀림없다 | 方可 fāngkě 비로소 ~할 수 있다 | ★确保 quèbǎo 동 확보하다 | 人身安全 rénshēn ānquán 신변 안전

44. HSK POINT 동일한 의미의 문장 파악 [난이도 下]　　track 05-44

近日白云机场乘客情况有什么变化?

최근 바이윈 공항의 승객 상황에는 어떤 변화가 생겼는가?

A 外国游客剧增
B 国内游客骤减
C 学生增多
D 婴幼儿减少

A 외국 관광객이 폭증했다
B 국내 관광객이 급감했다
C 학생이 증가했다
D 영유아가 감소했다

공략 앞부분의 '近日白云机场乘坐飞机的学生人数倍增'이라는 내용을 통해, 요즘 바이윈 공항에는 학생 수가 증가하고 있음을 알 수 있으므로 정답은 C가 된다.

어휘 ★剧增 jùzēng 동 폭증하다 | 骤减 zhòujiǎn 동 급감하다

45. HSK POINT 숫자에 유의하기 [난이도 下]　　track 05-45

多大的孩子单独乘机时必须申请无人陪伴儿童服务?

몇 세의 아이가 혼자 비행기에 탑승할 때 반드시 보호자 미동반 아동 서비스를 신청해야 하는가?

A 5岁以下
B 5~12岁
C 12~18岁
D 18岁以上

A 5세 이하
B 5~12세
C 12~18세
D 18세 이상

> **공략** 숫자가 나오는 부분은 반드시 주의 깊게 들어야 하고 때에 따라서는 기록해야 한다. '一般国内航空公司规定每个航班的无人陪伴儿童的年龄限制为5-12周岁'라는 내용을 통해 정답은 B임을 알 수 있다.

46. HSK POINT 동일한 문장 파악 | 난이도 下 | track 05-46

家长在接送无人陪伴儿童时要注意什么?

A 出示健康证明
B 起飞前半小时离开机场
C 提前办理登机手续
D 晚走早到

학부모는 보호자 미동반 아동을 마중하고 배웅할 때 무엇에 주의해야 하는가?

A 건강 증명서를 제시한다
B 이륙하기 30분 전에 공항을 떠난다
C 미리 탑승 수속을 한다
D 늦게 떠나고 일찍 도착한다

> **공략** 뒷부분의 '在接送无人陪伴儿童时，务必要晚走早到.'라는 내용을 통해 정답이 D임을 알 수 있다.

47. HSK POINT 글 전개 순서에 따라 관련 내용 찾기 | 난이도 上 | track 05-47

关于无人陪伴儿童服务，下列哪项正确?

A 可登机时补办
B 需购票时申请
C 各航空公司规定相同
D 没有人数限制

보호자 미동반 아동 서비스에 관해 다음 중 옳은 것은?

A 비행기에 탑승할 때 사후에 수속할 수 있다
B 티켓을 구입할 때 신청해야 한다
C 각 항공사 규정이 동일하다
D 인원수 제한이 없다

> **공략** 이러한 유형의 문제는 보기 순서대로 관련 내용을 녹음에서 확인하며 정답을 찾도록 한다. 먼저 앞부분의 '航空公司对接收无人陪伴儿童乘机数量有限制'라는 내용에서 보기 D는 정답이 아님을 알 수 있다. 이어지는 '家长需在购票时申请无人陪伴儿童服务'라는 내용을 통해 보기 B가 정답임을 알 수 있다. 따라서 나머지 보기의 내용은 확인하지 않아도 된다.

> **어휘** 补办 bǔbàn 통 사후에 처리하다, 사후에 수속하다

[48-50]

第48到50题是根据下面一段话:

一日，宋太宗摆酒设宴款待两个大臣，⁴⁸结果两个大臣都喝醉了，竟然当着皇帝的面比起功劳来。他们越比越来劲儿，最后干脆斗起嘴来，完全把君臣礼节抛在脑后了。侍卫在旁边看着，觉得他们俩实在不像话，便奏请宋太宗将这两人抓起来治罪。⁴⁹宋太宗没有同意，只是草草撤了酒宴，派人分别把他俩送回了家。
次日清晨，他们俩酒醒后，想起昨天的事惶恐万分，连忙进宫请罪。⁴⁹宋太宗看到他们战战兢兢的样子，轻描淡写地说："昨天我也喝醉了，什么都记不起来了。"

48~50번 문제는 다음 내용에 근거한다.

어느 날, 송태종은 연회를 베풀어 대신 두 명을 접대했는데, ⁴⁸그 결과 대신 두 명 모두 술에 취하고 말았고, 뜻밖에도 황제 면전에서 자신들의 공로를 견주기 시작했다. 그들은 흥분한 나머지 결국 아예 말다툼을 하게 되었는데, 군신의 예절은 완전히 잊어버렸다. 호위병이 옆에서 이 상황을 보고, 그들은 참으로 말이 안 되는 행동을 하고 있다고 여겨, 송태종에게 이 두 명을 잡아 죄를 다스리라고 아뢰었다. ⁴⁹송태종은 이에 동의하지 않고, 그저 대충 연회를 끝내고 사람을 보내 그 두 대신을 집으로 데려다주라고 했다.
다음 날 아침, 그들은 술에서 깬 뒤, 어제의 일을 떠올리고는 매우 두려워서 황급히 궁에 들어가 용서를 빌었다.

⁵⁰宽容是一个领导者必备的美德。　　⁴⁹송태종은 그들이 전전긍긍하는 모습을 보고는 "어제 나 또한 술을 많이 마셔서 아무것도 기억나지 않소."라고 얼렁뚱땅 넘어가며 말했다.
　　⁵⁰관용이란 한 지도자가 반드시 갖춰야 할 미덕이다.

어휘 摆酒 bǎijiǔ 동 연회를 열다, 술자리를 만들다 | 设宴 shèyàn 동 연회를 베풀다 | ★款待 kuāndài 동 환대하다 | 大臣 dàchén 명 대신 | ★功劳 gōngláo 명 공로 | 来劲儿 láijìnr 흥겨워하다, 신바람이 나다 | ★干脆 gāncuì 부 아예, 차라리 | 斗起嘴来 dòu qǐ zuǐ lai 말다툼을 하기 시작하다 | 君臣 jūnchén 명 군신, 임금과 신하 | 礼节 lǐjié 명 예절 | ★把……抛在脑后 bǎ……pāozài nǎohòu ~을 완전히 잊다 | 侍卫 shìwèi 명 호위병 | ★不像话 búxiànghuà 말이 안 되다, 꼴불견이다 | 奏 zòu 동 군주에게 아뢰다 | 治罪 zhì zuì 동 치죄하다, 죄를 다스리다 | 草草 cǎocǎo 부 대충대충, 허둥지둥, 적당히 | ★撤 chè 동 없애다, 제거하다 | 次日 cìrì 명 다음 날, 이튿날 | ★清晨 qīngchén 명 이른 아침 | 惶恐万分 huángkǒng wànfēn 매우 놀라고 두렵다, 대단히 황공하다 | 连忙 liánmáng 부 얼른, 급히 | 进宫 jìngōng 동 궁중에 들어가다 | 请罪 qǐngzuì 동 죄를 자인하고 처벌을 요청하다, 사죄하다 | ★战战兢兢 zhàn zhàn jīng jīng 형 전전긍긍하다, 아주 조심하다 | ★轻描淡写 qīng miáo dàn xiě 형 대충 이야기하고 지나가다, 얼렁뚱땅 넘어가다 | ★宽容 kuānróng 형 너그럽다, 관용하다 | ★必备 bìbèi 동 반드시 갖추다 | ★美德 měidé 명 미덕

48. HSK POINT 결과를 제시하는 结果　난이도 下　track 05-48

两个大臣喝醉后，做了什么？　　두 명의 대신은 술에 취한 뒤 무엇을 했는가？

A 在皇上面前争吵　　　　　　　　**A** 황제 면전에서 말다툼을 했다
B 蓄意谋反　　　　　　　　　　　 B 반역을 꾀했다
C 怒斥皇上　　　　　　　　　　　 C 황제에게 화를 냈다
D 刺杀皇上　　　　　　　　　　　 D 황제를 암살했다

공략 이야기 전개에서 상황의 결과를 제시하는 结果라는 어휘에 유의해야 한다. 앞부분에서 '结果两个大臣都喝醉了，竟然当着皇帝的面比起功劳来。他们越比越来劲儿，最后干脆斗起嘴来'를 통해 두 대신이 말다툼을 했음을 알 수 있으므로 정답은 A가 된다.

어휘 蓄意谋反 xùyì móufǎn 반역을 꾀하다 | 怒斥 nùchì 동 분노하여 질책하다, 화내서 비난하다 | 刺杀 cìshā 동 찔러 죽이다, 암살하다

49. HSK POINT 문장에 담긴 비유적인 의미 이해　난이도 上　track 05-49

宋太宗是如何处理这件事的？　　송태종은 이 일을 어떻게 처리했는가？

A 依法治罪　　　　　　　　　　　 A 법대로 죄를 다스렸다
B 忘得一干二净　　　　　　　　　 B 깨끗이 잊었다
C 不做计较　　　　　　　　　　　**C** 문제시하지 않았다
D 罢免官职　　　　　　　　　　　 D 관직을 해임했다

공략 황제 앞에서 말다툼을 벌인 두 대신의 죄를 다스리라고 한 호위병의 말 뒤에 이어진 '宋太宗没有同意，只是草草撤了酒宴，派人分别把他俩送回了家。'라는 내용을 통해 송태종은 그들을 벌하지 않았음을 알 수 있다. 또한 뒷부분의 '宋太宗看到他们战战兢兢的样子，轻描淡写地说："昨天我也喝醉了，什么都记不起来了。"'라는 내용에서 송태종이 어제의 일을 정말 잊어버린 것은 아님을 알 수 있으므로 정답은 C가 된다.

어휘 ★一干二净 yì gān èr jìng 형 깨끗이, 모조리 | 计较 jìjiào 동 따지다, 문제시하다 | 罢免 bàmiǎn 동 파면하다, 해임하다

50.

HSK POINT 마지막 부분에서 언급되는 글의 핵심 주제 파악 난이도 下 track 05-50

宋太宗的做法给管理者什么启示? | 송태종의 방법은 관리자에게 어떤 깨달음을 주는가?

A 要出类拔萃
B 要一诺千金
C 要杀一儆百
D 要宽以待人

A 무리 가운데에서 특별히 뛰어나야 한다
B 약속한 말을 반드시 지켜야 한다
C 일벌백계해야 한다
D 관용으로 대해야 한다

공략 마지막 문장 '宽容是一个领导者必备的美德。'를 통해 관용을 지니는 것이 바로 이 글의 핵심 주제임을 알 수 있으므로 정답은 D가 된다.

어휘 ★出类拔萃 chū lèi bá cuì 성 같은 무리 가운데에서 특별히 뛰어나다 | ★一诺千金 yí nuò qiān jīn 성 약속한 말은 틀림없이 지킨다 | 杀一儆百 shā yī jǐng bǎi 성 일벌백계하다, 한 사람을 죽여서 여러 사람을 경계하다 | ★宽以待人 kuān yǐ dài rén 너그럽게 대하다, 관용을 베풀다

新 HSK 6급 합격모의고사 阅读

第一部分

51. HSK POINT '即使……也' 구조 파악 난이도 下

A 中国玉石中的佼佼者要数新疆玉石了。
B 人才与资源的短缺极大地限制了这座城市的经济发展。
C 不同的人，既然站在同一个地方，看到的风景也不尽相同。
D 纪念币由于发行量小且具有纪念意义，因此往往具有较高的收藏价值。

A 중국 옥석의 으뜸은 신장 옥석을 제일로 꼽는다.
B 인재와 자원의 결핍이 이 도시의 경제 발전을 크게 제한하였다.
C 설령 같은 곳에 있다고 하더라도, 사람마다 보는 풍경은 다 다르다.
D 기념주화는 발행량이 적은데다가 기념의 의미를 지니고 있기 때문에 소장 가치가 비교적 높다.

정답
C 不同的人，既然站在同一个地方，看到的风景也不尽相同。(X)
호응 구조 오류
→ C 不同的人，即使站在同一个地方，看到的风景也不尽相同。(O)

공략 보기 C의 既然은 주로 부사 就 혹은 便과 호응하여 '기왕 ~한 이상 ~하다'는 의미로, 원인이 되는 조건을 제시하며 결과를 이끌어낼 때 쓰이는 접속사이다. 이 문장은 '설령 같은 곳에 있다고 하더라도'라는 의미를 나타내는 문장이므로 '即使……也……' 접속사 구조로 고쳐야 옳은 문장이 된다.

어휘 玉石 yùshí 명 옥석, 옥돌 | ★佼佼者 jiǎojiǎozhě 명 출중한 인물, 뛰어난 사람 | 短缺 duǎnquē 동 모자라다, 결핍하다 | ★限制 xiànzhì 동 제한하다 | ★既然 jìrán 접 ~인 이상 | 不尽相同 bújìn xiāngtóng 모두 일치하는 것은 아니다, 다 같은 것은 아니다 | 纪念币 jìniànbì 명 기념주화 | 发行量 fāxíngliàng 명 발행 부수, 발행량 | 收藏价值 shōucáng jiàzhí 소장 가치

합격필수 TIP

▶ 혼동하기 쉬운 접속사 既然과 即使의 비교

① 既然+A, (那/那么)就/便+B : 기왕 A한 이상 (그러면) B하다(원인이 되는 조건을 제시하여 인과 관계를 나타내는 접속사 구문으로, A의 내용은 시제와 상관없이 이미 발생한 것을 전제로 하며 그것으로 B의 결과를 이끌어냄)
既然大家都同意，那就这么定了。기왕 모두가 다 동의한 이상, 그럼 이렇게 정하기로 해요.

② 即使/即便/哪怕/就算/就是+A+也/还+B : 설령 A하더라도 B하다(가설의 의미를 지님과 동시에 양보 관계를 나타내는 접속사 구문으로, A라는 가설의 내용이 B의 내용에 영향을 끼치지 않음)
即使遇到再大的困难，我们也要克服。설령 더 큰 어려움이 있다 하더라도, 우리는 극복해야만 한다.

52. HSK POINT 목적어 성분 결여 | 난이도 中

A 抗洪抢险救灾人员冒着倾盆大雨，在泥泞不堪的小路上快速前行。
B 北极村是中国境内唯一一处可以观赏到极光和极昼现象。
C 大陆架又称陆架，海水深度在200米以内的大陆架，蕴藏着大约1500亿吨石油。
D 抗生素是微生物的代谢产物，有很强的杀菌性，可有效抑制细菌生长。

A 홍수와 싸우며 긴급 구조를 하는 구조대원들이 억수같이 퍼붓는 비를 무릅쓰고 질퍽거리는 길에서 빠르게 앞으로 나아가고 있다.
B 북극촌은 중국 내에서 오로라와 백야 현상을 감상할 수 있는 유일한 장소이다.
C 대륙붕은 육붕이라고도 부르는데, 해수 깊이가 200미터 이내인 대륙붕에는 대략 1500억 톤의 석유가 매장되어 있다.
D 항생제는 미생물의 대사 산물로, 강한 살균성을 지니고 있어 세균의 생장을 효과적으로 억제한다.

정답
B 北极村是中国境内唯一一处可以观赏到极光和极昼现象。(X) → B 北极村是中国境内唯一一处可以观赏到极光和极昼现象的地方。(O)

공략 보기 B의 주어는 北极村이고 술어는 是이며, '极光和极昼现象'은 바로 앞의 동사 '观赏到'의 대상이 되는 목적어 성분이다. 따라서 주어인 北极村과 호응 관계를 이루는 是의 목적어가 필요하므로, '北极村是······的地方'으로 고쳐야 옳은 문장이 된다.

어휘 抗洪抢险 kànghóng qiǎngxiǎn 홍수와 싸우며 긴급 구조를 하다 | 救灾人员 jiùzāi rényuán 구조대원 | ★冒着 màozhe 무릅쓰다 | 倾盆大雨 qīng pén dà yǔ 성 물을 퍼붓듯 세차게 내리는 비 | 泥泞不堪 nínìng bùkān 매우 질퍽거리다 | 北极村 Běijícūn 고유 북극촌 | ★唯一 wéiyī 형 유일한 | ★观赏 guānshǎng 동 감상하다 | 极光 jíguāng 명 극광, 오로라 | 极昼 jízhòu 명 백야 | 大陆架 dàlùjià 명 대륙붕 | ★蕴藏 yùncáng 동 매장되다, 묻히다 | 抗生素 kàngshēngsù 명 항생제, 항생 물질 | ★微生物 wēishēngwù 명 미생물 | 代谢产物 dàixiè chǎnwù 대사 산물 | 杀菌性 shājūnxìng 명 살균성 | ★抑制 yìzhì 동 억제하다 | 细菌 xìjūn 명 세균

53. HSK POINT 繁多와 茂密의 의미 이해 | 난이도 中

A 秦淮河在历史上极富盛名，它是南京古老文明的摇篮。
B 50%以上的受调查者表示，低价是他们选择网购的首要原因。
C 2014年2月3日为第三个世界无线电日，其主题是"珍惜频谱资源，保护电磁环境"。
D 热带雨林树木繁多且品种茂密，是地球上过半数动植物的栖居场所。

A 친화이강은 역사상 명성이 매우 높은데, 난징의 오랜 문명의 요람이다.
B 50% 이상의 피조사자들은, 낮은 가격이 인터넷 구매를 하는 주된 원인이라고 밝혔다.
C 2014년 2월 3일은 세 번째 세계 무선 전신의 날로, 그 주제는 '주파수 자원을 아끼고 전자기 환경을 보호하자'이다.
D 열대 우림은 수목이 무성하고 품종이 매우 많아, 지구상의 과반수가 넘는 동식물의 서식 장소이다.

정답
D 热带雨林树木 繁多 且品种 茂密，是地球上过半数动植物的栖居场所。(X) → D 热带雨林树木 茂密 且品种 繁多，是地球上过半数动植物的栖居场所。(O)

공략 보기 D는 繁多와 茂密의 활용이 잘못된 오류 문장이다. 繁多는 '어떤 사물의 종류가 매우 많음'을 나타내므로 품种과 호응하고, 茂密는 '초목 등이 빽빽이 우거졌음'을 나타내므로 树木과 호응해야 올바른 호응 관계를 이룬 문장이 된다.

어휘 秦淮河 Qínhuáihé 고유 친화이강[난징(南京)을 흘러 지나가는 강] | ★极富盛名 jífù shèngmíng 명성이 매우 높다 | 摇篮 yáolán 명 요람, 산실 | 无线电 wúxiàndiàn 명 무선 전신 | ★珍惜 zhēnxī 동 아끼다 | 频谱 pínpǔ 명 주파수 스펙트럼 | 电磁 diàncí 명 전자기 | 热带雨林 rèdài yǔlín 열대 우림 | ★繁多 fánduō 형 매우 많다, 풍부하다 | ★茂密 màomì 형 빽빽이 무성하다, 우거지다 | ★栖居 qījū 동 거주하다, 머물다

54. HSK POINT '是……的' 강조 구문에서 사용할 수 없는 부사 [난이도 上]

A 这种最新研发制造的牙膏不仅香气浓郁，还能美白牙齿，因此深受消费者喜爱。
B 当你把困难看得太清楚、分析得太透彻、考虑得太详尽时，反而会被它吓倒。
C 那时，世界上很多国家才知道，虽然用化肥和农药能大大提高农作物产量，但后果是真可怕的。
D 敦煌壁画是世界文化艺术的瑰宝，它的重大价值不仅在于规模空前绝后，更在于其内涵博大精深。

A 최신 연구 개발되어 제조된 이런 종류의 치약은, 향기가 짙을 뿐만 아니라 치아 미백도 되어 소비자들의 큰 사랑을 받는다.
B 어려움을 너무 분명하게 보고, 너무 치밀하게 분석하고, 너무 상세하게 생각하면, 오히려 그 어려움에 놀라 쓰러지게 된다.
C 그제서야 세계 많은 국가들이 화학 비료와 농약을 사용하여 농작물 생산량을 높이기는 했지만, 그 결과는 매우 끔찍하다는 것을 알게 되었다.
D 둔황 벽화는 세계 문화 예술의 보배로, 그것의 중대한 가치는 전무후무한 그 규모에 있을 뿐만 아니라 더 나아가 그 넓고 심오한 속뜻에 있다.

정답
C 那时，世界上很多国家才知道，虽然用化肥和农药能大大提高农作物产量，但后果是**真**可怕的。(X)
　'是……的' 강조 구문
→
C 那时，世界上很多国家才知道，虽然用化肥和农药能大大提高农作物产量，但后果是**很/非常/相当/极其**可怕的。(O)

공략 보기 C의 真은 감탄을 나타낼 때 쓰이는 부사로 강조의 의미를 지니는 '是……的' 구문에는 사용할 수 없으므로, 真을 일반적인 정도 부사 很, 非常, 相当, 极其 등으로 고쳐야 옳은 문장이 된다.

어휘 ★牙膏 yágāo 몡 치약 | ★浓郁 nóngyù 휑 짙다 | ★牙齿 yáchǐ 몡 이, 치아 | ★深受……喜爱 shēnshòu……xǐ'ài 큰 사랑을 받다 | 透彻 tòuchè 휑 치밀하다, 분명하다 | 详尽 xiángjìn 휑 상세하다, 자세하고 빈틈없다 | ★被……吓倒 bèi……xiàdǎo ~에 놀라다 | 化肥 huàféi 몡 화학 비료 | 农药 nóngyào 몡 농약 | 农作物 nóngzuòwù 몡 농작물 | ★可怕 kěpà 휑 두렵다, 끔찍하다 | 敦煌 Dūnhuáng 고유 둔황[간쑤(甘肅)성에 있는 지명] | 壁画 bìhuà 몡 벽화 | 瑰宝 guībǎo 몡 보배, 진귀한 보물 | ★空前绝后 kōng qián jué hòu 젱 전무후무하다, 이전에도 없었고 앞으로도 없다 | ★内涵 nèihán 몡 내용, 속뜻, 의미 | ★博大精深 bó dà jīng shēn 젱 사상·학식이 넓고 심오하다

55. HSK POINT 술어 성분 결여 [난이도 中]

A 过去一些病症被认为一种不治之症，这样的患者促进了医学发展，这也是一个事实。
B 受西伯利亚强冷空气的影响，预计未来三天，中东部大部分地区将迎来大风降温和雨雪天气。
C 岁月抹不去我浓浓的思乡之情，相反，随着年龄的增长，这种思念愈发强烈。
D "环球嘉年华"是与"迪士尼乐园"和"环球影城"并驾齐驱的世界三大娱乐品牌之一。

A 과거 일부 질병은 일종의 불치병으로 긴주되었는데, 그러한 환자가 의학 발전을 촉진시켰다는 것 또한 사실이다.
B 시베리아의 강한 찬 공기의 영향으로, 앞으로 3일간 중동부 대부분의 지역에 큰 바람이 불며 기온이 떨어지고 눈비가 내리는 날씨가 예상된다.
C 세월은 나의 짙은 향수를 지울 수 없었는데, 반대로 나이가 들어가면서 이러한 그리움이 한층 더 강해졌다.
D '세계 카니발'은 '디즈니랜드', '유니버설 스튜디오'와 어깨를 나란히 하는 세계 3대 엔터테인먼트 브랜드 중 하나이다.

정답
A 过去一些病症 被认为 一种不治之症，这样的患者促进了医学发展，这也是一个事实。(X)
　　주어　　부사어　　　목적어　　　　　是
→
A 过去一些病症 被认为 **是** 一种不治之症，这样的患者促进了医学发展，这也是一个事实。(O)

공략 보기 A의 앞 절에서 주어는 '一些病症'이고 목적어는 명사 不治之症이므로 주어와 목적어 사이에 술어 동사 是가 필요하다. 또한 여기서 '~로 여겨지다'는 의미의 '被认为'는 술어가 아닌 부사어 성분으로 술어 동사 是 앞에 위치해야 한다.

어휘 ★病症 bìngzhèng 몡 질병 | ★被认为 bèi rènwéi ~로 여겨지다 | 不治之症 búzhì zhī zhèng 몡 불치병 | ★促进……发展 cùjìn……fāzhǎn 발전을 촉진시키다 | 西伯利亚 Xībólìyà 고유 시베리아 | ★预计 yùjì 통 예측하다 | 迎来 yínglái 통 맞이하다 | ★岁月 suìyuè 몡 세월, 시간 | ★抹不去 mǒbuqù 지울 수 없다, 없앨 수 없다 | 思乡之情 sīxiāng zhī qíng 향수, 고향을 그리워하는 마음 | ★思念 sīniàn 통 그리워하다 | 愈发 yùfā 부 더욱, 한층 더 | 嘉年华 jiānniánhuá 카니발 | 并驾齐驱 bìng jià qí qū 성 말 머리를 나란히 하여 나아가다, 어깨를 나란히 하다 | ★品牌 pǐnpái 몡 상표, 브랜드

합격필수 TIP

▶ 자주 쓰이는 '被+동사+是' 구조

① 被+看成/看作/当成/当作+是 : ~로 간주되다
这被看作是一种基本原则。 이것은 일종의 기본 원칙으로 간주된다.

② 被+称作+是 : ~로 불리다
香港被称作是东方之珠。 홍콩은 동방의 진주라고 불린다.

③ 被+认定+是/为 : ~로 인정되다
这些都被认定是高新技术。 이것들은 모두 첨단 기술로 인정된다.

---

56. HSK POINT 주어가 될 수 없는 由于 [난이도 中]

A 遇事不问青红皂白，随便拿他人泄愤，很可能给对方造成莫大的伤害。

B 天文学的发展虽然并未能揭开彗星神秘的面纱，但彗星已不再被看做是不祥的征兆。

C 由于长时间注视闪烁的电脑屏幕以及保持一种操作姿势，是导致上班族视觉疲劳的主要原因。

D 石门涧素称庐山西大门，这里一年四季云蒸雾绕，鸟语花香，吸引了纷至沓来的游人。

A 일이 생겼을 때 옳고 그름을 분간하지 않고 마음대로 타인에게 분풀이를 하면, 상대에게 막대한 해를 끼칠 수 있다.

B 천문학의 발전이 비록 혜성 신비의 베일을 벗겨내지는 못했지만, 혜성은 이미 더 이상 불길한 징조로 간주되지 않는다.

C 장시간 동안 깜박거리는 컴퓨터 모니터를 주시하고 한 가지 조작 자세를 유지하는 것이 직장인들의 시각적 피로를 야기하는 주된 원인이다.

D 스먼젠은 루산의 서대문으로 잘 알려져 있는데, 이곳은 1년 4계절 구름이 피어오르고 안개가 자욱하며, 새가 지저귀고 꽃이 향기를 풍기기 때문에, 끊임없이 여행객들을 매료시킨다.

정답
C 由于长时间注视闪烁的电脑屏幕以及保持一种操作姿势，是导致上班族视觉疲劳的主要原因。(X) ➡ C 长时间注视闪烁的电脑屏幕以及保持一种操作姿势，是导致上班族视觉疲劳的主要原因。(O)

공략 보기 C의 술어는 뒤 절의 동사 是인데, 앞 절의 '由于长时间注视闪烁的电脑屏幕以及保持一种操作姿势'는 원인을 끌어내는 접속사 구조로 是의 주어가 될 수 없으므로, '……是……的主要原因(~은 ~의 주된 원인이다)' 문장 구조의 주어가 될 수 있도록 由于를 삭제해야 한다.

어휘 ★不问青红皂白 bú wèn qīng hóng zào bái 성 일의 옳고 그름을 따지지 않다, 일을 대충대충 건성으로 하다 | 泄愤 xièfèn 통 울분을 터뜨리다, 분풀이를 하다 | 莫大 mòdà 형 막대하다 | ★伤害 shānghài 통 해치다, 상하게 하다, 손상시키다 | ★揭开 jiēkāi 통 드러내다, 폭로하다 | 彗星 huìxīng 몡 혜성 | ★神秘 shénmì 형 신비하다 | ★面纱 miànshā 몡 베일 |

★被看做 bèi kànzuò ~로 간주되다 | 不祥 bùxiáng 형 상서롭지 않다 | ★征兆 zhēngzhào 명 징조, 조짐 | ★注视 zhùshì 동 주시하다 | ★闪烁 shǎnshuò 형 번쩍거리다, 깜박거리다 | 电脑屏幕 diànnǎo píngmù 컴퓨터 모니터 | ★操作 cāozuò 동 조작하다, 다루다 | ★姿势 zīshì 명 자세 | ★视觉 shìjué 명 시각 | 石门涧 Shíménjiàn 고유 스먼젠 | ★素称 sùchēng 동 ~로 불리다, ~로 불려왔다 | 云蒸雾绕 yún zhēng wù rào 구름이 피어오르고 안개가 자욱하다 | 鸟语花香 niǎo yǔ huā xiāng 성 새가 지저귀고 꽃이 향기를 풍기다 | 吸引 xīyǐn 동 끌어당기다, 매료하다 | 纷至沓来 fēn zhì tà lái 성 그치지 않고 계속 오다, 연이어 오다

57. HSK POINT 술어와 목적어 성분의 호응 관계 오류 난이도 中

A 过去再精彩，我们也无法回头；未来再艰险，我们也要勇往直前。
B 栀子花叶子四季常绿，芳香素雅，是深受人们喜爱的庭园观赏植物。
C 茶树菇是高蛋白、低脂肪的纯天然食用菌，民间称为"神菇"的美誉。
D 水在生命演化过程中起到了重要的作用，它是生物体最重要的组成部分。

A 과거가 아무리 훌륭하다고 하더라도 우리는 돌아갈 수 없고, 미래가 아무리 어렵고 위험하다 하더라도 우리는 용감하게 앞으로 나아가야 한다.
B 치자나무는 잎이 사시사철 푸르고 향기가 소박하고 우아하여, 사람들에게 매우 인기 있는 정원 관상용 식물이다.
C 차나무버섯은 고단백, 저지방의 순수 천연 식용균으로, 민간에서 '신의 버섯'이라는 명성을 누리고 있다.
D 물은 생명 진화 과정에서 중요한 작용을 하는데, 그것은 생물체의 가장 중요한 구성 부분이다.

정답 C 茶树菇是高蛋白、低脂肪的纯天然食用菌，民间称为"神菇"的美誉。(X) <u>호응 관계 오류</u> → C 茶树菇是高蛋白、低脂肪的纯天然食用菌，民间<u>有/享有</u>"神菇"的<u>美誉</u>。(O)

공략 보기 C에서 뒤 절의 목적어 성분인 명사 美誉는 '명성, 명예'라는 의미로 주로 有, 享有 등과 같이 호응하여 쓰이므로, 称为 有나 享有로 고쳐야 옳은 문장이 된다.

어휘 ★艰险 jiānxiǎn 형 어렵고 위험하다 | 勇往直前 yǒng wǎng zhí qián 성 용감하게 앞으로 나아가다 | 栀子花 zhīzǐhuā 명 치자나무 | 四季常绿 sìjì cháng lǜ 사시사철 푸르다 | 芳香素雅 fāngxiāng sùyǎ 향기가 소박하고 우아하다 | 观赏植物 guānshǎng zhíwù 명 관상용 식물 | 茶树菇 cháshùgū 명 차나무버섯 | 高蛋白 gāodànbái 명 고단백 | 低脂肪 dīzhīfáng 명 저지방 | 食用菌 shíyòngjūn 명 식용균 | 美誉 měiyù 명 명성, 명예 | ★演化 yǎnhuà 동 발전 변화하다, 진화하다 | ★组成部分 zǔchéng bùfen 구성 부분

58. HSK POINT '把자문'에서 쓰이기 될 수 없는 反映 난이도 上

A 这种新配方的醚类清洁汽油与乙醇汽油相比，点燃速度更快、燃烧效率更高。
B 天心阁自明代以来就被视为长沙古城的标志，享有"潇湘古阁，秦汉名城"的美誉。
C 年画是一种古老的民间艺术，把人们的风俗和信仰反映了，寄托着他们对未来的美好祝愿。
D 自然界的某些植物之所以会发出冷光，这是因为其体内含有大量的磷，江西井闪山地区的"灯笼树"正是如此。

A 새로 배합된 이러한 에테르류 청정 휘발유는 에딘올 취발유에 비하면, 점화 속도가 더 빠르고 연소 효율이 더 높다.
B 톈신거는 명대 이래로 창사 고성의 상징으로 여겨져, '샤오샹의 옛 누각, 진한의 이름난 도시'라는 명성을 지니고 있다.
C 세화는 일종의 오랜 민간 예술로, 사람들의 풍속과 신앙을 반영하며, 그들의 미래에 대한 아름다운 축원을 담고 있다.
D 자연계의 일부 식물들은 냉광을 발산하는데, 이는 그 체내에 대량의 인을 함유하고 있기 때문이다. 장시성 징산산 지역의 '등롱수'도 바로 이러하다고 할 수 있다.

정답 C 年画是一种古老的民间艺术，把人们的风俗和信仰反映了，寄托着他们对未来的美好祝愿。(X)

➡ C 年画是一种古老的民间艺术，反映了人们的风俗和信仰，寄托着他们对未来的美好祝愿。(O)

공략 보기 C는 '把자문'의 활용에 오류가 있는 문장이다. 反映은 '반영하다'는 뜻으로, '무엇이 드러남'을 나타내는 출현의 의미를 갖는 동사이므로 '어떤 대상을 처리·처치한다'는 의미의 '把자문'에서 술어로 쓰일 수 없다. 여기서는 일반적인 문장 구조인 '술어+목적어' 어순의 '反映了人们的风俗和信仰'으로 고쳐야 옳은 문장이 된다.

어휘 配方 pèifāng 동 배합하다, 조제하다 | 醚 mí 명 에테르 | 清洁汽油 qīngjié qìyóu 청정 휘발유 | 乙醇汽油 yǐchún qìyóu 에탄올 휘발유 | 点燃 diǎnrán 동 점화하다, 불을 붙이다 | ★燃烧 ránshāo 동 연소하다, 타오르다 | ★效率 xiàolǜ 명 효율 | ★自……以来 zì……yǐlái ~이래로 | ★被视为 bèi shìwéi ~로 간주되다, ~로 여겨지다 | ★标志 biāozhì 명 상징, 표지 | ★享有……的美誉 xiǎngyǒu……de měiyù ~한 명성을 지니다 | 年画 niánhuà 명 세화[설날 실내에 붙이는 그림] | ★风俗 fēngsú 풍속 | ★信仰 xìnyǎng 명 신앙 | ★反映 fǎnyìng 동 반영하다 | ★寄托 jìtuō 동 걸다, 의탁하다 | ★美好祝愿 měihǎo zhùyuàn 아름다운 축원 | ★之所以……是因为 zhīsuǒyǐ……shì yīnwèi ~은 때문이다 | 发出冷光 fāchū lěngguāng 냉광을 발산하다 | ★含有 hányǒu 동 함유하다 | 磷 lín 명 인

합격필수 TIP

▶ '把자문'에서 술어로 사용할 수 없는 동사

① ★인식·인지·감각을 나타내는 동사
: 知道, 认识, 了解, 理解, 明白, 认为, 以为, 觉得, 感觉 등

② 존재를 나타내는 동사
: 在, 有, 是 등

③ ★발생·출현을 나타내는 동사
: 发生, 出现, 产生, 诞生, 反映 등

④ ★심리·감정을 나타내는 동사
: 喜欢, 爱, 讨厌, 羡慕, 希望, 怕, 生气 등

⑤ 신체의 동작·상태를 나타내는 동사
: 站, 坐, 蹲, 躺, 靠 등

⑥ 동작의 방향을 나타내는 동사
: 来, 去, 上, 下, 进, 出, 回 등

⑦ ★시작과 끝·종결의 의미를 갖는 동사
: 开始, 结束, 出发, 到达, 成为 등

---

59. HSK POINT 문장의 어순 오류 난이도 上

A 盛唐时期，诗坛名家辈出，风格多样，流派纷呈，其中代表最为杰出的是李白和杜甫。
B 含羞草的叶子会对热和光产生反应，受到外力触碰时，叶柄下垂，叶片闭合，故得名"含羞草"。
C 今天，南方强降雨范围和强度都将明显收敛，西南地区东部、江南大部、华南西部都将开始绽放难得一见的晴天。

A 성당 시기에는, 시단에 명인들이 배출되었고 풍격이 다양했으며 유파가 잇달아 나타났는데, 그 중 가장 뛰어난 대표 인물이 이백과 두보이다.
B 미모사(함수초)의 잎은 열과 빛에 대해 반응하는데, 외력에 부딪히면 잎자루가 아래로 드리워지고 잎사귀는 오므라져 닫히기 때문에 '미모사(함수초)'라는 이름이 된 것이다.
C 오늘, 남쪽 지방의 강한 비는 범위와 강도가 뚜렷하게 약해지겠고, 서남 지역 동부, 강남 대부분 지역, 화남 서부에서는 모두 꽃이 피기 시작하는 보기 드문 맑은 날씨를 보이겠습니다.

| D 驼峰指骆驼背部隆起像山峰状的部分，里面贮存着大量脂肪，既可供其维持正常行动，亦可使其体温保持恒定，而不会使身体各处过度发热。 | D 낙타의 혹은 낙타 등 부위의 산봉우리와 같은 모양을 한 튀어나온 부분을 가리키며, 그 안에는 대량의 지방이 저장되어 있는데, 이는 낙타가 정상적인 행동을 유지하도록 하고, 항상 일정한 체온을 유지하게 하여, 신체에 지나치게 열이 나지 않게 하기도 한다. |

정답

A 盛唐时期，诗坛名家辈出，风格多样，流派纷呈，其中代表最为杰出的是李白和杜甫。(X) *어순 오류* → A 盛唐时期，诗坛名家辈出，风格多样，流派纷呈，其中最为杰出的代表是李白和杜甫。(O)

공략 보기 A의 마지막 절에서 동사 是가 술어이고 '李白和杜甫'가 목적어 성분이다. 여기서 동사 是의 주어가 반드시 사람이 되어야 하는 것을 알 수 있는데, '代表最为杰出的'는 어순이 잘못된 문장이다. 따라서 '最为杰出的代表'로 고쳐야 '가장 뛰어난 대표'라는 의미가 되어 '是李白和杜甫'의 주어가 될 수 있다.

어휘 盛唐 shèng Táng 명 성당[전성기의 당 시기] | 诗坛 shītán 명 시단 | 名家 míngjiā 명 명가, 명인 | 辈出 bèichū 동 배출되다, 양성되다 | 风格多样 fēnggé duōyàng 스타일이 다양하다 | 流派纷呈 liúpài fēnchéng 유파가 잇달아 나타나다 | ★杰出 jiéchū 형 걸출하다 | 含羞草 hánxiūcǎo 명 미모사, 함수초 | 反应 fǎnyìng 명 반응 | 触碰 chùpèng 동 부딪히다 | 叶柄 yèbǐng 명 잎자루 | 下垂 xiàchuí 동 아래로 드리워지다 | 叶片 yèpiàn 명 잎사귀 | 闭合 bìhé 동 잇다, 접속하다, (스위치를) 닫다 | 故 gù 접 그러므로, ~때문에 | ★明显 míngxiǎn 형 뚜렷하다 | 收敛 shōuliǎn 동 없어지다, 약해지다 | ★绽放 zhànfàng 동 (꽃이) 피다, 터지다 | ★难得 nándé 형 드물다 | 驼峰 tuófēng 명 낙타 혹 | 骆驼 luòtuo 명 낙타 | 隆起 lóngqǐ 동 튀어나오다 | ★山峰 shānfēng 명 산봉우리 | ★贮存 zhùcún 동 저장하다 | ★脂肪 zhīfáng 명 지방 | ★维持 wéichí 동 유지하다 | ★亦 yì 부 ~도, 역시 | 恒定 héngdìng 형 항구불변하다, 항상 일정하다

60. HSK POINT 서로 모순된 의미의 有所와 很多 난이도 上

| A 想要真正领略黄果树瀑布的雄奇和壮观，怎可到了黄果树瀑布而不进水帘洞呢？
B 一项关于长寿老人的研究结果显示，亲密的朋友关系与和谐的家庭氛围是人长寿的两大秘诀。
C 《牛郎织女》、《孟姜女》、《梁山伯与祝英台》与《白蛇传》被称为中国四大民间传说。
D 吃过饭后，血液会集中供向消化系统，从而导致流向大脑的血流量减少，大脑兴奋性有所降低很多，因此饭后人常常会犯困。 | A 황귀수 폭포의 기이함과 장대함을 진정으로 느끼고자 한다면, 황귀수 폭포에 가서 어찌 수이렌둥에 들어가지 않을 수 있겠는가?
B 장수 노인에 관한 한 연구 결과에 따르면, 친밀한 친구 관계와 화목한 가정 분위기가 장수의 2대 비결이라고 한다.
C 『견우와 직녀』, 『맹강녀』, 『양산백과 축영대』 및 『백사전』은 중국 4대 민간 전설로 불린다.
D 식사 후에는 혈액이 소화계통으로 몰리게 되므로, 대뇌로 흘러가는 혈류량 감소를 야기하여, 대뇌 흥분도가 다소(많이) 낮아지기 때문에, 식후에 종종 졸리게 되는 것이다. |

정답

D 吃过饭后，血液会集中供向消化系统，从而导致流向大脑的血流量减少，大脑兴奋性有所降低很多，因此饭后人常常会犯困。(X) *의미 모순* → D 吃过饭后，血液会集中供向消化系统，从而导致流向大脑的血流量减少，大脑兴奋性有所降低，因此饭后人常常会犯困。(O) → D 吃过饭后，血液会集中供向消化系统，从而导致流向大脑的血流量减少，大脑兴奋性降低很多，因此饭后人常常会犯困。(O)

공략 보기 D는 네 번째 절에서 '다소 낮아지다'는 의미의 '有所降低'와 '많이 낮아지다'는 의미의 '降低很多'가 논리적으로 모순 관계라고 할 수 있다. 따라서 둘 중 하나만 사용해야 옳은 문장이 된다.

어휘 领略 lǐnglüè 통 느끼다, 이해하다 | 雄奇 xióngqí 형 웅대하고 기이하다 | ★壮观 zhuàngguān 형 장관이다 | 长寿老人 chángshòu lǎorén 장수 노인 | 和谐 héxié 형 조화롭다, 화목하다 | 家庭氛围 jiātíng fēnwéi 가정 분위기 | ★秘诀 mìjué 명 비결 | ★被称为 bèi chēngwéi ~로 불리다 | 血液 xuèyè 명 혈액 | 消化系统 xiāohuà xìtǒng 소화계통 | ★导致 dǎozhì 통 야기하다, 초래하다 | 血流量 xuèliúliàng 혈류량 | 降低 jiàngdī 통 내리다, 낮추다 | 犯困 fànkùn 통 졸리다, 잠이 오다

第二部分

61. HSK POINT 割伤 및 抓住의 의미 이해 | 난이도 中

美国有位作家说过: "人生不幸之事犹如一把刀, 既可以为我们所用, 也可以把我们①割伤, 这要看我们究竟是②抓住了刀刃, 还是③握住了刀柄。"

A 掐X   拣X   捏X
B 割O   抓O   握O
C 拧X   磨X   牵X
D 砍X   夹X   攥O

미국의 한 작가는 '인생의 불행한 일은 마치 칼과도 같아서, 우리가 사용할 수도 있고 우리를 ①베어 상처가 나게 할 수도 있는데, 이는 우리가 칼날을 ②잡을 것인지 아니면 칼자루를 ③쥘 것인지를 보아야 한다.'고 말한 적이 있다.

A 꼬집다 | 고르다 | 꼬집다
B 베다 | 잡다 | 쥐다
C 비틀다 | 갈다 | 끌다
D 찍다 | 끼우다 | 꽉 쥐다

공략 ①번 칸 : '베어 상처를 입다'는 의미가 되어야 하므로 빈칸에는 割만 가능하다. 掐는 '손가락으로 꼬집다', 拧은 '비틀거나 비틀어 돌리다', 砍은 '도끼와 같은 사물로 찍거나 치다'는 의미를 나타내므로 문맥상 적합하지 않다.

②번 칸 : '칼날을 잡다'는 의미가 되어야 하므로 抓住의 결합만 가능하다. 拣은 '선택하거나 고르다'는 뜻을 나타내고, 磨는 '문지르거나 갈다'는 의미이며, 夹는 '양쪽에서 집다, 끼우다'는 의미이므로 빈칸에 어울리지 않는다.

③번 칸 : '칼자루를 잡다, 쥐다'는 의미가 되어야 하므로 握住, 攥住가 둘 다 가능하다. 捏는 '엄지손가락과 다른 손가락을 사용하여 집다'는 뜻이고, 牵은 '끌다, 잡아 끌다'는 의미이므로 빈칸에 적합하지 않다.

어휘 ★犹如 yóurú 통 마치 ~와 같다 | 刀刃 dāorèn 명 칼날 | 刀柄 dāobǐng 명 칼자루 | 掐 qiā 통 꼬집다, 누르다 | ★拣 jiǎn 통 고르다, 선택하다, 뽑다 | ★捏 niē 통 집다, 잡다 | ★割 gē 통 자르다, 절단하다, 베다 | ★抓 zhuā 통 잡다, 쥐다 | ★握 wò 통 잡다, 쥐다 | 拧 nǐng 통 비틀다 | 磨 mó 통 갈다, 문지르다 | 牵 qiān 통 끌다, 잡아 끌다 | ★砍 kǎn 통 찍다, 치다, 패다 | ★夹 jiā 통 끼우다, 집다, 조이다 | 攥 zuàn 통 꽉 쥐다, 꽉 잡다

62. HSK POINT '处于……巅峰点'의 호응 구조 파악 | 난이도 中

一项调查显示: 中国女性的"幸福年纪"为28岁左右, 这一年龄段的女性①处于幸福的巅峰点, 有②和睦的家庭, 有"同甘苦共患难"的至亲分享快乐, ③分担烦恼, 对未来也充满了憧憬, 享受着无忧无虑的美好时光。

A 位于X   温和X   分配X
B 坐落X   和蔼X   承包X

한 연구가 밝힌 바로는, 중국 여성의 '행복 나이'는 28세 전후라고 한다. 이 연령대의 여성은 행복의 정점에 ①놓여 있는데, ②화목한 가정이 있고, '동고동락'하는 가족들이 있어 즐거움을 함께 누리고 고민을 함께 ③나누며, 미래에 대해서도 동경심이 넘치고, 아무런 근심 없는 아름다운 시절을 즐기고 있다고 한다.

A ~에 위치하다 | 온화하다 | 분배하다
B ~에 위치하다 | 상냥하다 | 도맡다

C	处于 O	和睦 O	分担 O	C ~에 놓이다	화목하다	분담하다
D	陷入 X	温馨 O	处分 X	D ~에 빠지다	따스하다	처벌하다

공략

①번 칸: 정답을 찾는 핵심 빈칸으로 '어떠한 정점이나 절정에 놓이다'는 의미로 '处于……巅峰点'의 호응만 가능하다. 位于, 坐落는 지리적인 의미로 '~에 위치하다'는 뜻이며, 특히 坐落는 반드시 그 뒤에 개사 于나 在를 동반하여 '坐落于/在……'의 형태로 써야 하므로 빈칸에 적합하지 않다. 陷入는 '불리한 상황이나 지경에 빠지다'는 의미이므로 내용상 적합하지 않다.

②번 칸: '화목한 가정'이란 의미의 '和睦的家庭'과 '따스한 가정'이란 의미의 '温馨的家庭'이 둘 다 가능하다. 温和는 주로 '나이 많은 사람의 성격이나 태도·말투 등이 온화하다'는 의미로 쓰이며, 和蔼는 주로 '여성의 태도나 말투가 친절하고 상냥하다'는 의미로 쓰이므로 빈칸에는 적합하지 않다.

③번 칸: '고민을 함께 나눈다'는 의미가 되어야 하므로 '分担烦恼'의 호응만 가능하다. 分配는 '분배하다'는 의미로 주로 '分配时间(시간을 분배하다)', '分配资源(자원을 분배하다)' 등의 형태로 호응하고, 承包는 '도맡다'는 의미로 주로 '承包工程(공사를 도맡다)', '承包业务(업무를 도맡다)' 등의 형태로 호응하여 쓰인다. 处分은 '처벌하다'는 뜻으로 주로 '受到处分(처벌을 받다)', '免予处分(처벌을 면제하다)', '警告处分(경고 처벌)' 등의 형태로 호응하여 쓰인다.

어휘

★巅峰点 diānfēngdiǎn 명 정점, 절정, 최고봉 | 同甘苦共患难 tóng gānkǔ gòng huànnàn 동고동락하며 환난을 함께 겪다 | 至亲 zhìqīn 명 육친, 가족 | ★分享 fēnxiǎng 동 함께 나누다 | 憧憬 chōngjǐng 동 동경하다 | ★享受 xiǎngshòu 동 누리다 | 无忧无虑 wú yōu wú lǜ 성 아무런 근심이 없다 | 美好时光 měihǎo shíguāng 아름다운 시절 | ★温和 wēnhé 형 온화하다, 부드럽다 | ★分配 fēnpèi 동 분배하다, 할당하다 | ★坐落 zuòluò 동 ~에 위치하다 | ★和蔼 hé'ǎi 형 상냥하다, 부드럽다 | ★承包 chéngbāo 동 도맡다, 책임지고 떠맡다 | ★处于 chǔyú 동 처하다 | ★和睦 hémù 형 화목하다, 사이가 좋다 | 分担 fēndān 동 분담하다 | ★陷入 xiànrù 동 빠지다, 떨어지다 | ★温馨 wēnxīn 형 따스하다 | ★处分 chǔfèn 동 처벌하다

합격필수 TIP

▶ '位于/处于/在于/属于/至于'의 차이 비교

① **位于** 동 ~에 위치하다(지리적으로 어떤 위치에 놓여 있음을 의미함)

　어휘 호응　位于顶峰 정상에 위치하다 | 位于繁华地段 번화한 구역에 위치하다

　예문　那家饭店位于市中心。 그 호텔은 도시 중심부에 위치해 있다.

② **处于** 동 ~에 처하다(어떤 상태나 상황에 처해 있음을 의미함)

　어휘 호응　处于状态 상황에 처하다 | 处于阶段 단계에 있다 | 处于困境 곤경에 처하다 | 处于时期 시기에 있다 | 处于优势 우세에 처하다

　예문　那家公司正处于财务困境中。 그 회사는 재정적 어려움에 처해 있다.

③ **在于** 동 ~에 있다(= 就是), ~에 달려 있다(= 决定于, 取决于)

　어휘 호응　生命在于运动 생명은 운동에 달려 있다 | 在于忍耐 인내심에 달려 있다

　예문　成功的秘诀在于坚持。 성공의 비결은 끈기에 있다.
　　　　解决问题的关键在于自己的心态。 문제를 해결하는 관건은 자신의 마음 상태에 달려 있다.

④ **属于** 동 ~에 속하다

　어휘 호응　属于隐私 사생활에 속하다 | 属于事业单位 사업 부문에 속하다

　예문　所有人都有属于自己的秘密。 모든 사람들은 다 자신만의 비밀이 있다.

⑤ **至于** 동 ~의 정도에 이르다(주로 부정형으로 쓰임) 개 ~에 관해서는(화제를 전환할 때 쓰임)

　어휘 호응　至于谁是谁非 누가 옳고 누가 그른지에 관해서는 | 不至于放弃 포기할 정도까지는 안 되다 | 不至于杞人忧天 불필요한 걱정을 할 정도는 아니다

　예문　这次我们尽全力了，至于行不行，就凭运气了。
　　　　이번에 우리는 최선을 다했는데, 될지 안 될지는 운에 따라야 한다.
　　　　这不至于引起误会。 이것은 오해를 일으킬 정도는 아니다.

63. HSK POINT 持续의 의미 이해 　난이도 中

　　"倒春寒"是中国民间对立春后重新出现的短期①骤冷天气的俗称。一般发生在四五月之交，②持续一至两周左右。这种天气出现时，连日阴雨绵绵、冷空气频繁③侵袭，这种使人难以忍受的"善变"天气称为"倒春寒"。

　　'꽃샘추위'는 중국 민간에서 입춘이 지난 후 다시 단기적으로 나타나는 ①갑자기 추워지는 날씨를 일컫는 속칭이다. 일반적으로 4월과 5월 사이에 발생하고, 1~2주 가량 ②지속된다. 이러한 날씨가 나타나면, 연일 비가 계속되고 차가운 공기가 빈번히 ③침습하기 때문에, 이러한 참기 힘든 '변덕스러운' 날씨를 '꽃샘추위'라고 일컫는다.

A 寒冷 O　坚持 X　侵略 X
B 冰冷 X　延续 X　袭击 O
C 酷寒 O　蔓延 X　侵占 X
D 骤冷 O　持续 O　侵袭 O

A 춥고 차다 | 견지하다 | 침략하다
B 얼음같이 차다 | 계속하다 | 습격하다
C 몹시 차다 | 만연하다 | 침범하다
D 갑자기 차가워지다 | 지속하다 | 침습하다

공략

①번 칸 : 입춘이 지난 후 나타나는 추위에 대한 내용이므로 '寒冷天气'와 '骤冷天气'가 적합하다.

②번 칸 : 정답을 찾는 핵심 빈칸이다. 빈칸 뒤에 시간의 양을 나타내는 시량보어 '一至两周左右'를 통해 '1~2주 가량 지속된다'라는 내용이 될 것임을 알 수 있으며, 빈칸에는 持续만 가능하다. 坚持는 '꾸준히 견지하다, 고수하다'는 의미로, 주로 '坚持锻炼(운동을 꾸준히 하다)', '坚持到底(끝까지 계속하다)', '坚持原则(원칙을 고수하다)' 등과 같이 호응하여 쓰인다. 延续는 '비교적 긴 시간의 연속'을 나타내므로, 주로 '延续不断(끊임없이 계속되다)', '生命的延续(생명의 연속)' 등과 같이 호응하여 쓰인다. 蔓延은 '널리 퍼지다, 만연하다'는 의미로, 주로 '迅速蔓延(신속하게 퍼지다)', '病毒蔓延(바이러스가 만연하다)' 등과 같이 호응하여 쓰인다.

③번 칸 : '차가운 공기가 침습하다(불어 닥치다)'는 의미가 되어야 하므로, 袭击와 侵袭가 둘 다 가능하다.

어휘 倒春寒 dàochūnhán 명 꽃샘추위 | ★立春 lìchūn 명 입춘 | 俗称 súchēng 명 속칭 | 在……之交 zài……zhī jiāo ~의 사이에 | 连日 liánrì 부 연일 | 阴雨绵绵 yīnyǔ miánmián 장마가 계속되다 | ★频繁 pínfán 형 잦다, 빈번하다 | ★难以忍受 nányǐ rěnshòu 참기 어렵다 | 善变 shànbiàn 형 변덕스럽다, 잘 변하다 | 寒冷 hánlěng 형 춥고 차다 | 坚持 jiānchí 동 견지하다, 고수하다 | ★侵略 qīnlüè 동 침략하다 | 冰冷 bīnglěng 얼음같이 차다, 매우 차다 | ★延续 yánxù 동 계속하다, 지속하다 | ★袭击 xíjī 동 습격하다, 기습하다 | ★酷寒 kùhán 몹시 차다 | ★蔓延 mànyán 형 만연하다, 널리 퍼지다 | ★侵占 qīnzhàn 동 침범하다, 침략하여 점령하다 | 骤冷 zhòulěng 형 급랭하다, 갑자기 차가워지다 | ★持续 chíxù 동 지속하다 | ★侵袭 qīnxí 동 침습하다

64. HSK POINT 得不偿失의 의미 이해 　난이도 中

　　诚实守信的人，理所当然能获得众人的尊重和①信赖。反之，倘若②贪图一时的小便宜而失信于人，表面上是得到了"实惠"，实际上却有可能③毁损了自己的声誉，这无异于丢了西瓜捡了芝麻，④得不偿失。

　　성실하게 신용을 지키는 사람은, 당연히 많은 사람들의 존중과 ①신뢰를 얻게 된다. 이와 반대로, 만약 한때의 작은 이득을 ②탐하여 사람들에게 신용을 잃게 되면, 겉으로는 '실리'를 얻은 것 같지만, 실제로는 자신의 명예에 ③해를 끼칠 수도 있다. 이는 작은 이익으로 인해 큰 손실을 입게 되는 것이며, ④얻는 것보다 잃는 것이 더 많아지는 것이라 할 수 있다.

A 威信 X　企图 X　毁灭 X　半途而废 X
B 信赖 O　贪图 O　毁损 O　得不偿失 O
C 信任 O　贪婪 X　损害 O　丢三落四 X
D 信仰 X　贪污 X　破损 X　颠三倒四 X

A 위신 | 의도하다 | 파멸시키다 | 도중에 포기하다
B 신뢰 | 탐내다 | 손상하다 | 얻는 것보다 잃는 것이 더 많다
C 신임 | 탐욕스럽다 | 해를 끼치다 | 이것저것 잘 빠뜨리다
D 신앙 | 횡령하다 | 파손되다 | 뒤죽박죽이다

공략

①번 칸: '신뢰, 신임'을 뜻하는 信赖와 信任이 둘 다 가능하다.

②번 칸: '작은 이득을 탐낸다'는 의미가 되려면 '贪图……小便宜'의 호응만 가능하다. 贪婪은 '탐욕스럽다'는 의미의 형용사로, 동사 술어 자리인 빈칸에는 적합하지 않다.

③번 칸: '명예에 해를 끼친다'는 의미로 '毁损……声誉'와 '损害……声誉'가 둘 다 가능하다.

④번 칸: 정답을 찾는 핵심 빈칸이다. 빈칸 앞에서 작은 이익으로 인해 큰 손실을 입게 되는 것이라고 했으므로, 그 뒤에 이어질 말은 '얻는 것보다 잃는 것이 더 많다'는 의미의 得不偿失만 가능하다. 半途而废는 '어떤 일을 중도에서 그만두고 포기한다'는 의미이고, 丢三落四는 무언가를 잘 잊어버리거나 잘 빠뜨릴 때 쓰이며, 颠三倒四는 '말·행동·일처리 등이 조리 없이 뒤죽박죽인 것'을 나타낼 때 쓰이므로 모두 빈칸에 적합하지 않다.

어휘

★诚实 chéngshí 형 성실하다 | ★守信 shǒuxìn 동 신용을 지키다 | ★理所当然 lǐ suǒ dāng rán 성 도리로 보아 당연하다, 당연히 그렇다 | ★反之 fǎnzhī 접 이와 반대로 | ★倘若 tǎngruò 접 만일, 만약 | ★小便宜 xiǎopiányi 명 작은 이익, 작은 이득 | ★失信于人 shī xìn yú rén 남에게 신용을 잃다 | ★表面上 biǎomiànshang 겉으로는 | ★实惠 shíhuì 명 실리, 실익 | ★实际上 shíjìshang 사실상, 실질적으로 | ★声誉 shēngyù 명 명예, 명성 | ★无异于 wúyì yú ~와 다르지 않다, ~와 같다 | ★丢了西瓜捡了芝麻 diū le xīguā jiǎn le zhīma 작은 이익으로 인하여 큰 손실을 입다, 소탐대실 | ★威信 wēixìn 명 위신, 신망, 위엄 | 企图 qǐtú 동 의도하다, 기도하다 | 毁灭 huǐmiè 동 파멸시키다, 박멸시키다 | ★半途而废 bàn tú ér fèi 성 일을 중도에 그만두다, 도중에 포기하다 | 信赖 xìnlài 동 신뢰하다, 신임하다 | ★贪图 tāntú 동 탐내다, 욕심부리다 | ★毁损 huǐsǔn 동 훼손하다, 손상하다 | ★得不偿失 dé bù cháng shī 성 얻는 것보다 잃는 것이 더 많다 | ★信任 xìnrèn 동 신임하다, 신뢰하다 | ★贪婪 tānlán 형 탐욕스럽다 | ★损害 sǔnhài 동 손상시키다, 해를 끼치다 | ★丢三落四 diū sān là sì 성 이것저것 잘 빠뜨리다 | ★信仰 xìnyǎng 동 신앙하다, 숭배하다 | 贪污 tānwū 동 횡령하다 | ★破损 pòsǔn 동 파손되다, 손상되다 | 颠三倒四 diān sān dǎo sì 성 조리와 순서가 없다, 뒤죽박죽이다

65. HSK POINT '社交场合'의 호응 구조 파악   난이도 中

"女士优先"的含义是：在一切社交①场合，每一名成年男子都有义务主动而自觉地以自己的实际行动去尊重妇女、照顾妇女、②体贴妇女、保护妇女，并且③想方设法、尽心尽力地为妇女排忧解难。男士们唯有④奉行"女士优先"，才会被人们看作是有教养的绅士，反之，在人们眼里则会成为莽夫粗汉。

'레이디퍼스트'의 내포된 의미는, 모든 사교 ①장소에서 성인 남자들이 모두 자발적으로 실제적인 행동을 취해 여성을 존중하고 여성을 보살피고 여성에게 ②자상하게 대하고 여성을 보호하며 또한 ③갖은 방법을 다해 전심으로 여성을 위해 문제를 해결할 의무를 지니는 것이다. 오직 '레이디퍼스트'를 ④받드는 남성들만이, 사람들에게 교양을 지닌 신사로 간주되는데, 그와 반대라면 사람들 눈에 거친 남자로 보이게 된다.

A	场合 O	体贴 O	想方设法 O	奉行 O	A	장소	자상하게 보살피다	갖은 방법을 다하다	받들다
B	场面 X	体谅 X	挖空心思 O	奉献 X	B	장면	이해하다	온갖 지혜를 짜내다	공헌하다
C	现场 X	谅解 X	全力以赴 O	捐赠 X	C	현장	양해하다	최선을 다하다	기증하다
D	场所 X	原谅 X	千方百计 O	捐献 X	D	장소	용서하다	갖은 방법을 다 쓰다	기부하다

공략

①번 칸: 정답을 찾는 핵심 빈칸인데, '사교 장소'라는 의미가 되어야 하므로 '社交场合'만 가능하다. 场面은 '장면'이라는 뜻으로 주로 '드라마·영화·연극 등의 장면이나 어떤 장소의 광경'을 나타낼 때 쓰이고, 现场은 '현장'이라는 뜻으로 주로 '어떤 사건이 발생한 장소나 당시의 상황'을 나타낼 때 쓰인다. 또한 场所는 '어떤 활동을 할 수 있도록 제공되거나 마련된 장소'를 나타내므로 모두 빈칸에 적합하지 않다.

③번 칸: 보기 모두 빈칸 뒤의 술어 排忧解难와 호응하여 쓸 수 있다.

④번 칸: '어떤 사상·원칙·주의 등을 받들다'는 의미로 奉行만 가능하다. 奉献은 '공헌하다, 이바지하다'는 의미인데, 주로 '奉献青春(청춘을 바치다)', '无私奉献(사심없이 공헌하다)' 등과 같이 호응하므로 빈칸에 적합하지 않다. 捐赠은 '재물을 개인이나 단체에 기증하다'는 의미이고, 捐献은 '재물을 국가나 큰 단체에 기부하다'는 의미이므로 빈칸에 적합하지 않다.

어휘 女士优先 nǚshì yōuxiān 레이디퍼스트 | ★含义 hányì 몡 함의, 내포된 뜻 | ★社交 shèjiāo 몡 사교 | ★义务 yìwù 몡 의무 | ★自觉 zìjué 통 자각하다 톙 자발적인, 자진하여 | ★尊重 zūnzhòng 통 존중하다 | ★尽心尽力 jìn xīn jìn lì 셍 몸과 마음을 다하다, 있는 힘과 성의를 다하다 | 排忧解难 pái yōu jiě nàn 근심을 해소하고 어려움을 해결하다 | ★唯有 wéiyǒu 부 다만, 오직 | ★被……看作 bèi……kànzuò ~에게 ~로 간주되다 | ★教养 jiàoyǎng 몡 교양 | ★绅士 shēnshì 몡 신사, 젠틀맨 | 莽夫粗汉 mǎngfū cūhàn 거친 남자 | ★场合 chǎnghé 몡 특정한 시간·장소·상황 | ★体贴 tǐtiē 통 자상하게 보살피다 | ★想方设法 xiǎng fāng shè fǎ 셍 온갖 방법을 다 생각하다, 갖은 방법을 다하다 | ★奉行 fèngxíng 통 신봉하다 | ★场面 chǎngmiàn 몡 장면, 광경 | ★体谅 tǐliàng 통 이해하다, 양해하다 | ★挖空心思 wā kōng xīn sī 셍 온갖 지혜를 모두 짜내다, 온갖 궁리를 다하다 | ★奉献 fèngxiàn 통 공헌하다, 이바지하다 | ★现场 xiànchǎng 몡 현장 | ★谅解 liàngjiě 통 양해하다, 이해해주다 | ★全力以赴 quán lì yǐ fù 셍 전력을 다하다, 최선을 다하다 | 捐赠 juānzèng 통 기증하다 | ★场所 chǎngsuǒ 몡 장소 | ★原谅 yuánliàng 통 용서하다, 양해하다 | ★千方百计 qiān fāng bǎi jì 셍 갖은 방법을 다 써보다 | 捐献 juānxiàn 통 기부하다, 헌납하다

합격필수 TIP

▶ '场合/场面/现场/场所/场地'의 차이 비교

① 场合 몡 특정한 시간·장소·상황·장면·경우
  어휘 호응 社交场合 사교 장소 | 公开场合 공개 석상
  예문 在社交场合，要注意自己的言行。 사교 장소에서는 자신의 언행에 주의해야 한다.

② 场面 몡 (드라마·영화·연극 등의) 장면, (어떤 장소의) 광경
  어휘 호응 热闹场面 떠들썩한 장면 | 感人的场面 감동적인 장면 | 场面壮观 광경이 장관이다
  예문 我从来没见过这么热闹的场面。 나는 여태껏 이토록 떠들썩한 장면을 본 적이 없다.

③ 现场 몡 현장(어떤 사건이 발생한 장소나 당시의 상황을 나타냄)
  어휘 호응 事故现场 사고 현장 | 车祸现场 교통사고 현장 | 现场直播 생방송 | 现场会议 현장 회의
  예문 你们先到现场了解情况吧。 너희들이 우선 현장에 가서 상황을 알아보거라.

④ 场所 몡 장소(어떤 활동을 할 수 있도록 제공되거나 마련된 장소를 나타냄)
  어휘 호응 公共场所 공공장소 | 娱乐场所 오락 장소 | 学习场所 학습 장소
  예문 一些公共场所禁止吸烟。 일부 공공장소에서는 흡연을 금지한다.

⑤ 场地 몡 장소, 마당, 운동장, 공터
  어휘 호응 比赛场地 경기장 | 施工场地 공사장 | 活动场地 활동 장소
  예문 我们参观了奥运会建设场地。 우리는 올림픽 건설 부지를 참관했다.

---

66. HSK POINT '被列入' 및 举世闻名의 의미 이해 난이도 中

黄龙风景区位于四川省西北部，1992年12月被①列入《世界遗产名录》，以彩池、雪山、峡谷、森林"四绝"而②举世闻名。除了美丽的风景，这一地区还生活着许多③濒临灭绝的动物。因此长期以来，一直备受广大中外游客的④青睐。

황룽 풍경구는 쓰촨성 서북부에 위치하고 있고, 1992년 12월 「세계 유산 명부」에 ①등재되었으며, 채지, 설산, 협곡, 삼림이라는 '4절경'으로 ②전 세계에 이름이 널리 알려졌다. 아름다운 경치 외에, 이 지역은 수많은 멸종에 ③처한 동물들이 서식하고 있다. 이것 때문에 오래도록 줄곧 많은 국내외 여행객들에게 큰 ④사랑를 받고 있다.

A 列为 O	闻名遐迩 O	靠近 X	欢迎 O	A ~가 되다	명성이 두루 알려져 있다	가까이 가다	환영
B 登记 X	举世瞩目 X	面临 O	喜爱 O	B 등록하다	전 세계 사람들이 주목하다	직면하다	사랑
Ⓒ 列入 O	举世闻名 O	濒临 O	青睐 O	Ⓒ 집어넣다	전 세계에 이름이 알려지다	임박하다	사랑
D 登载 X	闻名于世 O	面对 X	宠爱 O	D 등재하다	세계적으로 유명하다	마주 대하다	총애

공략 　①번 칸 : '~에 들다, ~에 등재되다'는 의미로 '被列为'와 '被列入'의 형태가 둘 다 가능하다. 登载는 '被登载为'의 형태가 되어야 하므로 빈칸에 적합하지 않다.

②번 칸 : '세계적으로 이름을 떨치다'는 의미로 闻名遐迩, 举世闻名, 闻名于世가 모두 가능하다. 하지만 举世瞩目은 '어떤 것이 세계적으로 사람들의 주목을 끈다'는 의미이므로 적합하지 않다.

③번 칸 : '멸종에 직면하다, 이르다'는 의미로 '面临灭绝'와 '濒临灭绝'의 호응이 둘 다 가능하다. 靠近은 '(공간적 개념으로) 가까이 가다'는 의미이고, 面对는 '마주 대하다, 마주 보다'는 의미이므로 빈칸에는 어울리지 않는다.

④번 칸 : '사랑을 얻다, 인기를 얻다'는 의미이므로 '受欢迎', '受喜爱', '受青睐'의 호응이 모두 가능하다.

어휘 　★世界遗产名录 shìjiè yíchǎn mínglù 세계 유산 명부｜彩池 cǎichí 채지(색채가 아름다운 연못)｜雪山 xuěshān 명 설산, 만년설이 덮인 산｜峡谷 xiágǔ 명 협곡｜森林 sēnlín 명 삼림, 숲｜灭绝 mièjué 동 완전히 소멸하다｜★备 bèi 부 완전히, 매우｜★列为 lièwéi 동 어떤 부류에 속하여 ~가 되다｜闻名遐迩 wénmíng xiá'ěr 명성이 두루 알려져 있다｜★登记 dēngjì 동 등록하다, 기입하다｜★举世瞩目 jǔ shì zhǔ mù 성 전 세계 사람들이 주목하다｜★面临 miànlín 동 직면하다｜★列入 lièrù 동 집어넣다, 끼워 넣다｜★举世闻名 jǔ shì wén míng 성 전 세계에 이름이 알려지다｜★濒临 bīnlín 동 인접하다, 임박하다, ~한 지경에 이르다｜★青睐 qīnglài 명 호감, 인기｜★登载 dēngzǎi 동 등재하다, 게재하다｜★闻名于世 wénmíng yú shì 세계적으로 유명하다｜★面对 miànduì 동 마주 보다, 마주 대하다｜宠爱 chǒng'ài 명 동 총애(하다), 각별히 사랑하다

합격필수 TIP

▶ '面临/来临/濒临'의 차이 비교

① 面临 동 직면하다
- 어휘 호응 　面临危机 위기에 직면하다｜面临考验 시련에 직면하다｜面临挑战 도전에 직면하다｜面临调整 조정에 직면하다｜面临选择 선택에 직면하다
- 예문 　那家公司正面临着破产危机。그 회사는 파산의 위기에 직면해 있다.

② 来临 동 이르다, 다가오다
- 어휘 호응 　新年来临 새해가 다가오다｜冬天来临 겨울이 다가오다｜时代来临 시대가 도래하다
- 예문 　寒冷的冬天即将来临。추운 겨울이 곧 다가올 것이다.

③ 濒临 동 인접하다, 임박하다, ~한 지경에 이르다
- 어휘 호응 　濒临灭绝危机 멸종 위기에 이르다｜濒临险境 위험한 지경에 이르다｜濒临大海 바다에 인접하다
- 예문 　我们要保护濒临绝种的野生动物。우리는 멸종에 이른 야생 동물을 보호해야 한다.

67. HSK POINT '自然法则'의 호응 구조 파악　난이도 中

自然界的一草一木都有其存在的价值和①合理性。大自然总是会用一只②无形的手，巧妙地③调节和平衡好各种生物之间的关系。人类应该尊重自然的④法则和规律，与自然和谐相处。

자연계의 풀 한 포기 나무 한 그루는 모두 그 존재 가치와 ①합리성을 지닌다. 대자연은 늘 ②보이지 않는 손으로, 교묘하게 각종 생물간의 관계를 ③조절하고 균형을 맞춘다. 인류는 자연의 ④법칙과 규칙을 존중해야 하며, 자연과 조화롭게 살아가야 한다.

A	多样性 ✗	隐形 ✗	遥控 ✗	规章 ✗
B	合理性 ○	无形 ○	调节 ○	法则 ○
C	必要性 ○	虚幻 ✗	调控 ○	法规 ✗
D	需求性 ✗	神秘 ○	操纵 ✗	规范 ✗

A 다양성 | 모습을 감추다 | 원격 조종하다 | 규칙
B 합리성 | 보이지 않다 | 조절하다 | 법칙
C 필요성 | 비현실적이다 | 제어하다 | 법규
D 수요성 | 신비하다 | 조종하다 | 규범

| 공략 | ①번 칸 : '존재 가치와 합리성'이라는 의미로 合理性과 '존재 가치와 필요성'이라는 의미로 必要性이 둘 다 가능하다.

②번 칸 : '모습이 보이지 않다'는 의미로 无形, '신비하다'는 의미로 神秘가 둘 다 가능하다. 虚幻은 '비현실적이다, 허황되다'는 의미로, '虚幻的世界(비현실적인 세계)'와 같이 호응하여 쓰이므로 적합하지 않다.

③번 칸 : '어떤 관계를 조절하다/조정하다'는 의미로 '调节……关系', '调控……关系'의 호응이 가능하다. 调控은 '조정하다'는 의미로, '调控气氛(분위기를 조정하다)', '加强调控(조정을 강화하다)' 등으로 호응한다. 遥控은 '기계 등을 원격 조종하다'는 의미이고, 操纵은 '기계나 기기를 조종하거나 부당한 방법을 취해 조작한다'는 의미로 주로 '操纵自如(조작이 자유롭다)', '操纵机器(기계를 조종하다)', '操纵市场(시장을 조작하다)' 등의 형태로 호응하여 쓰인다.

④번 칸 : 정답을 찾는 핵심 빈칸인데, '자연 법칙'이라는 의미가 되어야 하므로 法则만 가능하다. 规章은 '국가 기관의 규칙이나 규정'을 의미하고, 法规는 '국가가 반드시 준수하도록 법으로 정한 법률·법규'를 의미하며, 规范은 '따라야 하거나 따를 만한 본보기나 표준이 되는 규범'을 뜻하므로 모두 빈칸에 적합하지 않다.

| 어휘 | ★一草一木 yì cǎo yí mù 명 풀 한 포기 나무 한 그루, 극히 작은 물건 | ★巧妙 qiǎomiào 형 교묘하다 | ★平衡 pínghéng 동 균형을 맞추다 형 균형이 맞다 | ★规律 guīlǜ 명 규칙, 규율 | ★与……和谐相处 yǔ……héxié xiāngchǔ ~와 조화롭게 지내다 | ★多样性 duōyàngxìng 명 다양성 | 隐形 yǐnxíng 형 자태를 숨기다, 모습을 감추다 | 遥控 yáokòng 동 원격 조종하다 | 规章 guīzhāng 명 규칙, 규정 | ★合理性 hélǐxìng 명 합리성 | ★无形 wúxíng 형 무형의, 보이지 않는 | ★调节 tiáojié 동 조절하다 | 法则 fǎzé 명 법칙 | ★必要性 bìyàoxìng 명 필요성 | 虚幻 xūhuàn 형 비현실적인, 허황한 | 调控 tiáokòng 동 제어하다 | 法规 fǎguī 명 법규 | ★需求性 xūqiúxìng 명 수요성 | ★神秘 shénmì 형 신비한 | ★操纵 cāozòng 동 조종하다 | ★规范 guīfàn 명 규범

68. HSK POINT 以及 및 '非但不……反倒……'의 호응 구조 파악 〔난이도 下〕

《聊斋志异》是蒲松龄的代表文言短篇小说集，他把在生活中所体察到的各种人物个性①以及人情世故，很②巧妙地概括在那些神鬼怪异身上，写得狐有狐形，鬼有鬼态，且都具有了③人性，人们非但不怕这些异类，④反倒觉得他们可爱至极。

『요재지이』는 포송령의 대표적인 문언 단편 소설집으로, 그는 생활 속에서 세심히 관찰한 각종 인물의 개성 ①및 세상 물정을 귀신과 괴물을 통해 매우 ②교묘하게 요약해냈다. 여우는 여우의 형상으로, 귀신은 귀신의 모습으로 그려냈으며, 이들은 모두 ③인간미를 지니고 있어, 사람들은 이들을 두려워하지 않을 뿐만 아니라 ④오히려 매우 귀엽게 여긴다.

A	以至 ✗	恰巧 ✗	人品 ✗	甚至 ✗
B	及 ○	恰当 ○	人格 ✗	乃至 ✗
C	以便 ✗	生动 ○	人道 ✗	反而 ○
D	**以及 ○**	**巧妙 ○**	**人性 ○**	**反倒 ○**

A	~에 이르기까지	때마침	인품	심지어
B	및	알맞다	인격	심지어
C	~하기 편리하도록	생동감 있다	인간애	오히려
D	**및**	**교묘하다**	**인간미**	**오히려**

| 공략 | ①번 칸 : '및, 그리고'라는 의미의 及와 以及가 둘 다 가능하다. 以至는 '어떤 수량·범위·정도 등에 이르기까지'라는 의미를 나타내고, 以便은 '어떤 것을 편리하게 하거나 쉽게 하기 위해서'라는 의미이므로 빈칸에 적합하지 않다.

②번 칸 : '알맞게 요약하다'는 의미로 恰当, '생동감 있게 요약하다'는 의미로 生动, '교묘하게 요약하다'는 의미로 巧妙가 가능하다. 恰当은 '알맞다, 적합하다'는 의미로, 주로 '用词恰当(단어 선택이 알맞다)', '恰当的方式(적당한 방식)', '恰当地处理(적절하게 처리하다)' 등으로 호응하여 쓰인다. 恰巧는 '때마침, 공교롭게도'라는 의미의 부사로, 주로 '恰巧遇上(공교롭게 마주치다)'과 같이 호응하여 쓰인다.

③번 칸 : '인간미를 지니다'는 의미가 되어야 하므로 人性만 가능하다.

④번 칸 : '~가 아닐 뿐만 아니라, 오히려 ~하다'는 의미로 '非但不……反而……'과 '非但不……反倒……'의 호응 구조가 적합하다.

어휘 体察 tǐchá 동 세심하게 살피다 | ★人情世故 rén qíng shì gù 성 세상 물정 | ★概括 gàikuò 동 개괄하다, 요약하다 | 神鬼怪异 shénguǐ guàiyì 귀신과 괴물 | 异类 yìlèi 명 다른 종류, 인간 이외의 식물·짐승·귀신 | ★非但 fēidàn 접 비단 ~뿐만 아니라 | 至极 zhìjí 부 지극히, 극도로 | 以至 yǐzhì 접 ~까지, ~에 이르기까지 | ★恰巧 qiàqiǎo 부 때마침, 공교롭게도 | ★甚至 shènzhì 부 심지어, ~까지도 | ★恰当 qiàdàng 형 합당하다, 적합하다 | 乃至 nǎizhì 부 심지어 | ★以便 yǐbiàn 접 ~하기 편리하도록 | 人道 réndào 인간애, 휴머니티 | ★以及 yǐjí 접 및, 그리고 | 巧妙 qiǎomiào 형 교묘하다 | ★人性 rénxìng 명 인성 | ★反倒 fǎndào 부 반대로, 도리어

69. HSK POINT 부사 亦의 의미 이해 난이도 中

小鸡蛋中蕴含着大学问，从外打破是食物，从内打破是生命。人生①<u>亦</u>是，从外打破是压力，从内打破是成长。如果你②<u>等待</u>别人从外打破你，那你③<u>注定</u>成为别人的"食物"；如果能自己从内打破，那么你会发现，自己的成长④<u>相当于</u>一种重生。

작은 달걀 속에는 큰 철학이 함축되어 있는데, 그것은 바깥에서 깨면 음식이고, 안에서 깨면 생명이라는 것이다. 인생 ①<u>역시</u> 그러하다. 바깥에서 깨면 압력이 되고, 안에서 깨면 성장이 된다. 만약 다른 사람이 바깥에서 당신을 깨뜨려 주기를 ②<u>기다린다면</u>, 당신은 다른 사람의 '먹이'로 ③<u>정해지겠지만</u>, 만약 스스로 안에서 깨버린다면, 자신의 성장이 바로 새로운 삶을 얻은 것 ④<u>과 같다</u>는 것을 발견하게 될 것이다.

Ⓐ 亦 O	等待 O	注定 O	相当于 O
B 则 X	期待 O	断定 X	意味着 O
C 甚 X	静待 O	指定 X	象征着 X
D 乃 X	对待 X	裁定 X	致力于 X

Ⓐ 역시	기다리다	정해지다	~과 같다
B 오히려	기대하다	단정하다	의미하다
C 몹시	차분히 기다리다	지정하다	상징하다
D 비로소	대하다	숙고하여 결정하다	~에 힘쓰다

공략

①번 칸 : 정답을 찾는 핵심 빈칸인데, '~도 역시, 또한'이라는 의미를 나타내는 부사 亦만 가능하다. 则는 대비나 역접의 의미를 나타내고, 甚는 '몹시, 대단히'라는 뜻으로 정도의 심화를 나타내며, 乃은 '비로소, 단지'의 의미를 나타내므로 모두 빈칸에 적합하지 않다.

②번 칸 : '기다리다'는 의미로 等待와 静待, '기대하다'는 의미로 期待가 모두 가능하지만, 对待는 '어떤 사물이나 사람을 대하다'는 의미이므로 적합하지 않다.

③번 칸 : '운명적으로 정해지다'는 의미의 注定만 가능하다.

④번 칸 : '~과 같다, ~에 상당하다'는 의미로 相当于와 '~을 의미하다'는 뜻으로 意味着가 둘 다 가능하다. 象征着는 '어떤 사물이 ~을 상징하다'는 의미이고, 致力于는 '어떤 일을 하거나 무언가를 이루기 위해 힘쓰다'는 의미이므로 빈칸에는 적합하지 않다.

어휘 ★蕴含 yùnhán 동 포함하다, 함축하다 | ★打破 dǎpò 동 깨다 | 重生 chóngshēng 동 환생하다 | ★亦 yì 부 역시, ~도 | ★等待 děngdài 동 기다리다 | ★注定 zhùdìng 동 운명으로 정해져 있다 | 相当于 xiāngdāng yú ~과 같다 | ★则 zé 접 오히려, 그러나 | ★期待 qīdài 동 기대하다 | 断定 duàndìng 동 단정하다 | 意味着 yìwèizhe ~을 의미하다 | ★甚 shèn 부 몹시, 대단히 | 静待 jìngdài 동 차분히 기다리다 | 指定 zhǐdìng 동 지정하다 | ★象征着 xiàngzhēngzhe ~을 상징하다 | 乃 nǎi 부 비로소 | ★对待 duìdài 동 대하다 | 裁定 cáidìng 동 숙고하여 결정하다, 심의 결정하다 | ★致力于 zhìlì yú ~에 힘쓰다, ~에 애쓰다

70. HSK POINT '只要……便'의 호응 구조 파악 난이도 中

人被打倒并不可怕，可怕的是从此一蹶不振。但是被打倒后能够立刻站起来，就是一种自我的超越和精神的①升华。面对失败的②重创，可以③坦然待之，④积蓄力量重新开始的人，即使被打倒，也永远不会被打败。因为⑤只要你站起来的次数比倒下去的次数多上哪怕一次，那便是成功。

쓰러지는 것은 결코 두려운 일이 아니고, 두려운 것은 그 후로 다시는 일어나지 못하는 것이다. 하지만 쓰러진 후 금방 일어날 수 있다는 것은, 바로 일종의 자아 초월과 정신적 ①승화라고 할 수 있다. 실패의 ②심한 타격에도 ③편안한 마음 상태로 그것을 대하고, 힘을 ④모아 다시 시작할 수 있는 사람이라면, 설령 넘어진다고 해도 영원히 패하지는 않을 것이다. 왜냐하면 당신이 일어난 횟수가 넘어진 횟수보다 설령 한 번이라도 더 많다⑤고 한다면, 그것이 바로 성공이기 때문이다.

A	升级 ✗	挫败 ✗	坦率 ✗	储存 ✗	只得 ✗
B	升腾 O	挫折 O	坦诚 ✗	储藏 ✗	宁肯 ✗
C	提升 O	创伤 O	公然 ✗	储备 O	只顾 ✗
D	升华 O	重创 O	坦然 O	积蓄 O	只要 O

A 승급하다 | 좌절과 실패 | 솔직하다 | 모아두다 | 할 수 없이
B 발전하다 | 좌절 | 솔직하고 성실하다 | 저장하다 | 차라리
C 향상하다 | 상처 | 공개적으로 | 비축하다 | 오로지
D 승화하다 | 심한 타격 | 마음이 편안하다 | 축적하다 | ~한다면

공략

①번 칸 : '정신적 발전'의 의미로 '精神的升腾', '정신적 향상'의 의미로 '精神的提升', '정신적 승화'의 의미로 '精神的升华'가 모두 가능하다.

②번 칸 : '실패의 좌절'이란 의미로 '失败的挫折', '실패의 상처'란 의미로 '失败的创伤', '실패의 심한 타격'이란 의미로 '失败的重创'이 모두 가능하다.

③번 칸 : '편안한 마음 상태'라는 의미가 가장 적합하므로 坦然만 가능하다.

④번 칸 : '힘을 모아 두다, 저장하다'는 의미로 보기 储备, 积蓄가 둘 다 가능하다.

⑤번 칸 : 정답을 찾는 핵심 빈칸인데, '~한다면 바로 ~이다'는 의미의 접속사 호응 구조 '只要……便……'만 가능하다.

어휘

★被打倒 bèi dǎdǎo 쓰러지다 | ★一蹶不振 yī jué bú zhèn 젱 한 번 넘어져 다시 일어나지 못하다, 한 번 좌절하고는 다시 분발하지 못하다 | ★超越 chāoyuè 통 초월하다, 넘다 | ★被打败 bèi dǎbài 패하다 | 升级 shēngjí 통 승급하다, 업그레이드하다 | 挫败 cuòbài 명 좌절과 실패 | ★坦率 tǎnshuài 형 솔직하다, 정직하다 | ★储存 chǔcún 통 모아 두다, 저장하여 두다 | ★只得 zhǐdé 부 할 수 없이, 부득이하게 | ★升腾 shēngténg 통 솟아오르다, 발전하다 | ★挫折 cuòzhé 명 좌절(시키다) | ★坦诚 tǎnchéng 형 솔직하고 성실하다 | ★储藏 chǔcáng 통 저장하다 | ★宁肯 nìngkěn 부 차라리 ~할지언정 | ★提升 tíshēng 통 높이다, 끌어올리다 | ★创伤 chuāngshāng 명 상처, 외상 | ★公然 gōngrán 부 공개적으로, 거리낌없이 | ★储备 chǔbèi 통 비축하다, 저장하다 | ★升华 shēnghuá 통 승화하다 | ★重创 zhòngchuāng 명통 심한 타격(을 주다), 중상(을 입히다) | ★坦然 tǎnrán 형 마음이 편안한 모양, 마음이 안정되어 있는 모양 | 积蓄 jīxù 통 축적하다, 저축하다

합격필수 TIP

▶ '只得/只顾/只要/只有'의 차이 비교

① 只得 부 할 수 없이, 어쩔 수 없이(= 只好, 只能, 不得不, 不得已)
　我们无可奈何，只得答应了。우리는 어찌할 방법이 없어, 할 수 없이 동의했다.

② 只顾 통 오직 ~만 생각하다 부 오로지, 그저
　他只顾玩儿电脑，连饭都没吃。그는 그저 컴퓨터만 하느라 밥도 먹지 않았다.

③ 只要 접 ~하기만 하면
　只要付出努力，就会成功。노력을 쏟기만 하면 성공할 것이다.

④ 只有 접 오직 ~해야만(= 除非)
　只有不断学习，才能有进步。끊임없이 배워야만, 비로소 발전이 있다.

第三部分

[71-75]

啄木鸟有着坚硬的嘴，为了觅食，它总是不停地啄击树干，使树干产生强烈的震动。这种震动倘若发生在人的身上，(71)D 恐怕早就得脑震荡了，为什么啄木鸟却丝毫没有感觉呢？其实，早在20多年前就有神经医学专家对此现象进行过深入的研究。只要我们细细观察一下啄木鸟头部的生理构造，(72)E 就能知晓它为什么不会得脑震荡了。

专家们通过数年间的不断研究发现，啄木鸟的头盖骨和大脑之间有着极其狭窄的缝隙和少量的液体，这使得震波在它头部的传播比在人的头部困难得多。啄木鸟的大脑被一层密实而富有弹性的头骨紧密地包裹了起来，它的头骨骨质呈海绵状，(73)A 形成一个具有卓越避震功能的保护垫，可以有效地避免撞击。此外，啄木鸟的头部肌肉有助于吸收、分散撞击产生的力量。舌头底部的结缔组织延伸环绕脑部，(74)B 亦可起到保护脑部的作用。

啄木鸟独特的头部构造给人们带来了很多防震启示，如在设计头盔和安全帽时，(75)C 将帽顶与头顶之间留出空隙，然后用轻而有弹性的海绵状物体来填充这个空隙。

A 形成一个具有卓越避震功能的保护垫
B 亦可起到保护脑部的作用
C 将帽顶与头顶之间留出空隙
D 恐怕早就得脑震荡了
E 就能知晓它为什么不会得脑震荡了

딱따구리는 단단한 주둥이를 가지고 있으며, 먹이를 구하기 위해 끊임없이 나무 줄기를 쪼아대는데, 이로 인해 나무 줄기에는 강한 진동이 발생한다. 이런 진동이 만약 사람의 몸에 발생하게 되면, (71)D 아마 진작에 뇌진탕에 걸렸을 것인데, 왜 딱따구리는 전혀 느낌이 없을까? 실은 20여 년 전에 신경의학 전문가가 이 현상에 대하여 심도 있는 연구를 진행했었다. 딱따구리 머리 부위의 생리 구조를 자세히 살펴보면, (72)E 왜 뇌진탕에 걸리지 않는지 알 수 있다.

전문가들은 수년간의 끊임없는 연구를 통해, 딱따구리의 두개골과 대뇌 사이에는 매우 좁은 틈과 소량의 액체가 있고, 이것이 진동파가 사람의 머리 부위보다 딱따구리 머리에 전파되기 어렵게 했다는 것을 발견했다. 딱따구리 대뇌는 한 층의 세밀하고 탄력이 강한 두개골로 단단히 싸여 있고, 두개골의 골질은 스펀지 형태인데, (73)A 진동을 면할 수 있는 탁월한 기능을 지닌 보호매트가 되므로, 이로 인해 충돌을 효과적으로 피할 수 있다. 이 밖에, 딱따구리의 머리 부위 근육은 충돌로 인한 힘을 흡수하고 분산시키는 데 도움이 된다. 혀 밑 부위의 결체 조직은 뇌 부위까지 이어져 있어, (74)B 또한 뇌를 보호하는 작용을 할 수 있다.

딱따구리의 독특한 머리 부위 구조는 사람들에게 지진 대비에 있어 많은 힌트를 주었는데, 예를 들면 헬멧과 안전모를 설계할 때, (75)C 모자 꼭대기와 정수리 사이에 빈틈을 남겨두고, 그런 후에 가벼우면서 탄력이 있는 스펀지 형태의 물체로 이 빈틈을 채운다.

A 진동을 면할 수 있는 탁월한 기능을 지닌 보호매트가 된다
B 또한 뇌를 보호하는 작용을 할 수 있다
C 모자 꼭대기와 정수리 사이에 빈틈을 남겨둔다
D 아마 진작에 뇌진탕에 걸렸을 것이다
E 왜 뇌진탕에 걸리지 않는지 알 수 있다

어휘 啄木鸟 zhuómùniǎo 몡 딱따구리 | ★坚硬 jiānyìng 휑 단단하다, 견고하다 | 觅食 mìshí 통 먹이를 찾다 | 啄击 zhuó jī 부리로 쪼다, 부리로 치다 | ★强烈 qiángliè 휑 강렬하다 | ★震动 zhèndòng 통 진동하다 | ★倘若 tǎngruò 젭 만일, 만약 | ★丝毫没有 sīháo méiyǒu 조금도 ~없다 | 神经医学 shénjīng yīxué 신경의학 | 深入的研究 shēnrù de yánjiū 심도 있는 연구, 깊이 있는 연구 | 生理构造 shēnglǐ gòuzào 생리 구조 | 头盖骨 tóugàigǔ 두개골 | 狭窄 xiázhǎi 휑 비좁다, 협소하다 | 缝隙 fèngxì 몡 틈, 틈새 | 液体 yètǐ 몡 액체 | 震波 zhènbō 몡 지진파 | 密实 mìshí 휑 세밀하다 | 富有弹性 fùyǒu tánxìng 탄성이 강하다 | ★紧密 jǐnmì 휑 긴밀하다, 굳다 | 包裹 bāoguǒ 통 싸다 | 骨质 gǔzhì 골질[뼈를 구성하는 물질] | 呈海绵状

chéng hǎimiánzhuàng 스펀지 형태이다 | ★避免 bìmiǎn 동 피하다 | 撞击 zhuàngjī 동 세게 부딪히다, 충돌하다 | ★分散 fēnsàn 동 분산시키다 | 结缔组织 jiédì zǔzhī 명 생리 결체 조직 | 延伸 yánshēn 동 펴다, 뻗다, 늘이다 | 环绕 huánrào 동 둘러싸다 | 脑部 nǎobù 뇌 부위 | 防震 fángzhèn 동 지진에 대비하다 | ★启示 qǐshì 명동 계시(하다) | 头盔 tóukuī 명 헬멧, 투구 | 安全帽 ānquánmào 명 안전모 | 填充 tiánchōng 동 메우다, 채우다 | ★空隙 kòngxì 명 틈, 틈새 | ★卓越 zhuóyuè 형 탁월하다 | 避震 bìzhèn 동 진동을 면하다 | 保护垫 bǎohùdiàn 보호매트 | ★亦 yì 부 ~도, 역시 | ★起到……作用 qǐdào……zuòyòng ~작용을 하다, ~역할을 하다 | 脑震荡 nǎozhèndàng 명 뇌진탕 | 知晓 zhīxiǎo 동 알다, 이해하다

71. HSK POINT '倘若……恐怕……' 호응 구조 파악 난이도 中

D 恐怕早就得脑震荡了   D 아마 진작에 뇌진탕에 걸렸을 것이다

공략 가정·가설의 의미를 나타내는 접속사 호응 구조 '倘若……恐怕……'를 통해 보기 D가 정답임을 알 수 있다.

72. HSK POINT '只要……就……' 호응 구조 파악 난이도 中

E 就能知晓它为什么不会得脑震荡了   E 왜 뇌진탕에 걸리지 않는지 알 수 있다

공략 '~하기만 하면 ~하다'는 의미의 접속사 호응 구조 '只要……就……'를 통해 정답이 E임을 알 수 있다.

73. HSK POINT 연관된 의미의 어휘 파악 난이도 上

A 形成一个具有卓越避震功能的保护垫   A 진동을 면할 수 있는 탁월한 기능을 지닌 보호매트가 된다

공략 73번과 74번 문제는 같이 살펴볼 필요가 있다. 73번 빈칸 앞에서 딱따구리의 두개골 골질이 스펀지 형태라고 했고, 빈칸 뒤에서 효과적으로 충돌을 피한다고 했으므로, 이 두 문장 사이에는 '보호'와 관련된 내용이 제시될 것임을 유추할 수 있다. 따라서 정답은 보기 A와 B 중 하나이다. 보기 B의 亦는 也의 동의어로 '~도, 또한, 역시'라는 의미여서 어떤 내용이 앞에서 먼저 제시된 다음에 쓸 수 있으므로, 73번의 정답은 A가 된다.

74. HSK POINT 연관된 의미의 문장 파악 난이도 上

B 亦可起到保护脑部的作用   B 또한 뇌를 보호하는 작용을 할 수 있다

공략 빈칸 앞 문장에서 혀 밑 부위의 결체 조직이 뇌 부위까지 이어져 있다는 내용을 언급했으니, 그 뒤에 전개될 내용 또한 '보호'와 관련된 것임을 유추할 수 있다. 따라서 정답은 B가 된다.

75. HSK POINT 동일한 어휘 파악 난이도 下

C 将帽顶与头顶之间留出空隙   C 모자 꼭대기와 정수리 사이에 빈틈을 남겨둔다

공략 빈칸 앞에서 동일한 어휘 帽, 빈칸 뒤에서 동일한 어휘 空隙를 찾을 수 있으므로 정답은 C이다.

[76-80]

有一天，两位情同兄弟的大臣纪晓岚和刘墉陪乾隆皇帝在御花园散步。纪晓岚问刘墉："你们山东的萝卜最大的有多大？"刘墉一听，喜形于色，(76)C 兴致勃勃地比划着自己家乡远近闻名的大萝卜。纪晓岚不以为然地回答："你们山东的萝卜再大，也不可能比我们直隶的大。"刘墉听了很不服气，因为谁都知道山东的萝卜畅销各地，是出了名的大。(77)E 于是两人你一言、我一语地争论不休。乾隆皇帝在旁边听了他们的话后觉得很好笑，说："这是什么事情嘛！还需要这样争来争去。你们两个，明日准备好自认为最大的萝卜，将它带上朝来让大家评一评。"

第二天，刘墉带着一个大萝卜上朝，所有朝臣看到那么大的萝卜，(78)A 无不赞叹不已。乾隆风趣夸张地问晓岚："你的大萝卜在哪儿？把你的大萝卜抬进来吧！"没想到，纪晓岚从袖口内掏出一个又瘦又小的萝卜。大臣们看了不禁吃了一惊，就开始七嘴八舌地议论起来了，(79)B 不知纪晓岚葫芦里卖的是什么药。乾隆也很纳闷儿了，对纪晓岚说："你这是开什么玩笑！"

只见纪晓岚不慌不忙，用非常谦恭、诚恳的语气说："回皇上，我让人找遍了我们直隶全省，才找到了这个最大的萝卜。皇上，直隶的土壤较为贫瘠，而且近半年来天灾不断，所以农作物收成不佳，百姓无法缴纳太多的粮食。请皇上明鉴。"这时，乾隆才明白，(80)D 纪晓岚是在借机反映全省的经济困难。于是，乾隆想了片刻后说："直隶穷就少纳粮，山东富就多纳些粮吧！"

A 无不赞叹不已
B 不知纪晓岚葫芦里卖的是什么药
C 兴致勃勃地比划着自己家乡远近闻名的大萝卜
D 纪晓岚是在借机反映全省的经济困难
E 于是两人你一言、我一语地争论不休

A 모두가 찬탄을 금치 못했다
B 기효람의 속셈이 무엇인지를 알 수가 없었다
C 신이 나서 자기 고향에서 소문난 큰 무를 손짓을 해가며 흉내냈다
D 기효람이 이 기회를 빌어 성 전체의 경제적 어려움을 보고 했음을 알게 되었다
E 이에 두 사람은 주거니 받거니 논쟁이 끊이지 않았다

어휘 情同兄弟 qíngtóng xiōngdì 형제처럼 정이 깊다 | ★大臣 dàchén 몡 대신 | 纪晓岚 Jì Xiǎolán 고유 기효람 | 刘墉 Liú Yōng 고유 유용 | ★陪 péi 동 모시다, 동반하다 | 乾隆 Qiánlóng 고유 건륭 | 皇帝 huángdì 몡 황제 | 御花园 yùhuāyuán 몡 어화원, 황제가 노니는 화원 | 萝卜 luóbo 몡 무 | ★喜形于色 xǐ xíng yú sè 성 마음속의 기쁨이 얼굴에 나타나다, 희색이 만면하다 | ★不以为然 bù yǐ wéi rán 성 그렇게 여기지 않다, 그렇다고는 생각지 않다 | 直隶 Zhílì 고유 직례, 즈리[허베이(河北)성의 옛 이름] | ★不服气 bù fúqì 인정하지 않다, 아니꼽다 | ★畅销各地 chàngxiāo gèdì 각지에서 잘 팔리다 | ★出了名的大 chū le míng de dà 큰 것으로 이름이 나다 | 好笑 hǎoxiào 혱 우습다, 가소롭다 | 带上朝来 dàishàng cháo lái 조정으로 가져오다 | 评一评 píng yi píng 판정을 해보다, 따져보다 | 上朝 shàng cháo 동 (신하가 정사를 의논하기 위해) 조정에 나가 임금을 뵙다 | 袖口 xiùkǒu 몡 소맷부리 | ★掏出 tāochū 동 꺼내다 | ★又瘦又小 yòu shòu yòu xiǎo 가늘고 작다 | ★不禁 bùjīn 부 참지 못하고, 자기도 모르게 | ★吃了一惊 chī le yì jīng 깜짝 놀랐다 | ★七嘴八舌 qī zuǐ bā shé 성 여러 사람들이 왁자지껄 떠들썩하게 이야기하다, 제각기 떠들다 | ★议论 yìlùn 동 왈가왈부하다, 비평하다 | ★纳闷儿 nà mènr 동 궁금하다, 답답하다 | ★开玩笑 kāi wánxiào 농담하다, 장난하다 | ★不慌不忙 bù huāng bù máng 혱 당황하지 않고 서두르지 않다, 침착하다 | 谦恭 qiāngōng 혱 공손하다 | ★诚恳 chéngkěn 혱 진실하다, 간절하다 | ★语气 yǔqì 몡 어조, 말투 | ★找遍了 zhǎobiàn le 두루 찾아보았다 | ★土壤 tǔrǎng 몡 토양, 흙 | 贫瘠 pínjí 혱 척박하다, 메마르다 | ★近半年来 jìn bànnián lái 근 반년간 | ★天灾不断 tiānzāi búduàn 자연재해가 끊이지 않다 | ★农作物 nóngzuòwù 몡 농작물 | 收成不佳 shōucheng bùjiā 수확이 좋지 않다 | 缴纳 jiǎonà 동 납부하다, 납입하다 | ★粮食 liángshi 몡 양식, 식량 | 明鉴 míngjiàn 몡 고명한 판단[상대방에게 정확한 판단을 요구할 때 쓰임] | ★想了片刻 xiǎng le piànkè 잠시 생각해보다 | 纳粮 nà liáng 동 돈과 곡식을 바치다 | ★无不赞叹不已 wúbù zàntàn bùyǐ 모두가 찬탄을 금치 못하다 | ★葫芦里卖的是什么药 húlu li mài de shì shénme yào 속셈을 알 수 없다 | ★兴致勃勃 xìng zhì bó bó 혱 흥미진진하다 | ★比划 bǐhua 동 손짓하다, 손짓으로 흉내내다 | ★远近闻名 yuǎnjìn wénmíng 각지에 소문이 자자하다 | 借机 jièjī 기회를 빌다 | ★反映 fǎnyìng 동 반영하다, 알리다 | ★经济困难 jīngjì kùnnan 경제적 어려움 | ★争论不休 zhēnglùn bùxiū 논쟁을 그치지 않다

76. HSK POINT 연관된 의미의 어휘 파악 난이도 中

C 兴致勃勃地比划着自己家乡远近闻名的大萝卜   C 신이 나서 자기 고향에서 소문난 큰 무를 손짓을 해가며 흉내냈다

공략 이 글은 이야기의 흐름을 대략적으로 이해해야 한다. 이야기의 앞부분은 기효람과 유용이 황제를 모시고 산책하다가 기효람이 유용에게 산동의 무가 얼마나 큰가를 물어본 내용이고, 빈칸 바로 앞에서는 유용이 이 말을 듣고 만면에 희색을 띠었다고 했다. 문맥상 그 뒤에 이어질 내용으로는 喜形于色와 연관이 있는 兴致勃勃가 제시되어 있는 C가 가장 적합하다.

77. HSK POINT 문맥적 의미 이해 난이도 中

E 于是两人你一言、我一语地争论不休   E 이에 두 사람은 주거니 받거니 논쟁이 끊이지 않았다

공략 빈칸 앞부분의 '刘墉听了很不服气'라는 문장이 정답을 찾는 힌트가 된다. 이 문장을 통해 기효람과 유용의 의견이 같지 않음을 알 수 있으므로, 빈칸에는 '이에 두 사람은 주거니 받거니 논쟁이 끊이지 않았다'는 내용의 E가 적합하다.

78. HSK POINT 문맥적 의미 이해 난이도 中

A 无不赞叹不已　　　　　　　　　　A 모두가 찬탄을 금치 못했다

공략 빈칸 앞부분의 '所有朝臣看到那么大的萝卜'라는 문장 뒤에는 관리들이 그 무를 본 후 어떠한 반응을 보였는가에 대한 내용이 이어질 것임을 알 수 있으므로 A가 정답이 된다.

79. HSK POINT 문맥적 의미 이해 난이도 中

B 不知纪晓岚葫芦里卖的是什么药　　　B 기효람의 속셈이 무엇인지를 알 수가 없었다

공략 빈칸 앞부분의 '纪晓岚从袖口内掏出一个又瘦又小的萝卜'라는 문장이 정답을 찾는 힌트가 된다. 이 문장을 통해 본래 기효람과 유용은 어느 지역의 무가 더 큰가를 따져보려고 했지만, 기효람이 가져온 것은 가느다랗고 작은 무였음을 알 수 있고, 이는 뜻밖의 이상한 일이라고 할 수 있다. 따라서 문맥상 B의 내용이 가장 적합하다.

80. HSK POINT 연관된 의미의 어휘 파악 난이도 中

D 纪晓岚是在借机反映全省的经济困难　　D 기효람이 이 기회를 빌어 성 전체의 경제적 어려움을 보고하려 했음을 알게 되었다

공략 빈칸 앞부분에서 기효람이 건륭 황제에게 직례 지역에 대해 말한 내용 중 '土壤较为贫瘠', '天灾不断', '农作物收成不佳'는 모두 그곳의 경제 상황이 좋지 않음을 알리는 내용이므로, 빈칸에는 D의 내용이 가장 적합하다.

第四部分

[81-84]

做着同样的工作，拿着同样的薪水，有些人在各个项目、各个进度上忙得"四脚朝天"。而有的人却似乎无所事事，工作就是上上网、聊聊天儿，这些人被称作"职场闲人"。智联招聘网的一项调查显示，不仅有四成职场人表示自己是"闲人"，而且有近九成职场人表示自己周围存在着"闲人"，其中，18.6%的职场人表示自己周围有很多"闲人"。

调查结果显示，职场人对同事的"闲人"状态褒贬不一，40.6%的人表示没感觉，因为每个人的价值观不同，选择的职业道路也不同。同时，82A13.6%的人表示嫉恨，认为由于公司管理不善，导致不少人不干活却占高职、拿高薪。此外，10.4%的人很反感，认为"闲人"影响了团队的工作氛围和工作的整体进度。82A仅有9.0%的人羡慕"闲人"状态，因为与自己要没完没了地工作比起来，"闲人"过得很滋润。智联招聘高级职业顾问郝健表示，大部分职场人能够正面看待"闲人"状态，但如果与自己有利益关系的直属团队中长期出现"闲人"，还是无法接受，82C因为那会影响整体团队的士气。

其实，"职场闲人"现象是由很多因素导致的。智联招聘调查显示，27.4%的职场人认为雇主管理制度问题是导致"闲人"现象的主要原因。另外，缺乏职业规划、缺乏工作热情、没有工作追求、能力与工作不匹配以及对现在的工作不满意等主观原因也会导致"闲人"的出现。郝健表示，以较轻松的方式实现利益的最大化，或许是许多人梦寐以求的好差事。83C但是，当职场人真的有一天"闲"起来的时候，必然会有一种危机感。83A因为"闲"也意味着较强的可替代性和较弱的价值观。所以，职场人要客观地审视自己的工作和心理状态，83B对"闲人"状态保持清醒的认知，并形成警惕意识，以免即将被炒鱿鱼却还浑然不知。

하는 상황이 일어나지 않도록, 자신의 일과 심리 상태를 객관적으로 자세히 살펴봐야 하고, 83B'빈둥대는 사람'의 모습에 대해 분명한 인식을 지녀야 하며, 나아가 경계 의식도 갖추어야 한다.

> **어휘**
> ★薪水 xīnshuǐ 명 급여, 임금 | ★忙得四脚朝天 máng de sìjiǎo cháo tiān 바빠서 정신이 없다 | ★无所事事 wú suǒ shì shì 성 하는 일이 없다, 한가하여 아무 일도 하지 않다 | ★闲人 xiánrén 한가한 사람, 일 없는 사람 | ★成 chéng 양 10분의 1, 할 | ★褒贬不一 bāo biǎn bù yī 좋고 나쁨을 평가하는 기준이 일정치 않다 | 嫉恨 jíhèn 통 질투하고 미워하다 | ★不善 búshàn 형 좋지 않다, 나쁘다 | ★高职 gāozhí 고위직 | ★高薪 gāoxīn 높은 임금 | ★反感 fǎngǎn 명통 반감(을 가지다) | 氛围 fēnwéi 명 분위기 | ★没完没了 méi wán méi liǎo 성 한도 끝도 없다 | 滋润 zīrùn 편안하다, 안락하다 | 顾问 gùwèn 명 고문 | 直属 zhíshǔ 통 직속되다 형 직속의 | 士气 shìqì 명 사기 | ★因素 yīnsù 명 요소, 원인 | ★雇主 gùzhǔ 명 고용주 | ★缺乏 quēfá 결핍하다, 결여되다 | ★规划 guīhuà 명 발전 계획, 기획 | ★追求 zhuīqiú 통 추구하다 | ★不匹配 bù pǐpèi 맞지 않다, 배합되지 않다 | ★最大化 zuìdàhuà 통 최대화하다 | ★梦寐以求 mèng mèi yǐ qiú 성 꿈속에서도 바라다, 간절히 바라다 | ★差事 chāishi 명 임무, 직무 | ★危机感 wēijīgǎn 명 위기감 | ★意味着 yìwèizhe 의미하다 | ★可替代性 kětìdàixìng 대체 가능성 | ★审视 shěnshì 통 자세히 살펴보다 | 心理状态 xīnlǐ zhuàngtài 심리 상태 | ★清醒 qīngxǐng 형 맑고 깨끗하다, 또렷하다 | ★认知 rènzhī 명통 인지(하다) | ★警惕意识 jǐngtì yìshí 경계 의식 | ★以免 yǐmiǎn 접 ~하지 않도록, ~하지 않기 위해서 | ★炒鱿鱼 chǎo yóuyú 해고하다 | 浑然不知 húnrán bùzhī 전혀 알지 못하다

81. HSK POINT '褒贬不一'의 의미 이해 난이도 上

第2段中"褒贬不一"最可能是:

A 外表和本质不一样
B 人们的评论有好有坏
C 每个人的思维方式都不一样
D 各持己见

두 번째 단락의 '褒贬不一'의 의미는?

A 겉모습과 본질은 다르다
B 사람들의 평가가 좋기도 하고 나쁘기도 하다
C 모든 사람들의 사고방식은 다 다르다
D 각자 자신의 견해를 고집하다

> **공략**
> '褒贬不一'의 각 한자의 뜻을 파악하여 의미를 유추해야 한다. 褒는 '칭찬하다', 贬은 '비하하다', 不一는 '같지 않다, 일치하지 않다'는 뜻이므로, '褒贬不一'는 '칭찬하거나 비하하는 것이 일정치 않음'을 나타낸다. 따라서 정답은 B가 된다.

> **어휘**
> 各持己见 gè chí jǐ jiàn 성 각자 자신의 견해를 고집하다

82. HSK POINT 보기 순서대로 관련 내용 찾기 난이도 中

关于"职场闲人",下列哪项正确?

A 没有人想做"职场闲人"
B 职务越低,"职场闲人"越多
C 影响团队士气
D 人们都有做"职场闲人"的经历

'직장 내 빈둥대는 사람'에 관해 다음 중 옳은 것은?

A 아무도 '직장 내 빈둥대는 사람'이 되기를 바라지 않는다
B 직무 수준이 떨어질수록 '직장 내 빈둥대는 사람'의 수가 많아진다
C 팀 사기에 영향을 끼친다
D 사람들은 모두 '직장 내 빈둥대는 사람'이 되어 본 경험을 가지고 있다

> **공략**
> 이러한 유형의 문제는 보기의 순서대로 관련 내용을 본문에서 찾아 확인하도록 한다. 두 번째 단락의 '13.6%的人表示嫉恨', '仅有9.0%的人羡慕"闲人"状态'라는 내용에서 보기 A는 정답이 아님을 알 수 있다. 보기 B의 직무 수준 관련 내용은 본문에 언급되어 있지 않으므로 역시 정답이 아니다. 두 번째 단락 마지막의 '因为那会影响整体团队的士气'라는 내용을 통해 정답이 C임을 알 수 있다.

83.
HSK POINT 힌트가 되는 但是 난이도 中

郝健认为"职场闲人":

A 不容易被取代
B 无需提高警惕
C 会产生危机感
D 能够实现利益最大化

하오젠은 '직장 내 빈둥대는 사람'에 대해 어떻게 생각하는가?

A 대체되기 어렵다
B 경계심을 높일 필요는 없다
C 위기감이 생기게 된다
D 최대의 이익을 거둘 수 있다

> 공략 세 번째 단락의 '但是, 当职场人真的有一天"闲"起来的时候, 必然会有一种危机感。'이라는 내용을 통해 정답이 C임을 알 수 있다. 전환의 의미를 지니는 접속사 但是가 정답을 찾는 힌트가 된다.

84.
HSK POINT 각 단락의 중심 내용을 파악한 후 제목 유추 난이도 上

下列哪项最适合做上文的标题?

A 你是"职场闲人"吗?
B 对"职场闲人"的评价
C "职场闲人"的辛酸史
D "职场闲人"的未来

다음 중 이 글의 제목으로 가장 적합한 것은?

A 당신은 '직장 내 빈둥대는 사람'인가?
B '직장 내 빈둥대는 사람'에 대한 평가
C '직장 내 빈둥대는 사람'의 노고
D '직장 내 빈둥대는 사람'의 미래

> 공략 본문에서는 '직장 내 빈둥대는 사람'이 생겨난 원인과 그들의 행태에 관해 설명한 뒤, 그에 대한 분명한 관점과 인식을 지닐 것을 강조하고 있다. 따라서 가장 적절한 제목은 A임을 알 수 있다.

[85-88]

85所谓"地书", 是指不用纸墨, 而是用水写在地上的一种新兴书写方式。在许多公园里, 常常会看见有些老人87B用一种和扫帚长度相当、以海绵做笔头的特殊的"笔", 蘸水在地上写字。

地书爱好者的首选之地便是公园里的花岗石, 这是因为花岗石是方块儿的, 这样写起来就好似在方格纸里写字一样, 一格一字, 工整规范; 此外, 86花岗石平整光滑, 便于笔在上面书写, 而且能够使字迹在上面停留几分钟。既让书写者怡情, 又可供往者欣赏。

广场和公园都是地书爱好者的聚集地, 每天清晨都能看到他们在挥毫"泼墨"。87B他们拿着特制的地书笔, 尽展各自的地书绝活儿。有一次, 我看见两位老人同时用楷书书写苏轼的《水调歌头》, 只见他们一边吟诵着"明月几时有? 把酒问青天……"一边尽情挥洒。虽然书写内容相同, 但书法风格却各有特色。

85소위 말하는 '지서'란, 종이와 먹을 쓰지 않고 물을 사용해 땅에 글씨를 쓰는 일종의 새로운 글쓰기 방식이다. 많은 공원에서 일부 노인들이 87B빗자루만큼 긴 길이에 붓끝이 스펀지로 만들어진 특수한 '붓'으로 물을 적셔 땅에 글씨를 쓰는 것을 종종 볼 수 있다.

지서 애호가들이 첫째로 꼽는 자리는 바로 공원 안에 있는 화강암인데, 이는 화강암이 사각형이어서 이렇게 글씨를 쓰면, 마치 모눈종이에 쓰는 것과 같이 한 칸에 한 자씩 글씨가 반듯하고 또박또박하기 때문이라고 한다. 이 밖에도, 86화강암의 표면은 가지런하고 반들반들해서, 그 위에 글씨를 쓰기가 편한데다가 또한 화강암에 쓴 글씨는 필적이 몇 분 동안 유지된다. 이는 글을 쓰는 사람의 기분을 즐겁게 할 뿐만 아니라, 오고 가는 사람들이 구경도 할 수 있게 한다.

광장과 공원은 지서 애호가들이 모이는 장소인데, 매일 이른 아침이면 그들이 붓을 들고 '먹을 뿌리고 있는' 것을 볼 수 있다. 87B그들은 특별히 제작된 지서 붓을 들고, 각자의 지서 솜씨를 한껏 발휘한다. 한번은, 두 노인이 동시에 해서로 소식의 「수조가두」를 쓰는 것을 보았는데, 그들은 '밝은 달은

写地书的姿势可谓别具一格，87A双脚分开，与肩同宽，两腿伸直，腰部挺直，手握笔杆，心无旁骛。同时，落笔行笔时要自然屏息，起笔时，呼吸要加深加长，这样写一段时间后，伸伸肘，活动一下腰骨，便会感觉全身轻松，心情舒畅。

地书的练字方法有别于传统的练字方法，是一种令人耳目一新、独树一帜的练字方法，87D既方便又环保，不仅能提高练习者的书法水平，还能推动书法艺术的普及与发展，同时也集锻炼身体与陶冶情操于一身，可谓是一举多得。

87C现在，不仅是老年人，许多年轻人也加入了地书爱好者的行列。他们积极地推广地书文化，希望它能受到更多人的喜爱。在他们看来，地书文化有着不可替代的积极作用，即提升城市形象、展现城市气质、凸显文化风采、推广书法艺术等。

언제부터 떠 있었는가? 술잔을 들고 푸른 하늘에게 물어보네……'라고 읊으면서, 거리낌없이 붓을 놀리는 모습이었다. 비록 쓴 내용은 같았지만 서예 스타일은 각기 특색을 지니고 있었다.

지서를 쓰는 자세도 독특한 풍격이 있다고 할 수 있는데, 87A양쪽 발을 떼서 어깨와 같은 너비로 벌리고 양쪽 다리를 곧게 펴고, 허리를 꼿꼿이 세우고 손으로 붓대를 잡고 온전히 집중한다. 아울러 붓을 대거나 글을 쓸 때는 자연히 숨을 죽이고, 글씨를 쓰기 시작할 때는 호흡을 깊이 하며, 얼마간 글을 쓰고 난 후에는 팔꿈치를 펴고 허리 뼈를 좀 움직여주면, 온몸이 가벼워지고 상쾌한 기분이 든다.

지서의 글씨 연습 방법은 전통적인 방법과는 다른데, 이는 일종의 새롭고 독자적인 글씨 연습 방법으로 87D편리할 뿐만 아니라 환경 보호도 할 수 있고, 연습자의 서예 실력을 향상시켜 줄 수 있을 뿐 아니라 서예 예술의 보급과 발전을 촉진시킬 수도 있다. 이와 동시에 신체 단련과 인격 도야까지 되니 일거다득이라고 할 수 있다.

87C현재 노인들뿐만 아니라 많은 젊은 사람들도 지서 애호가의 대열에 들어섰다. 그들은 지서 문화를 적극적으로 알리며, 지서가 더 많은 사람들의 관심을 받기를 희망한다. 그들은 지서 문화가 대체할 수 없는 긍정적인 효과, 즉 도시 이미지를 높이고 도시 기질을 보여주며, 문화의 기품을 드러내고 서예 예술을 보급하는 등의 영향을 지니고 있다고 생각한다.

어휘

★所谓 suǒwèi 형 소위 ~라는 것은, 이른바 ~은 | ★地书 dìshū 명 땅에 쓴 글 통 땅바닥에 붓글씨를 연습하다 | 纸墨 zhǐ mò 종이와 먹 | ★新兴 xīnxīng 형 신흥의, 새로 일어난 | 扫帚 sàozhou 명 빗자루 | 海绵 hǎimián 명 해면, 스펀지 | 笔头 bǐtóu 붓머리 | ★蘸 zhàn 통 찍다, 묻히다 | 花岗石 huāgāngshí 명 화강암 | 方块儿 fāngkuàir 사각형 | ★好似……一样 hǎosì……yíyàng 마치 ~와 같다 | 方格纸 fānggézhǐ 명 모눈종이 | ★工整规范 gōngzhěng guīfàn 반듯하며 또박또박하고 규범에 맞다 | ★平整光滑 píngzhěng guānghuá 가지런하고 반들반들하다 | ★便于 biànyú 통 ~하기 쉽다, ~하기 편하다 | 字迹 zìjì 명 필적 | ★停留 tíngliú 통 멈추다, 정체하다 | 怡情 yíqíng 즐기다, 기쁘다 | 过往 guòwǎng 통 오고 가다 | ★欣赏 xīnshǎng 통 감상하다 | 聚集地 jùjídì 모인 곳 | 挥毫泼墨 huīháo pōmò 명 붓을 들어 먹을 뿌리다, 붓글씨를 쓰다 | ★绝活儿 juéhuór 명 특기, 절묘한 재주 | 楷书 kǎishū 명 해서 | 吟诵 yínsòng 통 읊다 | ★尽情 jìnqíng 부 마음껏, 실컷 | 挥洒 huīsǎ 통 거리낌 없이 붓을 놀리다, 마음 내키는 대로 그림을 그리다 | 姿势 zīshì 명 자세 | ★别具一格 bié jù yì gé 성 남다른 풍격을 지니다, 독특한 풍격을 띠고 있다 | ★伸直 shēnzhí 통 곧게 펴다, 똑바로 펴다 | ★握 wò 잡다 | 笔杆 bǐgǎn 붓대 | ★心无旁骛 xīn wú páng wù 집중하다, 다른 일에 신경 쓰지 않다 | 落笔 luòbǐ 통 붓을 대다 | 行笔 xíngbǐ 통 글을 쓰다, 운필하다 | 屏息 bǐngxī 통 숨을 죽이다 | 起笔 qǐ bǐ 통 한 획을 그리기 시작하다 | ★加深 jiāshēn 통 깊게 하다 | 伸肘 shēn zhǒu 팔꿈치를 펴다 | 腰骨 yāogǔ 명 허리 뼈 | ★心情舒畅 xīnqíng shūchàng 마음이 탁 트이다, 기분이 상쾌하다 | ★有别于 yǒubié yú ~의 차이를 나타내다 | ★耳目一新 ěr mù yì xīn 성 보고 듣는 것이 다 새롭다 | 独树一帜 dú shù yí zhì 성 독자적으로 한 파를 형성하다 | 环保 huánbǎo 명 '环境保护(환경 보호)'의 약칭 | ★推动 tuīdòng 통 추진하다, 나아가게 하다 | ★普及 pǔjí 통 보급되다, 확산시키다 | 集……于一身 jí……yú yìshēn ~을 한데 모으다 | 陶冶情操 táoyě qíngcāo 인격을 도야하다 | 一举多得 yì jǔ duō dé 일거다득 | ★加入……行列 jiārù……hángliè ~대열에 들어서다 | ★推广 tuīguǎng 통 널리 보급하다 | 受到……喜爱 shòudào……xǐ'ài ~의 사랑을 받다 | 在……看来 zài……kànlái ~가 보기에는, ~의 생각에는 | ★不可替代 bùkě tìdài 대체할 수 없다 | ★提升 tíshēng 통 진급시키다, 높이다 | 城市形象 chéngshì xíngxiàng 도시 이미지 | ★展现 zhǎnxiàn 통 드러내다, 나타나다 | 城市气质 chéngshì qìzhì 도시 기질 | 凸显 tūxiǎn 통 분명하게 드러나다, 부각되다 | ★文化风采 wénhuà fēngcǎi 문화의 기품

85. HSK POINT 동일한 어휘 파악 난이도 下

"地书"主要得名于：

A 书写字体
B 书写内容
C 书写方式
D 书写工具

'지서'는 어디에서 이름을 얻었는가?

A 글자체
B 글쓰기 내용
C 글쓰기 방식
D 글쓰기 도구

공략 '所谓"地书"，是指不用纸墨，而是用水写在地上的一种新兴书写方式。'라는 내용을 통해 정답이 C임을 알 수 있다.

86. HSK POINT 핵심어 花岗石 및 긴 문장에서 핵심 내용 파악 난이도 中

根据上文，在花岗石上写字：

A 易于修改
B 耗费时间和墨水
C 便于路人观赏
D 字迹更清晰可见

본문에 따르면 화강암에 쓴 글씨는?

A 수정하기 쉽다
B 시간과 먹물을 낭비한다
C 행인이 감상하기에 편하다
D 필적이 더욱 분명하게 잘 보인다

공략 핵심어는 花岗石로, 두 번째 단락의 '花岗石平整光滑，便于笔在上面书写，而且能够使字迹在上面停留几分钟。既让书写者怡情，又可供过往者欣赏。'이라는 내용에서 C가 정답임을 알 수 있다.

87. HSK POINT 보기 순서대로 관련 내용 찾기 난이도 中

关于"地书"，下列哪项正确？

A 应该蹲坐书写
B 需要特制的笔
C 地书仍缺乏人气
D 破坏广场及公园卫生

'지서'에 관해 다음 중 옳은 것은？

A 반드시 쭈그리고 앉아 글을 써야 한다
B 특수 제작한 붓이 필요하다
C 지서는 여전히 인기가 없다
D 광장 및 공원 위생을 해친다

공략 이러한 유형의 문제는 보기의 순서대로 관련 내용을 찾아 확인하도록 한다. 보기 A는 지서 자세에 관한 내용으로 네 번째 단락의 '双脚开开，与肩同宽，两腿伸直，腰部挺直，手握笔杆'라는 문장을 통해 정답이 아님을 알 수 있다. 보기 B는 첫 번째 단락의 '用一种和扫帚长度相当、以海绵做笔头的特殊的"笔"'와，세 번째 단락의 '他们拿着特制的地书笔'의 내용을 통해 정답임을 알 수 있다.

어휘 蹲 dūn 동 쭈그리고 앉다

88. HSK POINT 각 단락의 중심 내용을 파악한 후 제목 유추 난이도 中

最适合做上文标题的是：

A 地书的传承和创新
B 地书和传统书法的区别
C 城市的新景观——地书
D 传统文化的重生

본문의 제목으로 가장 적합한 것은?

A 지서의 계승과 창의성
B 지서와 전통 서예의 차이점
C 도시의 새로운 경관인 지서
D 전통 문화의 재탄생

본문은 '지서'라는 서예 문화를 소개하는데, 전체적으로 다루는 내용은 지서란 무엇이며 그것의 풍격 및 긍정적인 작용은 무엇인지에 관한 것이다. 따라서 정답은 C가 된다.

[89-92]

陶瓷在人类发展史上具有着划时代的意义，它的诞生标志着人类由旧石器时代进入到新石器时代，89但陶瓷有一个致命的弱点，那就是它的脆性。陶瓷脆弱的主要原因是：在烧制过程中会产生若干气泡，而这些细微的气孔都可能导致陶瓷出现裂纹；另外，陶瓷属于脆性材料，一旦出现裂纹，在热冲击下，裂纹会迅速扩展开来。

那么，想要烧制出抗击性强、抗热性高的"韧性陶瓷"，究竟该如何做呢？

首先，可在改善陶瓷内部结构上下功夫。据研究，90A在氧化锆陶瓷的原料中添加少量的氧化镁、氧化钙等，经高温烧制后，氧化锆受到外力作用时，四方晶体会变成单斜晶体，体积迅速"膨胀"，阻止陶瓷中原有细微裂纹的快速扩展，那么陶瓷就不易破裂了。

其次，可从改善陶瓷的表面着手。陶瓷的断裂一般来说始于表面的缺陷，因此，改善陶瓷的表面缺陷就能有效防止陶瓷的破损。具体方法如下：90C通过化学或机械抛光技术消除陶瓷的表面缺陷；通过氧化技术，消除表面缺陷或使裂纹尖端变钝；90D通过热处理达到强化或增韧表面的目的。

最后，可在陶瓷的强度、韧性上做文章。为此，90B我们只要将纤维均匀地分布于陶瓷原料中就可以了。这是因为纤维不易拉断，将其加入陶瓷原料后，它可承担大部分外加负荷，减轻了陶瓷负担。近些年有人把一种高强度的纤维均匀地分布于陶瓷胚体中，制成纤维补强陶瓷材料，大大提高了陶瓷的抗热性。纤维补强陶瓷材料绝热性好，向外界辐射热量的功能强，可用作宇宙飞行器的烧蚀材料。这种烧蚀材料已成为宇宙飞行器的"陶瓷外衣"，可以把摩擦产生的热量消耗在烧蚀材料的溶解、气化中。这种"丢卒保车"的方法能达到保护宇宙飞行器的目的。

도자기는 인류 발전사에서 획기적인 의미를 지니고 있다. 그것의 탄생은 인류가 구석기 시대에서 신석기 시대로 진입한 것을 의미하지만, 89도자기에는 치명적인 약점이 하나 있는데, 그것은 바로 부서지기 쉬운 성질이라는 것이다. 도자기가 약한 주된 원인은 굽는 과정에서 약간의 기포가 생겨날 수 있는데, 이러한 미세한 기공들로 도자기에 잔금이 나타날 수 있다. 이 밖에, 도자기는 부서지기 쉬운 재료에 속하며, 일단 잔금이 생기게 되면 열 충격으로 갈라진 잔금이 빠르게 확장된다.

그렇다면 내구성이 강하고 내열성이 높은 '강인성 도자기'를 제조하려면, 도대체 어떻게 해야 할까?

우선, 도자기 내부 구조를 개선하는 데에 공을 들이면 된다. 연구에 따르면, 90A산화지르코늄이라는 도자기 원료에 소량의 산화마그네슘, 산화칼슘 등을 첨가하면, 고온에서 구운 뒤 산화지르코늄이 외부의 힘을 받을 때, 정방형 결정체가 단사 결정체로 바뀌게 되고 부피 또한 신속히 '팽창'하여, 도자기에 원래 있던 미세한 잔금의 확장을 막을 수 있어 도자기가 쉽게 깨지지 않는다고 한다.

그 다음으로는, 도자기의 표면을 개선해도 된다. 도자기의 균열은 일반적으로 표면의 결함으로 생겨난다. 따라서 도자기의 표면 결함을 개선하면 도자기의 파손을 효과적으로 방지할 수 있다. 구체적인 방법은 다음과 같다. 90C화학 혹은 기계로 광택을 내는 기술로 도자기 표면의 결함을 제거할 수 있다. 또한 산화 기술로 표면 결함을 없애거나, 갈라진 잔금의 뾰족한 끝 부분을 무디어지게 만들면 된다. 90D열처리 방법으로 강화하거나 단단해지게 만들 수도 있다.

마지막으로는, 도자기의 강도와 강인성에서 방법을 찾을 수 있다. 이를 위해 90D우리는 섬유를 도자기 원료에 고르게 분포하기만 하면 된다. 이는 섬유가 쉽게 끊어지지 않기 때문에, 그것을 도자기 원료에 첨가하면 섬유가 대부분의 추가 하중을 견딜 수 있어 도자기의 부담을 줄이게 된다. 요 몇 년 동안 어떤 사람들은 고강도의 섬유를 골고루 도자기의 배체에 분포시켜, 섬유가 보강된 도자기 재료를 만들어 도자기의 단열성을 크게 높이기도 했다. 섬유가 보강된 도자기 재료는 단열성이 뛰어나고 외부로 열을 방사하는 기능 또한 강해서, 우주 비행 기계의 방열 재료로 사용되기도 한다. 이러한 방열 재료는 이미 우주 비행 기계의 '도자기 외피'로 쓰이며, 이는 마찰로 발생하는 열을 방열 재료의 용해, 기화 과정에서 소모시킬 수 있다. 이렇게 '중요한 것을 위해 부차적인 것을 버리는' 방법으로 우주 비행 기계를 보호하는 목적을 이루어 낼 수 있다.

不怕撞击、强度大、硬度高、抗腐蚀是韧性陶瓷的四大优点。92韧性陶瓷使陶瓷具有了崭新的生命力，毫无疑问，在不久的将来，人类将会迎来又一个"新石器时代"。

충돌에 강하고 강도가 크며 경도도 높고 방부성을 지닌 것이 강인성 도자기의 4대 장점이다. 92강인성 도자기가 도자기에 새로운 생명력을 갖게 해, 머지 않은 미래에는 인류가 또 하나의 '신석기 시대'를 맞이하게 될 것이다.

어휘 ★陶瓷 táocí 명 도자기 | ★划时代 huà shídài 통 시대를 긋다, 획기적이다 | ★诞生 dànshēng 통 탄생하다 | ★标志着 biāozhìzhe 상징하다 | 旧石器时代 jiùshíqì shídài 구석기 시대 | ★致命的弱点 zhìmìng de ruòdiǎn 치명적인 약점 | 脆性 cuìxìng 부서지기 쉬운 성질, 취약성 | 烧制 shāozhì 가마에 넣어 굽다 | ★若干 ruògān 명 약간, 조금 | 气泡 qìpào 명 기포, 거품 | ★细微 xīwēi 형 미세하다 | 气孔 qìkǒng 명 기공, 구멍 | 裂纹 lièwén 명 도자기 표면에 장식용으로 낸 잔금 | ★属于 shǔyú 통 ~에 속하다 | ★一旦 yídàn 부 일단 | ★冲击 chōngjī 명 충격 | 抗击性 kàngjīxìng 명 내구성 | 抗热性 kàngrèxìng 명 내열성 | 韧性陶瓷 rènxìng táocí 강인성 도자기 | ★改善 gǎishàn 통 개선하다 | 下功夫 xià gōngfu 공을 들이다, 애를 쓰다 | 氧化锆 yǎnghuàgào 명 산화지르코늄 | 氧化镁 yǎnghuàměi 명 산화마그네슘 | 氧化钙 yǎnghuàgài 명 산화칼슘 | ★外力 wàilì 명 외부의 힘, 외력 | 晶体 jīngtǐ 명 결정체 | 单斜 dānxié 명 단사 | 体积 tǐjī 명 체적, 부피 | ★膨胀 péngzhàng 통 팽창하다, 부풀다 | ★阻止 zǔzhǐ 통 저지하다 | ★扩展 kuòzhǎn 통 확장하다, 넓게 펼치다 | 破裂 pòliè 통 갈라지다, 파열되다 | ★着手 zhuóshǒu 통 착수하다, 시작하다 | 始于 shǐyú ~에서 시작되다 | ★缺陷 quēxiàn 명 결함, 부족한 점 | ★有效防止 yǒuxiào fángzhǐ 효과적으로 방지하다 | 破损 pòsǔn 명 파손되다 | 机械 jīxiè 명 기계 | 抛光 pāoguāng 통 광택을 내다 | 氧化 yǎnghuà 통 산화하다 | ★尖端 jiānduān 명 물체의 뾰족한 끝 | 钝 dùn 형 무디다 | 韧性 rènxìng 명 인성, 강인성 | ★做文章 zuò wénzhāng 방책을 꾀하다 | 纤维 xiānwéi 명 섬유, 섬유질 | ★均匀 jūnyún 형 균등하다, 고르다 | ★分布 fēnbù 통 분포하다 | 拉断 láduàn 잡아 당겨 끊어지다 | ★承担 chéngdān 통 맡다, 담당하다 | 外加负荷 wàijiā fùhè 추가 하중 | ★负担 fùdān 명 부담 | 胚体 pēitǐ 명 배아, 배체 | 补强 bǔqiáng 통 보강하다 | 绝热性 juérèxìng 명 단열성 | 辐射热量 fúshè rèliàng 열량을 방사하다 | 宇宙飞行器 yǔzhòu fēixíngqì 우주 비행 기계(항공기 · 미사일 · 로켓 등) | 烧蚀材料 shāoshí cáiliào 방열 재료 | ★摩擦 mócā 명동 마찰(하다) | ★消耗 xiāohào 통 소모하다, 소비하다 | ★溶解 róngjiě 통 용해하다 | 气化 qìhuà 통 기화하다 | ★丢卒保车 diū zú bǎo jū 성 부차적인 것을 버려서 중요한 것을 지키다 | ★撞击 zhuàngjī 통 부딪치다, 충돌하다 | 抗腐蚀 kàng fǔshí 부식을 막다, 방부하다 | ★崭新 zhǎnxīn 형 참신하다, 아주 새롭다 | ★毫无疑问 háowú yíwèn 조금도 의문이 없다, 의심할 바 없다 | ★迎来 yínglái 통 맞이하다

89. HSK POINT 힌트가 되는 但 [난이도 中]

第1段主要谈的是什么?

A 陶瓷的诞生价值
B 陶瓷的制作流程
C 陶瓷的发展史
D 陶瓷脆弱的原因

첫 번째 단락에서 주로 이야기하는 것은?

A 도자기의 탄생 가치
B 도자기의 제작 과정
C 도자기의 발전사
D 도자기가 취약한 원인

공략 이 문제의 정답을 찾는 힌트는 첫 번째 단락에 제시된 전환의 의미를 나타내는 접속사 但이다. '但陶瓷有一个致命的弱点，那就是它的脆性。陶瓷脆弱的主要原因是：……'라는 내용을 통해, 도자기가 취약하게 된 원인에 대해 주로 이야기하는 것을 알 수 있으므로 정답은 D가 된다.

90. HSK POINT '首先……, 其次……, 最后……' 구조 파악 [난이도 中]

下列哪项不是烧制韧性陶瓷的方法?

A 在原料中添加氧化钙
B 将纤维加在易开裂处
C 使用化学抛光技术
D 采用热处理

다음 중 강인성 도자기를 제조하는 방법이 아닌 것은?

A 원료에 산화칼슘을 첨가한다
B 섬유를 쉽게 금이 가는 곳에 첨가한다
C 화학 광택 기술을 사용한다
D 열처리를 한다

공략 강인한 도자기를 만드는 방법에 대한 내용은 세 번째, 네 번째, 다섯 번째 단락에서 소개하고 있는데, 여기서 '首先……, 其次……, 最后……' 단락 구조를 먼저 파악한다면 쉽게 정답 관련 내용을 찾을 수 있다. 세 번째 단락의 '在氧化锆陶瓷的原料中添加少量的氧化镁、氧化钙等'이라는 내용을 통해 보기 A는 정답이 아님을 알 수 있다. 네 번째 단락의 '通过化学或机械抛光技术消除陶瓷的表面缺陷'이라는 내용을 통해 보기 C는 정답이 아님을 알 수 있다. 이어지는 문장 '通过热处理达到强化或增韧表面的目的。'를 통해 보기 D도 정답이 아님을 알 수 있다. 다섯 번째 단락의 '我们只要将纤维均匀地分布于陶瓷原料中就可以了'라는 내용을 통해 보기 B가 정답임을 알 수 있다.

91. HSK POINT 성어 丢卒保车의 의미 이해 난이도 上

划线词语"丢卒保车"最可能是什么意思?

A 丢了西瓜捡芝麻
B 不计得失
C 得不偿失
D 为保主要而舍次要

밑줄 친 '丢卒保车'는 어떤 의미인가?

A 작은 이익으로 인하여 큰 손실을 입다
B 득실을 따지지 않다
C 얻는 것보다 잃는 것이 더 많다
D 중요한 것을 위해 부차적인 것을 버리다

공략 성어 丢卒保车의 의미를 묻는 문제로, 이런 유형의 문제는 성어에 담긴 각 한자의 뜻을 파악하여 비유적인 의미를 유추하도록 한다. 丢는 '버리다', 卒은 '(장기에서) 졸', 保는 '지키다', 车는 '(장기에서) 차'를 의미한다. 즉 '장기에서 졸을 버리고 차를 지키다'는 뜻으로, '큰 것을 위해 작은 것을 희생하다, 부차적인 것을 버려서 중요한 것을 지키다'는 비유적인 뜻을 나타낸다. 따라서 정답은 D이다.

어휘 次要 cìyào 형 부차적인

92. HSK POINT 핵심어 '韧性陶瓷' 및 유사한 의미의 문장 파악 난이도 中

作者对"韧性陶瓷"持何观点?

A 制作技术尚未成熟
B 发展潜力大
C 将致使时代倒退
D 烧制"韧性陶瓷"的方法不科学

작가는 '강인성 도자기'에 대해 어떤 관점을 지니고 있는가?

A 제작 기술이 아직 미숙하다
B 발전 잠재력이 크다
C 시대적 퇴보를 야기할 것이다
D '강인성 도자기'를 굽는 방법이 과학적이지 않다

공략 작가는 '강인성 도자기'에 대해 마지막 단락에서 '韧性陶瓷使陶瓷具有了崭新的生命力,毫无疑问,在不久的将来,人类将会迎来又一个"新石器时代"。'라고 했으므로, 강인성 도자기의 미래 발전 잠재력이 크다고 생각하는 것을 알 수 있다. 따라서 정답은 B가 된다.

[93-96]

春秋时期有一位名医，名叫扁鹊，他经常出入宫廷去为君王治病。有一天，扁鹊去见蔡桓公。他侍立于蔡桓公身旁细心观察他，然后说道："93B我发现您的皮肤有病，应及时治疗，否则病情会加重。"蔡桓公不以为然："我一点儿病也没有，用不着治疗。"扁鹊走后，桓公不高兴地说："医生最大的病就是看所有的人都有病，其最终目的是为了赚钱。93D我才不信这一套。"

时隔10天，扁鹊第二次去见桓公。他察看了桓公的脸色之后说："94您的病已经到肌肉里面去了。再不医治，会更严重的。"桓公还是不信他说的话。扁鹊走后，桓公深感不快。

又过了10天，扁鹊第三次去见桓公，说道："您的病已经发展到肠胃了。如果不赶紧医治，病情将会进一步恶化。"桓公仍不信他，且对他更是反感有加。

又隔了10天，扁鹊第四次去见桓公。一看到桓公，扁鹊扭头就走。这倒把桓公弄糊涂了，心想：怎么这次扁鹊不说我有病呢？桓公派人去问扁鹊原因。扁鹊说："一开始桓公的皮肤患病，用汤药清洗是很容易治愈的；接着他的病到了肌肉里面，用针刺就可以攻克；后来病发展至肠胃，服草药汤剂还有疗效。95可眼下他已病入骨髓，再高明的医术也无力回天，能否保住性命只能听天由命了。我若再说自己精通医道，手到病除，必将招来杀身之祸。"

没过多久，桓公突觉浑身疼痛难忍。他意识到自己情况不妙，立刻派人去找扁鹊。可扁鹊已逃到秦国去了。桓公追悔莫及，在痛苦中挣扎着死去。

这个故事告诫人们：对于一切不好的事情，96应正视问题，尽早采取措施，防微杜渐。讳疾忌医只会让人病入膏肓，最终导致无药可救。

어휘

★春秋时期 Chūnqiū shíqī 몡 춘추 시대 | 扁鹊 Biǎnquè 고유 편작[중국 전국 시대의 명의] | ★出入 chūrù 통 드나들다, 출입하다 | 宫廷 gōngtíng 몡 궁궐 | 君王 jūnwáng 몡 군왕, 제왕 | ★治病 zhìbìng 통 질병을 치료하다 | 侍立 shìlì 통 시립하다, 곁에서 시중들다 | ★细心 xìxīn 형 세심하다 | ★观察 guānchá 통 관찰하다, 살피다 | ★加重 jiāzhòng 통 가중하다, 심해지다 | ★不以为然 bù yǐ wéi rán 성 그렇게 여기지 않다, 그렇다고는 생각지 않다 | ★用不着 yòngbuzháo 쓸모가 없다, 필요치 않다 | ★治疗 zhìliáo 통 치료하다 | ★最终目的 zuìzhōng mùdì 최종 목적 | ★这一套 zhè yí tào 이런 수법 | 时隔10天 shí gé shí tiān 10일이 지나, 10일 만에 | ★察看 chákàn 통 관찰하다 | ★深感不快 shēngǎn búkuài 크게 불쾌함을 느끼다 | 肠胃 chángwèi 몡 위장 | ★赶紧 gǎnjǐn 튄 서둘러, 재빨리 | ★恶化 èhuà 통 악화되다 | ★反感有加 fǎngǎn yǒujiā 매우 반감을 갖다 | ★患病 huàn bìng 통 병을 앓다, 병에 걸리다 | 汤药 tāngyào 몡 탕약, 달여 먹는 한약 | ★清洗 qīngxǐ 통 깨끗이 씻다 | ★治愈 zhìyù 통 완치하다, 치유하다 | ★肌肉 jīròu 몡 근육 | 针刺 zhēncì 통 침을 놓다 | 攻克 gōngkè 통 정복하다, 극복하다 | 服草药汤剂 fú cǎoyào tāngjì 약초 탕약을 복용하다 | ★疗效 liáoxiào 몡 치료 효과 | 骨髓 gǔsuǐ 몡 골수 | ★高明 gāomíng 뛰어나다, 출중하다 | ★无力回天 wú lì huí tiān (어려운 형세를) 되돌릴 힘이 없다 | ★保住性命 bǎozhù xìngmìng 생명을 지키다 | ★听天由命 tīng tiān yóu mìng 성 운명을 하늘에 맡기다 | ★精通 jīngtōng 통 정통하다, 통달하다 | 医道 yīdào 몡 의술 | 手到病除 shǒu dào bìng chú 성 의술이 아주 뛰어나다 | 杀身之祸 shā shēn zhī huò 목숨을 잃을 정도의 재앙 | 浑身 húnshēn 전신, 온몸 | ★疼痛难忍 téngtòng nánrěn 통증을 참기 어렵다 | ★意识到 yìshídào ~을 의식하다, ~을 깨닫다 | ★不妙 búmiào 형 신통치 않다, 심상치 않다 | ★追悔莫及 zhuī huǐ mò jí 성 후회막급이다 | 挣扎 zhēngzhá 통 발버둥치다, 몸부림치다 | ★正视 zhèngshì 통 정확히 보다, 직시하다 | ★尽早 jǐnzǎo 튄 되도록 일찍, 조속히 | ★采取措施 cǎiqǔ cuòshī 조치를 취하다 | ★防微杜渐 fáng wēi dù jiàn 성 나쁜 일이 아직 경미할 때 더 이상 커지지 못하게 방지하다, 시작 단계에서 근절하다 | 讳疾忌医 huì jí jì yī 성 병을 숨기고 고치려 하지 않다 | 病入膏肓 bìng rù gāo huāng 성 병이 더 이상 치료할 수 없는 지경에 이르다 | ★无药可救 wú yào kě jiù 구제불능이다, 희망이 없다

---

93. HSK POINT 단락의 중심 내용 파악 | 난이도 下

关于第1段, 下列哪项正确?

A 扁鹊常常骗人
B 桓公此时已病入膏肓
C 扁鹊很自以为是
D **桓公不信扁鹊的话**

첫 번째 단락에 관해 다음 중 옳은 것은?

A 편작은 종종 사람을 속인다
B 환공은 이때 이미 병을 더 이상 치료할 수 없는 지경에 이르렀다
C 편작은 자신이 옳다고 여긴다
D **환공은 편작의 말을 믿지 않았다**

공략 첫 번째 단락의 '我发现您的皮肤有病, 应及时治疗, 否则病情会加重。'이라는 내용을 통해 보기 B는 정답이 아님을 알 수 있다. 마지막 부분의 환공이 '我才不信这一套。'라고 말한 내용에서 정답은 D임을 알 수 있다.

---

94. HSK POINT 동일한 문장 파악 | 난이도 下

扁鹊第二次去见桓公时, 桓公:

A 深感身体不适
B 即刻就医
C **病入肌肉**
D 对扁鹊大发雷霆

편작이 두 번째로 환공을 만나러 갔을 때, 환공은?

A 몸이 편치 않다고 느꼈다
B 즉시 치료를 받았다
C **병이 근육까지 파고들었다**
D 편작에게 매우 화를 냈다

공략 핵심어는 第二次로, 두 번째 단락의 '您的病已经到肌肉里面去了。'라는 내용을 통해 동일한 문장이 제시된 C가 정답임을 알 수 있다.

어휘 大发雷霆 dà fā léi tíng 성 격노하다, 노발대발하다

95. HSK POINT 유사한 의미를 지닌 어휘 파악 | 난이도 中

第四次去见桓公时，扁鹊为什么扭头就走？

A 桓公已无药可救
B 去为桓公煎药
C 恐遭杀身之祸
D 被驱逐出宫廷

네 번째로 환공을 만나러 갔을 때 편작은 왜 몸을 돌려 갔는가?

A 환공이 이미 치료가 불가능하기 때문에
B 환공을 위해 약을 달이려고
C 목숨을 잃을 만한 화를 입는 것이 두려워서
D 궁궐 밖으로 쫓겨나서

> **공략** 핵심어는 第四次로, 네 번째 단락의 '可眼下他已病入骨髓，再高明的艺术也无力回天'이라는 내용을 통해, 환공의 병이 치료할 수 없는 지경에 이르렀기 때문에 환공을 만나지 않고 돌아온 것임을 알 수 있다. '无力回天'이 보기 A의 '无药可救'와 유사한 의미를 나타내므로 정답은 A가 된다.

96. HSK POINT 마지막 단락에 제시된 핵심 내용 파악 | 난이도 中

这个故事主要想告诉我们：

A 要及时清除隐患
B 满招损，谦受益
C 做事要循序渐进
D 良药苦口利于病

이 이야기가 우리에게 전하는 바는?

A 화는 즉시 깨끗이 없애야 한다
B 교만은 화를 부르고, 겸손은 복을 부른다
C 일은 순차적으로 진행해야 한다
D 좋은 약은 입에 쓰나 병에는 이롭다

> **공략** 본문과 같이 어떤 이야기를 통해 주제를 전하고자 하는 글은 마지막 단락에서 주제를 다루는 경우가 대부분이다. 마지막 단락 중 '应正视问题，尽早采取措施，防微杜渐'이라는 내용을 통해, 작가는 문제가 생기면 바로 조치를 취해 해결할 것을 강조하고 있음을 알 수 있다. 따라서 정답은 A가 된다.

[97-100]

　　曾经有人给人们出过这样一道题：南极考察人员在南极生存的最大威胁是什么？冰川、寒冷、食物还是极昼？相信很少有人选择极昼。毕竟在大家的意识里，皑皑的冰川、极度的寒冷和急缺的食物才是考察人员面临的最大挑战。但事实上，他们的最大挑战并不是这些，而是那里的极昼。

　　极昼一般只会出现在夏季和冬季，⁹⁷ᶜ极昼出现时，太阳终日不落出现在地平线上。⁹⁷ᴬ当南极出现极昼时，北极就是极夜，反之亦然。

　　一位南极考察人员说："每当出现极昼时，没有了黑暗，也就没有了日期，工作人员连续几十天都生活在金灿灿的阳光下，人的生物钟一下子就彻底紊乱了，你困顿，你疲倦，但除非昏迷，否则你怎么也睡不着。"因为人们都习惯了在夜晚的黑暗中睡觉，一旦失去了黑暗，那

예전에 어떤 사람이 '남극 관찰대원이 남극에서 생존하는 데 있어 가장 큰 위협은 무엇일까? 빙하, 추위, 식량, 아니면 백야일까?'라는 문제를 낸 적이 있는데, 소수의 사람들만이 백야을 정답으로 골랐다. 어쨌든 사람들의 의식 속에는 새하얀 빙하, 극도의 추위, 부족한 식량이야말로 남극 관찰대원들이 직면한 최대의 과제였던 것이다. 하지만 사실상 그들에게 있어 최대의 시련은 이러한 것들이 아니라 그곳의 백야이다.

백야는 일반적으로 여름철과 겨울철에만 나타난다. ⁹⁷ᶜ백야가 나타날 때, 태양은 하루종일 떨어지지 않고 지평선에 머물러 있다. ⁹⁷ᴬ남극에 백야가 나타날 때면 북극은 극야가 되고, 반대로 남극에 극야가 나타나면 북극은 백야가 된다.

한 남극 관찰대원은 "매번 백야가 나타날 때 암흑이 없으면, 날짜도 사라지게 되고, 대원들은 연속 몇십 일 동안 금빛같이 눈부신 햇빛에서만 생활하게 되어, 인간의 생물 시계가 단숨에 완전히 무너져 버리게 됩니다. 졸리고 피곤한

四周皑皑白雪和灿烂阳光交织折射出的亮度让人很难闭上眼睛，即便你能睡上几分钟，也犹如在煎熬中。因此在南极，遭受雪崩和意外伤害的人，远没有被极昼伤害的人多。为了度过极昼期，考察人员做过很多尝试，比如加厚帐篷以增强帐篷的阴暗度，98其至还尝试过在冰川和积雪下穴居等，但结果都不尽人意。

如果你问凡是到过南极经历过极昼的人，他们最大的愿望是什么的话，相信大部分人会毫不犹豫地回答是能够见到夜色，见到黑暗，因为黑暗是生命的急需。如果没去过南极，是怎么也体会不到的，可能还会觉得匪夷所思。但事实上，我们每个人的生命都经历过"极昼现象"，有时幸福像灿烂的阳光一样紧逼你的内心，有时苦难又像皑皑白雪一样直射你的眼睛。100所以不管对待人生中的好运、甜蜜、还是那些坎坷、磨难，都应坦然处之，因为它们共同构成了生命的昼夜，都是人生中不可或缺的风景线。

데, 혼미한 상태가 아니라면 절대로 잠에 들지 못합니다."라고 말했다. 왜냐하면 사람들은 밤에 캄캄한 어둠 속에서 잠을 자는데 익숙하기 때문에, 어둡지 않으면 주변의 새하얀 눈과 눈부신 햇빛이 뒤섞이며 굴절해내는 밝기로 인해 사람이 눈을 감기 어렵게 되고, 설령 몇 분 동안 잠을 잔다 하더라도 이는 마치 기름에 지지고 물에 넣어 졸이는 것과 같은 느낌이라고 한다. 따라서 남극에서는 눈사태와 뜻밖의 해를 입은 사람들이 백야로 해를 당한 사람보다 훨씬 적다. 백야 시기를 잘 보내기 위하여, 관찰대원들은 많은 시도를 했다. 예를 들면, 천막을 더 어둡게 하기 위해 천막을 더 두껍게 한다거나, 98심지어는 빙하와 쌓인 눈 밑에 있는 동굴에서 거주하는 것 등이었는데, 그 결과는 다 뜻대로 되지 않았다.

만약 남극에 가서 백야를 겪어 본 사람들에게 가장 큰 소망이 무엇인지를 물어본다면, 대부분의 사람들은 전혀 망설임 없이 밤의 경치와 캄캄한 어둠을 볼 수 있기를 바란다고 대답할 것이다. 왜냐하면 어둠이 생명을 지키는 데 있어 급히 필요한 것이기 때문이다. 만약 남극에 가 본 적이 없다면 어떻게든 체험할 수 없는 것이기에, 아마 보통 사람은 생각조차 할 수 없을지도 모른다. 그러나 사실상 모든 사람들의 생명은 다 '백야 현상'을 겪어 본 적이 있다. 때로는 행복이 눈부신 햇빛처럼 당신의 마음까지 깊이 들기도 하고, 때로는 고난이 새하얀 눈처럼 당신의 눈을 쏘기도 한다. 100그러므로 인생에서 행운과 행복을 대하든, 아니면 시련과 고난을 대하든, 우리는 태연하게 그것을 받아들여야 한다. 왜냐하면 그것들은 생명의 낮과 밤을 함께 만들어 내는, 우리 인생에서 없어서는 안 될 광경이기 때문이다.

어휘 ★考察人员 kǎochá rényuán 관찰대원 | ★威胁 wēixié 명 위협 | ★冰川 bīngchuān 명 빙하 | ★寒冷 hánlěng 형 매우 춥다, 춥고 차다 | ★极昼 jízhòu 명 백야 | ★毕竟 bìjìng 부 어쨌든, 결국 | 皑皑 ái'ái 형 새하얗다 | ★极度 jídù 명 극도, 극한 | ★急缺 jíquē 급히 필요한데 매우 부족하다 | ★面临 miànlín 동 직면하다 | ★挑战 tiǎozhàn 명 도전, 과제 | ★终日 zhōngrì 명 종일 | 地平线 dìpíngxiàn 명 지평선 | 极夜 jíyè 명 극야 | ★反之亦然 fǎnzhī yìrán 바꿔 말해도 역시 그렇디 | ★连续 liánxù 동 연속하다, 계속하다 | 金灿灿 jīncàncàn 형 금빛 찬란하다 | ★生物钟 shēngwùzhōng 명 생물 시계, 생체 시계 | ★彻底 chèdǐ 형 철저하다 | 紊乱 wěnluàn 형 무질서하다, 어지럽다 | 困顿 kùndùn 형 매우 피곤하다, 극도로 피로하다 | ★疲倦 píjuàn 형 피곤하다, 지치다 | ★除非……否则…… chúfēi…… fǒuzé…… 오직 ~해야만 한다, 그렇지 않으면 ~하다 | ★昏迷 hūnmí 형 혼미하다 | ★灿烂 cànlàn 형 찬란하다, 눈부시다 | ★交织 jiāozhī 동 교차하다, 뒤섞이다 | 折射 zhéshè 동 굴절하다 | 亮度 liàngdù 명 광도, 밝기 | ★犹如 yóurú 동 마치 ~와 같다 | ★煎熬 jiān'áo 동 기름에 지지고 물에 넣고 졸이다, 시달리다 | ★遭受 zāoshòu 동 (불행 또는 손해를) 입다, 당하다 | 雪崩 xuěbēng 명 눈사태 | ★伤害 shānghài 동 해치다, 다치게 하다 | ★尝试 chángshì 동 시도해보다 | 加厚 jiāhòu 동 두껍게 하다 | 帐篷 zhàngpeng 명 장막, 텐트 | ★增强 zēngqiáng 동 증강하다, 강화하다 | 阴暗度 yīn'àndù 명도, 어두운 정도 | 积雪 jīxuě 쌓인 눈, 적설 | 穴居 xuéjū 동 동굴에서 살다, 도망쳐서 숨다 | ★不尽人意 bújìn rényì 생각대로 되지 않다, 마음을 다하지 못하다 | ★凡是 fánshì 부 대강, 대체로 | ★毫不犹豫 háobù yóuyù 조금도 주저하지 않다, 단호하다 | ★急需 jíxū 동 급히 필요로 하다 | ★匪夷所思 fěi yí suǒ sī 형 상식적으로 생각할 수 있는 것이 아니다, 보통 사람은 생각해낼 수 없다 | ★紧逼 jǐnbī 동 바짝 조르다, 재촉하다, 강요하다 | ★苦难 kǔnàn 명 고난 | 直射 zhíshè 동 바로 쏘다, 직사하다 | ★好运 hǎoyùn 명 행운 | ★甜蜜 tiánmì 달콤하다, 행복하다 | ★坎坷 kǎnkě 형 울퉁불퉁하다, 인생이 순탄하지 못하다 | ★磨难 mónàn 명 고생, 고난 | ★坦然处之 tǎnrán chǔ zhī 태연히 대하다 | ★构成 gòuchéng 동 구성하다 | ★不可或缺 bù kě huò quē 형 없어서는 안 된다, 필수적이다 | ★风景线 fēngjǐngxiàn 명 경관, 광경

97. HSK POINT 동일한 문장 파악 난이도 下

关于极昼，可以知道：

A 只在北极出现
B 让人精神焕发
C 太阳终日不落
D 容易导致雪崩

백야에 관해 다음 중 알 수 있는 것은?

A 단지 북극에만 나타난다
B 사람을 생기 넘치게 한다
C 태양은 하루종일 떨어지지 않는다
D 눈사태를 쉽게 일으킨다

공략 두 번째 단락의 '极昼出现时，太阳终日不落出现在地平线上'이라는 내용을 통해 정답이 C임을 알 수 있다. 이 단락 뒷부분의 '当南极出现极昼时，北极就是极夜，反之亦然。'이라는 내용에서 남극과 북극 모두 백야가 나타난다고 했으므로 A는 정답이 아니며, B와 D는 본문에서 언급되지 않았다.

98. HSK POINT 힌트가 되는 甚至 난이도 中

根据上文，南极考察人员用过哪种办法度过极昼？

A 使用色彩深暗的帐篷
B 提高室内温度
C 吃安眠药
D 在冰雪下挖洞居住

본문에 따르면, 남극 관찰대원들이 백야를 보낼 때 어떠한 방법을 사용한 적이 있는가?

A 색상이 어두운 천막을 사용한다
B 실내 온도를 높인다
C 수면제를 먹는다
D 빙하와 눈 아래에 동굴을 파서 거주한다

공략 세 번째 단락에서 백야를 보낼 때 시도했던 방법에 대해 설명한다. 한 단락의 내용이 비교적 긴 경우에는 甚至와 같이 힌트가 되는 어휘가 제시된 부분을 먼저 확인하는 것이 더 효율적이다. '甚至还尝试过在冰川和积雪下穴居'라는 내용을 통해 정답이 D임을 알 수 있다.

어휘 安眠药 ānmiányào 명 수면제

99. HSK POINT 성어 匪夷所思의 의미 이해 난이도 上

最后一段中，划线词语"匪夷所思"最可能是什么意思？

A 根据常理难以想象
B 让人震惊不已
C 司空见惯的事
D 歪曲别人的意思

마지막 단락에서 밑줄 친 '匪夷所思'는 무엇을 의미하는 것인가?

A 상식적으로는 상상하기 어렵다
B 놀라움을 금치 못하게 하다
C 흔히 있는 일이다
D 다른 사람의 뜻을 왜곡하다

공략 성어 匪夷所思의 의미를 묻는 문제로, 이런 유형의 문제는 성어에 담긴 각 한자의 뜻을 파악하여 비유적인 의미를 유추하도록 한다. 匪는 '아니다', 夷는 '평소, 평상시', 思는 '생각하다'는 뜻이므로, 匪夷所思는 '평상시에는 생각할 수 있는 것이 아니다, 상식적으로는 생각할 수 있는 것이 아니다'는 의미가 된다. 따라서 정답은 A이다.

어휘 司空见惯 sī kōng jiàn guàn 성 자주 봐서 이상하게 여기지 않다, 흔히 있는 일이다 | 歪曲 wāiqū 동 왜곡하다

100. HSK POINT 마지막 단락에 제시된 결론을 끌어내는 접속사 所以 난이도 中

最后一段主要想告诉我们什么? | 마지막 단락이 우리에게 전하는 바는?

A 要有积极探索的精神
B 在困难面前要不屈不挠
C 人类也需要黑暗
D 要从容面对人生苦乐

A 적극적으로 탐색하는 정신을 지녀야 한다
B 고난 앞에서 굴복하지 않아야 한다
C 인류도 어둠을 필요로 한다
D 태연하게 인생의 고통과 즐거움에 맞서야 한다

공략 마지막 단락에서 작가는 '但事实上, ……'으로 주제를 말하는데, 그 중에서도 결론을 제시하는 접속사 문장 '所以不管对待人生中的好运、甜蜜, 还是那些坎坷、磨难, 都应坦然处之'에서 핵심 내용을 알 수 있다. 인생의 고난이나 행복을 태연하게 받아들이자고 했으므로 정답은 D가 된다.

어휘 不屈不挠 bù qū bù náo 성 불요불굴하다, 한번 먹은 마음이 흔들리거나 굽힘이 없다

新 HSK 6급 합격모의고사 书写

[101] HSK POINT 이야기 발생 장소·인물 및 이야기 결말 중 핵심 내용 기억하기

1~2문단:
대학에서 기숙사 관리인을 맡고 있는 친구가 나에게 기숙사 학생들이 열쇠를 잊고 가져오지 않아 자신에게 문을 열어달라고 한다는 이야기를 함

3~4문단:
친구는 학생들의 숙소 문을 열어주는 것에 대한 규정을 정했고, 그 후 학생들이 와서 열쇠를 빌리는 횟수가 줄어듦

5문단:
학기말에 친구가 통계를 냈더니 501호부터 506호까지는 한 번도 열쇠를 찾으러 오지 않았다는 재미있는 현상을 발견함

6문단:
학생들은 숙소마다 별도의 열쇠를 맞춰, 그 열쇠를 다음 방에 보관해 두었음

我的一个朋友在一所大学里当宿舍管理员，有一次聊天，她告诉我一件有趣的事情。

她管理的那幢楼住着一群男生，每个宿舍四个人，每个人一把钥匙。这些学生很爱睡懒觉，总爱拖到快上课了才匆匆忙忙地起来刷牙洗脸，然后直奔教室，不吃早饭是常事。等到下课回来，一摸口袋，坏了，钥匙忘在宿舍里了，于是只能等其他同学回来开门。四个人中总有一两个人带着钥匙。可也有这样的情况，四个人全忘了带钥匙，于是全被堵在宿舍外了。没办法，只能来找宿舍管理员，也就是我的朋友，她保管着整幢楼所有宿舍的备份钥匙。

次数多了，朋友便觉得麻烦。她定了个规矩，每个宿舍每学期来找她要钥匙的次数不得超过三次，超过三次者，自己找工具把锁撬开，然后自掏腰包买新锁。

定下这规矩后，每次有学生来找她开门，她都一一记在一个小本子上，超过三次的，概不受理。情况有所好转，虽然无法杜绝，但学生来索钥匙的次数明显减少。

期末的时候，朋友把所有宿舍的情况做了一次统计，她发现了一个有趣的现象：5楼几个连在一起的宿舍，501到506，居然一次也没来麻烦她开门！一次记录也没有的宿舍不是没有，可现在有六个宿舍，而且还是连在一起的。这引起了朋友的兴趣。

为了揭开心里的疑团，朋友特地爬了一趟5楼，这其中果然有点小秘密。原来，他们每个宿舍都另外配了一把新的钥匙，存放到下一个宿舍

내 친구 한 명은 대학에서 기숙사 관리인을 맡고 있는데, 한번은 이야기를 하다가 나에게 재미있는 일을 하나 말해주었다.

그녀가 관리하는 그 건물에는 한 무리의 남학생들이 거주하고 있는데, 각 숙소는 4명의 학생들이 사용하고, 모든 사람이 다 열쇠를 한 개씩 가지고 있다. 이 학생들은 툭하면 늦잠을 자기 일쑤여서, 늘 시간을 질질 끌다 곧 수업이 시작할 때가 되어서야 바삐 일어나 이를 닦고 세수한 뒤 교실로 곧장 달려가곤 하니, 아침밥을 먹지 않는 것은 흔히 있는 일이었다. 수업을 마치고 돌아와서는, 주머니를 더듬다가 큰일 났다며 열쇠를 기숙사에 두고 왔다고 하여, 할 수 없이 다른 학생들이 돌아와 문을 열 때까지 기다리곤 했다. 네 명 중 늘 한두 명은 열쇠를 가지고 있긴 했지만, 네 명이 모두 열쇠를 가져오는 것을 잊어버려서, 전부 숙소 밖에 막혀있을 때도 있었다. 이럴 때는 방법이 없으니, 내 친구인 기숙사 관리인을 찾을 수밖에 없었는데, 그녀에게 건물 전체 기숙사의 복사본 열쇠가 있었기 때문이다.

그런 횟수가 잦아지자 친구는 귀찮아졌다. 그녀는 숙소마다 매 학기 그녀에게 열쇠를 빌리는 횟수가 3번을 초과해서는 안 된다는 규율을 정하고, 3번을 넘는 사람은 스스로 도구를 찾아 열쇠를 비틀어서 열고, 그러고 나서 자신이 새 열쇠를 구입하는 비용을 부담해야 한다고 했다.

이런 규정을 정한 뒤, 학생들이 그녀에게 문을 열어달라고 할 때마다, 그녀는 일일이 작은 노트에다 기록해 두었고, 3번을 초과한 학생들의 요구는 일절 받아들이지 않았다. 그러자 상황은 다소 나아지게 되었고, 비록 그러한 상황이 근절되지는 않았지만, 학생들이 와서 열쇠를 찾는 횟수는 확연히 줄어들게 되었다.

학기말에 친구는 모든 숙소 상황을 가지고 통계를 냈는데, 재미있는 현상을 발견하게 되었다. 5층의 501호부터 506호까지 이어진 숙소는

里。这么说吧，把六个宿舍和六把钥匙分别编上号，那他们的办法就是：把钥匙一存放到宿舍二，把钥匙二存放到宿舍三，依此类推，最后把钥匙六存放到宿舍一。这么一来，二十四个人中只要有一个人带了钥匙，那所有人都不会被堵在宿舍外，因为只要有一把钥匙，就能先打开一道门，然后取得第二把钥匙打开第二道门，就这样，一直到打开所有的门。

听到这里，我忍不住拿出笔来算了一下。假设每个学生忘记带钥匙的几率是50%(实际上应该小于这个数字)，那么会不会出现二十四个学生都不带钥匙的情况呢？理论上是可能的，由概率论可以算出，这个几率应该是1/16777216——几近于零！

我不禁佩服起这一群聪明的小伙子来。他们互相信任，彼此合作。一盘散沙，各自为战时，每个人都有手忙脚乱的时候；而只有并肩站到一起，共同面对问题，才能挖掘出最大的潜能，这时候，问题往往变得不堪一击，因为这时候，每个人手里都多了一把钥匙，一把能打开所有门的钥匙。

뜻밖에도 한 차례도 그녀를 찾아와 문을 열어달라고 귀찮게 한 적이 없었다는 것이다. 한 번의 기록도 없었던 숙소가 없지는 않았는데, 지금은 여섯 곳이나 되고, 게다가 한데 이어져 있기까지 했다. 이것이 친구의 흥미를 유발시켰다.

수수께끼를 풀기 위해 친구는 특별히 5층으로 올라갔고, 거기에 역시나 작은 비밀이 있었다. 알고 보니, 그들은 모든 숙소에 별도로 새 열쇠를 맞추어 다음 숙소에 보관해둔 것이다. 이를테면, 6개 숙소와 6개의 열쇠에 각각 번호를 매겨두었는데, 학생들의 방법은 바로 이러했다. 열쇠 1은 숙소 2에 보관해 두고, 열쇠 2는 숙소 3에 보관해 두고, 이러한 방식으로 마지막 열쇠 6은 숙소 1에 보관해 둔 것이다. 이렇게 되면, 24명 중에 한 사람이 열쇠를 가져오기만 하면, 모든 사람들이 숙소 밖에 막혀있게 되지 않는데, 열쇠 하나만 있으면 우선 첫 번째 문을 열 수 있고, 그리고 나서 두 번째 열쇠로 두 번째 문을 열 수 있으니, 바로 이렇게 모든 문을 다 열 수 있게 되기 때문이었다.

여기까지 듣고서, 나는 참지 못하고 펜을 꺼내 계산해 보았다. 만약 모든 학생이 열쇠를 잊어버리고 가져오지 않을 확률이 50%라고 한다면(실제로는 이 수치보다는 적을 것이다), 24명의 학생들이 모두 열쇠를 가져오지 않는 상황은 일어날 수 있을까 없을까? 이론적으로는 가능한데, 확률론에 따라 계산해 보면, 이 확률은 1/16777216이므로 거의 0에 가깝다고 할 수 있다.

나는 이 영리한 청년들에게 절로 감탄했다. 그들은 서로 신뢰하며 협력한 것이다. 분산된 힘으로 제각각 독립적으로 작전을 취하면, 모든 사람들이 다 갈팡실팡하게 될 때가 있다. 오직 협동하여 함께 문제에 맞서야만 최대의 잠재력을 끌어낼 수 있고, 이때 문제는 약하게 변하게 된다. 왜냐하면 이때 모든 사람들 손에는 모든 문을 열 수 있는 열쇠가 한 자루 더 있기 때문이다.

7~8문단: 나는 학생들의 영리함에 감탄했고, 서로 믿고 협력하여 문제를 해결하는 것에 대한 중요성을 깨닫게 됨

어휘 宿舍管理员 sùshè guǎnlǐyuán 기숙사 관리인 | ★睡懒觉 shuì lǎnjiào 늦잠을 자다 | 拖 tuō 图 끌다, 당기다 | ★匆匆忙忙 cōngcongmángmáng 웹 매우 바쁘다 | 直奔 zhíbèn 图 곧장 달려가다 | ★常事 chángshì 밍 늘 있는 일, 평범한 일 | 摸 mō 더듬다, 어루만지다, 쓰다듬다 | 口袋 kǒudai 밍 주머니, 호주머니 | 忘在……了 wàngzài……le ~에 두고 오다 | ★被堵在…… bèi dǔzài…… ~에서 막히다 | 保管 bǎoguǎn 图 보관하다 | 备份 bèifèn 图 예비분을 복제하다 | 次数 cìshù 밍 횟수 | ★定规矩 dìng guīju 규율을 정하다, 규정을 정하다 | 超过 chāoguò 图 초과하다, 넘다 | ★把……撬开 bǎ……qiàokāi ~을 비틀어 열다 | 锁 suǒ 밍 열쇠 图 잠그다, 채우다 | 掏腰包 tāo yāobāo 돈을 내다, 비용을 부담하다 | ★一一记在……上 yīyī jìzài……shang 일일이 ~에 기록하다 | 概不受理 gài bú shòulǐ 일체 수리하지 않다, 일절 받아들이지 않다 | ★有所好转 yǒusuǒ hǎozhuǎn 다소 호전되다 | ★无法杜绝 wúfǎ dùjué 제지할 방법이 없다 | 索 suǒ 찾다, 수색하다 | 明显减少 míngxiǎn jiǎnshǎo 확연히 줄다 | ★统计 tǒngjì 밍 图 통계(하다) | ★连在一起 liánzài yìqǐ 한데

이어져 있다, 한데 연결되어 있다 | ★居然 jūrán 囝 뜻밖에 | ★引起……的兴趣 yǐnqǐ……de xìngqù ~의 흥미를 끌다 | 揭开心里的谜团 jiēkāi xīnli de mítuán 마음속의 수수께끼를 풀다 | ★果然 guǒrán 囝 과연 | ★秘密 mìmì 阌 비밀 | ★配钥匙 pèi yàoshi 열쇠를 끼워 맞추다 | ★存放 cúnfàng 동 보관해두다, 맡기다 | 分别 fēnbié 囝 각각 | 编上号 biānshàng hào 번호를 매기다 | 依此类推 yī cǐ lèituī 이것에 의해 유추할 수 있다 | ★忍不住 rěnbuzhù 견딜 수 없다, 참을 수 없다 | 几率 jīlǜ 阌 확률 | 理论上 lǐlùnshang 이론적으로 | 概率论 gàilǜlùn 확률론 | 几近于零 jǐjìn yú líng 거의 0에 이르다 | ★不禁 bùjīn 囝 자기도 모르게, 절로 | ★佩服 pèifú 동 감탄하다, 탄복하다 | ★互相信任 hùxiāng xìnrèn 서로 신뢰하다 | ★彼此合作 bǐcǐ hézuò 서로 협력하다 | 一盘散沙 yì pán sǎn shā 阌 온 쟁반에 흩어져 있는 모래, 분산되어 있는 힘 | 各自为战 gè zì wéi zhàn 阌 제각기 독립적으로 작전함 | ★手忙脚乱 shǒu máng jiǎo luàn 阌 갈피를 잡지 못하다, 허둥지둥하다 | 并肩 bìngjiān 동 어깨를 나란히 하다, 협동하다 | ★面对问题 miànduì wèntí 문제에 직면하다 | ★挖掘 wājué 동 찾아내다, 발굴하다 | ★潜能 qiánnéng 阌 잠재력 | 不堪一击 bù kān yì jī 阌 한 번의 공격이나 충격에도 견딜 수 없다, 아주 약하다

1단계 중심 내용 전개

이야기의 발생
[대학 기숙사 관리인을 맡고 있는 친구가 학생들이 열쇠를 빌리러 자신을 찾아와 귀찮게 한다는 이야기를 함]
我的一个朋友是宿舍管理员 / 学生们总是把钥匙忘在宿舍里 / 学生们来找她帮他们开门

이야기의 전개 1
[친구는 열쇠를 빌려주는 것에 대한 기숙사 규정을 정함]
朋友定了个规矩 / 每学期找她要钥匙的次数不得超过三次

이야기의 전개 2
[학기말에 친구가 통계를 냈는데 재미있는 현상을 발견함]
期末的时候，朋友做了统计 / 发现501到506，一次也没来麻烦她开门

이야기의 결말
[학생들은 숙소마다 별도의 열쇠를 맞춰, 그 열쇠를 다음 방에 보관함]
学生们每个宿舍都另外配了一把新的钥匙，存放到下一个宿舍里

2단계 모범 답안 작성

信任的力量
('……的+명사'의 형태로 제목을 만듦)

一个春日，外面下着淅淅沥沥的小雨。我
(시간과 날씨 제시, '어느 비가 내리는 봄날'의 의미)
的一个朋友告诉我一件有趣的事情。
朋友是一个男生宿舍管理员，每个宿舍有
四个人，每人有一把钥匙。这些学生早上总喜
欢睡懒觉，拖拖拉拉地到最后一刻才起床，然
(한자 懒에 유의) (어떤 동작을 천천히 하는 것을 나타냄)
后匆匆忙忙地去上课。
(어떤 일을 급하게 서둘러 하는 것을 나타냄)
于是所有人都忘了带钥匙的事时有发生，
(종종 발생함을 나타냄)

一旦忘了带钥匙，他们便来麻烦朋友帮他们开门。日复一日，我的朋友也觉得烦了，于是规定忘了三次以上便不再借钥匙给他们。

可是有一件事让朋友百思不得其解，那就是501到506这几个宿舍居然从未麻烦她开过门，这激起了她的好奇心。阳光明媚的一天，她来到了5楼想看看究竟怎么回事。

原来，他们每个宿舍都另外配了一把钥匙，保存在下个宿舍里，501的存在502，502的存在503……506的存在501。就这样他们只要有一个人带着钥匙，就能打开所有宿舍的门，因为六个宿舍所有人都忘带钥匙的可能性几乎为零。

我不禁佩服起这些小伙子来。他们互相合作、彼此信任，也就有了打开所有门的钥匙。

신뢰의 힘

어느 봄날, 밖에 부슬부슬 비가 내리고 있었다. 친구 한 명이 나에게 재미있는 일을 하나 말해 주었다.

친구는 남학생 기숙사 관리인인데, 각 숙소에는 4명의 학생들이 거주하고 모든 사람은 열쇠를 하나씩 다 가지고 있다. 이 학생들은 아침에 늘 늦잠을 자기 일쑤여서, 꾸물거리다가 최후의 순간에 이르러서야 일어나 바삐 수업을 하러 가곤 했다.

그리하여 모든 학생들이 열쇠를 가져가는 것을 잊어버리는 일이 종종 발생했는데, 일단 열쇠를 잊고 가져가지 않으면, 그들은 내 친구를 찾아 문 여는 것을 도와달라고 귀찮게 했다. 하루하루 지나자 친구는 귀찮아졌고, 그리하여 열쇠를 잊고 두고 가는 것이 3번 이상이면 열쇠를 빌려주지 않겠다는 규정을 정했다.

그런데 친구가 도무지 이해할 수 없는 일이 있었는데, 그것은 바로 501호부터 506호 숙소에서 뜻밖에도 한 번도 그녀에게 문을 열어달라고 귀찮게 한 적이 없었다는 것이다. 이것이 그녀의 궁금증을 자아냈다. 화창한 어느 봄날, 그녀는 도대체 무슨 일인지 살펴보고자 5층으로 올라갔다.

알고 보니, 그들은 모든 숙소에 별도로 새 열쇠를 맞춰 다음 숙소에 보관해 둔 것이었다. 501호 열쇠는 502호에 보관하고, 502호 열쇠는 503호에 보관하고, ……506호의 열쇠는 501호에 보관해 두었다. 바로 이렇게 해서 그들은 한 사람이 열쇠를 가져오기만 하면, 모든 숙소의 문을 열 수 있었다. 왜냐하면 6개 기숙사의 모든 사람이 다 열쇠를 잊고 가져오지 않을 가능성은 제로에 가깝기 때문이다.

나는 이 청년들에게 절로 감탄했다. 그들이 서로 협력하고 신뢰하니, 모든 문을 열 수 있는 열쇠를 지니게 된 것이다.

어휘 ★信任的力量 xìnrèn de lìliang 신뢰의 힘 | 春日 chūnrì 명 봄날 | ★淅淅沥沥的小雨 xīxi lìlì de xiǎoyǔ 부슬부슬 내리는 비 | ★拖拖拉拉 tuōtuolālā 형 질질끌다, 꾸물꾸물하다 | ★最后一刻 zuìhòu yíkè 최후의 순간 | ★时有发生 shíyǒu fāshēng 늘 발생하다 | ★一旦……便…… yídàn……biàn…… 일단 ~하면 ~이다 | ★日复一日 rìfù yírì 매일매일 | ★规定 guīdìng 동 규정하다 | ★百思不得其解 bǎi sī bùdé qí jiě 도무지 이해가 되지 않는다, 도통 모르겠다 | ★居然 jūrán 부 뜻밖에 | ★从未……过 cóngwèi……guo 지금까지 ~한 적이 없다 | ★激起了……的好奇心 jīqǐ le……de hàoqíxīn ~의 호기심을 불러일으켰다 | ★阳光明媚的一天 yángguāng míngmèi de yì tiān 화창한 어느 날 | ★究竟 jiūjìng 부 도대체 | ★怎么回事 zěnme huí shì 어찌된 일인가 | ★配钥匙 pèi yàoshi 열쇠를 끼워 맞추다 | ★保存 bǎocún 동 보존하다 | ★可能性几乎为零 kěnéngxìng jīhū wéi líng 가능성이 거의 제로이다 | ★不禁 bùjīn 부 자기도 모르게, 절로

전공략 新HSK
합격 보카 6급 2500

JRC 중국어연구소 기획·저

맛있는 books

전공략 新HSK 합격 보카 6급 2500

기획·저	JRC 중국어연구소
발행인	김효정
발행처	맛있는books
등록번호	제2006-000273호
편집	이소연 ǀ 김소연 ǀ 조해천
디자인	신은지 ǀ 최여랑
제작	박선희
영업	김영한 ǀ 강민호
홍보	이지연
웹마케팅	오준석 ǀ 김희영

주소	서울 강남구 테헤란로 109, 8층
전화	구입 문의 02.567.3861 ǀ 02.567.3837
	내용 문의 02.567.3860
팩스	02.567.2471
홈페이지	www.booksJRC.com

Copyright ⓒ 2015 맛있는books

저자와 출판사의 허락 없이 이 책의 일부 또는 전부를 무단 복사·전재·발췌할 수 없습니다.
잘못된 책은 구입처에서 바꿔 드립니다.

합격 보카 6급 2500, 이렇게 학습하세요!

합격 보카는 40일 완성으로, 〈단어 학습 → 확인 학습〉의 학습과 복습이 가능하도록 체계적으로 구성되어 있습니다.

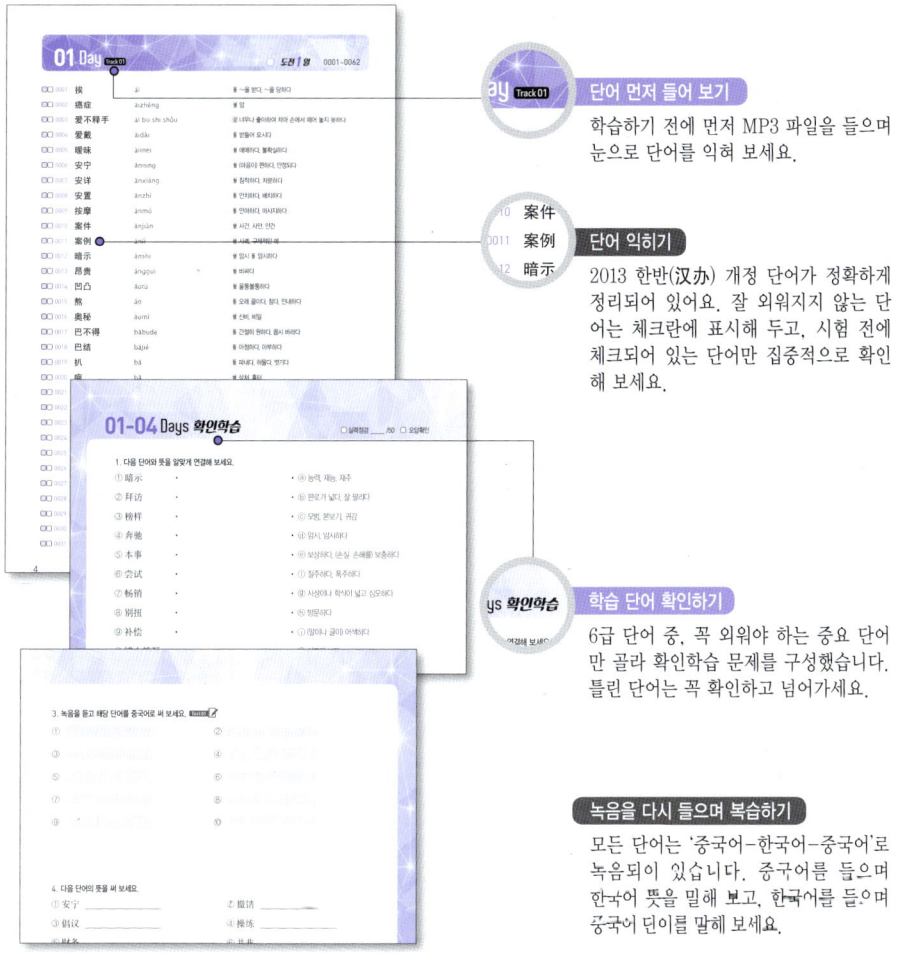

단어 먼저 들어 보기
학습하기 전에 먼저 MP3 파일을 들으며 눈으로 단어를 익혀 보세요.

단어 익히기
2013 한반(汉办) 개정 단어가 정확하게 정리되어 있어요. 잘 외워지지 않는 단어는 체크란에 표시해 두고, 시험 전에 체크되어 있는 단어만 집중적으로 확인해 보세요.

학습 단어 확인하기
6급 단어 중, 꼭 외워야 하는 중요 단어만 골라 확인학습 문제를 구성했습니다. 틀린 단어는 꼭 확인하고 넘어가세요.

녹음을 다시 들으며 복습하기
모든 단어는 '중국어-한국어-중국어'로 녹음되어 있습니다. 중국어를 들으며 한국어 뜻을 말해 보고, 한국어를 들으며 중국어 단어를 말해 보세요.

🔎 『전공략 新HSK 합격 보카 6급 2500』의 **MP3 파일**은 맛있는북스 홈페이지(www.booksJRC.com)에서 무료로 다운로드할 수 있습니다.

01 Day Track 01

도전 **1**일　0001~0062

0001	挨	ái	동 ~을 받다, ~을 당하다
0002	癌症	áizhèng	명 암
0003	爱不释手	ài bú shì shǒu	성 너무나 좋아하여 차마 손에서 떼어 놓지 못하다
0004	爱戴	àidài	동 받들어 모시다
0005	暧昧	àimèi	형 애매하다, 불확실하다
0006	安宁	ānníng	형 (마음이) 편하다, 안정되다
0007	安详	ānxiáng	형 침착하다, 차분하다
0008	安置	ānzhì	동 안치하다, 배치하다
0009	按摩	ànmó	동 안마하다, 마사지하다
0010	案件	ànjiàn	명 사건, 사안, 안건
0011	案例	ànlì	명 사례, 구체적인 예
0012	暗示	ànshì	명 암시 동 암시하다
0013	昂贵	ánguì	형 비싸다
0014	凹凸	āotū	형 울퉁불퉁하다
0015	熬	áo	동 오래 끓이다, 참다, 인내하다
0016	奥秘	àomì	명 신비, 비밀
0017	巴不得	bābude	동 간절히 원하다, 몹시 바라다
0018	巴结	bājié	동 아첨하다, 아부하다
0019	扒	bā	동 파내다, 허물다, 벗기다
0020	疤	bā	명 상처, 흉터
0021	拔苗助长	bá miáo zhù zhǎng	성 일을 급하게 이루려고 하다가 도리어 일을 그르치다
0022	把关	bǎguān	동 관문을 지키다, 책임을 지다, 엄격하게 심사하다
0023	把手	bǎshǒu	명 손잡이, 핸들
0024	罢工	bàgōng	명 파업, 스트라이크 동 파업하다, 스트라이크하다
0025	霸道	bàdào	명 패도 형 포악하다
0026	掰	bāi	동 쪼개다, 뜯어내다
0027	摆脱	bǎituō	동 벗어나다, 빠져나오다
0028	败坏	bàihuài	동 손상시키다 형 부패하다
0029	拜访	bàifǎng	동 방문하다
0030	拜年	bàinián	동 세배하다, 새해 인사를 드리다
0031	拜托	bàituō	동 (삼가) 부탁드립니다, 부탁드리다

☐☐ 0032	颁布	bānbù	통 공포하다, 반포하다
☐☐ 0033	颁发	bānfā	통 수여하다, 하달하다
☐☐ 0034	斑	bān	명 얼룩, 반점 형 얼룩이 있는, 얼룩덜룩하다
☐☐ 0035	版本	bǎnběn	명 판본, 버전
☐☐ 0036	半途而废	bàn tú ér fèi	성 도중에 포기하다
☐☐ 0037	扮演	bànyǎn	통 ~역을 맡아 하다, 출연하다
☐☐ 0038	伴侣	bànlǚ	명 배우자, 반려자, 동반자
☐☐ 0039	伴随	bànsuí	통 따라가다, 함께 가다
☐☐ 0040	绑架	bǎngjià	통 납치하다, 인질로 잡다
☐☐ 0041	榜样	bǎngyàng	명 모범, 본보기, 귀감
☐☐ 0042	磅	bàng	명 파운드[중량 단위]
☐☐ 0043	包庇	bāobì	통 비호하다, 감싸주다, 두둔하다
☐☐ 0044	包袱	bāofu	명 부담, 짐, 보따리
☐☐ 0045	包围	bāowéi	통 포위하다, 에워싸다, 휩싸이다
☐☐ 0046	包装	bāozhuāng	명 포장 통 포장하다
☐☐ 0047	饱和	bǎohé	형 (사물의 상태가) 최고조에 달하다, 포화 상태에 이르다
☐☐ 0048	饱经沧桑	bǎo jīng cāng sāng	성 세상만사의 변화를 실컷 경험하다
☐☐ 0049	保管	bǎoguǎn	통 보관하다
☐☐ 0050	保密	bǎomì	통 비밀을 지키다, 기밀로 하다
☐☐ 0051	保姆	bǎomǔ	명 보모, 가정부
☐☐ 0052	保守	bǎoshǒu	통 고수하다 형 보수적이다
☐☐ 0053	保卫	bǎowèi	통 보위하다
☐☐ 0054	保养	bǎoyǎng	통 수리하다, 정비하다, 보양하다, 양생하다
☐☐ 0055	保障	bǎozhàng	통 보장하다, 보증하다
☐☐ 0056	保重	bǎozhòng	통 건강에 주의하다, 몸조심하다
☐☐ 0057	报仇	bàochóu	통 복수하다, 보복하다
☐☐ 0058	报酬	bàochou	명 보수, 대가, 월급
☐☐ 0059	报答	bàodá	통 (실제 행동으로) 보답하다, 감사를 표하다
☐☐ 0060	报复	bàofù	명 보복 통 보복하다
☐☐ 0061	报警	bàojǐng	통 경찰에 신고하다, 긴급 신호를 보내다
☐☐ 0062	报销	bàoxiāo	통 청구하다, 결산하다, 제거하다

02 Day Track 02

도전 2일 0063~0125

0063	抱负	bàofù	명 포부, 큰 뜻
0064	暴力	bàolì	명 폭력
0065	暴露	bàolù	동 폭로하다, 드러내다
0066	曝光	bàoguāng	동 폭로되다, 드러나다, (사진에서) 노출하다
0067	爆发	bàofā	동 폭발하다
0068	爆炸	bàozhà	동 폭발하다, 작렬하다
0069	卑鄙	bēibǐ	형 비열하다, 졸렬하다
0070	悲哀	bēi'āi	명 비애, 슬픔 형 슬프고 애통하다
0071	悲惨	bēicǎn	형 비참하다, 슬프다, 비통하다
0072	北极	běijí	명 북극
0073	贝壳	bèiké	명 조개 껍질
0074	备份	bèifèn	동 복제하다, 백업(backup)하다
0075	备忘录	bèiwànglù	명 비망록, 회의록
0076	背叛	bèipàn	동 배반하다, 배신하다
0077	背诵	bèisòng	동 외우다, 암송하다
0078	被动	bèidòng	형 피동적이다, 수동적이다
0079	被告	bèigào	명 피고(인)
0080	奔波	bēnbō	동 분주하다, 분주히 뛰어다니다
0081	奔驰	bēnchí	동 질주하다, 폭주하다
0082	本能	běnnéng	명 본능 부 본능적으로
0083	本钱	běnqián	명 본전, 원금, 자본금
0084	本人	běnrén	명 나, 본인, 당사자
0085	本身	běnshēn	명 그 자신, 그 자체, 자신
0086	本事	běnshì	명 능력, 재능, 재주
0087	笨拙	bènzhuō	형 멍청하다, 우둔하다
0088	崩溃	bēngkuì	동 붕괴하다, 파산하다
0089	甭	béng	부 ~할 필요 없다, ~하지 마라
0090	迸发	bèngfā	동 솟아나다, 분출하다
0091	蹦	bèng	동 뛰어오르다, 껑충 뛰다
0092	逼迫	bīpò	동 핍박하다, 옥죄어 재촉하다
0093	鼻涕	bítì	명 콧물

☐☐ 0094	比方	bǐfang	몡 비유 동 비유하다, 예를 들다 젭 예컨대
☐☐ 0095	比喻	bǐyù	몡 비유(법) 동 비유하다
☐☐ 0096	比重	bǐzhòng	몡 비중
☐☐ 0097	鄙视	bǐshì	동 경멸하다
☐☐ 0098	闭塞	bìsè	동 (입·길 등을) 막다
☐☐ 0099	弊病	bìbìng	몡 폐단, 문제점, 결함
☐☐ 0100	弊端	bìduān	몡 폐단, 폐해, 병폐
☐☐ 0101	臂	bì	몡 팔
☐☐ 0102	边疆	biānjiāng	몡 국경 지대, 변경
☐☐ 0103	边界	biānjiè	몡 경계, 범위, 국경선
☐☐ 0104	边境	biānjìng	몡 국경 지대, 변경, 변방
☐☐ 0105	边缘	biānyuán	몡 끝자락, 위기 혱 경계에 근접한, 여러 방면과 관련된
☐☐ 0106	编织	biānzhī	동 엮다, 짜다, 뜨다, 편직하다
☐☐ 0107	鞭策	biāncè	동 독려하고 재촉하다, (말을) 채찍질하다
☐☐ 0108	贬低	biǎndī	동 (고의로) 가치를 깎아 내리다
☐☐ 0109	贬义	biǎnyì	몡 부정적이거나 혐오적인 의미
☐☐ 0110	扁	biǎn	혱 평평하다, 납작하다
☐☐ 0111	变故	biàngù	몡 변고, 재난
☐☐ 0112	变迁	biànqiān	동 변천하다
☐☐ 0113	变质	biànzhì	동 (주로 나쁜 쪽으로) 변질되다
☐☐ 0114	便利	biànlì	동 편리하게 하다 혱 편리하다
☐☐ 0115	便条	biàntiáo	몡 메모, 쪽지
☐☐ 0116	便于	biànyú	동 (~하기에) 쉽다, ~에 편하다
☐☐ 0117	遍布	biànbù	동 널리 퍼지다, 널리 분포하다
☐☐ 0118	辨认	biànrèn	동 식별해 내다
☐☐ 0119	辩护	biànhù	동 변호하다, 변론하다
☐☐ 0120	辩解	biànjiě	동 해명하다, 변명하다
☐☐ 0121	辩证	biànzhèng	동 변증하다, 논증하다
☐☐ 0122	辫子	biànzi	몡 땋은 머리, 변발
☐☐ 0123	标本	biāoběn	몡 표본
☐☐ 0124	标记	biāojì	몡 표기 동 표기하다
☐☐ 0125	标题	biāotí	몡 표제, 제목 동 제목을 달다

03 Day

도전 3일 0126~0187

☐☐ 0126	表决	biǎojué	통 표결하다
☐☐ 0127	表态	biǎotài	명 태도 통 태도를 표명하다
☐☐ 0128	表彰	biǎozhāng	통 표창하다
☐☐ 0129	憋	biē	통 참다, 억제하다, 답답하게 하다
☐☐ 0130	别墅	biéshù	명 별장
☐☐ 0131	别致	biézhì	형 색다르다, 별나다
☐☐ 0132	别扭	bièniu	형 (말이나 글이) 어색하다
☐☐ 0133	濒临	bīnlín	통 인접하다, 가까이 가다
☐☐ 0134	冰雹	bīngbáo	명 우박
☐☐ 0135	丙	bǐng	명 병(丙)[천간(天干)의 셋째], (순서·등급에서) 세 번째
☐☐ 0136	并非	bìngfēi	통 결코 ~하지 않다
☐☐ 0137	并列	bìngliè	통 병렬하다
☐☐ 0138	拨	bō	통 (손·발·막대기 등을 이용하여 옆으로) 움직이다, 밀다, (일부를) 떼어 주다
☐☐ 0139	波浪	bōlàng	명 파도, 물결
☐☐ 0140	波涛	bōtāo	명 파도
☐☐ 0141	剥削	bōxuē	통 착취하다
☐☐ 0142	播种	bōzhǒng	통 파종하다, 씨를 뿌리다
☐☐ 0143	伯母	bómǔ	명 큰어머니, 아주머니[친구·동료 등의 어머니에 대한 존칭]
☐☐ 0144	博大精深	bó dà jīng shēn	성 사상이나 학식이 넓고 심오하다
☐☐ 0145	博览会	bólǎnhuì	명 박람회
☐☐ 0146	搏斗	bódòu	통 격렬하게 싸우다, 갈기다
☐☐ 0147	薄弱	bóruò	형 박약하다, 취약하다, 약하다
☐☐ 0148	补偿	bǔcháng	통 보상하다, (손실·손해를) 보충하다
☐☐ 0149	补救	bǔjiù	통 (조치를 취하여) 교정하다, 보완하다, 바로잡다
☐☐ 0150	补贴	bǔtiē	명 보조금, 수당
☐☐ 0151	捕捉	bǔzhuō	통 잡다, 붙잡다, 체포하다
☐☐ 0152	哺乳	bǔrǔ	통 젖을 먹이다
☐☐ 0153	不得已	bùdéyǐ	형 어쩔 수 없이, 부득이
☐☐ 0154	不妨	bùfáng	부 (~하는 것도) 괜찮다, 무방하다
☐☐ 0155	不敢当	bùgǎndāng	(상대방의 칭찬이나 초대에 대해) 감당하기 어렵습니다, 천만

의 말씀입니다

0156	不顾	búgù	동 고려하지 않다, 꺼리지 않다
0157	不禁	bújìn	부 자기도 모르게, 참지 못하고
0158	不堪	bùkān	동 감당할 수 없다, ~할 수 없다 형 몹시 심하다, 형편없다
0159	不可思议	bù kě sī yì	성 불가사의하다
0160	不愧	búkuì	동 ~에 부끄럽지 않다, 손색이 없다
0161	不料	búliào	부 뜻밖에, 의외에
0162	不免	bùmiǎn	부 면할 수 없다, 피하지 못하다
0163	不时	bùshí	부 자주, 늘, 불시에, 갑자기
0164	不惜	bùxī	동 아끼지 않다
0165	不相上下	bù xiāng shàng xià	성 우열을 가릴 수 없다, 막상막하
0166	不像话	búxiànghuà	형 (언행이) 말이 안 되다, 이치에 맞지 않다
0167	不屑一顾	bú xiè yí gù	성 한 번 돌아볼 필요도 없다, 거들떠볼 가치도 없다
0168	不言而喻	bù yán ér yù	성 말하지 않아도 안다, 말할 필요도 없다
0169	不由得	bùyóude	동 허용하지 않다, ~하지 않을 수 없다 부 저절로
0170	不择手段	bù zé shǒu duàn	성 목적을 달성하기 위하여 수단 방법을 가리지 않다
0171	不止	bùzhǐ	동 멈추지 않다, 그치지 않다
0172	布告	bùgào	명 게시문 동 공고하다
0173	布局	bùjú	명 구도, 짜임새, 분포, 구성
0174	布置	bùzhì	동 (각종 물건을 적절히) 안배하다, 진열하다
0175	步伐	bùfá	명 걸음걸이, 발걸음
0176	部署	bùshǔ	명 (부대의 임무나 성질에 따른) 배치 동 배치하다
0177	部位	bùwèi	명 부위
0178	才干	cáigàn	명 능력, 재간
0179	财富	cáifù	명 부(富), 재산, 자산
0180	财务	cáiwù	명 재무, 재정
0181	财政	cáizhèng	명 재정
0182	裁缝	cáiféng	동 재봉하다
0183	裁判	cáipàn	명 심판 동 심판을 보다
0184	裁员	cáiyuán	동 감원하다
0185	采购	cǎigòu	명 구매원 동 구입하다
0186	采集	cǎijí	동 채집하다, 수집하다
0187	采纳	cǎinà	동 받아들이다, 채택하다

04 Day Track 04

도전 4일　0188~0250

0188	彩票	cǎipiào	명 복권
0189	参谋	cānmóu	명 (군사) 참모 통 조언하다, 권하다
0190	参照	cānzhào	통 참조하다, 참고하다
0191	残疾	cánjí	명 불구, 장애
0192	残酷	cánkù	형 잔혹하다, 냉혹하다
0193	残留	cánliú	통 (부분적으로) 남아 있다
0194	残忍	cánrěn	형 잔인하다, 악랄하다
0195	灿烂	cànlàn	형 찬란하다, 눈부시다
0196	仓促	cāngcù	형 촉박하다, 황급하다
0197	仓库	cāngkù	명 창고, 곳간
0198	苍白	cāngbái	형 창백하다, 무기력하다
0199	舱	cāng	명 객실, 선실, 선창
0200	操劳	cāoláo	통 애써 일하다, 수고하다, (신경을 써서) 일을 처리하다
0201	操练	cāoliàn	통 훈련하다, 갈고 닦다
0202	操纵	cāozòng	통 (기계·기기 등을) 제어하다, 다루다
0203	操作	cāozuò	통 조작하다, 다루다, 일하다
0204	嘈杂	cáozá	형 떠들썩하다, 시끌벅적하다
0205	草案	cǎo'àn	명 초안
0206	草率	cǎoshuài	형 적당히 하다, 대충하다
0207	侧面	cèmiàn	명 옆면, 측면, 한 측면
0208	测量	cèliáng	명 측량, 측정 통 측량하다
0209	策划	cèhuà	통 계획하다, 기획하다
0210	策略	cèlüè	명 책략, 전술, 전략
0211	层出不穷	céng chū bù qióng	성 끊임없이 나타나다, 꼬리를 물고 나타나다
0212	层次	céngcì	명 단계
0213	差别	chābié	명 차별, 차이, 구별
0214	插座	chāzuò	명 콘센트, 소켓
0215	查获	cháhuò	통 수사하여 체포하다, 압수하다
0216	岔	chà	명 (산맥·도로의) 분기점, 갈림길
0217	刹那	chànà	명 찰나, 순간
0218	诧异	chàyì	통 의아해하다, 이상해하다

0219	柴油	cháiyóu	명 중유, 디젤유
0220	搀	chān	동 부축하다, 돕다, 섞다, 혼합하다
0221	馋	chán	동 식탐하다, 몹시 부러워하다
0222	缠绕	chánrào	동 둘둘 감다, 얽히다, 휘감다
0223	产业	chǎnyè	명 산업
0224	阐述	chǎnshù	동 상세히 논술하다, 명백하게 논술하다
0225	颤抖	chàndǒu	동 부들부들 떨다
0226	昌盛	chāngshèng	형 창성하다, 번창하다
0227	尝试	chángshì	동 시도해 보다
0228	偿还	chánghuán	동 (진 빚을) 상환하다, 갚다
0229	场合	chǎnghé	명 상황, 장소
0230	场面	chǎngmiàn	명 장면, 광경
0231	场所	chǎngsuǒ	명 장소
0232	敞开	chǎngkāi	동 활짝 열다 부 한껏, 마음껏
0233	畅通	chàngtōng	형 원활하다, 막힘없이 잘 통하다, 잘 소통되다
0234	畅销	chàngxiāo	형 판로가 넓다, 잘 팔리다
0235	倡导	chàngdǎo	동 앞장서서 제창하다, 선도하다
0236	倡议	chàngyì	동 제의하다, 제안하다, 발기하다
0237	钞票	chāopiào	명 지폐, 돈
0238	超越	chāoyuè	동 넘다, 넘어서다, 능가하다
0239	巢穴	cháoxué	명 보금자리, 소굴, 은신처
0240	朝代	cháodài	명 왕조의 연대, 조대
0241	嘲笑	cháoxiào	동 비웃다, 놀리다
0242	潮流	cháoliú	명 조류, 추세, 풍조
0243	撤退	chètuì	동 (군대가) 철수하다, (어떤 곳에서) 물러가다
0244	撤销	chèxiāo	동 철수하다, 퇴각하다
0245	沉淀	chéndiàn	동 침전하다, 가라앉다
0246	沉闷	chénmèn	형 (성격이) 쾌활하지 않다, (마음이) 답답하다, (분위기·날씨 등이) 음울하다
0247	沉思	chénsī	동 깊이 생각하다
0248	沉重	chénzhòng	형 몹시 무겁다, 심하다
0249	沉着	chénzhuó	형 침착하다
0250	陈旧	chénjiù	형 낡다, 오래 되다, 케케묵다

01-04 Days 확인학습

☐ 실력점검 ____/50   ☐ 오답확인

1. 다음 단어와 뜻을 알맞게 연결해 보세요.

① 暗示 •   • ⓐ 능력, 재능, 재주
② 拜访 •   • ⓑ 판로가 넓다, 잘 팔리다
③ 榜样 •   • ⓒ 모범, 본보기, 귀감
④ 奔驰 •   • ⓓ 암시, 암시하다
⑤ 本事 •   • ⓔ 보상하다, (손실·손해를) 보충하다
⑥ 尝试 •   • ⓕ 질주하다, 폭주하다
⑦ 畅销 •   • ⓖ 사상이나 학식이 넓고 심오하다
⑧ 别扭 •   • ⓗ 방문하다
⑨ 补偿 •   • ⓘ (말이나 글이) 어색하다
⑩ 博大精深 •   • ⓙ 시도해 보다

2. 다음 단어를 중국어로 써 보세요.

① 비싸다 _____   ② 벗어나다, 빠져나오다 _____

③ 보위하다 _____   ④ 깊이 생각하다 _____

⑤ 병렬하다 _____   ⑥ 비웃다, 놀리다 _____

⑦ 불가사의하다 _____   ⑧ 착취하다 _____

⑨ 폐단, 폐해, 병폐 _____   ⑩ 참조하다, 참고하다 _____

3. 녹음을 듣고 해당 단어를 중국어로 써 보세요. Test 01

① _____ ② _____
③ _____ ④ _____
⑤ _____ ⑥ _____
⑦ _____ ⑧ _____
⑨ _____ ⑩ _____

4. 다음 단어의 뜻을 써 보세요.

① 安宁 _____   ② 撤销 _____
③ 倡议 _____   ④ 操练 _____
⑤ 财务 _____   ⑥ 并非 _____
⑦ 辨认 _____   ⑧ 备份 _____
⑨ 报酬 _____   ⑩ 伴侣 _____
⑪ 残酷 _____   ⑫ 补贴 _____
⑬ 背诵 _____   ⑭ 边境 _____
⑮ 崩溃 _____   ⑯ 才干 _____
⑰ 濒临 _____   ⑱ 标记 _____
⑲ 层次 _____   ⑳ 变迁 _____

05 Day

0251~0312

0251	陈列	chénliè	통 진열하다
0252	陈述	chénshù	통 진술하다
0253	衬托	chèntuō	통 부각시키다, 돋보이게 하다
0254	称心如意	chèn xīn rú yì	성 마음에 꼭 들다, 자기 마음에 완전히 부합되다
0255	称号	chēnghào	명 (주로 영광스런) 칭호, 호칭
0256	成本	chéngběn	명 원가, 자본금
0257	成交	chéngjiāo	통 거래가 성립하다
0258	成天	chéngtiān	명 하루 종일, 온종일
0259	成效	chéngxiào	명 효능, 효과
0260	成心	chéngxīn	부 고의로, 일부러
0261	成员	chéngyuán	명 구성원
0262	呈现	chéngxiàn	통 나타나다, 양상을 띠다
0263	诚挚	chéngzhì	형 성실하고 진실하다
0264	承办	chéngbàn	통 맡아 처리하다
0265	承包	chéngbāo	통 청부 맡다, 하청을 받다, 책임지고 떠맡다
0266	承诺	chéngnuò	명 승낙, 대답 통 승낙하다
0267	城堡	chéngbǎo	명 (보루식의) 작은 성, 성보
0268	乘	chéng	통 (교통수단 등에) 타다
0269	盛	chéng	통 (용기 등에) 물건을 담다
0270	惩罚	chéngfá	명 징벌 통 징벌하다
0271	澄清	chéngqīng	통 (인식·문제 등을) 분명히 하다, (혼란한 국면을) 평정하다
0272	橙	chéng	명 오렌지(나무) 형 오렌지 색의
0273	秤	chèng	명 저울
0274	吃苦	chīkǔ	통 고생하다, 고통을 맛보다
0275	吃力	chīlì	형 힘들다, 고달프다
0276	迟钝	chídùn	형 둔하다, 느리다, 굼뜨다, 무디다
0277	迟缓	chíhuǎn	형 느리다, 완만하다
0278	迟疑	chíyí	형 망설이다, 머뭇거리다
0279	持久	chíjiǔ	형 오래 유지되다, 지속되다
0280	赤道	chìdào	명 적도
0281	赤字	chìzì	명 적자, 결손

0282	冲动	chōngdòng	명 충동
0283	冲击	chōngjī	명 충격, 쇼크 동 적진으로 돌격하다
0284	冲突	chōngtū	명 모순, 충돌 동 충돌하다
0285	充当	chōngdāng	동 (어떤 직무나 역할을) 맡다, 담당하다
0286	充沛	chōngpèi	형 넘쳐흐르다, 충족하다
0287	充实	chōngshí	동 충족시키다 형 충분하다
0288	充足	chōngzú	형 충분하다, 충족하다
0289	重叠	chóngdié	동 중첩되다, 중복되다
0290	崇拜	chóngbài	동 숭배하다
0291	崇高	chónggāo	형 숭고하다, 고상하다
0292	崇敬	chóngjìng	동 존경하다, 우러러 추앙하다
0293	稠密	chóumì	형 조밀하다, 촘촘하다
0294	筹备	chóubèi	동 기획하고 준비하다
0295	丑恶	chǒu'è	형 추악하다, 더럽다
0296	出路	chūlù	명 발전의 여지, 활로(活路), 출구
0297	出卖	chūmài	동 (개인의 이익을 위해 국가·민족·친구 등을) 배반하다, 팔아먹다
0298	出身	chūshēn	명 신분, 출신
0299	出神	chūshén	동 넋을 잃다, 넋이 나가다
0300	出息	chūxi	명 전도(前途), 발전성, 장래성 동 장래성이 있게 양성하다
0301	初步	chūbù	형 처음 단계의, 초보적인
0302	除	chú	동 제거하다 개 ~을 제외하고
0303	处分	chǔfèn	명 처벌, 처분 동 처벌하다
0304	处境	chǔjìng	명 처지, 환경, 상황
0305	处置	chǔzhì	동 처치하다, 징벌하다
0306	储备	chǔbèi	명 예비품, 예비 인원 동 비축하다
0307	储存	chǔcún	동 저축하다
0308	储蓄	chǔxù	명 저금, 저축 동 저축하다
0309	触犯	chùfàn	동 저촉되다, 범하다, 위반하다
0310	川流不息	chuān liú bù xī	성 (사람과 차들이) 냇물처럼 끊임없이 오가나
0311	穿越	chuānyuè	동 통과하다, 지나가다
0312	传达	chuándá	동 전하다, 전달하다

06 Day Track 06 도전 6일 0313~0375

0313	传单	chuándān	명 전단(지)
0314	传授	chuánshòu	동 전수하다, 가르치다
0315	船舶	chuánbó	명 배, 선박
0316	喘气	chuǎnqì	동 호흡하다, 헐떡거리다, 숨차다
0317	串	chuàn	동 꿰다, 잘못 연결하다, 뒤섞이다 양 꿰미
0318	床单	chuángdān	명 침대 시트
0319	创立	chuànglì	동 창립하다, 창설하다, 새로 세우다
0320	创新	chuàngxīn	명 창의성, 창조성 동 옛것을 버리고 새것을 창조하다
0321	创业	chuàngyè	동 창업하다
0322	创作	chuàngzuò	명 창작 동 (문예 작품을) 창작하다
0323	吹牛	chuīniú	동 허풍 떨다
0324	吹捧	chuīpěng	동 (지나치게) 치켜세우다
0325	炊烟	chuīyān	명 밥 짓는 연기
0326	垂直	chuízhí	명 수직 형 수직의
0327	锤	chuí	명 추, 쇠망치 동 쇠망치로 치다, 단련하다
0328	纯粹	chúncuì	형 순수하다 부 순전히, 완전히
0329	纯洁	chúnjié	형 순결하다, 순수하고 맑다
0330	慈善	císhàn	형 동정심이 많다, 남을 배려하다, 자선을 베풀다
0331	慈祥	cíxiáng	형 자애롭다, 자상하다
0332	磁带	cídài	명 자기 테이프[녹음·녹화용 테이프]
0333	雌雄	cíxióng	명 암컷과 수컷, 승패, 승부
0334	次品	cìpǐn	명 질이 낮은 물건
0335	次序	cìxù	명 (시간·공간에서의) 차례, 순서
0336	伺候	cìhou	동 시중들다, 모시다, 돌보다
0337	刺	cì	명 가시, 바늘 동 (뾰족한 것으로) 찌르다, 뚫다
0338	从容	cóngróng	형 침착하다
0339	丛	cóng	명 숲, 덤불, 떼, 무리
0340	凑合	còuhe	형 그런대로 ~할 만하다, 한데 모으다
0341	粗鲁	cūlǔ	형 거칠고 우악스럽다, 교양이 없다
0342	窜	cuàn	동 마구 날뛰다, 수정하다, 바로잡다, 쫓아내다, 축출하다
0343	摧残	cuīcán	동 (정치·경제·문화·심신 등에) 심한 손상을 주다, 학대하다

0344	脆弱	cuìruò	형 연약하다, 취약하다, 무르다
0345	搓	cuō	동 비비다, 비벼 꼬다, 문지르다
0346	磋商	cuōshāng	동 반복하여 협의하다, 상세하게 논의하다
0347	挫折	cuòzhé	명 좌절, 실패 동 좌절시키다, 패배시키다
0348	搭	dā	동 널다, 걸치다, 받치다, 타다
0349	搭档	dādàng	명 협력자, 콤비 동 협력하다
0350	搭配	dāpèi	동 배합하다, 조합하다, 결합하다
0351	达成	dáchéng	동 달성하다, 도달하다, 얻다
0352	答辩	dábiàn	동 답변하다
0353	答复	dáfù	명 답변, 대답 동 답변하다
0354	打包	dǎbāo	동 포장하다, 싸다
0355	打官司	dǎ guānsi	동 소송하다, 고소하다
0356	打击	dǎjī	동 공격하다, 치다, 때리다
0357	打架	dǎjià	동 (때리며) 싸우다, 다투다
0358	打量	dǎliang	동 살펴보다, 짐작하다
0359	打猎	dǎliè	동 사냥하다
0360	打仗	dǎzhàng	동 전쟁하다, 전투하다
0361	大不了	dàbuliǎo	형 대단하다, 굉장하다 부 기껏해야, 고작
0362	大臣	dàchén	명 대신, 중신
0363	大伙儿	dàhuǒr	대 모두들, 모든 사람
0364	大肆	dàsì	부 제멋대로, 함부로
0365	大体	dàtǐ	명 대략적인 상황 부 대체로, 대략
0366	大意	dàyì	형 부주의하다, 소홀하다
0367	大致	dàzhì	형 대략적인 부 대략, 아마
0368	歹徒	dǎitú	명 악당, 나쁜 사람
0369	代价	dàijià	명 대가, 가격, 대금
0370	代理	dàilǐ	동 대리하다, 대신하다, 대행하다
0371	带领	dàilǐng	동 인솔하다, 이끌다, 인도하다
0372	怠慢	dàimàn	동 소홀히하다, 냉대하다
0373	逮捕	dàibǔ	동 체포하다, 잡다
0374	担保	dānbǎo	동 보증하다, 책임지다
0375	胆怯	dǎnqiè	형 겁내다, 무서워하다

0376	诞辰	dànchén	명	탄신, 생일
0377	诞生	dànshēng	동	탄생하다, 태어나다
0378	淡季	dànjì	명	비성수기
0379	淡水	dànshuǐ	명	담수, 민물
0380	蛋白质	dànbáizhì	명	단백질
0381	当场	dāngchǎng	부	당장, 즉석에서
0382	当初	dāngchū	명	당초, 애초, 원래
0383	当代	dāngdài	명	당대, 그 시대
0384	当面	dāngmiàn	부	직접 마주하여, 맞대면하여
0385	当前	dāngqián	명	현재, 목전 동 직면하다
0386	当事人	dāngshìrén	명	관계자, 당사자
0387	当务之急	dāng wù zhī jí	성	당장 급히 처리해야 할 일, 급선무
0388	当选	dāngxuǎn	동	당선되다
0389	党	dǎng	명	당, 정당
0390	档案	dàng'àn	명	(공)문서, 서류, 파일
0391	档次	dàngcì	명	(품질 등의) 등급, 차등
0392	导弹	dǎodàn	명	유도탄, 미사일
0393	导航	dǎoháng	동	항해나 항공을 유도하다, 인도하다
0394	导向	dǎoxiàng	동	유도하다, 이끌다
0395	捣乱	dǎoluàn	동	교란하다, 소란을 피우다
0396	倒闭	dǎobì	동	도산하다
0397	盗窃	dàoqiè	동	도둑질하다, 절도하다
0398	稻谷	dàogǔ	명	벼
0399	得不偿失	dé bù cháng shī	성	얻는 것보다 잃는 것이 더 많다
0400	得力	délì	동	도움을 받다, 힘을 얻다
0401	得天独厚	dé tiān dú hòu	성	우월한 자연 조건을 갖고 있다
0402	得罪	dézuì	동	미움을 사다, 실례가 되다, 잘못을 하다
0403	灯笼	dēnglóng	명	등롱, 초롱
0404	登陆	dēnglù	동	상륙하다, 육지에 오르다
0405	登录	dēnglù	동	등록하다, 기입하다
0406	蹬	dēng	동	밟다, 뻗다, 밀다, 닫다

☐☐ 0407	等候	děnghòu	동 기다리다
☐☐ 0408	等级	děngjí	명 등급, 계급
☐☐ 0409	瞪	dèng	동 부라리다, 눈을 부릅뜨고 노려보다
☐☐ 0410	堤坝	dībà	명 댐과 둑
☐☐ 0411	敌视	díshì	동 적대시하다, 적대하다
☐☐ 0412	抵达	dǐdá	동 도착하다, 도달하다
☐☐ 0413	抵抗	dǐkàng	동 저항하다, 대항하다
☐☐ 0414	抵制	dǐzhì	동 배척하다, 억제하다, 저지하다
☐☐ 0415	地步	dìbù	명 (도달한) 정도, 지경, 형편
☐☐ 0416	地势	dìshì	명 지세, 땅의 형세
☐☐ 0417	地质	dìzhì	명 지질
☐☐ 0418	递增	dìzēng	동 점점 늘다, 점차 증가하다
☐☐ 0419	颠簸	diānbǒ	동 흔들리다, 요동하다
☐☐ 0420	颠倒	diāndǎo	동 뒤바뀌다, 전도되다
☐☐ 0421	典礼	diǎnlǐ	명 의식, 행사, 예식
☐☐ 0422	典型	diǎnxíng	명 대표적인 인물 형 전형적인
☐☐ 0423	点缀	diǎnzhuì	동 단장하다, 장식하다
☐☐ 0424	电源	diànyuán	명 전원
☐☐ 0425	垫	diàn	동 받치다, 깔다
☐☐ 0426	惦记	diànjì	동 늘 생각하다, 항상 마음에 두다
☐☐ 0427	奠定	diàndìng	동 다지다, 닦다, 안정시키다
☐☐ 0428	叼	diāo	동 입에 물다
☐☐ 0429	雕刻	diāokè	동 조각하다
☐☐ 0430	雕塑	diāosù	명 조소품 동 조소하다
☐☐ 0431	吊	diào	동 걸다, 매달다
☐☐ 0432	调动	diàodòng	동 (인원·일 등을) 교환하다, 옮기다, 이동하다
☐☐ 0433	跌	diē	동 쓰러지다, (물가가) 내리다
☐☐ 0434	丁	dīng	명 성년 남자, 장정, 정(丁)[천간(天干)의 넷째], 네 번째
☐☐ 0435	叮嘱	dīngzhǔ	동 신신당부하다
☐☐ 0436	盯	dīng	동 주시하다, 응시하다
☐☐ 0437	定期	dìngqī	명 정기 동 날짜를 정하다

08 Day Track 08   도전 8일 0438~0500

☐☐ 0438	定义	dìngyì	명	정의
☐☐ 0439	丢人	diūrén	동	체면을 잃다
☐☐ 0440	丢三落四	diū sān là sì	성	이것저것 빠뜨리다
☐☐ 0441	东道主	dōngdàozhǔ	명	주인, 주최측
☐☐ 0442	东张西望	dōng zhāng xī wàng	성	여기저기 두리번거리다
☐☐ 0443	董事长	dǒngshìzhǎng	명	대표이사, 회장
☐☐ 0444	动荡	dòngdàng	동	불안하다, 동요하다
☐☐ 0445	动机	dòngjī	명	동기
☐☐ 0446	动静	dòngjìng	명	동정, 동태, 낌새
☐☐ 0447	动力	dònglì	명	동력, 원동력
☐☐ 0448	动脉	dòngmài	명	동맥
☐☐ 0449	动身	dòngshēn	동	출발하다, 떠나다
☐☐ 0450	动手	dòngshǒu	동	시작하다, 착수하다
☐☐ 0451	动态	dòngtài	명	(일·사건의) 동태, 변화의 추이
☐☐ 0452	动员	dòngyuán	동	전시 체제화하다, 동원하다, 설득하다
☐☐ 0453	冻结	dòngjié	동	얼다, 얼리다, 동결하다
☐☐ 0454	栋	dòng	명 마룻대 양 동, 채[건물을 세는 단위]
☐☐ 0455	兜	dōu	명 호주머니 동 싸다, 책임을 지다
☐☐ 0456	陡峭	dǒuqiào	형	(산세 등이) 험준하다
☐☐ 0457	斗争	dòuzhēng	동	투쟁하다, 분투·노력하다
☐☐ 0458	督促	dūcù	동	감독·재촉하다, 독촉하다
☐☐ 0459	毒品	dúpǐn	명	마약
☐☐ 0460	独裁	dúcái	동	독재하다
☐☐ 0461	堵塞	dǔsè	동	막히다, 가로막다
☐☐ 0462	赌博	dǔbó	동	노름하다, 도박하다
☐☐ 0463	杜绝	dùjué	동	제지하다, 철저히 막다
☐☐ 0464	端	duān	동 받쳐 들다, 두 손으로 가지런히 들다 형 곧다, 단정하다
☐☐ 0465	端午节	Duānwǔjié	명	단오절
☐☐ 0466	端正	duānzhèng	동 바로잡다 형 단정하다
☐☐ 0467	短促	duǎncù	형	(시간이) 매우 짧다
☐☐ 0468	断定	duàndìng	동	단정하다, 결론을 내리다

☐☐ 0469	断绝	duànjué	동	단절하다, 끊다, 차단하다
☐☐ 0470	堆积	duījī	동	(사물이) 쌓여 있다, 쌓이다
☐☐ 0471	队伍	duìwu	명	대열, 행렬, 대오
☐☐ 0472	对策	duìcè	명	대책, 대비책
☐☐ 0473	对称	duìchèn	형	대칭이다
☐☐ 0474	对付	duìfu	동	대처하다, 다루다, 대응하다
☐☐ 0475	对抗	duìkàng	동	대항하다, 저항하다
☐☐ 0476	对立	duìlì	동	대립하다, 대립되다
☐☐ 0477	对联	duìlián	명	대련, 주련
☐☐ 0478	对应	duìyìng	동 대응하다 형 대응하는	
☐☐ 0479	对照	duìzhào	동	대조하다, 비교하다
☐☐ 0480	兑现	duìxiàn	동	현금으로 바꾸다, 약속을 이행하다
☐☐ 0481	顿时	dùnshí	부	갑자기, 곧바로, 바로
☐☐ 0482	多元化	duōyuánhuà	명	다원화
☐☐ 0483	哆嗦	duōsuo	동	떨다
☐☐ 0484	堕落	duòluò	동	타락하다, 부패하다
☐☐ 0485	额外	éwài	형	정액 외의, 정원 외의, 초과한
☐☐ 0486	恶心	ěxin	동	구역이 나다, 속이 메스껍다, 오심이 나다
☐☐ 0487	恶化	èhuà	동	악화되다, 악화시키다
☐☐ 0488	遏制	èzhì	동	저지하다, 억제하다
☐☐ 0489	恩怨	ēnyuàn	명	은혜와 원한
☐☐ 0490	而已	éryǐ	조	~뿐이다
☐☐ 0491	二氧化碳	èryǎnghuàtàn	명	이산화탄소(CO_2)
☐☐ 0492	发布	fābù	동	선포하다, 발포하다
☐☐ 0493	发财	fācái	동	큰돈을 벌다, 부자가 되다
☐☐ 0494	发呆	fādāi	동	멍하다, 어리둥절하다
☐☐ 0495	发动	fādòng	동	시동을 걸다, 일으키다, 발동하다, 동원하다
☐☐ 0496	发觉	fājué	동	발견하다, 알아차리다, 깨닫다
☐☐ 0497	发射	fāshè	동	쏘다, 발사하다
☐☐ 0498	发誓	fāshì	동	맹세하다
☐☐ 0499	发行	fāxíng	동	발행하다, 발매하다
☐☐ 0500	发炎	fāyán	동	염증이 생기다

05-08 Days 확인학습

☐ 실력점검 ____/50 ☐ 오답확인

1. 다음 단어와 뜻을 알맞게 연결해 보세요.

① 登录 •　　　　　　　　　　　　• ⓐ 나타나다, 양상을 띠다

② 呈现 •　　　　　　　　　　　　• ⓑ 제지하다, 철저히 막다

③ 吃力 •　　　　　　　　　　　　• ⓒ 뒤바뀌다, 전도되다

④ 堵塞 •　　　　　　　　　　　　• ⓓ 유도하다, 이끌다

⑤ 督促 •　　　　　　　　　　　　• ⓔ 부주의하다, 소홀하다

⑥ 颠倒 •　　　　　　　　　　　　• ⓕ 힘들다, 고달프다

⑦ 导向 •　　　　　　　　　　　　• ⓖ 등록하다, 기입하다

⑧ 大意 •　　　　　　　　　　　　• ⓗ 숭배하다

⑨ 崇拜 •　　　　　　　　　　　　• ⓘ 감독·재촉하다, 독촉하다

⑩ 杜绝 •　　　　　　　　　　　　• ⓙ 막히다, 가로막다

2. 다음 단어를 중국어로 써 보세요.

① 진술하다　　　　　　　　　② 징벌, 징벌하다

③ 신분, 출신　　　　　　　　　④ 자애롭다, 자상하다

⑤ 사냥하다　　　　　　　　　⑥ 보증하다, 책임지다

⑦ 교환하다, 옮기다　　　　　　⑧ 맹세하다

⑨ 대책, 대비책　　　　　　　　⑩ 질이 낮은 물건

3. 녹음을 듣고 해당 단어를 중국어로 써 보세요. Test 02

① _____   ② _____
③ _____   ④ _____
⑤ _____   ⑥ _____
⑦ _____   ⑧ _____
⑨ _____   ⑩ _____

4. 다음 단어의 뜻을 써 보세요.

① 充沛 _____   ② 筹备 _____
③ 创业 _____   ④ 从容 _____
⑤ 打官司 _____   ⑥ 当代 _____
⑦ 档次 _____   ⑧ 盗窃 _____
⑨ 抵达 _____   ⑩ 叮嘱 _____
⑪ 发射 _____   ⑫ 动机 _____
⑬ 惦记 _____   ⑭ 诞生 _____
⑮ 答辩 _____   ⑯ 点缀 _____
⑰ 吹捧 _____   ⑱ 触犯 _____
⑲ 迟缓 _____   ⑳ 而已 _____

09 Day Track 09 · 도전 9일 · 0501~0562

0501	发扬	fāyáng	동 드높이다, 더욱더 발전시키다
0502	发育	fāyù	동 발육하다, 자라다, 성장하다
0503	法人	fǎrén	명 법인
0504	番	fān	양 회, 차례, 번
0505	凡是	fánshì	부 대강, 대체로
0506	繁华	fánhuá	형 번화하다
0507	繁忙	fánmáng	형 일이 많고 바쁘다
0508	繁体字	fántǐzì	명 번체자
0509	繁殖	fánzhí	동 번식하다, 증가하다
0510	反驳	fǎnbó	동 반박하다
0511	反常	fǎncháng	형 이상하다
0512	反感	fǎngǎn	명 반감 동 반감을 가지다
0513	反抗	fǎnkàng	동 반항하다, 저항하다, 반대하다
0514	反馈	fǎnkuì	명 피드백
0515	反面	fǎnmiàn	명 이면(裏面), 뒷면
0516	反射	fǎnshè	동 반사하다, 반사 작용을 하다
0517	反思	fǎnsī	명 반성 동 반성하다
0518	反问	fǎnwèn	동 반문하다
0519	反之	fǎnzhī	접 이와 반대로, 바꾸어서 말하면
0520	泛滥	fànlàn	동 (물이) 범람하다
0521	范畴	fànchóu	명 범주
0522	贩卖	fànmài	동 (사들여) 판매하다
0523	方位	fāngwèi	명 방위, 방향
0524	方言	fāngyán	명 방언
0525	方圆	fāngyuán	명 주위, 주변
0526	方针	fāngzhēn	명 방침
0527	防守	fángshǒu	동 수비하다
0528	防御	fángyù	동 방어하다
0529	防止	fángzhǐ	동 방지하다
0530	防治	fángzhì	동 예방·치료하다
0531	访问	fǎngwèn	동 방문하다, 회견하다, 취재하다

☐☐ 0532	纺织	fǎngzhī	동 방직하다
☐☐ 0533	放大	fàngdà	동 (소리·기능 등을) 확대하다
☐☐ 0534	放射	fàngshè	동 방사하다, 방출하다
☐☐ 0535	飞禽走兽	fēiqín zǒushòu	명 날짐승과 들짐승
☐☐ 0536	飞翔	fēixiáng	동 하늘을 빙빙 돌며 날다, 비상하다
☐☐ 0537	飞跃	fēiyuè	동 비약하다, 나는 듯이 뛰어오르다
☐☐ 0538	非法	fēifǎ	형 불법적인, 비합법적인
☐☐ 0539	肥沃	féiwò	형 비옥하다
☐☐ 0540	诽谤	fěibàng	동 비방하다, 중상모략하다
☐☐ 0541	肺	fèi	명 허파, 폐
☐☐ 0542	废除	fèichú	동 취소하다, 폐지하다
☐☐ 0543	废寝忘食	fèi qǐn wàng shí	성 침식(寢食)을 잊다, (어떤 일에) 전심전력하다
☐☐ 0544	废墟	fèixū	명 폐허
☐☐ 0545	沸腾	fèiténg	동 들끓다
☐☐ 0546	分辨	fēnbiàn	동 분별하다, 구분하다
☐☐ 0547	分寸	fēncun	명 (일이나 말의) 분별, 분수, 주제
☐☐ 0548	分红	fēnhóng	동 이익을 분배하다
☐☐ 0549	分解	fēnjiě	동 분해하다, 분열되다
☐☐ 0550	分裂	fēnliè	동 분열하다
☐☐ 0551	分泌	fēnmì	동 분비하다
☐☐ 0552	分明	fēnmíng	형 명확하다, 분명하다
☐☐ 0553	分歧	fēnqí	명 불일치 형 불일치하다, 어긋나다
☐☐ 0554	分散	fēnsàn	형 분산하다, 흩어지다
☐☐ 0555	吩咐	fēnfù	동 분부하다, 명령하다
☐☐ 0556	坟墓	fénmù	명 무덤
☐☐ 0557	粉末	fěnmò	명 가루, 분말
☐☐ 0558	粉色	fěnsè	명 분홍색
☐☐ 0559	粉碎	fěnsuì	동 산산조각나다
☐☐ 0560	分量	fènliàng	명 중량, 무게, 분량
☐☐ 0561	愤怒	fènnù	형 분노하다
☐☐ 0562	丰满	fēngmǎn	형 풍만하다, 풍족하다

10 Day Track 10 도전 10일 0563~0625

0563	丰盛	fēngshèng	형 풍성하다, 성대하다
0564	丰收	fēngshōu	명 풍작, 풍년 동 풍작을 이루다, 좋은 성과를 거두다
0565	风暴	fēngbào	명 폭풍, 폭풍우, 대소동
0566	风度	fēngdù	명 품격, 태도, 매너
0567	风光	fēngguāng	명 풍경, 경치, 풍광
0568	风气	fēngqì	명 풍조, 기풍
0569	风趣	fēngqù	명 유머, 해학 형 유머러스하다, 해학적이다
0570	风土人情	fēngtǔ rénqíng	명 지방의 특색과 풍습, 풍토와 인심
0571	风味	fēngwèi	명 맛, 색채, 풍미
0572	封闭	fēngbì	동 밀봉하다, 폐쇄하다
0573	封建	fēngjiàn	명 봉건제도
0574	封锁	fēngsuǒ	동 폐쇄하다, 봉쇄하다
0575	锋利	fēnglì	형 날카롭다, 예리하다
0576	逢	féng	동 만나다, 마주치다
0577	奉献	fèngxiàn	명 공헌 동 바치다, 공헌하다
0578	否决	fǒujué	동 부결하다, 거부하다
0579	夫妇	fūfù	명 부부
0580	夫人	fūrén	명 부인
0581	敷衍	fūyǎn	동 자세히 서술하다, 부연 설명하다
0582	服从	fúcóng	동 따르다, 복종하다
0583	服气	fúqì	동 진심으로 탄복하다
0584	俘虏	fúlǔ	명 포로
0585	符号	fúhào	명 기호, 표기
0586	幅度	fúdù	명 정도, 폭, 너비
0587	辐射	fúshè	동 방사(放射)하다
0588	福利	fúlì	명 복지, 복리
0589	福气	fúqì	명 복, 행운
0590	抚摸	fǔmō	동 어루만지다, 쓰다듬다
0591	抚养	fǔyǎng	동 부양하다
0592	俯视	fǔshì	동 굽어보다, 내려다보다
0593	辅助	fǔzhù	동 돕다, 협조하다

0594	腐败	fǔbài	동	썩다, 부패하다, 타락하다
0595	腐烂	fǔlàn	동	부패하다 휑 진부하다
0596	腐蚀	fǔshí	동	부식하다, 타락시키다
0597	腐朽	fǔxiǔ	동	썩다, 부패하다
0598	负担	fùdān	명	책임, 부담 동 부담하다
0599	附和	fùhè	동	남의 언행을 따르다, 부화하다
0600	附件	fùjiàn	명	부품, 부속품, 부속 문건
0601	附属	fùshǔ	동	귀속되다 휑 부설의
0602	复活	fùhuó	동	부활하다, 소생하다
0603	复兴	fùxīng	동	부흥하다, 부흥시키다
0604	副	fù	휑	제2의, 부차적인
0605	赋予	fùyǔ	동	(중대한 임무나 사명 등을) 부여하다, 주다
0606	富裕	fùyù	휑	부유하다
0607	腹泻	fùxiè	명	설사
0608	覆盖	fùgài	동	덮다, 뒤덮다
0609	改良	gǎiliáng	명	개량, 혁신 동 개량하다, 개선하다
0610	钙	gài	명	칼슘
0611	盖章	gàizhāng	동	도장을 찍다, 날인하다
0612	干旱	gānhàn	명	가뭄
0613	干扰	gānrǎo	동	(남의 일을) 방해하다, 지장을 주다
0614	干涉	gānshè	명	간섭 동 간섭하다
0615	干预	gānyù	동	간섭하다, 개입하다
0616	尴尬	gāngà	휑	입장이 곤란하다, 난처하다, 부자연스럽다
0617	感慨	gǎnkǎi	동	감격하다
0618	感染	gǎnrǎn	동	감염되다, 감동시키다
0619	干劲	gànjìn	명	의욕, 열정
0620	纲领	gānglǐng	명	강령, 지도 원칙
0621	岗位	gǎngwèi	명	직장, 부서
0622	港口	gǎngkǒu	명	항구, 항만
0623	港湾	gǎngwān	명	항만
0624	杠杆	gànggǎn	명	지레, 지렛대
0625	高超	gāochāo	휑	출중하다, 특출나다

11 Day Track 11

도전 11일 0626~0687

0626	高潮	gāocháo	명 만조, 최고조, 절정
0627	高峰	gāofēng	명 최고위층, 절정
0628	高明	gāomíng	형 (견해·기예 등이) 빼어나다, 출중하다
0629	高尚	gāoshàng	형 고상하다, 품위 있다
0630	高涨	gāozhǎng	동 급증하다, 급상승하다
0631	稿件	gǎojiàn	명 원고, 작품
0632	告辞	gàocí	동 이별을 고하다, 작별을 고하다
0633	告诫	gàojiè	동 훈계하다, 타이르다
0634	疙瘩	gēda	명 종기, 부스럼, 덩어리
0635	鸽子	gēzi	명 비둘기
0636	搁	gē	동 놓다, 두다, 내버려 두다, 그만두다
0637	割	gē	동 절단하다, 자르다
0638	歌颂	gēsòng	동 찬양하다, 찬미하다
0639	革命	gémìng	명 혁명, 대변혁
0640	格局	géjú	명 짜임새, 구조, 구성
0641	格式	géshì	명 격식, 양식
0642	隔阂	géhé	명 틈, 간격, 거리
0643	隔离	gélí	동 분리시키다, 차단하다
0644	个体	gètǐ	명 개체, 개인
0645	各抒己见	gè shū jǐ jiàn	성 각자 자기의 의견을 발표하다
0646	根深蒂固	gēn shēn dì gù	성 기초가 튼튼하여 쉽게 흔들리지 않다
0647	根源	gēnyuán	명 근원, 근본
0648	跟前	gēnqián	명 곁, 신변, 옆
0649	跟随	gēnsuí	동 (뒤)따르다, 따라가다
0650	跟踪	gēnzōng	동 미행하다, 추적하다
0651	更新	gēngxīn	동 경신하다, 새롭게 바뀌다
0652	更正	gēngzhèng	동 정정하다, 개정하다
0653	耕地	gēngdì	명 경지 동 논밭을 갈다
0654	工艺品	gōngyìpǐn	명 (수)공예품
0655	公安局	gōng'ānjú	명 공안국, 경찰국
0656	公道	gōngdào	명 정의, 공리, 바른 도리

0657	公告	gōnggào	몡 공고, 알림 동 공고하다
0658	公关	gōngguān	몡 공공(公共) 관계, 섭외, 홍보
0659	公民	gōngmín	몡 국민, 공민
0660	公然	gōngrán	부 공개적으로, 거리낌없이
0661	公认	gōngrèn	동 공인하다, 모두가 인정하다
0662	公式	gōngshì	몡 공식, 일반 법칙
0663	公务	gōngwù	몡 공무
0664	公正	gōngzhèng	형 공정하다
0665	公证	gōngzhèng	동 공증하다
0666	功劳	gōngláo	몡 공로
0667	功效	gōngxiào	몡 효능, 효과
0668	攻击	gōngjī	동 공격하다
0669	攻克	gōngkè	동 점령하다, 극복하다
0670	供不应求	gōng bù yìng qiú	성 공급이 수요를 따르지 못하다
0671	供给	gōngjǐ	동 공급하다, 제공하다
0672	宫殿	gōngdiàn	몡 궁전
0673	恭敬	gōngjìng	형 공손하다, 정중하다
0674	巩固	gǒnggù	형 견고하다, 튼튼하다
0675	共和国	gònghéguó	몡 공화국
0676	共计	gòngjì	동 합계하다, 함께 계획하다
0677	共鸣	gòngmíng	몡 공명, 공감
0678	勾结	gōujié	동 결탁하다, 내통하다, 공모하다
0679	钩子	gōuzi	몡 갈고리
0680	构思	gòusī	몡 구상 동 구상하다
0681	孤独	gūdú	형 고독하다, 외롭다
0682	孤立	gūlì	동 고립하다, 고립시키다
0683	姑且	gūqiě	부 잠시, 잠깐, 우선
0684	辜负	gūfù	동 (기대를) 저버리다
0685	古董	gǔdǒng	몡 골동품
0686	古怪	gǔguài	형 괴상하다, 기이하다
0687	股东	gǔdōng	몡 주주, 출자자

12 Day Track 12

도전 12일 0688~0750

0688	股份	gǔfèn	명 주식, 주권
0689	骨干	gǔgàn	명 골간, 기본적이며 핵심적인 부분
0690	鼓动	gǔdòng	동 선동하다, 부추기다
0691	固然	gùrán	접부 물론 ~하지만
0692	固体	gùtǐ	명 고체
0693	固有	gùyǒu	형 고유의
0694	固执	gùzhí	동 고집하다 형 완고하다, 고집스럽다
0695	故乡	gùxiāng	명 고향
0696	故障	gùzhàng	명 고장, 결함
0697	顾虑	gùlǜ	동 고려하다, 걱정하다, 근심하다
0698	顾问	gùwèn	명 고문
0699	雇佣	gùyōng	동 고용하다
0700	拐杖	guǎizhàng	명 지팡이
0701	关怀	guānhuái	동 관심을 가지고 보살피다, 배려하다
0702	关照	guānzhào	동 돌보다, 보살피다, 배려하다
0703	观光	guānguāng	동 관광하다, 참관하다
0704	官方	guānfāng	명 정부 당국, 정부측
0705	管辖	guǎnxiá	동 관할하다
0706	贯彻	guànchè	동 관철시키다
0707	惯例	guànlì	명 관례, 관행
0708	灌溉	guàngài	동 논밭에 물을 대다, 관개하다
0709	罐	guàn	명 단지, 항아리
0710	光彩	guāngcǎi	명 빛, 광채 형 영예롭다
0711	光辉	guānghuī	명 찬란한 빛 형 찬란하다
0712	光芒	guāngmáng	명 빛살, 빛
0713	光荣	guāngróng	명 영광 형 영광스럽다
0714	广阔	guǎngkuò	형 넓다, 광활하다
0715	归根到底	guī gēn dào dǐ	성 근본으로 돌아가다, 결국
0716	归还	guīhuán	동 돌려주다, 반환하다
0717	规范	guīfàn	명 규범, 표준
0718	规格	guīgé	명 표준, 규격

0719	规划	guīhuà	명 발전 계획 동 기획하다, 계획하다
0720	规章	guīzhāng	명 규칙, 규정, 장정
0721	轨道	guǐdào	명 궤도, 궤적
0722	贵族	guìzú	명 귀족
0723	跪	guì	동 무릎을 꿇다, 꿇어앉다
0724	棍棒	gùnbàng	명 막대기, 방망이, 몽둥이
0725	国防	guófáng	명 국방
0726	国务院	guówùyuàn	명 국무원
0727	果断	guǒduàn	형 결단력 있다
0728	过度	guòdù	형 과도하다, 지나치다
0729	过渡	guòdù	동 넘어가다, 건너다
0730	过奖	guòjiǎng	동 과찬이십니다
0731	过滤	guòlǜ	동 거르다, 여과하다
0732	过失	guòshī	명 잘못, 실수
0733	过问	guòwèn	동 참견하다, 따져 묻다
0734	过瘾	guòyǐn	형 짜릿하다, 굉장하다, 신나다, 실컷 하다
0735	过于	guòyú	부 지나치게, 너무
0736	嗨	hāi	감탄 어이!, 이봐!
0737	海拔	hǎibá	명 해발
0738	海滨	hǎibīn	명 해변, 바닷가
0739	含糊	hánhu	형 (태도나 말 따위가) 애매하다
0740	含义	hányì	명 내포된 뜻, 담겨진 의미
0741	寒暄	hánxuān	동 (상투적인) 인사말을 나누다
0742	罕见	hǎnjiàn	형 보기 드물다, 희한하다
0743	捍卫	hànwèi	동 지키다, 수호하다, 방위하다
0744	行列	hángliè	명 행렬, 대열
0745	航空	hángkōng	형 항공의
0746	航天	hángtiān	형 우주 비행의
0747	航行	hángxíng	동 항해하다, 운항하다
0748	毫米	háomǐ	양 밀리미터(mm)
0749	毫无	háowú	동 조금도 ~이 없다
0750	豪迈	háomài	형 성격이 호탕하고 인품이 뛰어나다, 용맹스럽다

09-12 Days 확인학습

☐ 실력점검 ____ /50   ☐ 오답확인

1. 다음 단어와 뜻을 알맞게 연결해 보세요.

① 功劳 •　　　　　　　　　　• ⓐ 공로

② 革命 •　　　　　　　　　　• ⓑ 변화하다

③ 感慨 •　　　　　　　　　　• ⓒ 귀속되다, 부설의

④ 附属 •　　　　　　　　　　• ⓓ 혁명, 대변혁

⑤ 锋利 •　　　　　　　　　　• ⓔ 드높이다, 더욱더 발전시키다

⑥ 分泌 •　　　　　　　　　　• ⓕ 날카롭다, 예리하다

⑦ 防御 •　　　　　　　　　　• ⓖ 관철시키다

⑧ 繁华 •　　　　　　　　　　• ⓗ 감격하다

⑨ 贯彻 •　　　　　　　　　　• ⓘ 분비하다

⑩ 发扬 •　　　　　　　　　　• ⓙ 방어하다

2. 다음 단어를 중국어로 써 보세요.

① 고독하다, 외롭다 _____　　② 공명, 공감 _____

③ 근원, 근본 _____　　　　　④ 고상하다, 품위 있다 _____

⑤ 썩다, 부패하다 _____　　　⑥ 돕다, 협조하다 _____

⑦ 결단력 있다 _____　　　　⑧ 부유하다 _____

⑨ 영광, 영광스럽다 _____　　⑩ 반성, 반성하다 _____

3. 녹음을 듣고 해당 단어를 중국어로 써 보세요. Test 03

① _____   ② _____
③ _____   ④ _____
⑤ _____   ⑥ _____
⑦ _____   ⑧ _____
⑨ _____   ⑩ _____

4. 다음 단어의 뜻을 써 보세요.

① 繁殖 _____   ② 范畴 _____

③ 废墟 _____   ④ 分红 _____

⑤ 封闭 _____   ⑥ 含糊 _____

⑦ 过度 _____   ⑧ 光彩 _____

⑨ 雇佣 _____   ⑩ 辜负 _____

⑪ 愤怒 _____   ⑫ 放大 _____

⑬ 防治 _____   ⑭ 分歧 _____

⑮ 风度 _____   ⑯ 公认 _____

⑰ 各抒己见 _____   ⑱ 广阔 _____

⑲ 海拔 _____   ⑳ 故障 _____

13 Day Track 13   도전 13일 0751~0812

0751	号召	hàozhào	명 호소 동 호소하다
0752	耗费	hàofèi	동 낭비하다, 소비하다
0753	呵	hē	동 입김을 불다, 꾸짖다
0754	合并	hébìng	동 합병하다, 합치다
0755	合成	héchéng	동 합성하다
0756	合伙	héhuǒ	동 한패가 되다, 동업하다
0757	合算	hésuàn	형 수지가 맞다
0758	和蔼	hé'ǎi	형 상냥하다, 부드럽다
0759	和解	héjiě	동 화해하다
0760	和睦	hémù	형 화목하다, 사이가 좋다
0761	和气	héqi	형 온화하다, 상냥하다
0762	和谐	héxié	형 잘 어울리다, 조화롭다
0763	嘿	hēi	감탄 야, 이봐
0764	痕迹	hénjì	명 흔적, 자취, 자국
0765	狠心	hěnxīn	동 모질게 마음먹다 형 모질다
0766	恨不得	hènbude	동 간절히 ~하고 싶다
0767	哼	hēng	동 신음하다, 흥얼거리다
0768	横	héng	형 가로의, 횡의
0769	轰动	hōngdòng	동 뒤흔들다, 들끓게 하다
0770	哄	hōng	동 떠들썩거리다 의성 와, 왁자지껄 *hǒng 동 어르다, 달래다
0771	烘	hōng	동 (불에) 말리다, 부각시키다
0772	宏观	hóngguān	형 거시적인
0773	宏伟	hóngwěi	형 웅장하다, 장엄하다
0774	洪水	hóngshuǐ	명 홍수
0775	喉咙	hóulóng	명 목구멍, 인후
0776	吼	hǒu	동 고함치다, 포효하다
0777	后代	hòudài	명 후대, 후세
0778	后顾之忧	hòu gù zhī yōu	성 뒷걱정
0779	后勤	hòuqín	명 후방 근무
0780	候选	hòuxuǎn	동 입후보하다

0781	呼唤	hūhuàn	동 외치다, 소리치다, 부르짖다
0782	呼啸	hūxiào	동 (휙휙·씽씽 등) 날카롭고 긴 소리를 내다
0783	呼吁	hūyù	동 구하다, 청하다, 호소하다
0784	忽略	hūlüè	동 소홀히 하다, 등한시하다
0785	胡乱	húluàn	부 함부로, 멋대로, 대충대충
0786	胡须	húxū	명 수염
0787	湖泊	húpō	명 호수의 통칭
0788	花瓣	huābàn	명 꽃잎
0789	花蕾	huālěi	명 꽃봉오리, 꽃망울
0790	华丽	huálì	형 화려하다, 아름답다
0791	华侨	huáqiáo	명 화교
0792	化肥	huàféi	명 화학비료
0793	化石	huàshí	명 화석
0794	化验	huàyàn	동 화학 실험을 하다
0795	化妆	huàzhuāng	동 화장하다
0796	划分	huàfēn	동 나누다, 구획하다, 구분하다
0797	画蛇添足	huà shé tiān zú	성 뱀을 그리는 데 다리를 그려 넣다, 쓸데없는 짓을 하다
0798	话筒	huàtǒng	명 마이크, 메가폰
0799	欢乐	huānlè	형 즐겁다, 유쾌하다
0800	还原	huányuán	동 원상 회복하다, 환원하다
0801	环节	huánjié	명 일환
0802	缓和	huǎnhé	동 완화시키다, 진정시키다 형 완화하다, 느슨해지다
0803	患者	huànzhě	명 환자, 병자
0804	荒凉	huāngliáng	형 황량하다, 쓸쓸하다
0805	荒谬	huāngmiù	형 엉터리이다, 터무니없다
0806	荒唐	huāngtáng	형 황당하다
0807	皇帝	huángdì	명 황제
0808	皇后	huánghòu	명 황후
0809	黄昏	huánghūn	명 황혼, 해질 무렵
0810	恍然大悟	huǎng rán dà wù	성 갑자기 모두 알게 되다
0811	晃	huǎng	동 번개같이 스쳐 지나가다
0812	挥霍	huīhuò	동 돈을 헤프게 쓰다

14 Day Track 14

도전 14 일 0813~0875

☐☐ 0813	辉煌	huīhuáng	형 (빛이) 휘황찬란하다
☐☐ 0814	回报	huíbào	동 보고하다
☐☐ 0815	回避	huíbì	동 회피하다, 피하다, 비켜가다
☐☐ 0816	回顾	huígù	동 회고하다, 회상하다
☐☐ 0817	回收	huíshōu	동 회수하다
☐☐ 0818	悔恨	huǐhèn	동 뼈저리게 뉘우치다
☐☐ 0819	毁灭	huǐmiè	동 훼멸시키다
☐☐ 0820	汇报	huìbào	동 종합하여 보고하다
☐☐ 0821	会晤	huìwù	동 만나다, 회견하다
☐☐ 0822	贿赂	huìlù	명 뇌물 동 뇌물을 주다
☐☐ 0823	昏迷	hūnmí	동 혼미하다, 의식불명이다
☐☐ 0824	荤	hūn	명 육식, 고기 요리
☐☐ 0825	浑身	húnshēn	명 전신, 온몸
☐☐ 0826	混合	hùnhé	동 혼합하다
☐☐ 0827	混乱	hùnluàn	형 혼란하다, 문란하다
☐☐ 0828	混淆	hùnxiáo	동 뒤섞이다, 뒤섞다
☐☐ 0829	混浊	hùnzhuó	형 혼탁하다
☐☐ 0830	活该	huógāi	동 ~한 것은 당연하다, ~해도 싸다
☐☐ 0831	活力	huólì	명 활력, 생기
☐☐ 0832	火箭	huǒjiàn	명 불화살, 로켓
☐☐ 0833	火焰	huǒyàn	명 화염, 불꽃
☐☐ 0834	火药	huǒyào	명 화약
☐☐ 0835	货币	huòbì	명 화폐
☐☐ 0836	讥笑	jīxiào	동 비웃다, 조소하다, 조롱하다
☐☐ 0837	饥饿	jī'è	형 배고프다, 굶주리다
☐☐ 0838	机动	jīdòng	형 엔진으로 움직이는, 기동적인
☐☐ 0839	机构	jīgòu	명 기구
☐☐ 0840	机灵	jīling	형 영리하다, 눈치 빠르다
☐☐ 0841	机密	jīmì	명 기밀 형 기밀이다
☐☐ 0842	机械	jīxiè	명 기계, 기계 장치 형 기계적이다, 융통성이 없다
☐☐ 0843	机遇	jīyù	명 (좋은) 기회, 찬스

0844	机智	jīzhì	형 기지가 넘치다
0845	基地	jīdì	명 근거지, 거점, 기지
0846	基金	jījīn	명 기금, 기본금, 펀드
0847	基因	jīyīn	명 유전자, 유전 인자
0848	激发	jīfā	동 (감정을) 불러일으키다, 끓어오르게 하다
0849	激励	jīlì	동 격려하다, 북돋워 주다
0850	激情	jīqíng	명 격정, 열정적인 감정
0851	及早	jízǎo	부 미리, 일찌감치
0852	吉祥	jíxiáng	형 운수가 좋다, 행운이다
0853	级别	jíbié	명 등급, 단계, 계급
0854	极端	jíduān	명 극단 부 아주, 몹시
0855	极限	jíxiàn	명 극한, 최대 한도
0856	即便	jíbiàn	접 설령 ~하더라도
0857	即将	jíjiāng	부 곧, 머지않아
0858	急功近利	jí gōng jìn lì	성 조급한 성공과 눈앞의 이익에만 급급하다
0859	急剧	jíjù	부 급격하게, 급속히
0860	急切	jíqiè	형 절박하다, 다급하다
0861	急于求成	jí yú qiú chéng	성 서둘러 목적을 달성하려 하다
0862	急躁	jízào	형 초조해하다, 성급하다
0863	疾病	jíbìng	명 병, 질병
0864	集团	jítuán	명 집단, 단체
0865	嫉妒	jídù	동 질투하다, 시기하다
0866	籍贯	jíguàn	명 출생지
0867	给予	jǐyǔ	동 주다, 부여하다
0868	计较	jìjiào	동 따지다, 계산하여 비교하다
0869	记性	jìxing	명 기억력
0870	记载	jìzǎi	명 기록 동 기재하다
0871	纪要	jìyào	명 기요, 요록
0872	技巧	jìqiǎo	명 기교, 기예, 테크닉
0873	忌讳	jìhuì	동 금기하다, 꺼리다, 기피하다
0874	季度	jìdù	명 사분기(四分期), 분기
0875	季军	jìjūn	명 (운동 경기 등의) 3등

15 Day Track 15

도전 15일 0876~0937

0876	迹象	jìxiàng	명 흔적, 자취, 현상
0877	继承	jìchéng	동 상속하다, 이어받다
0878	寄托	jìtuō	동 의탁하다, 맡기다, (기대·희망·감정 등을) 걸다
0879	寂静	jìjìng	형 조용하다, 고요하다
0880	加工	jiāgōng	동 가공하다
0881	加剧	jiājù	동 격화되다, 악화되다
0882	夹杂	jiāzá	동 혼합하다, 뒤섞다
0883	佳肴	jiāyáo	명 맛있는 요리
0884	家常	jiācháng	형 평상의, 보통의
0885	家伙	jiāhuo	명 녀석, 놈
0886	家属	jiāshǔ	명 가솔, 딸린 식구
0887	家喻户晓	jiā yù hù xiǎo	성 집집마다 다 알다, 누구나 다 알다
0888	尖端	jiānduān	명 첨단 형 첨단의
0889	尖锐	jiānruì	형 날카롭다, 예리하다
0890	坚定	jiāndìng	형 확고부동하다, 결연하다
0891	坚固	jiāngù	형 견고하다, 튼튼하다
0892	坚韧	jiānrèn	형 단단하고 질기다, 강인하다
0893	坚实	jiānshí	형 견실하다, 견고하다
0894	坚硬	jiānyìng	형 단단하다, 견고하다, 굳다
0895	艰难	jiānnán	형 곤란하다, 어렵다, 힘들다
0896	监督	jiāndū	명 감독 동 감독하다
0897	监视	jiānshì	동 감시하다, 감시 관리하다
0898	监狱	jiānyù	명 교도소, 감옥
0899	煎	jiān	동 (적은 기름에) 지지다, 부치다
0900	拣	jiǎn	동 간택하다, 고르다
0901	检讨	jiǎntǎo	동 깊이 반성하다, 검토하다
0902	检验	jiǎnyàn	동 검증하다, 검사하다
0903	剪彩	jiǎncǎi	동 (개막식 등에서) 기념 테이프를 끊다
0904	简化	jiǎnhuà	동 간소화하다
0905	简陋	jiǎnlòu	형 초라하다, 조촐하다
0906	简体字	jiǎntǐzì	명 간체자

☐☐ 0907	简要	jiǎnyào	형	간단명료하다
☐☐ 0908	见多识广	jiàn duō shí guǎng	성	박식하고 경험이 많다
☐☐ 0909	见解	jiànjiě	명	견해, 의견
☐☐ 0910	见闻	jiànwén	명	견문, 보고 들은 것
☐☐ 0911	见义勇为	jiàn yì yǒng wéi	성	정의를 보고 용감하게 뛰어들다
☐☐ 0912	间谍	jiàndié	명	스파이, 간첩
☐☐ 0913	间隔	jiàngé	명	간격, 사이
☐☐ 0914	间接	jiànjiē	형	간접적인
☐☐ 0915	剑	jiàn	명	큰 칼, 검
☐☐ 0916	健全	jiànquán	형	건강하고 온전하다, 건전하다
☐☐ 0917	舰艇	jiàntǐng	명	함정(艦艇)
☐☐ 0918	践踏	jiàntà	동	밟다, 디디다
☐☐ 0919	溅	jiàn	동	(액체가) 튀다
☐☐ 0920	鉴别	jiànbié	동	감별하다, 변별하다
☐☐ 0921	鉴定	jiàndìng	동	감정하다, 평가하다
☐☐ 0922	鉴于	jiànyú	동	~에 비추어 보아, ~을 감안하여
☐☐ 0923	将近	jiāngjìn	동	거의 ~에 근접하다
☐☐ 0924	将就	jiāngjiu	동	우선 아쉬운 대로 참고 견디다
☐☐ 0925	将军	jiāngjūn	명	장군
☐☐ 0926	僵硬	jiāngyìng	형	(사지가) 뻣뻣하다, 경직되다, 융통성이 없다
☐☐ 0927	奖励	jiǎnglì	명 상 동 장려하다
☐☐ 0928	奖赏	jiǎngshǎng	동 포상 동 상을 주다
☐☐ 0929	桨	jiǎng	명	(배의 짧고 작은) 노
☐☐ 0930	降临	jiànglín	동	강림하다, 내려오다, 찾아오다
☐☐ 0931	交叉	jiāochā	동	교차하다, 엇갈리다
☐☐ 0932	交代	jiāodài	동	설명하다, 분부하다, 교대하다
☐☐ 0933	交涉	jiāoshè	동	교섭하다, 협상하다
☐☐ 0734	交易	jiāoyì	동	교역하다, 거래하다
☐☐ 0935	娇气	jiāoqì	형	여리다, 연약하다
☐☐ 0936	焦点	jiāodiǎn	명	초점
☐☐ 0937	焦急	jiāojí	형	초조하다, 조급해하다

16 Day Track 16

도전 16일 0938~1000

0938	角落	jiǎoluò	몡 구석, 모퉁이
0939	侥幸	jiǎoxìng	형 운이 좋다, 요행이다
0940	搅拌	jiǎobàn	동 휘저어 섞다, 반죽하다
0941	缴纳	jiǎonà	동 납부하다, 납입하다
0942	较量	jiàoliàng	동 겨루다, 대결하다, 경쟁하다
0943	教养	jiàoyǎng	몡 교양 동 가르쳐 키우다
0944	阶层	jiēcéng	몡 계층
0945	皆	jiē	부 모두, 전부, 함께
0946	接连	jiēlián	부 연이어, 잇달아
0947	揭露	jiēlù	동 폭로하다, 까발리다
0948	节制	jiézhì	동 지휘 통솔하다, 통제 관리하다
0949	节奏	jiézòu	몡 리듬, 박자
0950	杰出	jiéchū	형 빼어난, 출중한
0951	结晶	jiéjīng	몡 결정, 소중한 성과
0952	结局	jiéjú	몡 결말, 결국, 결과, 끝
0953	结算	jiésuàn	동 결산하다
0954	截止	jiézhǐ	동 마감하다, 일단락 짓다
0955	截至	jiézhì	동 ~까지 마감이다
0956	竭尽全力	jié jìn quán lì	성 모든 힘을 다 기울이다
0957	解除	jiěchú	동 없애다, 제거하다
0958	解放	jiěfàng	동 해방하다
0959	解雇	jiěgù	동 해고하다
0960	解剖	jiěpōu	동 해부하다
0961	解散	jiěsàn	동 해산하다, 흩어지다
0962	解体	jiětǐ	동 해체되다, 와해되다
0963	戒备	jièbèi	동 경비하다, 경계하다
0964	界限	jièxiàn	몡 경계, 한도
0965	借鉴	jièjiàn	동 참고로 하다, 본보기로 삼다
0966	借助	jièzhù	동 도움을 빌다
0967	金融	jīnróng	몡 금융
0968	津津有味	jīn jīn yǒu wèi	성 흥미진진하다, 아주 맛있다

0969	紧迫	jǐnpò	형 긴박하다, 급박하다
0970	锦上添花	jǐn shàng tiān huā	성 금상첨화, 좋은 일에 또 좋은 일이 더해지다
0971	进而	jìn'ér	접 더 나아가
0972	进攻	jìngōng	동 공격하다, 진격하다
0973	进化	jìnhuà	동 진화하다, 발전하다
0974	进展	jìnzhǎn	동 진전하다
0975	近来	jìnlái	명 근래, 요즘
0976	晋升	jìnshēng	동 승진하다, 진급하다
0977	浸泡	jìnpào	동 (오랜 시간 물에) 담그다, 잠그다
0978	茎	jīng	명 (식물의) 줄기
0979	经费	jīngfèi	명 경비, 비용
0980	经纬	jīngwěi	명 날줄과 씨줄, 경도와 위도
0981	惊动	jīngdòng	동 놀라게 하다, 시끄럽게 하다
0982	惊奇	jīngqí	형 놀랍고도 이상하다, 이상히 여기다
0983	惊讶	jīngyà	형 의아스럽다, 놀랍다
0984	兢兢业业	jīng jīng yè yè	성 근면하고 성실하게 업무에 임하다
0985	精打细算	jīng dǎ xì suàn	성 세밀하게 계산하다, 면밀하게 계획하다
0986	精华	jīnghuá	명 정화, 정수
0987	精简	jīngjiǎn	동 정선하다, 간소화하다
0988	精密	jīngmì	형 정밀하다
0989	精确	jīngquè	형 정밀하고 확실하다
0990	精通	jīngtōng	동 정통하다
0991	精心	jīngxīn	형 정성을 들이다
0992	精益求精	jīng yì qiú jīng	성 훌륭하지만 더욱더 완벽을 추구하다
0993	精致	jīngzhì	형 세밀하다, 정교하다
0994	井	jǐng	명 우물
0995	颈椎	jǐngzhuī	명 경추, 목등뼈
0996	警告	jǐnggào	명 경고 동 경고하다
0997	警惕	jǐngtì	동 경계하다, 경계심을 갖다
0998	竞赛	jìngsài	동 경쟁하다, 경기하다, 시합하다
0999	竞选	jìngxuǎn	동 선거 운동을 하다, 선거에 입후보하다
1000	敬礼	jìnglǐ	동 경례하다

13-16 Days 확인학습

☐ 실력점검 ____/50   ☐ 오답확인

1. 다음 단어와 뜻을 알맞게 연결해 보세요.

① 华丽 •   • ⓐ 전신, 온몸
② 浑身 •   • ⓑ 기지가 넘치다
③ 机智 •   • ⓒ 첨단, 첨단의
④ 给予 •   • ⓓ 교역하다, 거래하다
⑤ 忌讳 •   • ⓔ 화려하다, 아름답다
⑥ 尖端 •   • ⓕ 뒤흔들다, 들끓게 하다
⑦ 健全 •   • ⓖ 강림하다, 내려오다, 찾아오다
⑧ 交易 •   • ⓗ 주다, 부여하다
⑨ 降临 •   • ⓘ 건강하고 온전하다, 건전하다
⑩ 轰动 •   • ⓙ 금기하다, 꺼리다, 기피하다

2. 다음 단어를 중국어로 써 보세요.

① 화해하다   ② 즐겁다, 유쾌하다
③ 혼탁하다   ④ 유전자, 유전 인자
⑤ 감독, 감독하다   ⑥ 간격, 사이
⑦ 포상, 상을 주다   ⑧ (액체가) 튀다
⑨ 기록, 기재하다   ⑩ 극단, 아주, 몹시

3. 녹음을 듣고 해당 단어를 중국어로 써 보세요. Test 04

① _____   ② _____
③ _____   ④ _____
⑤ _____   ⑥ _____
⑦ _____   ⑧ _____
⑨ _____   ⑩ _____

4. 다음 단어의 뜻을 써 보세요.

① 精华 _____   ② 进展 _____
③ 揭露 _____   ④ 见解 _____
⑤ 焦点 _____   ⑥ 寂静 _____
⑦ 机构 _____   ⑧ 贿赂 _____
⑨ 机遇 _____   ⑩ 激励 _____
⑪ 简陋 _____   ⑫ 警惕 _____
⑬ 进而 _____   ⑭ 阶层 _____
⑮ 节奏 _____   ⑯ 侥幸 _____
⑰ 鉴于 _____   ⑱ 家属 _____
⑲ 嫉妒 _____   ⑳ 机灵 _____

17 Day Track 17   도전 17일 1001~1062

1001	敬业	jìngyè	동 자기의 일에 최선을 다하다
1002	境界	jìngjiè	명 경계, 경지
1003	镜头	jìngtóu	명 (사진기 등의) 렌즈
1004	纠纷	jiūfēn	명 다툼, 분쟁, 분규
1005	纠正	jiūzhèng	동 교정하다, 고치다
1006	酒精	jiǔjīng	명 알코올
1007	救济	jiùjì	동 구제하다
1008	就近	jiùjìn	부 가까운 곳에, 근방에
1009	就业	jiùyè	동 취직하다, 취업하다
1010	就职	jiùzhí	동 부임하다, 취임하다
1011	拘留	jūliú	동 구류하다
1012	拘束	jūshù	동 제한하다, 구속하다
1013	居民	jūmín	명 주민, 거주민
1014	居住	jūzhù	동 거주하다
1015	鞠躬	jūgōng	동 허리를 굽혀 절하다
1016	局部	júbù	명 국부, (일)부분
1017	局面	júmiàn	명 국면, 형세, 양상
1018	局势	júshì	명 국면, 정세, 시국
1019	局限	júxiàn	동 국한하다, 한정하다
1020	咀嚼	jǔjué	동 (음식물을) 씹다
1021	沮丧	jǔsàng	형 낙담하다, 풀이 죽다
1022	举动	jǔdòng	명 거동, 행동, 동작
1023	举世瞩目	jǔ shì zhǔ mù	성 전 세계 사람들이 주목하다
1024	举足轻重	jǔ zú qīng zhòng	성 대단히 중요한 위치에 있어 전체에 중대한 영향을 끼치다
1025	剧本	jùběn	명 극본, 각본
1026	剧烈	jùliè	형 극렬하다, 격렬하다
1027	据悉	jùxī	동 아는 바에 의하면 ~라고 한다
1028	聚精会神	jù jīng huì shén	성 정신을 집중하다, 열중하다
1029	卷	juǎn	동 말다, 감다
1030	决策	juécè	명 결정된 책략 동 책략 등을 결정하다
1031	觉悟	juéwù	명 의식, 자각 동 깨닫다, 자각하다, 인식하다

1032	觉醒	juéxǐng	동 각성하다, 깨닫다
1033	绝望	juéwàng	명 절망 동 절망하다
1034	倔强	juéjiàng	형 (성격이) 강하고 고집이 세다
1035	军队	jūnduì	명 군대
1036	君子	jūnzǐ	명 군자, 학식과 덕망이 높은 사람
1037	卡通	kǎtōng	명 만화 영화, 애니메이션
1038	开采	kāicǎi	동 (지하 자원을) 채굴하다
1039	开除	kāichú	동 해고하다, 제명하다
1040	开阔	kāikuò	형 넓다, 광활하다
1041	开朗	kāilǎng	형 명랑하다, 쾌활하다, (생각이) 트이다
1042	开明	kāimíng	형 (생각이) 깨어 있다, 진보적이다
1043	开辟	kāipì	동 (길을) 열다, 개척하다
1044	开拓	kāituò	동 개척하다, 개간하다
1045	开展	kāizhǎn	동 넓히다, 전개하다
1046	开支	kāizhī	명 지출 동 지출하다
1047	刊登	kāndēng	동 게재하다, 싣다, 등재하다
1048	刊物	kānwù	명 간행물, 출판물
1049	勘探	kāntàn	동 탐사하다
1050	侃侃而谈	kǎn kǎn ér tán	성 당당하고 차분하게 말하다
1051	砍伐	kǎnfá	동 나무를 베다
1052	看待	kàndài	동 대(우)하다, 다루다, 취급하다
1053	慷慨	kāngkǎi	형 아낌 없이 후하게 대하다, 격앙되다
1054	扛	káng	동 (어깨에) 메다
1055	抗议	kàngyì	동 항의하다
1056	考察	kǎochá	동 고찰하다, 정밀히 관찰하다, 현지 조사하다
1057	考古	kǎogǔ	명 고고학 동 고고학을 연구하다
1058	考核	kǎohé	명 심사 동 심사하다, 대조하다
1059	考验	kǎoyàn	명 시험, 시련, 검증
1060	靠拢	kàolǒng	동 접근하다, 가까이 다가서다
1061	科目	kēmù	명 과목, 항목
1062	磕	kē	동 (단단한 곳에) 부딪히다

1063	可观	kěguān	형 대단하다, 볼 만하다
1064	可口	kěkǒu	형 맛있다, 입에 맞다
1065	可恶	kěwù	형 얄밉다, 밉살스럽다
1066	可行	kěxíng	형 실행 가능하다
1067	渴望	kěwàng	동 갈망하다, 간절히 바라다
1068	克制	kèzhì	동 억제하다, 자제하다
1069	刻不容缓	kè bù róng huǎn	성 잠시라도 지체할 수 없다
1070	客户	kèhù	명 고객, 거래처
1071	课题	kètí	명 과제, 프로젝트
1072	恳切	kěnqiè	형 간절하다, 진지하다
1073	啃	kěn	동 갉아먹다
1074	坑	kēng	명 구덩이, 갱 동 함정에 빠뜨리다
1075	空洞	kōngdòng	동 (말이나 문장에) 내용이 없다, 요지가 없다
1076	空前绝后	kōng qián jué hòu	성 전무후무하다
1077	空想	kōngxiǎng	동 공상하다
1078	空虚	kōngxū	형 텅 비다, 공허하다
1079	孔	kǒng	명 구멍
1080	恐怖	kǒngbù	형 공포를 느끼다, 무섭다
1081	恐吓	kǒnghè	동 위협하다, 협박하다
1082	恐惧	kǒngjù	동 겁먹다, 두려워하다
1083	空白	kòngbái	명 공백, 여백
1084	空隙	kòngxì	명 틈, 간격, 겨를, 짬
1085	口气	kǒuqì	명 어조, 말투
1086	口腔	kǒuqiāng	명 구강
1087	口头	kǒutóu	명 구두 형 구두로 표현하다
1088	口音	kǒuyīn	명 발음, 말씨, 어투
1089	扣	kòu	동 채우다, 걸다
1090	枯萎	kūwěi	동 시들다, 마르다
1091	枯燥	kūzào	형 무미건조하다, 지루하다
1092	哭泣	kūqì	동 흐느껴 울다
1093	苦尽甘来	kǔ jìn gān lái	성 쓴 것이 다하면 단 것이 온다

1094	苦涩	kǔsè	형 씁쓸하고 떫다, 괴롭다
1095	挎	kuà	동 걸다, 메다, 차다
1096	跨	kuà	동 큰 걸음으로 뛰어넘다, 한계를 뛰어넘다
1097	快活	kuàihuo	형 쾌활하다, 즐겁다
1098	宽敞	kuānchang	형 넓다
1099	宽容	kuānróng	동 관용하다, 너그럽다
1100	款待	kuǎndài	동 환대하다, 정성껏 대접하다
1101	款式	kuǎnshì	명 격식, 양식, 스타일
1102	筐	kuāng	명 광주리, 바구니
1103	旷课	kuàngkè	동 무단결석하다, 수업을 빼먹다
1104	况且	kuàngqiě	접 하물며, 게다가, 더구나
1105	矿产	kuàngchǎn	명 광산물
1106	框架	kuàngjià	명 틀, 뼈대
1107	亏待	kuīdài	동 푸대접하다, 박대하다
1108	亏损	kuīsǔn	동 적자 나다, 손해를 보다
1109	捆绑	kǔnbǎng	동 (사람을) 줄로 묶다
1110	扩充	kuòchōng	동 확충하다
1111	扩散	kuòsàn	동 확산하다
1112	扩张	kuòzhāng	동 넓히다, 확장하다
1113	喇叭	lǎba	명 나팔
1114	蜡烛	làzhú	명 양초
1115	啦	la	조 '了(le)'와 '啊(a)'의 합음사로 양자의 의미를 겸유함
1116	来历	láilì	명 유래, 이력, 내력
1117	来源	láiyuán	명 근원, 출처
1118	栏目	lánmù	명 (신문·잡지 등의) 난, 항목
1119	懒惰	lǎnduò	형 나태하다, 게으르다
1120	狼狈	lángbèi	형 매우 난처하다, 궁지에 빠지다
1121	狼吞虎咽	láng tūn hǔ yàn	성 게걸스럽게 먹다
1122	捞	lāo	동 건지다
1123	牢固	láogù	형 견고하다, 확고하다
1124	牢骚	láosāo	명 불평, 불만
1125	唠叨	láodao	동 되풀이하여 말하다, 잔소리하다

19 Day Track 19   도전 19일 1126~1187

1126	乐趣	lèqù	명 즐거움, 재미
1127	乐意	lèyì	통 기꺼이 ~하다, ~하기를 원하다
1128	雷达	léidá	명 레이더, 전파 탐지기
1129	类似	lèisì	형 유사하다, 비슷하다
1130	冷酷	lěngkù	형 냉혹하다, 잔인하다
1131	冷落	lěngluò	통 냉대하다 형 쓸쓸하다, 조용하다
1132	冷却	lěngquè	통 냉각하다
1133	愣	lèng	통 멍해지다, 어리둥절하다, 넋 놓다
1134	黎明	límíng	명 여명, 동틀 무렵
1135	礼节	lǐjié	명 예절
1136	礼尚往来	lǐ shàng wǎng lái	성 예의상 오가는 것을 중시한다
1137	里程碑	lǐchéngbēi	명 이정표
1138	理睬	lǐcǎi	통 거들떠보다, 상대하다
1139	理所当然	lǐ suǒ dāng rán	성 마땅히 이러해야 한다
1140	理直气壮	lǐ zhí qì zhuàng	성 이유가 충분하여 말에 힘이 있다
1141	理智	lǐzhì	명 이성과 지혜 형 침착하다, 이지적이다
1142	力求	lìqiú	통 힘써 노력하다
1143	力所能及	lì suǒ néng jí	성 자기 능력으로 해낼 수 있다
1144	力争	lìzhēng	통 (목표에 도달하기 위해) 매우 노력하다
1145	历代	lìdài	명 역대, 대대
1146	历来	lìlái	부 역대로, 줄곧, 항상
1147	立场	lìchǎng	명 입장, 태도, 관점
1148	立方	lìfāng	명 입방, 세제곱
1149	立交桥	lìjiāoqiáo	명 입체 교차로
1150	立体	lìtǐ	명 입체
1151	立足	lìzú	통 발붙이다, 입각하다
1152	利害	lìhài	명 이익과 손해
1153	例外	lìwài	명 예외 통 예외로 하다
1154	粒	lì	양 알갱이, 입자
1155	连年	liánnián	통 몇 해 동안 이어지다
1156	连锁	liánsuǒ	형 연쇄적인

1157	连同	liántóng	접 ~과 함께
1158	联欢	liánhuān	동 함께 모여 즐기다, 친목을 맺다
1159	联络	liánluò	동 연락하다
1160	联盟	liánméng	명 연맹, 동맹
1161	联想	liánxiǎng	동 연상하다
1162	廉洁	liánjié	형 청렴결백하다
1163	良心	liángxīn	명 양심
1164	谅解	liàngjiě	동 양해하다
1165	晾	liàng	동 (바람에) 말리다, (햇볕에) 쪼이다
1166	辽阔	liáokuò	형 광활하다, 아득히 넓다
1167	列举	lièjǔ	동 열거하다
1168	临床	línchuáng	명 임상 동 (의사가 직접 병상을 돌아보며) 치료하다
1169	淋	lín	동 젖다
1170	吝啬	lìnsè	형 인색하다
1171	伶俐	línglì	형 영리하다, 총명하다
1172	灵感	línggǎn	명 영감
1173	灵魂	línghún	명 영혼, 마음, 핵심 요소
1174	灵敏	língmǐn	형 반응이 빠르다, 민감하다
1175	凌晨	língchén	명 이른 새벽
1176	零星	língxīng	형 자질구레하다, 보잘것없다
1177	领会	lǐnghuì	동 깨닫다, 이해하다, 파악하다
1178	领事馆	lǐngshìguǎn	명 영사관
1179	领土	lǐngtǔ	명 영토, 국토
1180	领悟	lǐngwù	동 깨닫다, 이해하다, 납득하다
1181	领先	lǐngxiān	동 앞장서다, 선두에 서다
1182	领袖	lǐngxiù	명 지도자, 영수
1183	溜	liū	동 미끄러지다, 활강하다
1184	留恋	liúliàn	동 미련을 가지다, 그리워하다
1185	留念	liúniàn	동 기념으로 남겨 두다
1186	留神	liúshén	동 주의하다, 조심하다
1187	流浪	liúlàng	동 유랑하다, 방랑하다

20 Day Track 20 도전 20일 1188~1250

1188	流露	liúlù	통 (생각·감정을) 무의식 중에 나타내다
1189	流氓	liúmáng	명 건달, 깡패
1190	流通	liútōng	형 유통하다, 막힘없이 잘 통하다
1191	聋哑	lóngyǎ	형 귀가 먹고 말도 못하다
1192	隆重	lóngzhòng	형 성대하다, 장중하다
1193	垄断	lǒngduàn	통 독점하다, 마음대로 다루다
1194	笼罩	lǒngzhào	통 덮어 씌우다, 휩싸이다, 자욱하다
1195	搂	lǒu	통 안다, 껴안다
1196	炉灶	lúzào	명 부뚜막
1197	屡次	lǔcì	부 자주, 누차, 여러 번
1198	履行	lǔxíng	통 이행하다, 실행하다
1199	掠夺	lüèduó	통 빼앗다, 약탈하다
1200	轮船	lúnchuán	명 (증)기선
1201	轮廓	lúnkuò	명 윤곽, 테두리
1202	轮胎	lúntāi	명 타이어
1203	论坛	lùntán	명 논단, 칼럼
1204	论证	lùnzhèng	명 논증 통 논증하다
1205	啰唆	luōsuo	형 말이 많다, 수다스럽다
1206	络绎不绝	luò yì bù jué	성 왕래가 빈번하여 끊이지 않다
1207	落成	luòchéng	통 준공되다, 낙성되다
1208	落实	luòshí	통 수행하다, 실현하다, 구체화하다
1209	麻痹	mábì	통 마비되다
1210	麻木	mámù	형 마비되다, 저리다
1211	麻醉	mázuì	통 마취하다
1212	码头	mǎtou	명 부두, 선창
1213	蚂蚁	mǎyǐ	명 개미
1214	嘛	ma	조 서술문 뒤에 쓰여 당연함을 나타냄
1215	埋伏	máifú	통 매복하다
1216	埋没	máimò	통 매몰되다, 묻히다
1217	埋葬	máizàng	통 (시체를) 매장하다, 묻다
1218	迈	mài	통 내딛다, 나아가다

1219	脉搏	màibó	몡 맥박
1220	埋怨	mányuàn	동 불평하다, 원망하다
1221	蔓延	mànyán	동 만연하다, 널리 번지어 퍼지다
1222	漫长	màncháng	형 (시간·공간이) 멀다, 길다
1223	漫画	mànhuà	명 만화
1224	慢性	mànxìng	형 만성의
1225	忙碌	mánglù	형 (정신 없이) 바쁘다
1226	盲目	mángmù	형 맹목적(인), 무작정
1227	茫茫	mángmáng	형 아득하다, 망망하다
1228	茫然	mángrán	형 멍하다, 막연하다
1229	茂盛	màoshèng	형 (식물이) 우거지다, 무성하다
1230	冒充	màochōng	동 사칭하다, 가장하다
1231	冒犯	màofàn	동 무례하다, 실례하다
1232	枚	méi	양 매, 장, 개[주로 비교적 작은 조각으로 된 사물을 세는 단위]
1233	媒介	méijiè	명 매개자, 매개물, 매개체
1234	美观	měiguān	형 (형식·구성 등이) 보기 좋다, 예쁘다
1235	美满	měimǎn	형 아름답고 원만하다
1236	美妙	měimiào	형 아름답다, 훌륭하다, 더없이 좋다
1237	萌芽	méngyá	동 싹트다, 발생하기 시작하다
1238	猛烈	měngliè	형 맹렬하다 부 급격히
1239	眯	mī	동 실눈을 뜨다
1240	弥补	míbǔ	동 메우다, 보충하다
1241	弥漫	mímàn	동 자욱하다, 가득하다
1242	迷惑	míhuò	동 미혹되다, 현혹되다
1243	迷人	mírén	동 사람을 홀리다, 매력적이다
1244	迷信	míxìn	명 미신 동 미신을 믿다, 맹신하다
1245	谜语	míyǔ	명 수수께끼
1246	密度	mìdù	명 밀도
1247	密封	mìfēng	동 밀봉하다, 밀폐하다
1248	棉花	miánhuā	명 목화, 면, 솜
1249	免得	miǎnde	접 ~하지 않도록
1250	免疫	miǎnyì	명 면역

17-20 Days 확인학습

☐ 실력점검 ____/50 ☐ 오답확인

1. 다음 단어와 뜻을 알맞게 연결해 보세요.

① 举动　　•　　　　　　　　　　• ⓐ 아름답고 원만하다

② 开阔　　•　　　　　　　　　　• ⓑ 미혹되다, 현혹되다

③ 抗议　　•　　　　　　　　　　• ⓒ 양해하다

④ 美满　　•　　　　　　　　　　• ⓓ 거동, 행동, 동작

⑤ 迷惑　　•　　　　　　　　　　• ⓔ 냉혹하다, 잔인하다

⑥ 麻木　　•　　　　　　　　　　• ⓕ 빼앗다, 약탈하다

⑦ 掠夺　　•　　　　　　　　　　• ⓖ 마비되다, 저리다

⑧ 啰唆　　•　　　　　　　　　　• ⓗ 말이 많다, 수다스럽다

⑨ 谅解　　•　　　　　　　　　　• ⓘ 넓다, 광활하다

⑩ 冷酷　　•　　　　　　　　　　• ⓙ 항의하다

2. 다음 단어를 중국어로 써 보세요.

① 확충하다　　　　　　　　　　② 고객, 거래처

③ 흐느껴 울다　　　　　　　　　④ 경계, 경지

⑤ 제한하다, 구속하다　　　　　⑥ 각성하다, 깨닫다

⑦ 억제하다, 자제하다　　　　　⑧ 만성의

⑨ 격식, 양식, 스타일　　　　　⑩ 연락하다

3. 녹음을 듣고 해당 단어를 중국어로 써 보세요. Test 05

① _____ ② _____
③ _____ ④ _____
⑤ _____ ⑥ _____
⑦ _____ ⑧ _____
⑨ _____ ⑩ _____

4. 다음 단어의 뜻을 써 보세요.

① 弥补 _____   ② 忙碌 _____
③ 屡次 _____   ④ 理睬 _____
⑤ 款待 _____   ⑥ 咀嚼 _____
⑦ 例外 _____   ⑧ 领先 _____
⑨ 纠纷 _____   ⑩ 恐惧 _____
⑪ 留神 _____   ⑫ 蚂蚁 _____
⑬ 倔强 _____   ⑭ 萌芽 _____
⑮ 灵感 _____   ⑯ 勘探 _____
⑰ 类似 _____   ⑱ 恳切 _____
⑲ 懒惰 _____   ⑳ 隆重 _____

정답

3. ① 真且 ② 慈悲 ③ 动作 ④ 开除 ⑤ 过问 ⑥ 奢侈 ⑦ 奢侈 ⑧ 开辟 ⑨ 开辟 ⑩ 开辟 4. ① 매우다, 보충하다
② (정신 없이) 바쁘다 ③ 누차, 여러 번 ④ 거들떠보다, 상대하다 ⑤ 환대하다, 정성껏 대접하다 ⑥ 씹다
⑦ 예외, 예외로 하다 ⑧ 앞장서다, 앞서다 ⑨ 분쟁, 다툼 ⑩ 겁먹다, 두려워하다 ⑪ 주의하다, 조심하다 ⑫ 개미
⑬ (성격이) 강하고 고집이 세다 ⑭ 새싹 ⑮ 영감 ⑯ 탐사하다, 탐색하다 ⑰ 유사하다, 비슷하다 ⑱ 간절하다, 진실하
고 간절하다 ⑲ 나태하다, 게으르다 ⑳ 성대하다, 장중하다

53

21 Day Track 21　도전 21일　1251~1312

☐☐ 1251	勉励	miǎnlì	동	격려하다
☐☐ 1252	勉强	miǎnqiǎng	형	간신히 ~하다, 마지못하다
☐☐ 1253	面貌	miànmào	명	용모, 생김새
☐☐ 1254	面子	miànzi	명	체면
☐☐ 1255	描绘	miáohuì	동	묘사하다, 그려내다
☐☐ 1256	瞄准	miáozhǔn	동	조준하다, 겨누다
☐☐ 1257	渺小	miǎoxiǎo	형	매우 작다, 보잘것없다
☐☐ 1258	藐视	miǎoshì	동	경시하다, 깔보다
☐☐ 1259	灭亡	mièwáng	동	멸망하다
☐☐ 1260	蔑视	mièshì	동	멸시하다, 깔보다
☐☐ 1261	民间	mínjiān	명	민간
☐☐ 1262	民主	mínzhǔ	명 민주 형	민주적인
☐☐ 1263	敏捷	mǐnjié	형	민첩하다
☐☐ 1264	敏锐	mǐnruì	형	예민하다, 예리하다
☐☐ 1265	名次	míngcì	명	석차, 순위
☐☐ 1266	名额	míng'é	명	정원, 인원 수
☐☐ 1267	名副其实	míng fù qí shí	성	명실상부하다
☐☐ 1268	名誉	míngyù	명 명예 형	명예의
☐☐ 1269	明明	míngmíng	부	분명히, 명백히
☐☐ 1270	明智	míngzhì	형	총명하다, 현명하다
☐☐ 1271	命名	mìngmíng	동	명명하다, 이름 짓다
☐☐ 1272	摸索	mōsuǒ	동	모색하다
☐☐ 1273	模范	mófàn	명 모범 형	모범적인
☐☐ 1274	模式	móshì	명	양식, 패턴, 모델
☐☐ 1275	模型	móxíng	명	모형, 모본
☐☐ 1276	膜	mó	명	막, (막과 같은) 얇은 껍질
☐☐ 1277	摩擦	mócā	동	마찰하다, 비비다
☐☐ 1278	磨合	móhé	동	맞물리다, 길들(이)다, 적응하다
☐☐ 1279	魔鬼	móguǐ	명	마귀, 악마, 사탄
☐☐ 1280	魔术	móshù	명	마술
☐☐ 1281	抹杀	mǒshā	동	말살하다, 없애다

☐☐ 1282	莫名其妙	mò míng qí miào	성	영문을 알 수 없다, 대단히 오묘하다
☐☐ 1283	墨水儿	mòshuǐr	명	먹물, 잉크, 지식, 학문
☐☐ 1284	默默	mòmò	부	묵묵히, 말없이
☐☐ 1285	谋求	móuqiú	동	강구하다, 모색하다, 꾀하다
☐☐ 1286	模样	múyàng	명	모양, 모습, 상황
☐☐ 1287	母语	mǔyǔ	명	모국어
☐☐ 1288	目睹	mùdǔ	동	직접 보다, 목도하다
☐☐ 1289	目光	mùguāng	명	시선, 눈길, 눈빛, 견해
☐☐ 1290	沐浴	mùyù	동	목욕하다
☐☐ 1291	拿手	náshǒu	형	뛰어나다, 능하다, 자신 있다
☐☐ 1292	纳闷儿	nàmènr	동	답답하다, 속이 터지다
☐☐ 1293	耐用	nàiyòng	형	오래 쓸 수 있다, 질기다, 오래가다
☐☐ 1294	南辕北辙	nán yuán běi zhé	성	하는 행동과 목적이 상반되다
☐☐ 1295	难得	nándé	형	얻기 어렵다, 구하기 힘들다
☐☐ 1296	难堪	nánkān	동	난감하다, 난처하다, 견디기 어렵다
☐☐ 1297	难能可贵	nán néng kě guì	성	어려운 일을 해내서 귀중하게 여길 만하다
☐☐ 1298	恼火	nǎohuǒ	동	화내다, 노하다, 성내다
☐☐ 1299	内涵	nèihán	명	내포, 내용, 의미
☐☐ 1300	内幕	nèimù	명	내막, 속사정
☐☐ 1301	内在	nèizài	형	내재적인, 내재하는
☐☐ 1302	能量	néngliàng	명	에너지, 능력, 역량
☐☐ 1303	拟定	nǐdìng	동	입안하다, 초안을 세우다
☐☐ 1304	逆行	nìxíng	동	역행하다
☐☐ 1305	年度	niándù	명	연도
☐☐ 1306	捏	niē	동	집다, 잡다, 빚다
☐☐ 1307	凝固	nínggù	동	응고하다, 정체되다
☐☐ 1308	凝聚	níngjù	동	응집하다, 맺히다, 모으다
☐☐ 1309	凝视	níngshì	동	주목(응시)하다, 눈여겨보다
☐☐ 1310	拧	nǐng	동	틀다, 비틀다, 짜다
☐☐ 1311	宁肯	nìngkěn	부	차라리 ~할지언정, 설령 ~할지라도
☐☐ 1312	宁愿	nìngyuàn	부	차라리 ~할지언정

22 Day Track 22   도전 22일 1313~1375

1313	扭转	niǔzhuǎn	동 되돌리다, 바로잡다
1314	纽扣儿	niǔkòur	명 단추
1315	农历	nónglì	명 음력
1316	浓厚	nónghòu	형 짙다, 농후하다, 강하다
1317	奴隶	núlì	명 노예
1318	虐待	nüèdài	동 학대하다
1319	挪	nuó	동 옮기다, 움직이다, (위치를) 변경하다
1320	哦	ò	감탄 (놀람·반신반의를 나타내어) 에!, 어머!
1321	殴打	ōudǎ	동 구타하다
1322	呕吐	ǒutù	동 구토하다
1323	偶像	ǒuxiàng	명 우상
1324	趴	pā	동 엎드리다
1325	排斥	páichì	동 배척하다
1326	排除	páichú	동 제거하다, 없애다
1327	排放	páifàng	동 배출하다, 방류하다
1328	排练	páiliàn	동 무대 연습을 하다, 리허설 하다
1329	徘徊	páihuái	동 배회하다, 왔다 갔다 하다, 망설이다
1330	派别	pàibié	명 파벌, 유파
1331	派遣	pàiqiǎn	동 파견하다
1332	攀登	pāndēng	동 등반하다, 타고 오르다
1333	盘旋	pánxuán	동 선회하다, 빙빙 돌다, 맴돌다
1334	判决	pànjué	동 판결하다, 선고하다
1335	畔	pàn	명 (강·호수·도로 등의) 가장자리, 부근
1336	庞大	pángdà	형 매우 크다, 방대하다
1337	抛弃	pāoqì	동 버리다, 포기하다
1338	泡沫	pàomò	명 (물)거품
1339	培育	péiyù	동 기르다, 재배하다
1340	配备	pèibèi	동 배치하다, 배분하다
1341	配偶	pèi'ǒu	명 배필, 배우자, 반려자
1342	配套	pèitào	동 조립하다, 맞추다
1343	盆地	péndì	명 분지

1344	烹饪	pēngrèn	동 요리하다
1345	捧	pěng	동 받들다, 받쳐 들다, 남에게 아첨하다
1346	批发	pīfā	동 도매하다
1347	批判	pīpàn	동 비판하다, 지적하다
1348	劈	pī	동 (도끼 등으로) 쪼개다, 패다
1349	皮革	pígé	명 피혁, 가죽
1350	疲惫	píbèi	형 대단히 피곤하다
1351	疲倦	píjuàn	형 피곤하다, 지치다, 늘어지다
1352	屁股	pìgu	명 엉덩이
1353	譬如	pìrú	동 예를 들다
1354	偏差	piānchā	명 편차, 오차
1355	偏见	piānjiàn	명 편견, 선입견
1356	偏僻	piānpì	형 외지다, 궁벽하다, 구석지다
1357	偏偏	piānpiān	부 기어코, 일부러, 굳이
1358	片断	piànduàn	명 토막, 도막, 단편
1359	片刻	piànkè	명 잠깐, 잠시
1360	漂浮	piāofú	동 뜨다, 표류하다
1361	飘扬	piāoyáng	동 펄럭이다
1362	撇	piě	동 던지다, 내던지다, 뿌리다
1363	拼搏	pīnbó	동 전력을 다해 분투하다
1364	拼命	pīnmìng	동 기를 쓰다, 죽을 힘을 다하다
1365	贫乏	pínfá	형 빈궁하다, 가난하다, 부족하다
1366	贫困	pínkùn	형 빈곤하다, 곤궁하다
1367	频繁	pínfán	형 잦다, 빈번하다
1368	频率	pínlǜ	명 빈도(수)
1369	品尝	pǐncháng	동 맛보다, 시식하다
1370	品德	pǐndé	명 인품과 덕성, 품성
1371	品质	pǐnzhì	명 품질, 질, 품성
1372	品种	pǐnzhǒng	명 품종
1373	平凡	píngfán	형 평범히다, 보통이디
1374	平面	píngmiàn	명 평면
1375	平坦	píngtǎn	형 평평하다

1376	平行	píngxíng	형 동시에 일어나는, 평행의
1377	平庸	píngyōng	형 평범하다, 보통이다
1378	平原	píngyuán	명 평원
1379	评估	pínggū	동 평가하다
1380	评论	pínglùn	동 평론하다, 비평하다
1381	屏幕	píngmù	명 스크린
1382	屏障	píngzhàng	명 장벽, 보호벽
1383	坡	pō	명 비탈, 언덕 형 경사지다
1384	泼	pō	동 뿌리다, 붓다
1385	颇	pō	부 꽤, 상당히
1386	迫不及待	pò bù jí dài	성 일각도 지체할 수 없다
1387	迫害	pòhài	동 박해하다, 학대하다
1388	破例	pòlì	동 전례를 깨다
1389	魄力	pòlì	명 패기, 박력
1390	扑	pū	동 돌진하여 덮치다
1391	铺	pū	동 (물건을) 깔다, 펴다
1392	朴实	pǔshí	형 소박하다, 꾸밈이 없다
1393	朴素	pǔsù	형 (색채나 디자인이) 소박하다, 화려하지 않다
1394	普及	pǔjí	동 보급하다, 확산되다, 대중화시키다
1395	瀑布	pùbù	명 폭포(수)
1396	凄凉	qīliáng	형 처량하다, 쓸쓸하다
1397	期望	qīwàng	명 희망, 기대 동 기대하다, 바라다
1398	期限	qīxiàn	명 기한, 시한
1399	欺负	qīfu	동 얕보다, 괴롭히다
1400	欺骗	qīpiàn	동 속이다, 사기 치다, 기만하다
1401	齐全	qíquán	형 완전히 갖추다, 완비하다
1402	齐心协力	qí xīn xié lì	성 한마음 한뜻으로 함께 노력하다
1403	奇妙	qímiào	형 기묘하다, 신기하다
1404	歧视	qíshì	명 경시, 차별 대우 동 경시하다
1405	旗袍	qípáo	명 치파오[중국 여성이 입는 원피스 모양의 의복]
1406	旗帜	qízhì	명 깃발, 본보기, 모범

1407	乞丐	qǐgài	몡 거지, 비렁뱅이
1408	岂有此理	qǐ yǒu cǐ lǐ	성 어찌 이럴 수가 있단 말인가?
1409	企图	qǐtú	몡 의도 통 의도하다, 도모하다
1410	启程	qǐchéng	통 출발하다, 길을 나서다
1411	启蒙	qǐméng	통 계몽하다
1412	启示	qǐshì	통 계시하다, 시사하다, 계발하다
1413	启事	qǐshì	몡 광고, 공고
1414	起草	qǐcǎo	통 기초하다, 글의 초안을 작성하다
1415	起初	qǐchū	몡 처음, 최초
1416	起伏	qǐfú	통 기복을 이루다, 변화하다
1417	起哄	qǐhòng	통 소란을 피우다, 조롱하다
1418	起码	qǐmǎ	형 최소한의 부 적어도
1419	起源	qǐyuán	몡 기원 통 기원하다
1420	气概	qìgài	몡 기개
1421	气功	qìgōng	몡 기공
1422	气魄	qìpò	몡 기백, 패기
1423	气色	qìsè	몡 안색, 혈색, 얼굴빛
1424	气势	qìshì	몡 기세
1425	气味	qìwèi	몡 냄새
1426	气象	qìxiàng	몡 날씨, 일기, 기상
1427	气压	qìyā	몡 기압
1428	气质	qìzhì	몡 기질, 성격, 성미
1429	迄今为止	qì jīn wéi zhǐ	성 지금에 이르기까지
1430	器材	qìcái	몡 기자재, 기구
1431	器官	qìguān	몡 (생물의) 기관
1432	掐	qiā	통 꼬집다, 누르다, 조르다
1433	洽谈	qiàtán	통 협의하다, 상담하다
1434	恰当	qiàdàng	형 알맞다, 타당하다, 적당하다
1435	恰到好处	qià dào hǎo chù	성 (말·행동 등이) 꼭 들어맞다, 아주 적절하다
1436	恰巧	qiàqiǎo	부 때마침, 공교롭게
1437	千方百计	qiān fāng bǎi jì	성 갖은 방법을 다 써 보다

24 Day Track 24 　　　도전 24 일　1438~1500

1438	迁就	qiānjiù	동 (마지못해) 영합하다, 끌려가다
1439	迁徙	qiānxǐ	동 이주하다
1440	牵	qiān	동 끌다, 잡아 끌다
1441	牵扯	qiānchě	동 연루되다, 관련되다
1442	牵制	qiānzhì	동 견제하다
1443	谦逊	qiānxùn	형 겸손하다
1444	签署	qiānshǔ	동 정식 서명하다
1445	前景	qiánjǐng	명 전경, (가까운) 장래, 비전
1446	前提	qiántí	명 전제, 전제 조건
1447	潜力	qiánlì	명 잠재 능력, 저력
1448	潜水	qiánshuǐ	동 잠수하다
1449	潜移默化	qián yí mò huà	성 무의식 중에 감화되다, 영향을 받아 은연중에 변하다
1450	谴责	qiǎnzé	동 비난하다, 질책하다
1451	强制	qiángzhì	동 강제하다, 강요하다
1452	抢劫	qiǎngjié	동 강탈하다, 약탈하다
1453	抢救	qiǎngjiù	동 서둘러 구호하다, 구출하다
1454	强迫	qiǎngpò	동 강요하다, 강제로 시키다
1455	桥梁	qiáoliáng	명 교량, 다리, 중개자
1456	窍门	qiàomén	명 방법, 비결
1457	翘	qiào	동 치켜들다
1458	切实	qièshí	형 실용적이다, 실제적이다, 착실하다
1459	锲而不舍	qiè ér bù shě	성 나태함 없이 끈기 있게 끝까지 해내다
1460	钦佩	qīnpèi	동 탄복하다
1461	侵犯	qīnfàn	동 침범하다
1462	侵略	qīnlüè	동 침략하다
1463	亲密	qīnmì	형 관계가 좋다, 사이가 좋다, 친밀하다
1464	亲热	qīnrè	형 친밀하고 다정스럽다, 친절하다
1465	勤俭	qínjiǎn	형 근검하다
1466	勤劳	qínláo	형 열심히 일하다, 부지런하다
1467	倾听	qīngtīng	동 귀 기울여 듣다, 경청하다
1468	倾向	qīngxiàng	명 경향, 추세 동 기울다, 쏠리다

1469	倾斜	qīngxié	형 기울다, 경사지다
1470	清澈	qīngchè	형 맑고 투명하다
1471	清晨	qīngchén	명 일출 전후의 시간, 이른 아침
1472	清除	qīngchú	동 깨끗이 없애다
1473	清洁	qīngjié	형 깨끗하다, 청결하다
1474	清理	qīnglǐ	동 깨끗이 정리하다
1475	清晰	qīngxī	형 또렷하다, 분명하다
1476	清醒	qīngxǐng	형 (정신이) 맑다, 분명하다
1477	清真	qīngzhēn	형 산뜻하고 질박하다, 이슬람교의
1478	情报	qíngbào	명 정보
1479	情节	qíngjié	명 플롯, 줄거리
1480	情理	qínglǐ	명 이치, 사리, 도리
1481	情形	qíngxíng	명 정황, 상황, 형편
1482	晴朗	qínglǎng	형 쾌청하다
1483	请柬	qǐngjiǎn	명 청첩장, 초대장
1484	请教	qǐngjiào	동 가르침을 청하다
1485	请示	qǐngshì	동 (윗사람이나 상부에) 지시를 바라다
1486	请帖	qǐngtiě	명 청첩장, 초대장
1487	丘陵	qiūlíng	명 구릉, 언덕
1488	区分	qūfēn	동 구분하다, 분별하다, 나누다
1489	区域	qūyù	명 구역, 지역
1490	曲折	qūzhé	명 우여곡절 형 굽다, 구불구불하다
1491	驱逐	qūzhú	동 몰아내다, 쫓아내다
1492	屈服	qūfú	동 복종하다, 굴복하다
1493	渠道	qúdào	명 경로, 방법
1494	曲子	qǔzi	명 노래, 악보, 곡
1495	取缔	qǔdì	동 금지를 명하다
1496	趣味	qùwèi	명 재미, 흥미, 흥취
1497	圈套	quāntào	명 올가미, 계략
1470	权衡	quánhéng	동 비교히디, 띠지디, 재디
1499	权威	quánwēi	명 권위
1500	全局	quánjú	명 전체 국면, 대세, 전체적인 판국

21-24 Days 확인학습

☐ 실력점검 ____/50 ☐ 오답확인

1. 다음 단어와 뜻을 알맞게 연결해 보세요.

① 纳闷儿　·　　　　　　　　　· ⓐ 민첩하다

② 攀登　·　　　　　　　　　　· ⓑ 답답하다, 속이 터지다

③ 譬如　·　　　　　　　　　　· ⓒ 되돌리다, 바로잡다

④ 平凡　·　　　　　　　　　　· ⓓ 등반하다, 타고 오르다

⑤ 扭转　·　　　　　　　　　　· ⓔ 플롯, 줄거리

⑥ 欺负　·　　　　　　　　　　· ⓕ 계몽하다

⑦ 启蒙　·　　　　　　　　　　· ⓖ 얕보다, 괴롭히다

⑧ 敏捷　·　　　　　　　　　　· ⓗ 평범하다, 보통이다

⑨ 气魄　·　　　　　　　　　　· ⓘ 기백, 패기

⑩ 情节　·　　　　　　　　　　· ⓙ 예를 들다

2. 다음 단어를 중국어로 써 보세요.

① 재미, 흥미, 흥취　　　　　　② 또렷하다, 분명하다

③ 잠재 능력, 저력　　　　　　④ 평범하다, 보통이다

⑤ 최소한의, 적어도　　　　　　⑥ 잦다, 빈번하다

⑦ (물)거품　　　　　　　　　⑧ 협의하다, 상담하다

⑨ 격려하다　　　　　　　　　⑩ 이주하다

3. 녹음을 듣고 해당 단어를 중국어로 써 보세요. Test 06

① _____ ② _____
③ _____ ④ _____
⑤ _____ ⑥ _____
⑦ _____ ⑧ _____
⑨ _____ ⑩ _____

4. 다음 단어의 뜻을 써 보세요.

① 清澈 _____   ② 评估 _____
③ 魔术 _____   ④ 渠道 _____
⑤ 品尝 _____   ⑥ 蔑视 _____
⑦ 牵扯 _____   ⑧ 浓厚 _____
⑨ 趴 _____   ⑩ 桥梁 _____
⑪ 清除 _____   ⑫ 漂浮 _____
⑬ 抛弃 _____   ⑭ 凝视 _____
⑮ 齐全 _____   ⑯ 屏幕 _____
⑰ 敏锐 _____   ⑱ 偏僻 _____
⑲ 驱逐 _____   ⑳ 烹饪 _____

25 Day Track 25

도전 25일 1501~1562

1501	全力以赴	quán lì yǐ fù	성 (어떤 일에) 모든 힘을 쏟다
1502	拳头	quántóu	명 주먹
1503	犬	quǎn	명 개
1504	缺口	quēkǒu	명 결함, 흠집
1505	缺席	quēxí	동 결석하다
1506	缺陷	quēxiàn	명 결함, 결점
1507	瘸	qué	형 절뚝거리다, 다리를 절다
1508	确保	quèbǎo	동 확보하다, 확실하게 보장하다
1509	确立	quèlì	동 확립하다, 확고하게 세우다
1510	确切	quèqiè	형 확실하며 적절하다, 정확하다
1511	确信	quèxìn	형 확신하다
1512	群众	qúnzhòng	명 대중, 군중, 민중
1513	染	rǎn	동 염색하다, 물들이다
1514	嚷	rǎng	동 큰 소리로 부르다, 고함을 치다
1515	让步	ràngbù	동 양보하다
1516	饶恕	ráoshù	동 (처벌을) 면해 주다, 용서하다
1517	扰乱	rǎoluàn	동 혼란시키다, 어지럽히다
1518	惹祸	rěhuò	동 화를 초래하다, 일을 저지르다
1519	热泪盈眶	rè lèi yíng kuàng	성 매우 감격하다
1520	热门	rèmén	명 인기 있는 것, 유행하는 것
1521	人道	réndào	명 인간성, 인간애
1522	人格	réngé	명 인격, 품격
1523	人工	réngōng	형 인위적인, 인공의
1524	人家	rénjia	대 남, 타인, 나, 본인, 어떤 사람
1525	人间	rénjiān	명 인간 사회, 세상
1526	人士	rénshì	명 인사
1527	人为	rénwéi	형 인위적인
1528	人性	rénxìng	명 인성, 인간의 본성
1529	人质	rénzhì	명 인질
1530	仁慈	réncí	형 인자하다
1531	忍耐	rěnnài	동 인내하다, 참다, 견디다

1532	忍受	rěnshòu	통 이겨 내다, 참다
1533	认定	rèndìng	통 인정하다, 굳게 믿다
1534	认可	rènkě	통 인가하다, 허가하다
1535	任命	rènmìng	통 임명하다
1536	任性	rènxìng	형 제멋대로 하다, 마음 내키는 대로 하다
1537	任意	rènyì	부 제멋대로, 마음대로
1538	任重道远	rèn zhòng dào yuǎn	성 짐은 무겁고 길은 멀다, 책임이 막중하다
1539	仍旧	réngjiù	부 여전히, 변함없이
1540	日新月异	rì xīn yuè yì	성 매일 새롭고 매월 다르다, 나날이 새로워지다
1541	日益	rìyì	부 날로, 나날이 더욱
1542	荣幸	róngxìng	형 매우 영광스럽다
1543	荣誉	róngyù	명 명예, 영예
1544	容貌	róngmào	명 용모, 생김새
1545	容纳	róngnà	통 수용하다, 받아들이다
1546	容器	róngqì	명 용기
1547	容忍	róngrěn	통 용인하다, 참고 견디다
1548	溶解	róngjiě	통 용해하다
1549	融化	rónghuà	통 (눈·얼음 따위가) 녹다, 융해되다
1550	融洽	róngqià	형 사이가 좋다, 조화롭다, 융화하다
1551	柔和	róuhé	형 연하고 부드럽다, 온화하다
1552	揉	róu	통 (손으로) 문지르다, 비비다
1553	儒家	Rújiā	명 유가, 유학자
1554	若干	ruògān	대 약간, 어느 정도, 조금
1555	弱点	ruòdiǎn	명 약점, 단점
1556	撒谎	sāhuǎng	통 거짓말을 하다
1557	散文	sǎnwén	명 산문
1558	散布	sànbù	통 퍼져 있다, 곳곳에 분산되다
1559	散发	sànfā	통 발산하다, 퍼지다, 내뿜다
1560	丧失	sàngshī	통 잃어버리다, 상실하다
1561	骚扰	sāorǎo	통 소란을 피우다
1562	嫂子	sǎozi	명 형수

26 Day Track 26

도전 26일 1563~1625

1563	刹车	shāchē	통 브레이크를 걸다
1564	啥	shá	때 무엇, 무슨, 어느
1565	筛选	shāixuǎn	통 체로 치다, 걸러 내다
1566	山脉	shānmài	명 산맥
1567	闪烁	shǎnshuò	통 반짝이다, 깜빡이다
1568	擅长	shàncháng	통 뛰어나다, 잘하다
1569	擅自	shànzì	통 독단적으로 하다
1570	伤脑筋	shāng nǎojīn	골머리를 앓다, 애를 먹다
1571	商标	shāngbiāo	명 상표
1572	上级	shàngjí	명 상급, 상급자
1573	上进	shàngjìn	통 향상하다, 진보하다
1574	上任	shàngrèn	통 부임하다, 취임하다
1575	上瘾	shàngyǐn	통 중독되다
1576	上游	shàngyóu	명 (강의) 상류, 앞선 목표나 수준
1577	尚且	shàngqiě	접 ~조차 ~한데, 그럼에도 불구하고
1578	捎	shāo	통 가는 김에 지니고 가다, 인편에 보내다
1579	梢	shāo	명 말단, 끝 부분
1580	哨	shào	명 호루라기, 초소, 보초
1581	奢侈	shēchǐ	형 사치스럽다
1582	舌头	shétou	명 혀
1583	设立	shèlì	통 설립하다, 건립하다
1584	设想	shèxiǎng	통 상상하다, 구상하다, 고려하다
1585	设置	shèzhì	통 설치하다, 설립하다, 세우다
1586	社区	shèqū	명 공동체, 지역 사회
1587	涉及	shèjí	통 관련되다, 미치다, 다루다
1588	摄氏度	shèshìdù	명 섭씨
1589	申报	shēnbào	통 (서면으로) 상급 기관에 보고하다
1590	呻吟	shēnyín	통 신음하다
1591	绅士	shēnshì	명 신사
1592	深奥	shēn'ào	형 심오하다, 깊다
1593	深沉	shēnchén	형 내색하지 않다, 침착하고 신중하다

☐☐ 1594	深情厚谊	shēn qíng hòu yì	성	깊고 돈독한 정
☐☐ 1595	神经	shénjīng	명	신경
☐☐ 1596	神奇	shénqí	형	신기하다, 기묘하다
☐☐ 1597	神气	shénqì	명 안색, 기색 동 으스대다, 뽐내다	
☐☐ 1598	神圣	shénshèng	형	신성하다, 성스럽다
☐☐ 1599	神态	shéntài	명	표정과 태도
☐☐ 1600	神仙	shénxiān	명	신선, 선인
☐☐ 1601	审查	shěnchá	동	심사하다, 검열하다
☐☐ 1602	审理	shěnlǐ	동	심리하다, 심사 처리하다
☐☐ 1603	审美	shěnměi	명 심미 형 심미적인	
☐☐ 1604	审判	shěnpàn	동	심판하다, 재판하다
☐☐ 1605	渗透	shèntòu	동	스며들다, 투과하다
☐☐ 1606	慎重	shènzhòng	형	신중하다
☐☐ 1607	生存	shēngcún	동	생존하다
☐☐ 1608	生机	shēngjī	명	활력, 생명력, 생기
☐☐ 1609	生理	shēnglǐ	명	생리
☐☐ 1610	生疏	shēngshū	형	생소하다, 낯설다
☐☐ 1611	生态	shēngtài	명	생태
☐☐ 1612	生物	shēngwù	명	생물
☐☐ 1613	生肖	shēngxiào	명	사람의 띠
☐☐ 1614	生效	shēngxiào	동	효력이 발생하다
☐☐ 1615	生锈	shēngxiù	동	녹이 슬다
☐☐ 1616	生育	shēngyù	동	출산하다
☐☐ 1617	声明	shēngmíng	동	성명하다, 공개적으로 선언하다
☐☐ 1618	声势	shēngshì	명	위풍과 기세
☐☐ 1619	声誉	shēngyù	명	명성, 명예
☐☐ 1620	牲畜	shēngchù	명	가축
☐☐ 1621	省会	shěnghuì	명	성도(省都)
☐☐ 1622	胜负	shèngfù	명	승부, 승패
☐☐ 1623	盛产	shèngchǎn	동	많이 생산하다
☐☐ 1624	盛开	shèngkāi	동	활짝 피다, 만발하다
☐☐ 1625	盛情	shèngqíng	명	두터운 정

27 Day Track 27　　도전 27 일　1626~1687

1626	盛行	shèngxíng	통 성행하다, 널리 유행하다
1627	尸体	shītǐ	명 시체
1628	失事	shīshì	통 의외의 사고가 일어나다
1629	失误	shīwù	통 실수를 하다
1630	失踪	shīzōng	통 실종되다
1631	师范	shīfàn	명 사범, 모범
1632	施加	shījiā	통 (압력이나 영향 등을) 주다, 가하다
1633	施展	shīzhǎn	통 (수완이나 재능을) 발휘하다, 펼치다
1634	十足	shízú	형 충분하다, 넘쳐흐르다
1635	石油	shíyóu	명 석유
1636	时常	shícháng	부 늘, 자주, 항상
1637	时而	shí'ér	부 때로는, 이따금
1638	时光	shíguāng	명 시기, 때, 시절
1639	时机	shíjī	명 (유리한) 시기, 기회
1640	时事	shíshì	명 시사
1641	识别	shíbié	통 식별하다, 가려내다
1642	实惠	shíhuì	형 실속 있다, 실용적이다
1643	实力	shílì	명 실력
1644	实施	shíshī	통 실시하다
1645	实事求是	shí shì qiú shì	성 사실을 토대로 진리를 탐구하다
1646	实行	shíxíng	통 실행하다
1647	实质	shízhì	명 실질, 본질
1648	拾	shí	통 줍다, 집다
1649	使命	shǐmìng	명 사명, 명령
1650	示范	shìfàn	명 시범 통 모범을 보이다
1651	示威	shìwēi	통 시위하다
1652	示意	shìyì	통 의사를 나타내다
1653	世代	shìdài	명 여러 대, 세대
1654	势必	shìbì	부 반드시, 꼭
1655	势力	shìlì	명 세력
1656	事故	shìgù	명 사고

☐☐ 1657	事迹	shìjì	몡	사적
☐☐ 1658	事件	shìjiàn	몡	사건
☐☐ 1659	事态	shìtài	몡	사태, 정황
☐☐ 1660	事务	shìwù	몡	사무, 업무
☐☐ 1661	事项	shìxiàng	몡	사항
☐☐ 1662	事业	shìyè	몡	사업
☐☐ 1663	试图	shìtú	동	시도하다
☐☐ 1664	试验	shìyàn	몡 테스트, 시험 동 시험하다, 실험하다
☐☐ 1665	视力	shìlì	몡	시력
☐☐ 1666	视频	shìpín	몡	동영상
☐☐ 1667	视线	shìxiàn	몡	시선, 눈길
☐☐ 1668	视野	shìyě	몡	시야
☐☐ 1669	是非	shìfēi	몡	시비, 옳고 그름
☐☐ 1670	适宜	shìyí	형	알맞다, 적합하다
☐☐ 1671	逝世	shìshì	동	서거하다, 세상을 떠나다
☐☐ 1672	释放	shìfàng	동	석방하다, 방출하다
☐☐ 1673	收藏	shōucáng	동	소장하다, 보존하다
☐☐ 1674	收缩	shōusuō	동	수축하다, 긴축하다
☐☐ 1675	收益	shōuyì	몡	수익, 이득
☐☐ 1676	收音机	shōuyīnjī	몡	라디오
☐☐ 1677	手法	shǒufǎ	몡	기교, 수법, 솜씨
☐☐ 1678	手势	shǒushì	몡	손짓, 손동작
☐☐ 1679	手艺	shǒuyì	몡	손재간, 솜씨
☐☐ 1680	守护	shǒuhù	동	지키다, 수호하다
☐☐ 1681	首饰	shǒushì	몡	장신구
☐☐ 1682	首要	shǒuyào	형	가장 중요하다
☐☐ 1683	受罪	shòuzuì	형	고생하다, 시달리다
☐☐ 1684	授予	shòuyǔ	동	수여하다, 주다
☐☐ 1685	书法	shūfǎ	몡	서예
☐☐ 1686	书籍	shūjí	몡	서적, 책
☐☐ 1687	书记	shūjì	몡	서기

28 Day Track 28 도전 28일 1688~1750

1688	书面	shūmiàn	명 서면, 지면
1689	舒畅	shūchàng	형 상쾌하다, 홀가분하다
1690	疏忽	shūhu	동 소홀히 하다
1691	疏远	shūyuǎn	형 소원하다, 멀다, 가깝지 않다
1692	束	shù	동 묶다, 매다 양 묶음, 다발
1693	束缚	shùfù	동 구속하다, 속박하다
1694	树立	shùlì	동 수립하다, 세우다
1695	竖	shù	형 수직의
1696	数额	shù'é	명 일정한 수, 정액, 액수
1697	耍	shuǎ	동 놀리다, 장난하다
1698	衰老	shuāilǎo	형 노쇠하다, 늙어 쇠약해지다
1699	衰退	shuāituì	동 쇠퇴하다, 감퇴하다
1700	率领	shuàilǐng	동 거느리다, 이끌다
1701	涮火锅	shuàn huǒguō	중국식 샤브샤브를 먹다
1702	双胞胎	shuāngbāotāi	명 쌍둥이
1703	爽快	shuǎngkuài	형 상쾌하다, 시원시원하다
1704	水利	shuǐlì	명 수리 공사(水利工程)의 약칭
1705	水龙头	shuǐlóngtóu	명 수도꼭지
1706	水泥	shuǐní	명 시멘트
1707	瞬间	shùnjiān	명 순간
1708	司法	sīfǎ	명 사법
1709	司令	sīlìng	명 사령, 사령관
1710	私自	sīzì	부 비밀리에, 사적으로
1711	思念	sīniàn	동 그리워하다, 보고 싶어 하다
1712	思索	sīsuǒ	동 사색하다, 깊이 생각하다
1713	思维	sīwéi	명 사유
1714	斯文	sīwen	형 우아하다, 고상하다, 점잖다
1715	死亡	sǐwáng	명 사망, 멸망
1716	四肢	sìzhī	명 사지, 팔다리
1717	寺庙	sìmiào	명 사원, 절
1718	饲养	sìyǎng	동 먹이다, 기르다

☐☐ 1719	肆无忌惮	sì wú jì dàn	성	제멋대로 굴고 전혀 거리낌이 없다
☐☐ 1720	耸	sǒng	동	치솟다, 주의를 끌다, (어깨를) 으쓱거리다
☐☐ 1721	艘	sōu	양	척[선박을 세는 단위]
☐☐ 1722	苏醒	sūxǐng	동	되살아나다, 소생하다
☐☐ 1723	俗话	súhuà	명	속담, 옛말
☐☐ 1724	诉讼	sùsòng	동	소송하다, 고소하다
☐☐ 1725	素食	sùshí	명	채식 동 채식하다
☐☐ 1726	素质	sùzhì	명	소양, 자질, 밑바탕
☐☐ 1727	塑造	sùzào	동	빚어서 만들다, 조소하다
☐☐ 1728	算数	suànshù	동	숫자를 세다, 한 말을 책임지다
☐☐ 1729	随即	suíjí	부	바로, 즉각, 즉시
☐☐ 1730	随意	suíyì	부	마음대로, 내키는 대로
☐☐ 1731	岁月	suìyuè	명	세월
☐☐ 1732	隧道	suìdào	명	터널
☐☐ 1733	损坏	sǔnhuài	동	손상시키다, 훼손시키다
☐☐ 1734	索取	suǒqǔ	동	달라고 하다, 요구하다, 얻어 내다
☐☐ 1735	索性	suǒxìng	부	차라리, 아예
☐☐ 1736	塌	tā	동	꺼지다, 움푹 패다, 무너지다
☐☐ 1737	踏实	tāshi	형	마음이 놓이다, 착실하다
☐☐ 1738	塔	tǎ	명	탑
☐☐ 1739	台风	táifēng	명	태풍
☐☐ 1740	太空	tàikōng	명	우주, 높고 드넓은 하늘
☐☐ 1741	泰斗	tàidǒu	명	태산북두, 권위자
☐☐ 1742	贪婪	tānlán	형	매우 탐욕스럽다
☐☐ 1743	贪污	tānwū	동	탐오하다, 횡령하다
☐☐ 1744	摊	tān	명	노점 동 늘어놓다, 벌이다
☐☐ 1745	瘫痪	tānhuàn	동	반신불수가 되다, 마비되다
☐☐ 1746	弹性	tánxìng	명	탄성, 탄력성, 유연성
☐☐ 1747	坦白	tǎnbái	형	담백하다, 솔직하다
☐☐ 1748	叹气	tànqì	동	탄식하다, 한숨짓다
☐☐ 1749	探测	tàncè	동	관측하다, 탐지하다
☐☐ 1750	探索	tànsuǒ	동	탐색하다, 찾다

25-28 Days 확인학습

□ 실력점검 ____/50   □ 오답확인

1. 다음 단어와 뜻을 알맞게 연결해 보세요.

① 闪烁 •　　　　　　　　　　　• ⓐ 스며들다, 투과하다

② 融洽 •　　　　　　　　　　　• ⓑ 사이가 좋다, 조화롭다, 융화하다

③ 渗透 •　　　　　　　　　　　• ⓒ 반짝이다, 깜빡이다

④ 认定 •　　　　　　　　　　　• ⓓ 인정하다, 굳게 믿다

⑤ 时机 •　　　　　　　　　　　• ⓔ 담백하다, 솔직하다

⑥ 释放 •　　　　　　　　　　　• ⓕ 비밀리에, 사적으로

⑦ 私自 •　　　　　　　　　　　• ⓖ 의사를 나타내다

⑧ 示意 •　　　　　　　　　　　• ⓗ (유리한) 시기, 기회

⑨ 索性 •　　　　　　　　　　　• ⓘ 차라리, 아예

⑩ 坦白 •　　　　　　　　　　　• ⓙ 석방하다, 방출하다

2. 다음 단어를 중국어로 써 보세요.

① 탐색하다, 찾다　　　　　　　　② 대중, 군중, 민중

③ 인위적인, 인공의　　　　　　　④ 상상하다, 구상하다

⑤ 동영상　　　　　　　　　　　　⑥ 바로, 즉각, 즉시

⑦ 결함, 결점　　　　　　　　　　⑧ 여전히, 변함없이

⑨ 중독되다　　　　　　　　　　　⑩ 심오하다, 깊다

3. 녹음을 듣고 해당 단어를 중국어로 써 보세요. Test 07

① _____ ② _____
③ _____ ④ _____
⑤ _____ ⑥ _____
⑦ _____ ⑧ _____
⑨ _____ ⑩ _____

4. 다음 단어의 뜻을 써 보세요.

① 忍受 _____   ② 疏忽 _____
③ 实惠 _____   ④ 任意 _____
⑤ 瞬间 _____   ⑥ 饶恕 _____
⑦ 试图 _____   ⑧ 确切 _____
⑨ 若干 _____   ⑩ 首要 _____
⑪ 仁慈 _____   ⑫ 时而 _____
⑬ 社区 _____   ⑭ 收缩 _____
⑮ 声誉 _____   ⑯ 授予 _____
⑰ 慎重 _____   ⑱ 日益 _____
⑲ 思维 _____   ⑳ 骚扰 _____

29 Day Track 29   도전 29일 1751~1812

☐☐ 1751	探讨	tàntǎo	동	연구 토론하다, 탐구하다
☐☐ 1752	探望	tànwàng	동	방문하다, 문안하다
☐☐ 1753	倘若	tǎngruò	접	만일 ~한다면
☐☐ 1754	掏	tāo	동	(손이나 도구로) 꺼내다, 끄집어내다
☐☐ 1755	滔滔不绝	tāo tāo bù jué	성	끊임없이 계속되다, 쉴 새 없이 말하다
☐☐ 1756	陶瓷	táocí	명	도자기
☐☐ 1757	陶醉	táozuì	동	도취하다
☐☐ 1758	淘汰	táotài	동	도태하다
☐☐ 1759	讨好	tǎohǎo	동	잘 보이다, 비위를 맞추다
☐☐ 1760	特长	tècháng	명	특기, 장기, 장점
☐☐ 1761	特定	tèdìng	형	특정한
☐☐ 1762	特意	tèyì	부	특별히, 일부러
☐☐ 1763	提拔	tíbá	동	발탁하다, 등용하다
☐☐ 1764	提炼	tíliàn	동	추출하다, 정련하다
☐☐ 1765	提示	tíshì	명	힌트 동 일러 주다, 제시하다
☐☐ 1766	提议	tíyì	동	제의하다
☐☐ 1767	题材	tícái	명	제재, 소재
☐☐ 1768	体裁	tǐcái	명	체재, 장르
☐☐ 1769	体积	tǐjī	명	체적, 부피
☐☐ 1770	体谅	tǐliàng	동	양해하다, 이해하다
☐☐ 1771	体面	tǐmiàn	명	체면
☐☐ 1772	体系	tǐxì	명	체계, 체제
☐☐ 1773	天才	tiāncái	명	천재
☐☐ 1774	天赋	tiānfù	명	타고난 재능
☐☐ 1775	天伦之乐	tiān lún zhī lè	성	가족이 누리는 즐거움
☐☐ 1776	天然气	tiānránqì	명	천연가스
☐☐ 1777	天生	tiānshēng	형	타고난, 선천적인
☐☐ 1778	天堂	tiāntáng	명	천당, 천국
☐☐ 1779	天文	tiānwén	명	천문
☐☐ 1780	田径	tiánjìng	명	육상경기
☐☐ 1781	田野	tiányě	명	들판, 전야

1782	舔	tiǎn	동 핥다
1783	挑剔	tiāoti	동 지나치게 트집 잡다, (결점·잘못 따위를) 들추다
1784	条款	tiáokuǎn	명 조항, 조목
1785	条理	tiáolǐ	명 조리, 순서, 맥락
1786	条约	tiáoyuē	명 조약
1787	调和	tiáohé	동 알맞게 배합하다, 중재하다
1788	调剂	tiáojì	동 조제하다
1789	调节	tiáojié	동 조절하다
1790	调解	tiáojiě	동 조정하다, 중재하다
1791	调料	tiáoliào	명 조미료, 양념
1792	挑拨	tiǎobō	동 충동질하다, 분쟁을 일으키다
1793	挑衅	tiǎoxìn	동 도발하다, 싸움을 걸다
1794	跳跃	tiàoyuè	동 뛰어오르다, 도약하다
1795	亭子	tíngzi	명 정자
1796	停泊	tíngbó	동 (배가) 정박하다, 머물다
1797	停顿	tíngdùn	동 중지하다, 잠시 멈추다, (말을) 잠시 쉬다
1798	停滞	tíngzhì	동 정체되다, 침체하다
1799	挺拔	tǐngbá	형 우뚝하다
1800	通货膨胀	tōnghuò péngzhàng	명 통화 팽창, 인플레이션
1801	通缉	tōngjī	동 지명 수배하다
1802	通俗	tōngsú	형 통속적이다
1803	通讯	tōngxùn	명 통신
1804	通用	tōngyòng	동 보편적으로 사용하다, 통용되다
1805	同胞	tóngbāo	명 동포, 친형제자매
1806	同志	tóngzhì	명 동지
1807	铜	tóng	명 동, 구리
1808	童话	tónghuà	명 동화
1809	统筹兼顾	tǒng chóu jiān gù	성 여러 방면의 일을 통일적으로 계획하고 두루 돌보다
1810	统计	tǒngjì	명 통계
1811	统统	tǒngtǒng	부 전부, 모두
1812	统治	tǒngzhì	동 통치하다, 다스리다

30 Day Track 30

도전 30일 1813~1875

1813	投机	tóujī	형 의기투합하다
1814	投票	tóupiào	동 투표하다
1815	投诉	tóusù	동 고소하다, 소송하다
1816	投降	tóuxiáng	동 투항하다, 항복하다
1817	投掷	tóuzhì	동 던지다, 투척하다
1818	透露	tòulù	동 드러내다, 폭로하다, 누설하다
1819	秃	tū	형 대머리다, 머리카락이 없다, 털이 없다
1820	突破	tūpò	동 돌파하다, 타파하다, 극복하다
1821	图案	tú'àn	명 도안
1822	徒弟	túdì	명 도제, 제자
1823	途径	tújìng	명 방법, 경로, 과정
1824	涂抹	túmǒ	동 칠하다, 바르다
1825	土壤	tǔrǎng	명 토양, 흙
1826	团结	tuánjié	동 단결하다, 뭉치다, 단합하다
1827	团体	tuántǐ	명 단체, 집단
1828	团圆	tuányuán	동 흩어졌다가 다시 모이다, 온 가족이 단란하게 지내다
1829	推测	tuīcè	동 추측하다, 헤아리다
1830	推翻	tuīfān	동 뒤짚어엎다, 전복시키다
1831	推理	tuīlǐ	동 추리하다
1832	推论	tuīlùn	동 추론하다
1833	推销	tuīxiāo	동 판로를 확장하다, 마케팅하다
1834	吞吞吐吐	tūntūntǔtǔ	형 우물쭈물하다, (말을) 얼버무리다
1835	托运	tuōyùn	동 운송을 위탁하다
1836	拖延	tuōyán	동 끌다, 연기하다, 지연하다
1837	脱离	tuōlí	동 벗어나다, 떠나다, 이탈하다
1838	妥当	tuǒdang	형 타당하다, 알맞다
1839	妥善	tuǒshàn	형 나무랄 데 없다, 알맞다, 적절하다
1840	妥协	tuǒxié	동 타협하다, 타결되다
1841	椭圆	tuǒyuán	명 타원, 타원형
1842	唾弃	tuòqì	동 돌아보지 않고 버리다
1843	挖掘	wājué	동 파다, 캐다, 발굴하다

1844	娃娃	wáwa	몡 (갓난) 아기, 인형
1845	瓦解	wǎjiě	통 와해하다, 분열하다, 무너지다
1846	哇	wa	조 啊가 u, ao, ou 따위로 끝나는 앞 음절의 영향을 받아 변음한 것
1847	歪曲	wāiqū	통 왜곡하다
1848	外表	wàibiǎo	몡 겉모습, 외모, 외관
1849	外行	wàiháng	몡 문외한, 비전문가 혱 문외한이다
1850	外界	wàijiè	몡 외계, 외부
1851	外向	wàixiàng	혱 외향적이다
1852	丸	wán	몡 알, 알갱이, 환
1853	完备	wánbèi	혱 완비되어 있다, 모두 갖추다
1854	完毕	wánbì	통 끝나다, 끝내다, 종료하다
1855	玩弄	wánnòng	통 가지고 놀다, 희롱하다
1856	玩意儿	wányìr	몡 완구, 장난감
1857	顽固	wángù	혱 완고하다, 고집스럽다
1858	顽强	wánqiáng	혱 완강하다, 억세다
1859	挽回	wǎnhuí	통 만회하다, 돌이키다
1860	挽救	wǎnjiù	통 구해 내다, 구제하다
1861	惋惜	wǎnxī	통 애석해하다, 안타까워하다
1862	万分	wànfēn	튀 극히, 대단히, 매우
1863	往常	wǎngcháng	몡 평소, 평상시
1864	往事	wǎngshì	몡 지난 일, 옛일
1865	妄想	wàngxiǎng	몡 망상, 공상 통 망상하다, 공상하다
1866	危机	wēijī	몡 위기
1867	威风	wēifēng	몡 위풍, 위엄 혱 당당하다, 위엄이 있다
1868	威力	wēilì	몡 위력
1869	威望	wēiwàng	몡 명망
1870	威信	wēixìn	몡 위신, 신망, 체면
1871	微不足道	wēi bù zú dào	솅 하찮아서 말할 가치도 없다
1872	微观	wēiguān	혱 미시적
1873	为难	wéinán	혱 난처하다, 난감하다
1874	为期	wéiqī	통 기한으로 하다, 약속 날짜로 삼다
1875	违背	wéibèi	통 위반하다, 위배하다

31 Day Track 31

도전 31일 1876~1937

1876	唯独	wéidú	부 유독, 단지
1877	维持	wéichí	동 유지하다, 지키다, 지지하다
1878	维护	wéihù	동 유지하고 보호하다, 지키다
1879	维生素	wéishēngsù	명 비타민
1880	伪造	wěizào	동 위조하다, 날조하다
1881	委托	wěituō	동 위탁하다, 의뢰하다
1882	委员	wěiyuán	명 위원
1883	卫星	wèixīng	명 위성
1884	未免	wèimiǎn	부 (불가피하게) 꼭 ~하게 되다
1885	畏惧	wèijù	동 두려워하다, 무서워하다
1886	喂	wèi	동 사육하다, (동물에게 먹이를) 주다, (음식이나 약을) 먹이다
1887	蔚蓝	wèilán	형 짙푸른, 쪽빛의
1888	慰问	wèiwèn	동 위문하다
1889	温带	wēndài	명 온대
1890	温和	wēnhé	형 온화하다, 부드럽다
1891	文凭	wénpíng	명 증서, 졸업장
1892	文物	wénwù	명 문물
1893	文献	wénxiàn	명 문헌
1894	文雅	wényǎ	형 품위가 있다, 우아하다
1895	文艺	wényì	명 문예
1896	问世	wènshì	동 세상에 나오다, 발표되다, 출품되다
1897	窝	wō	명 둥지, 보금자리
1898	乌黑	wūhēi	형 새까맣다, 아주 검다
1899	污蔑	wūmiè	동 모독하다, 비방하다
1900	诬陷	wūxiàn	동 사실을 날조하여 모함하다
1901	无比	wúbǐ	형 비할 바가 없다, 아주 뛰어나다
1902	无偿	wúcháng	형 무상의, 대가를 바라지 않는, 보수가 없는
1903	无耻	wúchǐ	형 염치 없다, 뻔뻔스럽다
1904	无动于衷	wú dòng yú zhōng	성 조금도 동요되지 않다, 전혀 무관심하다
1905	无非	wúfēi	부 단지 ~에 지나지 않다, 반드시 ~이다
1906	无辜	wúgū	형 무고하다, 죄가 없다

1907	无精打采	wú jīng dǎ cǎi	성 풀이 죽다
1908	无赖	wúlài	명 무뢰한 형 무뢰하다, 막돼먹다
1909	无理取闹	wú lǐ qǔ nào	성 고의로 소란을 피우다
1910	无能为力	wú néng wéi lì	성 능력이 없다
1911	无穷无尽	wú qióng wú jìn	성 무궁무진하다
1912	无微不至	wú wēi bú zhì	성 배려하고 보살핌이 세심하고 주도면밀하다
1913	无忧无虑	wú yōu wú lǜ	성 아무런 근심이 없다
1914	无知	wúzhī	형 무지하다, 아는 것이 없다
1915	武器	wǔqì	명 무기
1916	武侠	wǔxiá	명 무협, 협객
1917	武装	wǔzhuāng	명 무장, 무력 동 무장하다
1918	侮辱	wǔrǔ	동 모욕하다
1919	舞蹈	wǔdǎo	명 무도, 춤, 무용
1920	务必	wùbì	부 반드시, 꼭
1921	物美价廉	wù měi jià lián	성 상품의 질이 좋고 값도 저렴하다
1922	物业	wùyè	명 가옥 등의 부동산
1923	物资	wùzī	명 물자
1924	误差	wùchā	명 오차
1925	误解	wùjiě	동 오해하다
1926	夕阳	xīyáng	명 석양
1927	昔日	xīrì	명 옛날, 이전
1928	牺牲	xīshēng	명 희생 동 대가를 치르다, 희생하다
1929	溪	xī	명 시내, 개천
1930	熄灭	xīmiè	동 꺼지다, 소멸되다
1931	膝盖	xīgài	명 무릎
1932	习俗	xísú	명 풍속, 습속
1933	袭击	xíjī	동 기습하다, 습격하다
1934	媳妇	xífù	명 며느리
1935	喜闻乐见	xǐ wén lè jiàn	성 즐겨 듣고 즐겨 보다
1936	喜悦	xǐyuè	명 희열, 기쁨 동 기쁘다, 즐겁다
1937	系列	xìliè	명 계열, 시리즈

32 Day Track 32

도전 **32**일 1938~2000

1938	细胞	xìbāo	명 세포
1939	细菌	xìjūn	명 세균
1940	细致	xìzhì	형 정교하다, 세밀하다, 정밀하다
1941	峡谷	xiágǔ	명 협곡
1942	狭隘	xiá'ài	형 좁다
1943	狭窄	xiázhǎi	형 비좁다, 협소하다
1944	霞	xiá	명 노을
1945	下属	xiàshǔ	명 부하, 하급 직원
1946	先进	xiānjìn	형 선진의, 남보다 앞선
1947	先前	xiānqián	명 이전, 예전
1948	纤维	xiānwéi	명 섬유
1949	掀起	xiānqǐ	동 열다, 들어올리다
1950	鲜明	xiānmíng	형 분명하다, 명확하다, 선명하다
1951	闲话	xiánhuà	명 잡담, 한담, 험담, 뒷말
1952	贤惠	xiánhuì	형 어질고 총명하다
1953	弦	xián	명 활시위, 줄, 현
1954	衔接	xiánjiē	동 맞물리다, 잇다
1955	嫌	xián	동 싫어하다, 꺼리다
1956	嫌疑	xiányí	명 혐의
1957	显著	xiǎnzhù	형 현저하다, 뚜렷하다
1958	现场	xiànchǎng	명 현장
1959	现成	xiànchéng	형 원래부터 있는, 기성의
1960	现状	xiànzhuàng	명 현상, 현황
1961	线索	xiànsuǒ	명 실마리, 단서
1962	宪法	xiànfǎ	명 헌법
1963	陷害	xiànhài	동 모함하다, 모해하다
1964	陷阱	xiànjǐng	명 함정
1965	陷入	xiànrù	동 (불리한 지경에) 빠지다, 떨어지다
1966	馅儿	xiànr	명 (떡이나 만두 등에 넣는) 소
1967	乡镇	xiāngzhèn	명 소도시, 규모가 작은 지방 도시
1968	相差	xiāngchà	동 서로 차이가 나다

1969	相等	xiāngděng	동 같다, 대등하다
1970	相辅相成	xiāng fǔ xiāng chéng	성 서로 보완하고 도와서 일을 완성하다
1971	相应	xiāngyìng	동 상응하다, 서로 맞다 형 적합하다
1972	镶嵌	xiāngqiàn	동 끼워 넣다, 박아 넣다
1973	响亮	xiǎngliàng	형 크고 맑다, 우렁차다
1974	响应	xiǎngyìng	동 (구두로) 대답하다, 응답하다, 호응하다
1975	想方设法	xiǎng fāng shè fǎ	성 갖은 방법을 다하다
1976	向导	xiàngdǎo	명 가이드 동 길을 안내하다
1977	向来	xiànglái	부 본래부터, 줄곧, 여태까지
1978	向往	xiàngwǎng	동 열망하다, 동경하다
1979	巷	xiàng	명 골목, 좁은 길
1980	相声	xiàngsheng	명 재담, 만담
1981	削	xiāo	동 깎다, 벗기다
1982	消除	xiāochú	동 없애다, 해소하다, 제거하다
1983	消毒	xiāodú	동 소독하다
1984	消防	xiāofáng	명 소방
1985	消耗	xiāohào	동 소모하다
1986	消灭	xiāomiè	동 소멸하다, 없어지다
1987	销毁	xiāohuǐ	동 소각하다, 불태워 없애다
1988	潇洒	xiāosǎ	형 자연스럽고 품위가 있다, 멋스럽다
1989	小心翼翼	xiǎo xīn yì yì	성 매우 조심스럽다
1990	肖像	xiàoxiàng	명 초상, 사진
1991	效益	xiàoyì	명 효과와 수익
1992	协会	xiéhuì	명 협회
1993	协商	xiéshāng	동 협상하다, 협의하다
1994	协调	xiétiáo	동 조화롭게 하다 형 어울리다
1995	协议	xiéyì	명 협의 동 협의하다
1996	协助	xiézhù	동 협조하다, 거들어 주다
1997	携带	xiédài	동 휴대하다
1998	泄露	xièlu	동 누설하다, 폭로하다
1999	泄气	xièqì	동 공기가 새다, 분풀이하다, 기가 죽다, 낙담하다
2000	屑	xiè	명 부스러기, 찌꺼기

29-32 Days 확인학습

☐ 실력점검 ____ /50 ☐ 오답확인

1. 다음 단어와 뜻을 알맞게 연결해 보세요.

① 狭窄 ·   · ⓐ 타당하다, 알맞다
② 威望 ·   · ⓑ 발탁하다, 등용하다
③ 顽强 ·   · ⓒ 협상하다, 협의하다
④ 惋惜 ·   · ⓓ 명망
⑤ 污蔑 ·   · ⓔ 애석해하다, 안타까워하다
⑥ 协商 ·   · ⓕ 완강하다, 억세다
⑦ 妥当 ·   · ⓖ 비좁다, 협소하다
⑧ 团体 ·   · ⓗ 모독하다, 비방하다
⑨ 挑剔 ·   · ⓘ 지나치게 트집 잡다. (결점·잘못 따위를) 들추다
⑩ 提拔 ·   · ⓙ 단체, 집단

2. 다음 단어를 중국어로 써 보세요.

① 방문하다, 문안하다 _____   ② 방법, 경로, 과정 _____
③ 난처하다, 난감하다 _____   ④ 무궁무진하다 _____
⑤ 어질고 총명하다 _____   ⑥ 오해하다 _____
⑦ 누설하다, 폭로하다 _____ ⑧ 온화하다, 부드럽다 _____
⑨ 소모하다 _____   ⑩ 추측하다, 헤아리다 _____

3. 녹음을 듣고 해당 단어를 중국어로 써 보세요. Test 08

① _____   ② _____
③ _____   ④ _____
⑤ _____   ⑥ _____
⑦ _____   ⑧ _____
⑨ _____   ⑩ _____

4. 다음 단어의 뜻을 써 보세요.

① 显著 _____   ② 唯独 _____

③ 挖掘 _____   ④ 携带 _____

⑤ 万分 _____   ⑥ 妥协 _____

⑦ 线索 _____   ⑧ 投机 _____

⑨ 停滞 _____   ⑩ 掀起 _____

⑪ 天赋 _____   ⑫ 顽固 _____

⑬ 先进 _____   ⑭ 淘汰 _____

⑮ 现状 _____   ⑯ 为期 _____

⑰ 跳跃 _____   ⑱ 系列 _____

⑲ 侮辱 _____   ⑳ 陷阱 _____

33 Day Track 33 — 도전 33일 2001~2062

2001	谢绝	xièjué	동 사절하다, 정중히 거절하다
2002	心得	xīndé	명 심득, 체득, 터득
2003	心甘情愿	xīn gān qíng yuàn	성 달갑게 바라다, 기꺼이 원하다
2004	心灵	xīnlíng	명 심령, 정신, 영혼, 마음
2005	心态	xīntài	명 심리 상태
2006	心疼	xīnténg	동 몹시 아끼다, 아까워하다
2007	心血	xīnxuè	명 심혈
2008	心眼儿	xīnyǎnr	명 내심, 마음속, 마음씨
2009	辛勤	xīnqín	형 부지런하다
2010	欣慰	xīnwèi	형 기쁘고 안심되다
2011	欣欣向荣	xīn xīn xiàng róng	성 초목이 무성하게 자라다, (사업이) 번창하다
2012	新陈代谢	xīnchén dàixiè	명 신진대사
2013	新郎	xīnláng	명 신랑
2014	新娘	xīnniáng	명 신부
2015	新颖	xīnyǐng	형 새롭다, 신선하다
2016	薪水	xīnshui	명 봉급, 급여
2017	信赖	xìnlài	동 신뢰하다, 신임하다
2018	信念	xìnniàn	명 신념, 믿음
2019	信仰	xìnyǎng	명 신앙
2020	信誉	xìnyù	명 평판, 신용, 위신
2021	兴隆	xīnglóng	형 흥성하다, 번창하다
2022	兴旺	xīngwàng	형 번창하다, 왕성하다
2023	腥	xīng	형 비린내가 나다
2024	刑事	xíngshì	명 형사
2025	行政	xíngzhèng	명 행정
2026	形态	xíngtài	명 형태
2027	兴高采烈	xìng gāo cǎi liè	성 매우 기쁘다, 신바람이 나다
2028	兴致勃勃	xìng zhì bó bó	성 흥미진진하다
2029	性感	xìnggǎn	형 섹시하다
2030	性命	xìngmìng	명 목숨, 생명
2031	性能	xìngnéng	명 성능

2032	凶恶	xiōng'è	형 흉악하다
2033	凶手	xiōngshǒu	명 살인범, 흉악범
2034	汹涌	xiōngyǒng	형 물이 용솟음치다
2035	胸怀	xiōnghuái	명 마음, 심정
2036	胸膛	xiōngtáng	명 가슴, 흉부
2037	雄厚	xiónghòu	형 (인력·물자 등이) 풍부하다, 충분하다
2038	雄伟	xióngwěi	형 웅장하다, 웅대하다
2039	修复	xiūfù	동 수리하여 복원하다, 원상 복구하다
2040	修建	xiūjiàn	동 건설하다, 건축하다
2041	修养	xiūyǎng	명 수양, 교양 동 수양하다, 수련하다
2042	羞耻	xiūchǐ	형 수줍다, 부끄럽다, 수치스럽다
2043	绣	xiù	동 수놓다
2044	嗅觉	xiùjué	명 후각
2045	须知	xūzhī	명 주의 사항, 숙지 사항
2046	虚假	xūjiǎ	형 거짓의, 허위의
2047	虚荣	xūróng	명 허영, 헛된 영화
2048	虚伪	xūwěi	형 허위의, 위선의
2049	需求	xūqiú	명 수요, 필요
2050	许可	xǔkě	동 허가하다
2051	序言	xùyán	명 서문, 머리말
2052	畜牧	xùmù	동 목축하다
2053	酗酒	xùjiǔ	동 무절제하게 술을 마시다
2054	宣誓	xuānshì	동 선서하다
2055	宣扬	xuānyáng	동 선양하다, 널리 알리다
2056	喧哗	xuānhuá	형 떠들썩하다
2057	悬挂	xuánguà	동 걸다, 매달다
2058	悬念	xuánniàn	동 마음에 걸리다, 걱정하다, 염려하다
2059	悬殊	xuánshū	형 차이가 크다, 동떨어져 있다
2060	悬崖峭壁	xuán yá qiào bì	성 깎아지른 듯한 절벽
2061	旋律	xuánlǜ	명 선율, 멜로디
2062	旋转	xuánzhuǎn	동 빙빙 돌다, 회전하다

34 Day Track 34

도전 34일 2063~2125

2063	选拔	xuǎnbá	동 (인재를) 선발하다
2064	选举	xuǎnjǔ	동 선거하다, 선출하다
2065	选手	xuǎnshǒu	명 선수
2066	炫耀	xuànyào	동 밝게 비추다, 자랑하다
2067	削弱	xuēruò	동 약화되다, 약해지다
2068	学说	xuéshuō	명 학설
2069	学位	xuéwèi	명 학위
2070	雪上加霜	xuě shàng jiā shuāng	성 설상가상이다
2071	血压	xuèyā	명 혈압
2072	熏陶	xūntáo	동 훈도하다, 영향을 끼치다
2073	寻觅	xúnmì	동 찾다
2074	巡逻	xúnluó	동 순찰하다
2075	循环	xúnhuán	동 순환하다
2076	循序渐进	xún xù jiàn jìn	성 순차적으로 진행하다
2077	压迫	yāpò	동 압박하다, 억압하다
2078	压岁钱	yāsuìqián	명 세뱃돈
2079	压缩	yāsuō	동 압축하다
2080	压抑	yāyì	동 억압하다, 억제하다
2081	压榨	yāzhà	동 압착하다, 눌러서 짜내다
2082	压制	yāzhì	동 압제하다, 억제하다
2083	鸦雀无声	yā què wú shēng	성 쥐 죽은 듯 조용하다
2084	亚军	yàjūn	명 제2위, 준우승(자)
2085	烟花爆竹	yānhuā bàozhú	명 불꽃놀이 폭죽
2086	淹没	yānmò	동 잠기다, 수몰되다
2087	延期	yánqī	동 연장하다, 늘리다, 연기하다
2088	延伸	yánshēn	동 펴다, 늘이다, 뻗어 나가다
2089	延续	yánxù	동 계속하다, 지속하다
2090	严寒	yánhán	형 추위가 심하다
2091	严禁	yánjìn	동 엄금하다
2092	严峻	yánjùn	형 심각하다, 가혹하다, 위엄이 있다
2093	严厉	yánlì	형 호되다, 매섭다

2094	严密	yánmì	휑 빈틈없다, 치밀하다
2095	言论	yánlùn	몡 언론
2096	岩石	yánshí	몡 암석
2097	炎热	yánrè	휑 무덥다, 찌는 듯하다
2098	沿海	yánhǎi	몡 연해, 바닷가 근처 지방
2099	掩盖	yǎngài	동 덮어씌우다, 감추다
2100	掩护	yǎnhù	동 몰래 보호하다, 엄호하다
2101	掩饰	yǎnshì	동 (결점·실수 따위를) 덮어 숨기다
2102	眼光	yǎnguāng	몡 시선, 눈길, 안목
2103	眼色	yǎnsè	몡 윙크, 눈짓, 눈치
2104	眼神	yǎnshén	몡 눈매, 눈빛
2105	演变	yǎnbiàn	동 변화 발전하다, 변천하다
2106	演习	yǎnxí	동 훈련하다, 연습하다[주로 군사 방면에 쓰임]
2107	演绎	yǎnyì	몡 연역
2108	演奏	yǎnzòu	동 연주하다
2109	厌恶	yànwù	동 혐오하다, 몹시 싫어하다
2110	验收	yànshōu	동 검수하다, 검사하여 받다
2111	验证	yànzhèng	동 검증하다
2112	氧气	yǎngqì	몡 산소
2113	样品	yàngpǐn	몡 샘플, 견본
2114	谣言	yáoyán	몡 유언비어, 헛소문
2115	摇摆	yáobǎi	동 흔들거리다, 동요되다
2116	摇滚	yáogǔn	몡 록(rock) 동 흔들고 구르다
2117	遥控	yáokòng	동 원격 조종하다
2118	遥远	yáoyuǎn	휑 아득히 멀다
2119	要点	yàodiǎn	몡 요점, 거점
2120	要命	yàomìng	부 엄청, 아주 동 죽을 지경이다, 심하다
2121	要素	yàosù	몡 요소
2122	耀眼	yàoyǎn	휑 눈부시다
2123	野蛮	yěmán	휑 야만석이나, 미개하나
2124	野心	yěxīn	몡 야심, 야망
2125	液体	yètǐ	몡 액체

35 Day Track 35

도전 35일 2126~2187

2126	一度	yídù	명 한 번, 한 차례
2127	一帆风顺	yì fān fēng shùn	성 일이 순조롭게 진행되다
2128	一贯	yíguàn	형 한결같다, 일관되다
2129	一举两得	yì jǔ liǎng dé	성 일거양득, 일석이조
2130	一流	yīliú	명 일류 형 같은 부류의, 한 부류의
2131	一目了然	yí mù liǎo rán	성 일목요연하다, 한눈에 환히 알다
2132	一如既往	yì rú jì wǎng	성 지난날과 다름없다
2133	一丝不苟	yì sī bù gǒu	성 조금도 빈틈이 없다
2134	一向	yíxiàng	부 줄곧, 내내
2135	衣裳	yīshang	명 의상, 의복
2136	依旧	yījiù	동 (상황이) 여전하다 부 여전히
2137	依据	yījù	명 근거 동 의거하다, 근거하다
2138	依靠	yīkào	동 의존하다, 의지하다
2139	依赖	yīlài	동 의지하다, 불가분의 관계이다
2140	依托	yītuō	동 의지하다, 빌붙다
2141	仪器	yíqì	명 측정 기구
2142	仪式	yíshì	명 의식
2143	遗产	yíchǎn	명 유산
2144	遗传	yíchuán	동 유전하다
2145	遗留	yíliú	동 남겨 놓다, 남기다
2146	遗失	yíshī	동 유실하다, 분실하다
2147	疑惑	yíhuò	명 의혹 동 의심하다
2148	以便	yǐbiàn	접 ~(하기에 편리)하도록, ~하기 위하여
2149	以免	yǐmiǎn	접 ~하지 않도록, ~않기 위해서
2150	以往	yǐwǎng	명 종전, 이전, 과거
2151	以至	yǐzhì	접 ~까지, ~에 이르기까지
2152	以致	yǐzhì	접 ~이 되다, ~을 초래하다
2153	亦	yì	부 ~도 역시, 또한
2154	异常	yìcháng	형 심상치 않다, 예사롭지 않다 부 특히, 대단히
2155	意料	yìliào	동 예상하다, 예측하다
2156	意识	yìshí	명 의식 동 의식하다, 깨닫다

2157	意图	yìtú	명 의도
2158	意味着	yìwèizhe	동 의미하다, 뜻하다
2159	意向	yìxiàng	명 의향, 의도
2160	意志	yìzhì	명 의지
2161	毅力	yìlì	명 굳센 의지, 끈기
2162	毅然	yìrán	부 의연히, 결연히
2163	翼	yì	명 날개, 깃
2164	阴谋	yīnmóu	명 음모
2165	音响	yīnxiǎng	명 음향
2166	引导	yǐndǎo	동 인도하다, 인솔하다, 이끌다
2167	引擎	yǐnqíng	명 엔진
2168	引用	yǐnyòng	동 인용하다
2169	饮食	yǐnshí	명 음식 동 음식을 먹고 마시다
2170	隐蔽	yǐnbì	동 은폐하다, 가리다
2171	隐患	yǐnhuàn	명 잠복해 있는 병, 겉에 드러나지 않은 폐해
2172	隐瞒	yǐnmán	동 숨기다, 속이다
2173	隐私	yǐnsī	명 사적인 비밀, 프라이버시
2174	隐约	yǐnyuē	형 희미하다, 흐릿하다
2175	英明	yīngmíng	형 영명하다, 뛰어나게 총명하다
2176	英勇	yīngyǒng	형 영특하고 용맹하다, 매우 용감하다
2177	婴儿	yīng'ér	명 영아, 젖먹이
2178	迎面	yíngmiàn	명 정면 동 정면을 향하다
2179	盈利	yínglì	명 이윤, 이익
2180	应酬	yìngchou	명 응대, 접대 동 응대하다, 접대하다
2181	应邀	yìngyāo	동 초청에 응하다
2182	拥护	yōnghù	동 옹호하다, 지지하다
2183	拥有	yōngyǒu	동 보유하다, 소유하다
2184	庸俗	yōngsú	형 비속하다, 저속하다
2185	永恒	yǒnghéng	형 영원히 변하지 않나
2186	勇于	yǒngyú	동 용감하게 ~하다
2187	涌现	yǒngxiàn	동 한꺼번에 나타나다

36 Day Track 36

도전 36일 2188~2250

2188	踊跃	yǒngyuè	동 펄쩍 뛰어오르다
2189	用户	yònghù	명 사용자, 가입자, 아이디(ID)
2190	优胜劣汰	yōu shèng liè tài	성 나은 자는 이기고 못한 자는 패한다
2191	优先	yōuxiān	동 우선하다
2192	优异	yōuyì	형 특히 우수하다, 특출하다
2193	优越	yōuyuè	형 우월하다, 우량하다
2194	忧郁	yōuyù	형 우울하다, 침울하다
2195	犹如	yóurú	동 마치 ~와 같다
2196	油腻	yóunì	형 기름지다, 느끼하다
2197	油漆	yóuqī	명 페인트
2198	有条不紊	yǒu tiáo bù wěn	성 (말·행동이) 조리 있고 질서 정연하다
2199	幼稚	yòuzhì	형 유치하다, 어리다
2200	诱惑	yòuhuò	동 꾀다, 유혹하다
2201	渔民	yúmín	명 어민
2202	愚蠢	yúchǔn	형 어리석다, 우둔하다
2203	愚昧	yúmèi	형 우매하다, 어리석다
2204	舆论	yúlùn	명 여론
2205	与日俱增	yǔ rì jù zēng	성 날이 갈수록 많아지다, 날로 늘어나다
2206	宇宙	yǔzhòu	명 우주
2207	羽绒服	yǔróngfú	명 다운 재킷, 오리털 재킷
2208	玉	yù	명 옥
2209	预料	yùliào	동 예상하다, 예측하다
2210	预期	yùqī	동 예기하다, 미리 기대하다
2211	预算	yùsuàn	명 예산 동 예산하다
2212	预先	yùxiān	부 사전에, 미리
2213	预言	yùyán	동 예언하다
2214	预兆	yùzhào	동 조짐을 보이다
2215	欲望	yùwàng	명 욕망
2216	寓言	yùyán	명 우언, 우화
2217	愈	yù	동 (병이) 낫다, 뛰어넘다, ~보다 낫다 부 더욱, 더욱더

2218	冤枉	yuānwang	형	억울하다
2219	元首	yuánshǒu	명	군주, 임금
2220	元素	yuánsù	명	원소
2221	元宵节	Yuánxiāojié	명	원소절, 정월 대보름
2222	园林	yuánlín	명	원림, 정원
2223	原告	yuángào	명	원고(原告)
2224	原理	yuánlǐ	명	원리
2225	原始	yuánshǐ	형	원시의, 원래의
2226	原先	yuánxiān	명	종전, 이전, 최초
2227	圆满	yuánmǎn	형	원만하다, 완벽하다, 훌륭하다
2228	缘故	yuángù	명	연고, 원인, 이유
2229	源泉	yuánquán	명	원천
2230	约束	yuēshù	동	단속하다, 규제하다, 속박하다
2231	乐谱	yuèpǔ	명	악보
2232	岳母	yuèmǔ	명	장모
2233	孕育	yùnyù	동	낳아 기르다, 생육하다, 내포하다
2234	运算	yùnsuàn	동	연산하다, 운산하다
2235	运行	yùnxíng	동	운행하다
2236	酝酿	yùnniàng	동	술을 담그다, 쌓아 가다, 사전에 미리 준비하다
2237	蕴藏	yùncáng	동	잠재하다, 매장되다
2238	熨	yùn	동	다림질하다
2239	杂技	zájì	명	곡예, 서커스
2240	杂交	zájiāo	동	교배하다
2241	砸	zá	동	내리치다, 박다, 찧다, 망치다
2242	咋	ză	대	어째서, 어떻게, 왜
2243	灾难	zāinàn	명	재난, 재해
2244	栽培	zāipéi	동	재배하다, 배양하다
2245	宰	zǎi	동	주관하다, 주재하다
2246	再接再厉	zài jiē zài lì	성	더욱더 힘쓰다, 한층 더 분발하다
2247	在意	zàiyì	동	마음에 두다
2248	攒	zǎn	동	쌓다, 저축하다
2249	暂且	zànqiě	부	잠시, 잠깐
2250	赞叹	zàntàn	동	찬탄하다, 감탄하며 찬미하다

33-36 Days 확인학습

☐ 실력점검 ____/50　☐ 오답확인

1. 다음 단어와 뜻을 알맞게 연결해 보세요.

① 喧哗　・　　　　　　　　　　・ ⓐ 약화되다, 약해지다

② 新颖　・　　　　　　　　　　・ ⓑ 잠기다, 수몰되다

③ 淹没　・　　　　　　　　　　・ ⓒ 잠재하다, 매장되다

④ 严峻　・　　　　　　　　　　・ ⓓ 유전하다

⑤ 掩盖　・　　　　　　　　　　・ ⓔ 눈부시다

⑥ 蕴藏　・　　　　　　　　　　・ ⓕ 찾다

⑦ 遗传　・　　　　　　　　　　・ ⓖ 심각하다, 가혹하다, 위엄이 있다

⑧ 削弱　・　　　　　　　　　　・ ⓗ 떠들썩하다

⑨ 耀眼　・　　　　　　　　　　・ ⓘ 새롭다, 신선하다

⑩ 寻觅　・　　　　　　　　　　・ ⓙ 덮어씌우다, 감추다

2. 다음 단어를 중국어로 써 보세요.

① 엄청, 죽을 지경이다　_____　　② 마음에 두다　_____

③ 보유하다, 소유하다　_____　　④ 수요, 필요　_____

⑤ 무덥다, 찌는 듯하다　_____　　⑥ 유치하다, 어리다　_____

⑦ 거짓의, 허위의　_____　　　　⑧ 우선하다　_____

⑨ 마음, 심정　_____　　　　　　⑩ 의혹, 의심하다　_____

3. 녹음을 듣고 해당 단어를 중국어로 써 보세요. Test 09

① _____ ② _____
③ _____ ④ _____
⑤ _____ ⑥ _____
⑦ _____ ⑧ _____
⑨ _____ ⑩ _____

4. 다음 단어의 뜻을 써 보세요.

① 欣慰 _____ ② 压迫 _____

③ 一贯 _____ ④ 源泉 _____

⑤ 栽培 _____ ⑥ 愚蠢 _____

⑦ 旋转 _____ ⑧ 厌恶 _____

⑨ 预先 _____ ⑩ 严寒 _____

⑪ 雄伟 _____ ⑫ 毅力 _____

⑬ 薪水 _____ ⑭ 诱惑 _____

⑮ 隐私 _____ ⑯ 约束 _____

⑰ 炫耀 _____ ⑱ 忧郁 _____

⑲ 压抑 _____ ⑳ 隐患 _____

37 Day Track 37

도전 37일 2251~2312

2251	赞助	zànzhù	통 찬조하다, 지지하다, 협찬하다
2252	遭受	zāoshòu	통 (불행 또는 손해를) 입다, 당하다
2253	遭殃	zāoyāng	통 재난을 입다, 불행을 당하다
2254	遭遇	zāoyù	통 조우하다, 만나다, 부닥치다
2255	糟蹋	zāotà	통 낭비하다, 손상하다
2256	造型	zàoxíng	명 형상, 조형 통 조형하다
2257	噪音	zàoyīn	명 소음
2258	责怪	zéguài	통 원망하다, 나무라다
2259	贼	zéi	명 도둑, 적
2260	增添	zēngtiān	통 더하다, 늘리다, 보태다
2261	赠送	zèngsòng	통 증정하다, 선사하다
2262	扎	zhā	통 (뾰족한 물건으로) 찌르다
2263	扎实	zhāshi	형 견실하다, 견고하다, 착실하다
2264	渣	zhā	명 찌꺼기
2265	眨	zhǎ	통 (눈을) 깜박거리다
2266	诈骗	zhàpiàn	통 속이다, 갈취하다
2267	摘要	zhāiyào	통 요점만 따서 적다
2268	债券	zhàiquàn	명 채권
2269	沾光	zhānguāng	통 덕을 보다
2270	瞻仰	zhānyǎng	통 우러러보다
2271	斩钉截铁	zhǎn dīng jié tiě	성 과단성이 있고 머뭇거리지 않다
2272	展示	zhǎnshì	통 전시하다, 펼쳐 보이다
2273	展望	zhǎnwàng	통 멀리 바라보다, 앞을 내다보다
2274	展现	zhǎnxiàn	통 (눈앞에) 펼쳐지다
2275	崭新	zhǎnxīn	형 참신하다
2276	占据	zhànjù	통 점거하다, 차지하다
2277	占领	zhànlǐng	통 점령하다
2278	战斗	zhàndòu	명 전투, 투쟁 통 전투하다
2279	战略	zhànlüè	명 전략
2280	战术	zhànshù	명 전술
2281	战役	zhànyì	명 전투, 싸움

2282	章程	zhāngchéng	명 장정, 규정
2283	帐篷	zhàngpeng	명 장막, 천막, 텐트
2284	障碍	zhàng'ài	명 장애물 동 방해하다
2285	招标	zhāobiāo	동 입찰 공고하다
2286	招收	zhāoshōu	동 모집하다, 받아들이다
2287	朝气蓬勃	zhāo qì péng bó	성 생기가 넘쳐흐르다
2288	着迷	zháomí	동 몰두하다, 사로잡히다
2289	沼泽	zhǎozé	명 늪, 습지
2290	照样	zhàoyàng	동 어떤 모양대로 하다, 그대로 하다
2291	照耀	zhàoyào	동 밝게 비추다
2292	折腾	zhēteng	동 고통스럽게 하다, 괴롭히다, 뒤척이다
2293	遮挡	zhēdǎng	동 막다, 차단하다, 가리다
2294	折	zhé	동 꺾다, 끊다, 좌절하다, 굽히다
2295	折磨	zhémó	동 고통스럽게 하다, 괴롭히다
2296	侦探	zhēntàn	명 탐정 동 정탐하다
2297	珍贵	zhēnguì	형 진귀하다
2298	珍稀	zhēnxī	형 진귀하고 드물다
2299	珍珠	zhēnzhū	명 진주
2300	真理	zhēnlǐ	명 진리
2301	真相	zhēnxiàng	명 진상, 실상
2302	真挚	zhēnzhì	형 진지한, 성실한, 참된
2303	斟酌	zhēnzhuó	동 짐작하다, 고려하다, 숙고하다
2304	枕头	zhěntou	명 베개
2305	阵地	zhèndì	명 진지
2306	阵容	zhènróng	명 진용, 라인업
2307	振奋	zhènfèn	동 진작시키다 형 분발하다
2308	振兴	zhènxīng	동 진흥하다, 흥성하게 하다
2309	震撼	zhènhàn	형 뒤흔들다, 감동시키다
2310	震惊	zhènjīng	동 몹시 놀라게 하다
2311	镇定	zhèndìng	형 침착하다, 차분하다 동 진정시키다
2312	镇静	zhènjìng	형 침착하다, 차분하다 동 마음을 가라앉히다

38 Day Track 38

도전 38일 2313~2375

2313	正月	zhēngyuè	몡 정월
2314	争端	zhēngduān	몡 쟁단, 싸움의 발단
2315	争夺	zhēngduó	통 쟁탈하다, 다투다
2316	争气	zhēngqì	통 지지 않으려고 애쓰다
2317	争先恐后	zhēng xiān kǒng hòu	성 늦을세라 앞을 다투다
2318	争议	zhēngyì	통 쟁의하다, 논쟁하다
2319	征服	zhēngfú	통 정복하다
2320	征收	zhēngshōu	통 징수하다
2321	挣扎	zhēngzhá	통 힘써 버티다, 발버둥 치다, 발악하다
2322	蒸发	zhēngfā	통 증발하다
2323	整顿	zhěngdùn	통 정비하다, 정돈하다, 바로잡다
2324	正当	zhèngdāng	통 마침 ~한 시기이다
2325	正负	zhèngfù	몡 플러스 마이너스
2326	正规	zhèngguī	형 정규의, 표준의
2327	正经	zhèngjing	형 정식의, 올바르다
2328	正气	zhèngqì	몡 정기, 바른 기운
2329	正义	zhèngyì	몡 정의 형 정의로운
2330	正宗	zhèngzōng	형 정통의, 진정한
2331	证实	zhèngshí	통 실증하다, 사실을 증명하다
2332	证书	zhèngshū	몡 증서, 증명서
2333	郑重	zhèngzhòng	형 정중하다, 엄숙하다
2334	政策	zhèngcè	몡 정책
2335	政权	zhèngquán	몡 정권
2336	症状	zhèngzhuàng	몡 증상, 증세
2337	之际	zhījì	몡 때, 즈음
2338	支撑	zhīchēng	통 버티다, 받치다, 지탱하다
2339	支出	zhīchū	몡 지출 통 지출하다
2340	支流	zhīliú	몡 지류, 부차적인 것
2341	支配	zhīpèi	통 안배하다, 분배하다, 지배하다
2342	支援	zhīyuán	통 지원하다, 원조하다
2343	支柱	zhīzhù	몡 지주, 받침대, 버팀목

2344	枝	zhī	명 가지 양 송이, 자루
2345	知觉	zhījué	명 지각, 감각
2346	知足常乐	zhī zú cháng lè	성 만족함을 알면 항상 즐겁다
2347	脂肪	zhīfáng	명 지방
2348	执行	zhíxíng	동 집행하다, 실행하다
2349	执着	zhízhuó	형 집착하다, 고집스럽다, 끈기 있다
2350	直播	zhíbō	동 생방송하다
2351	直径	zhíjìng	명 직경
2352	侄子	zhízi	명 조카
2353	值班	zhíbān	동 당직을 맡다
2354	职能	zhínéng	명 직능, 기능
2355	职位	zhíwèi	명 직위
2356	职务	zhíwù	명 직무
2357	殖民地	zhímíndì	명 식민지
2358	指标	zhǐbiāo	명 지표, 수치
2359	指定	zhǐdìng	동 지정하다
2360	指甲	zhǐjia	명 손톱
2361	指令	zhǐlìng	명 지령, 명령
2362	指南针	zhǐnánzhēn	명 나침반
2363	指示	zhǐshì	동 가리키다, 지시하다
2364	指望	zhǐwàng	동 기대하다
2365	指责	zhǐzé	동 지적하다, 질책하다
2366	志气	zhìqì	명 패기, 기개
2367	制裁	zhìcái	동 제재하다
2368	制服	zhìfú	명 제복
2369	制约	zhìyuē	동 제약하다
2370	制止	zhìzhǐ	동 제지하다
2371	治安	zhì'ān	명 치안
2372	治理	zhìlǐ	동 다스리다, 통치하다
2373	致辞	zhìcí	동 축사를 하다, 연설을 하다
2374	致力	zhìlì	동 힘쓰다, 애쓰다
2375	致使	zhìshǐ	동 ~를 초래하다

2376	智力	zhìlì	명 지력, 지능
2377	智能	zhìnéng	명 지능
2378	智商	zhìshāng	명 지능지수(IQ)
2379	滞留	zhìliú	동 ~에 머물다, 체류하다
2380	中断	zhōngduàn	동 중단하다
2381	中立	zhōnglì	동 중립을 지키다
2382	中央	zhōngyāng	명 중앙
2383	忠诚	zhōngchéng	형 충성스럽다
2384	忠实	zhōngshí	형 충실하다, 성실하다
2385	终点	zhōngdiǎn	명 종착점, 종점, 결승점
2386	终究	zhōngjiū	부 결국
2387	终身	zhōngshēn	명 일생, 평생
2388	终止	zhōngzhǐ	동 마치다, 끝내다
2389	衷心	zhōngxīn	명 충심, 진심
2390	肿瘤	zhǒngliú	명 종양
2391	种子	zhǒngzi	명 종자, 씨, 씨앗
2392	种族	zhǒngzú	명 종족
2393	众所周知	zhòng suǒ zhōu zhī	성 모든 사람이 다 알고 있다
2394	种植	zhòngzhí	동 재배하다
2395	重心	zhòngxīn	명 중심, 무게 중심
2396	舟	zhōu	명 배
2397	州	zhōu	명 주, 자치주
2398	周边	zhōubiān	명 주변, 주위
2399	周密	zhōumì	형 주도면밀하다
2400	周年	zhōunián	명 주년
2401	周期	zhōuqī	명 주기
2402	周折	zhōuzhé	명 우여곡절, 고심 형 곡절이 많다
2403	周转	zhōuzhuǎn	동 (자금을) 회전시키다
2404	粥	zhōu	명 죽
2405	昼夜	zhòuyè	명 주야, 밤낮
2406	皱纹	zhòuwén	명 주름(살)

2407	株	zhū	명 그루, 포기
2408	诸位	zhūwèi	대 여러분
2409	逐年	zhúnián	부 해마다
2410	主办	zhǔbàn	동 주최하다
2411	主导	zhǔdǎo	동 주도하다
2412	主管	zhǔguǎn	동 주관하다
2413	主流	zhǔliú	명 주류
2414	主权	zhǔquán	명 주권
2415	主义	zhǔyì	명 주의
2416	拄	zhǔ	동 (지팡이로) 몸을 지탱하다
2417	嘱咐	zhǔfù	동 분부하다
2418	助理	zhùlǐ	동 보조하다
2419	助手	zhùshǒu	명 조수
2420	住宅	zhùzhái	명 주택
2421	注射	zhùshè	동 주사하다
2422	注视	zhùshì	동 주시하다
2423	注释	zhùshì	명 주석
2424	注重	zhùzhòng	동 중시하다
2425	驻扎	zhùzhā	동 주둔하다
2426	著作	zhùzuò	명 저서, 저작
2427	铸造	zhùzào	동 주조하다
2428	拽	zhuài	동 잡아당기다, 세차게 끌다
2429	专长	zhuāncháng	명 전문 기술, 특기
2430	专程	zhuānchéng	부 특별히
2431	专利	zhuānlì	명 특허
2432	专题	zhuāntí	명 특별 제목, 특별 테마
2433	砖	zhuān	명 벽돌
2434	转达	zhuǎndá	동 전달하다
2435	转让	zhuǎnràng	동 양도하다, 넘겨주다
2436	转移	zhuǎnyí	동 옮기다, 전이하다
2437	转折	zhuǎnzhé	동 전환하다

40 Day Track 40

도전 **40**일 2438~2500

2438	传记	zhuànjì	명 전기
2439	庄稼	zhuāngjia	명 농작물
2440	庄严	zhuāngyán	형 장엄하다
2441	庄重	zhuāngzhòng	형 장중하다
2442	装备	zhuāngbèi	명 장비
2443	装卸	zhuāngxiè	동 조립하고 분해하다
2444	壮观	zhuàngguān	형 장관이다
2445	壮丽	zhuànglì	형 웅장하고 아름답다
2446	壮烈	zhuàngliè	형 장렬하다
2447	幢	zhuàng	양 동, 채[건물을 세는 단위]
2448	追悼	zhuīdào	동 추도하다, 추모하다
2449	追究	zhuījiū	동 추궁하다, 따지다
2450	坠	zhuì	동 떨어지다, 추락하다
2451	准则	zhǔnzé	명 준칙, 규범
2452	卓越	zhuóyuè	형 탁월하다
2453	着手	zhuóshǒu	동 착수하다, 시작하다
2454	着想	zhuóxiǎng	동 고려하다, 염두에 두다
2455	着重	zhuózhòng	동 강조하다, 역점을 두다
2456	琢磨	zhuómó	동 깊이 생각하다
2457	姿态	zītài	명 자태, 모습
2458	资本	zīběn	명 자본, 자금
2459	资产	zīchǎn	명 재산, 자산
2460	资深	zīshēn	형 경력이 오랜, 베테랑의
2461	资助	zīzhù	동 재물로 돕다
2462	滋润	zīrùn	형 습윤하다, 촉촉하다
2463	滋味	zīwèi	명 맛, 흥취
2464	子弹	zǐdàn	명 총탄
2465	自卑	zìbēi	형 스스로 낮추다, 열등감을 가지다
2466	自发	zìfā	형 자발적인
2467	自力更生	zì lì gēng shēng	성 자력갱생하다
2468	自满	zìmǎn	형 자만하다

2469	自主	zìzhǔ	동	스스로 처리하다
2470	宗教	zōngjiào	명	종교
2471	宗旨	zōngzhǐ	명	취지, 목적
2472	棕色	zōngsè	명	갈색
2473	踪迹	zōngjì	명	종적, 자취
2474	总而言之	zǒng ér yán zhī	성	총괄적으로 말하면
2475	总和	zǒnghé	명	합계
2476	纵横	zònghéng	명	가로 세로
2477	走廊	zǒuláng	명	복도
2478	走漏	zǒulòu	동	누설하다
2479	走私	zǒusī	동	밀수하다
2480	揍	zòu	동	(사람을) 때리다, 깨다, 깨뜨리다
2481	租赁	zūlìn	동	빌려 쓰다, 임차하다
2482	足以	zúyǐ	부	충분히 ~할 수 있다
2483	阻碍	zǔ'ài	명 장애물 동	방해하다, 지장이 되다
2484	阻拦	zǔlán	동	저지하다
2485	阻挠	zǔnáo	동	저지하다, (몰래) 방해하다
2486	祖父	zǔfù	명	조부, 할아버지
2487	祖国	zǔguó	명	조국
2488	祖先	zǔxiān	명	선조, 조상
2489	钻研	zuānyán	동	깊이 연구하다
2490	钻石	zuànshí	명	다이아몬드
2491	嘴唇	zuǐchún	명	입술
2492	罪犯	zuìfàn	명	범인, 죄인
2493	尊严	zūnyán	형	존엄하다
2494	遵循	zūnxún	동	따르다
2495	作弊	zuòbì	동	부정 행위를 하다
2496	作废	zuòfèi	동	폐기하다, 무효로 하다
2497	作风	zuòfēng	명	기풍, 태도, 풍격
2498	作息	zuòxī	동	일하고 휴식하다
2499	座右铭	zuòyòumíng	명	좌우명
2500	做主	zuòzhǔ	동	주인이 되다, 책임지고 결정하다

37-40 Days 확인학습

☐ 실력점검 ____ /50   ☐ 오답확인

1. 다음 단어와 뜻을 알맞게 연결해 보세요.

① 嘱咐　·　　　　　　　　　　　· ⓐ (눈앞에) 펼쳐지다

② 周密　·　　　　　　　　　　　· ⓑ 침착하다, 차분하다, 마음을 가라앉히다

③ 直播　·　　　　　　　　　　　· ⓒ 분부하다

④ 郑重　·　　　　　　　　　　　· ⓓ 생방송하다

⑤ 珍稀　·　　　　　　　　　　　· ⓔ 막다, 차단하다, 가리다

⑥ 遭遇　·　　　　　　　　　　　· ⓕ 정통의, 진정한

⑦ 镇静　·　　　　　　　　　　　· ⓖ 주도면밀하다

⑧ 遮挡　·　　　　　　　　　　　· ⓗ 조우하다, 만나다, 부닥치다

⑨ 正宗　·　　　　　　　　　　　· ⓘ 진귀하고 드물다

⑩ 展现　·　　　　　　　　　　　· ⓙ 정중하다, 엄숙하다

2. 다음 단어를 중국어로 써 보세요.

① 증상, 증세 _____　　② 지적하다, 질책하다 _____

③ 중단하다 _____　　④ 주야, 밤낮 _____

⑤ 탁월하다 _____　　⑥ 장애물, 방해하다 _____

⑦ 취지, 목적 _____　　⑧ 깊이 생각하다 _____

⑨ 지출, 지출하다 _____　⑩ 해마다 _____

3. 녹음을 듣고 해당 단어를 중국어로 써 보세요. Test 10

① _____   ② _____

③ _____   ④ _____

⑤ _____   ⑥ _____

⑦ _____   ⑧ _____

⑨ _____   ⑩ _____

4. 다음 단어의 뜻을 써 보세요.

① 振奋 _____   ② 钻研 _____

③ 着想 _____   ④ 智商 _____

⑤ 转折 _____   ⑥ 扎实 _____

⑦ 制约 _____   ⑧ 震撼 _____

⑨ 终究 _____   ⑩ 专长 _____

⑪ 争端 _____   ⑫ 遵循 _____

⑬ 折腾 _____   ⑭ 崭新 _____

⑮ 众所周知 _____   ⑯ 走私 _____

⑰ 注重 _____   ⑱ 资深 _____

⑲ 噪音 _____   ⑳ 壮观 _____

MEMO

전공략 新HSK 합격 전략 6급

저자	차오진옌 ｜ 권연은
기획	JRC 중국어연구소
발행인	김효정
발행처	맛있는books
등록번호	제2006-000273호
편집	이소연 ｜ 김소연 ｜ 조해천
디지인	신은지 ｜ 최어령
제작	박선의
영업	김영한 ｜ 강민호
홍보	이지연
웹마케팅	오준석 ｜ 김희영
주소	서울 강남구 테헤란로 109, 8층
전화	구입 문의 02.567.3861 ｜ 02.567.3837
	내용 문의 02.567.3860
팩스	02.567.2471
홈페이지	www.booksJRC.com

Copyright ⓒ 2015 맛있는books

저자와 출판사의 허락 없이 이 책의 일부 또는 전부를 무단 복사·전재·발췌할 수 없습니다.
잘못된 책은 구입처에서 바꿔 드립니다.

전공략 新HSK
합격 전략 6급

JRC 중국어연구소 기획
차오진옌 | 권연은 저

전공략 新HSK 합격 전략

6급

新HSK 강사의 명쾌한 무료 동영상 강의
영역별 핵심 공략법 D-5
막판 뒤집기 핵심 포인트 수록

JRC 중국어연구소 기획·차오진옌 | 권연은 저

무료 동영상 강의
www.booksJRC.com

맛있는 books

차례

D-5 듣기 — p.5
- **전략 1** 빈출 성어와 유행어를 마스터하면 정답이 들린다
- **전략 2** 들으면서 정답을 바로 찾는 비법을 전수 받자

D-4 독해 제1부분 — p.11
- **전략 1** 오답 BEST10을 파악하여 독해 제1부분의 흐름을 익혀라
- **전략 2** 틀린 문장만 쏙쏙 골라내는 10가지 비법을 터득하라

D-3 독해 제2부분 — p.19
- **전략 1** 점수를 올리는 동사·형용사의 호응 구조를 마스터하라
- **전략 2** 점수를 올리는 부사·양사의 호응 구조를 마스터하라

D-2 독해 제3,4부분 — p.25
- **전략 1** 독해 제3부분 정답을 찾아내는 키워드에 집중하라
- **전략 2** 독해 제4부분 금쪽 같은 독해 시간을 벌어주는 비법을 전수 받자

D-1 쓰기 — p.31
- **전략 1** 한국식 표현 오류 BEST10을 마스터하면 쓰기가 두렵지 않다
- **전략 2** 고득점 표현을 익혀 쓰기에 강해져라
- **전략 3** 제목은 속전속결로 만들어 시간을 절약하라

D-0 막판 뒤집기, 합격이 보이는 핵심 포인트 — p.37
- 6급에 강해지는 빈출 관용어&속담 BEST40
- 독해 제2부분 빈출 어휘 호응 BEST60
- 독해가 쉬워지는 빈출 성어 BEST100

전공략 新HSK 합격 전략 6급 활용법

新HSK 최신 출제 경향을 명확하게 파악한 영역별 핵심 공략서로, 총 D-5로 구성되어 있습니다. 또한 시험 직전에 보는 핵심 포인트도 수록되어 있습니다.

新HSK 강사의 명쾌한 무료 동영상 강의

新HSK 시험을 준비하는 학습자들이 꼭 알아야 하는 핵심 공략을 명쾌하게 설명해 드립니다. 실전에서 비법을 어떻게 활용하는지 新HSK 전문가의 강의를 들어 보며 확인해 보세요.

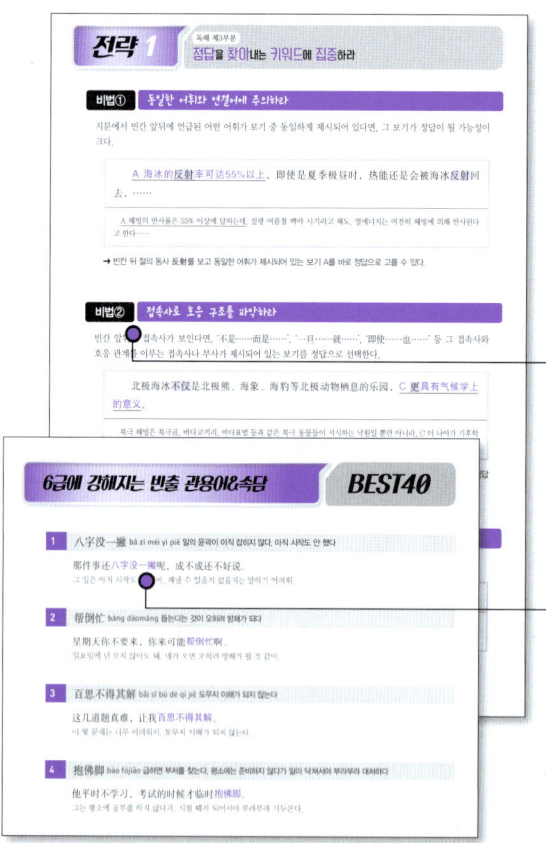

핵심을 짚어 주는 합격 전략 D-5

新HSK의 최신 출제 경향을 분석하여 시험에 필요한 핵심 비법을 정리했습니다. 쉽게 답을 찾는 비법이 제시되어 있으니, 반드시 마스터하세요.

막판 뒤집기, 합격이 보이는 핵심 포인트

6급 합격에 꼭 필요한 어휘 호응, 관용어, 성어 등이 수록되어 있습니다. 언제 어디서든 들고 다니면서 공부해 보세요. 핵심 포인트만 정확하게 익혀도 시험 점수가 달라집니다.

🔍 무료 동영상 강의 보는 방법

1. 교재에서 각 D-day 시작 페이지에 있는 QR 코드를 스캔하면 강의를 바로 볼 수 있습니다.
2. 맛있는북스 홈페이지(www.booksJRC.com)에 접속하여 해당 도서 상세 페이지에 들어간 후, '무료 동영상 보기' 아이콘을 클릭하면 강의를 바로 볼 수 있습니다.

합격전략 D-5

듣기

듣기는 다른 영역에 비해 학습 방법 마스터 및 일정 기간의 집중적인 훈련을 통해 쉽게 실력을 향상시킬 수 있다. 문제를 푸는 방법을 잘 파악한다면 녹음 내용을 전부 이해하지 못하더라도 정답을 고를 수 있지만, 문제를 푸는 방법을 제대로 알지 못하면 녹음 내용을 이해한다 하더라도 잘못된 답을 고를 수도 있다. 따라서 〈합격 전략〉에서 제시하는 비법에 맞춘 집중 훈련으로 정답률을 높이자.

전략 1   빈출 성어와 유행어를 마스터하면 정답이 들린다

비법   빈출 성어와 유행어를 정리하라

엄선된 성어와 유행어를 많이 외워두면 문제 풀기가 훨씬 수월해지므로 반드시 암기해야 한다.

■ 빈출 성어

守株待兔 shǒu zhū dài tù	나무 그루터기를 지키며 토끼를 기다리다 ❍ 노력하지 않고 요행만 바라다	找工作时一定要主动，不能守株待兔。 직업을 찾을 때는 반드시 능동적이어야 하며, 노력도 하지 않고 요행만을 바라서는 안 된다.
画蛇添足 huà shé tiān zú	뱀을 그리는 데 다리를 그려 넣다 ❍ 쓸데없는 짓을 하여 도리어 일을 잘 못되게 하다	这份报告已经写得很好了，不要画蛇添足。 이 보고서는 이미 너무 훌륭하게 잘 썼으니, 괜히 쓸데없는 짓은 하지 마라.
亡羊补牢 wáng yáng bǔ láo	양을 잃은 후에 울타리를 수리하다 ❍ 일이 잘못되거나 문제가 발생한 후에라도 서둘러 보완하면 그래도 늦은 편이 아니다	既然已经出了问题，我们要赶快补救，亡羊补牢，还不算晚。 이왕 이미 문제가 터진 이상, 빨리 보완해야 해. 문제가 발생한 뒤라도 서둘러 대책을 취하면, 그리 늦은 편은 아니니까.
三顾茅庐 sān gù máo lú	유비가 제갈량을 세 번이나 찾아가 청하다 ❍ 간절히 거듭 요청하다, 인재를 맞아들이기 위해 참을성 있게 노력하다	他可是我们老板三顾茅庐请来的。 그는 우리 사장님이 간곡히 거듭 부탁해서 모셔온 사람이다.
拔苗助长 bá miáo zhù zhǎng	모를 뽑아 자라게 하다 ❍ 아이에게 너무 많은 것들을 조기 교육하여 빠른 성과를 보려고 하다 도리어 일을 그르치다	你让孩子一下子学习这么多东西，这是拔苗助长。 당신이 아이에게 단번에 이렇게나 많은 것들을 배우게 하는 건, 모를 뽑아 자라게 하는 것과 같아요.
滥竽充数 làn yú chōng shù	많은 사람들이 모여 피리를 부는데 머릿수만 채우다 ❍ 능력 없는 사람이 능력 있는 척하다, 재능도 없으면서 끼어들어 머릿수만 채우다	每次开会他都去滥竽充数，其实他什么都不懂。 매번 회의 때, 그는 가서 머릿수만 채우고 있다. 사실 그는 아무것도 알지 못한다.

■ 빈출 유행어

土豪 tǔháo	토호 ❍ 본래는 갑자기 부자가 된 사람을 지칭했지만, 요즘은 재산이 많은 모든 부자, 갑부, 졸부들을 가리킨다	中国近几年喜欢买名牌、名车的土豪太多了。 중국은 근 몇 년간 명품이나 고급 승용차 구매를 즐기는 갑부가 매우 많아졌다.
富二代 fù'èrdài	재벌 2세 ❍ 부모님이 매우 많은 재산을 지닌 사람, 즉 재벌 2세를 가리킨다	富二代的教育一直很受重视。 재벌 2세의 교육은 늘 주목을 받는다.
高富帅 gāofùshuài	킹카, 훈남 ❍ 키가 크고 부자이며 잘생긴 남자를 가리킨다	每个女孩都想找一个高富帅。 모든 여자아이들은 다 킹카를 만나고 싶어 한다.

女汉子 nǚhànzi	여자 사나이, 여자 대장부 ○ 능력 있고, 힘세고 강한, 보이쉬한 여성을 가리킨다	她太独立了，真是个"女汉子"。 그녀는 너무 독립적인 사람이야. 정말이지 '여자 대장부'야.
点赞 diǎnzàn	'좋아요'라고 하다 ○ 본래는 인터넷에서 다른 사람을 칭찬하는 의미로 사용되다가 요즘은 일상생활에서 상대에게 칭찬해 주는 의미로 널리 쓰인다	你做得真棒，给你点个赞！ 넌 정말 대단해. 좋아!

A 画蛇时要添上脚
B 我们常做无用功
C 不要做多余的事
D 不要追求完美

"画蛇添足"这个成语的意思是：画蛇时给蛇添上脚。告诉人们不要做多余的事，否则有害无益、徒劳无功。现实生活中，我们总是追求完美。实际上，有些时候我们在这个过程中做了许多无用功，所以凡事应该适可而止。

A 뱀을 그릴 때 다리를 더 그려야 한다
B 우리는 늘 소용없는 일을 한다
C 불필요한 일을 해서는 안 된다
D 완벽함을 추구해서는 안 된다

'화사첨족(畵蛇添足)' 이 성어는 뱀을 그릴 때 뱀에 다리를 더해 그린다는 뜻이다. 사람들에게 불필요한 일을 하지 말 것이며, 그렇지 않으면 백해무익하며 쓸데없는 행동을 하는 것이라고 알려주고 있다. 현실 생활 속에서 우리는 늘 완벽함을 추구한다. 사실 때로는 이런 과정 속에서 쓸데없는 일을 많이 하고 있으며, 그래서 모든 일은 적절한 수준에서 멈춰야 한다.

→ 성어 画蛇添足(쓸데없는 짓을 하여 도리어 일을 잘못되게 한다)의 뜻을 알고 있으면 정답이 B임을 쉽게 알 수 있다.

전략 2 　 들으면서 정답을 바로 찾는 비법을 전수 받자

비법 ① 　 동일한 어휘나 동의어를 찾아내라

보기를 간단히 살펴보면서 녹음 내용을 듣다가 동일한 어휘나 동의어를 듣게 되면, 듣자마자 바로 정답으로 선택한다.

> A 向日葵成活率低
> B 向日葵经济价值高
> C 葵花油富含胆固醇
> D 向日葵生长周期长
>
> 　　向日葵生长相当迅速，通常种植约两个月即可开花，花朵外形酷似太阳。它的种子具有很高的经济价值……
>
> A 해바라기는 생존율이 낮다
> B 해바라기는 경제적 가치가 높다
> C 해바라기유는 콜레스테롤을 다량 함유하고 있다
> D 해바라기는 생장 주기가 길다
>
> 　　해바라기는 생장이 상당히 빨라서, 일반적으로 심은 지 대략 2달 만에 꽃을 피우며, 꽃의 외형은 흡사 태양과 같다. 해바라기의 씨앗은 높은 경제적 가치를 지니고 있는데……

→ 녹음 내용 중 '它的种子具有很高的经济价值(해바라기의 씨앗은 높은 경제적 가치를 지니고 있다)'라는 문장을 들었다면, '具有很高的经济价值'와 보기 B의 '经济价值高'가 같은 의미이므로 정답은 B가 된다.

비법 ② 　 힌트가 되는 핵심어에 촉각을 세워라

最, 首先, 因为와 같이 정답을 찾는 힌트가 되는 핵심어를 들으면, 이러한 핵심어 뒤에 정답과 관련된 내용이 언급될 가능성이 크므로 더욱 주의해서 듣도록 한다. 특히 듣기 제2부분의 경우는 종종 녹음 내용의 전개 순서와 다르게 질문이 제시되므로, 이러한 핵심어가 나오면 해당 질문을 빠르게 찾아 체크해 두자.

> A 爱旅行
> B 最喜欢傣族舞
> C 致力于公益事业
> D 最近身体状态很差
>
> 男：您最喜欢哪一种少数民族舞蹈？
> 女：傣族。

A 여행을 좋아한다
B 태족 무용을 가장 좋아한다
C 공익 사업에 힘썼다
D 요즘 건강 상태가 나쁘다

남: 당신은 어떤 종류의 소수민족 무용을 가장 좋아하십니까?
여: 태족이요.

→ 녹음 내용 중 '您最喜欢哪一种少数民族舞蹈?(당신은 어떤 종류의 소수민족 무용을 가장 좋아하십니까?)'라는 문장을 들었다면, '最喜欢'이라는 어휘가 바로 힌트가 되는 핵심어임을 알 수 있다. 핵심어 뒤에 정답과 관련된 내용이 바로 제시되므로, 보기 중 '最喜欢傣族舞(태족 무용을 가장 좋아한다)'가 정답이 된다.

■ 빈출 핵심어

'最'와 같은 의미의 어휘	第一 dì-yī 가장 중요하다, 제일이다 | 首先 shǒuxiān 우선 | 主要 zhǔyào 주요한 | 重要 zhòngyào 중요한 | 关键 guānjiàn 매우 중요한
'원인·목적'을 끌어내는 접속사, 개사	因为 yīnwèi 왜냐하면 | 所以 suǒyǐ 그래서 | 因此 yīncǐ 이로 인하여 | 由于 yóuyú ~때문에 | 为了 wèile ~를 위해서
'결과'를 제시하는 어휘	可见 kějiàn ~라는 것을 알 수 있다 | 其实 qíshí 사실 | 实际上 shíjìshang 사실상 | 总而言之 zǒng ér yán zhī 결론적으로 말하자면 | 总之 zǒngzhī 총괄하면 | 综上所述 zōng shàng suǒ shù 이제까지 서술한 바를 종합하면
'전체, 모두'를 나타내는 어휘	所有 suǒyǒu 모든 | 全部 quánbù 전부, 전체 | 都 dōu 모두 | 每个 měige 하나하나 | 各方面 gè fāngmiàn 모든 면

비법③ 숫자 앞뒤 어휘가 정답을 찾는 힌트이다

녹음 내용에서 '숫자'를 듣게 되면, 들리는 숫자만으로 섣불리 정답을 선택해서는 안 된다. 반드시 그 숫자 앞뒤에 있는 左右, 至少, 超过, 不足 등의 어휘를 주의 깊게 들어야 한다.

> A 命运都很悲惨
> B 年龄最少10岁
> C 也要举行正式结婚仪式
> D 孩子的意见很重要
>
> 许多父母在为10岁左右的儿女张罗婚礼, 有的新娘甚至还在吃奶。
>
> A 운명이 비참하다
> B 연령은 최소 10세이다
> C 정식적인 결혼 의식을 치르다
> D 아이들의 의견이 중요하다
>
> 많은 부모들이 10세 가량의 아들과 딸의 결혼식을 준비하고, 심지어는 아직 젖을 먹을 만큼 어린 신부도 있다고 한다.

→ 녹음 내용 중 '10岁左右'라는 어휘를 들었다면, '最少10岁'라는 보기 B는 정답에서 바로 제외시킬 수 있다.

합격전략 D-4

독해 제1부분

독해 제1부분에서는 네 개의 보기 중에서 어법상 틀린 문장을 찾는 능력을 테스트한다. 출제되는 어법 중 대다수는 중국어 학습자들이 어려워하는 부분이며 사용할 때에도 실수를 많이 하는 부분이기 때문에, 新HSK 6급에서 가장 어려운 문제 유형이다. 따라서 〈합격 전략〉에서 제시하는 핵심 어법을 빠짐없이 숙지하고 비법을 마스터하여 실전에 적응하는 훈련을 하자.

전략 1 — 오답 BEST10을 파악하여 독해 제1부분의 흐름을 익혀라

비법 | 어법 오류의 유형을 파악하라

자주 출제되는 어법 오류의 유형을 파악하면 실제 시험에서 유사한 문제가 출제되었을 때 쉽게 정답을 찾아낼 수 있다.

BEST 1 이합사

她结婚外国人了。(×) → 她跟外国人结婚了。(○) 그녀는 외국인과 결혼했다.

오류 분석 '结婚'은 이합사이므로 '跟……结婚'이라고 해야 한다.

BEST 2 문장의 주요 성분의 의미 호응

秋天的北京是一个美丽的季节。(×) → 秋天的北京是一个美丽的地方。(○)
가을철 베이징은 아름다운 곳이라 할 수 있다.

오류 분석 문장의 주요 성분의 의미가 서로 호응해야 한다. '베이징=계절'이 아니므로, 의미가 호응하는 '北京是……的地方'이 맞는 표현이다.

BEST 3 긍정·부정의 의미

努力是能否取得成功的关键。(×) → 是否努力是能否取得成功的关键。(○)
노력을 하느냐 하지 않느냐는 성공을 거둘 수 있느냐의 관건이다.

오류 분석 뒷부분의 能否는 가능한지 그렇지 않은지를 나타내므로 앞부분에서도 긍정과 부정의 의미가 제시되어야 한다.

BEST 4 是 + 성어 + 的

语法是至关重要。(×) → 语法是至关重要的。(○) 어법은 굉장히 중요하다.

BEST 5 사람 + 对 + 사물 + 感兴趣 : ~에 흥미가 있다, ~에 관심이 있다

这本书对我很感兴趣。(×) → 我对这本书很感兴趣。(○) 나는 이 책에 흥미를 느낀다.

BEST 6 不管 + A不A + 都 : ~에 관계없이 모두

不管爸爸不同意，我都要做。(×) → 不管爸爸同意不同意，我都要做。(○)
아빠가 동의를 하시든지 안 하시든지 간에, 나는 할 것이다.

BEST 7 숫자 + 们

我有三个外国朋友们。(×) → 我有三个外国朋友。(○) 나는 세 명의 외국 친구가 있다.

오류 분석 숫자 뒤에는 们을 동반할 수 없다.

BEST 8 동사 + 명사

我听了她说话很生气。(×) → 我听了她说的话很生气。(○)
그녀가 하는 말을 듣고 나는 매우 화가 났다.

오류 분석 동사 听 뒤에는 명사 구조 她说的话가 와야 한다.

BEST 9 受……欢迎 : ~의 인기를 얻다, ~의 사랑을 받다

这部电视剧很被年轻人欢迎。(×) → 这部电视剧很受年轻人欢迎。(○)
　　　　　　　　　　　　　　　　　　이 드라마는 젊은이들의 사랑을 받았다.

BEST 10 向……道歉 : ~에게 사과를 하다

你要对他道歉。(×) → 你要向他道歉。(○)
　　　　　　　　　　　너는 그에게 사과해야 한다.

전략 2　틀린 문장만 쏙쏙 골라내는 10가지 비법을 터득하라

비법① 주요 문장 성분을 확인하라

1) 주어가 없는 문장

개사구 뒤에 이어지는 문장에는 바로 주어가 제시되어야 한다. 뒤에 이어지는 문장이 동사로 시작한다면 그 문장은 주어가 없는 잘못된 문장이다.

在老师的帮助下，使同学们进步很快。(×)
→ 在老师的帮助下，同学们进步很快。(○) 선생님의 도움으로 학생들은 발전이 빠르다.

오류 분석1 使를 삭제하면 同学们이 문장의 주어가 된다.

→ 老师的帮助，使同学们进步很快。(○) 선생님의 도움이 학생들로 하여금 빠르게 발전하게 했다.

오류 분석2 '在……下'를 삭제하면 '老师的帮助'가 문장의 주어가 된다.

2) 목적어가 없는 문장

现代医学研究表明，22时到凌晨4时是人体免疫系统、造血系统最旺盛。(×)
→ 现代医学研究表明，22时到凌晨4时是人体免疫系统、造血系统最旺盛的时候。(○)
　　현대 의학 연구에 따르면, 22시부터 새벽 4시까지가 인체의 면역 체계와 조혈 체계가 가장 왕성해지는 때라고 한다.

오류 분석 '22时到凌晨4时'가 주어이고 동사 是가 술어이므로, 是 뒤에 주어와 호응하는 명사 목적어가 동반되어야 한다.

他昨天买了一本专业方面的。(×) → 他昨天买了一本专业方面的书。(○)
　　　　　　　　　　　　　　　　　그는 어제 전공 분야의 책을 한 권 샀다.

오류 분석 동사 买 뒤에 수량사 '一本'이 있으므로 수량사가 수식하는 명사가 뒤에 동반되어야 한다.

비법② 把자문의 용법을 마스터하라

1) 부정부사와 조동사의 위치

把자문에서 부정부사(不, 没)와 조동사(会, 能, 可以, 想, 愿意)는 把 앞에만 쓸 수 있다.

> 주어 + 不/没 / 会/能/可以/想/愿意 + 把 + 명사 + 동사 + 기타 성분

他把这份重要的报告没有按时交给总部。(×) → 他没有把这份重要的报告按时交给总部。(○)
　　　　　　　　　　　　　　　　　　　　　그는 이 중요한 보고서를 본사에 제때 제출하지 않았다.

他把这个礼物很想送给她。(×) → 他很想把这个礼物送给她。(○)
　　　　　　　　　　　　　　　그는 이 선물을 그녀에게 주고 싶어 한다.

2) 동사의 조건

把자문에서 동사는 단독으로 쓸 수 없고, 뒤에 기타 성분이 있어야 한다.

> 주어 + 把 + 명사 + 동사 + 기타 성분

我把门关后就出去了。(×) → 我把门关上后就出去了。(○)
　　　　　　　　　　　　　나는 문을 닫은 후 밖으로 나갔다.

오류 분석 동사 술어 关은 뒤에 보어를 동반해서 '把门关上'이라고 해야 한다.

비법③ 被자문의 용법을 마스터하라

被와 피동의 의미를 나타내는 受, 遭, 挨 등은 함께 쓸 수 없다.

> 주어 + 被(+ 명사) + 受/遭/挨 + 동사

很多贫困地区的孩子正被挨饿。(×) → 很多贫困地区的孩子正挨饿。(○)
　　　　　　　　　　　　　　　　　　많은 빈곤 지역의 아이들이 굶주리고 있다.

这首歌很被人们受欢迎。(×) → 这首歌很受人们欢迎。(○)
　　　　　　　　　　　　　　이 노래는 사람들의 인기를 받고 있다.

비법④ 접속사의 호응 구조를 파악하라

只有得到第一名，爸爸就给我买新手机。(×)
→ 只有得到第一名，爸爸才给我买新手机。(○)
　1등을 해야만, 아빠가 나에게 새 휴대폰을 사 주실 것이다.

→ 只要得到第一名，爸爸就给我买新手机。(○)
　1등을 하기만 하면, 아빠가 나에게 새 휴대폰을 사 주실 것이다.

오류 분석 只有와 就는 서로 호응하지 않는다. '只有……才……' 또는 '只要……就……' 구조로 바꿔야 한다.

■ 빈출 접속사 호응 구조

只有…… 才……	단지 ~해야지만 비로소 ~	只有得到很高的英语成绩，才能找到理想的工作。 높은 영어 점수를 받아야만, 원하는 일자리를 찾을 수 있다.
只要…… 就……	단지 ~하기한 하면 곧 ~	只要明天天气好，我们就去郊游吧。 내일 날씨가 좋기만 하면, 우리 교외로 놀러 가자.
既然…… 就……	기왕 ~한 이상 ~	既然你生病了，就别来上课了。 기왕 몸이 아픈 이상, 수업에는 오지 마.
即使…… 也……	설사 ~하더라도 ~	即使下大雨，我们也要去旅游。 설사 비가 많이 오더라도, 우리는 여행을 갈 것이다.

비법⑤ 정도부사를 사용할 수 없는 조건을 기억하라

1) 형용사 중첩과 성어

형용사 중첩이나 성어는 이미 정도를 강조하는 의미를 담고 있어서 정도부사를 쓸 수 없다.

他的房间里特别干干净净的。(×) → 他的房间里干干净净的。(○)
　　　　　　　　　　　　　　　　　그의 방은 매우 깨끗하다.

老师听了他的话后，非常火冒三丈。(×) → 老师听了他的话后，火冒三丈。(○)
　　　　　　　　　　　　　　　　　　　선생님은 그의 말을 듣고 크게 화를 내셨다.

2) 변화를 나타내는 구조

정도부사는 상태를 나타내므로 변화를 나타내는 구조와 같이 쓸 수 없다.

> 정도부사 + 형용사 + 了

> 정도부사 + 형용사 + 起来

> 越来越 + 정도부사 + 형용사

天气很热了。(×) → 天气很热。(○) 날씨가 매우 덥다.

3) 비교문

비교문에서는 부사 更, 还를 제외한 정도부사를 쓸 수 없다.

> A + 比 + B + 非常/很/特别/十分/挺/太 + 형용사

> A + 比 + B + 更/还 + 형용사

哈尔滨比首尔很冷。(×) → 哈尔滨比首尔冷。(○) 하얼빈은 서울보다 춥다.

비법⑥ 혼동되는 특수 어휘를 분별하여 기억하라

일부 단어는 비슷하게 보이지만 용법에 차이가 있는 경우가 있다. 혼용해서 쓰지 않도록 주의하자.

1) 经验와 经历

经验	명 경험	工作经验 업무 경험 ｜ 学习经验 학습 경험
经历	명 경력	工作经历 근무 경력 ｜ 教学经历 수업 경력
	통 몸소 겪다	经历事情 일을 겪다 ｜ 经历困难 어려움을 겪다

他经验了很多困难。(×) → 他经历了很多困难。(○) 그는 많은 어려움을 겪었다.

오류 분석 经验은 명사이므로 동사처럼 술어로 쓸 수 없다.

2) 满意[형 만족스럽다]와 满足[통 만족시키다]

很多大学生不能满意公司的需要。(×) → 很多大学生不能满足公司的需要。(○)
많은 대학생들이 기업의 요구를 만족시키지 못한다.

오류 분석 满意는 형용사이므로 목적어를 가질 수 없다. 满足는 '满足……要求/需要/条件'의 호응 구조로 쓰인다.

3) 毕竟[결국, 필경(평서문에서 이유 강조)]과 究竟[결국, 어쨌든(의문문에 쓰임)]

你毕竟什么时候回来?(×) → 你究竟什么时候回来?(○) 너 도대체 언제 돌아오니?

오류 분석 의문문에서 어기를 강조할 때는 究竟을 써야 한다.

비법⑦ 어순의 오류를 분석하는 눈을 가져라

1) 부사 却, 就, 也, 都는 반드시 주어 뒤에 써야 한다.

我很喜欢辣的，却妹妹不喜欢。(×) → 我很喜欢辣的，妹妹却不喜欢。(○)
나는 매운 것을 좋아하지만, 여동생은 싫어한다.

一回家就他打开电脑。(×) → 一回家他就打开电脑。(○)
집에 돌아오자마자 그는 컴퓨터를 켠다.

2) 수식 성분의 위치에 주의해야 한다.

这件事广泛引起了人们的关注。(×) → 这件事引起了人们广泛的关注。(○)
이 일이 사람들의 폭넓은 관심을 불러일으켰다.

오류 분석 '사람들의 폭넓은 관심을 불러일으켰다'는 의미이므로 广泛이 关注를 수식하는 성분이 되어야 한다.

비법⑧ 이합사의 위치를 기억하라

1) 이합사는 뒤에 명사를 동반할 수 없다.

我在路上见面了一个老同学。(×)
→ 我在路上见了一个老同学。(○) 나는 길에서 한 동창을 만났다.
→ 我在路上跟一个老同学见面。(○) 나는 길에서 한 동창과 만났다.

오류 분석 见面은 이합사이므로 뒤에 명사를 동반할 수 없다.

2) 수량보어는 동사와 목적어 사이에 써야 한다.

最近连着下雨了三天。(×) → 最近连着下了三天雨。(○)
　　　　　　　　　　　　　　　　　최근 3일 연속해서 비가 내렸다.

오류 분석 수량 보어는 동사 下와 목적어 雨 사이에 두어야 한다.

비법⑨ 개사 구조의 용법을 정리하라

1) 在 뒤에 시간·장소 이외의 단어가 오면 방위사(上, 中, 下)와 함께 써야 한다.

他的钱都花在买书。(×) → 他的钱都花在买书上。(○)
　　　　　　　　　　　　　　　그의 돈은 모두 책을 사는 데 썼다.

在比赛的过程下，他摔倒了。(×) → 在比赛的过程中，他摔倒了。(○)
　　　　　　　　　　　　　　　　　시합을 하다가, 그는 넘어졌다.

■ 빈출 호응 구조

在……上 ~에(서)	在……经济上 ~ 경제상 | 在……生活上 ~ 생활상 | 在……教育上 ~ 교육상
在……中 ~하는 중에	在……过程中 ~하는 과정에서 | 在……比赛中 ~ 시합 중에 | 在……表演中 ~ 공연 중에
在……下 ~하에	在……条件下 ~ 조건하에 | 在……前提下 ~ 전제하에 | 在……帮助下 ~ 도움하에

2) 고정 형식은 반드시 전후의 호응 관계와 위치를 제대로 파악해야 한다.

关于我来说，汉语真不容易。(×) → 对于我来说，汉语真不容易。(○)
　　　　　　　　　　　　　　　　　나에게 있어서, 중국어는 정말 쉽지 않다.

通过航天信息技术的发展水平，体现了一个国家的综合实力。(×)
→ 航天信息技术的发展水平，体现了一个国家的综合实力。(○)
　　우주 비행 정보 기술의 발전 수준은 국가의 종합적인 힘을 실현했다.

비법⑩　了의 특징을 파악하라

1) 습관을 나타내는 어휘는 了와 함께 쓸 수 없다.

$$\begin{matrix}一直/经常/常常/往往/总是\\每天/每次/老\end{matrix} + 동사 + 了$$

他每天迟到了。(×) → 他每天迟到。(○)
　　　　　　　　　　그는 매일 지각한다.

2) 문장 속에 두 개의 동사가 있을 때, 了는 두 번째 동사 뒤에 써야 한다.

我去了书店买一本书。(×) → 我去书店买了一本书。(○)
　　　　　　　　　　　　　　나는 서점에 가서 책을 한 권 샀다.

합격전략 D-3

독해 제2부분

독해 제2부분은 주로 동사, 형용사, 명사, 부사, 양사, 성어 등 어휘의 호응 구조에 대한 출제 빈도가 높은 편이다. 중국어는 어휘가 매우 풍부하여 보기에는 비슷하지만, 어휘 활용에 있어서는 전혀 다른 호응 관계를 이루는 경우가 많다. 독해 제2부분은 난이도가 비교적 높지만, 중요한 핵심 어휘만 알면 학습 효율을 높일 수 있다. 따라서 〈합격 전략〉에서 제시하는 자주 출제되는 어휘의 호응 구조를 우선 순위로 반드시 암기하자.

전략 1 점수를 올리는 동사·형용사의 호응 구조를 마스터하라

비법① 빈출 동사의 호응 구조를 기억하라

■ 培养 | 培训 | 培育 | 孕育

培养 양성하다, 기르다	培养人才 인재를 기르다 | 培养习惯 습관을 기르다 | 培养兴趣 흥미를 기르다
	培养孩子读书的兴趣很重要。 아이의 독서 흥미를 기르는 것은 매우 중요하다.
培训 훈련하다, 양성하다	培训职员 직원을 훈련시키다 | 培训工作人员 노동 근로자를 훈련시키다
	新职员在正式工作前都要先进行培训。 신입 사원은 정식으로 근무하기 전에, 우선 훈련을 거쳐야 한다.
培育 기르다, 재배하다	培育人才 인재를 기르다 | 培育新品种 신품종을 재배하다
	科学家培育出了一些植物新品种。 과학자들은 일부 식물 신품종을 재배해 냈다.
孕育 싹을 틔워 기르다	孕育文明 문명을 싹 틔워 발전시키다 | 孕育艺术 예술을 싹 틔워 발전시키다 | 孕育文化 문화를 싹 틔워 발전시키다
	长江黄河孕育了中国五千年文明。 창장과 황허는 중국 5천 년 문명을 싹 틔우고 발전시켰다.

■ 保持 | 维持 | 保存 | 保护 | 维护

保持 유지하다	保持健康 건강을 유지하다 | 保持体重 체중을 유지하다 | 保持身材 몸매를 유지하다 | 保持卫生 위생을 유지하다
	乐观的心情是保持健康最好的方法。 긍정적인 마음은 건강을 유지하는 최상의 방법이다.
维持 유지하다	维持婚姻 혼인을 유지하다 | 维持秩序 질서를 유지하다 | 维持生命 생명을 유지하다 | 维持生活 생활을 유지하다
	他们的婚姻只维持了两年。 그들의 결혼 생활은 겨우 2년간 유지되었다.
保存 보존하다, 저장하다	保存资料 자료를 저장하다 | 保存文件 문서를 저장하다 | 保存照片 사진을 저장하다
	我把照片都保存在电脑里了。 나는 사진을 모두 컴퓨터에 저장하였다.
保护 보호하다	保护动物 동물을 보호하다 | 保护孩子 아이를 보호하다 | 保护环境 환경을 보호하다
	每个人都有责任保护环境。 모든 사람들이 다 환경을 보호할 책임이 있다.
维护 유지하고 보호하다, 지키다	维护机器 기계를 보호하다 | 维护形象 이미지를 지키다
	他时刻不忘维护自己的形象。 그는 늘 자신의 이미지를 지키는 것을 잊지 않는다.

■ 具有 | 具备 | 拥有 | 享有 | 富有

具有 지니다	具有特点 특징을 지니다 | 具有功能 기능을 지니다 | 具有作用 작용을 지니다 | 具有效果 효과를 지니다
	智能手机具有太多方面的功能。 스마트폰은 다방면의 기능이 있다.
具备 갖추다, 구비하다	具备条件 조건을 갖추다 | 具备能力 능력을 갖추다 | 具备才能 재능을 갖추다
	会说一门外语是很多大学生都具备的能力。 하나의 외국어를 구사할 수 있는 것은 많은 대학생들이 가지고 있는 능력이다.
拥有 소유하다, 보유하다, 지니다	拥有金钱 돈을 소유하다 | 拥有朋友 친구를 가지고 있다 | 拥有地位 지위를 보유하다 | 拥有健康 건강을 지니다 | 拥有青春 젊음을 지니다
	他的野心很大，想拥有最高的地位。 그의 야심은 매우 커서, 가장 높은 지위를 가지고 싶어 한다.
享有 향유하다, 누리다, 얻다	享有名誉 명예를 얻다 | 享有名望 명망을 얻다 | 享有声望 명성을 얻다 | 享有威望 명망을 지니고 있다 | 享有威信 위엄을 지니다
	该公司老板享有很高的威望。 이 회사 사장님은 높은 명망을 지니고 있다.
富有 풍부하다, 넘치다	富有特色 특색이 많다 | 富有创造性 창조성이 풍부하다 | 富有活力 생동감이 넘치다
	这个城市非常富有特色。 이 도시는 매우 특색이 넘친다.

비법② 빈출 형용사의 호응 구조를 기억하라

■ 和谐 | 和睦 | 和蔼

和谐 조화롭다, 화합하다	社会和谐 사회가 화합하다 | 人类与自然和谐相处 인류와 자연이 서로 화합하며 지내다
	每个人都想生活在和谐的社会中。 모든 사람들은 조화로운 사회에서 생활하기를 바란다.
和睦 화목하다	家庭和睦 가정이 화목하다 | 与家人和睦相处 가족과 화목하게 지내다
	他出生于一个和睦的家庭中。 그는 화목한 가정에서 태어났다.
和蔼 상냥하다, 부드럽다	教授和蔼 교수님은 상냥하다 | 专家和蔼 전문가는 상냥하다 *주체나 대상이 주로 연장자임.
	我在路上遇到一位和蔼的老爷爷。 나는 길에서 상냥한 할아버지 한 분을 만났다.

■ 宝贵 | 昂贵 | 名贵 | 珍贵

宝贵 소중하다	宝贵的时间 소중한 시간 | 宝贵的意见 소중한 의견 | 宝贵的建议 소중한 제안 | 宝贵的经验 소중한 경험
	请一定不要浪费宝贵的时间。 소중한 시간을 절대로 낭비하지 마세요.

昂贵 비싸다	价格昂贵 가격이 비싸다 | 成本昂贵 원가가 비싸다 | 费用昂贵 비용이 비싸다
	她很喜欢买昂贵的化妆品。 그녀는 값비싼 화장품을 사는 것을 즐긴다.
名贵 진귀하다	名贵品种 진귀한 품종
	这种花属于名贵品种。 이런 종류의 꽃은 진귀한 품종에 속한다.
珍贵 귀중하게 여기다	珍贵的礼物 진귀한 선물 | 珍贵的照片 진귀한 사진 | 弥足珍贵 아주 귀하다
	这张照片对我来说弥足珍贵。 이 사진은 나한테 아주 소중하다.

■ 精心 | 精湛 | 精密 | 精细 | 精美 | 精致

精心 정성을 들이다	精心准备 정성껏 준비하다 | 精心挑选 공을 들여 고르다 | 精心计划 정성껏 계획하다 | 精心设计 공을 들여 디자인하다
	这件衣服是我为你精心挑选的。 이 옷은 내가 너를 위해 정성껏 고른 것이다.
精湛(jīngzhàn) 정밀하고 깊다, 뛰어나다	精湛的技术 정교한 기술 | 精湛的手艺 뛰어난 솜씨 | 精湛的工艺 뛰어난 공예 | 精湛的医术 뛰어난 의술
	他的医术精湛。 그의 의술은 매우 뛰어나다.
精密 정밀하다	精密的计算 정밀한 계산 | 精密的手术 정밀한 수술 | 精密的仪器 정밀한 측정기
	精密的科学仪器一般价格昂贵。 정밀한 과학 측정기는 일반적으로 가격이 비싸다.
精细 정교하고 섬세하다	做工精细 솜씨가 정교하다 | 制作精细 제작이 정교하다 | 雕刻精细 조각이 정교하다
	这个手提包做工精细。 이 핸드백은 가공 기술이 정교하고 섬세하다.
精美 정교하고 아름답다	精美的纪念品 예쁜 기념품 | 精美的包装 정교한 포장
	该店出售精美的纪念品。 이 상점은 정교하고 아름다운 기념품을 판매한다.
精致 정교하다, 섬세하다	精致的礼物 정교한 선물 | 精致的咖啡厅 정교한 커피숍 | 精致的工艺品 정교한 공예품
	我为他挑选了一份精致的礼物。 나는 그를 위해 정교한 선물 하나를 골랐다.

■ 壮烈 | 激烈 | 猛烈 | 剧烈

壮烈 장렬하다	壮烈牺牲 장렬하게 희생하다 | 壮烈战死 장렬하게 전사하다
	他在战争中，壮烈地牺牲了自己。 그는 전쟁 중에 장렬하게 자신을 희생했다.
激烈 격렬하다, 치열하다	激烈的竞争 치열한 경쟁 | 激烈的争论 격렬한 논쟁
	现代社会竞争激烈，没有一技之长是难以立足的。 현대 사회는 경쟁이 치열해서, 뛰어난 재주가 없으면 발판을 구축하기가 어렵다.
猛烈 맹렬하다, 세차다	猛烈的大风 세찬 강풍 | 猛烈地摇动 세차게 흔들거리다
	汹涌的波涛使得船身猛烈地摇摆。 거센 파도가 선체를 세차게 흔들리게 했다.
剧烈 극렬하다, 격렬하다	剧烈的运动 격렬한 운동 | 剧烈的疼痛 극심한 통증
	心口传来一阵剧烈的疼痛。 명치에 극심한 통증이 전해왔다.

"疾风知劲草"指的是在_____的大风中，只有那些坚韧的小草才不会被吹倒。
……

A 壮烈　　　　　B 激烈　　　　　C 猛烈　　　　　D 剧烈

'세찬 바람이 불어야 억센 풀을 알 수 있다'는 말은 _____한 강풍에 강인한 작은 풀만이 넘어지지 않는다는 것을 가리킨다.……

A 장렬하다　　　B 격렬하다　　　C 세차다　　　D 극렬하다

→ 大风과 호응하는 형용사는 猛烈다. 유사한 의미를 가진 어휘의 경우, 자주 호응하는 어휘와 함께 외워두면 문제를 풀기 쉽다.

전략 2 점수를 올리는 부사·양사의 호응 구조를 마스터하라

비법① 빈출 부사의 호응 구조를 기억하라

■ 连续 | 继续 | 陆续 | 持续

连续 연속해서, 계속해서	连续下了三天雨 3일 내내 비가 내렸다 *뒤에 수량을 수반함 我昨天连续工作了12个小时，累死了。 나는 어제 12시간 동안 일을 했더니, 피곤해 죽겠다.
继续 계속	继续学习 계속해서 공부하다 | 继续工作 계속해서 일하다 *상황이 멈췄다 계속 이어질 수도 있음 这个月结束后，我下个月还要继续学汉语。 이번 달이 지나고 다음 달에도 나는 계속 중국어를 배우려고 한다.
陆续 끊임없이, 연이어	陆续进来 연이어 들어오다 | 陆续成立 연이어 설립하다 *연달아 나타나는 상황에 쓰임 近几年，一些小公司陆续成立了。 근 몇 년 동안, 몇몇 작은 기업들이 연이어 설립되었다.
持续 지속적으로, 지속하다	持续上涨 지속적으로 오르다 | 持续下跌 지속적으로 하락하다 *변화를 나타내는 어휘와 결합함 持续了三天 3일 동안 지속되었다 *뒤에 수량을 수반함 北京的物价持续上涨。베이징의 물가는 지속적으로 오르고 있다. 这场雪已经持续了一个星期。이 눈은 이미 일주일 동안 지속되었다.

비법② 빈출 양사의 호응 구조를 마스터하라

■ 副 | 幅 | 片 | 场 | 份

副 쌍, 짝, 켤레	구체적인 것	一副手套 장갑 한 켤레 | 一副眼镜 안경 하나 | 一副耳环 귀고리 한 쌍 | 一副对联 대련 한 쌍
	我刚买了一副耳环。나는 막 귀고리를 샀다.	
	추상적인 것	一副样子 모습 | 一副热心肠 따뜻한 마음씨 | 一副模样 모양
	爸爸装出一副很生气的样子。아빠는 화가 난 시늉을 하셨다.	
幅 폭	一幅画 한 폭의 그림 | 一幅书法作品 한 폭의 서예 작품	
	他送给我一幅山水画。그는 나에게 산수화 한 폭을 선물했다.	
片 조각	一片草原 온통 초원 | 一片海洋 망망대해 | 一片哭声 온통 울음소리 | 一片笑声 온통 웃음소리 | 一片面包 빵 한 조각	
	船行驶在一片茫茫的大海上。배가 일대 망망대해에서 운항하고 있다.	
	今天早上我只吃了一片面包。오늘 아침 나는 빵 한 조각만 먹었다.	
场 회, 차례	구체적인 것	一场风 한바탕 바람 | 一场雨 한 차례 비 | 一场雪 한 차례 눈 | 一场比赛 한 번의 경기 | 一场电影 영화 한 편 | 一场战争 한 번의 전쟁
	昨天看了一场足球比赛。어제 축구 경기를 보았다.	
	추상적인 것	一场危机 한 번의 위기 | 一场梦 한바탕의 꿈
	这个国家正面临一场危机。이 나라는 한 차례 위기에 직면해 있다.	
份 부, 통	구체적인 것	一份材料 자료 한 부 | 一份报纸 신문 한 부 | 一份简历 이력서 한 통 | 一份礼物 선물 하나
	我一共投了50份简历。나는 모두 합쳐 50통의 이력서를 보냈다.	
	추상적인 것	一份感情 감정 | 一份真心 진심 | 一份爱心 사랑하는 마음 | 一份关心 관심 | 一份关怀 배려 | 一份淳朴 순박함
	我很珍惜我们之间的这份感情。 나는 우리 사이의 이런 감정을 매우 소중히 여긴다.	

王维是盛唐诗人的代表，现存诗400余_____。

A 首　　　　　B 枚　　　　　C 幅　　　　　D 辈

왕유는 성당 시기 시인의 대표로, 현존하는 시는 400여 _____이다.

A 수　　　　　B 매　　　　　C 폭　　　　　D 세대

→ 빈칸에는 '一首诗(시 한 수)', '一首歌(노래 한 수)' 등과 같이 호응하여 쓰이는 양사 首가 가장 적합하다.

합격전략 D-2

독해 제3,4부분

독해 제3, 4부분에서는 주로 글을 읽고 이해하는 능력을 테스트하므로, 독해 수준을 결정짓는다고 해도 과언이 아니다. 따라서 독해 영역 중 우선 제3, 4부분을 집중 공략한 뒤에, 제1, 2부분을 차근차근 학습하는 것이 효과적이다. 특히 독해 제3, 4부분은 정답률을 높여야 할 뿐만 아니라, 시간 안배에 주의하여 문제를 푸는 속도 또한 높여야 하므로, 문제를 푸는 요령을 터득하는 것이 매우 중요하다. 〈합격 전략〉에서 제시하는 비법을 반드시 숙지하고 훈련하도록 하자.

전략 1  정답을 찾아내는 키워드에 집중하라

비법① 동일한 어휘와 연결어에 주의하라

지문에서 빈칸 앞뒤에 언급된 어떤 어휘가 보기 중 동일하게 제시되어 있다면, 그 보기가 정답이 될 가능성이 크다.

> A 海冰的反射率可达55%以上，即使是夏季极昼时，热能还是会被海冰反射回去，……

> A 해빙의 반사율은 55% 이상에 달하는데, 설령 여름철 백야 시기라고 해도, 열에너지는 여전히 해빙에 의해 반사된다고 한다……

→ 빈칸 뒤 절의 동사 **反射**를 보고 동일한 어휘가 제시되어 있는 보기 A를 바로 정답으로 고를 수 있다.

비법② 접속사로 호응 구조를 파악하라

빈칸 앞뒤에 접속사가 보인다면, '不是……而是……', '一旦……就……', '即使……也……' 등 그 접속사와 호응 관계를 이루는 접속사나 부사가 제시되어 있는 보기를 정답으로 선택한다.

> 北极海冰不仅是北极熊、海象、海豹等北极动物栖息的乐园，C 更具有气候学上的意义。

> 북극 해빙은 북극곰, 바다코끼리, 바다표범 등과 같은 북극 동물들이 서식하는 낙원일 뿐만 아니라, C 더 나아가 기후학적 의의를 지니고 있다.

→ 빈칸 앞 절의 접속사 **不仅**을 보고 '~일 뿐만 아니라, 더 나아가 ~이다'라는 의미의 호응 구조 '不仅……更……'이 정답을 찾는 힌트임을 바로 알 수 있다.

비법③ 반의어가 답을 찾는 근거가 된다

빈칸 앞뒤에 위치하는 반의어 또한 정답을 판단할 수 있는 중요한 근거가 되므로 주의 깊게 보도록 한다.

> 我们都喜欢那些面带微笑、积极向上的人，D 讨厌整天愁眉苦脸……

> 우리는 모두 얼굴에는 미소를 띠고 발전을 위해 적극적으로 노력하는 그러한 사람들을 좋아한다. D 온종일 고민스러운 얼굴로 시무룩해 있는 사람은 싫어한다……

→ 빈칸 앞 절의 **喜欢**과 보기 중 반의어인 **讨厌**을 통해 상반된 내용이 앞뒤로 연결된다는 것을 유추할 수 있다.

비법 ④ 글의 흐름을 파악하는 문장 부호를 잡아라

빈칸 뒤에 물음표([?])가 있다면, 보기 중에 의문대사나 의문문 형태로 되어 있는 것을 찾으면 된다.

> 如果给甲1个机会，给乙300个机会，那么，_____？如果让你作答，你会选谁呢？
>
> A 再也不敢丝毫马虎
> B 在判断你的答案是否正确前
> C **谁**更有可能把握机会呢
> D 可他训练起来漫不经心
> E 有人最终失去了全部

> 만약에 갑에게 한 번의 기회를 주고 을에게 300번의 기회를 준다면 그럼 _____? 당신에게 답변하라고 한다면 당신은 누구를 선택할 건가요?
>
> A 더 이상은 대강 하려 하지 않는다
> B 당신의 답이 정확한지를 판단하기 전에
> C 누가 기회를 잡을 가능성이 더 있나요
> D 그러나 그는 훈련을 하면 전혀 신경 쓰지 않는다
> E 사람은 마침내 모두를 잃어버린다

→ 공략 뒤에 물음표가 있으면 의문문이 되는 조건을 파악하면 된다. 보기 C에서 의문대사 **谁**가 답을 찾는 관건이다.

■ 문장 부호의 쓰임

문장 부호	용법	예문
[;] 分号 fēnhào 세미콜론, 쌍반점	병렬할 때 사용함	这笔钱，如果你想用来做生意，就去开家商店；如果你想用来旅游，就去旅游好了。 이 돈을 가지고 장사를 하려고 하면 가게를 열고, 여행을 하려고 하면 여행을 가라!
[:] 冒号 màohào 콜론, 쌍점	설명할 때 사용함	我们俩约定：一年后的今天在此地相见。 우리 둘은 일 년 후 오늘 여기에서 서로 만나기로 약속했다.
[——] 破折号 pòzhéhào 말바꿈표, 줄표	전후의 내용이 동일함을 나타냄	我想去爸爸最好的朋友——李先生的公司上班。 나는 아빠가 제일 좋아하는 친구인 리 선생님의 회사에 다니고 싶다.
[……] 省略号 shěnglüèhào 말줄임표	말이 아직 끝나지 않고 계속됨을 나타냄	我是个爱好广泛的人，游泳、篮球、爬山……都喜欢。 나는 취미가 다양한 사람이다. 수영, 농구, 등산 등 모두 좋아한다.

전략 2

독해 제4부분
금쪽 같은 독해 시간을 벌어주는 비법을 전수 받자

비법① 문제의 핵심어를 찾아라

일반적인 주제의 지문에서는 주로 의문대사 什么, 怎么, 怎么样, 为什么, 谁, 哪儿 등을 써서 질문하므로, 먼저 문제를 읽은 뒤 핵심어가 무엇인지를 파악하는 것이 중요하다. 그 다음 지문에서 핵심어와 동일한 어휘나 동의어를 찾아, 그 부분의 내용을 읽고 정답을 판단한다.

> 热量消耗的增大，必然会大大加快体内代谢的过程，促进营养物质的消化与吸收。处在长身体时期的青少年，若能经常游泳，身体会长得更快。
>
> 青少年经常游泳，可以：
>
> A 促进身体发育
> B 拓宽交友渠道
> C 锻炼思维能力
> D 塑造良好的性格
>
> 열량 소모가 크면 분명 체내 대사 과정의 속도를 크게 빨라지게 하여, 영양 물질의 소화와 흡수를 촉진시키게 된다. 신체가 성장하는 시기에 있는 청소년들이 만약 수영을 자주 할 수 있다면, 신체는 더 빨리 자라게 될 것이다.
>
> 청소년들이 자주 수영을 한다면?
>
> A 신체 발육을 촉진시킬 수 있다
> B 친구를 사귀는 경로를 넓힐 수 있다
> C 사고 능력을 단련시킬 수 있다
> D 좋은 성격을 만들 수 있다

→ 핵심어는 '青少年', '经常游泳'이고, 뒷부분의 '身体会长得更快'라는 내용을 통해 보기 중 동일한 의미의 '促进身体发育'를 정답으로 고를 수 있다.

비법② 옳고 그름을 빠르게 판단하라

옳고 그름을 판단하는 문제는 주로 '下列说法正确', '不正确的是'와 같은 형식으로 질문하는데, 이러한 문제를 풀 때 가장 좋은 방법은 보기의 내용을 지문에서 하나씩 찾아서 확인하는 것이다. 만약 보기 A의 내용을 지문에서 찾게 된다면 A를 바로 정답으로 선택하고, 나머지 보기의 내용은 찾아보지 않아도 된다.

비법③ 각 단락의 첫 문장으로 내용을 파악하라

주요 내용을 묻는 문제는 제시된 지문의 내용에 따라 찾는 방법이 모두 다르다고 할 수 있다. 주제를 첫 단락이나 마지막 단락에서 언급기도 하고, 어느 단락에서도 언급하지 않아 각 단락의 첫 문장을 읽고 내용을 확인한 뒤, 글의 주제를 파악해야 하는 경우도 있다. 이 밖에도 일부 이야기 글은 전체 내용을 이해해야만 주제를 고를 수 있기도 하다. 따라서 이러한 유형의 문제를 풀 때 가장 안정적인 방법은 각 단락의 첫 문장을 읽고 그 내용을 파악하는 것이다.

游泳是一种非常好的健身方式。

首先，游泳可以保护肺部。水的密度比空气大800倍左右，所以人站在齐胸的水中呼吸时，就会感到一股外加的压力。……

其次，游泳可以加快人体的新陈代谢。水的传热性约为同温度空气的28倍，因而在水中热量的散失比在陆地上快得多。……

再次，游泳可以使人更健美。游泳时人平卧在水面上，不仅要求四肢肌肉用力活动，推动人体前进，而且也要求腰腹肌肉有很好的力量及紧张度，这样才能保持正确的游泳姿势快速前行。……

此外，游泳还可以提高人体免疫力。游泳时，由于受到冷水刺激，人体的体温调节能力会相应地增强。……

最后，游泳还可以消耗多余脂肪，并能防止或减少脂类物质在血管壁上沉积，预防动脉硬化和冠心病。

수영은 일종의 매우 훌륭한 헬스 방법이다.

우선, 수영은 폐를 보호할 수 있다. 물의 밀도가 공기보다 800배 정도 크기 때문에, 사람이 가슴 높이만큼의 물속에 서서 호흡할 때 더 큰 압력을 느끼게 된다. ……

그 다음으로, 수영은 인체의 신진대사를 빠르게 한다. 물의 전열성은 같은 온도의 공기보다 약 28배나 되기 때문에, 물속에서의 열량 산실은 육지보다 훨씬 더 빠르다. ……

또 다음으로, 수영은 사람을 더 건강하고 아름답게 해준다. 수영을 할 때, 사람은 수면 위에 평평하게 눕게 되는데, 이는 사지 근육을 힘껏 움직이게 하여 인체를 앞으로 나아가게 할 뿐만 아니라, 또한 허리와 복부 근육에 힘과 긴장감을 가지게 하는데, 이렇게 해야만 정확한 수영 자세를 유지하며 빠르게 앞으로 나아갈 수 있게 된다. ……

이 밖에, 수영은 또한 인체 면역력을 높일 수 있다. 수영을 할 때, 차가운 물의 자극을 받기 때문에, 인체의 체온 조절 능력이 그에 따라 증강된다. ……

마지막으로, 수영은 쓸데없는 지방을 소모시키며, 게다가 지방질이 혈관 벽에 쌓이는 것을 막아주거나 감소시켜, 동맥경화증이나 관상동맥경화증을 예방할 수 있다.

→ 첫 번째 단락에서 수영은 매우 훌륭한 헬스 방법이라는 내용을 언급하고, 그 뒤에서는 '首先……其次……再次……此外……最后'라는 구조를 써서 수영의 장점을 각 단락에서 나누어 설명하고 있으므로 글의 주제는 '수영의 장점'이다.

비법④ 어휘의 숨은 뜻을 파악하라

의미를 해석하는 문제는 일반적으로 성어나 속담, 어휘에 담긴 숨은 뜻과 용법을 묻는 경우이다. 이때 제시된 성어와 속담, 어휘의 의미를 알고 있다면 매우 쉽게 정답을 고를 수 있지만, 알지 못하는 경우에는 의미를 묻는 어휘나 문장의 앞뒤 내용을 확인하여 유추할 수 있어야 한다.

> 古人普遍认为"学而优则仕",但陶渊明却偏偏不想做官。……
>
> 第一段中"学而优则仕"是什么意思?
>
> A 学习优秀的人就去做官
>
> 옛 사람들은 보편적으로 '지식을 익혔으면 벼슬에 나가야 한다'라고 여겼지만, 도원명은 도무지 관리가 되는 것을 원치 않았다. ……
>
> 첫 번째 단락 중 '学而优则仕'의 의미는?
>
> A 학업이 우수한 사람은 벼슬을 해야 한다

→ 우선 '学而优则仕'의 의미를 살펴봐야 하는데, 学는 '학습하다, 공부하다', 优는 '우수하다'라는 뜻임을 안다면 다른 글자의 뜻에 관계없이 지문에서 이 문장이 제시된 '古人普遍认为"学而优则仕",但陶渊明却偏偏不想做官.'을 찾고, '学而优则仕' 뒤 절의 做官이라는 어휘를 통해 仕는 '관리가 되다'라는 의미임을 유추할 수 있다. 따라서 '学习优秀的人就去做官(학업이 우수한 사람은 벼슬을 해야 한다)'을 정답으로 고를 수 있다.

■ 숨은 뜻 관련 빈출 어휘

包袱	(본뜻) 보자기 (비유) 부담, 스트레스	考试前一定要丢掉心里的包袱。 시험 전에는 반드시 마음의 부담을 덜어야 한다.
门槛	(본뜻) 문턱, 문지방 (비유) 기준, 한계	那所大学门槛很高。 그 대학은 입학 기준이 매우 높다.
摩擦	(본뜻) 마찰 (비유) 모순, 충돌	家人之间也会产生摩擦。 가족들 간에도 갈등은 생긴다.
独木桥	(본뜻) 외나무다리 (비유) 유일한 길, 어려운 노정	以前高考就像一座独木桥。 예전에는 대학 입시가 유일한 길과도 같았다.
试金石	(본뜻) 시금석(금과 은의 순도를 평가하는 데 사용되는 암석) (비유) 정확성 여부를 점검하는 방법	各种诱惑便是公务员的试金石。 각종 유혹들이 바로 공무원의 시금석이 된다.
元凶	(본뜻) 원흉, 주모자 (비유) 나쁜 영향을 주는 물건이나 동물	疏忽是导致这场灾难的元凶。 부주의가 이번 재난을 야기한 장본인이다.
法宝	(본뜻) 신화에서 요괴를 제압하거나 죽일 수 있는 신기한 보물 (비유) 효과적인 도구나 방법	努力是他成功的法宝。 노력이 그가 성공한 비법이다.

합격전략 D-1

쓰기

쓰기 영역은 듣기, 독해 영역보다 상대적으로 난이도가 높은 편이라, 문제를 풀 때 주의해야 할 부분이 많고 글을 요약하는 테크닉을 습득해야 높은 점수를 받을 수 있다. 만약 글쓰기 테크닉이 부족하면 중국어 실력이 비교적 뛰어나다고 해도 높은 점수를 얻기가 어려울 수도 있다. 따라서 〈합격 전략〉에서 제시하는 시간 안배 및 평가 기준에 따른 쓰기 비법을 숙지하고 고득점 표현을 마스터하자.

전략 1   한국식 표현 오류 BEST10을 마스터하면 쓰기가 두렵지 않다

비법   한국식 표현 오류의 유형을 파악하라

글을 쓸 때 한국어의 영향으로 한국식 중국어 표현을 사용하지 않도록 주의해야 한다.

BEST 1 집을 나서다

早上他开着车出家了。(×) ➡ 早上他开着车出去了。(○)
                             아침에 그는 운전해서 집을 나섰다.

오류 분석   出家는 '출가하다(집을 떠나 절에 가서 스님이 되다)'는 의미이다.

BEST 2 고향

我的老乡在韩国南边。(×) ➡ 我的老家/故乡在韩国南边。(○)
                          내 고향은 한국의 남쪽 지방이다.

오류 분석   老乡은 '고향이 같은 사람'이라는 의미이다.

BEST 3 결혼식

昨天，我的朋友举行了结婚式。(×) ➡ 昨天，我的朋友举行了婚礼。(○)
                              어제 내 친구가 결혼식을 치렀다.

오류 분석   结婚式란 표현은 없으며 '결혼식'은 婚礼라고 한다.

BEST 4 줄곧, 계속

我到现在继续在中国生活。(×) ➡ 我到现在一直在中国生活。(○)
                           나는 지금까지 줄곧 중국에서 생활한다.

오류 분석   继续는 동작이 중단된 후 다시 시작한다는 의미이므로, '到现在' 뒤에 '줄곧, 계속'의 의미를 나타내기 위해서는 부사 一直를 써야 한다.

BEST 5 가끔, 어떤 때

有的时，他也会上课迟到。(×) ➡ 有的时候/有时，他也会上课迟到。(○)
                          가끔 그도 수업에 지각한다.

오류 분석   '有的时'라는 표현은 없다.

BEST 6 반대이다

我回家的方向跟他反对。(×) ➡ 我回家的方向跟他相反。(○)
                       내가 집에 가는 방향은 그와 반대이다.

오류 분석   反对는 '동의하지 않다'라는 뜻으로 주로 意见과 호응을 이루며, 개사 跟과 함께 쓰일 수 없다.

BEST 7 충족시키다

要想进入这家公司，需要充足很多条件。(×)
➡ 要想进入这家公司，需要满足很多条件。(○)
             이 회사에 입사하려면, 많은 조건을 충족시켜야 한다.

오류 분석 充足는 형용사로 문장에서 술어가 될 수 없고, 주로 '睡眠充足'와 같이 호응한다.

BEST 8 고등학교

高中学的时候，我学习不努力。（×）➡ 上高中的时候/上高中时，我学习不努力。（○）
고등학교 때, 나는 공부를 열심히 하지 않았다.

오류 분석 '高中学'라는 표현은 없다.

BEST 9 어렸을 때

他孩子的时候学过钢琴。（×）➡ 他小的时候/小时学过钢琴。（○）
그는 어렸을 때 피아노를 배운 적이 있다.

오류 분석 '孩子的时候'라는 표현은 없다.

BEST 10 중독되다

玩游戏会让孩子中毒。（×）➡ 玩游戏会让孩子上瘾。（○）
게임을 하는 것은 아이가 쉽게 중독되게 할 수 있다.

오류 분석 中毒는 煤气(가스), 食物(음식물)와만 호응할 수 있다.

전략 2 고득점 표현을 익혀 쓰기에 강해져라

비법① 활용도 높은 고급 표현을 활용하라

쓰기 영역에서 고득점을 얻으려면 반드시 시간, 나이, 표정 등에 관한 고급 표현과 문어체 표현을 익혀야 한다. 지문에 그러한 어휘나 문장이 제시되어 있지 않더라도 글의 주된 내용과 모순되지 않는다면, 멋진 어휘나 문장을 사용했을 때 더 높은 점수를 얻을 수 있다.

1) '시간'을 나타내는 표현

■ 어느 날

一个阳光明媚的春日 어느 화창한 봄날 | 一个炎炎夏日, 骄阳似火 무더운 여름날, 불볕 더위에 | 一个凉爽的秋日 선선한 가을날 | 一个寒冷的冬日 몹시 추운 겨울날

단순한 문장 有一天，他离开家乡去了别的地方。
어느 날, 그는 고향을 떠나 다른 지방으로 갔다.

고득점 문장 一个阳光明媚的春日，他离开家乡去了别的地方。
어느 화창한 봄날, 그는 고향을 떠나 다른 지방으로 갔다.

■ 아침

一日，天刚蒙蒙亮 어느 날 날이 어슴푸레 밝아올 즈음

| 단순한 문장 | 一天早上，他起床去上班。
어느 날 아침, 그는 일어나서 출근했다.

| 고득점 문장 | 一日，天刚蒙蒙亮，他起床去上班。
어느 날, 날이 어슴푸레 밝아올 즈음, 그는 일어나서 출근했다.

■ 저녁

一日，夜幕降临 어느 날 어둠이 찾아들 때

| 단순한 문장 | 一天晚上，他下班回到家。
어느 날 저녁, 그는 퇴근하고 집으로 돌아갔다.

| 고득점 문장 | 一日，夜幕降临，他下班回到家。
어느 날 어둠이 찾아들 때, 그는 퇴근하고 집으로 돌아갔다.

■ 시간이 빨리 흘러감

光阴似箭，转眼……过去了 세월이 쏜살같이 흘러, 눈 깜짝할 사이에 ~이 지나갔다

| 단순한 문장 | 过了两年，他回到了故乡。
2년이 지나, 그는 고향으로 돌아갔다.

| 고득점 문장 | 光阴似箭，转眼两年过去了，他回到了故乡。
세월이 쏜살같이 흘러, 눈 깜짝할 사이 2년이 지나, 그는 고향으로 돌아갔다.

2) '나이'를 나타내는 표현

■ 아이

一个年少不经事的孩子 나이가 어리고 경험이 적은 한 아이

| 단순한 문장 | 有一个孩子不好好学习。
어떤 한 아이가 공부를 열심히 하지 않는다.

| 고득점 문장 | 有一个年少不经事的孩子不好好学习。
나이가 어리고 경험이 적은 어떤 한 아이가 공부를 열심히 하지 않는다.

■ 젊은이

一个初出茅庐的年轻人 한 사회 초년생인 젊은이

| 단순한 문장 | 有一个年轻人刚刚进入公司。
어떤 한 젊은이가 막 회사에 입사했다.

| 고득점 문장 | 有一个初出茅庐的年轻人刚刚进入公司。
한 사회 초년생인 젊은이가 막 회사에 입사했다.

■ 중년

一个年过不惑的中年人 나이가 마흔이 넘은 한 중년

| 단순한 문장 | 有一个中年人开着车走在路上。
한 중년의 사람이 길에서 차를 몰고 가고 있다.

| 고득점 문장 | 有一个年过不惑的中年人开着车走在路上。
마흔이 지난 한 중년의 사람이 길에서 차를 몰고 가고 있다. |

■ 노인

一位年事已高的老人 연세가 많은 한 노인

| 단순한 문장 | 一个老人突然走过来。
한 노인이 갑자기 다가왔다. |
| 고득점 문장 | 一位年事已高的老人突然走过来。
연세가 많은 한 노인이 갑자기 다가왔다. |

비법② 문어체 표현을 활용하라

1) 더욱더, 점점, 갈수록

越来越 ▶ 愈来愈(문어체)

| 단순한 문장 | 天越来越热了。날씨가 갈수록 더워진다. |
| 고득점 문장 | 天愈来愈热了。날씨가 갈수록 더워진다. |

2) 만약

如果 ▶ 倘若(문어체)

| 단순한 문장 | 如果你生气了，那么我道歉。만약 네가 화났다면, 내가 사과하겠어. |
| 고득점 문장 | 倘若你生气了，那么我道歉。만약 네가 화났다면, 내가 사과하겠어. |

3) 여태까지 ~해 본 적이 없다

从来没……过 ▶ 从未……过(문어체)

| 단순한 문장 | 我从来没去过中国。나는 여태까지 중국에 가본 적이 없다. |
| 고득점 문장 | 我从未去过中国。나는 여태까지 중국에 가본 적이 없다. |

4) 가다

去 ▶ 前往(문어체)

| 단순한 문장 | 下个月他要去美国出差。다음 달에 그는 미국으로 출장 가야 한다. |
| 고득점 문장 | 下个月他要前往美国出差。다음 달에 그는 미국으로 출장 가야 한다. |

전략 3 제목은 속전속결로 만들어 시간을 절약하라

비법 고정 형식이나 성어 등을 활용하라

1) 고정 형식 활용

'……与……' 형태

父亲与儿子 아버지와 아들 | 成功与努力 성공과 노력 | 我与老板 나와 사장

'……的……' 형태

一次难忘的面试 잊을 수 없는 면접 | 一个特别的女孩 특별한 여자아이 | 一个感人的故事 감동적인 이야기

2) 글에 제시된 주요 명사 또는 동사 활용
危机 위기 | 离婚 이혼하다 | 乞丐 거지

3) 고대 배경인 경우 성어 활용
塞翁之马 새옹지마 | 三顾茅庐 삼고초려

합격전략 D-0

막판 뒤집기,
합격이 보이는
핵심 포인트

6급에 강해지는 빈출 관용어&속담 BEST40

1 八字没一撇 bā zì méi yì piě 일의 윤곽이 아직 잡히지 않다, 아직 시작도 안 했다

那件事还八字没一撇呢，成不成还不好说。
그 일은 아직 시작도 안 했어. 해낼 수 있을지 없을지는 말하기 어려워.

2 帮倒忙 bāng dàománg 돕는다는 것이 오히려 방해가 되다

星期天你不要来，你来可能帮倒忙啊。
일요일에 넌 오지 않아도 돼. 네가 오면 오히려 방해가 될 것 같아.

3 百思不得其解 bǎi sī bù dé qí jiě 도무지 이해가 되지 않는다

这几道题真难，让我百思不得其解。
이 몇 문제는 너무 어려워서, 도무지 이해가 되지 않는다.

4 抱佛脚 bào fójiǎo 급하면 부처를 찾는다, 평소에는 준비하지 않다가 일이 닥쳐서야 부랴부랴 대처하다

他平时不学习，考试的时候才临时抱佛脚。
그는 평소에 공부를 하지 않다가, 시험 때가 되어서야 부랴부랴 서두른다.

5 不到黄河心不死 bú dào Huánghé xīn bù sǐ
황하에 이르지 않으면 단념하지 않는다, 목적을 달성하기 전까지는 그만두지 않는다

我怀着不到黄河心不死的决心，来到了北京。
나는 절대로 포기하지 않겠다는 결심을 품고 베이징으로 왔다.

6 不费吹灰之力 bú fèi chuī huī zhī lì 먼지를 부는 힘조차도 들이지 않는다, 손쉽게 하다, 식은 죽 먹기다

这些问题，他不费吹灰之力就解决了。 그는 이 문제들을 손쉽게 해결했다.

7 不像话 búxiànghuà (말·행동·태도 등이) 형편없다, 이치에 맞지 않다

这家餐厅的服务态度，真是太不像话了！
이 식당의 서비스 태도는 정말 너무 형편없구나!

8 炒鱿鱼 chǎo yóuyú 해고하다

你工作这么懒，肯定会被炒鱿鱼的。
네가 일을 이렇게 게을리하는 것을 보니, 분명 해고당할 것이다.

9 吃不消 chībuxiāo 버틸 수 없다, 견딜 수 없다, 참을 수 없다

你歇一会儿吧，我看，这么干，身体会吃不消的。
잠시 좀 쉬어. 내 생각에 이렇게 하다가는 몸이 견뎌 내지 못할 거야.

10 吃大锅饭 chī dà guōfàn 한솥밥을 먹다, (능력에 관계없이) 같은 대우나 보수를 받다

在我看来，不能真正打破"吃大锅饭"现象。
나는 능력이나 경력에 관계없이 '같은 대우를 받는' 현상을 진정으로 깰 수는 없다고 생각한다.

11 穿小鞋 chuān xiǎoxié 못살게 굴다, 불편하게 하다

我没做错什么事，可他为什么总给我穿小鞋呢?
내가 뭘 잘못한 일도 없는데, 그는 왜 항상 나를 못살게 굴까?

12 打退堂鼓 dǎ tuì táng gǔ 퇴청의 북을 울리다, 중도에서 그만두다(포기하다)

不能一遇到困难时，就打退堂鼓。 어려움에 처하자마자 포기하려고 해서는 안 된다.

13 戴高帽 dài gāomào 부추기다, 비행기 태우다, 치켜세우다

原来，你也喜欢被人家戴高帽啊。
알고 보니, 너도 사람들이 아부하는 것을 좋아하는구나.

14 倒胃口 dǎo wèikou 식상함을 느껴 받아들이기 싫다, 역겹다, 언짢다, 반감이 든다

一些美食街拉客真让人倒胃口。 몇몇 먹자골목의 호객 행위는 정말 언짢게 한다.

15 跌眼镜 diē yǎnjìng 크게 놀라게 하다

这次比赛的结果就让我大跌眼镜。 이번 경기 결과가 나를 크게 놀라게 했다.

16 高不成，低不就 gāo bù chéng, dī bú jiù
높은 것은 바라볼 수 없고 낮은 것은 눈에 차지 않다. (직업이나 배우자를 구할 때) 바람이 높아 현실과 동떨어져 아무것도 이룰 수 없다

求职时，像他那样高不成，低不就的人不容易找工作。
일자리를 구할 때 그처럼 눈이 높은 사람은 일을 쉽게 찾지 못할 거야.

17 管闲事 guǎn xiánshì 쓸데없이 남의 일에 참견하다

你怎么那么爱管闲事呢? 넌 어찌 그리 쓸데없이 남의 일에 참견하는 거니?

18 捡了芝麻，丢了西瓜 jiǎn le zhīma, diū le xīguā
참깨는 주웠으나 수박을 잃다, 작은 이익으로 인하여 큰 손실을 입다, 대단히 어리석다

别再做捡了芝麻，丢了西瓜的事了。
작은 이익으로 큰 손실을 입게 되는 일을 더는 하지 마라.

19 露一手 lòu yì shǒu 솜씨를 보여주다

既然你练了两年的二胡，那就给我们露一手吧。
네가 얼후를 2년간 연습했다 하니, 우리에게 솜씨를 좀 보여줘 봐.

20 落汤鸡 luòtāngjī 물에 빠진 병아리(생쥐)

幸亏我带了伞，否则一定成"落汤鸡"了。
다행히 우산을 가져왔기 망정이지, 그렇지 않았으면 '물에 빠진 생쥐 꼴'이 되었을 거야.

21 眉毛胡子一把抓 méimao húzi yì bǎ zhuā 수염과 눈썹을 한꺼번에 잡으려고 하다, 동시에 일을 한꺼번에 처리하려 하다

做事不能眉毛胡子一把抓。
일을 할 때 동시에 한꺼번에 처리하려 해서는 안 된다.

22 赔了夫人又折兵 péi le fūrén yòu zhé bīng
부인을 잃고 병사마저 잃다, 이득을 보려다가 오히려 손해를 보다, 이중으로 손해를 보다

有了这次赔了夫人又折兵的教训，我们再也不会上当了。
이득을 취하려다 오히려 손해를 보게 되었던 이번 교훈으로, 나는 다시는 속아 넘어가지 않을 것이다.

23 碰钉子 pèng dīngzi 난관에 부딪치다, 거절당하다, 퇴짜 맞다

今天去向她表白，没想到却碰了个钉子。
오늘 그녀에게 고백을 하러 갔는데, 뜻밖에도 퇴짜를 맞았다.

24 泼冷水 pō lěngshuǐ 찬물을 끼얹다

看他这么努力，你就别给他泼冷水了。
그가 이렇게 열심히 하는 것 좀 봐. 그러니 괜히 찬물 끼얹지 마.

25 破天荒 pòtiānhuāng 파천황, 이전에 아무도 하지 못한 일을 처음으로 해내다

那位老板破天荒地答应了。
그 사장님께서 처음으로 동의해 주셨다.

26 翘尾巴 qiào wěiba 기고만장하다, 잘난 척하고 뽐내다

现在你还不能翘尾巴，跟世界一流水平有一定的差距。
지금 너는 교만해서는 안 돼. 세계 일류 수준과는 격차가 있으니까.

27 人生地不熟 rén shēng dì bù shú 사람은 낯설고 지리도 익숙지 않다

刚到这里，因为人生地不熟，方言完全不懂，所以很不习惯。
이곳에 막 왔을 때, 사람도 지리도 다 낯설고 사투리도 전혀 알아들을 수 없어서, 매우 익숙하지 않았다.

28 三天打鱼，两天晒网 sān tiān dǎ yú, liǎng tiān shài wǎng 꾸준하게 하지 못하다, 작심삼일

减肥要坚持，绝不能三天打鱼，两天晒网。
다이어트는 꾸준히 해야 하며 작심삼일로 끝나서는 절대 안 된다.

29 三天两头 sān tiān liǎng tóu 사흘이 멀다 하고, 빈번히, 자주

到了冬天，很多人三天两头感冒。
겨울이 되면, 많은 사람들이 빈번히 감기에 걸린다.

30 伤脑筋 shāng nǎojīn 골머리를 썩다, 애를 먹다

现在很多大学生都为就业问题伤脑筋。
요즘 많은 대학생들이 취업 문제 때문에 골머리를 썩는다.

31 耍花招 shuǎ huāzhāo 속임수를 쓰다, 수작을 부리다

他们是否又在耍花招骗人？
그들이 또 수작을 부리며 속이는 것은 아닐까?

32 双刃剑 shuāngrènjiàn 양날의 검, 유리한 점과 불리한 점의 양면성을 가진 것

网络就像一把双刃剑，它有双面性。
인터넷은 양날의 검과 같이 양면성을 지니고 있다.

33 说风凉话 shuō fēngliánghuà 빈정대다, 비아냥거리다

他总是说风凉话，讽刺人家。
그는 항상 비아냥거리며 사람들을 조롱한다.

34 说闲话 shuō xiánhuà 뒷말하다, 뒤에서 쑥덕거리다

他就喜欢在背后说别人的闲话。
그는 뒤에서 다른 사람의 말을 하는 것을 좋아한다.

35 死心眼儿 sǐxīnyǎnr 융통성이 없는 사람, 고지식한 사람

他天生就是个死心眼儿。
그는 천성적으로 고지식한 사람이다.

36 随大溜 suí dàliū 대세를 따르다

我们班60%要西安，40%要去上海，我呢，随大溜。
우리 반에서 60%는 시안에 가고, 40%는 상하이에 가니, 나는 대세를 따르기로 했다.

37 太阳从西边出来 tàiyáng cóng xībian chūlái 해가 서쪽에서 뜨다

今天你这么早就来上课了，真是太阳从西边出来了。
오늘 네가 이렇게나 일찍 수업하러 오다니, 정말 해가 서쪽에서 뜨겠구나.

38 铁公鸡 tiěgōngjī 구두쇠, 인색한 사람

我从来没见过像他那样的铁公鸡。
여태까지 그 사람처럼 그렇게 구두쇠인 사람은 본 적이 없어.

39 捅娄子 tǒng lóuzi 분쟁을 일으키다, 분란을 일으키다

他们不听我的劝告，又捅出个娄子了。
그들이 내 충고를 듣지 않고 또 분란을 일으켰다.

40 走弯路 zǒu wānlù 길을 돌아가다, 시행착오를 겪다

多亏你们来帮助我，让我少走了不少弯路。
너희들이 나를 도와준 덕분에, 내가 시행착오를 덜 겪게 됐어.

독해 제2부분 빈출 어휘 호응 BEST60

1

包袱 bāofú 명 부담, 짐	思想包袱 마음의 부담 ǀ 心理包袱 심리적인 부담
负担 fùdān 명동 부담(하다)	思想负担 마음의 부담 ǀ 心理负担 심리적인 부담 ǀ 经济负担 경제적인 부담 ǀ 身体负担 신체적인 부담
压力 yālì 명 압력, 스트레스	心理压力 심리적인 압박 ǀ 工作压力 업무 스트레스 ǀ 学习压力 공부 스트레스

考试前，你要丢掉所有的包袱，什么都别想。
시험 전에는 모든 부담을 벗어 던져야 하고 아무것도 생각하지 말아야 한다.

工作上的压力给他带来了沉重的负担。
업무상 스트레스는 그에게 큰 부담을 가져다주었다.

2

计划 jìhuà 명 (각 방면의) 계획, 방안	学习计划 학습 계획 ǀ 工作计划 업무 계획
策划 cèhuà 명 (단체 활동 등의) 계획, 기획	活动策划 활동 계획 ǀ 会议策划 회의 계획

这次危机的突然到来，使得所有的计划都被打乱了。
이번에 갑작스럽게 닥친 위기로 모든 계획이 엉망이 되었다.

下班前，一定要完成这份营销策划。
퇴근 전에, 이 마케팅 기획을 완성해야만 한다.

3

场合 chǎnghé 명 (특정한) 장소, 상황, 장면	社交场合 사교 장소 ǀ 公共场合 공공장소 ǀ 正式场合 공식 행사
场面 chǎngmiàn 명 장면, 상황	混乱(的)场面 혼란한 장면 ǀ 精彩(的)场面 뛰어난 장면 ǀ 对立(的)场面 대립 상황

这是在社交场合中应避免的话题。 이것은 사교 자리에서 피해야 할 화젯거리다.

那时的场面太壮观了。 그때의 장면은 아주 장관이었다.

4

结果 jiéguǒ 명 (좋은/나쁜) 결과	得出结果 결과를 얻어 내다 ǀ 好结果 좋은 결과
后果 hòuguǒ 명 (주로 나쁜) 결과	导致后果 결과를 야기하다 ǀ 造成后果 결과를 초래하다

他这次考试的结果还不错。 그는 이번 시험 결과가 그럭저럭 괜찮다.

这样做有可能导致严重的后果。 이렇게 하면 심각한 결과를 초래할 수 있다.

5	权力 quánlì 명 권력	国家权力 국가 권력 | 权力机关 권력 기관
	权利 quánlì 명 권리	合法权利 합법적인 권리 | 自由平等的权利 자유 평등의 권리 | 受教育(的)权利 교육을 받을 권리
	权益 quányì 명 권익	合法权益 합법적인 권익 | 消费者权益 소비자 권익

每个人都有选择自己生活道路、决定自己生活方式的权利。
모든 사람은 자신이 살아갈 길을 선택하고 자신의 생활 방식을 결정할 수 있는 권리가 있다.

从明年起实施新的消费者权益保护法。
내년부터 새로운 소비자 권익 보호법이 실시된다.

6	利润 lìrùn 명 이윤	净利润 순이익 | 毛利润 총이윤
	利息 lìxī 명 이자	贷款利息 대출금 이자 | 存款利息 예금 금리
	利益 lìyì 명 (돈·물질·추상적인) 이익	经济利益 경제적 이익 | 个人利益 개인 이익

2014年银行一年定期存款的利息是多少?
2014년 은행의 1년 정기 예금 이자는 얼마인가?

千万不要只看眼前的利益。
절대로 눈앞의 이익만 보지 마라.

7	标志 biāozhì 명동 표지, 상징(하다), 명시(하다)	交通标志 교통 표지 | 危险标志 위험 표지 | 标志着 ~을 상징하고 있다
	标签 biāoqiān 명 상표, 라벨, 꼬리표	价格标签 가격 라벨 | 检查标签 검사 필증 | 贴标签 라벨을 붙이다
	标记 biāojì 명동 표기(하다)	画上标记 표기를 하다 | 标记着 표기되어 있다

语言算是一个民族的标志。 언어는 민족의 상징이라 할 수 있다.

行李被贴上了标签儿。 수화물에 라벨을 붙였다.

8	技能 jìnéng 명 기능, 솜씨 [전문 능력]	基本技能 기본적인 기능 | 技能高超 기능이 뛰어나다 | 技能低下 기능이 떨어지다
	技巧 jìqiǎo 명 (예술·공예·체육 방면의) 기교, 테크닉	运用技巧 기교를 구사하다 | 熟练(的)技巧 숙련된 테크닉 | 比赛(的)技巧 경기의 기교
	技术 jìshù 명 (경험·지식 등의) 기술	先进技术 진보적인 기술 | 技术改造 기술 개선

与人交流需要技巧。 사람과 교류하는 데 테크닉이 필요하다.

他做菜的技术闻名遐迩。 그의 요리 솜씨는 널리 알려져 있다.

9	奖金 jiǎngjīn 몡 보너스, 상여금[금전]	颁发奖金 보너스를 주다 ǀ 发奖金 보너스를 주다
	奖励 jiǎnglì 몡 상, 상금[금전, 말, 물질] 통 장려하다, 표창하다	给奖励 상을 주다
	奖赏 jiǎngshǎng 몡 상, 포상[물질] 통 상을 주다	给+사람+물질+作为奖赏 ~에게 ~을 상으로 주다

听说这次比赛有很高的奖金，大家都跃跃欲试。
듣자 하니 이번 시합에는 많은 상금이 걸려 있어서, 모두들 해보고 싶어 한다.

他从来没得到过这样的奖励。
그는 여태까지 이러한 표창을 받아본 적이 없다.

10	机遇 jīyù 몡 (좋은) 기회	把握机遇 기회를 잡다 ǀ 抓住机遇 기회를 잡다 ǀ 难得(的)机遇 얻기 어려운 기회
	机会 jīhuì 몡 기회	把握机会 기회를 잡다 ǀ 抓住机会 기회를 잡다 ǀ 错过机会 기회를 놓치다
	时机 shíjī 몡 좋은 시기[시간을 강조]	把握时机 시기를 잡다 ǀ 掌握时机 시기를 장악하다 ǀ 错过时机 시기를 놓치다 ǀ 有利时机 유리한 시기
	关键 guānjiàn 몡 관건, 핵심 혱 결정적인 작용을 하는	关键时刻 결정적인 순간 ǀ 关键部门 핵심 부문

这是一个难得的机会，千万不要错过。이것은 드문 기회이니, 절대 놓쳐서는 안 된다.

关键时刻犯了错误。결정적인 순간에 실수를 했다.

11	方针 fāngzhēn 몡 방침	经营方针 경영 방침 ǀ 教育方针 교육 방침
	措施 cuòshī 몡 조치, 대책	经济措施 경제 대책 ǀ 采取措施 조치를 취하다
	政策 zhèngcè 몡 정책	民族政策 민족 정책 ǀ 开放政策 개방 정책

一旦制定了基本方针，就一步都不打算妥协。
일단 기본적인 방침이 세워지기만 하면, 한 치도 타협하지 않는다.

我们一定要采取有效的措施保护环境。
우리는 반드시 효과적인 조치를 취해 환경을 보호해야 한다.

12	方式 fāngshì 몡 방식	生活方式 생활 방식 ǀ 生产方式 생산 방식 ǀ 表达方式 표현 방식
	方法 fāngfǎ 몡 방법	学习方法 학습 방법 ǀ 工作方法 업무 방법
	办法 bànfǎ 몡 방법, 조치, 방책	想办法 방법을 생각하다 ǀ 没办法 방법이 없다 ǀ 毫无办法 전혀 방법이 없다
	途径 tújìng 몡 경로, 루트, 방법, 수단	通过这个途径 이 경로를 통해 ǀ 成功(的)途径 성공하는 수단 ǀ 基本途径 기본적인 루트

手段 shǒuduàn 명 수단, 방법, 수법	采取手段 방법을 채택하다 | 技术手段 기술 수단 | 非法手段 불법적인 수단 | 欺骗手段 속임수

春节时，旅游成了人们的首选休闲方式。
춘절 때, 여행은 사람들이 최우선으로 고르는 여가 방식이다.

我们要用一切手段来实现目标。
우리는 모든 수단을 사용하여 목표를 실현해야 한다.

13

爱戴 àidài 동 추대하다, 받들어 모시다	爱戴长辈 연장자를 모시다 | 爱戴英雄 영웅으로 추대하다 | 爱戴领导 지도자로 추대하다
爱护 àihù 동 아끼다, 아끼고 보호하다	爱护花草 화초를 아끼다 | 爱护晚辈 후배를 아끼다 | 爱护孩子 아이를 아끼고 보호하다
保护 bǎohù 동 보호하다	保护环境 환경을 보호하다
尊敬 zūnjìng 동 존경하다	尊敬长辈 연장자를 존경하다 | 尊敬领导 지도자를 존경하다

斑马身上漂亮的条纹，具有适应环境的保护作用。
얼룩말의 몸에 있는 예쁜 무늬는 환경에 적응하는 보호 작용을 가지고 있다.

他是我最尊敬的作家。 그는 내가 가장 존경하는 작가이다.

14

把握 bǎwò 동 꽉 잡다, 붙잡다, 파악하다	把握机会 기회를 잡다 | 把握机遇 기회를 잡다 | 把握时机 시기를 잡다
掌握 zhǎngwò 동 마스터하다, 정복하다, 정통하다	掌握技术 기술에 정통하다 | 掌握方法 방법을 마스터하다 | 掌握知识 지식을 마스터하다 | 掌握情况 상황을 파악하다 | 掌握规律 규율을 파악하다

80%的人对这个想法都没有把握。80%의 사람들이 그 아이디어에 확신을 갖지 못했다.

掌握一门外语并非易事。외국어를 마스터하는 것은 결코 쉬운 일이 아니다.

15

摆脱 bǎituō 동 벗어나다	摆脱敌人 적에게서 벗어나다 | 摆脱困境 곤경에서 벗어나다 | 摆脱贫困 빈곤에서 벗어나다
解脱 jiětuō 동 벗어나다	从+마음, 상황+解脱出来 (어떤 상황이나 마음 상태에서) 벗어나다
脱离 tuōlí 동 벗어나다, 떠나다, 관계를 끊다	脱离环境 환경에서 벗어나다 | 脱离情况 상황에서 벗어나다 | 脱离关系 관계를 끊다

我们该如何摆脱这样的困境？
우리는 이러한 곤경에서 어떻게 벗어나야 할까?

为了使工厂尽快脱离困境，厂领导认真研究了职工们的建议。
공장을 가능한 빨리 곤경에서 벗어나게 하기 위해, 공장 책임자는 직원들의 건의 사항을 진지하게 검토했다.

16	保持 bǎochí 통 유지하다	保持状态 상태를 유지하다 | 保持卫生 위생을 유지하다 | 保持健康 건강을 유지하다 | 保持联系 연락을 유지하다 | 保持距离 거리를 유지하다
	维持 wéichí 통 유지하다	维持生活 생활을 유지하다 | 维持生命 생명을 유지하다 | 维持秩序 질서를 유지하다 | 维持治安 치안을 유지하다 | 维持和平 평화를 유지하다
	坚持 jiānchí 통 고수하다, 지키다, 꾸준히 하다	坚持态度 태도를 고수하다 | 坚持主张 주장을 고수하다 | 坚持观点 관점을 고수하다 | 坚持原则 원칙을 지키다 | 坚持习惯 습관을 고집하다 | 坚持锻炼 꾸준히 단련하다 | 坚持学习 꾸준히 학습하다
	支持 zhīchí 통 지지하다, 후원하다	支持观点 관점을 지지하다 | 支持意见 의견을 지지하다 | 得到支持 지지를 얻다 | 给予支持 지지하다 | 社会(的)支持 사회의 후원 | 技术支持 기술 지원
	维护 wéihù 통 지키다	维护权益 권익을 지키다 | 维护主权 주권을 지키다 | 维护尊严 존엄을 지키다 | 维护和平 평화를 지키다

能否保持一颗平常心是考试能否正常发挥的关键。
평상심을 유지할 수 있는지가 시험에서 제대로 실력 발휘를 할 수 있는가의 관건이다.

做任何事，都一定要坚持到底。
어떤 일을 하든지 반드시 끝까지 꾸준히 해야 한다.

17	濒临 bīnlín 인접하다, 가까이하다	濒临灭绝 멸종에 직면하다 | 濒临绝境 궁지에 이르다, 절망적인 상태에 직면하다 | 濒临险境 위험 지대에 인접하다
	面临 miànlín 통 직면하다	面临问题 문제에 직면하다 | 面临困难 어려움에 직면하다 | 面临危险 위험에 직면하다 | 面临破产 파산에 이르다 | 面临挑战 도전을 마주하다

这家饭店正濒临破产。 이 호텔은 파산 위기에 직면해 있다.
我们正面临着新的问题。 우리는 새로운 문제에 직면해 있다.

18	表示 biǎoshì 통 나타내다, 표시하다	表示观点 관점을 나타내다 | 表示意义 의의를 나타내다 | 表示态度 태도를 보이다
	表达 biǎodá 통 드러내다, 표현하다, 나타내다	表达情感 감정을 표현하다 | 表达感情 감정을 드러내다 | 表达思想 사상을 나타내다
	表明 biǎomíng 통 분명히 밝히다	表明态度 태도를 밝히다 | 表明观点 관점을 밝히다 | 表明意思 의견을 밝히다
	显示 xiǎnshì 통 뚜렷하게 나타내 보이다, 드러내다, 과시하다	显示智慧 지혜를 드러내다 | 显示威力 위력을 과시하다 | 显示力量 능력을 내보이다 | 显示自己 자신을 과시하다

孙市长表示，今年将减少一部分学费。
쑨 시장은 올해 학비 일부분을 낮출 것이라고 밝혔다.

研究表明，女性一般比男性更长寿。
연구 결과에 따르면, 일반적으로 여성이 남성보다 더 장수한다.

19	承担 chéngdān 통 맡다, 담당하다, 부담하다	承担责任 책임을 지다	承担工作 업무를 감당하다	承担任务 임무를 맡다	承担义务 의무를 지다
	承受 chéngshòu 통 견디다, 감당하다	承受压力 스트레스를 견디다	承受痛苦 고통을 참다	承受考验 시련을 견디다
	担负 dānfù 통 부담하다, 맡다, 지다	担负费用 비용을 부담하다	担负责任 책임을 지다	担负工作 업무를 담당하다	担负义务 의무를 지다
	承认 chéngrèn 통 인정하다	承认错误 잘못을 인정하다

你承担不起这个责任。 당신은 이 책임을 감당하지 못한다.
人一定要学会承受失败。 사람은 반드시 실패를 견뎌 내는 법을 배워야 한다.

20	传播 chuánbō 통 전파하다, 퍼뜨리다	传播消息 소식을 전파하다	传播疾病 병을 퍼뜨리다	传播文化 문화를 전파하다	传播经验 경험을 전파하다
	传达 chuándá 통 전하다, 전달하다	传达指示 지시를 전달하다	传达命令 명령을 전달하다
	传递 chuándì 통 전하다, 건네다	传递信息 정보를 전하다	传递信件 우편물을 건네다	传递东西 물건을 건네다

我来传达一下老板的决定。 제가 사장님이 결정하신 사항을 전달하겠습니다.
请把那份文件传递给他。 그 문서를 그에게 건네주세요.

21	达到 dádào 통 이르다, 달성하다, 도달하다	达到目的 목적을 달성하다	达到愿望 소원을 이루다	达到要求 요구를 달성하다	达到标准 표준에 이르다	达到水平 수준에 도달하다
	到达 dàodá 통 도달하다, 도착하다, 이르다	到达地点 지점에 도달하다	到达目的地 목적지에 이르다	到达阶段 단계에 이르다
	实现 shíxiàn 통 실현하다, 달성하다	实现计划 계획을 실현하다	实现方案 실현 방안	实现理想 이상을 실현하다	实现目的 목적을 실현하다	实现愿望 소망을 실현하다

生产量还未达到20吨。 생산량이 아직 20톤에 이르지 못했다.
火车8点到达首尔。 기차는 8시에 서울에 도착한다.

22	发表 fābiǎo 통 발표하다	发表论文 논문을 발표하다	发表文章 글을 발표하다	发表意见 의견을 발표하다	发表宣言 선언을 발표하다
	发布 fābù 통 (명령·뉴스 등을) 선포하다, 발포하다	发布会 회견, 발표회	新闻发布会 기자 회견, 언론 브리핑	发布信息 정보를 발표하다	发布新产品 신제품을 발표하다
	公布 gōngbù 통 (공개적으로) 발표하다, 공표하다	公布法令 법령을 공표하다	公布结果 성과를 공표하다	公布成绩 성적을 발표하다
	宣布 xuānbù 통 선포하다, 선언하다, 발표하다	宣布开始 시작을 알리다	宣布开幕 개막을 선포하다	宣布结果 결과를 발표하다	宣布消息 정보를 알리다

| | 宣告 xuāngào 图 선고하다, 선포하다 | 宣告失败 실패를 발표하다 | 宣告决定 결의를 선포하다 | 宣告重大事件 중대 사건을 선포하다 |

这几年，他发表了好几篇论文。
요 몇 년, 그는 여러 편의 논문을 발표했다.

气象部门刚刚发布了最近的气象信息。
기상대는 방금 전에 최근 기상 소식을 발표했다.

| 23 | 反应 fǎnyìng 명동 반응(하다) | 生理反应 생리적 반응 | 化学反应 화학 반응 | 反应灵敏 반응이 민첩하다 |
| | 反映 fǎnyìng 동 반영하다 | 反映生活 생활을 반영하다 | 反映意见 의견을 반영하다 |

打哈欠是人们身体的一种本能反应。
하품은 인간의 인체에서 일종의 본능적인 반응이다.

诗歌应反映时代的特点。
시가는 시대 특징을 반영해야 한다.

24	改革 gǎigé 명동 개혁(하다)	经济改革 경제 개혁	改革制度 제도를 개혁하다
	改进 gǎijìn 동 개선하다	改进技术 기술을 개선하다	改进方法 개선 방법	改进态度 태도를 개선하다
	改善 gǎishàn 동 개선하다	改善生活 생활을 개선하다	改善环境 환경을 개선하다	改善条件 조건을 개선하다
	改良 gǎiliáng 동 개량하다	改良技术 기술을 개량하다	改良土壤 토양을 개량하다
	改正 gǎizhèng 동 (잘못이나 착오를) 개정하다, 시정하다	改正缺点 결점을 고치다	改正错误 잘못을 고치다	改正方法 방법을 바로잡다

多数工厂都渴望改进现有的技术。
많은 공장들은 기존의 기술이 개선되길 갈망한다.

我们该如何改善生态环境呢?
우리는 생태 환경을 어떻게 개선해야 하는가?

| 25 | 鉴定 jiàndìng 동 감정하다 | 鉴定文物 문물을 감정하다 | 鉴定真伪 진위를 감정하다 |
| | 鉴别 jiànbié 동 감별하다, 변별하다 | 鉴别真伪 진위를 감별하다 | 鉴别古画 옛날 그림을 감별하다 |

这件藏品需要通过专家鉴定才能辨别真伪。
이 소장품은 전문가의 감정을 통해야 진위를 감별할 수 있다.

他的工作是鉴别藏品的真伪。
그의 업무는 소장품의 진위를 감별하는 것이다.

26	接触 jiēchù 통 접촉하다	接触新鲜事物 새로운 사물을 접하다 ǀ 接触群众 대중과 접촉하다
	接待 jiēdài 통 접대하다	接待客人 손님을 접대하다 ǀ 接待贵宾 귀빈을 접대하다
	接近 jiējìn 통 접근하다, 가까이 가다	接近+사람 ~에게 다가가다 ǀ 接近+장소 ~에 가까이 가다

我从未接触过这个领域。나는 지금까지 이 분야를 접해본 적이 없다.
我对他接待的态度看不上眼。나는 그가 응대하는 태도가 마음에 들지 않는다.

27	借鉴 jièjiàn 통 본보기로 삼다, 참고로 하다	借鉴方法 방법을 참고로 하다 ǀ 借鉴经验 경험을 거울 삼다 ǀ 借鉴长处 장점을 본보기로 삼다
	借助 jièzhù 통 도움을 빌다, ~의 힘을 빌리다	借助力量 힘을 빌리다

有些方法可以借鉴。일부 방법은 참고로 해도 된다.
掌握了语法，就算词汇量不大，也可以借助词典来翻译文章。
어법을 마스터하면, 어휘량이 많지 않더라도, 사전의 도움을 빌려 글을 번역할 수 있다.

28	开明 kāimíng 통 (생각이) 깨어 있다, 진보적이다	开明(的)思想 진보적인 사상 ǀ 开明(的)政策 진보적인 정책
	开放 kāifàng 통 개방하다	改革开放 개혁 개방 ǀ 思想开放 사상이 개방적이다 ǀ 开放政策 개방 정책
	开朗 kāilǎng 형 명랑하다	性格开朗 성격이 명랑하다

改革开放后，中国人的思想观念变化很大。개혁 개방 후, 중국인의 사상 관념에 변화가 크다.
她性格开朗，很活泼。그녀는 성격이 명랑하고 활달하다.

29	开拓 kāituò 통 개척하다, 확장하다	开拓事业 사업을 개척하다 ǀ 开拓道路 도로를 확장하다
	开辟 kāipì 통 개통하다, 개척하다	开辟新道路 새로운 도로를 개통하다 ǀ 开辟新领域 새로운 영역을 개척하다
	开阔 kāikuò 통 넓히다	开阔视野 시야를 넓히다 ǀ 开阔眼界 안목을 넓히다 ǀ 心胸开阔 도량이 넓다

重新审视农业，开拓农业的新领域，已成为当今世界农业发展的新趋势。
농업에 대해 재검토를 하고 농업의 신영역을 개척하는 것이 오늘날 세계 농업 발전의 새로운 추세가 되었다.

读书可以使人开阔眼界。
독서가 사람들의 안목을 넓혀줄 수 있다.

30	扩充 kuòchōng 통 확충하다, 늘리다	扩充数目 수량을 늘리다	扩充人员 인원을 늘리다
	扩大 kuòdà 통 확대하다	扩大规模 규모를 확대하다	扩大储备量 보유고를 확대하다	扩大范围 범위를 확대하다
	扩散 kuòsàn 통 확산하다, 퍼뜨리다	扩散信息 정보를 퍼뜨리다	扩散谣言 헛소문을 퍼뜨리다	扩散病毒 바이러스를 퍼뜨리다

股票市场需要扩大规模。 주식 시장은 규모를 확대시킬 필요가 있다.
这个消息不得继续向外扩散。 이 소식은 외부로 계속 확산되어서는 안 된다.

31	普及 pǔjí 통 보급하다, 보편화시키다	普及知识 지식을 보급하다	普及观念 생각을 보편화시키다	普及技术 기술을 보급하다
	普遍 pǔbiàn 형 보편적인	普遍现象 보편적인 현상	普遍认为 보편적으로 ~라고 생각하다
	普通 pǔtōng 형 보통이다, 일반적이다, 평범하다	普通百姓 일반 대중	普通住宅 일반 주택	普通话 보통화	外表普通 겉모습이 평범하다

随着网络的普及，网上购物的人越来越多。
인터넷이 보급되면서, 인터넷 쇼핑을 하는 사람이 점점 많아지고 있다.
物价是人们最普遍关心的问题。 물가는 사람들이 가장 보편적으로 관심을 갖는 문제이다.

32	凝固 nínggù 통 응고하다, 굳어지다	液体凝固 액체가 굳어지다
	凝聚 níngjù 통 응집하다, 모으다	凝聚力量 힘을 모으다
	凝视 níngshì 통 응시하다	凝视+사람/사물 ~을 응시하다

我们应该凝聚力量，共同促进公司的发展。
우리는 힘을 모아 회사의 발전을 함께 촉진시켜야 한다.
他凝视着远方，似乎在思考着什么。
그는 먼 곳을 응시한 채, 마치 무언가를 생각하고 있는 것 같았다.

33	侵犯 qīnfàn 통 침범하다	侵犯隐私 사생활을 침범하다	侵犯权益 권익을 침범하다	侵犯权利 권리를 침해하다	侵犯人权 인권을 침해하다
	侵略 qīnlüè 통 침략하다	侵略国家 국가를 침략하다	侵略领土 영토를 침략하다	侵略行为 침략 행위	侵略战争 침략 전쟁	受侵略 침략을 받다
	入侵 rùqīn 통 침입하다	入侵国家 국가에 침입하다
	侵占 qīnzhàn 통 점령하다, (불법으로) 차지하다	国家被侵占 국가를 빼앗기다	领土侵占 영토 침해	侵占公共财产 공공재산을 차지하다

"人肉搜索"是一种侵犯人权的行为。 '인육수색'은 인권을 침해하는 행위이다.
这是明明白白的经济侵略行为。 이것은 명백한 경제 침략 행위이다.

34	确保 quèbǎo 동 확보하다, 확실히 보장하다	确保安全 안전을 확보하다	确保交通畅通 원활한 교통 상황을 확보하다
	确定 quèdìng 동 확정하다	确定关系 관계를 확실히 정하다	确定人选 참가 인원을 확정하다
	确认 quèrèn 동 확인하다	确认答案 답안을 확인하다	确认数量 수량을 확인하다	确认事实 사실을 확인하다

倘若**确定**了目标，就一定要坚持下去，否则不能成功。
만약 목표를 정했다면 끝까지 해야지, 그렇지 않으면 성공할 수 없다.

这件事请你再**确认**一下。이 일은 다시 한번 더 확인해 주세요.

35	便于 biànyú 접 ~하기에 쉽다, ~에 편하다	便于使用 사용하기 쉽다	便于保存 보존하기에 편하다	便于观察 관찰하기 쉽다	便于理解 이해하기 쉽다	便于携带 휴대하기에 편하다
	以便 yǐbiàn 접 ~하기 편리하도록	以便进行 진행하기 편리하도록	以便安排 안배하기 편리하도록

这些产品都**便于**携带。이 제품들은 휴대하기에 편하다.

多买些书，**以便**随时参看。수시로 참고하기에 편리하게 책을 좀 많이 사.

36	弥补 míbǔ 동 메우다, 보충하다, 보완하다	弥补不足 부족함을 보충하다	弥补亏损 적자를 메우다	弥补过失 실수를 보완하다	弥补缺陷 결함을 보완하다	弥补漏洞 결점을 보완하다
	补充 bǔchōng 동 보충하다	补充人员 인원을 보충하다	补充意见 의견을 보충하다	补充营养 영양을 보충하다	补充说明 설명을 보충하다	补充资料 자료를 보충하다
	补偿 bǔcháng 동 보상하다, 배상하다	补偿损失 손실을 보상하다	补偿贸易 보상 무역	得到补偿 보상을 받다	给予补偿 보상하다

人总是要努力**弥补**自己的不足之处。사람은 항상 자신의 부족한 점을 열심히 보완해야 한다.

午饭后可以小睡一会儿，这对缓解疲劳、**补充**体力很有帮助。
점심을 먹은 후에 잠깐 잠을 자는 것은, 피로를 줄이고 체력을 보충하는 데 많은 도움이 된다.

37	建立 jiànlì 동 세우다, 이루다, 맺다	建立王朝 왕조를 세우다	建立政权 정권을 세우다	建立制度 제도를 수립하다	建立友谊 우정을 쌓다	建立感情 감정을 쌓다	建立关系 관계를 맺다	建立网络 네트워크를 형성하다	建立家庭 가정을 이루다
	建设 jiànshè 동 건설하다, 세우다	工农业建设 농공업 건설	城市建设 도시 건설	经济建设 경제 건설	思想建设 의식 건설	建设计划 계획을 세우다
	树立 shùlì 동 세우다, 수립하다	树立人生观 인생관을 세우다	树立理想 이상을 세우다	树立抱负 포부를 수립하다	树立观点 관점을 세우다	树立榜样 모범을 보이다	树立志向 포부를 세우다
	成立 chénglì 동 창립하다, 설립하다, 성립되다	成立公司 회사를 설립하다	成立大会 총회를 세우다	观点成立 관점이 성립되다	理论成立 이론이 성립되다	理由成立 이유가 성립되다

如何才能与人**建立**良好的人际关系呢？어떻게 해야만이 사람들과 좋은 인간관계를 맺을 수 있는가?

这是一家刚**成立**的广告公司，规模小得可怜。이 회사는 막 설립된 규모가 볼품없이 작은 광고 회사이다.

38	面向 miànxiàng 통 ~로 향하다, ~에 직면하다	面向未来 미래로 향하다 | 面向世界 세계로 향하다 | 面向生活 생활에 전념하다
	面对 miànduì 통 직면하다, 대면하다	面对现实 현실에 직면하다 | 面对问题 문제에 직면하다 | 面对危险 위험에 직면하다 | 面对危机 위기에 직면하다 | 面对困难 어려움에 직면하다 | 面对机会 기회에 직면하다

教育应该面向未来。 교육은 미래 지향적이어야 한다.

人生路上，我们总是要面对各种各样的挑战。 인생의 길에서, 우리는 늘 여러 가지 도전에 맞서야 한다.

39	培育 péiyù 통 재배하다, 기르다, (인재를) 양성하다, 키우다	培育幼苗 어린 모종을 기르다 | 培育新品种 신품종을 재배하다 | 培育下一代 다음 세대를 키우다 | 培育一代新人 새로운 세대를 키우다
	培养 péiyǎng 통 배양하다, 양성하다, 기르다, 키우다	培养人才 인재를 양성하다 | 培养能力 능력을 기르다 | 培养才能 재능을 배양하다 | 培养耐心 인내심을 키우다 | 培养体力 체력을 키우다 | 培养兴趣 취미를 붙이다
	养育 yǎngyù 통 양육하다	养育子女 자녀를 양육하다 | 养育孩子 아이를 키우다
	孕育 yùnyù 통 낳아 기르다, 내포하다, 배양하다	孕育生命 생명을 낳아 기르다 | 孕育危机 위기를 내포하다 | 孕育局面 국면을 내포하다

这是科学家培育出的西瓜新品种。
이것은 과학자가 길러낸 새로운 수박 품종이다.

作为父母，要重视培养孩子的责任心。
부모는 아이의 책임감을 길러주는 것을 중요시 해야 한다.

40	解除 jiěchú 통 없애다, 해소하다, 해제하다	解除合同 계약을 해제하다 | 解除契约 계약을 해약하다 | 解除职务 직무를 해제하다 | 解除疲劳 피로를 풀다 | 解除误会 오해를 빗다 | 解除警报 경보를 해제하다
	去除 qùchú 통 제거하다	去除灰尘 먼지를 없애다 | 去除恶习 악습을 없애다 | 去除异味 독특한 냄새를 없애다 | 去除障碍 장애물을 제거하다 | 去除有毒物质 유독 물질을 없애다 | 去除油污渍 기름때를 없애다
	消除 xiāochú 통 없애다, 제거하다, 풀다	消除疲劳 피로를 풀다 | 消除误会 오해를 풀다 | 消除噪音 소음을 없애다 | 消除孤独 외로움을 없애다 | 消除压力 스트레스를 풀다 | 消除怒气 화를 풀다 | 消除无聊 무료함을 해소하다

看电影是他解除压力的方法。
영화를 보는 것은 그가 스트레스를 푸는 방법이다.

据说洗个热水澡有助于消除疲劳。
뜨거운 물로 목욕하는 것은 피로를 푸는 데 도움이 된다고 한다.

41	预报 yùbào 동 예보하다	天气预报 일기 예보 | 气象预报 기상 예보
	预测 yùcè 동 예측하다	预测地震 지진을 예측하다 | 预测未来 미래를 예측하다 | 市场预测 시장 예측 | 价格预测 가격 예측 | 投资预测 투자 예측 | 景气预测 경기 예측
	预见 yùjiàn 동 예견하다	预见未来 미래를 예견하다
	预计 yùjì 동 예측하다, 추산하다	预计费用 비용을 예측하다 | 预计销售 판매를 예측하다 | 预计时间 시간을 예측하다

天气预报说明天有大雪。 일기 예보에서 내일 눈이 많이 온다고 했다.
预计明天会有暴雨。 내일은 폭우가 내릴 것이라고 예측된다.

42	加强 jiāqiáng 동 강화하다	加强力量 힘을 강화하다 | 加强防守 수비를 강화하다 | 加强团结 단결을 강화하다 | 加强合作 협력을 강화하다
	加剧 jiājù 동 심해지다, 악화되다	加剧局势 국면을 악화시키다 | 加剧矛盾 갈등을 악화시키다 | 加剧危机 위기가 심화되다 | 竞争加剧 경쟁이 심해지다 | 病情加剧 병세가 심해지다
	加深 jiāshēn 동 깊어지다, 깊게 하다	加深友情 우정을 돈독히 하다 | 了解加深 이해가 깊어지다 | 信任加深 신임이 두터워지다 | 矛盾加深 갈등이 깊어지다 | 认识加深 깊숙이 알다 | 合作加深 협력이 깊어지다

我们特以此为契机,继续加强两国间的合作关系。
우리는 특히 이번 계기로 양국의 협력 관계를 지속적으로 강화하고자 합니다.
中东地区的紧张日益加剧。 중동 지역은 긴장이 나날이 심화되고 있다.

43	创立 chuànglì 동 세우다, 창립하다	创立公司 회사를 세우다 | 创立事业 사업을 세우다 | 创立品牌 브랜드를 만들다 | 创立学说 학설을 세우다
	创新 chuàngxīn 동 창조하다, 창의하다	不断创新 끊임없이 창조하다 | 科技创新 과학 기술 창조 | 开拓创新 개혁 혁신하다 | 创新记录 기록을 세우다 | 创新意识 창조적인 의식 | 创新精神 창조적 정신
	创造 chuàngzào 명 창조, 발명품 동 창조하다, 만들다	灵活创造 융통성 있게 창조하다 | 发明创造 발명 창조하다 | 创造奇迹 기적을 만들다 | 创造未来 미래를 창조하다 | 创造能力 능력을 창조하다
	创办 chuàngbàn 동 창설하다, 창립하다	创办学校 학교를 창립하다 | 创办公司 회사를 창립하다 | 创办期刊 정기 간행물을 창간하다 | 创办杂志 잡지를 창간하다

人要具有创新精神。 사람은 창의적인 정신을 지녀야 한다.
他毕业后创办了一所小学。 그는 졸업 후에 초등학교를 한 곳 세웠다.

44	辨别 biànbié 동 구별하다, 식별하다	辨别是非 시비를 분별하다 | 辨别真伪 진위를 구별하다 | 辨别虚实 허실을 구별하다 | 辨别方向 방향을 구별하다
	辨认 biànrèn 동 식별해 내다, 구별하다	辨认笔迹 필적을 구별하다 | 辨认指纹 지문을 식별하다 | 辨认清楚 자세히 구별하다 | 辨认方法 구별 방법 | 容易辨认 구별하기 쉽다 | 仔细辨认 자세히 식별하다
	分辨 fēnbiàn 동 분별하다, 구분하다	分辨是非 시비를 분별하다 | 分辨真伪 진위를 분별하다 | 分辨能力 분별 능력

是否具有辨别是非好坏的能力，是一个人成熟与否的标志。
시비와 좋고 나쁨을 변별할 수 있는 능력의 유무는 사람의 성숙도 여부를 알 수 있는 지표다.

每个人都有分辨是非的能力。
모든 사람들은 옳고 그름을 분별하는 능력을 다 지니고 있다.

45	唤醒 huànxǐng 통 깨우치다, 각성시키다, 자각시키다	唤醒民众 민중을 깨우치다	唤醒意识 의식을 환기하다	唤醒情感 감정을 자각시키다
	唤起 huànqǐ 통 환기하다, 불러일으키다, 끌어내다	唤起民众 민중을 환기시키다	唤起回忆 추억을 불러일으키다	唤起记忆 기억을 떠올리다	唤起注意 주의를 환기시키다	唤起关注 관심을 불러일으키다	唤起情感 감정을 불러일으키다
	提醒 tíxǐng 통 상기시키다, 일깨우다	提醒注意 주의를 환기시키다	提醒大家 모두에게 상기시키다	反复提醒 반복하여 일깨우다

教师幽默的语言能很好地唤起学生们的注意。
교사의 유머는 학생들의 주의를 잘 끌어낼 수 있다.

她提醒我别忘了明天有个会。
그녀는 내일 회의가 있다는 사실을 잊지 말라고 나에게 상기시켰다.

46	收藏 shōucáng 통 소장하다, 수집하여 보관하다	收藏文物 문물을 소장하다	收藏多年 오랜 세월 소장하다	艺术收藏 소장 예술품
	收集 shōují 통 수집하다	收集素材 소재를 수집하다	收集材料 재료를 수집하다	收集邮票 우표를 수집하다	收集废品 불량품을 수집하다	收集意见 의견을 수집하다
	搜集 sōují 통 수집하다, 찾아 모으다, 채집하다	搜集信息 정보를 수집하다	搜集情报 (기밀) 정보를 모으다	搜集史料 역사 자료를 수집하다	搜集证据 증거를 수집하다	搜集材料 재료를 모으다	资料搜集 자료 수집

多年来，他收藏了数以万计的珍品。 다년간, 그는 아주 많은 진품을 수집하여 보관하고 있다.

写小说要收集很多材料。 소설을 쓰려면 많은 소재를 수집해야 한다.

47	丰富 fēngfù 형 풍부하다, 풍부하게 하다	内容丰富 내용이 풍부하다	营养丰富 영양이 풍부하다	样式丰富 형식이 풍부하다	经验丰富 경험이 풍부하다	丰富生活 생활을 풍부하게 하다
	丰满 fēngmǎn 형 풍만하다	丰满(的)身材 풍만한 몸매	丰满(的)羽毛 풍부한 깃털
	丰盛 fēngshèng 형 풍성하다, 성대하다	丰盛(的)宴席 성대한 연회	丰盛(的)早餐 풍성한 아침식사
	丰收 fēngshōu 형 풍작을 거두다	大丰收 대풍작	粮食丰收 양식이 풍년을 이루다

多年的职场生活使我积累了丰富的工作经验。
다년간의 직장 생활로 나는 풍부한 업무 경험을 쌓았다.

这幅画用丰富的色彩描绘了秋天丰收的景象。
이 그림은 풍부한 색채를 가지고 풍작을 이룬 가을 풍경을 묘사했다.

48	充足 chōngzú 형 충분하다, 충족하다[구체적]	营养充足 영양이 충분하다 | 资金充足 자금이 충족하다 | 阳光充足 햇빛이 충분하다 | 时间充足 시간이 충분하다
	充分 chōngfèn 형 충분하다 부 충분히[추상적]	充分(的)理由 충분한 이유 | 充分(的)信心 충분한 믿음 | 充分(的)准备 충분한 준비 | 充分分析 충분히 분석하다 | 充分解释 충분히 밝히다
	充实 chōngshí 형 충실하다	内容充实 내용이 충실하다 | 生活充实 생활이 충실하다
	充满 chōngmǎn 형 가득하다, 넘치다	充满笑声 웃음소리가 가득하다 | 充满阳光 햇빛이 가득하다 | 充满力量 힘이 넘치다 | 充满爱 사랑이 가득하다 | 充满活力 활력이 넘치다 | 充满信心 자신감이 넘치다
	充沛 chōngpèi 형 왕성하다, 넘쳐흐르다	精力充沛 정력이 왕성하다 | 体力充沛 체력이 왕성하다
	充裕 chōngyù 형 여유롭다, 풍족하다	时间充裕 시간이 여유롭다 | 现金充裕 현금이 풍족하다 | 经济充裕 경제적으로 여유롭다

充足的睡眠很重要。충분한 수면은 매우 중요하다.

能够充分发挥出自己优势的工作才算是适合自己的工作。
자신의 강점을 충분히 발휘할 수 있는 업무야말로 자신에게 적합한 일이다.

49	单调 dāndiào 형 단조롭다	生活单调 생활이 단조롭다 | 色彩单调 색채가 단조롭다 | 形式单调 형식이 단조롭다
	单纯 dānchún 형 단순하다	思想单纯 사상이 단순하다 | 目的单纯 목적이 단순하다
	单独 dāndú 부 홀로, 단독으로	单独谈话 홀로 이야기하다 | 单独生活 홀로 생활하다

开始工作以后，他的生活变得很单调。일을 시작한 후, 그의 삶은 단조롭게 변했다.

他单独住在一间屋子里。그는 방 한 칸에서 홀로 산다.

50	坚定 jiāndìng 형 확고하다, 굳다[좋은 의미]	坚定(的)意志 확고한 의지 | 坚定(的)信念 굳은 신념
	坚强 jiānqiáng 형 굳세다, 완강하다[좋은 의미]	坚强(的)意志 굳센 의지 | 坚强(的)性格 굳센 성격
	坚韧 jiānrèn 형 단단하고 질기다, 완강하다	质地坚韧 재질이 단단하고 질기다
	坚实 jiānshí 형 건장하다, 튼튼하다, 견고하다	身体坚实 신체가 튼튼하다 | 坚实(的)基础 견고한 기초
	坚固 jiāngù 형 견고하다[사물]	坚固(的)阵地 견고한 진지 | 坚固耐用 견고하고 오래 쓸 수 있다
	顽固 wángù 형 완고하다, 보수적이다[사람을 나타낼 때는 부정적인 의미]	顽固守旧 보수적이고 구습에 얽매이다

尽管她看起来柔弱，但其实是个意志坚定的人。 그녀는 약해 보이지만, 사실은 의지가 강한 사람이다.
困难和挫折使我们更坚强。 어려움과 좌절이 우리를 더 강하게 한다.

51	紧急 jǐnjí 혱 긴급하다	紧急情况 긴급 상황 ǀ 紧急事件 긴급 사건 ǀ 紧急通知 긴급 통지 ǀ 紧急措施 긴급 대책
	紧迫 jǐnpò 혱 긴박하다	时间紧迫 시간이 긴박하다
	紧张 jǐnzhāng 혱 긴장되다	心情紧张 마음이 긴장되다 ǀ 紧张(的)情绪 긴장한 기분 ǀ 紧张(的)局势 긴장 국면

遇到紧急情况时切勿急躁，一定要镇静。
긴급한 상황을 만났을 때, 절대 조급해하지 말고 침착해야 한다.
节奏紧张的现代社会产生了大量不能单纯依赖于药物的"文明病"。
바쁜 리듬의 현대 사회에서는 단순히 약물에만 의존할 수 없는 수많은 문명병이 생겨난다.

52	精确 jīngquè 혱 정확하다	计算精确 계산이 정확하다 ǀ 精确(的)数字 정확한 숫자
	精密 jīngmì 혱 정밀하다	精密(的)仪器 정밀한 측정기
	精致 jīngzhì 정교하다, 섬세하다	精致(的)做工 정교한 가공 기술 ǀ 精致(的)工艺品 정교한 공예품
	精美 jīngměi 혱 정교하다, 아름답다	精美(的)艺术品 정교한 예술품 ǀ 精美(的)建筑 정교한 건축물
	精彩 jīngcǎi 혱 훌륭하다	精彩(的)表演 훌륭한 공연 ǀ 精彩(的)作品 훌륭한 작품
	精心 jīngxīn 혱 정성을 들이다	精心(地)设计 정성을 들여 설계하다 ǀ 精心(地)准备 정성을 들여 준비하다 ǀ 精心(地)照顾 정성을 쏟아 보살피다

他们从国外购买了一套精密的仪器。 그들은 외국에서 정밀한 기계를 구매했다.
医生精心地照顾每一位病人。 의사는 모든 환자를 정성껏 보살펴야 한다.

53	贫乏 pínfá 혱 부족하다, 결핍하다, 빈약하다	物资贫乏 물자가 부족하다 ǀ 资源贫乏 자원이 부족하다
	缺乏 quēfá 동 무속하다, 결핍되다	缺乏资金 자금이 부족하다 ǀ 缺乏力量 역량이 부족하다 ǀ 缺乏经验 경험이 부족하다 ǀ 缺乏了解 이해가 부족하다
	匮乏 kuìfá 혱 부족하다, 모자라다	物资匮乏 물자가 부족하다 ǀ 经验匮乏 경험이 부족하다

他们克服了自然物资贫乏的不利条件。
그들은 자연 자원이 부족하다는 불리한 조건을 극복했다.

喜爱攀比是一种缺乏自信的典型表现。
허세 부리는 것을 좋아하는 것은 자신감이 결여된 전형적인 모습이다.

54	恰当 qiàdàng 형 합당하다, 적절하다, 알맞다	比喻恰当 비유가 적절하다	用词恰当 어휘 사용이 적절하다	恰当(的)时机 적절한 시기
	适当 shìdàng 형 적당하다, 적절하다	适当(的)时候 적당한 시기	适当(的)体育锻炼 적당한 체육 단련	适当调整 적절히 조정하다
	妥当 tuǒdang 형 타당하다, 알맞다, 적절하다	安排妥当 안배가 적절하다	处理妥当 처리가 적절하다
	合适 héshì 형 적당하다, 알맞다	合适的工作 적당한 업무	合适的衣服 적당한 옷

我们要尽快采取适当的措施。 우리는 가능한 빨리 적당한 조치를 취해야 한다.
她跟她的男朋友很合适。 그녀는 그녀의 남자 친구와 잘 어울린다.

55	严格 yángé 형 엄격하다	严格要求 엄격하게 요구하다	严格检查 엄격하게 검사하다	严格管理 엄격하게 관리하다	严格训练 엄격하게 훈련하다	严格教育 엄격하게 교육하다	严格(的)态度 엄격한 태도
	严密 yánmì 형 빈틈없다, 치밀하다	结构严密 구조가 치밀하다	制度严密 제도가 치밀하다	组织严密 조직이 치밀하다	严密监视 치밀하게 감시하다	严密监控 빈틈없이 감독하고 조절하다	严密(的)部署 치밀한 배치
	严重 yánzhòng 형 심각하다, 엄중하다	问题严重 문제가 심각하다	病情严重 병세가 심각하다	局势严重 국면이 심각하다	损失严重 손실이 심각하다	严重(的)干旱 심각한 가뭄	严重(的)错误 심각한 잘못
	严厉 yánlì 형 호되다, 매섭다, 단호하다	严厉打击 매서운 공격	严厉批评 호된 비평	严厉(的)措施 단호한 대책	态度严厉 태도가 단호하다
	严峻 yánjùn 형 중대하다, 심각하다, 가혹하다	严峻(的)现实 가혹한 현실	严峻(的)考验 가혹한 시련	形势严峻 형세가 심각하다
	严肃 yánsù 형 엄숙하다, 엄격하고 진지하다, 진지하게 바로잡다	态度严肃 태도가 엄숙하다	神情严肃 표정이 근엄하다	气氛严肃 분위기가 엄숙하다	严肃纪律 기율을 엄숙하게 바로잡다	严肃处理 엄숙하게 처리하다	严肃对待 엄격하고 진지하게 다루다

这次地震给他们带来的损失很严重。
이번 지진이 그들에게 가져온 손실은 매우 심각하다.

我正在聚精会神地做着一份文件，突然老板严肃神情地让我过去一下儿。
내가 정신을 집중하며 문서를 만들고 있는데, 갑자기 사장님이 심각한 표정으로 나를 부르셨다.

56	繁多 fánduō 형 많다, 풍부하다, 다양하다	种类繁多 종류가 다양하다	品种繁多 품종이 다양하다	花样繁多 디자인이 다양하다	公务繁多 공무가 많다	名目繁多 명칭이 다양하다
	众多 zhòngduō 형 아주 많다 [주로 사람이 많은 것]	众多游客 많은 여행객	众多人口 많은 인구	众多民族 많은 민족	众多(的)作品 많은 작품

这种产品的种类繁多。 이 제품의 종류는 다양하다.
中国人口众多的真正原因是什么？ 중국 인구가 많게 된 진정한 원인이 무엇인가요?

57	流行 liúxíng 동 유행하다	流行音乐 유행 음악 | 流行文化 유행 문화
	流通 liútōng 동 유통되다	货币流通 화폐가 유통되다
	流传 liúchuán 동 대대로 전해 내려오다, 유전되다	流传传说 전설이 전해 내려오다 | 流传故事 이야기가 전해 내려오다
	流利 liúlì 형 유창하다	说一口流利的外语 유창하게 외국어를 말하다 | 回答得很流利 유창하게 대답하다 | 流利的口才 유창한 말솜씨

这首歌是目前最为流行的。 이 노래는 최근에 가장 유행하는 것이다.

这里流传着许多美丽的传说。 이곳에는 많은 아름다운 전설이 전해지고 있다.

58	清澈 qīngchè 형 (물이) 맑고 투명하다	清澈见底 물이 맑아 바닥까지 보이다 | 清澈(的)湖水 맑고 투명한 호수 | 清澈(的)小溪 맑고 투명한 냇물 | 清澈(的)河水 맑고 투명한 강물
	清晰 qīngxī 형 또렷하다, 분명하다	发音清晰 발음이 또렷하다 | 字迹清晰 글자가 또렷하다 | 清晰可辨 분명히 알아볼 수 있다
	清淡 qīngdàn 형 담백하다, 은은하다, 연하다	饮食清淡 음식이 담백하다 | 气味清淡 냄새가 은은하다 | 风味清淡 맛이 담백하다
	清洁 qīngjié 형 깨끗하다, 청결하다	环境清洁 환경이 깨끗하다 | 清洁能源 청정 에너지
	清醒 qīngxǐng 형 (정신이) 맑다, 또렷하다	头脑清醒 정신이 또렷하다
	清新 qīngxīn 형 신선하다, 맑고 산뜻하다	空气清新 공기가 신선하다 | 口感清新 맛이 산뜻하다

漓江江水清澈、平静, 简直太美了。
리장의 호수는 맑고 고요한데, 정말이지 너무 아름답다.

散文的语言清新明丽, 受到了广大文学爱好者的欢迎。
산문의 언어가 맑고 고와서, 많은 문학 애호가들의 사랑을 받았다.

59	生动 shēngdòng 형 생동적이다, 생생하다	生动活泼 생동적이고 활달하다 | 生动有趣 생동감이 있고 재미있다 | 生动(的)语言 생동적인 언어 | 描写生动 묘사가 생동적이다
	生气 shēngqì 명 생명력, 활력, 생기	富有生气 생기가 넘치다
	生机 shēngjī 명 생기	生机勃勃 생기발랄하다 | 生机盎然 생기가 넘치다
	生疏 shēngshū 형 생소하다, 낯설다, 친하지 않다	关系生疏 관계가 소원하다

描写要生动逼真。 묘사는 생동감이 넘쳐야 한다.

看那春天的田野, 一派生机勃勃的景象。 봄날 들에 생기가 넘쳐나는 경치를 보라.

60	及时 jíshí 🟪 제때에, 적시에, 즉시	及时到达 제때 도착하다 | 及时解决问题 적시에 문제를 해결하다
	按时 ànshí 🟪 제때에	按时吃药 제때 약을 먹다 | 按时起床 제때 일어나다
	准时 zhǔnshí 🟪 정시에	准时参加 정시에 참가하다 | 准时到达 정시에 도착하다
	临时 línshí 🟪 그때에 이르러, 갑자기	临时取消了 갑자기 취소됐다

父母要及时跟孩子交流。 부모는 제때에 아이들과 의사소통을 해야 한다.

她临时有事不能参加宴会。 그녀는 갑자기 일이 생겨 연회에 참석할 수 없다.

독해가 쉬워지는 빈출 성어 BEST100

1 爱不释手 ài bú shì shǒu 매우 아껴서 손을 떼지 못하다, 잠시도 손에서 놓지 않다

这本小说真让人爱不释手。
이 소설은 정말 손에서 놓을 수가 없다.

2 安居乐业 ān jū lè yè 평안히 살면서 즐겁게 일하다

所有人都憧憬安居乐业的生活。
모든 사람들은 편안하게 지내며 즐겁게 일하는 생활을 동경한다.

3 拔苗助长 bá miáo zhù zhǎng 모를 뽑아 자라게 하다, 급하게 일을 서두르다 오히려 그르치다

这种拔苗助长式的教育有害无益。
이러한 빠르게 성과를 보려는 식의 교육은 백해무익하다.

4 半途而废 bàn tú ér fèi (끝장을 내지 않고) 중도에서 그만두다

无论做什么事都不要半途而废。
무슨 일을 하든지 중도에 그만두어서는 안 된다.

5 饱经沧桑 bǎo jīng cāng sāng 세상사의 온갖 풍파를 다 겪다, 산전수전을 다 겪다

他的脸似乎在告诉人们他曾饱经沧桑。
그의 얼굴은 자신이 산전수전을 다 겪었다고 사람들에게 말하고 있는 듯하다.

6 波涛汹涌 bō tāo xiōng yǒng 파도가 거세다, 물결이 거세다

海面波涛汹涌，我们都晕船晕得厉害。
해상에 파도가 거세서, 우리는 모두 심하게 뱃멀미를 했다.

7 博大精深 bó dà jīng shēn 사상·학식이 넓고 심오하다

中国历史博大精深。
중국 역사는 넓고 심오하다.

8 不屑一顾 bú xiè yí gù 거들떠볼 가치도 없다

这样做会使孩子们不知所措，进而对规矩不屑一顾。
이렇게 하면 아이들이 어찌할 바를 모르게 할 뿐만 아니라, 더 나아가 아이들이 규율을 거들떠보지도 않게 된다.

9 **不相上下** bù xiāng shàng xià 막상막하(莫上莫下), 우열을 가릴 수 없다

这两队水平不相上下。
이 두 팀의 실력은 막상막하다.

10 **不言而喻** bù yán ér yù 말하지 않아도 안다, 말할 필요도 없다

知识就是力量，这是不言而喻的。
아는 것이 힘이라는 말은 말하지 않아도 다 안다.

11 **不择手段** bù zé shǒu duàn 수단을 가리지 않다, 온갖 수단을 다 쓰다

他这个人为了赚钱不择手段。
그는 돈을 벌기 위해서 수단과 방법을 가리지 않는다.

12 **层出不穷** céng chū bù qióng 차례차례로 나타나서 끝이 없다, 끊임없이 나타나다

工作中，出乎意料的事层出不穷。
일을 하는 중에, 생각지 못한 일이 끊임없이 나타난다.

13 **称心如意** chèn xīn rú yì 마음에 꼭 들다, 생각대로 되다

他要找一份称心如意的工作。
그는 마음에 꼭 드는 일을 찾으려 한다.

14 **川流不息** chuān liú bù xī (사람과 차들이) 냇물처럼 끊임없이 오가다

大街上车辆川流不息。
거리에 차량이 끊임없이 오고 간다.

15 **从容不迫** cóng róng bú pò 태연자약하다, 침착하다

他总是从容不迫地面对每件事。
그는 항상 모든 일을 침착하게 대한다.

16 **当务之急** dāng wù zhī jí 급선무, 당장 급한 일

当务之急就是提高服务质量。
급선무는 바로 서비스 질을 높이는 것이다.

17 **得不偿失** dé bù cháng shī 얻는 것보다 잃는 것이 많다

做任何事情都应循序渐进，否则会得不偿失。
어떤 일을 하든지 순서에 맞게 진행해야 한다. 그렇지 않으면 얻는 것보다 잃는 것이 더 많아질 것이다.

18 得天独厚 dé tiān dú hòu 특별히 좋은 조건을 갖추다, 처한 환경이 남달리 좋다

这个地区有得天独厚的地理位置。
이 지역은 남다른 지리적 위치를 지니고 있다.

19 东张西望 dōng zhāng xī wàng 여기저기 바라보다, 두리번거리다

上课时，他总是东张西望，不认真听课。
수업할 때, 그는 항상 두리번거리며 열심히 수업을 듣지 않는다.

20 各抒己见 gè shū jǐ jiàn 제각기 자기 의견을 말하다

乌鸦和鸽子都各抒己见。
까마귀와 비둘기는 각자의 의견을 내놓았다.

21 根深蒂固 gēn shēn dì gù 뿌리가 깊다, 고질이 되다, 깊이 뿌리 박혀 있다

这种观念已经根深蒂固了，是很难改变的。
이러한 관념은 이미 깊게 뿌리 박혀 있어서, 변하기가 어렵다.

22 供不应求 gōng bù yìng qiú 공급이 수요를 따르지 못하다

这些产品都供不应求。
이 제품들은 모두 공급이 부족하다.

23 归根到底 guī gēn dào dǐ 근본으로 돌아가다, 결국, 끝내

归根到底，我们要靠自己摆脱困境。
결국, 우리는 스스로의 힘으로 곤경에서 벗어나야 한다.

24 后顾之忧 hòu gù zhī yōu 뒷걱정, 뒷근심

这样做毫无后顾之忧。
이렇게 하는 것이 뒤탈이 전혀 없다.

25 画蛇添足 huà shé tiān zú 뱀을 그리는 데 다리를 그려 넣다, 쓸데없는 짓을 하다, 사족을 가하다

别再修改了，那只会让你画蛇添足。
더는 수정하지 마, 그것은 쓸데없는 짓이니까.

26 恍然大悟 huǎng rán dà wù 문득 모든 것을 깨닫다, 갑자기 모두 알게 되다

听了他的话，我恍然大悟了。
그의 말을 듣고, 나는 문득 크게 깨달았다.

27 急于求成 jí yú qiú chéng 목적을 달성하기에 급급하다

做事不要急于求成，否则可能会把事情弄糟。
일을 할 때 너무 성급히 해내려 하지 마라. 그렇지 않으면 일을 망칠 수도 있다.

28 家喻户晓 jiā yù hù xiǎo 집집마다 알다

他是我市家喻户晓的大名人。
그는 우리 시에서 모두가 아는 유명 인사다.

29 见多识广 jiàn duō shí guǎng 보고 들은 것이 많고 식견이 넓다. 박식하고 경험이 많다

这位教授可真是见多识广呢。
이 교수님은 정말 식견이 풍부하다.

30 见义勇为 jiàn yì yǒng wéi 정의를 보고 용감하게 뛰어들다. 불의를 보면 참지 못하다

见义勇为的人越来越少了。
의로운 일에 용감히 나서는 사람들이 갈수록 적어지고 있다.

31 竭尽全力 jié jìn quán lì 모든 힘을 다 기울이다. 최선을 다하다

我们会竭尽全力地做好这件事。
우리는 모든 힘을 다해 이 일을 잘 해낼 것이다.

32 津津有味 jīn jīn yǒu wèi 흥미진진하다

他坐在地上津津有味地看着书。
그는 바닥에 앉아 흥미롭게 책을 보고 있다.

33 锦绣前程 jǐn xiù qián chéng 전도양양한 앞날, 아름답고 빛나는 미래

摆在你们面前的是锦绣前程。
너희들 앞에 놓여 있는 것은 아름답고 빛나는 미래이다.

34 精打细算 jīng dǎ xì suàn 정밀하게 계획하다, 면밀하게 계산하다

我这个人买什么东西都要精打细算。
나는 어떤 물건을 사든지 꼼꼼하게 따지고 계산한다.

35 精益求精 jīng yì qiú jīng 훌륭한데도 더 훌륭하게 하려 하다, 더 잘하려고 애쓰다, 더 깊이 연마하다

精益求精是我们所追求的目标。
훌륭한데도 더 훌륭하게 하려는 것이 우리가 추구하는 목표이다.

36 兢兢业业 jīng jīng yè yè 신중하고 조심스럽게 맡은 일을 열심히 하다, 부지런하고 성실하다

他一向兢兢业业地工作。
그는 줄곧 부지런하고 성실하게 일한다.

37 举世闻名 jǔ shì wén míng 세상에 널리 이름나다

西安是一座举世闻名的古城。
시안은 세계적으로 이름난 고성이다.

38 举世瞩目 jǔ shì zhǔ mù 온 세상 사람이 모두 주목하다

这次我们成功举办了一届举世瞩目的奥运会。
이번에 우리는 전 세계가 주목하는 올림픽을 성공적으로 개최했다.

39 举足轻重 jǔ zú qīng zhòng 일거수일투족이 전체에 중대한 영향을 끼치다[지위가 중요한 것을 가리킴]

他是公司里举足轻重的人物。
그는 회사에서 상당히 중요한 역할을 하는 인물이다.

40 聚精会神 jù jīng huì shén 정신을 집중하다, 열중하다

只有聚精会神地做事，才能取得成功。
몰두해서 일을 해야만이 성공을 거둘 수 있다.

41 刻不容缓 kè bù róng huǎn 일각도 지체할 수 없다, 잠시도 늦출 수 없다

合理利用水资源是刻不容缓的事。
수자원을 합리적으로 이용하는 것은 시급한 일이다.

42 空前绝后 kōng qián jué hòu 워낙 독특하여 비교할 만한 것이 이전에도 없고 이후에도 없다, 전무후무(前無後無)하다

他在物理学方面的贡献是空前绝后的。
그가 물리학 방면에 기여한 공헌은 전무후무하다.

43 苦尽甘来 kǔ jìn gān lái 고진감래, 고생 끝에 낙이 온다

我终于尝到苦尽甘来的滋味了。
나는 마침내 고진감래의 맛을 보았다.

44 理所当然 lǐ suǒ dāng rán 도리로 보아 당연하다, 당연한 이치다

诚实守信的人，理所当然能获得众人的尊重和信赖。
성실하게 신용을 지키는 사람은 당연히 많은 사람들의 존중과 신뢰를 얻을 수 있다.

45 理直气壮 lǐ zhí qì zhuàng 이유가 충분하여 하는 말이 당당하다, 떳떳하다

他却做出一副理直气壮的样子。
그가 오히려 당당한 모습을 보였다.

46 力所能及 lì suǒ néng jí 스스로 할 만한 능력이 있다

我们给他力所能及的帮助。
우리는 그에게 힘이 닿는 데까지 도움을 주었다.

47 络绎不绝 luò yì bù jué (사람·말·수레·배 따위의) 왕래가 잦아 끊이지 않다

前来参观的人络绎不绝。
참관하러 오는 사람들이 끊이지 않는다.

48 毛遂自荐 Máo Suì zì jiàn 모수가 자천(自薦)하다, 스스로 자기를 추천하다

那位同学向老师毛遂自荐当班长。
그 학생은 선생님께 자진하여 반장이 되겠다고 했다.

49 莫名其妙 mò míng qí miào 아무도 그 오묘함을 설명할 수 없다, 영문을 모르다

刚才他对我说了一句莫名其妙的话。
방금 그가 나에게 영문을 알 수 없는 말을 했다.

50 难能可贵 nán néng kě guì 어려운 일을 해내서 귀하다, 매우 기특하다

舍己为人的精神是难能可贵的。
남을 위해 자신의 이익을 버리는 정신은 기특하다고 할 수 있다.

51 迫不及待 pò bù jí dài 사태가 절박하여 기다릴 여유가 없다, 잠시도 지체할 수 없다

她迫不及待地打开了礼物。
그녀는 잠시도 참지 못하고 선물을 열었다.

52 齐心协力 qí xīn xié lì 한마음 한뜻으로 협력하다

他们齐心协力完成了那项任务。
그들은 한마음 한뜻이 되어 그 임무를 완성했다.

53 岂有此理 qǐ yǒu cǐ lǐ 어찌 이럴 수가 있는가[이치에 맞지 않는 일에 대하여 불만을 나타냄]

你自己做错了事还要怪人家，真是岂有此理。
네가 잘못해 놓고 다른 사람을 탓하다니, 정말 어찌 이럴 수 있니.

54 恰到好处 qià dào hǎo chù 꼭 알맞다, 꼭 들어맞다, 지극히 적당하다

赞美别人也应恰到好处。
다른 사람을 칭찬하는 것도 적절히 해야 한다.

55 千方百计 qiān fāng bǎi jì 온갖 방법이나 계략을 다 써보다

他千方百计想博得上司的信任。
그는 갖은 방법으로 상사의 신임을 얻고 싶어 한다.

56 潜移默化 qián yí mò huà 모르는 사이에 감화(감화)되다

教育是一个潜移默化的过程。
교육은 은연중에 감화되는 과정이다.

57 锲而不舍 qiè ér bù shě 새기다가 중도에 그만두지 않는다, 인내심을 갖고 일을 계속하다, 한번 마음만 먹으면 끝까지 해내다

只有锲而不舍地去追求，人生才不会失败。
인내심을 갖고 끊임없이 추구해야만, 인생에서 실패하지 않을 것이다.

58 轻而易举 qīng ér yì jǔ 가벼워서 들기 쉽다, 매우 수월하다

东山再起绝不是一件轻而易举的事。
재기하는 것은 결코 수월한 일이 아니다.

59 全力以赴 quán lì yǐ fù 전력을 다하여 일에 임하다, 전력투구하다

你们必须全力以赴去完成这项任务。
너희들은 반드시 최선을 다해 이 임무를 완성해야 한다.

60 热泪盈眶 rè lèi yíng kuàng 뜨거운 눈물이 눈시울에 가득하다, 매우 슬퍼하거나 감동하다

他的一席话让人不禁热泪盈眶。
그의 말에 사람들은 절로 감동했다.

61 任重道远 rèn zhòng dào yuǎn 맡은 바 책임은 무겁고, 갈 길은 아직도 멀다

IT技术的普及仍是任重道远。
IT 기술의 보급은 여전히 책임은 무겁고 갈 길이 멀다.

62 日新月异 rì xīn yuè yì 나날이 새로워지다, 발전이 매우 빠르다

本市面貌日新月异。
이 도시의 면모는 나날이 새로워지고 있다.

63 深情厚谊 shēn qíng hòu yì 깊고 돈독한 정

他的深情厚谊真令人感动。
그의 깊고 두터운 정은 정말 사람을 감동시킨다.

64 实事求是 shí shì qiú shì 실사구시, 있는 그대로의 사실에 토대하여 진리를 탐구하다

要坚持实事求是的思想。
실사구시 사상을 지켜야만 한다.

65 肆无忌惮 sì wú jì dàn 제멋대로 굴고 전혀 거리낌이 없다

最近的年轻人开车时肆无忌惮地横冲直撞。
요즘 젊은이들은 운전할 때 제멋대로 종횡무진 돌진한다.

66 滔滔不绝 tāo tāo bù jué 끊임없이 흐르다, 쉴 새 없이 말하다

每次他讲起故事，总是滔滔不绝。
그는 이야기를 할 때면, 늘 끊임없이 말한다.

67 天伦之乐 tiān lún zhī lè 가족이 누리는 단란함

怎样才能真正享受到"天伦之乐"呢?
어떻게 해야만 진정으로 가족 간의 정을 누릴 수 있는가?

68 统筹兼顾 tǒng chóu jiān gù 여러 방면의 일을 통일적으로 계획하고 돌보다

必须坚持统筹兼顾的原则。
반드시 전면적으로 계획하고 살피는 원칙을 지켜야만 한다.

69 微不足道 wēi bù zú dào 하찮아서 말할 가치도 없다, 보잘것없다

不要把精力放在微不足道的小事上。
정력을 보잘것없는 작은 일에 두지 마라.

70 无动于衷 wú dòng yú zhōng 아무런 느낌이 없다, 조금도 동요하지 않다, 무관심하다

他对此做出无动于衷的样子。
그는 이에 전혀 관심 없는 모습을 보였다.

71 无精打采 wú jīng dǎ cǎi 의기소침하다, 풀이 죽다, 맥이 없다

看你上课时无精打采的，有什么事吗?
수업할 때 기운이 없어 보이던데, 무슨 일이 있니?

72 无可奈何 wú kě nài hé 어찌할 도리가 없다, 방법이 없다

弟子们都无可奈何地向师傅提出请求。
제자들은 모두 어찌할 방법이 없어 스승에게 도움을 청했다.

73 无能为力 wú néng wéi lì 무능해서 아무 일도 못하다, 일을 추진시킬 힘이 없다

我很想帮助你，但这次我也无能为力。
너를 도와주고 싶지만, 이번에는 나도 어찌해 볼 도리가 없다.

74 无穷无尽 wú qióng wú jìn 무궁무진하다, 무진장하다

未来充满着无穷无尽的可能性。
미래에는 무궁무진한 가능성이 넘쳐 난다.

75 无微不至 wú wēi bú zhì 미세한 것까지 이르지 않음이 없다, (관심이나 보살핌이) 매우 세밀하고 두루 미치다

我受到了他们无微不至的照顾。
나는 그들의 극진한 보살핌을 받았다.

76 无忧无虑 wú yōu wú lǜ 아무런 근심 걱정도 없다

他对自己在中国无忧无虑的生活非常满意。
그는 아무 걱정 없는 자신의 중국 생활에 대해 매우 만족한다.

77 物美价廉 wù měi jià lián 물건이 좋고, 값도 싸다

这儿的东西真是物美价廉。
이곳의 물건은 정말 품질도 좋고 값도 저렴하다.

78 喜闻乐见 xǐ wén lè jiàn 기쁜 마음으로 듣고 보다

黄梅戏是中国人喜闻乐见的传统戏曲。
황메이(黄梅)극은 중국인들이 즐겨 듣고 즐겨 보는 전통극이다.

79 相辅相成 xiāng fǔ xiāng chéng 서로 보완하고 도와서 일을 완성하다

阅读与写作有着相辅相成的关系。
독서와 쓰기는 상호 보완적인 관계를 지니고 있다.

80 想方设法 xiǎng fāng shè fǎ 온갖 방법을 생각하다, 갖은 방법을 다하다

他仍然想方设法帮助我。
그는 여전히 갖은 방법으로 나를 도와준다.

81 小心翼翼 xiǎo xīn yì yì 엄숙하고 경건하다, 매우 조심스럽다

他们小心翼翼地向前走。
그들은 조심스럽게 앞을 향해 걸었다.

82 欣欣向荣 xīn xīn xiàng róng 초목이 무성하다, 무럭무럭 자라다, (사업이) 번영하다

他们的各项事业都欣欣向荣。
그들의 각 사업은 모두 번창하고 있다.

83 兴高采烈 xìng gāo cǎi liè 매우 흥겹다, 기뻐서 어찌할 바를 모르다

孩子们兴高采烈地跑来跑去。
아이들은 기뻐하며 뛰어다녔다.

84 兴致勃勃 xìng zhì bó bó 흥미진진하다

学生们正兴致勃勃地玩着游戏。
학생들이 흥미진진하게 게임을 하고 있다.

85 雪上加霜 xuě shàng jiā shuāng 눈 위에 서리가 내리다, 설상가상이다

他被炒鱿鱼了，雪上加霜的是他太太也离开了他。
그는 해고를 당했는데, 설상가상으로 그의 아내도 그를 떠났다.

86 循序渐进 xún xù jiàn jìn 차례대로 한걸음 한걸음 앞으로 나아가다, (학습·업무를) 점차적으로 심화시키다

国家的发展是一个循序渐进的过程。
국가의 발전은 순서에 따라 점차 이루어지는 과정이다.

87 咬牙切齿 yǎo yá qiè chǐ 격분하여 이를 부득부득 갈다, 몹시 화를 내다

他的话使气得我咬牙切齿。
그의 말은 나를 매우 화나게 만들었다.

88 一目了然 yí mù liǎo rán 일목요연하다, 한눈에 환히 알다

他写的答案是一目了然的。
그가 쓴 답은 일목요연하다.

89 一举两得 yì jǔ liǎng dé 일거양득

这样做虽然可以一举两得，但有点儿危险。
이렇게 하는 것이 일거양득이기는 하지만 다소 위험하다.

90 一如既往 yì rú jì wǎng 지난날과 다름없다

那位老师一如既往地鼓励我们。
그 선생님께서는 여전히 우리를 격려해 주신다.

91 一丝不苟 yì sī bù gǒu 조금도 소홀히 하지 않다, 조금도 빈틈이 없다

他一丝不苟的工作态度得到了大家的肯定。
그의 빈틈없는 업무 태도는 모두의 인정을 받았다.

92 优胜劣汰 yōu shèng liè tài 나은 자는 이기고 못한 자는 패하다, 강한 자는 번성하고 약한 자는 점점 없어지다

这是一个优胜劣汰，胜者为王的社会。
이곳은 강자는 살아남고 약자는 도태되며, 승자가 왕이 되는 사회이다.

93 有条不紊 yǒu tiáo bù wěn 조리 있고 질서 정연하다

越忙的时候，做事越要有条不紊。
바쁜 때일수록, 일을 할 때 조리 있고 질서 정연하게 해야 한다.

94 与日俱增 yǔ rì jù zēng 날이 갈수록 번창하다, 날로 커지다

本市的旅游事业与日俱增地发展。
이 도시의 관광 사업은 날이 갈수록 발전하고 있다.

95 斩钉截铁 zhǎn dīng jié tiě 결단성 있고 단호하다

他说什么都是斩钉截铁的。
그는 무슨 말이든 단호하게 한다.

96 朝气蓬勃 zhāo qì péng bó 생기가 넘쳐흐르다, 생기발랄하다, 씩씩하다

上海是一座朝气蓬勃的国际化大都市。
상하이는 생기가 넘쳐나는 국제적인 대도시이다.

97 争先恐后 zhēng xiān kǒng hòu 뒤질세라 앞을 다투다

下课后，他们争先恐后地走出教室。
수업이 끝난 뒤, 그들은 앞다투어 교실을 나갔다.

98 知足常乐 zhī zú cháng lè 만족을 알면 항상 즐겁다

人要懂得知足常乐。
사람은 만족함을 알아야 한다.

99 众所周知 zhòng suǒ zhōu zhī 모든 사람이 다 알고 있다

众所周知，人类的大脑分为左右两个半球。
누구나 다 알듯이, 인간의 대뇌는 좌우 두 개의 반구로 나뉘어져 있다.

100 总而言之 zǒng ér yán zhī 총괄적으로 말하면, 요컨대, 어쨌든

总而言之，这是错的。
어쨌든, 이것은 틀린 것이다.

전공략 新HSK
합격 전략
6급

www.booksJRC.com

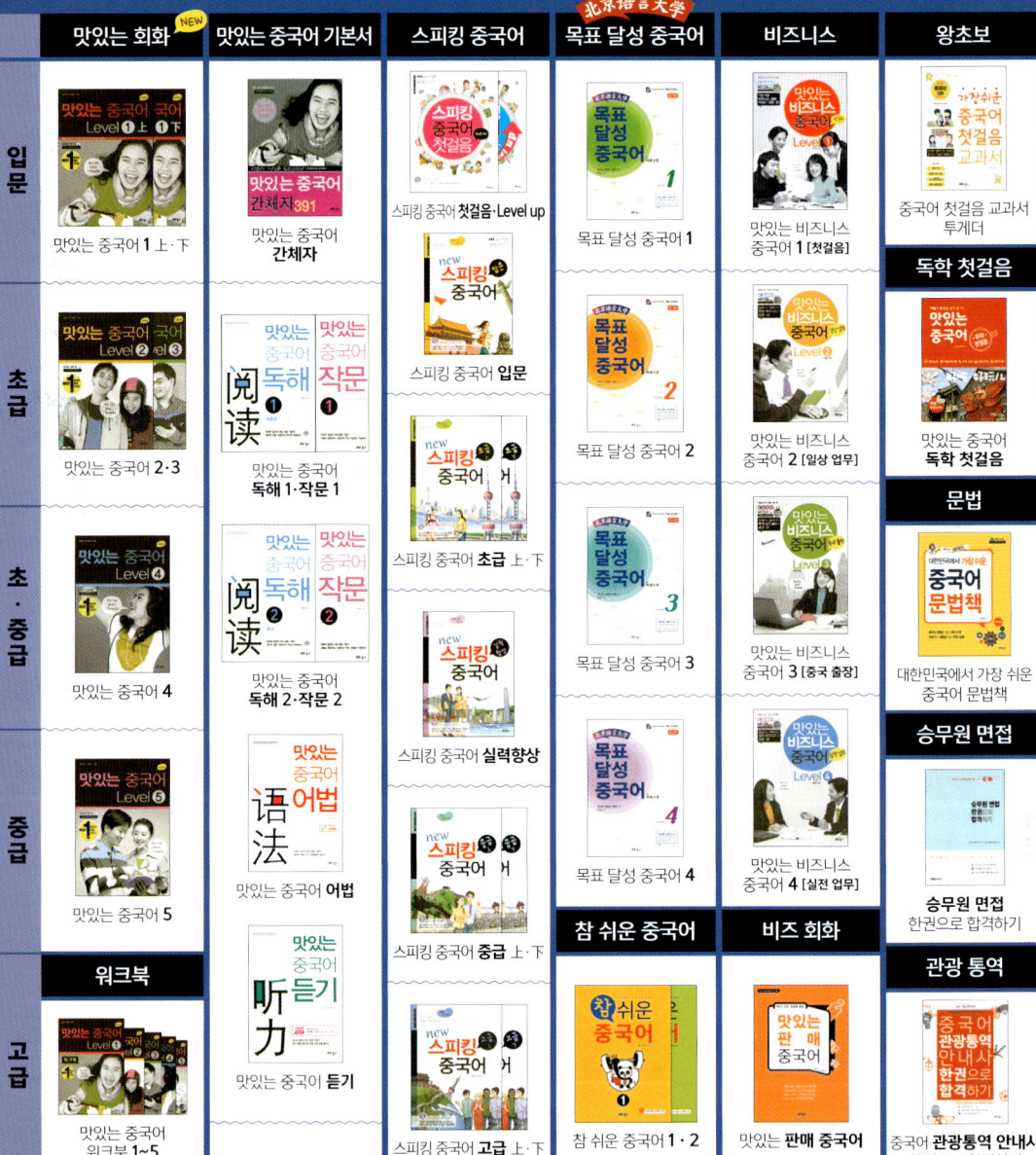

HSK의 권위자 북경어언대 倪明亮 교수 감수

전공략 新HSK

6급

차오진옌 | 권연은 저

원패스
합격모의고사
문제집

맛있는 books

6급
전공략 新HSK
원패스 합격모의고사
문제집

맛있는 books

6급 전공략 新HSK 원패스 합격모의고사 문제집

초 판 1쇄 발행	2015년 2월 15일
초 판 3쇄 발행	2018년 5월 1일

저자	차오진옌 | 권연은
감수	倪明亮(北京语言大学 교수)
기획	JRC 중국어연구소
발행인	김효정
발행처	맛있는books
등록번호	제2006-000273호
편집	이소연 | 김소연 | 조해천
디자인	신은지 | 최여랑
제작	박선희
영업	김영한 | 강민호
홍보	이지연
웹마케팅	오준석 | 김희영

주소	서울 강남구 테헤란로 109, 8층
전화	구입문의 02·567·3861 | 02·567·3837
	내용문의 02·567·3860
팩스	02·567·2471
홈페이지	www.booksJRC.com

ISBN	978-89-98444-52-5 14720
	978-89-98444-48-8 (세트)
가격	22,000원

Copyright ⓒ 2015 맛있는books

저자와 출판사의 허락 없이 이 책의 일부 또는 전부를 무단 복사·전재·발췌할 수 없습니다.
잘못된 책은 구입처에서 바꿔 드립니다.

이 도서의 국립중앙도서관 출판시도서목록(CIP)은 서지정보유통지원시스템 홈페이지(http://seoji.nl.go.kr)와
국가자료공동목록시스템(http://www.nl.go.kr/kolisnet)에서 이용하실 수 있습니다.(CIP제어번호: CIP2015000727)

차례

- 합격모의고사 **1회** ……………… 7
- 합격모의고사 **2회** ……………… 35
- 합격모의고사 **3회** ……………… 63
- 합격모의고사 **4회** ……………… 91
- 합격모의고사 **5회** ……………… 119

- 정답 ……………… 146
- 답안지 ……………… 157

합격 모의고사

1회

新汉语水平考试
HSK(六级)

注　意

一、HSK (六级) 分三部分：

1. 听力 (50题，约35分钟)

2. 阅读 (50题，50分钟)

3. 书写 (1题，45分钟)

二、**听力结束后，有5分钟填写答题卡。**

三、全部考试约140分钟(含考生填写个人信息时间5分钟)。

一、听 力

第一部分

第1-15题：请选出与所听内容一致的一项。

1. A 孩子身体不舒服
   B 妻子最后很感动
   C 这对夫妻吵架了
   D 丈夫唱歌很难听

2. A 象棋规则比较复杂
   B 现在象棋不太流行
   C 象棋能磨练人的意志
   D 象棋是最古老的游戏之一

3. A 向日葵的经济价值很高
   B 向日葵的种子不可食用
   C 向日葵的生长周期为两个月
   D 葵花油含有较高的胆固醇

4. A 对读书的看法因人而异
   B 遇上一个名师很重要
   C 要想取得成就要多读书
   D 要积累丰富的实践经验

5. A 赞美他人是人的天性
   B 赞美有助于人际交往
   C 赞美要讲究技巧
   D 赞美别人要真诚

6. A 孕妇和孩子都去世了
   B 医生的医术很高明
   C 婴儿父亲病得很重
   D 医生帮助了婴儿父亲

7. A 要明确自己的方向
   B 要善于接受别人的意见
   C 倾听是一种美德
   D 要做一个有主见的人

8. A 很多商家都以薄利多销为经营原则
   B 供不应求不利于经济发展
   C 物美价廉的产品大受消费者的青睐
   D 限量供应能刺激消费

9. A 寓言有着极强的现实性
   B 寓言蕴含着深刻的哲理
   C 寓言故事情节较长
   D 寓言的主人公只是一些事物

10. A 爸爸妈妈不管儿子了
    B 妈妈进去救了儿子
    C 失火时儿子在房间里
    D 袜子对儿子很重要

11. A 造纸术在宋代传到海外
    B 指南针是由宋朝人所发明的
    C "四大发明"都出现于宋朝
    D 宋代天文学成就最高

12. A "手足"被用来比喻兄弟
    B "手腕"说明一个人很有信心
    C "心腹"形容人潇洒大方
    D "骨肉"指最心爱的人

13. A 任何颜色都有负面影响
    B 色彩会影响人们的健康
    C 暗色会使人的思维缓慢
    D 色彩与人的心理状态无关

14. A 健康的人格要从小培养
    B 不应该溺爱孩子
    C 儿童教育要追求因材施教
    D 父母要培养孩子的社交能力

15. A 男选手的心理素质更好
    B 射箭对速度要求较高
    C 力量在射箭运动中起着关键作用
    D 一次世锦赛中,射箭选手用力累计八吨以上

第二部分

第 16-30 题：请选出正确答案。

16. A 市场的接受度较高
    B 是纯手工制作的
    C 是关于饮食文化的
    D 具有地方特色

17. A 产品的原材料
    B 新产品开发
    C 低廉的价格
    D 优秀的设计

18. A 服务更优质
    B 更了解本土客户的需求
    C 技术更先进
    D 产品的功能更丰富

19. A 国内女性消费者
    B 青少年
    C 高收入的年轻群体
    D 中高端消费者

20. A 不受任何影响
    B 影响相对较小
    C 从中受益匪浅
    D 造成巨大的损失

21. A 从未读过
    B 想接触萧红的内心
    C 闲来无事读读而已
    D 想理解作品的时代特征

22. A 形式自由
    B 富有表现力
    C 干净朴实
    D 简明扼要

23. A 性格
    B 思想
    C 生活背景
    D 感情

24. A 更注重准确性
    B 表演体系更复杂
    C 更随意
    D 有更多大的发挥空间

25. A 长得像萧红
    B 还未拍过现代戏
    C 爱看人物传记类电影
    D 小时候读过很多小说

26. A 要获得成功
    B 坚持学艺术
    C 要敢于尝试
    D 成就事业需要坚强的意志

27. A 要学会独立自主
    B 要注意自己的心态变化
    C 要采取漫不经心的态度
    D 要专心致志

28. A 感到很无奈
    B 很有反感
    C 心里不舒服
    D 感到惭愧

29. A 容易抓住读者的
    B 引起争议的
    C 得到专家们的肯定的
    D 获得众多媒体的好评的

30. A 在艺术方面有天赋
    B 觉得学工科没有前途
    C 是画坛泰斗
    D 喜欢打猎

第三部分

第 31-50 题：请选出正确答案。

31. A 庭院
    B 书房
    C 竹子
    D 人物

32. A 不想卖出自己的画
    B 对竹子观察细致
    C 很少有人知道他
    D 为人骄傲自满

33. A 坚持很重要
    B 做事很有自信
    C 要有乐观的心态
    D 要善于观察

34. A 小说写得不太满意
    B 写不出像样的稿子
    C 工作量太大，经常熬夜
    D 不擅长办报纸

35. A 与人家产生矛盾
    B 在两方面都受到损失
    C 被对手打败
    D 公司面临破产

36. A 做不擅长的工作可能更吃力
    B 人贵有自知之明
    C 报社老板要给作家更大的鼓励
    D 全才更适合社会的需求

37. A 领导要善于赏识下属
    B 怎样和同事沟通
    C 怎样提升企业经营能力
    D 管理者要知人善任

38. A 田径赛普及率最高
    B 田径项目最多
    C 田径赛最受人们欢迎
    D 田径赛赛场最大

39. A 使用的器械
    B 技术难度
    C 场地特点
    D 参赛的人数

40. A 田赛竞争越来越激烈
    B 投掷项目属于田赛
    C 古代有标准田径场
    D 径赛在空地上进行

41. A 调节情绪
    B 应对突发状况
    C 缓解驾车疲劳
    D 提高驾驶的安全性

42. A 浪漫的
    B 嘈杂的
    C 古朴的
    D 舒缓的

43. A 会干扰视线
    B 影响方向感
    C 对外界声音不敏感
    D 会分散注意力

44. A 等红灯时最好不要听音乐
    B 开车时换碟不安全
    C 驾车时聊天容易出车祸
    D 下雨天开车听音乐很危险

45. A 不自信
    B 更小心谨慎
    C 更谦虚
    D 更粗心

46. A 算得上专家
    B 知识面很窄
    C 只是初学者
    D 很有本事

47. A 不要嫉妒别人
    B 不要轻易去尝试
    C 做事要精益求精
    D 羡慕别人很正常

48. A 声音
    B 风向
    C 月光
    D 气味

49. A 费很大力气
    B 做出不正确的判断
    C 迷失方向
    D 行动迟缓

50. A 灵敏的嗅觉功能
    B 认路本领
    C 极强的生命力
    D 觅食的方法

二、阅 读

第一部分

第51-60题：请选出有语病的一项。

51. A 人生要耐得住寂寞，禁得起诱惑。
    B 专家建议，两三岁的孩子尽量不要接触任何电子产品。
    C 保持健康的之一秘诀便是拥有平和的心态。
    D 他年幼时最大的理想是做图书管理员，好每天有书看。

52. A 浙商的智慧，是学校里学不到的商业圣经。
    B 网站正在维护中，如有不便，敬请谅解。
    C 一个人不管做什么事都要敬业，大事小事都一样。
    D 春天来临，到处是呈现出一片生机勃勃的景象。

53. A 殊不知，只要你留心，身边机会到处都是。
    B 通过航天信息技术的发展水平，是衡量一个国家综合实力的重要标志。
    C 一个人值不值钱与一个人有没有钱是两个截然不同的概念。
    D 西溪国家湿地公园位于杭州市区西部，距离杭州西湖仅5公里，是罕见的城中次生湿地。

54. A 任何每一次挫折，都有可能成为一个超越自我的契机。
    B 移动广告的增长速度远远超过了其他广告形式，它具备强劲的发展潜力。
    C 竹楼是西双版纳傣族传统的建筑形式，有利于防酷热和湿气。
    D 机不可失，失不再来，机遇的出现往往就在一瞬间。

55. A 他始终有一条经商观念：世界的都是我的，我的都是世界的。
    B 青蛙爱吃小昆虫，因经常吃害虫农田里的而被人们称为"庄稼的保护神"。
    C "满月酒"，顾名思义，是中国父母为庆祝婴儿出世满一个月而设的宴席。
    D 北京是一座奇异的城市，酒吧与茶馆毗邻，现代建筑与四合院衔接。

56. A 行书是在楷书的基础上发展的，是介于楷书和草书之间的一种字体，工整清晰，实用性高。
    B 失败并不意味着你浪费了时间和生命，而是表明你有理由重新开始。
    C 蔬菜要尽可能做到现炒现吃，逃避长时间保温和多次加热。
    D 他一生都迷恋昆虫研究，曾经用自己的积蓄买了一块儿荒地，专门用来放养昆虫。

57. A 在信息爆炸时代，很多人面对海量信息无所适从、不知所措。
    B 卧室里浓烈的色彩会刺激人的神经，让人过度兴奋，不利于人进入深度睡眠状态。
    C 这种设计，既能减弱流水对桥身的冲击力，又能减轻桥自身的重量，节省材料。
    D 一个人要有主见，要具备判断是非的能力，否则不会被别人所左右。

58. A 机遇能让一个一文不名的人获得无穷的财富，也能让一个微不足道者建功立业。
    B 很多父母以爱的名义为孩子铺垫好了一切，可谓用心良苦，但结果却往往适得其反。
    C 进化论的一个基本观点是：在生物进化过程，适应自然环境的物种得以生存下来，不适应的就被淘汰，这就是所谓的"优胜劣汰，适者生存"。
    D 月亮只是反射太阳光，而不是自身发光，月亮反射的太阳光只有7%能到达地球，但已足够照亮地球上的黑夜。

59. **A** 鲜花饼是一款以云南特有的食用玫瑰花入料的酥饼，是以凭"花味、云南味"为特色的云南经典点心的代表。

B 传统观念认为动画片的受众只是儿童，但是目前越来越多的公司开始推出适合不同年龄受众的多元化产品，供人们享受。

C 南锣鼓巷全长786米。以南锣鼓巷为主干，向东西各伸出对称的八条胡同，呈鱼骨状，俗称蜈蚣街。

D 就这样通过不断地失败，不断地准备，不断地完善自己，他成为经济舞台上的风云人物。

60. **A** 成功往往取决于你敢不敢往人少的地方走，可能会有未知的风险，但因为没人来过，留给你的果实会更加甜美。

B 紫丁香盛开时，硕大而艳丽的花序布满全株，芳香四溢，观赏效果甚佳，现已成为庭园栽种的著名花木。

C 从环保角度看，凡是妨碍到人们正常休息、学习和工作的声音，以及对人们要听的声音产生干扰的声音，都属于噪声。

D 森林是大自然给予人类的宝贵资源，它能有效地保护生物的多样性，目前地球上已知的生物一半儿以上有在森林中栖息繁衍的。

第二部分

第61-70题：选词填空。

61. 云南，_____三十九万平方公里，瑰丽的景观呈现多种不同_____与情调。二十五个少数民族，风俗各异且_____。

　　A 方圆　　风采　　独具特色　　B 跨度　　风貌　　独一无二
　　C 南北　　风味　　风格迥异　　D 面积　　外表　　独树一帜

62. 有位植物学家有意把不同时间开放的花种在一起，做了一个_____的花圃，他把花圃修建得像钟面一样，组成花的"时钟"。这些花在24小时内_____开放。你只要看看刚刚开放的是什么花，就知道现在_____是几点钟，这是不是很有趣？

　　A 特别　　一向　　大概　　B 特殊　　顿时　　大约
　　C 独特　　陆续　　大致　　D 特长　　一贯　　暂且

63. 重庆大足石刻_____佛教、道教、儒家"三教"造像艺术精华于一身，具有很高的历史、科学和艺术_____，在中国石窟艺术史上占有_____的地位，被誉为"神奇的东方艺术明珠"。

　　A 聚　　品味　　锦绣前程　　B 集　　价值　　举足轻重
　　C 以　　代价　　博大精深　　D 合　　意义　　得天独厚

64. 《城南旧事》是著名作家林海音以其7岁到13岁的生活为_____写成的一部自传体短篇小说集，也可视作她的代表作。全书用_____的笔触，描绘出一_____上世纪二三十年代老北京的生活画卷，_____了很多读者。

　　A 前景　　精心　　则　　感慨
　　B 情景　　精致　　丛　　勉励
　　C 情节　　细致　　副　　鼓励
　　D 背景　　细腻　　幅　　感染

65. 多与孩子沟通，不仅能刺激孩子的听觉、视觉和感官的发展，对孩子_____的开发也大大有益。一项研究_____，如果家长与孩子谈话_____高，尤其是在宝宝9个月至3岁时多与孩子交谈，那么这些孩子上学后会有明显的_____。

  A 智力 显示 频率 优势
  B 智能 表明 周期 优点
  C 头脑 声明 频道 气势
  D 智商 表示 几率 优惠

66. 磁悬浮列车是一种靠磁悬浮力来推动的列车，它主要由悬浮系统、推进系统和导向系统三大部分_____，尽管可以使用与磁力无关的推进系统，但在绝大部分设计中，这三部分的功能均由磁力来完成。磁悬浮列车启动时像浮在水上的小艇一样左右_____，但当列车加速后，车身却_____稳定，不会让人有眩晕的_____。

  A 形成 摇滚 极为 知觉
  B 合成 震动 万分 感受
  C 构成 动荡 异常 感想
  D 组成 摇晃 极其 感觉

67. 探险，既是人类对未知的探寻，也是人类对自身的_____。从高峻的山峰到深邃的海底，从浩瀚的大洋到茫茫的宇宙，哪里有_____，哪里就有人类的足迹。其间有成功的_____，也有失败的悲壮。探险过程中的任何艰难险阻，都_____不住人类探寻未知世界的激情，也阻挡不了人类_____向全新领域的脚步。

  A 挑战 奥秘 喜悦 遏制 迈
  B 较量 机遇 欢乐 阻止 跳
  C 竞赛 秘密 美妙 克制 蹦
  D 战斗 机会 欣喜 扼杀 奔

68. 兔子长长的耳朵主要有两大作用。首先，长耳朵能够帮助它在_____的夏季散热降温。其次，长耳朵使它的听力更加_____，所以微弱的声音它都能听到。人们常常看到兔子竖起耳朵，以为它只是简单地_____周围的声音，其实，它还能在听到声音后确定声音的_____，这样就能在敌人靠近前及时逃跑。

A	明媚	机灵	打听	由来
B	闷热	敏捷	分辨	起源
C	炎热	灵敏	倾听	来源
D	干旱	敏感	窃听	源泉

69. 当手握一个生鸡蛋的时候，无论你怎样用力也不能把鸡蛋捏碎。薄薄的鸡蛋壳之所以能_____这么大的压力，是因为它能够把受到的压力均匀地_____到蛋壳的各个部分。建筑师由此得到_____，根据这种"薄壳结构"的特点，设计出了许多既_____又省料的建筑物。

A	承担	散发	保证	牢固
B	遭受	分解	启蒙	坚定
C	承受	分散	启发	坚固
D	接受	扩散	启示	坚实

70. 高富帅为网络词汇，对应于"矮矬穷"，形容男人在身材，相貌，财富上的_____。他们一般拥有极其_____的个人能力和财力，很高的学历和社会地位，_____，才貌双全。高富帅是现代城市女性择偶的标准，这一观点是被_____的。

A	十全十美	巨大	彬彬有礼	认可
B	完好无损	优秀	亭亭玉立	承认
C	完美无缺	强大	风度翩翩	公认
D	完美无瑕	富裕	端庄大方	认同

第三部分

第 71-80 题：选句填空。

71-75.

常年漂浮的海冰，是北冰洋最美丽、最独特的景观。北极海冰不仅是北极熊、海象、海豹等北极动物栖息的乐园，(71)_____。科学研究表明，北极海冰具有调节北冰洋温度的神奇功能，它便是北冰洋天然的"空调"。

那么，海冰是怎样调节北冰洋温度的呢？直观地说，(72)_____，犹如隔热毯一般铺垫在大气与海水之间，阻隔了大气与大洋之间的能量交换。(73)_____，即使在太阳辐射强烈的夏季极昼时期，热能还是被海冰反射回去，所以盛夏季节的北冰洋依然保持着"凉爽的体温"。

冬季极夜来临时，海冰又阻断了热能由海洋向大气的传输，减弱了海水热量的释放，(74)_____，使得北冰洋在寒冷的冬季仍然能保持"温暖的体温"。

从北极海冰的变化过程来看，其季节性的成冰与消融过程恰恰是热量的释放与储存过程，海冰的这种季节变化特征也有效地调节着海水的温度。夏季，北极海冰，(75)_____，融冰过程所吸收的大量热能缓解了海水温度的上升；相反，冬季成冰过程释放的热量又会减缓海洋的降温。

北极海冰精心地呵护着北冰洋，维系着北极地区生态系统的平衡，灵敏地反映着全球气候与环境的变化。

A 北极海冰覆盖在海洋表面

B 更具有气候学上的意义

C 海冰的反射率可达55%以上

D 特别是其下表面的海冰正处于大规模消融期

E 有效地保护着北冰洋的热量

76-80.

湖北地处华中长江边上，北邻河南，南接湖南，自然条件不错，(76)_____。不南不北的地理位置使湖北人的性格有很强的兼容性，(77)_____，又有南方人的精明。

"天上九头鸟，地下湖北佬"，这是外省人评价湖北人。(78)_____，传说此凤有九个脑袋，具有旺盛的生命力，特别聪慧精明。

"九头鸟"之于湖北人，实际上褒贬之意兼而有之。现在，精明的湖北人把"九头鸟"变成了自己的一张名片，(79)_____，"九头鸟"饭店全国各地开得到处都是。

有人说湖北人太精，作为个人，湖北人是大智若愚，作为整体，太精则不够团结，因小失大，干不成大事，所谓聪明反被聪明误。(80)_____，王昭君即是一例。在武汉，漂亮女孩不少，虽然一口武汉话显得有点粗，但说起普通话来，却柔媚多姿，别有风情。

A 不少湖北商人把它作为自己的品牌标志
B 湖北人既有北方人的率直
C 湖北自古出美女
D 是有名的鱼米之乡
E "九头鸟"源于神话《山海经》中的"九头凤"

第四部分

第81-100题：请选出正确答案。

81-84.
西施是中国历史上的"四大美女"之一，是春秋时期越国人，她的容貌可谓沉鱼落雁、闭月羞花，一举一动一言一行都十分吸引人，只可惜她的身体不好，有心口痛的毛病。

有一次，她在河边洗完衣服准备回家，走在回家的路上，突然因为胸口疼痛，所以她就用手扶住胸口，皱着眉头。虽然她的样子非常难受不舒服，但是见到的村民们却都在称赞，说她这样比平时更美丽动人。

同村有位名叫东施的女孩，不但长相不好看，而且行为举止也很粗俗。那天她看到村里的人都夸赞西施用手扶住胸口的样子很美丽，于是也学着西施的样子扶住胸口，皱着眉头，在人们面前慢慢地走动，以为这样就有人称赞她。她本来就长得丑，再加上刻意地模仿西施的动作，装腔作势的怪样子，让人更加厌恶。有人看到之后，赶紧关上大门；有些人则是急忙拉着妻儿躲得远远的，他们比以前更加瞧不起东施了！

可惜的是，现代社会我们的生活中这样的"东施"并没有绝迹。一些通俗歌曲的歌唱演员，在演出时一味地模仿港台、国外明星大腕的一举一动，自认为那也是一种美，不去关注自身的独特之处并加以发挥，其结果实在无异于"东施效颦"。

81. 关于西施，正确的是？

   A 是战国时期的美女
   B 生病时不怎么好看
   C 性格比较内向
   D 身体比较虚弱

82. 东施为了得到称赞，用了什么方法？

   A 模仿西施心痛的样子
   B 提高自己的修养
   C 通过涂脂抹粉
   D 模仿西施的穿着

83. 人们看到那天东施的样子，反应如何？

    A 更加看不起她
    B 觉得她可爱多了
    C 认为她举止得体
    D 认为她模仿得很像

84. 上文告诉我们一个什么道理？

    A 美的标准不是唯一的
    B 歌唱演员要自重
    C 爱美之心，人皆有之
    D 不要盲目模仿他人

85–88.

你是否想过，当你夜间进入梦乡时，你的身体内还有大量的器官在"值夜班"呢？

"心脏在值夜班。"你一定会不假思索地回答。确实如此。即使在睡眠环境下，心脏恐怕一分钟也不能停止跳动。不过心脏并不是一刻不停地在工作，它也会抽空休息。它收缩时是在工作，舒张时是在休息。当每分钟心跳75次时，每一次心跳，心房和心室的收缩时间分别为0.1秒和0.3秒，而舒张时间分别为0.7秒和0.5秒，休息时间比工作时间还长。

肺也在"值夜班"。人们夜晚睡觉时，肺就像一台鼓风机，不停地把富含氧气的空气吸入体内，把含有二氧化碳的废气排出。科学家们认为这台鼓风机停止工作5分钟，人便会"断气"。当然肺也要休息，它的7.5亿个基层单位——肺泡采用轮休制，每次呼吸只有部分肺泡在工作。

说到"值夜班"，也别忘了消化系统。根据实验，玉米在胃内消化要停留3个多小时，在小肠内吸收要停留5个小时，在结肠内要停留16个小时，经过20多个小时的消化吸收后，开始由"环卫部门"——直肠排出。

另外，许多人大概还不太清楚，调节人体功能的内分泌腺体也坚守在"夜班"岗位上。研究证明，有大约1/3到一半的激素在夜间达到最高值。例如，腺垂体分泌的一种生长激素能促进蛋白质合成，加速软骨与骨头生长，使人长高，这种对发育极其重要的激素在人熟睡5小时后达到分泌的最高峰。至于神经系统这个人体活动的"总司令部"，在夜间当然是"灯火通明"。

感谢这些"夜班工人"，是它们使我们的生命得以平稳地延续。

85. 根据第2段，心脏：

  A 心跳毫无规律
  B 会休息
  C 不停地工作
  D 休息时跳动较快

86. 根据第3段，可以知道：

  A 肺每5分钟休息一次
  B 夜晚睡觉时,肺活量更大
  C 肺泡轮流工作
  D 每次呼吸所有肺泡都在工作

87. 根据上文，下列哪项正确?

    A 腺垂体会分泌生长激素
    B 神经系统夜间更加活跃
    C 肺白天把富含氧气的空气吸入体内
    D 食物在结肠内要停留20多个小时

88. 上文主要谈的是：

    A 人体发育过程
    B 人体内分泌的激素
    C 夜间工作的人体器官
    D 人体生命活动的调节

89–92.

过去，浙江南部的泰顺县是一个鲜为人知的地方，但它在中国桥梁建筑史上却占有重要地位。据说，自宋代就消失于中原的木质廊桥，在泰顺诸乡镇却保存良好，再加上浙南山清水秀，现在吸引了大批自助旅行者前往。

泰顺被誉为"廊桥之乡"，不仅是因为这里的廊桥数量多，而且样式也丰富多彩，木拱桥、石拱桥、木平桥、双层桥、单面桥、歪拱桥等应有尽有。它既建构了人们的生活，同时也拓展了人们对桥梁的认识，给桥梁史留下一份珍贵的文化遗产。

"廊桥"顾名思义，就是有屋檐的桥。历史上的泰顺，村落分散，交通不便，人们出外行走十几里都很难见到人烟。按照泰顺先祖们的"交通规划"，在相隔一定里程的大路边上，要建上一座供人歇脚的风雨亭。而在桥上建造屋檐，不但可以保护木质的桥梁免受日晒雨淋，而且还能起到风雨亭的作用。有的廊桥甚至还有供人暂居的房间。

有趣的是，在泰顺，"廊桥"这一名称是最近几年才开始采用的。几百年来，泰顺人一直称木拱廊桥为"蜈蚣桥"，但实际上木拱桥并没有"蜈蚣脚"。其实普通百姓对"蜈蚣桥"的称呼只是代代相袭，很少有人去探究木拱桥的力学原理。在地理位置偏僻、交通闭塞的山区，廊桥的价值更是鲜有人知。直到20世纪70年代末，泰顺这个"廊桥王国"才被有识之士所发现。1996年11月12日，《中国摄影报》用三分之一的版面刊登了"浙南廊桥有遗篇"的图文报道，首次采用"廊桥"这一名称，从此，"廊桥"开始被广泛使用，引起了国内外的关注。

89. 关于泰顺，可以知道：

　　A 一直广为人知
　　B 过去交通很方便
　　C 木质廊桥保存良好
　　D 自然资源很丰富

90. 风雨亭有什么作用？

　　A 供行人休息
　　B 使桥梁免受日晒雨淋
　　C 保护桥梁
　　D 供人暂时居住

91. 关于廊桥，下列哪项正确？

    A 如今不再发挥作用
    B 都是拱形结构
    C 是珍贵的文化遗产
    D 在中原地区大量存在

92. 在泰顺，"廊桥"这一名称：

    A 被当地人广泛使用
    B 很久以前就被采用
    C 被"蜈蚣桥"这一名称取代了
    D 首次出现于《中国摄影报》

93-96.

谈到移动阅读，不能不提手机报，自从2004年7月中国首份手机报诞生以来，手机作为"装在口袋里的媒体"开始步入人们的日常生活。它的移动性、便携性、互动性等特点，满足了信息时代受众在"碎片化时间"中阅读的习惯，用手机进行移动阅读得到了大家的认可和追捧。

随着无线互联网时代的来临，移动阅读已朝着丰富化、个性化的方向发展。人们不再满足于内容单一的手机报，在电子阅读器、平板电脑等具有通信功能的移动终端上阅读成为潮流所向。移动阅读时代已经到来了。

移动阅读与传统阅读方式相比，有许多不同之处。比如，电子阅读器可以阅读大部分格式的电子书，而且有些阅读器的电子墨水技术使得辐射降低，对眼睛伤害小、效果逼真，阅读时像玻璃下压着一本纸质书一样。而阅读客户端则通过阅读应用软件向读者推送电子书，用户可以下载或在线阅读。

过去，人们常用汗牛充栋来形容藏书多，然而在移动阅读时代，书房将不再"汗牛充栋"，一部普通的电子阅读器就可以存储成千上万本书籍，并可随身携带，这种方式使得<u>阅读"飘"了起来</u>。

然而，移动阅读好像是把双刃剑，给我们带来丰富选择的同时，也带来了负面影响。它使得人们买的书越来越少，加上在阅读器上从一本书切换到另一本书的功能十分便捷，读者很难从头到尾读完一本书。并且，在公交车、地铁等嘈杂的环境中阅读，对知识的吸收难免会大打折扣。因此有关专家们指出，这种碎片化的"浅阅读"可能会对人的思维方式、分析能力等有负面影响，并提醒人们不要丢掉传统的深度阅读。

93. 关于手机报，可以知道：

　　A 安装程序很简单
　　B 现在不再属于移动阅读
　　C 出现之初没有得到人们的认可
　　D 可随时随地阅读

94. 第4段中"阅读'飘'了起来"这句话的意思是：

   A 阅读越来越受人们欢迎
   B 纸质书更薄了
   C 电子阅读器体积小储存量大
   D 阅读应用软件更丰富了

95. 最后一段提醒人们：

   A 读书要因时因地因人而异
   B 如何进行"深度阅读"
   C "浅阅读"带来的坏处
   D 移动阅读有弊端

96. 根据上文，可以知道什么？

   A 移动阅读开始注重个性化
   B 许多人都对手机报很满意
   C 移动阅读使人的分析能力大大提高
   D 传统阅读造成眼睛疲劳

97–100.

世上恐怕没有比"一见钟情"更美的词了。看一眼，就爱上了对方，简直太美、太浪漫了。如果双方都是一见钟情的话，我想这绝不能用"偶然"来形容，用"神奇"才更贴切。

实际上，到目前为止，国内外的许多学者还没有完全揭开"一见钟情"的秘密。一见钟情存在较大的个体差异，有人经常一见钟情，而有人从未一见钟情过，还有人一生就只一见钟情过一次，结果就和对方结婚并厮守到老。这样的例子在现实生活中还很常见。

那么，人到底为什么会一见钟情呢？关于这个问题，在目前的心理学界还是众说纷纭。

从认知心理学的角度来看，如果对方的眼睛、鼻子、嘴巴等器官和自己的相似，我们就会对对方产生亲近感，这种亲近感是发展爱情的基础。还有一种说法认为，有人会对和自己免疫类型完全不同的人产生好感，他们能从对方身上感受到一种"传达物质"，这种物质也能促进爱情的发展。的确，人类想寻找自身所不具备的免疫类型，这从生物学的角度也能解释。非常有趣的是，前一种说法认为，人会对与自己相似的异性一见钟情；而后一种说法认为，人会对与自己不同的异性一见钟情。

最近，又出现了一种新的说法，它认为人的大脑具有一种在瞬间找到结论的"适应性无意识"功能。这种能力与直觉不同，它是人类所具有的一种瞬间判断能力。也就是说，任何人都能在一瞬间看清事物的本质或者找出问题的答案。有些人一生只有一次一见钟情的经历，就能和一见钟情的对象厮守终生。这让我们相信，他们就是在一瞬间找到了这辈子最适合自己的人。因此，一见钟情所产生的爱情并不是暂时的感情，也许这才是爱情的本质。

97. 作者怎样评价"一见钟情"？

  A 过于夸张

  B 非常奇妙

  C 是一种偶然现象

  D 不够真诚

98. 根据上文，属于认知心理学观点的是：

    A 对和自己不同的人产生好感
    B 一见钟情与直觉有关
    C 对和自己相似的人产生好感
    D 一见钟情所产生的爱情才是爱情的本质

99. 关于"适应性无意识"，可以知道什么？

    A 有较大的个体差异
    B 具有盲目性
    C 看不清事物本质
    D 是种瞬间判断能力

100. 上文主要谈的是：

    A 一见钟情的科学根据
    B 一见钟情产生的原因
    C 一见钟情的感觉
    D 心理学界的新发现

三、书　写

第101题：缩写。

(1) 仔细阅读下面这篇文章，时间为10分钟，阅读时不能抄写、记录。
(2) 10分钟后，监考收回阅读材料，请你将这篇文章缩写成一篇短文，时间为35分钟。
(3) 标题自拟。只需复述文章内容，不需加入自己的观点。
(4) 字数为400左右。
(5) 请把作文直接写在答题卡上。

　　在很久以前的战国时期，靠近北部边城，住着一个老人，名叫塞翁。塞翁已经七十多岁了，身体非常硬朗。

　　他家里养了许多马，一天，他一大早起床去喂马，却惊讶地发现马群中有一匹走失了，家人四处寻找也不见踪影。

　　邻居们听说这件事，纷纷跑来安慰他，劝他不必太着急，年龄大了，多注意身体。塞翁见有人劝慰，笑了笑说："丢了一匹马损失不大，没准会带来什么福气呢。"邻居听了塞翁的话，心里觉得很好笑。马丢了，明明是件坏事，他却认为也许是好事，这老头显然是自我安慰而已。

　　过了几天，家人们正围在一起吃早饭，突然听到外面传来几声马叫。跑出去一看，他们丢失的那匹马竟然自己回来了。更令人意想不到的是，后面还跟着一匹匈奴的骏马，这匹跟来的骏马比自己的马还要昂贵得多。

　　邻居听说了这个好消息，对塞翁的预见非常佩服，觉得塞翁对自己的马太了解了，已经预料到它还会回来。于是赶紧跑来向塞翁道贺说："还是您有远见，马不仅没有丢，还带回一匹好马，真是福气呀。"塞翁听了邻人的祝贺，反而一点高兴的样子都没有，满脸忧虑地说："白白得了一匹好马，不一定是什么福气，也许惹出什么麻烦来。"邻居们以为这老头真怪，明明是一件大好事，他却故意表现出忧虑的样子，心里明明高兴，却有意不说出来，这也太虚伪了吧。

　　塞翁有个独生子，非常喜欢骑马，从小就天天跟马混在一起。他发现跟回来的那匹马顾盼生姿，身长蹄大，嘶鸣嘹亮，膘悍神骏，一看就知道是匹好马。于是他每天都骑马出游，在草原上、山上跑来跑去，心中洋洋得意。一天，他高兴得有些过火，打马飞奔，一个趔趄，从马背上跌下来，摔断了腿。幸亏救助及时，没有生命危险，但是从此以后他每天只能拄着拐杖走路了。

邻居听说这个噩耗，纷纷前来慰问，希望塞翁想开点，不要悲伤过度等等。塞翁听后，似乎一脸平静，不紧不慢地说："没什么，腿摔断了却保住性命，或许是福气呢。"邻居们觉得他又在胡言乱语。他们想不出，摔断腿会带来什么福气。

　　不久，匈奴兵大举入侵，青年人被征入伍，所有身体健康的年轻男子都到前线当兵去了。而塞翁的儿子却因为摔断了腿，不能去当兵。战争非常残酷，持续了很久也难分胜负。几年以后，入伍的青年大部分都战死了，没死的也伤得非常严重，唯有塞翁的儿子保全了性命，活了下来。

　　生活中有太多类似的事情，表面上看起来是一件大好事，却暗藏着危机；表面上看起来糟糕透了，也可能蕴藏着转机。我们看待事情时，应该学会用变动的眼光去看，不要只专注于一时的得与失，也不要因为失去了什么，就郁郁寡欢；得到了什么就兴高采烈。

합격 모의고사

新汉语水平考试
HSK(六级)

注 意

一、HSK(六级)分三部分：

　　1. 听力(50题，约35分钟)

　　2. 阅读(50题，50分钟)

　　3. 书写(1题，45分钟)

二、**听力结束后，有5分钟填写答题卡。**

三、全部考试约140分钟(含考生填写个人信息时间5分钟)。

一、听 力

第一部分

第1-15题：请选出与所听内容一致的一项。

1. A "福字"一定要斜着贴
   B 贴"福字"是一些地区的习俗
   C 贴"福字"是对美好未来的愿望
   D "福字"大小都一样

2. A 路上车很少
   B 老王非常气愤
   C 老王的车坏了
   D 老王跟别人吵架了

3. A 二十四节气起源于中国
   B 二十四节气已有500年历史
   C 当时中国社会尚未进入农业社会
   D 节气是古人自我感受而创造的

4. A 这是一场暴力运动
   B 目的是反对日本侵略
   C 参与者主要是青年教师
   D 这是一场爱国运动

5. A 噪声对人的健康影响巨大
   B 噪声的污染来源有限
   C 噪声会让人发疯
   D 连续听摩托车声听力会丧失

6. A 如今普通百姓家中的电器非常多
   B 洗衣机是普及最快的一种家用电器
   C 乡镇居民家庭每百户拥90台洗衣机
   D 多使用洗衣机对减肥有好处

7. A 我每年都往返三次
   B 我比较了解各家公司服务
   C 我坐同一公司的飞机
   D 我是一名飞行员

8. A 他打算跟妻子离婚
   B 他家的小狗很乖
   C 妻子不让他养狗
   D 他的婚姻发生了变化

9. A 王主任英语很好
   B "我"后悔自己迟到了
   C "我"不喜欢英语
   D 懂英语的人非常多

10. A 中国高血压患病率保持稳定
    B 量血压最好在清晨吃药后
    C 量完血压最好休息15分钟
    D 血压测量最好间隔2分钟

11. A 吵架后我很内疚
    B 同桌真心向我道歉
    C 老师批评了同桌
    D 同桌故意陷害我

12. A 《茉莉花》颇受欢迎
    B 各地的歌词各有不同
    C 《茉莉花》曲调大同小异
    D 《茉莉花》主要流传于东北

13. A 父母的话都是对的
    B 孩子要绝对服从父母
    C 父母不能要求过高
    D 孩子需要一定的压力

14. A 柿子适合脑力劳动者
    B 疲劳只是由于缺乏休息
    C 运动员应多吃菠萝
    D 菠萝可以缓解疲劳

15. A 球迷可以赚很多钱
    B 国际足联声誉很高
    C 巴西世界杯奖励更高
    D 球员参赛的目的是赚钱

第二部分

第 16-30 题：请选出正确答案。

16. A 经验不太丰富
    B 年纪大
    C 抽不出时间
    D 气候十分恶劣

17. A 有征服感
    B 为事业发展创造良好环境
    C 启发并激励同龄人
    D 丰富人生经验和经历

18. A 对生活的刺激
    B 对自然的正确认识
    C 对自然的敬畏
    D 对成功的自信心

19. A 职业经理人
    B 接班人
    C 业余登山者
    D 创业家

20. A 想花费更多时间去登山
    B 认为自己不务正业
    C 占用休息时间去登山
    D 已经退休了

21. A 开拓思路
    B 是一种鞭策
    C 转变思想
    D 激发创作灵感

22. A 内容丰富，文字简练
    B 富有浪漫主义色彩
    C 以当代中国社会变迁为主题
    D 超越了族群的局限

23. A 代表着整个文学界的普遍观点
    B 文学创作的最高境界
    C 并非文学最高奖项
    D 权威性不怎么大

24. A 最喜欢哪部作品
    B 是不是高产作家
    C 受哪位作家的影响最大
    D 对自己的作品有哪些缺憾

25. A 发表了一些新作
    B 将暂时停笔
    C 没想到自己会获奖
    D 认为自己的小说现实性不足

26. A 雌孔雀更漂亮
    B 象征着和平
    C 是舞蹈的最好题材
    D 更适合男的和女的一起跳

27. A 追求完美
    B 变化很大
    C 进步不太大
    D 融合了许多民族舞蹈

28. A 形式很有吸引力
    B 体现了对生命的认知
    C 不够充分地表达情感
    D 推广很有效

29. A 舞蹈是世世代代积累下来的
    B 值得保存的相对少
    C 无法坚持到底
    D 无法保存全部少数民族舞蹈

30. A 最喜欢傣族舞
    B 善于创作
    C 在40年里，致力于公益事业
    D 身体状态越来越差

第三部分

第 31-50 题：请选出正确答案。

31. A 喜欢马
    B 想找到钥匙
    C 想考验儿子
    D 住在别的城市

32. A 邻居
    B 弟弟
    C 哥哥
    D 父亲

33. A 团结才会成功
    B 人生总会遇到难题
    C 钥匙不一定打开门
    D 解决问题需要灵活多动头脑

34. A 50岁时
    B 生日那天
    C 朋友聚会
    D 结婚纪念日那天

35. A 生气
    B 吵架
    C 开玩笑
    D 原谅

36. A 认真
    B 乐观
    C 宽容
    D 谦虚

37. A 大家不喜欢扔垃圾
    B 作用不大
    C 很多人被罚款
    D 扔的比以前更多

38. A 一个笑话
    B 一句感谢
    C 一句名言
    D 一首歌

39. A 很受青睐
    B 设计上很有特色
    C 很麻烦
    D 纷纷出主意

40. A 早晨
    B 上午
    C 下午
    D 深夜

41. A 帮助很大
    B 没有帮助
    C 帮助不大
    D 效果明显

42. A 早上准备几天后的考试
    B 把困难的功课放在上午
    C 下午做与数字有关的工作
    D 大部分功课放在下午做

43. A 火洲
    B 火炉
    C 火城
    D 火焰山

44. A 早午温差很大
    B 四季都穿皮袄
    C 冬天也产西瓜
    D 早上夜里很热

45. A 上午
    B 下午
    C 上午和下午
    D 早晨和傍晚

46. A 墙特别厚
    B 建在地下
    C 高大宽敞
    D 阳光充足

47. A 阅读的普遍性
    B 阅读的必要性
    C 阅读的对象
    D 阅读的种类

48. A 正在逐步增加
    B 正在逐渐减少
    C 数量变化不大
    D 没有说明

49. A 激进的说法
    B 真实的说法
    C 普遍的说法
    D 狭隘的说法

50. A 兴趣分散化的趋向
    B 阅读的种类逐渐增加
    C 一本书读的人在增加
    D 个性化的突出表现

二、阅 读

第一部分

第51-60题：请选出有语病的一项。

51. A 请严格按照使用说明来使用该电器。
    B 您放心，我们会尽快给您一个答复的。
    C 我的抽屉里堆满了旅游时买了各种纪念品。
    D 第17届中国国际园艺博览会将在本周四举办。

52. A 刘邦出身农家，为人豁达大度，不事生产。
    B 这项活动的意义，在于呈现人们的环保意识。
    C 地球是迄今为止所发现的唯一适合人类生存的行星。
    D 对于武则天，历来有各种不同的评价，角度也各不相同。

53. A 李煜是南唐最后一位国君，史称李后主。
    B 真诚待人是人际关系得以维持和发展的保证。
    C 感谢您的来电，请您稍后进行评价对本次服务，谢谢。
    D 陕西关中自古土地广袤肥沃，因此这儿的人们一向衣食无忧。

54. A 针对这 突发事件，公司及时采取了应对措施。
    B 人要学会控制自己的欲望，而不应当把欲望所支配。
    C 空气、水、能源和土地，是人类赖以生存的基本要素。
    D 他对昆虫进行了长达30年的观察，揭开了昆虫世界的许多奥秘。

55. A 广府文化是指以广州为核心、在珠江三角洲通行的粤语文化。
    B 随着数码相机的日益普及，传统的胶卷相机正逐渐退出市场。
    C 接受了4年正规的声乐训练后，他对声音的驾驭更得心应手了。
    D 有时我们难免要对生活做出妥协，而且一些基本原则永远不能放弃。

56. A 他将这次演唱会的门票收入全部捐献一家儿童医院。
    B 对艺术的理解虽因人而异，但真正的艺术品总能得到一致的赞许。
    C 她戴着一顶别致的帽子，穿着一件蓝色的连衣裙，看上去漂亮极了。
    D 由于空气对光的散射作用，日出和日落前后，天边常会出现绚丽的彩霞。

57. A 俗话说聚沙成塔，看似不起眼的小工作可能正是大事业的开始。
    B 那一刻，观众席上鸦雀无声，所有人都被他的精彩表演吸引住了。
    C 工作间隙做些转颈、后仰的简单运动，可以有效缓解颈部肌肉的疲劳。
    D 现代医学研究表明，22时到凌晨4时是人体免疫系统、造血系统最旺盛。

58. A 新春佳节，每个家家户户都会张贴大红春联，给节日增添了不少欢乐祥和的气氛。
    B 依托于电子商务平台，家具行业有了新的营销模式，满足了大批年轻人的购买需求。
    C 时间像倒在掌心里的水，无论你摊开还是握紧，它总会从指缝间一点一滴地流淌干净。
    D 天然的玛瑙冬暖夏凉，人工合成的则会随外界温度的变化而变化，天热它也热，天凉它也凉。

59. A 电子书不需要用纸，比较环保，且携带方便，容量大，因此深受人们的喜爱。

   B 这部影片生动地展现了帝企鹅这一可爱而又坚强的物种与严酷的自然环境做斗争的过程。

   C 幸运之神的降临往往是因为你多坚持了一会儿，多迈出了几步，多找了一条路，多拐了一个弯。

   D "口头禅"是一个人的习惯用语。它的形成跟使用者的性格、生活经历有关系很大，可以算是一个人的标志。

60. A 人类从河流、湖泊、含水土层和湿地取来的水，74%用于农业，18%用于工业，8%用于生活。

   B 蜘蛛结网可能逮不到昆虫，但蜘蛛不结网就永远逮不到昆虫。努力可能没有回报，但不努力一定没有回报。

   C 香菜富含香精油，香气浓郁，但香精油极易挥发，且经不起长时间加热，所以香菜最好在食用前加入，以保留其香气。

   D 海参全身的骨头多达2000万块儿，但这些骨头极小，用肉眼从来看不见，要在显微镜下放大几十倍甚至几百倍才能看见。

第二部分

第 61-70 题：选词填空。

61. 高考是一场选拔赛，自然有人_____，有人落榜。尽管高校扩招使近几年的升学率大_____提高，但仍_____不了所有渴望接受高等教育考生的愿望。

   A 高中状元　　跨度　　符合　　B 金榜题名　　幅度　　满足
   C 榜上有名　　飞速　　满意　　D 名列前茅　　迅猛　　适应

62. 生活中，很多复杂的事情、_____的问题，也许只要换一个角度思考，就会_____。有时候，我们_____的不是跋涉的努力与坚持，而是多角度的思考与总结。

   A 固有　　一目了然　　遗失　　B 拿手　　苦尽甘来　　丧失
   C 尴尬　　各抒己见　　缺席　　D 棘手　　迎刃而解　　缺少

63. 传统的冰糖葫芦是在冬天才会在市场上看到的，由于山楂和外面的那层糖被寒冷的气温_____住，所以咬起来的感觉很硬，像在吃冰一样。夏天，由于天气炎热，外面的糖衣会_____，味道和冬天的比起来也_____。

   A 冷　　消融　　相去甚远　　B 冻　　融化　　相差甚远
   C 裹　　溶化　　不相上下　　D 包　　熔化　　相差无几

64. 脸谱是中国戏剧演员脸部的彩色妆容。它在形式、色彩和类型上有一定的格式。内行观众从脸谱上就可以_____出这个角色是英雄还是坏人，聪明还是_____，受人爱戴还是使人_____。京剧脸谱在中国脸谱化妆中占有特殊的_____。

   A 划分　　愚昧　　鄙视　　位置
   B 分辨　　愚蠢　　厌恶　　地位
   C 认定　　笨拙　　反感　　座位
   D 辨认　　无知　　悔恨　　身份

65. 卷柏是一种很有趣的植物。每当气候_____时，卷柏就会自己把根从土壤里拔出来，然后将整个身体卷成一个圆球。稍有一点儿风，它就会随风在地面上滚动。_____到了水分充足的地方，圆球就会_____打开，扎根定居下来。当它再次感到水分不足、住得不_____时，就会再度搬家。

  A 炎热 倘若 随时 津津有味
  B 枯燥 假如 立刻 一帆风顺
  C 干旱 即便 立即 无忧无虑
  D 干燥 一旦 迅速 称心如意

66. 啤酒瓶盖为什么要设计成锯齿状呢？这是因为啤酒里面_____很多二氧化碳，所以需要密闭性好、不容易跑气的_____设计。经过_____改进，人们发现锯齿状的瓶盖最利于啤酒的密封_____。

  A 存在 装扮 反复 保障
  B 拥有 装修 连续 保管
  C 蕴藏 装饰 逐步 保养
  D 含有 包装 不断 保存

67. 王维是盛唐诗人的代表，现存诗400余_____。他的诗大多是描写山水田园之作，语言_____，音节较为舒缓，在描绘自然美景的同时，也_____出作者闲逸潇洒的情趣。后人_____他的作品是"诗中有画，画中有诗"。

  A 首 优美 流露 评价
  B 幅 美观 揭露 评论
  C 枚 美妙 透露 评估
  D 辈 优异 泄露 批评

68. "没有比脚更长的路，没有比人更高的山。"我们总觉得路途_____，却忘了脚比路长。在奋斗的过程中，目标高远、任务_____并不可怕，可怕的是缺乏追寻的勇气和_____的精神。只要愿意努力，就能_____自己的理想。

  A 漫长 沉重 固执 落实
  B 遥远 艰巨 执着 实现
  C 平坦 艰难 坚固 实施
  D 颠簸 隆重 倔强 兑现

69. 在公共场合，一个手机铃声响起，很多人都会条件_____似的拿出自己的手机来看一下，甚至没有铃声响，大家也会_____地从口袋里掏出手机来看。这些现象虽然_____，但在心理学家看来，这种对手机的过分依赖是强迫症的一种_____表现。

A 反射	频繁	司空见惯	典型
B 发射	时常	不可思议	经典
C 反馈	时而	家喻户晓	显著
D 反抗	一再	喜闻乐见	明显

70. 研究发现，通过运动手指来_____大脑，远比死记硬背更能增强大脑的_____，并可延缓脑细胞的_____。手指的动作越复杂、越精妙、越纯熟，就越能与大脑_____更多的联系，从而使人变得更加聪慧。这对人类智力的_____有十分重要的作用。

A 激发	实力	退步	创立	发育
B 激励	势力	衰退	建设	启发
C 刺激	活力	衰老	建立	开发
D 冲击	潜力	损坏	设置	发掘

第三部分

第71-80题：选句填空。

71-75.

所谓拍板，(71)_____。拍板是领导者的重要职责，也是议事和决策的最后环节。

古人云："当断不断，反受其乱。"顾虑重重，怕这怕那，往往会贻误时机，后悔莫及，(72)_____。犹豫是时间的窃贼，疑虑是决断的大敌。有些问题来得急，需要当机立断，否则良机稍纵即逝。这就要求领导者要有决断的魄力，果断做出决定，切不可畏首畏尾，议而不决。

领导者的决心，(73)_____。如果领导者遇事怕担风险，没有主见，会使下属难以坚定地执行任务，反之，如果领导者能及时下定决心，则能促成事情的顺利进行，就像欧阳修说的："自古天下事，及时则必成。"

当然，(74)_____，科学的决策应建立在深入细致的调查研究和多方听取意见、冷静分析思考的基础上。作为一名优秀的领导者，就要敢于打破常规，(75)_____，果断决策，切不可人云亦云。要用创新的眼光审视现实、分析问题，要敢想他人所不敢想，敢断他人所不敢断，敢为他人所不敢为。

A 所以决策贵在不失其时
B 突破条条框框的限制
C 是指就某一问题做出决定
D 敢于拍板并不等于武断决策、刚愎自用
E 对下属的执行起着至关重要的作用

76-80.

近些年，农药化肥的大量使用，使得地球上一些专门给植物传授花粉的昆虫数量急剧减少，例如蜜蜂。与此同时，(76)_____，比如蝴蝶，其数量也在减少。而这些都将导致粮食作物、水果和鲜花等产量锐减。爱因斯坦曾经预言："如果蜜蜂从地球上消失，人类最多只能活4年。"(77)_____，因为在人类所种植的1330种农作物中，有1000多种是由蜜蜂来传授花粉的。

如果没有了授粉的蜂群，(78)_____，到时候我们只能靠吃风媒授粉的作物维生。换句话说，我们的餐桌上除了小麦、大麦和玉米，基本上就没有别的东西了。如果真是那样，商店里也就看不到苹果、豌豆、西红柿和南瓜等食物了。

(79)_____：在农田里种一些野花，保留森林等自然植被，这样就可以大幅度地增加授粉昆虫的种群数量。同时，我们还可以增加农作物害虫天敌的数量，(80)_____，只要小小的努力就可以在生产粮食的同时保护环境。

为昆虫们种一丛野花，给它们留下小小的空间，就能给我们人类自己留下广阔的生存空间。

A 这并非危言耸听
B 解决这一问题的办法其实很简单
C 我们的饮食将变得十分单调
D 这样农田就不需要大量喷洒农药了
E 能传授花粉的其他昆虫

第四部分

第 81-100 题：请选出正确答案。

81-84.

　　一位心理学家曾做过一个实验。他先让一位助手去拜访郊区的一些家庭主妇，让她们将一个宣传安全驾驶的小标语贴在窗户上或在一份关于安全驾驶的请愿书上签名，显然，这对她们来说只是举手之劳，所以很多人都答应了。两周后，他让第二位助手去那里拜访更多的家庭主妇，并希望她们在今后的两周时间里，在自己家的院子里竖起一块儿宣传安全驾驶的大招牌——这个招牌特意被做得又大又难看。结果，在答应了第一位助手请求的人中，有55%的人接受了第二位助手的请求，而在那些未被第一位助手拜访过的家庭主妇中，只有17%的人接受了第二位助手的请求。这就是心理学上的"登门槛效应"。

　　"登门槛效应"说明：如果一上来就向他人提出一个较高的要求，往往无法实现；但如果先设"低门槛"，再逐步"登高"，对方则比较容易接受。因为，被求助者在不断满足求助者请求的过程中，心理上已经逐渐适应了。此外，人们都不希望自己被看成是"反复无常"的，因此会<u>一如既往</u>地表现出热情慷慨的一面。

　　生活中，我们的请求能否被别人接受，并不仅仅取决于我们的意愿是否强烈，而更多地取决于我们所使用的策略是否恰当。俗话说"一步登天为拙招，得寸进尺方有效"，需要得到帮助或者许可时，我们可以根据人们的心理接受习惯，先将门槛降低，然后再慢慢达到自己的目标。

81　关于那个实验，下列哪项正确？

　　A　第二位助手的要求更难
　　B　两次实验参与人数相同
　　C　主要目的是宣传安全驾驶
　　D　第二位助手获得的数据有误

82. 求助时，先设"低门槛"可以：

    A 使要求得到重视
    B 使双方先熟悉起来
    C 让被求助者逐渐适应
    D 保证被求助者的利益

83. 第2段中，划线词语"一如既往"最可能是什么意思？

    A 变化多端
    B 像从前一样
    C 做事速度非常快
    D 事情没任何进展

84. "登门槛效应"给我们什么启示？

    A 要言而有信
    B 做事要循序渐进
    C 要学会统筹兼顾
    D 做事切不可半途而废

85-88.

　　毛泽东在十岁之前，曾先后在几个私塾，还有湘乡私小学和长沙第一高级中学读书。而他觉得虽然学了不少知识，开阔了的眼界，但是，不论私塾也好，学校也好，都有很大的局限性，不能很好地满足他。

　　1912年7月，毛泽东下决心退学自修。他每天都到长沙定王台湖南图书馆去借书自学。

　　这一时期有一件事对毛泽东的影响非常大，就是在这里毛泽东第一次看到一张世界大地图，这张世界大地图叫做《世界坤舆大地图》。

　　毛泽东读过许多书，上过小学、中学，当过兵，但从来没有见过世界地图。他知道世界很大，10岁时离家走3天没走出韶山，但世界到底有多大？他不知道。他在湖南图书馆每天都要经过这张世界大地图，不知看了多少遍，感慨万千。过去认为湘潭很大，湖南很大，中国被称为天下，那就更大，但是从这张世界大地图上毛泽东看到中国只是世界的一小部分，湖南就更小。湘潭在地图上都看不到，甭说韶山了。

　　世界真的太大了。特别是，毛泽东从世界大地图联想到，世界那么大，人也多得很。那么多的人，他们都是在怎样生活呢？从他亲身经历看他周围的人，很多都生活得很苦，很多普通老百姓都在受着统治，受着压迫剥削。他认为这非常不合理，他认为应该改变。要改变就要消灭人剥削人，人压迫人的现象，而这种变化不会自己发生，就要进行革命。在毛泽东的思想上，从青年的时候就树立了消灭剥削，解放大众，为人民谋幸福的思想。

　　他在那时候就想到，青年的责任重大，要为全中国痛苦的人、全世界痛苦的人奉献自己全部的力量，这是非常不简单的。一幅世界大地图，使18岁的毛泽东胸襟宽阔，立下鸿鹄大志。

85. 毛泽东为什么退学自修？

　　A 家庭过于贫困
　　B 跟不上学校的课程
　　C 学校局限性太大
　　D 想在图书馆打工

86. 毛泽东从地图上看到了什么?

   A 世界上战争太多了
   B 这张地图太老旧了
   C 中国只是世界一小部分
   D 世界跟他想象的一样

87. 毛泽东认为什么很不合理?

   A 有钱人为富不仁
   B 中国贫富差距太大
   C 很多老百姓生活困苦
   D 革命力量太软弱

88. 最后一段"鸿鹄大志"是什么意思?

   A 远大的抱负
   B 为人宽容忍让
   C 勤奋好学
   D 要成为国家领导

89-92.

游泳是一种非常好的健身方式。

首先,游泳可以保护肺部。水的密度比空气大800倍左右,所以,人站在齐胸的水中呼吸时,就会感到一股外加的压力。研究表明,游泳时胸廓受到的压力为12~15公斤。想要吸进新鲜空气,就得克服这额外的压力,这能很好地锻炼我们的呼吸机能。另外,游泳时呼吸频率要和动作有节奏地配合,这迫使每次呼吸都要吸得更深一些,这样就增强了肺部的弹性和胸廓的活动能力。因此,游泳能使人的肺活量由3500毫升增至4500~5500毫升,甚至更多。

其次,游泳可以加快人体的新陈代谢。水的传热性约为同温度空气的28倍,因而在水中热量的散失比在陆地上快得多。如游100米所消耗的能量是陆地上跑100米所消耗的三倍左右。热量消耗的增大,必然会大大加快体内代谢的过程,促进营养物质的消化与吸收。处在长身体时期的青少年,若能经常游泳,身体会长得更快。

再次,游泳可以使人更健美。游泳时人平卧在水面上,不仅要求四肢肌肉用力活动,推动人体前进,而且也要求腰腹肌肉有很好的力量及紧张度,这样才能保持正确的游泳姿势快速前行。因此,游泳可以全面锻炼身体各部分肌肉,使体型匀称,肌肉结实。

此外,游泳还可以提高人体免疫力。游泳时,由于受到冷水刺激,人体的体温调节能力会相应地增强。人体对温度变化的适应性增强了,人就不易伤风感冒。

最后,游泳还可以消耗多余脂肪,并能防止或减少脂类物质在血管壁上沉积,预防动脉硬化和冠心病。

89. 根据第2段,游泳时:

A 呼吸间隔越短越好
B 胸廓的活动能力减弱
C 肺活量保持恒定状态
D 胸廓受到的压力比在陆地上大

90. 青少年经常游泳,可以:

A 锻炼思维能力
B 拓宽交友渠道
C 促进身体发育
D 塑造良好的性格

91. 根据上文，下列哪项正确？

    A 常游泳能预防感冒
    B 高血压患者应多游泳
    C 游泳时人体能吸收更多热量
    D 游泳时腹部肌肉须完全放松

92. 上文主要谈的是：

    A 游泳的好处
    B 游泳的技巧
    C 健身的重要性
    D 游泳的注意事项

93–96.

白族主要分布在云南大理。白族民居，是白族建筑艺术的一大景观。与游牧民族不同，白族自古以来从事的就是以水稻为主的农业生产，因此形成了定居的生活方式，十分注重居住条件。过去，盖一所像样的住房，是白族人需花费毕生精力去做的大事。他们的住宅，以家庭为单位自成院落，宽敞舒适，集住宿、煮饭、祭祀祖先、接待客人、储备粮食、饲养牲畜等多种功能于一身。

大理石头多，白族民居大都就地取材，以石头为主要建筑材料。白族人不仅用石头来打地基、砌墙壁，也用它来做门窗上的横梁。民间有"大理有三宝，石头砌墙墙不倒"的俗语，指的就是这种建房取材的特点。

从院落布局、建筑结构和内外装修等基本风格来看，白族民居大多承袭了中原民居的建筑特点。但由于自然环境、审美情趣上的差异，白族民居又有鲜明的民族风格和地方特色。以白族四合院与北京四合院为例做大致的比较，首先从主房的方位来看，北京四合院的主房以坐北朝南为贵，而白族民居的主房一般是坐西向东，这与大理地处由北向南的横断山脉山系形成的山谷坝子有关，依山傍水，必然坐西向东。其次，北京四合院大多是一层的平房，而白族民居基本上都是两层。

白族的建筑，包括普通民居，都离不开精美的雕刻、绘画装饰。其中，门楼的装饰尤其引人注目。门楼就是院落的大门，一般都采用殿阁造型，飞檐串角，再以泥塑、木雕、彩画、石刻等组合成丰富多彩的立体图案，既富丽堂皇，又不失古朴典雅。

白族人很讲究住宅环境的整洁和优雅。多数人家的天井里都砌有花坛，种上几株山茶、丹桂、石榴等花果树，花坛边沿或屋檐口也常常放置兰花等盆花。

93. 和游牧民族比，白族：

A 经常迁徙
B 以渔猎为生
C 生活方式更安定
D 将水稻生产作为副业

94. 第2段主要谈的是白族民居的：

   A 建筑规模
   B 建筑材料
   C 艺术价值
   D 社会功能

95. 关于白族民居，下列哪项正确？

   A 多为一层的平房
   B 门楼的装饰图案单一
   C 承袭了西方建筑的特点
   D 主房朝向和地理环境有关

96. 最适合做上文标题的是：

   A 白族人的社会习俗
   B 热情好客的白族人
   C 白族人的生存环境
   D 别具特色的白族民居

97-100.

扇子作为一种实用工具，在中国已有几千年的历史了。团扇和折扇是中国扇子的两大主要类别。团扇因其形状团圆如月而得名，但并非绝对的圆。后来它的形状日益增多，不再局限于圆形。团扇因扇面多使用丝织物面料，也被称  为"纨扇"，又因丝织品价格昂贵，难入寻常百姓家，于是又有"宫扇"之称。宋朝以前的画扇基本上指的是团扇绘画。折扇出现于宋代，但一直不受重视，直到明代，因为皇帝朱元璋的喜爱，折扇才开始广泛流行起来，并成为主流。折扇以其收放自如、便携、宜书宜画等特点，受到人们的喜爱。

在扇面上写字作画的风气大约是从六朝开始的，古书中留下了不少关于文人画扇的趣闻。晋代书法家王羲之，在路上遇到一位卖扇子的老人。老人一再折价也卖不掉手中存扇，王羲之便在每把扇子上题了5个字。老人埋怨他弄脏了扇面，王羲之宽慰道："你就说这是王羲之所写，扇子便可售百钱。"果然，老人手中的扇子很快就被抢购一空。

两宋时期，扇画艺术迎来了自己的春天。当时画学发展迅速，政府不仅设立了翰林图画院，甚至还将"画学"正式纳入科举考试。而宋徽宗本人也每每躬亲画扇，作画题诗。他的扇画《枇杷山鸟图》显示出极高的艺术水平，流传至今。帝王的爱好和官员的推崇，使团扇画艺术在当时<u>大行其道</u>。

明清两代，随着造纸业的兴盛，扇面艺术的发展达到了鼎盛，几乎所有的文人墨客都会在扇面上写诗作画。明代士大夫间相互赠扇，炫耀雅扇成为一种风气。

为了更好地保存，许多收藏家将书画扇面直接裱成册页，而不制成成扇。还有人将成扇的扇面揭下，装裱后收藏起来。因此古代扇面书画大多以册页的形式保存至今。

97. 关于团扇，下列哪项正确？

 A 多为纸制品
 B 制作工期长
 C 是标准的圆形
 D 普通百姓一般用不起

98. 根据第2段，可以知道：

    A 王羲之名气很大
    B 老人很崇拜王羲之
    C 老人的扇子被抢了
    D 有字的扇子在当时不值钱

99. 第3段中，划线词语"大行其道"最可能是什么意思？

    A 道路宽广
    B 极为盛行
    C 前途光明
    D 自成一派

100. 根据上文，下列哪项正确？

    A 宋徽宗爱在扇子上作画
    B 官员不将扇子当做礼品
    C 成扇的书画扇面更易保存
    D 折扇被认为是朱元璋发明的

三、书写

第101题：缩写。

(1) 仔细阅读下面这篇文章，时间为10分钟，阅读时不能抄写、记录。
(2) 10分钟后，监考收回阅读材料，请你将这篇文章缩写成一篇短文，时间为35分钟。
(3) 标题自拟。只需复述文章内容，不需加入自己的观点。
(4) 字数为400左右。
(5) 请把作文直接写在答题卡上。

  那是好多年前的事了。春节过后没多久，我带着一大包行李去外地上学。我的女朋友到车站去送我。

  公交车站离火车站大约还有一百多米的距离。我一下车，就见一个女孩，拿着一个写着"求助"的纸招牌，在向前面一个人诉说着什么。那人不耐烦地挥着手说"去去去"，并不看女孩一眼，只顾走自己的路。看到我和女友，那女孩向我们走过来。女孩大约十四岁的样子，穿着单薄的衣服，小脸冻得红扑扑的。女孩对我说她母亲半年前病故了，靠父亲卖苦力养活全家。可父亲两个月前也病倒了，家里因此欠了一大笔债。开学时间就要到了，她的学费还没有筹够。能借的地方都借遍了，没有办法，她只好求好心人帮帮忙。

  我疑心她是骗子，不想给她钱，但我又怕女朋友说我小气，于是我指着自己的行李说："你帮我把这包背到车站，我就给你五块钱。"女孩连忙说道："谢谢！谢谢！"说着，从我手里接过行李包，吃力地背在身上，兴奋地走在前面。女友一拉我的衣服，说："你怎么忍心叫这么个小女孩帮你背包。"我一愣，没想到女友会这么说，生怕她会因此生气，于是灵机一动说："我只是想让她靠自己的劳动挣钱；不想让她小小年纪就当乞丐。"听了我的话，女友笑了。小女孩回过身来深深地鞠了一躬，又说了一声"谢谢"。到了车站，我去排队买票，女孩背着包站在我旁边。我说："你把包放下歇一会儿。"女孩说："不用，你给我那么多钱，我得多背一会儿。"那一刻，我真的有些感动了。买好票，我给了她十元钱。她不要，说："说好是五块钱的。"我劝她收下，说算是帮她了，女孩想了想说："那你把地址给我，将来我有钱了，一定会还你的。"我说不用还了，女孩坚持要我的地址，我于是写下来给她了。

  这件事过后我就没放在心上。多年以后，一天，一个姑娘到办公室找我。她穿得虽然很朴素，但很得体。她问："你还记得我吗?"我想了半天，也没想起来她是谁。她说："你还记得八年前在火车站给你背包的那个小姑娘吗?"我想了想，终于想起了那个瘦小可怜的小女孩，再看看眼前这个亭亭玉立的大姑娘，一脸的真诚，真的和那小女孩很像。我问："你就是那个小女孩?"她点了点头说："是。"原来，她先是找到了我父亲家，我父亲告诉她我在这里上班，所以她就找到我办公室来了。她说："我是来还钱的。"

我突然有一种想流泪的感觉。现在回想起来，当时，如果不是女友在场的话，我也许像前面那个人一样粗暴地对她说"去去去"，我没有真心想帮她。我告诉她不用还了，那算不了什么的。她说："不！你错了，那对我非常重要！因为你让我明白了，我其实可以用自己的劳动挣钱的。你不知道，那时我真的有了做乞丐的想法。是你改变了我的人生道路。"她接着告诉我，从那以后，她靠给人打零工挣够了学费。现在，她已经大学毕业，并且找到一份不错的工作。她是特意来向我表示感谢的。

我没想到，当初我的一次并非出自本心的善举，竟然改变了她的一生。我对她说："你如果真心想感谢我，就去多帮助一些像你当初一样需要帮助的人吧，也许你的帮助会改变他们的一生。"

她愉快地答应了。从那以后，遇到一些需要帮助的人，我也会尽可能地给予帮助。

합격 모의고사

3회

新汉语水平考试
HSK (六级)

注　意

一、HSK (六级) 分三部分：

1. 听力 (50题，约35分钟)

2. 阅读 (50题，50分钟)

3. 书写 (1题，45分钟)

二、**听力结束后，有5分钟填写答题卡。**

三、全部考试约140分钟(含考生填写个人信息时间5分钟)。

一、听 力

第一部分

第1-15题：请选出与所听内容一致的一项。

1. A 中医重视冬季保暖
   B 合理饮食可以达到保健目的
   C 冷热失衡容易引起各种疾病
   D 合理饮食有助于血液循环

2. A 游泳是一项好处很多的健身运动
   B 游泳不太受老年人的喜爱
   C 游泳的损伤率不低
   D 游泳能治疗多种疾病

3. A 小光是一位医生
   B 小光救了老妇人
   C 小光在猪肉摊打工
   D 老妇人不喜欢小光

4. A 京剧无论在何时都受欢迎
   B 京剧中的历史故事较多
   C 年轻人比较了解历史
   D 老人也喜欢轻松的音乐

5. A 第二条鱼太懒了
   B 鱼老板很会做生意
   C 两种鱼价格一样
   D 鱼的价格太贵了

6. A 太阳能与我们的生活关系密切
   B 太阳能是一种有限的清洁能源
   C 不少乡镇也开始安装太阳能路灯
   D 太阳能热水器已走进了大部分家庭

7. A 懒汉自己找到了工作
   B 懒汉看坟地看了一个月
   C 懒汉的同事们更懒
   D 懒汉对新工作不满意

8. A 乌鸦和鸽子大战一场
   B 乌鸦和鸽子都各抒己见
   C 鸽子杞人忧天
   D 鸽子让乌鸦先改变自身

9. A 与别人初次见面时要穿着华丽
   B 与他人打交道时，衣着得体很重要
   C 与他人交谈时要多介绍自己的情况
   D 偶尔可以打断他人谈话

10. A 这个孩子想回家
    B 孩子让老人帮他按门铃
    C 老人不想帮这个孩子
    D 这个孩子很淘气

11. A 要珍惜自己所拥有的
    B 饮茶有讲究
    C 好茶就该配好杯子
    D 不要太追逐名利

12. A 滑雪其实很容易
    B 我学滑雪开始不太顺利
    C 开始学滑雪，我就会停止
    D 一个月后我会滑雪了

13. A 女孩儿是我前女友
    B 女孩儿要去我家附近
    C 我打算跟那女孩儿结婚
    D 我给女孩儿指错了路

14. A 人们只会在梦中得零分
    B 在梦中的不顺，有时暗示现实生活
    C 梦境完全反映现实生活
    D 现实生活对人的梦境毫无影响

15. A 哥伦布发明了烟草
    B 16世纪烟草普及到世界各地
    C 如今的烟草在欧洲被认为有害
    D 烟草在欧洲一直是一种社交工具

第二部分

第 16-30 题：请选出正确答案。

16. A 没有遭受过什么磨难
    B 得到群众的支持
    C 热爱并专注于这份事业
    D 有雄厚的资本

17. A 有前途的学生
    B 教育理念更强的机构
    C 综合性管理机构
    D 新东方自己

18. A 开阔思路
    B 提高分辨能力
    C 开发智力
    D 提高思想境界

19. A 生活态度
    B 毕业院校
    C 专业能力
    D 学历

20. A 新东方是私立教育机构
    B 男的大学读文学系
    C 新东方招聘要求太高
    D 男的追求高学历

21. A 当时大受欢迎
    B 表现手法比较简单
    C 感触比较深
    D 受前人影响

22. A 富有节奏感
    B 是中国文化的精华
    C 属于非主流文化
    D 各地差异很大

23. A 配有文字解析
    B 受人冷落
    C 配有照片
    D 题材丰富多样

24. A 大受欢迎
    B 引起国内外作家的关注
    C 没有太人的反响
    D 引起各界争论

25. A 早年写过电影剧本
    B 第一次尝试以失败而告终
    C 比较了解诗歌市场
    D 这几年发表了很多诗集

26. A 每天都播放
    B 已造就了很多名人
    C 需要教授推荐
    D 是一种娱乐节目

27. A 节目主持人
    B 大学教授
    C 收藏家
    D 作家

28. A 实践经验更多
    B 更有丰富的知识
    C 更有名气
    D 限制少

29. A 很有深度
    B 激发热情
    C 实用
    D 比较全面

30. A 增强学术权威性
    B 加强学术交流
    C 阻碍文化发展
    D 有利于文化传承

第三部分

第31-50题：请选出正确答案。

31. A 空气振动
    B 颅骨振动
    C 空气和颅骨振动
    D 耳骨振动

32. A 氦气会影响我们的听觉
    B 氦气不能传播声音
    C 氦气浓度更高
    D 氦气中声音传播速度更大

33. A 怎样让声音更好听
    B 录音时的注意事项
    C 空气和氦气的区别
    D 声音为什么会"变"

34. A 狼真的来了
    B 有点害怕
    C 想看看人们是否会救他
    D 想开个玩笑

35. A 害怕狼
    B 不想救那个男孩子
    C 人们不相信
    D 没有工具

36. A 人们每次都相信男孩子的话
    B 这个森林没有狼
    C 男孩子第三天也在说谎
    D 男孩子的羊被狼吃了

37. A 被迫结婚
    B 去干农活
    C 外出打工
    D 自由恋爱

38. A 三圈
    B 四圈
    C 三圈半
    D 四圈半

39. A 命运都很悲惨
    B 年龄最少十岁
    C 要举行正式结婚仪式
    D 孩子的意见很重要

40. A 消费者自己的责任
    B 商家要承担全部责任
    C 消费者不能独自承担责任
    D 消费者要拒绝使用塑料袋

41. A 成本较低
    B 价格相对较高
    C 费用全部商家负责
    D 易于携带

42. A 塑料袋的替代品
    B 塑料袋造成的环境问题
    C 如何拒绝使用塑料袋
    D 商家的服务态度

43. A 对打雪仗不太感兴趣
    B 容易着凉
    C 玩儿雪很危险
    D 家长不允许

44. A 反对
    B 支持
    C 表扬
    D 不关心

45. A 让孩子自己玩儿雪
    B 学校组织玩儿雪
    C 让父母带着玩儿
    D 反对孩子玩儿雪

46. A 怎样安排业余时间
    B 该不该让孩子玩儿雪
    C 下雪注意什么
    D 不要太溺爱孩子

47. A 女儿和小丽的关系不好
    B 与邻居搞好关系
    C 希望孩子的生日热闹点
    D 让孩子学会与人来往

48. A 小丽不喜欢过生日
    B 小丽不爱吃蛋糕
    C 小丽以前没有邀请过她
    D 女儿不认识小丽

49. A 大家
    B 小丽
    C 说话人
    D 女儿自己

50. A 自己更有自信
    B 能有两个生日
    C 小丽的生日快点到
    D 和小丽成为好朋友

二、阅 读

第一部分

第51-60题：请选出有语病的一项。

51. A 这本书是去年年底出版的，现在销量已达500万册。
    B 经过那种显微镜，我们便可以清楚地看到肉眼看不见的微生物。
    C 一个人的伟大之处就在于他能够接受自己的渺小。
    D 所谓亚健康，是指介于健康与疾病之间的一种中间状态。

52. A 快乐的人不是没有痛苦，而是不会被痛苦所左右。
    B 戒指是一种装饰品，它戴在哪根手指上代表着不同的意思。
    C 离开家乡许多年了，没想到这里翻天覆地发生了变化。
    D 有时候同样一件事我们可以去安慰别人，却说服不了自己。

53. A 如果要躲避燃烧的痛苦，火柴一生都将黯淡无光。
    B 下面我们有请张校长给获奖选手颁发荣誉证书。
    C 他的许多作品都在全国美术家展览会上展出过。
    D 他把这份重要的报告没有按时交给总部。

54. A 这个世界上，没有比人更高的山，没有比心更宽的海，人就是世界的主宰。
    B 梨子味甘性寒，具清热化痰之功效，特别适合秋天食用。
    C 五彩缤纷的焰火在夜空中组织了一幅美妙无比的图案。
    D 无论竞争还是合作，都要处理好自己与他人的关系，它往往是人们取得成功的关键。

55. A 西藏温暖的阳光、巍峨的雪山、雄伟的冰川，无一不是吸引游客来的。

B 经过20年的发展，他们的分公司已经遍布全球100多个国家和地区。

C 真正的财富不是你的口袋里有多少钱，而是你的脑袋里有多少知识。

D 九寨沟拥有"童话世界、人间仙境"的美称，已被列入世界遗产名录。

56. A 运气也许能使你抵达顶峰，但它不能使你永远呆在那儿。

B 闻过则喜，能够坦然接受批评，是自信的一个突出标志。

C 第二天，世界各大报纸纷纷做了详细报道对这起震惊国际体坛的事件。

D "小李杜"指唐代著名诗人李商隐和杜牧，他们为晚唐业已没落的诗坛注入了新的生气和活力。

57. A 人生的最大遗憾，莫过于轻易地放弃了不该放弃的，固执地坚持了不该坚持的。

B 老舍一生创作了许多脍炙人口的文学作品，如《四世同堂》、《骆驼祥子》、《茶馆》、《龙须沟》等。

C 没有朋友，会孤单；没有敌人，会失败。因为朋友是用来依赖的，敌人是用来激发自己潜能的。

D 雨花石产于南京市六合区及仪征市月塘一带，它天然细腻的花纹，玲珑别透的质感，被誉为"石中皇后"。

58. A 孔子之所以提倡"因材施教"的原因是因为每个人的想法和接受能力都不同，所以，老师应根据学生的特点，有针对性地教学。

B 要了解一个人，不妨看他所读的是什么类型的书，这跟观察与他来往的朋友种类一样有效。

C 研究表明，说话者触摸鼻子，意味着他在掩饰自己的谎话；聆听者做出这个手势则说明他对说话者的话语表示怀疑。

D "书到用时方恨少"指的是，平常若不充实学问，不讲究智慧谋略，临时抱佛脚是来不及的。

59. A 人最悲哀的，并不是过去失去得太多，而是还沉浸于过去的痛苦之中；人最愚蠢的，并不是没有发现眼前的陷阱，而是第二次又掉了进去。

B 花样游泳原为游泳比赛间歇时的水中表演项目，后来逐渐融入音乐和舞蹈，变化一项优美的水上竞技运动。

C 京杭大运河，始建于公元486年，全长1794公里，是中国重要的南北水上干线，也是世界上最长的一条人工运河。

D 奋斗令我们的生活充满生机，责任让我们的生命充满意义，常遇困境说明你在进步，常有压力说明你有目标。

60. A 初次见面，能说出对方姓名，并说一两句恭维话，可以给对方留下好印象。不过，恭维不能过头，说多了会令对方觉得你世故、虚伪。

B 张家口历史悠久，生态资源富集，地形地貌独特，是旅游爱好者心目中的旅游胜地。

C 人世中的许多事，只要想做，都能做到，该克服的困难，也都能克服，用不着什么钢铁般的意志，更用不着什么技巧或谋略。

D 由于大量的酒精会杀死脑神经细胞，所以长期饮酒会导致记忆力减退，还有可能引发各种疾病的可能性。

第二部分

第 61-70 题：选词填空。

61. 一块冰在沙漠里被阳光_____，只剩一小块。冰感叹着说："沙漠是冰的地狱，北极才是冰的_____。"沙对冰说："冰在沙漠才最_____，冰在北极是最不值钱的东西。"

    A 融洽　　终点　　珍惜　　B 融化　　天堂　　珍贵
    C 溶解　　陆地　　珍稀　　D 消弱　　表面　　宝贵

62. 刚毕业的大学生在积累职场经验的_____，也要认识到相对_____的从业经历是今后发展所需的重要资历之一，频繁跳槽可能一无所获，它是一种_____的做法。

    A 同时　　稳定　　得不偿失　　B 时刻　　镇定　　急于求成
    C 时光　　坚定　　无能为力　　D 同期　　鉴定　　刻不容缓

63. 火山出现的历史很悠久，人们一般把火山分为活火山、死火山和休眠火山三类。现在_____在活动或_____性喷发的火山叫活火山；有史以前就喷发过，但现在已_____活动，这样的火山称之为死火山；人类有史以来曾经喷发过，之后长期处于_____状态，但仍可能喷发的火山叫休眠火山。

    A 颇　　年度　　未必　　平静　　B 即　　周年　　无比　　寂静
    C 皆　　期限　　未尝　　镇静　　D 尚　　周期　　不再　　静止

64. 好的开始，这等于成功的一半。但如果没有一个好的开始，_____试试一个坏的开始吧。因为即使是一个坏的开始也总比没有开始_____。开始有可能让人丢下令人不满的_____，进入到一个全新的境界。无论你有什么_____，都请给自己一个新的开始吧！

    A 不必　　深　　现状　　计算
    B 不禁　　亮　　症状　　设想
    C 不堪　　巧　　状况　　打算
    D 不妨　　强　　现实　　抱负

65. 浙江省富阳市龙镇是古代三国时期东吴皇帝孙权的故里，至今已有上千年的历史。镇里还保留着许多明清时期的古民居，古镇内街道_____贯通，房屋庭院相连，_____外人贸然进入，便会难以_____东南西北，他会感觉_____进了迷宫一般。

A	纵横	倘若	分辨	犹如
B	曲直	既然	分解	似乎
C	均匀	不论	辩解	如一
D	平坦	假使	辨别	仿佛

66. 相声大师马三立拥有超强的记忆力，这就_____于他早年的苦读强记。在他的相声里常有大段的需要一口气说完的台词，他就能背诵如流、朗朗上口。他在表演时不仅能做到_____，而且声音悦耳、吐字_____，常令观众赞叹不已、_____。

A	值得	一字不差	清澈	统筹兼顾
B	收入	实事求是	清淡	鸦雀无声
C	得益	一丝不苟	清晰	拍手叫绝
D	受益	日新月异	清新	滔滔不绝

67. 人们常说"行动比语言更响亮"。只有心动却没有行动，只能原地不动，这注定会_____。所以，假如你有一个_____，或者决定了要做一件事情，就应该_____行动起来。要知道，一百次心动_____一次行动，一个实干者胜过一百个空想家。

A	无精打彩	空想	尽力	与其
B	一举两得	幻想	连忙	譬如
C	一事无成	梦想	立即	不如
D	无动于衷	妄想	立刻	宁可

68. 众所周知，不正确的_____习惯和缺乏体育锻炼会造成肥胖，但很少有人知道，睡眠不足也会导致体重增加。如果没睡好，我们身体的基础代谢率会变得很低，就会容易发胖。此外，睡眠是最_____的减肥方法，有_____的睡眠不仅能有效解决超重问题，还能节省许多不必要的_____。

A	作息	实用	规范	支出
B	饮食	实惠	规律	开支
C	卫生	优越	规划	经费
D	生活	通用	规则	费用

69. 1960年，世界上第一部水墨动画片《小蝌蚪找妈妈》在中国_____。作为世界动画史上的一大创举，它将中国传统的水墨画融入到动画_____中。在摄制技术上，它完全采用了中国特有的绘画技法。片中虚虚实实的意境和轻灵优美的_____，便体现了中国画"似与不似之间"的美学_____，使动画片的艺术格调有了重大的_____。

A	呈现	制造	画面	特长	突变
B	出示	操作	情景	特意	改进
C	产生	研制	屏幕	专长	冲突
D	诞生	制作	镜头	特征	改善

70. 扭转经营局面不能只靠降低成本，而还要通过_____摆脱困境。顾客并非要"买便宜"，而是想"占便宜"。真正便宜了，他们_____不买了，认为廉价商品没好货。如果你能提供绝佳的品质和诱人的_____，让他们觉得_____，像_____了个大便宜，再贵也会趋之若鹜，争相购买。

A	更新	进而	考验	知足常乐	掏
B	创立	反倒	实验	称心如意	拆
C	创新	反而	体验	物超所值	捞
D	创办	甚而	体会	物美价廉	捡

第三部分

第71-80题：选句填空。

71-75.

颐和园，北京市古代皇家园林，前身为清漪园，(71)_____，距城区十五公里，占地约二百九十公顷，与圆明园毗邻。它是保存最完整的一座皇家行宫御苑，被誉为"皇家园林博物馆"，也是国家重点景点。

清朝乾隆皇帝继位以前，在北京西郊一带，建起了四座大型皇家园林。乾隆十五年，乾隆皇帝为孝敬其母孝圣皇后动用448万两百银在这里改建为清漪园，(72)_____。咸丰十年，清漪园被英法联军焚毁。光绪十四年重建，改称颐和园，作消夏游乐地。光绪二十六年，颐和园又遭"八国联军"的破坏，(73)_____。清朝灭亡后，颐和园在军阀混战和国民党统治时期，又遭破坏。

1961年3月4日，(74)_____，与同时公布的承德避暑山庄、拙政园、留园并称为中国四大名园，(75)_____。2007年5月8日，颐和园经国家旅游局正式批准为国家5A级旅游景区。

A 坐落在北京西郊

B 1998年11月被列入《世界遗产名录》

C 形成了从现清华园到香山长达二十公里的皇家园林区

D 颐和园被公布为第一批全国重点文物保护单位

E 珍宝被劫掠一空

76–80.

经常去赏花的人可能都有这样的体验：当气温偏高时，(76)_____，且香气较浓；当气温偏低时，则只有在花的附近才闻得到花香，且香气较淡。花香的浓淡果然与气温的高低有关吗?

让我们首先来弄清"花香"是怎么回事吧。原来，大多数花卉的花瓣里都有一种油细胞，它能不断分泌出有香味的芳香油。芳香油挥发后扩散到空气中的芳香油分子会刺激人的嗅觉器官，使人产生芳香的感觉，这就是花香。所谓的香气浓淡，(77)_____。实验结果表明，当其他环境因素完全相同时，(78)_____。气温越高，分子无规则运动的速度越快，扩散也就越快。

在低温无风的天气里，(79)_____，由花朵扩散出的芳香油分子大都聚集在花朵的周围。只有靠近花朵，才能闻到花香。而阳光明媚、天气暖和时，一方面，较高的气温加快了芳香油分子的无规则运动，使其扩散加快；另一方面，花卉附近的地面受热辐射后，气流循环加快，(80)_____，这就进一步加快了花卉对芳香油的分泌和挥发，花的香气更加浓郁，从而让人产生香气袭人的感觉。

A 分子无规则运动的速度减慢
B 随处都可以闻到花香
C 从而不断将花卉附近的芳香油分子带走
D 芳香油分子的扩散速度主要受气温影响
E 不过是进入人鼻孔中芳香油分子的多少罢了

第四部分

第81-100题：请选出正确答案。

81-84.

人生到底有多少天？不同的人有不同的答案，但我看人的一生无一例外地只有三天，昨天、今天、明天，经营好了这三天，就经营好了一生。

昨天的日子很长，说不清有多少天。但不管有多少天也不管是受到挫折，还是取得辉煌，都只能代表过去不能代表将来。比如昨天贫困潦倒的人将来可能会变成富翁，昨天锦衣华食的人将来可能沦为乞丐，昨天打工的人将来会变成老板，这就是<u>三十年河东，三十年河西</u>，世上没有永远的胜利，也没有永远的失败，胜利和失败在合适的条件下是能够转化的，因此，我们不必为昨天的挫折而萎靡不振，也不必为昨天的辉煌而狂妄自大，只有把过去的挫折和辉煌都作为今天的垫脚石，才能攀登美好的明天。

今天的日子很短，而且正在自己的脚下以秒计算着缩短，今天是昨天的接力处，接力棒交得好，便会走向辉煌的明天。接力出问题，便会前功尽弃，因此面对今天我们不要总是怀念过去，过去的就让它过去了，只有从零开始，脚踏实地，全心全意地经营好今天才会结出丰硕的果实，今天的事一定要今天完成，决不能推到明天，如果总是今天望明日，明日何其多，明日复明日就是人生的尽头了，结果不但今天没做好，明天也悄悄地溜走了。

明天的日子还会有多长？谁也说不定，明天是辉煌还是落败？谁也道不明，明天向我们显示机遇，或向我们提出挑战，明天的希望是美好的。但是其路途决不是平坦，也许到处都布满荆棘，但不管怎样有一点是可以肯定的，那就是花好月圆的明天，只接纳奋斗不息者。

因此，我们只有善于汲取昨天的经验和教训，利用今天作为新跨越的准备，斗志昂扬地去挑战明天，才能为人生划上一个圆满的句号。

81. 第二段中的"三十年河东，三十年河西"最可能是什么意思？

   A 生活有时不会一帆风顺
   B 做事要有条不紊、循序渐进
   C 人生变化无常
   D 要学会坚持到底

82. 第三段主要想告诉我们什么？

   A 人生应该过得从容不迫
   B 切不可急功近利
   C 要靠自己的力量办好事情
   D 要经营好今天

83. 根据上文，下列哪项正确？

   A 向自己的目标迈进是最重要的
   B 胜利与失败会相互转化
   C 要善于把握每一个机会
   D 不能只顾眼前的利益

84. 最适合做上文标题的是：

   A 如何面对生活中的困难和逆境
   B 冰冻三尺，非一日之寒
   C 把握现在，经营好人生
   D 如何规划自己的人生

85-88.

对植物稍有研究的人都知道，一般庄稼、树木等植物的根是由主根和须根组成的。这些名词也许太专业了一些，但是，我们都知道，不管是主根还是须根，植物的根都是在土壤里向下生长的，为的是能吸收土壤中的水分、营养和氧气。

然而，就是有一种奇怪的植物，它却多出了一种根，而且多出的这种根是钻出地面朝天生长的。这种植物的名字叫海桑。

海桑生长在广东和福建沿海一带，它们生长茂盛，繁殖力极强，高可达5米。它们生长在海边滩涂的淤泥里，经常受到潮汐的侵袭，生存环境极为恶劣。最不能忍受的是，淤泥中缺氧，在没有氧气的环境里，海桑是怎么生存的？而且生存得那么旺盛、那么繁茂？

答案很简单，因为海桑比别的植物多长了一种根——呼吸根。为了吸收到新鲜氧气，呼吸根拼命钻出淤泥朝天长，然后，把吸收到的氧气传回到淤泥中的主根和须根。所以可以说，朝天长的呼吸根是海桑赖以生存和生长的源泉，没有朝天长的这种根，就没有海桑的生命。

为了生存和生长，不论是植物还是人类，都要不遗余力的，即使再恶劣的环境，也能找到生存和生长的办法。找到这种办法，需要像海桑一样，具有让根破土而出朝天长的勇气。

85. 关于海桑的呼吸根，可以知道什么？

    A 长达5米

    B 向上生长

    C 不需要土壤中的水分

    D 生长在淤泥里

86. 关于海桑，下列哪项正确？

    A 繁殖能力较低

    B 缺少氧气也能生存

    C 生长在海边

    D 靠须根吸收营养

87. 第5段中的"不遗余力"最可能是什么意思?

   A 尽一切力量
   B 不费力气也有可能实现
   C 早已所剩无几
   D 有锲而不舍的态度

88. 上文主要想告诉我们什么?

   A 要提高适应能力
   B 要具有见义勇为的精神
   C 要精打细算
   D 要积极面对困境

89–92.

"抢救历史意味着什么？只有你的历史不再支离破碎，你的人民才有尊严，你的国家才有体面。"这是著名主持人崔永元口述历史时的最大感受。年过半百的崔永元成立了自己的公益基金，除关注孩子外，他还希望将后半辈子的事业焦点，放在口述历史的公益项目上。

"口述历史"是一种重要的历史收集方法，这种从民间的角度来记录历史的做法，在国外早已取得丰硕的成果，然而在中国，口述历史却几近空白。2002年，崔永元从采访电影人到采访抗战老兵，开启了中国"口述历史"的先河。10年间，崔永元以每天至少采访一个人的工作强度，收集了4000人左右的口述历史影像资料，其内容包括电影、外交、留学、知青、战争、音乐等的口述史。到目前为止，崔永元已拥有300万分钟以上的有价值的口述历史资料、500多万张珍贵的图片以及30万件稀有的历史实物材料。

2012年2月27日，中国传媒大学与崔永元合作成立了"口述历史"研究中心及"口述历史"博物馆。崔永元打算在博物馆建好后，分两步对公众开放：第一步，对学者和从业者开放；第二步，对全民开放。"要什么资料，无偿提供。"

在建设博物馆的过程中，最困难的是安装软件，志愿者需要把将近10万个小时的音像资料，重新整理分类、提取关键词以及校对文字。他说，"我们身边的多数人意识不到'口述历史'的重要性，可我每天都会为此焦虑，睡不着觉。历史会随着历史人物的消失一点点变得模糊，我们希望能跟时间赛跑，能采访到更多老人，了解到更多历史事件，让后人研究历史的时候可以尽可能地利用这些资料，接近历史的真实。"

89. 关于"口述历史"，下列哪项正确?

　　A 收集有关的史料很难
　　B 能使历史更完整
　　C 目前在中国还是空白
　　D 其内容偏重于政治方面的

90. 下列哪项不是崔永元在口述历史方面取得的成果?

　　A 开辟中国口述历史的先河
　　B 收集了大量的口述历史资料
　　C 开设了口述历史栏目
　　D 参与成立"口述历史"研究中心

91. 关于口述历史博物馆，下列哪项正确？

    A 有些资料有偿提供
    B 最困难的就是硬件建设
    C 来参观的人越来越少
    D 将率先对学者开放

92. 上文主要谈的是：

    A 崔永元为中国的"口述历史"做出的贡献
    B "口述历史"的客观性与真实性
    C "口述历史"的重要性
    D 崔永元所提出的关于"口述历史"的疑问

93-96.

药膳是中医学的一个重要组成部分，是中华民族历经数千年不断探索、积累而逐渐形成的独具特色的一门临床实用学科，是中华民族祖先遗留下来的宝贵的文化遗产。

几千年来，中国传统医学就十分重视饮食调养与健康长寿的辨证关系，它包括食疗，即用饮食调理达到养生防病治病作用，以及药膳，即用食物与药物配伍制成膳食达到养生防治疾病的作用。

现代药膳的发展是在总结古人经验的础基上，得以进一步完善的，其运用更加符合中医理论的发展，并注意吸取现代科学理论的研究和应用，具备理论化、科学化的发展方向。它遵循中药药性的归经理论，强调"酸入肝、苦入心、甘入脾、辛入肺、咸入肾"；提倡辨证用药，因人施膳，因时施膳。

注重中药与饮食相结合，药膳除了具有鲜明的中医特色外，还具有食品的一般特点，强调色、香、味、形，注重营养价值，因此一份好的药膳，应是既对人体的养生防病具有积极作用，对人体具有良好的营养作用，又要激起人们的食欲。

现代药膳的技术操作与特殊应用上，也"八仙过海，各显其能"，由于药膳是一种特殊的食品，故在烹制方法上也有其特点，除了一般的食品烹制方法外，还要根据中药炮制理论来进行原料的处理。如成都同会堂的荷叶凤脯，广春堂的银杏鸡丁，吉林的参茸熊掌等，都各具特色而驰名中外。

93. 关于药膳，下列哪项正确？

    A 是一种新事物

    B 主治慢性病

    C 有防病治病的作用

    D 能包治百病

94. 根据中医理论，甜与哪个人体器官有关？

    A 肾

    B 肺

    C 胃

    D 脾

95. 一份好的药膳应有什么特点?

   A 要激起人们的食欲
   B 要有助于养生防病
   C 要有很好的营养作用
   D 包括以上几项

96. 上文主要想告诉我们:

   A 药膳的由来
   B 怎样保持健康
   C 美味健康的药膳
   D 中医学的发展

97-100.

我们习惯说杨绛是"钱钟书夫人",很少有人会想到几十年前,人们是以"杨绛的丈夫"来称呼钱钟书的。上世纪40年代在上海,杨绛涉足剧本创作,始因《称心如意》中出的一句话"泪和笑只隔了一张纸"这一题目的话剧一炮走红,继因《弄真成假》、《风絮》而声名四起。直到钱钟书写出《围城》,<u>这一局面</u>才得到根本改观。

1978年,杨绛遁入翻译,有了《堂吉诃德》中译本,其累积发行近百万册。1986年10月,西班牙国王向75岁的杨绛颁授"十字勋章",表彰她对传播西班牙文化所作的贡献。其后,从《洗澡》,到2003年出版回忆一家三口风雨生活的《我们仨》,到96岁成书《走到人生边上》,杨绛的作品一直深受读者的喜爱。

在许多人的眼里,功成名就的杨绛,她却一贯保持着俭朴本色。她的寓所没有任何装修,只有旧式的柜子、桌子。她还将自己的稿费捐献给清华大学,那笔奖学金便给考上清华的贫寒子弟。

杨绛和钱钟书的爱情也一直被人们关注。1935年,杨绛与钱钟书结婚。杨绛随之从大小姐过渡到了"老妈子",她并不感觉委屈,因为她爱丈夫,觉得他胜过自己。她说,"我了解钱钟书的价值,我愿为他充分发挥出他的潜力、创造力而牺牲自己。"钱钟书说要写《围城》,她不仅赞成,还很高兴。她要他减少教课钟点,致力于写作,为节省开销,她辞掉女佣,做起了"灶下婢"。"握笔的手初干粗活免不了伤痕累累。不过吃苦中倒也学会了不少东西,使我很自豪。"即使在钱钟书去世后,杨绛仍不改初衷,默默地"继承"他<u>未竟</u>的事业。她以惊人的毅力整理钱钟书的手稿。多达7万余页的手稿,涉猎题材之广、数量之大、内容之丰富,令人叹为观止。杨绛耐心细心,一张张轻轻揭下,分类装订,认真编校……2003年,《钱钟书手稿集》终于与读者见面。

有人赞她是著名作家,她说:"我没有这份野心。"还有人说她的作品畅销,她说:"那只是太阳晒在狗尾巴尖上的短暂间。"

97. 第1段中的"这一局面"指的是:

A 《围城》是一本畅销书
B 杨绛的作品遇到了瓶颈
C 杨绛所写的作品为数不少
D 杨绛比钱钟书更有名

98. 关于钱钟书，下列哪项正确?

    A 获得了十字勋章
    B 翻译了《堂吉诃德》
    C 留下了7万多页的手稿
    D 帮杨绛写《走到人生边上》

99. 关于杨绛，可以知道什么?

    A 与钱钟书合著《围城》
    B 淡泊名利
    C 向来重视天伦之乐
    D 《走到人生边上》是她早期的作品

100. 第4段中的"未竟的"最可能是什么意思?

    A 出人意料的
    B 引起许多争议的
    C 没有得到认可的
    D 没来得及完成的

三、书 写

第101题：缩写。

(1) 仔细阅读下面这篇文章，时间为10分钟，阅读时不能抄写、记录。
(2) 10分钟后，监考收回阅读材料，请你将这篇文章缩写成一篇短文，时间为35分钟。
(3) 标题自拟。只需复述文章内容，不需加入自己的观点。
(4) 字数为400左右。
(5) 请把作文直接写在答题卡上。

　　传说中，天上管理马匹的神仙叫伯乐。在人间，人们把精于鉴别马匹优劣的人，也称之为伯乐。

　　第一个被称作伯乐的人本名孙阳，他是春秋时代的人。由于他对马的研究非常突出，人们便忘记了他本来的名字，干脆称他为伯乐，延续到现在。

　　一次，伯乐受楚王的委托，购买能日行千里的骏马。伯乐向楚王说明，千里马数量极少，所以找起来不容易，需要到各地寻访，请楚王不必着急，他尽力将事情办好。伯乐跑了好几个国家，并且仔细寻访了素来盛产名马的燕国和赵国一带，辛苦备至，还是没发现中意的良马。

　　某个夏日，伯乐从齐国返回，在路上，看到了一匹马正拉着盐车，很吃力地在陡坡上行进。马累得呼呼喘气，每迈一步都十分艰难。伯乐对马向来亲近，不由得走到跟前。马见伯乐向自己走近，突然昂起头来瞪大眼睛，大声嘶鸣，好像要对伯乐倾诉什么。伯乐立即从声音中判断出，这是一匹难得的骏马。伯乐对驾车的人说："这匹马在疆场上驰骋，任何马都比不过它，但用来拉车，它却不如普通的马。你还是把它卖给我吧。"驾车人认为伯乐是个大傻瓜，他觉得这匹马太普通了，拉车没气力，吃得太多，骨瘦如柴，毫不犹豫地同意了。

　　伯乐牵走千里马，直奔楚国。伯乐牵马来到楚王宫，拍拍马的脖颈说："我给你找到了好主人。"千里马好像明白伯乐的意思，抬起前蹄把地面震得咯咯作响，引颈长嘶，声音洪亮，如大钟石磬，直上云霄。楚王听到马嘶声，走出宫外。伯乐指着马说："大王，我把千里马给您带来了，请仔细观看。"楚王一见伯乐牵的马瘦得不成样子，认为伯乐愚弄他，有点不高兴，说："我相信你会看马，才让你买马，可你买的是什么马呀，这马连走路都很困难，怎么能上战场呢？"伯乐说："这确实是一匹千里马，不过拉了一段车，又喂养不精心，所以看起来很瘦。只要精心喂养，不到半个月，一定会恢复体力，变得结实。"

楚王一听，有点将信将疑，便命令马夫尽心尽力把马喂好，果然，马变得精壮神骏。楚王跨马扬鞭，便觉得两耳生风，喘息的功夫，已跑出百里之外。后来千里马为楚王驰骋沙场，立下不少功劳。楚王对伯乐更加敬重。

现在，人们常用"伯乐"来比喻那些能够发现人才，并懂得欣赏人才的人。

합격 모의고사

4회

新汉语水平考试
HSK(六级)

注 意

一、HSK(六级)分三部分：

    1. 听力(50题，约35分钟)

    2. 阅读(50题，50分钟)

    3. 书写(1题，45分钟)

二、**听力结束后，有5分钟填写答题卡。**

三、全部考试约140分钟(含考生填写个人信息时间5分钟)。

一、听 力

第一部分

第1-15题：请选出与所听内容一致的一项。

1. A 飞机迎风降落很危险
   B 主导风向决定机场跑道方向
   C 飞机滑跑距离越长越安全
   D 飞机应逆风起飞

2. A 眼睛干涩时应及时使用眼药水
   B 眨眼会抑制眼内润滑剂的分泌
   C 眺望远方有害视力
   D 上班族应谨防用眼过度

3. A 盘子价格很低廉
   B 儿子矢口否认自己打碎盘子
   C 儿子打碎了两个盘子
   D 儿子将碎片隐藏起来了

4. A 农夫谨慎行事
   B 农夫怕承担风险
   C 农夫懂得审时度势
   D 农夫的庄稼获得大丰收

5. A 名字不一定要朗朗上口
   B 好名字要简洁易记
   C 好名字能代替广告宣传
   D 好名字有助于产品推广

6. A 不要好高骛远
   B 眼光要长远
   C 不要急功近利
   D 人的潜力无极限

7. A 黑土富含养料
   B 黑土可涵养水分
   C 黑土是碱性土壤
   D 黑土地不宜种植农作物

8. A 泰山禁止在石头上刻画
   B 泰山山势陡峭无比
   C 泰山是中国第一高山
   D 泰山文化底蕴深厚

9. A 知足者常乐
   B 做事要善始善终
   C 做事要专心致志
   D 人要学会减压

10. A 飞鱼是虚拟的海洋生物
    B 飞鱼多生活在温暖水域
    C 飞鱼飞翔是为了透气
    D 飞鱼攻击大型鱼类

11. A 他杀龙无数
    B 他学有所用
    C 龙行动敏捷
    D 他的本领白学了

12. A 写小字的人心胸狭隘
    B 练字能陶冶情操
    C 写圆形字的人老奸巨猾
    D 笔迹能反映人的性格

13. A 传统贺卡尚未被取代
    B 电子贺卡无法传达真心
    C 传统贺卡越来越升值
    D 电子贺卡缺乏魅力

14. A 古时候不重视元宵节
    B 元宵节有猜灯谜的风俗
    C 古代灯笼仅作观赏用
    D 古代吃元宵的人不多

15. A 莲花只是昙花一现
    B 遇事一定要当机立断
    C 立志要趁早
    D 做事要持之以恒

第二部分

第 16-30 题：请选出正确答案。

16. A 所有人都应该成为领袖
    B 是先天具有的气质
    C 是一种社会角色
    D 成为领袖才能出人头地

17. A 能积累生活阅历
    B 让孩子更好地融入团体
    C 最终成为领袖
    D 有助于就业和创业

18. A 自我控制能力
    B 良好的心理素质
    C 高度的责任感
    D 与他人沟通合作的能力

19. A 给孩子足够的自由
    B 手把手地教给孩子
    C 培养孩子独立克服困难的能力
    D 引导孩子自己感受

20. A 每天说一次"你真棒！"
    B 具体到实际行为
    C 无条件地批评
    D 适当的批评加适当的表扬

21. A 应该符合时代潮流
    B 应该反映设计理念
    C 应回归传统
    D 要符合特定对象的需求

22. A 没有特定的对象
    B 一些脚踏实地、埋头苦干的设计师
    C 大自然
    D 标新立异的人

23. A 喜欢光鲜亮丽的
    B 讲究舒适度
    C 重视品牌
    D 只穿亲自设计的

24. A 停止不必要的消费
    B 将有用作为取舍的原则
    C 设计师应该踏踏实实
    D 服装只是一种外表

25. A 常常以貌取人
    B 是女强人
    C 经常出演各种节目
    D 很少接受采访

26. A 为自己感到自豪
    B 有很大的发展空间
    C 淡泊名利
    D 自高自大

27. A 标榜
    B 引以为戒
    C 勉励
    D 自我安慰

28. A 充满善意的竞争
    B 大部分选手容易错过的机会
    C 一步登天的捷径
    D 并非是人生中奋斗的终点

29. A 成功时的喜悦
    B 名利双收
    C 家人的关爱
    D 出人头地

30. A 不止一次参加奥运会
    B 打算退出体坛
    C 阻止父母去现场观看比赛
    D 看重成就感

第三部分

第 31-50 题：请选出正确答案。

31. **A** 大脑比小脑发达
    B 是一种脑部疾病
    C 大脑左右半球功能不同
    D 大脑分为两部分

32. **A** 字面意义
    B 脱口而出的话
    C 无需揣摩的话
    D 有讽刺意味的话

33. **A** 大脑如何工作
    B 如何训练大脑机能
    C 大脑右半球的语言功能
    D 大脑的语言机制

34. **A** 身长
    B 鱼鳞
    C 鱼鳍
    D 鱼尾

35. **A** 鱼的年轮和年龄成反比
    B 鲤鱼寿命最长
    C 鱼春夏生长较快
    D 鱼冬季生长速度较慢

36. **A** 可改进捕捞方法
    B 使捕捞更合理
    C 可以避免破坏环境
    D 有助于增加捕捞量

37. **A** 想设陷阱引老虎上钩
    B 担心驴逃跑
    C 认为驴毫无用处
    D 驴一直大叫一声

38. **A** 新奇
    B 是庞然大物
    C 力大无比
    D 凶狠

39. **A** 想借此威胁驴
    B 想借驴保护自身
    C 认识到驴脾气暴躁
    D 发现驴没什么本事

40. **A** 老虎十分愚昧
    B 驴艺高胆大
    C 老虎深受重创
    D 驴成为老虎的盘中餐

41. A 施肥步骤
    B 浇水技巧
    C 挖坑深度
    D 施肥方法

42. A 不利于光合作用
    B 使树根萎缩
    C 造成土壤流失
    D 污染环境

43. A 人不可貌相
    B 民以食为天
    C 不努力就能得到
    D 衣食无忧

44. A 要有远见卓识
    B 要先发制人
    C 有追求才有动力
    D 不能讳疾忌医

45. A 保留意见
    B 杞人忧天
    C 怀疑批判
    D 身体力行

46. A 蚂蚁勤劳诚恳
    B 蚂蚁喜欢群居生活
    C 人们工作效率高
    D 人们忙碌的状态

47. A 要注重生命的整体意义
    B 千里之行，始于足下
    C 做事应该速战速决
    D 一寸光阴一寸金

48. A 大雁是雌性
    B 大雁受伤了
    C 大雁竟然逃之夭夭
    D 不用箭就能射下大雁

49. A 大雁的悲鸣声
    B 大雁飞行速度慢
    C 大雁掉队了
    D 大雁的叫声及飞行速度

50. A 大雁逃跑了
    B 更嬴观察细致入微
    C 魏王箭艺高超
    D 弓断了

二、阅 读

第一部分

第51-60题：请选出有语病的一项。

51. **A** 这篇文章的作者出自莫言之手。
    B 虽说实验最终失败了，但大家都知道他已经竭尽全力了。
    C 高原系指海拔在3000米以上的地区，由高原低氧环境引起的人体低氧性疾病，统称为"高原病"。
    D 随着经济全球化进程的不断加快，国际人口流动更加频繁。

52. **A** 登上山顶后，他的眼前豁然开朗。
    B 幸福需要我们一点点去争取，一天天去积累。
    C 水母是世界上含水量最高的生物，其含水量大多在95%以上。
    D 屏风一般陈设于室内的显著位置，起到分隔空间、挡风及装饰等。

53. **A** 秋去冬来之际，银杏树满身金黄，显得极其绚丽。
    B 泉州木偶戏历史悠久，它始于汉、兴于唐而盛于宋。
    C 低碳环保的生活方式已成为一种趋势，逐渐为大众所远离。
    D 对于人才闲置现象，王经理至今仍未拿出一个有效的解决方案。

54. **A** 雪崩的发生归因于冰雪能够承受的压力有关。
    B 俗话说"人无完人，金无足赤"，任何人都会有缺点。
    C 为了将这些树苗培育好，他每天都坚持去地里观察并做记录。
    D 苏州园林中面积最大的非拙政园莫属了，其在江南园林中极具代表性。

55. A 时间如同一张网，你撒在哪里，收获就在哪里。
    B 孩子们正在为马上立刻到来的春节晚会准备节目。
    C 景德镇瓷器技艺精湛、造型优美，其中以"骨瓷"最为有名。
    D 渤海海峡是渤海海运交通的唯一通道，位于辽东半岛与山东半岛之间。

56. A 到昨天为止，此网站的注册用户已超过50万。
    B 在人生中，我们并非缺乏机遇，而是不懂得如何把握它。
    C 世上没有白吃的苦，每吃一次苦，你就积攒了一些本钱为未来的成功。
    D 羽绒的保暖性能要比其他人造材料好很多，它是目前最好的天然保暖材料。

57. A 一阵狂风暴雨过后，天空中出现了一道美丽的彩虹。
    B 阔别亲人20年后，他终于又回到了魂牵梦萦的故乡。
    C 倘若一篇作品的主旨存在问题，那么即便文字再优美，也算不上是好文章。
    D 按照方向和速度变化的突然性强，羽毛球运动员要具有较高的身体素质。

58. A 成语"绝处逢生"常用来形容在走投无路的情况下，又得到了希望与出路。
    B 双面绣《猫》是苏绣的代表作之一，无论从正面看或是从反面看，猫的神态都能看到调皮、活泼。
    C 鸟类在迁徙的过程中原本是以星星定向的，但由于城市照明光等人工光源的干扰，它们常常迷失方向。
    D 磁悬浮列车是一种靠磁悬浮力来推动的列车。由于其轨道的磁力使之悬浮在空中，行走时不同于其他列车需要接触地面，因此只受空气的阻力。

59. A 鲜柠檬维生素含量极高，能防止和增长皮肤色素沉着，是天然的美容佳品。
    B 每每回忆起与他朝夕相处的日子，他那和蔼可亲的面容总会浮现在我的眼前。
    C 幽默的语言不仅能缓解尴尬的气氛，消除人们的拘谨和不安，还能"大事化小，小事化了"。
    D 梅花象征着中华民族不屈不挠、勇往直前的品格，咏梅也因此成为了中国诗歌的传统题材。

60. A 河流、树木、房屋，全都罩上一层厚厚的雪，万里江山变成了粉妆玉砌的世界。

B 北京天桥集文化娱乐和商业服务为一体，是北京首屈一指的演艺集聚区。它虽历经沧桑，却持久不衰。

C "物竞天择，适者生存"是达尔文进化论的核心观点，指万物在优胜劣汰的竞争中，通过变异、遗传和自然选择的发展过程。

D 青花瓷釉面清爽透亮，纹饰灵动而不失规矩，其表面的青花发色含蓄沉静，历久弥坚，青花瓷款识种类繁多，每个时期的款识都有鲜明的时代特征明显。

第二部分

第 61-70 题：选词填空。

61. 蜡染是中国少数民族民间传统纺织印染手工艺，有着悠久的历史。蜡染_____，色调素雅，风格独特，用于制作服装服饰和各种生活实用品，显得_____大方、清新悦目，还_____民族特色。

   A 繁多　　朴实　　富有
   B 繁杂　　朴素　　享有
   C 丰盛　　切实　　赋予
   D 众多　　扎实　　授予

62. 温泉从严格意义上来说，是从地下自然涌出的泉水，其水温_____高于当地年平均气温。形成温泉一般要_____地底有热源、岩层中有让泉水涌出的_____、地层中有储存泉水的空间这三个条件。

   A 明显　　具有　　纹理
   B 显著　　具备　　裂隙
   C 显眼　　包含　　裂缝
   D 惹眼　　筹备　　缝隙

63. 人耳的听觉有七大效应，其中一种叫"掩蔽"效应。人耳能自动_____环境中的噪音，而把那些我们感兴趣的声音_____出来。因此，即使我们站在人声_____的人群中，也能听见别人对我们讲的话。

   A 排除　　显现　　喧闹
   B 清理　　显示　　哗然
   C 废除　　展现　　喧哗
   D 清除　　凸显　　嘈杂

64. 鲜嫩辣子鸡是川菜的一个代表。它将童子鸡的"鲜"和米椒、杭椒的"辣"融为一体，其风味_____。它采用炖制的方法，尽量_____鸡肉的鲜嫩，而米椒、杭椒的味道又会_____地渗入到鸡肉当中。火辣辣的米椒、杭椒，覆盖着白嫩嫩的童子鸡，川菜香辣的_____，在"鲜嫩辣子鸡"上得到了完美体现。

   A 别具一格　　保留　　恰到好处　　诱惑
   B 津津乐道　　保管　　易如反掌　　迷惑
   C 别具匠心　　保存　　彻头彻尾　　诱人
   D 爱不释手　　保养　　雷厉风行　　蛊惑

65. 滕王阁的第5层是一个回廊四绕的明层，_____是登临远眺的最佳去处。登上5层的回廊，放眼望去，天光水色，_____，心胸豁然开朗。要是赶上_____西下，也许就真要进入"落霞与孤鹜齐飞，秋水共长天一色"的_____了。

    A 听说　　　一览无余　　　火焰　　　边境
    B 传说　　　一日千里　　　烛光　　　处境
    C 据说　　　一碧万顷　　　夕阳　　　境界
    D 据悉　　　一望无垠　　　落日　　　界限

66. 挫折在具有消极意义的同时，也具有积极意义。它可以_____人的意志，使人学会思考，从而以更好的方式去实现自己的_____、成就辉煌的_____。正如一位科学家所说："人们最_____的工作往往是在逆境中做出的。"

    A 磨炼　　　目标　　　事业　　　出色
    B 锻炼　　　目的　　　工作　　　优越
    C 修炼　　　理想　　　工程　　　卓越
    D 进修　　　夙愿　　　成果　　　杰出

67. 程颐是宋代著名的大学者，他门下有一个弟子叫杨时。有一次，杨时去_____程颐正巧_____上程颐在打坐养神，他就恭恭敬敬侍立在门外。_____天降大雪，等程颐醒来时，雪已下了一_____多深，而杨时则通身披雪。这就是传颂至今的"程门立雪"的故事。

    A 探望　　　撞　　　突然　　　筐
    B 拜托　　　盯　　　忽然　　　丈
    C 访问　　　瞧　　　以致　　　堆
    D 拜访　　　碰　　　不料　　　尺

68. 长久以来，人们一直认为第二语言是一种干扰，会引起思维_____。不过研究人员近来发现，这种干扰_____说是障碍，倒不如说让使用者"_____"，因为它会迫使大脑去解决内部_____，从而提高使用者的认知能力。

    A 错乱　　　倘若　　　一箭双雕　　　隔阂
    B 混乱　　　与其　　　因祸得福　　　冲突
    C 混淆　　　反之　　　急功近利　　　纠纷
    D 障碍　　　宁愿　　　得寸进尺　　　危害

69. 钱塘江大潮是世界三大涌潮之一，是海水通过钱塘江喇叭状的入海口时形成的景观。农历八月十六是观潮的最佳_____，中秋佳节前后，八方宾客_____，争睹钱江潮的奇观。潮来时，江面波涛_____，场面十分_____。

A 奇遇	人云亦云	踊跃	壮烈
B 时间	摩肩接踵	涌现	茁壮
C 时机	蜂拥而至	汹涌	壮观
D 瞬间	络绎不绝	雀跃	壮阔

70. 光阴犹如一把雕刻刀，在天地之间创造着种种_____。它能把坚冰融化成春水，把幼苗扶持成大树。当然，它也可以把森林变成荒漠，把城市变成_____。你珍惜它，它就在你的周围长出绿荫，结出_____的果实；你_____它，它就化成轻烟，消失得_____。

A 古迹	峡谷	绿油油	亏待	无声无息
B 遗迹	峭壁	金灿灿	歧视	无法无天
C 事迹	荒地	明晃晃	敌视	无穷无尽
D 奇迹	废墟	沉甸甸	漠视	无影无踪

第三部分

第 71-80 题：选句填空。

71-75.

提起张大千，恐怕无人不知，无人不晓，他绘画、书法、篆刻、诗词无所不通，(71)_____。

但有一个事实却鲜为人知，那就是张大千的二哥张善子也是一位画家，而且特别擅长画老虎。早年，兄弟二人曾经合作画画，二哥画虎，(72)_____。其实，张大千也会画虎，但因为二哥以画虎享有盛誉，为了二哥，他一直避讳画虎。

事情是这样的：有一次张大千酒后画了一幅《虎图》，本想自己留着欣赏，却不慎流落到他人手中。以他当时的名气，(73)_____，成了千金难求的佳作。此后，不少富商名流登门拜访张大千，争先恐后出高价请他画虎。张大千后悔不迭，自觉有愧于二哥。然而张善子并未因此而不悦，(74)_____，甚至还为那幅画题了字。但是，张大千仍无法原谅自己。

经历这场风波之后，原本酷爱饮酒的张大千立誓从此绝不饮酒，也绝不画虎。从此，(75)_____。

A 尤其在山水画方面卓有成就
B 反而对张大千画的那幅《虎图》赞赏有加
C 张大千与饮酒和画虎都绝了缘
D 这幅画很快受到了追捧
E 之后再由张大千加上一些山水景物

76-80.

地球上生存着数十亿的人口以及不计其数的动植物，这无疑是宇宙的一个奇迹。而这一奇迹的诞生要归功于地球在太阳系中所处的特殊位置。

事实上，金星、火星与地球几乎是同时期形成的，(76)_____，但为什么只有地球上出现了生命呢? 根本的原因是地球上有液态水，(77)_____。而液态水正是产生生命必不可少的条件。

地球还有一个"兄弟"，那就是金星。据科学家们观测所知，它的大小、质量、构成都与地球相似，但它却是个被厚厚大气层笼罩着的、表面温度高达480℃的死星。就气候的平稳性来说，两者好似天堂与地狱。到底是什么原因使得这"两兄弟"的命运如此不同呢? 科学家认为这是两者距离太阳远近不同造成的。金星离太阳更近，它受到的太阳照射比地球强得多，金星大气中的水蒸气，还未来得及冷却成雨降落下来，就被来自太阳的过强的紫外线分解了，(78)_____。

金星尚且如此，(79)_____。比地球更远离太阳的行星，由于离太阳太远，收到的太阳辐射不够多，水都以冰的形式存在。因此，出现生命的概率可以说是微乎其微。

由此可见，(80)_____。

A 比金星还靠近太阳的水星就更不用说了
B 其他行星上却没有
C 也几乎由同样的物质组成
D 金星上的水就这样被永久地夺走了
E 地球所处的位置真是妙不可言

第四部分

第 81-100 题：请选出正确答案。

81-84.

曾经有人做过这样一个实验：小汽车陷入土坑里，想请人帮忙推出。实验者随即向路过的行人求助，发现半数以上的人都乐于出手相助。第二次，他改变了求助策略，那就是会将10块钱作为报酬给与对方。出乎意料的是这时竟然只有极少数的几个人愿意帮他。第三次，他改变了答谢策略，即在成功将车推出土坑后，他赠与每个施助者一个小礼物。结果令人大跌眼镜，施助者不但欣然接受了礼物，甚至还反过来对他表示感谢。

对于这一奇异现象，经济学家给出了解释：我们同时生活在两个市场里，一个是社会市场，一个是货币市场。市场不同，规则不同，回报不同，人们的关注点也不同。从道德层面考量某种行为时，人们通常不会考虑其市场价值，即使没有任何报酬，人们也乐于帮忙，因为人们觉得这样的行为有道德和精神意义上的价值。如果某种行为属于社会市场，就不要将其引入货币市场进行"定价"，否则会让人不悦，甚至产生厌恶、抵触情绪。当然，对于帮助过我们的人，我们应该答谢，但不是给钱，一份小礼物会让施助者更开心，因为礼物的意义是一种精神层面上的感激和褒扬，而不是对他们的善行或者义举进行"定价"。

由这个实验，我们可以得到一个启示，那就是在这个世界上，有许多东西是不能也无法"定价"的。虽说"有钱能使鬼推磨"，但钱并不是能解决一切问题的灵丹妙药。

81. 关于第二次试验，可以知道：

A 人们嫌报酬少
B 施助者拒绝接受礼物
C 施助者会得到礼物
D 实验者遭到婉拒

82. 当人们从道德层面考量某种行为时：

    A 会考虑能否得到报酬
    B 乐于提供无偿帮助
    C 会对种行为"定价"
    D 不在意别人的看法

83. 施助者欣然接受礼物，是因为：

    A 受助者十分有诚意
    B 这是对其善行的物质奖励
    C 这是对其行为的肯定
    D 受助者的态度很诚恳

84. 上文主要想告诉我们：

    A 金钱不是万能的
    B 要懂得礼尚往来
    C 应该用道德来约束人
    D 要乐于助人

85-88.

人们在职场中,按照资历深浅,大致会经历三种角色:进入社会不久的新人、中层干部与高层主管。我们可以把在这三个阶段工作的人比拟为三种动物:鸟、骆驼、鲸鱼。

初出茅庐的新人,像是一只鸟——刚刚孵化,开始学习飞翔。小鸟的优势,就是机会无穷,各种新奇的尝试与可能,都在双翼之下。你可以选择成为家鸟,驻足于别人屋檐下;你也可以选择成为林鸟,生活在茂密的森林里;你还可以选择成为候鸟,随季节的变化而周游各地。但是,你也要小心,太多新奇的选择,会让你眼花缭乱;或者,你选择成为一种你体力无法适应的鸟;或者,你不停地变换自己的生存方式,最后连你都忘了自己是一只什么样的鸟;或者,你选择方便的离人群很近的觅食方式,结果成为别人弹弓下的猎物。

在职场中摸爬滚打几年后,成为公司或组织里的中坚分子,这时你就成了一头骆驼。你的公司、你的上司愿意信任你、重用你,一再把沉重的工作交付下来,让你承担。这时候的骆驼,已经不像小鸟那样可以任意飞翔,甚至即使有变动的机会出现,你也已经不敢轻易尝试。骆驼的优势在于平稳,看起来几乎没有任何风险。骆驼的风险也在于平稳,看起来几乎没有任何机会。

如果老天爷眷顾你,你还将会有幸从中间干部更上层楼,成为一个公司或组织的高层决策者、领导者,那就成了一条鲸鱼。就从枯燥无际的沙漠,跃入了广阔自由的大海,长风万里,别人祝贺你;海天无垠,你期许自己。然而,进入了海洋,你就要接受海洋的一切。阳光灿烂的日子是你的,<u>狂风暴雨</u>的日子也是你的。最重要的是,你要永远前进,没有停歇。你没有上岸休息的权利——上岸的鲸鱼,就搁浅了,是要死亡的。你不得不硬着头皮做一个乘风破浪的弄潮儿。

85. 关于刚进入社会的新人,可以知道什么?

A 没有组织观念

B 缺乏工作热情

C 有很多选择

D 肩负着重大责任

86. 中层干部与骆驼的共同点在哪?

    A 缺乏冒险精神
    B 值得信赖
    C 很难得到重用
    D 喜欢玩"心跳"

87. 第4段用"狂风暴雨"来比喻什么?

    A 波澜壮阔的人生
    B 千载难逢的良机
    C 与别人的争端
    D 可能遇到的风险

88. 最适合做上文标题的是:

    A 天高任鸟飞
    B 鸟、骆驼、鲸鱼
    C 顺其自然
    D 人走茶凉

89-92.

动画是一门幻想艺术，集合了绘画、漫画、电影、数字媒体、摄影、音乐等众多艺术门类于一身。它更容易直观表现和抒发人们的感情，可以把现实中不可能看到的呈现于人们眼前，扩展了人类的想象力和创造力。

一般人们认为，动画片拍摄的对象是一些凭空创造出来的东西，而不是真实存在的。实际上，动画本身与其拍摄对象并无必然联系，真正区别动画和电影电视技术的关键是拍摄方式。在三维动画出现以前，对动画技术比较规范的定义是：采用逐帧拍摄对象并连续播放而形成运动影像的技术。不论拍摄对象是什么，只要它的拍摄采用的是逐格方式，连续播放时形成了活动影像，那么它就是动画。

动画的基本原理与电影、电视一样，都是视觉原理。人类具有"视觉暂留"的特性，就是说人的眼睛在看到一幅画或一个物体后，形成的画面在0.34秒内不会消失。利用这一原理，在一幅画还没有消失前播放下一幅画，就会产生一种流畅的视觉变化的效果。因此，电影拍摄和播放的速度是每秒24幅画面，电视则是每秒25幅或30幅。如果低于每秒10幅的话，就会出现停顿现象。而动画就是利用此原理把人或物的表情、动作、变化等分段画成许多幅画，再用摄影机连续拍摄成一系列画面，在视觉中形成连续变化的图画的一种技术。

因此，我们倘若要判断一个作品是不是动画，要看作品是否符合动画的本质，而不在于看其使用的材质或创作的方式。时至今日，动画已经包含了各种形式，但不论何种形式，它们都具有一些共同点：其影像是以电影胶片、录像带或数字信息的方式逐格记录的；另外，影像的"动作"是被创造出来的幻觉，而不是原本就存在的。

89. 根据第1段，动画：

    A 只源于生活

    B 是漫画的一种

    C 是综合性艺术

    D 不易抒发人们的情怀

90. 根据上文，可以知道：

    A 动画与其拍摄对象有密切的关系
    B 动画的"动作"是一种幻觉
    C "视觉暂留"是一种生理缺陷
    D 动画很注重材质和创作的方式

91. 关于动画片的拍摄特点，可以知道：

    A 与电影技术雷同
    B 所成影像是三维的
    C 以低于每秒10幅的速度拍摄
    D 采用逐格方式

92. 上文主要谈的是：

    A 动画的发展史
    B 动画的特点
    C 动画的拍摄技术
    D 什么是动画

93-96.

爱美是女人的天性，即使衣橱里的衣服再多，也总觉得没什么可穿的。我对衣服虽不痴迷，但也不能免俗，免不了花些时间去淘几件喜欢的衣服。有时候几个小时也挑不到可心的，很是沮丧；有些过于年轻可爱，有些太职业化，线条很硬，有些则奢华富丽。我所偏好的朴素雅致、端庄大方的服饰，越来越少。看似选择很多，其实无可选择，一如这个时代之于我。

有一天，闲来无事在家整理旧衣时，发现不少衣服尚可穿，有些稍作改动，比新衣更称心。挑了几件出来，挂在衣橱里——搜罗旧衣的收获远胜于逛街买新衣。

人们在生活中也总试图寻找新的工作领域、新的兴趣、新的朋友，以为可以给生活带来新的气象，甚至令沉闷灰色的现实焕然一新，却往往费力甚多，所得甚少。其实花些时间、用点儿心思整理经营已有的一切，就可让日子大有改观。比如住腻了的旧屋子、用厌了的旧家什，确实谈不上有什么美感。许多人将日子的乏味归咎于家居环境的陈旧与死气沉沉，以为一处崭新的豪宅，即可带来新鲜感与幸福，于是他们不惜花巨大的代价去换取一所无生命的房子，这些代价包括时间、精力甚至人格。终于搬进了豪宅，幸福却并不长久。

新鲜感是转瞬即逝的，屋子和家居也染上了主人的色彩而主人较之旧居中的那个人并无进步，于是屋子很快也变得乏味起来——即使富丽堂皇，也掩饰不了平庸和无趣。如果他们愿意花同样的时间和精力去经营旧家，更重要的是经营自我，生活就不会如此令人失望。旧不一定不如新。何况新也不能凭空而建，总要有旧作基础，否则只能是<u>空中楼阁</u>。更关键的是，如果新世界里旧根基还在，那新也还是旧，甚至还不如旧。

93. 根据第1段，作者对什么感到沮丧？

A 岁月不饶人
B 工作中缺乏灵感
C 生活质量下降
D 买不到称心如意的衣服

94. 关于作者，下列哪项正确？

   A 是服装设计师
   B 喜欢朴素大方的衣物
   C 喜欢崭新的家具
   D 住进了豪宅

95. 第4段中的"空中楼阁"最可能是什么意思？

   A 脱离实际的空想
   B 大鱼大肉的生活
   C 换汤不换药
   D 站得高，望得远

96. 最适合做上文标题的是：

   A 有得必有失
   B 知足者常乐
   C 旧未必不如新
   D 缺憾也是一种美

97-100.

笑是人生中最美的一道风景线，它很简单，是人与生俱来的本领；笑也很复杂，它蕴含着许多人们可能从来没听说过的学问。曾经有心理学家和他的同事对笑研究多年，终于发现了笑具有很多神奇功效。

据研究表明，笑共有19种。每一种笑都会动用不同的面部肌肉组合，有时会调用数十块儿肌肉，有时则只用到四五块儿肌肉。这19种笑可以归为两类：一类是社交类的礼貌性笑容，调动的肌肉较少；另一类是发自肺腑的笑，用到的肌肉比较多。相对于皱眉来说，露出笑容所调动的肌肉数量更少，用力也要小一些。既然绽放笑容是如此简单，何不少一些愁眉苦脸，多一些开心笑容呢？

多项研究结果表明，当人笑时，脑中的快乐激素便会释放出来。快乐激素是最有效的止痛化学物质，能缓解体内各种疼痛。因此，一些罹患风湿、关节炎的人如果经常笑，可以缓解病情。由此可见，笑是天然、无副作用的止痛剂。此外，笑也有助于新陈代谢，加速血液循环，让人更加年轻有活力。

研究人员还发现，大笑是保持身材苗条的最佳方法。大笑10至15分钟可以加快心跳，从而燃烧一定量的卡路里。与此同时，大笑还可以驱走负面情绪，释放压力。

俗话说得好，"笑一笑，十年少"，微笑可以使人看上去更年轻，因为微笑能调动肌肉群为我们的脸做"美容"。

微笑不仅可以让人看起来更有魅力、更有自信，甚至能帮助人们渡过难关。当一个人在笑时，会使整个房间的气氛变得轻松，从而改变其他人的心情。多笑笑吧，那么更多的人将被你吸引，更多的好运也会在前方等待你。

97. 根据第2段，可以知道：

  A 笑调动的肌肉数量不多
  B 礼貌性笑容调动的肌肉数量较多
  C 生气容易加速人的老化
  D 衷心的笑调动的肌肉数量较多

98. 关于快乐激素，下列哪项不正确？

    A 人笑时可以分泌
    B 风湿病患者体内缺乏
    C 缓解体内的疼痛
    D 是最有效的止痛剂

99. 下列哪项不属于笑的作用？

    A 消除压力
    B 可以美容
    C 促进人体骨骼发育
    D 调节气氛

100. 最适合做上文标题的是：

    A 天然美容佳品——笑
    B 快乐激素
    C 笑的种类
    D 笑中蕴藏的学问

三、书 写

第101题：缩写。

(1) 仔细阅读下面这篇文章，时间为10分钟，阅读时不能抄写、记录。
(2) 10分钟后，监考收回阅读材料，请你将这篇文章缩写成一篇短文，时间为35分钟。
(3) 标题自拟。只需复述文章内容，不需加入自己的观点。
(4) 字数为400左右。
(5) 请把作文直接写在答题卡上。

　　德国有个很有名的理工大学。这个大学有一门公共选修课——法律。自愿选修法律课的学生多得不可思议。碰到考试的时候，巨大的阶梯教室更是挤得水泄不通，甚至有的学生要坐在地板上答考卷。学生们这样的学习积极性，会让不知内情的人感慨万分。其实，这其中另有奥秘。

　　原来，这门课的试卷好多年来用的都是同一份。也就是说，每个学生在考试以前，弄份去年的考卷做一下，只要智商不是太低，就能考及格。这已经是大学里公开的秘密：法律课人多，教授傻，及格率百分之百。有一个春日的下午，我遇到这个大学的一个退休了的教授，我就把这个公开的秘密告诉给他。我倒不觉得那教授傻，我觉得他懒得不可救药，连一年出一份考卷这样的事情也不愿意做。

　　退休教授仔细地听着，然后呵呵笑起来。他说，这教授一不傻二不懒，他这是太聪明了！你想一想，大学为什么要给普通的学生开法律课，那是希望他们对法律有个大致的了解。可是谁都知道法律最枯燥无聊，学理科的学生都鬼精，头脑正常的人都不可能自愿去选这门课。就冲着这一成不变的考卷，他们就选修了法律。选修了，总得去听课。

　　在考试以前，总得把考卷做一做准备一下。如果这考卷出得内容丰富全面，那在准备考试的过程中，学生就了解了一些法律的基本知识，这不就达到了学习的目的？既然达到了学习目的，当然就可以及格。可以相信，这张考卷，还将不断地使用下去。学生一边考试一边偷着乐，而教授一边看考卷一边也偷着乐。双赢的事情，真是其乐融融。

　　即使考完试以后不及格，如果分数相差不多，也还存在一线希望。这个大学专门设有一个办公室，让学生去查考卷。查考卷的过程就是，老师和考生齐心协力再努力一把，看看能不能让没有及格的学生找到一个及格的机会。我亲戚的孩子在这个大学读书。去年考试有一门不及格，差了一分半。他起了个大早去查考卷的办公室。办公室那里人头攒动。排在他前面的是一个留着朋克发型的学生，老师看一眼这个学生的分数说，"差5分，太多了。找不回来那么多，你还是下次补考吧。"这个差5分的朋克就给打发走了。轮到一脸忠厚样子的他，老师说："差一分半？你也运气太背了。差半分问题不大，差一分半我就没把握了。我们一起来试试看吧！"结果他们两个在他的考卷上，这里找出一点，那里找出一点，终于凑成了及格，然后开开心心地握手告别。

其实，考试只是鼓励学生的一种手段。如果为了考试，让学生失去了学习的兴趣，那这样的考试也就失去了意义。

합격 모의고사

5회

新汉语水平考试
HSK(六级)

注　意

一、HSK(六级)分三部分：

　　1. 听力(50题，约35分钟)

　　2. 阅读(50题，50分钟)

　　3. 书写(1题，45分钟)

二、**听力结束后，有5分钟填写答题卡。**

三、全部考试约140分钟(含考生填写个人信息时间5分钟)。

一、听 力

第一部分

第1-15题：请选出与所听内容一致的一项。

1. A 南派表演注重语言艺术
   B 北派表演注重道具
   C 两派魔术各有所长
   D 魔术应注重手上功夫

2. A 应该分散投资
   B 理财等于发财
   C 理财能保持财务平稳
   D 花钱不属于理财

3. A 穿亮色服装可改善心情
   B 外向的人更爱穿鲜艳的服装
   C 爱穿粉色的女性童心未泯
   D 衣服颜色能反映女性性格

4. A 齐白石抄袭弟子的作品
   B 弟子遭齐白石训斥
   C 齐白石饶恕了弟子
   D 齐白石谦虚好学

5. A《牡丹亭》赞颂友谊
   B《牡丹亭》是禁书
   C《牡丹亭》是爱情剧
   D《牡丹亭》笔法很幽默

6. A 狐狸在奉承狼
   B 狼懂得居安思危
   C 狼害怕被追逐
   D 狼身轻如燕

7. A 五指山植物品种多
   B 五指山有五座山峰
   C 五指山上有温泉
   D 五指山常年被冰雪覆盖

8. A 多吃盐可助皮肤排毒
   B 喝盐水有助于降低血压
   C 多吃盐可增强免疫力
   D 多吃盐可致皮肤老化

9. A 度量大的人计较个人荣辱
   B 有抱负的人往往有更大的度量
   C 年纪与度量成正比
   D 度量小的人比较敏感

10. A 物竞天择，适者生存
    B 管理者应提高员工福利
    C 企业应"用人不疑，疑人不用"
    D 人才对企业发展至关重要

11. A 动物有第六感
    B 有些动物能预报天气
    C 动物比人反应敏感
    D 所有动物都能感知天气变化

12. A 老人手机操作简单
    B 老人手机无辐射
    C 老人手机不具上网功能
    D 老人手机无触摸屏

13. A 机器耗油较多
    B 运动可引发过度疲劳
    C 工作可给人带来动力
    D 要学会放松

14. A 天气热的时候最好到海边游泳
    B 到海边游泳要注意时间的选择
    C 傍晚时的海水不够暖和
    D 任何时间都适合到海边游泳

15. A 弟子们的方法都未奏效
    B 种庄稼不能根除杂草
    C 应该以毒攻毒
    D 师傅很自认为是

第二部分

第 16-30 题：请选出正确答案。

16. A 较为棘手
    B 时间绰绰有余
    C 无从下手
    D 得心应手

17. A 深入浅出
    B 用词精准
    C 文字浅显易懂
    D 语言俏皮机智

18. A 翻译是一种再创作
    B 译者的才情无用武之地
    C 译者不能随心所欲
    D 翻译是无中生有

19. A 化学家
    B 科学家
    C 性格演员
    D 魔术师

20. A 文科出身
    B 之前学过数学
    C 总是正襟危坐
    D 从未去过外国

21. A 尚未退役
    B 热爱音乐
    C 出身于音乐世家
    D 从事乐器教学工作

22. A 有助于选定曲子
    B 更好地理解作品
    C 情绪上得到满足
    D 推动艺术的发展

23. A 三四个月
    B 一个星期
    C 两周
    D 三天

24. A 历史不长
    B 可延伸手臂长度
    C 指挥时可有可无
    D 多是特制的

25. A 无需任何技巧
    B 须经专业培训
    C 要精通一两门乐器
    D 比想象的容易

26. A 引领时尚潮流
    B 中华民族的服装魅力
    C 中西文化的碰撞
    D 鲜明的个性

27. A 民族精神
    B 传统艺术
    C 文化内涵
    D 经典服装样式

28. A 收集市场信息
    B 确定主题
    C 提出创意提案
    D 满足需求

29. A 艺术交流
    B 创新精神
    C 想象力
    D 生活

30. A 致力于传统服装的设计
    B 最看重创意
    C 是服装设计师
    D 长期定居西双版纳

第三部分

第31-50题：请选出正确答案。

31. A 烫手山芋
    B 儿童门诊
    C 非常棘手的问题
    D 简单易做的事

32. A 彰显产品卖点
    B 满足消费者好奇心
    C 引发消费欲望
    D 使消费者产生欲望

33. A 吸引眼球
    B 定位准确
    C 富有寓意
    D 构思巧妙

34. A 让孩子消除恐惧感
    B 防止孩子犯错
    C 使孩子知错能改
    D 让孩子学会自我控制

35. A 要符合情理
    B 要模棱两可
    C 要细致缜密
    D 要墨守成规

36. A 规矩会阻碍孩子的茁壮成长
    B 教育应因材施教
    C 父母不应随意修改规矩
    D 父母应尊重孩子的私生活

37. A 眼睛只找到了一个落点
    B 积雪对光线的反射
    C 眼睛感觉不到疲劳
    D 雪地里空无一物

38. A 使人眼花缭乱
    B 引起视神经萎缩
    C 引发恐慌症
    D 引起失明

39. A 加速前行
    B 佩戴墨镜
    C 在雪地里设标志物
    D 拿着旗帜前行

40. A 眼睛是心灵的窗户
    B 要勇于挑战
    C 人要有目标
    D 要有愚公移山精神

41. A 上课溜号了
    B 表情滑稽
    C 跳法怪异
    D 没越过横杆

42. A 为现役跳高运动员
    B 被老师训斥一顿
    C 勤能补拙
    D 打破了奥运会纪录

43. A 要善于从错误中寻找契机
    B 要勇于纠正错误
    C 避免"一刀切"的做法
    D 要具有创新精神

44. A 外国游客剧增
    B 国内游客骤减
    C 学生增多
    D 婴幼儿减少

45. A 5岁以下
    B 5~12岁
    C 12~18岁
    D 18岁以上

46. A 出示健康证明
    B 起飞前半小时离开机场
    C 提前办理登机手续
    D 晚走早到

47. A 可登机时补办
    B 需购票时申请
    C 各航空公司规定相同
    D 没有人数限制

48. A 在皇上面前争吵
    B 蓄意谋反
    C 怒斥皇上
    D 刺杀皇上

49. A 依法治罪
    B 忘得一干二净
    C 不做计较
    D 罢免官职

50. A 要出类拔萃
    B 要一诺千金
    C 要杀一儆百
    D 要宽以待人

二、阅 读

第一部分

第 51-60 题：请选出有语病的一项。

51. A 中国玉石中的佼佼者要数新疆玉石了。
    B 人才与资源的短缺极大地限制了这座城市的经济发展。
    C 不同的人，既然站在同一个地方，看到的风景也不尽相同。
    D 纪念币由于发行量小且具有纪念意义，因此往往具有较高的收藏价值。

52. A 抗洪抢险救灾人员冒着倾盆大雨，在泥泞不堪的小路上快速前行。
    B 北极村是中国境内唯一一处可以观赏到极光和极昼现象。
    C 大陆架又称陆架，海水深度在200米以内的大陆架，蕴藏着大约1500亿吨石油。
    D 抗生素是微生物的代谢产物，有很强的杀菌性，可有效抑制细菌生长。

53. A 秦淮河在历史上极富盛名，它是南京古老文明的摇篮。
    B 50%以上的受调查者表示，低价是他们选择网购的首要原因。
    C 2014年2月3日为第三个世界无线电日，其主题是"珍惜频谱资源，保护电磁环境"。
    D 热带雨林树木繁多且品种茂密，是地球上过半数动植物的栖居场所。

54. A 这种最新研发制造的牙膏不仅香气浓郁，还能美白牙齿，因此深受消费者喜爱。
    B 当你把困难看得太清楚、分析得太透彻、考虑得太详尽时，反而会被它吓倒。
    C 那时，世界上很多国家才知道，虽然用化肥和农药能大大提高农作物产量，但后果是真可怕的。
    D 敦煌壁画是世界文化艺术的瑰宝，它的重大价值不仅在于规模空前绝后，更在于其内涵博大精深。

55. A 过去一些病症被认为一种不治之症，这样的患者促进了医学发展，这也是一个事实。

　　B 受西伯利亚强冷空气的影响，预计未来三天，中东部大部分地区将迎来大风降温和雨雪天气。

　　C 岁月抹不去我浓浓的思乡之情，相反，随着年龄的增长，这种思念愈发强烈。

　　D "环球嘉年华"是与"迪士尼乐园"和"环球影城"并驾齐驱的世界三大娱乐品牌之一。

56. A 遇事不问青红皂白，随便拿他人泄愤，很可能给对方造成莫大的伤害。

　　B 天文学的发展虽然并未能揭开彗星神秘的面纱，但彗星已不再被看做是不祥的征兆。

　　C 由于长时间注视闪烁的电脑屏幕以及保持一种操作姿势，是导致上班族视觉疲劳的主要原因。

　　D 石门涧素称庐山西大门，这里一年四季云蒸雾绕，鸟语花香，吸引了纷至沓来的游人。

57. A 过去再精彩，我们也无法回头；未来再艰险，我们也要勇往直前。

　　B 栀子花叶子四季常绿，芳香素雅，是深受人们喜爱的庭园观赏植物。

　　C 茶树菇是高蛋白、低脂肪的纯天然食用菌，民间称为"神菇"的美誉。

　　D 水在生命演化过程中起到了重要的作用，它是生物体最重要的组成部分。

58. A 这种新配方的醚类清洁汽油与乙醇汽油相比，点燃速度更快、燃烧效率更高。

　　B 天心阁自明代以来就被视为长沙古城的标志，享有"潇湘古阁，秦汉名城"的美誉。

　　C 年画是一种古老的民间艺术，把人们的风俗和信仰反映了，寄托着他们对未来的美好祝愿。

　　D 自然界的某些植物之所以会发出冷光，这是因为其体内含有大量的磷，江西井闪山地区的"灯笼树"正是如此。

59. A 盛唐时期，诗坛名家辈出，风格多样，流派纷呈，其中代表最为杰出的是李白和杜甫。

B 含羞草的叶子会对热和光产生反应，受到外力触碰时，叶柄下垂，叶片闭合，故得名"含羞草"。

C 今天，南方强降雨范围和强度都将明显收敛，西南地区东部、江南大部、华南西部都将开始绽放难得一见的晴天。

D 驼峰指骆驼背部隆起像山峰状的部分，里面贮存着大量脂肪，既可供其维持正常行动，亦可使其体温保持恒定，而不会使身体各处过度发热。

60. A 想要真正领略黄果树瀑布的雄奇和壮观，怎可到了黄果树瀑布而不进水帘洞呢?

B 一项关于长寿老人的研究结果显示，亲密的朋友关系与和谐的家庭氛围是人长寿的两大秘诀。

C 《牛郎织女》、《孟姜女》、《梁山伯与祝英台》与《白蛇传》被称为中国四大民间传说。

D 吃过饭后，血液会集中供向消化系统，从而导致流向大脑的血流量减少，大脑兴奋性有所降低很多，因此饭后人常常会犯困。

第二部分

第61-70题：选词填空。

61. 美国有位作家说过："人生不幸之事犹如一把刀，既可以为我们所用，也可以把我们＿＿＿伤，这要看我们究竟是＿＿＿住了刀刃，还是＿＿＿住了刀柄。"

    | A 掐 | 拣 | 捏 | B 割 | 抓 | 握 |
    | C 拧 | 磨 | 牵 | D 砍 | 夹 | 攥 |

62. 一项调查显示：中国女性的"幸福年纪"为28岁左右，这一年龄段的女性＿＿＿幸福的巅峰点，有＿＿＿的家庭，有"同甘苦共患难"的至亲分享快乐、＿＿＿烦恼，对未来也充满了憧憬，享受着无忧无虑的美好时光。

    | A 位于 | 温和 | 分配 | B 坐落 | 和蔼 | 承包 |
    | C 处于 | 和睦 | 分担 | D 陷入 | 温馨 | 处分 |

63. "倒春寒"是中国民间对立春后重新出现的短期＿＿＿天气的俗称。一般发生在四五月之交，＿＿＿一至两周左右。这种天气出现时，连日阴雨绵绵、冷空气频繁＿＿＿，这种使人难以忍受的"善变"天气称为"倒春寒"。

    | A 寒冷 | 坚持 | 侵略 | B 冰冷 | 延续 | 袭击 |
    | C 酷寒 | 蔓延 | 侵占 | D 骤冷 | 持续 | 侵袭 |

64. 诚实守信的人，理所当然能获得众人的尊重和＿＿＿。反之，倘若＿＿＿一时的小便宜而失信于人，表面上是得到了"实惠"，实际上却有可能＿＿＿了自己的声誉，这无异于丢了西瓜捡芝麻，＿＿＿。

    | A 威信 | 企图 | 毁灭 | 半途而废 |
    | B 信赖 | 贪图 | 毁损 | 得不偿失 |
    | C 信任 | 贪婪 | 损害 | 丢三落四 |
    | D 信仰 | 贪污 | 破损 | 颠三倒四 |

65. "女士优先"的含义是：在一切社交_____，每一名成年男子都有义务主动而自觉地以自己的实际行动去尊重妇女、照顾妇女、_____妇女、保护妇女，并且_____、尽心尽力地为妇女排忧解难。男士们唯有_____"女士优先"，才会被人们看作是有教养的绅士，反之，在人们眼里则会成为莽夫粗汉。

A 场合　　体贴　　想方设法　　奉行
B 场面　　体谅　　挖空心思　　奉献
C 现场　　谅解　　全力以赴　　捐赠
D 场所　　原谅　　千方百计　　捐献

66. 黄龙风景区位于四川省西北部，1992年12月被_____《世界遗产名录》，以彩池、雪山、峡谷、森林"四绝"而_____。除了美丽的风景，这一地区还生活着许多_____灭绝的动物。因此长期以来，一直备受广大中外游客的_____。

A 列为　　闻名遐迩　　靠近　　欢迎
B 登记　　举世瞩目　　面临　　喜爱
C 列入　　举世闻名　　濒临　　青睐
D 登载　　闻名于世　　面对　　宠爱

67. 自然界的一草一木都有其存在的价值和_____。大自然总是会用一只_____的手，巧妙地_____和平衡好各种生物之间的关系。人类应该尊重自然的_____和规律，与自然和谐相处。

A 多样性　　隐形　　遥控　　规章
B 合理性　　无形　　调节　　法则
C 必要性　　虚幻　　调控　　法规
D 需求性　　神秘　　操纵　　规范

68. 《聊斋志异》是蒲松龄的代表文言短篇小说集，他把在生活中所体察到的各种人物个性_____人情世故，很_____地概括在那些神鬼怪异身上，写得狐有狐形，鬼有鬼态，且都具有了_____，人们非但不怕这些异类，_____觉得他们可爱至极。

A	以至	恰巧	人品	甚至
B	及	恰当	人格	乃至
C	以便	生动	人道	反而
D	以及	巧妙	人性	反倒

69. 小鸡蛋中蕴含着大学问，从外打破是食物，从内打破是生命。人生_____是，从外打破是压力，从内打破是成长。如果你_____别人从外打破你，那你_____成为别人的"食物"；如果能自己从内打破，那么你会发现，自己的成长_____一种重生。

A	亦	等待	注定	相当于
B	则	期待	断定	意味着
C	甚	静待	指定	象征着
D	乃	对待	裁定	致力于

70. 人被打倒并不可怕，可怕的是从此一蹶不振。但是被打倒后能够立刻站起来，就是一种自我的超越和精神的_____。面对失败的_____，可以_____待之，_____力量重新开始的人，即使被打倒，也永远不会被打败。因为_____你站起来的次数比倒下去的次数多上哪怕一次，那便是成功。

A	升级	挫败	坦率	储存	只得
B	升腾	挫折	坦诚	储藏	宁肯
C	提升	创伤	公然	储备	只顾
D	升华	重创	坦然	积蓄	只要

第三部分

第71-80题：选句填空。

71-75.

啄木鸟有着坚硬的嘴，为了觅食，它总是不停地啄击树干，使树干产生强烈的震动。这种震动倘若发生在人的身上，(71)_____，为什么啄木鸟却丝毫没有感觉呢？其实，早在20多年前就有神经医学专家对此现象进行过深入的研究。只要我们细细观察一下啄木鸟头部的生理构造，(72)_____。

专家们通过数年间的不断研究发现，啄木鸟的头盖骨和大脑之间有着极其狭窄的缝隙和少量的液体，这使得震波在它头部的传播比在人的头部困难得多。啄木鸟的大脑被一层密实而富有弹性的头骨紧密地包裹了起来，它的头骨骨质呈海绵状，(73)_____，可以有效地避免撞击。此外，啄木鸟的头部肌肉有助于吸收、分散撞击产生的力量。舌头底部的结缔组织延伸环绕脑部，(74)_____。

啄木鸟独特的头部构造给人们带来了很多防震启示，如在设计头盔和安全帽时，(75)_____，然后用轻而有弹性的海绵状物体来填充这个空隙。

A 形成一个具有卓越避震功能的保护垫
B 亦可起到保护脑部的作用
C 将帽顶与头顶之间留出空隙
D 恐怕早就得脑震荡了
E 就能知晓它为什么不会得脑震荡了

76-80.

有一天，两位情同兄弟的大臣纪晓岚和刘墉陪乾隆皇帝在御花园散步。纪晓岚问刘墉："你们山东的萝卜最大的有多大？"刘墉一听，喜形于色，(76)_____。纪晓岚不以为然地回答："你们山东的萝卜再大，也不可能比我们直隶的大。"刘墉听了很不服气，因为谁都知道山东的萝卜畅销各地，是出了名的大。(77)_____。乾隆皇帝在旁边听了他们的话后觉得很好笑，说："这是什么事情嘛！还需要这样争来争去。你们两个，明日准备好自认为最大的萝卜，将它带上朝来让大家评一评。"

第二天，刘墉带着一个大萝卜上朝，所有朝臣看到那么大的萝卜，(78)_____。乾隆风趣夸张地问晓岚："你的大萝卜在哪儿？把你的大萝卜抬进来吧！"没想到，纪晓岚从袖口内掏出一个又瘦又小的萝卜。大臣们看了不禁吃了一惊，就开始七嘴八舌地议论起来了，(79)_____。乾隆也很纳闷儿了，对纪晓岚说："你这是开什么玩笑！"

只见纪晓岚不慌不忙，用非常谦恭、诚恳的语气说："回皇上，我让人找遍了我们直隶全省，才找到了这个最大的萝卜。皇上，直隶的土壤较为贫瘠，而且近半年来天灾不断，所以农作物收成不佳，百姓无法缴纳太多的粮食。请皇上明鉴。"这时，乾隆才明白，(80)_____。于是，乾隆想了片刻后说："直隶穷就少纳粮，山东富就多纳些粮吧！"

A 无不赞叹不已
B 不知纪晓岚葫芦里卖的是什么药
C 兴致勃勃地比划着自己家乡远近闻名的大萝卜
D 纪晓岚是在借机反映全省的经济困难
E 于是两人你一言、我一语地争论不休

第四部分

第81-100题：请选出正确答案。

81-84.

做着同样的工作，拿着同样的薪水，有些人在各个项目、各个进度上忙得"四脚朝天"。而有的人却似乎无所事事，工作就是上上网、聊聊天儿，这些人被称作"职场闲人"。智联招聘网的一项调查显示，不仅有四成职场人表示自己是"闲人"，而且有近九成职场人表示自己周围存在着"闲人"，其中，18.6%的职场人表示自己周围有很多"闲人"。

调查结果显示，职场人对同事的"闲人"状态<u>褒贬不一</u>，40.6%的人表示没感觉，因为每个人的价值观不同，选择的职业道路也不同。同时，13.6%的人表示嫉恨，认为由于公司管理不善，导致不少人不干活却占高职、拿高薪。此外，10.4%的人很反感，认为"闲人"影响了团队的工作氛围和工作的整体进度。仅有9.0%的人羡慕"闲人"状态，因为与自己要没完没了地工作比起来，"闲人"过得很滋润。智联招聘高级职业顾问郝健表示，大部分职场人能够正面看待"闲人"状态，但如果与自己有利益关系的直属团队中长期出现"闲人"，还是无法接受，因为那会影响整体团队的士气。

其实，"职场闲人"现象是由很多因素导致的。智联招聘调查显示，27.4%的职场人认为雇主管理制度问题是导致"闲人"现象的主要原因。另外，缺乏职业规划、缺乏工作热情、没有工作追求、能力与工作不匹配以及对现在的工作不满意等主观原因也会导致"闲人"的出现。郝健表示，以较轻松的方式实现利益的最大化，或许是许多人梦寐以求的好差事。但是，当职场人真的有一天"闲"起来的时候，必然会有一种危机感。因为"闲"也意味着较强的可替代性和较弱的价值观。所以，职场人要客观地审视自己的工作和心理状态，对"闲人"状态保持清醒的认知，并形成警惕意识，以免即将被炒鱿鱼却还浑然不知。

81. 第2段中"褒贬不一"最可能是：

A 外表和本质不一样
B 人们的评论有好有坏
C 每个人的思维方式都不一样
D 各持己见

82. 关于"职场闲人",下列哪项正确?

   A 没有人想做"职场闲人"
   B 职务越低,"职场闲人"越多
   C 影响团队士气
   D 人们都有做"职场闲人"的经历

83. 郝健认为"职场闲人":

   A 不容易被取代
   B 无需提高警惕
   C 会产生危机感
   D 能够实现利益最大化

84. 下列哪项最适合做上文的标题?

   A 你是"职场闲人"吗?
   B 对"职场闲人"的评价
   C "职场闲人"的辛酸史
   D "职场闲人"的未来

85-88.

所谓"地书",是指不用纸墨,而是用水写在地上的一种新兴书写方式。在许多公园里,常常会看见有些老人用一种和扫帚长度相当、以海绵做笔头的特殊的"笔",蘸水在地上写字。

地书爱好者的首选之地便是公园里的花岗石,这是因为花岗石是方块儿的,这样写起来就好似在方格纸里写字一样,一格一字,工整规范;此外,花岗石平整光滑,便于笔在上面书写,而且能够使字迹在上面停留几分钟。既让书写者怡情,又可供过往者欣赏。

广场和公园都是地书爱好者的聚集地,每天清晨都能看到他们在挥毫"泼墨"。他们拿着特制的地书笔,尽展各自的地书绝活儿。有一次,我看见两位老人同时用楷书书写苏轼的《水调歌头》,只见他们一边吟诵着"明月几时有?把酒问青天……"一边尽情挥洒。虽然书写内容相同,但书法风格却各有特色。

写地书的姿势可谓别具一格,双脚分开,与肩同宽,两腿伸直,腰部挺直,手握笔杆,心无旁骛。同时,落笔行笔时要自然屏息,起笔时,呼吸要加深加长,这样写一段时间后,伸伸肘,活动一下腰骨,便会感觉全身轻松,心情舒畅。

地书的练字方法有别于传统的练字方法,是一种令人耳目一新、独树一帜的练字方法,既方便又环保,不仅能提高练习者的书法水平,还能推动书法艺术的普及与发展,同时也集锻炼身体与陶冶情操于一身,可谓是一举多得。

现在,不仅是老年人,许多年轻人也加入了地书爱好者的行列。他们积极地推广地书文化,希望它能受到更多人的喜爱。在他们看来,地书文化有着不可替代的积极作用,即提升城市形象、展现城市气质、凸显文化风采、推广书法艺术等。

85. "地书"主要得名于:

    A 书写字体
    B 书写内容
    C 书写方式
    D 书写工具

86. 根据上文,在花岗石上写字:

    A 易于修改
    B 耗费时间和墨水
    C 便于路人观赏
    D 字迹更清晰可见

87. 关于"地书",下列哪项正确?

    A 应该蹲坐书写
    B 需要特制的笔
    C 地书仍缺乏人气
    D 破坏广场及公园卫生

88. 最适合做上文标题的是:

    A 地书的传承和创新
    B 地书和传统书法的区别
    C 城市的新景观——地书
    D 传统文化的重生

89-92.

陶瓷在人类发展史上具有着划时代的意义，它的诞生标志着人类由旧石器时代进入到新石器时代，但陶瓷有一个致命的弱点，那就是它的脆性。陶瓷脆弱的主要原因是：在烧制过程中会产生若干气泡，而这些细微的气孔都可能导致陶瓷出现裂纹；另外，陶瓷属于脆性材料，一旦出现裂纹，在热冲击下，裂纹会迅速扩展开来。

那么，想要烧制出抗击性强、抗热性高的"韧性陶瓷"，究竟该如何做呢？

首先，可在改善陶瓷内部结构上下功夫。据研究，在氧化锆陶瓷的原料中添加少量的氧化镁、氧化钙等，经高温烧制后，氧化锆受到外力作用时，四方晶体会变成单斜晶体，体积迅速"膨胀"，阻止陶瓷中原有细微裂纹的快速扩展，那么陶瓷就不易破裂了。

其次，可从改善陶瓷的表面着手。陶瓷的断裂一般来说始于表面的缺陷，因此，改善陶瓷的表面缺陷就能有效防止陶瓷的破损。具体方法如下：通过化学或机械抛光技术消除陶瓷的表面缺陷；通过氧化技术，消除表面缺陷或使裂纹尖端变钝；通过热处理达到强化或增韧表面的目的。

最后，可在陶瓷的强度、韧性上做文章。为此，我们只要将纤维均匀地分布于陶瓷原料中就可以了。这是因为纤维不易拉断，将其加入陶瓷原料后，它可承担大部分外加负荷，减轻了陶瓷负担。近些年有人把一种高强度的纤维均匀地分布于陶瓷胚体中，制成纤维补强陶瓷材料，大大提高了陶瓷的抗热性。纤维补强陶瓷材料绝热性好，向外界辐射热量的功能强，可用作宇宙飞行器的烧蚀材料。这种烧蚀材料已成为宇宙飞行器的"陶瓷外衣"，可以把摩擦产生的热量消耗在烧蚀材料的溶解、气化中。这种"丢卒保车"的方法能达到保护宇宙飞行器的目的。

不怕撞击、强度大、硬度高、抗腐蚀是韧性陶瓷的四大优点。韧性陶瓷使陶瓷具有了崭新的生命力，毫无疑问，在不久的将来，人类将会迎来又一个"新石器时代"。

89. 第1段主要谈的是什么？

    A 陶瓷的诞生价值
    B 陶瓷的制作流程
    C 陶瓷的发展史
    D 陶瓷脆弱的原因

90. 下列哪项不是烧制韧性陶瓷的方法?

    A 在原料中添加氧化钙
    B 将纤维加在易开裂处
    C 使用化学抛光技术
    D 采用热处理

91. 划线词语"丢卒保车"最可能是什么意思?

    A 丢了西瓜捡芝麻
    B 不计得失
    C 得不偿失
    D 为保主要而舍次要

92. 作者对"韧性陶瓷"持何观点?

    A 制作技术尚未成熟
    B 发展潜力大
    C 将致使时代倒退
    D 烧制"韧性陶瓷"的方法不科学

93-96.

春秋时期有一位名医，名叫扁鹊，他经常出入宫廷为君王治病。有一天，扁鹊去见蔡桓公。他侍立于蔡桓公身旁细心观察他，然后说道："我发现您的皮肤有病，应及时治疗，否则病情会加重。"蔡桓公不以为然："我一点儿病也没有，用不着治疗。"扁鹊走后，桓公不高兴地说："医生最大的病就是看所有的人都有病，其最终目的是为了赚钱。我才不信这一套。"

时隔10天，扁鹊第二次去见桓公。他察看了桓公的脸色之后说："您的病已经到肌肉里面去了。再不医治，会更严重的。"桓公还是不信他说的话。扁鹊走后，桓公深感不快。

又过了10天，扁鹊第三次去见桓公，说道："您的病已经发展到肠胃了。如果不赶紧医治，病情将会进一步恶化。"桓公仍不信他，且对他更是反感有加。

又隔了10天，扁鹊第四次去见桓公。一看到桓公，扁鹊扭头就走。这倒把桓公弄糊涂了，心想：怎么这次扁鹊不说我有病呢？桓公派人去问扁鹊原因。扁鹊说："一开始桓公的皮肤患病，用汤药清洗是很容易治愈的；接着他的病到了肌肉里面，用针刺就可以攻克；后来病发展至肠胃，服草药汤剂还有疗效。可眼下他已病入骨髓，再高明的医术也无力回天，能否保住性命只能听天由命了。我若再说自己精通医道，手到病除，必将招来杀身之祸。"

没过多久，桓公突觉浑身疼痛难忍。他意识到自己情况不妙，立刻派人去找扁鹊。可扁鹊已逃到秦国去了。桓公追悔莫及，在痛苦中挣扎着死去。

这个故事告诫人们：对于一切不好的事情，应正视问题，尽早采取措施，防微杜渐。讳疾忌医只会让人病入膏肓，最终导致无药可救。

93. 关于第1段，下列哪项正确？

A 扁鹊常常骗人

B 桓公此时已病入膏肓

C 扁鹊很自以为是

D 桓公不信扁鹊的话

94. 扁鹊第二次去见桓公时，桓公：

   A 深感身体不适
   B 即刻就医
   C 病入肌肉
   D 对扁鹊大发雷霆

95. 第四次去见桓公时，扁鹊为什么扭头就走？

   A 桓公已无药可救
   B 去为桓公煎药
   C 恐遭杀身之祸
   D 被驱逐出宫廷

96. 这个故事主要想告诉我们：

   A 要及时清除隐患
   B 满招损，谦受益
   C 做事要循序渐进
   D 良药苦口利于病

97-100.

曾经有人给人们出过这样一道题：南极考察人员在南极生存的最大威胁是什么？冰川、寒冷、食物还是极昼？相信很少有人选择极昼。毕竟在大家的意识里，皑皑的冰川、极度的寒冷和急缺的食物才是考察人员面临的最大挑战。但事实上，他们的最大挑战并不是这些，而是那里的极昼。

极昼一般只会出现在夏季和冬季，极昼出现时，太阳终日不落出现在地平线上。当南极出现极昼时，北极就是极夜，反之亦然。

一位南极考察人员说："每当出现极昼时，没有了黑暗，也就没有了日期，工作人员连续几十天都生活在金灿灿的阳光下，人的生物钟一下子就彻底紊乱了，你困顿，你疲倦，但除非昏迷，否则你怎么也睡不着。"因为人们都习惯了在夜晚的黑暗中睡觉，一旦失去了黑暗，那四周皑皑白雪和灿烂阳光交织折射出的亮度让人很难闭上眼睛，即便你能睡上几分钟，也犹如在煎熬中。因此在南极，遭受雪崩和意外伤害的人，远没有被极昼伤害的人多。为了度过极昼期，考察人员做过很多尝试，比如加厚帐篷以增强帐篷的阴暗度，甚至还尝试过在冰川和积雪下穴居等，但结果都不尽人意。

如果你问凡是到过南极经历过极昼的人，他们最大的愿望是什么的话，相信大部分人会毫不犹豫地回答是能够见到夜色，见到黑暗，因为黑暗是生命的急需。如果没去过南极，是怎么也体会不到的，可能还会觉得匪夷所思。但事实上，我们每个人的生命都经历过"极昼现象"，有时幸福像灿烂的阳光一样紧逼你的内心，有时苦难又像皑皑白雪一样直射你的眼睛。所以不管对待人生中的好运、甜蜜，还是那些坎坷、磨难，都应坦然处之，因为它们共同构成了生命的昼夜，都是人生中不可或缺的风景线。

97. 关于极昼，可以知道：

A 只在北极出现
B 让人精神焕发
C 太阳终日不落
D 容易导致雪崩

98. 根据上文，南极考察人员用过哪种办法度过极昼？

   A 使用色彩深暗的帐篷
   B 提高室内温度
   C 吃安眠药
   D 在冰雪下挖洞居住

99. 最后一段中，划线词语"匪夷所思"最可能是什么意思？

   A 根据常理难以想象
   B 让人震惊不已
   C 司空见惯的事
   D 歪曲别人的意思

100. 最后一段主要想告诉我们什么？

   A 要有积极探索的精神
   B 在困难面前要不屈不挠
   C 人类也需要黑暗
   D 要从容面对人生苦乐

三、书 写

第 101 题：缩写。

(1) 仔细阅读下面这篇文章，时间为10分钟，阅读时不能抄写、记录。
(2) 10分钟后，监考收回阅读材料，请你将这篇文章缩写成一篇短文，时间为35分钟。
(3) 标题自拟。只需复述文章内容，不需加入自己的观点。
(4) 字数为400左右。
(5) 请把作文直接写在答题卡上。

我的一个朋友在一所大学里当宿舍管理员，有一次聊天，她告诉我一件有趣的事情。

她管理的那幢楼住着一群男生，每个宿舍四个人，每个人一把钥匙。这些学生很爱睡懒觉，总爱拖到快上课了才匆匆忙忙地起来刷牙洗脸，然后直奔教室，不吃早饭是常事。等到下课回来，一摸口袋，坏了，钥匙忘在宿舍里了，于是只能等其他同学回来开门。四个人中总有一两个人带着钥匙。可也有这样的情况，四个人全忘了带钥匙，于是全被堵在宿舍外了。没办法，只能来找宿舍管理员，也就是我的朋友，她保管着整幢楼所有宿舍的备份钥匙。

次数多了，朋友便觉得麻烦。她定了个规矩，每个宿舍每学期来找她要钥匙的次数不得超过三次，超过三次者，自己找工具把锁撬开，然后自掏腰包买新锁。

定下这规矩后，每次有学生来找她开门，她都一一记在一个小本子上，超过三次的，概不受理。情况有所好转，虽然无法杜绝，但学生来索钥匙的次数明显减少。

期末的时候，朋友把所有宿舍的情况做了一次统计，她发现了一个有趣的现象：5楼几个连在一起的宿舍，501到506，居然一次也没来麻烦她开门！一次记录也没有的宿舍不是没有，可现在有六个宿舍，而且还是连在一起的。这引起了朋友的兴趣。

为了揭开心里的疑团，朋友特地爬了一趟5楼，这其中果然有点小秘密。原来，他们每个宿舍都另外配了一把新的钥匙，存放到下一个宿舍里。这么说吧，把六个宿舍和六把钥匙分别编上号，那他们的办法就是：把钥匙一存放到宿舍二，把钥匙二存放到宿舍三，依此类推，最后把钥匙六存放到宿舍一。这么一来，二十四个人中只要有一个人带了钥匙，那所有人都不会被堵在宿舍外，因为只要有一把钥匙，就能先打开一道门，然后取得第二把钥匙打开第二道门，就这样，一直到打开所有的门。

听到这里，我忍不住拿出笔来算了一下。假设每个学生忘记带钥匙的几率是50%（实际上应该小于这个数字），那么会不会出现二十四个学生都不带钥匙的情况呢？理论上是可能的，由概率论可以算出，这个几率应该是1/16777216——几近于零！

我不禁佩服起这一群聪明的小伙子来。他们互相信任，彼此合作。一盘散沙，各自为战时，每个人都有手忙脚乱的时候；而只有并肩站到一起，共同面对问题，才能挖掘出最大的潜能，这时候，问题往往变得不堪一击，因为这时候，每个人手里都多了一把钥匙，一把能打开所有门的钥匙。

합격 모의고사

정답

전공략 新HSK 원패스 합격모의고사 6급 1회 정답

一、听力

第一部分
1. D 2. C 3. A 4. C 5. B
6. A 7. D 8. D 9. B 10. C
11. B 12. A 13. B 14. A 15. C

第二部分
16. B 17. D 18. B 19. D 20. B
21. B 22. C 23. D 24. A 25. C
26. B 27. D 28. C 29. A 30. C

第三部分
31. C 32. B 33. B 34. D 35. B
36. A 37. D 38. B 39. C 40. B
41. C 42. D 43. C 44. B 45. A
46. C 47. D 48. D 49. C 50. B

二、阅读

第一部分
51. C 52. D 53. B 54. A 55. B
56. C 57. D 58. C 59. A 60. D

第二部分
61. A 62. C 63. B 64. D 65. A
66. D 67. A 68. C 69. C 70. C

第三部分
71. B 72. A 73. C 74. E 75. D
76. D 77. B 78. E 79. A 80. C

第四部分
81. D 82. A 83. A 84. D 85. B
86. C 87. A 88. C 89. C 90. A
91. C 92. D 93. D 94. C 95. D
96. A 97. B 98. C 99. D 100. B

三、书写

101. 모범 답안

塞翁之马

　　战国时代,在一个偏僻边远的小城里,住着一位老人,人们称他为塞翁。

　　塞翁已年过古稀,却依然精神矍铄,他养了许多马。一日天刚蒙蒙亮,他起床后发现马群里少了一匹马。邻居们听后纷纷前来安慰他,不料他却不以为然地笑了笑说:"丢匹马没什么大不了的,天塌不下来,说不定还会带来福气呢。"邻居听后心里暗暗觉得好笑,心想这个怪老头明明心里很伤心,却还死要面子。

　　时隔不久,那匹丢失的马竟然自己回来了,而且还带回了一匹匈奴的骏马。听到这样的好消息,邻居们又纷纷前来祝贺。可此时塞翁却眉头紧锁,忧心忡忡地说:"白白得了一匹好马,说不定会带来麻烦。"邻居听后都觉得这老头肯定脑子有问题,太虚伪了。

　　一个炎炎夏日,骄阳似火。塞翁的儿子骑着那匹好马出去游玩,却不小心从马上摔了下来,一条腿不幸摔断了。邻居们马上又来安慰他,谁知塞翁这次却说:"腿摔断了,说不定是好事。"

　　不久,战争爆发了,成年男子都被拉去当兵,十有八九都战死了。只有塞翁的儿子因为腿断了没去当兵,保住了性命。

전공략 新HSK 원패스 합격모의고사 6급 2회 정답

一、听力

第一部分	1. C	2. B	3. A	4. D	5. A
	6. B	7. B	8. D	9. D	10. D
	11. D	12. A	13. C	14. C	15. C
第二部分	16. B	17. C	18. C	19. D	20. A
	21. B	22. D	23. C	24. A	25. C
	26. C	27. D	28. B	29. D	30. A
第三部分	31. C	32. B	33. D	34. D	35. D
	36. C	37. B	38. A	39. A	40. A
	41. C	42. D	43. A	44. A	45. D
	46. A	47. A	48. A	49. A	50. C

二、阅读

第一部分	51. C	52. B	53. C	54. B	55. D
	56. A	57. D	58. A	59. D	60. D
第二部分	61. B	62. B	63. B	64. B	65. D
	66. D	67. A	68. B	69. A	70. C
第三部分	71. C	72. A	73. E	74. D	75. B
	76. E	77. A	78. C	79. B	80. D
第四部分	81. A	82. C	83. B	84. B	85. C
	86. C	87. C	88. A	89. D	90. C
	91. A	92. A	93. C	94. B	95. D
	96. D	97. D	98. A	99. B	100. A

三、书写

101. 모범 답안

火车站的小女孩

一个寒冷的冬日，我带着大包行李前往外地求学，女友来火车站送我。车站里人山人海，突然一个举着牌子的小女孩进入了我的视线。

她大约十四五岁模样，穿着很单薄，脸被冻得红扑扑的。她快速向我们走来，眼里充满了恳求的目光，她告诉我们自己母亲不久前病逝，父亲也卧病在床，家里欠了一大笔债，她需要一笔钱来交学费，否则只能辍学，希望我们能帮她一下。

听了她的诉说，我半信半疑，当今社会骗子实在太多了，我并不打算帮她，但又怕女友说我吝啬，便指着地上的包对她说："你帮我将这个包背到车站，我就给你五块钱。"小女孩听后兴奋极了，二话没说就背着包往前走。生怕女友误会，我赶紧向她解释道这样做是为了让她懂得这个世界上没有免费的午餐，赚钱也要靠自己的劳动。

到了车站，小女孩累得满头大汗，我拿出10块钱给她。她一定要我的地址，说是以后还给我。

光阴似箭，转眼8年过去了。一个炎炎夏日，她真的找到了我的办公室来还钱，那时我才意识到我的一次并非发自内心的善举却改变了她的一生。

전공략 新HSK 원패스 합격모의고사 6급 3회 정답

一、听力

第一部分
1. B   2. A   3. C   4. B   5. C
6. A   7. D   8. D   9. B   10. D
11. D   12. B   13. D   14. B   15. C

第二部分
16. C   17. D   18. D   19. B   20. A
21. C   22. B   23. C   24. A   25. C
26. B   27. C   28. D   29. C   30. D

第三部分
31. C   32. D   33. D   34. D   35. C
36. D   37. A   38. A   39. C   40. C
41. B   42. C   43. D   44. B   45. C
46. B   47. D   48. C   49. D   50. C

二、阅读

第一部分
51. B   52. C   53. D   54. C   55. A
56. C   57. D   58. A   59. B   60. D

第二部分
61. B   62. A   63. D   64. D   65. A
66. C   67. C   68. B   69. D   70. C

第三部分
71. A   72. C   73. E   74. D   75. B
76. B   77. E   78. D   79. A   80. C

第四部分
81. C   82. D   83. B   84. C   85. B
86. C   87. A   88. D   89. C   90. C
91. D   92. A   93. C   94. C   95. D
96. C   97. D   98. C   99. B   100. D

三、书写

101. 모범 답안

伯乐相马

　　一提起伯乐,可谓无人不知,无人不晓,他以高超的相马本领而享誉全中国。

　　传说春秋时代,伯乐受楚王委托寻找一匹能日行千里的骏马,他为此跑遍了大江南北却连千里马的影子也没找到。

　　一个炎炎夏日,太阳火辣辣地照耀着大地。伯乐无精打采地走在从齐国返回楚国的路上,突然一匹拉着盐车的马映入了他的眼帘,他顿时眼睛一亮,心中升起了无限的希望。他赶紧走向前去,彬彬有礼地对车主说道:"您能把这匹马卖给我吗?"车主觉得这匹马骨瘦如柴,又没有力气,就毫不犹豫地答应了。

　　伯乐将马牵到楚王面前,楚王一看马的样子,脸上露出了不悦的神情,怒气冲冲地说:"你给我找的这是什么马?看起来连走路都困难,怎么上战场?"伯乐听后不紧不慢地说:"这的确是匹千里马,因为照顾不精心才变得这样,只要我们无微不至地照顾它,用不了多久,它就能成为一匹难得的骏马。"

　　时隔不久,这匹马果然变得精壮神骏,为楚王立下了不少功劳。后来人们便用"伯乐"比喻善于发现人才的人。

전공략 新HSK 원패스 합격모의고사 6급 4회 정답

一、听力

第一部分
1. B 2. D 3. C 4. B 5. D
6. B 7. A 8. D 9. D 10. B
11. D 12. D 13. A 14. B 15. C

第二部分
16. C 17. B 18. D 19. D 20. B
21. D 22. C 23. B 24. B 25. D
26. A 27. C 28. D 29. C 30. A

第三部分
31. C 32. D 33. C 34. B 35. C
36. B 37. C 38. A 39. D 40. D
41. D 42. B 43. C 44. C 45. C
46. D 47. A 48. D 49. D 50. B

二、阅读

第一部分
51. A 52. D 53. C 54. A 55. B
56. C 57. D 58. B 59. A 60. D

第二部分
61. A 62. B 63. D 64. A 65. C
66. A 67. D 68. B 69. C 70. D

第三部分
71. A 72. E 73. D 74. B 75. C
76. C 77. B 78. D 79. A 80. E

第四部分
81. C 82. B 83. C 84. A 85. C
86. B 87. D 88. B 89. C 90. B
91. D 92. B 93. D 94. B 95. A
96. C 97. D 98. B 99. C 100. A

三、书写

101. 모범 답안

"傻教授"

在德国一所远近闻名的大学里，有一门选修课——法律，考卷每年都一样，从未改变过，只要你考前弄份往年的试卷稍作准备，可以不费吹灰之力地通过。

因此选这门课的学生不计其数，阶梯教室里常常座无虚席，而这位教授也成了学生心目中公认的"傻教授"。

一个春日，阳光明媚地照耀着大地，我在路上偶遇了一位已退休的老教授，无意中跟他说起了那位"傻教授"。老教授听到"傻"字后哈哈大笑起来。他告诉我："其实这位教授真是聪明绝顶，法律课原本很枯燥，不受学生欢迎。但是这位教授用这样的方法吸引了很多学生选这个课，选了就要上课，就要考试，而考卷每年都一样，因此考试前就要找出以前的试卷来看一下，这本身就是学习的过程，让学生毫无压力地学到了法律知识。"

我恍然大悟，心里很佩服这位"傻教授"的智慧。而且听说这门课考试后如果你差个一两分，这位教授也会帮你找上几分让你及格。是啊！考试只是鼓励学生学习的一种手段，不是吗？

전공략 新HSK 원패스 합격모의고사 6급 5회 정답

一、听力

第一部分
1. C   2. C   3. D   4. D   5. C
6. B   7. A   8. D   9. B   10. D
11. B   12. A   13. D   14. B   15. A

第二部分
16. D   17. D   18. A   19. C   20. B
21. B   22. B   23. D   24. D   25. C
26. B   27. A   28. D   29. D   30. C

第三部分
31. D   32. C   33. B   34. D   35. A
36. C   37. D   38. D   39. C   40. C
41. C   42. D   43. A   44. C   45. B
46. D   47. B   48. A   49. C   50. D

二、阅读

第一部分
51. C   52. B   53. D   54. C   55. A
56. C   57. C   58. C   59. A   60. D

第二部分
61. B   62. C   63. D   64. B   65. A
66. C   67. B   68. D   69. A   70. D

第三部分
71. D   72. E   73. A   74. B   75. C
76. C   77. E   78. A   79. B   80. D

第四部分
81. B   82. C   83. C   84. A   85. C
86. C   87. B   88. C   89. D   90. B
91. D   92. B   93. D   94. C   95. A
96. A   97. C   98. D   99. A   100. D

三、书写

101. 모범 답안

　　　　　　　　　　　信任的力量

　　一个春日，外面下着淅淅沥沥的小雨。我的一个朋友告诉我一件有趣的事情。

　　朋友是一个男生宿舍管理员，每个宿舍有四个人，每人有一把钥匙。这些学生早上总喜欢睡懒觉，拖拖拉拉地到最后一刻才起床，然后匆匆忙忙地去上课。

　　于是所有人都忘了带钥匙的事时有发生，一旦忘了带钥匙，他们便来麻烦朋友帮他们开门。日复一日，我的朋友也觉得烦了，于是规定忘了三次以上便不再借钥匙给他们。

　　可是有一件事让朋友百思不得其解，那就是501到506这几个宿舍居然从未麻烦她开过门，这激起了她的好奇心。阳光明媚的一天，她来到了5楼想看看究竟怎么回事。

　　原来，他们每个宿舍都另外配了一把钥匙，保存在下个宿舍里，501的存在502，502的存在503……506的存在501。就这样他们只要有一个人带着钥匙，就能打开所有宿舍的门，因为六个宿舍所有人都忘带钥匙的可能性几乎为零。

　　我不禁佩服起这些小伙子来。他们互相合作、彼此信任，也就有了打开所有门的钥匙。

新汉语水平考试
HSK(六级)答题卡

姓名	
中文	

考点代码: [0][1][2][3][4][5][6][7][8][9] (×7)

国籍: [0][1][2][3][4][5][6][7][8][9] (×3)

序号: [0][1][2][3][4][5][6][7][8][9] (×4)

性别: 男 [1]　　女 [2]

年龄: [0][1][2][3][4][5][6][7][8][9] (×2)

注意　请用2B铅笔这样写：■

一、听力

1. [A][B][C][D]　6. [A][B][C][D]　11. [A][B][C][D]　16. [A][B][C][D]　21. [A][B][C][D]
2. [A][B][C][D]　7. [A][B][C][D]　12. [A][B][C][D]　17. [A][B][C][D]　22. [A][B][C][D]
3. [A][B][C][D]　8. [A][B][C][D]　13. [A][B][C][D]　18. [A][B][C][D]　23. [A][B][C][D]
4. [A][B][C][D]　9. [A][B][C][D]　14. [A][B][C][D]　19. [A][B][C][D]　24. [A][B][C][D]
5. [A][B][C][D]　10. [A][B][C][D]　15. [A][B][C][D]　20. [A][B][C][D]　25. [A][B][C][D]

26. [A][B][C][D]　31. [A][B][C][D]　36. [A][B][C][D]　41. [A][B][C][D]　46. [A][B][C][D]
27. [A][B][C][D]　32. [A][B][C][D]　37. [A][B][C][D]　42. [A][B][C][D]　47. [A][B][C][D]
28. [A][B][C][D]　33. [A][B][C][D]　38. [A][B][C][D]　43. [A][B][C][D]　48. [A][B][C][D]
29. [A][B][C][D]　34. [A][B][C][D]　39. [A][B][C][D]　44. [A][B][C][D]　49. [A][B][C][D]
30. [A][B][C][D]　35. [A][B][C][D]　40. [A][B][C][D]　45. [A][B][C][D]　50. [A][B][C][D]

二、阅读

51. [A][B][C][D]　56. [A][B][C][D]　61. [A][B][C][D]　66. [A][B][C][D]　71. [A][B][C][D][E]
52. [A][B][C][D]　57. [A][B][C][D]　62. [A][B][C][D]　67. [A][B][C][D]　72. [A][B][C][D][E]
53. [A][B][C][D]　58. [A][B][C][D]　63. [A][B][C][D]　68. [A][B][C][D]　73. [A][B][C][D][E]
54. [A][B][C][D]　59. [A][B][C][D]　64. [A][B][C][D]　69. [A][B][C][D]　74. [A][B][C][D][E]
55. [A][B][C][D]　60. [A][B][C][D]　65. [A][B][C][D]　70. [A][B][C][D]　75. [A][B][C][D][E]

76. [A][B][C][D][E]　81. [A][B][C][D]　86. [A][B][C][D]　91. [A][B][C][D]　96. [A][B][C][D]
77. [A][B][C][D][E]　82. [A][B][C][D]　87. [A][B][C][D]　92. [A][B][C][D]　97. [A][B][C][D]
78. [A][B][C][D][E]　83. [A][B][C][D]　88. [A][B][C][D]　93. [A][B][C][D]　98. [A][B][C][D]
79. [A][B][C][D][E]　84. [A][B][C][D]　89. [A][B][C][D]　94. [A][B][C][D]　99. [A][B][C][D]
80. [A][B][C][D][E]　85. [A][B][C][D]　90. [A][B][C][D]　95. [A][B][C][D]　100. [A][B][C][D]

三、书写

101.

新汉语水平考试
HSK(六级)答题卡

姓名	
中文	

考点代码
[0] [1] [2] [3] [4] [5] [6] [7] [8] [9]
[0] [1] [2] [3] [4] [5] [6] [7] [8] [9]
[0] [1] [2] [3] [4] [5] [6] [7] [8] [9]
[0] [1] [2] [3] [4] [5] [6] [7] [8] [9]
[0] [1] [2] [3] [4] [5] [6] [7] [8] [9]
[0] [1] [2] [3] [4] [5] [6] [7] [8] [9]
[0] [1] [2] [3] [4] [5] [6] [7] [8] [9]

国籍
[0] [1] [2] [3] [4] [5] [6] [7] [8] [9]
[0] [1] [2] [3] [4] [5] [6] [7] [8] [9]
[0] [1] [2] [3] [4] [5] [6] [7] [8] [9]

序号
[0] [1] [2] [3] [4] [5] [6] [7] [8] [9]
[0] [1] [2] [3] [4] [5] [6] [7] [8] [9]
[0] [1] [2] [3] [4] [5] [6] [7] [8] [9]
[0] [1] [2] [3] [4] [5] [6] [7] [8] [9]

性别　　男　[1]　　　　女　[2]

年龄
[0] [1] [2] [3] [4] [5] [6] [7] [8] [9]
[0] [1] [2] [3] [4] [5] [6] [7] [8] [9]

注意　请用2B铅笔这样写：■

一、听力

1. [A] [B] [C] [D]
2. [A] [B] [C] [D]
3. [A] [B] [C] [D]
4. [A] [B] [C] [D]
5. [A] [B] [C] [D]
6. [A] [B] [C] [D]
7. [A] [B] [C] [D]
8. [A] [B] [C] [D]
9. [A] [B] [C] [D]
10. [A] [B] [C] [D]
11. [A] [B] [C] [D]
12. [A] [B] [C] [D]
13. [A] [B] [C] [D]
14. [A] [B] [C] [D]
15. [A] [B] [C] [D]
16. [A] [B] [C] [D]
17. [A] [B] [C] [D]
18. [A] [B] [C] [D]
19. [A] [B] [C] [D]
20. [A] [B] [C] [D]
21. [A] [B] [C] [D]
22. [A] [B] [C] [D]
23. [A] [B] [C] [D]
24. [A] [B] [C] [D]
25. [A] [B] [C] [D]

26. [A] [B] [C] [D]
27. [A] [B] [C] [D]
28. [A] [B] [C] [D]
29. [A] [B] [C] [D]
30. [A] [B] [C] [D]
31. [A] [B] [C] [D]
32. [A] [B] [C] [D]
33. [A] [B] [C] [D]
34. [A] [B] [C] [D]
35. [A] [B] [C] [D]
36. [A] [B] [C] [D]
37. [A] [B] [C] [D]
38. [A] [B] [C] [D]
39. [A] [B] [C] [D]
40. [A] [B] [C] [D]
41. [A] [B] [C] [D]
42. [A] [B] [C] [D]
43. [A] [B] [C] [D]
44. [A] [B] [C] [D]
45. [A] [B] [C] [D]
46. [A] [B] [C] [D]
47. [A] [B] [C] [D]
48. [A] [B] [C] [D]
49. [A] [B] [C] [D]
50. [A] [B] [C] [D]

二、阅读

51. [A] [B] [C] [D]
52. [A] [B] [C] [D]
53. [A] [B] [C] [D]
54. [A] [B] [C] [D]
55. [A] [B] [C] [D]
56. [A] [B] [C] [D]
57. [A] [B] [C] [D]
58. [A] [B] [C] [D]
59. [A] [B] [C] [D]
60. [A] [B] [C] [D]
61. [A] [B] [C] [D]
62. [A] [B] [C] [D]
63. [A] [B] [C] [D]
64. [A] [B] [C] [D]
65. [A] [B] [C] [D]
66. [A] [B] [C] [D]
67. [A] [B] [C] [D]
68. [A] [B] [C] [D]
69. [A] [B] [C] [D]
70. [A] [B] [C] [D]
71. [A] [B] [C] [D] [E]
72. [A] [B] [C] [D] [E]
73. [A] [B] [C] [D] [E]
74. [A] [B] [C] [D] [E]
75. [A] [B] [C] [D] [E]

76. [A] [B] [C] [D] [E]
77. [A] [B] [C] [D] [E]
78. [A] [B] [C] [D] [E]
79. [A] [B] [C] [D] [E]
80. [A] [B] [C] [D] [E]
81. [A] [B] [C] [D]
82. [A] [B] [C] [D]
83. [A] [B] [C] [D]
84. [A] [B] [C] [D]
85. [A] [B] [C] [D]
86. [A] [B] [C] [D]
87. [A] [B] [C] [D]
88. [A] [B] [C] [D]
89. [A] [B] [C] [D]
90. [A] [B] [C] [D]
91. [A] [B] [C] [D]
92. [A] [B] [C] [D]
93. [A] [B] [C] [D]
94. [A] [B] [C] [D]
95. [A] [B] [C] [D]
96. [A] [B] [C] [D]
97. [A] [B] [C] [D]
98. [A] [B] [C] [D]
99. [A] [B] [C] [D]
100. [A] [B] [C] [D]

三、书写

101.

新汉语水平考试
HSK(六级)答题卡

姓名		考点代码	[0] [1] [2] [3] [4] [5] [6] [7] [8] [9]
			[0] [1] [2] [3] [4] [5] [6] [7] [8] [9]
			[0] [1] [2] [3] [4] [5] [6] [7] [8] [9]
中文			[0] [1] [2] [3] [4] [5] [6] [7] [8] [9]
			[0] [1] [2] [3] [4] [5] [6] [7] [8] [9]
			[0] [1] [2] [3] [4] [5] [6] [7] [8] [9]
			[0] [1] [2] [3] [4] [5] [6] [7] [8] [9]
		国籍	[0] [1] [2] [3] [4] [5] [6] [7] [8] [9]
			[0] [1] [2] [3] [4] [5] [6] [7] [8] [9]
			[0] [1] [2] [3] [4] [5] [6] [7] [8] [9]
序号	[0] [1] [2] [3] [4] [5] [6] [7] [8] [9]	性别	男 [1]　　女 [2]
	[0] [1] [2] [3] [4] [5] [6] [7] [8] [9]		
	[0] [1] [2] [3] [4] [5] [6] [7] [8] [9]	年龄	[0] [1] [2] [3] [4] [5] [6] [7] [8] [9]
	[0] [1] [2] [3] [4] [5] [6] [7] [8] [9]		[0] [1] [2] [3] [4] [5] [6] [7] [8] [9]
	[0] [1] [2] [3] [4] [5] [6] [7] [8] [9]		

注意	请用2B铅笔这样写：■

一、听力

1. [A] [B] [C] [D]	6. [A] [B] [C] [D]	11. [A] [B] [C] [D]	16. [A] [B] [C] [D]	21. [A] [B] [C] [D]
2. [A] [B] [C] [D]	7. [A] [B] [C] [D]	12. [A] [B] [C] [D]	17. [A] [B] [C] [D]	22. [A] [B] [C] [D]
3. [A] [B] [C] [D]	8. [A] [B] [C] [D]	13. [A] [B] [C] [D]	18. [A] [B] [C] [D]	23. [A] [B] [C] [D]
4. [A] [B] [C] [D]	9. [A] [B] [C] [D]	14. [A] [B] [C] [D]	19. [A] [B] [C] [D]	24. [A] [B] [C] [D]
5. [A] [B] [C] [D]	10. [A] [B] [C] [D]	15. [A] [B] [C] [D]	20. [A] [B] [C] [D]	25. [A] [B] [C] [D]
26. [A] [B] [C] [D]	31. [A] [B] [C] [D]	36. [A] [B] [C] [D]	41. [A] [B] [C] [D]	46. [A] [B] [C] [D]
27. [A] [B] [C] [D]	32. [A] [B] [C] [D]	37. [A] [B] [C] [D]	42. [A] [B] [C] [D]	47. [A] [B] [C] [D]
28. [A] [B] [C] [D]	33. [A] [B] [C] [D]	38. [A] [B] [C] [D]	43. [A] [B] [C] [D]	48. [A] [B] [C] [D]
29. [A] [B] [C] [D]	34. [A] [B] [C] [D]	39. [A] [B] [C] [D]	44. [A] [B] [C] [D]	49. [A] [B] [C] [D]
30. [A] [B] [C] [D]	35. [A] [B] [C] [D]	40. [A] [B] [C] [D]	45. [A] [B] [C] [D]	50. [A] [B] [C] [D]

二、阅读

51. [A] [B] [C] [D]	56. [A] [B] [C] [D]	61. [A] [B] [C] [D]	66. [A] [B] [C] [D]	71. [A] [B] [C] [D] [E]
52. [A] [B] [C] [D]	57. [A] [B] [C] [D]	62. [A] [B] [C] [D]	67. [A] [B] [C] [D]	72. [A] [B] [C] [D] [E]
53. [A] [B] [C] [D]	58. [A] [B] [C] [D]	63. [A] [B] [C] [D]	68. [A] [B] [C] [D]	73. [A] [B] [C] [D] [E]
54. [A] [B] [C] [D]	59. [A] [B] [C] [D]	64. [A] [B] [C] [D]	69. [A] [B] [C] [D]	74. [A] [B] [C] [D] [E]
55. [A] [B] [C] [D]	60. [A] [B] [C] [D]	65. [A] [B] [C] [D]	70. [A] [B] [C] [D]	75. [A] [B] [C] [D] [E]
76. [A] [B] [C] [D] [E]	81. [A] [B] [C] [D]	86. [A] [B] [C] [D]	91. [A] [B] [C] [D]	96. [A] [B] [C] [D]
77. [A] [B] [C] [D] [E]	82. [A] [B] [C] [D]	87. [A] [B] [C] [D]	92. [A] [B] [C] [D]	97. [A] [B] [C] [D]
78. [A] [B] [C] [D] [E]	83. [A] [B] [C] [D]	88. [A] [B] [C] [D]	93. [A] [B] [C] [D]	98. [A] [B] [C] [D]
79. [A] [B] [C] [D] [E]	84. [A] [B] [C] [D]	89. [A] [B] [C] [D]	94. [A] [B] [C] [D]	99. [A] [B] [C] [D]
80. [A] [B] [C] [D] [E]	85. [A] [B] [C] [D]	90. [A] [B] [C] [D]	95. [A] [B] [C] [D]	100. [A] [B] [C] [D]

三、书写

101.

新汉语水平考试
HSK(六级)答题卡

姓名	
中文	

考点代码:
[0] [1] [2] [3] [4] [5] [6] [7] [8] [9]
[0] [1] [2] [3] [4] [5] [6] [7] [8] [9]
[0] [1] [2] [3] [4] [5] [6] [7] [8] [9]
[0] [1] [2] [3] [4] [5] [6] [7] [8] [9]
[0] [1] [2] [3] [4] [5] [6] [7] [8] [9]
[0] [1] [2] [3] [4] [5] [6] [7] [8] [9]
[0] [1] [2] [3] [4] [5] [6] [7] [8] [9]

国籍:
[0] [1] [2] [3] [4] [5] [6] [7] [8] [9]
[0] [1] [2] [3] [4] [5] [6] [7] [8] [9]
[0] [1] [2] [3] [4] [5] [6] [7] [8] [9]

序号:
[0] [1] [2] [3] [4] [5] [6] [7] [8] [9]
[0] [1] [2] [3] [4] [5] [6] [7] [8] [9]
[0] [1] [2] [3] [4] [5] [6] [7] [8] [9]
[0] [1] [2] [3] [4] [5] [6] [7] [8] [9]
[0] [1] [2] [3] [4] [5] [6] [7] [8] [9]

性别： 男 [1]　　女 [2]

年龄:
[0] [1] [2] [3] [4] [5] [6] [7] [8] [9]
[0] [1] [2] [3] [4] [5] [6] [7] [8] [9]

注意　请用2B铅笔这样写：■

一、听力

1. [A] [B] [C] [D]　　6. [A] [B] [C] [D]　　11. [A] [B] [C] [D]　　16. [A] [B] [C] [D]　　21. [A] [B] [C] [D]
2. [A] [B] [C] [D]　　7. [A] [B] [C] [D]　　12. [A] [B] [C] [D]　　17. [A] [B] [C] [D]　　22. [A] [B] [C] [D]
3. [A] [B] [C] [D]　　8. [A] [B] [C] [D]　　13. [A] [B] [C] [D]　　18. [A] [B] [C] [D]　　23. [A] [B] [C] [D]
4. [A] [B] [C] [D]　　9. [A] [B] [C] [D]　　14. [A] [B] [C] [D]　　19. [A] [B] [C] [D]　　24. [A] [B] [C] [D]
5. [A] [B] [C] [D]　　10. [A] [B] [C] [D]　　15. [A] [B] [C] [D]　　20. [A] [B] [C] [D]　　25. [A] [B] [C] [D]

26. [A] [B] [C] [D]　　31. [A] [B] [C] [D]　　36. [A] [B] [C] [D]　　41. [A] [B] [C] [D]　　46. [A] [B] [C] [D]
27. [A] [B] [C] [D]　　32. [A] [B] [C] [D]　　37. [A] [B] [C] [D]　　42. [A] [B] [C] [D]　　47. [A] [B] [C] [D]
28. [A] [B] [C] [D]　　33. [A] [B] [C] [D]　　38. [A] [B] [C] [D]　　43. [A] [B] [C] [D]　　48. [A] [B] [C] [D]
29. [A] [B] [C] [D]　　34. [A] [B] [C] [D]　　39. [A] [B] [C] [D]　　44. [A] [B] [C] [D]　　49. [A] [B] [C] [D]
30. [A] [B] [C] [D]　　35. [A] [B] [C] [D]　　40. [A] [B] [C] [D]　　45. [A] [B] [C] [D]　　50. [A] [B] [C] [D]

二、阅读

51. [A] [B] [C] [D]　　56. [A] [B] [C] [D]　　61. [A] [B] [C] [D]　　66. [A] [B] [C] [D]　　71. [A] [B] [C] [D] [E]
52. [A] [B] [C] [D]　　57. [A] [B] [C] [D]　　62. [A] [B] [C] [D]　　67. [A] [B] [C] [D]　　72. [A] [B] [C] [D] [E]
53. [A] [B] [C] [D]　　58. [A] [B] [C] [D]　　63. [A] [B] [C] [D]　　68. [A] [B] [C] [D]　　73. [A] [B] [C] [D] [E]
54. [A] [B] [C] [D]　　59. [A] [B] [C] [D]　　64. [A] [B] [C] [D]　　69. [A] [B] [C] [D]　　74. [A] [B] [C] [D] [E]
55. [A] [B] [C] [D]　　60. [A] [B] [C] [D]　　65. [A] [B] [C] [D]　　70. [A] [B] [C] [D]　　75. [A] [B] [C] [D] [E]

76. [A] [B] [C] [D] [E]　　81. [A] [B] [C] [D]　　86. [A] [B] [C] [D]　　91. [A] [B] [C] [D]　　96. [A] [B] [C] [D]
77. [A] [B] [C] [D] [E]　　82. [A] [B] [C] [D]　　87. [A] [B] [C] [D]　　92. [A] [B] [C] [D]　　97. [A] [B] [C] [D]
78. [A] [B] [C] [D] [E]　　83. [A] [B] [C] [D]　　88. [A] [B] [C] [D]　　93. [A] [B] [C] [D]　　98. [A] [B] [C] [D]
79. [A] [B] [C] [D] [E]　　84. [A] [B] [C] [D]　　89. [A] [B] [C] [D]　　94. [A] [B] [C] [D]　　99. [A] [B] [C] [D]
80. [A] [B] [C] [D] [E]　　85. [A] [B] [C] [D]　　90. [A] [B] [C] [D]　　95. [A] [B] [C] [D]　　100. [A] [B] [C] [D]

三、书写

101.

新汉语水平考试
HSK(六级)答题卡

姓名	
中文	

考点代码:
[0] [1] [2] [3] [4] [5] [6] [7] [8] [9]
[0] [1] [2] [3] [4] [5] [6] [7] [8] [9]
[0] [1] [2] [3] [4] [5] [6] [7] [8] [9]
[0] [1] [2] [3] [4] [5] [6] [7] [8] [9]
[0] [1] [2] [3] [4] [5] [6] [7] [8] [9]
[0] [1] [2] [3] [4] [5] [6] [7] [8] [9]
[0] [1] [2] [3] [4] [5] [6] [7] [8] [9]

国籍:
[0] [1] [2] [3] [4] [5] [6] [7] [8] [9]
[0] [1] [2] [3] [4] [5] [6] [7] [8] [9]
[0] [1] [2] [3] [4] [5] [6] [7] [8] [9]

序号:
[0] [1] [2] [3] [4] [5] [6] [7] [8] [9]
[0] [1] [2] [3] [4] [5] [6] [7] [8] [9]
[0] [1] [2] [3] [4] [5] [6] [7] [8] [9]
[0] [1] [2] [3] [4] [5] [6] [7] [8] [9]
[0] [1] [2] [3] [4] [5] [6] [7] [8] [9]

性别: 男 [1] 女 [2]

年龄:
[0] [1] [2] [3] [4] [5] [6] [7] [8] [9]
[0] [1] [2] [3] [4] [5] [6] [7] [8] [9]

注意: 请用2B铅笔这样写: ■

一、听力

1. [A] [B] [C] [D]
2. [A] [B] [C] [D]
3. [A] [B] [C] [D]
4. [A] [B] [C] [D]
5. [A] [B] [C] [D]
6. [A] [B] [C] [D]
7. [A] [B] [C] [D]
8. [A] [B] [C] [D]
9. [A] [B] [C] [D]
10. [A] [B] [C] [D]
11. [A] [B] [C] [D]
12. [A] [B] [C] [D]
13. [A] [B] [C] [D]
14. [A] [B] [C] [D]
15. [A] [B] [C] [D]
16. [A] [B] [C] [D]
17. [A] [B] [C] [D]
18. [A] [B] [C] [D]
19. [A] [B] [C] [D]
20. [A] [B] [C] [D]
21. [A] [B] [C] [D]
22. [A] [B] [C] [D]
23. [A] [B] [C] [D]
24. [A] [B] [C] [D]
25. [A] [B] [C] [D]
26. [A] [B] [C] [D]
27. [A] [B] [C] [D]
28. [A] [B] [C] [D]
29. [A] [B] [C] [D]
30. [A] [B] [C] [D]
31. [A] [B] [C] [D]
32. [A] [B] [C] [D]
33. [A] [B] [C] [D]
34. [A] [B] [C] [D]
35. [A] [B] [C] [D]
36. [A] [B] [C] [D]
37. [A] [B] [C] [D]
38. [A] [B] [C] [D]
39. [A] [B] [C] [D]
40. [A] [B] [C] [D]
41. [A] [B] [C] [D]
42. [A] [B] [C] [D]
43. [A] [B] [C] [D]
44. [A] [B] [C] [D]
45. [A] [B] [C] [D]
46. [A] [B] [C] [D]
47. [A] [B] [C] [D]
48. [A] [B] [C] [D]
49. [A] [B] [C] [D]
50. [A] [B] [C] [D]

二、阅读

51. [A] [B] [C] [D]
52. [A] [B] [C] [D]
53. [A] [B] [C] [D]
54. [A] [B] [C] [D]
55. [A] [B] [C] [D]
56. [A] [B] [C] [D]
57. [A] [B] [C] [D]
58. [A] [B] [C] [D]
59. [A] [B] [C] [D]
60. [A] [B] [C] [D]
61. [A] [B] [C] [D]
62. [A] [B] [C] [D]
63. [A] [B] [C] [D]
64. [A] [B] [C] [D]
65. [A] [B] [C] [D]
66. [A] [B] [C] [D]
67. [A] [B] [C] [D]
68. [A] [B] [C] [D]
69. [A] [B] [C] [D]
70. [A] [B] [C] [D]
71. [A] [B] [C] [D] [E]
72. [A] [B] [C] [D] [E]
73. [A] [B] [C] [D] [E]
74. [A] [B] [C] [D] [E]
75. [A] [B] [C] [D] [E]
76. [A] [B] [C] [D] [E]
77. [A] [B] [C] [D] [E]
78. [A] [B] [C] [D] [E]
79. [A] [B] [C] [D] [E]
80. [A] [B] [C] [D] [E]
81. [A] [B] [C] [D]
82. [A] [B] [C] [D]
83. [A] [B] [C] [D]
84. [A] [B] [C] [D]
85. [A] [B] [C] [D]
86. [A] [B] [C] [D]
87. [A] [B] [C] [D]
88. [A] [B] [C] [D]
89. [A] [B] [C] [D]
90. [A] [B] [C] [D]
91. [A] [B] [C] [D]
92. [A] [B] [C] [D]
93. [A] [B] [C] [D]
94. [A] [B] [C] [D]
95. [A] [B] [C] [D]
96. [A] [B] [C] [D]
97. [A] [B] [C] [D]
98. [A] [B] [C] [D]
99. [A] [B] [C] [D]
100. [A] [B] [C] [D]

三、书写

101.

맛있는 중국어 HSK 시리즈

THE 맛있게
THE 쉽게 즐기세요!

박수진 저 | 19,500원

기본서, 해설집, 모의고사 All In One 구성

한눈에 보이는 공략	간략하고 명쾌한	실전에 강한		
기본서	해설집	모의고사	필수단어 300	1~2급

박수진 저 | 22,500원

왕수인 저 | 23,500원

장영미 저 | 24,500원

출간 예정

6급 전공략 新HSK 원패스 합격모의고사

1. 최신 출제 경향과 난이도를 최대 반영한 모의고사 5세트
2. 新HSK 전문 강사의 합격 전략 무료 동영상 강의
3. 영역별 맞춤 해설로 학습 시간 down, 학습 효과 up!
4. 명쾌한 비법 합격 전략 D-5
5. 2013 한반(汉办) 개정 단어를 수록한 합격 보카 및 확인 학습
6. 듣기 영역의 문제별·속도별 MP3 파일 제공
7. 취약점 보완을 위한 트레이닝 북 무료 다운로드

특별 부록 듣기 MP3 CD
www.booksJRC.com

문제집+해설집+합격 전략집+합격 보카+MP3 CD 1장

값 22,000원

ISBN 978-89-98444-52-5
ISBN 978-89-98444-48-8 (세트)

www.booksJRC.com

| 新HSK | 新HSK 어휘 | 맛있는 어린이 | 맛있는 주니어 |

맛있는 중국어
新HSK 첫걸음 1~2급

新HSK에 꼭 나오는
필수상용어 128句

 NEW 맛있는 어린이 중국어 0
[첫걸음]

전공략 新HSK
두달에 3급 따기

맛있는 중국어
新HSK 3급

전공략 新HSK
VOCA 5급

NEW 맛있는 어린이 중국어 1

맛있는 주니어 중국어 2

 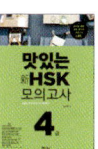 
전공략 新HSK
두달에 4급 따기 · 전공략 新HSK 원패스 합격모의고사 4급 · 맛있는 新HSK 모의고사 4급 · 맛있는 중국어 新HSK 4급

전공략 新HSK
VOCA 6급

NEW 맛있는 어린이 중국어 2

전공략 新HSK
두달에 5급 따기 · 전공략 新HSK 원패스 합격모의고사 5급 · 맛있는 新HSK 모의고사 5급 · 맛있는 중국어 新HSK 5급

단어
맛있는 중국어
필수 단어 1400

NEW 맛있는 어린이 중국어 3

맛있는 주니어 중국어 3

전공략 新HSK
두달에 6급 따기 · 전공략 新HSK 원패스 합격모의고사 6급 · 맛있는 新HSK 모의고사 6급 · 맛있는 중국어 新HSK 6급 (출간 예정!)

필수 표현
중국유학 갈 때 꼭 가져가야 할 책
필수표현 40 上·下

NEW 맛있는 어린이 중국어 4

NEW 맛있는 어린이 중국어 5

NEW 맛있는 어린이 중국어 6

어린이 플래시카드

0권 첫걸음
1권
2권
3권
4권
NEW 맛있는 어린이 중국어
플래시카드

홈페이지 방문 시 이벤트 진행 중

중국어교육부문 8년 1위!
랭키닷컴 기준 (2014. 8)

맛있는 인강

www.cyberJRC.com

맛있는 중국어 클래스
전 강좌 자유 수강

맛있는인강의 강의는?

재수강률 및 신규 방문자 1위

대기업 직장인 수강률 1위

저자 직강 콘텐츠 100%
(외부 콘텐츠 無)

모바일 및 PC에 최적화된 강의
(모바일/PC 다운로드 1위)

맛있는 중국어 클래스란?

맛있는인강의 전 강좌를 자유롭게 수강할 수 있는 **중국어학습 자유이용권**입니다.

- HSK
- 중국어 어법
- 작문
- 구술
- 통번역

맛있는 중국어 클래스 (5,470강)

- 어휘
- 중국어 회화
- 비즈니스
- 스크린
- 어린이 중국어

교재 집필, 교수 설계, 강의, 촬영 및 편집까지 **100% 자체 제작 5,470강의!**
JRC는 타업체의 콘텐츠를 JRC의 콘텐츠로 포장하지 않습니다

맛있는 중국어 클래스의 특별한 혜택!

합격
합격 보장 시스템
HSK 집중관리형 인강

교재 1권 제공

온라인 전 강좌
모바일 무료 이용

국내 최초 온 가족
학습 시스템
(어린이~성인)

문의 02.567.3327